Mariusz Jelonek

Unternehmensinterne Organisationsfreiheit des Vorstands

Carl Heymanns Verlag 2025

Zitiervorschlag: *Jelonek*, Unternehmensinterne Organisationsfreiheit des Vorstands (AHW Bd. 265), S. 1

Bibliografische Information der Deutschen Nationalbibliothek
Die Deutsche Nationalbibliothek verzeichnet diese Publikation in der Deutschen Nationalbibliografie; detaillierte bibliografische Daten sind im Internet über http://dnb.d-nb.de abrufbar.

ISBN 978-3-452-30598-5

Zugl.: Dissertation der Juristischen Fakultät der Universität Heidelberg, 2025

www.wolterskluwer.com

Umschlagkonzeption: Martina Busch, Grafikdesign, Homburg-Kirrberg
Satz: R. John + W. John GbR, Köln
Druck und Weiterverarbeitung: SDK Systemdruck Köln GmbH & Co. KG

Gedruckt auf säurefreiem, alterungsbeständigem und chlorfreiem Papier.

Vorwort

Die Organisation des von der Aktiengesellschaft getragenen Unternehmens rückt zunehmend in den Fokus des Gesetzgebers. Einerseits gewinnt die Stärkung der internen Corporate Governance an Bedeutung, wie insbesondere aus § 91 Abs. 2 und Abs. 3 AktG hervorgeht. Andererseits unterliegen Aktiengesellschaften einer fortschreitenden Nachhaltigkeitsregulatorik, die gesellschaftliche Erwartungen an unternehmerisches Handeln widerspiegelt; in diesem Kontext sind insbesondere die Nachhaltigkeitsberichterstattung nach der Corporate Sustainability Reporting Directive sowie die Sorgfaltspflichten nach der Corporate Sustainability Due Diligence Directive zu nennen. Diese regulatorische Entwicklung scheint die Vorstandsautonomie zu gefährden. Die Freiheit der Unternehmensorganisation unterhalb der Vorstandsebene erfüllt verschiedene Funktionen für das Wohlergehen einzelner Unternehmen und der Volkswirtschaft. Die vorliegende Arbeit stellt einen Versuch dar, diese Freiheit und die Ziele der sie einschränkenden Regulierung ins Gleichgewicht zu bringen.

Der rechtliche Rahmen der Nachhaltigkeitsregulatorik ist gerade Gegenstand umfassender gesetzgeberischer Arbeiten auf der Ebene der Europäischen Union, die im sogenannten Omnibus-Verfahren erfolgen. Das Omnibus-Verfahren wird in dieser Arbeit nicht berücksichtigt. Die Rechtsprechung und Literatur wurden bis zum Juni 2025 ausgewertet.

Mein ganz herzlicher Dank gilt meinem Lehrer und Erstgutachter, Herrn *Prof. Dr. Dr. h.c. mult. Peter Hommelhoff*, der nicht nur mein Promotionsprojekt initiiert und gefördert hat, sondern darüber hinaus seit vielen Jahren mein Mentor ist. Ich bin besonders dankbar für das umfassende Wissen, für die praktischen Fähigkeiten und für die Begeisterung für die Rechtswissenschaft und den interdisziplinären Austausch; es ist mir eine Ehre, dass ich all' das als Teil seiner Lehrstuhlfamilie seit 2020 erlernen durfte. Die Anfänge als studentische Hilfskraft an seinem Lehrstuhl haben mir zudem sehr geholfen, die Härten der Corona-Krise zu überstehen. Seine Hingabe und Loyalität werden mir stets ein Vorbild sein.

Mein Dank gilt ebenso Herrn *Prof. Dr. Dirk A. Verse* für das ausführliche Zweitgutachten. Die Auseinandersetzung mit seinen kritischen Anmerkungen war ein großer Gewinn für diese Arbeit. Herrn *Prof. Dr. Christoph A. Kern* danke ich herzlich für die Übernahme des Vorsitzes meiner Disputation und für die sehr angenehme Prüfungsatmosphäre.

Herrn *Prof. Dr. Marc-Philippe Weller* sowie Herrn *Prof. Dr. Ulrich Noack* und meinem Lehrer danke ich sehr für die Aufnahme in die Schriftenreihe.

Für die langjährige fruchtbare Zusammenarbeit am Lehrstuhl möchte ich mich bei *Dr. Elias Kehrel*, *Dr. Robert Feldmann* und *Alexander P. Stern* bedanken. Ein besonderer Dank gilt *Dr. Sina Allgeier*; deren Unterstützung und der ständige wissenschaftliche Austausch mit ihr waren zentral für die Anfangs- und die mittlere Phase meines Promotionsstudiums.

Bei meinen Freunden möchte ich mich ebenfalls für die gemeinsame Zeit und die Unterstützung im Grund- und Promotionsstudium ganz herzlich bedanken. Mein Dank gilt unter anderem *Roman Seikel*, *Benedikt Heuser*, *Alicia Walz*, *Inès Steitz*, *Aaron Mielke*, *Nina Weißenbruch* sowie ganz besonders *Alexey Gusev*, dem ich darüber hinaus für die Durchsicht der umfangreichen Teile dieser Arbeit herzlich danken möchte. Ich bedanke mich herzlich bei *Weronika*, meiner Schwester, für ihre bestärkende Begleitung auf meinem wissenschaftlichen Weg. Meinen Eltern gilt der Dank für die finanzielle Unterstützung der Veröffentlichung.

Der Studienstiftung des deutschen Volkes möchte ich mich sehr für die großzügige finanzielle und ideelle Unterstützung des Promotionsstudiums bedanken, die es mir ermöglicht hat, mich ganz auf die Promotion zu konzentrieren. Der Graduiertenakademie der Ruprecht-Karls-Universität Heidelberg gilt der herzliche Dank für die finanzielle Unterstützung der Publikation.

Heidelberg, Juni 2025 *Mariusz Jelonek*

Inhaltsübersicht

Inhalt

Teil 1 Einleitung – Methode und Gegenstand der Untersuchung

I. Problemaufriss

Unternehmen kommt eine enorme wirtschaftliche und gesellschaftliche Bedeutung zu, sodass ihre Organisation schon lange im Zentrum des gesetzgeberischen und gesellschaftlichen Interesses steht. Dennoch fokussierte sich der Gesetzgeber über lange Zeit auf die Fragen ihrer Verfassung; die neuen Regelungen betrafen daher meist die Organe von juristischen Personen und deren Verhältnis zueinander. Die Normen bezogen auf die Organisation unterhalb der Geschäftsleitungsebene waren nur selten anzutreffen oder beschränkten sich ausschließlich auf konkrete Wirtschaftszweige, wie z. B. die Kreditwirtschaft. Die Fragen der sachgemäßen Organisation wurden hauptsächlich aus der Perspektive des Deliktsrechts (organisationsbezogene Verkehrssicherungspflichten)[1] sowie des Ordnungswidrigkeitenrechts[2] erörtert. Die allgemeine Organisationspflicht des Vorstands inklusive der Business Judgment Rule aus § 93 Abs. 1 S. 2 AktG ist nur vereinzelt vertieft untersucht worden.[3] Es wurde bisher kaum die organisationale Dimension der Buchführungspflicht nach § 91 Abs. 1 AktG erkannt.[4]

Seit ein paar Jahren verschiebt sich der Fokus des gesetzgeberischen Interesses schrittweise auf die unternehmensinterne Organisation, was die bisher dort vorherrschende Organisationsfreiheit gefährdet: Den Startschuss für die neuere Entwicklungen in diesem Bereich gab das KonTraG 1998[5], das sich durch die Einführung der Pflicht zur Einrichtung eines Risikofrüherkennungssystems in § 91 Abs. 2 AktG mit der Organisation des Unternehmens unterhalb der Geschäftsleitungsebene explizit befasst. Hinzu kamen zahlreiche weitere Regelungen der letzten Jahre: Das FISG 2021[6] ergänzte den Katalog der expliziten Organisationspflichten mit § 91 Abs. 3 AktG um Vorgaben für das Risikomanagementsystem sowie für das interne Kontrollsystem. Das Lieferkettensorgfaltspflichtengesetz

1 S. umfassend *Spindler*, Unternehmensorganisationspflichten, 2001, S. 599 ff. (insb. S. 689 ff.).

2 S. monographisch *Bosch*, Organisationsverschulden, 2002, passim.

3 S. etwa *Fleischer*, ZIP 2003, 1, 5 ff. sowie *Nietsch*, ZGR 2015, 631 ff.; *Ott*, ZGR 2017, 149 ff.

4 S. aber *Hommelhoff*, Konzernleitungspflicht, 1982, S. 185 f.

5 Gesetz zur Kontrolle und Transparenz im Unternehmensbereich (KonTraG) vom 27. April 1998, BGBl. I S. 786.

6 Gesetz zur Stärkung der Finanzmarktintegrität (Finanzmarktintegritätsstärkungsgesetz – FISG) vom 3. Juni 2021, BGBl. I, S. 1534.

2021 (LkSG)[7] sowie die CSDDD[8] sehen weitere Normen vor, die sowohl die Aufbau- als auch die Ablauforganisation des Unternehmens betreffen und ein System zum Schutz bestimmter Menschenrechte und Umweltgüter vorgeben. Diese schrittweise Erweiterung löst das Bedürfnis aus, die dogmatischen Grundlagen der Organisationsfreiheit vor allem im Privatrecht als Gegenpol zu den aufkommenden Organisationspflichten zu fundamentieren; denn den neuen Pflichten wohnt die Gefahr inne, den Handlungsspielraum des Vorstands in Gestalt seiner Organisationsfreiheit durch die Rechtsunsicherheit, mangelnde Flexibilität und situationsferne Regeln zu stark einzuengen. Dies könnte langfristig die Zukunfts- und Wettbewerbsfähigkeit der Unternehmen beeinträchtigen. Daher ist es entscheidend, eine Balance zwischen der Organisationsfreiheit und den Organisationspflichten zu finden, um die unternehmerische Dynamik und Schaffenskraft, auch zum Wohle der Allgemeinheit, zu erhalten.

Das Forschungsgebiet der Organisationsfreiheit und der Organisationspflichten hat interdisziplinären Charakter. Es vereint die betriebswirtschaftlichen und die rechtlichen Aspekte in sich; beide Perspektiven sind unabdingbar, um die Regelungen sachgemäß beurteilen zu können. Für die Untersuchung ist das Phänomen »Organisation« fundamental, wie es von der betriebswirtschaftlichen Organisationswissenschaft begriffen wird. Dabei sind die Arten, Eigenschaften sowie die Möglichkeit der Bewertung der Organisation von Bedeutung. Auf diesem Fundament wird die rechtliche Analyse aufgebaut.

Zu der Herausforderung der Interdisziplinarität kommt noch die relativ hohe Intradisziplinarität innerhalb der Rechtswissenschaften selbst hinzu; denn die Organisationspflichten lassen sich mit verschiedenen Rechtsgebieten verknüpfen: § 91 AktG weist eine aktienrechtliche Natur auf und stellt die Brücke zum Rechnungslegungsrecht her; § 130 OWiG gehört dem Strafrecht i. w. S. an; das LkSG kann nur unter Berücksichtigung des öffentlich-rechtlichen Durchsetzungsregimes in §§ 12 ff. LkSG vollständig ausgemessen werden;[9] über all' dem schwebt die sowohl im Verfassungsrecht als auch im europäischen Primärrecht verankerte Organisationsfreiheit.[10]

Das praktische Gewicht der dogmatischen Herausforderungen wird durch die enorme Bedeutung von der inneren Organisation für das Unternehmen zusätzlich erhöht. Sie beeinflusst seinen Erfolg erheblich, indem sie dessen Effizienz

7 Gesetz über die unternehmerischen Sorgfaltspflichten in Lieferketten vom 16. Juli 2021, BGBl. I, S. 2959.

8 Richtlinie (EU) 2024/1760 des Europäischen Parlaments und des Rates vom 13. Juni 2024 über die Sorgfaltspflichten von Unternehmen im Hinblick auf Nachhaltigkeit und zur Änderung der Richtlinie (EU) 2019/1937 und der Verordnung (EU) 2023/2859, ABl. (EU) L 2024/1760.

9 Zur Interdisziplinarität des Lieferkettenrechts an sich vgl. *Kalss*, ZfPW 2024, 181, 185; vgl. auch BeckOGK/*Hübner/Weller*, 1.9.2023, LkSG § 3 Rn. 110.

10 S. dazu unten Teil 3, III. mwN.

bestimmt;[11] folglich kann die Qualität der Organisation für das Fortbestehen oder den Untergang des Unternehmens im Wettbewerb mitverantwortlich sein.[12]

Umso bedeutsamer erscheinen aus der rechtlichen Perspektive die Eingriffe des Gesetzgebers in die Organisationsfreiheit der Unternehmensleitungen. Es gibt mehrere Möglichkeiten, wie die Organisationspflichten die Unternehmen beeinflussen: Sie können für die Professionalisierung des Unternehmens sorgen, seinen Fortbestand absichern, dessen Gewinne reduzieren oder das Geschäftsmodell unrentabel machen. Deswegen bedarf es rechtlicher Werkzeuge, die sowohl den Gesetzgeber bei der Rechtsetzung als auch die Unternehmen bei der Anwendung neuer Regelungen unterstützen. Der Organisationsfreiheit ist bei der Auslegung des neuen Rechts gebührend Rechnung zu tragen; sie darf nicht in einer Regelungsflut untergehen.

II. Forschungsstand

Die Organisationsfreiheit samt den Organisationspflichten lässt sich zum Organisationsrecht zusammenfassen. Dieses Rechtsgebiet ist ein Forschungsfeld, das bisher (nur) zum Teil aus der juristischen Perspektive erschlossen wurde. Insbesondere wurden die Fragen der Normierbarkeit an sich, der verfassungsrechtlichen Grundlagen und der öffentlich-rechtlichen Verwaltungsakte in diesem Bereich schon intensiv von *Spindler* untersucht.[13] Die verfassungsrechtlichen Aspekte wurden von *Rast* vertieft.[14] Keiner umfassenden Analyse wurden die privatrechtlichen Grundlagen und die Funktionen der Organisationsfreiheit unter interdisziplinärer Einbeziehung der Betriebswirtschaftslehre unterzogen; das Fundament in diesem Bereich hat jedoch bereits *Nietsch* gelegt[15]. Es fehlt ferner die primärrechtlich-grundrechtliche Verankerung in der Grundrechte-Charta, die angesichts der unionsrechtlichen Regelungen nicht übersehen werden darf.

Die in dieser Arbeit vorzunehmende systematische Einordnung im Privatrecht und die zu untersuchenden Funktionen der Organisationsfreiheit sollen methodische Werkzeuge bereitstellen, die bei der Handhabung von Organisationsnormen behilflich sein können; hierbei sollen die herauszuarbeitenden Rechtssetzungs- und Auslegungsgebote Hilfe leisten, die sowohl an den Gesetzgeber als auch an den Rechtsanwender adressiert sein werden. Im Kontext der Rechtssetzungs- und Auslegungsgebote wird ein besonderes Augenmerk auf die prinzipienorientierte

11 Vgl. *Siedenbiedel* Organisationale Gestaltung, S. 13 f., wo die Produktivität als eines der Organisationsziele definiert ist; s. auch *Hill/Fehlbaum/Ulrich* Organisationslehre, Bd. 1, S. 162 ff.

12 Zu der Effizienz-, Flexibilitäts- sowie der Wettbewerbsfunktion der Organisationsfreiheit s. ausführlich unten Teil 3, II. A. bis C.

13 *Spindler*, Unternehmensorganisationspflichten, 2001, S. 433 ff.

14 *Rast*, Organisationsfreiheit, 2022.

15 S. *Nietsch*, ZGR 2015, 631 ff.

Regulierung zu richten sein, die zwar bereits international gründlich diskutiert wurde,[16] aber dennoch in rechtstheoretischer Hinsicht noch weiter analysiert werden soll.

Dem Leitungsermessen sowie der Business Judgment Rule widmet sich eine beispiellose Fülle an rechtswissenschaftlicher Literatur. Aus der Zeit vor der Kodifikation sind in diesem Kontext ausdrücklich die Habilitationsschriften von *Paefgen*[17] und von *Lohse*[18] hervorzuheben. Nach der Kodifikation kamen noch die Habilitationsschrift von *A. Arnold*[19] sowie die von *Harnos*[20] dazu. Die Anzahl an Monographien zu diesem Thema ist beträchtlich. Allerdings wurde die Leitungsfreiheit bezogen auf die Organisation noch nicht monographisch analysiert.[21]

Die Legalitätspflicht und die Legalitätsdurchsetzungspflicht sind Gegenstand eines fortdauernden wissenschaftlichen Interesses; abgesehen von einer umfassenden Anzahl an Einzelbeiträgen[22] widmen sich diesem Thema die Monografien von *Holle*[23] und von *Breitenfeld*[24] sowie neulich die Habilitationsschrift von *Christoph A. Weber*.[25] Das neue Hinweisgeberschutzgesetz (HinSchG)[26] ist zwar bisher noch nicht monographisch analysiert worden,[27] aber die Arbeit von *Fischer* untersucht umfassend die durch das HinSchG umgesetzte Hinweisgeberschutzrichtlinie[28].

Intensiv monographisch aufgearbeitet wurde das Risikofrüherkennungssystem nach § 91 Abs. 2 AktG. In diesem Kontext sind die Arbeiten von *J. G. Schäfer*[29],

16 S. *Black*, Capital Markets Law Journal, Vol. 3 No. 4 (2008), S. 425 ff. mwN.
17 *Paefgen*, Unternehmerische Entscheidungen, 2002.
18 *Lohse*, Ermessen, 2005.
19 *A. Arnold*, Steuerung, 2007.
20 *Harnos*, Kontrolldichte, 2021.
21 S. aber *Nietsch*, ZGR 2015, 631 ff.; *Ott*, ZGR 2017, 149 ff.
22 S. etwa *Thole*, ZHR 173 (2009), 504 ff.; *Verse*, ZHR 175 (2011), 401 ff.; *Harbarth*, ZHR 179 (2015), 136 ff.
23 *Holle*, Legalitätskontrolle, 2014.
24 *Breitenfeld*, Legalitätspflicht, 2016.
25 *C. A. Weber*, Rechtsdurchsetzung, 2024.
26 Gesetz für einen besseren Schutz hinweisgebender Personen sowie zur Umsetzung der Richtlinie zum Schutz von Personen, die Verstöße gegen das Unionsrecht melden vom 31. Mai 2023, BGBl. I, Nr. 140.
27 S. aber die zahlreichen Aufsätze, z. B. *Quast/Ohrloff*, CCZ 2022, 303; *Bayreuther*, NZA-Beilage 2022, 20; s. auch *Steinhauser/Kreis*, EuZA 2021, 422; *Dilling*, CCZ 2022, 145.
28 Richtlinie (EU) 2019/1937 des Europäischen Parlaments und des Rates vom 23. Oktober 2019 zum Schutz von Personen, die Verstöße gegen das Unionsrecht melden, ABl. (EU) L 305/17.
29 *J. G. Schäfer*, Überwachungssystem, 2001.

Jakobus[30] und *Berenbrok*[31] zu erwähnen. Als eine neue Vorschrift wurde § 91 Abs. 3 AktG noch nicht umfassend untersucht.

Die organisationale Reichweite der Buchführungspflicht aus § 91 Abs. 1 AktG bedarf einer vertieften Untersuchung, v. a., soweit es um die Sicherstellung der unternehmerischen Kontrolle geht. Umfassend analysiert hat *Böhmer* bereits die organisationalen Anforderungen, die aus dem allgemeinen Rechnungslegungsrecht herrühren.[32] Die Auswirkungen des wachsenden Lageberichts samt der CSRD[33] sowie den ESRS[34] auf die Organisation sind bisher nur vereinzelt in den Fokus der Rechtswissenschaft gerückt.[35]

Das LkSG ist Gegenstand von zahllosen Zeitschriftenbeiträgen[36] und einer umfangreichen Kommentarliteratur[37]; es wurde außerdem von *Geh*[38] monographisch untersucht. Deutlich geringer ist die Literaturdichte bezogen auf die CSDDD[39], da die Unterschiede zwischen dem Kommissionsvorschlag und der endgültigen Fassung nur eine eingeschränkte Nutzung der vor der Verabschiedung veröffentlichten Literatur zulassen.

Die Auswirkungen der neueren Organisationspflichten auf die Unternehmensverfassung sind bisher noch nicht vertieft untersucht worden; denkbar erscheint die mittelbare Beeinflussung der aktienrechtlichen Zielbestimmung durch diese Regelungen.

30 *Jakobus*, Risikomanagement, 2013.
31 *Berenbrok*, Risikomanagement, 2016.
32 *Böhmer*, Rechnungslegung, 2020.
33 Corporate Sustainability Reporting Directive (CSRD) bzw. Richtlinie (EU) 2022/2464 des Europäischen Parlaments und des Rates vom 14. Dezember 2022 zur Änderung der Verordnung (EU) Nr. 537/2014 und der Richtlinien 2004/109/EG, 2006/43/EG und 2013/34/EU hinsichtlich der Nachhaltigkeitsberichterstattung von Unternehmen, ABl. (EU) L 322/15.
34 European Sustainability Reporting Standards (ESRS) bzw. der Anhang zur Delegierten Verordnung (EU) 2023/2772 der Kommission vom 31. Juli 2023 zur Ergänzung der Richtlinie 2013/34/EU des Europäischen Parlaments und des Rates durch Standards für die Nachhaltigkeitsberichterstattung, ABl. (EU) L 2023/2772.
35 S. *Hommelhoff/Allgeier/Jelonek*, NZG 2023, 911 ff.
36 Vgl. bspw. *Wagner/Ruttloff/Wagner*, Das Lieferkettensorgfaltspflichtengesetz in der Unternehmenspraxis, 2022; *Cappel/Hund*, IWRZ 2022, 174; *Sagan/Schmidt*, NZA-RR 2022, 281; *Ruttloff/Wagner/Hahn/Freihoff*, CCZ 2022, 20.
37 S. Gehling/Ott, LkSG; Fleischer/Mankowski, LkSG; Schall/Theusinger/Pour Rafsendjani, LkSG; Spießhofer/Späth, LkSG.
38 *Geh*, Vorstandshaftung, 2024.
39 S. statt vieler *Stöbener de Mora/Noll*, EuZW 2023, 14.

III. Gegenstand der Untersuchung

Die zentrale Forschungsfrage betrifft das systematische Verhältnis zwischen der Organisationsfreiheit des Vorstands in der Aktiengesellschaft und den alten und den neuen Regelungen, die diese einschränken, und die Auswirkungen dieser Dynamik auf das Gesellschaftsrecht. Als Vorfrage hierzu werden die betriebswirtschaftlichen und rechtlichen Fundamente der Organisationsfreiheit und ihre Funktionen untersucht. Zudem wird der Frage nachgegangen, welche Rolle für die Organisationsfreiheit offene Zielvorgaben zur Unternehmensorganisation spielen und wie diese Rolle rechtstheoretisch abzusichern ist. Nachfolgend wird eruiert, inwiefern und zu welchem Grad es sich bei den alten und bei den neuen Organisationspflichten von Aktiengesellschaften um offene Zielvorgaben handelt und welche Konsequenzen dies für ihr Zusammenspiel hat.

Die Analyse fokussiert sich hierbei auf die AG und ihren Vorstand. Der Aufsichtsrat, die Hauptversammlung sowie die Aktionäre werden nur als Randfiguren gelegentlich behandelt. Ebenfalls beschäftigt sich diese Arbeit nur inselartig mit anderen Rechtsformen. Die Fragen des allgemeinen Zivilrechts werden nur in engen Grenzen einbezogen. Das Arbeitsrecht wird ebenfalls zum großen Teil ausgeblendet; insb. werden die organisationalen Auswirkungen der Betriebsverfassung einschließlich der betrieblichen Mitbestimmung außer Acht gelassen.

Den normativen Gegenstand dieser Arbeit stellen somit die Regelungen des AktG mit dem Fokus auf § 76 Abs. 1, § 91 Abs. 1 bis 3 und § 93 Abs. 1 S. 1 und S. 2 AktG; allerdings werden die in diesem Kontext aufkommenden prozessrechtlichen Fragestellungen nicht behandelt[40]. Aufgrund ihrer grundsätzlichen Bedeutung werden die Legalitätsdurchsetzungspflicht sowie die organisationsbezogenen Pflichten aus dem HinSchG in die Untersuchung einbezogen. Diese Gegenstände werden durch das Rechnungslegungsrecht ergänzt, das über die Buchführungspflicht in die Untersuchung Eingang findet; hierbei richtet sich das Augenmerk auf die CSRD, die ESRS sowie die Taxonomie-VO[41]. Die normative Grundlage der Untersuchung wird ferner um das LkSG und die CSDDD erweitert. Die Omnibus-Vorschläge der EU-Kommission zur Reform der CSRD und der CSDDD[42] werden nicht berücksichtigt. Die branchenbezogenen Organisationspflichten (z. B. im Bereich der Kreditwirtschaft) werden wegen ihrer speziel-

40 S. aber umfassend zu dieser Problematik *Jena*, Die Business Judgment Rule im Prozess, 2020, S. 255 ff.

41 Verordnung (EU) 2020/852 des Europäischen Parlaments und des Rates vom 18. Juni 2020 über die Einrichtung eines Rahmens zur Erleichterung nachhaltiger Investitionen und zur Änderung der Verordnung (EU) 2019/2088, ABl. (EU) L 198/13.

42 Der Vorschlag für eine Richtlinie des Europäischen Parlaments und des Rates zur Änderung der Richtlinien (EU) 2022/2464 und (EU) 2024/1760, KOM (2025) 80 final, sowie der Vorschlag für eine Richtlinie des Europäischen Parlaments und des Rates zur Änderung der Richtlinien 2006/43/EG, 2013/34/EU, (EU) 2022/2464 und (EU) 2024/1760, KOM (2025) 81 final.

len Ausrichtung ausgeblendet. Ferner werden hier die besonderen Lieferkettenpflichten nicht eruiert, die sich auf einzelne Problembereiche beziehen.

IV. Methode

Die Arbeit bedient sich der vier klassischen Auslegungsmethoden: Wortlaut, Systematik, Geschichte, Telos.[43] Dennoch gelten hier einige Besonderheiten, auf die kurz eingegangen werden muss:

Wird das Recht als ein gesellschaftliches Steuerungsinstrument begriffen, dann ergibt sich hieraus die Notwendigkeit, die sachlichen Gesetzlichkeiten des zu normierenden Verhaltens zu berücksichtigen.[44] Dies hängt eng mit dem Telos der Normen zusammen; denn das gesetzgeberische Ziel lässt sich kaum erreichen, wenn die Normen bei ihrer verhaltenssteuernden Wirkung auf einen breiten Widerstand der Sachgesetze stoßen. Aus diesem Grund ist der Ausgangspunkt dieser Arbeit der Stand der (betriebswirtschaftlichen) Organisationswissenschaft.

Die Betriebswirtschaftslehre spielt eine wesentliche Rolle bei der Auslegung vom Wortlaut, denn im Rahmen der aktienrechtlichen Organisationspflichten bedient sich der Gesetzgeber der Fachbegriffe dieses Forschungsgebiets.[45] Damit können diese Begriffe nicht frei verstanden werden, wie sich dies aus dem allgemeinen Sprachgebrauch ergeben würde, sondern sie werden mit dem fachlichen Hintergrund in den Auslegungsprozess einbezogen. Gleichzeitig müssen die betriebswirtschaftlichen Konzepte den rechtlichen Rahmen einhalten,[46] sodass von einer gewissen Wechselwirkung gesprochen werden kann.[47] Die Fachbegriffe hängen darüber hinaus eng mit den gesetzgeberischen Zielvorstellungen zusammen, sodass der Wortlaut paradoxerweise den Blick auf das Telos lenkt.

43 S. etwa *Rüthers/Fischer/Birk*, Methodenlehre, Rn. 731 ff.; s. auch *Wank/Maties*, Die Auslegung von Gesetzen, S. 41 ff.; *Zippelius*, Methodenlehre, S. 35 ff.

44 S. prägnant *F. Müller/Christensen*, Juristische Methodik, Bd. I, S. 241 f.: »Im Verfassungsrecht zeigt es sich besonders deutlich, dass eine Rechtsnorm kein gegenüber ihrem Regelungsbereich isolierbares hypothetisches Urteil ist, keine der Wirklichkeit autoritativ übergestülpte Form, sondern **eine ordnende und anordnende Folgerung aus der Sachstruktur des geregelten Sozialbereichs**.«; s. aber die eher positivistische Perspektive von *Zippelius*, Methodenlehre, S. 5 ff.

45 S. etwa § 91 Abs. 3 AktG; vgl. etwa MüKoAktG/*Spindler*, AktG § 91 Rn. 112 mwN; KK-AktG/*Cahn*, § 91 Rn. 34 f.; s. mehr hierzu unten Teil 5, IV. D. 2. a). (1).

46 S. *v. Werder*, Führungsorganisation, S. 56 ff. und seine rechtsnormorientierte Organisationstheorie; s. zur älteren Meinung, das Recht sei aus der betriebswirtschaftlichen Perspektive nur ein Störfaktor *Hommelhoff* in: Druey, Das St. Galler Konzernrechtsgespräch, 1986, S. 107, 108 mwN.

47 AA im Kontext der Zulässigkeit von Matrixorganisation *Schwind*, Matrix, 2022, S. 25 f.

Es würde angesichts der die Regulierung bedingenden Sachgesetzlichkeiten und vor allem aufgrund des gesetzgeberischen Verweises auf die Betriebswirtschaftslehre zu kurz greifen, diese als eine bloße »Voraussetzung für die Untersuchung«[48] oder eine dienende Hilfswissenschaft[49] zu verstehen. Die Rechtswissenschaft und die Wirtschaftswissenschaft sind bezogen auf das Gesellschaftsrecht zu einem interdisziplinären Dialog[50] gezwungen, der jeweils die Erkenntnisse und die Ergebnisse des anderen wesentlich beeinflussen kann.[51]

Diese Interdisziplinarität stellt allerdings gleichzeitig eine wesentliche Herausforderung dar: Denn die Organisationslehre ist selbst weitestgehend interdisziplinär.[52] Die neuen Organisationspflichten sind wiederum aus der rechtlichen Perspektive betrachtet intradisziplinär:[53] Das LkSG vereint in sich insb. das Gesellschaftsrecht, das Völkerrecht, das Verwaltungsrecht, das Prozessrecht und das Ordnungswidrigkeitenrecht.[54] Diese Arbeit zielt darauf ab, alle diese Aspekte bei der Beurteilung der Normen aus der gesellschaftsrechtlichen Perspektive zu berücksichtigen, um den intra- und interdisziplinären Dialog zu intensivieren. Allerdings kann dies zu Qualitätsproblemen in jenen Bereichen führen, in denen der Verfasser über keine Expertise verfügt.[55]

V. Gang der Arbeit

Zunächst wird der organisationswissenschaftliche Grundstein gelegt, indem der Stand der aktuellen Organisationslehre kurz skizziert wird. Der rechtliche Ausgangspunkt dieser Arbeit ist die Organisationsfreiheit des Unternehmensträgers. Nachfolgend werden privat- sowie verfassungsrechtliche Grundlagen und die Funktionen der Organisationsfreiheit unter Einbeziehung wirtschaftswissenschaftlicher Erkenntnisse untersucht. Aus den Funktionen sind dann die Prinzipien herzuleiten, die die Rechtsetzung und die Auslegung von Organisationsvorgaben kennzeichnen sollten.

48 So aber *Schwind*, Matrix, 2022, S. 23 ff.
49 So z. B. *Martinek*, jM 2018, 447, 454.
50 Vgl. zur Definition der Interdisziplinarität *Martinek*, jM 2018, 447; *Hilgendorf*, JZ 2010, 913, 914.
51 Skeptisch zum Dialog mit der Betriebswirtschaftslehre im Kontext der Organisation der Compliance-Systeme *Martinek*, jM 2018, 447, 452.
52 S. *Rouleau*, Organization Theories in the Making, 2022, S. 14, die nicht nur die Soziologie, die Psychologie, die Wirtschaftslehre sowie die Anthropologie, sondern auch die Literaturwissenschaft und die Geographie nennt.
53 S. zum Begriff *Hilgendorf*, JZ 2010, 913, 915 ff. mwN.
54 Vgl. die Ausführungen zum LkSG, die im Zusammenhang mit diesen Rechtsgebiete stehen, unten Teil 6, I.
55 Vgl. zu diesem Nachteil der Interdisziplinarität *Hilgendorf*, JZ 2010, 913, 920 f.

Sobald die Prinzipien feststehen, werden sie auf die ausgewählten Organisationsvorgaben ausgerichtet. Als erstes wird das Leitungsermessen im Spannungsverhältnis zwischen der Leitungsfreiheit nach § 76 AktG und der in § 93 Abs. 1 S. 2 AktG verankerten Business Judgment Rule analysiert. Darauf folgt eine Analyse der organisationalen Dimension der Legalitätspflicht, der Legalitätsdurchsetzungspflicht und des HinSchG. Auch § 91 Abs. 1, Abs. 2 sowie Abs. 3 AktG wird tiefer untersucht. Die Analyse der CSRD, der ESRS und der Taxonomie-VO knüpft an den § 91 Abs. 1 AktG an. Besonderes Augenmerk gilt dem LkSG und der CSDDD. Das Verhältnis zwischen den besonderen Organisationsvorgaben und dem allgemeinen Leitungsermessen ist ebenfalls zu eruieren. Am Ende wird analysiert, wie sich die Organisationspflichten im Lichte der vorherigen Erkenntnisse auf die Unternehmensverfassung der Aktiengesellschaft auswirken; dabei liegt ein besonderer Schwerpunkt auf der mittelbaren Konkretisierung des Unternehmensziels durch den Gesetzgeber.

Teil 2 Organisation – betriebswirtschaftliche Grundlagen

I. Organisation als Gegenstand der Organisationswissenschaft

A. Definitionen der Organisation

Was ist die Organisation, betrachtet als ein Forschungsobjekt? Diese Frage ist der Ausgangspunkt der gesamten Organisationswissenschaft. Als Antwort hierauf wurden eine instrumentelle, funktionale und institutionelle Definition der Organisation entwickelt.[56]

Nach dem instrumentellen Verständnis handelt es sich hierbei um ein Werkzeug, das vom Management genutzt wird, um die Ziele der Organisation zu erreichen; demnach stellt die Organisation ein »dauerhaft angelegtes System von Regeln zur Erfüllung der betrieblichen Aufgaben sowie zur Realisierung der betrieblichen Ziele«[57].

Eine weitere Perspektive ist die funktionale[58]. Deren Schwerpunkt bildet nicht das System, sondern der Prozess; denn ihr folgend sei die Organisation ein »Prozess rationaler, zielorientierter Gestaltung sozio-technischer Systeme«[59]. Von der instrumentellen Perspektive unterscheidet sie sich also durch die in ihr innenwohnende Dynamik.

Die institutionelle Betrachtungsweise sieht in der Organisation ein »soziales Gebilde, das dauerhaft ein Ziel verfolgt und eine formale Struktur aufweist, mit

56 *Bergmann/Garrecht*, Organisation, S. 2 ff.; *Bea/Göbel*, Organisation, S. 25 f.; aA aber *Hill/Fehlbaum/Ulrich*, Organisationslehre, Bd. 1, S. 17, die nur zwei Definitionen vorstellen: die institutionalistische und die instrumentalistische; *Thommen/Achleitner/u.a.m.*, Betriebswirtschaftslehre, S. 434.

57 *Siedenbiedel*, Organisationale Gestaltung, S. 2; ähnlich definieren die Organisation im instrumentellen Sinne *Bergmann/Garrecht*, Organisation, S. 4; vgl. auch *Hill/Fehlbaum/Ulrich*, Organisationslehre, Bd. 1, S. 17; s. auch *v. Werder*, Organisationsstruktur und Rechtsnorm, 1986, S. 36 f.

58 *Siedenbiedel*, Organisationale Gestaltung, S. 2 f.; *Lang/Lang*, Organisationslehre, 2010, S. 19; ähnlich *Bea/Göbel*, Organisation, S. 26 f., die von einem *prozessorientierten* Organisationsbegriff sprechen; vgl. *Schreyögg/Geiger*, Organisation, S. 4 ff.

59 *Siedenbiedel*, Organisationale Gestaltung, S. 2; vgl. auch *Lang/Lang*, Organisationslehre, S. 19; s. aber die Definition von *Bea/Göbel*, Organisation, S. 27, die die Selbstorganisationsprozesse berücksichtigt.

deren Hilfe die Aktivitäten der Mitglieder[60] auf das verfolgte Ziel hin ausgerichtet werden sollen«[61]; es geht also um die Institution als solche. Nach diesem Verständnis sind die Organisation und das Unternehmen als Synonyme zu betrachten.[62]

Eine besondere Ausprägung des institutionellen Organisationsbegriffs hat sich im Rahmen der Neuen Institutionenökonomik ausgebildet. Demnach sei die Organisation ein »Netzwerk relationaler Verträge zwischen Einzelpersonen«[63]. Die relationalen Verträge zeichnen sich dadurch aus, dass sie lange fortbestehen, einen wiederholten Austausch umfassen und hierarchisch aufgebaut sind.[64]

B. Die Bewertung aus der rechtlichen Perspektive

Alle oben dargestellten Definitionen lassen sich für die rechtliche Analyse der Organisationsfreiheit und der Organisationsvorgaben fruchtbar machen. Das institutionelle Verständnis scheint am wenigsten relevant zu sein; allerdings ist das die Organisation bzw. das Unternehmen tragende Rechtssubjekt regelmäßig der Adressat[65] von Organisationspflichten.[66]

Das funktionale bzw. prozessuale Verständnis der Organisation stellt den zentralen Aspekt jeder Organisationspflicht dar. Denn jede solche Pflicht muss auch tatsächlich umgesetzt werden, womit sich das Augenmerk auf die entsprechende organisationale Gestaltung richtet. Jede Organisation muss sich ständig an die

60 Damit sind die Mitarbeiter und das Management gemeint; die Mitglieder des Unternehmens bzw. der Organisation sind nicht mit den Aktionären bzw. Gesellschaftsmitgliedern im rechtlichen Sinne zu verwechseln.

61 *Siedenbiedel*, Organisationale Gestaltung, S. 4.

62 *Siedenbiedel*, Organisationale Gestaltung, S. 3 f.; *Lang/Lang*, Organisationslehre, 2010, S. 18; ähnlich *Bea/Göbel*, Organisation, S. 25.

63 *Bea/Göbel*, Organisation, S. 141 beruhend auf *Richter/Furubotn*, Neue Institutionenökonomik, S. 326 f.; vgl. *Coase*, Economica 1937, Vol. 4 No. 16, S. 386 ff.; s. mehr unten Teil 2 II. G. 1.

64 *Richter/Furubotn*, Neue Institutionenökonomik, S. 326, die vermeintlich aufbauen auf *Podolny/Page*, Annual Review of Sociology Vol. 24 (1998), S. 57 (59), die jedoch nur eine besondere Unterform der Organisation behandeln und mit ihrem Begriff des Netzwerks keine (Einzel-)Unternehmen meinen (jedoch bspw. Unternehmensgruppen); s. auch *Bea/Göbel*, Organisation, S. 141; mehr zu der Theorie relationaler Verträge *Richter/Furubotn*, Neue Institutionenökonomik, S.184 ff.

65 Zur einfacheren Lesbarkeit wird das generische Maskulinum verwendet. Die in dieser Arbeit verwendeten Personenbezeichnungen beziehen sich auf alle Geschlechter.

66 Alternativ können die Organisationspflichten eine Organpflicht darstellen, vgl. etwa § 91 Abs. 2 AktG. Zur Phänomenologie der Organisationspflichten aus der Sicht einer AG s. unten Teil 5, I.

Umwelt und die Änderungen im Unternehmen selbst anpassen [67] und dennoch den rechtlichen Rahmen einhalten; damit ist diese Perspektive nicht nur bei der erstmaligen Umsetzung von Organisationspflichten, sondern auf Dauer von Relevanz.

Die instrumentelle Perspektive erscheint ebenfalls relevant. Die Organisationsvorgaben werden den Unternehmen durch den Gesetzgeber nicht um ihrer selbst willen vorgeschrieben, sondern stellen eine Brücke zu den jeweiligen gesetzgeberischen Endzielen[68] dar. Diese Endziele setzen voraus, dass das Management über die zu deren Erreichung notwendigen Instrumente verfügt. Die Organisation ist daher als ein Werkzeug des Managements und darüber hinaus als ein (mittelbares) Werkzeug des Gesetzgebers zu verstehen.

C. Der weitere Gang der Untersuchung

Die Unterschiede in der Annäherung an das Phänomen der Organisation sind von großem Gewicht. Sie schlagen sich in zahlreichen Forschungsansätzen nieder, die nachfolgend kurz skizziert werden.

II. Forschungsansätze der Organisationstheorie

Die Ansätze der Organisationsforschung bilden die wissenschaftliche Grundlage für die weitere Untersuchung der organisationalen Gestaltung, denn sie zeigen deren Hintergründe, Möglichkeiten und Grenzen auf.[69] Bei den hier darzustellenden Ansätzen[70] handelt es sich lediglich um Modelle, die Stärken und Schwächen haben und keine allgemeine Gültigkeit beanspruchen (können)[71], denn sie verzerren durch ihre Grundannahmen und ggf. ihre Methoden die zu untersuchende Realität.

67 Vertieft zu situativen Rahmenbedingungen einer Organisation *Hill/Fehlbaum/Ulrich*, Organisationslehre, Bd. 1, S. 319 ff.; zum situativen Ansatz in der Organisationslehre s. unten Teil 2, II. E.

68 Beispielsweise kann als Zweck des Früherkennungs- und Überwachungssystems nach § 91 Abs. 2 AktG die Insolvenz- und Krisenprophylaxe genannt werden, BeckOGK/*Fleischer*, 1.2.2025, AktG § 91 Rn. 30; zu den Funktionen des § 91 Abs. 2 AktG s. mehr unten Teil 5, IV. C.

69 *Bea/Göbel*, Organisation, S. 51; *Scherer/Marti* in: Kieser/Ebers, Organisationstheorien, S. 17.

70 Die Reihenfolge, die Bezeichnungen und die Auswahl der Ansätze beruhen zum großen Teil auf *Bea/Göbel*, Organisation, S. 71 ff. und Kieser/Ebers, Organisationstheorien, S. 45 ff.

71 *Vahs*, Organisation, S. 53 f.; *Bea/Göbel*, Organisation, S. 224.

Aufgrund der hohen Internationalität der Organisationswissenschaft werden die Ansätze aus einer vorwiegend ubiquitären Perspektive beleuchtet; dennoch sind die Arbeiten in der deutschen Sprache teilweise mit einem größeren Gewicht berücksichtigt worden.

A. Der Bürokratie-Ansatz von Max Weber

Eine eigene Theorie der Organisations- (bzw. »Herrschafts-«[72])Formen entwickelte *Max Weber* kurz vor dem Ersten Weltkrieg.[73] Sie wurde aber erst nach seinem Tod 1922 veröffentlicht[74]. Hiernach existieren drei Herrschaftsarten: Bürokratismus[75], Patrimonialismus[76] und Charismatismus. Das Hauptunterscheidungsmerkmal sei der Geltungs- bzw. Legitimationsgrund, auf dem jede dieser Herrschaftsformen beruhe: Dies seien entsprechend rationale Regeln, Tradition oder Charisma.[77]

Der Bürokratismus wurde in *Webers* Werk zuerst dargestellt (als »geläufigster und rationalster Typus«[78]) und bildete infolgedessen den Vergleichsmaßstab für die sonstigen Herrschaftsformen. Die Bürokratie zeichne sich durch die fest geregelten Kompetenzen, durch Hierarchie, Aktenmäßigkeit, Sachkunde, Spezialisierung, die hauptberufliche Amtsführung und die Regelgebundenheit aus.[79] Dies gelte sowohl für eine öffentlich-rechtliche Behörde als auch für ein privates Untenehmen.[80] Der Beamte könne sich nur auf einer bestimmten Laufbahn aufwärts innerhalb der Hierarchie bewegen;[81] diese forme ihn, um seine persönlichen und fachlichen Eigenschaften an die Bedürfnisse der Bürokratie anzupassen. Den Beamten treffe eine besondere Treuepflicht; anders als in Feudalismus, Patrimonialismus oder Charismatismus gelte aber die Treue nicht einer Person, sondern

72 Des Begriffs der Herrschaft bedient sich *Max Weber* in seinem *postumus* erschienen Werk *Wirtschaft und Gesellschaft*, S. 126 (A 603); er folgt also dem instrumentellen Organisationsbegriff.

73 Herausgeberische Einleitung von *Hanke/Kroll* in: *Max Weber*, Wirtschaft und Gesellschaft, S. 1 ff.

74 Herausgeberische Einleitung von *Hanke/Kroll* in: *Max Weber*, Wirtschaft und Gesellschaft, S. 92 ff.

75 Alternativ *Bürokratie* (bzw. *Bureaukratie*); denn das Wort »Bürokratismus« sei zu damaligen Zeit pejorativ gefärbt, vgl. herausgeberische Einleitung von *Hanke/Kroll* in: *Max Weber*, Wirtschaft und Gesellschaft, S. 30 ff.

76 *Max Weber* unterscheidet noch (vermutlich aus historischen Gründen) Feudalismus; dieser sei allerdings noch als ein Unterfall vom Patrimonialismus anzusehen, bei dem die Lehnsherrschaft die Autorität des Hausherren ersetze, *Max Weber*, Wirtschaft und Gesellschaft, S. 380 (A 724).

77 *Max Weber*, Wirtschaft und Gesellschaft, S. 145 ff. (A 610 ff.).

78 *Max Weber*, Wirtschaft und Gesellschaft, S. 149 (A 612).

79 *Max Weber*, Wirtschaft und Gesellschaft, S. 156 ff. (A 650 f.).

80 *Max Weber*, Wirtschaft und Gesellschaft, S. 156 (A 650).

81 *Max Weber*, Wirtschaft und Gesellschaft, S. 169 (A 655).

einem unpersönlichen sachlichen Zweck.[82] Die Beamten würden im Idealfall nach dem Grundsatz »sine ira ac studio«[83] arbeiten; die Tätigkeit sei »entmenschlicht« und emotionslos, lediglich dem Verstand untergeordnet.[84] Die Bürokratie sei anders gesagt einer Maschine vergleichbar;[85] die Einzelteile werden in ihr durch die Beamten ersetzt und folglich sind sie genauso gut austauschbar.

Als einen großen Vorteil der Bürokratie gegenüber den vorbürokratischen Herrschaftsformen stellt *Max Weber* die Abwesenheit von Willkür dar.[86] Ferner sei im Idealfall das Arbeitsergebnis immer berechenbar.[87] Als ein zweischneidiges Schwert kann gesehen werden, dass die Bürokratie »sich sehr leicht bereit findet, für jeden zu arbeiten, der sich der Herrschaft über ihn einmal zu bemächtigen gewusst hat«[88]. Die Führung entscheide, welche Werte und Inhalte hinter den zu vollziehenden Regeln des bürokratischen Apparats stehen.

Die Bürokratie mag im Vergleich zu feudal-patrimonialistischen und Charisma-bedingten Herrschaftsordnungen modern erscheinen; sie ist allerdings auch mit Nachteilen behaftet. Sie sei nur schwer zu kontrollieren, denn die Spezialisierung führe zur Wissensüberlegenheit des Beamtentums.[89] Die Aktenmäßigkeit verlangsame die Prozesse und führe zur Schwerfälligkeit.[90] Die strenge Regelgebundenheit sei darüber hinaus bei einer instabilen Umwelt aufgrund der mangelnden Flexibilität ineffizient.[91] Eine weitere Ineffizienz ergebe sich aus dem Motivationsmangel der Amtswalter, die von der Bürokratie hervorgerufen werde.[92]

Dem Ansatz von *Max Weber* kann entgegengesetzt werden, er beruhe auf einem vereinfachten Menschenbild.[93] Beamte sind keine Maschinenteile, sondern Menschen und können Widerstand leisten. Dieser Kritikpunkt wird durch die

82 *Max Weber*, Wirtschaft und Gesellschaft, S. 160 (A 652); vgl. *Bea/Göbel*, Organisation, S. 75, die das Konzept von *Max Weber* als durch eine unpersönliche Ordnung gekennzeichnet charakterisieren.
83 Lateinisch für »ohne Zorn und Eifer«.
84 *Max Weber*, Wirtschaft und Gesellschaft, S. 187 (A 662).
85 *Max Weber*, Wirtschaft und Gesellschaft, S. 185 (A 660 f.).
86 *Max Weber*, Wirtschaft und Gesellschaft, S. 195 f. (A 664); *Max Weber* merkt aber an, dass das Postulat der materiellen Gerechtigkeit dadurch nicht erfüllt werde, auch wenn die formale Gerechtigkeit (gemeint ist die Rechtsanwendungsgleichheit) in der Bürokratie eingehalten werde (S. 196 f.; A 664 f.).
87 *Max Weber*, Wirtschaft und Gesellschaft, S. 187 (A 662).
88 *Max Weber*, Wirtschaft und Gesellschaft, S. 209 (A 669).
89 *Max Weber*, Wirtschaft und Gesellschaft, S. 221 (A 673), der zusätzlich noch eine Beobachtung macht, dass die Herrscher sich der Wissens- und Machtüberlegenheit der Beamten mithilfe der Kollegien zu erwehren suchten, denn dort könnten sich die Fachleute gegenseitig kontrollieren; vgl. dazu *Siedenbiedel*, Organisationale Gestaltung, S. 52.
90 *Kieser* in: Kieser/Ebers, Organisationstheorien, S. 45, 74; *Siedenbiedel*, Organisationale Gestaltung, S. 51.
91 *Schreyögg/Koch*, Management, S. 47; ähnlich *Merton*, Social Forces 1940, 560, 562 ff.
92 *Schreyögg/Koch*, Management, S. 47.
93 Mehr dazu *Bea/Göbel*, Organisation, S. 77 f.

Spezialisierung teilweise entwertet, denn jeder Beamte kann nur einen sehr engen Tätigkeitsbereich beeinflussen. Die Kritik an diesem Ansatz wegen der Ausblendung sozialer Aspekte menschlichen Verhaltens erscheint trotzdem begründet.[94]

Zudem ist die Darstellung der Bürokratie von *Max Weber* lediglich ein Idealtypus und soll nicht gerade die Realität abbilden.[95] Zwar ist dieser Typus kein Vorbild für ein modernes Unternehmen,[96] aber er bleibt aktuell aufgrund seiner klassifikatorischen, terminologischen sowie heuristischen Funktionen.[97]

B. Der tayloristische Ansatz (Scientific Management)

Aus der ähnlichen Zeit wie der Ansatz von *Max Weber* stammt der Organisationsansatz von *F. W. Taylor*. Historisch ist er in die Erfahrungen der Industrialisierung der USA eingebettet[98] und wurde in zwei Werken verewigt: *Shop Management* (1903) und *The Principles of Scientific Management* (1911).[99] *Taylor* baut seine Theorie auf der Annahme auf, das Unternehmen lasse sich wie eine Maschine konstruieren und optimieren. Für den Erfolg stehe das richtige System und nicht die richtige Person im Vordergrund.[100] Die »Wissenschaftlichkeit« seines Ansatzes ergebe sich aus der Behauptung, es gebe bestimmte Grundsätze und (wissenschaftliche) »Gesetze«, die für die Leitung eines Unternehmens gelten würden.[101]

Taylor hat diese Grundsätze zusammengefasst:[102] (1) Das Management sollte das Wissen der Mitarbeiter einsammeln, verwalten und weiterentwickeln. (2) Es sollte für jede Tätigkeit eine »wissenschaftlich« fundierte Art und Weise der Ausführung entwickelt werden. (3) Dann sollte das Management auf »wissenschaftliche« Art und Weise die Mitarbeiter auswählen, einschulen sowie quali-

94 *Vahs*, Organisation, S. 56.

95 *Max Weber* definiert die dargestellten Herrschaftsformen als »reine« Grundtypen, die in der Wirklichkeit in jeder Kombination vorkommen können, s. *Max Weber*, Wirtschaft und Gesellschaft, S. 148 (A 612); so deutet sein Werk auch *Kieser* in: Kieser/Ebers, Organisationstheorien, S. 45, 71; ähnlich *Siedenbiedel*, Organisationale Gestaltung, S. 47.

96 *Bea/Göbel*, Organisation, S. 81 f.

97 *Bea/Göbel*, Organisation, S. 78; vgl. jedoch die Kritik zur klassifikatorischen Funktion bei *Kieser* in: Kieser/Ebers, Organisationstheorien, S. 45, 72.

98 *Bea/Göbel*, Organisation, S. 82 f.; *Vahs*, Organisation, S. 57.

99 *Bea/Göbel*, Organisation, S. 82 f.; *Vahs*, Organisation, S. 57.

100 *Taylor*, Scientific Management, 1911 (2008), S. 6: »In the past the man has been first; in the future the system must be first.«

101 *Taylor*, Scientific Management, 1911, S. 7: »This paper has been written: (...) To prove that the best management is a true science, resting upon clearly defined laws, rules, and principles, as a fundation.«

102 *Taylor*, Scientific Management, 1911, S. 29.

fizieren.[103] (4) Das Management müsse mit der Belegschaft eng kooperieren, um sicherzustellen, dass diese die »wissenschaftlich« entwickelte Arbeitsweise auch faktisch umsetzt. (5) Die Arbeit und die Verantwortung seien nahezu gleichmäßig zwischen dem Management und der Belegschaft aufzuteilen: Das Management solle den Mitarbeitern jene Tätigkeiten abnehmen, die es selbst besser erledigen kann.

Die Entwicklung der »wissenschaftlichen« Art und Weise der Ausführung bedient sich eines an die Naturwissenschaften angelehnten Experiments.[104] Dieses habe so zu erfolgen, dass die (zeitlich) optimale Ausführung in einer Versuchsreihe für jede konkrete betriebliche Tätigkeit mithilfe der erlesensten Mitarbeiter bestimmt wird.[105] Hierbei sei das Prinzip der Spezialisierung zu beachten: Der Betrieb funktioniere am effizientesten, wenn jede Aufgabe in ihre Einzelteile zerlegt werde.[106]

Wegen der Notwendigkeit der entsprechenden Einschulung der Belegschaft gehört das Funktionsmeisterprinzip zu diesem Ansatz;[107] jeder Mitarbeiter müsse parallel mehreren Vorgesetzten unterstellt werden, die über ein auf ihr jeweiliges Fachgebiet begrenztes Weisungsrecht verfügen sollten.[108] Damit entstehe eine spezialisierte Matrixstruktur bzw. eine Matrixorganisation.[109] Dank der Spezialisierung der Meister solle gewährleistet werden, dass jeder Vorgesetzte der Belegschaft die optimalen technischen Ratschläge gebe.[110]

Eine wichtige Rolle spielte für *Taylor* neben dem oben beschriebenen Experiment die entsprechende Motivation der Mitarbeiter[111], denn es sei das Hauptproblem der Betriebe, dass sich die Mitarbeiter vor der Arbeit drücken würden[112]. Dem könne begegnet werden, indem bestimmte Anreize wie z. B. eine Lohn-

103 Diese Kriterien ähneln stark den Pflichten bei einer Delegation, vgl. unten Teil 5, II. C. 2. b). (6).

104 Vgl. die Kritik an der Übernahme naturwissenschaftlicher Methoden in Sozialwissenschaften bei *Kulenkampff*, Artikel »Verstehen«, in: Speck (Hrsg.), Handbuch wissenschaftstheoretischer Begriffe, Bd. 3, 1980, S. 676 f.

105 *Taylor*, Scientific Management, 1911, S. 20 und 86 (Experiment-Verfahren im Allgemeinen), vgl. S. 42 ff. für die Frage der möglichen nachhaltigen Belastung eines Mitarbeiters bei einer Tätigkeit über eine längere Zeitdauer hinweg (regelmäßige Arbeit wochenlang).

106 *Taylor*, Scientific Management, 1911, S. 31.

107 *Taylor*, Scientific Management, 1911, S. 90 f.

108 Mehr zu den Einzelheiten der Aufteilung in Fachgebiete s. *Taylor*, Shop Management, 1911 (1919), S. 47 ff.

109 Mehr zur Matrixorganisation s. unten Teil 2, III. D. 1.

110 *Taylor*, Scientific Management, 1911, S. 89 ff.; s. auch *J. R. Galbraith*, Organization Design, S. 15 f., der die Innovation in der Übertragung des Prinzips der Arbeitsteilung von der Belegschaft auf das Management sieht.

111 *Taylor*, Scientific Management, 1911, S. 87 ff.

112 Ausführlich dazu *Taylor*, Scientific Management, 1911, S. 11 ff.; ebenfalls *Taylor*, Shop Management, 1911, S. 32 ff.

prämie geschaffen würden.[113] Hierin kann ein Werkzeug gesehen werden, die Interessen des Unternehmens und der Mitarbeiter in einen Gleichlauf zu bringen.[114] Der Ansatz von *Taylor* liefert hier paradoxerweise die Antwort auf gerade jene Probleme, die die Bürokratie *Max Webers* verursacht.

Der Ansatz von *Taylor* beruht auf einem negativen Menschenbild.[115] Der körperlich arbeitende Mensch sei demnach »von Natur aus faul«[116], »geistig träge«[117] und bösartig[118]. Sein Ansatz dient dazu, diese vermeintlichen Eigenschaften der Mitarbeiter auszugleichen.[119] Dennoch sei die Belegschaft rational und ihre Faulheit durch finanzielle Anreize überwindbar. Im Gegensatz zu der Belegschaft seien die Manager nicht mit diesem negativen Bild behaftet; sie seien den Mitarbeitern überlegen[120].

Den Ansatz von *Taylor* zeichnet aus, dass er nicht nur konkrete Ratschläge für den Organisator in Form bestimmter feststehender Organisationslösungen beinhaltet, wie die Werke vor ihm[121], sondern darüber hinaus dem Leser eine Methode bzw. ein Werkzeug zur Verfügung stellt[122]. Mit diesem Werkzeug bzw. »Verfahren« können die Herausforderungen eines konkreten Unternehmens gemeistert werden.

Trotz dieser Innovation lässt sich eine gewichtige Kritik üben. Die dem Ansatz zugrunde liegenden Annahmen wurden keinem empirischen Beweis unterzogen;[123] damit ist das pessimistische Menschenbild bloß eine Annahme und keine Tatsache[124]. Außerdem leidet der Kern der »wissenschaftlichen« Methode an

113 *Taylor*, Scientific Management, 1911, S. 89.

114 Vgl. dazu *J.R.Galbraith*, Organization Design, S. 14 f., der als eine Alternative neben der Lohnprämie den Einsatz von Autorität durch das Management betrachtet.

115 Vgl. die Analyse von *Bea/Göbel*, Organisation, S. 86 f.

116 Z. B. *Taylor*, Scientific Management, 1911, S. 17: »The natural laziness of men (…).«

117 *Taylor*, Scientific Management, 1911, S. 36: »mentally sluggish«.

118 S. *Taylor*, Scientific Management, 1911, S. 39 f., der behauptet, dass einmal seine Belegschaft Maschinen zerstört habe, um nicht arbeiten zu müssen.

119 *Kieser/Walgenbach*, Organisation, S. 32 f.

120 Vgl. *Taylor*, Scientific Management, 1911, S. 39 f., wo der zu den Managern zählende Autor seine Überlegenheit hervorhebt: »The writer had two advantages, however, which are not possessed by the ordinary foreman, and these came, curiosly enough, from the fact that he was not the son of a working man.«

121 S. zahlreiche Beispiele bei *Kieser* in: Kieser/Ebers, Organisationstheorien, S. 75, 76 ff. mwN.

122 *Kieser* in: Kieser/Ebers, Organisationstheorien, S. 75, 83.

123 S. *Kieser* in: Kieser/Ebers, Organisationstheorien, S. 75, 97 f., der veranschaulicht, dass *ceteris paribus* Regel nicht eingehalten wurde.

124 Bei manchen Annahmen kann sogar der Beweis vorliegen, dass sie der Realität nicht entsprechen, vgl. dazu *Roethlisberger/Dickson*, Management and the Worker, S. 575 ff., die die Effizienz der Lohnprämien infolge der Komplexität der menschlichen Motivationen aufgrund ihrer Forschungsergebnisse infrage stellen.

schweren methodischen Fehlern:[125] Es fehlt an der Zufallsauswahl der Teilnehmer und jene werden in eine außerordentliche Situation gebracht, denn sie bekommen während des Experiments eine Lohnerhöhung und werden laufend bei jedem Schritt beobachtet[126]. Damit wird der sozialwissenschaftliche Standard verfehlt.[127]

Weitere Kritikpunkte beziehen sich auf die gesundheitlichen Einbußen der Belegschaft infolge der Anwendung des Ansatzes[128] und die sich daraus ergebende volkswirtschaftliche Belastung[129]. Bedeutend erscheint auch der Kritikpunkt, die Effizienz der Mitarbeiter könnte infolge der Änderungen beim Ablauf der Produktion sogar sinken.[130] Dies beruht darauf, dass der Ansatz *Taylors* unzureichend die soziale Komponente des menschlichen Verhaltens berücksichtigt[131] und fälschlicherweise vom rein rationalen Handeln ausgeht[132].

C. Human-Relations-Ansatz

Die sozialen und psychologischen Aspekte der Organisation wurden im Rahmen des Human-Realtions-Ansatzes stärker berücksichtigt. Dieser Ansatz geht auf die sogenannten Hawthorne-Studien von *F. J. Roethlisberger* und *William J. Dickinson* zurück[133], die von 1924 bis 1932 durchgeführt wurden.[134] Die Anfänge liegen

125 S. die grundsätzliche allerdings ihrerseits kritisch zu betrachtende Methodenkritik bei *Spitzley*, Wissenschaftliche Betriebsführung, 1980, S. 68 f.

126 Vgl. *Taylor*, Scientific Management, 1911, S. 34 ff. (Gespräch mit dem Mitarbeiter Schmidt).

127 *Spitzley*, Wissenschaftliche Betriebsführung, REFA-Methode und Neuorientierung der Arbeitswissenschaft, 1980, S. 69; *Kieser* in: Kieser/Ebers, Organisationstheorien, S. 75, 99.

128 *Kieser* in: Kieser/Ebers, Organisationstheorien, S. 75, 99 f. mwN.

129 *Kieser* in: Kieser/Ebers, Organisationstheorien, S. 75, 100.

130 Vgl. die indirekte Kritik bei *Roethlisberger/Dickson*, Management and the Worker, S. 577 f., die dies im Rahmen ihrer Forschungsergebnisse für den Fall annehmen, dass die soziale Bedeutung der Tätigkeit eines Mitarbeiters infolge der Änderung sinkt und er dadurch einen starken Widerstand leistet.

131 Ähnlicher Vorwurf ist bei *Kieser* in: Kieser/Ebers, Organisationstheorien, S. 75 (100) und bei *Roethlisberger/Dickson*, Management and the Worker, S. 577 zu finden.

132 Vgl. dazu die Kritik an dem Bild der Organisation als Maschine von *Luhmann*, Organisation, S. 33; zur Abstandnahme von *homo oeconomicus* vgl. unten F. 2.

133 Darüber hinaus haben *Elton Mayo* und *T. N. Whitehead* die Unterstützung geleistet; s. auch für weitere Unterstützer das Vorwort in *Roethlisberger/Dickson*, Management and the Worker; vgl. zum universitären Hintergrund der Forscher und seiner Auswirkung auf die Ergebnisse *Lawrence/Lorsch*, Organization and Environment, S. 179 f.

134 *S. Roethlisberger/Dickson*, Management and the Worker, S. 1 und 14, wonach die Studien insgesamt ca. 20.000 Mitarbeiter einbezogen haben.

in einem Beleuchtungsexperiment, bei dem sich herausstellte, dass die Beleuchtung kaum Bedeutung für die betriebliche Effizienz hatte. Anders gesagt: Es bestand keine Korrelation zwischen der Lichtintensität und der Effizienz; allerdings war die innere Einstellung der Mitarbeiter zu Beleuchtungsänderungen von großer Bedeutung.[135] Aufgrund dieser Erkenntnis widmeten sich die Forscher mehr den psychologischen sowie den sozialen Prozessen und ihrem Einfluss auf die Organisation im Rahmen der weiteren Experimente.

Der Ansatz sieht im Unternehmen ein soziales System, das zwei Ziele habe: Es stelle ein Produkt her und gewährleiste die Zufriedenheit der Organisationsmitglieder.[136] Als System müsse es sich im Gleichgewicht befinden und zwar sowohl extern als auch intern. Beim externen Gleichgewicht handele es sich um die finanziellen Fragen, d. h. um den Erfolg im Wettbewerb.[137] Das interne Gleichgewicht setze eine soziale Organisation voraus, die die Bedürfnisse der Individuen erfüllt. Das interne Gleichgewicht bedinge das externe, indem die für die finanziell effiziente (Mit-)Arbeit erforderliche Kooperationsbereitschaft sichergestellt werde.[138]

Das soziale System des Unternehmens bestehe aus Individuen, wovon jedes einen bestimmten familiären und kulturellen Hintergrund mitbringe.[139] Hieraus entstehe ein Mehr, ein bestimmtes Muster von Interaktionen unter allen Organisationsmitgliedern. Es bildeten sich Gruppen und eine gewisse Hierarchie.[140] Die Organisation werde durch bestimmte soziale Normensysteme beherrscht, die auch von Gruppe zu Gruppe unterschiedlich seien.[141] Aktuell wird hierfür der Begriff Unternehmenskultur bzw. Unternehmenskulturen genutzt.[142]

Die Bedeutung der informalen Organisation wird in diesem Ansatz besonders hervorgehoben.[143] Diese unterscheide sich in ihren Strukturen immer von der formalen Organisation; sie bestehe aus informalen Gruppen und entscheide über den

135 *Roethlisberger/Dickson*, Management and the Worker, S. 14 ff.

136 *Roethlisberger/Dickson*, Management and the Worker, S. 551 f.: »An industrial organization may be regarded as performing two major functions, that of producing a product and that of creating and distributing satisfactions among the individual members of the organization.«

137 *Roethlisberger/Dickson*, Management and the Worker, S. 552 f.; vgl. zum Wettbewerb unten Teil 3, II. C.

138 *Roethlisberger/Dickson*, Management and the Worker, S. 552 f.

139 *Roethlisberger/Dickson*, Management and the Worker, S. 554.

140 *Roethlisberger/Dickson*, Management and the Worker, S. 554 ff.

141 *Roethlisberger/Dickson*, Management and the Worker, S. 555 f.

142 S. zur Unternehmenskultur unten V. C.

143 *Roethlisberger/Dickson*, Management and the Worker, S. 559 ff.; s. dazu *Luhmann*, Organisation, S. 29 f., der in der Entdeckung der informalen Organisation durch die Vertreter dieses Ansatzes eine besondere Innovation sieht; ihm zufolge sei allerdings die Wechselwirkung zwischen der formalen und informalen Organisation zentral für das Funktionieren einer Organisation (S. 30); vertieft zur informalen Organisation *Wittlage*, Unternehmensorganisation, S. 172 ff.

persönlichen Status und die Integration in die Organisation.[144] Dabei könne die informale Organisation unterschiedliche Zwecke verfolgen: Sie könne dazu dienen, den Widerstand gegenüber Veränderungen innerhalb des Unternehmens zu leisten oder sie könne den Mitgliedern ein Sicherheitsgefühl vermitteln, sodass eine Veränderung keine Gefahr mehr darstelle und es keines Widerstands bedürfe.[145]

Der zentrale Punkt dieses Ansatzes ist also das Problem des Wandels innerhalb der Organisation und dessen negativer Einfluss auf das Gleichgewicht.[146] Der Wandel könne entweder durch die Änderungen der technischen Organisation (d. h. der Ablauforganisation) oder des sozialen Gefüges bedingt sein. Jede Änderung rufe Widerstand und Misstrauen bei Mitgliedern der Organisation hervor.[147] Das Management habe als Hauptaufgabe für das Gleichgewicht zu sorgen, damit die Kooperationsbereitschaft der Belegschaft trotz der Änderungen gesichert sei.[148]

In Unternehmen seien mehrere Wertsysteme vorhanden; als solche klassifizieren die Autoren die Kosten-Logik (*logic of cost*), die Effizienz-Logik (*logic of efficiency*) und die Gefühls-Logik (*logic of sentiments*).[149] Jedes dieser Systeme liefere eine Grundlage für die Denkweise, die Entscheidungsfindung sowie die Kommunikation. Dabei hingen die Kosten- und Effizienz-Logiken mit der formalen Organisation zusammen und die Gefühls-Logik gehöre zur informalen Organisation.[150]

Weitere Elemente des Ansatzes widmen sich dem Einfluss von bestimmten Arbeitsmodalitäten (Müdigkeit, Pausen, Monotonie) auf die Zufriedenheit der Mitarbeiter[151] sowie dem Informationsfluss zwischen den Managementebenen und

144 *Roethlisberger/Dickson*, Management and the Worker, S. 559.

145 *Roethlisberger/Dickson*, Management and the Worker, S. 561 f.; mehr zur Bedeutung der Unternehmenskultur für den organisationalen Wandel s. unten V. C.

146 Mehr zum organisationalen Wandel s. unten V.

147 *Roethlisberger/Dickson*, Management and the Worker, S. 567.

148 *Roethlisberger/Dickson*, Management and the Worker, S. 569; vgl. die Anmerkungen von *J.R. Galbraith*, Organization Design, S. 23 f., der als Hauptunterschied zwischen dem taylorschen und Human-Realitons-Ansatz den Stil der Führung ansieht, die auf die Belegschaft und deren Unterstützung durch das Management gerichtet ist (»Thus, it was not the importance of, but the *style of*, leadership that was a primary difference between the human relations theorists and classical [mit *classical* sind insb. die Ansichten Taylors gemeint, vgl. S. 15]«).

149 S. *Roethlisberger/Dickson*, Management and the Worker, S. 562 ff., wonach die Kostenlogik sich dadurch kennzeichne, dass für sie der »Kostenposten« ein zentrales Symbol darstelle; ferner geht die Effizienz-Logik von den rationalen Grundlagen der Effizienzsteigerung aus; der Mensch sei ein rationales Wesen. Die Gefühls-Logik beziehe sich auf die sozialen Werte, wie die Fairness, das Recht auf Arbeit und auf einen angemessenen Lohn etc.

150 *Roethlisberger/Dickson*, Management and the Worker, S. 565.

151 *Roethlisberger/Dickson*, Management and the Worker, S. 569 ff.

der einfachen Belegschaft, und zwar insb. bzgl. der informalen Organisation[152]. *Roethlisberger* und *Dickson* schlagen sogar aufgrund ihrer Erkenntnisse eine neue Unternehmensabteilung vor, die sich nur mit den Fragen der informalen Organisation auseinandersetzen sollte.[153] Sie sollte die Mängel der bestehenden Organisationsformen beheben.

Die Autoren haben ein bestimmtes Menschenbild vor Augen; es ist das Bild eines komplexen Menschen (bzw. »*complex man*«)[154]. Der Mensch wird dabei nicht auf bestimmte Verhaltensmuster reduziert, sondern aus allen möglichen Perspektiven betrachtet[155].

Eine besondere Kritik an den Studien richtet sich gegen die angewandte Forschungsmethode; diese Kritik stammt von den Autoren selbst. Zunächst kann am Beleuchtungsexperiment kritisiert werden, dass die beobachteten Personen von der Beobachtung wussten und dadurch in eine ihr Verhalten beeinflussende Sonderlage gebracht wurden.[156] Damit lässt sich nur schwer sagen, ob die beobachteten Erkenntnisse auf die normalen sozialen Prozesse innerhalb der Gruppe oder die soziale Dynamik des Experiments zurückzuführen sind. Ferner wurde die Ceteris-paribus-Annahme nicht eingehalten[157]. Diese Kritik kann aber nicht die Folgerung schwächen, dass die sozialen und psychologischen Aspekte der Organisation nicht ausgeblendet werden dürfen.[158]

Kritisch ist auch zu sehen, dass sich aus diesem Ansatz keine Gestaltungsempfehlungen für die Gesamtorganisation des Unternehmens herleiten lassen[159]. Damit wird mit ihm eine neue Perspektive auf die Organisation eröffnet, ohne jedoch ein Gestaltungswerkzeug zu liefern.

152 *Roethlisberger/Dickson*, Management and the Worker, S. 581 ff., die dort das Problem der Informationsasymmetrie umfangreich darstellen; ihnen zufolge sei eine der Hauptursachen für die Probleme mit der Informationsübermittlung in die höheren Ebenen, dass das niedere Management seine Niederlage bei der Leitung eingestehen müsste, wenn es berichten würde, dass die informale und formale Organisation komplett auseinanderfallen (S. 583). Darüber hinaus verfüge das Management häufig über keine oder keine hinreichende Information bzgl. der informalen Organisation (S. 582 f.).

153 *Roethlisberger/Dickson*, Management and the Worker, S. 590 ff.

154 *Bea/Göbel*, Organisation, S. 94.

155 Vgl. bspw. *Roethlisberger/Dickson*, Management and the Worker, S. 554.

156 *Roethlisberger/Dickson*, Management and the Worker, S. 183.

157 Damit ist auch die Änderung der sozialen Situation infolge der Untersuchungsmaßnahmen gemeint, s. *Roethlisberger/Dickson*, Management and the Worker, S. 183; s. hierzu auch *Bea/Göbel*, Organisation, S. 95.

158 Mehr zur Kritik an diesem Ansatz einschließlich der Frage, ob es sich um eine Ideologie handeln würde *Kieser* in: Kieser/Ebers, Organisationstheorien, S. 75, 114 ff. mwN.

159 *Bea/Göbel*, Organisation, S. 98.

D. Strukturtechnischer Ansatz

Der strukturtechnische Ansatz ist von *Erich Kosiol*, *Fritz Nordsieck* und *Hans Ulrich* entwickelt worden[160]. Er befasst sich hauptsächlich mit der formalen Organisation eines Unternehmens. Somit steht er in seinen Annahmen in Opposition zum oben beschriebenen Human-Relations-Ansatz. Manche schreiben diesem Ansatz daher zu, einen pragmatischen Charakter zu haben.[161]

Das zentrale Element dieses Ansatzes ist die sog. Strukturtechnik. Sie dient dazu, die Aufbauorganisation zu entwerfen und besteht aus drei Schritten: Analyse, Synthese und Verteilung[162]. Die Analyse verlangt, dass die Oberaufgabe des Unternehmens in Gliedaufgaben aufgeteilt wird[163]. Dann sollen diese Teilaufgaben zu Einheiten und zu einzelnen Abteilungen zusammengefasst werden (Synthese)[164]. Der letzte Schritt ist die Zuweisung der Aufgaben an die Aufgabenträger, d. h. an die einzelnen (abstrakten) Arbeitskräfte in Abteilungen (Verteilung)[165].

Die Aufgaben des Organisators umfassen laut *Kosiol* die Analyse, Synthese und die abstrakte Verteilung; die Stellenbesetzung obliege der Personalverwaltung[166]. Das Ergebnis des Organisierens ist ein Organigramm, das die gesamte Struktur des Unternehmens abbildet und die Abteilungen, die Leitungspersonen und die die Leitungsinstanzen unterstützenden Stabsstellen umfasse[167]. Diese Struktur ist für die Leitung und für die Berichtswege maßgeblich.[168] So kommt im Ergebnis die Aufbauorganisation zustande.

Parallel zum Aufbau der Organisation mit ihren Einheiten und Instanzen muss der Ablauf des Leistungs- bzw. Produktionsprozesses innerhalb dieser Struktur bestimmt werden. Dem widmet sich die Ablauforganisation. Die Unterscheidung

160 Dieser Ansatz wird auch vereinzelt als Fortschreibung vom Taylor'schen Ansatz betrachtet, s. z. B. *Schreyögg/Geiger*, Organisation, S. 428; ähnlich *Bea/Göbel*, Organisation, S. 100.

161 *Bea/Göbel*, Organisation, S. 99; vgl. auch *Siedenbiedel*, Organisationale Gestaltung, S. 67 (Hervorhebung im Original): »**Es geht um das Erarbeiten der Gestaltungsempfehlungen für die betriebliche Praxis!**«; vgl. auch *Nordsieck*, Organisationslehre, S. 1.

162 *Kosiol*, Organisation, S. 32 f.; so auch *Nordsieck*, Organisationslehre, S. 73 ff., 102 ff., 112 ff., der allerdings diese Schritte entsprechend als Aufgabenklärung, -Verteilung (bzw. Funktionenverteilung) und Stellenbesetzung bezeichnet.

163 *Nordsieck*, Organisationslehre, S. 75 f.; *Kosiol*, Organisation, S. 42 f.

164 *Kosiol*, Organisationsforschung, S. 71 ff.

165 *Kosiol*, Organisation, S. 77, 80 ff.; *Ders.*, Organisationsforschung, S. 71.

166 *Kosiol*, Organisation, S. 95.

167 Die Stabsstelle ist eine besondere Einheit, die es als Aufgabe hat, der Leitung Hilfe zu leisten; zu den Stabsstellen und ihrem militärischen Ursprung s. vertieft *Kosiol*, Organisation, S. 131 ff.; s. auch *Nordsieck*, Organisationslehre, 96 f., 107 ff., der sie als Hilfsmittel bezeichnet.

168 *Kosiol*, Organisationsforschung, S. 73 f.

zwischen der Ablauf- und der Aufbauorganisation geht auf *Nordsieck* (1934) zurück[169]. Er hat zahlreiche Prinzipien vorgeschlagen, nach denen bei der Ausgestaltung der Ablauforganisation zu verfahren sei.[170] *Kosiol* schlägt vor, die Analyse und Synthese der Aufgaben auch auf die Ablauforganisation anzuwenden. Der Unterschied zwischen der Aufbau- und der Ablauforganisation bestehe lediglich in der zusätzlichen räumlichen Komponente bei dem Ablauf und daher lassen sich die Prinzipien der Strukturierung für den Ablauf heranziehen[171].

Ähnlich wie beim taylorischen Ansatz, blendet dieser Ansatz das menschliche Element zur Vereinfachung aus: Der Mensch ist nur ein ideal arbeitender Aufgabenträger. Dies geschieht bewusst:[172] Der Vorteil dieser Vereinfachung liegt in der Möglichkeit, auf diese Art die Organisation am effizientesten in Bezug auf die rationale Aufteilung und Verfahrensweise ausgestalten zu können. Der Nachteil verbirgt sich aber in der sozialen Seite der organisatorischen Maßnahmen, die weiterhin als Störfaktor für die formale Organisation im Hintergrund bestehen bleibt.

Dieser Ansatz erweitert zwar nicht das Verständnis der Organisation. Trotz seiner Mängel bildet er dennoch einen Grundrahmen für die Gestaltung der formalen Organisation in der Praxis und bleibt dadurch aktuell.[173]

E. Situativer Ansatz

Der situative Ansatz, auch als Kontingenzansatz bekannt,[174] fokussiert sich gerade auf die Zusammenhänge, die zwischen der Organisationsstruktur und der Umwelt (also der Situation) bestehen; damit verschiebt sich der Schwerpunkt von internen Angelegenheiten auf den für die jeweilige Organisation maßgeblichen Kontext. Die Entwicklung dieser Denkrichtung geht auf die empirischen Arbeiten von *Bruns* und *Stalker* (The Management of Innovation, 1961) sowie die von

169 S. *Nordsieck*, Organisationslehre, S. 69, der dort allerdings die Aufbauorganisation als Beziehungslehre bezeichnet; *Bea/Göbel*, Organisation, S. 103.

170 Mehr dazu *Nordsieck*, Organisationslehre, S. 121.

171 *Kosiol*, Organisation, S. 187 f., 189 f.

172 *Kosiol*, Organisation, S. 22.

173 *Bea/Göbel*, Organisation, S. 105.

174 Dies ist darauf zurückzuführen, dass die Vertreter dieses Ansatzes die Merkmale der Umwelt und die der Organisationsstruktur als *kontingent* bezeichnen, wenn sie miteinander korrelieren, *Bea/Göbel*, Organisation, S. 109; laut *Siedenbiedel*, Organisationale Gestaltung, S. 89 ist der Begriff *Kontingenztheorie* (*contingency approach*) im englischsprachigen Raum verbreitet; dieser Begriff (*contingency organization theory*) geht auf *Lawrence/Lorsch*, Organization and Environment, S. 209 zurück.

Lawrence und *Lorsch* (Organization and Environment, 1967) zurück[175]. Zu den deutschen Vertretern gehören insb. *Kieser* und *Walgenbach*.[176]

Die Kernaussage dieses Ansatzes ist, dass es an sich keine optimale Organisationsstruktur gebe, aber diese ließe sich für jeden Kontext (bzw. jede Umwelt) einzeln bestimmen; die Aufgabe der Forschung liege darin, durch die empirischen Studien festzustellen, welche Strukturen zu welchem Kontext optimal passen würden (der sog. »Fit«).[177] Dabei lassen sich interne und externe Dimensionen der Situation unterscheiden.[178] Zu den internen gehören z. B. das Alter der Organisation, deren Größe und die interne Kultur. Zu den externen zählen bspw. die jeweilige Kundenstruktur, die Wettbewerbssituation sowie allgemeine gesellschaftlich-kulturelle Rahmenbedingungen.

Der Ansatz gewinnt bedeutend an Komplexität, wenn er auf eine große Organisation angewendet wird: In einer solchen sei jede Abteilung mit einem anderen Teil der Umwelt konfrontiert und diese Abteilungen müssen miteinander integriert werden.[179] Dabei wachse der Grad der Schwierigkeit der Integration mit der Komplexität des Unternehmens. Bei einem einfacheren Unternehmen seien die zwischen einzelnen Abteilungen bestehenden Unterschiede in den Zielen und in der Denkweise nicht so groß; bei einer umfassenden Tätigkeit würden sie unüberbrückbar und es bedürfe eines »Mediators«.[180]

Die grundliegende Herausforderung beim situativen Ansatz ist die Messung der Eigenschaften einer konkreten Organisation und deren Umwelt (Operationalisierung)[181]. Nur so können Korrelationen festgestellt werden, aus denen dann die Gestaltungshypothesen und -empfehlungen ausgearbeitet werden können.

175 S. *Lawrence/Lorsch*, Organization and Environment, S. 187 ff., die mehrere Studien (inklusive der von *Burns* and *Stalker*, und »Strategy and Structure«, 1962 von *Chandler*) kurz darstellen; s. auch *Bea/Göbel*, Organisation, S. 108, die auch weitere wissenschaftliche Studien erwähnt; *Siedenbiedel*, Organisationale Gestaltung, S. 89. Bei *Chandler*, Strategy and Structure, S. 383 ff. ist der situative Ansatz jedoch noch nicht vollständig entwickelt.

176 *Kieser/Walgenbach*, Organisation, S. 42.

177 *Lawrence/Lorsch*, Organization and Environment, S. 209; *Bea/Göbel*, Organisation, S. 110.

178 Die Kategorisierung und Beispiele stammen von *Kieser/Walgenbach*, Organisation, S. 199 ff.

179 *Lawrence/Lorsch*, Organization and Environment, S. 209 f.; vgl. auch die Unterscheidung der Umweltsegmente bei *Kieser/Walgenbach*, Organisation, S. 384 f.; zu der gesamten Problematik der Beziehung zwischen der Organisation und Umwelt vgl. *Luhmann*, Organisation, S. 133 ff.

180 S. *Lawrence/Lorsch*, Organization and Environment, S. 134 f., die auch indirekt auf das sog. »Silo-Denken« von Abteilungsmitgliedern hinweisen; vgl. auch *Chandler*, Strategy and Structure, S. 388.

181 *Kieser* in: Kieser/Ebers, Organisationstheorien, S. 168, 171 f.; vgl. *Bea/Göbel*, Organisation, S. 111, die die Operationalisierung nicht als eine Voraussetzung, sondern als ein Nebenprodukt bezeichnen. Allgemein zu methodischen und insb. Bewertungsproblemen in der Organisationslehre s. unten VI. (insb. B.).

Dies setzt eine Klassifikation der bestehenden Organisationen voraus. Als ein Unterscheidungsmerkmal wurde von frühen Vertretern der Grad der Bürokratisierung angenommen[182]. Damit beruht dieser Ansatz auf den Erkenntnissen von *Max Weber*.

Im Rahmen dieses Ansatzes werden allgemeine Gestaltungsempfehlungen entwickelt. Die unbürokratische, organisch gewachsene Organisation sei erfahrungsgemäß besser für eine instabile Umwelt geeignet, denn in dieser Art der Organisation haben die unteren Führungsebenen und die Belegschaft ausreichend Spielraum, mit der sich ändernden Umwelt umzugehen[183]; die Konzentration der Entscheidungsbefugnis auf den höheren Ebenen überlaste die Entscheidungsträger wegen der Anzahl an Informationen und Entscheidungen. Die Bürokratie funktioniere hingegen optimal, wenn die Umwelt stabil ist und die Konzentration der Befugnisse auf einer höheren Ebene keine informationelle Überlastung mit sich bringt.[184] Für diesen Ansatz müssen aufgrund seines empirischen Charakters keine besonderen Annahmen über das menschliche Verhalten getroffen werden[185].

An der Methode dieses Ansatzes lässt sich Kritik üben, denn die Operationalisierung ist anfällig für subjektive Verzerrungen; es ist schwer zu bestimmen, wie groß die Stichproben sein müssen.[186] Ferner unterliegt der Kritik, dass die Abhängigkeit der Organisation vom Kontext zu stark hervorgehoben wird und damit ausgeblendet wird, dass die Organisation auch den Kontext beeinflusst.[187] Dem lässt sich entgegnen: Die Organisation hat häufig einen schwächeren Einfluss auf die Umwelt als umgekehrt.

Dieser Ansatz führt zu dem Schluss, dass die Organisation situationsbedingt zu entwickeln ist. Aufgrund der den unternehmerischen Kontext regelmäßig kennzeichnenden Dynamik führt diese Erkenntnis zu sich schnell verändernden

182 S. z. B. *Burns/Stalker*, The Management of Innovation, S. 5 f. und S. 119 ff., wo es zwischen einem organischen und bürokratischen Organisationstyp unterschieden wird; vgl. dazu den methodologischen Anhang von *Lawrence/Lorsch*, Organization and Environment, S. 255 f.

183 *Burns/Stalker*, The Management of Innovation, S. 121 f.; vgl. *Lawrence/Lorsch*, Organization and Environment, S. 157 f. und S. 189, wo sie die Ergebnisse von *Burns* und *Stalker* bestätigen; s. dazu auch *Schreyögg/Geiger*, Organisation, S. 201 sowie 93 ff.

184 *Burns/Stalker*, The Management of Innovation, S. 119 f.; dies bestätigend *Lawrence/Lorsch*, Organization and Environment, S. 189.

185 Vgl. *Bea/Göbel*, Organisation, S. 115, die dieses Menschenbild als das des komplexen Menschen bezeichnen.

186 S. die Zusammenfassung der Kritik bei *Kieser* in: Kieser/Ebers, Organisationstheorien, S. 168, 183 m.w.N.

187 *Schreyögg/Geiger*, Organisation, S. 239 ff.; s. die Erwiderung von *Kieser* in: Kieser/Ebers, Organisationstheorien, S. 168, 185 f., der behauptet, dass die Möglichkeit der Einflussnahme auf die Umwelt innerhalb des situativen Ansatzes doch berücksichtigt wurde.

Organisationsanforderungen, die sich abhängig von der Stabilisierung und Dynamisierung der Umwelt entfalten. Die organisationalen Anforderungen sind nach diesem Ansatz eigenständig für jeden abgrenzbaren Teil der Organisation zu bestimmen.

F. Entscheidungstheoretischer Ansatz

Der entscheidungstheoretische Ansatz fokussiert sich auf die Entscheidung als einen Akt, der eine zentrale Rolle in der Organisation spiele; früher habe sich der Forschungsfokus lediglich auf die Ausführung gerichtet und diese Rolle übersehen[188]. Der Entscheidungsprozess wird innerhalb dieses Ansatzes jedoch nur soweit untersucht, als er für die Organisationsstrukturen von Relevanz ist. Innerhalb dieses Ansatzes haben sich zwei Strömungen herausgebildet: Eine modelliert den Entscheidungsprozess und versucht, aus dem Modell bestimmte Folgen abzuleiten (der entscheidungslogische Ansatz).[189] Die andere untersucht empirisch die Entscheidungsprozesse innerhalb von Organisationen und versucht induktiv aus diesen Prozessen (ggf. mithilfe eines Modells) Folgen herzuleiten (der entscheidungsprozessorientierte Ansatz).[190]

1. Entscheidungslogischer Ansatz

Der entscheidungslogische Ansatz beruht auf den Arbeiten von *Marschak* (1955) und (im deutschen Sprachraum) von *Hax* (1965)[191] und von *Laux* und *Liermann*[192].

Jeder Entscheidungsprozess verfügt über eine mathematische Grundstruktur.[193] Der Ansatz unterscheidet zwischen den operativen und organisatorischen Entscheidungen, wobei sich die letzteren auf einer höheren Ebene bewegen.[194] Auf

188 *Simon*, Administrative Behavior, S. 1; zur Abgrenzung zwischen der Ausführung und Entscheidung s. S. 2 f.

189 *Schreyögg/Geiger*, Organisation, S. 447 ff.; *Vahs*, Organisation, S. 64; vgl. *Bea/Göbel*, Organisation, S. 122, 133 f.

190 *Schreyögg/Geiger*, Organisation, S. 445 ff.; *Vahs*, Organisation, S. 64 f.; *Bea/Göbel*, Organisation, S. 122, 134; dieser Ansatz wird auch als verhaltenswissenschaftliche Entscheidungstheorie bezeichnet, vgl. *Berger/Bernhard-Mehlich/Oertel* in: Kieser/Ebers, Organisationstheorien, S. 122.

191 *Marschak*, Elements for a Theory of Teams, 1955; *Hax*, Koordination, 1965; s. die Übersicht bei *Bea/Göbel*, Organisation, S. 121; vgl. auch *Schreyögg/Geiger*, Organisation, S. 448.

192 *Laux/Liermann*, Organisation.

193 Vgl. *Hax*, Koordination, 1965, S. 21 ff., insb. S. 30 ff.; *Laux/Liermann*, Organisation, S. 36 ff.

194 *Bea/Göbel*, Organisation, S. 125; vgl. jedoch *Laux/Liermann*, Organisation, S. 119 ff., die zusätzlich noch eine weitere Art der Entscheidung berücksichtigen: die

diesem Entscheidungsmodell bauen dann die organisatorischen Prinzipien auf.[195] Der Ansatz fokussiert sich auf die Steuerung des Verhaltens der Mitarbeiter durch das Management; er beruht auf dem instrumentellen Organisationsverständnis.[196]

Als das Hauptinstrument der Steuerung gelten die Verhaltensnormen (Verhaltensregeln). Das Management steht daher vor zwei Problemen: Wie sind diese Normen optimal im Sinne des Entscheidungsmodells zu formulieren[197] und wie ist deren Durchsetzung auszugestalten?[198]

Es gebe explizite und implizite Verhaltensnormen, wobei sich die letzteren durch den Ermessensspielraum von den ersteren unterschieden.[199] Bei den expliziten Verhaltensnormen müsse vorgegeben werden, welche Informationen in die Entscheidung einzufließen hätten und welche Alternative zu wählen sei; ferner müsse bestimmt werden, welche Information weitergeleitet werde.[200] Dies müsse auch unter Berücksichtigung der Informationskosten erfolgen.[201]

Bei den impliziten Verhaltensnormen seien Erwägungen zu leisten, welche Alternative am meisten dem Organisationsziel diene.[202] Allerdings erhöhe sich der Komplexitätsgrad infolge der Zahl der Abteilungen, denen nur ein Bruchteil der Gesamtinformation im Unternehmen zur Verfügung stehe; daher müssten für jede Abteilung separat Unterziele gesetzt werden[203].

Die Durchsetzung der Verhaltensregeln setze erstens einen Auswahlprozess bezüglich der Entscheidungsträger[204] und zweitens die Existenz der Kontrolle sowie der positiven Anreize[205] voraus. Das Auswahlverfahren solle das Entstehen der Zielkonflikte erschweren.

Aufgrund der Kontrolle könne die nachgeordnete Ebene zur Rechenschaft gezogen und ggf. eine Verfehlung sanktioniert werden. Die positiven Anreize

Kommunikationsentscheidung, d. h. die Entscheidung, eine Information weiterzuleiten oder für sich zu behalten.

195 S. bspw. *Hax*, Koordination, 1965, S. 67 ff., 196 ff.

196 *Bea/Göbel*, Organisation, S. 127 f.; zum instrumentellen Organisationsbegriff s. oben I. A.

197 S. dazu vertieft *Hax*, Koordination, 1965, S. 73 ff.; *Laux/Liermann*, Organisation, S. 161 ff.

198 S. hierzu ausführlich *Hax*, Koordination, 1965, S. 196 ff.; s. auch *Laux/Liermann*, Organisation, S. 455 ff.

199 S. dazu *Laux/Liermann*, Organisation, S. 161 ff.; die impliziten Verhaltensnormen gleichen den offenen Zielvorgaben bzw. der prinzipienorientierten Regulierung (s. zu diesen Teil 4, I. D. 1. c).).

200 S. *Hax*, Koordination, 1965, S. 76.

201 S. *Marschak*, Management Science, Vol. 1 No. 2 (1955), S. 127, 128 f.

202 *Hax*, Koordination, 1965, S. 100 f.

203 *Hax*, Koordination, 1965, S.101 ff.

204 *Hax*, Koordination, 1965, S. 198 ff.

205 Zu beiden s. *Hax*, Koordination, 1965, S. 201 ff. und S. 205 ff.

sollten im Sinne der Agency-Theorie[206] zur Übereinstimmung der persönlichen Ziele der Entscheidungsträger mit den Zielen der Organisation führen und könnten sowohl einen materiellen als auch immateriellen Charakter (z. B. Prestige) haben. Durch diese Durchsetzungsmaßnahmen sollten die persönlichen Entscheidungen des Managements und der Belegschaft gesteuert werden.

Die Kostenrechnung innerhalb des Entscheidungsmodells sei für die Strukturierung der Aufbau- und der Ablauforganisation entscheidend[207]. Der hierarchische Aufbau könne damit begründet werden.[208] Des Weiteren werden dadurch konkrete Gestaltungsempfehlungen möglich.[209]

Zwar gehen die Vertreter dieses Ansatzes von bestimmten Annahmen aus, insb. von einem rationalen Entscheidungsverhalten (homo oeconomicus). Aber es ist ihnen bewusst, dass diese Annahmen realitätsfern sind.[210] Diese Realitätsferne schlägt sich in den Modellen nieder, denn diese tragen das Risiko in sich, an entscheidenden Punkten von der Realität abzuweichen.[211] Dies ist der methodische Schwachpunkt des Ansatzes. Die Gestaltungsempfehlungen, bei denen sich dieses Risiko verwirklicht hat, sind nicht zu befolgen. Infolgedessen sind die Erkenntnisse dieses Ansatzes mit Vorsicht zu genießen.

2. Entscheidungsprozessorientierter Ansatz

Seinen Ursprung findet der entscheidungsprozessorientierte Ansatz in zwei Veröffentlichungen: »Administrative Behavior« von *Simon* (1945) und »Behavioral Theory of the Firm« von *Cyert* und *March* (1963).

Die Organisation wird von Vertretern dieses Ansatzes als ein politisches System, ein Mülleimer, ein Tempel oder ein Organismus wahrgenommen.[212] Das politische System hebt die Interessenkonflikte der Organisationsmitglieder und den

206 Bei *Hax*, Koordination, 1965, S. 201, nicht direkt erwähnt, aber inhaltlich wiedergeben; vgl. *Laux/Liermann*, Organisation, S. 525 ff., die die Agency-Theorie ausdrücklich genannt haben.

207 S. *Laux/Liermann*, Organisation, S. 165 ff., S. 280 ff.

208 S. *Hax*, Koordination, 1965, S. 67 ff. (insb. S. 69), der dies mit der Reduktion der Informationswege begründet, denn die Mitarbeiter berichten dann an den entscheidenden Vorgesetzten und bei einer hierarchiefreien Entscheidungsstruktur müsste jedes Gruppenmitglied an alle anderen Bericht erstatten.

209 S. bspw. *Laux/Liermann*, Organisation, S. 297 ff., die die divisionale und nicht die funktionale Organisationsstruktur aufgrund ihrer Erkenntnisse für vorzugswürdig halten.

210 S. z. B. zu der Homo-oeconomicus-Annahme kritisch *Hax*, Koordination, 1965, S. 29; s. z. B. zu Konsequenzen der realitätsfernen Vereinfachung in Modellen *Laux/Liermann*, Organisation, S. 230 ff.

211 Vgl. allgemein zu Gefahren der Modellanalyse *Bea/Göbel*, Organisation, S. 59.

212 S. *Bea/Göbel*, Organisation, S. 123 f. mwN.

diesbezüglichen Verhandlungsprozess hervor.[213] Der Mülleimer weist auf das Zufallselement hin; hiernach kommen in der Organisation Probleme, Lösungen sowie Entscheidungsträger zusammen und das Ergebnis dieser Zusammenkunft lässt sich schwer vorhersehen.[214] Durch den Tempel wird die Bedeutung der Gewohnheiten,[215] Riten und Symbole besonders veranschaulicht, die sich innerhalb einer Organisation bilden.[216] Den Organismus (bzw. das Gehirn) zeichnen die Informationsverarbeitungsprozesse sowie die Lernfähigkeit aus.[217]

Der Ansatz trennt sich von der Fiktion rationaler Entscheidungen eines *homo oeconomicus*.[218] Die Organisation sei ein sozialpsychologisches Problem[219]. Jedes Mitglied habe ein eigenes Zielbündel und die Organisationsziele würden in einem Verhandlungsprozess entstehen[220]. Die Probleme könnten bemerkt werden oder auch nicht.[221] Der Mensch übersehe regelmäßig Alternativen[222]. Die langfristigen Folgen würden im Entscheidungskalkül häufig ausgeblendet.[223] Die Ungewissheit werde ignoriert; das Optimum würde nicht mehr erstrebt, sobald das Ergebnis zufriedenstellend sei.[224]

Der Mensch handle zwar rational,[225] aber subjektiv.[226] Damit gehe einher, dass eine subjektiv rationale Entscheidung objektiv falsch sein könne, nicht mit dem Ziel bzw. den Zielen der Organisation übereinstimmen müsse bzw. auch lediglich

213 *Bea/Göbel*, Organisation, S. 124; s. zum politischen Prozess innerhalb der Organisation vertieft *Schreyögg/Geiger*, Organisation, S. 284 ff.

214 *Bea/Göbel*, Organisation, S. 124.

215 Zu der Rolle der Gewohnheiten bei der Entscheidungsfindung s. *Simon*, Administrative Behavior, S. 88 f.

216 *Bea/Göbel*, Organisation, S. 124.

217 Vgl. *Cyert/March*, Behavioral Theory of the Firm, 1963, S. 125 ff., 271; *Simon*, Administrative Behavior, S. 87 ff., S. 154 ff.; *Bea/Göbel*, Organisation, S. 124.

218 *Cyert/March*, Behavioral Theory of the Firm, 1963, S. 8 ff.; vgl. *Simon*, Administrative Behavior, S. 38 f., S. 80 ff., S. 117 f.

219 *Simon*, Administrative Behavior, S. 2 f.

220 *Cyert/March*, Behavioral Theory of the Firm, 1963, S. 29 ff.

221 Zum Problem von Wissenslücken bei der Entscheidungsfindung s. *Simon*, Administrative Behavior, S. 81 ff.

222 *Simon*, Administrative Behavior, S. 84.

223 Vgl. *Simon*, Administrative Behavior, S. 83.

224 *Bea/Göbel*, Organisation, S. 130.

225 Zu Schwierigkeiten mit dem Definieren der Rationalität und zu ihren Arten (objektiv, subjektiv, bewusst, persönlich, in Bezug auf die Organisationsziele) s. *Simon*, Administrative Behavior, S. 75 ff.

226 Vgl. *Simon*, Administrative Behavior, S. 105 f., der noch die Gruppenprozesse berücksichtigt: Diese Rationalität wird demnach an die Erwartungen der Gruppe angepasst und dadurch wählt das Individuum eine Entscheidung aus, die von der Gruppe hingenommen wird und für dieses Individuum am besten ist; ähnlich *Williamson*, A Model of Rational Managerial Behavior in: *Cyert/March*, Behavioral Theory of the Firm, 1963, S. 237, 238 ff.

im Interesse einer Abteilung/eines Teilbereiches[227] getroffen werde. Bei mehreren Zielen sei deren Gewichtung im Falle eines Zielkonflikts fehleranfällig[228]. Ferner könne der Entscheidungsprozess unterbewusst stattfinden[229].

Auch wenn Maßnahmen denkbar wären, die auf die beobachteten Probleme eine Antwort sein könnten, widmen sich die Begründer des Ansatzes nur am Rande Gestaltungsempfehlungen. Indirekt werden aber die existierenden Lösungen häufig bewertet,[230] was implizit als eine mittelbare Gestaltungsempfehlung angesehen werden kann.

An den Grundsätzen der empirischen Methode lässt sich keine umfassende Kritik üben.[231] Sowohl *Simon* als auch *Cyert* und *March* kann vorgeworfen werden, dass sie nicht empirisch arbeiteten, sondern wesentlich auf die ihnen bekannten Modelle und Vorstellungen bei ihrer Forschung zurückgegriffen haben.[232] Kritisch kann auch die Komplexität dieses Ansatzes beurteilt werden.[233] Umso schwieriger gestaltet sich die Abgrenzung zwischen den beiden entscheidungsorientierten Ansätzen.

Die Vertreter dieses Ansatzes haben einen großen Beitrag zum Verständnis des Entscheidungsverhaltens insb. durch das Konzept der begrenzten Rationalität geleistet und dadurch bleibt er trotz seiner Mängel aktuell.

G. Ansätze der Neuen Institutionenökonomik

Ein weiterer Ansatz, der eine neue Perspektive auf die Organisation eröffnet, ist die Neue Institutionenökonomik. Die Besonderheit dieser Denkrichtung liegt in der Fruchtbarmachung der mikroökonomischen Perspektive mit einem Fokus auf die Ressourcenallokation durch den Markt.[234] Es handelt sich jedoch um keine einheitliche Bewegung, denn die Neue Institutionenökonomik unterteilt sich in drei Unteransätze: die Theorie der Verfügungsrechte, den Transaktionskonsten-Ansatz sowie den berühmten Principal-Agent-Ansatz.

227 Dies wird als ein Problem der Loyalität als Steuerungsmechanismus betrachtet, s. dazu mehr *Simon*, Administrative Behavior, S. 12 ff.

228 *Simon*, Administrative Behavior, S. 5 f.

229 *Simon*, Administrative Behavior, S. 3.

230 S. bspw. *Simon*, Administrative Behavior, S. 140 ff., 234 ff. ; *Cyert/March*, Behavioral Theory of the Firm, 1963, S. 101 ff.

231 Grundsatzprobleme der empirischen Forschung in der Organisationswissenschaft bleiben dennoch ungelöst, s. *Berger et al.* in Kieser/Ebers, Organisationstheorien, S. 122, 161 f.

232 *Bea/Göbel*, Organisation, S. 134.

233 Diese Komplexität hebt diesen Ansatz von anderen hervor, s. dazu ausführlich *Berger et al.* in Kieser/Ebers, Organisationstheorien, S. 122, 162 ff.

234 *Schreyögg/Geiger*, Organisation, S. 449.

1. Theorie der Verfügungsrechte

Im Zentrum des Interesses der auf die Arbeiten von *Alchain* und *Demsetz* zurückgehenden Theorie der Verfügungsrechte steht die Frage, wem ein bestimmtes Wirtschaftsgut zugewiesen ist und wie sich dies auf sein wirtschaftliches Verhalten auswirkt.[235] Ein vollständiges Verfügungsrecht bestehe aus vier Einzelbefugnissen: usus (Gebrauch), usus fructus (Fruchtziehung), abusus (Verbrauch)[236] und dem Veräußerungsrecht. Diese Befugnisse können darüber hinaus verwässert sein, wenn sie auf mehrere Personen verteilt sind.

Der Zuordnung bedürfen auch schuldrechtliche Ansprüche, aus denen ein Nutzen gezogen werden kann. Der Arbeitsvertrag ist zentral für die Organisationstheorie.[237]

Im Sinne dieses Teilansatzes ist ein Unternehmen ein Bündel an Rechten und Verträgen.[238] Im Eigentum des Unternehmens stehen Grundstücke, Produktionsmittel und geistiges Eigentum. Das Unternehmen unterhält vertragliche Beziehungen mit Lieferanten, Mitarbeitern und Abnehmern. Im Zentrum steht der Träger des Unternehmens, dem der Nutzen zugewiesen ist und der das Unternehmen veräußern kann. Der Unternehmensträger vermittelt zwischen anderen Beteiligten, die keine Verträge miteinander eingehen müssen. Damit stimmt diese ökonomische Konstruktion mit der rechtlichen Perspektive überein. Der Unterschied besteht lediglich in der Verkennung der Hierarchie und der Dauerhaftigkeit der arbeitsrechtlichen Beziehungen mit der Annahme, der Arbeitsvertrag könne beliebig von jeder Seite beendet werden und jede Weisung sei eine Vertragsänderung.[239]

Der Fokus dieses Ansatzes richtet sich auf die Eigentümerstruktur. Sie hat eine wichtige Anreizwirkung, denn dem Eigentümer des Unternehmens steht der Gewinn zu und dessen Effizienz liegt in seinem Interesse.[240] Der Inhaber des

235 S. ausführlich zu Grundaussagen dieser Theorie *Demsetz*, Toward a Theory of Property Rights, The American Economic Review, Vol. 57 No. 2 (1967), S. 347 ff.; es finden sich in dieser Strömung dennoch Elemente aus anderen Ansätzen, z. B. aus der Agency-Theorie, s. hierzu *Jensen/Meckling*, Journal of Financial Economics, Vol. 3 No. 4 (1976), S. 305, 307 f.

236 S. *Furubotn/Pejovich*, The Economy of Property Rights, 1974, S. 4, die darüber hinaus das Veräußerungsrecht implizit voraussetzen.

237 Vgl. *Alchian/Demsetz*, The American Economic Review, Vol. 62 No. 5 (1972), S. 777 f.; vgl. dazu aus rechtlicher Perspektive unten Teil 3, I. A. 2.

238 Vgl. *Alchian/Demsetz*, The American Economic Review, Vol. 62 No. 5 (1972), S. 777, 783; vgl. auch *Jensen/Meckling*, Journal of Financial Economics , Vol. 3 No. 4 (1976), S. 305, 310 f.

239 Beide Annahmen sind für das deutsche Recht wegen der starken Einschränkung des Kündigungsrechts des Arbeitgebers und seines umfassenden Weisungsrechts verfehlt; vgl. dazu unten Teil 3, I. A. 2. und B. 1. mwN.

240 *Richter/Furutobn*, Neue Institutionenökonomik, S. 411.

Unternehmens verfügt über die rechtliche Möglichkeit der Kontrolle im weiteren Sinne.[241]

Der Grund für den Kontrollbedarf sei die Natur der Teamleistung. In praktisch jedem Unternehmen agieren zahlreiche Personen (und zwar sowohl auf der Leitungs- als auch auf der operativen Ebene) und daher ist häufig schwer festzustellen, auf wen genau der (entscheidende) Beitrag zum Erfolg zurückgeht[242]. Dadurch entstehe das Risiko der Drückebergerei[243]. Dem könne nur durch eine ausgebildete Aufsichtsperson begegnet werden, die auch an den Erträgen beteiligt ist[244].

Das Prinzip der spezialisierten Kontrolle lässt sich auf alle und somit auch auf die operativ tätigen Mitarbeiter anwenden, indem einer aus der Gruppe der Mitarbeiter als Kontrolleur ausgewählt wird und durch eine an den Erträgen gemessene Prämie motiviert wird.[245] Seine Kontrollfähigkeiten lassen sich durch die Spezialisierung steigern und er soll auch Leitungsbefugnisse innehaben[246]. Aus diesen Empfehlungen lässt sich auf eine hierarchische Linienstruktur der Aufbauorganisation schließen, denn jede Ebene benötigt einen sie kontrollierenden Leiter.

Verschärfend zu der oben beschriebenen Problematik kommt in der Praxis hinzu, dass das Eigentum und die Leitung in Großunternehmen häufig auseinanderfallen.[247] Dadurch verfügt der wirtschaftliche Eigentümer über keine unmittelbare Kontrolle, sondern diese ist auf die Geschäftsleitung delegiert. D. h. die Geschäftsleitung muss am Gewinn beteiligt sein, damit sie genug Anreize hat, die Kontrolle effizient auszuüben.[248]

Die Perspektive dieses Ansatzes erweitert zwar das Verständnis der Mechanismen innerhalb der Organisation, sie konzentriert sich jedoch hauptsächlich auf Fragen der Ausgestaltung der allgemeinen Unternehmensverfassung inkl. der

241 Bspw. kann der Anteilseigner einer GmbH die Satzung ändern und einen Aufsichtsrat vorsehen, vgl. § 52 Abs. 1 GmbHG.

242 S. dazu *Alchian/Demsetz*, The American Economic Review, Vol. 62 No. 5 (1972), S. 777, 779, die hervorheben, eine Teamleistung erlange eine besondere Qualität und dürfe daher nicht als Summe der Einzelleistungen angesehen werden.

243 Insoweit ähneln die Annahmen bezüglich des Menschenbildes stark dem Taylor'schen Ansatz.

244 S. *Alchian/Demsetz*, The American Economic Review, Vol. 62 No. 5 (1972), S. 777, 781 ff., die im Ergebnis als die vorteilhafteste Art der unternehmerischen Tätigkeit ein Einzelunternehmen betrachten, weil der Unternehmer sowohl das Interesse an der Aufsicht als auch die Möglichkeit der Spezialisierung habe.

245 *Alchian/Demsetz*, The American Economic Review, Vol. 62 No. 5 (1972), S. 777, 782.

246 Ebenda.

247 Die Leitung des Unternehmens durch Tausende Aktionäre wäre schlichtweg unmöglich und sehr kostspielig; deshalb könne das Management als De-facto-Eigentümer angesehen werden (im wirtschaftlichen Sinne), *Demsetz*, The American Economic Review, Vol. 57 No. 2 (1967), S. 347, 358 f.

248 Vgl. zur Vorstandsvergütung aus rechtlicher Perspektive unten Teil 5, II. F.

Leitung und weniger auf die der unternehmensinternen Organisation. Es ist ferner problematisch, aus ihren abstrakten Aussagen empirisch fundierte Gestaltungsempfehlungen abzuleiten.[249]

2. Transaktionskosten-Ansatz

Der Transaktionskosten-Ansatz wurde von *Coase*[250] und *Williamson*[251] entwickelt.[252] In der neoklassischen Theorie wurde eine unsichtbare Hand des Marktes (Preismechanismus) angenommen, die zu einer perfekten Verteilung (Allokation) der Wirtschaftsgüter führen sollte. Diese Theorie vermochte es jedoch nicht zu erklären, wieso Unternehmen entstehen, denn wozu braucht es einen Vermittler, wenn der Markt die Koordinationsleistung bereits in einer perfekten Weise erbringt?[253]

Der Preismechanismus findet innerhalb eines Unternehmens keine Anwendung, denn die Mitarbeiter handeln nicht selbstbestimmt aufgrund der Preise, sondern sie führen Weisungen aus.[254] Dieser Ansatz brach daher mit der Annahme des perfekten Preismechanismus, indem er die Kosten der Übertragung der Rechtsgüter zwischen den Rechtssubjekten einbezog (Transaktionskosten). Die Höhe der Transaktionskosten stelle wiederum einen essenziellen Unterschied zwischen den »Transaktionen« innerhalb eines Unternehmens und auf dem Markt dar, denn die Transaktionskosten innerhalb eines Unternehmens können aufgrund der Leitung bei einem wiederholten Austausch niedriger ausfallen:[255] Wenn die Abteilung A an die Abteilung B eine mangelhafte Ware liefert, dann besteht kein Risiko eines langen Rechtsstreits; die Geschäftsleitung wird eine Regelung treffen müssen. Ferner fallen keine sonstigen Transaktionskosten an: Es muss keine Preisermittlung erfolgen, es müssen keine Verhandlungen geführt und keine Verträge abgeschlossen werden.[256] Andererseits bringen Arbeitsverträge auch gewisse Transaktionskosten mit sich.[257]

Die Hierarchie des Unternehmens biete desto mehr Vorzüge, je unsicherer die Rahmenbedingungen seien.[258] Dies betrifft sowohl die Ex-ante- als auch die Ex-post-Unsicherheiten bei Dauerbeziehungen.

249 Dies ist laut *Ebers/Gotsch* in: Kieser/Ebers, Organisationstheorien, S. 196, 206 f. insb. auf die Schwierigkeiten bei der Operationalisierung der Verfügungsrechte zurückzuführen, die die empirische Forschung erheblich erschwert.
250 *Coase*, Economica, Vol. 4 No. 16 (1937), S. 386 ff.
251 *Williamson*, Markets and Hierarchies, 1975.
252 Vgl. *Bea/Göbel*, Organisation, S. 138; s. auch *Vahs*, Organisation, S. 68 f.
253 S. *Coase*, Economica, Vol. 4 No. 16 (1937), S. 386, 389.
254 *Coase*, Economica, Vol. 4 No. 16 (1937), S. 386, 387 f.
255 *Coase*, Economica, Vol. 4 No. 16 (1937), S. 386, 392.
256 *Coase*, Economica, Vol. 4 No. 16 (1937), S. 386, 390 f.
257 *Richter/Furubotn*, Neue Institutionenökonomik, S. 61 f.
258 *Williamson*, Markets and Hierarchies, 1975, S. 20 ff.

Zwischen der Hierarchie und dem Markt gibt es noch eine weitere Koordinationsform: Es könnte sich ein Zusammenschluss der gleichrangigen Arbeiter bilden, der als ein solcher auf dem Markt auftritt. Diese Zwischenform hat allerdings Nachteile bzgl. der Entscheidungsfindung[259] und des Schutzes vor dem Ausnutzen durch Dritte (neue Mitarbeiter als free-rider)[260].

Die Aufbauorganisationsstrukturen lassen sich auch einer Analyse aus dem Blickwinkel dieses Ansatzes unterziehen. Beispielsweise sei die divisionale Struktur bei Großunternehmen und nicht die funktionale vorzugswürdig, weil die divisionale mehr Spezialisierung ermögliche.[261]

Die Struktur des Unternehmens spiele auch eine wesentliche Rolle für die Möglichkeit der Überwachung der Mitarbeiter; sie sei also maßgeblich für die Transaktionskosten im Verhältnis zwischen dem Unternehmen und seinen Mitarbeitern.262 Es gebe verschiedene Gestaltungsmöglichkeiten, um die Überwachung zu vereinfachen; eine sei die Erhöhung der Anzahl von Hierarchieebenen, sodass jeder Leiter weniger Personen beaufsichtigen müsse.[263] Als eine weitere Maßnahme komme die Erhöhung des Spezialisierungsgrades in Betracht, denn dadurch werde eine spezialisierte Überwachung vereinfacht.[264] Diese Maßnahmen verursachten neue Probleme, denn durch die Hierarchien werde die Kommunikation erschwert und die Leitungsmacht der Geschäftsleitung sinke.[265] Darüber hinaus entstünden zusätzliche Management-Kosten.[266] Es sei also notwendig, die Vor- und Nachteile im konkreten Unternehmen auszubalancieren.

Für die Analyse der Kosten bedient sich der Ansatz eines besonderen Menschenbildes. Der Mensch sei ein rational handelndes Wesen, aber seine Rationalität sei sehr begrenzt.[267] Damit übernimmt der Ansatz die Modellannahmen der verhaltenswissenschaftlichen Entscheidungstheorie.

Der Erkenntnisgewinn dieses Ansatzes liegt in der Erklärung der Grenzen des Unternehmens, also welche Kooperationsform sich unter welchen Rahmenbedingungen als vorteilhaft erweist.[268] Dies lässt sich z. B. auf das Problem des Out-

259 S. *Williamson*, Markets and Hierarchies, 1975, S. 45 ff. und S. 51 ff., der die Problematik der demokratischen Entscheidungsfindung und des ineffizienten Informationsflusses in einer hierarchiefreien Struktur eruiert.

260 S. dazu *Williamson*, Markets and Hierarchies, 1975, S. 47 ff. und S. 53 f., der untermauert, die Eintrittskontrolle sei nicht so gründlich bei den Zusammenschlüssen, wie bei den Unternehmen, dennoch gebe es Instrumente, um das Problem zu minimieren.

261 S. dazu eine ausführliche Untersuchung von *Williamson*, Markets and Hierarchies, 1975, S. 132 ff.

262 S. vertieft *Jones*, Academy of Management Review, Vol. 9. No. 4 (1984), S. 684 ff.

263 *Jones*, Academy of Management Review, Vol. 9. No. 4 (1984), S. 684, 690.

264 *Jones*, Academy of Management Review, Vol. 9. No. 4 (1984), S. 684, 692 f.

265 *Jones*, Academy of Management Review, Vol. 9. No. 4 (1984), S. 684, 691.

266 Ebenda.

267 *Williamson*, Markets and Hierarchies, 1975, S. 21 f.

268 *Bea/Göbel*, Organisation, S. 150; *Ebers/Gotsch* in: Kieser/Ebers, Organisationstheorien, S. 196, 254 f.

sourcings beziehen. Die Kritik an diesem Ansatz richtet sich auf den hohen Abstraktionsgrad, der zu Mängeln führt, wenn die im Modell nicht berücksichtigten Variablen doch ausschlaggebend sind; beispielsweise wird die institutionelle Umwelt nicht hinreichend berücksichtigt[269].

3. Agency-Theorie

Die Agency-Theorie ist eine weitere und in der juristischen Literatur besonders beachtete Strömung innerhalb der Neuen Institutionenökonomik. Sie beruht besonders auf den Arbeiten von *Ross* (1973) sowie *Jensen* und *Meckling* (1976) und bedient sich der entscheidungslogischen (mathematischen) Methode[270].

Im Zentrum ihres Interesses steht die vertragliche Beziehung zwischen dem weit verstandenen »Auftraggeber« (*principal*) und dem »Auftragnehmer« (*agent*). Diese sog. Agency-Beziehung verursacht wirtschaftliche Probleme, die auf einen Interessenkonflikt zurückgehen: Der Auftraggeber bezahlt die Vergütung in der Hoffnung, der Auftragnehmer würde in seinem Interesse handeln. Dem Auftragnehmer fehlt in der Ausgangslage die Motivation dazu, den maximalen Nutzen für den Auftraggeber zu erreichen. Erstens hat er einen informationellen Vorsprung und kann daher die Handlungsoptionen verschweigen, die für ihn zu arbeitsaufwendig sind, auch wenn diese Optionen für den Auftraggeber optimal wären.[271] Zweitens, unterstellt es liegt keine Gewinnbeteiligung vor, schlägt sich der größere Arbeitsaufwand nicht in der (Erfolgs-)Vergütung nieder, sodass es sich für den Auftragnehmer nicht lohnt, den maximalen Nutzen zu erwirtschaften.[272]

Die Antwort auf dieses Problem liegt in einer solchen Ausgestaltung des Vertrags, die einen Interessengleichlauf herstellt. Vertreter dieses Ansatzes fokussieren sich auf die Vergütung, die proportional zum Nutzen des »Auftraggebers« ausfallen soll.[273]

Problematisch ist das Informationsgefälle vor dem Vertragsschluss. Der Auftragnehmer kann Eigenschaften verschweigen, die ihn als einen potenziellen Vertragspartner disqualifizieren. Dieser Informationsvorsprung ist auch schwer auszugleichen[274]. Die suboptimale Auswahl des Auftragnehmers generiert wiederum hohe Kosten.[275]

269 S. dazu *Ebers/Gotsch* in: Kieser/Ebers, Organisationstheorien, S. 196, 252 mwN.

270 S. dazu bspw. *Spence/Zeckhauser*, The American Economic Review, Vol. 61 No. 2 (1971), S. 380 ff.; *Ross*, The American Economic Review, Vol. 63 No. 2 (1973), S. 134 ff.

271 *Bea/Göbel*, Organisation, S. 150.

272 Vgl. *Jensen/Meckling*, Journal of Financial Economics, Vol. 3 No. 4 (1976), S. 305, 308 f.

273 Vgl. die mathematische Modelllösung zu diesem Problem von *Ross*, The American Economic Review, Vol. 63 No. 2 (1973), S. 134 ff.

274 *Bea/Göbel*, Organisation, S. 152.

275 Solche Kosten entstehen bspw. bei den Streitigkeiten zwecks Vertragsauflösung.

Das oben dargestellte Agency-Modell lässt sich für jede vertragliche Beziehung heranziehen, in der eine Partei bzgl. einer wesentlichen Tatsache einen Informationsvorsprung hat.[276] Aus der organisationswissenschaftlichen Perspektive rückt der Arbeitsvertrag in den Vordergrund. Der Arbeitnehmer verfügt häufig über einen Informationsvorsprung gegenüber dem Arbeitgeber und es stellt sich die Frage, wie die Organisation ausgestaltet werden soll, damit der Arbeitnehmer im Interesse des Unternehmens handelt.[277]

Die organisationsinternen, verbindlichen Verhaltensnormen bieten eine Lösung für dieses Problem.[278] Sie ermöglichen zwar die Steuerung des Verhaltens der Mitarbeiter, aber deren faktische Durchsetzung setzt wiederum die Notwendigkeit der Kontrolle voraus.[279]

Eine weitere Handlungsoption ist die Einführung eines Anreizsystems. Es kommt z. B. die Gewinnbeteiligung in Betracht. Ein Anreizsystem dieser Art stößt auf das Problem, dass die einzelnen Mitarbeiter bei einem Großunternehmen wenig Einfluss auf das Ergebnis haben; folglich kommt es zum Free-rider-Problem innerhalb der Belegschaft.[280] Es gibt auch nicht monetäre Anreizsysteme.[281] Als solches kann eine Aufbauorganisation angesehen werden, die dazu motiviert, im Sinne des Unternehmens zu arbeiten[282].

Mithilfe dieses Ansatzes lässt sich beispielsweise die Aufbauorganisation unter dem Gesichtspunkt der Zentralisation[283] und der Hierarchie untersuchen[284]. Dazu werden Entwicklungsprognosen erstellt, die anhand mathematischer Modelle entwickelt wurden[285]. Hiernach soll bestimmbar sein, ob sich die Organisation zu einer Matrix-Organisation, einer dezentralen oder einer zentralen Hierarchie entwickeln wird. Diese Prognosen haben jedoch den Nachteil, dass sie auf verein-

276 *Ross*, The American Economic Review, Vol. 63 No. 2 (1973), S. 134; vgl. auch *Ebers/Gotsch* in: Kieser/Ebers, Organisationstheorien, S. 196, 207 f.

277 S. aus der neueren Literatur zu dieser Frage bezogen auf die sog. »Wissensarbeiter« (*knowledge worker*) *Mitchell/Meacheam*, The Learning Organization, Vol. 18 No. 2 (2011), S. 149, 151 ff. mwN; angedeutet bereits von *Jensen/Meckling*, Journal of Financial Economics, Vol. 3 No. 4 (1976), S. 305, 309 Fn. 10.

278 *Ebers/Gotsch* in: Kieser/Ebers, Organisationstheorien, S. 196, 215.

279 Vgl. *Mitchell/Meacheam*, The Learning Organization, Vol. 18 No. 2 (2011), S. 149, 155.

280 S. dazu *Bea/Göbel*, Organisation, S. 153.

281 Zu den nichtfinanziellen Anreizen s. *Mitchell/Meacheam*, The Learning Organization, Vol. 18 No. 2 (2011), S. 149, 154.

282 S. grundlegend hierzu *Bea/Göbel*, Organisation, S. 301 ff.

283 Mit der De- und Zentralisation ist der Grad der Entscheidungsfindung auf der höchsten Ebene gemeint; s. dazu mehr *Milgrom/Roberts*, Economics, Organization and Management, 1992, S. 113 ff.

284 Vgl. eine umfassende Analyse von *Harris/Raviv*, Management Science, Vol. 48 No. 7 (2002), S. 852; vgl. generell zum Problem der Zentralisation und Agency-Theorie *Bea/Göbel*, Organisation, S. 159 f.

285 *Harris/Raviv*, Management Science, Vol. 48 No. 7 (2002), S. 852, 862 ff.

fachten Modellen beruhen, die z. B. die Kosten der Informationsbeschaffung ausblenden.[286]

Die weitere Kritik an diesem Ansatz bezieht sich auf drei Probleme. Erstens ist dessen Menschenbild negativ; der Mensch handle hiernach eigennützig und ggf. missbräuchlich.[287] Folglich weicht das Modell in seinen Ergebnissen von der Realität ab, wenn die Mitarbeiter loyal und motiviert im Sinne des Unternehmens arbeiten. Zweitens ist es schwer messbar, wie hoch die Verluste infolge der Agency-Beziehung ausfallen; denn regelmäßig weiß ausschließlich der Auftragnehmer, was die beste Entscheidung wäre; er hat den informationellen Vorsprung auch vor dem Forscher.[288] Durch diese Probleme mit der Operationalisierung der Agenturkosten lassen sich die Lösungen nur schwer empirisch ausleuchten. Drittens werden die horizontalen Interessenkonflikte infolge des Fokus auf die vertraglichen Beziehungen ignoriert, denn zwischen Organisationsmitgliedern gleicher Ebene bestehen keine vertraglichen Beziehungen; dies erweist sich wegen der Gruppenprozesse innerhalb des Organisationskontexts als besonders problematisch.[289]

Die Agency-Theorie hat zwar eine herausragende Bedeutung für die Unternehmensverfassung (Corporate Governance), aber wegen der zahlreichen oben genannten Mängel vermag sie es nicht, die Organisationsprobleme ganzheitlich zu erklären.

H. Evolutionstheoretischer Ansatz

In den oben dargestellten Ansätzen wurden bereits mehrmals naturwissenschaftliche Methoden für die Organisationswissenschaft nutzbar gemacht. Ein besonderes Beispiel dafür stellt der evolutionstheoretische Ansatz dar. Er nutzt die aus der Biologie stammende Evolutionslehre, um Organisationen zu analysieren.[290]

Dabei sei nicht eine einzelne Organisation zu untersuchen, sondern die gesamte »Population« der Organisationen,[291] als würde es sich um Wölfe oder Hirsche in einer bestimmten Region handeln. Anders gesagt seien alle Organisationen zu analysieren, um einen Erkenntnisgewinn zu erreichen.

286 *Harris/Raviv*, Management Science, Vol. 48 No. 7 (2002), S. 852, 864.
287 *Bea/Göbel*, Organisation, S. 154 f.; *Schreyögg/Geiger*, Organisation, S. 297 f.
288 S. dazu *Ebers/Gotsch* in: Kieser/Ebers, Organisationstheorien, S. 196, 226 f.; *Bea/Göbel*, Organisation, S. 154.
289 *Schreyögg/Geiger*, Organisation, S. 297 f.; ähnlich *Ebers/Gotsch* in: Kieser/Ebers, Organisationstheorien, S. 196, 257.
290 S. vertieft *Wolf*, Organisation, S. 379 ff.; vgl. *Bea/Göbel*, Organisation, S. 164.
291 *Hannan/Freeman*, American Journal of Sociology, Vol. 82 No. 5 (1977), S. 929, 932 f.

Die Grundsätze der Ökologie bereiten Schwierigkeiten bei der Übertragung auf die Organisationen. Eine Organisation hat – anders als ein Tier – Mitglieder[292] und Abteilungen. Dennoch gebe es drei weitere Ebenen, die mit den ökologischen übereinstimmen: das Individuum, die Population und eine Gemeinschaft von Populationen unterschiedlicher Spezies (Biozönose).[293] Problematisch verbleibt die Zuordnung von Organisationen zu konkreten Populationen, weil jede Organisation eine einzigartige Erscheinung ist.[294]

Das Evolutionsmodell bestehe aus drei Hauptelementen: der Variation, der Selektion und der Retention. Diese Elemente sollen die Änderungen in der Population der Organisationen erklären.

Die Variation hängt mit den Unterschieden zwischen den in der Population vorhandenen Organisationen zusammen.[295] Sie kann sich auch auf die inneren Abteilungen der Organisation beziehen. Die Variation bedeutet, dass verschiedene organisatorische Lösungen nebeneinander bestehen. Sie entsteht z. B. infolge der Migration einer Organisation aus einem Land in ein anderes, durch unterschiedliche Anpassung auf eine dynamische Umwelt sowie durch die Schaffung neuer Organisationen.[296] Dabei entstünden die meisten Variationen blind.[297] Die Variation ist die Voraussetzung für die Selektion; denn der Selektionsprozess kann denklogisch nur dann erfolgen, wenn sich die Gegenstände der Selektion voneinander unterscheiden.[298] Je größer die Zahl der bestehenden Variationen, desto besser das Selektionsergebnis.[299]

Die organisationsbezogene Selektion erfolge vergleichbar mit der biologischen als Reaktion auf die Umwelt. Manche Organisationen hören auf zu existieren,[300] andere hingegen wachsen intensiv. Manche Organisationslösungen verbreiten

292 Mit Mitgliedern der Organisation sind nicht die Anteilseigner, sondern die Mitarbeiter, das Management und die Geschäftsleitung gemeint.

293 *Hannan/Freeman*, American Journal of Sociology, Vol. 82 No. 5 (1977), S. 929, 933 f.

294 *Hannan/Freeman*, American Journal of Sociology, Vol. 82 No. 5 (1977), S. 929, 934, die hier zusätzlich anmerken, dass (anders als in der Biologie) sich keine objektiven Merkmale der Zugehörigkeit zu einer Population feststellen lassen; diese Gedanken sind auch auf die Zugehörigkeit zu einer Spezies zu übertragen.

295 Vgl. *McKelvey/Aldrich*, Administrative Science Quarterly, Vol. 28 No. 1 (1983), S. 101, 114: »Any kind of change is a variation.«

296 *Aldrich*, Organizations and Environments, 1979, S. 27 f.

297 *Weick*, Der Prozess des Organisierens, S. 251 f.; vgl. auch *McKelvey/Aldrich*, Administrative Science Quarterly, Vol. 28 No. 1 (1983), S. 101, 114 mwN.

298 *Aldrich*, Organizations and Environments, 1979, S. 28.

299 Der Selektionsprozess kann dennoch suboptimal ausfallen; es kann sein, dass nur die schlechtesten Organisationslösungen zum Untergang der Organisation führen.

300 Im Englischen wird der Begriff *mortality* herangezogen, der dem deutschen Wort *Sterblichkeit* entspricht. Die juristischen Personen sind allerdings nur fiktive Geschöpfe und leben nicht. Folglich werden sie gelöscht und können nicht sterben, daher wird hier auf den Begriff *Sterblichkeit* verzichtet.

sich, und zwar sowohl außerhalb als auch innerhalb der Organisationen;301 die erfolgreichen Handlungsweisen werden entdeckt und behalten[302]. Im Selektionsprozess sei der Wettbewerb unter den Organisationen der entscheidende Faktor.[303] Jene Unternehmen, die sich am besten an die Umweltbedingungen angepasst haben, bestehen fort, andere sind dem Untergang geweiht.[304]

Unter der Retention wird das Lernen und Beibehalten erfolgreicher Merkmale verstanden.[305] Der Retentionsprozess hat einen selektiven Charakter. Die Retention kann sogar als Ergebnis des oben beschriebenen Selektionsprozesses angesehen werden.[306] Dennoch zeichnet die Retention in einem sozialen System eine Besonderheit aus: Die Kenntnisse über vorteilhafte Organisationslösungen müssen weitergegeben werden; in diesem Kontext ist die Organisationskultur das Medium der Weitergabe.[307]

Zusammenfassend unterliegen die Organisationen einem ständigen Prozess der Anpassung der Population an die Umwelt. Durch die Variation entstehen neue Organisationsformen, die sich dann durch die weiteren Prozesse der Selektion und Retention verbreiten oder aussterben. Durch die Gründungen kommen neue Populationsmitglieder hinzu, die die insolventen Organisationen ersetzen. Das evolutionäre Modell hat einen dynamischen Charakter.[308]

Auf die Erstellung des Modells folgt die statistische empirische Forschung. Die Population sei zu untersuchen, indem einige Unternehmen analysiert werden und das Ergebnis auf die gesamte Population extrapoliert wird. Der Schwachpunkt dieser empirischen Studien ist die Klassifikation; die Zuordnung von Organisationen zu einer bestimmten Population beruht auf subjektiven Eindrücken und ist daher angreifbar.[309]

301 Vgl. *Aldrich*, Organizations and Environments, 1979, S. 44 f.

302 S. *Aldrich*, Organizations and Environments, 1979, S. 45 f., der dies als *selective retention* bezeichnet.

303 Ausführlich hierzu *Hannan/Freeman*, American Journal of Sociology, Vol. 82 No. 5 (1977), S. 929, 939 ff., s. S. 943: »If two populations of organizations sustained by identical environmental resources differ in some organizational characteristic, that population with the characteristic less fit to environmental contingencies will tend to be eliminated.«; grundsätzlich zustimmend *Aldrich*, Organizations and Environments, 1979, S. 66.

304 *Ulrich*, Human Relations, Vol. 40 No. 3 (1987), S. 137, S. 145 f.

305 *Aldrich*, Organizations and Environments, 1979, S. 30 f.

306 Vgl. *Aldrich*, Organizations and Environments, 1979, S. 45, der den Begriff *selective retention* nutzt.

307 *Aldrich*, Organizations and Environments, 1979, S. 47.

308 *Wolf*, Organisation, S. 383, 420 f.; vgl. *Jones/Bouncken*, Organisation, S. 663 ff.

309 S. *Ulrich*, Human Relations, Vol. 40 No. 3 (1987), S. 137, 140 f., der dieses Problem offen anspricht; vgl. auch *Woywode/Beck* in: Kieser/Ebers, Organisationstheorien, S. 258, 266 f., 293: »Wegen ihres verdienstvollen Bemühens um empirische Überprüfung bieten die Populationsökologen jedoch auch mehr Angriffspunkte als solche Forscher, die sich auf konzeptionelle Entwürfe beschränken.«, s. auch vertieft zu

Ein weiterer Kritikpunkt bezieht sich auf den Fokus auf die Gründung und Auflösung von Organisationen; dabei seien die Selektionsprozesse innerhalb der bestehenden Organisationen viel wichtiger.[310] Darüber hinaus kann kritisch die Annahme betrachtet werden, die Menschen würden von der Umwelt gesteuert und leisteten keinen willentlichen Beitrag zur Entwicklung der Organisation.[311]

Dennoch hat dieser Ansatz einen großen Beitrag zur Vertiefung der Organisationstheorie beigesteuert. Dazu gehört die breite Untersuchungsperspektive, die sich auf die gesamte Population bezieht und der nicht willentlich gesteuerte Wandel rückt stärker in den Vordergrund.[312]

Der willentliche Einfluss auf die Organisation wird in diesem Ansatz nicht komplett ausgeschlossen.[313] Außerdem eignet sich die Perspektive dieses Ansatzes wegen ihres übergreifenden Charakters besonders gut für die gesetzgeberische Tätigkeit.

I. Zwischenergebnis

In den besprochenen Ansätzen lassen sich zwei Strömungen erkennen: Manche Theorien beruhen auf den naturwissenschaftlichen Prinzipien und andere eher auf den geisteswissenschaftlichen Methoden. Dies spiegelt die Natur der Organisation wider, denn sie besteht sowohl aus dem menschlichen Element als auch aus den technischen Abläufen und hierarchischen Strukturen, die sich mathematisch modellieren bzw. beschreiben lassen. Trotz der Möglichkeit der groben Kategorisierung ist der Reichtum an Gedankengut überwältigend. Es ist unmöglich, die Ansätze so weit zu bewerten, dass nur einer davon für die Beschreibung der Realität relevant wäre. Das Phänomen »Organisation« lässt sich nur unter Berücksichtigung aller Perspektiven vollkommen verstehen.[314]

Betrachtet aus rechtlicher Perspektive birgt der oben beschriebene Reichtum Gefahren für den Gesetzgeber und für den Rechtsanwender. Wenn die Rechtsnorm lediglich auf einem der Ansätze beruht und die sonstigen ignoriert, blendet sie jene Elemente der Realität aus, die das ihr zugrundeliegende Modell ausblendet. Dann schlagen sich die Mängel des ausgewählten Ansatzes in Normen nieder und können ggf. verhindern, dass das gesetzgeberische Ziel erreicht wird. Dies gilt auch für die Auslegung.

dieser Problematik S. 295 ff.; vgl. die Klassifikationsempfehlung von *McKelvey*, Administrative Science Quarterly, Vol. 20 No. 4 (1975), S. 509.

310 *Woywode/Beck* in: Kieser/Ebers, Organisationstheorien, S. 258, 293 f.

311 Vgl. *Bea/Göbel*, Organisation, S. 167; *Woywode/Beck* in: Kieser/Ebers, Organisationstheorien, S. 258, 298 f.

312 *Woywode/Beck* in: Kieser/Ebers, Organisationstheorien, S. 258, 281 ff.; dazu mehr unten Teil 2, V. B.

313 Vgl. *Bea/Göbel*, Organisation, S. 166 mwN.

314 Ähnlich *Kieser/Walgenbach*, Organisation, S. 530.

III. Aufbauorganisation – Organisationsformen

Nachfolgend wird der Reichtum an potenziellen organisationalen Lösungen dargestellt. Hiernach bestimmt sich aus rechtlicher Perspektive das Gewicht der Organisationsautonomie.

A. Die Abgrenzung zwischen der Aufbau- und Ablauforganisation

In der Organisationswissenschaft werden zwei Perspektiven auf die Organisation genutzt: Die Aufbauorganisation bestimmt die Struktur des Unternehmens, d. h. dessen Gliederung in spezialisierte Einheiten sowie die unternehmensinterne Koordination.[315] Innerhalb der Aufbauorganisation ist jeder Stelle in der Regel eine feste Funktion zugewiesen[316].

Bei der Ablauforganisation geht es dagegen um den zeitlichen, räumlichen, materialtechnischen und personellen Ablauf von allen Unternehmensprozessen.[317] Sie gibt den Prozess wieder, den die Wertschöpfung innerhalb des Unternehmens durchgehen muss, z. B. die Herstellung vom Einkauf bis zur Lieferung der Ware an den Kunden.

Die Trennung zwischen der Aufbau- und Ablauforganisation hat lediglich einen theoretischen, gedanklichen Charakter.[318] Alle Tätigkeiten werden im Rahmen der Unternehmensstruktur vollzogen; sie ist die Bühne, auf der die Aufführung »Unternehmung« stattfindet.

Die nachfolgenden Überlegungen fokussieren sich zuerst auf die Aufbauorganisation. Die Darstellung der Ablauforganisation schließt sich an diese Überlegungen an (s. unten IV.).

B. Aufbauorganisation – Methode

Die klassische Methode der Erstellung der Aufbauorganisation setzt sich aus der Analyse, Synthese und Verteilung der Sachaufgaben zusammen.[319] Alternativ kann die Aufbauorganisation auf der Grundlage von Unternehmensprozessen herausgearbeitet werden.[320]

315 *Kosiol*, Organisation, S. 32.

316 Dies kann schriftlich oder mündlich erfolgen, s. dazu *Kieser/Walgenbach*, Organisation, S. 15 ff., insb. S. 19 f.

317 *Kosiol*, Organisation, S. 32.

318 *Laux/Liermann*, Organisation, S. 180 f.; *Bea/Göbel*, Organisation, S. 238 f.; s. die Kritik zu dieser Trennung bei *Schreyögg/Geiger*, Organisation, S. 33 f.

319 Mehr hierzu *Bea/Göbel*, Organisation S. 239 ff.; *Vahs*, Organisation, S. 77 ff.; zu Einzelheiten s. bereits oben II. D.

320 *Vahs*, Organisation, S. 258.

C. Einliniensystem

1. Grundmodell

Das klassische Organisationsmodell ist das sog. Einliniensystem; es geht auf das Prinzip der Einheit der Auftragserteilung von *Fayol* zurück.[321] Dessen Hauptmerkmal ist die Tatsache, dass jeder nur einen einzigen Vorgesetzten hat (Einfachunterstellung).[322] Nur diese Leitungsperson ist weisungsberechtigt und befugt, Berichte einzufordern. Durch dieses Merkmal sieht das Organigramm wie die Wurzeln eines Baumes aus: Alle Linien kommen bei der Geschäftsleitung zusammen, ohne sich vorher zu berühren.[323]

Dieses Modell kann im Unternehmen unterschiedlich umgesetzt werden. Erstens muss entschieden werden, wie viele Stellen einer Leitungsinstanz unterstehen (Leitungsspanne).[324] Es kann sich um eine Stelle handeln oder um zahlreiche Stellen. Der Grad der Kontrolle fällt bei einer höheren Zahl niedriger aus;[325] andererseits erspart es Unternehmen Leitungskosten, weil sie weniger Leitungspersonal einsetzen müssen.[326]

Zweitens kann die Anzahl der Leitungsebenen (Hierarchieebenen) unterschiedlich ausfallen (Leitungstiefe bzw. Gliederungstiefe).[327] Sog. flache Organisationen verfügen nur über eine oder zwei Ebenen zwischen der Belegschaft und der Geschäftsleitung. Es sind auch stark hierarchisch aufgebaute Strukturen anzutreffen, bei denen zwischen der Geschäftsleitung und der Belegschaft acht oder neun Ebenen liegen. Bei einer solchen Organisation sind zwar die Leitungspersonen sehr spezialisiert, aber die Berichtswege fallen sehr lang aus und die Informationen können aus verschiedenen Gründen verloren gehen. Bei größeren Organisationen zieht jedoch die geringe Leitungstiefe eine große Zahl der zu überwachenden Mitarbeiter nach sich.[328] Unternehmen müssen in dieser Hinsicht eine gute Balance finden.

321 *Fayol*, Administration, S. 31 ff.
322 *Bea/Göbel*, Organisation, S. 342;
323 S. bspw. *Bea/Göbel*, Organisation, S. 342, Abb. 12-1; *Bühner*, Organisationslehre, S. 126 (die Darstellung vom Einliniensystem).
324 *Laux/Liermann*, Grundlagen der Organisation, S. 187; s. auch *Kieser/Walgenbach*, Organisation, S. 149, die als Alternative den Begriff »Subordinationsspanne« nennen; *Siedenbiedel*, Organisationale Gestaltung, S. 143 f.
325 Zu Vor- und Nachteilen der niedrigen und hohen Leitungsspanne s. vertieft *Vahs*, Organisation, S. 130 ff.
326 *Ringlstetter*, Organisation, S. 81 f.
327 *Kieser/Walgenbach*, Organisation, S. 148 f.; *Vahs*, Organisation, S. 133 f.; *Siedenbiedel*, Organisationale Gestaltung, S. 142.
328 *Laux/Liermann*, Organisation, S. 187: »Je geringer die Leitungsspanne, desto höher ist die Zahl der Gliederungsstufen; und umgekehrt: Je höher die Leitungsspanne, desto flacher ist die Hierarchie.«

Drittens ist zu entscheiden, nach welchem Prinzip Abteilungen einzurichten sind.[329] Eine Möglichkeit ist Abteilungsbildung nach Funktionen,[330] z. B. Vertrieb, Einkauf, Produktion usw. Eine weitere Option ist eine Aufteilung nach Objekten (divisionale Organisation):[331] Die maßgeblichen Objekte können Produkte, Regionen oder Kundengruppen sein. Bei der regionalen und der produktbezogenen Aufteilung kann der funktionale Aufbau auf der niedrigeren Ebene erfolgen.

Das Einliniensystem hat den Vorteil, dass die Zuständigkeiten klar geregelt sind; dadurch kann die Leitung einfacher zur Rechenschaft gezogen werden.[332] Andererseits besteht der Nachteil des »Silodenkens«: Jede Abteilung ist ein Organismus an sich und deren Mitarbeiter sind gegenüber ihrer eigenen Abteilung und nicht dem Gesamtunternehmen treu.[333] Dies führt zu Ineffizienzen und Koordinationsproblemen. Die Konflikte zwischen dem Leitungspersonal gleicher Ebene müssen von einer höheren Instanz gelöst werden: Dabei handelt es sich um Entscheidungen hohen Komplexitätsgrades. Das kann zur Überlastung von höheren Leitungsebenen führen.[334] Ferner verursacht das Einliniensystem lange Berichtswege, die sich negativ auf die Informationsübermittlung auswirken.[335]

2. Stabsorganisation

Der Stab soll die Antwort auf das Überlastungsproblem des Leitungspersonals darstellen;[336] diese organisatorische Lösung entstammt dem Militär.[337] Es handelt

329 Vertieft *Kieser/Walgenbach*, Organisation, S. 87 ff.

330 Anders »Organisation nach Verrichtungen« genannt, s. vertieft *Schreyögg/Geiger*, Organisation, S. 39 f., die auch Vor- und Nachteile dieser Organisationsgestaltung analysieren; vgl. auch *Vahs*, Organisation, S. 183 ff.

331 Vgl. *Vahs*, Organisation, S. 190 ff.; *Schreyögg/Geiger*, Organisation, S. 40 ff.; s. aber *Ringlstetter*, Organisation, S. 73 ff., der zwischen einer objektorientierten und geographischen Organisation unterscheidet.

332 *Kieser/Walgenbach*, Organisation, S. 132 f.; s. den Hinweis von *Ringlstetter*, Organisation, S. 86, dass es beim Einliniensystem zu keinen Kompetenzkonflikten kommt; so schon *Fayol*, Administration, S. 33: »(…) la *dualité de commandement* est une source perpétuelle de conflits (…).«

333 *Vahs*, Organisation, S. 186; s. auch *Bea/Göbel*, Organisation, S. 344, die dies als »Ressortegoismus« bezeichnen.

334 *Thommen/Achleitner/u.a.m.*, Betriebswirtschaftslehre, S. 462 f.; *Vahs*, Organisation, S. 140, Abb. 4-19; *Bea/Göbel*, Organisation, S. 344.

335 *Vahs*, Organisation, S. 140, Abb. 4-19; *Kieser/Walgenbach*, Organisation, S. 130 ff.; vgl. zu der sog. Fayol'schen Brücke, die eine ausnahmsweise Lösung dieses Problem darstellt, *Fayol*, Administration, S. 45 ff.; ferner ist denkbar, die Informationsvermittlung durch Einsatz von Ausschüssen und ähnlichen Gremien zu verbessern.

336 *Laux/Liermann*, Organisation, S. 183; anders *Galbraith*, Organization Design, S. 17 f., der das Stab-System auf den Mangel an Expertise bei dem Leitungspersonal zurückführt.

337 *Kieser/Walgenbach*, Organisation, S. 135.

sich um eine besondere Organisationseinheit.[338] Sie ist nicht in die Unternehmensabläufe integriert. Ihre einzige Aufgabe ist die Unterstützung der Leitung in der Entscheidungsfindung; sie besitzt i. d. R. kein Weisungsrecht.[339] Durch die Expertise ihrer Mitglieder kann die Stabseinheit Informationen verarbeiten, die dem Leitungspersonal zukommen. Der Stab kann ebenfalls einen Entscheidungsvorschlag unterbreiten, ohne die Entscheidung vorwegzunehmen. Dadurch wird das Leitungspersonal höherer Ebenen in die Lage versetzt, ihrer Koordinationsverantwortung gerecht zu werden.[340] Diese Organisationslösung erhöht zwar die Effizienz des Managements, aber sie generiert auch zusätzliche Verwaltungskosten. Die fachliche Überlegenheit der Stabsstellen kann zu Spannungen mit den Leitungsstellen führen.[341]

3. Weitere Grundparameter der Konfiguration

Die beim Einliniensystem erwähnten Parameter schöpfen nicht alle Elemente aus, die sich bei der Gestaltung der Organisation anpassen lassen. Zu weiteren gehören insb. die Art der Koordination[342], der Grad der Zentralisation und der

338 Vgl. für den englischsprachigen Raum *Kieser/Walgenbach*, Organisation, S. 135 f., die darauf hinweisen, dass dort Stäbe (*staff*) viel weiter definiert sind und jede Stelle umfassen, die nicht die Hauptaufgabe erfüllt; z. B. die Einkaufsabteilung in einem Herstellungsunternehmen.

339 *Kieser/Walgenbach*, Organisation, S. 135 f.; vgl. auch *Bea/Göbel*, Organisation, S. 254.

340 Die Stabsorganisation kann auch als eine parallele Struktur zu Linienstruktur mit mehreren hierarchischen Stäben konzipiert sein, s. mehr dazu und zu weiteren Konfigurationsoptionen *Bühner*, Organisationslehre, S. 134 ff.

341 S. *Bea/Göbel*, Organisation, S. 255, die dies auf das Auseinanderfallen von der Weisungsbefugnis und der Fachkompetenz zurückführen; s. zu Stab-Linien-Konflikten vertieft *Bühner*, Organisationslehre, S. 138 f.

342 Dem Unternehmen stehen mehrere Koordinationsinstrumente zur Wahl: die persönliche Weisung; Programme (Verfahrensvorschriften), Pläne sowie die horizontale Selbstabstimmung; jedes dieser Instrumente hat Vor- und Nachteile, sodass es auf eine gute Balance ankommt; mehr zu diesen Instrumenten s. *Kieser/Walgenbach*, Organisation, S. 93 ff.; *Schreyögg/Geiger*, Organisation, S. 56 ff.; *Siedenbiedel*, Organisationale Gestaltung, S. 119 ff., 124 ff.; vgl. auch *Laux/Liermann*, Organisation, S. 97 ff.

Delegation[343] oder der Grad der Partizipation von Mitarbeitern[344]. Darüber hinaus sind die Spezialisierung[345] sowie die Formalisierung[346] zu nennen.

4. Zwischenergebnis

Bereits beim klassischen Linienmodell stellt sich heraus, dass es zahlreiche Optionen der Ausgestaltung der Aufbauorganisation gibt: insb. der Grad der Hierarchie, das Abteilungsprinzip, die Zahl der Mitarbeiter unter einem Vorgesetzten sowie die Einrichtung einer Stabseinheit. Der Leitung stehen bereits mit diesen Elementen extrem viele Konfigurationen der Unternehmensstruktur zur Verfügung. Umso größer wird dieser Reichtum, wenn noch die weiteren Grundparameter mitberücksichtigt werden.

D. Mehrliniensysteme

Das Mehrliniensystem stellt eine Antwort auf die Mängel des Einliniensystems dar und geht auf das Funktionsmeisterprinzip von *Taylor* zurück.[347] In diesem Modell haben Mitarbeiter ohne Leitungskompetenz zwei oder mehr Vorgesetzte mit einer bestimmten Spezialisierung (Mehrfachunterstellung).[348] Jeder Mitarbeiter gehört also parallel zu mehreren Abteilungen. Dadurch soll das »Silodenken« überwunden werden.[349] Ferner wird dadurch die Informationsübermittlung

343 Damit ist der Grad der Zusammenführung von Entscheidungskompetenzen an der Unternehmensspitze gemeint; von der Dezentralisation ist die Rede, wenn untere Leitungsebenen autonom agieren; jede Organisation bewegt sich zwischen diesen zwei Idealzuständen; die Dezentralisation wird durch die Delegation von Kompetenzen erhöht; mehr hierzu *Bea/Göbel*, Organisation, S. 280 ff.; *Siedenbiedel*, Organisationale Gestaltung, S. 146 ff.; aus entscheidungslogischer Perspektive *Laux/Liermann*, Organisation, S. 194 ff.; vertieft zur Delegation *Bühner*, Organisationslehre, S. 86 ff.

344 Es handelt sich um den Grad der Konsultation und Mitsprache durch die Belegschaft bei den Entscheidungen des Leitungspersonals; vgl. *Siedenbiedel*, Organisationale Gestaltung, S. 65 f.; vgl. auch *Schreyögg/Geiger*, Organisation, S. 131 ff.; s. in Abgrenzung zur Delegation *Bergmann/Garrecht*, Organisation, S. 100 ff.

345 Die Organisation kann die Mitarbeiter für eine sehr spezielle Aufgabe zuständig machen oder eine weite Zuständigkeit festlegen; es geht im Kern um den Grad der Arbeitsteilung; möglich ist auch ein rotierender Wechsel der Aufgaben; s. tiefer zur Spezialisierung *Kieser/Walgenbach*, Organisation, S. 72 ff.; *Siedenbiedel*, Organisationale Gestaltung, S. 97 ff.

346 Die Formalisierung beschäftigt sich mit der Frage, inwieweit organisatorische Regeln schriftlich fixiert sind; mehr dazu *Kieser/Walgenbach*, Organisation, S. 157 ff.; s. vertieft und im Kontext der Selbstorganisation *Göbel*, Selbstorganisation, 1998, S. 201 ff.; s. *Jones/Bouncken*, Organisation, S. 276.

347 S. mehr zum Funktionsmeisterprinzip oben Teil 2, II. B.

348 *Laux/Liermann*, Organisation, S. 184; *Kieser/Walgenbach*, Organisation, S. 128.

349 S. weitere Vorteile bei *Laux/Liermann*, Organisation, S. 186.

effizienter, weil die Berichtswege kürzer sind, denn die Information muss nicht immer eine höhere Instanz durchlaufen.[350] Der Nachteil der Mehrfachunterstellung ist die Verwässerung der Verantwortung: Es ist nicht mehr möglich zuzuordnen, wer von mehreren Leitungspersonen die (Miss-)Erfolge herbeigeführt hat.[351]

1. Matrix-Organisation

Die Grundform des Mehrliniensystems ist die Matrixorganisation.[352] In dieser Organisationsform verfügt jeder Mitarbeiter ohne Leitungskompetenz über zwei Vorgesetzte, die ihm gegenüber weisungsberechtigt sind. Diese Organisationsform lässt sich am folgenden Beispiel veranschaulichen:

In einem Beispielunternehmen »Fahrer« werden Sportwagen und Motorräder für Märkte in Europa und in den USA hergestellt. Der Mitarbeiter A stellt die Sportwagen für die USA her. Seine Vorgesetzten sind der Leiter der Sportwagenabteilung und der Leiter der USA-Abteilung. Der weitere Mitarbeiter B stellt Motorräder für die USA her. Seine Vorgesetzten sind der Leiter der USA-Abteilung und der der Motorräder-Abteilung.

Beide Mitarbeiter gehören einer gemeinsamen Abteilung an: der USA-Abteilung. Andererseits gehören sie zu verschiedenen produktbezogenen Abteilungen. Dennoch findet unter ihnen der regelmäßige Austausch statt, den es sonst nicht gäbe. In diesem Beispiel sind die Abteilungen nach Produkten und Regionen gebildet worden. Es ist aber auch denkbar, sie nach Funktionen zu bilden. Dies ist an die Bedürfnisse eines konkreten Unternehmens anzupassen.

Einerseits muss sich das Leitungspersonal mehr zur Strategie austauschen; denn es besteht eine gesteigerte Notwendigkeit der Koordination, um widersprüchliche Weisungen zu vermeiden. Andererseits können Konflikte entstehen, die von der höheren Leitungsebene bzw. von der Geschäftsleitung zu lösen sind.[353]

2. Tensor-Organisation

Ein weiteres Modell des Mehrliniensystems ist die sog. Tensor-Organisation.[354] Hiernach hat jeder Mitarbeiter drei Vorgesetzte. Dadurch lässt sich der

350 Mehr hierzu *Kieser/Walgenbach*, Organisation, S. 130 f.

351 S. dazu *Kieser/Walgenbach*, Organisation, S. 132 f.

352 S. vertieft zu rechtlichen Fragen der Matrixorganisation *Schwind*, Matrix, 2022, passim.

353 Vgl. *Fayol*, Administration, S. 33; vgl. den Hinweis auf die Abstimmungsprobleme bei *Laux/Liermann*, Organisation, S. 186; für weitere Lösungsmöglichkeiten durch entsprechende Aufteilung von Kompetenzen s. *Bühner*, Organisationslehre, S. 164 f.

354 Vgl. aber *Bühner*, Organisationslehre, S. 163 f., der die Tensororganisation als »multidimensionale Matrixorganisation« bezeichnet.

Mitarbeiter allen oben beschriebenen Abteilungsarten gleichzeitig zuordnen: der marktbezogenen, der produktbezogenen und der funktionsbezogenen. Das »Silodenken« ist unter diesen Bedingungen kaum vorstellbar. Zwischen den Abteilungen kann auch ein freier Gedankenaustausch stattfinden.

Der Nachteil ist das deutlich erhöhte Konfliktrisiko: Im Zweifel müssen drei Leitungspersonen alle ihre Entscheidungen und Weisungen untereinander koordinieren. Zudem generiert das zusätzliche Leitungspersonal Kosten: Es wird mehr Leitungspersonal in der untersten Leitungsinstanz im Vergleich zu einer Einlinienstruktur gebraucht.

E. Besondere Formen der Aufbauorganisation

In der Praxis fand eine weitere Entwicklung der oben dargestellten Grundmodelle statt.[355] Insbesondere das Einliniensystem hat sich wegen seiner Einfachheit als offen für Innovation herausgestellt.

1. Projektorganisation

Die Projektorganisation ist eine Organisationsform, die sich durch ihre Anpassungsfähigkeit und den ständigen Wandel hervorhebt. Jedes Projekt hat ein konkretes Ziel mit einem bestimmten Beginn und Abschluss.[356] Die Struktur des Unternehmens verändert sich also in gewissen Zeitabständen.[357]

Es gibt mehrere Möglichkeiten, die Projektorganisation in die Aufbauorganisation zu integrieren. Wenn die Projekte kein großes Gewicht haben, kann sie sekundär[358] (nachrangig) zur klassischen Aufbauorganisation bestehen (Projektkoordination).[359] Der Projektleiter hat weder Projektverantwortung noch Weisungsrechte und fungiert ähnlich einer Stabsstelle, indem er sich auf die Beratung und Information der Projektgruppe fokussiert; die Effektivität eines solchen

355 Die Beschreibung von weiteren Formen hat lediglich einen beispielhaften Charakter; s. bspw. die agile Organisation bei *Bea/Göbel*, Organisation, S. 417 ff.; s. zu Lean Management *Bergmann/Garrecht*, Organisation, S. 205 ff.

356 S. *Vahs*, Organisation, S. 123 f., 229; vgl. *Jones/Bouncken*, Organisation, S. 835 f.

357 S. vertieft zur Temporalität der Projektorganisation *Elbe/Peters*, Die temporäre Organisation, 2016, S. 88.

358 Die Sekundärorganisation wird dadurch gekennzeichnet, dass die Mitarbeiter in ihrem Rahmen »nicht ständig zusammenarbeiten, sondern sich nur zu bestimmten Aufgaben und Terminen treffen», *Bea/Göbel*, Organisation, S. 360; vgl. auch *Vahs*, Organisation, S. 179 f.

359 *Bergmann/Garrecht*, Organisation, S. 320; *Vahs*, Organisation, S. 229 ff.; *Bea/Göbel*, Organisation, S. 363; weitere Bezeichnungen sind »Stabs-Projektmanagement« sowie alternativ »Einfluss-Projektmanagement«.

Modells hängt vom informellen Einfluss des Projektleiters ab.[360] Die Linienorganisation hat in einem solchen Fall immer Vorrang.

Eine weitere Gestaltungsoption bietet die Matrix-Projektorganisation an.[361] Sie verbindet die klassische Linienorganisation mit der Projektorganisation nach dem oben beschriebenen Matrix-Prinzip. Infolgedessen verfügt jeder über zwei Vorgesetzte: einen Projektleiter sowie einen Linienvorgesetzten aus der entsprechenden Abteilung. In der Regel ist der Mitarbeiter dem Projektleiter fachlich und dem anderen Vorgesetzten disziplinär untergeordnet.[362] Der Nachteil dieser Lösung sind die potenziellen Konflikte zwischen den Vorgesetzten.[363]

Die reine Projektorganisation weist die Merkmale eines klassischen Liniensystems mit seinen klaren Kompetenzen und Berichtswegen auf; man kann sie daher als eine Linienorganisation auf Zeit ansehen.[364] Dennoch verbleibt der temporäre Charakter der Bausteine dieser Form, sodass die Gesamtstruktur des Unternehmens regelmäßig verändert wird. Diese Form kann sich vorteilhaft auf die Projektdurchführung auswirken, denn sie wird nicht durch Linienaufgaben gestört.[365] Der Nachteil besteht in der geringeren Effizienz des Unternehmens: Der Projektleiter wird dazu angehalten, mehr Ressourcen in Anspruch zu nehmen als notwendig, um Spitzenbedarfe zu decken.[366] Anders gesagt: Es besteht das Risiko eines projektbezogenen Silo-Denkens;[367] dieses lässt sich durch die Projekt-Matrixorganisation minimieren.[368]

Das Konzept der Projektorganisation lässt sich sowohl auf bestimmte Fragmente der Unternehmensorganisation beschränken als auch innerhalb der Matrix- oder Tensor-Organisation[369] umsetzen. Alle oben genannten Formen lassen sich miteinander und mit sonstigen Formen kombinieren.[370]

360 Vgl. *Bea/Göbel*, Organisation, S. 363; vgl. auch *G. Schmidt/Naumann*, Organisation, S. 137.

361 *Kieser/Walgenbach*, Organisation, S. 141 f.; *Vahs*, Organisation, S. 234 f.

362 *Bergmann/Garrecht*, Organisation, S. 323. Vorstellbar ist juristisch komplizierter Fall, in dem die Projektorganisation und Fachorganisation von verschiedenen juristischen Personen getragen werden, z. B. im konzernrechtlichen Kontext; dies erinnert an die Probleme, die die Matrixorganisation bereitet. S. dazu BeckOGK/*Fleischer*, 1.2.2025, AktG § 76 Rn. 110 mwN.

363 *Bea/Göbel*, Organisation, S. 364; dem kann mit der Aufteilung der Weisungsrechte begegnet werden, *G. Schmidt/Naumann*, Organisation, S. 138 f.

364 *Bea/Göbel*, Organisation, S. 364; *Bühner*, Betriebswirtschaftliche Organisationslehre, S. 218, 219.

365 *G. Schmidt/Naumann*, Organisation, S. 137 f.; *Vahs*, Organisation, S. 236.

366 *Vahs*, Organisation, S. 236.

367 *Kieser/Walgenbach*, Organisation, S. 140.

368 *Kieser/Walgenbach*, Organisation, S. 141.

369 Vgl. dazu *Bühner*, Organisationslehre, S. 220 f.

370 *G. Schmidt/Naumann*, Organisation, S. 139.

2. Hierarchiefreie Organisation

Eine weitere Entwicklung der Grundmodelle entstand durch einen Teilverzicht auf Hierarchie: Dies geht auf die Leitidee zurück, dass Mitarbeiter ohne Leitungskompetenz das Leitungspersonal in der Kontrolle und Führung teilweise ersetzen und entlasten können.[371] Diese besondere Organisationsform wird am Beispiel von zwei Lösungen dargestellt:

a) Autonome Gruppen (Teams)

Nach einem Konzept kann die Hierarchie reduziert werden, indem auf der untersten Ebene autonome Gruppen geschaffen werden.[372] Die Gruppe wird als eine Stelle definiert: Die Aufgabe wird nicht ihren Mitgliedern, sondern der Gruppe als Gesamtheit übertragen. Dadurch sinkt der Bedarf an interner Koordination; dies entlastet die Leitung. Der Grad der Autonomie lässt sich flexibel an die Bedürfnisse des Unternehmens anpassen. Die Autonomie kann z. B. nur die interne Arbeitsteilung betreffen, oder aber darüber hinaus sogar Personalentscheidungen mitumfassen, insb. die Wahl des Gruppenleiters.[373] Die Gruppe kann dauerhaft oder temporär bestehen, klein oder groß, homogen oder heterogen, strukturiert oder unstrukturiert sein.[374]

Als Vorteile der autonomen Gruppen können Sicherung der Produktqualität, Flexibilität, verstärktes Lernen und bessere Nutzung von Mitarbeiterwissen genannt werden.[375] Die Gefahr der Unterdrückung einzelner Gruppenmitglieder und der Abschottung von anderen Unternehmensbereichen ist die Kehrseite dieser Organisationsform.[376]

Ähnlich wie die anderen Organisationsmodelle kann dieses auch auf einen Teil des Unternehmens angewendet werden. Es können flexibel andere Gruppenstrukturen für jede Abteilung vorgesehen werden.

Dieses Modell zeichnet sich in der Folge durch eine extrem hohe Menge an konkret umsetzbaren Strukturen aus. Bereits beim Einliniensystem waren die Gestaltungsoptionen der Geschäftsleitung zahlreich. In diesem Modell wird dieser Möglichkeitsreichtum deutlich vervielfältigt.

371 S. die Übersicht von verschiedenen Organisationskonzepten dieser Art bei *Moser*, Hierarchielos führen, S. 42 ff.; vgl. *Schreyögg/Geiger*, Organisation, S. 93 ff.; s. ebenfalls *Bühner*, Organisationslehre, S. 230 ff.; *Bea/Göbel*, Organisation, S. 385 ff., 417 ff.; s. zu agilen Organisationskonzepten und deren rechtlicher Bewertung *Grundei/Reuter*, DB 2024, 2309 ff.

372 Die hiesige Darstellung orientiert sich stark an *Göbel*, Selbstorganisation, 1998, S. 250 ff.

373 *Göbel*, Selbstorganisation, 1998, S. 251.

374 *Göbel*, Selbstorganisation, 1998, S. 252.

375 *Göbel*, Selbstorganisation, 1998, S. 252.

376 *Göbel*, Selbstorganisation, 1998, S. 253 ff., die auch weitere negative Effekte abhängig von der konkreten Ausgestaltung der Gruppen aufzeigt.

b) Heterarchie

Die Heterarchie ist ein Organisationskonzept, das vollkommen hierarchiefrei funktionieren soll. Es geht auf *Hedlund* (1986) zurück[377] und stammt begrifflich aus der Neurologie. Demnach soll das Unternehmen als ein Netzwerk gleichberechtigter Elemente angesehen werden.[378] Jedes Unternehmensmitglied hat also denselben Rang.[379] Selbst der Vorstand ist nach diesem Konzept keine Entscheidungs-Instanz.[380] Die Mitarbeiter sollten sich selbst zu fluiden Kreisen zuordnen, die als Kompetenzzentren fungieren sollten und eine bestimmte Aufgabe wahrnehmen. Der Informationsaustausch mit anderen Kreisen soll frei verlaufen. Zur Koordination stimmen sich alle Betroffenen miteinander ab.[381] Wenngleich die Führung der Hierarchie entstammt, soll sie auch in der Heterarchie notwendig und vorhanden sein.[382] Allerdings hat sie dort eine andere Natur: Mangels formeller (Über-)Macht muss die Führung auf persönlicher Macht beruhen, also auf Expertise, Charisma, Überzeugungskraft, Einflussmöglichkeit oder Identität.[383] Durch die instabile Struktur soll diese Organisationsform anpassungsfähig sein.[384]

Es lassen sich zwei Gefahren nennen, die in dieser Form zur Geltung kommen. Erstens beruht dieses Konzept auf einem positiven Menschenbild, sodass der Missbrauch möglich bleibt: Jeder Mitarbeiter kann sein Mitspracherecht zu seinen eigenen Gunsten zum Unternehmensnachteil ausüben; dies könnte bei höherer Mitarbeiterzahl schwer zu verhindern sein. Zweitens erscheint das Konzept schwer umsetzbar: Auf der Ebene der informalen Organisation kann sich schnell eine informale Hierarchie ausbilden, sodass die hierarchielose Struktur am Ende nur auf dem Papier steht und nicht gelebt wird.[385]

Es kann angezweifelt werden, ob dieses Konzept aus rechtlicher Perspektive zulässig ist.[386] Die Beantwortung dieser Frage würde aber den Rahmen dieser Arbeit sprengen.

377 *Hedlund*, Human Resource Management,Vol. 25 No. 1 (1986), S. 9.
378 *Moser*, Hierarchielos führen, 2017, S. 64 f.
379 *Moser*, Hierarchielos führen, 2017, S. 57 f.
380 Die Geschäftsleitung soll nach diesem Konzept aber aus rechtlichen Gründen Veto-Rechte besitzen, s. *Moser*, Hierarchielos führen, 2017, S. 103 f.; das Konzept verlangt aber, dass sie lediglich ausnahmsweise von diesem Recht Gebrauch machen.
381 *Moser*, Hierarchielos führen, 2017, S. 78 ff.
382 *Moser*, Hierarchielos führen, 2017, S. 167 f.; s. vertieft zum Widerspruch zwischen Hierarchielosigkeit und Führung *Göbel*, Selbstorganisation, 1998, S. 270 f.
383 *Moser*, Hierarchielos führen, 2017, S. 172 ff.; s. auch *Göbel*, Selbstorganisation, 1998, S. 274, die die Rolle der Beliebtheit bei der Wahl der Führungspersonen unterstreicht, die diese selbstbestimmte Führungsweise ineffizient macht.
384 *Moser*, Hierarchielos führen, 2017, S. 66 ff.
385 Vgl. *Moser*, Hierarchielos führen, 2017, S. 179, die diese Risiken bezüglich der Führung erkennt.
386 Vgl. *Moser*, Hierarchielos führen, 2017, S. 231 ff., die klarstellt, dass das deutsche Gesellschaftsrecht ein Minimum an Hierarchie voraussetzt; ferner erfüllt die

Die Heterarchie lässt sich auch begrenzt auf bestimmte Unternehmensabteilungen umsetzen.[387] In einem solchen Fall scheint sich die rechtliche Problematik dieser Organisationsform zu vereinfachen.[388]

F. Zwischenergebnis

Anhand der der Geschäftsleitung zur Verfügung stehenden Konfigurationsmöglichkeiten ist der Raum ersichtlich, in welchem sich die Organisationsfreiheit bewegt: Je größer das Unternehmen, desto breiter fällt der Spielraum für die Konfiguration aus. Schon bei einem kleinen Unternehmen kann aus den oben dargestellten Formen gewählt werden und es gibt die Möglichkeit, diese miteinander zu kombinieren. Hierzu kommen noch die zahllosen Optionen der Zuordnung von Stellen zu konkreten Strukturen innerhalb des Unternehmens.

Dieser Reichtum besteht, wenn auch in einem kleineren Umfang, schon bei der klassischen Einlinienorganisation: Die Art und Weise der Verästelung lässt sich mit der von Bäumen vergleichen: Zwar gehören manche Bäume zur gleichen Kategorie, aber jede Verästelungskonfiguration ist einmalig. Durch die modernen Organisationsformen erreicht dieser Reichtum eine unermessliche Größe. Die Organisationsfreiheit bewegt sich also in einem umfangreichen Raum, der mit der Größe des Unternehmens korreliert.

IV. Ablauforganisation

Wie oben bereits definiert,[389] beschäftigt sich die Ablauforganisation mit der räumlichen, zeitlichen, personellen und sachlichen Ausgestaltung der Arbeit bzw. der Prozesse im Unternehmen.[390]

arbeitsrechtliche Mitbestimmung im Rahmen des Betriebsrats keine Funktion in einer Heterarchie; vgl. *Grundei/Reuter*, DB 2024, 2309, 2317.

387 Vgl. den Vorschlag hierzu *Moser*, Hierarchielos führen, 2017, S. 73 ff.

388 Insb. würde dann das Gesamtunternehmen über einen Vorstand mit Entscheidungsbefugnis verfügen; dies wäre aus der gesellschaftsrechtlichen Perspektive wünschenswert.

389 S. oben Teil: 2, III. A.

390 Vgl. *Wittlage*, Unternehmensorganisation, S. 147; *Vahs*, Organisation, S. 61; *Laux/Liermann*, Organisation, S. 18.

A. Arbeit- sowie Prozessorganisation

Traditionell wurde die Ablauforganisation als Arbeitsorganisation verstanden; ihr Gegenstand ist die Planung der Arbeitsabläufe.[391] Dabei wird jede Tätigkeit in einzelne Schritte zerlegt, bis auf die Handgriffe, und danach personell, räumlich sowie zeitlich innerhalb der vorher bestimmten Aufbauorganisation zugeordnet.[392] Im industriellen Bereich besteht die Arbeitsorganisation in der Fertigungsplanung.[393] Sie lässt sich auch auf die Büroarbeit beziehen, obwohl dort keine Handgriffe, sondern gedankliche Prozesse im Vordergrund stehen.[394]

Die der Aufbauorganisation nachgelagerte Perspektive auf die Ablauforganisation unterliegt einem Wandel: Die Ablauforganisation wird zur Prozessorganisation.[395] Die Prozesse werden weiter definiert als einzelne Arbeitsabläufe: »[D]ie gesamte Tätigkeit des Unternehmens [ist] als ein Prozess der Umwandlung von Inputgütern in Outputgüter mit Kundennutzen [zu verstehen].«[396] Es geht also im Kern um die Wertschöpfung, die als das wichtigste Element der unternehmerischen Tätigkeit den Ausgangspunkt der gesamten Organisation darstellen soll.[397] Das Verständnis der Ablauforganisation als Prozessorganisation fand Niederschlag im europäischen Unternehmensrecht, das das Unternehmen als einen multidimensionalen Wertschöpfer ansieht.[398]

B. Prozessmanagement

Das Prozessmanagement bietet eine Alternative zur oben beschriebenen Methode an, die Ablauforganisation auszugestalten. Das Hauptelement sind vier Schritte, die eine Grundlage für die Organisation schaffen sowie eine stetige Verbesserung der Prozesse nach sich ziehen sollen: Definition, Strukturierung, Realisierung, Optimierung.[399]

391 *Bea/Göbel*, Organisation, S. 247; s. auch *Siedenbiedel*, Organisationale Gestaltung, S. 179 ff.
392 *Bea/Göbel*, Organisation, S. 247 f.; vgl. *Vahs*, Organisation, S. 254.
393 Vertieft zu Problemen in diesem Bereich *Bea/Göbel*, Organisation, S. 318, 319 ff.
394 S. etwa *Bühner*, Organisationslehre, S. 335 ff.
395 *Bea/Göbel*, Organisation, S. 335; vgl. *Vahs*, Organisation, S. 253 ff.
396 *Bea/Göbel*, Organisation, S. 335.
397 *Bea/Göbel*, Organisation, S. 337 f.; *Vahs*, Organisation, S. 258 f.; vgl. *Küpper/Helber*, Ablauforganisation, S. 1 f.
398 Staub/*Hommelhoff*, Vor § 289b HGB Rn. 36.
399 *Vahs*, Organisation, S. 282; *Siedenbiedel*, Organisationale Gestaltung, S. 190 f.

Im Rahmen der Prozessdefinition sollen kritische Prozesse identifiziert werden[400], v. a. aus der Perspektive der langfristigen Unternehmensstrategie (strategische Geschäftsfeldanalyse).[401]

Die so definierten Prozesse müssen dann strukturiert werden: Dazu gehört die Analyse (Teilprozesse), die Identifikation von Schnittstellen, die Strukturierung der Abläufe, die Bestimmung von Leistungsidentifikatoren[402] (Key Performance Indicator – KPI) sowie die Zuordnung der Prozessverantwortung.[403]

Die Realisation umfasst die Zuordnung der Prozesse zu organisatorischen Einheiten, sodass die Aufbauorganisation hier aus der Ablauforganisation hergeleitet wird; ferner ist die Prozesskontrolle (Prozesscontrolling) anhand der Leistungsidentifikatoren durchzuführen.[404]

Der letzte Schritt ist die Optimierung. Zunächst müssen die Informationen über den bestehenden Zustand gesammelt werden; als Referenz können die Marktführer oder die optimalen internen Prozesse dienen.[405] Bei den erkannten Schwachstellen müssen dann alternative Ablaufmöglichkeiten eruiert werden. Danach werden die Prozesse in kleinen oder großen Schritten entsprechend angepasst. Eine Hilfestellung dafür bietet der PDCA-Zyklus, auch Deming-Zyklus genannt (Plan-Do-Check-Act).[406]

400 Vertieft zur Feststellung der Kernkompetenzen und der strategischen Geschäftseinheiten s. *Hinterhuber*, Strategische Unternehmensführung, S. 132 ff.; s. dazu auch *Bühner*, Betriebswirtschaftliche Organisationslehre, S. 208 ff.

401 S. *Vahs*, Organisation, S. 283 ff., der dies als Top-down-Ansatz bezeichnet; alternativ kann das Unternehmen von der bestehenden Organisation ausgehen und die auszumerzenden Schwachstellen identifizieren (Bottom-up-Ansatz), (S. 235); beide Ansätze lassen sich kombinieren; zur Prozessdefinition vgl. auch *Siedenbiedel*, Organisationale Gestaltung, S. 190 f.; *Bergmann/Garrecht*, Organisation, S. 115 ff., insb. S. 116.

402 S. *Vahs*, Organisation, S. 292; *Siedenbiedel*, Organisationale Gestaltung, S. 201 ff.; zur Kennzahlenbestimmung im Prozess s. Gaitanides/Scholz/Vrohlings/Raster/*Scholz*/*Vrohlings*, Prozeßmanagement, 1994, S. 58 ff.; die wesentlichen Leistungsindikatoren (*Key Performance Indicators* – KPI) haben Eingang in die CSR-Richtlinie gefunden.

403 *Vahs*, Organisation, S. 288 ff.

404 *Vahs*, Organisation, S. 293 f.; zum Prozess-Controlling s. vertieft *Siedenbiedel*, Organisationale Gestaltung, S. 201 ff.

405 Dieser Prozess wird als »Benchmarking« genannt, *Vahs*, Organisation, S. 299; mehr dazu auch *Siedenbiedel*, Organisationale Gestaltung, S. 205 ff.

406 Vgl. *Vahs*, Organisation, S. 301 f.; vgl. auch eine erweiterte Form bei *Dudin et al.*, European Research Studies Journal, Vol. XX Issue 2B (2017), S. 283, 290; in der Literatur wird auch die Abkürzung PDSA (*Plan-Do-Study-Act*) genutzt. S. auch *Anderson/Rungtusanatham/Schroeder*, Academy of Management Review, Vol. 19 No. 3 (1994), S. 472, 487 mwN., die als Urheber dieses Konzepts *Shewhart* ansehen.

C. Die klassischen Lösungen der Arbeitsorganisation

Für bestimmte Bereiche der Arbeitsorganisation haben sich klassische Lösungen entwickelt. Dies gilt sowohl für die Fertigungsorganisation[407] als auch für die Büroorganisation[408]. Die Standardlösungen beschränken sich auf bestimmte Ablauffragen. Die Ablaufvarianten sind keine zwingenden Lösungen und beinhalten ein gewisses Maß an Flexibilität. Als Beispiel für den Herstellungsablauf lassen sich die Werkstatt- und die Fließfertigung nennen. Bei der ersten Fertigungsart werden die Vorgänge räumlich an getrennten Orten vollzogen (in spezialisierten Werkstätten), bei der zweitgenannten wird der Ablauf zentralisiert. Jede dieser Lösungen hat Vor- und Nachteile.[409] Das Unternehmen kann auf die Lösungsvorschläge dieser Art bei der Gestaltung der Ablauforganisation zurückgreifen und sich für das Optimum entscheiden.

D. Zwischenergebnis

Der Bereich der Ablauforganisation hat für den Spielraum des Unternehmens eine doppelte Bedeutung. Folgt man dem Konzept des Prozessmanagements, wirkt sich der Ablauf vorprägend auf die Struktur der Aufbauorganisation aus. Wird ihm nicht gefolgt, erweitert die Ablauforganisation bereits den unermesslich großen Spielraum der möglichen Konfigurationen, der sich bereits aus den Ausgestaltungsfreiheiten innerhalb der Aufbauorganisation ergibt. Dennoch verfügt das Unternehmen in beiden Fällen über enorme Möglichkeiten, die zeitliche, räumliche, personelle sowie sachliche Abfolge der Unternehmensabläufe zu bestimmen.

Die Zahl an veränderbaren Parametern führt zur extremen Individualisierung jeder Organisation: Aufgrund ihrer Anzahl und der potenziellen Unterschiede erscheint es kaum vorstellbar, dass zwei Unternehmen mit derselben Konfiguration vorkommen. Unternehmen mit einer ähnlichen Konfiguration gibt es dennoch, auch wenn die Frage der Ähnlichkeit (Typenbildung) äußerst umstritten ist.[410]

407 S. bspw. *Bühner*, Organisationslehre, S. 237 ff.; *Bea/Göbel*, Organisation, S. 319 ff.; *Küpper/Helber*, Ablauforganisation, passim.

408 *Bea/Göbel*, Organisation, S. 330 ff.; *Bühner*, Organisationslehre, S. 335 ff.

409 Zu Vor- und Nachteilen der Werkstattfertigung s. *Bühner*, Organisationslehre, S. 242 f.; *Bea/Göbel*, Organisation, S. 327 f. Zu Vor-und Nachteilen der Fließbandfertigung s. *Bühner*, Organisationslehre, S. 251.; *Bea/Göbel*, Organisation, S. 327 f.; zu Fließbandfertigung vertieft *Küpper/Helber*, Ablauforganisation, S. 145 ff.

410 Diese Frage hat die Vertreter des evolutionären Ansatzes wegen der Populationsbildung vor eine große Herausforderung gestellt, s. oben Teil 2, II. H.

V. Organisationswandel

Das Unternehmen verfügt über eine enorm große Anzahl an Möglichkeiten, seine Organisation auszugestalten. Diese Möglichkeiten unterliegen jedoch einer immanenten Einschränkung, die sich aus der Natur der Organisation ergibt: Die erwünschte Organisation muss in der Praxis erfolgreich eingeführt werden: Das Augenmerk ist auf den organisatorischen Wandel zu richten.

Der Wandel kann externe oder interne Ursachen haben; eine wesentliche externe Ursache ist die Änderung der Rechtslage.[411] Der Wandel spielt daher eine bedeutsame Rolle – ebenfalls aus rechtlicher Perspektive. Es gibt weitere Ursachen, vor allem wirtschaftlicher Natur. Unter ihnen ist der Wettbewerbsdruck aufgrund seiner Volatilität besonders hervorzuheben.[412]

In der Organisationslehre haben sich zwei Strömungen bzgl. des Wandelprozesses herauskristallisiert: Die eine nimmt den Wandel als ein Projekt wahr, das über einen bestimmten Anfang und ein Ende verfügt; die alternative Strömung konzipiert den Wandel als einen Dauerzustand von Organisationen.[413] Trotz der konzeptionellen Unterschiede spielt für beide Ansätze der individuelle und organisationale Widerstand eine wichtige Rolle.[414]

A. Statisches Modell – Organisationsänderung als Projekt

Nach dem statischen Konzept des organisationalen Wandels sind die Organisationen grundsätzlich stabile Gebilde. Der Wandel findet in ihnen erst dann statt, wenn er vom Management veranlasst wird. Er wird im Rahmen einer sog. »Reorganisation« vollzogen: Sie bedarf der Planung und Umsetzung.[415] Im Grunde handelt es sich bei der Reorganisation um ein abgeschlossenes Projekt, auf das die Grundsätze des Projektmanagements übertragen werden können.[416]

Die Reorganisation kann in drei Schritte unterteilt werden: Projektplanung, Projektumsetzung und Projektkontrolle.[417] Im ersten Schritt müssen die Zielsetzung und die geplante Struktur bestimmt werden.[418] Im zweiten Schritt wird die

411 Vertieft zu Ursachen des Wandels s. *Bea/Göbel*, Organisation, S. 433 ff.; vgl. ebenfalls *Jones/Bouncken*, Organisation, S. 603 ff.

412 S. umfassend hierzu *Bea/Göbel*, Organisation, S. 436 ff.; vgl. *Schreyögg/Geiger*, Organisation, S. 190 ff.

413 S. entsprechend *Schreyögg/Geiger*, Organisation, S. 340 ff., 373 ff.

414 S. *Bea/Göbel*, Organisation, S. 475 ff., 48.

415 *Schreyögg/Geiger*, Organisation, S. 340 ff.; *Bea/Göbel*, Organisation, S. 462.

416 *Bea/Göbel*, Organisation, S. 470f.

417 *Bea/Göbel*, Organisation, S. 470 ff.; vgl. *Schreyögg/Geiger*, Organisation, S. 340 f.; vgl. auch ein vergleichbares Konzept mit fünf Schritten bei *Vahs*, Organisation, S. 426 ff.; vgl. auch *G. Schmidt/Naumann*, Organisation, S. 46 ff.

418 *Bea/Göbel*, Organisation, S. 472 f.; vgl. *Jones/Bouncken*, Organisation, S. 630 f.

neue Struktur implementiert.[419] Im dritten Schritt wird geprüft, ob die Ziele der Reorganisation erreicht wurden und ob die neue Struktur tatsächlich im geplanten Umfang umgesetzt wurde.[420]

Ein alternatives Reorganisationskonzept geht auf *Lewin* zurück; er nennt ebenfalls drei Phasen, allerdings mit anderen Schwerpunkten: das Auftauen, die Veränderung und das Einfrieren.[421] In diesem Modell kommt der soziale Aspekt der Organisation mehr zum Ausdruck;[422] es fokussiert sich darauf, Widerstände der Individuen und des Systems »Organisation« aufzuweichen[423] und die neue Struktur auch in der informalen Organisation zu verankern, damit die alte Struktur nicht direkt nach der Veränderungsphase dezentral wiederhergestellt wird. Es soll verhindert werden, dass der organisationale Konservatismus[424] die Oberhand gewinnt.

B. Dynamisches Model

Die Annahmen des statischen Modells werden einer intensiven Kritik unterzogen;[425] denn bei der Organisation handelt es sich um ein komplexes soziales System, das sich nicht vollständig kontrollieren bzw. steuern lässt.[426] Vor allem die informale Organisation und die Unternehmenskultur stellen jene Aspekte dar, die eine gewisse Organisationsträgheit hervorrufen.[427] Der Wandel kann auch ungewollt eintreten,[428] wenn z. B. neue Mitarbeiter mit einem bestimmten unternehmenskulturellen Hintergrund in die Organisation integriert werden und sich dadurch die Arbeitsweise des Unternehmens stark verändert. Häufig zwingt auch

419 *Bea/Göbel*, Organisation, S. 473 f.; vgl. *Jones/Bouncken*, Organisation, S. 631 ff.
420 *Bea/Göbel*, Organisation, S. 474 f.; vgl. *Jones/Bouncken*, Organisation, S. 633 f.
421 *Siedenbiedel*, Organisationale Gestaltung, S. 387; *Jones/Bouncken*, Organisation, S. 610 f.
422 *Vahs*, Organisation, S. 430, S 436 rechnet dieses Konzept deshalb zu verhaltensorientierten Veränderungskonzepten.
423 Zu den Widerständen umfassend (sowohl theoretisch als auch empirisch) *M. Schmidt*, Widerstände bei organisatorischem Wandel, 1996, passim; *Schreyögg/Geiger*, Organisation, S. 343 ff.
424 S. zu diesem *Kieser/Hegele*, Kommunikation, S. 121 ff.
425 Vgl. *Schreyögg/Geiger*, Organisation, S. 373, 402 ff. mwN.
426 *Kieser/Hegele*, Kommunikation, S. 139 ff.; vgl. *Bea/Göbel*, Organisation, S. 478; vgl. auch *Siedenbiedel*, Organisationale Gestaltung, S. 427, der auf eine hybride Ordnung des Wandels hinweist, der sowohl aus geplanten und absichtlichen Änderungen als auch aus ungeplanten bestehen soll; vgl. im Kontext des § 91 Abs. 2 AktG *J. G. Schäfer*, Überwachungssystem, 2001, S. 4 f.
427 Vgl. umfassend zur Bedeutung der informalen Organisation für den ungeplanten Wandel *Siedenbiedel*, Organisationale Gestaltung, S. 427 ff.
428 *Vahs*, Organisation, S. 317.

die Umwelt die Unternehmen dazu, sich neuen Bedingungen spontan anzupassen.[429]

Nach den dynamischen Konzepten kann die Geschäftsleitung dennoch die evolutionäre Entwicklung der Organisation beeinflussen.[430] Unterstellt, in der Organisation finden evolutionäre Selektionsprozesse statt, kann sie manche verstärken und andere schwächen.[431] Dann wird eine sog. gelenkte Evolution[432] des Unternehmens durchgeführt. Dies setzt allerdings eine genaue Beobachtung der Organisation durch das Management voraus.

Das Wissensmanagement ist ein weiteres dynamisches Konzept des Organisationswandels. Die Geschäftsleitung muss hiernach versuchen, den Wissens-und Informationsstand[433] der Organisationsmitglieder zu verbessern, indem der individuelle Austausch institutionell sichergestellt wird.[434] Es geht hier nicht nur um das Fachwissen, sondern auch um das sog. Organisationswissen, d. h. die Kenntnis von organisationalen Regeln.[435] Beim Organisationswandel müssen alte Regeln verlernt und neue gelernt werden.[436] Dieser gesamte Prozess soll zum organisationalen Lernen führen;[437] denn die Organisation sei ein lernfähiges Kollektiv, das während des Umgangs mit der Umwelt lernt und sich an diese fortlaufend anpasst.[438]

429 Dieser Gedanke rührt vom situativen Ansatz her; s. mehr zu diesem oben II. E.

430 So *Ringlstetter*, Organisation, S. 286.

431 *Bea/Göbel*, Organisation, S. 479 ff.

432 *Bea/Göbel*, Organisation, S. 479 ff.; *Siedenbiedel*, Organisationale Gestaltung, S. 399 ff.

433 Zum Begriff »Wissen« und dessen Abgrenzung von den Begriffen »Daten« und »Information« s. *Nikodemus*, Lernprozessorientiertes Wissensmanagement, 2017, S. 83; *Willke*, Systemisches Wissensmanagement, S. 7 ff., insb. 11 ff.; zum Entstehen vom Wissen s. *Jones/Bouncken*, Organisation, S. 733 ff.; *Rouleau*, Organization Theories in the Making, 2022, S. 103 ff.

434 Dazu können z. B. Ausschüsse gebildet werden, vgl. *Schreyögg/Geiger*, Organisation, S. 391 f.; zu Strategien der Wissensspeicherung s. *Jones/Bouncken*, Organisation, S. 731 f.

435 Vgl. *Schreyögg/Geiger*, Organisation, S. 387 ff.; *Jones/Bouncken*, Organisation, S. 728 f.

436 *Schreyögg/Geiger*, Organisation, S. 380 f.

437 *Schreyögg/Geiger*, Organisation, S. 374 ff.; *Siedenbiedel*, Organisationale Gestaltung, S. 391 ff.; vgl. auch *Senge*, Sloan Management Review, Fall 1990, S. 7 ff.; zum organisationalen Lernen als Fundament des Wissensmanagements *Willke*, Systemisches Wissensmanagement, S. 39 f., S. 41 ff.; s. zu den verschiedenen Ebenen des organisationalen Lernens (Individuum, Gruppe, Organisation, interorganisationales Lernen) *Jones/Bouncken*, Organisation, S. 722 ff. mwN; zum (verschwindenden) Unterschied zwischen dem organisationalen Lernen und Wissen vgl. *Rouleau*, Organization Theories in the Making, 2022, S. 113 f.

438 Vgl. dazu *Siedenbiedel*, Organisationale Gestaltung, S. 392 f.; s. *Willke*, Systemisches Wissensmanagement, S. 41 ff., wo er das kollektive Lernen und Wissen beschreibt und vom individuellen abgrenzt.

Das dynamische Modell bietet also nicht nur eine alternative Perspektive auf den Wandel, sondern auch potenzielle Lösungen, wie mit diesem Wandel umzugehen ist.[439]

C. Unternehmenskultur aus der Perspektive des Organisationswandels

Einer der zentralen Gesichtspunkte des organisationalen Wandels ist die Anpassung der Unternehmenskultur, denn sie ist der Hauptbestandteil der informalen Unternehmensorganisation.[440] Dieses Phänomen steht schon länger im Zentrum des Interesses der Organisationslehre. Es könnte sich jedoch um eine Modeerscheinung handeln.[441]

Die Unternehmenskultur kann als »Gesamtheit der im Laufe der Zeit in einer Organisation bewusst oder unbewusst entstandenen und zu einem bestimmten Zeitpunkt wirksamen Wertvorstellungen, Verhaltensvorschriften (Normen), Überzeugungen und Einstellungen« definiert werden.[442] Sie ergänzt formelle Koordinationsmechanismen.[443]

Sie kann sich sowohl positiv als auch negativ auf die Funktionsweise der Unternehmensorganisation auswirken: Sie stärkt die Koordination, die Loyalität sowie die Abschottung von der Umwelt und verringert die Flexibilität[444]. Ihre Intensität hat einen großen Einfluss auf den Organisationswandel. Eine starke Unternehmenskultur kann ihn nämlich deutlich erschweren bzw. verhindern, eine schwache bringt dagegen den Nachteil mit sich, dass die positiven Kulturwirkungen weniger intensiv ausfallen. Die Unternehmenskultur lässt sich zwar gezielt beeinflussen, aber dieser Prozess ist schwierig und nicht komplett kontrollierbar.[445]

439 Für weitere Lösungen s. z. B. *Schreyögg/Geiger*, Organisation, S. 394 ff.; *Willke*, Systemisches Wissensmanagement, S. 107 ff.

440 *Cameron/Quinn*, Diagnosing and Changing Organizational Culture, S. 9 f.; vgl. aus empirischer Perspektive *Denison*, Corporate Culture and Organizational Effectiveness, S. 188 ff.

441 Zu den sog. Organisations-Moden s. *Kieser/Walgenbach*, Organisation, S. 379 ff.; *Bea/Göbel*, Organisation, S. 369 ff.

442 *Vahs*, Organisation, S. 153; zur Geschichte des Begriffs s. *S. J. Schmidt*, Unternehmenskultur, S. 27 ff.; zu dem Definitionsproblem bei der Unternehmenskultur s. *Schein/Schein*, Organisationskultur und Leadership, S. 3 ff.

443 Vgl. *S. J. Schmidt*, Unternehmenskultur, S. 110 f.

444 *Vahs*, Organisation, S. 169 f.

445 S. dazu *Alvesson/Sveningsson*, Changing Organizational Culture, S. 145 ff., 160 ff. mwN. Vgl. aus der Praxis HHL/*von Rohr*, 2024, § 15 Rn. 44 ff. sowie Rn. 120 ff., wo der Wechsel auf vielen Management-Ebenen sowie die persönlichen Überzeugungen der Mitarbeiter angesprochen werden.

D. Stellungnahme – Folgen für die rechtliche Perspektive

Die oben dargestellten Modelle stehen im Widerspruch zueinander; dennoch ist das Sachproblem von großer Relevanz für die Beurteilung rechtlicher Pflichten von Unternehmen. Es stellt sich somit die Frage, welches Modell für die juristische Betrachtung zu bevorzugen ist.

Auf den ersten Blick erscheint das statische Modell für rechtliche Zwecke besser geeignet. Es lässt sich nachprüfen, wann der Wandel in Gang gesetzt wurde. Die organisationalen Änderungen können mithilfe von Organigrammen veranschaulicht und damit einfach auf ihre Gesetzmäßigkeit geprüft werden.[446] Für die Geschäftsleitung scheint es auch einfacher, die Pflichterfüllung bezüglich der Organisation zu dokumentieren. Das statische Modell leidet aber an einem problematischen Mangel: Es beruht auf der formalen Sicht auf die Organisation, die regelmäßig von der Realität entscheidend abweicht.

Der gesetzgeberische Wille erschöpft sich mitnichten darin, dass Unternehmen interne formale Regeln einhalten. Der Gesetzgeber möchte mit jeder Organisationsvorgabe ein bestimmtes Sachziel erreichen.[447] Diese Sachziele können von den Unternehmensmitgliedern bewusst oder unbewusst untergraben werden, wenn die informale Ordnung dies erlaubt; dieser gewichtige Mechanismus kommt bereits im Human-Relations-Ansatz[448] zum Ausdruck. Die informale Organisation darf also nicht ausgeblendet werden.[449] Daher ist das dynamische Modell für die juristische Perspektive optimal, denn es berücksichtigt stärker die Gefahren der informalen Organisation. Dennoch gibt es Elemente im statischen Modell, die sich ohne Widerspruch für die juristische Betrachtung heranziehen lassen: die Planungsschritte und der Umgang mit dem Widerstand. Zwar lässt sich nach dem dynamischen Konzept der Wandel selbst nicht planen; die Maßnahmen zur Intensivierung des Wandeltempos, zu seiner Ausrichtung und zu dessen Beurteilung lassen sich aber schon auf eine systematische Art planen und umsetzen.

446 Zum Problem der Organisationsprüfung aus der verwaltungsrechtlichen Sicht vertieft *Spindler*, Unternehmensorganisationspflichten, 2001, S. 558 ff.

447 Vgl. BegrRegE LkSG BT-Drs. 19/28649, S. 1, die als Ziel den Schutz der Menschenrechte nennt; vgl. BegrRegE KonTraG BT-Drs. 13/9712, S. 15, die die Funktion des § 91 Abs. 2 AktG in der Sicherung des Fortbestandes der Gesellschaft sieht; s. auch BegrRegE HinSchG, BT-Drs. 20/3442, S. 1, die den Schutz der Hinweisgeber als den unmittelbaren Zweck des Gesetzes betrachtet.

448 S. oben II. C.

449 Ähnlich bereits *Rast*, Organisationsfreiheit, 2022, S. 259 ff.; vgl. aber *v. Werder*, Organisationsstruktur und Rechtsnorm, 1986, S. 38 f., der bei seiner Untersuchung die informale Organisation ausblendete.

VI. Forschungsmethode der Organisationslehre

Eines der Kernprobleme der Organisationsforschung liegt in der Forschungsmethode. Die methodischen Probleme haben Einfluss auf die Verlässlichkeit der Forschungsergebnisse und damit auch indirekt auf die Normierbarkeit der Organisation.

A. Die Methoden der Organisationslehre im Überblick

Die methodischen Probleme der Organisationsforschung sind zahlreich.[450] Hier werden sie lediglich überblicksartig skizziert. Zunächst sind die gängigen Forschungsmethoden darzustellen:

Eine der Hauptmethoden ist die analytisch-deduktive. Es werden konkrete Prämissen unterstellt und dann wird auf deren Grundlage ein Modell geschaffen.[451] Es gibt zahlreiche Strömungen, die diese Methode anwenden. Der Vorteil ist die Möglichkeit einer präzisen mathematischen Erfassung; man muss sich aber bewusst sein, dass die Zahlen nicht objektiv, sondern das Ergebnis einer subjektiven Beurteilung sind.[452] Der Nachteil dieser Methode zeigt sich in den Schwierigkeiten mit der empirischen Überprüfbarkeit.[453]

Auch die hypothetisch-deduktive Methode findet Eingang in die Organisationslehre.[454] Zunächst wird auf der Grundlage des allgemeinen Wissens eine Hypothese aufgestellt.[455] Dann sind aus dieser Hypothese konkrete nachprüfbare Folgerungen herzuleiten.[456] Die empirische Methode wird sodann angewandt, um die Folgerungen zu überprüfen.[457] Wird im Rahmen der empirischen Forschung eine Beobachtung gemacht, die im Widerspruch zur Folgerung steht, dann ist sie falsifiziert.[458] Der Nachteil dieser Methode liegt in der fehlenden Möglichkeit der

450 Vertieft hierzu *Bea/Göbel*, Organisation, S. 52 ff.; vgl. auch *Hill/Fehlbaum/Ulrich*, Organisationslehre, Bd. 1, S. 22 ff.
451 *Bea/Göbel*, Organisation, S. 58 f.
452 Vgl. dazu unten B.; vgl. aber die Kritik an der Wertlosigkeit reiner Daten ohne Erklärungssätze (Theorien) von *Weick*, Administrative Science Quarterly, Vol. 40 No. 3 (1995), S. 385, 387 f.
453 *Shepherd/Sutcliffe*, The Academy of Management Review, Vol. 36 No. 2 (2011), S. 361, 362.
454 Vertieft hierzu *Bea/Göbel*, Organisation, S. 61 ff.; s. auch *Shepherd/Sutcliffe*, The Academy of Management Review, Vol. 36 No. 2 (2011), S. 361 f.
455 *Bea/Göbel*, Organisation, S. 61.
456 *Bea/Göbel*, Organisation, S. 61.
457 *Bea/Göbel*, Organisation, S. 61.
458 *Bea/Göbel*, Organisation, S. 61.

Verifikation: Es lässt sich nicht ausschließen, dass eine Folgerung in der Zukunft falsifiziert wird.[459]

Die induktive Methode kommt ebenfalls zur Anwendung, aber wegen ihrer immanenten Schwächen[460] nur in sehr engen Grenzen: Sie unterstützt den Forscher bei der Bildung von Hypothesen.[461]

Ein weiteres Problem in der Organisationsforschung ergibt sich aus der Natur der empirischen Überprüfung eines sozialen Gegenstandes. Zwar können die Organisationsmitglieder beobachtet werden, aber der Forscher hat keinen Zugriff auf ihre Gedanken. Die innere Wahrnehmung kann nicht ohne Verlust für die Erkenntnis ausgeblendet werden, denn sie beeinflusst das Verhalten jedes Organisationsmitglieds.

Der Forscher kann mit den Organisationsmitgliedern sprechen und dabei verschiedene soziologische Methoden anwenden, wie eine Befragung oder ein unstrukturiertes Interview.[462] Jedes Gespräch ist aber ein Eingriff in das soziale System: Durch die Kommunikation mit dem Forscher entstehen neue Gedankeninhalte, die selbst einen Einfluss auf die Organisation ausüben;[463] weitere Probleme sind das Vertrauen gegenüber dem Forscher und die Dynamik des Unternehmens.[464] Darüber hinaus besteht die Grundsatzfrage, ob ein soziales Phänomen überhaupt objektiv erfassbar sei.[465]

Eine weitere Methode der Organisationslehre ist die Hermeneutik[466]. Der Kern dieser Methode ist der Prozess des Verstehens: Das untersuchte soziale Objekt bzw. der untersuchte Prozess wird mithilfe von Sprache beschrieben; dies wird

459 Kornmesser/Büttemeyer/*Kornmesser*, Wissenschaftstheorie, 2020, S. 53; *Bea/Göbel*, Organisation, S. 61; vgl. *Ruß*, Wissenschaftstheorie, Erkenntnistheorie und die Suche nach Wahrheit, 2004, S. 109.

460 Zum berühmten Induktionsproblem s. vertieft *Ruß*, Wissenschaftstheorie, Erkenntnistheorie und die Suche nach Wahrheit, 2004, S. 41 ff.; vgl. dazu auch *Bea/Göbel*, Organisation, S. 60 f.

461 *Bea/Göbel*, Organisation, S. 60 f.; vgl. *Hill/Fehlbaum/Ulrich*, Organisationslehre, Bd. 1, S. 39, Abb. I/2-1.

462 Mehr zu den empirischen Methoden s. *Hill/Fehlbaum/Ulrich*, Organisationslehre, Bd. 1, S. 49 f.

463 Auf dieses Problem weisen bereits *Roethlisberger/Dickson*, Management and the Worker, S. 388 f. hin, allerdings nur in Bezug auf den Beobachter und nicht in Bezug auf den Interviewer.

464 *Roethlisberger/Dickson*, Management and the Worker, S. 385 ff.

465 Dem nachzukommen, würde den Rahmen dieser Arbeit sprengen; vgl. allerdings dazu *Symon/Cassell* in: Symon/Cassell, Qualitative Methods and Analysis in Organizational Research, 1998, S. 1 ff.; vgl. auch *Rouleau*, Organization Theories in the Making, 2022, S. 7 ff.

466 Vgl. zu den Ursprüngen der Hermeneutik *Burrell/Morgan*, Sociological Paradigms and Organisational Analysis, S. 235 ff.; *Bea/Göbel*, Organisation, S. 53 f.

dann um eine Erklärung ergänzt.[467] Dem Menschen wird hierbei ein finales Handeln unterstellt.[468] Die so gewonnenen Erkenntnisse scheinen sehr subjektiv zu sein; die Überprüfung erfolgt aber durch eine andere fachkundige Person.[469] Die Subjektivität bleibt dennoch ein Nachteil dieser Methode; die Erkenntnisse werden mit den Vorurteilen des Forschers aufgeladen.[470]

Auch wenn die Hermeneutik nicht direkt angewandt wird, ist das hermeneutische Denken die Grundlage von anderen hier genannten Methoden: Der Forscher stellt Thesen und Erklärungssätze auf, indem er auf seine Erfahrungen zurückgreift.[471]

Außerdem gibt es weitere Schwierigkeiten, die auf die Natur des Untersuchungsgegenstandes zurückzuführen sind: Jede Unternehmensorganisation verändert sich ständig, sodass jede Untersuchung einen dynamischen Gegenstand betrifft. Und jedes Unternehmen ist ein Einzelfall, sodass sich die Ergebnisse kaum verallgemeinern lassen. Es ist also unmöglich, einen allgemein verbindlichen »Stand der Technik« in Bezug auf die organisationale Gestaltung auszuarbeiten, wie er in anderen Lebensbereichen bekannt ist.

B. Bewertung der Organisation

Nicht nur die Methode der Organisationslehre führt zu Schwierigkeiten darin, die optimalen Organisationsformen zu erforschen. Umstritten bleiben die Kriterien, nach denen Organisationen zu beurteilen sind.[472] Die Effizienz wird häufig als ein Merkmal der Bewertung angeführt,[473] es gibt aber viele Arten und Weisen, wie sie bei der Organisation gemessen werden kann.[474] Zunächst bietet sich als ein Effizienzkriterium die Produktivität an, also die Fähigkeit des Unternehmens,

467 *Kulenkampff*, Artikel »Verstehen« in Speck (Hrsg.), Handbuch wissenschaftstheoretischer Begriffe, Bd. 3, 1980, S. 676; *Barrett/Powley/Pearce*, Research in the Sociology of Organizations, Vol. 32 (2011), S. 181, 185 f.

468 *Barrett/Powley/Pearce*, Research in the Sociology of Organizations, Vol. 32 (2011), S. 181, 185 f.; *Bea/Göbel*, Organisation, S. 54.

469 *Bea/Göbel*, Organisation, S. 57 f.

470 *Kulenkampff*, Artikel »Verstehen«, in: Speck (Hrsg.), Handbuch wissenschaftstheoretischer Begriffe, Bd. 3, 1980, S. 675.

471 *Bea/Göbel*, Organisation, S. 58.

472 Umfassend zu dieser Frage unter dem Stichwort »Effektivität« *Cameron*, Management Science, Vol. 32 No. 5 (1986), S. 539 ff.

473 S. zur Abgrenzung der Effektivität von der Effizienz vertieft *Bünting*, Organisatorische Effektivität von Unternehmungen, 1995, S. 73 ff., der die Effektivität als Oberbegriff definiert, der sich danach bemisst, inwieweit das Ziel der Organisation erreicht wurde; dies ist mithilfe mehrerer Kriterien festzustellen (s. z. B. S. 85 und 92); s. auch *Göbel*, Selbstorganisation, 1998, S. 210 ff.; *Scholz* in: Frese, HWO, S. 533.

474 Vgl. die Übersicht bei *Wittlage*, Unternehmensorganisation, 136 ff.

ein hohes Input-Output-Verhältnis herzustellen.[475] Ein wichtiges und schwer messbares Kriterium ist die Innovations- und die Anpassungsfähigkeit[476] der Organisation; die Überlebensfähigkeit spielt gerade aus der rechtlichen Perspektive eine große Rolle[477]. ESG-Kriterien lassen sich ebenfalls in Betracht ziehen.[478] Sowohl die Auswahl als auch die Gewichtung der Kriterien eröffnen einen großen Spielraum; es lässt sich nicht wissenschaftlich festlegen, welche Zusammensetzung der Kriterien richtig ist.[479] Ferner stehen die Kriterien zum Teil im Widerspruch zueinander:[480] Eine Organisation kann für ihre hohe Effizienz ihre Anpassungsfähigkeit opfern.[481]

Eine weitere Schwierigkeit der Bewertung von Organisationen ist die Operationalisierung[482] und Bemessung der Kriterien.[483] Dieser Bereich ist genauso umstritten und lässt vielfach eine subjektive Beurteilung zu.

C. Zwischenergebnis

Wegen der oben beschriebenen Schwierigkeiten methodischer Natur ist es in der Organisationslehre sehr schwer, vergleichbar den Naturwissenschaften Gesetzmäßigkeiten auszuarbeiten.[484] Außerdem beeinflussen die Forschungsergebnisse das Verhalten der untersuchten Objekte, wenn diese Ergebnisse zu diesen (mittelbar oder direkt) gelangen. Es ist so nicht möglich, die vorhandene Organisation objektiv zu bewerten, was das Aufstellen verallgemeinerungsfähiger Prinzipien nochmals erschwert.

475 S. *Hill/Fehlbaum/Ulrich*, Organisationslehre, Bd. 1, S. 162, die auch die Produktivität näher in messbare Aspekte unterteilen (S. 163 ff.).

476 *Wittlage*, Unternehmensorganisation, S. 142 f. mwN; s. auch *Reese*, Organisationsbewertung, S. 49 f.

477 Vgl. § 91 Abs. 2 AktG.

478 Vgl. *Hill/Fehlbaum/Ulrich*, Organisationslehre, Bd. 1, S. 160, die die sozio-emotionale Komponente erwähnen.

479 *Scholz* in: Frese, HWO, S. 533, 546.

480 Vgl. dazu *Cameron*, Management Science, Vol. 32 No. 5,(1986), S. 539, 545 f.

481 Vgl. dazu *Wittlage*, Unternehmensorganisation, S. 142 f.; vgl. *Cameron*, Management Science, Vol. 32 No. 5,(1986), S. 539 ff.

482 Vgl. vertieft zur Operationalisierung *Kubicek*, Empirische Organisationsforschung, 1975, S. 93 ff.; vgl. auch *Kieser/Walgenbach*, Organisation, S. 70 f.

483 *Wittlage*, Unternehmensorganisation, 144 f.

484 Vgl. *Kieser*, in Kieser, Organisationstheorien, 1. Aufl. 1993, S. 1, 8 f.; vgl. *Kubicek*, Empirische Organisationsforschung, 1975, S. 53, der sie als lediglich schwieriger als in den Naturwissenschaften einstuft.

VII. Zusammenfassung organisationswissenschaftlicher Erkenntnisse

Bereits die betriebswirtschaftliche Definition der Organisation zeigt einen großen Ideenreichtum. Zwar ist die Organisationslehre keine alte Wissenschaft, dennoch ist es ihr gelungen, in ihren Ansätzen zahllose Perspektiven unter Einschluss unterschiedlicher Menschenbilder zu berücksichtigen, die insgesamt ein pluralistisches und komplexes Bild des Phänomens Organisation erzeugen.

Parallel hierzu kann ein unermesslicher Reichtum an organisationalen Lösungen und möglichen Konfigurationen festgestellt werden, der eine jede Organisation zu einem einzigartigen Gebilde macht, das dazu noch einem ständigen Wandel unterliegt.

Aus dieser extremen Individualität einer Organisation ergeben sich methodische Probleme, denn einmal verändern sich die Forschungsobjekte ständig und dazu kommen noch die Schwierigkeiten mit der Verallgemeinerung der Ergebnisse. Hier wird ebenfalls die Bedeutung der Situationsgebundenheit jeder konkreten Organisation hervorgehoben, die eine sorgfältige Beobachtung des Umfelds und eine fortlaufende Anpassung an dieses verlangt. Gleichzeitig stellt der organisationale Wandel samt der Unternehmenskultur für den Organisator eine erhebliche Herausforderung dar.

Als ein besonderes methodisches Problem ist zum Schluss noch die Subjektivität der Bewertung von Organisationen zu erwähnen, die zusätzlich die Verallgemeinerung der Ergebnisse erschwert und zusammen mit den bereits erwähnten methodischen Schwierigkeiten die Aufstellung *konkreter*, allgemein verbindlicher, optimaler Aufbau- und Ablaufstrukturen unmöglich macht. Es lassen sich dennoch gewisse Erfahrungssätze und Prinzipien hohen Abstraktionsgrades herausarbeiten.[485]

Werden die Erkenntnisse der Organisationswissenschaft in ihrer Gesamtheit aus der Perspektive eines Juristen bzw. eines Gesellschaftsrechtlers betrachtet, kommen viele der dort zu findenden Ideen bekannt vor, was als ein Zeichen für einen regen interdisziplinären Austausch interpretiert werden kann.

VIII. Folgen der organisationswissenschaftlichen Erkenntnisse für die optimale Normierbarkeit der Organisation

Die Situationsbezogenheit, die Individualität und die Dynamik der Organisationen sowie die erheblichen methodischen Schwierigkeiten beim Aufstellen

485 Diese Prinzipien haben aber zumeist einen finalen Charakter und müssen für den Einzelfall konkretisiert werden; als Beispiel für ein solches Prinzip kann die Notwendigkeit angeführt werden, die Organisation an die Strategie des Unternehmens anzupassen, s. dazu *Müller-Stewens* in: Frese, HWO, S. 2344 ff.; s. *Chandler*, Strategy and Structure, passim.

konkreter optimaler[486] Aufbau- und Ablaufstrukturen bleiben nicht ohne Auswirkung auf die gesetzliche Regulierung, wie bereits *Spindler* umfassend herausgearbeitet hatte.[487]

Rein theoretisch könnte der Gesetzgeber zwar ganz konkrete Organisationspflichten vorsehen, wie z. B. eine Pflicht zur Einrichtung einer Compliance-Abteilung mit genauen Vorgaben für das Organigramm, die proportionale Mindestgröße, die fachliche Ausbildung der Abteilungsleiter usw.[488] Dies würde jedoch in vielen konkreten Organisationen zu Ineffizienz und einer Situationsferne führen.[489] Die konkrete Normierung ist also an sich möglich, würde aber zu gewichtigen Nachteilen führen.[490]

Möchte der Gesetzgeber keine Wohlfahrtsverluste in Kauf nehmen, dann ist keine über einfache Prinzipien[491] hinausgehende Normierung des organisationalen Ergebnisses möglich. Mit dem Ergebnis sind die im Rahmen der organisationalen Gestaltung zustande gekommenen Ablauf- und Aufbaustrukturen gemeint.

Einen Ausweg aus dem ergebnisbezogenen Problem könnte die Normierung des Verfahrens bieten. Die methodischen Probleme beziehen sich aufgrund der mannigfachen verfügbaren Werkzeuge sowie einer hohen Subjektivität der Bewertung ebenfalls auf das Verfahren,[492] das sich über abstrakte Prinzipien hinaus ebenfalls nicht optimal regulieren lässt. Die verfahrensbezogene Normierung verschiebt also das Problem auf eine andere Ebene, ohne es zu lösen.

Das Normierbarkeitsproblem lässt sich ggf. auf der rechtstheoretischen Ebene mithilfe von offenen Zielvorgaben lösen. Darauf wird im weiteren Verlauf der Untersuchung zurückzukommen sein.[493]

486 Was das Optimum darstellt, gehört zu nicht objektiv bestimmbaren Aspekten, s. dazu bereits Teil 2, VII. A. 2.

487 Umfassend hierzu bereits *Spindler*, Unternehmensorganisationspflichten, 2001, S. 403 ff. (insb. S. 425 ff.); s. auch die prägnante Zusammenfassung dieser Problematik bei *Huth*, Risikoüberwachung, 2007, S. 147 ff.

488 Eine solche Regelung bleibt allerdings für jene Bereiche vorstellbar, die durch ihre Gefährlichkeit die wirtschaftlichen Aspekte in den Schatten stellen, wie z. B. das Atomrecht.

489 *Huth*, Risikoüberwachung, 2007, S. 149.

490 *Huth*, Risikoüberwachung, 2007, S. 149.

491 S. aber *Huth*, Risikoüberwachung, 2007, S. 149, der darauf hinweist, dass selbst abstrakte Prinzipien problematisch sind, weil die einzelnen Prinzipien im Spannungsverhältnis zueinanderstehen, was er am Beispiel der Koordination und Motivation darstellt.

492 Vgl. oben VI. A. und B.

493 S. unten Teil 4, I. D.

IX. Weiterer Gang der Arbeit

Nachdem die organisationswissenschaftlichen Grundlagen feststehen, ist die Organisationsfreiheit in ihren Grundzügen aus rechtlicher Perspektive zu untersuchen, was deren Verankerung im Privatrecht, die Bestimmung ihres funktionalen Gehalts sowie die Analyse des grundrechtlichen Schutzes erforderlich macht.

Teil 3 Die Grundlagen der Organisationsfreiheit

I. Organisationsfreiheit im System der privatautonomen Gestaltungsfreiheit

In diesem Abschnitt wird der Versuch unternommen, die Organisationsfreiheit im System des Privatrechts zu verankern, nachdem das organisationswissenschaftliche Fundament hierfür gelegt wurde. Hierfür wird der Zusammenhang zwischen der Organisation und der Privatautonomie analysiert.

A. Grundstruktur

1. Grenzen des Unternehmens – Eingliederungsfreiheit

Zunächst steht jedes Unternehmen vor der Entscheidung, wo seine Grenzen liegen sollten. Es muss bei jedem Element seiner Wertschöpfung den Entschluss fassen, ob dieses Element Teil der internen Organisation werden sollte, d. h. eingegliedert oder auf dem Markt zu beschaffen ist.

Abhängig davon fällt die Entscheidung über den einschlägigen Vertragstypus. Wenn das Unternehmen die Wertschöpfung innerhalb seiner Grenzen verorten möchte, wird es sich für einen Arbeitsvertrag entscheiden. Bei diesem Vertrag wird der Arbeitnehmer in die Organisation des Arbeitgebers integriert.[494] Wenn die Wertschöpfung außerhalb des Unternehmens bleiben soll, kann dieses einen Kauf-, Dienst- oder Werkvertrag oder einen ähnlichen Vertrag[495] abschließen. Diesen Verträgen ist gemeinsam, dass der Vertragspartner nicht in die Organisation des Unternehmens integriert wird.[496] Eingegliedert in die Organisation ist

494 S. zur Eingliederung des Arbeitnehmers in die Organisation ErfK/*Preis*, BGB § 611a Rn. 33; BeckOGK/*Maties*, 1.2.2025, BGB § 611a Rn. 107; MüKoBGB/*Spinner*, BGB § 611a Rn. 96; dem Arbeitgeber steht aber frei, auf die Eingliederung in die Organisation zu verzichten.

495 Z. B. einen Tauschvertrag oder eine Unterart der oben genannten Verträge, wie z. B. den Bauvertrag. Zu dieser Gruppe gehört auch der Auftrag sowie der Geschäftsbesorgungsvertrag.

496 Vgl. zum Dienstvertrag und der eigenverantwortlichen Stellung innerhalb von diesem MüKoBGB/*Spinner*, BGB § 611 Rn. 8 f. Beim Werkvertrag ist die Abgrenzung zum Arbeitsvertrag in Hinblick auf die Organisation problematisch, weil es ein werkvertragliches Weisungsrecht nach § 645 Abs. 1 S. 1 BGB gibt; dieses Weisungsrecht darf aber lediglich das Werk und nicht den Vertragspartner persönlich (z. B. zeitlich-

auch das Leitungspersonal, bei dem sowohl ein Arbeitsvertrag als auch ein Geschäftsbesorgungsvertrag[497] vorliegen kann.

Das erste Element der Organisationsfreiheit besteht also in der Entscheidung über die Reichweite der Grenzen des Unternehmens. Das Unternehmen verwirklicht dies, indem es einen Arbeitsvertrag oder eine andere Vertragsart abschließt. Diese Freiheit kann als eine »Eingliederungsfreiheit (des Einzelunternehmens)« bezeichnet werden.[498]

Der Dualismus dieser Freiheit besteht nicht nur auf der rechtlichen Ebene, sondern auch auf der betriebswirtschaftlichen. Die Entscheidung zwischen dem Markt und der »Hierarchie« des Arbeitsverhältnisses war bereits oben Gegenstand der Ausführungen zum Transaktionskosten-Ansatz.[499]

2. Vertragsfreiheit als Fundament der Organisationsfreiheit

Für die Organisationsfreiheit ist deren konstruktiver Rahmen entscheidend: Die Unternehmensorganisation könnte als eine abstrakte Struktur erfasst werden, die lediglich in der Vorstellung der Geschäftsleitung existiert. Das Unternehmen würde sie im ersten Schritt schaffen. Erst im zweiten Schritt würde das Unternehmen entsprechende Verträge mit dem Leitungspersonal und den Arbeitnehmern abschließen, die den einzelnen Stellen dieser imaginären Struktur zugeordnet werden.

Der Vorteil der abstrakten Perspektive liegt in der Freiheit: Die einzige Schranke wäre dann die Vorstellungskraft der Unternehmensleitung, und sie würde als eine abstrakte, von der Wirklichkeit losgelöste Idee existieren. Der Nachteil besteht in der Realitätsferne dieser Perspektive: Die Stellen auf dem Papier (bzw. nur in der Vorstellung) erledigen nämlich keine Aufgaben. Wie oben bereits ausgeführt,[500] ist das Ziel der gesetzgeberischen Freiheitseinschränkungen in diesem Bereich die Erreichung einer bestimmten Sachlage. Für die Beurteilung der Qualität der Leitung ist ebenfalls entscheidend, welche Organisation tatsächlich vorhanden war und zum (Miss-)Erfolg des Unternehmens geführt hat. Die abstrakte Perspektive ist daher abzulehnen.

Das Unternehmen schließt mit dem Management und der Belegschaft Verträge ab. Durch diese Verträge ordnen sich das Leitungspersonal und die Belegschaft dem Unternehmensinteresse unter; die Arbeitnehmer geben zu seinen Gunsten ihre Selbstbestimmung auf und räumen dem Unternehmen das Weisungsrecht

örtlich) betreffen, vgl. dazu mehr ErfK/*Preis*, BGB § 611a Rn. 104; s. dazu auch *Greiner*, NZA 2013, 697, 700.

497 Es kann sich entweder um einen Arbeitsvertrag oder um einen Managementvertrag (Betriebsführungsvertrag) nach § 675 BGB handeln, zu diesem vgl. BeckOGK/*Teichmann*, 1.3.2025, BGB § 675 Rn. 68 ff.

498 Es wäre auch begrifflich die Internalisierungsfreiheit denkbar.

499 S. oben Teil 2, II. G. 2.

500 S. Teil 2, V. D.

nach § 106 GewO ein.[501] Sie werden dadurch Teil der Organisation. Die Organisationsfreiheit ergibt sich daher direkt aus der Vertragsfreiheit und ist Ausfluss der Privatautonomie.

Durch die Ausübung des Weisungsrechts aus § 106 GewO beim Arbeitsvertrag bzw. *e contrario* aus den §§ 675 Abs. 1, 611, 665 S. 1 BGB beim Geschäftsbesorgungsvertrag kann die Tätigkeit so konkretisiert werden, dass die reale Aufbau- und Ablauforganisation den Vorstellungen des Unternehmens entspricht; denn zur Vertragsfreiheit des Unternehmens gehört die Entscheidung, wo in der Aufbauorganisation der Vertragspartner eingesetzt wird (Aufbauorganisationsfreiheit). Ebenfalls stellt die Entscheidung des Unternehmens dar, was die Arbeitszeit, den Arbeitsort und die Art und Weise der Tätigkeit anbelangt (Ablauforganisationsfreiheit).

3. Faktische Schranken der Organisation

Bereits auf der faktischen Ebene unterliegt die Organisationsfreiheit zahlreichen Einschränkungen. Die Darstellung hierzu hat lediglich einen beispielhaften Charakter.

Die Ein- und Ausgliederungsfreiheit setzen voraus, dass das betroffene Element der Wertschöpfung auf dem Markt erhältlich ist. Ist dies nicht der Fall, muss das Unternehmen dieses Element internalisieren oder die Wertschöpfung abändern. Ist das konkrete Unternehmen der weltweit einzige Erzeuger einer Substanz, die es zur Herstellung seines Produkts benötigt, dann kann es die Erzeugung weder aufgeben noch durch den Einkauf ersetzen. Die Funktionen einer Rechtsabteilung lassen sich hingegen relativ frei ein- und ausgliedern.

Die Aufbauorganisationsfreiheit setzt voraus, dass das Auffinden der vertragswilligen Arbeitnehmer und des Leitungspersonals möglich ist. Ohne Personal bleiben die Stellen auf dem Organigramm unbesetzt. Das Unternehmen kann z. B. nicht die Anzahl der Leitungsebenen erhöhen, wenn es nicht genügend Managementpersonal einstellen kann.[502]

Besonders intensiv sind die faktischen Schranken der Ablauforganisationsfreiheit. Viele Abläufe sind schon teilweise wegen der Räumlichkeiten vorprogrammiert; bspw. kann das Unternehmen zur Just-in-time-Fertigung ohne Lagerung mangels einer Lagerhalle gezwungen sein. Zum Teil kann sich die zeitliche Abfolge aus den technischen Bedürfnissen ergeben, wie z. B. der Trocknungszeit der Beschichtung bei Autos oder der Brenndauer bei Keramik. Die persönlichen Fähigkeiten und die sonstigen dem Menschen immanenten Grenzen bilden eine personelle Schranke; die Organisation darf z. B. nicht allein aufgrund des

501 Zwar ist das Weisungsrecht des Arbeitgebers nicht grenzenlos und muss sich im Rahmen der geltenden Rechtsordnung halten, aber dennoch führt es zu einer organisatorischen Unterordnung.

502 Vgl. zu diesem Problem oben Teil 2, III. C. 1.

Krankenstandes kollabieren, wodurch eine gewisse personelle Mindestflexibilität erforderlich ist.

B. Vertragsrechtliche Grenzen der Organisationsfreiheit

Die Privatautonomie bildet zwar die Quelle der Organisationsfreiheit. Der gesetzliche Rahmen des Vertragsrechts und die Verträge selbst beinhalten aber auch Schranken dieser Freiheit.

1. Vertragstypen

Die erste Schranke ergibt sich aus den gesetzlichen Vertragstypen: Auf dem Markt kann das Unternehmen entscheiden, ob der Vertrag schuldrechtlich eine Tätigkeits- oder eine Erfolgspflicht beinhaltet. Bei einem Arbeitsvertrag besteht diese Freiheit nicht, denn dieser Vertragstypus lässt keine erfolgsgarantierende Verpflichtung zu,[503] dem steht der arbeitsrechtliche Rechtsformzwang im Wege.[504] Dies kann in wirtschaftlicher Hinsicht teilweise durch eine bestimmte Lohnregelung umgangen werden, indem für den Erfolg eine Prämie gezahlt wird.[505]

Diese Einschränkung der Freiheit ist nicht so schwerwiegend, wie es scheint. Das Unternehmen hat einen großen Einfluss auf die Ergebnisse der Arbeit, der u. a. auf seine Organisationsfreiheit zurückgeht, sodass die Abwälzung der Verantwortung hierfür auf den Arbeitnehmer unbillig sein könnte.[506] Dieser Einwand scheint aber unberechtigt, soweit der Erfolg sich auf kleinere Prozesse unter vollständiger Kontrolle des Arbeitnehmers bezieht.

Auf der vertraglichen Ebene hat diese gesetzliche Regelung zur Folge, dass das Kündigungsrecht des Unternehmens wegen des Ausbleibens des Erfolges erschwert wird.[507] Die zulässige Prämienvereinbarung[508] lässt dem Unternehmen jedoch genug Spielraum für die Steuerung der Motivation in der Organisation.

503 Vgl. dazu in BeckOGK/*Maties*, 1.2.2025, BGB § 611 Rn. 11 ff., § 611a Rn. 82 ff.; vgl. auch ErfK/*Preis*, BGB § 611a Rn. 102 ff.

504 Zum arbeitsrechtlichen Rechtsformzwang s. BeckOGK/*Maties*, 1.2.2025, BGB § 611a Rn. 177 ff.; vgl. ErfK/*Preis*, BGB § 611a Rn. 2, 103; s. aber auch MüKoBGB/*Spinner*, BGB § 611a Rn. 89 f.; vgl. auch Staudinger/*Fischinger*, 2022, § 611a Rn. 61 ff.

505 Vgl. ErfK/*Preis*, BGB § 611a Rn. 434, 451 f.

506 Diese Argumentationslinie mit Blick auf die Organisation des Betriebs durch den Unternehmer geht auf *BAG GS*, NZA 1994, 1083, 1085 zurück; s. dazu etwa ErfK/*Preis/Greiner*, BGB § 619a Rn. 10.

507 Zum Kündigungsschutz s. umfassend MüKoBGB/*Hergenröder*, Einleitung KSchG Rn. 1 ff. mwN; s. auch ErfK/*Oetker*, KSchG § 1 Rn. 1 ff. mwN.

508 Zu der Zulässigkeit und zu den Grenzen s. umfassend BeckOGK/*Maties*, 1.2.2025, BGB § 611a Rn. 1141 ff.; s. auch ErfK/*Preis*, BGB § 611a Rn. 451 f. mwN.

2. Treuepflichten

Den Rechtsträger des Unternehmens trifft die vertragliche Treuepflicht gegenüber dem Arbeitnehmer aus dem Arbeitsvertrag nach § 241 Abs. 2 BGB, bekannt als Fürsorgepflicht.[509] Im Einzelfall können aus dieser Treuepflicht bestimmte Organisationspflichten herauskristallisiert werden. Die mangelhafte Organisation kann z. B. Mobbing verstärken und dadurch mittelbar das Persönlichkeitsrecht sowie die Gesundheit des Mitarbeiters verletzen.[510] Dies ist dann der Fall, wenn in der Unternehmenskultur Mobbing als eine zulässige Maßnahme verankert ist. Wegen der Gefahren für die Mitarbeiter könnte das Unternehmen die arbeitsvertraglichen Nebenpflichten verletzen, wenn es keine Maßnahmen unternimmt, die Organisation so anzupassen, dass die Rechtsgüter des Arbeitnehmers nicht verletzt werden.[511]

3. Vertragsbindung – Dispositivität der Organisationsfreiheit

Das Unternehmen kann im Rahmen des Arbeitsvertrages seine Organisationsfreiheit teilweise aufgeben. Zunächst kann im Vertrag bestimmt sein, welche konkrete Position in der Organisation der Mitarbeiter haben soll, z. B. die Leitung einer bestimmten Abteilung. Damit könnten bestimmte Organisationsmaßnahmen, wie die Auflösung einer Abteilung, vertragswidrig sein.[512] Das Unternehmen kann auch theoretisch den Mitarbeitern die »Selbst«-Organisation überlassen, indem diese eigenverantwortlich die Unternehmensstruktur in ihrem nahen Umfeld gestalten,[513] soweit sich dies mit der Unternehmensverfassung seiner Rechtsform verträgt.

509 Zur Herleitung s. ErfK/*Preis*, BGB § 611a Rn. 703 ff.; zu den einzelnen Schutzpositionen s. ErfK/*Preis*, BGB § 611a Rn. 711 ff.; vgl. BeckOGK/*Maties*, 1.2.2025, BGB § 611a Rn. 1375 ff.; Staudinger/*Fischinger*, 2022, BGB § 611a Rn. 1752.

510 Das Leitungspersonal kann z. B. Opfer davon abhalten, die Vorgänge intern oder bei der Polizei zu melden; eine zu intensiv leistungsorientierte Unternehmenskultur kann es erlauben, weniger produktive Mitarbeiter zu schikanieren. Besonders anfällig für die Verletzung dieser Nebenpflicht ist die Organisation bezüglich des Umgangs mit den personenbezogenen Daten der Mitarbeiter.

511 Wenn die Herleitung von Organisationspflichten zum Schutz des Arbeitnehmers aus dem Arbeitsvertrag abgelehnt wird, können sie sich dennoch aus dem LkSG und künftig aus der CSDDD ergeben; zu den nach dem LkSG und der CSDDD geschützten Menschenrechten vgl. entsprechend Teil 6, I. C. 1. b). und Teil 6, II. C. 1. a).

512 Ob eine bestimmte Stellung/ein bestimmter Rang innerhalb der Organisation für die Vertragsparteien Teil dieser Vereinbarung ist, muss im Wege der Auslegung nach §§ 133, 157 BGB bestimmt werden.

513 S. dazu oben Teil 2, III. E. 2. a). und b).

C. Schranken des sonstigen Arbeitsrechts

Außer den oben genannten privatvertraglichen Schranken des Arbeitsrechts müssen auch die öffentlich-rechtlichen Bestimmungen des Arbeitsrechts (insb. Arbeitsschutzvorschriften) berücksichtigt werden.[514] Auch das kollektive Arbeitsrecht wirkt sich auf die Organisation aus.[515] Die Untersuchung dieser Schranken würde allerdings den Rahmen dieser Arbeit sprengen.

D. Zwischenergebnis

Eine wichtige Facette der Organisationsfreiheit liegt in der Entscheidung, ob die Tätigkeit innerhalb des Unternehmens stattfinden soll oder ob manche Elemente der Wertschöpfung am Markt erworben werden sollen; diese Dichotomie spiegelt sich im Vertragsrecht wider, indem das Unternehmen entweder einen Arbeitsvertrag oder einen Werk- bzw. Dienstvertrag abschließt.

Die unternehmensinterne Organisation vollzieht sich über die Arbeitsverträge, die dem Rechtsträger des Unternehmens das Weisungsrecht einräumen. Dieses nutzt er dann, um die Ablauf- und Aufbauorganisation auszugestalten. Es bestehen Schranken faktischer und rechtlicher Natur, die die Organisationsfreiheit betreffen; insb. ergeben sie sich aus den zwingenden Normen des Arbeitsrechts.

II. Funktionen der Organisationsfreiheit

Um die Organisationsfreiheit im Bereich unterhalb der Geschäftsleitungsebene bei der Rechtsetzung und Auslegung angemessen berücksichtigen zu können, müssen ihre wirtschaftlich-sozialen Funktionen[516] ausgeleuchtet werden, denn diese bilden die die Rechtskonkretisierung determinierenden Sachfaktoren.[517] Dies wird durch ihre reflexartigen Funktionen im rechtlichen Kontext ergänzt.

514 Zu diesen s. BeckOGK/*Maties*, 1.2.2025, BGB § 611a Rn. 261 ff. mwN; Staudinger/*Oetker*, 2019, BGB § 618, Rn. 28 ff. mwN.

515 Als Beispiel können Bestimmungen über die Arbeitszeit nach §§ 6 ff. des Tarifvertrags für den öffentlichen Dienst der Länder (TV-L) vom 12. Oktober 2006 in d. F. des Änderungstarifvertrages Nr. 12 vom 29. November 2021 genannt werden.

516 S. mehr zu der Verbindung zwischen dem Zweck des Rechts und dem Recht selbst *Rüthers/Fischer/Birk*, Methodenlehre, Rn. 518 ff.; s. hierzu auch *Möllers*, Legal Methods, 2020, S. 166 ff.

517 Vgl. *Müller/Christensen*, Juristische Methodik, Bd. I, S. 526 ff., die die Bedeutung der Sachgesichtspunkte für die Konkretisierung von Rechtsnormen in den Rechtsbereichen hervorheben, die sich auf die soziale Wirklichkeit beziehen; hier ist das Innenleben von Unternehmen der Regelungsgegenstand, sodass es sich ebenfalls um die soziale Wirklichkeit handelt.

Aus all' diesen Elementen setzt sich dann das situative Gewicht zusammen, das später in die Rechtsetzung sowie in die teleologische Auslegung einfließen wird.[518] Dort bilden die Funktionen der Organisationsfreiheit unterhalb der Geschäftsleitungsebene das Gegengewicht zu den Funktionen von jenen Regelungen, die diese Freiheit einzuschränken suchen.

Die besondere Schwierigkeit dieser Untersuchung besteht darin, dass es sich nicht um die Funktion einer Gesetzesnorm, sondern gerade um die der gesetzgeberischen Zurückhaltung handelt.[519] Der Rückgriff auf Gesetzesbegründungen und ähnliche Quellen ist daher sehr eingeschränkt.

A. *Effizienzfunktion*

1. Herleitung der Effizienzfunktion

Die Freiräume unterhalb der Geschäftsleitung sollen es den Unternehmen ermöglichen, dass sie eine solche Aufbau- und Ablauforganisation etablieren, die den höchsten Grad an Effizienz mit sich bringen.[520]

Oben wurde bereits festgestellt, es gibt keine Möglichkeit, auf wissenschaftlicher Basis abstrakt eine wirtschaftlich optimale Organisation für Unternehmen zu entwerfen,[521] was auf die Situationsabhängigkeit der Organisation zurückgeht. Es ist darüber hinaus nicht möglich, wissenschaftlich fundierte, konkrete Vorgaben für die Organisation aufzustellen.[522] Die Geschäftsleitung verfügt über eine dem Gesetzgeber deutlich vorauseilende Sachnähe; dies gilt selbst in großen Unternehmen. Diese Sachnähe ermöglicht es ihr, den Organisationsprozess für das konkrete Unternehmen möglichst optimal zu lenken.[523] Daher fördert die

518 Vgl. hierzu *Möllers*, Legal Methods, 2020, S. 178 f.; s. aber *Rüthers/Fischer/Birk*, Methodenlehre, Rn. 717 ff., die die teleogische Auslegung nicht als eine der Auslegungsmethoden anordnen, sondern die Feststellung des Telos als das Ziel der Auslegung ansehen.

519 Vgl. *Rüthers/Fischer/Birk*, Methodenlehre, Rn. 838, die den Begriff »beredetes Schweigen« für die planmäßige Nichtregelung durch den Gesetzgeber anwenden.

520 S. bereits *Nietsch*, ZGR 2015, 631, 648.

521 S. oben Teil 2, VIII.

522 Zum situativen Ansatz in der Organisationswissenschaft s. oben Teil 2, II. E.

523 S. zu diesem Argument im Kontext der allgemeinen Preisbildung *Hayek*, The American Economic Review, Vol. 35 No. 4 (1945), S. 519, 522 f., 524; ähnlich zur Leitungsautonomie des Vorstands (Effizienzgedanke) *Schön*, ZGR 1996, 429, 439 f. mwN; ähnlich im Kontext des § 91 Abs. 2 AktG *J. G. Schäfer*, Überwachungssystem, 2001, S. 109; s. auch *Binder*, Regulierungsinstrumente, 2012, S. 274 f.; dieses Arguments im Kontext des LkSG bzgl. des Einschätzungsspielraums der Unternehmen bedienen sich *Irmscher/Bücker*, NVwZ 2023, 1368, 1371; ähnlich im Kontext des Finanzaufsichtsrechts *Harnos*, Kontrolldichte, 2021, S. 379; ähnlich mit Blick auf das Deliktsrecht *Habersack/Zickgraf*, RabelsZ 87 (2023), 532, 570 f.; vgl. *Hommelhoff/Schwab*, BFuP 1998, 38, 45 f.

Organisationsfreiheit gerade die dezentral bedingte Effizienz, denn sie verhindert das Aufstellen konkreter und dadurch ineffizienter Regeln durch einen sachfernen zentralen Gesetzgeber.

Es lässt sich an hypothetischen Beispielen zeigen, wie diese Funktion der Unternehmensfreiheit verwirklicht wird. Würde der Gesetzgeber bspw. verbieten, dass autonome Gruppen in Unternehmen eingerichtet werden, dann könnte das die Unternehmen negativ treffen, die diese Organisationsart erfolgreich eingeführt hatten.

Ein weiteres Beispiel könnte eine hypothetische Regelung darstellen, die die Matrixorganisation im Einzelunternehmen verbietet; anders gesagt: Der Gesetzgeber würde in einem solchen Fall alle Unternehmen verpflichten, jedem Mitarbeiter nur einen einzigen Vorgesetzten zuzuordnen. Dies würde zur Verlängerung der Berichtswege führen,[524] was dann in manchen Unternehmen wegen der Komplexität ihres Wertschöpfungsprozesses bedeutete, dass ein großer Teil der Arbeitszeit nicht der Wertschöpfung, sondern der Koordination zu widmen wäre. Dieser Koordinationsaufwand würde keinem zugutekommen; er würde lediglich die Wettbewerbsfähigkeit des Unternehmens wegen nicht notwendiger Personalkosten beeinträchtigen.

Das oben zur Effizienzfunktion der Organisationsfreiheit Gesagte gilt unter der Bedingung, dass der konkrete Organisator vor Ort die Freiräume aufgrund rechtlicher und wirtschaftlicher Anreize zum Wohl des Unternehmens ausnutzt.[525]

2. Effizienzfunktion und ein Outsourcing-Verbot

Einen besonderen Stellenwert hat die Effizienzfunktion bzgl. der Eingliederungsfreiheit, also der Freiheit, den Teil der Unternehmensverwaltung bzw. der Wertschöpfung auszulagern oder im Unternehmen zu belassen.[526] Diese Freiheit wird eingeschränkt, wenn Unternehmen vorgeschrieben wird, konkrete Funktionen oder Stellen nicht nach außen zu delegieren (Outsourcing-Verbot).

Dieser Stellenwert ist umso größer, je kleiner das betroffene Unternehmen ist: Ein kleines Unternehmen verfügt über weniger Personal und Ressourcen. Um bei Synergieeffekten mit den größeren Unternehmen mithalten zu können, ist es auf die Kooperation mit anderen kleinen Unternehmen angewiesen.[527] Nur so kann der Bedarf nach bspw. naturwissenschaftlicher Expertise soweit gebündelt werden, dass eine Stelle komplett ausgelastet ist.

524 S. dazu oben Teil 2, III. C. 1.

525 Vgl. zu Steuerungsinstrumenten bezogen auf das Vorstandshandeln unten Teil 5, II. A. 2.

526 Mehr zu Eingliederungsfreiheit bereits oben Teil 3, I. A. 1.

527 Der Unionsgesetzgeber erkennt dieses Bedürfnis indirekt in Art. 8 Abs. 6 HGRL an, der in § 14 Abs. 2 HinSchG umgesetzt wurde; vgl. mehr zu dieser Bestimmung unten Teil 5, III. C. 6. a). (1).

Wird ein kleines Unternehmen rechtlich gezwungen, bestimmte Systeme, Funktionen oder einen Teil der Wertschöpfungskette in sich einzugliedern, können dadurch zunächst erhebliche Ineffizienzen entstehen, denn häufig wird das hierfür erforderliche Personal nur bedingt alternativ einsetzbar sein; ein zu 30% ausgelasteter Datenschutzexperte kann ggf. wenig Mehrwert in einem kleinen Maschinenbauunternehmen bringen.[528] Durch solche Einschränkungen der Organisationsfreiheit kann das durch diese Organisationspflichten verfolgte Interesse bedroht werden. Denn das mangelnde Personal kann das kleine Unternehmen dazu bringen, die Funktion mit Mitarbeitern ohne fachliche Kompetenz zu besetzen, damit die Organisationspflicht wenigstens auf dem Papier erfüllt wird.

3. Effizienzfunktion und kleine Unternehmen

Die kleinen Unternehmen sind nicht nur besonders betroffen, wenn deren Ein- und Ausgliederungsfreiheit eingeschränkt wird. Für ihre Effizienz spielt es eine besondere Rolle, selbst über den Grad der Spezialisierung[529] zu entscheiden. Schreibt der Gesetzgeber ihnen bestimmte Funktionen oder organisatorische Maßnahmen vor, kann er sie zu einem höheren Grad der Spezialisierung zwingen, als es wirtschaftlich optimal bzw. zumutbar wäre.

Erwartet der Gesetzgeber bspw. von einem kleinen Unternehmen ein umfassendes Compliance-System[530], dann muss dieses seine Ablauf- und Aufbauorganisation an das System anpassen. Ein kleines Unternehmen kann regelmäßig ohne eine Rechtsabteilung auskommen,[531] wird aber so implizit dazu gezwungen, eine solche einzurichten. In einem kleinen Unternehmen wird es häufig aufgrund niedriger Komplexität sowie überschaubarer Geschäfte ausreichen, wenn die Geschäftsleitung der Legalitätsdurchsetzungspflicht[532] persönlich nachkommt. Daher führt in diesem Fall die erhöhte Professionalisierung des Unternehmens nicht zur erhöhten Compliance.

Es kann auch zu dem gleichen Problem kommen, wie bei dem Outsourcing-Verbot: In einem kleinen Unternehmen ist für ein spezialisiertes System (wie das Compliance- oder Risk-Management) ggf. nur ein niedriger Prozentsatz einer Arbeitsstelle erforderlich, damit dieses funktioniert. Das Unternehmen muss daher zusätzliches Personal einstellen und büßt infolgedessen an Effizienz und folglich an Wettbewerbsfähigkeit ein.

528 Dies kann auch eine Doppelfunktion nicht immer ausgleichen, wie sie bspw. im Erwägungsgrund 56 HGRL vorgesehen ist; vgl. zu dieser Regelung unten Teil 5, III. C. 6. a). (2).

529 Zu diesem s. oben Fn. 345.

530 Mit der Compliance ist die Einhaltung der Gesetze gemeint, s. dazu statt aller *Harbarth*, ZHR 179 (2015), 136, 137 f.; ein Compliance-Management-System (CMS) dient der Erfüllung der Legalitätsdurchsetzungspflicht; zu dieser Pflicht s. umfassend unten Teil 5, III. B.

531 Vgl. *Allgeier*, Mittelstand, 2024, S. 114 f. mwN.

532 Zu dieser umfassend unten Teil 5, III. B. mwN.

Es ist schwer zu beurteilen, ab welcher Größe Organisationspflichten für den Spezialisierungsgrad keine Rolle mehr spielen.[533] Der negative Einfluss von Organisationspflichten auf die Effizienz von kleinen Unternehmen ist am intensivsten dann, wenn die hier beschriebene Einrichtungspflicht mit einem Outsourcing-Verbot kombiniert wird.

4. Ausnahme: Effizienzförderung durch Organisationspflichten

Es sind Situationen vorstellbar, in denen die Organisationspflichten eine positive Auswirkung auf die Effizienz des Unternehmens haben, indem sie dessen Professionalisierung anstoßen.[534]

So eine Lage könnte dann vorliegen, wenn sich ein Unternehmen dank sonstiger Wettbewerbsvorteile[535] am Markt halten kann, ohne eine effiziente Organisation zu entwickeln. Dies könnte z. B. bei einem Unternehmen vorkommen, das aufgrund der Spezialisierung nur sehr wenig Konkurrenz auf dem Markt hat. Als ein anderes Beispiel könnte ein Unternehmen genannt werden, das infolge von niedrigen Personalkosten und/oder einem Innovationsvorsprung mit anderen Wettbewerbern mithalten kann.

In einem solchen Fall kann die Pflicht, bestimmte Systeme oder Funktionen einzurichten, das Unternehmen dazu anstoßen, über seine eigene Organisation nachzudenken und sie besser zu entwickeln. Im Ergebnis kann die Effizienz dadurch ausnahmsweise erhöht werden. Es ist aber auch denkbar, dass die Professionalisierung mit ihren Vorteilen lediglich die durch die Regulierung verursachten Kosten ausgleicht.

Ferner können die Organisationspflichten das Unternehmen reflexartig vor Verlusten schützen, indem sie diese vor Bußgeldern bewahren.[536] Das Compliance-System mag Kosten verursachen; diese können aber niedriger als die mit einem Verstoß verbundenen Risiken ausfallen, wenn sie zusammen mit potenziellen Verlusten im Falle der Realisierung betrachtet werden.

Die vorangehenden Ausführungen werden durch die Leitungspflicht des Vorstands entkräftet, denn aufgrund seiner Leitungspflicht muss er sich um eine

533 Vgl. zu einer ähnlichen Frage im Rahmen der Berichterstattungspflicht *Hommelhoff*, DB 2021, 2441, der dort als Grenze 5.000 Arbeitnehmer vorschlägt, denn ab dieser Größe würden Unternehmen »über eine professionell ausgebaute Binnenorganisation verfügen«.

534 Vgl. zu einer ähnlichen Problematik im Rahmen der Rechnungslegung unter dem Begriff der »Selbstinformation« *Palmes*, Lagebericht, 2008, S. 80; *Schön*, ZHR 161 (1997), 133, 136; MüKoHGB/*Ballwieser*, HGB § 238 Rn. 1; vgl. zu notwendigen organisatorischen Maßnahmen bei der durch den Kapitalmarktauftritt notwendigen Professionalisierung *Achleitner et. al/Stiftung Familienunternehmen/PwC*, Die Kapitalmarktfähigkeit von Familienunternehmen, 2011, S. 89 ff.

535 Ausführlich zu der Wettbewerbsproblematik s. unten C.

536 *Harbarth*, ZHR 179 (2015), 136, 154.

ordnungsgemäße Organisation kümmern[537] sowie unter sehr engen Voraussetzungen das Compliance-System einrichten[538].

5. Zwischenergebnis

Die Organisationsfreiheit unterhalb der Geschäftsleitung sichert die wirtschaftliche Effizienz der Unternehmen ab. Dank ihr können sie sich Ablauf- und Aufbauorganisationslösungen aussuchen, die am meisten zu ihren Bedürfnissen passen und optimal im wirtschaftlichen Sinne sind. Diese Effizienzfunktion ist umso wichtiger, je kleiner das Unternehmen ist, denn die kleinen Unternehmen werden durch die Einschränkungen am stärksten getroffen.

Die Einschränkungen mögen zwar in Ausnahmefällen einen positiven Einfluss auf die Effizienz haben; dies ändert nichts an der grundsätzlichen Beurteilung, wonach sie hauptsächlich diese Effizienz einschränken.

B. Flexibilitätsfunktion

1. Herleitung der Flexibilitätsfunktion

Wie oben bereits ausgeführt, ist der Wandel der Unternehmensorganisation ein entscheidender Aspekt der unternehmerischen Tätigkeit, sei er gesteuert oder autogen;[539] die Fähigkeit zum Wandel ist ausschlaggebend für den unternehmerischen (Miss-)Erfolg sowie für die Zukunftsfähigkeit.[540]

Die Einschränkungen der Organisationsfreiheit bremsen die Flexibilität aus, indem sie das Unternehmen zwingen, bei jeder Maßnahme des Wandels die Erfüllung der gesetzlichen Pflichten sicherzustellen. Es ist auch denkbar, dass manche Elemente der Aufbauorganisation aus diesem Grund einfach »versteinern«,[541] d. h. sie werden bei allen Organisationswandelprozessen ausgeblendet und so belassen, wie sie sind. Dies kann dazu führen, dass sich diese versteinerten Elemente nicht an die sonstige Organisation anpassen und mit der Zeit für Probleme sorgen. Dies kann am Beispiel eines mittelgroßen Unternehmens in Form einer AG demonstriert werden: Diese AG verfügt bereits über ein obligatorisches Frühwarnsystem nach § 91 Abs. 2 AktG und ist nach dem Einliniensystem organisiert. Es kann sich herausstellen, dass die Einführung der Matrixorganisation wegen der Komplexität neuer Produkte notwendig erscheint. Das Unternehmen kann

537 Mehr dazu unten Teil 5, II. C. 3.

538 S. dazu ausführlich unten Teil 5, III. B. 2. b).

539 S. oben Teil 2, V.

540 Mehr hierzu *Bea/Göbel*, Organisation, S. 437; s. *Kirzner*, Wettbewerb und Unternehmertum, 1978, S. 28 f., der die Findigkeit als das Schlüsselelement des unternehmerischen Handelns ansieht; vgl. *Drucker*, The Journal of Business, Vol. 31 No. 2 (1958), S. 81, 86.

541 Ähnlich bereits *Rast*, Organisationsfreiheit, 2022, S. 391 ff.

sich damit aber zurückhalten, denn die Anpassung der Risikosysteme generiert Zusatzkosten beim Wandel: Sie können u. U. die Begutachtung des neuen Frühwarnsystems durch einen Wirtschaftsprüfer umfassen. Die Schwierigkeit des Wandels erhöht sich auch dadurch, dass der Wandel das Risiko mit sich bringt, ein funktionierendes Frühwarnrisikosystem dauerhaft zu beeinträchtigen. Solche von einer Organisationspflicht herrührenden Bedenken begünstigen die Versteinerung von vorhandenen Organisationsstrukturen.[542] Diese Versteinerung vermindert die Anpassungsfähigkeit bezüglich der neuen Herausforderungen, die die Umwelt des Unternehmens mit sich bringt. Nach dem situativen Ansatz ist diese Anpassungsfähigkeit aber gerade der entscheidende Erfolgsfaktor.[543]

Die situative Beziehung zwischen der optimalen Organisation und der Umwelt ist schwer aus der globalen Perspektive des Normgebers zu erfassen. Ähnlich wie bei der Effizienz, kann sie am besten aus der Nähe durch die Organisationsmitglieder sowie durch die Geschäftsleitung wahrgenommen werden. Diese Akteure sind auf die Aufbau- und Ablauforganisationsfreiheit angewiesen, um die Organisation auf die Zukunft vorbereiten und sie zukunftsoffen entwickeln zu können. Meistens ist auch der persönliche Erfolg des Organisators mit dem des Unternehmens verknüpft; eine solche Beziehung besteht zwischen dem Gesetzgeber und einem konkreten Unternehmen gerade nicht.

2. Herausforderung der zukunftsoffenen Regulierung

Die Spannung zwischen gesetzlichen Regelungen und den Bedürfnissen der Aufbau- und Ablauforganisation folgen auch aus der Natur der Gesetzgebung: Der Gesetzgeber orientiert sich bei der Rechtsetzung an der Vergangenheit,[544] denn durch die Regulierung sollen bestehende Misserscheinungen aufgearbeitet und beseitigt werden.[545] Diese Vergangenheitsorientierung hat den Nachteil, dass die neuen Herausforderungen des Unternehmensumfelds nicht berücksichtigt werden: Weder die Regierung noch das Parlament verfügen über hellseherische

542 Vgl. allgemein *Stewart*, California Law Review, Vol. 69 No. 5 (1981), S. 1256, 1279 ff., der die negative Auswirkung der Regulierung auf die Innovationsfähigkeit der Unternehmen analysiert.

543 Zum situativen Ansatz s. oben Teil 2, II. E.

544 Vgl. zu der vergangenheitsorientierten Gesetzgebung bei der Bankenaufsicht und den mit ihr verbundenen Schwächen *Lutz/Röhl/Schneider*, ZBB 2012, 342, 343; prägnant *Scherzberg* in: Engel/Halfmann/Schulte, Wissen – Nichtwissen – Unsicheres Wissen, 2002, S. 113, 122: »Recht verfestigt also vergangene Beobachtungen und vergangene Prognosen.«

545 Als Beispiel lässt sich das FISG nennen, in dessen Begründung die »jüngsten Vorkommnisse« einen Hinweis auf den Wirecard-Skandal darstellen, vgl. BT-Drs. 19/26966, S. 55; s. zu der Verknüpfung zwischen dem Skandal und dem FISG *Homborg/Landahl*, NZG 2021, 859.

Fähigkeiten, die für die Bewältigung der Ungewissheit der Zukunft notwendig wären.[546] Die Welt von »morgen« unterliegt der Regulierung von »gestern«.

Je intensiver und tiefer die Regulierung, desto problematischer erscheint dieser historische Fokus des Gesetzgebers bei Organisationsvorgaben. Dieses Problem entsteht nicht, wenn der Gesetzgeber keine Organisationspflichten vorsieht, womit die Organisation zukunftsfähig bleibt.

3. Die Flexibilitätsfunktion aus der Perspektive der gesamten Unternehmenspopulation

Für die Funktionen der Freiheit zählt nicht nur deren Einfluss auf das einzelne Unternehmen, sondern auch auf das gesamte Wirtschaftssystem; dieses besteht gerade aus zahllosen Unternehmen, d. h. aus einer sog. Unternehmenspopulation nach dem evolutionären Ansatz[547].

Die Einschränkungen der Ablauf- und Aufbauorganisationsfreiheit kann sich negativ auf die Zukunftsfähigkeit nicht nur eines konkreten Unternehmens, sondern der gesamten Population auswirken, was schwerwiegende Folgen für die gesamte Wirtschaft haben kann:

Die Organisationsfreiheit ermöglicht das Entstehen einer Population mit einer breiten Spanne an Organisationslösungen (Varianz).[548] Werden umfassende gesetzliche Organisationsvorgaben eingeführt, wird dadurch die Verschiedenheit der in der Praxis angewandten Lösungen gesenkt. Anders gesagt: Der einheitliche Rahmen erschwert die Entwicklung von Alternativen, weil er sie zum Teil ausschließt oder deren Einführung erschwert.

Eine durch Einschränkungen gezähmte Population verfügt über weniger organisatorische Lösungen. Bringt die Zukunft eine neue Herausforderung der unternehmerischen Umwelt mit sich, sind die Chancen der Unternehmen auf das Überleben höher, wenn eine organisatorische Antwort bereits in der Praxis in einem (ggf. sehr kleinen) Teil der Population angewandt wird; der Rest der Population kann sie dann nachahmen. Schränkt der Gesetzgeber die Varianz durch die Organisationspflichten ein, dann ist das Risiko höher, dass die Lösungen für die Zukunft zu wenig verbreitet oder gar nicht vorhanden sind.

Die Freiheit der Ablauf- und Aufbauorganisation dient also im Ergebnis dazu, die gesamte Unternehmenspopulation systemisch im Interesse der Volkswirtschaft zukunftsfähiger zu machen.

546 Vgl. *Voß*, Unternehmenswissen, 2018, S. 20, der dies als ein Zeitproblem bezeichnet im Anschluss an *Scherzberg* in: Engel/Halfmann/Schulte, Wissen – Nichtwissen – Unsicheres Wissen, 2002, S. 113, 122 f.

547 S. dazu bereits ausführlich oben Teil 2, II. H.

548 S. oben Teil 2, II. H.

4. Zwischenergebnis

Die Ablauf- und Aufbauorganisationsfreiheit sichert neben der Effizienz der Unternehmensorganisation auch deren Flexibilität ab und verhindert damit deren Versteinerung. Diese Flexibilität fördert wiederum nicht nur die Überlebensfähigkeit einzelner Unternehmen, sondern darüber hinaus die Zukunftsfähigkeit der gesamten Volks- und Weltwirtschaft.

C. Wettbewerb von Organisationsformen – Innovationsfunktion – Wettbewerb der Wirtschaftsräume

Bei der Untersuchung von Funktionen der Organisationsfreiheit darf der Wettbewerb nicht ausgeblendet werden. Die Effizienz und Flexibilität sowie allgemein gesagt die Entwicklung der Organisation ist zwar nicht der einzige Bereich, in welchem die Unternehmen dem Wettbewerb[549] unterliegen.[550] Es gibt auch andere Wettbewerbsfaktoren wie z. B. die Personalkosten, die Produktivität der Mitarbeiter, Innovativität sowie die Energie- und Materialkosten.[551] Dennoch entscheidet der Grad der Entwicklung der Organisation, wie viel Arbeitszeit der Koordination und wie viel doch der Wertschöpfung[552] gewidmet werden kann.[553] Ferner hängt die Flexibilität der Organisation mit deren Innovativität zusammen.[554] Der Zusammenhang mit den sonstigen Wettbewerbsfaktoren lässt sich also nicht leugnen.

549 S. umfangreich zu diesem Begriff aus rechtlicher Perspektive MüKoUWG/*Sosnitza*, A. Grundlagen, Teil I. Rn. 2 ff.; s. zu Zweifeln an der Definitionszugänglichkeit Köhler/Bornkamm/Feddersen/*Köhler*, Einleitung Rn. 1.6. Zur Theorie des Wettbewerbs aus wirtschaftswissenschaftlicher Perspektive s. *Wölfle*, Mikroökonomik, 2014, S. 164 ff.; vgl. dazu auch *Hunt*, Journal of Management Inquiry, Vol. 4 No. 4 (1995), S. 317 ff.; *Arora-Jonsson/Brunsson/Hasse* in: Arora-Jonsson et al., Competition, 2021, S. 1, 7 ff.

550 Zur Bedeutung der Organisation für die Schaffung von Wettbewerbsvorteilen s. *Porter*, Wettbewerbsvorteile, S. 93 ff., s. auch zur Verknüpfung zwischen der Strategie und dem Wettbewerb sowie der Strategie und der Organisationsstruktur S. 37 ff.

551 S. grundlegend zu dieser Problematik *Porter*, Wettbewerbsvorteile, S. 97 ff., 168ff., der zwei Arten von Wettbewerbsvorteilen unterscheidet: Kostenvorteile sowie die Differenzierungsvorteile; mit dem letzteren ist die Einmaligkeit der Leistung gemeint, die vom Wert für den Abnehmer ist (S. 168).

552 S. zur Verknüpfung zwischen der Wertschöpfung und dem Wettbewerb *Porter*, Wettbewerbsvorteile, S. 63 ff.

553 Den Zusammenhang zwischen dem Marktgeschehen und der Organisationsfreiheit erkannte bereits *Nietsch*, ZGR 2015, 631, 648.

554 Umfassend hierzu *Kieser/Walgenbach*, Organisation, S. 390 ff.; vgl. *Jones/Bouncken*, Organisation, S. 828 f.

Der Wettbewerb ist ein Allgemeingut, das im öffentlichen Interesse auf einem hohen Niveau gehalten wird.[555] Die Freiheit der Ablauf- sowie Aufbauorganisation beeinflusst die Wettbewerbsfähigkeit von Unternehmen; die unternehmerischen Organisationslösungen unterliegen aber auch selbst einem Wettbewerb. Im Fokus der Untersuchung stehen die negativen Folgen, die mit der Einschränkung dieser Freiheit einhergehen; denn die Bedeutung der Freiheit für den Wettbewerb spiegelt sich in negativen Auswirkungen von staatlichen Einschränkungen wider.[556]

1. Das Spannungsverhältnis zwischen den Organisationspflichten und dem Wettbewerb

An sich könnte argumentiert werden, gesetzliche Organisationspflichten beeinflussten die Unternehmen und infolgedessen den Wettbewerb kaum, denn sie träfen alle Adressaten gleich. Zwar scheint dieses Argument für die Unternehmen der gleichen Rechtsform, Branche, Größe und Herkunft zu stimmen: Ihre Organisationspflichten befinden sich auf dem gleichen Niveau, sodass die Belastung in etwa gleich ausfällt, unterstellt, alle Unternehmen tun nur das gesetzlich Nötigste. Es ist vorstellbar, dass ein Unternehmen besonders effizient mit der Umsetzung umgeht und dadurch einen kleinen Wettbewerbsvorteil erlangt; grundsätzlich sind aber alle gleich und es findet keine wesentliche Verzerrung[557] des Wettbewerbs statt.

Die Intensität und Tiefe der Organisationspflichten ist jedoch sowohl von der Herkunft als auch von der Größe, der Rechtsform sowie der Branche des Unternehmens abhängig.

Die Gefahr der Wettbewerbsverfälschungen lässt sich am besten am Beispiel von zwei Unternehmen darstellen, die sich lediglich durch ihre Rechtsform unterscheiden: Eine AG und eine GmbH, beide mit Sitz in Primasens, betreiben jeweils ein spezialisiertes Textilhandelsunternehmen mit 300 Mitarbeitern. Die AG muss nach § 91 Abs. 2 AktG bestimmte Systeme bzgl. der Risiken einrichten.

555 Dies wird in § 1 Abs. 1 S. 2 UWG widergespiegelt, wo die Allgemeinheit erwähnt wird; s. dazu statt vieler MüKoUWG/*Sosnitza*, UWG § 1 Rn. 16 f., 30 ff.; vertieft Fezer/Büscher/Obergfell/*Fezer*, UWG § 1 Rn. 94 ff.; Köhler/Bornkamm/Feddersen/*Köhler*, UWG § 1 Rn. 42 ff.

556 Vgl. allgemein zu normativen Eingriffen des Staates in den Wettbewerb Drewello/Kupferschmidt/Sievering/*Drewello*, Markt und Staat, S. 235 f.

557 Vgl. den normativen Begriff der Wettbewerbsverfälschung im Kartellrecht bzgl. der drittstaatlichen Subventionen bei *Reiter*, EuZW 2023, 596, 600; s. zum Begriff der Wettbewerbsverfälschung im Kontext von Art. 107 Abs. 1 AEUV Calliess/Ruffert/*Cremer*, Art. 107 AEUV Rn. 35 ff.; Streinz/*Koenig/Förtsch*, Art. 107 AEUV Rn. 101 ff.; vgl. den Begriff »Marktversagen« aus der Wettbewerbstheorie bei *Knieps*, Wettbewerbsökonomie, S. 11 ff.; Drewello/Kupferschmidt/Sievering/*Kupferschmidt*, Markt und Staat, S. 205 ff.; s. auch *Bösmeier*, Staatlich verursachte Wettbewerbsverzerrungen, 1989, S. 12 f.

Die GmbH trifft keine solche Pflicht, sodass sie dadurch einen Kostenvorteil erhält.[558] Das Problem dieses Vorteils ist seine Herkunft, denn er geht ausschließlich auf einen regulatorischen Unterschied zurück. An diesem Beispiel werden Gefahren für den Wettbewerb sichtbar, die mit inselartigen Organisationsvorgaben verbunden sind, die nur bestimmte Arten von Unternehmen treffen. Es kann aber auch gute Gründe wirtschaftlicher oder rechtlicher Art geben, wieso diese Unterschiede bestehen.

Die Frage der Größe erscheint besonders problematisch in dem hier untersuchten Kontext. Wie oben bereits aufgezeigt, treffen kleine Unternehmen Organisationspflichten bereits aus strukturellen Gründen stärker als die großen Unternehmen.[559] Hinzu kommen weitere Probleme wie der Ressourcenmangel bei kleineren Unternehmen. Eine Schranke im Anwendungsbereich, wonach Unternehmen z. B. erst ab 1.000 Arbeitnehmern bestimmten Organisationspflichten ausgesetzt sind, kann deswegen gerade den Wettbewerb schützen.[560] Sonst würde bei kleineren Unternehmen ein Wettbewerbsnachteil entstehen; auf lange Dauer wäre dadurch der Wettbewerbsdruck auf größere Unternehmen kleiner, denn die Skalenvorteile der Großunternehmen bilden eine Markteintrittsbarriere für die kleinen Unternehmen.[561] Der geminderte Machtdruck würde sich negativ auf Innovationen und Preise auswirken.[562] Die größeren Unternehmen haben stärkere Synergieeffekte als die kleineren, sodass die Größenabhängigkeit der Organisationsvorgaben doch als ein rechtlich sowie wirtschaftlich legitimes Unterscheidungskriterium anzuerkennen ist.[563]

2. Wettbewerb von Volkswirtschaften aus der globalen Perspektive

Der Wettbewerb kann aus einer globalen Perspektive betrachtet werden.[564] Der deutsche sowie der europäische Wirtschaftsraum konkurrieren mit den USA, China, Japan und zahllosen weiteren Wirtschaftsräumen. Dieser Wettbewerb umfasst eine große Zahl an Faktoren. Einer hiervon ist der Grad der Entwicklung der Ablauf- und Aufbauorganisation der Unternehmen aus dem betroffenen Wirtschaftsraum, gesehen aus der Perspektive von inländischen Unternehmen (a).). Die zweite Perspektive ist die der ausländischen Unternehmen, die eine inlän-

558 Im Einzelfall kann aber das Risikofrüherkennungssystem wirtschaftlich vorteilhaft sein.

559 S. oben Teil 3, II. A. 3.

560 Zu dem Prinzip der Größenabhängigkeit der Organisationspflichten s. unten Teil 4, III.

561 Vgl. *Knieps*, Wettbewerbsökonomie, S. 52 mwN.

562 Vgl. zum Zusammenhang zwischen dem Wettbewerb und Innovationen *Mundt*, ifo Schnelldienst 2017/20, S. 13, 15.

563 Vgl. unten Teil 4, III.

564 Zum globalen Wettbewerb s. *Porter* in: Porter, Globaler Wettbewerb, 1989, S. 17 ff., der insb. die historische Entwicklung der Wettbewerbsinternationalisierung beschreibt (S. 46 ff.).

dische Investition in Erwägung ziehen (b).): Eine jede Volkswirtschaft versucht jene Unternehmen von ihrem eigenen Standort zu überzeugen.

a) Die Wettbewerbsfähigkeit der inländischen Unternehmen

Eine Unternehmenspopulation, bestehend aus der Gesamtheit inländischer Unternehmen (wenn der evolutionäre Organisationsansatz berücksichtigt wird), steht im Wettbewerbskampf mit den Unternehmen aus anderen Wirtschaftsräumen. Anders gesagt: Der Konkurrenzkampf im internationalen Kontext kann als ein Wettlauf zwischen vielen großen Unternehmenspopulationen betrachtet werden. Der Grad der Freiheit entscheidet über die Möglichkeit der Entwicklung von neuen Lösungen innerhalb der jeweiligen Population. Beim entsprechenden Wettbewerbsdruck kann sich eine effizientere Lösung ausbreiten, um die Wettbewerbsfähigkeit gegenüber anderen Unternehmenspopulationen zu erhalten.[565]

Die internationale Wettbewerbsfähigkeit einer Volkswirtschaft[566] hängt also davon ab, inwieweit das geltende Recht im innerstaatlichen Bereich die Entwicklung sowie Umsetzung innovativer Organisationskonzepte durch die oben beschriebene Versteinerung[567] behindert. Die Unternehmen bedürfen somit der Organisationsfreiheit unterhalb der Geschäftsleitungsebene, um mit ihren Wettbewerbern aus dem Ausland mithalten zu können.

Es kann notwendig sein, die organisationalen Lösungen von anderen Unternehmenspopulationen nachzuahmen. Ein Beispiel hierfür sind die Lösungen der japanischen Wirtschaft (Lean Management), die in den 1980er- und 1990er-Jahren in der restlichen Welt übernommen wurden, einschließlich Just-in-time-Lieferungen.[568] Die Organisationsfreiheit sichert ab, dass die Übernahme fremder Ideen im organisationalen Bereich weitestgehend möglichst ist und nicht allzu stark durch rechtliche Hindernisse eingeschränkt wird.

Die Wettbewerbsfähigkeit der Organisationslösungen mündet in die Flexibilität sowie die Effizienz der Unternehmen. Insgesamt wird dadurch die Position der Volkswirtschaft in der Welt mitentschieden. Intensive Einschränkungen rufen einen Wettbewerbsnachteil im internationalen Vergleich hervor.

Das Gewicht dieser Funktion wird allerdings dadurch gemindert, dass es andere Wettbewerbsfaktoren gibt, die für den globalen Erfolg mitbestimmend sind: Hierzu gehören u. a. der Abbau staatlicher Barrieren einschließlich Subventionen, der technische Wandel sowie eine globale Wettbewerbsstrategie der Unter-

565 S. *Porter*, The Competitive Advantage of Nations, 1998, S. 168 f., der die mangelnde Anpassungsfähigkeit der Organisation als einen Grund für den Verlust der internationalen Wettbewerbsfähigkeit einer Volkswirtschaft nennt.

566 S. zu diesem Begriff *Stierle*, Volkswirtschaften in der Globalisierung, 1998, S. 3 mwN.

567 Zur organisationalen Versteinerung s. oben Teil 3, II. B. 1.

568 Vgl. *Helmold*, Lean Management und Kaizen, 2020, S. 7 f.; s. aber *Neuhaus* in: Wagner, Industrie 4.0, 2018, S. 53, 55, dem zufolge Lean Management mehr als eine Modeerscheinung sei, weil sich diese Organisationslösung bewährt habe.

nehmen[569]. Die Organisationspflichten, gesehen als eine Belastung, sind mit einer größeren Gruppe von sonstigen, problematischeren Maßnahmen zu vergleichen, wie eine Subventionierung ausländischer Wettbewerber durch ihre Heimatländer, hohe Zölle oder die Ansiedlung von Wettbewerbern im Inland mithilfe von vorteilhaften inländischen Subventionen.[570] Dennoch muss ein international tätiges Unternehmen durch eine effektive Ablauforganisation gekennzeichnet sein, die eine Kooperation über die Landes- und Kulturgrenzen hinweg möglich macht.[571] Dafür bedarf es funktional der Organisationsfreiheit unterhalb der Geschäftsleitungsebene.

b) Der Wettbewerb um die ausländischen Direktinvestitionen

Es besteht eine weitere Art des Wettbewerbs, der zwischen Volkswirtschaften stattfindet: Gemeint ist der Wettstreit um die Direktinvestitionen ausländischer Unternehmen.[572] Die Organisationsvorgaben können dabei als Teil des rechtlichen Rahmens der unternehmerischen Tätigkeit zu den standortbezogenen Faktoren gezählt werden.[573]

Zwar ist es Unternehmen aus manchen Jurisdiktionen möglich, eine unselbstständige Niederlassung von ihrem Heimatland aus zu betreiben. Dennoch entscheiden sich viele Unternehmen in der Praxis für eine rechtlich und organisatorisch selbstständige Tochtergesellschaft.[574] Dadurch wird die Attraktivität der

569 S. zu den erfolgreichen Unternehmensstrategien die Fallstudie von *Cvar* in: Porter (Hrsg.), Globaler Wettbewerb, 1989, S. 553, 584 f.

570 S. vertieft zu Umgangsstrategien des Staates mit der Globalisierung der Märkte *Doz* in: Porter (Hrsg.), Globaler Wettbewerb, 1989, S. 257, 269 ff.; vgl. eine vertiefte Darstellung zum Wettbewerb zwischen der EU und China als Beispiel für den Wettbewerb von Volkswirtschaften *Bardt/Matthes*, ORDO 2021, 300, die neben den Subventionen den erzwungenen Technologietransfer als eines der ausschlaggebenden Wettbewerbsfaktoren nennen. Vgl. auch *Porter*, The Competitive Advantage of Nations, 1998, S. 127 f., der dort darauf hinweist, dass generell die öffentliche Gewalt nur teilweise (»*partial*«) die Wettbewerbsfähigkeit der nationalen Wirtschaft beeinflusst.

571 S. *Cvar* in: Porter (Hrsg.), Globaler Wettbewerb, 1989, S. 553, 585.

572 S. *Encarnation/Wells jr.* in: Porter (Hrsg.), Globaler Wettbewerb, 1989, S. 310 ff., die das Bestehen eines »Marktes« für Auslandsinvestitionen in Betracht ziehen, in dem die Staaten den potenziellen Unternehmensstandort als »Produkt« anbieten; vgl. zu diesem Phänomen allgemein *Stierle*, Volkswirtschaften in der Globalisierung,1998, S. 56 ff.; s. zu gegenwärtigen Problemen Deutschlands mit der Attraktivität und dem Investitionsdefizit *Görg*, ZfWP 2019, Heft 1, 28.

573 Vgl. *Donges*, ZfWP 1989, Heft 2, 5, 13 f.

574 Zur Bedeutung der spezifischen Wettbewerbsvorteile von Tochtergesellschaften vgl. *Rugman/Verbeke*, Strategic Management Journal, Vol. 22 No. 3 (2001), S. 237 ff.; vgl. *Raziq/Benito/Kang*, Group & Organization Management, Vol. 48 No. 3 (2023), S. 908 ff.; s. auch *Report of the Reflection Group on the Future of EU Company Law*, 2011 (abgerufen unter: https://t1p.de/lqocy am 15.08.2024), S. 59, in dem festgestellt

inländischen Rechtsformen zum Auswahlkriterium bezüglich des Investitionsstandortes. Zwar scheint die Unternehmensverfassung in diesem Kontext das größte Gewicht zu haben,[575] aber auch die aus rechtsformbezogenen Organisationspflichten herrührenden Belastungen lassen sich nicht ausblenden. Dem potenziellen Investor bleibt aber häufig die Möglichkeit, sich für eine Rechtsform zu entscheiden, die sowohl die Haftungssegmentierung erlaubt als auch die wenigsten Organisationspflichten vorsieht. Diese Möglichkeit besteht allerdings nicht, wenn es sich um eine rechtsformunabhängige Regelung handelt; dies ist z. B. beim Lieferkettensorgfaltspflichtengesetz der Fall, arg. ex § 1 Abs. 1 S. 1 LkSG (»*ungeachtet ihrer Rechtsform*«).[576]

Die Bedeutung des Wettbewerbs in dieser Hinsicht wird in der Europäischen Union durch die Niederlassungsfreiheit der Gesellschaften nach Artt. 49, 54 AEUV gemindert, die die Wahl der unionsweit unternehmensfreundlichsten Rechtsform für die Tätigkeit in Deutschland ermöglicht.[577] Für die Anwendbarkeit mancher Organisationspflichten ist es jedoch ausreichend, wenn das ausländische Unternehmen eine Zweigniederlassung im Inland betreibt und die Mitarbeiterschwelle im Inland überschritten ist (s. z. B. § 1 Abs. 1 S. 2 LkSG).[578]

Beim Wettbewerb um die ausländischen Investitionen gibt es weitere Elemente, die schwer wiegen: die Verfügbarkeit von billigen bzw. gebildeten Arbeitskräften, die Energiekosten, die Höhe der Subventionen, die örtlichen Steuervorschriften sowie die Intensität der einschlägigen belastenden Regelungen.[579]

wird, dass die unternehmerische Tätigkeit über selbstständige Tochtergesellschaften der Standardfall internationaler Aktivität in Europa sei.

575 In der Hinsicht lassen sich insb. die deutschen Regelungen bezogen auf die unternehmerische Mitbestimmung als Beispiel für eine aus der ausländischen Perspektive schwerwiegende Bestimmung der Unternehmensverfassung anführen; s. mehr dazu § 1 ff. MitbestG sowie § 1 ff. DrittelbG sowie MüKoAktG/*Annuß*, § 1 DrittelbG, Rn. 1 ff. mwN; MüKoAktG/*Ders.*, § 1 MitbestG, Rn. 1 ff. mwN.

576 Mehr zu dem Anwendungsbereich und zu den Auswirkungen des LkSG auf die Organisation s. unten entsprechend Teil 6, I. B. sowie J.

577 S. dazu die berühmte Entscheidung des EuGH, Urteil v. 25.10.17 – C-106/16 »Polbud«, *EuGH*, NJW 2017, 3639 ff.; Streinz/*Müller-Graff*, Art. 54 AEUV, Rn. 23 mwN. aus der EuGH-Rechtsprechung; vgl. auch *Verse*, ZEuP 2013, 458, 493; *Bayer/Schmidt*, ZIP 2012, 1481 f. mwN; vgl. aber einschränkend in Reaktion auf die VALE-Entscheidung *König/Bormann*, NZG 2012, 1240 ff. Dieses Argument gilt für das LkSG nicht, soweit das Unternehmen den Verwaltungssitz im Inland hat, dazu Wagner/Rutloff/Wagner/*E. Wagner/S. Wagner/Schuler*, LkSG, § 1, Rn. 1; vgl. *Valdini*, BB 2021, 2955, 2956. Der Gesetzgeber kann wie im Fall des LkSG die Organisationspflichten den ausländischen Gesellschaften mit einem Verwaltungssitz im Inland vorschreiben.

578 S. zum Hintergrund dieser Regelung *Nietsch/Wiedmann*, NJW 2022, 1, 2.

579 Vgl. *Horstmann*, Wirtschaftsdienst 1992, 472; *Görg*, ZfWP 2019 Heft 1, 28, 29 f. Zum Dilemma zwischen der Investitions-Attraktivität und den sonstigen öffentlichen Belangen mit einem besonderen Augenmerk auf China vgl. *Jungbluth*, ZfWP 2019, Heft 1, 36 ff.

Die Organisationsfreiheit unterhalb der Geschäftsleitungsebene scheint zwar nicht bedeutungslos zu sein; sie kann aber mit anderen Wettbewerbskriterien nicht mithalten.

3. Innovationsfunktion des innerstaatlichen Wettbewerbs

Bisher wurde der Wettbewerb aus der globalen Perspektive dargestellt. Er findet jedoch auch innerhalb eines Staates statt. Die Organisationsfreiheit unterhalb der Geschäftsleitungsebene erfüllt auch in diesem Bereich eine wichtige Rolle:

Die Unternehmen innerhalb der gleichen Volkswirtschaft wetteifern miteinander um die Gunst der Kunden, der Lieferanten sowie der Mitarbeiter. Auch die Effizienz der Organisationslösungen gehört zu einem der Elemente dieses Wettbewerbs, wie oben bereits dargestellt.[580]

Die Freiheit ermöglicht das Ausprobieren neuer Lösungen. Die nationale Gesamtpopulation der Unternehmen kann dabei als ein großes Versuchslaboratorium angesehen werden.[581] Die Freiheit erlaubt es ebenfalls, dass sich die erfolgreichen Lösungen ausbreiten.[582] In diesem Bereich hängt aber viel vom Zufall ab.[583]

Ein Unternehmen kann durch eine innovative Ablauf- und Aufbauorganisation die Wettbewerbsnachteile in anderen Bereichen ausgleichen und so die eigene Insolvenz verhindern. Der Wettbewerb kommt also der organisationalen Innovativität der Unternehmen zugute.[584]

Einen negativen Einfluss auf diesen Wettbewerb können Organisationsvorgaben ausüben. Außerdem behindern sie den organisationalen Wandel durch die Versteinerung organisationaler Lösungen innerhalb eines Unternehmens;[585] der Wandel ist jedoch das Fundament der Innovativität in diesem Lebensbereich, denn es kann keine neue Lösung ausprobiert werden, ohne dass sie tatsächlich eingeführt wird.

580 S. zur organisationalen »Versteinerung« oben Teil 3, II. B. 1.; zur Auswirkung auf den Wettbewerb s. oben Teil 3, II. C. 2. a).

581 Vgl. dazu *Porter*, The Competitive Advantage of Nations, 1998, S. 117 ff., der einen intensiven nationalen Wettbewerb als eine Bedingung für den internationalen Erfolg betrachtet.

582 Dies kann als *Diffusionsfunktion* bezeichnet werden, vgl. *Stewart*, California Law Review, Vol. 69 No. 5 (1981), S. 1256, 1282 f.

583 Zu der Rolle des Zufalls bei der Wettbewerbsfähigkeit der nationalen Wirtschaft vgl. *Porter*, The Competitive Advantage of Nations, 1998, S. 124 f.

584 S. *Knieps*, Wettbewerbsökonomie, S. 4 ff., der diese Funktion des Wettbewerbs als Fortschrittsfunktion bezeichnet; vertieft zum Innovationswettbewerb s. S. 245 ff.

585 S. dazu bereits oben Teil 3, II. B. 1.

4. Die Innovationsfunktion aus der Perspektive eines konkreten Unternehmens

Die Organisationsfreiheit unterhalb der Geschäftsleitungsebene gibt dem Unternehmen die Verantwortung für die Schaffung seiner Ablauf- und Aufbauorganisation. Das konkrete Unternehmen soll dadurch die Möglichkeit behalten, seine gesamte unternehmerische Kreativität im organisationalen Bereich in die Tat umzusetzen.[586] Anders gesagt: Der Unternehmer soll durch Experimente innerhalb der Organisationsstruktur und -abläufe sein Unternehmen an die Weltspitze führen können. Ferner soll das Unternehmen die Möglichkeit erlangen, die Organisation nach der Unternehmensstrategie auszurichten.[587] Beides ist wichtig für die Stellung des Unternehmens im Wettbewerb mit anderen nationalen und ausländischen Unternehmen und somit für dessen nachhaltiges Überleben.[588] Das Unternehmen muss wählen können, inwiefern die Organisation die Kreativität fördert und inwiefern die Effizienz: Das Gleichgewicht zwischen diesen beiden Charakteristika der Organisation ist entscheidend für eine auf Dauer angelegte Wettbewerbsfähigkeit, denn der Wettbewerb ist ähnlich wie die Organisation ein dynamischer Dauerprozess.[589]

Je mehr der Gesetzgeber die Freiheit durch Organisationspflichten einschränkt, desto kleiner wird der Raum für eine freie Kreativität und innovative Lösungen.

5. Freiheitsbeschränkungen und das Vertrauen in den Markt, insb. in den Kapitalmarkt

Bisher wurden vorwiegend die negativen Auswirkungen der Freiheitsbeschränkungen in Bezug auf den Wettbewerb hervorgehoben. Es gibt aber eine weitere Perspektive, aus der die Organisationspflichten, bezogen auf die Aufbau- sowie Ablauforganisation, betrachtet werden müssen.

Manche Organisationspflichten haben das Potenzial, das Vertrauen in den Markt zu stärken.[590] Dies ist vor allem dann der Fall, wenn sie ein professionelles

586 Vgl. *Hommelhoff*, Konzernleitungspflicht, 1982, S. 170 f.; vgl. auch *Kirzner*, Wettbewerb und Unternehmertum, 1978, S. 28 f.

587 S. zur Verknüpfung zwischen der Strategie und der Organisationsstruktur *Müller-Stewens* in: Frese, HWO, S. 2344 ff.; s. *Chandler*, Strategy and Structure, passim; vgl. auch *Porter*, Wettbewerbsvorteile, S. 53 f.

588 Vgl. dazu *Porter*, Wettbewerbsvorteile, S. 25.

589 S. dazu *Hayek*, Individualism & Economic Order, S. 93 ff. Vgl. *Knieps*, Wettbewerbsökonomie, S. 8; vgl. *Arora-Jonsson/Brunsson/Hasse* in: Arora-Jonsson et al., Competition, 2021, S. 1, 7 mwN.; Drewello/Kupferschmidt/Sievering/*Sievering*, Markt und Staat, S. 96; vgl. die Darstellung vom A. Smith'schen dynamischen Wettbewerbskonzept bei *Mantzavinos*, Wettbewerbstheorie, 1994, S. 18 f.

590 Vgl. die vertieften Ausführungen zur Bedeutung des Vertrauens in den Finanzmarkt sowie zu den das Vertrauen stärkenden Regelungen bei *Mülbert/Sajnovits*, ZfPW 2016, 1, 24 ff., 28 ff. mwN; s. grundlegend *Knack/Keefer*, The Quarterly Journal of

Risikomanagement sicherstellen;[591] dadurch bekommen neue Gläubiger Gewissheit darüber, dass der Geschäftspartner seine Risiken kennt und steuert, und dass sich keine wesentlichen Risiken außerhalb seiner Kenntnis entwickeln, die sowohl ihn als auch seine Gläubiger überraschen könnten.[592]

Der Grund hierfür ist das wirtschaftliche Problem von Transaktionen mit nicht bekannten Geschäftspartnern; sie finden an bestimmten Märkten statt (z. B. dem Ressourcenmarkt) sowie beim Markteintritt.[593] Bei solchen Transaktionen wären die Transaktionskosten zu hoch, um den Geschäftspartner umfassend zu untersuchen. Daher muss auf das statistische Risiko einer unzuverlässigen Geschäftsbeziehung zurückgegriffen werden und diese wird auch anhand des gesetzlich erforderlichen Professionalitätsgrads (mit-)bestimmt.[594] Ggf. werden die Transaktionskosten dank der gesetzlichen Anforderungen an die Professionalität verringert und der Markt wird damit attraktiver.

Dies lässt sich an einem Beispiel veranschaulichen. Ein ausländisches Unternehmen möchte einen langfristigen Liefervertrag mit einem deutschen Unternehmen abschließen. Das deutsche Unternehmen ist eine AG mit 500 Mitarbeitern, die hauptsächlich im Großhandel tätig ist. Dem ausländischen Vertragspartner kommt § 91 Abs. 2 AktG[595] zugute: Durch die Pflicht zur Einrichtung eines Frühwarnsystems geht er davon aus, dass das Ausfallrisiko bzgl. der deutschen AG geringer ausfällt, als wenn er mit einer GmbH kontrahieren würde. Das erweist sich dann als vorteilhaft, wenn er dieses Ausfallrisiko selbst versichern möchte, weil dann die Versicherungsprämie niedriger ausfällt.

Der indirekte Effekt bezieht sich auf alle Unternehmen aus der deutschen Jurisdiktion: Durch die durch die Organisationspflichten erlangte Professionalisie-

Economics, Vol. 112 No. 4 (1997), S. 1251, 1252 ff.; s. auch *Williamson*, The Journal of Law & Economics, Vol. 36 No. 1 (1993), S. 453, 463 ff.

591 Grundlegend zu den ökonomischen Problemen des Risikowissens *Gawel* in: Hart, Privatrecht im »Risikostaat«, 1997, S. 267 ff.; der Zusammenhang zwischen der Regulierung und dem Vertrauen auf den Märkten ist eine Besonderheit, die mit der Risikoinformation verbunden ist, denn nach *Gawel* kann diese Information dem Unternehmen gefährlich werden (S. 286 f.); dort versagen auch häufig mangels Information die Marktmechanismen: »gute« (risikoarme) Unternehmen werden durch den »blinden« Markt mit den »schlechten« gemeinsam beurteilt und dadurch bestraft (S. 284 f.).

592 Vgl. *Hunziker*, Risikomanagement, S. 3; s. auch *Romeike*, Risikomanagement, S. 34 f.

593 Das wirtschaftliche Problem wurde zuerst beim Gebrauchtwagenhandel erkannt, denn es ist schwer einen Unfallwagen zu untersuchen und dies erklärt den krassen Preisnachlass gegenüber den Neuwagen; s. dazu umfassend *Akerlof*, The Quarterly Journal of Economics, Vol. 84 No. 3 (1970), S. 488 ff.; vgl. *Poelzig*, Kapitalmarktrecht, Rn. 39.

594 Vgl. dazu *Williamson*, The Journal of Law & Economics, Vol. 36 No. 1 (1993), S. 453, 475 ff.

595 S. ausführlich zum Inhalt dieser Pflicht unten Teil 5, IV. D. 1.; s. zu den Funktionen dieser Norm unten Teil 5, IV. C.

rung kann die gesamte Volkswirtschaft eine bessere internationale Reputation genießen. Das erhöht die Bereitschaft, Verträge mit deutschen Unternehmen abzuschließen und wirkt sich positiv auf die Wettbewerbsfähigkeit der Volkswirtschaft aus.[596]

Der Gesetzgeber weist auf diese Funktion indirekt hin: Seit der FISG-Novelle 2021 verpflichtet § 91 Abs. 3 AktG die börsennotierten Aktiengesellschaften dazu, ein internes Kontrollsystem sowie ein Risikomanagementsystem einzurichten.[597] Die kapitalmarktfernen Aktiengesellschaften müssen hingegen explizit nach § 91 Abs. 2 lediglich über ein Frühwarnsystem verfügen. Damit wird der Gesetzgeber dem erhöhten Vertrauensbedürfnis des Kapitalmarkts gerecht[598] und zeigt den Zusammenhang zwischen dem Vertrauen der Marktteilnehmer und der angemessenen Organisation auf.[599]

Im Ergebnis lässt sich feststellen, dass die risikobezogenen Organisationsvorgaben die Eignung aufweisen, die Wettbewerbsfähigkeit der Volkswirtschaft zu stärken. Diese Schlussfolgerung lässt sich aber wegen der oben angeführten Besonderheiten der Risikoinformation nicht auf alle Organisationsvorgaben übertragen.

6. Zwischenergebnis

Die Organisationsfreiheit wirkt sich positiv auf den Wettbewerb aus; bzw. deren Einschränkung ist geeignet, den Wettbewerb zu verfälschen. Sie schützt sowohl die internationale Wettbewerbsfähigkeit der Volkswirtschaft als auch die Innovativität der Unternehmen im Hinblick auf die Organisationslösungen infolge des innerstaatlichen Wettbewerbsdrucks. Die Organisationsfreiheit gewährleistet die Attraktivität des Standorts Deutschland für Direktinvestitionen. Als die letzte positive Funktion ist die Möglichkeit jedes Unternehmens zu nennen, die eigene Kreativität und Innovation in die Tat umzusetzen.

Lediglich im Bereich der organisatorischen Vorgaben bzgl. der Risikoinformation kann von der positiven Funktion der Organisationspflichten gesprochen werden, indem diese das Vertrauen in die Volkswirtschaft sowie die internationale Reputation der inländischen Unternehmen stärken.

596 Vgl. *Williamson*, The Journal of Law & Economics, Vol. 36 No. 1 (1993), S. 453, 477 f.

597 Umfassend zum Inhalt dieser Pflicht unten Teil 5, IV. D. 2.

598 S. ferner MüKoAktG/*Spindler*, § 91 Rn. 105, der auf das gesetzgeberische Ziel verweist, das nach dem Wirecard-Skandal verlorene Vertrauen in den deutschen Kapitalmarkt mithilfe dieser und der weiteren Pflichten zurückzugewinnen.

599 Ausführlich zu den Funktionen des § 91 Abs. 2 AktG s. unten Teil 5, IV. C.

D. Sicherung des unternehmerischen Risikoappetits

Es gibt eine weitere positive Perspektive auf die unternehmerischen Risiken, die mit der Organisation zusammenhängt: »Das Ziel, die Natur und die Bedingung [des Unternehmertums] ist [es,] Risiken einzugehen und Risiken zu kreieren.«[600] Im Zentrum des Phänomens »Unternehmen« stehen also zwei Begriffe: die Chance und das Risiko.[601] Beide Begriffe sind auch ihrem Inhalt nach unzertrennlich miteinander verbunden: Jede Chance trägt ein Risiko in sich.[602] »Der Unternehmer [ist] ein mutiger Entscheidungsträger, völlig beherrscht, der selbstbewusst die ungewisse Zukunft ansteuert.«[603]

In Bezug auf die Chancen und Risiken können zwei Ebenen unterschieden werden: die Informationsebene sowie die Handlungsebene.[604] Zunächst muss das Unternehmen die Chance bzw. das Risiko informationstechnisch wahrnehmen und bewerten; erst im zweiten Schritt kann die Chance wahrgenommen oder eine Maßnahme zur Absicherung vor dem Risiko getroffen werden.[605]

Theoretisch ändert das erhöhte Informationsniveau in Bezug auf die vorhandene Risikoinformation nicht den grundsätzlichen Risikoappetit des Unternehmens, denn es handelt sich um zwei trennbare Phänomene. Der Human-Relations-Ansatz[606] zwingt uns aber dazu, das menschliche Element bei der Beurteilung der praktischen Funktionsweise der Unternehmen stärker in den Blick zu

600 *Drucker*, The Journal of Business, Vol. 31 No. 2 (1958), S. 81, 86.

601 Vgl. prägnant hierzu *Hommelhoff*, Konzernleitungspflicht, S. 171, der auch in diesem Kontext auf den Begriff »Wagnis« verweist; s. auch *Drucker*, Innovation and Entrepreneurship, 1993, S. 28 f. Zu Begriffen »Risiko« und »Chance« s. *Vanini/Rieg*, Risikomanagement, S. 28; s. auch (inklusive der Etymologie des Wortes »Risiko«) *Romeike*, Risikomanagement, S. 8 ff.

602 Allerdings sind Risiken vorstellbar, die keine geschäftlichen Chancen darstellen; sie werden als asymmetrische Risiken bezeichnet, *Vanini/Rieg*, Risikomanagement, S. 24 ff.

603 *Mintzberg/Waters*, Academy of Management Journal, Vol. 3 No. 3 (1982), S. 465, 495 im Anschluss an *Mintzberg*, California Management Review, Vol. 16 No. 2 (1973), S. 44; das Zitat wurde vom Autor frei ins Deutsche übersetzt; vgl. zu der Problematik der Ungewissheit der Zukunft im Kontext des Handelns zum Wohle des Verbands *Zöllner*, Stimmrechtsmacht, 1963, S. 25.

604 Vgl. *Wolke*, Risikomanagement, S. 1 (»*Messung und Steuerung*«) und S. 4 ff.; s. auch *Romeike*, Risikomanagement, S. 37, Abb. 2.5, auf der allerdings noch die Herstellung des System-Kontexts neben der Risikoerfassung und -handhabung zu finden ist.

605 Vgl. *Vanini/Rieg*, Risikomanagement, entsprechend S. 199 ff. zur Risikoidentifikation, S. 231 ff. zur Risikobewertung, S. 311 ff. zur Risikosteuerung und S. 339 ff. zur Risikoüberwachung; vgl. auch *v. Werder*, HWO, S. 2212, 2213 f.

606 S. zu diesem oben Teil 2, II. C.

nehmen: Jeder Mitarbeiter verfügt über eine bestimmte Risikoneigung,[607] die sich auch abhängig vom Zeitpunkt sowie von der Entscheidungssituation verändert. Auf der Tätigkeitsebene des einzelnen Mitarbeiters ist eine strikte Aufgabentrennung zwischen der reinen Erfassung der Risiken und der Entscheidungsfindung in der Praxis regelmäßig nicht herzustellen, sodass die Mitarbeiter beide Handlungen vornehmen müssen. Schließt ein Mitarbeiter Lieferverträge ab, dann wird er auch dafür zuständig sein, die Risiken aus diesen Verträgen zu bestimmen. Ein risikofreundlicher Mitarbeiter kann also am Ende die Risiken verkennen und ein risikoaverser kann in der Praxis wegen der Überbewertung der Risiken nicht dazu imstande sein, die Geschäftschancen zu ergreifen. Beides wirkt sich negativ auf die Rentabilität aus. Die Summe der Risikoneigung und -aversion aller Mitarbeiter mündet in die Risikokultur als einer ihrer Bestandteile.[608]

Aus der psychologischen Perspektive lässt sich noch ein kognitiver Aspekt der Risikoerfassung und -bewältigung[609] hervorheben: Ein Mitarbeiter, der im Rahmen seiner Arbeit seinen kognitiven Fokus die überwiegende Zeit auf die Risiken richtet, wird aus Gewohnheit mehr Risiken erfassen und anschließend innerlich stärker gewichten.[610] Dadurch wird aber die kognitive Fähigkeit gestört, Chancen wahrzunehmen. Gleiches gilt, wenn ein Mitarbeiter zu selten mit der Risikoerfassung betraut wird.

Daher würde eine allzu strenge Pflicht zur Einrichtung eines Risikomanagementsystems die Fähigkeit des Unternehmens einschränken, unternehmerische Handlungen auszuführen, was auch die Überlebensfähigkeit des Unternehmens beeinträchtigen würde.

Aus dieser Schlussfolgerung kann eine implizite Funktion der Organisationsfreiheit herausgelesen werden: Sie sichert die Fähigkeit des Unternehmens ab, den eigenen Risikoappetit[611] zu bestimmen, sodass er weder übermäßig hoch noch zu niedrig ausfällt; anders gesagt, dem Unternehmen steht grundsätzlich die Risikohoheit zu. Es besteht allerdings der rechtliche sowie wirtschaftliche Steue-

607 Mehr dazu *Vanini/Rieg*, Risikomanagement, S. 49 ff.; vgl. zu den Problemen mit der Messung der individuellen Risikopräferenz *Mata et al.*, The Journal of Economic Perspectives, Vol. 32 No. 2 (2018), S. 155 ff.

608 *Vanini/Rieg*, Risikomanagement, S. 171. Grundlegend zur Risikokultur *Vanini/Rieg*, Risikomanagement, S. 166 ff.; *Hunziker*, Risikomanagement, S. 209 ff. Sie ist Teil der Unternehmenskultur; zur Unternehmenskultur s. oben Teil 2, V. C.

609 Vgl. *Vanini/Rieg*, Risikomanagement, S. 173; umfassend zu kognitiven Verzerrungen im Kontext der Risikomanagementsysteme *Hunziker*, Risikomanagement, S. 26 ff.

610 Vgl. zu diesem Phänomen, der in der englischen Literatur als *availability heuristic* bekannt ist, *Tversky/Kahneman*, Psychological Review, Vol. 90 No. 4 (1983), S. 293, 294 f.; s. dazu auch *Hunziker*, Risikomanagement, S. 28 f.

611 S. zu diesem Begriff im Kontext vom gesamten Unternehmen und die Probleme mit der praktischen Anwendung als eine operative Messgröße *Hunziker*, Risikomanagement, S. 137 ff.

rungsbedarf in Bezug auf die Geschäftsleitung, diese Hoheit im Sinne des Unternehmens auszuüben.[612]

E. Unternehmensinterne Organisationsfreiheit und die Organisations-»Moden«

Es gibt ein Phänomen der Unternehmensorganisation, das die oben dargestellten Argumente für die Rolle der Organisationsfreiheit in Bezug auf den Wettbewerb zu entkräften scheint: Die Ablauf- und Aufbauorganisation unterliegen gewissen Moden.[613] Wenn sich die Unternehmensleitungen ohnehin nur an aktuellen Trends orientieren, verliert die Freiheit spürbar an Bedeutung, da sie kaum noch in Anspruch genommen wird.

Manche Organisationslösungen bzw. -konzepte gewinnen an Popularität: Dies geht auf den Erfolg eines Unternehmens zurück, das diese Lösungen eingeführt hat; sie werden folglich als hierfür ausschlaggebend dargestellt bzw. wahrgenommen, ohne dass dies tatsächlich der Fall sein muss.[614] So entstandene Erfolgsnarrative verbreiten sich und erreichen dann mithilfe von Büchern ein breiteres Publikum – deren Adressat ist das Management von Unternehmen.[615] Infolgedessen werden sie von vielen anderen Unternehmen umgesetzt.

Es gibt drei starke Kritikpunkte bezüglich modebedingter Organisationslösungen:[616] Erstens ist es fraglich, ob der Bedarf für den Organisationswandel überhaupt bestand.[617] Zweitens lässt sich bezweifeln, ob eine durch die »Mode« angeregte Lösung zu den Bedürfnissen des Unternehmens passt.[618] Drittens sind die »Mode«-Lösungen abstrakt, um bei möglichst vielen Unternehmen einschlägig zu sein; sie benötigen aber eine umfassende Konkretisierung, sodass sich ihr Mehrwert infrage stellen lässt.[619]

Aus der Wettbewerbsperspektive lässt sich sagen: Die Moden im organisationalen Bereich haben einen komplexen Einfluss auf den Wettbewerb, der sich schwer einschätzen lässt. Einerseits ist es möglich, dass effiziente und innovative

612 S. dazu aus der Perspektive der Aktiengesellschaft unten Teil 5, II. A. 2.

613 S. zu den Ursachen der Ähnlichkeit von Organisationen aus neoinstitutionalistischer Perspektive *DiMaggio/Powell*, American Sociological Review, Vol. 48 No. 2 (1983), S. 147, 150 ff., die die Nachahmung als einen davon erwähnen; s. umfassend zu den Organisationsmoden *Kieser/Walgenbach*, Organisation, S. 379 ff.

614 Ausführlich zu Eigenschaften von Moden, Mythen- sowie Narrativenbildung in diesem Kontext *Kieser/Hegele*, Kommunikation, S. 26 ff.

615 *Kieser/Walgenbach*, Organisation, S. 380 ff.

616 Vgl. auch die alternative Kritik bei *Beau/Göbel*, Organisation, S. 370 im Anschluss an *Kieser*, Moden & Mythen des Organisierens, Die Betriebswirtschaft 56 (1996), S. 21 ff.

617 *Kieser/Hegele*, Kommunikation, S. 41.

618 S. *Kieser/Hegele*, Kommunikation, S. 41.

619 Vgl. *Kieser/Hegele*, Kommunikation, S. 28 ff.

Lösungen gerade an Popularität gewinnen und dadurch die konkrete Volkswirtschaft an Wettbewerbsfähigkeit gewinnt. Andererseits ist nicht auszuschließen, dass eine ineffiziente Lösung mithilfe der Mode zum Marktstandard in der nationalen Unternehmenspopulation wird; dann leidet auch die Wettbewerbsfähigkeit.

Die individuelle Perspektive eines Unternehmens kann auch nicht außer Acht gelassen werden. Die Einführung einer organisatorischen Mode-Erscheinung kann sowohl die Flexibilität als auch die Effizienz des Unternehmens steigern.[620] Die auf der Mode beruhende Organisationslösung kann aber genau das Gegenteil bewirken und das Unternehmen in eine Krise stürzen.

Die organisatorischen Modeerscheinungen bergen also sowohl Chancen als auch Gefahren und mindern daher die Bedeutung der Organisationsfreiheit nicht. Daher sind rechtlich-wirtschaftliche Anreize notwendig, die sicherstellen sollen, dass die Geschäftsleitung ausschließlich auf die Bedürfnisse des Unternehmens zugeschnittene organisationale Lösungen einführt. Dadurch können die Chancen genutzt und das Risiko einer dem Unternehmen schädlichen Organisation gebannt werden.

F. Zielkonflikte zwischen den wirtschaftlichen Funktionen

Oben wurde bereits ein breites Spektrum an wirtschaftlichen Funktionen dargestellt, die die Organisationsfreiheit erfüllt. Dies führt zu scheinbaren Widersprüchen: Diese Freiheit soll parallel sowohl die Flexibilität als auch die Effizienz der Aufbau- und Ablauforganisation absichern, obwohl jene Eigenschaften sich in einem Spannungsverhältnis befinden. Das führt zu der Frage, wie sich dieses auflösen lässt.

Diese Frage lässt sich nur schwer abstrakt beantworten; der allgemeine Vorrang der Flexibilität (Zukunftsfähigkeit) könnte die mangelnde Rentabilität in einem kurzen Zeitraum zur Folge haben. Ob das Unternehmen gerade innerhalb von Organisationslösungen die Flexibilität oder die Effizienz priorisieren sollte, lässt sich allein auf der Grundlage der aktuellen Unternehmensstrategie und der Unternehmenslage beantworten. Dasselbe gilt für die Wettbewerbsfähigkeit, die zwar punktuell stark von der Effizienz abhängt, aber in nachhaltiger Hinsicht mit der Flexibilität zusammenhängt.

Die Zielkonflikte kann also ausschließlich das Unternehmen selbst auflösen, indem es eine bestimmte Strategie entwickelt und sie im organisationalen Bereich verwirklicht. Damit kommt eine weitere Funktion der Organisationsfreiheit unterhalb der Geschäftsleitungsebene zum Vorschein: Sie bildet eine Grundlage für die Ziel-[621] und Strategiehoheit des Unternehmens.

620 *Kieser/Hegele*, Kommunikation, S. 40; *Bea/Göbel*, Organisation, S. 370.
621 Mit dem Ziel sind hier nicht die normativen, sondern die wirtschaftlichen Ziele des Unternehmens gemeint; mehr zum aktienrechtlichen Zielbegriff unten Teil 7, I. A.

G. Rechtsbezogene Funktionen?

Über die bereits untersuchten wirtschaftlichen Funktionen hinaus könnte die Organisationsfreiheit reflexive Vorteile mit sich bringen. Nachfolgend wird nach solchen Vorteilen rechtlicher Art in Erwägung gezogen.

1. Vereinfachung des Rechtsformwechsels

Der erste potenzielle Vorteil bezieht sich auf den Rechtsformwechsel. Bei einer Umwandlung muss sich das Unternehmen an die rechtlichen Anforderungen anpassen, die aus dem Recht der Zielrechtsform herrühren.

Sind die normativen Vorgaben bzgl. der Organisation unterhalb der Geschäftsleitungsebene kaum vorhanden oder bei allen Rechtsformen gleich, kann sich das Unternehmen günstiger die passende Unternehmensverfassung aussuchen, ohne die Anforderungen und Kosten des Organisationswandels berücksichtigen zu müssen. Die Umwandlungsmaßnahmen rufen bereits rechtlich bedingte Kosten[622] sowie Kooperationsbedarf[623] hervor, sodass weitere Schranken die Freiheit der Rechtskleidswahl[624] stark betreffen.

Das lässt sich an einem Beispiel veranschaulichen: Möchte sich eine GmbH in eine AG umwandeln lassen, dann werden ihre gesetzlichen Pflichten ergänzt. Sie muss künftig über ein Frühwarnsystem nach § 91 Abs. 2 AktG verfügen. Während der Umwandlung können Kosten wegen der Einführung dieses Systems anfallen; wegen der Unsicherheit ist es denkbar, dass das System erstmalig zusätzlich begutachtet wird. Die Pflicht zur Einrichtung kann zwar einen positiven Effekt haben, wenn die nachhaltige Rentabilität damit erhöht wird; es kann auch aber sein, dass die Kosten die Vorteile übertreffen.

Im Ergebnis beruht die Freiheit des Rechtsformwechsels mehr auf dem gleichen Niveau der Organisationspflichten und nicht auf der Organisationsfreiheit an sich. Dadurch erlangt dieser Gesichtspunkt kein großes Gewicht. Der Gesetzgeber muss aber über eine höhere Legitimation für die unter den Rechtsformen

622 Vgl. zur notarkostenrechtlichen Behandlung vom Formwechsel Limmer/*Tiedtke*, Handbuch der Unternehmensumwandlung, Teil 8 Rn. 89 ff., s. zu Gerichtskosten der Eintragung Teil 8 Rn. 138 f.

623 Bei Kapitalgesellschaften muss insb. eine Beschlussfassung der Hauptversammlung bzw. der Gesellschafterversammlung erfolgen, arg. ex §§ 193 Abs. 1, 230, 232 ff. UmwG, ggf. i. V. m. § 238 ff. UmwG; s. dazu am Beispiel des Formwechsels einer Kapitalgesellschaft Limmer/*Limmer*, Handbuch der Unternehmensumwandlung, Teil 2 Rn. 480 ff.; der Beschluss der Anteilsinhaber ist beim Formwechsel aller Rechtsformen notwendig, arg. ex § 193 Abs. 1 UmwG, s. mehr bei Schmitt/Hörtnagl/*Winter*, UmwG § 193 Rn. 1 ff., 4.

624 Zum Grundsatz der Rechtsformwahlfreiheit s. Lutter/*Bayer*, UmwG, Einleitung I Rn. 1; vgl. KK-UmwG/*Dauner-Lieb*, Einleitung A Rn. 11; vgl. aus Anlass der Polbud-Entscheidung aus europarechtlicher Perspektive *Korch/Thelen*, IPRax 2018, 248, 250.

unterschiedlichen Anforderungen an die unternehmensinterne Organisation verfügen, denn die Unterschiede beeinträchtigen in manchen Fällen die Rechtsformwahlfreiheit.

2. Organisationsfreiheit und Unternehmensgröße

Der praktische Vorteil einer unangetasteten Organisationsfreiheit unterhalb der Geschäftsleitung im rechtlichen Bereich ist die Vereinfachung der Unternehmensführung: Das wachsende Unternehmen muss sich nicht mit neuen größenabhängigen Regelungen auseinandersetzen, die aufgrund des Wachstums Schritt für Schritt auf dieses konkrete Unternehmen anwendbar werden; dadurch kann der Fokus der Geschäftsleitung auf das Unternehmerische gerichtet werden. Anders gesagt sinkt die mit dem unternehmerischen Wachstum zusammenhängende regulatorische Belastung. Als Beispiel für eine größenabhängige Regelung kann das LkSG mit seiner Schwelle der 1.000 Beschäftigten genannt werden.[625]

Ähnlich verhält es sich mit Anforderungen, die größenunabhängig das Unternehmen treffen, also größenneutral sind. Zwar kann eine größenbedingte Anpassung der Organisation mit der Zeit notwendig sein, aber der grundsätzliche regulatorische Rahmen ist dem Unternehmen bereits bekannt; damit fällt der rechtliche Aufwand geringer aus, der mit dem unternehmerischen Wachstum verbunden ist. Die Schattenseite des größenneutralen Regelungsansatzes ist die Überbelastung der kleineren Unternehmen und die dadurch bedingte Wettbewerbsverfälschung, die bereits erörtert wurden.[626]

H. Zwischenergebnis

Die Organisationsfreiheit weist zahlreiche Funktionen auf, die bei ihrer Einschränkung durch den Gesetzgeber sowie bei der Auslegung von Organisationspflichten zu berücksichtigen sind. Sie sichert die Effizienz der Unternehmen ab, wobei kleinere Unternehmen von dieser Funktion am meisten profitieren. Darüber hinaus hilft sie den Unternehmen, flexibel und zukunftsfähig zu bleiben, indem keine Versteinerung der Organisationslösungen infolge der Organisationspflichten herbeigeführt wird.

Die Organisationsfreiheit spielt eine wichtige Rolle in mehreren Dimensionen des Wettbewerbs: (1) Durch den Wettbewerb der Unternehmen untereinander können innovative Organisationslösungen entwickelt werden. (2) Der Wirtschaftsraum kann auch seine Wettbewerbsfähigkeit im internationalen Kontext behalten, und zwar einerseits als Anbieter von Produkten und Dienstleistungen und andererseits als Ziel direkter Investitionen. Die Organisationsfreiheit

625 Mehr hierzu unten Teil 6, I. B. 1. b).

626 S. oben Teil 3, II. C. 1.

gewährleistet außerdem die Verantwortung des Unternehmens, für das optimale Niveau des unternehmerischen Risikoappetits zu sorgen (Risikohoheit).

Die organisationsbezogenen Moden bedeuten zugleich eine Chance und eine Gefahr für das Unternehmen. Einerseits können sie dem Unternehmenswohl dienen, aber es besteht die Gefahr der Einführung von inkompatiblen Organisationslösungen. Insoweit ist die rechtliche Steuerung notwendig, das Handeln der Geschäftsleitung im Unternehmensinteresse sicherzustellen, sodass die negative Seite der Organisationsmoden nicht realisiert wird.

Organisieren heißt, die Ziele der Organisation auszuwählen und sie gegeneinander abzuwägen, wie z. B. die Lösung des Konflikts zwischen der Effizienz und der Flexibilität. Wegen der Verbindung zwischen der Unternehmensstrategie und den Zielen der Aufbau- und Ablauforganisation steht die Strategiehoheit des Unternehmens in einer engen Verbindung mit der Organisationshoheit.

III. Grundrechtlicher Schutz der Organisationsfreiheit

Die Organisationsfreiheit ist im deutschen Verfassungsrecht und im europäischen Primärrecht im Hinblick auf den Grundrechtsschutz zu verankern. Der bisherige wissenschaftliche Fokus richtete sich in diesem Bereich v. a. auf die Gesellschaftsorgane; dies ist auf die Kontroverse bezüglich der Verfassungsmäßigkeit der unternehmerischen Mitbestimmung zurückzuführen.[627] Der Bereich unter der Ebene der Geschäftsleitung hat hingegen bisher lediglich vereinzelt die Aufmerksamkeit der Wissenschaft erfahren.[628] Nachfolgend wird daher analysiert, ob der grundrechtliche Schutz das oben festgestellte funktionale Gewicht der Organisationsfreiheit widerspiegelt.

A. Einschlägige Grundrechte des Grundgesetzes

Das Grundgesetz sieht in Artt. 14, 12, 9 und 2 GG Grundrechte vor, die infrage kommen, um die Organisationsfreiheit unterhalb der Vorstandsebene verfassungsrechtlich zu schützen.[629] Der Gegenstand dieser Arbeit sind nur die von Aktiengesellschaften getragenen Unternehmen, sodass auch die Anwendbarkeit

627 S. etwa *Rupp*, AöR 101 (1976), 161, 194 f.; *Ossenbühl*, AöR 115 (1990), 1, 17 f.; vgl. Habersack/Henssler/*Habersack*, Mitbestimmungsrecht, Einl. zum MitbestG, Rn. 27 mwN.

628 S. etwa *Rast*, Organisationsfreiheit, 2022, S. 338 mwN.; s. auch *Spindler*, Unternehmensorganisationspflichten, 2001, S. 445 ff.

629 S. *Spindler*, Unternehmensorganisationspflichten, 2001, S. 445 ff.; s. auch *Rast*, Organisationsfreiheit, 2022, S. 316 ff., 405 ff.

dieser Grundrechte gem. Art. 19 Abs. 3 GG auf die juristischen Personen kurz zu eruieren ist.

1. Die Eigentumsfreiheit aus Art. 14 GG

Art. 14 GG schützt das Eigentum im verfassungsrechtlichen Sinne. Dieses ist »in seinem rechtlichen Gehalt gekennzeichnet durch Privatnützigkeit, d. h. die Zuordnung zu einem Rechtsträger, in dessen Hand es als Grundlage privater Initiative und im eigenverantwortlichen privaten Interesse »von Nutzen« sein soll, und durch die von dieser Nutzung nicht immer deutlich abgrenzbare grundsätzliche Verfügungsbefugnis über den Eigentumsgegenstand.«[630] Unstreitig umfasst dieser Schutz auch die Anteile am Unternehmensträger.[631]

Für die Beeinträchtigung des Eigentums müssten unternehmensinterne Organisationspflichten die Willensbildung der Gesellschaft beeinflussen.[632] Sie haben jedoch keinen direkten Einfluss auf die Rechtsausübung der Anteilseigner.[633] Die gesetzgeberischen Regelungen auf dieser Ebene können sich zwar negativ auf den Wert der Anteile auswirken, dies führt aber nicht zu einem Eingriff in den Schutzbereich des Art. 14 GG.[634]

Nichts anderes ergibt sich aus dem Recht am eingerichteten und ausgeübten Gewerbebetrieb, unterstellt, dieses befindet sich im Schutzbereich des Art. 14 GG. Die Einbeziehung dieses Rechts in den Schutzbereich ist umstritten.[635] Nach dem BVerfG reicht aber der (hypothetische) Schutz nicht weiter als der des verfassungsrechtlichen Eigentums an einzelnen Unternehmensbestandteilen,[636]

630 BVerfGE 50, 290, 339; vgl. auch BVerfGE 31, 229, 240; vgl. BVerfGE 42, 263, 294 f.

631 BVerfGE 50, 290, 341 f.; v. Münch/Kunig/*Bryde/Wallrabenstein*, GG Art. 14 Rn. 43.

632 Dieses Argument ergibt sich mittelbar aus der Rechtsprechung des BVerfG zur unternehmerischen Mitbestimmung, s. BVerfGE 50, 290, 341 ff.

633 Vgl. *Spindler*, Unternehmensorganisationspflichten, 2001, S. 469 f.

634 Erst im Falle einer Enteignung schlägt die Bestandsgarantie des Art. 14 GG in eine Wertgarantie um; vgl. Dürig/Herzog/Scholz/*Papier/Shirvani*, GG Art. 14 Rn. 277 ff.; vgl. auch Dreier/*Kempny*, GG Art. 14 Rn. 77; s. auch BVerfGE 24, 367, 400 f.

635 S. dazu die umfangreiche Darstellung von *Waschull*, Eigentum, 1999, S. 218 ff.; vgl. auch Dreier/*Kempny*, GG Art. 14 Rn. 66 ff.; bejahend Schmidt-Bleibtreu/Hofman/Henneke/*Hofmann*, GG Art. 14 Rn. 16 mwN; bejahend ebenfalls Dürig/Herzog/Scholz/*Papier/Shirvani*, GG Art. 14 Rn. 200 ff.

636 BVerfGE 68, 193, 223; BVerfGE 123, 186, 259; BVerfGE 143, 246, 331 f., Rn. 240; zustimmend hierzu Bonner Kommentar/*Dederer/Kreuter-Kirchhof*, Stand Februar 2021, Art. 14, Rn. 164.

sodass die bloßen Erwerbschancen nicht geschützt werden.[637] Deshalb kann die Anerkennung dieser Rechtskonstruktion nicht zu einem anderen Ergebnis führen.[638]

Zusammenfassend steht somit fest, dass die Organisationsfreiheit unter der Ebene der Geschäftsleitung nicht dem Schutz des Art. 14 GG untersteht.[639]

2. Die Berufsfreiheit aus Art. 12 GG

a) Sachlicher Schutzbereich und die Organisationsfreiheit

Art. 12 Abs. 1, 2 GG statuiert ein einheitliches Grundrecht der Berufsfreiheit.[640] Dabei ist der Beruf »jede auf eine gewisse Dauer angelegte, der Schaffung einer Lebensgrundlage dienende Tätigkeit.«[641] In dieser Definition kommt die Funktion der Berufsfreiheit zum Ausdruck: Sie soll die materiellen Grundlagen der persönlichen Freiheit absichern sowie die Möglichkeit zur Persönlichkeitsentfaltung geben.[642]

Neben den zahllosen tradierten und neuen Einzelberufen existiert das Berufsbild eines Unternehmers, das vom Schutz der Berufsfreiheit mitumfasst ist.[643] Die Gründung sowie die Führung eines Unternehmens stellt für den Unternehmer die zentrale Tätigkeit dar. Hier lässt sich auch die Organisationsfreiheit verankern: Einerseits entscheidet der Unternehmer, in welcher Rechtsform und ob als Teil eines Konzerns er das Unternehmen führt (Organisationsfreiheit im Rahmen der

637 Kritisch hierzu wegen der Abgrenzungsprobleme zwischen den abstrakten Chancen und der konkreten Nutzungsmöglichkeit Sachs/*Wendt*, GG Art. 14 Rn. 48; s. aber v. Münch/Kunig/*Bryde/Wallrabenstein*, GG Art. 14 Rn. 46; Dürig/Herzog/Scholz/*Papier/Shirvani*, GG Art. 14, Rn. 205.

638 Ähnlich i.E. Dürig/Herzog/Scholz/*Papier/Shirvani*, GG Art. 14, Rn. 206, die der Meinung sind, dass die faktischen und rechtlichen Gegebenheiten, die wertbeeinflussend sind, das Eigentum am Gewerbebetrieb nicht berühren; s. aber auch Rn. 218.

639 So auch *Rast*, Organisationsfreiheit, 2022, S. 405 f., der aber das Ergebnis mit dem in der Berufsfreiheit liegenden Schwerpunkt der Eingriffe begründet; vgl. *Voß*, Unternehmenswissen, 2018, S. 240 f.; aA *Spindler*, Unternehmensorganisationspflichten, 2001, S. 462 ff., 503, der allerdings sehr hohe Anforderungen an den Eingriff stellt, indem er die Aufhebung der Kernfunktionen des Unternehmens verlangt.

640 BVerfGE 7, 377, 402 f.; BVerfGE, 92, 140, 151; BVerfGE 95, 193, 214.

641 Vgl. BVerfGE 7, 377, 397; BVerfGE 110, 304, 321; BVerfGE 153, 182, 300, Rn. 310; Sachs/*Mann*, GG Art. 12 Rn. 45; vgl. Dreier/*Wollenschläger*, GG Art. 12 Rn. 31 ff.

642 BVerfGE 50, 290, 362; Sachs/*Mann*, GG Art. 12 Rn. 16; Dreier/*Wollenschläger*, GG Art. 12 Rn. 29 f.

643 Vgl. BVerfGE 46, 120, 137: »Im Rahmen der bestehenden Wirtschaftsordnung ist das Verhalten der Unternehmer im Wettbewerb Bestandteil ihrer Berufsausübung;«; s. auch BVerfGE 50, 290, 363; s. zu diesem Berufsbild und zu dem Problem der Abgrenzung zwischen Art. 12 GG und Art. 2 Abs. 1 GG *Lecheler*, VVDStRL 43 (1985) 48, 54 f.; vgl. ebenfalls *Hoffmann*, BB 1995, 53.

Gründung). Es steht ihm aber ebenfalls die verfassungsmäßige Freiheit zu, mit den anderen Marktteilnehmern sowie mit seinen Arbeitnehmern Verträge abzuschließen (Privatautonomie im beruflichen Bereich),[644] die das Fundament für die interne Unternehmensorganisation[645] darstellen; dies ist eines der Elemente, die die Führung eines Unternehmens ausmachen. Im Rahmen dieser unternehmerischen Tätigkeit bewegt sich auch die räumliche, zeitliche, sachliche sowie personale Strukturierung des Unternehmens und die Erteilung von Weisungen. Die Organisationsfreiheit unterhalb der Geschäftsleitungsebene wird damit durch die Berufsfreiheit geschützt.[646]

Im Kontext vom Art. 12 GG wird versucht, die allgemeine Berufsfreiheit in ein ausdifferenziertes System von weiteren Freiheiten zu untergliedern. Erwähnung finden dabei die Unternehmensfreiheit sowie die Unternehmerfreiheit[647]; die Letztere wird weiter in die Gründungsfreiheit, die Organisationsfreiheit[648], die Freiheit der Unternehmensführung sowie die Freiheit der marktmäßigen Betätigung aufgespalten.[649]

Die Unternehmensführungsfreiheit wird als die Freiheit definiert, »das frei begründete und organisierte Unternehmen nach eigenen Vorstellungen, Planungen, Bewertungen und Entschlüssen zu führen und zu entwickeln.«[650] Die Organisationsfreiheit unterhalb der Geschäftsleitungsebene ist damit eine der Facetten der Unternehmensführungsfreiheit.

Bei den Entscheidungen über die Aufbau- sowie Ablauforganisation handelt es sich um die Führungsentscheidungen, die in einen dynamischen Organisations-

644 BVerfGE 116, 202, 221; vgl. dazu Jarass/Pieroth/*Jarass*, GG Art. 12 Rn. 11.

645 S. zur Bedeutung der Vertragsfreiheit für die innere Organisation bereits oben Teil 3, I. A.; aA *Spindler*, Unternehmensorganisationspflichten, 2001, S. 456, der die Organisationsfreiheit unterhalb der Geschäftsleitungsebene eher der Dispositionsfreiheit und nicht der Vertragsfreiheit zuordnet.

646 So auch *Spindler*, Unternehmensorganisationspflichten, 2001, S. 453; vgl. *Rast*, Organisationsfreiheit, 2022, S. 338.

647 S. dazu BVerfGE 50, 290, 363, wonach die Unternehmerfreiheit nach Art. 12 GG »freie Gründung und Führung von Unternehmen« umfasst; vgl. auch Schmidt-Bleibtreu/Hofmann/Henneke/*Hofmann*, GG Art. 12 Rn. 28. Die Begriffe Unternehmens- sowie Unternehmerfreiheit sorgen wegen ihrer sprachlichen Nähe und der unterschiedlichen Nutzung in der Literatur für Verwirrung, s. dazu statt vieler *Rast*, Organisationsfreiheit, 2022, S. 321 ff. mwN.

648 Dieser Begriff ist nicht mit der Organisationsfreiheit unterhalb der Ebene der Geschäftsleitung zu verwechseln, denn mit ihm sind lediglich die Freiheit der Rechtsform sowie die Konzernorganisationsfreiheit gemeint, s. *Ossenbühl*, AöR 115 (1990), 1, 17; vgl. Sachs/*Mann*, GG Art. 12 Rn. 79; *Hoffmann*, Unternehmensfreiheit, 1988 S. 243 ff. (»Organisationsautonomie« als Freiheit der gesellschaftsrechtlichen Verfassung).

649 S. dazu grundlegend *Ossenbühl*, AöR 115 (1990), 1, 12 ff.; vgl. auch Dreier/*Wollenschläger*, GG Art. 12 Rn. 39; der Begriff »Unternehmerfreiheit« findet sich z. B. in BVerfGE 50, 290, 363 wieder.

650 *Ossenbühl*, AöR 115 (1990), 1, 18.

prozess eingebettet sind. Die Zukunftsgerichtetheit der Organisation ist ein starkes Argument dafür, dass gerade die Berufsfreiheit und nicht die Eigentumsfreiheit das richtige Grundrecht für den Schutz der Organisation unterhalb der Geschäftsleitung ist. Problematisch bleibt dennoch die Abgrenzung zwischen der Berufsfreiheit nach Art. 12 GG und der allgemeinen Wirtschaftsfreiheit nach Art. 2 Abs. 1 GG.[651]

Die Fragen der Organisationsfreiheit betreffen keineswegs die Wahl des Berufs, des Arbeitsplatzes oder der Ausbildungsstätte. Die Eingriffe in die Organisationsfreiheit unter der Ebene der Geschäftsleitung sind somit als Berufsausübungsregelungen anzusehen.[652] Aus dieser Qualität kann aber nicht der Schluss gezogen werden, die Anforderungen an die Rechtfertigung wären gering,[653] denn diese bemessen sich nach der Tiefe des Eingriffs.

b) Persönlicher Schutzbereich

Die Berufsfreiheit steht nach dem Wortlaut des Art. 12 GG allen Deutschen zu; damit sind aber nur natürliche Personen gemeint, vgl. Art. 116 Abs. 1 GG.[654] Diese Freiheit erstreckt sich auch auf EU-Bürger.[655]

Im Fokus dieser Arbeit stehen aber inländische juristische Personen, die AG sowie die GmbH; zu juristischen Personen i. S. d. Verfassungsrechts gehören auch Personenhandelsgesellschaften[656]. Die inländischen juristischen Personen sind nur dann grundrechtsberechtigt, wenn die Grundrechte ihrem Wesen nach auf diese anwendbar sind, Art. 19 Abs. 3 GG. Dies ist dann der Fall, wenn der Schutz der juristischen Person wegen der natürlichen Personen hinter ihr

651 S. unten Teil 3, III. A. 3.

652 Vgl. BVerfGE 87, 363, 382, wo das *BVerfG* bzgl. des Nachtzeitarbeitsverbots zu dieser Qualifikation gelangte; bei diesem Verbot handelt es sich um eine Regelung der Betriebsorganisation.

653 So *Burgi*, ZHR 181 (2017), 1, 4 im Anschluss an *Lecheler*, VVDStRL 43 (1985) 48, 55 ff.; aA BVerfGE 12, 281, 294 f. (»Das Verbot (…) ist zunächst eine Regelung der Berufsausübung, in deren Gestaltung der Gesetzgeber weitgehend frei ist;«); vgl. dazu Schmidt-Bleibtreu/Hofmann/Henneke/*Hofmann*, GG Art. 12 Rn. 61 f. mwN.

654 BVerfGE 78, 179, 196; *VGH Mannheim*, NVwZ 1989, 386, 387; Sachs/*Mann*, GG Art. 12 Rn. 33; v. Münch/Kunig/*Kämmerer*, GG Art. 12 Rn. 19.

655 Dies geschieht über eine europarechtskonforme Auslegung des Begriffs Deutscher oder über eine europarechtskonforme Auslegung der allgemeinen Handlungsfreiheit nach Art. 2 Abs. 1 GG, in welche das gleiche Schutzniveau eingelesen wird; s. grundlegend dazu Sachs/*Mann*, GG Art. 12 Rn. 34 ff.; BeckOK GG/*Ruffert*, 28.12.2024, GG Art. 12 Rn. 35 ff.; vgl. zum gleichen Problem bzgl. der juristischen Personen aus der EU *BVerfG* NJW 2016, 1436, Rn. 11 f.

656 Dürig/Herzog/Scholz/*Remmert*, GG Art. 19 Abs. 3 Rn. 37 ff.; BeckOK GG/*Enders*, 28.12.2024, GG Art. 19 Rn. 35; Jarass/Pieroth/*Jarass*, GG Art. 19 Rn. 21; *Tonikidis*, JURA 2012, 517.

notwendig ist (»Durchgriffsgedanke«)[657] oder wenn sich die juristische Person in einer vergleichbaren Gefährdungslage befindet.[658]

Es lässt sich anzweifeln, ob auch große Unternehmen sich auf die Berufsfreiheit berufen können, weil das personale Substrat in ihnen kaum eine Rolle spielt. Das BVerfG hat dennoch große Unternehmen als ebenfalls geschützt angesehen, und zwar aufgrund ihrer gewichtigen gesellschaftlichen Rolle.[659]

3. Die allgemeine Wirtschaftsfreiheit des Art. 2 Abs. 1 GG

Art. 2 Abs. 1 GG schützt die allgemeine Handlungsfreiheit, also jedes beliebige menschliche Verhalten.[660] Hiervon umfasst ist ebenfalls die Freiheit der wirtschaftlichen Betätigung,[661] soweit sie nicht bereits durch speziellere Grundrechte geschützt ist (Subsidiarität), wie Art. 12 oder Art. 14 GG.[662]

Unterstellt, der Begriff des Berufs wäre anders als hier eng ausgelegt worden und würde ein intensives personales Substrat voraussetzen, was bei größeren Unternehmen regelmäßig nicht der Fall ist, dann würde neben der Berufsfreiheit der Raum für den Schutz der Organisationsautonomie unterhalb der Geschäftsleitungsebene verbleiben; damit wäre Art. 2 Abs. 1 GG anwendbar und nicht durch *lex specialis* verdrängt.[663]

Die wirtschaftliche Handlungsfreiheit umfasst insb. die Vertragsfreiheit,[664] die essenziell für die Organisationsfreiheit ist. Sowohl die Durchführung von Organisationsmaßnahmen mit Mitarbeitern und Außenstehenden als auch jede Unternehmenshandlung bezogen auf die Aufbau- oder Ablauforganisation fallen in den

657 S. dazu *Tonikidis*, JURA 2012, 517, 521; v. Mangoldt/Klein/Strack/*Huber*, GG Art. 19 Rn. 226 ff.; v. Münch/Kunig/*Ernst*, GG Art. 19 Rn. 57.

658 S. dazu v. Münch/Kunig/*Ernst*, GG Art. 19 Rn. 58 f.; vgl. zur Diskussion über das richtige Kriterium der Anwendbarkeit vertieft Dreier/*Kaufhold*, GG Art. 19 Abs. 3 Rn. 28 ff. mwN.

659 Zu dieser Erweiterung s. BVerfGE 50, 290 363 f.; das BVerfG begründet die Ausweitung mit der Bedeutung großer Unternehmen für das Wirtschaftsleben; zustimmend mit weiteren Argumenten *Hoffmann*, Unternehmensfreiheit, 1988, S. 224 ff.

660 S. die umfassende Begründung in Hinblick auf die Geschichte des Wortlauts von Art. 2 Abs. 1 GG BVerfGE 6, 32, 36 f.; BVerfGE 80, 137, 152 f.; Sachs/*Rixen*, GG Art. 2 Rn. 52 f.

661 S. vertieft hierzu Dürig/Herzog/Scholz/*Di Fabio*, GG Art. 2 Abs. 1 Rn. 77 ff.; vgl. v. Münch/Kunig/*Kunig/Kämmerer*, GG Art. 2 Rn. 27 f.

662 BVerfGE 30, 292, 335 f.; vgl. auch BVerfGE 58, 358, 368; Sachs/*Rixen*, GG Art. 2 Rn. 137; BeckOK GG/*Lang*, 28.12.2024, GG Art. 2 Rn. 62 ff.

663 Vgl. zum Verhältnis von der wirtschaftlichen Handlungsfreiheit und der Berufsfreiheit zueinander Sachs/*Mann*, GG Art. 12 Rn. 194; vgl. BVerfGE 50, 290, 366, wo das BVerfG die wirtschaftliche Handlungsfreiheit lediglich hilfsgutachterlich prüft (»*Soweit hiernach noch Raum für Art. 2 Abs. 1 GG bleibt, (...)*«).

664 Vgl. BVerfGE 8, 274, 328; BVerfGE 70, 115, 123; Schmidt-Bleibtreu/Hofmann/Henneke/*Hofmann*, GG Art. 2 Rn. 44; vgl. Dürig/Herzog/Scholz/*Di Fabio*, GG Art. 2 Abs. 1 Rn. 101 ff.

breiten Schutzbereich dieses Grundrechts, denn dieser umfasst jede beliebige Handlung mit einem wirtschaftlichen Charakter.

Art. 2 Abs. 1 GG schließt also ggf. die Lücke in der Organisationsfreiheit unterhalb der Geschäftsleitungsebene, sollte die Berufsfreiheit aus Art. 12 GG aufgrund einer engen Auslegung des Berufes oder mangels der berufsregelnden Tendenz des Eingriffs ausnahmsweise den Schutz der Organisationsfreiheit nicht gewährleisten können.[665]

4. Vereinigungsfreiheit aus Art. 9 GG

Zwar könnte rein theoretisch die Vereinigungsfreiheit aus Art. 9 Abs. 1 GG als die Freiheit infrage kommen, die die Organisationsfreiheit unterhalb der Geschäftsleitungsebene schützt. Die Vereinigungsfreiheit schützt aber lediglich vereinigungsspezifische Betätigung,[666] d. h. ausschließlich die Organisationsmaßnahmen, die sich auf die Vereinigungsorganisation im formellen Sinne beziehen. Diese Maßnahmen finden Niederschlag in Bestimmungen der Satzung der Organisation.[667]

Die innere Organisation ist also nicht vom Schutzbereich der Vereinigungsfreiheit umfasst, weil es sich dabei um eine unternehmerische bzw. wirtschaftliche und keine vereinigungsspezifische Betätigung handelt.[668]

Darüber hinaus ist fraglich, ob große Unternehmen wegen ihrer Entpersonalisierung überhaupt in den Anwendungsbereich der Vereinigungsfreiheit fallen; denn für die Funktion des Art. 9 Abs. 1 GG als eine verfassungsmäßige Gewährleistung der freien gesellschaftlichen Gruppenbildung ist das personelle Element von entscheidender Bedeutung.[669]

665 Zur engen Definition s. oben Teil 3, II. A. 2. b); zum Erfordernis der berufsregelnden Tendenz vgl. Schmidt-Bleibtreu/Hofmann/Henneke/*Hofmann*, GG Art. 12 Rn. 4; Sachs/*Mann*, GG Art. 12 Rn. 94 ff.; dieses Erfordernis lehnt Dürig/Herzog/Scholz/*Remmert*, GG Art. 12 Rn. 119 ff. ab.

666 BVerfGE 50, 290, 354; BVerfGE 80, 244, 252 f.

667 Vgl. BeckOK GG/*Cornils*, 28.12.2024, GG Art. 9 Rn. 11, 13 ff.; vgl. auch v. Münch/Kunig/*Winkler*, GG Art. 9 Rn. 56.

668 So auch *Rast*, Organisationsfreiheit, 2022, S. 407 mit der Begründung, Art. 9 GG schütze ausschließlich die Vereinigung selbst und der Bereich der Organisation unterhalb der Geschäftsleitung betreffe nicht die Vereinigung an sich, sondern das von ihr getragene Unternehmen; vgl. auch *Spindler*, Unternehmensorganisationspflichten, 2001, S. 472 ff.

669 Vgl. BVerfGE 124, 25, 34; vgl. auch v. Münch/Kunig/*Winkler*, GG Art. 9 Rn. 30 f.; aA wohl v. Mangoldt/Klein/Strack/*Kemper*, GG Art. 9 Rn. 21 f.; vgl. Schmidt-Bleibtreu/Hofmann/Henneke/*Kannengießer*, GG Art. 9 Rn. 10; *Papier/Heidebach*, ZGR 2011, 305, 327.

5. Zwischenergebnis

Das deutsche Verfassungsrecht gewährleistet einen lückenlosen grundrechtlichen Schutz der Organisationsfreiheit unterhalb der Geschäftsleitungsebene, der sich aus Art. 12 GG und ggf. aus Art. 2 Abs. 1 GG ergibt. Die Intensität dieses Schutzes stellt eine komplexe Rechtsfrage dar,[670] deren Untersuchung den Rahmen dieser Arbeit sprengen würde.

B. Einschlägige Grundrechte der Grundrechte-Charta

Zahlreiche neuere Organisationsvorgaben entstammen dem Unionsrecht.[671] Es stellt sich daher die Frage, wie die Organisationsfreiheit unterhalb der Geschäftsleitungsebene durch das europäische Primärrecht geschützt wird, denn dieses ist der alleinige Maßstab für die abstrakte Kontrolle des europäischen Sekundär- und Tertiärrechts.[672] Hierfür sind die Grundrechte der Grundrechte-Charta maßgeblich, Art. 6 Abs. 1 Unterabs. 1 EUV.[673] Es kommen drei Erwerbsgrundrechte in Betracht: (1.) Die unternehmerische Freiheit aus Art. 16 GRCh, (2.) die Berufsfreiheit aus Art. 15 Abs. 1 GRCh und (3.) die Eigentumsfreiheit aus Art. 17 GRCh.

1. Die unternehmerische Freiheit aus Art. 16 GRCh

a) Sachlicher Schutzbereich

Die unternehmerische Freiheit aus Art. 16 GRCh schützt in sachlicher Hinsicht die Aufnahme, Fortsetzung und Beendigung jeder selbstständigen wirtschaftlichen Betätigung mit Gewinnerzielungsabsicht, ohne dass es auf deren Art, Umfang, Rechtskleid oder Finanzierung ankommt.[674] Dies umfasst auch die für die

670 Vgl. hierzu *Rast*, Organisationsfreiheit, 2022, S. 343 ff., der sich u. a. mit dieser Problematik auseinandersetzt; vgl. zur verfassungsrechtlichen Kontrolldichte bei Art. 12 GG v. Mangoldt/Klein/Strack/*Manssen*, GG Art. 12 Rn. 156.

671 Vgl. unten zum unionsrechtlichen Hintergrund des HinSchG Teil 5, III. C. 2.; s. auch zu den Pflichten aus der CSDDD unten Teil 6, II.

672 Aus der nationalen Perspektive so BVerfGE 73, 339, 387; aus der unionsrechtlichen Perspektive s. *Jarass*, GRCh, Vor Art. 1 Rn. 66 f.; vgl. Calliess/Ruffert/*Wolfram*/*Cremer*, AEUV Art. 263 Rn. 96; vgl. Streinz/*Streinz*, GRCh, Vor Art. 1 Rn. 13 f. Zur historischen Entwicklung des Verhältnisses zwischen den deutschen und europäischen Grundrechten s. *Lehner*, JA 2022, 177; zur Geltung der GRCh für Vollzugsakte s. BVerfGE 152, 152, 169, 170 ff., 179 ff.; BVerfGE 152, 216, 236 ff.

673 Zur Geschichte der Inkorporation der Charta in die europäischen Verträge s. Callies/Ruffert/*Kingreen*, EU-Vertrag (Lissabon) Art. 6 Rn. 9 ff.; Grabitz/Hilf/Nettesheim/*Schorkopf*, 78. EL Januar 2023, EUV Art. 6 Rn. 2 ff.

674 Prägnant Meyer/Hölscheidt/*Bernsdorff*, GRCh, Art. 16 Rn. 11; vgl. auch Calliess/Ruffert/*Ruffert*, GRCh Art. 16 Rn. 1.

unternehmensinterne Organisationsfreiheit relevante Vertragsfreiheit.[675] Auch der Schutz der Wettbewerbsposition wird von Art. 16 GRCh gewährleistet.[676] Die interne Unternehmensorganisation stellt eine wichtige Grundlage der Wettbewerbsposition und der Effizienz des Unternehmens dar,[677] sodass der umfassende Schutz der gesamten wirtschaftlichen Betätigung die freie Steuerung der Aufbau- und Ablauforganisation mit einschließt.

b) Persönlicher Schutzbereich

Die Grundrechtsberechtigung natürlicher Personen liegt zweifellos vor.[678] Problematisch erscheint hingegen die Grundrechtsberechtigung juristischer Personen vor dem Hintergrund, dass die Grundrechtecharta keine dem Art. 19 Abs. 3 GG vergleichbare Norm kennt.[679] Der Wortlaut des Art. 16 GRCh ist offen formuliert; er beinhaltet keine Hinweise auf den persönlichen Schutzbereich.[680] Die Reichweite des persönlichen Schutzbereichs bemisst sich also nach dem Telos des Grundrechts. Im Wirtschaftsleben der Union kommt juristischen Personen des Privatrechts ein großes Gewicht zu, sodass der umfassende grundrechtliche Schutz als notwendig zu erachten ist.[681] Der EuGH hat bereits vor der Entstehung der Charta in seiner Rechtsprechung juristischen Personen des Privatrechts den grundrechtlichen Schutz der Erwerbstätigkeit zugesprochen.[682]

Es spricht vieles dafür, dass auch Unternehmen aus Drittstaaten in den grundrechtlichen Schutz einzubeziehen sind.[683] Es würde den Rahmen dieser Arbeit

675 *EuGH* in der Rs. C-283/11 (Sky Österreich) MMR 2013, 265, 266 f., Rn. 42 f.; Meyer/Hölscheidt/*Bernsdorff*, GRCh, Art. 16 Rn. 13; von der Groeben/Schwarze/Hatje/*Wollenschläger*, GRCh Art. 16 Rn. 8; Streinz/*Streinz*, GRCh Art. 16 Rn. 6; Peers/Hervey/Kenner/Ward/*Everson/Gonçalves*, Art. 16 Rn. 16.49 ff. Vgl. zur Situation vor der Verabschiedung der Charta *EuGH* Urteil v. 10.7.1991, Rs. C-90/90 und C-91/90, Rn. 13 (BeckRS 2004, 77886).

676 *EuGH* in der Rs. C-283/11 (Sky Österreich) MMR 2013, 265, 266 Rn. 42; Meyer/Hölscheidt/*Bernsdorff*, GRCh, Art. 16 Rn. 15.

677 S. oben Teil 3, II. A. und C.

678 Calliess/Ruffert/*Ruffert*, GRCh Art. 16 Rn. 4; *Jarass*, GrCh, Art. 16 Rn. 11.

679 *Schwarze*, EuZW 2001, 517, 518; vgl. Streinz/*Streinz*, GRCh Art. 16 Rn. 7; s. auch vertieft zu dieser Problematik *Sasse*, EuR 2012, 628.

680 *Frenz*, Handbuch Europarecht, Rn. 3074; aA *Cloppenburg*, Erwerbsgrundrechte, 2020, S. 188, der die juristischen Personen über den weiten Unternehmensbegriff in den Wortlaut hineinträgt.

681 *Frenz*, Handbuch Europarecht, Rn. 3075; vgl. hierzu *Sasse*, Berufsfreiheit, 2011, S. 211.

682 Statt aller *EuGH* GRUR Int 1994, 251, 252, Rn. 20 ff.; *EuGH* Urt. v. 11.7.1989, C-265/87, ECLI:EU:C:1989:303, Rn. 18; s. *Sasse*, EuR 2012, 628, 629, Fn. 11.

683 Vertieft hierzu *Sasse*, EuR 2012, 628, 636 ff., der die Grundrechtsträgerschaft bejaht; so auch *Jarass*, GRCh, Art. 16 Rn. 12.

sprengen, diese Frage näher zu untersuchen. Art. 16 GRCh schützt jedenfalls natürliche als auch juristische Personen.[684]

2. Berufsfreiheit aus Art. 15 GRCh

a) Sachlicher Schutzbereich

Art. 15 Abs. 1 GRCh verbürgt die Freiheit zu arbeiten und einen frei gewählten oder angenommenen Beruf auszuüben. Beide Varianten lassen sich zu einem einheitlichen Grundrecht der Berufsfreiheit zusammenfassen.[685] Der Beruf wird als eine entgeltliche, auf Dauer angelegte Erwerbstätigkeit definiert.[686] Diese Definition umfasst sowohl die unselbstständige als auch die selbstständige Tätigkeit.[687]

Die unselbstständige Tätigkeit ist hier nicht weiter zu beachten, denn bei Unselbstständigen fehlt die Unternehmensträgereigenschaft. Es mangelt damit an einem Unternehmen, in dem sich die Organisationsfreiheit unterhalb der Geschäftsleitungsebene entfalten könnte.

Infolge der weiten Definition des Berufs stellt die Führung eines Unternehmens ebenfalls einen geschützten Beruf dar. Geschützt wird also auch die dazugehörende Freiheit, die Aufbau- und Ablauforganisation des Unternehmens auf eine Art zu organisieren, wie sich der Grundrechtsträger das vorstellt.

Die Organisationsfreiheit unterhalb der Geschäftsleitungsebene bewegt sich somit im Rahmen des sachlichen Schutzbereichs des Art. 15 GRCh.

b) Persönlicher Schutzbereich

Die Grundrechtsberechtigung natürlicher Personen ist bereits im Wortlaut des Art. 15 Abs. 1 GRCh klar erkennbar (»Jede Person…«).[688] Umstritten ist jedoch, ob mit der »Person« auch juristische Personen gemeint sind.[689] Dafür würde der

684 Holoubek/Lienbacher/*Bezemek*, GRCh Art. 16 Rn. 11; vgl. auch Streinz/*Streinz*, GRCh Art. 16 Rn. 7; Meyer/Hölscheidt/*Bernsdorff*, GRCh, Art. 16 Rn. 18.

685 Grundlegend *Cloppenburg*, Erwerbsgrundrechte, 2020, S. 173 f. mwN; *Jarass*, GRCh, Art. 15 Rn. 6; *Frenz*, Handbuch Europarecht, Rn. 2940 f.; vgl. aber Meyer/Hölscheidt/*Bernsdorff*, GRCh, Art. 15 Rn. 13 f.

686 *Cloppenburg*, Erwerbsgrundrechte, 2020, S. 169; *Jarass*, GRCh, Art. 15 Rn. 7; Pechstein/Nowak/Häde/*Kühling/Drechsler*, GRCh Art. 15 Rn. 7.

687 *Jarass*, GRCh, Art. 15 Rn. 6; Pechstein/Nowak/Häde/*Kühling/Drechsler*, GRCh Art. 15 Rn. 7; *Cloppenburg*, Erwerbsgrundrechte, 2020, S. 170 f.; aA Calliess/Ruffert/*Ruffert*, GRCh Art. 15 Rn. 4.

688 Vgl. Holoubek/Lienbacher/*Bezemek*, GRCh Art. 15 Rn. 10; Vedder/Heintschel von Heinegg/*Folz*, GRCh Art. 15 Rn. 6.

689 *Frenz*, Handbuch Europarecht, Rn. 2927; in engen Grenzen Meyer/Hölscheidt/*Bernsdorff*, GRCh Art. 15 Rn. 21; aA Calliess/Ruffert/*Ruffert*, GRCh Art. 15 Rn. 8;

Wortlaut[690] sowie die frühere Rechtsprechung des EuGH[691] sprechen. Gegen die Einbeziehung juristischer Personen lassen sich aber starke systematische Argumente anführen:[692] Zunächst knüpft Art. 15 GRCh an das Recht zur freien Bildung in Art. 14 GRCh an, das nur auf natürliche Personen Anwendung finden kann.[693] Ferner sieht Art. 15 Abs. 2 und Abs. 3 GRCh Bestimmungen vor, die sich ausschließlich auf natürliche Personen anwenden lassen;[694] Art. 15 Abs. 1 GRCh befindet sich also ausschließlich in der »Gesellschaft« von Normen betreffend natürliche Personen. Des Weiteren kann Art. 16 GRCh als *lex specialis* angesehen werden, die hauptsächlich den Schutz der Erwerbstätigkeit juristischer Personen zum Ziel hat; die Einbeziehung in den Schutz des Art. 15 Abs. 1 GRCh bringt damit keinen Mehrwert.[695] Es überwiegen also die Argumente dafür, dass juristische Personen sich außerhalb vom Schutzbereich des Art. 15 Abs. 1 GRCh befinden.

c) Verhältnis zwischen Art. 15 und Art. 16 GRCh

Der Ausschluss von juristischen Personen des Privatrechts vereinfacht das Konkurrenzproblem zwischen der Freiheit der unternehmerischen Betätigung und der Berufsfreiheit, die sich doch sehr ähnlich sind.[696] Bei juristischen Personen findet lediglich Art. 16 GRCh Anwendung.

Das Konkurrenzverhältnis besteht bei natürlichen Personen weiter. Manches spricht dafür, dass das Schutzniveau bei Art. 16 GRCh aufgrund seines Wortlauts gegenüber Art. 15 Abs. 1 GRCh reduziert ist. Ferner beinhaltet Art. 15 Abs. 1 GRCh ein persönliches Element, das bei Art. 16 GRCh nicht verlangt wird. Daher soll bei natürlichen Personen Art. 15 Abs. 1 den Art. 16 GRCh verdrängen.[697] Die

Cloppenburg, Erwerbsgrundrechte, 2020, S. 189 ff.; wohl auch *Jarass*, GRCh, Art. 15 Rn. 9; Pechstein/Nowak/Häde/*Kühling/Drechsler*, GRCh Art. 15 Rn. 16.

690 S. dazu ausführlich *Sasse*, Berufsfreiheit, 2011, S. 193.

691 Dieses Argument lässt sich aber stark relativieren, s. mehr hierzu *Cloppenburg*, Erwerbsgrundrechte, 2020, S. 189 f.

692 Grundlegend *Cloppenburg*, Erwerbsgrundrechte, 2020, S. 190 ff. mwN;

693 *Cloppenburg*, Erwerbsgrundrechte, 2020, S. 192; dies gilt aber nicht für Art. 14 Abs. 3 GRCh, der die Freiheit der Gründung von Lehranstalten betrifft, s. Holoubek/Lienbacher/*Kalteis*, GRCh Art. 14 Rn. 13; *Jarass*, GRCh, Art. 14 Rn. 23.

694 *Jarass*, GRCh, Art. 15 Rn. 9; *Cloppenburg*, Erwerbsgrundrechte, 2020, S. 192 f.

695 Vertieft zur Spezialitätsfrage *Sasse*, Berufsfreiheit, 2011, S. 209 ff., 281 ff.; s. auch *Cloppenburg*, Erwerbsgrundrechte, 2020, S. 193 f.

696 Umfassend zu dem gesamten Problem aus mehreren Perspektiven *Cloppenburg*, Erwerbsgrundrechte, 2020, S. 150 ff.; vgl. *Jarass*, GRCh, Art. 15 Rn. 4; vgl. auch Peers/Harvey/Kenner/Ward/*Everson/Gonçalves*, GRCh Art. 16 Rn. 16.13 ff.

697 AA Calliess/Ruffert/*Ruffert*, GRCh Art. 15 Rn. 4, der bei einer unselbstständigen Tätigkeit Art. 15 GRCh und bei einer Selbstständigen Art. 16 GRCh anwendet; aA *Cloppenburg*, Erwerbsgrundrechte, 2020, S. 237, der Art. 15 GRCh dann anwenden möchte, wenn die Regelung die Person des Erwerbstätigen betrifft und Art. 16 GRCh dann, wenn der Rahmen der Erwerbstätigkeit reguliert wird.

Einschränkungen beider Freiheiten müssen dennoch die Wesensgarantie und das Verhältnismäßigkeitsprinzip nach Art. 52 Abs. 1 GRCh wahren, sodass der Auflösung des Konkurrenzverhältnisses keine große Bedeutung zukommt[698] und diese Frage hier offenbleiben kann.

3. Eigentumsfreiheit aus Art. 17 GRCh

Die Organisationsfreiheit unterhalb der Geschäftsleitungsebene könnte auch potenziell in den Schutzbereich der Eigentumsfreiheit aus Art. 17 GRCh fallen. Zwar schützt Art. 17 GRCh nur das Erworbene und nicht die bloßen Erwerbschancen,[699] sodass auf den ersten Blick der Schutz für die Ablauf- und Aufbauorganisation mit ihrer Zukunftsgerichtetheit nicht besteht. Dennoch findet auf der Unionsebene eine Diskussion zum Recht am eingerichteten und ausgeübten Gewerbebetrieb statt, die eine gewisse Parallelität zur nationalen Diskussion aufweist.[700] Dieses Konstrukt könnte auch die Organisationsfreiheit unterhalb der Geschäftsleitungsebene mit umfassen.

Der Fokus der Diskussion über diese Rechtsfigur richtet sich auf das Problem, dass bloße Hoffnungen und Chancen keinen grundrechtlichen Schutz verdienen.[701] Ein vermögenswertes Recht soll aber von der Eigentumsfreiheit geschützt werden.[702] Das Unternehmen kann als ein lebendiger Organismus begriffen werden, ein Mehr als die Summe aller Einzelteile:[703] Die Frage lautet, ob diesem Mehr ein objektiver Mehrwert zugeordnet werden kann;[704] die Abgrenzung zwischen dem vorhandenen geschützten Unternehmensbestand und den bloßen Chancen stellt also den Mittelpunkt der Problematik dar.[705]

Die Unternehmen sind aktuell ein handelbarer Gegenstand; es existiert ein agiler Unternehmensmarkt; dabei wird der objektive Ertragswert des Unternehmens

698 *Jarass*, GRCh, Art. 15 Rn. 4.

699 Streinz/*Streinz*, GRCh Art. 17 Rn. 8 mwN; Meyer/Hölscheidt/*Bernsdorff*, GRCh Art. 17 Rn. 13; *Frenz*, Handbuch Europarecht, Rn. 3237; vgl. *Schmidt-Preuß*, EuR 2006, 463, 469.

700 Vgl. zu dieser oben A. 1.

701 Vgl. Calliess/Ruffert/*Calliess*, GRCh Art. 17 Rn. 9; *Jarass*, GRCh, Art. 17 Rn. 7.

702 Holoubek/Lienbacher/*Ziniel*, GRCh Art. 17 Rn. 21; von der Groeben/Schwarze/*Wollenschläger*, GRCh Art. 17 Rn. 10;

703 S. *Frenz*, Handbuch Europarecht, Rn. 3258 ff.; *Buschmann*, Eigentumsgarantie, 2017, S. 107; vgl. auch *Jarass*, GRCh, Art. 17 Rn. 13.

704 S. s. *Frenz*, Handbuch Europarecht, Rn. 3260; prägnant *Buschmann*, Eigentumsgarantie, 2017, S. 107.

705 So *Buschmann*, Eigentumsgarantie, 2017, S. 108; vgl. *Frenz*, Handbuch Europarecht, Rn. 3263.

bestimmt.[706] Insoweit liegt ein greifbarer Vermögenswert vor, der durch die hoheitlichen Regelungen beeinträchtigt werden kann.[707]

Anders als das BVerfG[708] zeigt der EuGH Offenheit gegenüber dem Schutz des Unternehmens in seiner Gesamtheit.[709] Die Rechtsprechung lässt sich in dem Sinne auslegen, dass Unternehmen ein gewisser Vertrauensschutz zu gewähren ist, soweit sie eine Investition getätigt hatten und diese durch das staatliche Handeln beeinträchtigt würde.[710]

Im Falle von intensiven und tief eingreifenden Organisationspflichten betreffend die Aufbau- sowie Ablauforganisation ist es vorstellbar, dass deren Kosten sehr hoch ausfallen. In solchen Fällen wäre die Rentabilität der getätigten Investitionen ernsthaft gefährdet, sodass der Ertragswert des Unternehmens wesentlich sinken würde. Damit wäre das berechtigte Vertrauen der Unternehmen in ihre Investitionen verletzt und es ließe sich wohl ein Eingriff in das Eigentum am Unternehmen im Rahmen der Rechtsfigur vom eingerichteten und ausgeübten Gewerbebetrieb annehmen. Eine Rechtfertigung des Eingriffs bleibt dennoch möglich; die beeinträchtigende Regelung könnte z. B. den Schutz des Lebens und weiterer Grundrechte Dritter zum Ziel haben.

Es zeigt sich, dass sich der grundrechtliche Schutz der Ablauf- und Aufbauorganisationsfreiheit nur in sehr speziellen Fällen in Art. 17 Abs. 1 GRCh verankern lässt.[711] Es besteht allerdings bereits ein umfassender Schutz im Rahmen der anderen, bereits oben untersuchten Grundrechte und daher entstehen hierdurch keinerlei Schutzlücken.

C. *Zwischenergebnis*

Sowohl das deutsche als auch das europäische Recht sehen einen umfassenden Schutz der Organisationsfreiheit unterhalb der Geschäftsleitungsebene vor, der mit den Funktionen der Organisationsfreiheit und deren Gewicht korreliert. Im deutschen Recht ist er aus Art. 12 und ggf. Art. 2 Abs. 1 GG herzuleiten. Das europäische Recht schützt diese Freiheit hauptsächlich über Art. 16 GRCh und

706 S. *Buschmann*, Eigentumsgarantie, 2017, S. 107 f.

707 Vgl. *Schmidt-Preuß*, EuR 2006, 463, 469; *Buschmann*, Eigentumsgarantie, 2017, S. 108; s. *Frenz*, Handbuch Europarecht, Rn. 3261.

708 Vgl. oben Teil 3, II. A. 1.; s. auch *Buschmann*, Eigentumsgarantie, 2017, S. 109 f. mwN.

709 S. die umfassende Analyse von *Buschmann*, Eigentumsgarantie, 2017, S. 111 ff. mwN.; vgl. auch *Schmidt-Preuß*, EuR 2006, 463, 468 f. mwN; vgl. *Frenz*, Handbuch Europarecht, Rn. 3262.

710 Vgl. *Buschmann*, Eigentumsgarantie, 2017, S. 115, insb. S. 116; weiter s. *Frenz*, Handbuch Europarecht, Rn. 3264, der auch die Markstellung unter Schutz stellt; vgl. aber zum Vertrauensschutz bei der Eigentumsfreiheit *Frenz*, Handbuch Europarecht, Rn. 3445 ff.

711 Noch zurückhaltender *Voß*, Unternehmenswissen, 2018, S. 241 f.

ggf. Art. 15 Abs. 1 GRCh und unter speziellen Umständen gem. Art. 17 Abs. 1 GRCh.

Teil 4 Prinzipien der Rechtsetzung und Auslegung der Organisationsvorgaben

Oben wurde bereits die hohe Bedeutung der unternehmensinternen Organisationsfreiheit festgestellt,[712] die wiederum von gesetzlichen Organisationspflichten in Erfüllung ihrer Funktionen gefährdet wird. Um dieser Gefahr entgegenzuwirken, wird nachfolgend ein Versuch unternommen, allgemeine Prinzipien herauszuarbeiten, die auf einen harmonischen Ausgleich zwischen der Organisationsfreiheit und den Organisationspflichten auszurichten sind.

Im Ergebnis sollten sowohl die Funktionen der Freiheit als auch die mit den Pflichten verfolgten Ziele möglichst weit verwirklicht werden. Dies lässt sich mit dem oben beschriebenen grundrechtlichen Schutz der Organisationsfreiheit untermauern.[713]

I. Gebot der Organisationsneutralität (prinzipienorientierte Regulierung)

Zunächst lässt sich das Gebot der Organisationsneutralität postulieren: Der Gesetzgeber soll demnach die Organisationsfreiheit möglichst wenig durch seine Regelungen beschneiden. Dieses Gebot bezieht sich auf die Setzung und im eingeschränkten Umfang auf die Auslegung der Organisationspflichten. Diese sind umso neutraler für das Unternehmen, je weniger Spielraum sie ihm wegnehmen. Oben wurde bereits aus betriebswirtschaftlicher Perspektive ausgeführt, dass in der Praxis viele unterschiedliche Organisationskonzepte und -lösungen angewandt werden.[714] Jede strukturelle sowie ablaufbezogene Vorgabe beeinträchtigt wirtschaftliche Funktionen der Organisationsfreiheit. Dies wurde schon bei der Untersuchung der Flexibilitätsfunktion deutlich: Die konkreten Organisationspflichten mindern regelmäßig die Zukunftsfähigkeit des Unternehmens.[715]

712 S. oben Teil 3, II.
713 S. oben Teil 3, III.
714 S. oben Teil 2, III. und IV.
715 S. oben Teil 3, II. B.; dieser Schluss gilt allerdings nicht für Organisationspflichten mit Bezug zu den Informationen über Risiken.

A. Die prinzipienorientierte Regulierung als Weg zur Organisationsneutralität

Der Ausweg aus dem oben dargestellten Nachteil der konkreten Regulierungsweise liegt in der sog. prinzipienorientierten Regulierung.[716] Nach diesem Konzept beschränkt sich der Gesetzgeber darauf, das zu erfüllende Ziel vorzugeben;[717] die Art und Weise der Ausführung hingegen wird den Adressaten der Rechtspflicht überlassen.[718] Der entscheidende Vorteil dieses Ansatzes ist die Zukunftsoffenheit;[719] denn die sozial-wirtschaftlichen Ziele neigen zu mehr Stabilität,[720] und er lässt eine unternehmensindividuelle Umsetzungsweise zu.[721] Der Nachteil dieser Regulierungsart sind die Konkretisierungsschwierigkeiten, denn auf den Rechtsanwender wird die Verantwortung übertragen, das von ihm verlangte Verhalten zu bestimmen.[722]

Diese Regulierungsart eignet sich besonders gut für die Organisationsvorgaben: Die Erreichung der gesetzgeberischen Sachziele kann bei konkreten strukturellen oder ablaufmäßigen Vorgaben auf Sachprobleme stoßen, die bei einer organisatorischen Alternative nicht unbedingt bestehen. Flexible prinzipienorientierte Regelungen ermöglichen es, dass das Unternehmen alle vertretbaren organisatorischen Mittel nutzen kann; dies bezieht sich auch auf jene, die dem Gesetzgeber gar nicht bekannt sind; es wird also dem Bedürfnis nach Flexibilität Genüge getan. Anders gesagt, erfüllt diese Regulierungsart das oben aus betriebswirtschaftlicher Perspektive aufgestellte und funktional untermauerte Erfordernis[723], den Unternehmen die konkrete Ausgestaltung der Organisation zu überlassen.

716 Grundlegend zu dieser Regulierungsart mit ihren Paradoxen am Beispiel der britischen Finanzaufsichtsbehörde *Black*, Capital Markets Law Journal, Vol. 3 No. 4 (2008), S. 425 ff.; s. auch die umfassende Darstellung bei *Wundenberg*, Compliance, 2012, S. 37 ff.; vgl. *Hannemann/Schneider/Weigl*, MaRisk Kommentar, S. 72 ff.; vgl. auch *Thies*, Sondergesellschaftsrecht, 2023, S. 72 ff.

717 Zu Zielvorgaben allgemein s. *Bydlinski*, Methodenlehre, 1982, S. 269 ff.

718 S. genauere rechtstheoretische Beschreibung mit der Unterscheidung zwischen Regeln und Prinzipien bei *Wundenberg*, Compliance, 2012, S. 38 ff.; vgl. dazu auch *Rüthers/Fischer/Birk*, Methodenlehre, Rn. 756 ff.; vgl. *Hannemann/Schneider/Weigl*, MaRisk Kommentar, S. 72.

719 *Hannemann/Schneider/Weigl*, MaRisk Kommentar, S. 74 f.; vgl. *Thies*, Sondergesellschaftsrecht, 2023, S. 72.

720 Vgl. etwa den Gläubigerschutz (als Ziel des Gesetzgebers), der im Aktienrecht bereits seit dem 19. Jh. eine große Rolle spielt; vgl. statt aller BeckOGK/*Cahn/v. Spannenberg*, 1.2.2025, AktG § 57 Rn. 3 f., 5 ff. mwN.

721 Vgl. *Hannemann/Schneider/Weigl*, MaRisk Kommentar, S. 73 f.

722 S. dazu *Wundenberg*, Compliance, 2012, S. 56 f.; *Thies*, Sondergesellschaftsrecht, 2023, S. 73; s. umfassend zur rechtstheoretischen Lösung des Konkretisierungsproblems unten D.

723 Vgl. oben Teil 3, II. B. 1.

Die prinzipienorientierten Regelungen verhalten sich somit weitestgehend neutral gegenüber der Unternehmensorganisation und stellen ein freiheitsschonendes Regulierungsinstrument dar.[724] Allerdings darf sich die Neutralität nicht nur auf die Aufbauorganisation beschränken, sondern muss sich auch auf die Ablauforganisation erstrecken, denn beide Phänomene befinden sich in einer intensiven Wechselwirkung[725].

B. Organisationsneutralität und die Rechtsetzung

Die Bedeutung des Gebots der Organisationsneutralität kann hervorgehoben werden, indem neben den organisationstheoretischen Überlegungen die faktischen Mängel der Rechtsetzung untersucht werden. Der gesetzgeberische Prozess wird durch Eigenschaften gekennzeichnet, die im Falle der Organisationspflichten besondere Gefahren für die Organisationsfreiheit mit sich bringen.

Die meisten Gesetze gehen auf Regierungsentwürfe zurück, die wiederum in den zuständigen Ministerien durch die Bundesbeamten ausgearbeitet werden.[726] Die verbeamteten Urheber der Gesetzesentwürfe haben eine bestimmte Organisationserfahrung, die sie dann ggf. auf die zu regelnden Sachverhalte projizieren.[727] Die Ministerien sind hoch hierarchisch nach dem Prinzip des Einliniensystems mit einem hohen Formalisierungsgrad[728] organisiert.[729] Es handelt sich damit organisationswissenschaftlich um solche Gebilde, die nach den klassischen Organisationsprinzipien aufgebaut sind. Die modernen Organisationskonzepte sind in Ministerien kaum anzutreffen; die Beamten kennen diese in der Regel

724 Vgl. zu der freiheitlichen Facette *Hannemann/Schneider/Weigl*, MaRisk Kommentar, S. 72: »Eigenverantwortung«.
725 S. zu dieser oben Teil 2, III. A.
726 S. mehr dazu *Grotz/Schroeder*, Das politische System der BRD, 2021, S. 254, 276; vgl. auch zu den Regierungsvorlagen *v. Beyme*, Das politische System der BRD, S. 303 ff.; s. auch *Ismayr* in: Ismayr (Hrsg.), Gesetzgebung in Westeuropa, 2008, S. 383, 390 f., 394 f. Manche Ministerien bedienen sich der externen Berater, s. dazu am Beispiel des FISG *Seibert*, FS Hopt I, Bd. 2, 2010, S. 2525, 2532 ff.; vgl. *Schmieszek*, ZRP 2013, 175 ff.; *Krüper*, JZ 2010, 655 ff.
727 Vgl. zum Einfluss der Ministerialbeamten auf die Gesetzesentwürfe und zum Dialog der Beamten mit der Politik *Döhler* in: Anders/Riese (Hrsg.), Politische Akteure und Institutionen in Deutschland, 2022, S. 199, 202; *Ismayr* in: Ismayr (Hrsg.), Gesetzgebung in Westeuropa, 2008, S. 383, 394 f.; vgl. auch *Jolls/Sunstein*, Journal of Legal Studies, Vol. 35 No. 1 (2006), S. 199, 233 f.
728 S. z. B. § 13 Abs. 2 GGO i. V. m. der Anlage 2 zur GGO, Stand 1. Juni 2024 (abrufbar unter https://t1p.de/snx47, abgerufen am 15.08.2024), die selbst die Farben der schriftlichen Anmerkungen verbindlich regelt; dazu *Page*, Policy Without Politicians, 2012, S. 69 ff.
729 Vgl. zur Organisationsstruktur kritisch *Döhler* in: Anders/Riese (Hrsg.), Politische Akteure und Institutionen in Deutschland, 2022, S. 199, 208 f.; s. auch *Page*, Policy Without Politicians, 2012, S. 68 ff.

ausschließlich dann, wenn sie über eine umfangreiche berufliche Erfahrung außerhalb des Staatsdienstes verfügen.

Diese organisationale Vorprägung der geistigen Urheber der Gesetzesvorschläge kann dazu führen, dass die Organisationspflichten nur die Bedürfnisse der Unternehmen berücksichtigen, die selbst nach dem gleichen Prinzip organisiert sind, d. h. nach dem klassischen Modell. Neue Formen der Organisation, beginnend mit der Matrixorganisation bis hin zu agilen und hierarchiefreien Formen, bleiben dabei unberücksichtigt. Ggf. müssen sich dann die anders organisierten Unternehmen eine Ausnahme in der öffentlichen Debatte erkämpfen; die Rechtfertigungslast wird allerdings dadurch illegitim auf die Unternehmen verschoben, die einfach in den Genuss ihrer Organisationsfreiheit kommen wollen. Diese müssen dann einen gewissen Ankereffekt überwinden.[730]

Der Vorteil der Neutralität der Organisationspflichten bei der Rechtsetzung liegt also in der Prävention: Die Neutralität verhindert von Vornherein, dass die erfahrungsbedingten Vorstellungen der Beamten der Wirtschaft aufgezwungen werden.

C. Die Auslegung im Sinne der Organisationsneutralität

Das Gebot der Organisationsneutralität könnte auch auf der Ebene der Auslegung seine Wirkungen entfalten. Dessen Anwendung wird jedoch im konkreten Fall auf die aus den allgemeinen Auslegungsmethoden herrührenden Grenzen stoßen. Dies lässt sich an folgenden Beispielen veranschaulichen:

Zunächst kann der Normbefehl selbst bereits organisationsneutral formuliert sein, wie es hier im (hypothetischen) Beispiel der Fall ist: »Die Organisation muss das rechtmäßige Handeln ihrer Beschäftigten gewährleisten.« Eine solche Norm ergänzt die Ziele der Organisation im Sinne der prinzipienorientierten Regulierung, ohne die Art und Weise der Umsetzung auf der praktischen Ebene vorzugeben.

Der Normbefehl kann auch offen formuliert sein und sich sowohl konkret als auch im Sinne einer Zielsetzung auslegen lassen. Als Beispiel lässt sich die Pflicht anführen, in bestimmten Fällen einen Beauftragten zu benennen. Einerseits könnte die Funktion darin liegen, dass die Verantwortung für die Realisierung der gesetzlichen Pflichten in einem bestimmten Bereich (z. B. im Datenschutzrecht) im Unternehmen nicht verwässert wird; man könnte anhand dieser Zielsetzung die Pflicht einschränkend auslegen: Organisatorisch müssen lediglich die Aufgaben klar zugeordnet sein. Die Art und Weise der Zuweisung und die Zahl der damit betrauten Personen sind frei zu entscheiden. Andererseits kann diese organisationsneutrale Auslegung zu normsystematischen Spannungen führen: Der Beauftragte und seine Kontaktdaten müssen häufig der Behörde

730 Vgl. zum Ankereffekt im Kontext der Gesetzgebung *Krüper*, JZ 2010, 655.

bekanntgegeben werden, z. B. nach Art. 37 Abs. 7 DSGVO[731]; die Behörde hätte statt einer konkreten Person zahlreiche Ansprechpartner im Unternehmen, wenn das Unternehmen die Rolle des Beauftragten auf mehrere Personen aufteilt.

Es erscheint schwer zu beurteilen, welche Auslegungsmethode in diesem Beispiel zur Anwendung gekommen ist. Einerseits werden die Anforderungen gegenüber jenen Unternehmen herabgesetzt, die nicht über eine solche Organisationsstruktur verfügen, die der Gesetzgeber mit der Regelung vor Augen hatte; insoweit kommt es zu einer teleologischen Reduktion.[732] Die Norm wird dann aber von einer Verhaltens- in eine Zielvorgabe[733] umgewandelt und auf diese Unternehmen in ihrer veränderten Qualität herangezogen. Dieser zweite Schritt ähnelt einer Analogie. Im Prozess der Auslegung wird die Norm auf ihr Ziel reduziert; es wäre hier also nicht von einer teleologischen, also zielbedingten Reduktion zu sprechen, sondern sogar von einer Reduktion auf das Telos.

Die organisationsneutrale Auslegung, bezogen auf die Normen, die die Organisationsstruktur vorgeben, führt zusätzlich zu weiteren Schwierigkeiten: Erstens leidet daran die Rechtssicherheit. Zweitens ist es schwer, die Grenze zwischen der organisationsneutralen Auslegung und der *contra legem* zu ziehen. Im Beispiel mit dem Datenschutzbeauftragten wäre die Aufspaltung seiner Funktionen auf mehrere Personen zwar von der Zielsetzung her gleichwertig, aber im Ergebnis doch sehr weit entfernt vom unionsrechtlichen Wortlaut.

Ferner sind prinzipienorientierte Normen mit Freiräumen für Unternehmen verbunden, die der Gesetzgeber bei konkreten Verhaltensvorgaben nicht vorsah. Die Organisationsneutralität der Auslegung befindet sich also im Spannungsverhältnis zum Demokratieprinzip, indem die Entscheidung des Gesetzgebers über die Beschränkung der unternehmerischen Freiheit ausgehöhlt wird; andererseits wird das gesetzgeberische Ziel respektiert, was gegen das Spannungsverhältnis mit dem Verfassungsrecht spricht.[734]

Es lässt sich keine organisationsneutrale Auslegung vornehmen, wenn sich das gesetzliche Ziel der Organisationspflicht nur schwer feststellen lässt. Dann ist der Weg der Umwandlung in eine Zielvorgabe mangels des Telos versperrt.

Die Reduktion auf das Telos kann sich außerdem auf der praktischen Seite der Rechtsanwendung als problematisch herausstellen. Wenn Behörden diese organisationsneutrale Auslegung für sich selbst fruchtbar machen, dann besteht kein

731 Verordnung (EU) 2016/679 des Europäischen Parlaments und des Rates vom 27. April 2016 zum Schutz natürlicher Personen bei der Verarbeitung personenbezogener Daten, zum freien Datenverkehr und zur Aufhebung der Richtlinie 95/46/EG (Datenschutz-Grundverordnung), ABl. (EU) L 119/1.

732 Zur teleologischen Reduktion s. *Bydlinski*, Methodenlehre, 1982, S. 480; *Larenz/Canaris*, Methodenlehre der Rechtswissenschaft, S. 210 ff.

733 Zur Unterscheidung zwischen den beiden Normenarten s. *Wundenberg*, Compliance, 2012, S. 46 f. mwN.; vgl. *Pensky*, JZ 1989, 105, 107 f.; vgl. *Ávila*, Theorie der Rechtsprinzipien, 2006, S. 62 ff.

734 Zu den verfassungsrechtlichen Grenzen der Methodenlehre, allerdings im Kontext des Arbeitsrechts, s. *Höpfner*, RdA 2018, 321 ff.

Risiko für die Unternehmen. Anders ist es in den Fällen, wo die Behörde am Wortlaut der Norm festhält: Dann riskiert das Unternehmen einen Rechtsstreit mit all seinen rechtlichen und tatsächlichen Folgen. Ggf. kann sich das Unternehmen mit organisationsneutraler Auslegung vor Gericht durchsetzen; dies ist aber der Auseinandersetzung mit der Behörde deutlich nachgelagert, die bereits zu einem Reputationsschaden geführt haben könnte.

Aus diesem Grund lässt sich umso mehr die Bedeutung der organisationsneutralen Rechtsetzung hervorheben; denn der Schaden für die Organisationsfreiheit lässt sich auf der Seite der Rechtsanwendung aus rechtlichen sowie rechtsfaktischen Gründen nur schwer reparieren.

D. Freiheitssicherung durch die Delegation der Konkretisierung an den Normadressaten

I. Aufteilung der Konkretisierungsbefugnisse zwischen den Normadressaten und den staatlichen Akteuren

Die freiheitsschonende Funktion gesetzlicher Zielvorgaben bedarf eines rechtstheoretischen Fundaments; denn es bestünde sonst das Risiko, dass sie ausgehöhlt wird: Die staatlichen mit dem Vollzug der Normen betrauten Akteure (Behörden, Gerichte) können selbst die Konkretisierung vornehmen und nach ihrer Vorstellung jene Freiräume ausfüllen, die nicht für sie, sondern für Unternehmen bestimmt sind.[735] Dies steht allerdings im Widerspruch zu dem Konzept der prinzipienorientierten Regulierung, was nachfolgend untersucht wird:

a) Die »Regeln« und »Prinzipien« Dworkins und die prinzipienorientierte Regulierung

In der wissenschaftlichen Diskussion wird schon allein aufgrund der Begrifflichkeiten auf die Dworkin'sche Unterscheidung zwischen »Regeln« und »Prinzipien« zur Erklärung prinzipienorientierter Regulierung zurückgegriffen.[736] Nach Dworkin gehören die Zielvorgaben zu den sog. Prinzipien (i. w. S.),[737] die sich durch die Abstufbarkeit der Verwirklichung auszeichnen; bei den Regeln gilt hingegen das Alles-oder-nichts-Prinzip.[738]

Die prinzipienorientierte Regulierung bedient sich, wie der Name sagt, der Prinzipien. Zwar ist die Zielsetzung klar und deutlich: Entweder ist eine Maßnahme auf ein Ziel gerichtet oder nicht. Aber der Grad der Zielerreichung lässt

735 Vgl. zu dieser Gefahr am Beispiel des englischen Kapitalmarktrecht, *Black*, Capital Markets Law Journal, Vol. 3 No. 4 (2008), S. 425, 450 ff.

736 Grundlegend *Wundenberg*, Compliance, 2012, S. 38 ff.

737 *Dworkin*, Bürgerrechte ernstgenommen, 1984, S. 54 ff.

738 *Dworkin*, Bürgerrechte ernstgenommen, 1984, S. 58 ff.

sich abstufen. Ferner ist es üblich, die Pflichten innerhalb dieses Regulierungsmodus durch die Vorbehalte der Angemessenheit oder der Wirksamkeit einzuschränken, s. z. B. § 91 Abs. 3 AktG (»angemessenes und wirksames internes Kontrollsystem«) oder § 4 Abs. 1 LkSG (»ein angemessenes und wirksames Risikomanagement«).

Die Zuordnung zu den Dworkin'schen Regeln und Prinzipien löst nicht die Probleme mit der Feststellung von Konkretisierungszuständigkeiten in Bezug auf die auszulegenden Begriffe. Somit erwächst hieraus kein Mehrwert für die Sicherstellung der freiheitsschonenden Funktion der prinzipienorientierten Regulierung.

b) Die Konkretisierungsbefugnis bei der klassischen Regulierung

Um die Besonderheiten der prinzipienorientierten Normen herauszuarbeiten, müssen sie im Lichte der klassischen Rechtsnormen untersucht werden, auf die hier kurz eingegangen wird. Bei der klassischen Regulierung erlässt der Gesetzgeber sowohl konkretere als auch abstrakt-generelle Rechtsnormen und die Gerichte (sowie ggf. die Behörden) haben die Aufgabe, die Letzteren für den Einzelfall zu konkretisieren.[739]

Am weitesten reicht die behördliche und gerichtliche Konkretisierungsbefugnis bei den sog. Generalklauseln, die sich durch eine relativ hohe Unbestimmtheit auszeichnen.[740] Bei ihnen erteilt der Gesetzgeber den Behörden und den Gerichten einen Auftrag, diese Unbestimmtheit im Einzelfall zu beseitigen;[741] aufgrund der Unbestimmtheit steht ihnen hierbei ein weites Ermessen zu.[742] Bei öffentlich-rechtlichen Generalklauseln ist dies mit Gefahr für die Freiheiten der Bürger verbunden, denn sie können nicht rechtssicher das Handeln des Staates vorhersehen bzw. beurteilen.[743] Bei privatrechtlichen Generalklauseln gibt es zwar grundsätzlich keine strukturelle staatliche Gefahr für die Freiheiten, denn die Entscheidung bewegt sich zwischen zwei Parteien; dem Gericht obliegt es, für einen

739 Zu dem Spannungsverhältnis zwischen dem Gesetzgeber und den Gerichten am Beispiel des Gesellschaftsrechts s. *Strohn*, FS Seibert, 2019, S. 919 ff.; vgl. aus der Perspektive der Rechtsfortbildung *Benz*, Gesellschaftsrechtsentwicklung, 2024, S. 32 ff.; vgl. *Hillgruber*, JZ 1996, 118, 124.

740 S. etwa *Bydlinski*, Methodenlehre, 1982, S. 582 ff. Der Gesetzgeber leistet häufig dem Rechtsanwender Hilfe, indem er die Generalklauseln durch Regelbeispiele ergänzt, s. dazu *Schünemann*, JZ 2005, 271 ff.

741 S. z. B. BT-Drs. 18/8486, 95, wo es um die Konkretisierung des § 439 Abs. 3 BGB geht; s. auch am Beispiel des Berichts des Rechtsausschusses zum UmRUG BT-Drs. 20/5237, S. 94; vgl. *Benz*, Gesellschaftsrechtsfortbildung, 2024, S. 27 sowie S. 30 mwN.

742 S. zu den Grenzen der Konkretisierung prägnant *Bydlinski*, Methodenlehre, 1982, S. 584.

743 S. hierzu aus der öffentlich-rechtlichen Perspektive *Wißmann*, Generalklauseln, 2008, S. 4 ff.

angemessenen Ausgleich mithilfe der Generalklauseln zu sorgen, indem es z. B. den Vertrag ergänzt.[744] Die Zivilgerichte müssen sich bei der Konkretisierung im Rahmen der objektiven Wertordnung des Grundgesetzes bewegen[745] sowie an die Grundprinzipien des Zivilrechts halten, allen voran an die Privatautonomie.

c) Die Konkretisierungsbefugnis bei der prinzipienorientierten Regulierung

Bei der prinzipienorientierten Regulierung[746] entscheidet sich der Gesetzgeber hingegen für eine freiheitsschonende Regulierung, indem der Staat dem Normadressaten ausschließlich das Ziel vorgibt. Die Konkretisierung der notwendigen Umsetzungsmaßnahmen durch die sonstigen staatlichen Akteure erscheint folglich illegitim,[747] denn der Adressat der Freiräume sind die Unternehmen selbst und nur sie. Diese Illegitimität lässt sich auf das Verfassungsrecht stützen: Die demokratisch legitimierte Legislative wird missachtet, wenn deren regulatorisches Konzept von der Exekutive und von der Judikative untergraben wird. Aus der Perspektive des Grundrechtsschutzes eine illegitime Konkretisierung kann als ein vom Gesetz nicht gedeckter Eingriff in die grundrechtlich geschützte Organisationsfreiheit angesehen werden.[748]

Der Gesetzgeber bedient sich der offenen Zielvorgaben bezogen auf die Organisation aufgrund der Natur des Regelungsgegenstands, der eine flexible, zukunftsoffene und sachnahe Konkretisierung verlangt,[749] und nicht bloß aus dem

744 Zu den Funktionen der Generalklauseln grundlegend *Auer*, Generalklauseln, 2005, S. 141 ff., 144 ff. mwN; umfassend BeckOGK/*Kähler*, 15.10.2024, BGB § 242 Rn. 63 ff.; MüKoBGB/*Schubert*, BGB § 242 Rn. 15 ff.; s. auch Staudinger/*Baldus*, 2024, Einleitung BGB, Rn. 70 ff.

745 Vgl. *Auer*, Generalklauseln, 2005, S. 77 ff.; Staudinger/*Honsell*, 2018, Einleitung BGB, Rn. 195; vgl. *Engisch*, Die Idee der Konkretisierung, S. 218 f. mit seinem Hinweis auf die Bedeutung der Grundrechte bei der Ausfüllung der Generalklauseln; ähnlich *Bydlinski*, Methodenlehre, 1982, S. 582 f.; vgl. bereits *Rupp*, AöR 101 (1976), 161, 169 mwN.

746 Der Begriff »Regulierung« wird hier nicht technisch genutzt und bezieht sich auch auf privatrechtliche Normen; vgl. *Grundmann*, FS Canaris II, 2017, S. 907, 909 f.

747 In dieser Richtung zu Zielvorgaben des LkSG schon *Irmscher/Bücker*, NVwZ 2023, 1368, 1371; zu den Gefahren der behördlichen Konkretisierung, die aufgrund der umfassenden Verwaltungsvorschriften ggf. zu lediglich »formellen« Zielvorgaben mutieren vgl. *Thaten*, Ausstrahlung, 2016, S. 187 f. mwN.

748 Zum Grundrechtsschutz der Organisationsfreiheit s. oben Teil 3, III.

749 Zu der hohen Situationsabhängigkeit und zu der Unmöglichkeit der optimalen Normierung der Organisation s. bereits oben Teil 2, VI. C. und Teil 2, VIII. Vgl. *Buck-Heeb/Dieckmann*, Selbstregulierung, 2010, S. 220 ff., die auf die Flexibilität, Geschwindigkeit und Sachnähe der Selbstregulierung hinweisen; vgl. zum finalen Selbstregulierungsauftrag als Instrument zur Ausfüllung von offenen Zielvorgaben unten d).

Bedürfnis nach individueller Gerechtigkeit[750], wie dies bei den privatrechtlichen Generalklauseln der Fall ist.

Bei klassischen Generalklauseln werden üblicherweise unterschiedliche Versuche unternommen, die Tatbestände zu konkretisieren, sei es mithilfe einer präzisierenden Definition oder der Fallgruppenbildung.[751] Diese Konkretisierungsmaßnahmen brauchen aber eine gewisse Zeit und lassen sich im Falle der Organisation wegen der Fülle der möglichen Lösungen[752] nur schwer umsetzen. Die Normadressaten erhalten daher selbst die Befugnis sowie die Aufgabe der zielgerechten und -gerichteten Konkretisierung;[753] Behörden sowie Gerichte müssen sich mit der Rolle begnügen, lediglich die Fälle zu identifizieren, in denen die Konkretisierung durch den Adressaten die gesetzliche Zielvorgabe missachtet hat.[754]

Der Vorteil dieser Regulierungsart besteht nicht nur in der niedrigeren Belastung der Freiheit des Rechtsadressaten. Die selbstbestimmte Festlegung eigener Pflichten führt zu ihrer höheren Akzeptanz,[755] denn ihr Inhalt geht auf die eigene Entscheidung zurück und wurde nicht von außen oktroyiert.

d) Begriffliche Abgrenzung zwischen den Generalklauseln und der prinzipienorientierten Regulierung

Bei allen drei Gegenständen, d. h. den prinzipienorientierten Organisationsvorgaben, den privatrechtlichen Generalklauseln sowie den öffentlich-rechtlichen

750 S. dazu *Auer*, Generalklauseln, 2005, S. 54 ff.

751 Vgl. zu Konkretisierungsstrategien bzgl. der Generalklauseln im Vertragsrecht *Jung* in: Baldus/Müller-Graff, Die Generalklausel im Europäischen Privatrecht, 2006, S. 37, 57 ff.; s. dazu aus verfassungsrechtlicher Perspektive *Papier/Möller*, AöR 122 (1997), 177, 202 ff.

752 S. oben Teil 2, III. und IV.

753 *Wundenberg*, Compliance, 2012, S. 57 f.; aA wohl *Langenbucher*, ZBB 2013, 16, 21, die es als ein Auslegungsproblem sieht (s. aber S. 23, wo *Langenbucher* von der gemeinsamen Konkretisierung durch die Behörden und die Adressaten ausgeht); s. auch *Koch*, AktG § 91 Rn. 17, der bzgl. § 91 Abs. 3 AktG von der Ausfüllungsbefugnis der Gerichte ausgeht.

754 S. auch *Irmscher/Bücker*, NVwZ 2023, 1368, 1372 ff., die sich für die gerichtliche und behördliche Zurückhaltung am Beispiel des LkSG aussprechen; ähnlich *Thies*, Sondergesellschaftsrecht, 2023, S. 73; mehr dazu unten e); ähnlich im Kontext des französischen Lieferkettengesetz *Tribunal judiciaire de Paris*, zitiert nach *Nasse*, ZEuP 2024, 850, 870 f., die auf die Aussage dieses Tribunals hinweist, wonach dieses nicht anstelle des Unternehmens und der Stakeholder bei der Bestimmung der konkreten Maßnahmen treten dürfe.

755 S. *Binder*, Regulierungsinstrumente, 2012, S. 274 ff. mwN; *Buck-Heeb/Dieckmann*, Selbstregulierung, 2010, S. 223 f. ähnlich im Kontext des Genossenschaftsrechts *Denga*, NZG 2022, 1179, 1184 f.

Generalklauseln, handelt es sich um sog. Delegationsnormen.[756] Die konkrete Normsetzung wird durch den Gesetzgeber delegiert. Wegen der unterschiedlichen Adressaten der Delegation führt der Begriff der Generalklausel bei der prinzipienorientierten Regulierung lediglich zu Verwirrung, denn diese Regulierungsweise teilt die Rechtsnatur der tradierten Generalklauseln nicht, was die Konkretisierungsbefugnisse anbelangt. Dieser Begriff ist also bei offenen Zielvorgaben trotz ihres generalklauselartigen Charakters[757] strikt abzulehnen.

Erst recht müssen in diesem Kontext alle Begriffe abgelehnt werden, die die Konkretisierungsbefugnis des Normadressaten verschleiern, wie z. B. der Beurteilungsspielraum. Zwar kann der Zusatz »unternehmerisch« auf die Konkretisierungsbefugnis der Unternehmen hinweisen;[758] das übliche Merkmal der Beurteilungsspielräume ist allerdings die Konkretisierungsbefugnis der Verwaltung und eine eingeschränkte nachträgliche gerichtliche Kontrolle.[759]

Einen möglichen Ausweg bietet »der finale Selbstregulierungsauftrag«. Hier unterstreicht der Begriff »Auftrag« die Freiräume und in der Finalität kommt die Zweckbindung dieser Freiräume zum Ausdruck. Die Selbstregulierung hebt die

756 So bzgl. der Generalklauseln des Privatrechts *Heck*, Grundsriß des Schuldrechts, 1929, S. 6 f., 11 ff.; ähnlich *Bydlinski*, Methodenlehre, 1982, S. 583; so allgemein *Rüthers/Fischer/Birk*, Rechtstheorie, Rn. 836; vgl. auch *Hedemann*, Die Flucht in die Generalklauseln, 1933, S. 58: »ein Stück offengelassener Gesetzgebung«, der dort auch bereits die Möglichkeit der Delegation der Konkretisierungsbefugnis an den Adressaten selbst gesehen und für absurd erklärt hat; kritisch *Auer*, Generalklauseln, 2005, S. 132 ff., 152 f.; vgl. speziell zur prinzipienorientierten Regulierung den Begriff »Verantwortungsdelegation« bei *Wundenberg*, Compliance, 2012, S. 57 f. sowie im Anschluss an ihn *Thies*, Sondergesellschaftsrecht, 2023, S. 73, der zwar zur Erklärung des Phänomens hilfreich ist, aber keine hinreichende rechtstheoretische Klarheit schafft; vgl. auch *Thaten*, Ausstrahlung, 2016, S. 186 f., die auch eine gewisse Ähnlichkeit zwischen den Generalklauseln und der prinzipienorientierten Regulierung erkennt.

757 So zu § 91 Abs. 2 AktG *Hommelhoff/Mattheus* in: Dörner/Horváth/Kagermann, Praxis des Risikomanagements, 2000, S. 7, 11 f.; aA *Wundenberg*, Compliance, 2012, S. 49 f., weil das Ziel der Generalklauseln anders als der Zielvorgaben unbestimmt sei; dem lässt sich aber entgegnen, dass dies kein zwingendes Charakteristikum ist: S. z. B. die polizeirechtliche Generalkalusel, die eine ganz konkrete Zielsetzung aufweist.

758 Vgl. *Irmscher/Bücker*, NVwZ 2023, 1368; s. auch *Semler*, FS Ulmer, 2003, S. 627, 633 f., der sich des Begriffs »Beurteilungsspielraum« im Kontext der Vorstandsspielräume (Leitungsermessen) bedient. S. auch *Hübner/Kühle*, CRZ 2023, 5, 9 ff., die eine Lehre von unternehmerischen Beurteilungsfehlern für das LkSG entwickelt haben.

759 *Bachof*, JZ 1955, 97, 98 ff.; Schoch/Schneider/*Geis*, VwVfG § 40 Rn. 137 f.; s. allgemein *Detterbeck*, Allgemeines Verwaltungsrecht, Rn. 354 ff. Vgl. hierzu aus der Rechtsprechung z. B. BVerwGE 8, 272, 273 ff. (insb. 275); 78, 280, 282; zur verfassungsrechtlichen Zulässigkeit wegen Art. 19 Abs. 4 GG kritisch BVerfGE 21, 191, 194 f.; BVerfGE 31, 113, 117; BVerfGE 35, 263, 274.

Normsetzung durch den Rechtsanwender für sich selbst hervor;[760] im Kontext der prinzipienorientierten Regulierung wird häufig auf den Begriff der Selbstregulierung zurückgegriffen.[761] Gleichzeitig wird die Gefahr gebannt, auf die Rechtsnatur der prinzipienorientierten Regulierung aus anderen Phänomenen zurückzuschließen, die wegen der funktionalen Unterschiede eine kategorisch andere Aufteilung der Konkretisierungsbefugnisse aufweisen.

Der finale Selbstregulierungsauftrag ähnelt begrifflich dem Regelungsauftrag, mit dem er aufgrund der selbstbestimmten Regelung des Einzelfalls durch die sachnahen Betroffenen funktionsverwandt ist.[762] Er stimmt außerdem mit der strukturellen Bedeutung der Privatautonomie im Rahmen der Organisationsfreiheit überein.[763] Der Adressat der Normen bestimmt also seine Organisation durch die Verträge in den Grenzen der gesetzlich vorgegebenen Ziele; er behält die strukturelle Selbstbestimmung, auch wenn der Gesetzgeber die Bestimmung über die Ziele an sich zieht. Im Ergebnis schafft die prinzipienorientierte Regulierung eine Brücke zwischen privatrechtlicher Selbstbestimmung und fremdbestimmter staatlicher Regulierung.[764]

e) Die eingeschränkte negative Konkretisierungsbefugnis der staatlichen Akteure

Die Reichweite der unternehmerischen Freiheit innerhalb der Zielvorgabe ist die Kehrseite der zulässigen Kontrolle durch Behörden und Gerichte. Theoretisch könnte diesen staatlichen Akteuren jedwede Durchsetzung von offenen Zielvorgaben verboten werden; der Gesetzgeber möchte mit dem finalen Selbstregulierungsauftrag zwar unternehmerische Freiräume, aber keine rechtsfreien Räume

760 S. umfassend zum Begriff »Selbstregulierung« *Buck-Heeb/Dieckmann*, Selbstregulierung, 2010, S. 8 ff.

761 S. z. B. *Bürkle*, CCZ 2008, 50, 53; *Beckers*, ZfPW 2021, 220, 246; *Trute*, DVBl. 1996, 950; s. auch *Rast*, Organisationsfreiheit, 2022, S. 294 ff. mwN., der bei den prinzipienorientierten Organisationspflichten zutreffend von der staatlich regulierten Selbstregulierung spricht.

762 Zum Regelungsauftrag s. umfassend *Binder*, Regulierungsinstrumente, 2012, S. 352 ff.; vgl. *Hommelhoff*, GmbHR 1979, 102, 108 f. Vgl. das ähnliche Konzept der *kontrollierten Eigenverantwortlichkeit* im Chemikalienrecht, bei dem eine Sachverstandsasymmetrie zulasten des Staates zu einem reduzierten Kontrollmaßstab führt, *Hommelhoff/Schwab*, BFuP 1998, 38, 45 f. mwN.

763 Zur Verbindung zwischen der Privatautonomie und der Organisationsfreiheit s. oben Teil 3, I. A. 2.; vgl. zum Spannungsverhältnis zwischen der Fremd- und Selbstregulierung *Buck-Heeb/Dieckmann*, Selbstregulierung, 2010, S. 26.

764 Zu diesem Spannungsverhältnis s. statt aller *Grundmann*, FS Canaris II, 2017, S. 907 ff.

schaffen.[765] Um ihrer Kontrollaufgabe nachkommen zu können, müssen also Behörden und Gerichte eine in ihrem Umfang reduzierte Konkretisierungsbefugnis haben.[766] Zentral für die Freiheit des Unternehmens ist also die Frage, wie die freiheitsschonende Ausübung der staatlichen Kontrolle sicherzustellen ist.

Hier könnte die Unterscheidung zwischen einer negativen und einer positiven Konkretisierungsbefugnis für ein Mehr an Klarheit sorgen.[767] Das Unternehmen verfügt über die positive Konkretisierungsbefugnis innerhalb der Schranken der Zielvorgabe. Solange der Normadressat (das Unternehmen) nicht diese Schranken verlässt, ist das Konkretisierungsergebnis vor dem Zugriff der Behörden und der Gerichte geschützt. Damit teilen offene Zielvorgaben die Rechtsnatur der Business Judgment Rule, indem sie einen »sicheren Hafen« garantieren.[768] Die negative Befugnis beschränkt sich auf jene Fälle, in denen sich der Normadressat zielwidrig verhalten[769] und damit den sicheren Hafen verlassen hat. In diesen Fällen dürfen die staatlichen Akteure mit der gebotenen Zurückhaltung lediglich die Überschreitung der Zielvorgabe *in concreto* feststellen.

Das Problem der Aufteilung der Konkretisierungsbefugnisse ist allerdings nur scheinbar gelöst, denn es stellt sich die Frage: Wann ist die Grenze des gesetzlich vorgegebenen Ziels überschritten?

Einfach beurteilen lassen sich jene Fälle, in denen der Normadressat das gesetzlich vorgegebene Ziel bewusst ignoriert. Ein solcher Fall liegt vor, wenn bspw. der Normadressat seine Konkretisierungsbefugnis gar nicht ausgeübt hat; damit ignoriert er pflichtwidrig den finalen Selbstregulierungsauftrag, den er vom Gesetzgeber erhalten hat. Als ein anderes Beispiel kann der Fall genannt werden, wenn das Gesetz ein System vorschreibt und jenes nie eingerichtet wurde.[770] Das Gericht oder die Behörde können dies feststellen. Anders gesagt: Wenn der Gesetzgeber den Adressaten nur das »Wie« und nicht das »Ob« als Freiraum anvertraut, gilt für die staatliche Kontrolle des »Ob« nichts Besonderes.

Die Auseinandersetzung zwischen den Normadressaten, Behörden und Gerichten wird sich aber meistens auf das »Wie« fokussieren, um die Rechtmäßigkeit des Gebrauchs der Umsetzungsfreiheit[771] zu kontrollieren. In jenen Fällen kann eine Verletzung der Zielvorgabe nur dann festgestellt werden, wenn die

765 Zur Problematik der rechtsfreien Räume im Kontext der privaten Regelsetzung vgl. *Bachmann*, Private Ordnung, 2006, S. 44 ff.; zu Verrechtlichungsdiskussion vgl. bereits *Hellwig*, AcP 86 (1896), 223, 247 f.

766 Vgl. *Kirchhof*, FS Juristische Fakultät der Universität Heidelberg, 1986, S. 11, 20 ff.

767 Vgl. eine ähnliche Aufteilung bei *Lohse*, Ermessen, 2005, S. 55 ff.

768 Vgl. dazu unten Teil 5, II. B. 2. a. E.

769 So bereits *Thies*, Sondergesellschaftsrecht, 2023, S. 73.

770 Zu der Systemeinrichtungspflicht als einer verdeckten Zielvorgabe s. unten Teil 5, IV. D. 2. b). (1).

771 Dieser prägnante Begriff geht auf *Blach*, NZG 2024, 235, 240 zurück, der ihn im Kontext der britischen Lieferkettenregulierung bezogen auf das »Wie« der Pflichtenerfüllung nutzt.

betroffene Maßnahme aus der Ex-ante-Perspektive evident zweckwidrig bzw. unzureichend war.[772]

Durch die Ausübung der negativen Befugnis lediglich *in concreto* und begrenzt auf das Negative (Überschreitung) sinkt das Risiko eines illegitimen Vorstoßes von unternehmensfernen Akteuren in den geschützten positiven Konkretisierungsfreiraum der Normadressaten. Dies kann zwar zu Kontrollschwierigkeiten führen, aber wegen der Bedeutung der Organisationsfreiheit muss hier der alte Grundsatz genannt werden: *In dubio pro libertate*[773].

Die großzügige Evidenzkontrolle wird ferner bei offenen Zielvorgaben, die Dauerpflichten sind, durch die Iterativität[774] ausgeglichen: Dann handelt es sich um eine *multipunktuelle Evidenzkontrolle*; der Adressat nähert sich schrittweise dem Ziel und jeder der Schritte wird im Lichte des bisherigen Geschehens überprüft; d.h., die Evidenzkontrolle ist in diesem Fall dynamisch und wird an den Wissenshorizont angepasst.

Ein Beispiel für eine zurückhaltende gerichtliche Kontrolle, die den hier vertretenen Maßstab verwirklicht, bietet das Urteil des *OLG Frankfurt* zu § 91 Abs. 2 AktG vom 12.12.2007:[775]

»Schadensersatzansprüche sind dann nur begründet, wenn ein sich zwingend aufdrängendes, organisatorische Maßnahmen erforderndes Problem gänzlich ohne Berücksichtigung bleibt oder wenn die getroffenen Regelungen offensichtlich unzweckmäßig sind, also den Regelungsgegenstand nicht einmal berühren.«

Zwei Kriterien für die Beurteilung des konkreten Falles sollten aus diesem Urteil hervorgehoben werden: Es geht um die offensichtliche Zielverfehlung (»offensichtlich unzweckmäßig«) sowie um die völlige Ungeeignetheit der Maßnahme zur Zielerreichung (»den Regelungsgegenstand nicht einmal berühren«), die das erste Kriterium präzisiert. Beide Kriterien lassen sich in der Praxis selten bejahen; sie lassen also den positiven unternehmerischen Freiraum unangetastet.

772 Ähnlich bereits bezogen auf die Verletzung der allgemeinen Sorgfaltspflicht durch den Vorstand *Hommelhoff*, Konzernleitungspflicht, 1982, S. 173; vgl. eine differenzierte Auffassung von *Rast*, Organisationsfreiheit, 2022, S. 395, der diese Meinung für den Fall vertritt, dass keine behördliche Konkretisierung vorgenommen wurde. Wohl aA *Otto*, NZG 2024, 1055, 1057, Rn. 18 ff., wonach das Gericht dazu befugt sei, das Mindestniveau der Zielerreichung zu bestimmen. Vgl. *Nasse*, ZEuP 2024, 850, 870 f., wo sie auf die Aussage von *Tribunal judiciaire de Paris* im Kontext des französischen Lieferkettengesetz hinweist, dass das Gericht nicht an Stelle der Gesellschaft und Stakeholder treten dürfe, um die Zweckmäßigkeitsgesichtspunkte zu beurteilen

773 Vgl. BeckOGK/*Kähler*, 15.10.2024, BGB § 242 Rn. 62; zum römischrechtlichen Vorläufer (*favor libertatis*) s. *Ankum*, FS Wieling, 2006, S. 1 ff. Zu diesem Grundsatz aus der grundrechtlichen Perspektive s. BVerfGE 55, 159, 165; im Kontext der Freiheitsentziehung s. BVerfGE 63, 340, 342.

774 Zur Bedeutung der Iterativität im Kontext des LkSG vgl. BeckOGK/*Hübner/Weller*, 1.9.2023 LkSG § 3 Rn. 33 ff.

775 *OLG Frankfurt*, Urteil v. 12.12.2007, Az. 17 U 111/07, AG 2008, 453, 455.

f) Das Konzept eines Konkretisierungsdialogs zwischen Normadressaten und Behörden als Alternative?

In der Praxis und in der Literatur ist eine weitere Antwort auf die rechtliche Unsicherheit der prinzipienorientierten Regulierung zu finden: Die Konkretisierung soll im Rahmen eines Dialogs zwischen Unternehmen und zuständigen Behörden erfolgen.[776] Dieses Konzept beschränkt sich auf die Organisationsvorgaben mit öffentlich-rechtlichem Durchsetzungsregime.

Grundsätzlich lässt sich der Dialoggedanke aus der Perspektive der selbstbestimmten unternehmerischen Freiheit positiv beurteilen: Das Unternehmen und die Behörde sitzen gemeinsam an einem Tisch und finden zusammen die beste Lösung heraus, die sowohl das Unternehmenswohl als auch das Interesse der Allgemeinheit verwirklicht.

Dieser Blick verkennt aber die strukturellen Probleme, die auch sonst das Zivilrecht plagen: Eine vertragliche Lösung ist nur dann das Ergebnis einer selbstbestimmten Entscheidung zweier Parteien, wenn diese die ungefähr gleiche Verhandlungsposition haben.[777] Anders gesagt, es darf keine wesentliche Asymmetrie der Kräfte vorliegen, wenn eine Verhandlung zu einem Kompromiss führen soll. Dieser Zustand liegt hier aber vor: Die Behörde kann ihren Konkretisierungsvorschlag mithilfe von hoheitlichen Mitteln verwirklichen, und zwar durch einen Verwaltungsakt.[778] D. h., sie kann jederzeit den Dialog mit einer Entscheidung beenden, die ihren eigenen Vorstellungen entspricht. Zwar kann das Unternehmen dagegen gerichtlich vorgehen, aber nicht ohne Risiko und Zeitverlust; ferner kann die unternehmerische Reputation bereits wegen eines ungünstigen Verwaltungsakts stark leiden. Beim hier behandelten Dialog geht es also um ein Gespräch zwischen einem Wolf und einem Schaf.

Auf der Behördenseite lassen sich gewisse Vorkehrungen treffen, die die Asymmetrie z. T. überwinden lassen. Zunächst bedürfe es einer organisatorischen Trennung in der Behörde: Die hoheitlich handelnden Beamten dürften nicht die Aufgaben der für den Dialog verantwortlichen Beamten wahrnehmen; das Machtmissbrauchsrisiko ist höher, wenn der Beamte es gewohnt ist, einseitig hoheitlich per Verwaltungsakt das Handeln der Unternehmen zu bestimmen.

Ein Beispiel für eine starke organisatorische Trennung kann im System der früheren Bilanzkontrolle gesehen werden: Dort war die Verhandlungsstufe

776 *Black*, Capital Markets Law Journal, Vol. 3 No. 4 (2008), S. 425, 439 f.; vgl. auch *Hannemann/Schneider/Weigl*, MaRisk Kommentar, S.75 f., die allerdings einen Dialog auf der Ebene der behördlichen Standardsetzung ansprechen; s. auch *Wundenberg*, Compliance, 2012, S. 62 ff.; vgl. *Voß*, Unternehmenswissen, 2019, S. 179 ff. Vgl. allgemein zum Konzept der aushandelnden Verwaltung *Schuppert*, Verwaltungswissenschaft, 2000, S. 123 ff.

777 Auf diesem Gedanken beruht die AGB-Kontrolle, s. BeckOGK/*Lehmann-Richter*, 1.2.2025, BGB § 305 Rn. 8; MüKoBGB/*Fornasier*, Vor § 305 Rn. 4. Vgl. allgemein Staudinger/*Olzen*, 2019, Einleitung zu §§ 241 ff. Rn. 50.

778 Vgl. *Schuppert*, Verwaltungswissenschaft, 2000, S. 431.

kodifiziert, freiwillig sowie auf einen Verein ausgelagert, die DPR e. V.[779] Erst beim Scheitern der Verhandlungen wurde eine Behörde (die BaFin) eingeschaltet und es wurden hoheitliche Maßnahmen ergriffen; dies geschah automatisch und konnte dadurch einen faktischen Einigungszwang für die betroffenen Unternehmen zur Folge haben.[780] Dieses System wurde nach dem Wirecard-Skandal durch das FISG aufgegeben.[781]

Eine zusätzliche Absicherung vor der Ausnutzung der staatlichen Übermacht innerhalb des Dialogkonzepts könnte ein Expertengremium sein, das sich paritätisch aus den Beamten und Unternehmenspraktikern zusammensetzt und *in concreto* eine sachlich begründete Freigabe erteilen muss, damit die Behörde hoheitlich eingreifen darf.[782] Das würde die Unternehmen vor dem Missbrauch der staatlichen Macht in der Verhandlung effizient absichern, denn die hoheitliche Entscheidung wäre nicht mehr der einfachste Weg der Problemlösung aus behördlicher Sicht. Dagegen ließe sich einwenden, dass diese Lösung ein Missbrauchsrisiko in sich trägt: Die Behörden wären bei extremen Gesetzesverstößen durch das Gremium gelähmt. Die Missbrauchsfälle sollten aber eine Veranlassung dazu sein, Behörden für genau solche Fälle Sonderbefugnisse unter extrem engen Voraussetzungen zu erteilen; nur dann wäre die Umgehung der Experten zulässig. Die kriminellen Einzelfälle sollen nicht systemprägend wirken und so zu einer überstrengen Regulierung führen.[783]

Dem Konkretisierungsdialog haftet der Makel an, generell das Konzept der prinzipienorientierten Regulierung infrage zu stellen; die positive Konkretisierungsbefugnis liegt bei Unternehmen und gerade nicht bei Unternehmen *und* bei Behörden gemeinschaftlich. Es müsste in der Rechtspraxis sichergestellt werden, dass ein Rückgriff auf das Dialogkonzept nur in seltenen Ausnahmefällen stattfindet; nur in Grenzfällen am äußersten Rand der positiven Konkretisierungsbefugnis ist ein Gespräch gerechtfertigt, das eventuell die Unternehmensfreiheit

779 MüKoHGB/*Paal*, 4. Aufl. 2020, § 342b Rn. 50; *Koch/Brand*, BKR 2023, 489, 490; *Gelhausen/Hönsch*, AG 2004, 511 f; Staub/*Hommelhoff*, § 289 HGB Rn. 50; vgl. auch *Pötzsch*, WPg 2023, 355, 356; HHL/*Kneisel/Sen*, 2024, § 41 Rn. 89.

780 Vgl. Beck-IFRS-HdB/*Driesch*, 6. Aufl., § 1 Rn. 100; MüKoHGB/*Paal*, 4. Aufl. 2020, § 342b Rn. 34.

781 Die Abstandnahme von der Zweistufigkeit erfolgte überraschenderweise und ohne eine nähere Auseinandersetzung mit dem bis dahin bestehenden Konzept in der Beschlussempfehlung des Finanzausschusses, s. BT-Drs. 19/29879; kritisch zur Abschaffung Staub/*Hommelhoff*, § 289 HGB Rn. 53; vgl. *Benzing/Denninger/Röger*, NZG 2022, 1426; vgl. jedoch zur Ineffizienz des zweistufigen Systems im Falle von betrügerischen/kriminellen Tätigkeiten *Renner*, ZIP 2023, 729, 730 f. sowie *Pötzsch*, WPg 2023, 355, 356 f.; vgl. HHL/*Kneisel/Sen*, 2024, § 41 Rn. 89 ff.

782 Vgl. *Schuppert*, Verwaltungswissenschaft, 2000, S. 435, wo der Vorrang kooperativen Vorgehens als ein alternatives Instrument dargestellt wird.

783 Vgl. hierzu im Kontext von FISG *Ebke*, ZGR 2024, 1, 36 mwN. (»Great cases, like hard cases, make bad law«); vgl. *Kalss*, ZfPW 2024, 181, 193.

beschneidet. Diesen ausnahmsweisen Gebrauch sicherzustellen, scheint auf den ersten Blick nicht umsetzbar.

Der weitere Nachteil des Dialogkonzepts ist das Expertisenproblem: Um am Dialog sachgerecht teilnehmen zu können, müssen Behörden mit einem entsprechenden Sachverstand ausgestattet werden. Dies ist mit hohen Kosten verbunden. Die negative Konkretisierung ist einfacher und verlangt keinen Sachverstand auf dem Niveau, wie es für die Arbeit an der positiven Ausfüllung der Zielvorgaben erforderlich wäre. Für einzelne Fälle der Zielüberschreitung können auch Sachverständige in Anspruch genommen werden.

Dennoch kann von einer grundsätzlichen Wissensüberlegenheit der Unternehmen ausgegangen werden.[784] Dies führt zu einer Informationsasymmetrie, die ebenfalls ein strukturelles Problem für eine optimale Verhandlungslösung darstellt;[785] denn das Unternehmen kann sein Sonderwissen ausnutzen, um das Regelungsregime durch das Vorenthalten von Informationen (z. B. über besondere Risiken) unter dem optimalen Niveau zu halten.

Zusammenfassend steht fest, dass zwar die Dialoglösung gegenüber einer reinen Konkretisierungsbefugnis von Behörden aus der freiheitlichen Perspektive vorteilhaft erscheint; im Verhältnis zum Konzept der prinzipienorientierten Regulierung bringt sie aber einen wesentlichen Freiheitsverlust. Erst recht sind solche Konzepte der positiven Konkretisierungsbefugnis der Adressaten unterlegen, die die Konkretisierung durch mehrere Akteure gleichzeitig vorsehen, wie z. B. eine Interpretationsgemeinschaft.[786]

g) Das Konzept des Dialogs und die gerichtlichen Entscheidungen außerhalb des öffentlichen Rechts

Manche Organisationspflichten ziehen kein öffentlich-rechtliches Durchsetzungsregime nach sich.[787] Allein zuständig für die Anwendung dieser Normen im Einzelfall sind dann Zivil- und ggf. Strafgerichte, und zwar vorwiegend im Kontext von Haftungsansprüchen (z. B. aus § 93 Abs. 2 AktG), der Untreue (§ 266 StGB) sowie des § 130 OWiG.

In diesen Fällen erfolgt die Überprüfung der Verwirklichung der Organisationspflichten nachträglich mit einem großen zeitlichen Abstand. Dies macht es unmöglich, das Dialogkonzept umzusetzen; dennoch besteht eine faktische Gefahr für die positive Konkretisierungsbefugnis von Normadressaten; denn die

784 Grundlegend hierzu *Voß*, Unternehmenswissen, 2018, S. 34 ff.

785 S. *Fleischer*, Informationsasymmetrie im Vertragsrecht, 2000, S. 182 f. sowie passim; vgl. das Problem am Beispiel der Kreditwirtschaft aus wirtschaftswissenschaftlicher Perspektive *Kamp/Ricke*, BKR 2003, 527 ff.

786 Vgl. *Black*, Capital Markets Law Journal, Vol. 3 No. 4 (2008), S. 425, 445, 446; s. auch *Wundenberg*, Compliance und die prinzipiengeleitete Aufsicht über die Bankengruppen, 2012, S. 62 ff. mwN.

787 Als Beispiel können etwa § 91 Abs. 2 und Abs. 3 AktG genannt werden.

Rechtsprechung hat einen Einfluss auf die Auslegung der Organisationsvorgaben durch die Rechtsanwender in der Zukunft.

h) Folgen der Aufteilung der Konkretisierungsbefugnisse für die Rechtsberatung – eine neue Facette

Das Unternehmerische im Rahmen der prinzipienorientierten Regulierung verlangt es, die Rolle des Rechtsberaters zu überdenken. Bei der klassischen Regulierung muss er (nicht rechtskundigen) Organen der Gesellschaft den gesetzlich vorgegebenen Weg weisen. Der Berater bestimmt also letztendlich die rechtlich erforderlichen Handlungen durch Auslegung und die Organe führen diese lediglich aus.

Den Bedürfnissen der prinzipienorientierten Regulierung entspricht diese Struktur nicht. Denn ihr wohnt die Gefahr inne, dass der Rechtsberater für sich den Freiraum beansprucht, den der Gesetzgeber gerade für die Normadressaten und nicht für deren Rechtsberater vorgesehen hatte. Zugespitzt gesagt, dienen die offenen Zielvorgaben *nicht* dazu, das Risiko der Anwaltshaftung zu minimieren. Daher empfiehlt es sich, den Rechtsberater als einen Wächter der Grenzen zu sehen, die der finale Selbstregulierungsauftrag in sich trägt. Der Rechtsberater muss und darf daher lediglich überprüfen, ob sich die Ablauf- sowie Aufbauorganisation innerhalb des gesetzlich vorgegebenen Ziels halten und kann nur bei zielwidrigem Handeln eine Anpassung anregen.[788] Diese Ansicht lässt sich auf das oben mehrfach erwähnte Sachnäheargument[789] samt dem Effizienzgedanken stützen: Der Rechtsberater wird mangels vertieften Wissens in der Regel nicht imstande sein, die Ziele der Regulierung für die konkrete Organisation optimal zu konkretisieren: Hier stößt das Konzept der unabhängigen Rechtsberatung an die Grenze seiner Leistungsfähigkeit. Im Anschluss daran stellt sich direkt eine weitere Frage: Ist ein Rechtsberater imstande, die evidente Zweckwidrigkeit einer bestimmten Organisation festzustellen? Vor dem Hintergrund des mangelnden Fachwissens bzgl. der ordnungsmäßigen Organisation kann es ggf. notwendig sein, dass sich der Rechtsberater selbst eine gewisse Expertise in diesem Bereich verschafft, um der Aufgabe des Bewachers der Konkretisierungsgrenzen nachkommen zu können.

Die oben beschriebene neue Rolle des Juristen kann aufgrund ihrer Andersartigkeit auf Widerstand stoßen.[790] Sie sorgt für eine hohe Kongruenz zwischen der positiven Konkretisierungsbefugnis der Normadressaten auf der einen Seite und

788 Vgl. *Black*, Capital Markets Law Journal, Vol. 3 No. 4 (2008), S. 425, 448.

789 S. oben Teil 3, II. A. 1. sowie die Fn. 523.

790 Vgl. *Black*, Capital Markets Law Journal, Vol. 3 No. 4 (2008), S. 425, 448 mit ihrer Aussage, das Management bevorzuge die prinzipienorientierte Regulierung und die Juristen nicht; dies soll auf die Unmöglichkeit der Anwendung der klassischen Auslegungsmethoden bei den offenen Zielvorgaben zurückzuführen sein.

der negativen Konkretisierungsbefugnis der Gerichte, der Behörden sowie der Rechtsberater auf der anderen Seite.

2. Die illegitime Konkretisierung durch sonstige Akteure

Es gibt einen weitere Fall, in dem die Konkretisierung durch einen unternehmensfernen Akteur vorgenommen wird: Manche Elemente der Organisation unterliegen bestimmten Prüfungsstandards des Instituts der Wirtschaftsprüfer e. V. (IDW).[791] Diese Standards mögen zwar keine Rechtsverbindlichkeit nach außen haben,[792] aber sie sind faktisch maßgeblich für die Abschluss- sowie Lageberichtsprüfung[793] und erlangen dadurch eine faktische Bindungswirkung;[794] kein Unternehmen riskiert die Versagung des Bestätigungsvermerks[795] und die Organe riskieren ungern die Feststellung eigenen rechtswidrigen Handelns,[796] auch wenn diese Feststellung das Gericht nicht bindet[797]. Wenn Behörden und Gerichte die positive Konkretisierungsbefugnis der Unternehmen nicht für sich beanspruchen dürfen, dann darf dies erst recht nicht durch einen staatsfernen Akteur ohne jedwede demokratische Legitimation[798] vorgenommen werden. Andererseits besteht sowohl auf der Seite der Unternehmen als auch der Wirtschaftsprüfer ein Bedürfnis für eine in ihrer Intensität und Art vorhersehbare Prüfung; die Standards geben der Prüfung einen gewissen Ordnungsrahmen.[799] Die Standards müssen allerdings die Freiräume der Unternehmen respektieren, indem sie eine ausgeprägte Zurückhaltung in Bezug auf die Organisationsvorgaben üben.

791 S. z. B. die für die Organisation relevanten Standards IDW PS 340 n. F., PS 980, PS 981 und PS 982.

792 Grundlegend *Schülke*, IDW-Standards, 2014, S. 49 ff.; MüKoHGB/*Ebke*, § 323 Rn. 37; *Hommelhoff/Mattheus*, FS Röhricht, 2005, S. 897, 909 ff.; vgl. *Böttcher*, NZG 2011, 1054, 1055 ff.; *OLG Stuttgart*, NZG 2022, 953, 955, Rn. 27.

793 Vgl. Staub/*Hommelhoff*, § 289 HGB Rn. 49.

794 *Hommelhoff/Mattheus*, FS Röhricht, 2005, S. 897, 914.

795 Zur rechtlichen Bedeutung des Bestätigungsvermerks, s. *Schülke*, IDW-Standards, 2014, S. 201 ff.; zu der Rolle des Wirtschaftsprüfers vgl. *Ders.*, IDW-Standards, 2014, S. 193 ff.

796 Dies betrifft die Prüfung des Risikofrüherkennungssystems nach § 317 Abs. 4 HGB, die keinen erheblichen Einfluss auf das Bestätigungsvermerk hat, vgl. MüKoHGB/*Ebke*, HGB § 321 Rn. 75 ff.; BeBiKo/*Justenhoven/Deicke*, HGB § 321 Rn. 135 ff.

797 Vgl. *OLG Stuttgart*, AG 2012, 839, 841 f.; *OLG Stuttgart*, AG 20111, 420, 426; s. auch *Fleischer*, AG 2022, 377, 384.

798 Zu der Rechtsnatur des IDW e. V. s. *Hommelhoff/Mattheus*, FS Röhricht, 2005, S. 897, 906 f.; *Schülke*, IDW-Standards, 2014, S. 22 ff.

799 *Hommelhoff/Mattheus*, FS Röhricht, 2005, S. 897, 899; *Schülke*, IDW-Standards, 2014, S. 134 f., 181 f.; *Hannemann/Schneider/Weigl*, MaRisk Kommentar, S. 72.

Dieselben Bedenken können gegen die Kodexkommission geäußert werden, die einen starken faktischen Einfluss auf jene Unternehmen hat,[800] die gem. § 161 AktG eine Erklärung zur Unternehmensführung abgeben müssen.[801] Im Anwendungsbereich von § 161 AktG befinden sich hauptsächlich die börsennotierten Aktiengesellschaften.[802]

Die gleiche Gefahr einer übermäßigen Konkretisierung besteht bei den Standards, die von der DRSC erarbeitet werden und über § 342q HGB[803] einen mittelbaren Einfluss auf das unternehmerische Handeln haben.[804]

3. Zwischenergebnis

Die freiheitsschonende und flexibilisierende Rolle der prinzipienorientierten Regulierung bedarf einer rechtstheoretischen Absicherung. Diese erfolgt in Gestalt einer positiven Konkretisierungsbefugnis der Normadressaten. Die Delegation der Konkretisierung an diese erfolgt mithilfe eines finalen Selbstregulierungsauftrags, der sich von klassischen Generalklauseln wesentlich unterscheidet: Die konkreten Pflichten bestimmen die Normadressaten selbst innerhalb des ihnen aufgetragenen Ziels.

Parallel hierzu muss die Kontrolle durch die staatlichen Akteure eingeschränkt werden, damit diese die Freiräume der Unternehmen nicht selbst ausfüllen; dennoch verbleibt Behörden und Gerichten eine negative Konkretisierungsbefugnis für jene Fälle, in denen die Grenzen der Zielvorgabe evident überschritten wurden. Keine Alternative zu dieser Aufteilung der Konkretisierungsbefugnisse stellt der Dialog zwischen Normadressaten und Behörden dar, der strukturelle Makel aufweist.

Der finale Selbstregulierungsauftrag verlangt eine Anpassung der Rolle des Rechtsberaters, der sich dabei in einen Wächter der Konkretisierungsgrenzen

800 Zur mittelbaren Bindungswirkung des DCGK s. *Ulmer*, ZHR 166 (2002), 150, 160 f.; *Koch*, AktG § 161 Rn. 3 mwN.; *Seidel*, ZIP 2004, 285, 290 f.

801 Zu dem Vorwurf der Verfassungswidrigkeit wegen eines Verstoßes gegen das Demokratieprinzip s. *Ulmer*, ZHR 166 (2002), 150, 161 ff.; s. dazu auch *Wolf*, ZRP 2002, 59 f.

802 Zum Anwendungsbereich dieser Bestimmung MüKoAktG/*W. Goette*, § 161 Rn. 59 ff.; *Koch*, AktG § 161 Rn. 6a f.

803 Der frühere § 342 HGB wurde verschoben durch das Gesetz zur Umsetzung der Richtlinie (EU) 2021/2101 im Hinblick auf die Offenlegung von Ertragsteuerinformationen durch bestimmte Unternehmen und Zweigniederlassungen sowie zur Änderung des Verbraucherstreitbeilegungsgesetzes und des Pflichtversicherungsgesetzes vom 19. Juni 2023, BGBl. I, Nr. 154.

804 S. dazu *Lorson uam*, ZGR 2015, 887, 894; vgl. auch BeBiKo/*Justenhoven*/*Holland*, 13. Aufl. 2022, § 342 HGB Rn. 23 ff.; kritisch aus verfassungsrechtlicher Perspektive *Budde/Steuber*, DStR 1998, 1181, 1185; vgl. auch *Hommelhoff/Schwab*, FS Kruse, 2001, S. 693 ff.; vgl. zur Verfassungsmäßigkeit umfassend *Hellermann*, NZG 2000, 1097, 1100 ff.

verwandelt und die unternehmerischen Freiräume respektieren muss. Es besteht die Gefahr einer illegitimen Konkretisierung durch Behörden, Gerichte sowie durch staatsferne Akteure mit einem starken faktischen Einfluss (z. B. das IDW).

E. Die Schattenseiten der prinzipienorientierten Regulierung

Die mithilfe der prinzipienorientierten Regulierung erreichte Organisationsneutralität kann auf der Seite des praktischen Rechtsvollzugs gewisse Nachteile mit sich bringen. Beim Ausmessen dieser Schattenseiten werden die Erkenntnisse berücksichtigt, die oben im Rahmen der rechtstheoretischen Untersuchung erlangt wurden.

1. Schwierigkeiten mit der Konkretisierung

Das Hauptproblem des Rechtsanwenders liegt darin, die Konkretisierungsschwierigkeiten zu überwinden. Denn er kann aufgrund der ihm gewährten Freiräume von der Unsicherheit betroffen sein, ob sich seine Anstrengungen bezogen auf die Gesetzeseinhaltung innerhalb des rechtlichen Rahmens bewegen oder nicht.[805] Dies erscheint umso wesentlicher vor dem Hintergrund, dass die Ausübung der Freiheit durch den Mangel an Rechtssicherheit behindert wird.[806] Das kann zu der Schlussfolgerung führen, Unternehmen würden keine Freiräume eröffnet sondern eine »Regulierungslast« aufgebürdet.[807] Insgesamt scheint aus dieser Perspektive der Zweck offener Zielvorgaben verfehlt, die Normadressaten zu schonen.

Zwar trifft Unternehmen eine Konkretisierungspflicht; es würde gegen die Zielvorgabe verstoßen, wenn sie keine Konkretisierung und infolgedessen keine Umsetzung einer Organisationspflicht vornehmen würden. Dies darf jedoch den freiheitlichen Aspekt der Freiräume nicht verschleiern. Dieser wurde oben auch dadurch abgesichert, dass erst die Evidenz der Überschreitung zum Verstoß führt;[808] denn es kann schwierige Fälle geben, bei denen die Feststellung des Mittel-Zweck-Verhältnisses problematisch ausfällt; dies soll nicht den Normadressaten zum Nachteil gereichen.

805 Vgl. zu diesem Problem *Black*, Capital Markets Law Journal, Vol. 3 No. 4 (2008), S. 425, 448; s. auch S. 446, wo *Black* die Meinung vertritt, dass die prinzipienorientierten Normen immer letztendlich konkretisiert würden und der praktische Unterschied zwischen den offenen Zielvorgaben und konkreten Normen nur geringfügig sei; dem lässt sich entgegnen, dass das Hauptproblem nicht die Konkretisierung ist, sondern *wer* sie vornimmt (s. dazu oben D. 1. c).).

806 *Papier/Möller*, AöR 122 (1997), 177, 200; vgl. *Thies*, Sondergesellschaften, 2023, S. 73.

807 So zu § 25a KWG, der ein Beispiel für die prinzipienorientierte Regulierung der Organisation darstellt, *Voß*, Unternehmenswissen, 2018, S. 159 ff.

808 S. dazu oben D. 1. e).

Der Rechtsanwender soll sich bei der Konkretisierung für Maßnahmen entscheiden, bei denen ein sachlicher Zusammenhang mit dem ihm vorgegebenen Ziel besteht. Dies ist ein rein faktisches Problem.[809] Der Rechtsanwender kann sich eine Kontrollfrage stellen: Sind die Umsetzungsmaßnahmen auf das Ziel gerichtet, das der Gesetzgeber vorgegeben hat? Wenn er diese Frage bejahen kann, ohne sonst gegen die Gesetze oder seine Organpflichten zu verstoßen, dann nutzt er die Freiräume im Sinne der Zielvorgabe und befindet sich in einem »sicheren Hafen« seiner positiven Konkretisierungsbefugnis.

2. Unbestimmtheit der Unternehmenspflichten

Eng mit den Konkretisierungsschwierigkeiten hängt der verfassungsrechtlich schwerwiegende Vorwurf der (übermäßigen) Unbestimmtheit des Norminhalts von prinzipienorientierter Regulierung zusammen.[810]

Das Bestimmtheitsgebot erwächst aus dem Rechtsstaatsprinzip (Art. 20 Abs. 3 GG)[811] und erfüllt wichtige Funktionen innerhalb des freiheitlichen Rechtsstaats. Es ermöglicht dem Normunterworfenen, das Ausmaß des Eingriffs in seine Grundrechte vorherzusehen.[812] Ferner soll eine rechtssichere Rechtsanwendung gewährleistet werden, sodass dem Normunterworfenen das Ausrichten seines Verhaltens nach der Norm ermöglicht wird[813] und ihm im Ergebnis keine negativen Konsequenzen drohen. Er soll auch nicht einer willkürlichen Rechtsanwendung durch Behörden und Gerichte ausgesetzt sein.[814]

809 Vgl. *Nietsch*, ZGR 2015, 631, 656.

810 S. zur Unbestimmtheit der prinzipienorientierten Regulierung *Black*, Capital Markets Law Journal, Vol. 3 No. 4 (2008), S. 425, 438, 448. Vgl. zu diesem Vorwurf am Beispiel der Diskussion zum LkSG *Berger*, ZGR 2022, 607, 613 ff.; *Charnitzky/Weigel*, RIW 2022, 12; s. hierzu auch umfassenden Beitrag von *Kamann/Irmscher*, NZWiSt 2021, 249, 253 ff.; vgl. auch *Lutz-Bachmann/Vorbeck/Wengenroth*, BB 2021, 906, 909 f.; *Lieder/Meyer*, ZVglRWiss 122 (2023), 133, 139; *Verse* in Nietsch, Nachhaltiges Aktienrecht, 2023, S. 21, 28 ff.; vgl. zu unbestimmten Rechtsbegriffen im Kontext der Handreichungen des *BAFA* nach § 20 LkSG *Mayen* in: Leyens/Seibt, LkR, 2025, § 46 Rn. 4 ff.

811 BVerfGE 49, 168, 181; 59, 104, 114; 62, 169, 183; 80, 103, 107 f.; 149, 293, 323; zur Herleitung näher *Papier/Möller*, AöR 122 (1997), 177, 178 ff.; vgl. auch die Herleitung aus anderen Verfassungsprinzipien und -normen (Gewaltenteilung, Demokratie) bei *Kunig*, Das Rechtsstaatsprinzip, 1986, S. 396 ff. mwN.

812 BVerfGE 113, 348, 376; 131, 88, 123; Dürig/Herzog/Scholz/*Grzeszick*, GG Art. 20, VII. Rechtsstaat, Rn. 58; vgl. BVerfGE 59, 104, 114; s. auch *Papier/Möller*, AöR 122 (1997), 177, 181, die die Grundrechtsdimension des Bestimmtheitsgebots untersuchen; dazu auch *Kunig*, Das Rechtsstaatsprinzip, 1986, S. 398 ff.

813 BVerfGE 83, 130, 145; 113, 348, 375 f.; 131, 88, 123; 149, 293, 323; vgl. zum philosophischen Hintergrund *Ávila*, Theorie der Rechtssicherheit, 2022, S. 271 mwN.

814 Vgl. BVerfGE 21, 73, 79 f.; 113, 348, 376 f.; 149, 293, 323; *Papier/Möller*, AöR 1997, 177, 180 f. Mehr zur Aufteilung der Konkretisierungsbefugnis zwischen den

Die Unbestimmtheit dient bei offenen Zielvorgaben dazu, dem Normadressaten die Freiräume zu eröffnen[815] und ihm die positive Konkretisierungsbefugnis zu übertragen. Der Adressat bestimmt also den Inhalt seiner Pflichten. Anders gesagt, handelt es sich nicht um unbestimmte Tatbestände, sondern um durch den Normadressaten *noch nicht* bestimmte Tatbestände. Die Funktionen des Bestimmtheitsgebots erfüllen hier also nicht ihren Zweck; denn die Intensität dieses Prinzips ist proportional zur Intensität des Eingriffs in die Grundrechte[816]. Die prinzipienorientierte Regulierung stellt aber gerade ein Instrument dar, um die Eingriffsintensität gegenüber den Unternehmen als Adressaten abzumildern.

Außerdem ist die Unbestimmtheit nicht per se unzulässig, sondern darf sich auch aus der Natur des Regelungsobjekts ergeben;[817] die Notwendigkeit einer umsetzungsoffenen Zielvorgabe ergibt sich bei Organisationspflichten gerade aus der Natur der Organisation als Phänomen[818] und nicht nur aus dem Bedürfnis nach individueller Gerechtigkeit[819]. Zusammenfassend lässt sich feststellen: Dem Unbestimmtheitsvorwurf fehlt das dogmatische Fundament.

3. Over-Compliance

Das dritte Problem ist die andere Strategie der Rechtsanwender, wie sie mit der (vermeintlichen) Unsicherheit der prinzipienorientierten Regulierung umgehen: Sie können aus Vorsicht die strengsten Standards aus der Praxis übernehmen, statt ihre Freiräume flexibel und fallbezogen zu nutzen.[820] Die übermäßige Einhaltung der gesetzlichen Vorgaben wird unter dem Begriff »Over-Compliance«

Normadressaten, den Behörden und den Gerichten im Falle der prinzipienorientierten Regulierung oben D. 1. c). bis e).

815 Vgl. *Armbrüster*, ZVersWiss 2011, 639, 646; *Thies*, Sondergesellschaftsrecht, 2023, S. 73.

816 BVerfGE 59, 104, 114; 83, 130, 145; 131, 88, 123; Jarass/Pieroth/*Jarass*, GG Art. 20 Rn. 84; Dürig/Herzog/Scholz/*Grzeszick*, GG Art. 20, VII. Rechtsstaat Rn. 60; *Papier/Möller*, AöR 122 (1997), 177, 187 f.

817 BVerfGE 59, 104, 114; 149, 293, 323 f.; vgl. 49, 168, 181; Dürig/Herzog/Scholz/*Grzeszick*, GG Art. 20, VII. Rechtsstaat Rn. 59 ff.; vertieft *Papier/Möller*, AöR 122 (1997), 177, 184 ff. (s. zu den Grenzen dieses Arguments S. 186).

818 Zu der hohen Situationsabhängigkeit und der Unmöglichkeit, die Organisation wirtschaftlich optimal konkret zu normieren, s. bereits oben Teil 2, VI. C. und VIII.

819 S. dazu *Auer*, Generalklauseln, 2005, S. 54 ff.; MüKoBGB/*Schubert*, BGB § 242 Rn. 17; kritisch zu diesem Argument aus verfassungsrechtlicher Perspektive *Papier/Möller*, AöR 122 (1997), 177, 186 f.

820 S. dazu allgemein *Binder*, Regulierungsinstrumente, 2012, S. 194 f., der es unter dem Begriff »chilling effects« eruiert; vgl. zu diesem Risiko auch *Thies*, Sondergesellschaftsrecht, 2023, S. 74; s. GroßkommAktG/*Kort*, § 91 Rn. 29, der sich damit im Kontext der rechtspolitischen Kritik an § 91 Abs. 2 AktG auseinandersetzt; vgl. *Nietsch*, ZGR 2015, 631, 655 f., der dieses Problem bezogen auf die Compliance anspricht. Speziell zu diesem Problem im Kontext der Lieferkettenregulierung *Kalss*, ZfPW 2024, 181, 192 f.

erörtert.[821] Dieses Phänomen kann sich negativ auf den wirtschaftlichen Erfolg eines Unternehmens auswirken; die Over-Compliance kann einen Wettbewerbsnachteil begründen. Es bedarf also einer gewissen Steuerung des Unternehmenshandelns, die die Over-Compliance verhindert; diese Steuerung muss sich bei einer AG auf den Vorstand beziehen.[822]

Eine weitere Folge der Over-Compliance könnte eine weitestgehende Ähnlichkeit der Organisationsstrukturen und -lösungen in der Praxis sein.[823] Oben wurde bereits erörtert, dass die niedrige Varianz innerhalb der Organisationspopulation eine nachteilige Auswirkung auf die Zukunft der gesamten Population hat und dass die hohe Varianz eine besondere Bedeutung für die Zukunftsfähigkeit der gesamten Volkswirtschaft aufweist.[824]

F. Kumulation der Ziele – Risiko der Überforderung der Organisation

Wie bereits oben dargestellt, ermöglicht die organisationsneutrale Regulierung eine freiheitsschonende Belastung der Unternehmen, womit ein wesentlicher Teil ihrer Flexibilität und Effizienz aufrechterhalten wird.

Der Gesetzgeber könnte aufgrund dieser nur geringen Freiheitseinschränkung durch Zielvorgaben stufenweise weitere Ziele in der Überzeugung hinzufügen, es würde sich insgesamt nur um eine noch zumutbare Regelung handeln. Mit der Ergänzung des Zielkatalogs, auf den die Organisation gerichtet ist, verbinden sich aber mehrere Probleme:

1. Überlastung durch die Zielkumulation

Die Kumulation mehrerer gesetzlicher Ziele kann wirtschaftliche Parameter der Organisation aus dem Gleichgewicht bringen. Jedes Ziel verlangt nach einer Umsetzungsmaßnahme, die sich in den Abläufen und der Struktur des Unternehmens niederschlägt. Jedes weitere Ziel außerhalb des Wirtschaftlichen zwingt das Unternehmen dazu, den Fokus und die Arbeitszeit der Mitarbeiter nicht dem Umsatz, sondern diesem zusätzlichen Ziel zu widmen. Durch weitere Ziele wird also der Spielraum des Unternehmens im wirtschaftlichen Bereich eingeschränkt.

Die wirtschaftlichen Ziele des Unternehmens innerhalb der Aufbau- und Ablauforganisation sorgen gerade für die Rentabilität und den Fortbestand des Unternehmens; die vom Gesetzgeber stammenden öffentlichen Ziele können also

821 Geläufig ist in diesem Kontext auch der Begriff »Gold Plating«, den bspw. *Kalss*, ZfPW 2024, 181, 192 f. nutzt.

822 Vgl. zu Steuerungsinstrumenten unten Teil 5, II. A. 2.

823 S. dazu *Black*, Capital Markets Law Journal, Vol. 3 No. 4 (2008), S. 425, 449 f.; *Kalss*, ZfPW 2024, 181, 192 f.

824 S. oben zur Flexibilitätsfunktion aus der Perspektive der Gesamtpopulation von Unternehmen Teil 3, II. B. 3.

dauerhaft nur dann realisiert werden, wenn sie die Unternehmen als Adressaten der Zielvorgaben nicht generell im Bestand gefährden.[825]

Bei der Rechtsetzung ist daher die Kontrollfrage »Sind die organisatorischen Anforderungen in ihrer Summe den Unternehmen noch zumutbar?« erforderlich.[826] Die Antwort kann negativ ausfallen, auch wenn jede Organisationspflicht für sich genommen keine schwere Last verursacht.

2. Diffusion der Steuerungsimpulse infolge der Zielkumulation

Die Kumulation der Ziele kann eine weitere nachteilige Folge haben: Die aus jedem Ziel herrührenden Steuerungsimpulse können sich zum Teil gegenseitig aufheben.[827] Diese Gefahr hat zwar einen abstrakten Charakter, aber je mehr Ziele vom Gesetzgeber vorgesehen werden, umso höher ist das Risiko der gegenseitigen Aufhebung. Denn dann lässt sich nicht mehr genau die Wechselwirkung zwischen einzelnen Zielen samt deren Niederschlag in der Ablauf- sowie Aufbauorganisation vorhersehen.

Bereits beim Schutz von Menschenrechten und von der Umwelt kann es unter organisatorischen Maßnahmen zu Konflikten kommen. Die Umweltschonung kann auf Kosten der Menschenrechte erfolgen und umgekehrt. Das alles muss bei der Informationsverarbeitung und der Entscheidungsfindung in der Organisation berücksichtigt werden, was die internen Systeme überlasten kann: Kommt es zu häufig zu Konflikten, die eine Entscheidung verlangen, dann werden die Entscheidungsfindungsfähigkeiten in jenen Unternehmensbereichen eingeschränkt, in denen es um die Innovation und um die Wertschöpfung geht.

Außerdem führen zu viele Ziele zur Verwässerung der Steuerungsimpulse, was häufig beim Vorstandshandeln problematisiert wird: In einem solchen Fall gibt es keine nachvollziehbare Richtschnur für das Handeln mehr.[828] Im Ergebnis sind die Willkür der Verantwortlichen oder der organisatorische Zufall für die Entscheidung maßgeblich. Diese Gefahr muss der Gesetzgeber auch vor Augen haben, sollte er weitere Organisationspflichten vorsehen.

825 Vgl. KK-AktG/*Cahn*, § 76 Rn. 23.

826 S. die Analyse der Zielkumulation durch u. a. § 91 AktG, LkSG und CSDDD unten Teil 7, V.

827 S. zum Problem mehrfacher Zielsetzung bereits *Großmann*, Unternehmensziele, 1980, S. 52 ff.; s. im Kontext der Nachhaltigkeit *Nietsch*, CRZ 2024, 5, 10; vgl. im Kontext des Insolvenzrechts, wenn das Handeln gleichzeitig auf das Wohl der Gesellschafter und auf das Wohl der Gläubiger auszurichten ist, *Kuntz*, ZIP 2020, 2423; *Ders.*, ZIP 2021, 597, 610.

828 Vgl. zu dem sich daraus ergebenden Missbrauchsrisiko *Vetter*, ZGR 2018, 338, 363; *Mülbert*, AG 2009, 766, 770 f.

G. Zwischenergebnis

Das Gebot der Organisationsneutralität kann mithilfe von abstrakten, offenen Zielvorgaben für die Ablauf- und Aufbauorganisation verwirklicht werden. Es ist dabei wesentlich, dass dieses Gebot bereits auf der Ebene der Rechtsetzung eingehalten wird, denn der Reduktion konkreter Normen auf reine Zielvorgaben im Wege der Auslegung stehen methodische und faktische Schranken im Weg.

Der Gesetzgeber delegiert mit offenen Zielvorgaben die positive Konkretisierungsbefugnis an die sachnahen Normadressaten, die ihre Pflichten in den Schranken der Zielsetzung bestimmen. Behörden und Gerichte verfügen nur über eine eingeschränkte, negative Konkretisierungsbefugnis für jene Fälle, in denen ein Unternehmen (Normadressat) *in concreto* evident zweckwidrig gehandelt hat.

Das Bestimmtheitsgebot wird durch die prinzipienorientierte Regulierung nicht verletzt, denn es soll die Freiheit von Unternehmen schützen, die gerade dank der offenen Zielvorgaben freiheitsschonend eingeschränkt wird. Eine Gefahr für die Freiräume prinzipienorientierter Regulierung geht von der Over-Compliance von Unternehmen sowie von der illegitimen Konkretisierung durch unternehmensferne Akteure aus.

Der freiheitliche Aspekt prinzipienorientierter Regulierung darf durch den Gesetzgeber nicht als ein Freibrief für die Auferlegung einer beliebigen Zahl gesetzlicher Ziele missverstanden werden: Dies könnte sich negativ auf wirtschaftliche Parameter der Unternehmensorganisation auswirken sowie zu diffusen Steuerungsimpulsen führen, die ihre Funktionen nicht mehr erfüllen können.

II. Gebot der Rechtsformneutralität

Es könnte in Erwägung gezogen werden, für die Rechtsetzung und Anwendung der Organisationspflichten ein Gebot der Rechtsformneutralität zu postulieren. Demnach sollte jede Organisationsvorgabe rechtsformneutral ausgestaltet sein.

A. Ebene der Rechtsetzung

Bei der Rechtsetzung ergeben sich viele Probleme, die dem Gebot der Rechtsformneutralität im Weg stehen könnten. Belastet der Gesetzgeber die Unternehmen, um einen öffentlichen Zweck zu verwirklichen, dann muss er grundsätzlich das wesentlich Gleiche gleichbehandeln, Art. 3 GG, Art. 20 GRCh.[829] Aus der

829 Vgl. zum deutschen Recht Dürig/Herzog/Scholz/*P. Kirchhof*, GG Art. 3 Abs. 1 Rn. 296; BeckOK GG/*Kischel*, 28.12.2024, GG Art. 3 Rn. 14 ff. mwN. S. zum europäischen Primärrecht Streinz/*Streinz*, GRCh Art. 20 Rn. 8; Calliess/Ruffert/*Rossi*, GRCh Art. 20 Rn. 21 mwN.

Perspektive der zu erreichenden sachlichen Ziele spielt das Rechtskleid des Unternehmensträgers häufig keine Rolle; dies spricht für das Rechtsformneutralitätsgebot.

Dennoch wird i. d. R. bei gesetzlichen Organisationspflichten zwischen Personen- und Kapitelgesellschaften unterschieden. Das gesetzgeberische Ziel einer Organisationspflicht kann dazu dienen, die aus dem Rechtskleid herrührenden Gefahren zu beherrschen. Bei Kapitalgesellschaften lässt sich der Gläubigerschutz als ein solches Ziel anführen.[830]

Nichtsdestotrotz haben die Organisationspflichten das Potenzial, den Wettbewerb zwischen verschiedenen Rechtsformen zu verzerren; dies ist vor allem dann der Fall, wenn zwischen verwandten Rechtsformen große Unterschiede in regulatorischer Hinsicht bestehen. Als ein Beispiel kann § 91 Abs. 2 und Abs. 3AktG genannt werden, der keine Entsprechung im GmbHG gefunden hat. Es ist vorstellbar, dass sich ein Unternehmen wegen dieser Last für das Rechtskleid einer GmbH und nicht der AG entscheidet; allerdings gibt es zahlreiche sonstige Unterschiede in der Unternehmensverfassung beider Rechtsformen, die für den Wettbewerb von einer größeren Bedeutung sind.[831]

Das Gebot der Rechtsformneutralität hat daher einen bedingten Charakter: Handelt es sich bei der Organisationspflicht um ein Instrument, das in seinen Funktionen an die Unternehmensverfassung der Rechtsform anknüpft und damit rechtsformspezifisch ist, ist das Gebot der Rechtsformneutralität fehl am Platz. Knüpft das gesetzgeberische Ziel hingegen vorwiegend an das Unternehmen und die Auswirkungen seiner Tätigkeit an, dann gilt das Rechtsformneutralitätsgebot.

B. Ebene der Rechtsanwendung

Das Gebot der Rechtsformneutralität lässt sich mithilfe der Auslegung kaum herstellen; die Normen bezüglich des Anwendungsbereichs sind dafür in der Regel viel zu präzise formuliert.

Es ist aber eine analoge Anwendung der Vorschriften eine andere Rechtsform betreffend vorstellbar. Es handelt sich allerdings bei Organisationspflichten um belastende Regelungen, sodass eine Analogie mit dem Grundrechtsschutz in Konflikt kommt, denn es fehlt der aufgrund des Wesentlichkeitsprinzips erforderliche gesetzgeberische Befehl. Ferner gibt es methodische Schwierigkeiten:

830 Vgl. zur Gläubigerschutzfunktion des rechtsformspezifischen § 91 Abs. 2 AktG unten Teil 5, IV. C. 2.

831 Als Beispiel können die Satzungsautonomie in der GmbH und die Satzungsstrenge in der AG genannt werden; s. zu der Ersteren *Raiser/Veil*, KapGesR, § 35 Rn. 26 f.; s. auch Lutter/Hommelhoff/*Hommelhoff/Bayer/Kleindiek*, GmbHG, Einleitung Rn. 4; s. zu der Satzungsstrenge in der AG BeckOGK/*Limmer*, 1.10.2024, AktG § 23 Rn. 50 mwN.; *Raiser/Veil*, KapGesR, § 9 Rn. 52 ff.

Der Anwendungsbereich beruht häufig auf einer bewussten Entscheidung des Gesetzgebers;[832] von einer planwidrigen Lücke kann dann keine Rede sein.

III. Gebot der Größenneutralität oder der Größenabhängigkeit?

Zwar könnte rein theoretisch das Gebot der Größenneutralität in Erwägung gezogen werden: Es hätte einen positiven Effekt, dass sich wachsende Unternehmen keine Gedanken über die Schwellenwerte machen müssten. Dieses Gebot hätte allerdings eine überproportional starke, v. a. strukturelle Belastung von kleineren Unternehmen zur Folge.[833] Im Ergebnis würde es auch zu einer Wettbewerbsverzerrung führen.[834]

Aus diesen Auswirkungen von größenunabhängigen Pflichten lässt sich das Größenabhängigkeitsgebot herleiten. Ähnlich wie bei dem Gebot der Rechtsformneutralität, bezieht sich dieses Gebot auf die Ausgestaltung des Anwendungsbereichs, sodass eine Umsetzung auf der Ebene der Rechtsanwendung nur dann möglich ist, wenn es bereits bei der Rechtsetzung berücksichtigt wurde. Dieses Gebot kann ggf. bei der Auslegung der Pflichten berücksichtigt werden, indem inhaltliche Anforderungen proportional zur Größe ausfallen.

IV. Der weitere Gang der Untersuchung

Die oben herausgearbeiteten Gebote der Organisationsneutralität, der Größenabhängigkeit sowie der (bedingten) Rechtsformneutralität werden bei der weiteren Untersuchung als Grundlage dienen, um die aktienrechtlichen Organisationspflichten allgemeiner sowie besonderer Art auszumessen und zu beurteilen.

832 Vgl. bspw. den problematischen Fall von KonTraG, BT-Drs. 13/9712, S. 15, wo die Gesetzesbegründung sich ausdrücklich gegen die Aufnahme von § 91 Abs. 2 AktG ins GmbHG entscheidet und gleichzeitig von der Geltung dieser Norm für den GmbHG-Geschäftsführer ausgeht; vgl. auch RegE FISG Bt-Drs. 19/26966, S. 114 f.

833 S. oben Teil 3, II. A. 3.

834 S. oben Teil 3, II. C. 1.

Teil 5 Die aktienrechtlichen Organisationspflichten im Lichte der Organisationsfreiheit

Nachfolgend werden die aus dem Aktiengesetz herrührenden Organisationspflichten untersucht; die konzernrechtlichen Aspekte werden hierbei jedoch nicht berücksichtigt. Diese Pflichten zeichnen sich durch mehrere Spannungsverhältnisse aus: Die Leitungspflicht des Vorstands steht dem Leitungsermessen samt der Business Judgment Rule nach § 93 Abs. 1 S. 2 AktG gegenüber; das Leitungsermessen wird wiederum durch die besonderen Vorgaben nach § 91 AktG ergänzt bzw. verengt. Es ist also zu untersuchen, inwieweit sich diese Spannungsverhältnisse funktionsadäquat auflösen lassen. Als eine fundamentale Vorfrage wird aber zuerst kurz die allgemeine Grundstruktur von Organisationspflichten aus der Perspektive der Aktiengesellschaft eruiert.

I. Phänomenologie der Organisationspflichten aus der Perspektive der Aktiengesellschaft

Im Kontext der Aktiengesellschaft können drei Akteure genannt werden, die im Hinblick auf die Organisationspflichten eine Rolle spielen: der Staat als der Normgeber, die Aktiengesellschaft als der rechtliche Adressat der Pflichten und der Vorstand als das Vollzugsorgan bei den Pflichten der Aktiengesellschaft[835] sowie zusätzlich als ein selbstständiger Adressat von Organisationspflichten. Dieses Dreiecksverhältnis führt zur Notwendigkeit einer tieferen Analyse.[836]

A. Organisationspflichten im Außenverhältnis

Zunächst gibt es solche Organisationspflichten, die die Aktiengesellschaft im Außenverhältnis treffen.[837] Der Staat verwirklicht mit ihnen einen öffentlichen Zweck. Zwar ist die Aktiengesellschaft der Adressat einer solchen Pflicht, aber sie kann nur über ihre Organe handeln. Mithilfe der Legalitätspflicht wird die

835 Zur aktienrechtlichen Stellung des Vorstands im Kontext der Organisation s. unten Teil 5, II. A. 1.

836 Vgl. eine alternative Phänomenologie der Organisationspflichten aus der Sicht des öffentlichen Rechts und unter Berücksichtigung der Unternehmensverfassung von *Rast*, Organisationsfreiheit, 2022, S. 55 ff.

837 S. z. B. § 130 OWiG; mehr zur Rechtsnatur dieser Norm s. unten Teil 5, III. B. 1. a). (4).

Pflicht der Aktiengesellschaft im Außenverhältnis in eine Pflicht des Vorstands im Innenverhältnis umgewandelt:[838] Der Vorstand ist verpflichtet, die Gesetze einzuhalten, einschließlich der gesetzlichen Organisationsvorgaben.[839]

Bei manchen Pflichten erscheint fraglich, ob die Legalitätspflicht den Vorstand nur im Innenverhältnis trifft, denn der Vorstand kann mit einer persönlichen Sanktion für die Nichteinhaltung des Gesetzes belegt werden, wenn der Verstoß gegen die berührte Pflicht mit einer Ordnungswidrigkeit oder einer Strafnorm sanktioniert wird.[840] Dadurch schlägt eine solche Organisationspflicht nicht nur mittelbar auf den Vorstand über sein organschaftliches Verhältnis mit der Adressatin, sondern trifft ihn aufgrund der Sanktion auch persönlich.

B. Organisationspflichten im Innenverhältnis

Eine weitere Art von gesetzlichen Organisationspflichten richtet sich ausschließlich an den Vorstand in seiner Eigenschaft als Organ. Diese Pflichten bewegen sich also lediglich im Innenverhältnis zwischen dem Vorstand und der Aktiengesellschaft. Der Staat übt hier ausschließlich zwei Rollen aus: Er erlegt dem Vorstand diese Pflichten durch den Normbefehl auf und er ermöglicht über die Zivilgerichtsbarkeit den privaten Vollzug dieser Pflichten im Fall der Nichtbefolgung. Die Pflichten im Innenverhältnis können ggf. zusätzlich ein öffentlich-rechtliches Enforcement-Regime nach sich ziehen.

Die oben erwähnten Organisationspflichten aus dem Aktiengesetz lassen sich unproblematisch zu einer Kategorie zuordnen. Sowohl §§ 76 Abs. 1, 93 Abs. 1 AktG als auch § 91 AktG richten sich ihrem Wortlaut nach an den Vorstand, sodass es sich bei diesen Bestimmungen um Organisationspflichten im Innenverhältnis handelt.

II. Organisationsfreiheit des Vorstands im aktienrechtlichen Kompetenzgefüge

Nachfolgend werden die allgemeinen Fragen der aktienrechtlichen unternehmensinternen Organisationspflichten des Vorstands eruiert; der Fokus der Untersuchung richtet sich vornehmlich auf die Reichweite der allgemeinen Leitungsfreiheit und -pflicht bezogen auf die Organisation. Dem schließen sich die Fragen der Delegation der Vorstandsbefugnisse sowie die Problematik der Intensität der

838 S. zu dieser Transformation *Thole*, ZHR 173 (2009), 504, 509; *Weller/Fischer*, ZIP 2022, 2253, 2257 f.; vgl. GroßkommAktG/*Hopt/Roth*, § 93 Rn. 133.

839 Zu der Herleitung der Legalitätspflicht s. unten Teil 5, III. A. 2. und 3. mwN.

840 Vgl. dazu § 9 OWiG; vgl. statt aller KK-OWiG/*Rogall*, OWiG § 9 Rn. 7 ff. und Rn. 44 mwN.

Überwachung durch den Aufsichtsrat samt dem Zustimmungsvorbehalt. Die Analyse schließen die Überlegungen zur Rolle der Vorstandsvergütung bezogen auf die Organisation ab.

A. Vorstand als faktischer Träger der Organisationsfreiheit

1. Organisationsfreiheit als Ausfluss der allgemeinen Leitungsfreiheit

Auf der einen Seite genießt die Aktiengesellschaft *per se* die Organisationsfreiheit unterhalb der Geschäftsleitungsebene. Sie wird als Rechtsträgerin eines Unternehmens in ihrer Organisationsfreiheit bezüglich der Ablauf- und Aufbauorganisation grundrechtlich geschützt;[841] diese Freiheit soll zu ihrem Vorteil führen. Auf der anderen Seite kann die Freiheit der Aktiengesellschaft – einer juristischen Person – nur über ihre Organe realisiert werden:

Nach § 76 Abs. 1 AktG obliegt die Leitung der Aktiengesellschaft ihrem Vorstand unter eigener Verantwortung. Den Vorstand trifft also die (treuhänderische) Leitungspflicht.[842] Die Kehrseite der Leitungspflicht stellt die Eigenverantwortlichkeit der Leitung dar: Der Vorstand verfügt über ein weites Leitungsermessen bzw. über eine Leitungsfreiheit.[843] Zwar steht die Organisationsfreiheit unterhalb der Geschäftsleitungsebene im Außenverhältnis der Aktiengesellschaft zu;[844] im Innenverhältnis wird sie jedoch an den Vorstand der Aktiengesellschaft weitergeleitet,[845] sodass die Organisation eine seiner Leitungsaufgaben ausmacht[846].

2. Steuerung des Agency-Konflikts im Kontext der Organisationsfreiheit

Die Leitungsfreiheit des Vorstands führt zum Auseinanderfallen der Inhaberschaft und der Entscheidungsbefugnis; es liegt hier ein Agency-Konflikt *par excellence* vor:[847] Der Vorstand kann die Organisationsfreiheit missbrauchen, eigene Interessen jeglicher Art auf Kosten der Gesellschaft zu verwirklichen. Es

841 S. dazu oben Teil 3, III.

842 Zur Rechtsnatur dieser Pflicht (ein Pflichtrecht) s. *Fleischer*, ZIP 2003, 1, 2; *Harnos*, Kontrolldichte, 2021, S. 217 ff.; MüKoAktG/*Spindler*, AktG § 76 Rn. 16; Hölters/Weber/*Weber*, AktG § 76 Rn. 8, jeweils mwN.

843 *Koch*, AktG § 76 Rn. 63 ff.; Hölters/Weber/*Weber*, AktG § 76 Rn. 39; BeckOGK/*Fleischer*, 1.2.2025, AktG § 76 Rn. 68 f.

844 S. dazu oben Teil 3, III.

845 *Nietsch*, ZGR 2015, 631, 648.

846 Vgl. *Koch*, AktG § 76 Rn. 12 ff.; Hölters/Weber/*Weber*, AktG § 76 Rn. 10

847 Zu der Agency-Problematik s. bereits oben Teil 2, II. G. 3.; vgl. die abweichenden Ausführungen zum Agency-Konflikt von *A. Arnold*, Steuerung, 2007, S. 40 ff., wo der Kern des Konflikts im Spannungsverhältnis zwischen dem Vorstand und den Aktionären gesehen wird; s. auch die Ausführungen *A. Arnolds* zur Agency-Theorie (S. 13 ff.).

muss daher sichergestellt werden, dass die Aktiengesellschaft und nicht lediglich der Vorstand aus der Organisationsfreiheit einen Nutzen ziehen; die Organisationsfreiheit des Vorstands muss sich also auf eine gewisse Weise in seiner Organisationspflicht[848] widerspiegeln.

Parallel betrachtet dürfen die Funktionen der Leitungsfreiheit des Vorstands nicht ausgehöhlt werden; denn auch diese Freiheit ist funktional auf den größtmöglichen unternehmerischen Erfolg ausgerichtet.[849] § 93 Abs. 1 S. 1 AktG darf nicht dazu missbraucht werden, dem Vorstand sein Ermessen zu beschneiden. Die Funktionen der Freiheit und die sie absichernden Pflichten müssen also in eine harmonische Balance gebracht werden. Nachfolgend werden aus der Perspektive der Organisationsfreiheit unterhalb der Vorstandsebene mehrere Steuerungsmechanismen untersucht, die als eine potenzielle Antwort auf den Agency-Konflikt infrage kommen: der Pflichtenmaßstab der Business Judgment Rule[850] sowie der der Business Process Rule, die Überwachung durch den Aufsichtsrat (insb. die Zustimmungsvorbehalte nach § 111 Abs. 4 S. 2 AktG) und die Vorstandsvergütung[851].

848 Zur Notwendigkeit eines rechtlichen Maßstabs für die Leitung bereits *Großmann*, Unternehmensziele, 1980, S. 7 f., s. aber auch S. 86 f. Zur Organisationspflicht als Teil der Leitungspflicht s. *Fleischer*, ZIP 2003, 1, 5; *Lohse*, Ermessen, 2005, S. 92 f.; MüKoAktG/*Spindler*, AktG § 93 Rn. 119 ff.; vgl. *Bürkle*, BB 2005, 565, 567.

849 S. *Hommelhoff*, Konzernleitungspflicht, 1982, S. 168 ff.; vgl. *Dauner-Lieb*, FS Röhricht, 2005, S. 83, 86 ff.; *Nietsch*, ZGR 2015, 631, 634 ff.

850 Zur Steuerungsfunktion der Business Judgment Rule unter Berücksichtigung des Agency-Konflikts *Bunz*, Geschäftsleiterermessen, 2011, S. 8 ff.; *Langenbucher*, DStR 2005, 2083; vgl. allgemein BeckOGK/*Fleischer*, 1.2.2025, AktG § 93 Rn. 79 ff. Zur Qualifikation als Pflichtenmaßstab vgl. unten B. 2. und 3. b). S. zur Steuerungsfunktion der Vorstandshaftung für die Verletzung der Sorgfaltspflicht prägnant *A. Arnold*, Steuerung, 2007, S. 170 ff., der dieser Art der Haftung aus wirtschaftlichen Gründen eine Präventivfunktion beimisst; s. *Habersack* in Lorenz, Karlsruher Forum 2009, S. 5, 14. Kritisch zur Haftung als Steuerungsinstrument innerhalb der aktienrechtlichen Corporate Governance *Dauner-Lieb*, FS Röhricht, 2005, S. 83, 97 ff.; skeptisch schon *Hommelhoff*, Konzernleitungspflicht, 1982, S. 171 ff. mit dem Verweis auf das Geschäftsleiterermessen; skeptisch auch *G. Wagner*, Theoretical Inquiries in Law, Vol. 16 No. 1 (2015), S. 69 ff. Grundlegend zur Verhaltenssteuerung über die zivilrechtliche Haftung *G. Wagner*, AcP 206 (2006), 352 ff. mwN.

851 Monographisch zur Steuerung des Vorstandshandelns und zu der Vorstandsvergütung *A. Arnold*, Steuerung, 2007, S. 115 ff. Vgl. zur Bedeutung der Vergütung für das Vorstandshandeln BeckOGK/*Fleischer*, 1.2.2025, AktG § 87 Rn. 34 f.; MüKoAktG/*Spindler*, AktG § 87 Rn. 90; Bericht des Rechtsausschusses zum VorstAG BT-Drs. 16/13433, S. 1.

B. Die allgemeine aktienrechtliche Organisationspflicht im Lichte der Business Judgment Rule

In diesem Abschnitt ist auf die Herkunft, die Kodifikation, die Funktion und den normativen Inhalt der Business Judgment Rule einzugehen. Einen besonderen Schwerpunkt wird die Frage darstellen, inwieweit die allgemeine Leitungspflicht samt der Business Judgment Rule organisationsneutral ist. Dazu muss untersucht werden, ob diese Pflicht als ein Fall prinzipienorientierter Regulierung angesehen werden kann und welche Folgen dies auslöst. Diese Frage hat große Bedeutung für den Umgang mit den besonderen Organisationspflichten, die im späteren Verlauf der Arbeit untersucht werden.[852]

1. Herkunft der Business Judgment Rule und ihre Funktionen

Die Business Judgment Rule entstammt der angelsächsischen Rechtsfamilie, genauer gesagt den US-amerikanischen Gesellschaftsrechtsordnungen.[853] Dort handelt es sich um eine prozessuale Rechtsfigur.[854] Im deutschen Recht wurde diese Rechtsfigur zunächst von der Rechtsprechung in der Entscheidung ARAG/Garmenbeck aufgegriffen.[855] Nach einer längeren Zeitspanne ist sie in § 93 Abs. 1 S. 2 AktG durch das UMAG 2005 kodifiziert worden.[856]

Die Business Judgment Rule sichert die Bereitschaft des Vorstands ab, Geschäftschancen wahrzunehmen.[857] § 93 Abs. 1 S. 2 AktG erfüllt somit eine

852 Die Rechtsnatur der Business Judgment Rule spielt eine wesentliche Rolle für die Frage, inwiefern diese Rechtsfigur bei besonderen Organisationspflichten anwendbar ist. Mehr dazu s. unten III. B. 3.

853 Vertieft zum gesellschaftsrechtlichen Rahmen in den U.S.A. *Wendler*, Unternehmensentscheidungen, 2007, S. 51 ff.; vgl. auch *Schima*, Business Judgment Rule, 2010, S. 369, 372 ff.; s. auch *Jena*, Die Business Judgment Rule im Prozess, 2020, S. 142, der diese Rechtsfigur in der deutschen und U.S.-amerikanischen Rechtsordnung als ein teleologisches Äquivalent bezeichnet. Zur Natur der Rechtsfigur als Legal Transplant s. *Fleischer*, NZG 2004, 1129, 1130 f.; vgl. aber skeptisch *Pfertner*, Unternehmerische Entscheidung des Vorstands, 2017, S. 17.

854 Ähnlich *Hansen*, The Business Lawyer, Vol. 48 No. 4 (1993), S. 1355, 1361: »While procedurally, it is a presumption, it also is a rule of substantive law.«; skeptisch zur materiell-rechtlichen Natur *Schima*, Business Judgment Rule, 2010, S. 369, 377; umfassend zur Funktion im amerikanischen Zivilprozess *Jena*, Die Business Judgment Rule im Prozess, 2020, S. 106 ff.

855 BGHZ 135, 244, 253 f.; vgl. die auf die Business Judgment Rule bezogenen Anmerkungen zu dieser Entscheidung bei *Grooterhorst*, ZIP 1999, 1117, 1123; s. auch *Henze*, NJW 1998, 3309, 3310 f.

856 *J. Koch*, ZGR 2006, 769, 782; BegrRegE UMAG BT-Drs. 15/5092, S. 11; s. umfassend zu den Hintergründen der Kodifikation *Fischer*, Business Judgment Rule, 2018, S. 28 ff.; s. auch *Fleischer*, ZIP 2004, 685 ff.

857 Umfassend unter Berücksichtigung der volkswirtschaftlichen Perspektive *Bunz*, Geschäftsleiterermessen, 2011, S. 18 ff.; *Lutter*, ZIP 2007, 841; *Schima*, Business

Chancensicherungsfunktion. Ferner soll sie der Gefahr der Rückschaufehler der Richter vorbeugen,[858] die wiederum auf die richterliche Sachferne in Bezug auf die Unternehmensführungspraxis zurückgeht[859].

2. Tatbestand der Business Judgment Rule und ihre Rechtsfolge

Der Tatbestand des § 93 Abs. 1 S. 2 AktG besteht aus fünf Voraussetzungen. Zunächst ist die Business Judgment Rule nur auf unternehmerische Entscheidungen anzuwenden; d. h., die Entscheidung darf nicht bereits durch das Gesetz oder die Satzung vorgegeben sein;[860] der Gegenstand der Entscheidung kann ein Tun oder ein Unterlassen sein.[861] Die zweite Voraussetzung ist das Vorliegen einer angemessenen Informationsgrundlage für die zu treffende Entscheidung; der Vorstand verfügt über einen weiten Spielraum bei der Entscheidung, wie hoch das angemessene Informationsniveau sein muss[862]. Der Vorstand muss drittens zum Wohle der Gesellschaft handeln; die Gesetzesbegründung umschreibt dies als *jedenfalls* die langfristige Stärkung der Ertrags- sowie der Wettbewerbsfähigkeit.[863] Sein Handeln muss also auf das Unternehmensziel bzw. auf das Unternehmensinteresse ausgerichtet sein.[864] Viertens muss die Entscheidung frei von

Judgment Rule, 2010, S. 369, 377; *Pfertner*, Unternehmerische Entscheidungen des Vorstands, 2017, S. 44 ff.; s. auch *A. Arnold*, Steuerung, 2007, S. 174 mwN mit den Hinweisen auf die angloamerikanische Literatur; *Fleischer*, ZIP 2004, 685 f.

858 *Bunz*, Geschäftsleiterermessen, 2011, S. 31 ff.; MüKoAktG/*Spindler*, AktG § 93 Rn. 43; *Fleischer*, ZIP 2004, 685, 686.

859 *Bunz*, Geschäftsleiterermessen, 2011, S. 16f.; *Schima*, Business Judgment Rule, 2010, S. 369, 378; kritisch zu diesem Argument *A. Arnold*, Steuerung, 2007, S. 175; ähnlich *Druey*, FS W. Goette, 2011, S. 57, 72 f.

860 *J. Koch*, ZGR 2006, 769, 784 f.; *Paefgen*, AG 2014, 554, 561; MüKoAktG/*Spindler*, AktG § 93 Rn. 48 f.; vgl. *Ott*, ZGR 2017, 149, 152 ff.; *Bunz*, Geschäftsleiterermessen, 2011, S. 96 ff.; deutlich enger *Dauner-Lieb*, FS Röhricht, 2005, S. 83, 94 ff.; *A. Arnold*, Steuerung, 2007, S. 176 f.; vgl. die vermittelnde Ansicht von Scholz/*Verse*, GmbHG, § 43 Rn. 83

861 KK-AktG/*Cahn*, § 93 Rn. 40; *Koch*, AktG § 93 Rn. 35; MüKoAktG/*Spindler*, AktG § 93 Rn. 50.

862 BegrRegE UMAG, BT-Drs. 15/5092, S. 12; *J. Koch*, ZGR 2006, 769, 789; vgl. KK-AktG/*Cahn*, § 93 Rn. 52: »einen nicht unerheblichen Ermessensspielraum«; so auch *Bachmann*, FS Stilz, 2014, S. 25, 42.

863 BegrRegE UMAG, BT-Drs. 15/5092, S. 11; BeckOGK/*Fleischer*, 1.2.2025, AktG § 93 Rn. 101; eher kritisch MüKoAktG/*Spindler*, AktG § 93 Rn. 76.

864 MüKoAktG/*Spindler*, AktG § 93 Rn. 53 f.; GroßkommAktG/*Hopt/Roth*, § 93 Rn. 97 f.; mehr zu diesen Begriffen und ihrer Ausfüllung s. KK-AktG/*Cahn*, § 76 Rn. 19 ff.; K. Schmidt/Lutter/*Seibt*, § 76 AktG Rn. 40 ff.; s. auch unten Teil 7, I. mwN.

Interessenkonflikten sein.[865] Als die fünfte Voraussetzung ist der gute Glaube an die voranstehenden Voraussetzungen zu nennen.[866]

Die Aufbau- und Ablauforganisation sind an diesem Tatbestand zu messen. Eine einzelne organisationale Entscheidung stellt eine unternehmerische Entscheidung dar, wenn das Gesetz keine besondere Organisationspflicht vorsieht;[867] die Business Judgment Rule ist also auf Organisationsentscheidungen grundsätzlich anzuwenden. Die angemessene Information setzt Grundkenntnis der Unternehmensorganisation voraus, die von der Entscheidung betroffen ist. Die organisationale Entscheidung darf außerdem nicht evident dem Unternehmenswohl widersprechen. Ein Interessenkonflikt mit Bezug zur Organisation ist möglich.[868] Für die Gutgläubigkeit gelten keine Besonderheiten.

Liegen die Voraussetzungen vor, entfällt nach dem Wortlaut die Pflichtverletzung; daher wird § 93 Abs. 1 S. 2 AktG von manchen als ein besonderer Sorgfaltsmaßstab eingeordnet.[869] Liegen die Voraussetzungen hingegen nicht vor, erhöht sich die gerichtliche Kontrolldichte der betroffenen Entscheidung.[870]

865 S. zu den Interessenkonflikten umfassend *Harbarth*, FS Hommelhoff, 2012, S. 323 ff.; vgl. *Scholz*, AG 2018, 173, 179; s. auch Scholz/*Verse*, GmbHG, § 43 Rn. 104 f.

866 BegrRegE UMAG, BT-Drs. 15/5092, S. 11; *Koch*, AktG § 93 Rn. 54; vgl. BeckOGK/*Fleischer*, 1.2.2025, AktG § 93 Rn. 103, der dieses Merkmal als eine Notbremse sieht und anmerkt, bei dessen Fehlen werden in der Regel die sonstigen Voraussetzungen ebenfalls nicht erfüllt sein; s. auch GroßkommAktG/*Hopt/Roth*, § 93 Rn. 115 (»Notanker«); diese Voraussetzung lehnen Scholz/*Verse*, GmbHG, § 43 Rn. 75 und *Bachmann*, FS Stilz, 2014, S. 25, 27 aufgrund ihrer Redundanz ab.

867 Ausführlich hierzu *Ott*, ZGR 2017, 149, 163.

868 Bspw. kann der Vorstand eine neue Abteilung allein mit dem Ziel einrichten, dem Kind eines Vorstandsmitglieds eine Leitungsposition zu verschaffen.

869 *Hoffmann-Becking*, NZG 2006, 127, 128; *Brömmelmeyer*, WM 2005, 2065, 2069; *Zumbansen/Lachner*, BB 2006, 613 f.; vgl. auch *Lutter*, GesRZ 2007, 79, 81; MüKo-AktG/*Spindler*, AktG § 93 Rn. 46; vgl. BegrRegE UMAG BT-Drs. 15/5092, S. 11; s. zur Diskussion KK-AktG/*Cahn*, § 93 AktG Rn. 28 mwN; s. auch BeckOGK/*Fleischer*, 1.2.2025, AktG § 93 Rn. 84 f. mwN; *Jena*, Die Business Judgment Rule im Prozess, 2020, S. 191 ff.; s. zu der hier vertretenen Auffassung unten 3. b).

870 S. Scholz/*Verse*, GmbHG, § 43 Rn. 105; s. auch *Harbarth*, FS Hommelhoff, 2012, S. 323, 335 ff.; *Lutter*, FS Canaris, Bd. II, 2007. S. 245, 247 Fn. 23; ähnlich *Harnos*, Kontrolldichte, 2021, S. 367 f.; skeptisch zur Möglichkeit der Abgrenzung zwischen der Plausibilitäts- und der Evidenzkontrolle *Scholz*, AG 2018, 173, 181; vgl. *Habersack* in Lorenz, Karlsruher Forum 2009, S. 5, 23 f., der bei der Nichtverwirklichung der Business Judgment Rule die Prüfung des Vorstandshandelns am Maßstab des § 93 Abs. 1 S. 1 AktG vorsieht, was sich allerdings mit der hier vertretenen Meinung nicht verträgt, diese Norm wird durch die Business Judgment Rule bindend konkretisiert; s. die kritischen Ausführungen von *Jena*, Die Business Judgment Rule im Prozess, 2020, S. 180 ff.

3. Die Konkretisierungsbefugnis des Vorstands bezogen auf seine Leitungspflicht

Für die Organisationsneutralität der Business Judgment Rule ist entscheidend, inwiefern sich bei dieser Rechtsfigur um eine offene Zielvorgabe handelt. Dafür müssen einzelne Voraussetzungen auf ihre Finalität untersucht werden:

a) Business Judgment Rule als ein vertypter Zieltreuetatbestand

Die Finalität lässt sich problemlos mit der Anforderung einer unternehmerischen Entscheidung vereinbaren: Für eine offene Zielvorgabe bleibt nur dort Platz übrig, wo die Freiräume nicht bereits durch konkrete Normen ausgefüllt sind, seien es gesetzliche oder satzungsmäßige.

Die Information bildet ein essenzielles Fundament für die Beurteilung durch den Vorstand, wie sich die zu treffende Entscheidung zur Lage der Gesellschaft und zu ihrem Wohl verhält.[871] Eine angemessene Information ist somit sachnotwendiger Bestandteil jeder offenen Zielvorgabe.[872]

Das Handeln zum Wohl der Gesellschaft ist eine Zielvorgabe *par excellence.* Der finale Charakter der Freiheit von Interessenkonflikten sowie der Gutgläubigkeit liegt ebenfalls an der Hand: Beide Voraussetzungen lassen sich sogar nur aus dem Handeln zum Wohle der Gesellschaft herleiten.[873] Im Falle eines (wesentlichen) Interessenkonflikts kann die Fähigkeit des Vorstands angezweifelt werden, sein Verhalten am Unternehmenswohl auszurichten;[874] denn die Sonderinteressen können dieses auch unbewusst beeinflussen.[875] Die (abstrakte) Fähigkeit des

871 S. *J. Wagner*, CCZ 2009, 8, 12, 17, der die Verknüpfung zwischen der angemessenen Information und dem Unternehmensinteresse herstellt. In ähnlicher Denkrichtung *Kocher*, CCZ 2009, 215, 216: »(…) es liegt im Unternehmensinteresse, wenn der Geschäftsleiter sorgfältig, gutgläubig und aufgrund einer angemessenen Informationsgrundlage handelt.«; vgl *Kauer*, Informationsbeschaffungspflicht, 2015, S. 38, die die Information als das Fundament für die sorgfältige Erfüllung der Leitungsaufgabe durch den Vorstand betrachtet. Vgl. auch *Lutter*, GesRZ 2007, 79, 83, der als den Grund für diese Voraussetzung den Gedanken der Risikominimierung nennt; die Risikominimierung hängt wiederum eng mit dem Unternehmenswohl zusammen.

872 Vgl. *Brunk*, Menschenrechtscompliance, 2022, S. 104 f.; vgl. zur Parallele eines vollständig erkannten Sachverhalts im Verwaltungsrecht, bei der allerdings die Anforderungen zu weit gehen, aus unternehmensrechtlicher Perspektive *Harnos*, Kontrolldichte, 2021, S. 353 f.; vgl. im Kontext des LkSG *Hübner/Kühle*, CRZ 2023, 5, 11.

873 S. RegBegr UMAG, BT-Drs. 15/5092, S. 11 f.; *Koch*, AktG § 93 Rn. 54.

874 BeckOGK/*Fleischer*, 1.2.2025, AktG § 93 Rn. 96; vgl. Scholz/*Verse*, GmbHG, § 43 Rn. 91; *Harnos*, Kontrolldichte, 2021, S. 303; s. auch *Lutter*, FS Canaris, Bd. II, 2007, S. 245, 247.

875 S. dazu *Asaoka*, Journal of Interdisciplinary Economics, Vol. 33 No. 1 (2021), S. 7, 13 mwN.; s. auch *Thompson/Loewenstein*, Organizational Behavior and Human Decision Processes, Vol. 51 No. 2 (1992), S. 176, 180 f., die im Kontext von der

Vorstands zum zielgerichteten Handeln wird also gemindert und es kann ihm nicht mehr unbedenklich unterstellt werden, er wird seine Pflichten zum Wohle der Gesellschaft erfüllen.[876] Die Gutgläubigkeit bringt wiederum die subjektive Komponente der Finalität zum Ausdruck.

Die Business Judgment Rule stellt damit einen *vertypten Zieltreuetatbestand* dar. Sie soll die Ausrichtung des Vorstands auf das Unternehmenswohl verstärken, ohne den Vorstand in seiner Leitungsfreiheit zu beschneiden.

b) Folgen für die Sorgfaltspflicht – die positive Konkretisierungsbefugnis des Vorstands bezogen auf seine Leitungspflicht

Insgesamt mündet also der Inhalt aller Voraussetzungen der Business Judgment Rule in eine offene Zielvorgabe, bei der an den Vorstand Freiräume delegiert werden, die von ihm zielgerichtet auszufüllen sind.[877] Ausgehend von der Rechtsfolge der Business Judgment Rule kann damit auf die Rechtsnatur der Leitungspflicht aus §§ 76 Abs. 1, 93 Abs. 1 S. 1, 2 AktG geschlossen werden:

Der Gesetzgeber überträgt auf den Vorstand die Befugnis, seine Pflichten einschließlich der Organisationspflichten zu bestimmen;[878] zur wirksamen Konkretisierung ist die Einhaltung der Business Judgment Rule erforderlich. Dem Aufsichtsrat und den Gerichten steht lediglich eine (begrenzte) negative

Verhandlungsgerechtigkeit das Problem ansprechen, dass die eigenen Beurteilungskriterien egozentrisch angepasst werden. S. auch *Scholz*, AG 2018, 173, 179.

876 Vgl. *Harbarth*, FS Hommelhoff, 2012, S. 323, 329 f.; s. dazu umfassend *Scholz*, AG 2018, 173, 179 f.; ähnlich *Bunz*, Geschäftsleiterermessen, 2011, S. 130; vgl. auch *Paefgen*, AG 2004, 245, 252 mit starken Argumenten gegen einen objektiven Maßstab für Interessenkonflikte; vgl. *Lutter*, FS Canaris, Bd. II, 2007, S. 245, 247, der die Eigenschaft der Business Judgment Rule als ein Vermutungstatbestand unterstreicht. Diese Fähigkeit ist aber nur dann eingeschränkt, wenn die den Interessenkonflikt begründenden Umstände dem betroffenen Vorstandsmitglied bekannt sind; sonst befindet es sich nicht in einer Zwangslage s. dazu *Harbarth*, FS Hommelhoff, 2012, S. 323, 329 f.; umfassend zu diesem Problem *Harnos*, Kontrolldichte, 2021, S. 303 ff.

877 Vgl. *Druey*, FS W. Goette, 2011, S. 57, 66, der als die zentrale Frage der Business Judgment Rule den Vorwurf an den Vorstand ansieht, das Unternehmensinteresse falsch gewürdigt zu haben (s. auch S. 70).

878 Dies stellt einen gesetzlichen Sonderfall des § 315 BGB dar. S. bereits *Lohse*, Ermessen, 2005, S. 72 f., die eine Möglichkeit in Erwägung gezogen hat, § 76 Abs. 1 AktG (und zusätzlich auch § 111 AktG) als eine finale Norm auszulegen; vgl. auch Grigoleit/*Grigoleit/Tomasic*, AktG § 93 Rn. 36: »die Anerkennung eines (im Wesentlichen kognitiven) unternehmerischen Beurteilungsspielraums i. S. e. außerpositiven Sachgesetzlichkeit fremdorganschaftlicher Unternehmensleitung«, also eine faktische und keine normative Konkretisierungsbefugnis.

Konkretisierungsbefugnis zu.[879] Auf diese Weise wird die Organisationsfreiheit des Vorstands davor abgesichert, dass sie durch die Hintertür eines »objektiven« Sorgfaltsmaßstabs[880] aus § 93 Abs. 1 S. 1 AktG durch sonstige Akteure[881] ausgefüllt wird. § 93 Abs. 1 S. 2 AktG konkretisiert also § 93 Abs. 1 S. 1 AktG.[882] Die Zuweisung der positiven Konkretisierungsbefugnis an den Vorstand sorgt für die Rechtssicherheit,[883] die wiederum die Chancensicherungsfunktion bedingt;[884] sie beseitigt außerdem den systematischen Widerspruch zwischen der Leitungsautonomie und dem allgemeinen Sorgfaltsmaßstab.[885]

Die Leitungspflicht des Vorstands stellt also ein Beispiel für prinzipienorientierte Regulierung dar[886] und ist damit organisationsneutral.

879 Wohl aA zur reduzierten Konkretisierungsbefugnis des Aufsichtsrats *Göppert*, Entscheidungen des Aufsichtsrats, 2010, S. 62 mwN. Allgemein zur Reichweite der negativen Konkretisierungsbefugnis s. oben Teil 4, I. D. 1. e).

880 S. zu diesem *Habersack* in: Lorenz, Karlsruher Forum 2009, S. 5, 10. Hölters/Weber/*Hölters/Hölters*, AktG § 93 Rn. 39; vgl. *W. Goette*, ZHR 175 (2011), 388, 396; vgl. den objektiv-branchenbezogenen Maßstab von BeckOGK/*Fleischer*, 1.2.2025, AktG § 93 Rn. 57; vgl. Grigoleit/*Grigoleit/Tomasic*, AktG § 93 Rn. 89, s. aber Rn. 36; vgl. *W. Goette* in: Hommelhoff/Hopt/v. Werder, Hb-Corporate-Governance, S. 713, 719 f.; vgl. den objektiv-relativen Maßstab von GroßkommAktG/*Hopt/Roth*, § 93 Rn. 59.

881 Gemeint sind die Aufsichtsratsmitglieder, Richter, Abschlussprüfer oder Rechtsberater; vgl. oben Teil 4, I. D. 1. e). und h). sowie Teil 4, I. D. 2.

882 Vgl. GroßkommAktG/*Hopt/Roth*, § 93 Rn. 67; *Scholz*, AG 2018, 173, 182.

883 Vgl. *Lutter*, ZIP 2007, 841, 842 in Bezug auf die Rolle der Kodifikation: »Beruhigung im Management«; s. *J. Koch*, ZGR 2006, 769, 782 f., der auf die Halbherzigkeit der Konkretisierung hinweist; vgl. auch *Fleischer*, ZIP 2004, 685, 687.

884 Vgl. *Wendler*, Unternehmensentscheidungen, 2007, S. 244 ff.

885 Vgl. *Nietsch*, ZGR 2015, 631, 635; vgl. auch MüKoAktG/*Spindler*, AktG § 93 Rn. 25, der die Bedeutung des § 76 AktG für die Auslegung des § 93 Abs. 1 AktG unterstreicht.

886 Die unternehmerische Tätigkeit lässt sich nur extrem schwer normieren und die Prinzipienorientiertheit ist die Antwort des Gesetzgebers auf dieses Problem. S. zum Normierbarkeitsproblem bzgl. der Organisation bereits oben Teil 2, VIII; zum Normierbarkeitsproblem bzgl. der unternehmerischen Tätigkeit s. *Reuter*, ZHR 135 (1971), 511, 521 f.; ähnlich *Druey*, FS W. Goette, 2011, S. 57, 70, wo er von einem nicht programmierbaren Umfeld spricht; vgl. auch bereits *Großmann*, Unternehmensziele, 1980, S. 86 f., der auf die Probleme der Operationalisierung des aktienrechtlichen Unternehmensziels hinweist; vgl. auch schon im Kontext der Ausrichtung auf den Verbandzweck *Zöllner*, Stimmrechtsmacht, 1963, S. 24 f.; s. auch HHL/*Grigoleit*, 2024, § 33 Rn. 9 sowie prägnant Rn. 25. Vgl. zum ähnlichen Problem im Risikoverwaltungsrecht *Voß*, Unternehmenswissen, 2018, S. 26 f.

c) Bedeutung der Dokumentation für die Konkretisierungsbefugnis

Eine besondere Rolle im Kontext der Business Judgment Rule erfüllt die Dokumentation.[887] Sie dient zwei Zwecken: Erstens ermöglicht sie die Feststellung, dass der Vorstand von seiner Konkretisierungsbefugnis Gebrauch gemacht hat. Zweitens kann mithilfe der Dokumentation geprüft werden, welche Pflichten der Vorstand für sich bestimmt hat, um effektiv die negative Konkretisierungsbefugnis ausüben zu können.

4. Die informationelle Fokushoheit des Vorstands

Die Beschaffung von Informationen vor einer Organisationsentscheidung kann einen enormen Aufwand mit sich bringen; dies gilt insbesondere für die informale Organisation.[888] Vor diesem Hintergrund stellt sich das Problem, ob die Business Judgment Rule auf die angemessene Informationsgrundlage anwendbar ist.

Die Information umfasst zwei Aspekte: Die Kenntnisnahme vorhandener Unternehmensinformationen durch den Vorstand sowie die Beschaffung/Herstellung notwendiger Information durch die Gesellschaft.[889] V. a. die Herstellung neuer Informationen kann hohe Kosten nach sich ziehen, die ggf. deren Nutzen überwiegen.[890] Es stellt daher selbst eine unternehmerische Entscheidung dar, ob und wie die Information hergestellt wird.[891] Infolgedessen ist die Business Judgment Rule auf die Vorstandsentscheidung über die angemessene informationelle Grundlage anzuwenden;[892] die positive Konkretisierungsbefugnis erstreckt sich

887 S. die Bedeutung der Dokumentation für die Einhaltung der Sorgfalt MüKoAktG/*Spindler*, AktG § 93 Rn. 67, 229 f.; *Jena*, Die Business Judgment Rule im Prozess, 2020, S. 227 mwN; s. *Druey*, FS W. Goette, 2011, S. 57, 69, der auf das Risiko hinweist, dass die Dokumentation stark ausgeweitet wird, um alle möglichen Lesearten der Normen abzudecken.

888 S. ausführlich zu einzelnen Maßnahmen *Vahs*, Organisation, S. 547 ff. (insb. S. 551 ff.).

889 *Bunz*, Geschäftsleiterermessen, 2011, S. 171 ff.; GroßkommAktG/*Hopt/Roth*, § 93 Rn. 108.

890 *Kocher*, CCZ 2009, 215, 220 f.; vgl. *Bunz*, Geschäftsleiterermessen, 2011, S. 171 ff.; vgl. BeckOGK/*Fleischer*, 1.2.2025, AktG § 93 Rn. 92; MüKoAktG/*Spindler*, AktG § 93 Rn. 55; *Redeke*, AG 2025, 257, 261.

891 Prägnant *Druey*, FS W. Goette, 2011, S. 57, 65: »Informationsbeschaffung ist business judgment par excellence.«; *Freitag/Korch*, ZIP 2012, 2281, 2285; *Cahn*, WM 2013, 1293, 1297 f.; *Kocher*, CCZ 2009, 215, 221; in der Richtung MüKoAktG/*Spindler*, AktG § 93 Rn. 55; so zum österreichischen Recht MüKoAktG/*Kalss*, AktG § 93 Rn. 430; aA K. Schmidt/Lutter/*Sailer-Coceani*, § 93 AktG Rn. 17; kritisch *Bunz*, Geschäftsleiterermessen, 2011, S. 178 ff.

892 *Lutter*, ZIP 2007, 841, 844 f.; so wohl auch *Freitag/Korch*, ZIP 2012, 2281, 2285; ähnlich *Scholz*, AG 2018, 173, 176; so zum öAktG MüKoAktG/*Kalss*, AktG § 93 Rn. 429 f. mwN; wohl aA *Bunz*, Geschäftsleiterermessen, 2011, S. 178 ff., der dies als grotesk und skurril bezeichnet; skeptisch ebenfalls *Koch*, AktG § 93 Rn. 45 mwN;

damit auch auf die Informationsgrundlage einer unternehmerischen Entscheidung.[893]

Das informationelle Ermessen soll dem Vorstand ermöglichen, den informationellen Fokus gemäß seiner unternehmerischen Strategie zu bestimmen. Der Vorstand kann sich nämlich nicht auf alle Unternehmensbereiche fokussieren. Die Priorisierung eines Unternehmensbereichs hat die Vernachlässigung eines anderen Bereichs zur Folge. Das heißt, es lässt sich immer ein Unternehmensbereich mit einer relativ schwachen informationellen Handlungsgrundlage finden. Dies liegt aber im Interesse des Unternehmens; denn es muss auch ein Risiko eingehen können, einen *ex post* falschen Fokus aufzuweisen.[894] Sonst ist es ihm nicht möglich, einen richtigen vorab zu bestimmen, der zum Erfolg führt. Hieraus rührt die Prioritätshoheit (bzw. Fokushoheit) des Vorstands her, die Teil seiner Leitungsfreiheit ausmacht. Zugespitzt gesagt: Die unternehmerische Freiheit kann nicht ohne eine informationelle Freiheit existieren.[895]

Ferner sind Vorstandsmitglieder lediglich Menschen und unterliegen deshalb starken Einschränkungen kognitiver Art bzgl. der Quantität[896] und der Qualität[897] des Entscheidungsprozesses. Ein strengerer Maßstab droht durch eine informationelle Überladung diese Handlungsfähigkeit in Gefahr zu bringen;[898] ein rechtlich verursachter Entscheidungsstau dient nicht dem Unternehmenswohl.

Nach der die informationelle Business Judgment Rule ablehnenden Gegenmeinung sei der Qualitätsnachlass der Entscheidungen zu befürchten, wenn die

Druey, FS W. Goette, 2011, S. 57, 65 f.; strikt ablehnend *Kauer*, Informationsbeschaffungspflicht, 2015, S. 253 f.; ablehnend auch Scholz/*Verse*, GmbHG, § 43 Rn. 88 f.; BeckOGK/*Fleischer*, 1.2.2025, AktG § 93 Rn. 94.

893 Ähnlich bereits *Seibt*, FS Seibert, 2019, S. 809, 831; enger *Kauer*, Informationsbeschaffungspflicht, 2015, S. 159 ff., insb. 280 ff., die versucht hat, für das »Wie« die bindenden, allgemeinen Grundsätze herauszuarbeiten, die allerdings selbst offenen Zielvorgaben ähneln.

894 Vgl. *Freitag/Korch*, ZIP 2012, 2281, 2285.

895 Vgl. aus der wirtschaftswissenschaftlichen Perspektive zur Bedeutung des Fokus für die Unternehmen *Ocasio*, »Towards an Attention-Based View of the Firm«, in: Strategic Management Journal, Vol. 18, Summer Special Issue (1997), S. 187 ff.

896 Zum Problem des »information overload« im Entscheidungsprozess vgl. bspw. *Wright*, Journal of Applied Psychology, Vol. 59 No. 5 (1974), S. 555 ff.; vgl. *Bunz*, Geschäftsleiterermessen, 2011, S. 175 f., der auf das Problem hinweist, dass zu viele Entscheidungsmöglichkeiten den Vorstand überfordern. Die Qualität und die Quantität sind im Entscheidungsprozess interdependent.

897 S. tiefer zu den Mängeln der Informationsverarbeitung aus psychologischer Sicht statt aller *Sears*, Sociometry, Vol. 28 No. 4 (1965), S. 363 ff.; *Fischer/Schulz-Hardt/Frey*, Journal of Personality and Social Psychology, Vol. 94 No. 2 (2008), S. 231 ff.; *Smith/Fabrigar/Norris*, Social and Personality Psychology Compass 2/1 (2008), S. 464 ff.; monographisch *Mecit*, Debiasing von Entscheidungsverhalten bei Corporate Foresight, 2021, S. 46 ff., jeweils mwN.; vgl. aus dem rechtlichen Blickwinkel *Jolls/Sunstein*, Journal of Legal Studies, Vol. 35 No. 1 (2006), S. 199, 203 ff.

898 Wohl aA *Redeke*, ZIP 2011, 59, 62 f.

informationelle Business Judgment Rule anerkannt werde.[899] Entscheidet jedoch der Vorstand, ein Unternehmensbereich sei von einer existenziellen Bedeutung, und trifft er dennoch Entscheidungen in Bezug auf diesen Bereich mit geringfügigem Informationsstand, dann läge ein widersprüchliches Handeln des Vorstands vor. Dies ließe sich mit dem Unternehmenswohl nicht vereinbaren und würde daher die informationelle Business Judgment Rule nicht verwirklichen. Es ist damit keine Qualitätseinbuße zu erwarten, solange sich ein Bereich im Fokus des Vorstands befindet.

Die engmaschigere Kontrolle der Information solle außerdem den großzügigen Maßstab für die Überprüfung des Entscheidungsergebnisses ausgleichen.[900] Eine genaue Abgrenzung zwischen der Informationsgrundlage und der Entscheidung selbst bereitet jedoch erhebliche Schwierigkeiten.[901] Ohne die informationelle Business Judgment Rule besteht also das Risiko, dass das Gericht über den Umweg der informationellen Anforderungen die unternehmerische Entscheidung selbst kontrolliert und damit die Business Judgment Rule ihrer Funktion beraubt wird.[902]

Im Ergebnis steht dem Vorstand eine positive Konkretisierungsbefugnis bzgl. der angemessenen Informationsgrundlage zu, die der Ausfluss seiner informationellen Fokushoheit darstellt.

5. Zwischenergebnis

Die besonderen Organisationspflichten in der Form von offenen Zielvorgaben sowie die allgemeine Leitungspflicht des Vorstands samt der Business Judgment Rule folgen dem strukturellen Schema der prinzipienorientierten Regulierung.[903] Dies sorgt für die Organisationsneutralität der Leitungspflicht (§§ 76 Abs. 1, 93 Abs. 1 S. 1, 2 AktG). Der Vorstand verfügt über eine positive Konkretisierungsbefugnis bzgl. seiner nicht gesetzlich determinierten Organisationspflicht; dem

899 BeckOGK/*Fleischer*, 1.2.2025, AktG § 93 Rn. 94 f.; Scholz/*Verse*, GmbHG § 43 Rn. 89; vgl. *Lieder*, ZGR 2018, 523, 556.

900 Scholz/*Verse*, GmbHG § 43 Rn. 89; ähnlich BeckOGK/*Fleischer*, 1.2.2025, AktG § 93 Rn. 95; vgl. *Redeke*, ZIP 2011, 59, 60 ff.; *Binder*, ZGR 2007, 745, 763 f.

901 Prägnant zum unternehmerischen Prozess *Seibt*, FS Seibert, 2019, S. 825, 829; *Kauer*, Informationsbeschaffungspflicht, 2015, S. 250 f.; vgl. *Druey*, FS W. Goette, 2011, S. 57, 64 f.

902 *Druey*, FS W. Goette, 2011, S. 57, 65; *Freitag/Korch*, ZIP 2012, 2281, 2285; vgl. *Bachmann*, FS Stilz, 2014, S. 25, 41 f.; prägnant *Kauer*, Informationsbeschaffungspflicht, 2015, S. 250 f.; vgl. BeckOGK/*Fleischer*, 1.2.2025, AktG § 93 Rn. 93. Die Gegenmeinung erkennt allerdings einen gewissen Beurteilungsspielraum an und legt einen hohen Wert auf die Überprüfung der Informationsgrundlage aus der Perspektive des Entscheidungsträgers; s. dazu *Lieder*, ZGR 2018, 523, 556 f.; Scholz/*Verse*, GmbHG § 43 Rn. 85, 88; MüKoAktG/*Spindler*, AktG § 93 Rn. 57.

903 Vgl. zu den dogmatischen Konsequenzen dieser Ähnlichkeit für die Anwendbarkeit auf andere offene Zielvorgaben unten III. B. 3.

Aufsichtsrat und den Gerichten steht lediglich eine negative Konkretisierungsbefugnis für Fälle der evidenten Missachtung des Unternehmenswohls zu. Der Vorstand verfügt zudem über eine informationelle Fokushoheit, die sich aus der Leitungsfreiheit ergibt.

C. Business Process Rule und die Organisation der AG

Oben wurde bereits die Anwendbarkeit und die Organisationsneutralität der Business Judgment Rule bezogen auf eine einzelne Organisationsentscheidung untersucht. Strukturell handelt es sich bei der Organisation um einen dynamischen Prozess. Es ist daher zu untersuchen, wie die Business Judgment Rule anzupassen ist, damit sie der Natur der unternehmerischen Tätigkeit und der des Organisierens hinreichend Rechnung trägt.

1. Das Fehlen des Zeitmoments in der Business Judgment Rule

Der Bezugspunkt der Business Judgment Rule ist eine unternehmerische Entscheidung. Bei der Organisation handelt es sich aber um ein dynamisches Phänomen,[904] was normativ bspw. in Art. 15 CSDDD mit der regelmäßigen Evaluation im Zeitablauf anerkannt wird.[905] In § 93 Abs. 1 S. 2 AktG fehlt hingegen das Zeitmoment, womit die dynamische Natur des Organisierens nicht adressiert wird.

Zwar könnte man gegen diesen Einwand einbringen, es ließen sich separat alle organisationalen Entscheidungen an der Business Judgment Rule messen, aus denen sich das dynamische Phänomen zusammensetzt. Allerdings setzt § 93 Abs. 1 S. 2 AktG eine bewusste Entscheidung voraus, damit der Vorstand in den Genuss des sicheren Hafens kommen kann; ein Unterlassen der Entscheidung selbst wird nicht geschützt.[906] Dem Vorstand könnte aber in Bezug auf jeden beliebigen Zeitpunkt vorgeworfen werden, während einer zu langen Zeitspanne keine Entscheidungen zur Organisation getroffen zu haben. Es ist also kein punktueller, sondern ein dauerhafter sicherer Hafen erforderlich: Die Zeitdimension muss berücksichtigt werden.

904 Diese organisationswissenschaftliche Erkenntnis leuchtet vor dem Hintergrund des freien Willens der Mitarbeiter sowie der schwer beherrschbaren und sich autogen verändernden Unternehmenskultur ein; s. ausführlich oben Teil 2, V. Die prozedurale Interpretation der Organisationspflichten befürwortet bzgl. des § 25a KWG (allerdings auf einer normativen Grundlage) *Voß*, Unternehmenswissen, 2018, S. 208 f.

905 Mehr hierzu unten Teil 6, II. E. 7.

906 BegrRegE BT-Drs. 15/5092, S. 11; MüKoAktG/*Spindler*, AktG § 93 Rn. 51; GroßkommAktG/*Hopt*/*Roth*, § 93 Rn. 80; vgl. Scholz/*Verse*, GmbHG § 43 Rn. 77.

2. Notwendigkeit einer Business Judgment Rule für Geschäftsprozesse?

a) Business Process Rule

Die Abhilfe bei dem »Zeitproblem« könnte eine Variante der Business Judgment Rule leisten, die sich auf einen fortlaufenden Geschäftsprozess bezieht, der einer regelmäßigen Anpassung/Korrektur unterliegt. Obwohl die Betreuung von Geschäftsprozessen[907] einen wichtigen Bestandteil der praktischen unternehmerischen Leitungsarbeit ausmachen,[908] findet sich in der Literatur überraschenderweise keine solche Variante.[909] Die Vorstandsarbeit ist eher mit der eines Gärtners als der eines Generals mit dem Fokus auf wenige entscheidende Ereignisse vergleichbar; die unternehmerische Kreativität bedarf eines langfristigen Fundaments, das eine erfolgreiche Umsetzung von neuen Ideen ermöglicht.

Es muss also eine prozessbezogene Variante der Business Judgment Rule herausgearbeitet werden, d. h. eine **Business Process Rule**;[910] hierbei dürfen die Funktionen der Business Judgment Rule nicht ausgehöhlt werden. Die Nichtberücksichtigung der zeitlichen Dimension stellt eine planwidrige Regelungslücke dar, sodass es sich bei dieser Rechtsfigur um eine analoge Anwendung des § 93 Abs. 1 S. 2 AktG handelt.[911] Die Voraussetzungen der Business Judgment Rule müssen daher als eine Orientierung bei der Entwicklung der neuen Variante dienen. Die Eigenschaften der Sachmaterie sind ebenfalls zu berücksichtigen:[912] Hier ist auf den Deming-Zyklus (***P****lan*-***D****o*-***C****heck*-*(Re-)****A****ct*)[913] als ein betriebswirtschaftliches Vorbild hinzuweisen.

907 Zum Konzept s. *Gadatsch*, Grundkurs Geschäftsprozess-Management, S. 1 ff.

908 S. dazu etwa *Mintzberg*, Harvard Business Review, Vol. 53 Issue 4 (1975), S. 49, 56 f.; *Kotter*, Harvard Business Review, Vol. 60 Issue 6 (1982), S. 156 ff.; vgl. *v. Werder*, Führungsorganisation, S. 34 ff. sowie S. 41 ff. mwN.

909 S. aber bereits bezogen auf den Entscheidungsprozess *Seibt*, FS K. Schmidt I, 2009, S. 1463, 1474 f.; s. bezogen auf den Prozess einer M&A-Transaktion HHL/*Ders.*, 2024, § 20 Rn. 40 ff.; vgl. *Dauner-Lieb*, FS Röhricht, 2005, S. 83, 97 f.

910 Die unten hergeleiteten Voraussetzungen an einen ordnungsmäßigen Geschäftsprozess decken sich überwiegend mit den Anforderungen, die *Seibt* für den Entscheidungsprozess aufgestellt hat, s. *Seibt*, FS K. Schmidt, 2009, S. 1463, 1474 f.

911 Alternativ wäre möglich, die Business Process Rule direkt aus der Business Judgment Rule herzuleiten, indem argumentiert wird, dass eine Entscheidung in Bezug auf einen Geschäftsprozess unvollständig ist, wenn sie die zeitliche Dimension nicht abdeckt; dann müssten die Entscheidungen des Vorstands zur Gesamtorganisation die Business Process Rule verwirklichen, damit sie den Schutz der Business Judgment Rule genießen. Dieser Gedanke geht auf das Zweitgutachten von *Dirk A. Verse* zurück.

912 Zur Rezeption betriebswirtschaftlicher Erkenntnisse im Gesellschaftsrecht s. *Hommelhoff/Schwab*, ZfbF Sonderheft 36/1996, 149, 155 ff.; *Binder*, ZGR 2007, 745, 779 ff.

913 Vgl. *Vahs*, Organisation, S. 301 f.; vgl. auch *Dudin et al.*, European Research Studies Journal, Vol. XX Issue 2B (2017), S. 283, 290.

b) Voraussetzungen

(1) Ersteinrichtung des Prozesses

Die nachfolgenden Überlegungen unterstellen, der Prozess wurde bereits geplant und eine positive Entscheidung über dessen Einrichtung getroffen; für diese Entscheidungen lässt sich die Business Judgment Rule problemlos heranziehen. Die praktische Einrichtung des Prozesses stellt für sich genommen auch einen Prozess dar, sodass die nachfolgenden Kriterien der Business Process Rule hierauf anzuwenden sind:

(2) Angemessene *laufende* Information

Zunächst muss jedes Handeln des Vorstands auf einer angemessenen informationellen Grundlage beruhen; dies liegt auch der Business Judgment Rule zugrunde. Wegen der Zeitdimension muss diese Voraussetzung ergänzt werden: Der Vorstand hat daher über die Häufigkeit sowie über die Intensität der Informationsbeschaffung zu entscheiden.[914] Ferner müssen Ad-Hoc-Situationen definiert werden, die einen Anlass zu einer außerordentlichen Informationsbeschaffung geben.[915]

Die Zeitabstände der Informationserhebung lassen sich nur situationsbedingt bestimmen. Wird eine neue Produktionslinie bei einem neuen komplexen Produkt aufgebaut, dann kann eine wöchentliche oder sogar eine häufigere Erhebung und Beurteilung notwendig sein. Bei einem stabilen, seit zwei Jahren bestehenden Geschäftsprozess kann eine solche Maßnahme einmal pro Quartal ausreichend sein. Dies kann nur und muss der Vorstand entscheiden.

(3) Informationsbewertung – Prozessanalyse

Die Information muss nach jeder Erhebung gewürdigt werden.[916] Zunächst bestimmt der Vorstand die Soll-Eigenschaften des beurteilten Prozesses im Lichte des Unternehmenswohls. Im zweiten Schritt ist ein Vergleich zwischen dem Ist- und Soll-Zustand vorzunehmen. Dieser Schritt lässt sich ebenfalls aus der Business Judgment Rule herleiten.[917]

914 Dies postulieren bezogen auf die Compliance-Organisation *Balke/Klein*, ZIP 2017, 2038, 2039. Vgl. dazu aus der Perspektive des Prozessmanagements *Neumann/ Probst/Wernsmann* in: Becker/Kugeler/Rosemann, Prozessmanagement, S. 303, 314 f.

915 Zur anlassbezogenen Informationsbeschaffungspflicht im Kontext des LkSG vgl. unten Teil 6, I. G. 1. j).

916 Vgl. bezogen auf die Compliance-Organisation *Balke/Klein*, ZIP 2017, 2038, 2039.

917 S. KK-AktG/*Cahn*, § 93 Rn. 53; vgl. die Übersicht des Prozesses der Informationsbeschaffung und -auswertung von *Seibt*, FS Seibert, 2019, S.825, 830; vgl. *Seibt*, FS

Beide Schritte weisen eine starke subjektive Färbung auf, sodass sich nur evidente Fehleinschätzungen ausfiltern lassen und sachnotwendig die Business Judgment Rule auf beide von ihnen anzuwenden ist.

Ferner lassen sich diese Schritte zur Bewertungshoheit des Vorstands zusammenfassen: Er bestimmt Ziele und Kriterien für jeden Geschäftsprozess.[918] Diese Hoheit stellt eine wesentliche Facette der Leitungsfreiheit dar.

(4) Anpassungsmaßnahmen

Stellt der Vorstand keine Abweichung zwischen dem Ist- und Soll-Zustand fest, kann er bis zum nächsten Turnus der informationellen Auseinandersetzung mit dem Prozess abwarten. Kommt der Vorstand aber zu dem Schluss, eine Abweichung liegt vor, dann löst dies die Notwendigkeit einer Folgeentscheidung aus: Der Vorstand muss über eine Anpassungsmaßnahme entscheiden.

Der Inhalt dieser Entscheidung bewegt sich in seinem Ermessen: Er kann das Unterlassen einer Reaktion für das Richtige halten. Die potenziellen Gründe hierfür sind endlos; bspw. können nach der Meinung des Vorstands die Anpassungskosten den Nutzen überwiegen; er kann die Abweichung für unwesentlich halten und deswegen eine weitere Entwicklung abwarten wollen. Nicht zulässig ist aus der Perspektive eines sorgfältigen Vorstands, gar keine Entscheidung im Falle einer Abweichung zu treffen.[919]

Entscheidet sich der Vorstand für eine Anpassungsmaßnahme, kann er auch für seine Entscheidung das unternehmerische Ermessen in Form der Business Judgment Rule in Anspruch nehmen.

(5) Überwachung der Umsetzung

Die Anpassungsmaßnahmen können schnell umgesetzt und wieder bewertet werden oder bedürfen einer langen Umsetzungszeit. Der Vorstand kann sich gegen eine besondere Überwachung mit dem Verweis auf die nächste regelmäßige Erhebung und Bewertung entscheiden oder aber die Effizienz der Anpassungsmaßnahmen wegen der Bedeutung der Abweichung direkt beurteilen wollen, um ggf. weitere Anpassungsmaßnahmen vorzunehmen.[920]

K. Schmidt I, 2009, S. 1463, 1474, der diesen Schritt als Situationsanalyse bezeichnet.

918 Diese Bestimmung wird häufig bereits bei der Ersteinrichtung eines Prozesses erfolgen; vgl. *Vahs*, Organisation, S. 285. S. auch *Seibt*, FS K. Schmidt I, 2009, S. 1463, 1474.

919 Vgl. dazu oben 1.

920 Vgl. zu den potenziellen Fehlern innerhalb dieses Verfahrens im Kontext der Compliance-Organisation *Balke/Klein*, ZIP 2017, 2038, 2046; vgl. *Seibt*, FS K. Schmidt I, 2009, S. 1463, 1474 f.

Als ein Beispiel für eine kurzweilige Prozessanpassung kann eine kleine Änderung der Qualitätskontrolle genannt werden, z. B. die Verdopplung der Probemengen. Einen anderen Komplexitätsgrad weist die Integration der Geschäftsprozesse eines erworbenen Unternehmens in das bestehende Unternehmensgefüge nach einer M&A-Transaktion auf: Dies kann ggf. sogar mehrere Jahre in Anspruch nehmen.

(6) Delegation

Der Vorstand kann sich aus guten Gründen in Ausübung seines Ermessens entscheiden, bei ausgewählten Prozessen deren Betreuung auf andere Stellen im Unternehmen zu übertragen,[921] soweit es rechtlich zulässig ist.[922]

Insb. ist dies bei unwesentlichen Prozessen denkbar. Eine ordnungsmäßige Delegation setzt die persönliche Eignung des beauftragten Mitarbeiters voraus.[923] Ferner muss dieser entsprechend sachlich und informationell ausgestattet sein,[924] um die Voraussetzungen der sorgfältigen Prozessbetreuung (oben (a). bis (d).) erfüllen zu können. Die Delegation erfordert auch eine fortlaufende Überwachung der Einhaltung der oben genannten Kriterien.[925]

Nur in seltensten Fällen wird sich das Delegationsrecht zu einer Pflicht verdichten.[926] Dies ist nur dann der Fall, wenn es evident dem Unternehmenswohl widerspräche, sich keinen zusätzlichen Sachverstand zu beschaffen. Dies kann z. B. dann gegeben sein, wenn sich ein besonderes unternehmerisches Problem stellt, dieses für die Unternehmenszukunft entscheidend ist und die Vorstandsmitglieder über kein hierauf bezogenes Fachwissen verfügen. Diese »Delegationspflicht« bezieht sich allerdings nur auf die Entscheidungsvorbereitung und hängt mit der Informationspflicht des Vorstands[927] zusammen.

921 Zu den Grenzen der Delegierbarkeit im Aktienrecht, s. unten D. 3.

922 Zu nicht delegierbaren Pflichtaufgaben s. *Linnertz*, Delegation, 2020, S. 44 ff.; *Dreher*, FS Hopt I, 2010, S. 517, 520 f., 523; hierzu gehört z. B. § 91 AktG.

923 *Dreher*, FS Hopt I, 2010, S. 517, 536; *Linnertz*, Delegation, 2020, S. 239 ff.; HHL/*Henning/Lieder*, 2024, § 12 Rn. 36.

924 *Linnertz*, Delegation, 2020, S. 243 ff.; vgl. *Dreher*, FS Hopt I, 2010, S. 517, 537 f., der allerdings die hinreichenden Ressourcen als eine Frage der gehörigen Auswahl des Delegatars qualifiziert; vgl. HHL/*Henning/Lieder*, 2024, § 12 Rn. 36;

925 Dies wird als eine sog. Reisdualpflicht bezeichnet, *Balke/Klein*, ZIP 2017, 2038, 2044; vgl. BeckOGK/*Fleischer*, 1.2.2025, AktG § 93 Rn. 135 ff.; s. auch *Dreher*, FS Hopt I, 2010, S. 517, 536 f.; *Linnertz*, Delegation, 2020, S. 256 ff.

926 Wohl aA *Hommelhoff*, Konzernleitungspflicht, 1982, S 181 f.

927 Zur Informationspflicht des Vorstands vgl. *Kauer*, Informationsbeschaffungspflicht, 2015, passim; vgl. zur Informationspflicht auch unten V. B. 1. a) a. E.

(7) Zusammenfassung

Die Business Process Rule zieht eine Dauerschleife nach sich, die aus der Informationsbeschaffung, der Auswertung, der Anpassung und der Überwachung besteht; die Geschwindigkeit dieser Schleife und alles Wesentliche bestimmt der Vorstand. Anders gesagt: Die offene Zielvorgabe der Business Judgment Rule wird um den Faktor Zeit ergänzt. Es entsteht damit ein dauerhafter sicherer Hafen.

c) Rechtsfolgen eines Verstoßes

Im Anschluss an die Entwicklung einer allgemeinen Prozesssorgfaltspflicht muss auch die Rechtsfolge für deren Nichterfüllung geklärt werden. Eine Möglichkeit wäre analog die Regeln der Business Judgment Rule heranzuziehen. Es handelt sich bei den oben dargestellten Schritten im Kern nämlich um Verfahrensanforderungen. Dann würde die Nichteinhaltung zwar eine Pflichtverletzung bedeuten, die Haftung würde aber nur dann infrage kommen, wenn die Ausgestaltung des Geschäftsprozesses gesehen als Ergebnis evident im Widerspruch zum Unternehmenswohl stünde; dies würde aber das Gericht nur in Ausnahmefällen feststellen können.

Andererseits liegt es gerade im Interesse des Unternehmens, dass die Geschäftsprozesse keinen historischen Charakter aufweisen und somit an die Lage der Gesellschaft vor langer Zeit angepasst bleiben, sondern der aktuellen Situation des Unternehmens entsprechen. Anders gesagt, die Nichteinhaltung der Schritte wird sich in der Regel im Ergebnis niederschlagen und zu einem Schaden führen.[928] Die konkrete Quantifizierung der Schäden bleibt jedoch problematisch.

Besonderes gilt, wenn das Unternehmen sich in einer Krise befindet, die dann wie eine Linse das Unternehmenswohl in sich fokussiert; dann würde das oben beschriebene Verfahren lediglich eine Ablenkung von potenziellen Rettungsmaßnahmen darstellen. Dieses Ergebnis lässt sich aber auch mit der Anwendung der Business Judgment Rule auf den ersten Schritt (Informationserhebung) der Business Process Rule begründen: Die Erhebungen werden zum Wohl der Gesellschaft eingefroren, solange die Krise andauert. Entfällt der erste Schritt, entfallen auch alle Folgeschritte, von der Bewertung über die Anpassungsentscheidung bis zur Überwachung; es liegt keine Pflichtverletzung vor.

d) Mögliche Kritikpunkte an der Business Process Rule

Gegen die Business Process Rule als eine Konkretisierung der Sorgfaltspflicht lassen sich zwei Einwände vorbringen:

928 Ein Gegenbeweis bleibt dennoch möglich.

(1) Einschränkung des unternehmerischen Ermessens

Es drängt sich die Frage auf, ob diese Verfahrenskriterien nicht übermäßig die unternehmerische Freiheit des Vorstands einschränken, denn er wird gezwungen, alle Elemente umzusetzen.

Dem muss entgegnet werden, jedes Element der Business Process Rule trägt in sich ein weites unternehmerisches Ermessen in Gestalt der Business Judgment Rule. Ferner bauen die Voraussetzungen aufeinander auf: Der Vorstand wird in seiner weiten Bewertungshoheit geschützt, keine Abweichung zwischen dem Ist- und Soll-Zustand festzustellen; dann beschränkt sich die Formel auf die Informationsbeschaffung und -bewertung, bei denen die Häufigkeit und die Intensität vom Vorstand beschlossen werden. Der Vorstand kann eine Abweichung des Ist- vom Soll-Zustand feststellen und sich für die Beibehaltung des *status quo* entscheiden.

Insgesamt behält der Vorstand also die volle Freiheit über die Ausgestaltung des Geschäftsprozesses; die Konkretisierung gibt lediglich einen sicheren Rahmen für die fortlaufende Ausübung dieser Freiheit.

(2) Übermäßige Formalisierung

Als zweiter Einwand kommt das Risiko in Betracht, dass die Business Process Rule im Ergebnis ausschließlich zu einer Dokumentationsflut führt und nicht die Freiheit des Vorstands absichert.[929]

Die Dokumentation erfüllt jedoch auch eine positive Rolle für den unternehmerischen Freiraum.[930] Kann dem Vorstand wegen der Einhaltung des äußeren Rahmens in Bezug auf die Geschäftsprozesse aufgrund der Dokumentation kein Vorwurf gemacht werden, kann er sich auf die unternehmerische Tätigkeit fokussieren und seine Freiheit in diesem Bereich vollständig verwirklichen, ohne übermäßig vorsichtig zu handeln.

3. Anwendung der Business Process Rule auf den Prozess des Organisierens

Der allgemeine Maßstab für die Geschäftsprozesse muss im Hinblick auf die Bedürfnisse des Organisationsprozesses untersucht und ggf. angepasst werden.

a) Vorfrage: Strengerer Prüfungsmaßstab bei der Organisation wegen ihrer Bedeutung?

Es wäre denkbar, die Organisation bei der Anwendung der Business Process Rule sowie der Business Judgment Rule einer strengeren Prüfung zu unterziehen, indem ein besonderer Prüfungsmaßstab ausgearbeitet wird: Nach diesem Konzept

929 Vgl. zu diesem Problem *Druey*, FS W. Goette, 2011, S. 57, 58 ff.
930 Vgl. oben B. 3. c).

müsste sich der Vorstand bei seiner Tätigkeit der professionellen Werkzeuge der Betriebswirtschaftslehre bedienen; sonst wäre sein Handeln automatisch evident zweckwidrig. Wegen der endlosen Anzahl der betriebswirtschaftlichen Werkzeuge würde ihm dabei volle Freiheit zustehen, aber es würde auch eine gewisse Professionalisierung erzwingen.

Für diesen strengeren Maßstab sprechen zwei Argumente: Erstens spielt die Organisation eine enorme Rolle für den unternehmerischen Erfolg. Sie ist ein Sprungbrett für andere Faktoren, indem sie Innovativität erzeugt oder durch niedrige Kosten die Übernahme großer Marktanteile erlaubt.[931] Sie ermöglicht das Erbringen von Dienstleistungen und die Herstellung von Produkten, durch die das Unternehmen am Markt teilnimmt. Zweitens lässt sich durch die Professionalisierung sicherstellen, dass das Handeln des Vorstands dem Unternehmenswohl entspricht. Anders gesagt, das Unternehmen soll keine Nachteile im Wettbewerb dadurch erleiden, dass es, statt strukturiert zu arbeiten, auf eine unsorgfältige Handhabung des Organisationsprozesses setzt.

Gegen einen strengeren Maßstab spricht die oben beschriebene Prioritätshoheit, denn die Professionalisierung der Organisation ist mit einem gewissen Zeitaufwand und Kosten verbunden. Das investierte Kapital sowie die investierte Zeit können ggf. besser eingesetzt werden, indem die anderen Wettbewerbsfaktoren gestärkt werden; dies kann z. B. mithilfe neuer Patente, Marketing, Marktforschung usw. erfolgen. Die am meisten erfolgsversprechende Handlungsweise kann und muss nur der Vorstand bestimmen.[932] Der strengere Maßstab würde seine Prioritätshoheit aushöhlen.

Eine niedrige Priorität für die Organisation kann im Einzelfall wegen der daraus erwachsenden Nachteile unter keinem denkbaren Gesichtspunkt vertretbar erscheinen. Dies ist aber nicht schon dann der Fall, wenn sich der Vorstand keiner professionellen Werkzeuge bedient. Im Ergebnis ist also ein strengerer Überprüfungsmaßstab der Kontrolle der Erfüllung der Leitungspflicht bzgl. der Organisation abzulehnen.

b) Die Art der zu erhebenden Information

Das Fundament der organisationalen Gestaltung ist die Information: Der Vorstand muss seine Organisation kennen, um von einer auf das Unternehmenswohl ausgerichteten organisationalen Gestaltung sprechen zu können.

Dies setzt voraus, dass der Vorstand sich darum bemüht, auch die informale Organisation seines Unternehmens wahrzunehmen; sonst wäre sein Bild ein

931 Vgl. zur Bedeutung der Organisation für die Innovativität *Jones/Bouncken*, Organisation, S. 834 ff. Vgl. zur Bedeutung für den wirtschaftlichen Erfolg *Siedenbiedel*, Organisationale Gestaltung, S. 13 f. *Jones/Bouncken*, Organisation, S. 54 ff.

932 Vgl. zum Problem der Sachnähe oben Teil 3, II. A. 1.; s. zur Konkretisierungsbefugnis des Vorstands oben Teil 5, II. B. 3.

wesentlich Unvollständiges.[933] Das Zusammenspiel der formalen und informalen Organisation muss also bewertet werden. Dem Unternehmen stehen hierfür zahlreiche professionelle Methoden zur Verfügung.[934] Der Vorstand kann sich für eine davon entscheiden oder eine eigene entwickeln. Bei kleinen Unternehmen mit einer überschaubaren Belegschaft ist auch wegen des Aufwands vorstellbar, dass der Vorstand sich z. B. bei Erhebungen zur Unternehmenskultur lediglich auf eigene Gespräche mit Mitarbeitern beschränkt.

Der Aufwand der Organisationsuntersuchung lässt sich auf verschiedene Art und Weise mindern: Das Unternehmen kann nur eine Mitarbeiterprobe analysieren und diese auch nur zu bestimmten Aspekten. Die Untersuchungen können sich auf zentrale Bereiche beschränken und nur selten die Randbereiche umfassen; es ist auch nachvollziehbar, den Fokus auf Problembereiche zu richten. Es können zeitsparsame Forschungsmethoden ausgewählt werden. Die ganzen Untersuchungsvorgänge lassen sich digital unterstützen.[935] Der Vorstand genießt also umfangreiche Freiräume auch im Kontext der auf sein Unternehmen bezogenen Organisationsforschung.

Bzgl. der informalen Organisation erscheint besonders wichtig, eine ordnungsgemäße Dokumentation zu erstellen. Sie lässt sich nur schwer und sehr unpräzise historisch untersuchen: Die Unternehmenskultur entwickelt sich weiter; die Mitarbeiter kommen und gehen und dies beeinflusst das soziale Gefüge des Unternehmens. Sowohl wegen der Haftung des Vorstands als auch wegen der Notwendigkeit der informationellen Basis für die Auswertung von neuen Informationen spielt daher die Dokumentation eine wesentliche Rolle.

c) Setzung der Organisationsziele

Der Vorstand muss die Ziele der Organisation konkretisieren; diese lassen sich aus der Unternehmensstrategie sowie -politik ableiten. Dadurch übersetzt er das Wohl der Gesellschaft in Kriterien, die dann die Auswertung der bestehenden Lage der Organisation ermöglichen. Die Organisationsziele sind also anders gesagt nicht mit dem Unternehmensziel zu verwechseln.[936] Im Verhältnis zu diesem handelt es sich um aus diesem herzuleitenden Unterziele, die sich in Kriterien für die Bewertung der Organisation übersetzen lassen.[937] Als Beispiel können die Flexibilität, die Effizienz, die Innovativität, die Compliance- oder die Menschenrechtsfreundlichkeit der Organisation genannt werden.

933 Vgl. *Rast*, Organisationsfreiheit, 2022, S. 259 ff

934 S. die praktischen Anleitungen hierzu z. B. bei *Vahs*, Organisation, S. 551 ff.; *G. Schmidt/Naumann*, Organisation, S. 314 ff.

935 Vgl. allgemein zur Digitalisierung der Organisation einschließlich KI-Anwendung *Noack*, ZHR 183 (2019), 105 ff., insb. 113 ff.; zur Anwendung der KI bei der Geschäftsleitung s. MüKoAktG/*Spindler*, AktG § 93 Rn. 132 mwN.

936 Vgl. zum Begriff des Unternehmensziels unten Teil 7, I. A. 1.

937 Mehr dazu unten Teil 7, I. B. und C.

Sowohl die Nennung und die Gewichtung der organisationalen Ziele als auch die Auswertung der Organisation lassen dem Vorstand einen weiten Spielraum.[938] Der einzige Aspekt, der eine engmaschigere Kontrolle erlaubt, stellt die Konsistenz des Leitungshandelns dar: Der Vorstand genießt einen großen Freiraum bzgl. der Strategie und der Ziele.[939] Wegen der Wechselwirkung zwischen der Strategie und der Organisation[940] dürfen die beiden Elemente nicht im Widerspruch zueinander bestimmt werden; beide sollen sich nach Möglichkeit gegenseitig verstärken.

d) Zeitabstände – Häufigkeit der Untersuchung

Auf den ersten Blick würden dem Vorstand in Bezug auf die Häufigkeit der Informationsbeschaffung die gleichen Freiräume zustehen, wie für deren Intensität. Es gibt aber eine besondere Regelung, die sich auf die Zeitabstände auswirkt.

§ 90 Abs. 1 Nr. 1 AktG verlangt, dass der Vorstand dem Aufsichtsrat mindestens einmal jährlich (§ 90 Abs. 2 Nr. 1 AktG) zur beabsichtigten Geschäftspolitik und anderen Fragen der Unternehmensplanung berichtet. Ferner muss nach § 90 Abs. 1 Nr. 3 AktG zur Lage der Gesellschaft regelmäßig, mindestens vierteljährlich, berichtet werden (zur Berichtsfrequenz s. § 90 Abs. 2 Nr. 3 AktG). Die Organisation an sich nennt die Vorschrift zwar nicht, aber die Berichtspflicht kann sich *in concreto* auf die Organisation beziehen.[941]

Selbst wenn dies nicht der Fall ist, kann § 90 Abs. 2 Nr. 1 AktG eine gewisse Ausstrahlungswirkung zugesprochen werden: Der Vorstand muss sich mit den wichtigen Angelegenheiten des Unternehmens mindestens einmal jährlich auseinandersetzen. Daraus ergibt sich eine konkrete Wertung des Gesetzgebers; diese Wertung ist auf die Organisation zu übertragen, denn sie bedingt die Möglichkeit der Verwirklichung der Unternehmenspolitik sowie der Unternehmensplanung,[942] die ihrerseits die Gegenstände der jährlichen Berichterstattung sind. Das heißt, die Organisation ist mindestens einmal jährlich zu untersuchen.

938 Eine Vorstandspflicht zur effizienten und effektiven Organisation, wie sie *M. Arnold* in: Marsch-Barner/Schäfer, HdB börsennotierte AG, § 21 Rn. 19 postuliert, lässt sich wegen des Vorrangs von nur zwei Kriterien nicht mit der Vorstandsautonomie vereinbaren und ist in dieser Form abzulehnen.

939 Vgl. zu den Vorstandspflichten bezogen auf die Unternehmensstrategie und Setzung der Nachhaltigkeitsziele im Kontext der ESRS *Rothenburg/Rogg*, NZG 2024, 1439, 1442 ff.

940 *Müller-Stewens* in Frese, HWO, S. 2344 ff.; s. *Chandler*, Strategy and Structure, passim; vgl. auch *Porter*, Wettbewerbsvorteile, S. 53 f.

941 Zur obligatorischen Einbeziehung der Organisation in die Vorstandsberichte s. unten E. 2. b).

942 Vgl. zum Zusammenhang zwischen der Geschäftspolitik und der Organisation die Beispiele im BegrRegE AktG 1965, BT-Drs. 4/171, S. 129; K. Schmidt/Lutter/*Sailer-Coceani*, § 90 AktG Rn. 9; s. auch MüKoAktG/*Spindler*, AktG § 90 Rn. 18.

e) Durchführung und Folgen der Anpassungsmaßnahmen

Die optimalen Anpassungsmaßnahmen können zwar nicht bestimmt werden, aber es ist möglich, die ausgewählten Maßnahmen auf eine evidente Unvertretbarkeit zu prüfen.[943] Die Organisationslehre stellt dem Unternehmen zahlreiche fachliche Ansätze zur Verfügung, wie eine Reorganisation/die laufende Organisationsentwicklung durchzuführen ist.[944]

Die Anpassungsmaßnahmen können keinen Erfolg gewährleisten; deren Objekt ist ein komplexer sozialer Organismus mit unbeherrschbaren Wechselwirkungen. Ferner können sich die Maßnahmen über mehrere Jahre ziehen.[945] Es können weitere Anpassungsschritte notwendig sein. Dies führt dazu, dass bei diesen Schritten eine evidente Zielverfehlung selten festzustellen sein wird. Der Weg zur Anpassung kann durch die Schranken aus sonstigen Rechtsgebieten blockiert sein.[946]

f) Delegation

Für die Delegation gelten allgemeine Grundsätze.[947] Bei extrem großen und komplexen Unternehmen kann aber schwer vorstellbar sein, nicht auf fachliche Expertise eines professionellen Organisators zurückzugreifen. Andererseits können bei kleinen Unternehmen teure Beratungsmaßnahmen verschwenderisch wirken und das Unternehmenswohl verletzen. Der Freiraum des Vorstands bei dieser Frage ist dennoch sehr groß.

Die Delegationsfähigkeit von Organisationsentscheidungen im Allgemeinen wird an einer späteren Stelle untersucht.[948]

943 Ähnlich bereits *Voß*, Unternehmenswissen, 2018, S. 209, der sich allerdings in seinen Erwägungen nur auf die strukturelle Ausgestaltung des Risikomanagementsystems nach § 25a KWG beschränkt.

944 Es verbleibt im Spielraum des Unternehmens, ob es sich beim Organisationswandel für die statische oder dynamische Perspektive entscheidet, vgl. oben Teil 2, V. A. und B.

945 Bspw. hat die Deutsche Bank mehrere Jahre für die Änderung der Risikokultur gebraucht; umfassend dazu HHL/*von Rohr*, 2024, § 15 Rn. 44 ff.

946 Bspw. bedarf eine Änderung der Unternehmenskultur des Austausches des Personals, wenn der ungewollte Einfluss der Persönlichkeit der Mitarbeiter zu intensiv ist; z. B. können Mitarbeiter zu risikobereit oder zu risikoavers sein; der Austausch der Arbeitnehmer wird durch das KSchG ausgebremst. Das Unternehmen kann deswegen Jahre brauchen, um durch rechtmäßige Maßnahmen einen richtigen Persönlichkeitszuschnitt der Mitarbeiter zu erreichen. S. zur Risikokultur *Vanini/Rieg*, Risikomanagement, S. 166 ff.; *Hunziker*, Risikomanagement im Unternehmen, S. 207 ff.

947 Vgl. *Zenner*, AG 2021, 502 ff., insb. 507 ff.

948 S. unten D.

g) Beispiel für eine Verletzung der organisationalen Business Process Rule

Die Nichteinhaltung der Business Process Rule lässt sich an einem kleinen Beispiel veranschaulichen. Ein kleines Unternehmen in der Rechtsform der AG mit 150 Mitarbeitern im Inland verfügt über eine Organisation, die den Aufsichtsrat nicht zufrieden stellt. In der Diskussion über die Pflichten des Vorstands lassen sich die Aufsichtsratsmitglieder die Dokumentation bzgl. des Organisierens vorstellen. Es stellt sich heraus, dass sich die Vorstände zwar über die Organisation insgesamt Gedanken gemacht haben, aber sie blendeten dabei die informale Organisation komplett aus. Dieser Eindruck lässt sich während persönlicher Gespräche mit den Vorstandsmitgliedern nicht erschüttern; sie tun so, als wäre die informale Ordnung bedeutungslos, weil die Mitarbeiter seelenlose Roboter seien. Wegen der Zahl der Mitarbeiter kann nicht unterstellt werden, dass das Ausblenden sich noch irgendwie sonst begründen lassen würde (z. B. mit einer intensiven persönlichen Aufsicht). Damit verfügt die Geschäftsleitung über das wesentlich unvollständige Bild ihrer Unternehmensorganisation. Durch diesen Ermittlungsmangel hat sie bereits den oben aufgestellten Maßstab evident verletzt.

In einem anderen Beispiel hat sich der Schwerpunkt des Geschäftsmodells weiterentwickelt und ein Randbereich des Unternehmens wurde zum Zentralbereich. Trotzdem hat der Vorstand die Informationsbeschaffung in seinen Schwerpunkten nicht angepasst und diesen Zentralbereich bei Erhebungen nicht berücksichtigt; jahrelanges Unterlassen der Organisationsentwicklung samt starker Ineffizienz war die Folge. Im Ergebnis war eine kostspielige Reorganisation notwendig.

In den oben dargestellten Fällen sind Ermittlungsfehler eher klar. Schwieriger erscheinen jene Fälle, in denen sich das Unternehmen aufgrund des Verwaltungsaufwands bzw. aus Kostengründen gegen die Untersuchung der Organisation entscheidet. Eine solche Entscheidung kann zwar *in concreto* dem Unternehmenswohl widersprechen, aber dies lässt sich nicht pauschal beurteilen.

h) Sonderproblem: Konsistenz des Vorstandshandelns

Im Übrigen ist es wesentlich, dass das Vorstandshandeln im Rahmen des Organisierens und sonst im Unternehmen ein Mindestmaß an Konsistenz aufweist: Das Organisationshandeln kann an sich nicht evident unvertretbar sein, aber im erheblichen Widerspruch zur Unternehmensstrategie oder zur Unternehmenspolitik stehen. In einem solchen Fall wird das Unternehmen in zwei Richtungen gleichzeitig gesteuert und droht zu zerreißen. Der Vorstand kann den Organisationsprozess sowie die Unternehmensstrategie und -politik jederzeit anpassen; seine Ausübung der Konkretisierungsbefugnis darf aber nicht die Grenze überschreiten, die das allgemeine Verbot des widersprüchlichen Handelns[949] aufstellt. Hier wird der Vorstand an eigene Entscheidungen gebunden.

949 § 242 BGB lässt sich als ein allgemeiner Grundsatz des Zivilrechts auch auf das Verhältnis zwischen der Gesellschaft und dem Vorstand anwenden, vgl.

Dasselbe gilt für erhebliche Widersprüche in der Zeitdimension: Z. B. ist nicht zulässig, dass der Vorstand willkürlich regelmäßig die Ziele der Organisation erheblich ändert, was zu einem ständigen Chaos führt.

i) Die Pflicht zur Einrichtung der Governance-Systeme

Nach §§ 76, 93 AktG obliegt dem Vorstand die Entscheidung, wie stark welche Ziele bzgl. der Merkmale der Organisation gewichtet werden und inwiefern deren Verwirklichung eines systematischen Vorgehens bedarf.[950] Nur in seltenen Fällen wird es daher eine evidente Überschreitung des Organisationsermessens darstellen, über ein bestimmtes System im Unternehmen nicht zu verfügen. Anders gesagt: Eine systematisch in sorgfältigen Schritten zu erfüllende Organisationspflicht zieht keine Pflicht zur Systemeinrichtung nach sich.

Davon unberührt bleiben besondere gesetzliche Organisationspflichten, die den Vorstand zur Einrichtung eines Systems gesondert verpflichten, wie z. B. § 91 Abs. 2 und Abs. 3 AktG[951]. Eine andere Beurteilung ergibt sich aus der Notwendigkeit der Konsistenz; hat der Vorstand entschieden, ein bestimmtes System einzurichten, dann soll er sich daran halten.

Ferner könnte etwas anderes für kapitalmarktorientierte Aktiengesellschaften in Betracht gezogen werden; zu dieser Gruppe gehören u. a. börsennotierte Konzerne, Anleihen emittierende Zweckgesellschaften (SPV)[952], Start-Ups sowie Unternehmen mittlerer Größe[953] mit weniger als 500 Mitarbeitern. Aufgrund der hohen größen- sowie komplexitätsbedingten organisatorischen Heterogenität darf die Rechtslage bezogen auf diese Unternehmensklasse nicht verallgemeinert werden; aus der Kapitalmarktorientierung allein lassen sich also keine besonderen Organisationspflichten herleiten.[954]

j) Zwischenergebnis

Die Business Process Rule gilt auch für das Organisieren des Unternehmens. Die oben dargestellten Schritte dieser Rechtsfigur ermöglichen eine sichere, knappe und nachvollziehbare Dokumentation der Einhaltung des Sorgfaltsmaßstabs in Bezug auf den Dauerprozess des Organisierens; damit wird die Organisationsfreiheit nicht übermäßig eingeschränkt. Außerdem ist eine vorsichtige Kontrolle

BeckOGK/*Kähler*, 15.10.2024, BGB § 242 Rn. 126; MüKoBGB/*Schubert*, BGB § 242 Rn. 51. Vgl. zum widersprüchlichen Verhalten als einem Verstoß gegen § 242 BGB MüKoBGB/*Schubert*, BGB § 242 Rn. 374; s. auch BeckOGK/*Kähler*, 15.10.2024, BGB § 242 Rn. 1302 ff.

950 Ähnlich bzgl. des CMS *Harbarth*, ZHR 179 (2015), 136, 153.

951 Mehr zu diesen beiden Normen unten IV.

952 Vertieft hierzu *Baums*, Recht der Unternehmensfinanzierung, 2017, § 46 Rn. 1 ff.

953 Vgl. *Baums*, Recht der Unternehmensfinanzierung, 2017, § 36 Rn. 11.

954 Wohl aA BegrRegE FISG, BT-Drs. 19/26966, S. 114 f. im Anschluss an MüKo-AktG/*Habersack*, AktG § 107 Rn. 169.

durch Gerichte innerhalb von ihrer negativen Konkretisierungsbefugnis möglich. Die Prozessbetreuungsschritte bezogen auf die Gesamtorganisation sind daher als eine Konkretisierung der allgemeinen Organisationspflicht des Vorstands zu betrachten (§§ 76 Abs. 1, 93 Abs. 1 S. 1, 2 AktG).

4. Zwischenergebnis

Die Business Judgment Rule leidet an einer dogmatischen Schwäche, durch das Ausblenden des Zeitmoments nicht auf die Geschäftsprozesse anwendbar zu sein. Hier leistet eine an der Business Judgment Rule orientierte und um die Zeitdimension ergänzte Rechtsfigur Hilfe (Business Process Rule), die sich aber ihrerseits nur auf das Sachnotwendige beschränkt, um die positive Konkretisierungsbefugnis des Vorstands nicht über das notwendige Maß hinaus einzugrenzen. Diese neue Rechtsfigur besteht aus vier Schritten (Informationsbeschaffung, -auswertung, Anpassung sowie Überwachung), die als ein wiederkehrendes Dauerprogramm bzw. eine Dauerschleife gedacht sind. Die Business Process Rule ist mit kleineren Besonderheiten auf den Dauerprozess des Organisierens anzuwenden, was der dynamischen Natur der Organisation gerecht wird.

Dem Vorstand steht also eine umfassende Organisationsfreiheit zu, die sich in seiner Konkretisierungsbefugnis bzgl. der ordnungsmäßigen Aufbau- und Ablauforganisation ausdrückt. Diese positive Konkretisierungsbefugnis muss sich allerdings selbst in den Schranken der Business Judgment Rule und der Business Process Rule bewegen, die eine stabile Orientierung am Unternehmenswohl trotz der dynamischen Natur der Organisation sicherstellen.

D. Die Delegationsfähigkeit von Organisationsentscheidungen

Im Anschluss an die Untersuchung des Sorgfaltsmaßstabs für die Organisationsentscheidungen und für den Prozess des Organisierens ist ein Problem zu analysieren, das besonders hohe Relevanz für die ordnungsmäßige Erfüllung der Organisationspflicht in großen Unternehmen aufweist: Welche Entscheidungen bzgl. der Organisation muss der Vorstand zwingend selbst treffen und welche darf er auf ein Vorstandsmitglied, auf eine Stelle im Unternehmen oder auf Dritte delegieren?

1. Die Abgrenzung zwischen der Leitung und der Geschäftsführung als das entscheidende Kriterium für die Delegationsfähigkeit

Die Delegationsfähigkeit bestimmt sich nach der Zuordnung zur Leitung oder zur Geschäftsführung:[955] Die Leitung i. S. d. § 76 Abs. 1 AktG lässt sich nicht

955 Vgl. zur Abgrenzung *Henze*, BB 2000, 209 f.; *M. Koch*, Gesamtverantwortung, 2024, S. 44 ff.; vgl. zur Gesetzessystematik der Begriffe »Leitung«, »Geschäfts-

delegieren,[956] denn ihr höchstpersönlicher Charakter ist bereits im Wortlaut des § 76 Abs. 1 AktG angelegt (»hat unter eigener Verantwortung … zu leiten« und nicht (etwa) »für die Leitung zu sorgen«). Diese Einschränkung gilt hingegen nicht für die Geschäftsführung i. S. d. § 77 AktG.

Daher muss entschieden werden, welche Organisationsentscheidungen noch zur herausgehobenen Leitung und welche zur delegierbaren Geschäftsführung i. S. d. § 77 AktG gehören. Die Delegation ist in drei Dimensionen von Relevanz: Erstens unter den Vorstandsmitgliedern selbst (horizontal),[957] zweitens gegenüber den nachgeordneten Unternehmensebenen (vertikal)[958] und drittens gegenüber unternehmensfremden Dritten (Outsourcing).[959] Von der Entscheidungsfindung ist deren Vorbereitung und Ausführung zu unterscheiden, die sich nicht der Leitung i. e. S. zuordnen lassen und daher im vollen Umfang delegierbar sind.[960]

Aus der Delegationsfähigkeit kann nicht schon auf eine Delegationspflicht geschlossen werden;[961] diese ließe sich nicht mit der Fokushoheit[962] und allgemein der Leitungsfreiheit des Vorstands vereinbaren: Im Einzelfall kann sich der Vorstand ganz konkreter, spezieller Geschäftsführungsfragen in einer unüblichen Weise persönlich annehmen, wenn dies nach seiner Ansicht angemessen und für den unternehmerischen Erfolg relevant ist.

führung« und »Vertretung« BeckOGK/*Fleischer*, 1.2.2025, AktG § 76 Rn. 14; s. auch *Dreher*, FS Hopt I, 2010, S. 517, 518 f.; s. eine umfassende Darstellung der herrschenden Ansichten bei *Linnerzt*, Die Delegation durch den Vorstand einer AG, 2020, S. 37 ff. mwN. S. aber zur aA *Mielke*, Die Leitung der unverbundenen Aktiengesellschaft, 1990, S. 33 ff., der die Unterscheidung zwischen der Leitung und der Geschäftsführung ablehnt und die Delegationsgrenzen aus § 93 Abs. 1 S. 1 AktG herleitet (S. 66 f.).

956 S. prägnant BeckOGK/*Fleischer*, 1.2.2025, AktG § 76 Rn. 9: »Unveräußerlicher Kernbereich«; s. auch KK-AktG/*Cahn*, § 76 Rn. 5; s. aber *Mielke*, Leitung, 1990, S. 64 ff., 92 ff., dem zufolge die horizontale sowie die vertikale Delegation fast schrankenlos zulässig sei; kritisch zum Delegationsverbot bezogen auf die Leitung *Seibt*, FS K. Schmidt I, 2009, S. 1463 ff.; das Delegationsverbot lehnen komplett *Linnerzt*, Die Delegation durch den Vorstand einer AG, 2020, S. 106 ff. und HHL/*Henning/Lieder*, 2024, § 12 Rn. 31 mit dem Argument ab, die Leitung sei mangels einer mit § 111 Abs. 6 AktG vergleichbaren Vorschrift nicht höchstpersönlich. Der Gegenstand der Leitung sowie der Geschäftsführung ist das von der Aktiengesellschaft getragene Unternehmen, s. dazu *Hommelhoff*, Konzernleitungspflicht, 1982, S. 43 f.; *Dreher*, FS Hopt I, 2010, S. 517, 518; *Seibt*, FS K. Schmidt I, 2009, S. 1463.

957 Monographisch hierzu *M. Koch*, Gesamtverantwortung, 2024, S. 97 ff.

958 S. *Grundei/Reuter*, DB 2024, 2309, 2314, die zutreffend die Aufbau- und Ablauforganisation als eine systematische vertikale Delegation von Aufgaben umschreiben.

959 S. zum Begriff »Delegation« *Dreher*, FS Hopt I, 2010, S. 517 f.

960 BeckOGK/*Fleischer*, 1.2.2025, AktG § 76 Rn. 74; kritisch *Kuntz*, AG 2020, 801, 807, der die Entscheidungsfindung und -vorbereitung für untrennbar hält.

961 So aber *Hommelhoff*, Konzernleitungspflicht, 1982, S. 180 f.

962 Zu dieser s. oben B. 4.

Bei der Darstellung werden jene Vorstandsaufgaben ausgeblendet, die bereits von Rechts wegen ausdrücklich dem Gesamtvorstand zugewiesen sind und sich daher *ex lege* dem Begriff der Leitung zuordnen lassen; ein Beispiel für eine solche Aufgabe sind die Pflichten aus § 91 AktG.[963] Anders gesagt, es werden hier ausschließlich die unternehmerischen Aufgaben des Vorstands untersucht.[964]

2. Kriterien der Abgrenzung zwischen der Leitung und der Geschäftsführung

Die Grenzziehung zwischen der Leitung und der Geschäftsführung bereitet große Schwierigkeiten.[965] Es könne auf das Gewicht der Handlung im unternehmerischen Sinne bzw. aus der betriebswirtschaftlichen Perspektive abgestellt werden;[966] dies erscheint allerdings willkürlich. Alternativ könne die Typenbildung einen Annäherungsversuch darstellen, indem die Fallgruppen entweder der Leitung oder der Geschäftsführung zuzuordnen seien.[967] Die Grenzziehung muss sich mit der Stellung des Vorstands in der Kompetenzordnung des Aktienrechts vereinbaren lassen: Das heißt, die fundamentale Verantwortung und die Unternehmerfunktion müssen in den Händen des Vorstands bleiben.[968]

Es wäre auch denkbar, die Grenzziehung dem Vorstand selbst zu überlassen, indem die positive Konkretisierungsbefugnis auch auf die Frage der Delegierbarkeit erstreckt wird: Dann würde der Vorstand über die Grenze zwischen der Geschäftsführung und der Leitung selbst entscheiden und nur in den Fällen der evidenten Zugehörigkeit zur Leitung läge bei einer Delegation die Pflichtverletzung vor.[969] Dies ließe sich damit erklären, dass der Kernbereich der Leitungsverantwortung zum Schutz des Unternehmenswohls bestehe und die Grenzziehung eine Konkretisierung dieser finalen Schutzvorgabe darstelle.[970]

Das typologische und das Konkretisierungskonzept lassen sich miteinander vermählen; es gibt Entscheidungen, die bereits objektiv ein so großes Gewicht aufweisen, dass sie auf jeden Fall der Leitung zuzuordnen sind. Es gibt auch solche Entscheidungen, bei denen die Qualifikation zu subjektiv erfolgt, als dass

963 S. die Aufzählung bei *Dreher*, FS Hopt I, 2010, S. 517, 520 f.

964 Vgl. *Dreher*, FS Hopt I, 2010, S. 517, 521 f.; s. auch *Seibt*, FS K. Schmidt I, 2009, S. 1463, 1470 f.; *Fleischer*, ZIP 2003, 1, 6.

965 S. *Dreher*, FS Hopt I, 2010, Bd. I, S. 517, 518 ff.; s. die Kritik bei *Kuntz*, AG 2020, 801, 805 ff.; vgl. *Seibt*, FS K. Schmidt I, 2009, S. 1463, 1470 f.

966 Vgl. *Fleischer*, ZIP 2003, 1, 4 f.; *Seibt*, FS K. Schmidt I, 2009, S. 1463, 1471.

967 Vgl. KK-AktG/*Cahn*, § 76 Rn. 6.

968 Vgl. *Mielke*, Leitung, 1990, S. 93 f.; KK-AktG/*Cahn*, § 76 Rn. 5.

969 S. *Seibt*, FS K. Schmidt I, 2009, S. 1463, 1479 ff.; vgl. KK-AktG/*Cahn*, § 76 Rn. 7; s. die Kritik zum Konzept von *Seibt* bei *M. Koch*, Gesamtverantwortung, 2024, S. 114 ff.; eher kritisch zu einem solchen Konzept *Dreher*, FS Hopt I, 2010, S. 517, 520.

970 Grigoleit/*Grigoleit*, AktG § 76 Rn. 76 und Rn. 77; vgl. *Mielke*, Leitung, 1990, S. 66 f., der auf die vom Silodenken ausgehende Gefahr für das Unternehmenswohl im Falle der horizontalen Delegation hinweist; vgl. auch *Kuntz*, AG 2020, 801, 804.

eine objektive Zuordnung sinnvoll wäre.[971] Dann muss der Vorstand selbst entscheiden, ob er den Entscheidungsgegenstand für so wichtig hält, dass er nicht bereit ist, die Entscheidung zu delegieren; oder aber die Entscheidung verfügt seiner Ansicht nach über ein kleines Gewicht und sollte daher nicht die Entscheidungskapazität des Vorstands beeinträchtigen. Die unternehmerische Fokushoheit[972] könnte durch eine zu weite Definition der Leitung beeinträchtigt werden; da der Vorstand auch über den unternehmerischen Fokus entscheidet, wäre es von Vorteil, wenn ihm auch die Qualifikation der Entscheidungen im grauen Bereich zwischen der Leitung und der Geschäftsführung überlassen wäre.

3. Die Abgrenzung zwischen der Leitung und der Geschäftsführung im Hinblick auf Organisationsentscheidungen

Wenn diese gemischte Formel auf die Organisation übertragen wird, ergibt sich das folgende Bild: Zur Leitung gehören jedenfalls die Grundzüge sowie die allgemeinen Grundsätze der Organisation;[973] hierbei geht es um jene Merkmale, die für das gesamte Unternehmen gelten sollen,[974] wie z. B. die funktionale, regionale oder divisionale Aufteilung, das Einliniensystem oder die Matrixorganisation,[975] oder andere im gesamten Unternehmen einzuhaltende Regeln. Objektiv gesehen handelt es sich um die Leitung auch bei Verfahrensrichtlinien und Verhaltensregeln, die für alle Beschäftigten gleichermaßen gelten und daher eine besonders intensive Steuerungswirkung aufweisen, z. B. bei einem Verhaltenskodex.[976] Eine herausgehobene Stellung für die langfristige Steuerung des Unternehmens hat auch die organisationale Business Process Rule auf der Ebene des Gesamtunternehmens: Die Entscheidungen über die Untersuchungstiefe, über die Organisationsziele oder über die Anpassung der Organisation werden sich vorwiegend objektiv der Leitung zuweisen lassen.[977] Die Einhaltung der organisationalen Business Process Rule selbst ist auch eine grundsätzliche Frage der Leitung.

Die Abgrenzung gestaltet sich schwieriger bei den organisationalen Fragen ohne einen unternehmensweiten Geltungsanspruch: Geht es um eine für die wirtschaftliche Situation bzw. Zukunft des Unternehmens wesentliche Abteilung oder einen solchen Geschäftsprozess, dann werden die inneren aufbau- und

971 Vgl. *Dreher*, FS Hopt I, 2010, S. 517, 519, der die Gegebenheiten aufzählt, von denen die Bedeutung einer unternehmerischen Entscheidung im Einzelfall abhängt.

972 S. zu dieser bereits oben B. 4.

973 Ähnlich bereits *Fleischer*, ZIP 2003, 1, 5; vgl. *Dreher*, FS Hopt I, 2010, S. 517, 521 f.

974 Vgl. *Mielke*, Leitung, 1990, S. 66 f. sowie S. 11 f.

975 S. zu diesen Eigenschaften der Aufbauorganisation umfassend oben Teil 2, III. C. bis E.

976 Vgl. zu diesem im Kontext des LkSG Gehling/Ott/*Ott*, LkSG § 6 Rn. 61; s. auch Spießhofer/Späth/*Welling/Brouwer*, LkSG § 6 Rn. 44.

977 Eine Ausnahme gilt bspw. für die unwesentlichen Anpassungsentscheidungen, wenn es sich um eine eher vernachlässigbare Unterabteilung handelt oder die Anpassung an sich schon minimal ist.

ablauforganisatorischen Fragen eher zur Leitung gehören; diese Wesentlichkeit beurteilt sich im Lichte der vom Vorstand beschlossenen Unternehmensstrategie. Wegen dieses Zusammenhangs mit der Strategie erscheint es auch vorzugswürdig, für die Grenzziehung dem Vorstand eine positive Konkretisierungsbefugnis zuzugestehen.

Bei den meisten Abteilungen und Abläufen wird es sich um solche handeln, deren organisatorische Ausgestaltung nicht wesentlich für den Fortbestand des Unternehmens ist. Daher sind sie vollständig delegierbar.

E. Die Überwachung durch den Aufsichtsrat und die Organisationsfreiheit des Vorstands

Oben wurde die Rolle des Vorstands bei der Steuerung der Ablauf- und Aufbauorganisation insoweit geklärt, als dem Vorstand eine umfassende positive Konkretisierungsbefugnis in den Grenzen der Business Judgment Rule sowie der Business Process Rule zusteht. Hier sollen die potenziellen »Einfallstore« für den Einfluss des Aufsichtsrats auf die Organisation analysiert werden: Einerseits ist der Aufsichtsrat als das Schlüsselelement der deutschen Corporate Governance[978] dazu verpflichtet sicherzustellen, dass der Vorstand zum Wohl des Unternehmens handelt und die Business Judgment Rule sowie die organisationale Business Process Rule einhält; er kann aber die Entscheidungen des Vorstands nicht durch eigene ersetzen, solange sie rechtmäßig sind.[979] Andererseits beschränkt sich die Überwachungsaufgabe des Aufsichtsrats nach § 111 Abs. 1 AktG auf die Leitungsaufgabe des Vorstands nach § 76 Abs. 1 AktG und umfasst nicht jede Geschäftsführungsmaßnahme i. S. d. § 77 AktG,[980] weil ansonsten die Grenzen der Funktionsfähigkeit dieses Organs überschritten worden wären.[981] Der Aufsichtsrat kann zwar mittelbar auf den Vorstand Einfluss nehmen, indem er den informationellen Horizont des Vorstands durch zusätzliche Daten im Rahmen des beratenden Dialogs aktualisiert, aber dem Aufsichtsrat steht nur eine negative

978 S. *Hommelhoff*, AG 2016, 684, 685 f.; *Naumann/Schmitz-Herkendell/Penkwitt*, WPg 2023, 1106, 1112 vgl. *Lutter/Krieger/Verse*, Rn. 57 ff.; vgl. GroßkommAktG/*Hopt/Roth*, § 95 Rn. 7 ff.; eher skeptisch wegen des Machtungleichgewichts zugunsten des Vorstands BeckOGK/*Veil*, 1.2.2025, AktG § 111 Rn. 4.

979 S. einen deutlich strengeren Überwachungsmaßstab bezogen auf die Organisation von HHL/*Winkeljohann*, 2024, § 25 Rn. 6.

980 Zur Abgrenzung zwischen der Leitung und der Geschäftsführung s. umfassend oben D. (insb. 2.).

981 Vgl. Goette/Arnold AR-HdB/*M. Arnold*, § 4 Rn. 10 f.; diese Grenzen scheint auch die Auslegung nicht zu beachten, dass der Aufsichtsrat umfassend die betriebswirtschaftliche Ordnungsmäßigkeit der Organisation überprüfen müsse (so HHL/*Winkeljohann*, 2024, § 25 Rn. 6).

Konkretisierungsbefugnis zu. Die Business Judgment Rule schützt den Vorstand auch vor dem Aufsichtsrat.[982]

Dieses Bild könnte sich allerdings relativieren lassen. Zwar ist der Aufsichtsrat grundsätzlich von der Geschäftsführung ausgeschlossen, § 111 Abs. 4 S. 1 AktG. Manche Geschäftsführungsmaßnahmen des Vorstands können aber im Einzelfall von der Zustimmung des Aufsichtsrats abhängen (§ 111 Abs. 4 S. 2 AktG; s. unten 1.). Ferner trifft den Vorstand eine Berichtspflicht nach § 90 AktG,[983] die ggf. die Angaben zur Organisation umfassen muss (unten 2.). Eine gewisse Rolle bezogen auf die Organisation könnte der Prüfungsausschuss nach § 107 Abs. 3 S. 2 AktG zu erfüllen haben (unten 3.). Diese Instrumente des Aufsichtsrats sollen im Folgenden kurz auf ihre Auswirkung auf die Organisation geprüft werden:

1. Zustimmungsvorbehalte nach § 111 Abs. 4 S. 2 AktG

a) Grundlagen der Zustimmungsvorbehalte

Der Zustimmungsvorbehalt ändert die Rechtsnatur der positiven Konkretisierungsbefugnis in den Fällen ab, in denen er Anwendung findet: Die Konkretisierung der Leitungspflicht in Bezug auf eine konkrete, von dem Zustimmungsvorbehalt betroffene Maßnahme ist erst dann wirksam, wenn die entsprechende Zustimmung vorliegt, sei es die des Aufsichtsrats oder ggf. im Verweigerungsfall die der Hauptversammlung (s. § 111 Abs. 4 S. 3 AktG)[984]. Es handelt sich damit bei den Zustimmungsvorbehalten um ein wesentliches Element der präventiven Kontrolle des Vorstands durch den Aufsichtsrat.[985]

Der Vorbehalt bezieht sich nach dem Wortlaut des AktG auf »bestimmte Arten von Geschäften«. Mit dem Geschäft ist jede Handlung tatsächlicher oder rechtlicher Art gemeint.[986] Der Zustimmungsvorbehalt muss allerdings bestimmte Kriterien erfüllen, damit er wirksam ist: Zunächst muss im Voraus bestimmbar sein, welche Geschäfte betroffen sind (Bestimmtheitsgebot); damit sind abstrakte, generalklauselartige Vorbehalte ausgeschlossen.[987] Außerdem darf der Zustimmungsvorbehalt nicht die Grundsätze der Unternehmensverfassung (insbesondere nicht die Leitungsfreiheit des Vorstands) aushöhlen, indem jede einzelne

982 Vgl. *Cahn*, NZG 2023, 299 f.

983 Zum systematischen Zusammenhang zwischen den Zustimmungsvorbehalten und der Informationspflicht des Vorstands nach § 90 AktG s. *W. Goette*, FS Baums, 2017, Bd. I, S. 475, 478 f.

984 Vgl. dazu *Hüffer*, NZG 2007, 47, 52; *Grooterhorst*, NZG 2011, 921, 926; *W. Goette*, FS Baums, 2017, Bd. I, S. 475, 478.

985 S. statt aller *Cahn*, NZG 2023, 299; *Lieder*, ZGR 2018, 523, 524; *Hüffer*, NZG 2007, 47, jeweils mwN.

986 *Lange*, DStR 2003, 376; Grigoleit/*Grigoleit/Tomasic*, AktG § 111 Rn. 79; vgl. Goette/Arnold AR-HdB/*M. Arnold*, § 4 Rn. 396.

987 *Lutter/Krieger/Verse*, Rn. 118; *Grooterhorst*, NZG 2011, 921, 922; s. auch *Fleischer*, BB 2013, 835, 842 f.; Goette/Arnold AR-HdB/*M. Arnold*, § 4 Rn. 394.

Geschäftsführungsmaßnahme des Tagesgeschäfts an ihn gekoppelt wird: Er darf sich also ausschließlich auf grundlegende bzw. wesentliche Geschäfte beziehen.[988]

Gleichwohl ist es schwer, den Begriff eines wesentlichen Geschäfts näher zu konturieren.[989] Nach einer Definition seien dies solche, die die Vermögens-, Finanz- oder Ertragslage des Unternehmens grundlegend verändern.[990] Ein weiterer Konkretisierungsversuch stellt auf das mit dem Geschäft verbundene, für das Unternehmen wesentliche Risiko ab.[991] Das Geschäft kann sich auch auf reine Unternehmensinterna[992] und damit auf die Organisationsentscheidungen[993] beziehen. Bei der Abgrenzung bestehen hier im Ergebnis ähnliche Schwierigkeiten, wie bei jener zwischen der Leitung und der Geschäftsführung nach §§ 76, 77 AktG; die dortigen Abgrenzungsergebnisse lassen sich aber hier nicht anwenden, weil sich die Abgrenzungskriterien unterscheiden.[994] Es ist rechtsunverträglich, die Bestimmung der zulässigen gegenständlichen Reichweite des Zustimmungsvorbehalts dem Aufsichtsrat selbst im Rahmen seiner positiven Konkretisierungsbefugnis zu überlassen, denn dies würde die allgemeine leitungsbezogene positive Konkretisierungsbefugnis des Vorstands tangieren.

Die Zustimmungsvorbehalte müssen in der AG zwingend vorgesehen werden; das »Ob« ist verbindlich vom Gesetz vorgegeben (s. § 111 Abs. 4 S. 2 AktG). Das »Wie« ist allerdings nicht vorgegeben, sondern dem Ermessen des Aufsichtsrats überlassen,[995] sodass sich im Einzelfall die Zustimmungsvorbehalte nicht auf

988 S. ausführlich *Fonk*, ZGR 2006, 841, 846 f.; *Grooterhorst*, NZG 2011, 921, 922; vgl. *Lutter/Krieger/Verse*, Rn. 118 sowie 121; s. auch *W. Goette*, FS Baums, 2017, Bd. I, S. 475, 480; vgl. auch HHL/*Henning/Lieder*, 2024, § 12 Rn. 39 ff.

989 BeckOGK/*Veil*, 1.2.2025, AktG § 111 Rn. 85; s. auch *Hüffer*, NZG 2007, 47, 53.

990 S. *Fonk*, ZGR 2006, 841, 847, der diese Definition aus der Fassung des DCGK vom 2. Juni 2005 (Ziff. 3.3) übernommen hatte; s. dazu *W. Goette*, FS Baums, 2017, Bd. I, S. 475, 483.

991 *Lutter/Krieger/Verse*, Rn. 118; *Lange*, DStR 2003, 376, 377; zu diesen und zu den weiteren Auslegungsoptionen s. *Fleischer*, BB 2013, 835,839 ff.; s. auch *W. Goette*, FS Baums, 2017, Bd. I, S. 475, 482 f.; vgl. Goette/Arnold AR-HdB/*M. Arnold*, § 4 Rn. 405, der auf das außergewöhnliche Geschäft abstellt.

992 *Lutter/Krieger/Verse*, Rn. 120; *Grooterhorst*, NZG 2011, 921, 922;

993 Ausdrücklich *Lange*, DStR 2003, 376; s. auch *Fleischer*, BB 2013, 835, 841.

994 S. zur Abgrenzung zwischen der Leitung und der Geschäftsführung oben D.; es gibt Maßnahmen, die kein Risiko mit sich bringen, aber eine herausgehobene Bedeutung für die Steuerung des Unternehmens haben und deswegen der Leitung zuzuordnen sind, wie z. B. kleinere Anpassungen der unternehmensweiten Verhaltensregeln.

995 S. BegrRegE TransPuG, BT-Drs. 14/8769, S. 17; *Lutter/Krieger/Verse*, Rn. 113; *Lieder*, ZGR 2018, 523, 535 f. *Koch*, AktG § 111 Rn. 59; kritisch zur Zustimmungsvorbehaltspflicht BeckOGK/*Veil*, 1.2.2025, AktG § 111 Rn. 82; vgl. auch *Fleischer*, BB 2013, 835, 838; vgl. auch *Hüffer*, NZG 2007, 47, 52; Goette/Arnold AR-HdB/*M. Arnold*, § 4 Rn. 392 sowie Rn. 389.

Organisationsentscheidungen beziehen müssen[996]. Der Zustimmungsvorbehaltskatalog kann in der Satzung von der Hauptversammlung oder vom Aufsichtsrat selbst erlassen werden, z. B. in der Geschäftsordnung des Vorstands oder in der des Aufsichtsrats[997]. Dem Aufsichtsrat steht auch die Möglichkeit zu, Ad-hoc-Vorbehalte einzuführen.[998] Die Festlegung des Vorbehaltskatalogs erfolgt durch einen ausdrücklichen Beschluss des Gesamtaufsichtsrats (§ 107 Abs. 3 S. 7 AktG);[999] die Zustimmungserteilung selbst kann auf einen Ausschuss delegiert werden[1000]. Bezogen auf die Erteilung der Zustimmung *in concreto* steht dem Aufsichtsrat ein Ermessen zu;[1001] ob sich auf dieses Ermessen die Business Judgment Rule sowie die Rechtsfigur der positiven Konkretisierungsbefugnis erstreckt, bedarf einer weiteren Analyse,[1002] die hier nicht geleistet werden kann.

b) Zustimmungsvorbehalte bezogen auf die unternehmensinterne Organisation

Konkret bezogen auf die Organisation kann die folgende Differenzierung vorgeschlagen werden: Dem Zustimmungsvorbehalt können jene Maßnahmen unterworfen werden, die zu einer Änderung der Grundzüge der Organisation führen; anders gesagt, jede unternehmensweite Reorganisation ist zustimmungsvorbehaltsfähig, es sei denn, es handelt sich lediglich um minimale Anpassungen.[1003] Eine Reorganisation ist jedenfalls dann wesentlich, wenn der überwiegende Teil der Belegschaft einer anderen Unternehmenseinheit zugeordnet wurde bzw. über neue direkte Vorgesetzte verfügt.[1004] Dasselbe gilt für eine Aufhebung/Ersetzung/Ergänzung der Kernprinzipien der Unternehmenskultur sowie für wesentliche Maßnahmen bezogen auf die unternehmensweiten Verhaltensregeln. Unter

996 S. aber zur Ermessensreduktion BGHZ 124, 111,127; s. auch *Hüffer*, NZG 2007, 47, 53; *Lutter/Krieger/Verse*, Rn. 115; diese Ermessensreduktion beschränkt sich aber auf die Fälle gesetzwidrigen Vorstandshandelns; s. aber Goette/Arnold AR-HdB/*M. Arnold*, § 4 Rn. 403, der die Ermessensreduktion auf alle grundlegenden Geschäfte erstreckt.

997 S. dazu *Habersack*, NZG 2020, 881, 883; vgl. *Hüffer*, NZG 2007, 47, 51.

998 S. dazu BGHZ 124, 111, 127; s. auch *Fonk*, ZGR 2006, 841, 851 f. sowie *Habersack*, NZG 2020, 881, 886 f.

999 *Hüffer*, NZG 2007, 47, 52; *Lutter/Krieger/Verse*, Rn. 115; BeckOGK/*Veil*, 1.2.2025, AktG § 111 Rn. 92.

1000 S. Grigoleit/*Grigoleit/Tomasic*, AktG § 111 Rn. 91; *Lutter/Krieger/Verse*, Rn. 128; BeckOGK/*Veil*, 1.2.2025, AktG § 111 Rn. 93.

1001 Umfassend *Lieder*, ZGR 2018, 523, 538 ff.; Grigoleit/*Grigoleit/Tomasic*, AktG § 111 Rn. 94; BeckOGK/*Veil*, 1.2.2025, AktG § 111 Rn. 93; Goette/Arnold AR-HdB/*M. Arnold*, § 4 Rn. 415.

1002 S. umfassend zum unternehmerischen Ermessen des Aufsichtsrats und seinen Folgen *Lieder*, ZGR 2018, 523 ff. mwN.

1003 Vgl. Goette/Arnold AR-HdB/*M. Arnold*, § 4 Rn. 396.

1004 Ähnlich bereits Goette/Arnold AR-HdB/*M. Arnold*, § 4 Rn. 408.

den Zustimmungsvorbehalt kann auch die Einführung unternehmensweiter Governance-Systeme wie z. B. eines Risikomanagementsystems[1005] oder eines Compliance-Management-Systems[1006] gestellt werden, denn sie können die Ertragslage und die Risikosituation erheblich beeinflussen.

Eine untere Grenze für solche Maßnahmen, die sich auf die Organisation beziehen und nicht mehr grundlegend sind, ist schwer festzumachen. Grundlegend ist eine Organisationsentscheidung jedenfalls dann nicht mehr, wenn nur wenige Mitarbeiter hiervon betroffen sind.

Das Unterlassen von organisationalen Maßnahmen kann nicht an die Zustimmung des Aufsichtsrats gebunden werden, denn dies würde zum indirekten Weisungsrecht des Aufsichtsrats gegenüber dem Vorstand führen, was sich nicht mit der Weisungsfreiheit des Vorstands vereinbaren lässt,[1007] arg. ex § 76 Abs. 1 AktG sowie e contrario ex § 308 Abs. 1 S. 1 AktG.[1008] Damit kann der Zustimmungsvorbehalt nicht dazu genutzt werden, für die Einhaltung der organisationalen Business Process Rule zu sorgen.

Die praktische Relevanz der organisationsbezogenen Zustimmungsvorbehalte bedarf einer vertieften rechtstatsächlichen Untersuchung, die den Rahmen dieser Arbeit sprengen würde.

2. Berichterstattung nach § 90 AktG

a) Die Ausgestaltung der Berichterstattungspflicht des Vorstands

§ 90 AktG steht im engen Zusammenhang mit der Überwachungsaufgabe des Aufsichtsrats nach § 111 Abs. 1 AktG, denn er schafft ein informationelles Fundament hierfür.[1009] Insb. wird durch die doppelte Ausrichtung der Berichtsinhalte auf die Vergangenheit und auf die Zukunft sowohl die repressive als auch die präventive Überwachung ermöglicht.[1010] Ferner zwingt die Berichterstattung den

1005 S. zu diesem unten IV. D. 2. a). (1). (b).

1006 S. zu diesem *Kreipl*, Verantwortungsvolle Unternehmensführung, 2020, S. 154 ff.; s. auch *Wiedemann/Greubel*, CCZ 2019, 88; vgl. *Harbarth*, ZHR 179 (2015), 136, 153 ff.

1007 S. *Lutter/Krieger/Verse*, Rn. 115; s. auch MüKoAktG/*Habersack*, AktG § 111 Rn. 129, dem zufolge die Zustimmungspflichtigkeit vom Unterlassen mit dem Geschäftsführungsverbot aus § 111 Abs. 4 S. 1 AktG unvereinbar sei; vgl. *W. Goette*, FS Baums, 2017, Bd. I, S. 475, 483.

1008 Goette/Arnold AR-HdB/*M. Arnold*, § 4 Rn. 399.

1009 *Feddersen*, AG 2000, 385, 388; BeckOGK/*Fleischer*, 1.2.2025, AktG § 90 Rn. 1; vgl. kritisch zur informationellen Abhängigkeit des Aufsichtsrats vom Vorstand *Leyens*, RabelsZ 67 (2003), 57, 92 f.; s. auch die Kritik von HHL/*Winkeljohann*, 2024, § 25 Rn. 22.

1010 S. BegrRegE KonTraG, BT-Drs. 13/9712, S. 15; *Feddersen*, AG 2000, 385, 388; vgl. *Leyens*, RabelsZ 67 (2003), 57, 86 f.; vgl. *W. Goette*, FS Baums, 2017, Bd. I, S. 475, 476 ff.

Vorstand zu einer gewissen Selbstkontrolle[1011] und auch dazu, die Beratungsfunktion des Aufsichtsrats [1012] in Anspruch zu nehmen[1013].

Es gibt zwei Arten von Berichterstattung: die regelmäßigen Berichte nach § 90 Abs. 1 AktG einerseits sowie die auf Verlangen des Aufsichtsrats zu erstattenden Anforderungsberichte nach § 90 Abs. 3 AktG andererseits.[1014] Der Aufsichtsrat verfügt also über eine passive und eine aktive Informationsquelle. Die regelmäßigen Berichte beziehen sich inhaltlich auf die wesentlichen Angelegenheiten des Unternehmens. Der Anforderungsbericht kann hingegen als ein gezieltes Instrument jede Angelegenheit zum Gegenstand haben.[1015] Die Berichte müssen qualitative Anforderungen erfüllen: Nach § 90 Abs. 4 S. 1 AktG gilt für deren Inhalt der Grundsatz der gewissenhaften und getreuen Rechenschaft.[1016]

b) Berichterstattung über die Organisation

Im Rahmen der regelmäßigen Berichterstattung kommen die Angaben zur Unternehmensorganisation bei zwei Gegenständen infrage: Bei den grundsätzlichen Fragen der Unternehmensplanung nach § 90 Abs. 1 S. 1 Nr. 1 AktG sowie bei der Lage der Gesellschaft nach § 90 Abs. 1 S. 1 Nr. 3 AktG.

Die Unternehmensplanung ist weit zu verstehen;[1017] das Gesetz nennt die Finanz-, Investition- und Personalplanung. Plant der Vorstand also organisationale Maßnahmen und weisen sie ein grundsätzliches Gewicht auf, dann muss er über diese berichten.[1018] Der Bericht ist jährlich bzw. unverzüglich zu erstatten (§ 90 Abs. 2 Nr. 1 AktG). Zu solchen grundsätzlichen Maßnahmen gehören bspw. eine unternehmensweite Reorganisation oder eine tiefgreifende Änderung der Unternehmenskultur.

Die Lage der Gesellschaft ist ebenfalls weit zu verstehen: Sie umfasst die Position im Wettbewerb, die Ertragslage sowie die Liquiditätslage.[1019] Zur Lage der

1011 BeckOGK/Fleischer, 1.2.2025, AktG § 90 Rn. 1; MüKoAktG/*Spindler*, AktG § 90 Rn. 1; vgl. KK-AktG/*Cahn*, § 90 Rn. 7.

1012 Zur Beratungsaufgabe des Aufsichtsrats s. GroßkommAktG/*Hopt/Roth*, § 111 Rn. 274 ff.; *Lutter/Krieger/Verse*, Rn. 103 ff.; vgl. zum Kodifikationsvorschlag bzgl. dieser Funktion *Habersack* in: Hommelhoff/Kley/Verse, Reform des Aufsichtsratsrechts, 2021, S. 23, 30 ff.

1013 Vgl. *Lutter*, ZHR 159 (1995), 287, 291 f.; MüKoAktG/*Spindler*, AktG § 90 Rn. 1.

1014 Goette/Arnold AR-HdB/*M. Arnold*, § 4 Rn. 25; *Lutter/Krieger/Verse*, Rn. 212 ff.

1015 BeckOGK/*Fleischer*, 1.2.2025, AktG § 90 Rn. 41; KK-AktG/*Cahn*, § 90 Rn. 48.

1016 Mehr zu diesem Grundsatz s. KK-AktG/*Cahn*, § 90 Rn. 28; Goette/Arnold AR-HdB/*M. Arnold*, § 4 Rn. 76; HHL/*Wilsing/Winkler*, 2024, § 27 Rn. 15.

1017 Vgl. die Kritik an dem Begriff »Unternehmensplanung« von MüKoAktG/*Spindler*, AktG § 90 Rn. 18; s. auch BeckOGK/*Fleischer*, 1.2.2025, AktG § 90 Rn. 18 ff.; *Kropff*, NZG 1998, 613, 614.

1018 Vgl. KK-AktG/*Cahn*, § 90 Rn. 33.

1019 *Lutter/Krieger/Verse*, Rn. 196 f.; BeckOGK/*Fleischer*, 1.2.2025, AktG § 90 Rn. 28; vgl. auch KK-AktG/*Cahn*, § 90 Rn. 37.

Gesellschaft kann *in concreto* die Organisation gehören: Ihre besondere Innovativität kann für den Erfolg mitverantwortlich sein; ihre Ineffizienz im Vergleich zu den Wettbewerbern kann die wirtschaftlichen Schwierigkeiten des Unternehmens verursachen. Häufig wird jedoch die Organisation keine besondere Rolle spielen und daher nicht nach § 90 Abs. 1 S. 1 Nr. 3 AktG berichtspflichtig sein; sie kann aber *in concreto* einbezogen werden.[1020]

Der Aufsichtsrat kann die unternehmensinterne Organisation zum Gegenstand der Anforderungsberichte machen.[1021] Dieses Instrument gibt dem Aufsichtsrat die Möglichkeit der Überprüfung, ob die organisationale Business Process Rule eingehalten wurde.[1022] Der Aufsichtsrat darf diese Berichte nicht missbrauchen, um alle Fragen der Organisation mit dem Vorstand zu erörtern und diese maßgeblich (mit-)gestalten zu können;[1023] er muss den Vorstand als Träger der Organisationsfreiheit respektieren.

Die Frage nach der Zulässigkeit von direkten Informationsanfragen des Aufsichtsrats an Mitarbeiter kann sich zwar auf die Überwachung der Erfüllung der Organisationspflicht durch den Vorstand auswirken, aber sie würde den Rahmen dieser Arbeit sprengen.[1024]

3. Prüfungsausschuss

Eine wichtige Rolle für die Unternehmensorganisation spielt nach § 107 Abs. 3 S. 2 AktG der Prüfungsausschuss. Bei diesem handelt es sich um ein Gremium,[1025] das fakultativ oder – bei Unternehmen von öffentlichem Interesse i. S. d. § 316a HGB –[1026] obligatorisch (§ 107 Abs. 4) aus der Mitte des Aufsichtsrats gebildet wird.[1027] Der Prüfungsausschuss soll nicht nur die Qualität der Rechnungslegung sicherstellen, sondern sich gem. § 107 Abs. 3 S. 2 mit der

1020 Vgl. zur gängigen Praxis der Vorstände, sich zur Organisation zu äußern, HHL/*Wilsing/Winkler*, 2024, § 27 Rn. 12.

1021 Goette/Arnold AR-HdB/*M. Arnold*, § 4 Rn. 64; MüKoAktG/*Spindler*, AktG § 90 Rn. 34.

1022 Vgl. *W. Goette*, FS Baums, 2017, Bd. I, S. 475, 479 f., der von einer Pflicht des Aufsichtsrats zur Beschaffung der für die Überwachung hinreichenden Information ausgeht, die auch die Nutzung der Anforderungsberichte umfasst.

1023 Vgl. KK-AktG/*Cahn*, § 90 Rn. 8; MüKoAktG/*Spindler*, AktG § 90 Rn. 57.

1024 S. zu diesem Problem statt aller Goette/Arnold AR-HdB/*M. Arnold*, § 4 Rn. 71 ff.; *Lutter/Krieger/Verse*, Rn. 246 ff.; BeckOGK/*Fleischer*, 1.2.2025, AktG § 90 Rn. 44 ff., jeweils mwN.

1025 Zur Rechtsnatur (Organqualität) s. *Dolzer*, Prüfungsausschuss, 2019, S. 397 ff. mwN.

1026 Der Kreis solcher Unternehmen umfasst die kapitalmarktorientierten Unternehmen i. S. d. § 264d HGB sowie Finanz- und Versicherungsunternehmen; mehr dazu s. statt aller BeckOGK/*Bormann*, 15.10.2023, HGB § 316a Rn. 9 ff.; MüKoHGB/*Ebke*, HGB § 316a Rn. 5 ff. mwN.

1027 S. HHL/*Roth*, 2024, § 22 Rn. 90.

Wirksamkeit des internen Kontrollsystems (IKS), des Risikomanagementsystems (RMS) und der internen Revision (IR) befassen.[1028] Dies wird in der Literatur durch eine erweiternde Auslegung des RMS um die Aufgabe ergänzt, das Compliance Management System (CMS) als ein System zur unternehmensweiten Einhaltung der Legalitätspflicht zu überwachen;[1029] dies hängt mit der Aufgabe des Aufsichtsrats zusammen, das Vorstandshandeln am Maßstab der Rechtmäßigkeit zu überwachen.[1030] Die Kontrolle der Wirksamkeit dieser Systeme gehört zu den Kompetenzen des Vorstands im Rahmen seiner Leitungsaufgabe.[1031] Damit muss sich der Prüfungsausschuss auf die Sekundärüberwachung dieser Kontrolle beschränken.[1032]

Die Überwachung kann außerdem nicht weiter als die negative Konkretisierungsbefugnis des Aufsichtsrats reichen; der Prüfungsausschuss soll lediglich die Überschreitungen verhindern. Die Befugnis des Prüfungsausschusses nach § 107 Abs. 3 S. 3 AktG, Empfehlungen oder Vorschläge zur Gewährleistung der Integrität des Rechnungslegungsprozesses zu unterbreiten, kann lediglich in dem Sinne interpretiert werden, dass der Prüfungsausschuss lediglich unverbindlich auf Verbesserungsmöglichkeiten hinweisen darf.[1033] Eine andere Auslegung ließe sich weder mit § 76 Abs. 1 AktG noch mit § 111 Abs. 4 S. 1 AktG vereinbaren.

Es fällt auf, dass § 90 AktG und die Pflichten des Prüfungsausschusses inkonsistent sind; denn § 90 AktG sieht keine Berichte zur Wirksamkeit des IKS, des RMS und der IR vor. Die Mitglieder des Prüfungsausschusses können aber diese Informationen nach § 90 Abs. 3 AktG anfordern.[1034] Im Falle des obligatorischen Prüfungsausschusses ermöglicht das Gesetz einen direkten Informationszugriff auf die Leiter einschlägiger Zentralbereiche (Funktionen), um eine zuverlässige

1028 Mehr zu diesen Systemen im Kontext des § 91 Abs. 3 AktG unten IV. D. 2. a). (1).; vgl. auch *Dolzer*, Prüfungsausschuss, 2019, S. 223 ff.; s. aber HHL/*Klahold*, 2024, § 16 Rn. 93, der in der internen Revision einen Gesprächspartner des Prüfungsausschusses bzw. des Aufsichtsrats sieht.

1029 S. dazu *Dolzer*, Prüfungsausschuss, 2019, S. 226; HHL/*Klahold*, 2024, § 16 Rn. 11 sowie Rn. 91; Goette/Arnold AR-HdB/*Carl*, § 3 Rn. 282 ff.; vgl. *M. Arnold/Reinhardt*, CCZ 2025, 60 f.; vgl. auch Grds. 5 S. 2 DCGK 2022, wonach das RMS und das IKS auch ein CMS umfassen würden; vgl. dazu im Kontext des § 91 Abs. 3 AktG unten IV. D. 2. a). (1). (a).; vgl. zur allgemeinen Reichweite der Legalitäts- und der Legalitätsdurchsetzungspflicht unten III. A. und B.

1030 *M. Arnold/Reinhardt*, CCZ 2025, 60. Zu dieser Aufgabe s. MüKoAktG/*Habersack*, AktG § 111 Rn. 53; *Lutter/Krieger/Verse*, Rn. 74 ff.; *Koch*, AktG § 111 Rn. 29. Zur zu überwachenden Legalitätsdurchsetzungspflicht des Vorstands s. unten III. B.

1031 S. *Dolzer*, Prüfungsausschuss, 2019, S. 229.

1032 *Dolzer*, Prüfungsausschuss, 2019, S. 229 f.

1033 S. die umfassende Kritik zu dieser Bestimmung von *Dolzer*, Prüfungsausschuss, 2019, S. 231 ff.

1034 Zu den sog. Anforderungsberichten vgl. bereits oben 2. a).

informationelle Grundlage für diese besondere Überwachungsaufgabe zu schaffen (§ 107 Abs. 4 S. 4 AktG).[1035]

4. Beanstandung, Abberufung und Geltendmachung der Haftung

Dem Aufsichtsrat stehen ferner weitere Instrumente zur Verfügung, für die Einhaltung der Vorstandspflichten in Bezug auf die Organisation zu sorgen: Dazu gehört die unverbindliche Beanstandung (bzw. »Meinungsbeschluss«),[1036] bei einer gravierenden Pflichtverletzung die Abberufung nach § 84 Abs. 4 S. 1, 2 AktG und bei Schäden die Geltendmachung der Schadensersatzansprüche gegen den Vorstand.

5. Zwischenergebnis

Der Aufsichtsrat kann im Einzelfall einen starken Einfluss auf die Organisationsentscheidungen des Vorstands ausüben; eine Gelegenheit hierfür entsteht aufgrund der möglichen Zustimmungsvorbehalte sowie der Vorstandsberichte. Die Regelungen zum Prüfungsausschuss deuten darauf hin, dass den Governance-Systemen (IKS, RMS, die interne Revision) eine besondere Aufmerksamkeit gewidmet werden soll.[1037] Die breite Palette an Kontrollinstrumenten macht den Aufsichtsrat jedoch nicht zu einem Leitungsorgan; die Organisationsfreiheit sowie -verantwortung verbleiben beim Vorstand.

Der Aufsichtsrat hat dennoch die wichtige Aufgabe, dafür zu sorgen, dass sich der Vorstand innerhalb seiner positiven Konkretisierungsbefugnis hält und dass die Überschreitungen der Konkretisierungsbefugnis mit rechtlichen Konsequenzen sanktioniert werden. Eine besondere Stellung hat in dieser Hinsicht der Zustimmungsvorbehalt, der eine Wirksamkeitshürde für die Ausübung der Konkretisierungsbefugnis durch den Vorstand darstellt.

1035 Umfassend zur Neuregelung durch FISG *Koch*, AktG § 107 Rn. 44 ff.; BeckOGK/*Walla*, 1.2.2025, AktG § 107 Rn. 136 ff.; MüKoAktG/*Habersack*, AktG § 107 Rn. 180 ff.; Goette/Arnold AR-HdB/*Carl*, § 3 Rn. 289a ff.; vgl. *M. Arnold/Reinhardt*, CCZ 2025, 60, 61. Zur Bedeutung der informationellen Grundlage für die Wirksamkeitsprüfung und zum Umfang der erforderlichen Kenntnisse s. *Dreher/Hoffmann*, ZGR 2016, 445, 495 f.; HHL/*Klahold*, 2024 § 16 Rn. 91 und 95; vgl. HHL/*Roth*, 2024, § 22 Rn. 93.

1036 Vgl. zu diesem Instrument *Lutter/Krieger/Verse*, Rn. 110; MüKoAktG/*Habersack*, AktG § 111 Rn. 32; GroßkommAktG/*Hopt/Roth*, § 111 Rn. 317 ff. mwN; das »Ob« und das »Wie« der Beanstandung ist vom Aufsichtsrat innerhalb seiner Autonomie zu entschieden, vgl. *Hommelhoff*, in: Hommelhoff/Kley/Verse, Reform des Aufsichtsratsrechts, 2021, S. 43, 47 f.

1037 S. Goette/Arnold AR-HdB/*M. Arnold*, § 4 Rn. 130; s. auch HHL/*Klahold*, 2024, § 16 Rn. 91 sowie HHL/*Roth*, 2024, § 22 Rn. 9.

F. Vorstandsvergütung und Organisationspflichten

Die Vergütung könnte zur Auflösung der Interessenkonflikte zwischen der Aktiengesellschaft und dem Vorstand beitragen; die Ausgestaltung der variablen Vergütung hat das Potenzial, das Vorstandshandeln mithilfe von persönlichen finanziellen Anreizen zu steuern.[1038] Nachfolgend wird die Frage erörtert, ob dieser Steuerungsimpuls auf eine sorgfältige Organisation ausgerichtet werden kann.

1. Organisation als ein potenzieller Vergütungsbestandteil

Die Festsetzung der Vergütung und deren Struktur obliegt dem Aufsichtsrat, § 87 Abs. 1 S. 1 AktG.[1039] Es wäre theoretisch vorstellbar, dass dieser die Ausgestaltung der Organisation und deren Leistungsfähigkeit als einen der Vergütungsparameter bestimmt, unterstellt, es wurde eine flexible Vergütung vorgesehen.

Hierzu müsste der Aufsichtsrat die allgemeinen Ziele der Ausgestaltung der Organisation[1040] bestimmen, was nach hiesiger Auffassung nicht seine Aufgabe ist.[1041] Ggf. stünden diese Ziele dann im Widerspruch zu den vom Vorstand gesetzten organisationalen Zielen und würden den Vorstand dazu motivieren, seine eigenen Ziele für die Ausgestaltung der Organisation zugunsten der des Aufsichtsrats aufzugeben: Im Ergebnis würde damit ein wesentlicher Teil der Organisationsfreiheit von einem sachnahen zu einem sachfernen Organ wandern. Ferner hätte diese Art Vergütung den Nachteil, dass die Bewertungshoheit des Vorstands[1042] durch die Notwendigkeit einer unabhängigen Organisationsbewertung durch den Aufsichtsrat aufgeweicht werden müsste, damit der Aufsichtsrat den Grad der Zielverwirklichung feststellen kann.

Insgesamt lässt sich die Vereinbarkeit der Organisation als Vergütungsparameter mit der Unternehmensverfassung der Aktiengesellschaft ernsthaft bezweifeln, weil dieser die Organisationshoheit des Vorstands beeinträchtigt, es sei denn, die Vergütungsparameter sind sehr zurückhaltend formuliert worden und respektieren damit die Organisations- und Bewertungshoheit des Vorstands.[1043]

1038 S. statt aller die kritischen Ausführungen von *A. Arnold*, Steuerung, 2007, S. 115 ff. mwN; s. auch *Hommelhoff*, FS Hopt II, 2020, S. 467, 471 f.; MüKoAktG/*Spindler*, AktG § 87 Rn. 1.

1039 *Hommelhoff*, FS Hopt II, 2020, S. 467; HHL/*Roth*, 2024, § 22 Rn. 17; s. zum diesbezüglichen Delegationsverbot MüKoAktG/*Habersack*, AktG § 107 Rn. 142; vgl. BeckOGK/*Walla*, 1.2.2025, AktG § 107 Rn. 107.

1040 S. zu diesen bereits oben C. 3. c).; zur Abgrenzung zwischen dem allgemeinen Unternehmensziel und den Zielen der organisationalen Gestaltung s. unten Teil 7, I. C.

1041 Vgl. *C. Schäfer*, Lieber amicorum Winter, 2011, S. 557, 562 ff.; vgl. oben C. 3. c).

1042 S. zu dieser bereits oben C. 2. b). (3). a. E.

1043 S. *Dörrwächter/Harrack*, NZG 2024, 611, 612 f., die vom Vorrang der Leitungsautonomie des Vorstands ausgehen; ähnlich *BGH* NJW 2020, 679, 681. Vgl. *Mertens*, FS Hüffer, 2010, S. 647, 661 f., der die Leitungsfreiheit des Vorstands erst dann für beeinträchtigt hält, wenn sich aus der Vergütung einzelne

Folgerichtig stellt sich die Frage, ob sich die nichtmonetären Vergütungsbestandteile generell mit der Unternehmensverfassung der AG vereinbaren lassen;[1044] es würde aber den Rahmen dieser Arbeit sprengen, dieser Frage tiefer nachzugehen.[1045]

2. Die indirekte Förderung der Organisation über andere Vergütungsbestandteile

Die sonstigen Vergütungsbestandteile, insb. die mit Bezug zum finanziellen Ergebnis, können den Vorstand auch dazu motivieren, sich für eine ordnungsgemäße Organisation einzusetzen. Der unternehmerische Erfolg lässt sich aber auf ein komplexes Netz an Ursachen zurückführen;[1046] das so erzeugte Steuerungs-»Signal« ist daher extrem unspezifisch.[1047] Die Vergütungsstruktur weist damit keine besondere positive Bedeutung für die Unternehmensorganisation unterhalb der Vorstandsebene auf.

3. Gefahren der Vorstandsvergütung für die Organisation

Die Vergütung mag sich zwar nicht positiv verhaltenssteuernd bzgl. der Organisation auswirken, aber sie kann durch die Ausgestaltung der Vergütungsbestandteile einen negativen Einfluss auf das Vorstandshandeln erzeugen:

Sind die Vergütungsbestandteile nicht langfristig, sondern kurzfristig angelegt, motivieren sie den Vorstand, die kurzfristigen gegenüber den langfristigen Unternehmenszielen zu bevorzugen; es wird damit künstlich ein Interessenkonflikt

Geschäftsentscheidungen ergeben; ähnlich auch *Brunk*, Menschenrechtscompliance, 2022, S. 533 f.; dieser Maßstab scheint aber zu großzügig. S. ferner HHL/*Roth*, 2024, § 22 Rn. 17, der dem Aufsichtsrat im Kontext der Vergütung die Kompetenz zuweist, selbst zu bestimmen, wann vom Erfolg eines konkreten Unternehmens zu sprechen ist. Vgl. auch *J. Vetter* in: Hennrichs/Hommelhoff/Merkt, Zur Revision der EU-Nachhaltigkeitsregulatorik, S. 125, 147 f.

1044 Vgl. die Lösung dieses Kompetenzkonflikts von *Dauner-Lieb/v. Preen/S. Simon*, DB 2010, 377, 382, die eine Zusammenarbeit des Vorstands und des Aufsichtsrats im Hinblick auf die Vergütungsziele postulieren; kritisch hierzu *C. Schäfer*, Liber amicorum Winter, 2011, S. 557, 565 sowie MüKoAktG/*Spindler*, AktG § 87 Rn. 94; s. auch *Harbarth*, ZGR 2018, 379, 397 ff.

1045 Vgl. zu dieser Problematik *Dauner-Lieb/v. Preen/S. Simon*, DB 2010, 377, 381 ff.; MüKoAktG/*Spindler*, AktG § 87 Rn. 94 ff.; s. auch *Koch*, AktG § 87 Rn. 28, der so verstanden werden kann, dass sich der Aufsichtsrat bei der Vergütung über die vom Vorstand konkretisierten Unternehmensziele hinwegsetzen dürfe; s. auch *Mertens*, FS Hüffer, 2010, S. 647, 660 ff.

1046 Vgl. oben zum ähnlichen Problem der Unspezifität des Wettbewerbs Teil 3, II. C.

1047 Vgl. die Kritik an der Steuerungswirkung der variablen Vorstandsvergütung von KK-AktG/*Cahn*, § 87 Rn. 41 mwN.

zulasten der Gesellschaft geschaffen.[1048] Dies wird seinen Niederschlag finden, wenn der Vorstand die gewünschten Merkmale der Organisation festsetzt: Er wird dann eher der Effizienz und nicht der Flexibilität oder der Innovation den Vorzug geben. Es bedarf also langfristiger Ziele, damit die Vergütungsbestandteile die Konkretisierung des Unternehmensziels durch den Vorstand für die Zwecke der organisationalen Gestaltung nicht verzerren.[1049]

Diese Gefahr für die Ausübung der Leitungsfreiheit durch den Vorstand im Sinne des Unternehmenswohls hat der Gesetzgeber erkannt: Nach § 87 Abs. 1 S. 2 und S. 3 AktG ist der Aufsichtsrat einer börsennotierten Aktiengesellschaft verpflichtet, die Vergütungsbestandteile auf eine langfristige Entwicklung der Gesellschaft auszurichten;[1050] ferner müssen variable Vergütungsbestandteile eine mehrjährige Bemessungsgrundlage haben.[1051] In nicht börsennotierten Aktiengesellschaften muss der Aufsichtsrat Gefahren für das Unternehmen und seinen Bestand berücksichtigen; daher strahlt diese Regelung auf diese Gesellschaften aus.[1052]

4. Zwischenergebnis

Im Ergebnis birgt die Vorstandsvergütung wenig Potenzial für die Steuerung der Organisationssorgfalt der Vorstandsmitglieder; auf der anderen Seite kann eine auf eine kurzfristige Rendite gerichtete Vergütungsstruktur der ordnungsgemäßen Organisation gefährlich werden. Die Gefahren der kurzfristigen Ausrichtung haben einen allgemeinen Charakter und stellen daher kein organisationsspezifisches Problem dar.

G. Weiterer Gang der Untersuchung

Nachdem die allgemeinen Grundlagen des aktienrechtlichen Organisationsrechts analysiert wurden, sind die besonderen Organisationspflichten im Lichte dieser Ergebnisse zu untersuchen.

1048 S. vertieft und grundlegend zu dieser Problematik aus der rechtlichen und wirtschaftlichen Perspektive *Bueren*, Short-termism, 2022, passim.

1049 Umfassend zur Übersetzung/Transformation des Unternehmensziels in Subziele und unternehmerische Handlungen s. unten Teil 7, I. B.

1050 S. mehr zu dieser Pflicht des Aufsichtsrats einschließlich der Normgeschichte monographisch *Bueren*, Short-termism, 2022, S. 948 ff. mwN; BeckOGK/*Fleischer*, 1.2.2025, AktG § 87 Rn. 33 ff.; MüKoAktG/*Spindler*, AktG § 87 Rn. 88 ff.; s. KK-AktG/*Cahn*, § 87 Rn. 25 ff.; vgl. auch *Hommelhoff*, FS Hopt II, 2020, S. 467, 471 f.; *Dörrwächter*, NZG 2022, 1083, 1086 f.; *Harbarth*, ZGR 2018, 379, 385 ff.

1051 Goette/Arnold AR-HdB/C. *Arnold*, § 4 Rn. 1318.

1052 Vgl. BeckOGK/*Fleischer*, 1.2.2025, AktG § 87 Rn. 38; MüKoAktG/*Spindler*, AktG § 87 Rn. 119.

Zunächst werden die Legalitätsdurchsetzungspflicht und der Hinweisgeberschutz in ihrer organisationalen Dimension erfasst (III.). Hiernach werden die Organisationspflichten aus § 91 Abs. 2 und Abs. 3 AktG aufgrund ihres System- sowie Risikobezugs gemeinsam ausgemessen (IV.). Die Untersuchung aktienrechtlicher Organisationspflichten wird mit einer vertieften Analyse der Buchführungspflicht aus § 91 Abs. 1 AktG abgeschlossen (V.).

III. Legalitätsdurchsetzungspflicht als eine Organisationspflicht

Die Legalitätspflicht trifft den Vorstand im Innenverhältnis und verpflichtet ihn zur Beachtung gesetzlicher Pflichten der Gesellschaft im Außenverhältnis bei seinem eigenen Handeln.[1053] Aus ihr lässt sich eine auf das gesamte Unternehmen bezogene Organisationspflicht herleiten: die Legalitätsdurchsetzungspflicht.[1054] Diese Pflicht selbst ist bezogen auf den Wirkungsbereich der Beschäftigten durch die Existenz der Legalitätspflicht des Vorstands bedingt, sodass diese vorerst kurz konturiert wird. Danach wird die Grundlage sowie die Reichweite der Legalitätsdurchsetzungspflicht untersucht, die auch als die Legalitätskontrollpflicht und die Compliance-Pflicht bekannt ist.[1055] Aufgrund ihres allgemeineren, an die gesamte Rechtsordnung anknüpfenden Charakters sind diese Pflichten zu eruieren, bevor sich diese Untersuchung den besonderen Organisationspflichten aus § 91 AktG widmen kann. Im Anschluss an die Legalitätsdurchsetzungspflicht wird die organisationale Dimension des HinSchG aus der unternehmerischen Perspektive untersucht.

A. Legalitätspflicht des Vorstands

1. Das Grundproblem der mangelnden ausdrücklichen Regelung

Es gibt keine ausdrückliche Bestimmung im Aktiengesetz, die den Vorstand zur Einhaltung aller Gesetze verpflichten würde, deren Adressat die Aktiengesellschaft selbst ist.[1056] Eine automatische Transformation der Gesellschaftspflichten in die Organpflichten verbietet sich aufgrund des Trennungsprinzips, das eine

1053 Zur Abgrenzung zwischen der Legalitäts- und der Legalitätskontrollpflicht s. HHL/*Grigoleit*, 2024, § 33 Rn. 62; *Harbarth*, ZHR 179 (2015), 136, 137 f.

1054 Der Begriff der Legalitätsdurchsetzungspflicht geht auf *Harbarth*, ZHR 179 (2015), 136, 137 f. zurück; zur Terminologie s. auch *C. A. Weber*, Rechtsdurchsetzung, 2024, S. 845 f.

1055 Kritisch zum Compliance-Begriff wegen seiner Unschärfe *Paefgen*, WM 2016, 433, 434 f.

1056 *Breitenfeld*, Legalitätspflicht, 2016, S. 51; vgl. *Roth*, Unternehmerisches Ermessen, 2001, S. 132.

eigenständige Beurteilung der Pflichten der Gesellschaft im Außenverhältnis und der des Vorstands im Innenverhältnis verlangt.[1057] Daher bedarf die Legalitätspflicht einer besonderen Herleitung.[1058]

2. Ansätze zur Herleitung der Legalitätspflicht in der Literatur

Es gibt viele Stimmen in der Literatur, die die Legalitätspflicht aus der allgemeinen Sorgfaltspflicht nach § 93 Abs. 1 S. 1 AktG herleiten.[1059] Dies sei sachnotwendig, weil sonst niemand in der AG für die Einhaltung der Pflichten im Außenverhältnis verantwortlich wäre, denn die AG ist auf das Handeln von natürlichen Personen angewiesen.[1060] Ferner verlange der Gedanke der auf der Steuerungswirkung der Haftung[1061] beruhenden Generalprävention, dass der Vorstand zur Einhaltung der die AG bindenden Gesetze verpflichtet sei.[1062] Gegen beide Rechtfertigungsversuche lässt sich jedoch vorbringen, dass es methodisch höchst problematisch ist, vom bloßen Regelungsbedarf auf eine Pflicht zu schließen.[1063]

Eine weitere Argumentationslinie bedient sich der Schadensabwendungspflicht, um die allgemeine Legalitätspflicht in den Sorgfaltsmaßstab hineinzulesen.[1064] Denn der Vorstand ist verpflichtet, die Gesellschaft vor *ex ante* erkennbaren wirtschaftlichen Nachteilen zu schützen; dies gilt auch dann, wenn diese Nachteile auf eine Rechtsverletzung zurückgehen.[1065] Insoweit überzeugt die

1057 *Hellgardt*, FS Hopt II, 2020, S. 403, 405 f.; vgl. *Harbarth*, ZHR 179 (2015), 136, 139; *Harnos*, Geschäftsleiterhaftung, 2013, S. 78 f.; *Thole*, ZHR 173 (2009), 504, 509; *Roth*, Unternehmerisches Ermessen, 2001, S. 131 f.

1058 *Habersack*, FS Uwe H. Schneider, 2011, S. 429, 432 ff.; vgl. *Hellgardt*, FS Hopt II, 2020, S. 403, 405 ff.

1059 GroßkommAktG/*Hopt/Roth*, § 93 Rn. 132; *Habersack*, FS Uwe H. Schneider, 2011, S. 429 ff.; *Ders.*, AcP 220 (2020), 594, 648; BeckOGK/*Fleischer*, 1.2.2025, AktG § 93 Rn. 28 f.; *Thole*, ZHR 173 (2009), 504, 509; MüKoAktG/*Spindler*, AktG § 93 Rn. 90; Verse, ZHR 175 (2011), 401, 404; *Lutter*, ZHR 157 (1993), 464, 478.

1060 *Thole*, ZHR 173 (2009), 504, 509; MüKoAktG/*Spindler*, AktG § 93 Rn. 90.

1061 Vgl. *G. Wagner*, AcP 206 (2006), 352 ff. mwN.; kritisch zu den Steuerungsimpulsen der Haftung *Hellgardt*, FS Hopt II, 2020, S. 403, 410 ff.

1062 *Habersack*, FS Uwe H. Schneider, 2011, S. 429, 434 f.; s. aber *Grigoleit*, FS K. Schmidt II, 2019, Bd. I, S. 367, 371 ff., dem zufolge dieses Argument nur bezogen auf große Kapitalgesellschaften trage; aA *Harnos*, Geschäftsleiterhaftung, 2013, S. 81 f.; *Kuschnereit*, Legalitätspflicht, 2019, S. 155 ff.; *Hellgardt*, FS Hopt II, 2020, S. 403, 409 ff., insb. 417 f.

1063 Vgl. auch *Hellgardt*, FS Hopt II, 2020, S. 403, 408; s. die umfassende Analyse von *Kuschnereit*, Legalitätspflicht, 2019, S. 79 ff.

1064 S. die Darstellung von *Grigoleit*, FS K. Schmidt II, 2019, Bd. I, S. 367, 369 f.

1065 *Hellgardt*, FS Hopt II, 2020, S. 403, 407; *Grigoleit*, FS K. Schmidt II, 2019, Bd. I, S. 367, 369; *Verse*, ZHR 175 (2011), 401, 405; *Harnos*, Geschäftsleiterhaftung, 2013, S. 92 f.

Kritik nicht, es werde vom Schaden auf eine Pflichtverletzung geschlossen.[1066] Diese Argumentationslinie findet allerdings dort ihre Grenze, wo der Rechtsbruch keinen Schaden, sondern sogar einen wirtschaftlichen Vorteil nach sich zieht, sei es, weil keine entsprechende Sanktion existiert oder weil mit der Aufdeckung nicht zu rechnen ist.[1067]

Manche Herleitungsansätze berufen sich auf § 396 Abs. 1 AktG;[1068] nach dieser Bestimmung kann eine Aktiengesellschaft aufgelöst werden, wenn sie durch das gesetzwidrige Verhalten ihrer Verwaltungsträger das Gemeinwohl gefährdet und der Aufsichtsrat und die Hauptversammlung nicht für die Abberufung der Verwaltungsträger sorgen.[1069] Dabei reicht zwar eine Verletzung von Gesetzen jedweder Art aus, ein Bagatellverstoß jedoch nicht.[1070] Hieran lässt sich das Argument anknüpfen, dem Gesetzgeber liege die Einhaltung der allgemeinen Rechtsordnung als *rules of the game* (Spielregeln) besonders am Herzen.[1071] § 396 AktG lässt sich allerdings nicht unproblematisch auf das Innenverhältnis anwenden; denn er betrifft das Verhältnis zwischen der Gesellschaft und dem Staat.[1072] Der Vorstand darf keine Auflösung der Gesellschaft nach § 396 AktG zulassen; eine solche widerspräche gewiss dem Unternehmenswohl.[1073] Es ginge jedoch zu weit, auf eine allgemeine Pflicht zur Einhaltung der Rechtsordnung aus dieser besonderen Bestandssicherungspflicht zu schließen. Dies gilt umso mehr, wenn die geringe praktische Bedeutung des § 396 AktG berücksichtigt wird.[1074] Dieses Ergebnis wird durch die Erkenntnis bestätigt, § 396 AktG verlangt für die Auflösung keinen einfachen, sondern einen durch eine Gemeinwohlgefährdung

1066 So aber *Habersack*, FS Uwe H. Schneider, 2011, S. 429, 433; BeckOGK/*Fleischer*, 1.2.2025, AktG § 93 Rn. 29; *Breitenfeld*, Legalitätspflicht, 2016, S. 52.

1067 *Grigoleit*, FS K. Schmidt II, 2019, Bd. I, S. 367, 369 f.; *Breitenfeld*, Legalitätspflicht, 2016, S. 53; *Hellgardt*, FS Hopt II, 2020, S. 403, 407 f.; *Habersack*, FS Uwe H. Schneider, 2011, S. 429, 433 f.; *Verse*, ZHR 175 (2011), 401, 405 f.

1068 *Fleischer*, ZIP 2005, 141, 148; *Thole*, ZHR 173 (2009), 504, 514 f.; vgl. die umfassende Darstellung bei *Breitenfeld*, Legalitätspflicht, 2016, S. 65 ff. mwN, die diesen Herleitungsansatz ablehnt; einschränkend auf die durch die schwerwiegende Gemeinwohlgefährdung gekennzeichneten Gesetzesverstoße *Holle*, Die Legalitätskotrolle, 2014, S. 48 f.; ablehnend *Habersack*, FS Uwe H. Schneider, 2011, S. 429, 434.

1069 Umfassend zu den Voraussetzungen s. BeckOGK/*Bachmann*, 1.2.2025, AktG § 396 Rn. 5 ff.; MüKoAktG/*Schockenhoff*, AktG § 396 Rn. 7 ff.

1070 BeckOGK/*Bachmann*, 1.2.2025, AktG § 396 Rn. 10; vgl. MüKoAktG/*Schockenhoff*, AktG § 396 Rn. 7.

1071 S. *Fleischer*, ZIP 2005, 141, 149; *Thole*, ZHR 173 (2009), 504, 514 f.; vgl. GroßkommAktG/*Hopt/Roth*, § 93 Rn. 132.

1072 Vgl. *Habersack*, FS Uwe H. Schneider, 2011, S. 429, 434; vgl. *Hellgardt*, FS Hopt II, 2020, S. 403, 409; aA *Holle*, Die Legalitätskontrolle, 2014, S. 48: »Appel für das Binnenverhältnis«.

1073 *Habersack*, FS Uwe H. Schneider, 2011, S. 429, 434.

1074 Hierzu s. BeckOGK/*Bachmann*, 1.2.2025, AktG § 396 Rn. 2 mwN.

qualifizierten Gesetzesverstoß.[1075] Im Ergebnis lässt sich somit die Legalitätspflicht nicht aus § 396 AktG herleiten.

§ 91 Abs. 2 AktG eignet sich schon allein aufgrund seiner rein informationellen Ausrichtung[1076] nicht, die Legalitätspflicht zu untermauern.[1077] Hinzu kommt noch die Einschränkung der Risikoerkennungspflicht auf jene Entwicklungen, die einen bestandsgefährdenden Charakter aufweisen;[1078] damit sind wohl die meisten rechtlichen Risiken aus dem Tatbestand dieser Norm ausgeschlossen.[1079]

Die Versuche, aus § 93 Abs. 4 S. 1 AktG[1080] oder aus § 111 Abs. 4 S. 2 AktG[1081] die Legalitätspflicht herzuleiten, erscheinen eher fernliegend. Dasselbe gilt für § 241 Nr. 3 AktG.[1082] Aus der Pflicht des Vorstands, bei der Leitung Belange der Allgemeinheit zu berücksichtigen, ließe sich höchstens eine Legalitätspflicht bzgl. weniger zentraler Gesetzesnormen herleiten; für eine allgemeine Legalitätspflicht reicht dieser Begründungsansatz jedoch nicht aus.[1083]

Ein neuerer Ansatz von *Christoph A. Weber* versucht die Wertungen des § 130 OWiG, der die Unternehmensinhaber zur Aufsicht über ihren Betrieb verpflichtet,[1084] auf das Innenverhältnis zu übertragen;[1085] demnach fließe die Legalitätspflicht aus der Analogie zu dieser Norm aus. Hieran lässt sich kritisieren, § 130 OWiG bezieht sich nur auf das Außenverhältnis und beschränkt sich auf sanktionsbewehrte Pflichten.[1086] Darüber hinaus wäre der an die Vorstandsmitglieder persönlich gerichtete § 9 OWiG ein plausiblerer Anknüpfungspunkt.[1087] Es über-

1075 *Breitenfeld*, Legalitätspflicht, 2016, S. 66 f.; ähnlich *Holle*, Die Legalitätskontrolle, 2014, S. 48.

1076 Hierzu umfassend unten IV. D. 1. a).

1077 AA *Harnos*, Geschäftsleiterhaftung, 2013, S. 87.

1078 Vgl. dazu mehr unten IV. D. 1. a).

1079 S. bezogen auf die Legalitätsdurchsetzungspflicht *Verse*, ZHR 175 (2011), 401, 403 f.; *Harnos*, Geschäftsleiterhaftung, 2013, S. 87 f.

1080 So *Paefgen*, Unternehmerische Entscheidungen, 2002, S. 17; *Thole*, ZHR 173 (2009), 504, 514; MüKoAktG/*Spindler*, AktG § 93 Rn. 90; aA *Holle*, Die Legalitätskontrolle, 2014, S. 50 f. mwN; *Breitenfeld*, Legalitätspflicht, 2016, S. 62 ff.; *Habersack*, FS Uwe H. Schneider, 2011, S. 429, 434.

1081 Vgl. BGHZ 124, 111, 127; s. hierzu *Breitenfeld*, Legalitätspflicht, 2016, S. 67 ff., die diesen Ansatz mit einer umfassenden Begründung richtigerweise ablehnt.

1082 S. *Habersack*, FS Uwe H. Schneider, 2011, S. 429, 434.

1083 So *Holle*, Die Legalitätskontrolle, 2014, S. 52 ff.; vgl. umfassend hierzu *Kuschnereit*, Legalitätspflicht, 2019, S. 46 ff.

1084 Ausführlich zur Organisationspflicht nach § 130 Abs. 1 OWiG unten B. 1. a).

1085 S. *C. A. Weber*, Rechtsdurchsetzung, 2024, S. 294 ff., 363 ff.; vgl. *Habersack*, AcP 220 (2020), 594, 652 f., der diesen Ansatz zu den generalpräventiven zählt; kritisch hierzu *Hellgardt*, FS Hopt II, 2020, S. 403, 408 f.

1086 Vgl. KK-OWiG/*Rogall*, OWiG § 130 Rn. 79; BeckOK OWiG/*Beck*, 1.1.2025, OWiG § 130 Rn. 80.

1087 MüKoAktG/*Spindler*, AktG § 93 Rn. 90.

zeugt ferner nicht, besondere Wertungen des Ordnungswidrigkeitenrechts auf das Innenverhältnis der AG zu übertragen.[1088]

3. Die Herleitung aus der Delegation der positiven Konkretisierungsbefugnis an den Vorstand durch den Gesetzgeber

Ein weiterer Begründungsansatz lässt sich aus der Feststellung herleiten, bei der allgemeinen Sorgfaltspflicht des Vorstands nach § 93 Abs. 1 S. 1 AktG handelt es sich um eine offene Zielvorgabe, bei der der Vorstand dazu verpflichtet und befugt ist, seine Pflichten gegenüber der Gesellschaft unter Einhaltung der Business Judgment Rule zu konkretisieren. Es handelt sich hierbei um eine *gesetzliche* Konkretisierungsdelegation an den Vorstand.[1089]

Daraus ergibt sich die zentrale Frage: Warum sollte der Gesetzgeber den Vorstand dazu ermächtigen, sich bei der Konkretisierung des Unternehmenswohls über den allgemein gültigen Rechtsrahmen hinwegzusetzen, den der Gesetzgeber selbst vorgesehen hat?[1090] Dies wäre höchst widersprüchlich. Aus dieser Perspektive erscheint eher die Befreiung von der Legalitätspflicht und nicht deren Geltung begründungsbedürftig. Der Vorstand ist nämlich nach §§ 76, 93 AktG kein gewöhnlicher Auftragnehmer, den die Rechtspflichten des Auftraggebers grundsätzlich nicht zu interessieren brauchen,[1091] sondern er hat eine *gesetzliche* Organ- und Pflichtenstellung inne. Bei § 93 Abs. 1 AktG handelt es sich ferner nicht um eine Norm, die den Notstandsgedanken zum Ausdruck bringt; die aktienrechtliche Leitungspflicht soll nicht gerade den Vorstand über das allgemein verbindliche Recht stellen. Die allgemeine Rechtsordnung bildet damit eine Konkretisierungsgrenze, die der Vorstand bei der Bestimmung eigener Pflichten im Einzelfall zu beachten hat.

Dieser Herleitungsansatz zeigt eine gewisse Parallele zu dem Gedanken von *Holle*, die Konkretisierung des Unternehmensinteresses als eine Ausprägung der Privatautonomie unterliege den allgemeinen Grenzen der Rechtsordnung, was sich wiederum in § 134 BGB verankern lasse.[1092]

1088 *Hellgardt*, FS Hopt II, 2020, S. 403, 409.

1089 Vgl. hierzu oben Teil 4, I. D. 1. c).

1090 Vgl. *Habersack*, AcP 220 (2020), 594, 650. Bei diesem Argument wurde nicht berücksichtigt, dass manche Normen nicht vom Bundesgesetzgeber stammen, sondern von Landesgesetzgebern oder vom Unionsgesetzgeber; dies bestärkt aber diese Argumentation, weil eine solche hypothetische Ermächtigung gegen die verfassungsrechtliche Kompetenzordnung verstoßen würde.

1091 Zu den Ausnahmen vgl. BeckOGK/*Riesenhuber*, 1.3.2025, BGB § 662 Rn. 117; Jauernig/*Mansel*, BGB § 662 Rn. 12.

1092 *Holle*, Die Legalitätskontrolle, 2014, S. 54 ff. im Anschluss an *Paefgen*, AG 2004, 245, 251.

4. Folgen für die Reichweite der Legalitätspflicht

Aus dem hier vertretenen Herleitungsansatz ergibt sich auch die Reichweite der Legalitätspflicht. Sie umschließt grundsätzlich alle Normen der allgemeinen Rechtsordnung;[1093] gegen eine Beschränkung auf straf- und bußgeldbewehrte Normen kann der in § 2 Abs. 1 HinSchG zu findende Katalog ins Feld geführt werden, der sich einem Ausschnitt der Legalitätsdurchsetzungspflicht widmet[1094] und einen deutlich breiteren Katalog an Normen umfasst.[1095] Das Argument mit der Reichweite der Konkretisierungsbefugnis lässt sich auch auf das ausländische Recht erstrecken[1096], denn der Gesetzgeber würde auch den Vorstand nicht zur Verletzung fremden Rechts ermächtigen wollen. Von der Legalitätspflicht nicht umfasst werden die vertraglichen Pflichten,[1097] denn das Telos der Konkretisierungsdelegation ist nicht der Schutz der Vertragstreue; ferner existiert keine allgemeine gesetzliche Pflicht zur Vertragstreue[1098].

Sind die gesetzlichen Bestimmungen unklar, dann ist die Reichweite der Konkretisierungsdelegation auch nicht klar. Muss der Vorstand eine unklare Rechtsnorm anwenden, dann trifft ihn in solchen Fällen die Pflicht, die Rechtslage zu klären und eine der vertretbaren Auslegungsmöglichkeiten anzunehmen.[1099]

1093 MüKoAktG/*Spindler*, AktG § 93 Rn. 90 mwN; so wohl auch *Fleischer*, ZIP 2005, 141, 149; aA (Ausschluss von Bagatellverstößen) *Habersack*, FS Uwe H. Schneider, 2011, S. 429, 437 ff.; *Breitenfeld*, Legalitätspflicht, 2016, S. 95 ff; s. auch *Harnos*, Geschäftsleiterhaftung, 2013, S. 89 ff., 99, der die Legalitätspflicht nur auf sanktionsbewährte Pflichten erstreckt.

1094 Mehr dazu unten C. 4.

1095 Mehr zur sachlichen Reichweite des Hinweisgeberschutzes nach § 2 HinSchG BeckOK ArbR/*Bruns*, 1.3.2025, HinSchG § 2 Rn. 2.

1096 S. dazu MüKoAktG/*Spindler*, AktG § 93 Rn. 114 ff. mwN; *Breitenfeld*, Legalitätspflicht, 2016, S. 101 ff.; vgl. *Kuschnereit*, Legalitätspflicht, 2019, S. 173 ff. Allerdings kann *ordre public* als eine Grenze der Erstreckung dienen, damit das deutsche Recht nicht den Vollzug von Normen verstärkt, die mit der Menschenwürde nicht vereinbar sind, wie z. B. die Todesstrafe für den männlichen homosexuellen Geschlechtsverkehr in manchen ausländischen Rechtsordnungen.

1097 *Habersack*, FS Uwe H. Schneider, 2011, S. 429, 436; *Uwe H. Schneider*, FS Hüffer, 2010, S. 905 ff. *Breitenfeld*, Legalitätspflicht, 2016, S. 106 ff.; MüKoAktG/*Spindler*, AktG § 93 Rn. 107; BeckOGK/*Fleischer*, 1.2.2025, AktG § 93 Rn. 42, jeweils mwN. Zu der Lage bei den gesetzlichen Schuldverhältnissen vgl. *Breitenfeld*, Legalitätspflicht, 2016, S. 108 ff.; *Kuschnereit*, Legalitätspflicht, 2019, S. 169 ff.

1098 Ähnlich bereits *Breitenfeld*, Legalitätspflicht, 2016, S. 106 f.; *Fleischer*, ZIP 2005, 141, 150; vgl. *Paefgen*, Unternehmerische Entscheidungen, 2002, S. 25; zweifelnd *Kuschnereit*, Legalitätspflicht, 2019, S. 163 f.

1099 *Fleischer*, ZIP 2005, 141, 149 f.; s. zu den Anforderungen an das Vorstandshandeln in einer solchen Situation *Thole*, ZHR 173 (2009), 504, 524 f.; umfassend zu der Rechtsermittlungspflicht unter Berücksichtigung der Rechtsprechung MüKoAktG/*Spindler*, AktG § 93 Rn. 94 ff. mwN; vgl. *Grigoleit*, FS K. Schmidt II, 2019, Bd. I, S. 367, 376 ff.; vgl. *Kuschnereit*, Legalitätspflicht, 2019, S. 185 f.; s. aA (eine strenge Optimierungsthese) *Langenbucher*, ZBB 2013, 16, 20 ff.

Strikt von diesem Problem ist die Konkretisierung von offenen Zielvorgaben zu trennen, die keinen Fall unklarer Rechtslage darstellt.[1100]

5. Zwischenergebnis

Die Legalitätspflicht ist aus der allgemeinen Sorgfaltspflicht herzuleiten, indem sie die notwendige Folge der Erteilung der positiven Konkretisierungsbefugnis an den Vorstand durch den Gesetzgeber darstellt. Sie umfasst die objektive Rechtsordnung. Die Verträge genießen hingegen ihren Schutz nicht.

B. Legalitätsdurchsetzungspflicht

Die Legalitätsdurchsetzungspflicht beschäftigt sich mit der Einhaltung der Gesetze von allen Beschäftigten bzw. »*Unternehmensmitgliedern*«[1101] im gesamten von der Aktiengesellschaft getragenen Unternehmen.[1102] Die Reichweite dieser Pflicht stellt eines der zentralen Probleme der Organisation dar; denn auf ihrer Grundlage können aufwendige organisationale Maßnahmen[1103] einschließlich der Einrichtung eines Compliance-Management-Systems (CMS)[1104] verlangt werden. Sie verfügt also über das Potenzial, die unternehmerische Tätigkeit von Aktiengesellschaften erheblich zu beeinflussen und ihre Organisationsfreiheit zu beschneiden.

Es stellt sich daher die Frage, inwieweit diesem Potenzial entgegengewirkt werden kann. Damit hängt die Fragestellung zusammen, ob und inwieweit die Business Judgment Rule auf die Legalitätsdurchsetzungspflicht angewandt werden kann. Die Intensivierung der diesbezüglichen wissenschaftlichen Diskussion in den letzten Jahren geht auf das für die Praxis wesentliche Urteil des *LG München I* in der Sache Siemens/Neubürger 2014[1105] zurück, das bei der nachfolgenden Analyse berücksichtigt wird.

1100 S. oben Teil 4, I. E. 2.; aA wohl *Langenbucher*, ZBB 2013, 16, 20 ff.

1101 Der Begriff »Organisations- bzw. Unternehmensmitglieder« meint nur die Arbeitnehmer und das Management unterhalb vom Vorstand und ist nicht mit Organmitgliedern oder Gesellschaftsmitgliedern zu verwechseln.

1102 S. HHL/*Grigoleit*, 2024, § 33 Rn. 72, der den Begriff »Legalitätsorganisationspflicht« nutzt; s. auch *Harbarth*, ZHR 179 (2015), 136, 137 f.

1103 Vgl. *Harbarth*, ZHR 179 (2015), 136, 154 f.; Bürkle/Hauschka/Schieffer/*Willms*, Compliance-Officer, § 5 Rn. 14 ff.

1104 Mehr zum Begriff s. *Kreipl*, Verantwortungsvolle Unternehmensführung, 2020, S. 129 ff.; CMS kann auch als Compliance-Funktion bezeichnet werden, vgl. Bürkle/Hauschka/Schieffer/*Willms*, Compliance-Officer, § 5 Rn. 1 ff., Rn. 14 ff.; vgl. auch *Siedenbiedel*, Corporate Compliance, 2014, S. 2 f.

1105 *LG München I*, Urt. v. 10.12.2013 – Az. 5 HK O 1387/10, NZG 2014, 345 ff. = ZIP 2014, 570 ff.

1. Herleitung der Legalitätsdurchsetzungspflicht

Die organisationale Intensität der Legalitätsdurchsetzungspflicht bestimmt sich wesentlich nach ihrer Herleitung, sodass auf die wichtigsten Ansätze einzugehen ist. Auf die Trennung zwischen dem Außen- und Innenverhältnis wird bei der Analyse verzichtet,[1106] denn nach der hier vertretenen Auffassung umfasst die Legalitätspflicht die gesamte allgemeine Rechtsordnung,[1107] sodass alle die Gesellschaft im Außenverhältnis treffenden gesetzlichen Pflichten durch die Legalitätspflicht ins Innenverhältnis transponiert werden[1108] und organisationsweit zu beachten sind; die Trennung brächte daher keinen Mehrwert mit sich.

a) § 130 OWiG als Grundlage für die Herleitung

Eine Art Legalitätsdurchsetzungspflicht i. w. S. sieht § 130 Abs. 1 OWiG vor, der eine unternehmerische Aufsichtspflicht statuiert.[1109] Die ordnungswidrigkeitenrechtliche Natur dieser Rechtsnorm und der Wortlaut führen zu zahlreichen rechtlichen Fragestellungen, die nachfolgend kurz skizziert werden,[1110] um die Auswirkung auf die Organisation untersuchen zu können.

(1) Adressat der Pflicht aus § 130 Abs. 1 OWiG

Der Adressat des § 130 Abs. 1 OWiG ist der Inhaber eines Betriebs oder eines Unternehmens. Im Falle einer juristischen Person ist sie selbst der Inhaber;[1111] allerdings sind nach dem OWiG die juristischen Personen weder handlungs- noch schuldfähig,[1112] sodass § 9 OWiG herangezogen werden muss, der die Organe im Außenverhältnis zur Einhaltung des § 130 OWiG verpflichtet.[1113] Verletzen die Organe der juristischen Person den § 130 OWiG, kann ein Bußgeld gegen diese

1106 S. aber *Grigoleit*, FS K. Schmidt II, 2019, Bd. I, S. 367, 381 f. sowie *Koch*, WM 2009, 1013, die eine Trennung auch in Bezug auf die Legalitätsdurchsetzungspflicht postulieren.

1107 S. oben A. 4.

1108 Vgl. *Paefgen*, Unternehmerische Entscheidungen, 2002, S. 24; *Thole*, ZHR 173 (2009), 504, 509; vgl. für das GmbH-Recht Scholz/*Verse*, GmbHG § 43 Rn. 107.

1109 Vgl. *Hoffmann/Schieffer*, NZG 2017, 401, 402 ff.; *Krenberger/Krumm*, OWiG § 130 Rn. 18a.

1110 Zum historischen Hintergrund und zur Rechtsnatur s. KK-OWiG/*Rogall*, OWiG § 130 Rn. 1 ff., 7 ff., 17 ff.; zu den Reformüberlegungen s. BeckOK OWiG/*Beck*, 1.1.2025, OWiG § 130 Rn. 125 ff.

1111 BeckOK OWiG/*Beck*, 1.1.2025, § 130 Rn. 35; KK-OWiG/*Rogall*, OWiG § 130 Rn. 25.

1112 KK-OWiG/*Rogall*, OWiG § 130 Rn. 25, § 9 Rn. 1; vgl. HK-OWiG/*Schmidt-Leonardy*, § 30 Rn. 3.

1113 *Krenberger/Krumm*, OWiG § 130 Rn. 8; vgl. auch HK-OWiG/*Kleemann*, § 9 Rn. 4 ff.; vgl. *Adam*, wistra 2003, 285 f.

(§§ 9, 130 OWiG) oder gegen die juristische Person selbst (§ 30 OWiG)[1114] verhängt werden.

(2) Die durch die Aufsicht zu verhindernden Zuwiderhandlungen

§ 130 OWiG sieht keine allgemeine Legalitätsdurchsetzungspflicht vor, sondern er ist in seiner Reichweite auf sanktionsbewehrte Normen beschränkt,[1115] d. h. jene Normen, die beim Verstoß eine ordnungswidrigkeitenrechtliche oder strafrechtliche Sanktion nach sich ziehen. § 130 OWiG setzt ferner die Begehung einer konkreten Zuwiderhandlung voraus; sie muss allerdings nur nach dem äußeren Geschehensablauf vorliegen und gerade nicht notwendigerweise ahndbar sein.[1116] Außerdem wird die Betriebsbezogenheit der Zuwiderhandlung verlangt; diese ist auch bei Allgemeindelikten gegeben, soweit jene im betrieblichen Zusammenhang begangen wurden[1117]. Zuletzt wird eine Art Kausalität zwischen dem Unterlassen der Aufsicht und der Zuwiderhandlung verlangt: Sie liegt dann vor, wenn das Delikt bei gehöriger Aufsicht verhindert oder wesentlich erschwert worden wäre.[1118]

(3) Die erforderlichen und zumutbaren Aufsichtsmaßnahmen nach § 130 Abs. 1 OWiG

Ordnungswidrig ist ein Unterlassen von den zur Verhinderung der Zuwiderhandlungen erforderlichen Aufsichtsmaßnahmen. § 130 Abs. 1 S. 2 OWiG stellt klar, dass zu den erforderlichen Aufsichtsmaßnahmen auch Bestellung, sorgfältige Auswahl und Überwachung von Aufsichtspersonen gehören; dies könnte zwar als eine Konkretisierung verstanden werden, aber wegen des Wortes »auch« handelt es sich um eine Aufzählung potenzieller Aufsichtsmaßnahmen, die bei der Konkretisierung hilft und keine Verbindlichkeit beansprucht.[1119] § 130 Abs. 1 S. 2 OWiG wird auch die Bedeutung beigemessen, implizit die Delegation der

1114 KK-OWiG/*Rogall*, OWiG § 30 Rn. 92.

1115 Vgl. BeckOK OWiG/*Beck*, 1.1.2025, OWiG § 130 Rn. 80 f.; *Harbarth*, ZHR 179 (2015), 136, 140 und 148 f.

1116 *Többens*, NStZ 1999, 1, 5; HK-OWiG/ *Voelker/Ziegler*, § 130 Rn. 54 f.; Göhler/*Thoma*, OWiG § 130 Rn. 21; *Adam*, wistra 2003, 285, 286.

1117 Mehr zu dieser äußerst umstrittenen Voraussetzung KK-OWiG/*Rogall*, OWiG § 130 Rn. 81 ff.; s. auch *Bosch*, Organisationsverschulden, 2002, S. 341 ff.; HK-OWiG/ *Voelker/Ziegler*, § 130 Rn. 57 ff.

1118 *Krenberger/Krumm*, OWiG § 130 Rn. 31a; KK-OWiG/*Rogall*, OWiG § 130 Rn. 113 ff.; Göhler/*Thoma*, OWiG § 130 Rn. 22 ff.

1119 So schon *Bosch*, Organisationsverschulden, 2002, S. 347; *Adam*, wistra 2003, 285, 288; vgl. KK-OWiG/*Rogall*, OWiG § 130 Rn. 39; vgl. BeckOK OWiG/*Beck*, 1.1.2025, OWiG § 130 Rn. 40.

Aufsicht zuzulassen.[1120] § 130 Abs. 1 OWiG stellt also hinsichtlich der Aufsichtspflicht eine abstrakte und konkretisierungsbedürftige Norm dar,[1121] aus der die organisationale Dimension herrührt.

Auf der einen Seite werden in der Literatur weitreichende Konkretisierungsversuche unternommen.[1122] Auf der anderen Seite wird auf den Vertrauensgrundsatz[1123] sowie auf die Zumutbarkeit[1124] als einschränkende Tatbestandsmerkmale verwiesen, um die Ausuferung der Pflichten nach § 130 Abs. 1 OWiG zu verhindern.[1125]

(4) Die Aufteilung der Konkretisierungsbefugnisse und die Intensität der Organisationspflicht nach § 130 OWiG

Die Gefahr der Überforderung der Unternehmen durch die Aufsichtspflicht aus § 130 Abs. 1 OWiG kann durch die Zuweisung der Konkretisierungsbefugnisse beherrscht werden: Die erforderlichen Aufsichtsmaßnahmen dienen dem Ziel der Zuwiderhandlungsverhinderung, ohne konkrete Maßnahmen zu bestimmen. Es handelt sich hier also um eine offene Zielvorgabe,[1126] die einen finalen Selbstregulierungsauftrag an den Unternehmensinhaber samt seiner positiven Konkretisierungsbefugnis zur Folge hat; das Unternehmen muss im Außenverhältnis lediglich die Zielvorgabe einhalten, indem es Maßnahmen trifft, die sachlich zur Einhaltung der Gesetze dienen und in ihrer Summe nicht evident unzureichend

1120 S. *Bosch*, Organisationsverschulden, 2002, S. 353; vgl. KK-OWiG/*Rogall*, OWiG § 130 Rn. 70 ff.; vgl. Göhler/*Thoma*, OWiG § 130 Rn. 15.

1121 Prägnant *Bosch*, Organisationsverschulden, 2002, S. 347: »Das Gesetz selbst ist in diesem Punkt weitgehend inhaltsleer.«; *Adam*, wistra 2003, 285, 288; vgl. HK-OWiG/ *Voelker/Ziegler*, § 130 Rn. 23; BeckOK OWiG/*Beck*, 1.1.2025, OWiG § 130 Rn. 39 ff.

1122 Vgl. KK-OWiG/*Rogall*, OWiG § 130 Rn. 42, 53 ff., s. aber die Anerkennung der Unmöglichkeit der Konkretisierung durch die Wissenschaft in Rn. 41; vgl. Scholz/*Verse*, GmbHG, § 43 Rn. 159 ff.; vgl. *Bicker*, AG 2012, 542, 545 ff.; vgl. Göhler/*Thoma*, OWiG § 130 Rn. 12.

1123 Vgl. KK-OWiG/*Rogall*, OWiG § 130 Rn. 42; *Verse* ZHR 175 (2011), 401, 407; BeckOK OWiG/*Beck*, 1.1.2025, OWiG § 130 Rn. 56; die Eignung dieses Kriteriums, um die Pflichten des Unternehmens wirksam einzugrenzen, bezweifelt *Adam*, wistra 2003, 285, 288.

1124 KK-OWiG/*Rogall*, OWiG § 130 Rn. 51 f.; HK-OWiG/*Voelker/Ziegler*, § 130 Rn. 46 f.; *Harbarth*, ZHR 179 (2015), 136, 149. Kritisch zur Konturierungsmöglichkeit durch dieses Kriterium *Bosch*, Organisationsverschulden, 2002, S. 356 ff.

1125 Vgl. auch die weiteren Konzepte von *Adam*, wistra 2003, 285, 289 ff.

1126 Vgl. *Bosch*, Organisationsverschulden, 2002, S. 348, der § 130 Abs. 1 OWiG als einen Generaltatbestand bezeichnet; vgl. auch *Paefgen*, WM 2016, 433, 443, der aus § 130 OWiG eine Anerkennung des Leitungsermessens bzgl. der Legalitätsdurchsetzungspflicht herleitet.

sind.[1127] Das Erfordernis der »gehörigen« bzw. »erforderlichen« Aufsicht bringt keine konkreten Anforderungen mit sich und lässt nicht auf die Konkretisierungsbefugnis der Gerichte schließen.[1128] Der Gesetzgeber erkennt bei § 130 Abs. 1 OWiG implizit die Schwierigkeit an, die Organisation zu normieren, und bedient sich prinzipienorientierter Regulierung; § 130 Abs. 1 OWiG soll Unternehmen keine bestimmte Organisation aufdrängen[1129]. Aus der positiven Konkretisierungsbefugnis des Unternehmens ist jedoch *nicht* auf die Geltung der Business Judgment Rule im Außenverhältnis zu schließen – diese Rechtsfigur bringt die Bindung an das Unternehmenswohl zum Ausdruck; § 130 OWiG zielt hingegen auf die Interessen der Allgemeinheit ab.[1130]

Die Konkretisierungsversuche durch die Rechtsprechung und die Wissenschaft dürfen außerdem zwar nicht in die positive Konkretisierungsbefugnis der Unternehmensinhaber eingreifen, aber sie können einen Maßstab für die Bestimmung der negativen Konkretisierungsbefugnis darstellen. Eine Überschreitung der Zielvorgabe *in concreto* darf ausschließlich betrachtet aus der Ex-ante-Perspektive festgestellt werden;[1131] in der Literatur wird bemängelt, in der Praxis der Rechtsprechung werde von einer Zuwiderhandlung eines Mitarbeiters auf die Unzulänglichkeit der Aufsichtsmaßnahmen geschlossen, was zu einer gesetzlich nicht vorgesehenen Beweislastumkehr zulasten der Unternehmen führe.[1132]

Zutreffend gehen die Rechtsprechung und die Lehre davon aus, dass sich die Pflichtenintensität erhöht, wenn sich mehrere Zuwiderhandlungen offenbaren, die auf ein kriminelles System im Unternehmen hinweisen.[1133] Dieser Schluss bewegt sich innerhalb der Konkretisierungsdelegation: Die Grenzen eines evident

1127 AA (enger) BeckOK OWiG/*Beck*, 1.1.2025, OWiG § 130 Rn. 44, der den Maßstab der Nachvollziehbarkeit für die Beurteilung entwickelt hat; enger auch *Krenberger/Krumm*, OWiG § 130 Rn. 21, die eine gewisse Entscheidungsfreiheit anerkennen; ähnlich Scholz/*Verse*, GmbHG § 43 Rn. 156; vergleichsweise streng KK-OWiG/*Rogall*, OWiG § 130 Rn. 39 ff. Zum Maßstab der positiven Konkretisierungsbefugnis allgemein oben Teil 4, I. D. 1. e).

1128 AA KK-OWiG/*Rogall*, OWiG § 130 Rn. 43.

1129 Prägnant *KG* VRS 70, 29, 31: »Es ist zwar nicht die Aufgabe des Gerichts oder anderer staatlicher Stellen, dem Unternehmer oder Betriebsleiter vorzuschreiben, wie er seinen Betrieb zu organisieren hat, um den ihm vom Gesetzgeber durch das Fahrpersonalgesetz auferlegten Pflichten beanstandungsfrei nachkommen zu können;«; KK-OWiG/*Rogall*, OWiG § 130 Rn. 40 mwN; Göhler/*Thoma*, OWiG § 130 Rn. 10.

1130 So schon Scholz/*Verse*, GmbHG § 43 Rn. 155; zum Telos des § 130 OWiG KK-OWiG/*Rogall*, OWiG § 130 Rn. 2 f. mwN.

1131 BeckOK OWiG/*Beck*, 1.1.2025, OWiG § 130 Rn. 44; KK-OWiG/*Rogall*, OWiG § 130 Rn. 50.

1132 Eingehend *Bosch*, Organisationsverschulden, 2002, S. 350 f.; s. zu den rechtlichen Vorkehrungen gegen eine solche Beweislastumkehr BeckOK OWiG/*Beck*, 1.1.2025, OWiG § 130 Rn. 44; vgl. KK-OWiG/*Rogall*, OWiG § 130 Rn. 43.

1133 S. KK-OWiG/*Rogall*, OWiG § 130 Rn. 68 f. mwN; Göhler/*Thoma*, OWiG § 130 Rn. 13.

zielwidrigen Handelns aktualisieren sich ständig und verengen sich wesentlich, wenn sich eine *ex ante* nicht erkennbare wesentliche Ineffektivität der Aufsichtsmaßnahmen offenbart: Es kann bspw. ein kriminelles System ans Licht kommen, bei dem die Sozialbeitragspflicht rechtswidrig vom mittleren Management durch Scheinverträge mit Verwandten der Mitarbeiter umgangen wird[1134]. In einem solchen Fall wächst entsprechend die negative Konkretisierungsbefugnis der Gerichte, weil eine intensivere Reaktion des Unternehmens erwartet werden kann; diese Erwartung beruht auf einem erhöhten Risiko von weiteren Zuwiderhandlungen. Beruhigt sich die Lage aufgrund der Anpassung der Aufsichtsmaßnahmen nach einer bestimmten Zeit wieder, dann erweitert sich die Reichweite der positiven Konkretisierungsbefugnis zugunsten der Unternehmen. Insoweit verfügt die Konkretisierungsbefugnis über eine dynamische Natur; in Anspielung an *Grigoleit*, der zwischen den proaktiven und den reaktiven Aufsichtsmaßnahmen unterscheidet, könnte von einer proaktiven und einer reaktiven Konkretisierungsbefugnis gesprochen werden.[1135]

Die Aufsichtsmaßnahmen werden sich in der Regel kaum erfüllen lassen, ohne dass das Unternehmen organisatorische Vorkehrungen trifft;[1136] sie können im Einzelfall minimal sein, wie eine zusätzliche Pause, in der der Vorstand stichprobenartig die Einhaltung der Gesetze überprüft. Dies rechtfertigt die Aussage *Uwe H. Schneiders*, es handle sich hier um eine unvollkommene Organisationspflicht.[1137] Getrennt hiervon ist die Einrichtung eines Compliance-Management-Systems einschließlich einer institutionalisierten Einheit zu betrachten: Es wird nur in seltenen Fällen evident unzureichend sein, kein solches System einzurichten und zwar genau dann, wenn aufgrund der Unternehmensgröße und -komplexität eine wirksame Aufsicht über die Einhaltung der straf- sowie bußgeldbewehrten Gesetze ohne ein CMS evident unmöglich erscheint.[1138] Diese einschränkende Auslegung der in § 130 OWiG angelegten Organisationspflicht ist erforderlich, um dem Gebot der Größenabhängigkeit von Organisationspflichten Rechnung[1139] zu tragen.

1134 Vgl. bspw. zum Sozialversicherungsbetrug ArbG Kaiserslautern (6. Kammer), Urteil vom 09.06.2016 - 6 Ca 572/15, BeckRS 2016, 125705.

1135 *Grigoleit*, FS K. Schmidt II, 2019, Bd. I, S. 367, 386; HHL/*Ders.*, 2024, § 33 Rn. 75 ff.

1136 Eine Aufsicht ohne organisatorische Vorkehrungen erscheint z. B. in einem Kleinstunternehmen möglich, bei denen sie sich in hinreichendem Maße durch die reine Beobachtung von Mitarbeitern durch die Geschäftsleitung erreichen lässt.

1137 *Uwe H. Schneider*, ZIP 2003, 645, 649.

1138 Ähnlich bereits *Harbarth*, ZHR 179 (2015), 136, 153; s. auch die zurückhaltende Definition der Legalitätsorganisationspflicht von *Grigoleit*, FS K. Schmidt II, 2019, Bd. I, S. 367, 384, die die positive Konkretisierungsbefugnis des Vorstands (im Ergebnis) implizit anerkennt; wohl aA *Bicker*, AG 2012, 542, 544, der eine ausdrückliche CMS-Pflicht auf kleine Unternehmen nicht erstreckt, anstatt sie auf große, komplexe Unternehmen zu beschränken.

1139 Zu diesem s. oben Teil 4, III.

(5) Verfassungskonformität des § 130 Abs. 1 OWiG bezogen auf das Bestimmtheitsgebot

Wird die positive Konkretisierungsbefugnis des Unternehmensinhabers bei der Auslegung des § 130 Abs. 1 OWiG berücksichtigt, können keine Bedenken bezogen auf diese Norm im Kontext der Einhaltung des Bestimmtheitsgebots nach Art. 103 Abs. 2 GG geäußert werden. Insoweit ist *mutatis mutandis* auf die allgemeinen Ausführungen zum unberechtigten Vorwurf der Unbestimmtheit gegenüber offenen Zielvorgaben zu verweisen.[1140]

(6) Verschulden bei § 130 Abs. 1 OWiG

Das Unterlassen der Aufsichtspflicht muss schuldhaft erfolgen; hierbei reicht die einfache Fahrlässigkeit aus.[1141] Der subjektive Tatbestand muss sich nicht auf die Zuwiderhandlung beziehen, sondern lediglich auf die unzureichenden Aufsichtsmaßnahmen.[1142]

(7) Zwischenergebnis

Zwar schafft § 130 Abs. 1 OWiG mit seinen Anforderungen eine organisationsneutrale Grundlage für die Legalitätsdurchsetzungspflicht, aber wegen seiner auf sanktionsbewehrte Normen beschränkten Reichweite muss nach einer anderen Grundlage für die allgemeine Legalitätsdurchsetzungspflicht gesucht werden.

b) Herleitung der Legalitätsdurchsetzungspflicht aus der Gesamtanalogie zu § 25a KWG und § 80 WpHG

Uwe H. Schneider postuliert, eine Organisationspflicht zur Legalitätsdurchsetzung mithilfe einer Gesamtanalogie aus einer Reihe von Normen herzuleiten:[1143] Er erwähnt in diesem Kontext § 25a KWG sowie § 33 WpHG a. F. (heute § 80 WpHG);[1144] er verweist ferner auf § 91 Abs. 2 AktG sowie auf § 130 OWiG. Darüber hinaus werden der umweltrechtliche § 52a BImSchG a. F. (heute § 52b BImSchG) sowie die geldwäscherechtlichen Vorschriften genannt. Sie alle sollten zusammen betrachtet den Schluss rechtfertigen, der Gesetzgeber erwarte von jedem Unternehmen eine Compliance-Organisation.[1145]

1140 S. ausführlich oben Teil 4, I. E. 2.

1141 Mehr zum subjektiven Tatbestand s. KK-OWiG/*Rogall*, OWiG § 130 Rn. 119f.; Göhler/*Thoma*, OWiG § 130 Rn. 16a; HK-OWiG/ *Voelker/Ziegler*, § 130 Rn. 51 f.

1142 Göhler/*Thoma*, OWiG § 130 Rn. 16a; HK-OWiG/*Voelker/Ziegler*, § 130 Rn. 51.

1143 *Uwe H. Schneider*, ZIP 2003, 645, 648 f.; aA statt aller *Verse*, ZHR 175 (2011), 401, 403; *Harbarth*, ZHR 179 (2015) S. 136, 139, jeweils mwN.

1144 Mehr zur Compliance-Organisation aus der Sicht des Banken- sowie Versicherungsaufsichtsrechts *Nietsch*, ZHR 180 (2016), 733, 746 ff. mwN.

1145 *Uwe H. Schneider*, ZIP 2003, 645, 648 f.

Die Gesamtanalogie ist aufgrund ihrer Allgemeinheit abzulehnen; die Vorschriften des Finanzaufsichts- und des Umweltrechts stellen eine Reaktion auf eine besondere, nicht verallgemeinerungsfähige Risikolage der regulierten Lebensbereiche dar.[1146] Ferner lässt sich die allgemeine Legalitätsdurchsetzungspflicht aus der allgemeinen Leitungspflicht herleiten, sodass aus methodischer Hinsicht mangels einer Regelungslücke keine Analogie zulässig ist.[1147]

c) § 91 Abs. 2 AktG in der analogen Anwendung

Die Beschränkung auf bestandsgefährdende Risiken schließt den § 91 Abs. 2 AktG als Grundlage für eine *allgemeine* Legalitätsdurchsetzungspflicht aus.[1148]

d) IDW PS 980 sowie Grds. 5 DCGK

Weder ein freiwilliger Prüfungsstandard des IDW noch der nicht verbindliche DCGK, der im Grds. 5 S. 2 die Legalitätsdurchsetzungspflicht vorsieht,[1149] eignen sich als eine Rechtsquelle für die Herleitung der Legalitätsdurchsetzungspflicht.[1150]

e) §§ 76, 93 AktG ergänzt um den Delegationsgedanken

Aus der Leitungspflicht des Vorstands nach §§ 76, 93 AktG lässt sich unter der Heranziehung des allgemeinen Delegationsgedankens die Pflicht zur Legalitätsdurchsetzung herleiten.[1151] Die Delegation löst aus einer rechtsgebietsübergrei-

1146 So bereits *Harbarth*, ZHR 179 (2015), 136, 142; BeckOGK/*Fleischer*, 1.2.2025, AktG § 91 Rn. 65; *Grigoleit*, FS K. Schmidt II, 2019, Bd. I, S. 367, 382; *Paefgen*, WM 2016, 433, 437; vgl. *Bicker*, AG 2012, 542, 544; monographisch zur Ausstrahlung des Aufsichtsrechts auf das Aktienrecht *Thaten*, Ausstrahlung, 2016, passim.

1147 So prägnant *Böhmer*, Rechnungslegung, 2020, S. 44; *Koch*, WM 2009, 1013, 1019 f.; zur Herleitung s. unten e).

1148 *Verse*, ZHR 175 (2011), 401, 403; *Böhmer*, Rechnungslegung, 2020, S. 44 f.; *Grigoleit*, FS K. Schmidt II, 2019, Bd. I, S. 367, 381; *Koch*, WM 2009, 1013, 1014; vgl. *W. Goette*, ZHR 175 (2011), 388, 392; vgl. auch *Nietsch*, ZHR 180 (2016), 733, 739 f.

1149 Mehr zu diesem Grundsatz s. KBFW/*Kremer*, DCGK Grds. 5 Rn. 14 ff. mwN.

1150 S. dazu *Harbarth*, ZHR 179 (2015), 136, 143 f.; *Grigoleit*, FS K. Schmidt II, 2019, Bd. I, S. 367, 382; ablehnend gegenüber dem DCGK auch *Koch*, WM 2009, 1013, 1020; wohl aA bzlg. des DCGK *Kort*, NZG 2008, 81, 83 f.

1151 *Verse*, ZHR 175 (2011), 401, 404; Scholz/*Verse*, GmbHG § 43 Rn. 153; *Otto*, NZG 2024, 1055, 1057, Rn. 15; *Holle*, Legalitätskontrolle, 2014, S. 59 ff.; *Harnos*, Kontrolldichte, 2021, S. 379 f.; *Lieberknecht*, ZGR 2023, 384, 385, Fn. 4; aA *C. A. Weber*, Rechtsdurchsetzung, 2024, S. 856 ff.; *Bunting*, ZIP 2012, 1542, 1543 f.

fenden Perspektive eine allgemeine Aufsichtspflicht aus,[1152] die eine ordnungsmäßige Organisation, Auswahl, Einweisung, Überwachung und bei Missständen das Einschreiten umfasst.[1153] Dies geht auf die Steigerung der Gefahr des Handelns aufgrund des arbeitsteiligen Zusammenwirkens zurück.[1154] Übertragen auf den Vorstand der AG heißt es, seine die unternehmerische Tätigkeit umfassende Legalitätspflicht verwandelt sich in eine Aufsichtspflicht, wenn er sich anderer beim Erledigen von unternehmerischen Aufgaben bedient;[1155] dieser Rechtsgedanke wurde vom Reichsgericht bereits in den 1920er-Jahren im Kontext der aktienrechtlichen Buchführungspflicht geäußert[1156].

Der Delegationsgedanke bietet mangels einer positivrechtlichen Konkretisierung eine große dogmatische Angriffsfläche; manche Stimmen in der Literatur lehnen daher die allgemeine Legalitätsdurchsetzungspflicht ab und erkennen sie lediglich in den Grenzen des § 130 Abs. 1 OWiG an[1157].

2. Intensität der Legalitätsdurchsetzungspflicht

a) Das dogmatische Fundament für die Bestimmung der Intensität

Die Anforderungen an die Intensität der allgemeinen Legalitätsdurchsetzung lassen sich nur schwer bestimmen. Ein Anhaltspunkt findet sich in § 130 Abs. 1 OWiG, der als ein Ausdruck für die allgemeinen gesetzgeberischen Vorstellungen über die Legalitätsdurchsetzung verstanden werden kann.

Zwar könnten rein theoretisch die Anforderungen an die Compliance im Innenverhältnis schärfer ausfallen als dies im Außenverhältnis der Fall ist; dies wäre aber widersprüchlich, denn dazu müsste das Privatinteresse an der Compliance

1152 S. die vertiefte und umfassende Untersuchung von *Böhmer*, Rechnungslegung, 2020, S. 52 ff.; vgl. *Bachmann*, in VGR (Hrsg.), Gesellschaftsrecht in der Diskussion 2007, Bd. 13, S. 65, 71 f.; vgl. Scholz/*Verse*, GmbHG § 43 Rn. 153.

1153 *Böhmer*, Rechnungslegung, 2020, S. 71; vgl. *Spindler*, Unternehmensorganisationspflichten, 2001, S. 697 ff.; vgl. *Grundei/Reuter*, DB 2024, 2309, 2314.

1154 *Otto*, NZG 2024, 1055, 1057, Rn. 15; s. umfassend *Böhmer*, Rechnungslegung, 2020, S. 70 f. mwN; s. zum Zusammenhang der Intensität der Legalitätsdurchsetzungspflicht mit dem Risiko für die Rechtsgüter *Grundei/Reuter*, DB 2024, 2309, 2314.

1155 Prägnant *Verse*, ZHR 175 (2011), 401, 404; dem schließt sich *Holle*, Legalitätskontrolle, 2014, S. 59 ff. an; wohl aA GroßkommAktG/*Kort*, § 91 Rn. 124; das Delegationsmodell lehnt *C. A. Weber*, Rechtsdurchsetzung, 2024, S. 857 ff. im Anschluss an *Bunting*, ZIP 2012, 1542, 1543 mit der Begründung ab, die Gesellschaft und nicht der Vorstand delegiere unternehmerische Aufgaben auf Mitarbeiter. Dieser Vorwurf trägt insoweit nicht, als die Delegation eine Doppelnatur haben kann und auch die Vorstandspflichten umfasst, s. dazu *Holle*, Legalitätskontrolle, 2014, S. 60 f.

1156 *RG* JW 1925, 261 f.; s. dazu GroßkommAktG/*W. Schmidt*, 1939, § 82 Anm. 2.

1157 *Bachmann/Prüfer*, ZRP 2005, 109, 111; *Harnos*, Geschäftsleiterhaftung, 2013, S. 89 ff., 99.

schwerer wiegen als das diesbezügliche öffentliche Interesse. § 130 Abs. 1 OWiG sieht damit ein normatives Maximum vor, was von einem Unternehmen verlangt werden kann. Mit § 130 OWiG delegiert der Gesetzgeber bereits an die Unternehmen die Konkretisierungsbefugnis betreffend die Frage, wie sie die Aufsicht über die Einhaltung von sanktionsbewehrten Pflichten auszuüben haben.[1158] Diese Konkretisierungsdelegation muss erst recht die Compliance bzgl. jener Normen betreffen, für deren Verletzung der Gesetzgeber nicht mal eine Sanktion vorgesehen hatte.[1159]

Dieses Ergebnis wird bestätigt, wenn der hier vertretene Herleitungsansatz bzgl. der Legalitätspflicht als Ausfluss der gesetzgeberischen Konkretisierungsdelegation konsequent weitergedacht wird. Einerseits darf die Sicherstellung der Rechtstreue der Mitarbeiter bei der Entwicklung der Organisation nicht völlig unberücksichtigt bleiben; damit könnte die Legalitätspflicht des Vorstands einfach durch die Delegation von unternehmerischen Aufgaben umgangen werden. Andererseits kann die Ablauf- und Aufbauorganisation nicht von der überbordenden Kontrolle der Gesetzeseinhaltung dominiert werden, ohne dass das Unternehmen seiner wirtschaftlichen Grundlage beraubt wird;[1160] dies ist auch nicht das Ziel der Legalitätsdurchsetzungspflicht und würde die Konkretisierungsdelegation bzgl. des Unternehmenswohls in eine leere Hülse verwandeln.

Die Frage der Gesetzestreue des Vorstandshandelns mag zwar keinen unternehmerischen Charakter aufweisen, einen solchen hat jedoch die Auswahl von Compliance-Maßnahmen, die sich unterschiedlich auf die unternehmerische Tätigkeit auswirken:[1161] Ob die Stichprobe für ein jährliches Compliance-Gespräch 5%, 10%, 20% oder sogar 50% der Belegschaft umfasst, wirkt sich unmittelbar auf die Effizienz des Unternehmens aus, denn die Mitarbeiter können sich in der Gesprächszeit nicht an der Wertschöpfung beteiligen; dazu kommt noch das Honorar der Gesprächspartner, das auch ganz anders ausfällt, wenn die Gesamtdauer der Gespräche steigt. Die Erstreckung der positiven Konkretisierungsbefugnis des Vorstands auf die Legalitätsdurchsetzungspflicht stellt also die Kohärenz dieser Pflicht mit seiner Organisationsfreiheit im Rahmen der §§ 76, 93 AktG her.[1162] Diese Pflicht hat somit den Charakter einer offenen Zielvorgabe.

1158 S. dazu bereits ausführlich oben 1. a). (4).

1159 Vgl. *Grigoleit*, FS K. Schmidt II, 2019, Bd. I, S. 367, 388, der ein Postulat aufstellt, dass die Gerichte keine präzisen Mindestanforderungen an die Legalitätsdurchsetzungspflicht entwickeln sollen, was gerade durch die hier vertretene Aufteilung der Konkretisierungsbefugnisse erreicht wird.

1160 Ähnlich KK-AktG/*Cahn*, § 91 Rn. 59.

1161 S. *Grundei/Reuter*, DB 2024, 2309, 2313.

1162 S. zur Organisationsfreiheit des Vorstands oben II. A. 1.

b) Folgen der positiven Konkretisierungsbefugnis des Vorstands für die organisationale Dimension

Die positive Konkretisierungsbefugnis des Vorstands bedeutet, dass nur in den Fällen der evidenten Unvertretbarkeit der Aufsichtsmaßnahmen eine Pflichtverletzung bezogen auf die Legalitätsdurchsetzungspflicht vorliegt. Der Vorstand muss außerdem über eine angemessene Informationsgrundlage für die Konkretisierung verfügen.[1163]

Zentral erscheint ferner der Zusammenhang der organisationalen Dimension der Legalitätsdurchsetzungspflicht mit der Delegation dieser Pflicht, wie dies von *Böhmer* für die Rechnungslegungspflicht herausgearbeitet wurde.[1164] Die Intensität der Organisationspflicht hängt also auch davon ab, ob der Vorstand die Überwachung der Rechtstreue noch größenbedingt persönlich wahrnimmt oder auf eine andere Ebene delegiert. Entscheidet er sich für die Delegation, dann muss er für eine entsprechende Organisation der mit der Aufgabe betreuten Mitarbeiter sorgen. Die Legalitätsorganisationspflicht ist also eine Delegationsfolgepflicht, die die Auswahl, Ausstattung und Überwachung umfasst, die wiederum vom Vorstand im Rahmen seiner positiven Konkretisierungsbefugnis zu konkretisieren sind.

Die allgemeine Legalitätsdurchsetzungspflicht verdichtet sich daher aufgrund des Vorstandsermessens nur dann zu einer Pflicht zur Einrichtung eines institutionalisierten Compliance-Management-Systems, wenn die Überwachung der Rechtstreue der Mitarbeiter ohne ein solches System aus der Ex-ante-Perspektive evident unvertretbar erscheint.[1165]

Bezogen auf die allgemeine Legalitätsdurchsetzungspflicht gilt das oben gesagte bzgl. der proaktiven und reaktiven Maßnahmen im Rahmen des § 130 Abs. 1 OWiG entsprechend: Bei aufgedeckten Missständen verengt sich vorübergehend die positive Konkretisierungsbefugnis des Vorstands.[1166]

Diese darf außerdem nicht durch eine analoge Anwendung von besonderen Anforderungen des Aufsichtsrechts eingeschränkt werden, wie sie in § 25a KWG und § 23 VAG für Banken und Versicherungen vorgesehen wurden; denn diese

1163 So bereits *Brunk*, Menschenrechtscompliance, 2022, S. 104 f., der dies allerdings aus der Business Judgment Rule und nicht der Natur von offenen Zielvorgaben herleitet; vgl. oben II. B. 3. a).

1164 *Böhmer*, Rechnungslegung, 2020, S. 38 ff. (insb. 70 ff., 271 ff. sowie 392); vgl. *Grundei/Reuter*, DB 2024, 2309, 2314; s. mehr dazu unten V. B. 2. a).

1165 Vgl. *Harbarth*, ZHR 179 (2015), 136, 153; *Grigoleit*, FS K. Schmidt II, 2019, Bd. I, S. 367, 384; vgl. auch *Paefgen*, WM 2016, 433, 437; *Harnos*, Kontrolldichte, 2021, S. 380 ff.; s. zu den potentiellen ermessensleitenden Kriterien GroßkommAktG/*Kort*, § 91 Rn. 141; vgl. einen eher strengeren Maßstab mit weniger Freiheit von *Bicker*, AG 2012, 542, 544.

1166 *Grigoleit*, FS K. Schmidt II, 2019, Bd. I, S. 367, 386; *Bicker*, AG 2012, 542, 547; ähnlich auch *Nietsch*, ZGR 2015, 631, 662 ff.; s. auch Scholz/*Verse*, GmbHG § 43 Rn. 163.

Anforderungen ergeben sich aus einer besonderen Gefahr für die gesamte Volkswirtschaft seitens des Finanzsektors, die sich nicht auf alle Aktiengesellschaften verallgemeinern lässt.[1167]

c) Das Siemens/Neubürger-Urteil im Lichte der Erkenntnisse zur Legalitätsdurchsetzungspflicht

Die oben dargestellten Maßstäbe wurden vom *LG München I* in dem Siemens/Neubürger-Urteil[1168] grob verkannt, denn dieses äußert sich aus der Ex-post-Perspektive umfassend zu seiner Ansicht nach erforderlichen Maßnahmen; es prüft nicht die richtige Ausübung der Konkretisierungsbefugnis, sondern übt sie selbst aus;[1169] insoweit ist der Kritik dieses Urteils zuzustimmen. Ausnahmsweise könnte zwar das Unternehmenswohl[1170] unter der Einbeziehung besonderer Pflichten und Bußgeldgefahren[1171] aus dem US-amerikanischen Recht[1172] eine andere Beurteilung im Einzelfall rechtfertigen, aber jedenfalls nicht die Legalitätsdurchsetzungspflicht allein.

d) Zwischenergebnis

Die Legalitätsdurchsetzungspflicht ergibt sich aus §§ 76, 93 AktG (bei sanktionsbewehrten Normen i. V. m. § 130 OWiG). Es handelt sich bei ihr um eine offene Zielvorgabe und damit einen Fall prinzipienorientierter Regulierung. Der Vorstand muss für die unternehmensweite Gesetzestreue sorgen; er verfügt hierbei über ein weites Ermessen, das sich in seiner positiven Konkretisierungsbefugnis ausdrückt. Nur in seltenen Fällen wird eine Ermessensreduktion so weit reichen, dass aus der Legalitätsdurchsetzungspflicht allein das Erfordernis eines institutionalisierten Compliance-Management-Systems abgeleitet werden kann.

1167 So *Thaten*, Ausstrahlung, 2016, S. 191 ff, insb. 214 f.; gegen die Ausstrahlung der aufsichtsrechtlichen Anforderungen spricht sich auch *Harnos*, Kontrolldichte, 2021, S. 380 mwN. aus; vgl. dazu bereits oben 1. b).

1168 *LG München I*, ZIP 2014, 570 ff.

1169 S. die umfassende Kritik von *Bachmann* in: Priester/Heppe/Westermann, 10 Jahre Österberg Seminare, 2018, S. 71 ff. mwN.

1170 Die Legalitätskontrollpflicht befreit den Vorstand nicht von der Bindung an das Unternehmenswohl und auch nicht von den Anforderungen der Business Judgment Rule, s. dazu unten 3.

1171 Vgl. zur Schadensabwendungspflicht *Bachmann* in: Priester/Heppe/Westermann, 10 Jahre Österberg Seminare, 2018, S. 71, 76; s. dazu auch oben A. 2.

1172 Vgl. zu den gegen Siemens nach dem US-amerikanischen Recht verhängten Bußgeldern *LG München I*, ZIP 2014, 570, 572.

3. Business Judgment Rule und offene Zielvorgaben

Die Rechtsnatur der allgemeinen Legalitätsdurchsetzungspflicht löst eine Folgefrage aus: Inwieweit lässt sich die Business Judgment Rule nach § 93 Abs. 1 S. 2 AktG auf jene gesetzlichen Pflichten anwenden, die ebenfalls den Charakter einer offene Zielvorgabe aufweisen? Dies ist eine der umstrittensten Rechtsfragen im Gesellschaftsrecht, bei der aufgrund der hohen Komplexität die Trennlinien unscharf verlaufen.[1173] Die Diskussion bezieht sich auch auf die besonderen branchenspezifischen Organisationspflichten des Aufsichtsrechts[1174] sowie auf die Organisationspflichten des Aktiengesetzes aus § 91 Abs. 2 AktG.[1175]

Nachfolgend werden zwar die Untersuchungen zu prinzipienorientierten Organisationsvorgaben des Banken- und Versicherungsrechts berücksichtigt und aus der allgemeinen Perspektive bewertet. Es kann jedoch sein, dass sich die hier gewonnenen Erkenntnisse nicht zurück in dieses besondere Rechtsgebiet übertragen lassen, weil sie den branchenspezifischen Besonderheiten nicht hinreichend Rechnung tragen.

a) Entscheidung unter rechtlicher Unsicherheit?

Nach einer Ansicht sei die Business Judgment Rule auf die Organisationspflichten in Form von offenen Zielvorgaben nicht anwendbar.[1176] Stattdessen müssten die Regeln herangezogen werden, die sonst im Falle rechtlicher Unsicherheit gälten,[1177] denn die unbestimmten Rechtsbegriffe würden zu einem Auslegungsproblem führen; es gebe demnach keine Delegation der Konkretisierungsbefugnis, sondern mehrere rechtlich vertretbare Ansichten, aus denen der Vorstand eine auswählen müsse.[1178]

Dies wird zur Legalitätsdurchsetzungspflicht aufgrund ihrer Verbindung zur Legalitätspflicht des Vorstands vertreten;[1179] eine ähnliche Meinung wird auch zu

1173 Statt vieler *Spindler*, FS Canaris, 2007, S. 403 ff.; *Holle*, AG 2011, 778 ff.; *Renner*, Bankkonzernrecht, 2019, S. 118 ff.; *Breitenfeld*, Legalitätspflicht, 2016, S. 150 f., jeweils mwN.

1174 S. etwa *Armbürster*, VersR 2009, 1293 ff.; *Bürkle*, VersR 2013, 792 ff.; *Langenbucher*, ZBB 2013, 16 ff.

1175 S. etwa *Berenbrok*, Risikomanagement, 2016, S. 251 ff.; *Widmann*, Risikomanagement, 2010, S. 77 ff.; MüKoAktG/*Spindler*, AktG § 91 Rn. 92 mwN.

1176 Vgl. bezogen auf unbestimmte Rechtsbegriffe *Harnos*, Geschäftsleiterhaftung, 2013, S. 118 ff.; *Holle*, Legalitätskontrolle, 2014, S. 67 ff. mwN (insb. S. 80 f.); s. auch *Ders.*, AG 2011, 778 ff.

1177 *Langenbucher*, ZBB 2013, 16, 22 f.

1178 Vgl. im Kontext der Legalitätsdurchsetzungspflicht in der GmbH Scholz/*Verse*, GmbHG, § 43 Rn. 155 f.; s. auch *Langenbucher*, ZBB 2013, 16, 22 f., die diese Anforderung verschärft, indem sie die Wahl der optimalen rechtlichen Ansicht verlangt.

1179 Für die GmbH s. Scholz/*Verse*, GmbHG, § 43 Rn. 155 ff. mwN; bzgl. dieser Pflicht in der AG *Altmeppen*, ZIP 2016, 97, 98; *Breitenfeld*, Legalitätspflicht, 2016,

§ 25a KWG[1180] sowie § 64a VAG (heute § 26 VAG)[1181] vertreten, die gewisse Mindestanforderungen an die Organisation von Banken und Versicherungsunternehmen in Form von Zielvorgaben vorsehen.[1182] Es gibt auch Stimmen bezogen auf § 91 Abs. 2 AktG, die die Business Judgment Rule ablehnen[1183]. Unterschiedlich werden die Folgen für die gerichtliche Überprüfbarkeit beurteilt.[1184]

Diese Ansicht überzeugt, soweit sich die Auslegungsschwierigkeiten auf die »Ob«-Elemente wie die Systemeinrichtungspflicht nach § 91 Abs. 2 AktG oder das zu verfolgende Ziel beziehen.[1185] Sie trägt aber nicht, wenn der Gesetzgeber die Konkretisierung dem Normadressaten überlässt. Dann ist es kein Auslegungsproblem, sondern das sachliche Problem der Einhaltung der Schranken der Zielbestimmung.[1186] Denn bei der prinzipienorientierten Regulierung handelt es sich nicht um unbestimmte, sondern um vom Vorstand *noch nicht bestimmte* Rechtspflichten.[1187]

Daher ist bezogen auf die Organisationsanforderungen diese Ansicht abzulehnen; auch eine Legal Judgment Rule[1188] würde der Rechtsnatur der prinzipienorientierten Regulierung nicht angemessen Rechnung tragen.

S. 150 f.; so wohl auch *Habersack* in Lorenz, Karlsruher Forum 2009, S. 5, 17, der allerdings dem Vorstand in diesem Bereich einen Beurteilungsspielraum zubilligt.

1180 Vgl. *Langenbucher*, ZBB 2013, 16, 22 f.

1181 S. umfassend *Armbürster*, VersR 2009, 1293, 1296 ff.; *Bürkle*, VersR 2013, 792 ff.

1182 S. zu den Organisationsanforderungen gegenüber Banken etwa Fischer/Schulte-Mattler/*Braun*, KWG § 25a Rn. 15 ff.; s. auch *Mülbert*, BKR 2006, 349 ff. S. zu den Governance-Anforderungen gegenüber Versicherungsunternehmen Bürkle Compliance/*Gehringer/Wettstein/Weidtmann*, § 9 Rn. 80 ff. mwN.

1183 So kann interpretiert werden *Paefgen*, Unternehmerische Entscheidungen, 2002, S. 22 ff.; s. *Habersack* in Lorenz, Karlsruher Forum 2009, S. 5, 17, der aber dem Vorstand einen Beurteilungsspielraum zuspricht; *W. Goette* in: Hommelhoff/Hopt/v. Werder, Hb-Corporate-Governance, S. 713, 726 f.; aA statt aller *Berenbrok*, Risikomanagement, 2016, S. 251 ff. mwN; s. auch *Widmann*, Risikomanagement, 2010, S. 77 ff.

1184 Vgl. *Paefgen*, Unternehmerische Entscheidungen, 2002, S. 22 f.; vgl. *Holle*, Legalitätskontrolle, 2014, S. 80 f.; Scholz/*Verse*, GmbHG § 43 Rn. 156; vgl. *Breitenfeld*, Legalitätspflicht, 2016, 121 ff., die zwar die Beurteilungsspielräume des Vorstands bei Zielvorgaben anerkennt (S. 126 ff.), aber bei der Legalitätskontrollpflicht eine volle richterliche Kontrolle erlaubt (S. 151); das unternehmerische Ermessen bzgl. der Pflicht aus § 91 Abs. 2 AktG lehnt *W. Goette* in: Hommelhoff/Hopt/v. Werder, Hb-Corporate-Governance, S. 713, 726 f. ab.

1185 Vgl. *Harbarth*, ZHR 179 (2015), 136, 151 ff.

1186 Vgl. *Balke/Klein*, ZIP 2017, 2038, 2043, die ebenfalls kein Auslegungsproblem sehen; vgl. *Nietsch*, ZGR 2015, 631, 656.

1187 S. dazu bereits ausführlich oben Teil 4, I. E. 2.

1188 Vgl. *Bürkle*, VersR 2013, 792 ff.

b) Anwendung der Business Judgment Rule

Es wäre denkbar, den § 93 Abs. 1 S. 2 AktG unmittelbar auf offene Zielvorgaben anzuwenden.[1189] Dafür spricht der unternehmerische Charakter der Freiräume,[1190] wie am Beispiel der Compliance-Gespräche oben im Kontext des »Wie« der Legalitätsdurchsetzung ersichtlich ist.[1191]

Allerdings gibt es ein besonderes Problem mit der Business Judgment Rule: Sie bringt selbst eine bestimmte Zielsetzung gerichtet auf das Unternehmenswohl zum Ausdruck; jede offene Zielvorgabe sieht aber ein hiervon unabhängiges Ziel vor, das sich in seiner Ausrichtung nicht unbedingt mit der Business Judgment Rule decken muss; das ist ein gewichtiges Argument gegen die Heranziehung.[1192]

Dieses Problem lässt sich jedoch durch eine doppelte Zielbindung lösen,[1193] die durch die strukturelle Ähnlichkeit der Business Judgment Rule und der sonstigen

1189 In dieser Richtung *Ott*, ZGR 2017, 149, 167; GroßkommAktG/*Hopt/Roth*, § 93 Rn. 75 ff.; bezogen auf Compliance-Pflicht *Bachmann*, VGR 2007, Bd. 13, S. 65, 85 f.; *Bicker*, AG 2012, 542, 545; *Seibt/Cziupka*, DB 2014, 1598, 1599; GroßkommAktG/*Kort*, § 91 Rn. 122 ff. *Paefgen*, WM 2016, 433, 436 ff.; HHL/*Henning/Lieder*, 2024, § 12 Rn. 92. So bzgl. der Legalitätsdurchsetzungspflicht *Brunk*, Menschenrechtscompliance, 2022, S. 103 ff. Bezogen auf § 91 Abs. 2 AktG BeckOGK/*Fleischer*, 1.2.2025, AktG § 93 Rn. 90; in diesem Kontext auch *Jakobus*, Risikomanagement, 2014, S. 176 ff.; für das unternehmerische Ermessen bzgl. der Legalitätsdurchsetzungspflicht spricht sich *Habersack*, AcP 220 (2020), 594, 656 aus, ohne seine Ansicht normativ zu verankern; vgl. *v. Falkenhausen*, NZG 2012, 644, 647; vgl. auch *Hauschka*, GmbHR 2007, 11, 13; eine Übertragung der Maßstäbe ohne Anwendung der Business Judgment Rule befürwortet *Spindler*, FS Canaris I, 2007, S. 403, 415.

1190 *Nietsch*, ZGR 2015, 631, 655 f.; vgl. *Grigoleit*, FS K. Schmidt II, 2019, Bd. I, S. 367, 384.

1191 S. oben 2. a).

1192 Dieses Argument macht im Kontext des § 130 OWiG Scholz/*Verse*, GmbHG § 43 Rn. 155 geltend; s. auch *Holle*, Legalitätskontrolle, 2014, S. 77; wohl aA *Harnos*, Kontrolldichte, 2021, S. 379 ff., der auf das »Wie« des Compliance-Systems die Business Judgment Rule trotz des Auseinanderfallens der Zielbestimmungen anwendet.

1193 Einen ähnlichen Gedanken (Balance zwischen dem Unternehmenswohl und der Legalitätsdurchsetzung) äußerte bereits *W. Goette*, ZHR 175 (2011), 388, 399 f.; diese doppelte Bindung erkennen auch *Balke/Klein*, ZIP 2017, 2038, 2042; Scholz/*Verse*, GmbHG § 43 Rn. 156 a.E.; s. *Otto*, NZG 1055, 1058, Rn. 24, der dort im Ergebnis eine doppelte finale Bindung der Entscheidung und die Anwendung der Business Judgment Rule auf die Legalitätsdurchsetzungspflicht befürwortet, hieraus allerdings andere Folgen für die gerichtliche Kontrolldichte zieht (s. S. 1057, Rn. 18 ff.) und hinzu die Meinung vertritt, dass die Business Judgment Rule dann nicht anwendbar sei, wenn die gesetzliche Pflicht des Vorstands eine finale Bindung i. S. e. echten gesetzlichen Ermessensspielraums beinhalte (S. 1058, Rn. 26), was im Widerspruch zu Rn. 24 steht. S. auch *Jena*, Die Business Judgment Rule im Prozess, 2020, S. 149 f., der auf die engeren Ermessensgrenzen im Vergleich zu rein

offenen Zielvorgaben ermöglicht wird. Am Beispiel der Compliance-Pflicht führt dies zum folgenden Ergebnis: Das Handeln des Vorstands darf weder aus der Perspektive des Legalitätsdurchsetzungsziels noch aus der Perspektive des Unternehmenswohls evident zielwidrig ausfallen.[1194] Dogmatisch stützt sich diese Lösung auf die Tatsache, dass der Gesetzgeber zwar durch besondere Zielvorgaben dem Vorstand gewisse Sonderziele vorschreiben wollte, aber jene sollen das Unternehmenswohl lediglich ergänzen und nicht verdrängen.

Die doppelte Zielbindung führt zur Notwendigkeit einer analogen Anwendung des § 93 Abs. 1 S. 2 AktG, denn in dieser Norm fehlt die Bindung an das gesetzliche Sonderziel. Dies führt nicht zu Anwendungsschwierigkeiten, denn der vertypte Zieltreuetatbestand des § 93 Abs. 1 S. 2 AktG lässt sich problemlos auf offene Zielvorgaben anwenden: (1) Das Handeln muss auf einer angemessenen informationellen Grundlage beruhen, (2) frei von Interessenkonflikten sowie (3) ohne Verletzung der Gesetze oder der Satzung erfolgen.

Gegen die analoge Anwendung der Business Judgment Rule auf das »Wie« der Ausfüllung von offenen Zielvorgaben wird Kritik dahin geübt, dass das Telos der Business Judgment Rule nicht einschlägig sei, denn die rechtliche Unsicherheit sei mit der unternehmerischen Unsicherheit nicht vergleichbar.[1195] Es ist aber auf die Strukturähnlichkeit des zu lösenden Problems hinzuweisen, die bei den Zielvorgaben mit Bezug zur Organisation vorhanden ist: Sowohl die Organisation als auch das Unternehmertum lassen sich nur schwer optimal normieren;[1196] hinzu

unternehmerischen Entscheidungen hinweist, aber in Bezug auf die gesetzlichen Zweckerwägungen einen engeren gerichtlichen Kontrollmaßstab annimmt. Indirekt lehnt diese Lösung GroßkommAktG/*Kort*, § 91 Rn. 141 ab, denn nach seiner Ansicht orientiere sich die Legalitätsdurchsetzungspflicht allein am Unternehmensinteresse.

1194 Ähnlich bereits KK-AktG/*Cahn*, § 91 Rn. 59; wohl aA *Böhmer*, Rechnungslegung, 2020, S. 92 f., der sich gegenüber der Einbeziehung der Wirtschaftlichkeitserwägungen sehr skeptisch äußert und das Handeln des Vorstands nur am Ziel der Legalitätsdurchsetzung aber unter Heranziehung der Business Judgment Rule messen will.

1195 S. *Buck-Heeb*, BB 2013, 2247, 2252 f. mwN; aA *Thole*, ZHR 173 (2009), 504, 522 f.

1196 S. zum Normierbarkeitsproblem bzgl. der Organisation bereits oben Teil 2, VIII; s. zum Normierbarkeitsproblem bzgl. der unternehmerischen Tätigkeit *Reuter*, ZHR 135 (1971), 511, 521 f.; ähnlich *Druey*, FS W. Goette, 2011, S. 57, 70, wo er von einem nicht programmierbaren Umfeld spricht; vgl. auch bereits *Großmann*, Unternehmensziele, 1980, S. 86 f., der auf die Probleme der Operationalisierung des aktienrechtlichen Unternehmensziels hinweist; vgl. auch schon im Kontext der Ausrichtung auf den Verbandzweck *Zöllner*, Stimmrechtsmacht, 1963, S. 24 f.; s. auch HHL/*Grigoleit*, 2024, § 33 Rn. 9 sowie prägnant Rn. 25; *Redeke*, AG 2025, 257 ff. Vgl. zum ähnlichen Problem im Risikoverwaltungsrecht *Voß*, Unternehmenswissen, 2018, S. 26 f.

kommt noch die Gefahr eines Rückschaufehlers[1197]. Dasselbe Problem verlangt dieselbe Antwort: Mit § 93 Abs. 1 S. 2 AktG hat der Gesetzgeber eine nur leicht anzupassende normative Lösung vorgegeben und somit die mühsame Herleitung erspart. Eine parallele Rechtsfigur unternehmerischen Ermessens[1198] ist daher bei offenen Zielvorgaben entbehrlich und würde bloß die Rechtspraxis der Rechtsunsicherheit preisgeben.[1199]

Ferner ist die Möglichkeit der Trennung zwischen der nicht geregelten unternehmerischen Aktivität und solcher mit dichten gesetzlichen Regelungen zu bezweifeln; würde man die Business Judgment Rule nicht auf offene Zielvorgaben einschließlich der Legalitätsdurchsetzungspflicht anwenden, wäre sie beinahe ihres praktischen Anwendungsbereichs beraubt.[1200]

c) Der gerichtliche Kontrollmaßstab

Im Widerspruch zu der oben dargestellten Lösung steht die Ansicht, wonach das »Wie« der Verwirklichung von offenen Zielvorgaben nach dem Maßstab der Vertretbarkeit zu beurteilen ist; sie wird bezogen auf manche Organisationspflichten in Form von offenen Zielvorgaben vertreten[1201].

An dieser Meinung lässt sich kritisieren, dieser Maßstab bringe die positive Konkretisierungsbefugnis des Vorstands innerhalb seines Leitungsermessens nicht hinreichend zur Geltung. Um die Vertretbarkeit beurteilen zu können, muss der Rechtsanwender das Unternehmen tief untersuchen und seine eigene unternehmerische Entscheidung über die erforderliche Organisation vor die des Vorstands stellen. Dies stünde aber im Widerspruch zu § 76 Abs. 1 AktG (Leitungsermessen); es lässt sich ferner das als Grundlage der Business Judgment Rule dienende Argument anführen, Juristen seien keine Unternehmer und sollen nur die Entscheidungen des Vorstands überprüfen.

Zweitens fehlt in diesem Kriterium der Zusammenhang mit der Zielvorgabe, die gerade das zentrale Element der prinzipienorientierten Organisationspflichten darstellt. Zwar könnte der vage Begriff der Vertretbarkeit entsprechend angepasst werden, aber er ist in seiner aktuellen Form nicht spezifisch genug. Mangels der Spezifizität ist die Vertretbarkeit genauso abstrakt, wie die Normen, auf die sie angewandt werden sollte. Dadurch mindert dieses Kriterium die Rechtssicherheit, ohne einen Beitrag zur Verwirklichung der gesetzlichen Ziele zu leisten.

1197 BeckOGK/*Fleischer*, 1.2.2025, AktG § 91 Rn. 71; *Bachmann*, ZIP 2014, 579, 580 f.; *Nietsch*, ZGR 2015, 631, 638.
1198 Vgl. GroßkommAktG/*Hopt/Roth*, § 93 Rn. 116 ff.
1199 Vgl. *Holle*, Legalitätskontrolle, 2014, S. 80 f.
1200 Ähnlich schon *Harbarth*, ZHR 179 (2015), 136, 152.
1201 *Wundenberg*, Compliance, 2012, S. 139 f.; *Voß*, Unternehmenswissen, 2018, S. 209 ff.; vgl. *Harnos*, Geschäftsleiterhaftung, 2013, S. 143 f.; vgl. *Breitenfeld*, Legalitätspflicht, 2016, S. 126, 151.

d) Zwischenergebnis

Das »Wie« innerhalb von offenen Zielvorgaben ist mithilfe der Business Judgment Rule nach § 93 Abs. 1 S. 2 AktG analog auszufüllen mit der Anpassung, dass neben dem Handeln zum Wohle der Gesellschaft das betroffene Sonderziel einzuhalten ist. Bezogen auf die Legalitätsdurchsetzungspflicht bedeutet es, der Vorstand muss sein Handeln sowohl auf das Ziel der unternehmensweiten Rechtstreue als auch auf das allgemeine Unternehmenswohl ausrichten.

4. Business Process Rule und die Legalitätsdurchsetzungspflicht

Zwar wurden bereits die rechtlichen Anforderungen an einzelne Maßnahmen im Rahmen der Legalitätsdurchsetzungspflicht untersucht. Die Einhaltung der Gesetze bei der gesamten Aktivität des Unternehmens hat aber einen Dauercharakter;[1202] sie kann daher auch als ein Geschäftsprozess begriffen werden, sodass die Business Process Rule anzuwenden ist. Die Informationsbeschaffung und -bewertung haben sich hierbei auf die potenziellen und eingetretenen Verletzungen der Rechtsordnung zu beziehen;[1203] die Anpassung und Überwachung der Legalitätsdurchsetzung hat das Abstellen sowie die Prävention der künftigen Verletzungen zum Gegenstand.[1204] Entscheidet sich der Vorstand, ein CMS einzurichten, dann finden die allgemeine Business Judgment Rule und die Business Process Rule hierauf Anwendung.

5. Ausstrahlung auf die allgemeine Organisationspflicht und -freiheit des Vorstands

Ferner kann die Legalitätsdurchsetzungspflicht nicht ohne Auswirkung auf die allgemeine Organisationspflicht und -freiheit des Vorstands bleiben. Wie oben bereits dargestellt,[1205] ist der Vorstand dazu verpflichtet, die Organisation regelmäßig zu untersuchen und zu bewerten; er bestimmt die dafür maßgeblichen organisationalen Ziele. Als ein gesetzliches Ziel kommt die unternehmensweite Rechtstreue zu den vom Vorstand eigenständig bestimmten organisationalen Zielen hinzu: Der Vorstand muss also dieses als ein Bewertungskriterium vorsehen und gewichten. Es gilt diesbezüglich die Grenze der Evidenz.

1202 *Nietsch*, ZGR 2015, 631, 660.

1203 Vgl. *Nietsch*, ZGR 2015, 631, 658 ff.; *Balke/Klein*, ZIP 2017, 2038, 2039 f., 2044 f.

1204 Vgl. enger *Balke/Klein*, ZIP 2017, 2038, 2039, die nur das systematische Fehlverhalten zum Gegenstand der Compliance machen.

1205 S. oben II. C. 3. b). und c).

6. Zwischenergebnis

Den Vorstand trifft eine Legalitätsdurchsetzungspflicht aus den §§ 76, 93 AktG und aus dem ins Innenverhältnis transponierten § 130 Abs. 1 OWiG. Es handelt sich um eine Pflicht, die in ihrem Umfang das weite unternehmerische Ermessen respektiert; der Vorstand verfügt über die positive Konkretisierungsbefugnis bzgl. der Legalitätsdurchsetzungspflicht, denn diese Pflicht ist eine offene Zielvorgabe. In den Schranken der Konkretisierungsbefugnis ist die Business Judgment Rule anzuwenden; dies führt dazu, dass das Handeln des Vorstands im Ergebnis einer doppelten Zielbindung unterliegt. Diese Erkenntnis lässt sich auf alle prinzipienorientierte Vorstandspflichten übertragen. Die Compliance-Pflicht ist ein Dauerprozess; die Business Process Rule ist anzuwenden.

Außerdem strahlt die Legalitätsdurchsetzungspflicht auf die allgemeine Organisationspflicht und -freiheit aus, indem sie den Vorstand verpflichtet, bei seinen Organisationsentscheidungen und Handlungen im Rahmen der organisationalen Business Process Rule die unternehmensweite Rechtstreue als Sonderziel zu berücksichtigen.

C. *Hinweisgeberschutzsysteme nach dem HinSchG*

1. Der Hintergrund der wachsenden Bedeutung des Hinweisgeberschutzes

Der Vorstand braucht Informationen, um seiner Legalitätspflicht sowie seiner unternehmensweiten Legalitätsdurchsetzungspflicht nachzukommen. Diese Informationen können ihm auch Whistleblower[1206] liefern. Die sog. Hinweisgeber- bzw. Whistleblowing-Systeme (HGS) stellen eine Organisationslösung dar, die das informationelle Fundament für die Einhaltung dieser Pflichten durch den Vorstand anreichert[1207].

Beim Whistleblowing handelt es sich um ein Phänomen, bei dem eine Person die Informationen über tatsächliche oder mögliche Verstöße gegen rechtliche, soziale oder ethische Normen an die Unternehmensspitze oder an die Öffentlichkeit weitergibt.[1208] Die Whistleblower wecken ein enormes Interesse in der Öffent-

1206 S. zum Ursprung dieses Begriffs vertieft *Bertschinger*, Whistleblowing, 2024, Rn. 112; *Wiedmann/Seyfert*, CCZ 2019, 12; s. auch *N. Fischer*, Hinweisgebersysteme, 2023, S. 28 f.

1207 Wohl so auch HHL/*Schmolke*, 2024, § 17 Rn. 21; s. aber *Scholz*, AG 2022, 553, 554 ff.

1208 Diese Definition hat nur einen beispielhaften Charakter. S. die umfassende Definitionsanalyse einschließlich internationaler Literatur bei *Bertschinger*, Whistleblowing, 2024, Rn. 118 ff. mwN.

lichkeit; zu denken ist bloß an Edward Snowden,[1209] Frances Hagen[1210] oder neulich die Todesfälle der Boeing-Whistleblower[1211].

Die wachsende Bedeutung des Whistleblowings in der Öffentlichkeit hat eine Reaktion vom Unionsgesetzgeber ausgelöst: Der Hinweisgeberschutz wurde von ihm im Rahmen der Hinweisgeberrichtlinie (HGRL) 2019[1212] und vom nationalen Gesetzgeber im Rahmen des diese Richtlinie umsetzenden HinSchG 2023[1213] normativ verankert.

2. Unionsrechtlicher Hintergrund des Hinweisgeberschutzes in der HGRL

Die HGRL geht auf einen Vorschlagsentwurf der Kommission zurück, der im April 2018 publik gemacht wurde.[1214] Die neue Richtlinie sollte den bisher fragmentarischen Schutz vereinheitlichen und ausweiten.[1215] Die Kommission begründete ihren Regelungsvorschlag mit dem Schutz des öffentlichen Interesses und der Meinungsfreiheit aus Art. 11 GRCh.[1216] Die Richtlinie wurde nach einem relativ kurzem Gesetzgebungsverfahren am 23. Oktober 2019 verabschiedet. Der Gegenstand des Hinweisgeberschutzes sind ausschließlich die Normen des Unionsrechts; für den Schutz genuin nationalen Rechts sind ausschließlich die Mitgliedsstaaten selbst zuständig.[1217] Die Richtlinie war gem. Art. 26 Abs. 1 HGRL im überwiegenden Teil des Anwendungsbereichs bis zum 17. Dezember 2021

1209 S. dazu *Scheuerman*, Philosophy and Social Criticism, Vol. 40 No. 7 (2014), S. 609 ff.

1210 Vgl. zu den beiden Fällen *Bertschinger*, Whistleblowing, 2024, Rn. 1 f.; für weitere Beispiele s. *Wiedmann/Seyfert*, CCZ 2019, 12 f.

1211 S. etwa die Stuttgarter Zeitung vom 7. Mai 2024, abrufbar unter https://t1p.de/dl6vz (abgerufen am 04.06.2024).

1212 Richtlinie (EU) 2019/1937 des Europäischen Parlaments und des Rates vom 23. Oktober 2019 zum Schutz von Personen, die Verstöße gegen das Unionsrecht melden, ABl. (EU) L 305/17.

1213 Gesetz für einen besseren Schutz hinweisgebender Personen sowie zur Umsetzung der Richtlinie zum Schutz von Personen, die Verstöße gegen das Unionsrecht melden vom 31. Mai 2023, BGBl. I, Nr. 140.

1214 Vorschlag für eine Richtlinie des Europäischen Parlaments und des Rates zum Schutz von Personen, die Verstöße gegen das Unionsrecht melden, KOM (2018) 218 endg., 23.04.2018, abrufbar unter: https://t1p.de/9pn9j (abgerufen am 04.06.2024); s. zu dem historischen Hintergrund des Vorschlags *Schmolke*, AG 2018, 769, 771 f. S. zu der maßgeblichen EGMR-Rechtsprechung, die den arbeitsrechtlichen bzw. menschenrechtlichen Hintergrund der Richtlinie darstellt, *EGMR*, NZA 2011, 1269 ff.

1215 Zu dem Hinweisgeberrecht vor dem Inkrafttreten des HinSchG s. *Wiedmann/Seyfert*, CCZ 2019, 12, 14.

1216 S. die Begründung zum Vorschlag für die HGRL, KOM (2018) 218 endg., S. 2; vgl. dazu HHL/*Schmolke*, 2024, § 17 Rn. 12 ff.

1217 Vgl. Erwägungsgrund 5 HGRL; s. zum Kompetenzproblem ausführlich *Schmolke*, AG 2018, 769, 774 f.

umzusetzen; der deutsche Gesetzgeber ist seiner Umsetzungspflicht erst verspätet am 31. Mai 2023 nachgekommen.[1218] Beim HinSchG handelt es sich ausweislich der Gesetzesbegründung grundsätzlich um eine 1:1-Umsetzung.[1219]

3. Funktionen des HinSchG

Die Boeing-Todesfälle weisen bereits auf eine wichtige Funktion des Hinweisgeberrechts hin: Für die Hinweisgeber ist das Problem zentral, wie ihre persönliche Sicherheit gewährleistet werden kann, damit sie keine negativen Konsequenzen für ihre Hinweise treffen.[1220] Mit diesem Gesichtspunkt beschäftigt sich auch das Arbeitsrecht; die arbeitsrechtlichen Aspekte können hier jedoch nur randweise berücksichtigt werden. Diese »Sicherheitsfrage« bedarf auch organisatorischer Vorkehrungen (s. §§ 12 ff. HinSchG).[1221] Dogmatisch kann das HinSchG auch als eine gesetzlich normierte Facette der Fürsorgepflicht des Arbeitgebers betrachtet werden.[1222] Der Arbeitnehmerschutz kann zudem eine erhöhte Wirksamkeit des Whistleblowing zur Folge haben, weil die Angst Mitarbeiter davon abhalten kann, auf einen Verstoß hinzuweisen.[1223]

Aus der Perspektive der Allgemeinheit dient das Whistleblowing dazu, das öffentliche Interesse an der Legalität der Handlungsweise von Unternehmen und Behörden zu realisieren.[1224] In diesem Kontext spielen externe Meldestellen nach § 19 ff. HinSchG eine wichtige Rolle;[1225] deren Untersuchung würde allerdings den Rahmen dieser Arbeit sprengen.

Betrachtet aus der aktienrechtlichen Perspektive geht es beim HGS[1226] um eine informationelle Absicherung der Legalitäts- und Legalitätsdurchsetzungspflicht

1218 S. zur Reaktion der Kommission auf die Nichtumsetzung die Pressemitteilung zum Klageverfahren vom 15. Februar 2023, abrufbar unter: https://t1p.de/77tsw (abgerufen am 04.06.2024); s. dazu auch *Reufels/Soltysiak*, HinSchG, § 2 Rn. 6 ff.

1219 S. BegrRegE HinSchG, BT-Drs. 20/3442, S. 3, s. aber abweichend S. 34 (bezogen auf den sachlichen Anwendungsbereich); auf diese Gesetzesbegründung wird im zweiten Regierungsentwurf verwiesen, s. BegrRegE HinSchG, BT-Drs. 20/5992, S. 4.

1220 S. *Schmolke*, AG 2018, 769, 771; *N. Fischer*, Hinweisgebersysteme, 2023, S. 68 f.

1221 Zu den Organisationspflichten aus §§ 12 ff. HinSchG s. unten 6.

1222 Diese Zielsetzung wird klar, wenn der Anknüpfungspunkt des persönlichen Anwendungsbereichs berücksichtigt wird, der sich nur auf die Beschäftigungsverhältnisse und nicht etwa auf die unternehmerische Tätigkeit bezieht; s. dazu mehr unten unter 5.

1223 S. *Schmolke*, AG 2018, 769, 771 (»Anreizproblem«); vgl. *Reufels/Soltysiak*, HinSchG, § 1 Rn. 2.

1224 S. dazu *N. Fischer*, Hinweisgebersysteme, 2023, S. 66 f.; BeckOK ArbR/*Bruns*, 1.3.2025, HinSchG § 1 Rn. 20 f.

1225 Mehr zu diesen *Schladebach/Meyden*, NVwZ 2024, 1041 ff.

1226 Mehr zur Systemqualität der Pflichten aus §§ 12 ff. HinSchG unten 6. f).

des Vorstands.[1227] Denn ein solches System kann dazu wesentlich beitragen, die informationelle Asymmetrie zwischen den leitenden und sonstigen Arbeitnehmern auf der einen und dem Vorstand auf der anderen Seite zu schwächen oder sogar völlig zu beseitigen.[1228] Der Hinweisgeberschutz kann als ein zweischneidiges Schwert betrachtet werden: Er kann die Informationspathologien abbauen, aber auch welche verursachen, wenn er als ein Instrument im unternehmensinternen Wettbewerb unter den Beschäftigten durch Falschmeldungen missbraucht wird.[1229] Er kann das Unternehmen vor Reputationsschäden schützen, indem eine interne Aufarbeitung von Verstößen ermöglicht wird,[1230] oder es findet nur ein Hinweis an eine externe Stelle statt, der ein behördliches Tätigwerden auslöst, und das Unternehmen erleidet am Ende doch einen Reputationsschaden.

Die gesellschaftsrechtliche Dimension kann dem HGS nicht schon deshalb abgesprochen werden, weil die Organpflichten in der Gesetzesbegründung nicht thematisiert worden sind.[1231] Denn der Gesetzgeber kann ein Rechtsgebiet reflexartig normieren, ohne dies zum Schwerpunkt seines Regelungsvorhabens zu machen.

Aus der betriebswirtschaftlichen Perspektive betrachtet, stellt das HGS einen wesentlichen Bestandteil des Compliance Management Systems (CMS) dar.[1232] Insofern handelt es sich beim HinSchG um eine gesetzliche Teilkodifikation von diesem und eine Konkretisierung der Legalitätsdurchsetzungspflicht.[1233]

1227 Wohl so auch HHL/*Schmolke*, 2024, § 17 Rn. 21; wohl aA *Scholz*, AG 2022, 553, 554 ff.

1228 Vgl. *Schmolke*, AG 2018, 769, 770; s. aus der betriebswirtschaftlichen Perspektive zum Agency-Konflikt zwischen der Unternehmensleitung und den Mitarbeitern *Kreipl*, Verantwortungsvolle Unternehmensführung, 2020, S. 149 ff.; s. auch *Fleischer/Schmolke*, WM 2012, 1013, 1016.

1229 Vgl. *Schmolke*, AG 2018, 769, 771; s. grundlegend zu den Informationspathologien aus betriebswirtschaftlicher Sicht *Scholl* in: Frese, HWO, S. 900 ff.

1230 So HHL/*Schmolke*, 2024, § 17 Rn. 22; s. auch *N. Fischer*, Hinweisgebersysteme, 2023, S. 60 ff., insb. S. 65; aA *Scholz*, AG 2022, 553, 556 Rn. 16 ff., der dem Gesetz die unternehmensinterne Präventionsfunktion aufgrund des mangelnden gesetzgeberischen Willens abspricht; dem schließt sich BeckOK ArbR/*Bruns*, 1.3.2025, HinSchG § 12 Rn. 8 mwN an.

1231 So aber *Scholz*, AG 2022, 553, 556 Rn. 16 ff.; BeckOK ArbR/*Bruns*, 1.3.2025, HinSchG § 12 Rn. 8.

1232 S. *N. Fischer*, Hinweisgebersysteme, 2023, S. 33; *Siedenbiedel*, Corporate Compliance, 2014, S. 170 ff.; *Kreipl*, Verantwortungsvolle Unternehmensführung, 2020, S. 161 ff.; M.R.Schulz/*Möhlenbeck*, Compliance im Unternehmen, Kap. 5, Rn. 8; dies erlaubt aber nicht den Schluss, ein CMS müsse zwingend über ein Hinweisgeberschutzsystem verfügen, denn die Zusammensetzung der Elemente liegt in der Freiheit des Modellerstellers, vgl. *Baur/Holle*, AG 2017, 379, 380 f.

1233 S. *Fest*, AG 2022, 2265, 2266; vgl. HHL/*Klahold*, 2024, § 16 Rn. 71.

4. Sachlicher Anwendungsbereich bzw. Schutzbereich

Die organisationale Belastung durch den Hinweisgeberschutz steigt proportional zur Reichweite des sachlichen Schutzbereichs: Je mehr Regelungen dem Schutz unterliegen, desto wahrscheinlicher sind die Hinweise – und damit steigt auch der Bearbeitungsaufwand. Wie weit reicht der sachliche Schutzbereich?

Der europäische und in seinem Gefolge der nationale Gesetzgeber haben nicht das gesamte Rechtssystem in den Schutz des Hinweisgeberrechts einbezogen, sondern sich für die Einbeziehung nur bestimmter Rechtsgebiete von einer herausgehobenen Stellung entschieden; nicht alle geschützten Normen sind straf- oder bußgeldbewehrt.[1234] Kein Gegenstand von einem Hinweis nach dem HinSchG können bloße Verstöße gegen soziale oder ethische Normen sein.[1235]

Der unionsrechtlich veranlasste Schutz wurde bei der Umsetzung ausgeweitet: Der nationale Gesetzgeber hat alle strafbewehrten Normen zum Gegenstand der Meldungen gemacht (§ 2 Abs. 1 Nr. 1 HinSchG);[1236] ferner wurden jene bußgeldbewehrten Normen unter Schutz gestellt, die dem Schutz von Leben, Leib oder Gesundheit oder dem Schutz der Rechte von Beschäftigten oder ihrer Vertretungsorgane dienen (§ 2 Abs. 1 Nr. 2 HinSchG).[1237]

§ 2 Abs. 1 Nrn. 3 bis 9 HinSchG umfasst einen gewaltigen Katalog an Regelungen, die sowohl dem genuin nationalen Recht als auch dem Unionsrecht angehören und insb. den Umweltschutz, den Schutz der Privatsphäre, den Verbraucherschutz, den Verkehrsschutz und den Schutz vor der Geldwäsche und Terrorismus betreffen.[1238] Hierbei wird z. T. auf gesamte Normkomplexe verwiesen, ohne konkrete Tatbestände zu nennen. Darüber hinaus können die Äußerungen von Beamtinnen und Beamten, die einen Verstoß gegen die Pflicht zur Verfassungstreue darstellen, zu einer Meldung führen (§ 2 Abs. 1 Nr. 10 HinSchG).

Auf der einen Seite dient der Katalog der Begrenzung des Aufwands der Unternehmen und der Herstellung der Verhältnismäßigkeit, indem nicht jede beliebige Norm zu einer Meldung mit dem aufwendigen Verfahren führen kann.[1239] Auf der anderen Seite werden kleinere Unternehmen unter 250 Mitarbeitern aufgrund des Umfangs des Katalogs von der Prüfung, ob sich eine konkrete Meldung im Anwendungsbereich des HinSchG bewegt, überfordert. Im Falle eines solchen Unternehmens kann aus Gründen der Praktikabilität zu empfehlen sein, alle

1234 S. Erwägungsgrund 3 HGRL, wo der Unionsgesetzgeber darauf hinweist, auch die Verletzung nicht sanktionierter Normen kann eine ernsthafte Gefahr für das öffentliche Interesse mit sich bringen.

1235 S. HHL/*Schmolke*, 2024, § 17 Rn. 5.

1236 S. dazu BeckOK ArbR/*Bruns*, 1.3.2025, HinSchG § 2 Rn. 10 ff.

1237 Mehr dazu s. BeckOK ArbR/*Bruns*, 1.3.2025, HinSchG § 2 Rn. 11 ff.

1238 S. umfassend zu konkreten Bestimmungen BeckOK ArbR/*Bruns*, 1.3.2025, HinSchG § 2 Rn. 17 ff.

1239 S. zum Verfahren unten 6. c).

Normen unter den Schutz des HGS zu stellen, um den Prüfungsaufwand zu minimieren.[1240]

Ferner kann ein potenzieller Hinweisgeber selbst Schwierigkeiten bei der Feststellung haben, ob seine Meldung geschützt wird; dies kann die Wirksamkeit des Hinweisgeberschutzes erheblich beeinträchtigen.[1241] Insoweit ist kritisch zu betrachten, dass der Gesetzgeber keinen konkreteren Normenkatalog vorgesehen hat. Diese Schwierigkeiten können einen erhöhten Aufwand verursachen und damit das Unternehmen organisational stärker belasten.

Diese Problematik wird durch Ausnahmen von § 2 HinSchG verschärft: Nicht geschützt werden gem. § 5 HinSchG jene sensiblen Informationen,[1242] die z. B. die nationale Sicherheit berühren oder mit dem richterlichen Beratungsgeheimnis zusammenhängen oder aber einer beruflichen Verschwiegenheitspflicht unterliegen.[1243] Ferner versucht § 6 HinSchG potenzielle Widersprüche zwischen dem Hinweisgeberschutz und dem Geschäftsgeheimnisschutz nach dem GeschGehG aufzulösen;[1244] § 6 HinSchG normiert darüber hinaus Konflikte zwischen dem Hinweisgeberschutz und den vertraglichen Verschwiegenheitspflichten sowie dem Steuergeheimnis.[1245]

Eine wichtige Einschränkung des sachlichen Schutzbereiches ergibt sich daraus, dass sich die Verstöße im Rahmen der beruflichen, unternehmerischen oder dienstlichen Tätigkeit bewegen müssen (§ 3 Abs. 2 S. 1 HinSchG). Damit bleiben rein private Sachverhalte vom Schutzbereich des Gesetzes ausgenommen.[1246]

5. Persönlicher Anwendungsbereich der Organisationspflicht nach §§ 12 ff. HinSchG

a) Von der Organisationspflicht betroffene Stellen

Das Gesetz folgt einer komplexen und eher verwirrenden Systematik. § 1 HinSchG regelt den persönlichen Anwendungsbereich, der für die Bestimmungen maßgeblich ist, die vor Repressalien schützen (§§ 33 ff. HinSchG);[1247] er ist allerdings weder für die Pflicht zur Einrichtung interner Meldestellen noch für den Kreis der zur internen Meldung Berechtigten relevant.

1240 So schon *Baade/Hößl*, DStR 2023, 1265.
1241 S. aber § 8 Abs. 1 Nr. 1 HinSchG; s. dazu *Dilling*, CCZ 2022, 145, 146.
1242 S. zu der Ursache für die Ausnahme Fischer/Pellmann/Schoch/*Baranowksy/May*, HinSchG, § 5 Rn. 1.
1243 S. dazu mehr *Reufels/Soltysiak*, HinSchG, § 4 Rn. 58 ff.; Fischer/Pellmann/Schoch/*Baranowksi/May*, HinSchG, § 5 Rn. 2 ff.; vgl. HHL/*Schmolke*, 2024, § 17 Rn. 6.
1244 S. dazu *Reufels/Soltysiak*, HinSchG, § 4 Rn. 81 ff.
1245 Mehr hierzu *Reufels/Soltysiak*, HinSchG, § 4 Rn. 85 ff.
1246 BegrRegE HinSchG, BT-Drs. 20/5992, S. 40.
1247 BeckOK ArbR/*Bruns*, 1.3.2025, HinSchG § 33 Rn. 1 ff.

Die Pflicht zur Einrichtung interner Meldestellen trifft gemäß § 12 Abs. 1 und Abs. 2 HinSchG die Beschäftigungsgeber, die in der Regel mindestens 50 Beschäftigte haben. [1248] Unabhängig von der Beschäftigtenzahl gilt die Pflicht für Unternehmen bestimmter Branchen, wie die Wertpapierdienstleistungsunternehmen oder Finanzinstitute (s. § 12 Abs. 3 Nrn. 1 und 4 HinSchG).

Die Beschäftigungsgeber wurden in § 3 Abs. 9 HinSchG definiert: Hierzu gehören natürliche sowie juristische Personen sowohl öffentlichen als auch privaten Rechts, rechtsfähige Personengesellschaften sowie sonstige rechtsfähige Personenvereinigungen, soweit sie zumindest eine Person beschäftigen.

Es handelt sich damit um einen rechtsformneutralen Begriff *par excellence*.[1249] Wegen der Einbeziehung der öffentlichen Stellen wäre es nicht sinnvoll gewesen, auf die Eigenschaft als Unternehmensträger abzustellen; damit erspart der Gesetzgeber den Rechtsanwendern auch die Auslegungsschwierigkeiten, die mit dem Unternehmensbegriff des LkSG verbunden sind.[1250]

Der Kreis der Beschäftigten ist weit gezogen worden, insb. betrachtet aus der Perspektive des öffentlichen Dienstes: Er umfasst sowohl Arbeitnehmer als auch arbeitnehmerähnliche Personen (entsprechend § 3 Abs. 8 Nr. 1 und Nr. 6 HinSchG), die Auszubildenden (§ 3 Abs. 8 Nr. 2 HinSchG) sowie die Beamten, Richter und Soldaten (§ 3 Abs. 8 Nrn. 3, 4 und 5 HinSchG).

Wie *Schmolke* zutreffend herausgearbeitet hat, kann ferner bei Beschäftigungsgebern mit weniger als 50 Beschäftigten ein faktischer Zwang bestehen, eine interne Stelle »freiwillig« einzurichten:[1251] Jeder Hinweisgeber hat ein Wahlrecht, sich an eine interne oder an eine externe Stelle zu wenden (§ 7 HinSchG). Gibt es jedoch keine interne Stelle, dann kann er den Hinweis nur an eine externe (staatliche) Stelle richten, wodurch das Unternehmen mit einer staatlichen Reaktion rechnen muss.[1252] Mit der Einrichtung einer freiwilligen internen Stelle kann sich das Unternehmen erhoffen, dass sich die Hinweisgeber aus Loyalität zuerst an diese und nicht direkt an den Staat wenden. Dies kann einen enormen mittelbaren Druck verursachen. *De lege ferenda* ließe sich dieses Problem lösen, indem der Hinweisgeberschutz von Beschäftigten in kleinen Unternehmen aufgehoben wird; dies wäre aber aus rechtspolitischer Perspektive schwer vorstellbar.

Das Größenabhängigkeitsgebot ist in den §§ 12 ff. HinSchG zwar berücksichtigt, wird aber in der Praxis vor dem Hintergrund des mittelbaren Drucks auf die Unternehmen ins Leere laufen. Hinzu kommt die rechtspolitische Frage, ob nicht eine höhere Beschäftigtenzahl wie z. B. 100 oder 250 als Schwellenwert hätte

1248 Vertieft hierzu, insb. zu der Frage, wie »in der Regel« auszulegen ist, *Gortan*, NZA 2022, 838 f.; BeckOK ArbR/*Bruns*, 1.3.2025, HinSchG § 12 Rn. 23 f.; vgl. Begr RegE HinSchG, BT-Drs. 20/5992, S. 63.

1249 S. das Lob an den Gesetzgeber für die Rechtsformneutralität von *Fest*, AG 2022, 2265, 2267; vgl. zum Hintergrund der Rechtsformneutralität BegrRegE HinSchG, BT-Drs. 20/5992, S. 50.

1250 S. dazu unten Teil 6, I. B. 1. a).

1251 S. *Schmolke*, AG 2018, 769, 778.

1252 Vgl. *Bayreuther*, NZA-Beilage 2022, Heft 1, 20, 21.

ausgewählt werden sollen;[1253] die erhöhte Belastung mittelgroßer Unternehmen von 50 bis zu 249 Beschäftigten hat der Gesetzgeber selbst mit einer Übergangsregelung anerkannt, wonach diese Gruppe gem. § 42 Abs. 1 HinSchG erst ab dem 17. Dezember 2023 und nicht direkt ab dem 2. Juli 2023 eine interne Stelle einzurichten hat.[1254] Eine weitere Erleichterung für diese Gruppe sieht ferner § 14 Abs. 2 HinSchG vor.[1255]

b) Zur Meldung an die internen Meldekanäle berechtigte Hinweisgeber

Die Berechtigung zur Meldung an eine interne Stelle wurde in § 16 Abs. 1 HinSchG normiert. Grundsätzlich dürfen die Meldungen von Beschäftigten des Beschäftigungsgebers sowie von ihm überlassenen Leiharbeitnehmern stammen (§ 16 Abs. 1 S. 1 HinSchG). Der Beschäftigungsgeber kann ferner freiwillig das HGS gegenüber einer breiteren Personengruppe öffnen: Nach § 16 Abs. 1 S. 3 HinSchG kann die Möglichkeit vorgesehen werden, dass jeder im Rahmen seiner beruflichen Tätigkeit mit dem Beschäftigungsgeber oder der jeweiligen Organisationseinheit in Kontakt Stehende eine Meldung abgeben kann. Der Beschäftigungsgeber ist darüber hinaus nicht verpflichtet, die Möglichkeit anonymer Meldungen vorzusehen (s. § 16 Abs. 1 S. 5 HinSchG); geht eine solche Meldung ein, dann muss sie jedoch bearbeitet werden (§ 16 Abs. 1 S. 4 HinSchG)[1256]. Bei anonymen Meldungen ist der Kreis potenzieller Hinweisgeber erheblich erweitert, denn eine Prüfung der Hinweisberechtigung lässt sich nicht bzw. kaum durchführen.

Das HGS erscheint eher eng ausgestaltet, wenn er mit § 8 LkSG oder Art. 14 CSDDD verglichen wird:[1257] In diesen Regelungen gibt es keine Einschränkungen, sodass ein Hinweis auch z. B. von einem Verbraucher kommen kann, der beim Entgegennehmen einer Dienstleistung Kenntnis von Missständen erlangt hatte. Nach dem HinSchG werden insb. Verbraucher nicht einbezogen. Der Zugang weiterer wichtiger Personengruppen zum HGS steht also unter dem Vorbehalt einer freien Entscheidung des Beschäftigungsgebers.

1253 Dies bedürfte allerdings der Abänderung des HGRL, denn der Schwellenwert beruht auf Art. 8 Abs. 3 HGRL.

1254 *Dzida/Seibt*, NZA 2023, 657, 662; vgl. auch Art. 10 des das HinSchG einführenden Gesetzes; Scholz/*Verse*, GmbHG § 43 Rn. 165.

1255 Zum Inhalt dieser Erleichterung s. unten 6. a). (1).

1256 Umfassend zu den mit dieser Pflicht verbundenen Problemen *Baade/Hößl*, DStR 2023, 1265, 1266; s. auch BeckOK ArbR/*Bruns*, 1.3.2025, HinSchG § 16 Rn. 4 ff.

1257 S. dazu unten Teil 6, I. G. 1. e). sowie Teil 6, II. E. 6.

6. Das unternehmensinterne Hinweisgeberschutzsystem: Inhalt der Organisationspflicht

Die Ausgestaltung, die Haupteigenschaften und die Arbeitsweise der internen Meldestelle wurden in §§ 12 ff. HinSchG relativ dicht und komplex normiert. Im Folgenden wird auf die zentralen Organisationspflichten eingegangen:

a) Die Grundeigenschaften der internen Meldestelle nach §§ 12 ff. HinSchG

Der Gesetzgeber regelte komplex sowohl die Fragen der Aufbau- als auch der Ablauforganisation der internen Meldestelle. Ferner wurden bestimmte qualitative Anforderungen vorgesehen, die die Wirksamkeit ihrer Arbeit sicherstellen sollen.

(1) Die Verortung der internen Meldestelle in der Aufbauorganisation

Die wichtigste Frage der Aufbauorganisation bezieht sich auf die Verankerung der internen Stelle innerhalb dieser im Unternehmen und wurde in § 14 HinSchG normiert. Zunächst wird die unternehmerische Ausgliederungsfreiheit[1258] nicht beschnitten: Die Beschäftigungsgeber können gem. § 14 Abs. 1 S. 1 HinSchG den Betrieb der Meldestelle entweder eigenen Beschäftigten oder einem Dritten überlassen:

(a) Intern betriebene Meldestelle

Entscheidet sich der Beschäftigungsgeber für eine intern betriebene Meldestelle, dann kann er sowohl eine eigenständige Organisationseinheit hierfür vorsehen als auch die zuständigen Personen innerhalb einer anderen Einheit ansiedeln. Dies entbindet den Beschäftigungsgeber zwar nicht von der Pflicht, für die Unabhängigkeit der Stelle und deren Freiheit von Interessenkonflikten zu sorgen (§ 15 Abs. 1 S. 1 und S. 3 HinSchG),[1259] aber gibt ihm eine gewisse Flexibilität. Denkbar ist bspw. die Verortung in der Rechtsabteilung, in der internen Revision, in der Compliance-Abteilung oder in einer Abteilung für interne Untersuchungen.[1260] Dies liegt im Ermessen des Unternehmens.[1261]

1258 S. zu dieser oben Teil 3, I. A. 1.; sie ist begrifflich mit dem Eingliederungskonzern nicht zu verwechseln.

1259 S. BegrRegE HinSchG, BT-Drs. 20/5992, S. 64.

1260 Vgl. BegrRegE HinSchG, BT-Drs. 20/5992, S. 64 im Anschluss an den Erwägungs-grund 56 HGRL; vgl. *N. Fischer*, Hinweisgebersysteme, 2023, S. 156.

1261 S. BegrRegE HinSchG, BT-Drs. 20/5992, S. 64: »Daher soll den betroffenen Stellen im Einzelfall die größtmögliche Freiheit bei der Erfüllung dieser Anforderungen eingeräumt werden.«

(b) Extern betriebene Meldestelle

Entscheidet sich der Beschäftigungsgeber hingegen für die Beauftragung eines Dritten, dann übernimmt dieser die Verantwortung für die Erfüllung gesetzlicher Pflichten nach §§ 12 ff. HinSchG.[1262] Es handelt sich dennoch um eine *interne* Meldestelle, auch wenn sie *extern* betrieben wird; insoweit bedient sich der Gesetzgeber verwirrender Begrifflichkeiten. Nach § 14 Abs. 1 S. 2 HinSchG verbleiben beim Beschäftigungsgeber die Residualpflichten: Das Gesetz nennt in diesem Kontext die Pflicht zum Ergreifen geeigneter Maßnahmen zwecks Abstellung eines Verstoßes; allerdings werden allgemeine Delegationsfolgepflichten, wie die Überwachung und Kontrolle des gesetzmäßigen Betriebs der extern angesiedelten Stelle, weder im Gesetz noch in der Begründung ausdrücklich erwähnt.[1263] Es handelt sich zwar bei diesen Residualpflichten um einen allgemeinen Rechtsgrundsatz (vgl. etwa § 831 BGB),[1264] sodass von einer Pflicht zur Systemkontrolle auszugehen ist. Dennoch stellt das Schweigen des Gesetzgebers hierzu einen erheblichen Mangel der Regelung dar.

Die Delegation kann ggf. die Hemmschwelle mindern, eine Meldung zu erstatten; denn in der Regel wird die Person die Empfänger der Meldung beim Dienstleister nicht kennen. Die Prüfung der Stichhaltigkeit *in concreto* kann jedoch einen externen Dienstleister ohne die erforderliche Sachnähe zum Unternehmen überfordern.[1265] Daher wäre auch eine teilweise Ausgliederung denkbar. Dies muss das Unternehmen mit Rücksicht auf die Funktionsfähigkeit des Systems entscheiden.[1266]

(c) § 14 Abs. 2 HinSchG als eine missglückte Erleichterungsvorschrift für kleinere Beschäftigungsgeber

Unklar vor dem Hintergrund der oben beschriebenen ausdrücklichen Möglichkeit der Delegation an einen Dritten ist die Bestimmung des § 14 Abs. 2 HinSchG, die es den Beschäftigungsgebern mit von 50 bis 249 Beschäftigten gestattet, eine gemeinsame interne Meldestelle zu betreiben. Aus dem Abs. 2 darf nicht der Schluss gezogen werden, der Betrieb einer konzernweiten Meldestelle sei im Umkehrschluss nicht erlaubt,[1267] denn nach der Gesetzesbegründung kann ein Dritter i. S. d. § 14 Abs. 1 HinSchG eine andere, demselben Konzern

1262 Der beauftragte Dritte wird als *Ombudsmann* bezeichnet; mehr dazu *N. Fischer*, Hinweisgebersysteme, 2023, S. 157 ff.

1263 Vgl. jedoch BegrRegE HinSchG, BT-Drs. 20/5992, S. 64: »In keinem Fall kann der Dritte völlig losgelöst von dem betreffenden Unternehmen oder der jeweiligen Institution agieren.«

1264 S. *Böhmer*, Rechnungslegung, 2020, S. 58 ff.

1265 Vgl. *N. Fischer*, Hinweisgebersysteme, 2023, S. 156.

1266 Vgl. BegrRegE HinSchG, BT-Drs. 20/5992, S. 64.

1267 So aber die EU-Kommission, s. dazu *Götz*, NZA 2023, 1284, 1285; s. auch *Zimmer/Humphrey*, BB 2022, 372, 375 f., jeweils mwN.

angehörende Gesellschaft sein.[1268] Es würde jedoch den Rahmen dieser Arbeit sprengen, den konzernrechtlichen Gehalt des § 14 HinSchG vertieft auszumessen.[1269]

§ 14 Abs. 2 HinSchG soll mit einer gemeinsam betriebenen Stelle für eine Entlastung von kleineren Unternehmen sorgen. Die Residualpflichten nach dieser Norm umfassen jedoch auch die Pflicht zur Rückmeldung beim Hinweisgeber nach § 17 Abs. 2 HinSchG. Nach § 14 Abs. 1 S. 2 HinSchG ist hingegen die Rückmeldungspflicht delegierbar. Die Erleichterungsvorschrift verlangt damit mehr als § 14 Abs. 1 S. 2 HinSchG. Sie ergibt daher keinen Sinn und entspricht nicht der Entlastungsabsicht, die in der Begründung deklariert wird.[1270] Diese Norm bedarf daher einer gesetzgeberischen Nachbesserung;[1271] die Erleichterungsabsicht muss Niederschlag in der Norm finden.

(d) Zuständigkeit der internen Meldestelle

Gesetzlich bestimmt wurde nicht nur die Struktur, sondern auch die Zuständigkeit der internen Meldestelle: Nach § 13 Abs. 1 HinSchG ist sie für die Meldekanäle nach § 16 HinSchG, für das Meldeverfahren nach § 17 HinSchG sowie ggf. für die Folgemaßnahmen nach § 18 HinSchG zuständig.

(2) Qualitative Anforderungen an die Organisation der internen Meldestelle

Das Gesetz bestimmt die Mindestanforderungen an die qualitativen Merkmale der internen Meldestelle, die ihre wirksame Funktionswiese garantieren sollen: Zunächst muss die interne Meldestelle über die erforderlichen Ressourcen verfügen, was an zwei Stellen in § 12 Abs. 4 sowie in § 15 Abs. 2 S. 1 HinSchG normiert wurde. Diese Trennung verwundert vor dem Hintergrund des systematischen Zusammenhangs zwischen den beiden Normen; § 12 Abs. 4 HinSchG sollte aufgrund seines Regelungsgegenstands in § 15 HinSchG verortet werden.

Nach § 12 Abs. 4 S. 1 HinSchG ist der Beschäftigungsgeber dazu verpflichtet, die notwendigen Befugnisse auf die interne Stelle zu übertragen, damit sie ihren Aufgaben aus §§ 16 bis 18 HinSchG nachkommen kann. § 15 Abs. 2 S. 1 HinSchG ist zentral für die professionelle Arbeitsweise: Hiernach müssen die die Aufgaben nach §§ 16 ff. HinSchG ausführenden Personen über die notwendige Fachkunde verfügen. Die Bedeutung dieser Normen liegt in der Gewährleistung der Rechtsklarheit; die Pflicht zur Erteilung der hinreichenden Befugnisse und

1268 So ausdrücklich BegrRegE HinSchG, BT-Drs. 20/5992, S. 64 f.; s. dazu *Götz*, NZA 2023, 1284 f.; ähnlich auch der Erwägungsgrund 55 HGRL.

1269 Umfassend zur konzernrechtlichen Bedeutung *Götz*, NZA 2023, 1284 ff.; vgl. auch *Dzida/Seibt*, NZA 2023, 657, 662; vgl. Scholz/*Verse*, GmbHG § 43 Rn. 165a.

1270 Vgl. BegrRegE HinSchG, BT-Drs. 20/5992, S. 65.

1271 § 14 Abs. 2 HinSchG setzt Art. 8 Abs. 6 HGRL um, sodass die Anpassung auf der Unionsebene erfolgen müsste.

Sicherstellung der Fachkunde der Mitarbeiter ergäbe sich sonst implizit aus den §§ 16 ff. HinSchG selbst. Beide Normen sind auch eher als prinzipienorientierte Vorgaben zu qualifizieren, denn sie geben ein bestimmtes qualitatives Ziel vor, ohne konkrete Vorgaben zu machen, wie z. B. welche konkreten rechtlichen Befugnisse zu übertragen sind oder welche Ausbildung als hinreichend erachtet wird.[1272] Indirekt wird im Kontext des § 12 Abs. 4 S. 1 HinSchG in der Gesetzesbegründung sogar das unternehmerische Ermessen angedeutet.[1273]

Eine herausragende Rolle im Kontext des Hinweisgeberschutzes erfüllt die Unabhängigkeit der internen Meldestelle (§ 15 Abs. 1 HinSchG), die als eine Stütze für das Vertraulichkeitsgebot aus § 8 HinSchG dient und damit den wirksamen Schutz der Hinweisgeber mitgewährleistet.[1274] Die Unabhängigkeit bedeutet eine vollständige Weisungsfreiheit im fachlichen Bereich.[1275] Die streng verstandene Unabhängigkeit hat gleichzeitig den Nachteil, dass sie zu einer erhöhten Belastung führen kann: Damit der Mitarbeiter sich in keiner Hinsicht beeinflussen lässt, müsste sich sein Aufgabenfeld auf die Arbeit für die interne Meldestelle beschränken.[1276] Dies ließe sich aber in kleineren Unternehmen wirtschaftlich nicht verwirklichen, was dem Gesetzgeber auch bewusst war.[1277] Daher sieht § 15 Abs. 1 S. 2 HinSchG eine Erleichterung vor: Den Personen, die die interne Meldestelle betreiben, dürfen auch andere Aufgaben übertragen werden;[1278] allerdings darf diese Erleichterung ausweislich des § 15 Abs. 1 S. 3 HinSchG nicht zu

1272 Vgl. BegrRegE HinSchG, BT-Drs. 20/5992, S. 66, wo die Schulungen als Beispiel für eine Möglichkeit genannt werden, die Fachkundepflicht zu erfüllen.

1273 S. BegrRegE HinSchG, BT-Drs. 20/5992, S. 63: »Die Beschäftigungsgeber nehmen die konkrete Ausgestaltung der Befugnisse der internen Meldestelle nach den Anforderungen dieses Gesetzes und im Rahmen der geltenden rechtlichen Grundlagen vor.«

1274 Ähnlich bereits *Wedde*, HinSchG, § 15 Rn. 2; vgl. *N. Fischer*, Hinweisgebersysteme, 2023, S. 156 f.

1275 *Wedde*, HinSchG, § 15 Rn. 2; vgl. BeckOK ArbR/*Bruns*, 1.3.2025, HinSchG § 15 Rn. 2 mwN; vgl. auch § 8 Abs. 3 S. 1 LkSG.

1276 Ansonsten bestünde das Risiko, dass über die Weisungen bezogen auf die sonstigen Aufgaben der Einfluss ausgeübt wird: »Erzähl mir was über interne Meldungen, oder ich gebe Dir mehr Sachaufgaben in Deinem sonstigen Aufgabenkreis«; noch weiter *Dilling*, CCZ 2019, 214, 221, der die Unabhängigkeit nur bei unabhängigen Dritten als erfüllt ansieht.

1277 S. BegrRegE HinSchG, BT-Drs. 20/5992, S. 65 f.

1278 Nach der Gesetzesbegründung dürfe der Hinweisgeberschutzverantwortliche gleichzeitig der Datenschutzbeauftragte bzw. der Korruptionsbeauftragte sein, s. BegrRegE HinSchG, BT-Drs. 20/5992, S. 65; aA zum doppelten Amt bestehend aus dem Datenschutzbeauftragten und dem Hinweisgeberverantwortlichen *Lang*, ZG 2024, 17, 20 f.; s. dazu auch BeckOK ArbR/*Bruns*, 1.3.2025, HinSchG § 15 Rn. 7 ff.

Interessenkonflikten führen. Damit realisiert der Gesetzgeber bei der Ausgestaltung dieser Organisationspflicht das Größenabhängigkeitsgebot.[1279]

Schwierigkeiten bereitet die Frage der materiellen Reichweite des Unabhängigkeitsgebots, die in der Gesetzesbegründung nicht problematisiert wurde. Der Betrieb der Meldekanäle sowie die Durchführung des Verfahrens nach § 17 HinSchG weisen einen engen Bezug zur Vertraulichkeit auf und müssen daher frei von Weisungen bleiben. Problematischer erscheinen die Folgemaßnahmen: Wird ein Verstoß festgestellt und müssen hieraus Konsequenzen gezogen werden, wird es sich häufig um eine heikle Sache von besonderer Bedeutung handeln, in die die Geschäftsleitung eingreifen wollen könnte.[1280] Die Unabhängigkeit darf nicht dazu führen, dass der Vorstand seine Legalitätsdurchsetzungspflicht nicht erfüllen kann. Die Unabhängigkeit ist also im Bereich der Folgemaßnahmen eingeschränkt;[1281] die Weisungen sind zulässig, solange sie sich in Grenzen des rechtlich Zulässigen halten.

Die in § 7 Abs. 3 S. 2 HinSchG verankerte allgemeine Informationspflicht gegenüber den Beschäftigten soll die Transparenz des internen Meldeverfahrens sicherstellen.[1282] Ferner soll der Beschäftigungsgeber nach § 7 Abs. 3 S. 1 HinSchG nicht näher bestimmte Anreize[1283] schaffen, damit sich die Beschäftigten bevorzugt an die interne Meldestelle wenden.

b) Pflicht zur Einrichtung und zum Betrieb der internen Meldekanäle nach § 16 HinSchG

Das zentrale Element des unternehmensinternen Hinweisgeberschutzes stellen die Meldekanäle dar, an die sich die Beschäftigten i. w. S.[1284] wenden können. § 16 HinSchG normiert umfassend die Anforderungen an die Ausgestaltung dieser Kanäle.

Extrem kontrovers diskutiert wird die Frage der Anonymität der Hinweisgeber. Einerseits führt die Anonymität zum absoluten Vorrang der Hinweisgeberinteressen;[1285] denn der Hinweisgeber muss keinerlei Konsequenzen für den Hinweis befürchten, weder was seinen Inhalt noch was seine Richtigkeit anbelangt. Andererseits kann die Anonymität die Hemmschelle mindern und damit die

1279 Vgl. zu der Problematik der Auswirkung von Organisationspflichten auf kleinere Unternehmen oben Teil 3, II. 3.

1280 Vgl. *Wiedmann/Hoppmann*, CCZ 2023, 11, 14; s. mehr dazu unten 9. a). (1).

1281 *Besgen/Kalf*, Zeitschrift für Arbeitsrecht und Tarifpolitik in kirchlichen Unternehmen (ZAT) 2024, 2, 6; aA BeckOK ArbR/*Bruns*, 1.3.2025, HinSchG § 15 Rn. 2.

1282 Zum Hintergrund und zur Bedeutung der Regelung prägnant *Wiedmann/Hoppmann*, CCZ 2023, 11, 15.

1283 Vgl. zu einer finanziellen Belohnung für einen Hinweis *N. Fischer*, Hinweisgebersysteme, 2023, S. 165 f.

1284 S. zum Kreis der unternehmensinternen Hinweisberechtigten oben 5. b).

1285 Vgl. *Siedenbiedel*, Corporate Compliance, 2014, S. 177.

Effektivität der Funktionsweise des Hinweisgeberschutzes stärken.[1286] Ein wesentlicher Nachteil anonymer Hinweise besteht in der Unmöglichkeit der Nachfragen, was im Einzelfall die Aufklärung erschweren bzw. verhindern kann.[1287] Es wird ferner befürchtet, anonyme Hinweise beflügeln Missbrauch.[1288] Außerdem bringt die technische Sicherstellung der Anonymität hohe Kosten mit sich.[1289] Der Unionsgesetzgeber hat die Entscheidung über anonyme Meldekanäle den Mitgliedsstaaten überlassen (Art. 6 Abs. 2 HGRL).

Der deutsche Gesetzgeber hat sich gegen eine Verpflichtung zur Schaffung anonymer Meldekanäle entschieden (§ 16 Abs. 1 S. 5 HinSchG); es sollten allerdings auch jene Meldungen bearbeitet werden, die anonym eingehen (§ 16 Abs. 1 S. 4 HinSchG).[1290] Auf den ersten Blick scheint dies zwar widersprüchlich, aber andererseits sind die Organe sowieso zur Legalitätsdurchsetzung verpflichtet; d. h., ein substantiierter anonymer Hinweis wäre aufgrund der Legalitäts- und Legalitätsdurchsetzungspflicht ohnehin zu bearbeiten, auch wenn § 16 Abs. 1 S. 4 HinSchG gestrichen worden wäre.[1291] Die Entscheidung des Gesetzgebers, die Einrichtung anonymer Meldekanäle den Unternehmen zu überlassen, ist zu begrüßen. Es ist deren Aufgabe, die Vor- und Nachteile dieser Lösung im Einzelfall abzuwägen und eine aus ihrer Perspektive für das Unternehmen bessere Lösung auszuwählen.[1292]

§ 16 Abs. 2 HinSchG sieht eine weitere Absicherung der Vertraulichkeit nach § 8 HinSchG:[1293] Dort ist das sog. Need-to-know-Prinzip verankert. Hiernach soll der Zugriff auf die Meldungen auf das absolute Minimum begrenzt werden, um den Schutz vor Repressalien zu stärken,[1294] was sich technisch gewährleisten lässt. Die Einhaltung dieses Prinzips kann aufbauorganisatorische Folgen haben, denn es kann eine strikte Trennung von anderen Organisationseinheiten benötigen.[1295]

1286 *Siedenbiedel*, Corporate Compliance, 2014, S. 177; BegrRegE HinSchG, BT-Drs. 20/5992, S. 66; vgl. *Baade/Hößl*, DStR 2023, 1265, 1266; vgl. auch *Reufels/Soltysiak*, HinSchG, § 5 Rn. 30.

1287 *Baade/Hößl*, DStR 2023, 1265, 1266; *N. Fischer*, Hinweisgebersysteme, 2023, S. 155.

1288 S. skeptisch dazu *Schmolke*, NZG 2020, 5, 11 mwN (Fn. 98) sowie *Wiedmann/Hoppmann*, CCZ 2023, 11, 16. S. zum historischen Hintergrund dieser Befürchtung *Dzida/Seibt*, NZA 2023, 657, 662.

1289 *Baade/Hößl*, DStR 2023, 1265, 1266; vgl. *N. Fischer*, Hinweisgebersysteme, 2023, S. 160 f.

1290 S. die Kritik von *Dilling*, CCZ 2021, 60, 62 f.; s. Scholz/*Verse*, GmbHG § 43 Rn. 165b.

1291 So *Baade/Hößl*, DStR 2023, 1265, 1266.

1292 Vgl. zur aktuellen Unternehmenspraxis in dieser Hinsicht BeckOK ArbR/*Bruns*, 1.3.2025, HinSchG § 16 Rn. 5 mwN.

1293 BegrRegE HinSchG, BT-Drs. 20/5992, S. 67; BeckOK ArbR/*Bruns*, 1.3.2025, HinSchG § 16 Rn. 9.

1294 Vgl. *Reufels/Soltysiak*, HinSchG, § 5 Rn. 33.

1295 S. *Bayreuther*, DB 2023, 1537, 1539.

§ 16 Abs. 3 HinSchG beinhaltet die Mindestvorgaben für die Form von Meldungen. Sie müssen sowohl schriftlich als auch mündlich erfolgen können (§ 16 Abs. 3 S. 1); dies soll die Hemmschwelle senken, indem auch Personen einen Hinweis auf Verstöße geben können, die die Schriftsprache nicht so gut beherrschen. Ferner soll eine Zusammenkunft oder ein Videogespräch auf Aufforderung des Hinweisgebers mit einer Person von der Meldestelle stattfinden (§ 16 Abs. 3 S. 3 und 4 HinSchG).

c) Verfahrensablauf nach § 17 HinSchG

Umfassend geregelt wurde das Verfahren, das durch die internen Meldungen ausgelöst wird: Nach § 17 Abs. 1 Nr. 1 HinSchG muss die interne Meldestelle den Eingang der Meldung innerhalb von sieben Tagen bestätigen. Hierauf folgt die Prüfung, ob sich die Meldung innerhalb des Anwendungsbereichs befindet (§ 17 Abs. 1 Nr. 2 HinSchG). Die interne Stelle muss den Kontakt zum Hinweisgeber halten (§ 17 Abs. 1 Nr. 3 HinSchG). Außerdem ist eine Prüfung der Stichhaltigkeit der Meldung vorzunehmen (§ 17 Abs. 1 Nr. 4 HinSchG); bspw. kann sich eine Meldung auf eine Person beziehen, die es gar nicht gibt. Ggf. sind beim Hinweisgeber weitere Informationen anzufragen (§ 17 Abs. 1 Nr. 5 HinSchG). Ferner müssen angemessene Folgemaßnahmen nach § 18 HinSchG ergriffen werden (§ 17 Abs. 1 Nr. 6 HinSchG).

§ 17 Abs. 2 HinSchG verpflichtet die interne Meldestelle zur Rückmeldung innerhalb von drei Monaten.[1296] In dieser Rückmeldung sind ergriffene sowie geplante Folgemaßnahmen sowie die Gründe für diese mitzuteilen (§ 17 Abs. 2 S. 2 HinSchG).[1297] Die Rückmeldungspflicht unterliegt umfassenden Einschränkungen nach § 17 Abs. 2 S. 3 HinSchG: Sie darf weder die internen Untersuchungen noch die Rechte der in der Meldung genannten Personen beeinträchtigen.[1298]

d) Folgemaßnahmen nach § 18 HinSchG

§ 18 HinSchG enthält eine beispielhafte (»insbesondere«) Aufzählung von potenziellen Folgemaßnahmen:[1299]

Die interne Meldestelle kann z. B. eine interne Untersuchung durchführen oder die betroffenen Personen und Arbeitseinheiten kontaktieren (§ 18 Nr. 1 HinSchG). Es kann sich hierbei z. B. um die potenziellen Zeugen oder um die Verant-

1296 Bei einer versäumten Bestätigung muss die Rückmeldung innerhalb von drei Monaten und sieben Tagen nach der Meldung erfolgen (§ 17 Abs. 2 S. 1 Var. 2 HinSchG).

1297 Die Folgemaßnahme kann auch darin liegen, dass das Verfahren, z. B. aus Mangel an Beweisen, eingestellt wird (§ 18 Nr. 3 HinSchG).

1298 Mehr hierzu BegrRegE HinSchG, BT-Drs. 20/5992, S. 68; BeckOK ArbR/*Bruns*, 1.3.2025, HinSchG § 17 Rn. 17 f.

1299 *Wedde*, HinSchG, § 18 Rn. 1.

wortlichen handeln, die ihre Aufsichtspflicht verletzt haben; es kann aber auch um die Opfer des Verstoßes gehen.[1300] Die Befugnis zur Kontaktaufnahme stellt eine Ausnahme vom Vertraulichkeitsgebot dar (s. § 9 Abs. 3 Nr. 1 HinSchG). Nach der Begründung soll die Untersuchung dazu dienen, den Verstoß abzustellen.[1301]

Als eine Folgemaßnahme wird auch der Verweis an eine andere zuständige Stelle definiert (§ 18 Nr. 2 HinSchG). Ferner kann das Verfahren aus Mangel an Beweisen oder aus einem anderen Grund abgeschlossen werden (§ 18 Nr. 3 HinSchG). Die interne Meldestelle darf auch das Verfahren an die für die internen Untersuchungen zuständige Einheit oder an die zuständige Behörde abgeben (§ 18 Nr. 4 HinSchG).

e) Informationspflicht nach § 13 Abs. 2 HinSchG

Die internen Stellen wurden verpflichtet, für Beschäftigte klare und leicht zugängliche Informationen über externe Meldeverfahren und einschlägige Meldeverfahren der Organe, Einrichtungen oder sonstigen Stellen der Europäischen Union bereitzuhalten (§ 13 Abs. 2 HinSchG).

Diese Informationspflicht soll das Wahlrecht der Hinweisgeber zwischen der internen und externen Meldung stärken, indem auf die Alternative hingewiesen wird.[1302] Diese Informationsrolle hätte *de lege ferenda* auch eine staatliche Stelle übernehmen können; die interne Meldestelle ist nach der aktuellen Gesetzeslage dazu gezwungen, für ihre öffentlich-rechtlichen Konkurrenten Werbung zu machen.

f) Hinweisgeberschutzsystem?

Der Gesetzgeber konfrontiert den Rechtsanwender in den §§ 12 ff. HinSchG mit einem umfassenden Katalog an Organisationspflichten, aber das Gesetz lässt offen, ob es sich hier um ein Hinweisgeberschutz*system* handelt.[1303] Zwar könnte gegen die Systemqualität eingewandt werden, es handele sich lediglich um ein Element des Compliance Management Systems, das erst mit den anderen Elementen zum *System* werde; es überzeugen jedoch eher die Argumente für das System: Das Gesetz sieht nämlich eine institutionalisierte Struktur der internen

1300 Vgl. BeckOK ArbR/*Bruns*, 1.3.2024, HinSchG § 18 Rn. 2, der diese Befugnis auf den zur Untersuchung notwendigen Kontakt begrenzt.

1301 BegrRegE HinSchG, BT-Drs. 20/5992, S. 68; eher skeptisch hierzu *Bayreuther*, DB 2023, 1537, 1540.

1302 S. BegrRegE HinSchG, BT-Drs. 20/5992, S. 64; so ausdrücklich *Baade/Hößl*, DStR 2023, 1265, 1269.

1303 S. aber BegrRegE HinSchG, BT-Drs.20/5992, S. 34, wo von einem Meldesystem bezogen auf die §§ 12 ff. HinSchG die Rede ist. Zum Systembegriff im Kontext des § 91 Abs. 2 und Abs. 3 AktG s. unten IV. D. 1. b). (3). mwN.

Meldestelle, die umfassende Verfahrensregelung sowie die Verankerung in einem größeren Konzept der internen und externen Meldekanäle vor.

Die Qualifikation könnte bei der Herleitung von impliziten Pflichten Hilfe leisten.: Bspw. setzt das Hinweisgeberschutz*system* eine angemesse Unternehmenskultur voraus,[1304] die sowohl die Meldung von Verstößen unterstützt als auch die Integrität der Beschäftigten stärkt und damit den Missbrauch verhindert. Diese Anforderung kann aber bereits aus der Gesamtschau der gesetzlichen Organisationspflichten nach §§ 12 ff. HinSchG und aus ihrem Telos hergeleitet werden.[1305]

Wegen einer hohen Regelungsdichte spielt es im Ergebnis keine wesentliche Rolle für die Konkretisierung der Einrichtungspflicht, ob es sich bei §§ 12 ff. HinSchG um eine Systempflicht handelt. *De lege ferenda* wäre dennoch eine normative Klarstellung dieser Frage wünschenswert.

7. Rechtsdurchsetzung des HinSchG-Organisationspflichten gegenüber dem Beschäftigungsgeber

a) Die Bußgeldtatbestände des HinSchG

Das Durchsetzungsregime des HinSchG hat bezogen auf die Organisationspflichten einen relativ engen Charakter. Nach § 40 Abs. 2 Nr. 2 HinSchG handelt derjenige ordnungswidrig, wer entgegen § 12 Abs. 1 S. 1 HinSchG nicht dafür sorgt, dass eine interne Meldestelle eingerichtet *und* betrieben wird. Ferner werden auch vorsätzliche und fahrlässige Verstöße gegen das Vertraulichkeitsgebot aus § 8 HinSchG nach § 40 Abs. 3 und Abs. 4 HinSchG ordnungswidrigkeitenrechtlich geahndet.[1306] Bezogen auf die AG finden sowohl § 9 OWiG als auch § 30 OWiG Anwendung, sodass die Geldbuße sowohl die Vorstandsmitglieder persönlich[1307] als auch die AG selbst[1308] treffen kann.[1309]

Richtet der verpflichtete Beschäftigungsgeber keine Meldestelle ein oder stellt er den Betrieb ein, dann muss er mit einem Bußgeld i.H.v. maximal 20 Tausend Euro rechnen (§ 40 Abs. 6 HinSchG). Schwieriger gestaltet sich die Problematik, was in den Fällen gilt, in denen das Meldeverfahren oder die Organisation die in §§ 12 ff. HinSchG aufgestellten Anforderungen verletzen. Rein formell betrachtet wird keine interne Meldestelle i. S. d. § 12 Abs. 1 HinSchG betrieben, wenn

1304 S. allgemein zu der Rolle der Unternehmenskultur im Kontext der Legalitätsdurchsetzungspflicht *Siedenbiedel*, Corporate Compliance, 2014, S. 251 ff.

1305 S. *Baade/Hößl*, DStR 2023, 1265, 1269.

1306 Mehr dazu *Szesny/Hoppe*, WiJ 2023, 56, 58 f.

1307 BeckOK ArbR/*Bruns*, 1.3.2025, HinSchG § 40 Rn. 1; s. auch allgemein BeckOK OWiG/*Valerius*, 1.1.2025, OWiG § 9 Rn. 1 ff.

1308 KK-OWiG/*Rogall*, OWiG § 30 Rn. 92.

1309 BeckOK ArbR/*Bruns*, 1.3.2025, HinSchG § 40 Rn. 1 ff.; *Szesny/Hoppe*, WiJ 2023, 56. Vgl. dazu im Kontext des § 130 OWiG oben B. 1. a). (1).

der gesetzliche Rahmen nicht eingehalten wird.[1310] Die Sache sieht aus der Perspektive des Telos anders aus:

Laut der Gesetzesbegründung wäre zwar ein kompletter Verzicht auf die Rechtsdurchsetzung der §§ 12 ff. HinSchG denkbar, weil den Beschäftigten dennoch eine externe Meldestelle zur Verfügung steht; dem Unionsgesetzgeber lag es aber am Herzen, dass sich die Beschäftigten an eine interne Meldestelle wenden können, denn die Hemmschwelle falle in unternehmensinternem Bereich empirisch betrachtet deutlich niedriger aus.[1311] Die Bußgeldandrohung zielt also auf das Vorhandensein einer internen Meldestelle und gerade nicht auf deren materielle Perfektion ab.[1312] Eine Einschränkung gilt jedoch für den Fall, in dem die Mängel des Hinweisgeberschutzsystems so gravierend sind, dass seine Funktion nicht mehr erfüllt werden kann.[1313]

b) Das komplexe Verhältnis zwischen § 40 Abs. 2 Nr. 2 HinSchG und § 130 Abs. 1 OWiG

Ein weiteres Problem liegt im Zusammenspiel zwischen § 130 OWiG und dem HinSchG. Zunächst sollte eine Verletzung der Einrichtungs- und Betriebspflicht nicht doppelt bestraft werden: Für diese gilt nur § 40 Abs. 2 Nr. 2 HinSchG als *lex specialis*,[1314] wenn es zu keinen weiteren Straftaten oder Ordnungswidrigkeiten gekommen ist, denn beide Normen knüpfen in ihrem Tatbestand an die Organisationspflichten des Unternehmensträgers an.[1315]

Bei §§ 12 ff. HinSchG könnte es sich darüber hinaus um *ex lege* erforderliche Aufsichtsmaßnahmen i. S. d. § 130 Abs. 1 OWiG handeln.[1316] Aufgrund dieser Einordnung würde jeder bußgeld- oder strafbewehrte Rechtsverstoß im Unternehmen den § 130 Abs. 1 OWiG verwirklichen, wenn die interne Meldestelle

1310 S. dazu BeckOK ArbR/*Bruns*, 1.3.2025, HinSchG § 40 Rn. 12 mwN.

1311 S. BegrRegE HinSchG, BT-Drs. 20/5992, S. 84 mwN.

1312 So wohl auch BeckOK ArbR/*Bruns*, 1.3.2025, HinSchG § 40 Rn. 12 mwN; aA BeckOK ArbR/*Ders.*, 1.3.2024, HinSchG § 40 Rn. 6, der die §§ 12 ff. HinSchG als Mindestvoraussetzungen für den »Betrieb einer internen Meldestelle« ansieht.

1313 Ähnlich bereits *Szesny/Hoppe*, WiJ 2023, 56, 57, die ihre Ansicht jedoch mit dem Bestimmtheitsgrundsatz und nicht mit dem Telos begründen; BeckOK ArbR/*Bruns*,1.3.2025, HinSchG § 40 Rn. 12 mwN.

1314 Eine Ausnahme kann lediglich für den besonderen Fall in Betracht gezogen werden, dass zwar die Einrichtung/der Betrieb der internen Meldestelle beschlossen wurden, aber die Umsetzung durch die Mitarbeiter nicht erfolgt ist und die Aufsicht hierüber nicht vorhanden war.

1315 Zwar würde BegrRegE HinSchG, BT-Drs. 20/5992, S. 84 einen anderen Schluss zulassen, aber die dortige Aussage, § 130 OWiG würde ebenfalls gelten, hat einen pauschalen Charakter. Sie kann sich auch auf die Verletzung der Vertraulichkeit oder auf die rechtswidrigen Repressalien beziehen.

1316 So Scholz/*Verse*, 12. Aufl. 2021, GmbHG § 43 Rn. 165; aA *Scholz*, AG 2022, 553, 558.

rechtswidrig betrieben wurde und der rechtmäßige Betrieb des Hinweisgeberschutzsystems die Begehung der Straftat/der Ordnungswidrigkeit wesentlich erschwert oder verhindert hätte.[1317]

Diese Einordnung kann nicht allein mit dem Verweis auf eine vermeintlich ausschließlich repressive Zielsetzung des HinSchG abgelehnt werden,[1318] zumal der Unionsgesetzgeber mit dem Hinweisgeberschutz ausweislich der Erwägungsgründe auf die Ahnung *und* die Verhinderung der Rechtsverstöße abzielt.[1319] Ferner kann diese Qualifikation nicht schon deswegen abgelehnt werden, weil der Gesetzgeber für eine selbständige Verletzung des § 12 Abs. 1 HinSchG nach § 40 Abs. 6 HinSchG eine Geldbuße von maximal 20 Tausend Euro vorgesehen hatte; denn diese soll nur das Unrecht der Nichteinrichtung abbilden und nicht die Kombination aus der Nichteinrichtung und einer weiteren rechtswidrigen Tat.

Versteht man die §§ 12 ff. HinSchG als eine Teilkodifikation der Legalitätsdurchsetzungspflicht,[1320] dann liegt die Verbindung zu § 130 OWiG auf der Hand. Es steht nicht mehr im Ermessen der Unternehmen, ob sie sich für eine Meldestelle entscheiden oder nicht. Damit handelt es sich bei den §§ 12 ff. HinSchG um eine gesetzlich vorgeschriebene, erforderliche Aufsicht. Fehlt eine solche und werden die sonstigen Voraussetzungen des § 130 Abs. 1 OWiG erfüllt, dann muss mit einer Sanktion gerechnet werden. Es werden dennoch Fälle vorkommen, bei denen der Hinweisgeberschutz entweder nicht vorhanden oder mangelhaft war und er das weitere Unrecht auch nicht verhindert hätte, sodass § 130 Abs. 1 OWiG nicht verwirklicht ist. Als ein Beispiel kann ein Unternehmen genannt werden, bei dem die Rückmeldung erst innerhalb von einem bis zwei Jahren nach dem Hinweis erfolgt; die interne Meldestelle arbeitet zweifelsohne rechtswidrig, aber es ließe sich darin kaum eine Verwirklichung von § 130 OWiG sehen, solange die Hinweise umgehend untersucht und die Unregelmäßigkeiten ausgemerzt werden.[1321] Nicht jedes Element der §§ 12 ff. HinSchG ist zentral für die präventive Funktion des Systems.

c) Privatrechtliches Enforcement der §§ 12 ff. HinSchG?

Einen expliziten Anspruch auf die Einrichtung/den Betrieb der internen Meldestelle für die Beschäftigten und Leiharbeitnehmer hat der Gesetzgeber nicht vorgesehen. Es gibt auch keine Schadensersatznorm für den Fall der Nichteinrichtung.

1317 S. dazu Scholz/*Verse*, GmbHG § 43 Rn. 165b.
1318 So aber *Scholz*, AG 2022, 553, 558.
1319 S. etwa Erwägungsgründe 12, 13 sowie 14 HGRL; s. auch HHL/*Schmolke*, 2024, § 17 Rn. 21.
1320 So oben 3.
1321 S. aber *Wiedmann/Hoppmann*, CCZ 2023, 11, 16, die darauf hinweisen, dass die Rückmeldung auf das Vertrauen des Hinweisgebers Einfluss ausübe und ihn zur Mitteilung weiterer Informationen bewegen könne, womit eine leichte Steigerung der Wirksamkeit des Systems verbunden sei.

Denkbar wäre es, aus der Fürsorgepflicht einen Einrichtungsanspruch herzuleiten; dies scheint allerdings zu weit zu gehen und wäre dogmatisch schwer zu handhaben: Da es dabei um eine kumulierte Fürsorgepflicht gegenüber einer großen Gruppe an Arbeitnehmern ginge, müsste es sich um einen Anspruch i. S. d. § 428 BGB handeln. Näher liegt ein privatrechtlicher Schadensersatzanspruch, wenn sich ein Rechtsverstoß gegen den Arbeitnehmer selbst richtet, einen Schaden bei ihm verursacht und das Vorhandensein eines internen Hinweisgeberschutzsystems diesen verhindert hätte. Diese dogmatischen Fragen bedürfen einer vertieften arbeitsrechtlichen Untersuchung.[1322]

8. Bewertung der §§ 12 ff. HinSchG aus der Perspektive der Organisationsneutralität

Der bisher bestehende rechtliche Rahmen der Legalitätsdurchsetzungspflicht und des § 130 OWiG ist in der organisationalen Dimension neutral konzipiert worden.[1323] Es stellt sich daher die Frage, wie die neuen §§ 12 ff. HinSchG im Lichte der Organisationsneutralität zu bewerten sind. Hierbei muss zwischen den aufbau- und ablauforganisatorischen Pflichten unterschieden werden.

a) Organisationspflichten aus §§ 12 ff. HinSchG mit Bezug zur Aufbauorganisation

Bezogen auf die erstere Pflichtengruppe neigen die Regelungen zu einem relativ hohen Niveau an Organisationsneutralität: § 14 Abs. 1 HinSchG überlässt die Frage der Ansiedlung der internen Meldestelle innerhalb des Unternehmens und ihre Strukturmerkmale dem Unternehmen selbst. Eine gewisse Kritik lässt sich an § 14 Abs. 2 HinSchG üben, der den Kreis der Residualpflichten für die KMU zu weit zieht und deswegen nicht im vollen Maße organisationsneutral ist.[1324]

Die Fragen der Fachkunde und der erforderlichen Befugnisse werden von den Unternehmen selbst geregelt. § 12 Abs. 2 und § 15 Abs. 2 HinSchG können als organisationsneutrale Normen betrachtet werden. Das Unabhängigkeitserfordernis nach § 15 Abs. 1 HinSchG an sich schränkt die Organisationsfreiheit ein, aber es hängt so eng mit dem Hinweisgeberschutz zusammen, dass keine anderweitige Regelung zweckmäßig erscheint. Ferner hat der Gesetzgeber für eine möglichst organisationsneutrale Ausgestaltung des Unabhängigkeitsgebots gesorgt, indem er die Aufgabenkombination zugelassen hat.

Einen hohen Grad an Offenheit der Umsetzung weisen sowohl die Pflicht zur Schaffung der Anreize, das interne Meldeverfahren statt des externen zu nutzen,

1322 Vgl. zu anderen Schadensersatzansprüchen im Kontext des HinSchG *Bayreuther*, NZA-Beilage 2022, Heft 1, 20, 25 ff.
1323 S. oben B. 1. a). (4). sowie B. 2. a). und b).
1324 S. zur Kritik an dieser Bestimmung oben 6. a). (1). (c).

als auch die Pflicht zur transparenten Information über das Meldeverfahren gegenüber den Beschäftigten auf (entsprechend § 7 Abs. 3 S. 1 und S. 2 HinSchG).

In Bezug auf § 7 Abs. 3 S. 1 und S. 2, § 12 Abs. 4, § 14 Abs. 1 und 2 sowie § 15 Abs. 1 und 2 HinSchG ist es damit konsequent, von der positiven Konkretisierungsbefugnis der Beschäftigungsgeber im Außenverhältnis zum Staat auszugehen; denn diese Bestimmungen lassen sich als offene Zielvorgaben auslegen, die die Umsetzungsfreiheit beinhalten: Das Ziel ist die Schaffung einer wirksam arbeitenden und funktionsfähigen internen Meldestelle, die den Hinweisgeberschutz gewährleisten kann und parallel dazu das Vertrauen der Beschäftigten genießt.

b) Organisationspflichten aus §§ 12 ff. HinSchG mit Bezug zur Ablauforganisation

Bezogen auf die Ablauforganisation ist die Frage der Organisationsneutralität schwierig zu beantworten; dort lassen sich sowohl organisationsneutrale als auch strikte Vorgaben finden:

§ 16 Abs. 1 HinSchG bestimmt zwar den Mindestkreis an Hinweisberechtigten; dem Unternehmen steht aber frei, diesen zu erweitern. Das in § 16 Abs. 2 HinSchG verankerte Need-to-know-Prinzip bestimmt nur das Ziel der Absicherung der Vertraulichkeit, ohne die Art und Weise der technischen und organisatorischen Umsetzung zu bestimmen. § 16 Abs. 1 HinSchG lässt die Zahl und die konkrete Ausgestaltung der Meldekanäle offen. Die Mindestvorgaben nach § 16 Abs. 3 S. 1 und S. 2 HinSchG für die zulässige Form der Meldungen (mündlich und in Textform) schränken die Organisationsfreiheit kaum ein, auch wenn ein Zusatzaufwand für die Bearbeitung notwendig ist. Allerdings könnte die persönliche Zusammenkunft nach § 16 Abs. 3 S. 3 HinSchG zu besonderen personellen und organisatorischen Herausforderungen führen, denn diese Zusammenkunft darf die Vertraulichkeit nicht beeinträchtigen.

Ziemlich detailliert ist das Verfahren bei internen Meldungen nach § 17 HinSchG reguliert. Als besonders streng kann die Fristenregelung nach § 17 Abs. 1 Nr. 1 und Abs. 2 S. 1 HinSchG betrachtet werden: Sowohl die Bestätigung als auch die Rückmeldung sind an strikte Fristen gebunden. Die bloße Bestätigung wiegt hierbei nicht so schwer und lässt sich automatisieren. Die inhaltlich anspruchsvolle Rückmeldung kann jedoch mit einem erhöhten Aufwand verbunden sein. Vor allem bei einem erhöhten Aufkommen kann diese Frist daher die interne Meldestelle überfordern und sie von der Prüfung neuer Meldungen ablenken; bei der Arbeit der internen Meldestelle ist die Flexibilität von Bedeutung, die durch eine starre Frist stark eingeschränkt wird.

Der sonstige Verfahrensablauf ist in seiner Rechtsnatur nicht ganz eindeutig. Bspw. kann das Unternehmen den sachlich durch das HGS geschützten Bereich freiwillig erweitern und damit die Prüfung nach § 17 Abs. 1 Nr. 2 HinSchG redundant machen. Die Aufnahme des Kontakts mit dem Hinweisgeber nach § 17 Abs. 1 Nrn. 3 und 5 HinSchG steht im Ermessen der internen Stelle, denn die

Notwendigkeit hiervon hängt vom Einzelfall ab. Die Prüfung der Stichhaltigkeit der Meldung ist sachnotwendig (§ 17 Abs. 1 Nr. 4 HinSchG) und begrenz daher die Organisationsfreiheit nicht. Die Pflicht zur Ergreifung von Folgemaßnahmen nach § 17 Abs. 1 Nr. 6 HinSchG i. V. m. § 18 HinSchG ist offen ausgestaltet worden (»kann«), sodass sie die unternehmensinternen Abläufe dem Ermessen des Beschäftigungsgebers überlässt. Die Funktion der §§ 17 und 18 HinSchG könnte vor dem Hintergrund des zum Teil offenen Regelungsgehalts auch darin liegen, einen gesetzlichen Mindestumfang für die Zuständigkeit der internen Meldestelle zu bestimmen.

§§ 12 ff. HinSchG könnten darüber hinaus als ein impliziter Regelungsauftrag an den Beschäftigungsgeber verstanden werden, indem sie die zu regelnden Elemente erwähnen, ohne sie zu regeln. Hieraus ergäbe sich eine umfassende positive Konkretisierungsbefugnis von Unternehmen.

c) Alternative Regelungsansätze zu §§ 12 ff. HinSchG

Als eine alternative Regelung könnte eine folgende Formulierung in Anlehnung an § 91 Abs. 3 AktG infrage kommen:[1325] »Der Beschäftigungsgeber ist verpflichtet, ein wirksames und angemessenes Hinweisgeberschutzsystem einzurichten und zu betreiben.« Damit wäre ein hohes Niveau an Organisationsneutralität zwar gewährleistet, aber viele Anforderungen an ein HGS (z. B. die Unabhängigkeit) müssten dann aus der Norm hergeleitet werden und wären daher nicht ganz klar.

Eine weitere Alternative bietet § 8 LkSG, der eine deutlich organisationsneutralere und elegantere Regelung vorsieht.[1326] Insb. ist keine Frist für die Hinweisbestätigung vorgesehen (§ 8 Abs. 1 S. 3 LkSG); es gibt auch keine Rückmeldungspflicht. Statt einer Verfahrensregelung vergleichbar mit § 17 HinSchG ist das Unternehmen nach § 8 Abs. 2 LkSG verpflichtet, eine Verfahrensordnung auszuarbeiten und öffentlich zu machen.

d) Fortlaufende Überwachung der internen Meldestelle

Im Spiegel der Regelung des LkSG stellt sich ferner die Frage, ob § 8 Abs. 5 LkSG mit der Pflicht zur Überprüfung und Anpassung des Beschwerdeverfahrens dazu inspirieren soll, eine ebensolche Pflicht im Außenverhältnis bezogen auf §§ 12 ff. HinSchG herzuleiten. Aus dem Erfordernis eines fortlaufenden Betriebs nach § 12 Abs. 1 S. 1 HinSchG ergibt sich denknotwendig eine Pflicht zur Überprüfung der Rechtmäßigkeit und ggf. zur Anpassung des Systems. Die Häufigkeit der Überprüfung bleibt zwar unklar, aber ein jährlicher Turnus wäre zu bevor-

1325 Sie würde allerdings die Änderung von den Artt. 7 bis 9 HGRL erfordern.
1326 Vgl. die umfassende, vergleichende Analyse bei *Wiedmann/Hoppmann*, CCZ 2023, 11, 13 ff. Vgl. kritisch zur Inkohärenz von § 8 LkSG mit dem HinSchG *Bürkle/Reuter* in: Leyens/Seibt, LkR, 2025, § 15 Rn. 83 ff.

zugen, um eine gewisse Konsistenz mit anderen Organisationspflichten herzustellen.[1327]

9. Organisationsbezogene Organpflichten aus dem HinSchG in der AG

§§ 12 ff. HinSchG richten sich an den Beschäftigungsgeber. Der Gesetzgeber verpflichtet damit die Aktiengesellschaft im Außenverhältnis. Daher muss untersucht werden, wie sich §§ 12 ff. HinSchG auf die Pflichten der Organe im Innenverhältnis auswirken; anzumerken ist, dass der Gesetzgeber nicht nur eine rechtsformneutrale Regelung vorsah, sondern darüber hinaus auf rechtsformspezifische Vorschriften verzichtete. Diese hätten ihm die Möglichkeit gegeben, rechtsformgerecht die Zielsetzung zu unterstreichen oder bestimmte Aspekte der Unternehmensverfassung zur Verstärkung der Regulierungsimpulse auszunutzen. Die Transformation des HinSchG in Organpflichten stellt mangels einer gesetzlichen Regelung die Aufgabe der Wissenschaft und der Rechtsprechung dar.

a) Rechte und Pflichten des Vorstands bezogen auf §§ 12 ff. HinSchG

Zentral für die Vorstandspflichten ist die Legalitätspflicht, die einerseits die Verpflichtung zur Einrichtung und zum Betrieb der internen Meldestelle und andererseits das unternehmerische Ermessen samt der positiven Konkretisierungsbefugnis aus dem Außenverhältnis ins Innenverhältnis transformiert.[1328]

(1) Die positive Konkretisierungsbefugnis des Vorstands im Spannungsverhältnis zur Unabhängigkeit der internen Meldestelle

Diese Transformation könnte bezogen auf die positive Konkretisierungsbefugnis des Vorstands einzuschränken sein, denn die interne Meldestelle muss unabhängig agieren können. Erlässt der Vorstand für sie eine Verfahrensordnung, handelt es sich um eine abstrakt-generelle Weisung, die sich nicht mit der fachlichen Weisungsfreiheit vereinbaren lässt. Nach diesem Gedanken müsste der internen Meldestelle die Befugnis zustehen, die einzelnen Elemente des Hinweisgeberschutzsystems selbst auszugestalten.

Eine solche Auslegung bezüglich der Aufteilung der Konkretisierungsbefugnisse erscheint jedoch nur dann notwendig, wenn unter der Unabhängigkeit die Freiheit von *allen* fachlichen Weisungen verstanden wird. Die Weisungsfreiheit kann aber auch bedeuten, dass der Vorstand keine einzelfallbezogenen Weisun-

1327 S. oben zur Häufigkeit der Überprüfung der allgemeinen Organisation II. C. 3. d).; zu derselben Fragestellung im Kontext des LkSG (§ 8 Abs. 5) vgl. unten Teil 6, I. G. 1. j).

1328 Vgl. *Thole*, ZHR 173 (2009), 504, 509; GroßkommAktG/*Hopt/Roth*, § 93 Rn. 133; vgl. zum parallelen Problem in der CSDDD *Weller/Fischer*, ZIP 2022, 2253, 2257 f.; vgl. auch Scholz/*Verse*, GmbHG § 43 Rn. 107 für die GmbH.

gen erteilt: d. h., er mischt sich nicht in die Bearbeitung konkreter Meldungen ein und lässt damit das System unabhängig funktionieren.

Der internen Meldestelle die Ausgestaltung des HGS zu überlassen, würde darüber hinaus zu einem gewichtigen Spannungsverhältnis mit der Vorstandsverantwortung führen: Der Vorstand ist zur Legalität verpflichtet und muss für die Legalitätsdurchsetzung in seinem Unternehmen sorgen.[1329] Um dieser Aufgabe nachkommen zu können, muss er die Grundsatzentscheidungen betreffend das HGS treffen dürfen, z. B. die prioritären (Legalitäts-)Risiko- und Betätigungsfelder oder die Zuständigkeit für die internen Untersuchungen bestimmen. Die Vorgaben zum Hinweisgeberschutzsystem sind ferner eine Teilkodifikation der Legalitätsdurchsetzungspflicht; hinsichtlich der Legalitätsdurchsetzung inkl. des § 130 OWiG steht die positive Konkretisierungsbefugnis dem Vorstand zu.[1330] Wäre dies bei §§ 12 ff. HinSchG nicht der Fall, käme es zu Abgrenzungsproblemen: Wie weit reicht das allgemeine CMS und wo beginnt das unabhängige HGS? Die positive Konkretisierungsbefugnis zur Ausfüllung der zahlreichen in §§ 12 ff. HinSchG vorgesehenen begrifflichen Freiheiten steht also in der AG dem Vorstand zu, wobei er hierbei die Unabhängigkeit der internen Meldestelle als Prinzip bei der Ausgestaltung zu berücksichtigen hat und keine Weisungen mit einem Einzelfallbezug erteilen darf.

(2) Delegationspflicht des Vorstands bezogen auf den Betrieb der internen Meldestelle?

Ein weiteres Problem bezieht sich auf die Frage, ob das Gesetz dem Vorstand erlaubt, selbst persönlich die Aufgaben der internen Meldestelle zu übernehmen; eine solche Lösung wäre in Unternehmen mit bspw. nur 60 bis 70 Beschäftigten vorstellbar.

§ 14 Abs. 1 HinSchG normiert, wer für den Betrieb der internen Meldestelle zuständig sein soll: Ein oder mehrere Beschäftigte oder ein Dritter. Es sind keine Organe von juristischen Personen genannt worden. Aus dem Umkehrschluss ergibt sich, dass die Organe bzw. deren Mitglieder nicht mit dem Betrieb der internen Meldestelle betraut werden sollen und dass eine Delegationspflicht besteht. Ein funktionaler Vorteil dieser Auslegung besteht in der Zweistufigkeit: Es gibt eine das HGS betreibende Person sowie auf der höheren Stufe die Überwachung des Systembetriebs durch den Vorstand im Rahmen der Legalitäts- bzw. Legalitätsdurchsetzungspflicht.[1331]

1329 S. zu der Herleitung und zu dem Inhalt beider Pflichten oben A. und B.

1330 S. dazu oben B. 1. a). (4). sowie B. 2. a). und b).

1331 Die Überwachungspflicht besteht einmal als Element der Legalitätspflicht hergeleitet implizit aus § 12 Abs. 1 HinSchG (s. dazu schon oben 8. d).) und dazu besteht noch die Legalitätsdurchsetzungspflicht als eine Delegationsfolgepflicht (vgl. zu dieser oben B. 1. e).); beide Pflichten haben jedoch denselben Inhalt: Die Überwachung des HGS.

Gegen die Delegationspflicht lassen sich gewichtige Argumente erheben: Die Auslegung des Wortlauts *a contrario* verträgt sich mit dem Geist des Gesetzes nicht; die Gesetzesbegründung führt zu dieser Norm aus, der Beschäftigungsgeber soll selbst über die Art und Weise der organisationalen Verankerung entscheiden. Damit sollte der Vorstand den Betrieb der internen Meldestelle einem Vorstandsmitglied überlassen dürfen. Bei kleineren Gesellschaften kann eine solche Entscheidung wesentlich den Aufwand senken, den der Betrieb der internen Meldestelle mit sich bringt. Der Vorstand ist zwar weisungsfrei, aber einzelne Vorstandsmitglieder können bei Geschäftsführungsmaßnahmen überstimmt werden (arg. ex § 77 Abs. 1 AktG). Die von § 15 Abs. 1 S. 1 HinSchG verlangte Unabhängigkeit müsste also rechtlich abgesichert werden, z. B. in der Geschäftsordnung des Vorstands.

Die interne Meldestelle muss frei von Interessenkonflikten agieren können (§ 15 Abs. 1 S. 3 HinSchG). Dies kann bei einem Vorstandsmitglied problematisch sein: Er könnte die Meldungen »unter den Tisch fallen lassen«, um erstens seine eigenen Misserfolge bei der Legalitätsdurchsetzung zu verbergen und zweitens die eigene Wiederbestellung nicht zu gefährden. Dieses Problem verstärkt sich bei einer flexiblen Vergütung, die bspw. an die Anzahl problematischer Meldungen gekoppelt wäre. Schwierig ist auch das Zusammentreffen von der Entscheidungsfindung und dem unabhängigen Kontrollsystem, das das HGS darstellt: Die internen Meldungen über Verstöße können sich auf eine Geschäftsentscheidung beziehen, für die das Vorstandsmitglied mitverantwortlich war. Zwar lässt sich dieses Problem durch eine entsprechende Ressortverteilung entschärfen, indem das für die interne Meldestelle zuständige Mitglied von der operativen Tätigkeit ferngehalten wird. Aber es wird immer zu einer wichtigen unternehmerischen Gremienentscheidung kommen können, sodass sich Interessenkonflikte in der Praxis kaum vermeiden lassen.

Es kann auch funktionale Aspekte geben, die für eine Delegation sprechen: Eine unabhängige Person kann mehr Vertrauen als ein Vorstandsmitglied wecken. Dies erscheint jedoch nicht verallgemeinerungsfähig, denn es hängt eng mit dem Auftreten und der Persönlichkeit des Vorstandsmitglieds zusammen.

Nicht übersehen werden darf die Frage des Unternehmenswohls: Die Übernahme der z. T. zeitaufwendigen Pflichten durch eine in der Unternehmenshierarchie hoch angesiedelte Person kann als eine Verschwendung der Leitungsressourcen betrachtet werden, die evident dem Unternehmenswohl widerspricht.[1332] Einem Vorstandsmitglied, das den Alltag mit dem Verfassen der Bestätigungsschreiben und der Rückmeldungen verbringt, kann die Zeit zum Nachdenken über die allgemeine Unternehmensstrategie fehlen.

Sowohl für die Delegationspflicht als auch für die Möglichkeit, die interne Stelle im Vorstand selbst anzusiedeln, lassen sich gewichtige Argumente anführen. Die Delegationspflicht scheint schlussendlich überzeugender, denn das Problem der Vermeidung der Interessenkonflikte erscheint nur schwer praktisch

1332 S. bereits *Hommelhoff*, Konzernleitungspflicht, 1982, S. 180 f.

lösbar. Die Relevanz dieses Auslegungsproblems für die Praxis ist eher gering; in größeren Unternehmen wäre die Betrauung eines Vorstandsmitglieds mit den Aufgaben der internen Meldestelle kaum vorstellbar.

Sollte der Gesetzgeber in der Zukunft erwägen, entgegen dem Größenabhängigkeitsgebot die Beschäftigtenschwelle bspw. auf 20 oder 10 Beschäftigte zu reduzieren, wird diese Frage an Bedeutung gewinnen. *De lege ferenda* wäre eine Klarstellung im Gesetzestext wünschenswert.

(3) Die doppelte Zielbindung des Vorstands nach der Business Judgment Rule analog

In jenen Bereichen der §§ 12 ff. HinSchG, die einer engmaschigen Regelung unterliegen (z. B. die konkrete Fristenregelung), trifft den Vorstand eine strikte Legalitätspflicht. Bei prinzipienorientierten bzw. organisationsneutralen Pflichten innerhalb von §§ 12 ff. HinSchG (z. B. die Verortung nach § 14) beschränkt sich die Legalitätspflicht auf mehrere Zielvorgaben,[1333] sodass dem Vorstand ein weites Ermessen zusteht. Dieses Ermessen ist jedoch nicht grenzenlos: Einerseits dürfen die gesetzlich vorgegebenen Ziele nicht evident missachtet werden. Andererseits ist der Vorstand an das Unternehmenswohl samt der Business Judgment Rule gebunden. Er darf daher auch das Unternehmenswohl nicht evident missachten und muss § 93 Abs. 1 S. 2 AktG bei den Entscheidungen bezogen auf die Einrichtung und auf den Betrieb des HGS einhalten.[1334]

Beim HGS handelt es sich um einen gesetzlich normierten Prozess, sodass auch die Business Process Rule Anwendung findet. Wie oben umfassend dargestellt, muss das HGS damit regelmäßig untersucht und an das Unternehmen angepasst werden. Hierbei gilt jedoch die Einschränkung, dass die Unabhängigkeit der internen Meldestelle weiterhin zu beachten ist.

Die Organisationspflichten aus §§ 12 ff. HinSchG strahlen in gewissen Aspekten auf die gesamte Organisation aus. Die bestehende informale Organisation, insb. die Unternehmenskultur, dürfen die Wirksamkeit des Systems nicht beeinträchtigen. Insoweit strahlt die implizite Pflicht, für eine entsprechende informale Organisation zu sorgen, auf die organisationale Business Process Rule. Demnach gehört die Funktionsfähigkeit des HGS zu den gesetzlichen Zielen der organisationalen Gestaltung.

1333 Mehr dazu oben 8.

1334 Vorstellbar könnte z. B. die Übertragung von viel zu hohen Ressourcen an die interne Stelle sein, die dann zur Sicherung des Unternehmensfortbestands fehlen.

b) Rechte und Pflichten des Aufsichtsrats bezogen auf die §§ 12 ff. HinSchG

Der Aufsichtsrat hat die Einhaltung des gesetzlichen Pflichtenrahmens durch den Vorstand zu überwachen.[1335] Bei finalen Normen muss er also im Rahmen seiner negativen Konkretisierungsbefugnis die Einhaltung des gesetzlichen Ziels und parallel die Beachtung des Unternehmenswohls durch den Vorstand sicherstellen.

Es wird diskutiert, ob die interne Meldestelle beim Aufsichtsrat angesiedelt werden kann.[1336] Dies wäre zwar vor dem Hintergrund des Unabhängigkeitsgebots positiv zu betrachten. Es lässt sich jedoch nicht mit der Unternehmensverfassung der AG vereinbaren: Der Vorstand ist der Adressat der Legalitätsdurchsetzungspflicht und das HGS schafft die informationelle Grundlage für deren Erfüllung. Die Ansiedlung beim Aufsichtsrat würde also zur Trennung von Information und Verantwortung führen. Ferner muss der Vorstand die Arbeit der internen Meldestelle allgemein steuern können, um die Arbeitsweise an die Unternehmenssituation anzupassen. Parallel muss er hierbei die Erkenntnisse aus dem HGS berücksichtigen: Die interne Meldestelle mag zwar unabhängig arbeiten, die Früchte dieser Arbeit strahlen jedoch auf das gesamte Unternehmen aus, sei es, weil betriebliche Prozesse aufgrund einer Meldung angepasst werden oder weil ein Mitarbeiter aufgrund seines illegalen Handelns entlassen wird. Die Verbindung mit der Geschäftsführung ist daher zu eng, um die Ansiedlung der internen Meldestelle beim Aufsichtsrat zuzulassen.

10. Zwischenergebnis

Beim HinSchG handelt es sich um eine aus der Perspektive der Organisationsfreiheit nur mäßig gelungene Regulierung. Vor allem die hohe Dichte an verfahrensbezogenen Normen erscheint von der Sache her nicht notwendig und kann sogar falsche Impulse setzen. Dennoch überwiegt die prinzipienorientierte Regelungsweise, auch wenn der Gesetzgeber hierbei kein Vertrauen zeigt und jeden organisationalen Aspekt (Fachkompetenz, Unabhängigkeit, Verankerung, Befugnisse, Vertraulichkeit) mit einer eigenständigen Zielnorm versieht. Positiv ist die Einhaltung des Größenabhängigkeitsgebots beim Anwendungsbereich der Organisationspflicht hervorzuheben, auch wenn sie teilweise ins Leere läuft.

Mit dem HGS wurde ein wesentlicher Teil des CMS kodifiziert. Es ist abzuwarten, ob der Gesetzgeber auch weitere CMS-Bestandteile kodifizieren wird oder ob es sich doch um eine inselartige Entwicklung handelt.

1335 S. zur Rechtmäßigkeit als Maßstab der Überwachung durch den Aufsichtsrat MüKoAktG/*Habersack*, AktG § 111 Rn. 53; *Lutter/Krieger/Verse*, Rn. 74 ff.; *Koch*, AktG § 111 Rn. 29.

1336 Für zulässig aber zweckwidrig halten diese Art Ansiedlung *Fleischer/Schmolke*, WM 2012, 1013, 1017; HHL/*Schmolke*, 2024, § 17 Rn. 35 sowie *Baur/Holle*, AG 2017, 379, 383. Unzulässig sei eine solche Lösung aufgrund der fehlenden gesetzlichen Ermächtigung laut *Fest*, ZIP 2022, 2265, 2268.

IV. Organisationsvorgaben nach § 91 Abs. 2 und Abs. 3 AktG

Da die allgemeine Organisationspflicht des Vorstands, die Legalitätsdurchsetzungspflicht sowie der Hinweisgeberschutz konturiert worden sind, sind die besonderen Organisationspflichten aus § 91 Abs. 2 und Abs. 3 AktG, u. a. in Bezug auf ihren Inhalt und auf ihre Organisationsneutralität zu untersuchen. Sowohl § 91 Abs. 2 AktG als auch § 91 Abs. 3 AktG gehören zu den jüngeren Normen des Aktienrechts. Zunächst wird kurz deren Hintergrund skizziert:

A. Historischer Hintergrund der Normen

1. Überwachungssystem nach § 91 Abs. 2 AktG

§ 91 Abs. 2 AktG fand Eingang ins Aktienrecht infolge der Unternehmenskrisen der 1990er-Jahre[1337] im Rahmen des KonTraG 1998.[1338] Ursprünglich sollte diese Norm in § 93 Abs. 1 AktG nach dem Satz 1 eingefügt werden;[1339] dann ist sie aber in den § 91 AktG verschoben und als eine Pflicht des gesamten Vorstands ausgestaltet worden, damit keine haftungsbeeinflussende Ressortzuweisung möglich ist[1340]. Die Formulierung wurde ferner im Regierungsentwurf wesentlich verschlankt.[1341]

2. Die Einführung des § 91 Abs. 3 AktG

§ 91 Abs. 3 AktG kam im Rahmen des FISG 2021[1342] als Reaktion auf den Wirecard-Skandal zustande.[1343] Die Norm sollte die organisationalen Anforderungen

1337 S. zu diesen *Pahlke*, NJW 2002, 1680; umfassend *J. G. Schäfer*, Überwachungssystem, 2001, S. 20 ff. *Hommelhoff/Mattheus*, AG 1998, 249; BeckOGK/*Fleischer*, 1.2.2025, AktG § 91 Rn. 30.

1338 Gesetz zur Kontrolle und Transparenz im Unternehmensbereich (KonTraG) vom 27. April 1998, BGBl. I, S. 786, Art. 1.

1339 S. Referentenentwurf KonTraG, ZIP 1996, 2129, 2131 f.; s. zur wissenschaftlichen Diskussion bezogen auf diesen Entwirf *J. G. Schäfer*, Überwachungssystem, 2001, S. 45 ff. mwN.

1340 So überzeugend *Lingemann/Wasmann*, BB 1998, 853, 859; BegrRegE BT-Drs. 13/9712, S. 15.

1341 Vgl. Referentenentwurf KonTraG, ZIP 1996, 2129, 2131. Auf diese Änderung des Wortlauts lassen sich intensive Meinungsstreitigkeiten zurückführen; s. dazu unten D. 1. b). (2).

1342 Gesetz zur Stärkung der Finanzmarktintegrität (Finanzmarktintegritätsstärkungsgesetz – FISG) vom 3. Juni 2021, BGBl. I, S. 1534.

1343 Vgl. RegE FISG BT-Drs. 19/26966, S. 1: »jüngste Vorkommnisse«; s. *Fischer/Schuck*, NZG 2021, 534; *Liebscher/Rinker*, BKR 2021, 466; umfassend zum

an die Börsenunternehmen erhöhen sowie die Handlungspflichten dieser Unternehmen an deren Berichtspflichten anpassen, insb. an den § 289 Abs. 4 HGB[1344]; sie kodifiziert eine Regelung des DCGK aus 2020[1345]. Ähnlich wie bei § 91 Abs. 2 AktG sollte ursprünglich nach dem Referentenentwurf die Organisationspflicht in § 93 AktG kodifiziert werden; dies wäre aber vor dem Hintergrund der bereits in § 91 Abs. 2 AktG bestehenden ähnlichen Organisationspflicht inkonsequent, sodass die Verortung in § 91 Abs. 3 AktG selbstverständlich erscheint.

B. Anwendungsbereich des § 91 Abs. 2 und Abs. 3 AktG

§ 91 Abs. 2 AktG gilt für alle Aktiengesellschaften; eine AG muss also ein Risikofrüherkennungssystem einrichten, und zwar unabhängig davon, ob sie über drei oder 3.000 Mitarbeiter verfügt.[1346] Dies stellt einen klaren Verstoß gegen das Größenabhängigkeitsgebot dar; die Nachbesserungsmöglichkeiten werden an einer späteren Stelle untersucht.[1347]

Abweichend vom allgemeinen Anwendungsbereich wurde das Enforcement des § 91 Abs. 2 AktG ausgestaltet: Nach § 317 Abs. 4 AktG ist der Wirtschaftsprüfer im Rahmen der Prüfung zum Urteil verpflichtet, ob die Pflichten aus § 91 Abs. 2 AktG eingehalten wurden;[1348] dies gilt aber lediglich bei börsennotierten Gesellschaften.[1349] Zwar lässt sich diese Eingrenzung des Enforcements insoweit nachvollziehen, als nicht alle Gesellschaften einer allgemeinen Prüfungspflicht unterliegen (§ 316 Abs. 1 S. 1 HGB i. V. m. § 267 Abs. 1 HGB) und sonst ihr Risikofrüherkennungssystem isoliert prüfen lassen müssten. Andererseits entsteht dadurch eine inhaltliche Prüfungslücke: Bei den mittelgroßen und großen Aktiengesellschaften i. S. d. § 267 Abs. 2, 3 HGB findet zwar eine obligatorische Abschlussprüfung statt, aber die Einhaltung des § 91 Abs. 2 AktG wird nicht beurteilt. Diese gesetzgeberische Entscheidung erscheint unverständlich, wenn man

Verlauf des Wirecard-Skandals *Mülbert*, Wirecard 4.0, ZHR 185 (2021), 2 ff.; s. auch HHL/*Bayer/Hoffmann/Selentin*, 2024, § 3 Rn. 34 ff.

1344 RegE FISG BT-Drs. 19/26966, S. 114 f.

1345 Vgl. Grds. 4 DCGK 2020, abrufbar unter https://t1p.de/u4or (abgerufen am 16.08.2024); so MüKoAktG/*Spindler*, AktG § 91 Rn. 106.

1346 Kritisch bereits *Drygala/Drygala*, ZIP 2000, 297, 302 f., die auf das besondere und nicht immer zutreffende Unternehmensbild einer großen Aktiengesellschaft hinweisen; s. auch *Merkt*, AG 2003, 126, 130 f.; der Kritik von *Merkt* hat sich *Koch*, AktG § 91 Rn. 5 angeschlossen.

1347 S. unten E. 1.

1348 Staub/*Habersack*, § 317 HGB Rn. 34; BeckOGK/*Bormann*, 01.01.2024, HGB § 317 Rn. 117; s. zur Bedeutung dieser Prüfung *Chekushina/Loth*, NZG 2014, 85, 89 f.; *Brebeck/Herrmann*, WPg 1997, 381, 389 f.

1349 Die Pflicht erstreckt sich außerdem noch auf die börsennotierte KGaA und SE, Staub/*Habersack*, § 317 HGB Rn. 32; vgl. BeckOGK/*Bormann*, 01.01.2024, HGB § 317 Rn. 118.

die Existenz großer Aktiengesellschaften von besonderer Wirtschaftsrelevanz berücksichtigt, die nicht börsennotiert sind.[1350] Ferner reichen Anleiheemissionen am Kapitalmarkt für die Anwendung des § 317 Abs. 4 HGB nicht aus; selbst der Schutz des Kapitalmarkts wird also durch diese Norm nur begrenzt erreicht.

Der Anwendungsbereich des § 91 Abs. 3 AktG ist auf börsennotierte Gesellschaften beschränkt. Dies geht auf die Missstände auf dem deutschen Kapitalmarkt zurück, die den Regelungsanlass darstellen;[1351] es verwundert jedoch, dass eine Emission von Anleihen für die Eröffnung des Anwendungsbereichs nicht ausreicht.[1352] Dies gilt ebenfalls für jene GmbHs, die das Fremdkapital am Kapitalmarkt beschaffen.[1353]

C. Funktionen des § 91 Abs. 2 und Abs. 3 AktG

Bevor sich diese Untersuchung dem Pflichteninhalt des § 91 Abs. 2 und Abs. 3 AktG widmen kann, ist kurz das Telos dieser Normen zu eruieren. Damit wird auch das Fundament für die teleologische Auslegung gelegt.

1. Schutz der Aktionäre

Die Organisationspflichten aus § 91 Abs. 2 und Abs. 3 AktG dienen dem Schutz der Aktionäre: Der Vorstand wird erstens dazu verpflichtet, eine gewisse Professionalisierung der Organisation zu erreichen.[1354] Zweitens wird das Risiko einer Insolvenz durch die Stärkung der Risikoinformation gemindert;[1355] dies ist schon in Abs. 2 angelegt und wird durch die Pflicht zur Einrichtung des Risikomanagementsystems (RMS) nochmals verstärkt. Bei einer Insolvenz erhalten die Aktionäre das Geld nur im Falle eines Überschusses (§ 199 InsO), der selten

1350 Allgemein kritisch zu dem Spannungsverhältnis zwischen § 91 Abs. 2 AktG und § 317 Abs. 4 HGB GroßkommAktG/*Kort*§ 91 Rn. 27; wohl aA mit dem Verweis auf die Bedeutung der Abschlussprüfung für den Ausgleich der Kontrolldefizite, die gerade in Publikumsgesellschaften bestehen *J. G. Schäfer*, Überwachungssystem, 2001, S. 207 f.

1351 Zustimmend gegenüber der Einschränkung des Anwendungsbereichs *Fischer/Schuck*, NZG 2021, 534, 536.

1352 Zu Nachbesserungsmöglichkeiten s. unten E. 4.

1353 Mehr zur Möglichkeiten der Erweiterung des Anwendungsbereichs unten E. 4.

1354 Vgl. *Binder*, Regulierungsinstrumente, 2012, S 55, der eine Selbstinformationspflicht des Vorstands in § 91 Abs. 2 verankert, die sich allerdings auch aus der Buchführungspflicht herleiten lässt, vgl. unten V. B. (insb. 2. c).).

1355 S. *J. G. Schäfer*, Überwachungssystem, 2001, S. 40; in der Richtung bereits BeckOGK/*Fleischer*, 1.2.2025, AktG § 91 Rn. 30; Staub/*Habersack*, § 317 HGB Rn. 33; *Jakobus*, Risikomanagement, 2016, S. 92 f.

vorkommt;[1356] die Vermeidung von der Insolvenz liegt also in ihrem Interesse. Die Erfassung von Risiken im Zusammenspiel mit den Ad-hoc-Mitteilungen nach Art. 17 MAR[1357] kann ferner die Aktionäre von börsennotierten Aktiengesellschaften zum Ausstieg aus der Investition bewegen.[1358]

2. Schutz der Gläubiger

Die Gläubiger bilden eine weitere Interessengruppe, für die eine angemessene Risikoerfassung und -steuerung von besonderer Bedeutung ist. In der Regel haben sie nämlich keinen direkten Einfluss auf die Willensbildung der AG und können lediglich von außen her Druck ausüben.

Die Insolvenzprophylaxe ist für diese Stakeholder in mehrfacher Hinsicht relevant: Erstens, ähnlich wie bei den Aktionären, wird das Insolvenzrisiko minimiert. Zweitens wird die Erfüllung der Insolvenzantragspflicht aus § 15a Abs. 1 S. 1 InsO abgesichert, wenn aufgrund einer genaueren Risikoerfassung die Fortführungsprognose nach § 18 InsO[1359] negativ ausfällt; dies schützt präventiv die potenziellen künftigen Gläubiger, weil sie dann keine Verträge mit einer insolventen Gesellschaft abschließen oder diese nicht mehr existiert.[1360]

Durch diese Funktion des Gläubigerschutzes, die andere Instrumente wie z. B. das Grundkapital ergänzt, lässt sich ein Zusammenhang zwischen § 91 Abs. 2 und Abs. 3 AktG und der Haftungsbeschränkung feststellen. Damit ist auch klar, wieso die Erstreckung der Norm auf Personengesellschaften sowie Einzelkaufleute nicht erwogen wird.

Kritisch ist jedoch im Lichte dieser Erkenntnis zu betrachten, dass der Gesetzgeber keine zu § 91 Abs. 2 AktG parallele Regelung im GmbHG vorgesehen hat; die Gesetzesbegründung geht aber von einer Ausstrahlungswirkung der Regelung auf andere Rechtsformen aus.[1361] Allerdings könnte die Funktion dieses

1356 MüKoInsO/*Kebekus/Schwarzer*, InsO § 199 Rn. 1; Uhlenbruck/*Wegener*, InsO § 199 Rn. 1.

1357 Anders MMVO genannt; Verordnung (EU) Nr. 596/2014 des Europäischen Parlaments und des Rates vom 16. April 2014 über Marktmissbrauch (Marktmissbrauchsverordnung) und zur Aufhebung der Richtlinie 2003/6/EG des Europäischen Parlaments und des Rates und der Richtlinien 2003/124/EG, 2003/125/EG und 2004/72/EG der Kommission, ABl. (EU), L 173/1.

1358 *Hommelhoff/Mattheus* in: Dörner/Horváth/Kagermann, Praxis des Risikomanagements, 2000, S. 7, 8, die auch den Zusammenhang mit der Lageberichterstattung unterstreichen (S. 9).

1359 Mehr zur Fortführungsprognose s. MüKoInsO/*Drukarczyk*, InsO § 18 Rn. 19 ff. mwN; K. Schmidt InsO/*K. Schmidt*, InsO § 18 Rn. 11 ff. mwN.

1360 Vgl. *Hesse*, JZ 2018, 179, 180 f.

1361 S. aber zur Ausstrahlungswirkung der Regelung auf die GmbH BegrRegE BT-Drs. 13/9712, S. 15; ausführlich hierzu *Altmeppen*, ZGR 1999, 291, 300 ff.; vgl. *Huth*, Risikoüberwachung, 2007, S. 40 ff.; auf die kapitalmarktorientierten und der

Unterschieds darin liegen, die AG durch diese zusätzliche Pflicht von der GmbH qualitativ abzuheben (Seriositätsgedanke).[1362] Die Notwendigkeit der Erstreckung wird an einer späteren Stelle eingehend diskutiert werden.[1363]

Angesichts der Bedeutung des systematischen Bestandssicherung und des Risikomanagements ist kritisch anzumerken, dass den Gläubigern keine Möglichkeit zusteht, für die Einhaltung des § 91 Abs. 2 und Abs. 3 AktG zu sorgen: Diese Normen verpflichten den Vorstand nur im Innenverhältnis gegenüber der Gesellschaft. Die Lösungsmöglichkeiten für dieses Problem werden im Anschluss an die dogmatische Analyse der Normen an einer späteren Stelle erörtert.[1364]

3. Schutz der Rechnungslegung der Aktiengesellschaft

Es lässt sich auch eine unterstützende Funktion der Systeme nach § 91 Abs. 2 und Abs. 3 AktG bezogen auf die Rechnungslegung feststellen: Durch die erhöhte Qualität der Risiko- (sowie bei § 91 Abs. 3 AktG Chancen-)Erfassung können die zur Erstellung des Lageberichts verpflichteten Unternehmen in ihrer Berichterstattung zu Chancen- und Risiken nach § 289 Abs. 1 S. 4 HGB[1365] die Situation realitätsnäher darstellen, womit der Lagebericht der Gesellschaft besser seine Informationsfunktion[1366] erfüllen kann. Das hochwertige Risikowissen erhöht ferner die Qualität des Jahresabschlusses und des Anhangs; die durch die Systeme erkannten Risiken können bspw. zu zusätzlichen Rückstellungen führen (s. § 249 Abs. 1 HGB)[1367]; damit liegt eine positive Auswirkung nicht nur auf die Informationsfunktion, sondern auch auf die Ausschüttungsbemessungsfunktion[1368] der Rechnungslegung vor. Dasselbe gilt für das interne Kontrollsystem (IKS) nach § 91 Abs. 3 AktG, das die Richtigkeit von finanziellen Informationen und damit

mitbestimmten GmbH beschränkt die Ausstrahlungswirkung *Hommelhoff*, FS Sandrock, 2000, S. 373, 378 ff.

1362 S. zum Seriositätsgedanken bzgl. der AG *Hommelhoff*, AG 1995, 529, 533; *Albach/Lutter/u. a. m.*, Deregulierung des Aktienrechts, 1988, S. 32, vgl. auch S. 221; mehr zur Legitimität dieser Differenzierung unten G. 2.

1363 S. unten E. 2.

1364 S. dazu umfassend unten E. 3.

1365 Zur Berichterstattung über Chancen und Risiken s. umfassend Staub/*Hommelhoff*, § 289 HGB Rn. 144 ff.; BeckOGK/*Kleindiek*, 1.2.2025, HGB § 289 Rn. 85 ff; MüKoHGB/*Palmes*, § 289 Rn. 78 ff.

1366 Umfassend BeckOGK/*Kleindiek*, 1.2.2025, HGB § 289 Rn. 9 ff; MüKoHGB/*Palmes*, § 289 Rn. 4 ff.; Staub/*Hommelhoff*, § 289 HGB Rn. 56 ff.

1367 Zur Pflicht zur Rückstellungsbildung und zur Bedeutung des Risikos s. BeckOK HGB/*Merk*, 1.1.2025, HGB § 249 Rn. 18 ff., 63 ff., s. auch die umfassende Kommentierung von BeckOGK/*Hennrichs*, 15.09.2023, HGB § 249 Rn. 20 ff.

1368 Zu dieser Funktion und ihrer Verschränkung mit dem Gläubigerschutz s. *Teichmann*, NJW 2006, 2444, 2446; *J. Vetter*, ZGR 2005, 788, 804 ff.; vgl. zum Zusammenhang mit der Rückstellungspflicht BeckOGK/*Hennrichs*, 15.09.2023, HGB § 249 Rn. 2.

die Qualität von Rechnungslegungsunterlagen sicherstellt.[1369] § 91 Abs. 2 und Abs. 3 AktG dienen also dem Schutz der Rechnungslegung, auch wenn diese Funktion in der Gesetzesbegründung übersehen wurde.[1370] Die Rechnungslegung ist jedoch kein Selbstzweck;[1371] sie dient mittelbar dem Gläubigerschutz[1372] und weist weitere Funktionen auf, insb. eine unternehmerische Selbstinformationsfunktion[1373].

4. Das wirtschaftliche Interesse der Volkswirtschaft

§ 91 Abs. 2 und Abs. 3 AktG dienen auch dem öffentlichen Interesse. Zunächst ist auf die Stärkung der Reputation der Rechtsform im internationalen Kontext hinzuweisen.[1374] Ferner sollen durch die Risikosteuerung abwendbare Insolvenzen vermieden werden. Bei Unternehmen mit einer negativen Fortführungsprognose sollen dem Markt wiederum keine Produktionsmittel sowie Mitarbeiter vorenthalten werden.[1375] Durch die Erhöhung des Informationsniveaus wird auch eine Sanierung zu einem früheren Zeitpunkt möglich.[1376] § 91 Abs. 2 und Abs. 3 AktG haben also einen positiven Effekt bezogen auf die optimale Allokation der Ressourcen in der Volkswirtschaft.

5. Ein deklaratorischer Charakter des § 91 Abs. 2 AktG?

Es ließe sich die Meinung vertreten, § 91 Abs. 2 AktG habe einen rein deklaratorischen Charakter.[1377] Dem ist nicht zu folgen: Die Sicherung des Fortbestandes

1369 Zu der Definition von IKS s. unten D. 2. a). (1). (a).

1370 S. *Böhmer*, Rechnungslegung, 2020, S. 302 f., der § 91 Abs. 2 AktG als eine Norm zum Schutz der ordnungsmäßigen Rechnungslegung qualifiziert hatte; die Rechnungslegung weist ferner eine enge Verbindung zum Kapitalmarkt auf, womit sich der in der Begründung beschriebene Schutz des Kapitalmarkts auf die Rechnungslegung erstrecken lässt, vgl. BegrRegE KonTraG, BT-Drs. 13/9712, S. 11.

1371 Umfassend zu den Funktionen der Rechnungslegung aus historischer Sicht *Schön*, ZHR 161 (1997), 133 ff.; s. auch MüKoHGB/*Ballwieser*, HGB § 238 Rn. 1; s. auch *Merkt*, ZGR 2017, 460, 464 ff.

1372 *Kleindiek*, ZGR 1998, 466, 468 f., 473 ff.; *Schön*, ZHR 161 (1997), 131, 140 ff.

1373 S. dazu *Schön*, ZHR 161 (1997), 133, 146 ff., *Kleindiek*, ZGR 1998, 466, 472; *Merkt*, ZGR 2017, 460, 465, jeweils mwN.

1374 Dazu bereits ausführlich oben Teil 3, II. C. 5.

1375 S. mehr zu diesen wirtschaftlichen Funktionen des Insolvenzrechts *Heese*, JZ 2018, 179, 180 f. mwN; vgl. *Möhlenkamp*, ZIP 2014, Beilage zu Heft 44, 1.

1376 Das Sanierungsrecht steht im Spannungsverhältnis zu den Funktionen des sonstigen Insolvenzrechts, s. *Heese*, JZ 2018, 179, 181.

1377 So ausdrücklich *Dobler*, DStR 2001, 2086; *Preußner/Becker*, NZG 2002, 846, 847; vgl. *Hommelhoff/Mattheus* in: Dörner/Horváth/Kagermann, Praxis des Risikomanagements, 2000, S. 7, 11, die diese Regelung als eine auf den ersten Blick deklaratorische bezeichnen; ähnlich kann die amtliche Begründung interpretiert werden, s. BegrRegE KonTraG, BT-Drs. 13/9712, S. 15; s, *Huth*, Risikoüberwachung,

der Gesellschaft mag zwar eine zentrale Pflicht des Vorstands sein,[1378] aber in § 91 Abs. 2 AktG wird deren organisationaler Aspekt hervorgehoben; sonst stünde es im Leitungsermessen des Vorstands, ob sich die Maßnahmen zur Erfüllung dieser Pflicht auf die Organisation auswirken. Selbst, wenn man eine andere Meinung verträte, würde eine gesetzliche Hervorhebung den unternehmerischen Fokus stärker auf die die Existenz gefährdenden Entwicklungen ausrichten; bereits darin lässt sich eine Steuerungswirkung erblicken.[1379]

6. Das Rangverhältnis der Funktionen

Zum Ende stellt sich die Frage, ob unter den oben beschriebenen Funktionen ein Rangverhältnis besteht. Angesichts der Hervorhebung, die die Aktionäre von börsennotierten Aktiengesellschaften im Anwendungsbereich des § 91 Abs. 3 AktG erfahren, als auch unter Berücksichtigung der speziellen Enforcement-Regelung zu § 91 Abs. 2 AktG in § 317 Abs. 4 HGB erscheint der Schluss berechtigt, dem Gesetzgeber liegen Aktionäre an der Börse besonders am Herzen.[1380]

D. Der Inhalt von Organisationspflichten aus § 91 Abs. 2 und Abs. 3 AktG

Unter Einbeziehung des historischen Kontextes sowie der Funktionen gilt es, den exakten Inhalt der Pflichten eingehend zu analysieren. Hierbei werden die Erkenntnisse sowohl aus dem Abschnitt zur Organisationsneutralität als auch aus dem zur Business Judgment Rule einbezogen. Aufgrund der starken Unterschiede im Wortlaut und in der Struktur müssen § 91 Abs. 2 und Abs. 3 AktG trotz ihrer funktionalen Ähnlichkeit getrennt analysiert werden.

1. Der Pflichteninhalt des § 91 Abs. 2 AktG

a) Die normative Grundstruktur des § 91 Abs. 2 AktG

§ 91 Abs. 2 AktG ist dreiteilig aufgebaut: **(1)** *Der Vorstand hat geeignete Maßnahmen zu treffen,* **(2)** *insbesondere ein Überwachungssystem einzurichten,* **(3)** *damit den Fortbestand der Gesellschaft gefährdende Entwicklungen früh erkannt werden.*

2007, S. 98 f., der der Meinung ist, dass die einzige Neuerung des KonTraG bezogen auf die Vorstandspflichten die Prüfungspflicht nach § 317 HGB sei.

1378 *Hopt*, ZGR 1993, 535, 538; MüKoAktG/*Spindler*, AktG § 76 Rn. 87 mwN; s. auch *Teubner*, ZHR 149 (1985), 470, 474 ff. (insb. 477 ff.); vgl. auch *Zöllner*, Stimmrechtsmacht, 1963, S. 23.

1379 Ähnlich *Hommelhoff/Mattheus* in: Dörner/Horváth/Kagermann, Praxis des Risikomanagements, 2000, S. 7, 12 f., die von einer Sensibilisierungsfunktion sprechen.

1380 Zustimmend mit dem Verweis auf ein erhöhtes Schutzbedürfnis *Fischer/Schuck*, NZG 2021, 534, 536.

Die Schlüsselrolle kommt dem letzten Teil (3) zu: Es handelt sich hierbei bereits vom Wortlaut her um eine Zielvorgabe (»*damit*«), die auf eine langfristige Bestandssicherung der Gesellschaft durch Information (»*erkannt*«) gerichtet ist.[1381] Diese Langzeitperspektive wurde mit dem Wort »Entwicklungen« hervorgehoben; der Gesetzgeber nimmt Rücksicht auf den dynamischen Charakter unternehmerischer Tätigkeit.[1382] Der Begriff »Risiko« taucht zwar nicht auf, der Sache nach handelt es sich jedoch bei den Entwicklungen, die das Unternehmen gefährden, immer um die Entstehung und die Verwirklichung von Risiken;[1383] als Beispiel einer solchen Entwicklung erwähnt die Gesetzesbegründung u. a. risikobehaftete Geschäfte.[1384] Wesentlich ist aber die Einschränkung der zu erfassenden Risiken auf jene, die existenzgefährdend sind.[1385]

Der erste Teil der Norm (1) weist eine generalklauselartige Natur auf: Der Vorstand hat geeignete Maßnahmen zu ergreifen. Die Pflicht des Vorstands zur Bestandssicherung existiert unabhängig von § 91 Abs. 2 AktG bereits nach §§ 76 Abs. 1, 93 Abs. 1 S. 1 AktG;[1386] der normative Mehrwert von § 91 Abs. 2 AktG besteht also in der Notwendigkeit der Erfüllung der informationellen Seite dieser Pflicht (Früherkennung)[1387] im organisatorischen Bereich; dies ergibt sich aus der amtlichen Überschrift (»Organisation«) sowie aus der Begründung[1388]. Sonst wäre der Vorstand frei, dieser Pflicht auf eine andere Art und Weise nachzukommen.

Der Gesetzgeber erkennt ferner in der Begründung implizit die Unmöglichkeit der konkreten Normierbarkeit von Organisationspflichten an.[1389] Aus diesem

1381 *Koch*, AktG § 91 Rn. 4.

1382 Vgl. GroßkommAktG/*Kort*, § 91 Rn. 26.

1383 Ähnlich MüKoAktG/*Spindler*, AktG § 91 Rn. 20 f.; vgl. GroßkommAktG/*Kort*, § 91 Rn. 30 (nachteilige Änderung der Risikozustände); wohl aA *Pahlke*, NJW 2002, 1680, 1681 f.; *Jakobus*, Risikomanagement, 2016, S. 84 ff.; *Koch*, AktG § 91 Rn. 7; *Bunting*, ZIP 2012, 357, 359.

1384 BegrRegE KonTraG, BT-Drs. 13/9712, S. 15; s. *J. G. Schäfer*, Überwachungssystem, 2001, S. 74, der die gesetzliche Umschreibung dieser Entwicklungen als Tautologie bezeichnet.

1385 MüKoAktG/*Spindler*, AktG § 91 Rn. 21; mehr zu diesem Merkmal *Jakobus*, Risikomanagement, 2016, S. 87 ff.; vgl. *Bunting*, ZIP 2012, 357, 359.

1386 KK-AktG/*Cahn*, § 91 Rn. 16; vertieft dazu *Huth*, Risikoüberwachung, 2007, S. 96 ff.

1387 S. *Hommelhoff/Mattheus* in: Dörner/Horváth/Kagermann, Praxis des Risikomanagements, 2000, S. 7, 14, die es unterstreichen, dass der Gesetzgeber keine Pflicht zur Steuerung von Risiken in § 91 Abs. 2 AktG vorgesehen hat; s. auch *Huth*, Risikoüberwachung, 2007, S. 73 f.

1388 S. BegrRegE KonTraG, BT-Drs. 13/9712, S. 15.

1389 S. BegrRegE KonTraG, BT-Drs. 13/9712, S. 15: »Die konkrete Ausformung der [Organisations-]Pflicht ist von der Größe, Branche, Struktur, dem Kapitalmarktzugang usw. des jeweiligen Unternehmens abhängig.« Vgl. dazu *Hommelhoff/Mattheus* in: Dörner/Horváth/Kagermann, Praxis des Risikomanagements, 2000, S. 7, 14 f.

Grund entschloss er sich für eine offene Zielvorgabe. Die Teile (1) und (3) der Norm entsprechen dem Konzept der prinzipienorientierten Regulierung.[1390] Es handelt sich also um einen finalen Selbstregulierungsauftrag an den Vorstand, der die geeigneten Maßnahmen bindend im Lichte des Bestandssicherungsziels zu konkretisieren hat.[1391]

Berücksichtigt man dieses Ergebnis, so können die aufsichtsrechtlichen Anforderungen an das Risikomanagement nach bspw. § 25a KWG oder nach § 26 VAG (ehemals § 64a VAG)[1392] in einem neuen Licht gesehen werden: Sie stellen eine Gefahr für die positive Konkretisierungsbefugnis des Vorstands dar, denn sie könnten für die Konkretisierung herangezogen werden, statt diese dem Vorstand zu überlassen.[1393] Der Vorstand einer AG kann sich allerdings bei der Ausübung seiner Konkretisierungsbefugnis vom Aufsichtsrecht inspirieren lassen.

b) Pflicht zur Einrichtung eines Überwachungssystems

(1) Struktureller Fremdkörper

Einen gewissen Fremdkörper in der als ein finaler Selbstregulierungsauftrag strukturierten Norm bildet der Einschub, der Vorstand hat »insbesondere ein Überwachungssystem einzurichten«. Zwar könnte es sich rein theoretisch um ein nicht verbindliches Beispiel für eine geeignete Risikoerkennungsmaßnahme handeln,[1394] aber der Wortlaut von § 317 Abs. 4 HGB[1395] verbietet eine solche Auslegung.

Die Systemeinrichtungspflicht hat hier eine besondere Natur: Das »Ob« der Einrichtung wird bindend vorgegeben; das »Wie«, ergo die Art und Weise der Systemgestaltung, wird dem Vorstand überlassen.[1396] Sie bildet außerdem eine

1390 Ausdrücklich *Dreher*, VersR 2008, 998, 999; ähnlich *Harnos*, Kontrolldichte, 2021, S. 373, der finale Züge der Norm erkennt.

1391 Vgl. bereits die starke Hervorhebung der unternehmerischen Freiheit bei der Ausgestaltung des Risikofrüherkenungssystems bei *J. G. Schäfer*, Überwachungssystem, 2001, S. 73; s. auch *Bunting*, ZIP 2012, 357, 359, der das unternehmerische Ermessen im Rahmen des § 91 Abs. 2 AktG unterstreicht.

1392 Mehr zu den Organisationspflichten nach dem VAG *Dreher*, VersR 2008, 998 ff.

1393 Ebenfalls kritisch zur Ausstrahlung *Thaten*, Ausstrahlung, 2016, S. 216 ff. mit dem Verweis auf die Schutzzweckdivergenz; s. auch kritisch *Berenbrok*, Risikomanagement, 2016, S. 260 ff. mwN.

1394 So MüKoAktG/*Spindler*, AktG § 91 Rn. 16; vgl. auch *Berenbrok*, Risikomanagement, 2016, S. 150; s. auch *Huth*, Risikoüberwachung, 2007, S. 62 f.

1395 »(…) ob der Vorstand die ihm nach § 91 Abs. 2 des Aktiengesetzes obliegenden Maßnahmen in einer geeigneten Form getroffen hat und ob ***das danach einzurichtende Überwachungssystem*** seine Aufgaben erfüllen kann.«

1396 Vgl. zur Trennung zwischen dem »Ob« und »Wie« bereits *Hommelhoff/Mattheus* in: Dörner/Horváth/Kagermann, Praxis des Risikomanagements, 2000, S. 7, 16;

weitere Schranke der positiven Konkretisierungsbefugnis des Vorstands und stellt damit eine Besonderheit gegenüber der reinen Form der offenen Zielvorgabe. Richtet der Vorstand kein System ein, überschreitet er die Grenzen des Gesetzes;[1397] diese Pflicht kann daher als eine Bedingung der Konkretisierungsbefugnis angesehen werden. Dieses »Ob« der Systeme schränkt auch die Organisationsfreiheit des Vorstands ein.[1398] Es handelt sich somit um einen *bedingten* finalen Selbstregulierungsauftrag.

(2) Überwachungsgegenstand

Unklar bleibt der Gegenstand der Überwachung durch den Vorstand. Sollen die Risiken oder die Maßnahmen überwacht werden?[1399] Für die Überwachung der Risiken spricht die Satzstruktur: Die Einrichtungspflicht konkretisiert geeignete Maßnahmen (»insbesondere«).

Der Wortlaut der Norm im Referentenentwurf lässt sich für die systematische Überwachung von Erkennungsmaßnahmen anführen; denn dort knüpfte das Überwachungssystem vom Wortlaut her ausschließlich an die Maßnahmen zur Erfassung der Entwicklungen an.[1400] Die Gesetzesbegründung spricht zwar auch von der Maßnahmenüberwachung; sie deckt sich jedoch inhaltlich fast komplett mit der Begründung des Referentenentwurfs, was dieses Argument schwächt, denn sie wurde für eine völlig andere Norm erstellt.

In der Gesetzesbegründung werden ferner das Risikomanagement und die interne Revision (IR) angesprochen;[1401] daraus lässt sich schließen, der Gesetzgeber ist von einer systematischen Risikoüberwachung ausgegangen.[1402] Er geht außerdem von der Zweistufigkeit aus, die allerdings nicht im Wortlaut berücksichtigt wurde und manche Unternehmen überfordern könnte.[1403] Wegen dieser Überfor-

vgl. *Jakobus*, Risikomanagement, 2014, S. 100 im Anschluss an *Drygala/Drygala*, ZIP 2000, 297, 304; s. auch *Widmann*, Risikomanagement, 2010, S. 142 ff.

1397 Vgl. MüKoAktG/*Spindler*, AktG § 91 Rn. 113; vgl. BegrRegE FISG, BT-Drs. 19/26966, S. 115.; vgl. *Fischer/Schuck*, NZG 2021, 534, 535.

1398 Vgl. *Dreher/Hoffmann*, ZGR 2016, 445, 469 f., die auf das Spannungsverhältnis zwischen der Systemeinrichtungspflicht und der Organisationsfreiheit (bezeichnet als »Selbstorgnisationsrecht«) hinweisen.

1399 S. dazu GroßkommAktG/*Kort*, § 91 Rn. 28, der als Überwachungsgegenstand *beides* nennt.

1400 S. Referentenentwurf KonTraG, ZIP 1996, 2129, 2131 f. (§ 93 Abs. 1 S. 3); so auch *Berenbrok*, Risikomanagement, 2016, S. 150 f.

1401 BegrRegE KonTraG, BT-Drs. 13/9712, S. 15; die Bedeutung von diesen Aussagen relativiert *Pahlke*, NJW 2002, 1680, 1682.

1402 Vgl. KK-AktG/*Cahn*, § 91 Rn. 29.

1403 Von dem Erfordernis von zwei Systemen gehen *Drygala/Drygala*, ZIP 2000, 297, 299 aus.

derungsgefahr ist aus § 91 Abs. 2 AktG keine Pflicht zur Einrichtung der IR herzuleiten.[1404]

Die Auslegung im Sinne eines Risikoüberwachungssystems wird durch die Funktionen der Norm[1405] bekräftigt, die sich bei systematischen Maßnahmen verlässlicher erfüllen lassen.[1406] Oben wurde bereits darauf hingewiesen, der Gesetzgeber habe durch seine Wortwahl die Dynamik des Unternehmerischen unterstrichen. Die systematischen Maßnahmen weisen die Eigenschaft auf, die personellen Änderungen im Vorstand und in der Belegschaft dank der Institutionalisierung überdauern zu können; denn sie sind nicht nur in der Person verankert. Durch die Systeme lässt sich also eine gewisse Dauerhaftigkeit der laufenden Bestandssicherung erreichen.

All' dies führt zu dem Schluss, Gegenstand der Überwachung sind die existenzgefährdenden Risiken und nicht bloß die Risikoerkennungsmaßnahmen;[1407] § 91 Abs. 2 sieht damit die Pflicht zur Einrichtung eines (Existenz-)Risikofrüherkennungsystems vor. *De lege ferenda* wäre dennoch eine Klarstellung des Wortlauts durch den Gesetzgeber wünschenswert.[1408]

(3) Auslegung des Systembegriffs

Das Gesetz verlangt ein Überwachungs*system*. Daher stellt sich die entscheidende Frage: Ab wann kann bei organisatorischen Maßnahmen von einem System gesprochen werden? Diese zentrale Frage wird trotz ihrer Bedeutung überraschenderweise äußerst selten in der Literatur problematisiert.[1409]

1404 So aber *J. G. Schäfer*, Überwachungssystem, 2001, S. 87 ff.; s. auch *Dreher*, FS Hüffer, 2010, S. 161, 167 f., der diese Pflicht dadurch mildert, dass er die persönliche Übernahme dieser Funktionen durch die Geschäftsleitung zulässt; s. *Drygala/Drygala*, ZIP 2000, 297, 299; *Huth*, Risikoüberwachung, 2007, S. 94 f.

1405 Vgl. unten (3). (b).

1406 Vgl. KK-AktG/*Cahn*, § 91 Rn. 28.

1407 KK-AktG/*Cahn*, § 91 Rn. 29; ein Risikoüberwachungssystem halten auch für erforderlich *Drygala/Drygala*, ZIP 2000, 297, 299, aber sie verlangen auch das zweite System zur Überwachung des ersten Systems; dem schließt sich an *Huth*, Risikoüberwachung, 2007, S. 94 f.; aA *Widmann*, Risikomanagement, 2010, S. 58 ff.; *Jakobus*, Risikomanagement, 2014, S. 113 ff.; *Berenbrok*, Risikomanagement, 2016, S. 150 f.

1408 S. auch die intensive Kritik von *Velte*, WPg 2021, 387, 394 ff.; aA Großkomm-AktG/*Kort*, § 91 Rn. 28.

1409 S. aber *Drygala/Drygala*, ZIP 2000, 297, 299; *Widmann*, Risikomanagement, 2010, S. 61 f.; die Zentralität anerkennend *Fischer/Schuck*, NZG 2021, 534, 538; MüKoAktG/*Spindler*, AktG § 91 Rn. 113; BeckOGK/*Fleischer*, 1.2.2025, AktG § 91 Rn. 57; s. HHL/*Klahold*, 2024, § 16 Rn. 24.

(a) Allgemeine Definition des Begriffs »*System*«

Die Definition des Systems ist nur schwer greifbar; die Gesetzesbegründung schweigt hierzu. Mangels rechtlicher Vorbilder ist es vorzugswürdig, sich am allgemeinen Begriff zu orientieren. Er entstammt dem griechischen *σύστημα*, was »Zusammenstellung« bedeutet.[1410]

»Ein System ist ein allgemeiner Modellrahmen, in den hinein die Realität bei Verwendung der Systemsicht abgebildet wird. Es besteht aus einer Menge von Elementen (Objekten, Systemen niedrigerer Ordnung, Subsystemen) mit Attributen und den zwischen diesen gegebenen Beziehungen.«[1411] Es geht also um ein Bündel verschiedener Instrumente, die miteinander in Zusammenhang stehen.

Die Ausführungen zu Risikomanagementsystemen von *Diederichs*[1412] leisten auch eine gewisse Hilfe, sich dem Begriff im Rahmen des Risikomanagements positiv sowie negativ zu nähern. Zunächst liegt kein System vor, wenn die Risikoerfassung unstrukturiert und sporadisch stattfindet.[1413] Ferner muss das Handeln standardisiert sowie kontinuierlich erfolgen.[1414] Es wird also ein planmäßiges und methodisches Vorgehen erwartet. Diese Anforderungen sind abstrakt und nicht auf das Risikomanagement zugeschnitten, womit sie sich verallgemeinern lassen.

(b) Konkretisierung – Systematische Koordinationsinstrumente

Die oben dargestellte Definition ermöglicht es zwar, das Systemphänomen zu erfassen; sie ist aber wegen ihrer Allgemeinheit schwer subsumierbar. Das »Ob« des Überwachungssystems unterliegt der vollen richterlichen Kontrolle, sodass eine genauere Abgrenzung notwendig erscheint.

Die Koordinationsinstrumente lassen sich unter der Berücksichtigung der Systemmerkmale in systematische und asystematische aufteilen; diese Zuordnung soll die Subsumption in der Praxis vereinfachen. Das klassische asystematische Instrument stellt die arbeitsrechtliche (Einzel-)Weisung mangels der Kontinuier-

1410 S. *Kluge*, Etymologisches Wörterbuch der deutschen Sprache: System. Die umfassende Darstellung der Begriffsgeschichte und -verwendung würde allerdings den Rahmen dieser Arbeit sprengen; s. dazu aus dem betriebswirtschaftlichen Blickwinkel *Gomez*, Modelle und Methoden des systemorientierten Managements, 1981, S. 39 ff.

1411 *Schiemenz*, Systemtheorie, betriebswirtschaftliche, in: Wittmann/Kern/u. a. m. (Hrsg.), Handwörterbuch der Betriebswirtschaft, Teilband 3, S. 4127, 4128.

1412 *Diederichs*, Risikomanagement, S. 186.

1413 *Diederichs*, Risikomanagement, S. 186; s. auch *Drygala/Drygala*, ZIP 2000, 297, 299, die aus teleologischen Gründen eine reine »auf Zufall oder Stichproben basierende Risikoerkennung« für nicht ausreichend halten.

1414 *Diederichs*, Risikomanagement, S. 186.

lichkeit dar;[1415] bspw. kann der Vorstand einen Mitarbeiter anweisen, die Risikoinformation bezogen auf einen konkreten Vertrag zu erfassen und hierzu zu berichten. Am Ende verfügt der Vorstand über eine vollständige Risikoinformation zu diesem konkreten Vorgang; dieses Handeln hat aber für sich genommen noch keinen Systemcharakter.

Das typische systematische Koordinationsinstrument stellen Programme im betriebswirtschaftlichen Sinne dar: Es sind abstrakt-generelle Verfahrensrichtlinien, die ein standardisiertes, kontinuierliches sowie strukturiertes Vorgehen ermöglichen.[1416] Eine Richtlinie kann bestimmte Mitarbeiter zur Auseinandersetzung mit Risiken verpflichten und eine interne Berichtspflicht ab einer konkreten Eintrittswahrscheinlichkeit und Schadenshöhe vorsehen[1417]. Als ein weiteres Beispiel sind die Pläne zu nennen; sie definieren nur abstrakt das Ziel und den Zeitraum für dessen Erreichung und umfassen ggf. noch gewisse Umsetzungsschritte.[1418] Bspw. kann der Vorstand die Risikoerfassung über ein Budget steuern, indem er nur eine bestimmte Risikosumme zulässt und diese auf die Organisationseinheiten verbindlich aufteilt. Ein weiteres systematisches Instrument ist die Festlegung der Zuständigkeiten und der Einsatz von regelmäßig oder *ad hoc* tagenden Gremien.[1419]

Ferner müssen die vorhandenen Instrumente in einer Beziehung zueinander stehen, d. h., sich gegenseitig ergänzen.[1420] Dies ist dann nicht der Fall, wenn zwar die Risikoerfassung systematisch erfolgt, aber die Weitergabe der Information nur im Falle einer Einzelweisung. Der systematische Charakter geht auch dann verloren, wenn die Maßnahmen sich gegenseitig aufheben. Dies ist bspw. dann der Fall, wenn die Verfahrensrichtlinien im Widerspruch zueinanderstehen oder wenn im Rahmen der Arbeitszeitplanung keine Arbeitszeit für die Risikoanalyse/den Risikobericht eingeplant wird.

1415 Gemeint ist eine individual-konkrete Weisung. Zum Erfordernis von mehr als einzelfallbezogenen Maßnahmen s. MüKoAktG/*Spindler*, AktG § 91 Rn. 113; vgl. BeckOGK/*Fleischer*, 1.2.2025, AktG § 91 Rn. 57; *Fischer/Schuck*, NZG 2021, 534, 538.

1416 *Schreyögg/Geiger*, Organisation, S. 64 ff.; *Jones/Bouncken*, Organisation, S. 257; *Vahs*, Organisation, S. 146 f.

1417 S. auch *Drygala/Drygala*, ZIP 2000, 297, 299, die die Vorstandspflicht zur Bestimmung der Meldegrenze auch wegen der Einschränkung auf bestandsgefährdende Risiken als erforderlich erachten.

1418 S. *Vahs*, Organisation, S. 147; *Siedenbiedel*, Organisationale Gestaltung, S. 130 f.

1419 Ähnlich bereits HHL/*Klahold*, § 16 Rn. 24. Vgl. zu diesen Koordinationsinstrumenten *Jones/Bouncken*, Organisation, S. 257 ff.

1420 MüKoAktG/*Spindler*, AktG § 91 Rn. 113; BeckOGK/*Fleischer*, 1.2.2025, AktG § 91 Rn. 57.

(c) Unternehmensinterne Reichweite des Systems

Von *T. Drygala* und *A. Drygala* wurde postuliert, das System müsse das gesamte Unternehmen umfassen.[1421] Dieses Postulat erscheint aber mit Blick auf § 91 Abs. 2 AktG als zu pauschal; besonders in großen Unternehmen kann es Bereiche geben, die sich aufgrund einer geringen Mitarbeiterzahl oder eines minimalen Umsatzanteils bei der Analyse der bestandsgefährdenden Risiken vernachlässigen lassen.[1422] Beim Systemkonzept muss aber das gesamte Unternehmen berücksichtigt werden, um keine Bereiche mit einem hohen abstrakten Gefahrenpotenzial auszublenden.

Das Postulat der unternehmensweiten Geltung lässt sich aber gut im Kontext von Organisationspflichten hören, die zur Einrichtung eines Systems ohne Beschränkung inhaltlicher Art verpflichten.

(d) Erfordernis einer organisatorischen Einheit bzw. eines RMS?

Nach einer Ansicht ist gem. § 91 Abs. 2 AktG zwingend eine organisatorische Einheit mit der Funktion der Risikoüberwachung zu bilden.[1423] Es gibt mehrere Gründe, warum eine solche Auslegung nicht dem Geist dieser Norm entspricht. Erstens wird in einen offenen Begriff eine strukturelle Vorgabe aufbauorganisatorischer Art hineingelesen; damit wird die Normstruktur (offene Zielvorgabe) missachtet. Ferner wird in der Begründung die Notwendigkeit hervorgehoben, die Maßnahmen situationsbedingt auszugestalten; die Bildung einer organisatorischen Einheit wird aber nicht immer die optimale Lösung darstellen;[1424] deswegen wurde sie vom Gesetzgeber selbst nicht vorgeschrieben.

Früher wurde in der betriebswirtschaftlichen Literatur sogar vertreten, § 91 Abs. 2 AktG verpflichte zu einem umfassenden RMS,[1425] obwohl sich dies nicht aus dem Wortlaut ergibt.[1426] Der neue § 91 Abs. 3 AktG mit der expliziten RMS-Pflicht bestätigt die Ansicht, § 91 Abs. 2 AktG sieht kein solches System vor.

1421 *Drygala/Drygala*, ZIP 2000, 297, 299; dem schließt sich der IDW PS 340 n. F. Tz. 3.2.4. an.

1422 Solche Bereiche dürfen aber auch keine schweren rechtlichen Haftungsrisiken in sich tragen.

1423 *Widmann*, Risikomanagement, 2010, S. 61 f.

1424 Alternativ können für einzelne Aufgaben des Systems Verantwortliche in verschiedenen Unternehmenseinheiten ernannt werden, die dann direkt an eine Leitungsstelle berichten, s. umfassend *Hunziker*, Risikomanagement, S. 222 ff.; vgl. *Vanini/Rieg*, Risikomanagement, S. 130; s. aber strengere Gestaltungsvorschläge von *Diederichs*, Risikomanagement, S. 311 ff., die allerdings z. T. von ihm relativiert werden (s. S. 317).

1425 S. statt aller *Lück*, DB 1998, 8 ff.; *Brebeck/Hermann*, WPg 1997, 381, 385 f.; *Eggemann/Konradt*, BB 2000, 503 ff.

1426 Vgl. zu diesem Meinungsstreit die umfassende Darstellung von *Huth*, Risikoüberwachung, 2007, S. 64 ff. mwN; *J. G. Schäfer*, Überwachungssystem, 2001,

(e) Zwischenergebnis

Im Ergebnis lässt sich festhalten: Ein System liegt vor, wenn das Unternehmen mehrere systemische Koordinationsinstrumente (Verfahrensrichtlinien, Programme, Pläne) einsetzt und diese Instrumente aufeinander abgestimmt sind.[1427] Ferner setzt ein System gewisse Kontinuierlichkeit voraus. Es ist eine Gesamtbetrachtung notwendig, um herauszufinden, ob ein strukturiertes und methodisches Vorgehen vorliegt.

Die rechtlich bindende positive Konkretisierung des Systemmerkmals obliegt, anders als bei den konkreten Ausgestaltungsfragen,[1428] den Gerichten. Die Notwendigkeit der Abgrenzung darf aber kein Einfallstor darstellen, mithilfe einer verengenden Auslegung des Systembegriffs die Freiräume einzuschränken, die der Gesetzgeber für den Vorstand vorsah.

(4) Überforderung von kleineren Aktiengesellschaften

Vor dem Hintergrund der Auslegung des Systembegriffs stellt sich die Frage, inwieweit das Erfordernis eines Überwachungssystems die Bedürfnisse und Möglichkeiten von kleineren Aktiengesellschaften missachtet.[1429] Einerseits kann angezweifelt werden, ob in Gesellschaften mit einer kleinen Mitarbeiterzahl das Risikofrüherkennungssystem einen Nutzen bringt; ggf. kann der Vorstand die Früherkennung durch seine persönliche Aufsicht gewährleisten.[1430] Zweitens kann ein Überwachungssystem die Wettbewerbsfähigkeit einer AG aufgrund des notwendigen Aufwands deutlich einschränken; es ist auch eine Überforderung eines kleinen Unternehmens durch die Systemeinrichtungspflicht vorstellbar. Jedenfalls verletzt § 91 Abs. 2 AktG das Größenabhängigkeitsgebot.[1431]

S. 70 ff.; *Jakobus*, Risikomanagement, 2014, S. 80 ff.; vgl. auch *Berenbrok*, Risikomanagement, 2016, S. 147 f.; s. dazu auch *Bunting*, ZIP 2012, 357 f.; KK-AktG/*Cahn*, § 91 Rn. 22 f. mwN.

1427 Ähnlich bereits HHL/*Klahold*, 2024, § 16 Rn. 24.

1428 Zur positiven Konkretisierungsbefugnis des Vorstands bei der Bestimmung der geeigneten Maßnahmen zur Bestandssicherung s. oben a).

1429 Kritisch bereits *Drygala/Drygala*, ZIP 2000, 297, 302 f., die auf das besondere und nicht immer zutreffende Unternehmensbild einer großen Aktiengesellschaft hinweisen; s. auch *Merkt*, AG 2003, 126, 130 f.; der Kritik von *Merkt* hat sich *Koch*, AktG § 91 Rn. 5 angeschlossen.

1430 Vgl. dazu IDW PS 981, Tz. A23, IDW Life 2017, 380, 396; ähnlich BegrRegE StaRUG, BT-Drs. 19/24181, S. 104.

1431 Zu Nachbesserungsmöglichkeiten s. unten E. 1.

2. Der Inhalt von § 91 Abs. 3 AktG

§ 91 Abs. 3 AktG verpflichtet die börsennotierten Aktiengesellschaften zur Einrichtung eines RMS sowie eines IKS[1432]; beide Systeme müssen angemessen und wirksam sein. Zwar haben wir hier ebenfalls mit einer prinzipienorientierten Regulierung zu tun,[1433] aber die Struktur der Norm weicht teilweise von § 91 Abs. 2 AktG ab, sodass sich nicht alle dogmatischen Überlegungen übertragen lassen. Die Norm setzt sich aus zwei Elementen zusammen: (1) Die Einrichtung der oben genannten Systeme ist obligatorisch (das »Ob«).[1434] (2) Der Adressat bestimmt aber die Einzelheiten der Systemeinrichtung (das »Wie«).[1435]

a) Das »Ob« der Systeme

Aufgrund der hohen richterlichen Kontrolldichte bei den »Ob«-Elementen[1436] rückt die Auslegung des RMS und des IKS in den Mittelpunkt dieser Untersuchung. Hiervon hängt nämlich die Reichweite des unternehmerischen Freiraums des Vorstands ab.

(1) Auslegung der betriebswirtschaftlichen Begriffe

Das erste Problem bei der Anwendung des § 91 Abs. 3 AktG stellt die Definition des RMS und des IKS dar, die der Gesetzestext schuldig bleibt;[1437] eine gewisse Hilfestellung leistet die Gesetzesbegründung.

(a) Das interne Kontrollsystem nach § 91 Abs. 3 AktG

Beim IKS verweist die Gesetzesbegründung auf die Definition in der Gesetzesbegründung zum BilMoG 2009: »Das interne Kontrollsystem umfasst die Grundsätze, Verfahren und Maßnahmen zur Sicherung der Wirksamkeit und Wirtschaftlichkeit der Geschäftstätigkeit, zur Sicherung der Ordnungsmäßigkeit der Rechnungslegung und zur Sicherung der Einhaltung der maßgeblichen

1432 Vgl. aber *Hommelhoff*, Konzernleitungspflicht, 1982, S. 185 f., der die Pflicht zur Einrichtung eines IKS bereits aus der Buchführungspflicht nach § 91 Abs. 1 AktG herleitet; s. mehr dazu unten V. B. 2. b).

1433 Zur Herleitung der impliziten Zielvorgabe aus § 91 Abs. 3 AktG s. unten b). (1).

1434 BegrRegE FISG, BT-Drs. 19/26966, S. 115; zur Aufteilung in das »Ob« und »Wie« der Systeme vgl. Ghassemi-Tabar/*Ghassemi-Tabar*, DCGK, Grds. 4 Rn. 4; vgl. aus der österreichischen Sicht MüKoAktG/*Kalss*, AktG § 93 Rn. 423.

1435 BegrRegE FISG, BT-Drs. 19/26966, S. 115; HHL/*Klahold*, 2024, § 16 Rn. 8; *Koch*, AktG § 91 Rn. 15 f.

1436 Vgl. oben Teil 4, I. D. 1. e).

1437 S. umfassend *Koch*, AktG § 91 Rn. 17 ff.; HHL/*Klahold*, 2024, § 16 Rn. 2 ff.; s. auch MüKoAktG/*Spindler*, AktG § 91 Rn. 110 ff.

rechtlichen Vorschriften.«[1438] Diese Definition stammt von einem amerikanischen Netzwerk »Committee of Sponsoring Organizations' (COSO)«,[1439] das sich der praktischen Unterstützung von Unternehmen beim RMS, IKS sowie bei der Untreueprävention (*fraud deterrence*) verschrieben hat[1440]. Sie unterscheidet sich von anderen Definitionen in der Betriebswirtschaftslehre, denn sie umfasst auch die Compliance[1441]; diese Einbeziehung hat eine wesentliche Auswirkung, weil die allgemeine Legalitätsdurchsetzungspflicht nach §§ 76, 93 AktG und die besondere nach § 130 OWiG deutlich zurückhaltender ausfallen und keine Systemeinrichtungspflicht vorsehen,[1442] auch wenn bei großen, besonders komplexen Unternehmen keine Legalitätsdurchsetzung ohne ein institutionalisiertes System möglich erscheint. § 91 Abs. 3 AktG umfasst also eine CMS-Verpflichtung im Rahmen seines Anwendungsbereiches.[1443] Die Begründung verweist damit auf eine konkrete, in der Betriebswirtschaftslehre vertretene Variante des IKS.

(b) Das Risikomanagementsystem nach § 91 Abs. 3 AktG

Bezogen auf das RMS findet sich in der Gesetzesbegründung keine Definition. Das RMS kann eng oder weit verstanden werden; bei einem weiten Verständnis umfasst es auch die interne Revision (IR).[1444] Die IR ist als System dazu bestimmt, das IKS und das RMS unabhängig zu überwachen.[1445] Zwar könnte man dem Gesetzgeber wegen der Erwähnung vom »umfassenden« RMS in der

1438 BegrRegE FISG, BT-Drs. 19/26966, S. 115; BegrRegE BilMoG, BT-Drs. 16/10067, S. 77.

1439 Vgl. *Klinger/Klinger*, Das interne Kontrollsystem, S. 4.

1440 S. mehr zu diesem Netzwerk https://www.coso.org/about-us, (abgerufen am 25.11.2023).

1441 Vgl. BegrRefE FISG, abrufbar unter https://t1p.de/5v99h (abgerufen am 10.04.2024) S. 116, die die Compliance-Management-System-Pflicht (CMS) noch ausdrücklich für nicht von IKS sowie RMS umfasst erklärt hat; der Referentenentwurf ist aber für die Auslegung von der späteren Fassung wegen der Unterschiede nicht maßgeblich.

1442 Umfassend hierzu bereits oben III. B. 1. a). (4). sowie III. B. 2. b).

1443 BeckOGK/*Fleischer*, 1.2.2025, AktG § 91 Rn. 56; HHL/*Klahold*, 2024, § 16 Rn. 20; wohl auch MüKoAktG/*Spindler*, AktG § 91 Rn. 111, die von der Erstreckung des § 91 Abs. 3 AktG auf die Compliance-Pflicht ausgehen; aA *Koch*, AktG § 91 Rn. 28 ff.; KK-AktG/*Cahn*, § 91 Rn. 39, der seine Meinung, § 91 Abs. 3 AktG verpflichte nicht zum CMS, auf den Referentenentwurf stützt; *C. A. Weber*, Rechtsdurchsetzung, 2024, S. 852 ff.

1444 *Gleißner*, Risikomanagement, S. 539, 560.; so auch *Velte*, WPg 2021, 387, 389, Übersicht 1; s. aber *Diederichs*, Risikomanagement, S. 327 ff., der das RMS und die interne Revision getrennt betrachtet. Umfassend zur Begriffsgeschichte aus interdisziplinärer Perspektive *Fleischer*, AG 2022, 377.

1445 *Kreipl*, Verantwortungsvolle Unternehmensführung, 2020, S. 94 f.; *Diederichs*, Risikomanagement, S. 184; vgl. Begr. DCGK 2022, S. 5, https://t1p.de/oizxg (abgerufen am 15.07.2023).

Begründung[1446] dieses weite Verständnis unterstellen, aber die IR wird von ihm in der Regel eigenständig genannt;[1447] ferner wurde bereits das CMS, ein anderer Bestandteil vom RMS i. w. S., dem IKS zugeordnet. Das RMS nach § 91 Abs. 3 AktG umfasst also keine IR.[1448] In der Begründung wird eher vom umfassenden RMS im Hinblick auf das enge Frühwarnsystem gesprochen;[1449] damit ist aber wohl gemeint, das RMS darf sich nicht nur auf bestandsgefährdende Risiken beschränken.[1450]

Das RMS i. e. S. umfasst eine unternehmensweite »Identifikation, Bewertung, Steuerung, Berichterstattung über und Überwachung von Risiken«.[1451] Diese aus der Betriebswirtschaftslehre stammende Aufgabenbeschreibung ist inhaltlich relativ *umfassend*, sodass sie im Einklang mit der Begründung steht.[1452] Diese fünf Elemente stellen bloß den gemeinsamen Nenner der in der Literatur anzutreffenden RMS-Modelle dar, wodurch die Freiheit des Vorstands beim »Wie« des RMS durch die Definition nicht beschnitten wird. Letztendlich leiht sich der Gesetzgeber selbst die Definition vom IKS aus den Wirtschaftswissenschaften; daher ist es konsequent, beim RMS auch auf die Betriebswirtschaftslehre zurückzugreifen.

(c) Das Konzept von »Drei Verteidigungslinien« – Interne Revision

Das RMS und das IKS sind ein wesentlicher Teil des Konzepts von den »Drei Verteidigungslinien«;[1453] daher könnte das Gesetz konkludent auf jenes Konzept verweisen. Das IKS i. S. d. Begründung (einschließlich Compliance) sowie das RMS stellen aber lediglich zwei von drei Linien dar. Als dritte Verteidigungslinie ist die IR zu nennen; manche Stimmen in der betriebswirtschaftlichen Literatur

1446 BegrRegE FISG, BT-Drs. 19/26966, S. 115.
1447 BegrRegE FISG, BT-Drs. 19/26966, S. 90, 116.
1448 So auch KK-AktG/*Cahn*, § 91 Rn. 38; eher aA MüKoAktG/*Spindler*, AktG § 91 Rn. 110.
1449 BegrRegE FISG, BT-Drs. 19/26966, S. 115.
1450 S. KK-AktG/*Cahn*, § 91 Rn. 34; ähnlich *Fischer/Schuck*, NZG 2021, 534, 537.
1451 *Vanini/Rieg*, Risikomanagement, S. 36; vgl. *Diederichs*, Risikomanagement, S. 23; vgl. *Gleißner*, Risikomanagement, S. 539; dieses Verständnis ist auch im juristischen Schrifttum zu finden, s. KK-AktG/*Cahn*, § 91 Rn. 34; MüKoAktG/*Spindler*, AktG § 91 Rn. 112.
1452 Ähnlich *Fischer/Schuck*, NZG 2021, 534, 537, die dies als eine Notwendigkeit sehen; vgl. BegrRegE FISG, BT-DRs. 19/26966, S. 115.
1453 Zu diesem s. *Institut der internen Revision* (IIA – The Institute of Internal Auditors), The IIA's Three Lines Model, Stand Juli 2020, abrufbar unter https://t1p.de/fzqpz (abgerufen am 30.11.2023); *Gleißner*, Risikomanagement, S. 538 ff.; s. auch *Roussy/Rodrigue*, Journal of Business Ethics, Vol. 153 (2018), S. 853 ff. Aus juristischer Perspektive s. *Koch*, AktG § 91 Rn. 24 im Anschluss an KBFW/*Bachmann*, DCGK, Grds. 4 Rn. 11; s. auch HHL/*Klahold*, 2024, § 16 Rn. 89 f.

ordnen sie dem IKS zu[1454]. Dies geschieht auch in der Begründung zum BilMoG.[1455] Die IR wird aber überraschenderweise ausschließlich in der Begründung zu § 91 Abs. 2 AktG und nicht zu § 91 Abs. 3 AktG erwähnt[1456]. Das Schweigen des Gesetzes kann zwar gerechtfertigt werden: Börsennotiert sind auch kleine und mittlere Unternehmen bis zu 250 Mitarbeiter. Bei solchen kleinen Organisationen wäre es unverhältnismäßig, die IR vorzuschreiben. Der Gesetzgeber hätte aber auch eine obligatorische IR ab einer gewissen Mitarbeiterschwelle explizit vorsehen können.

Die Nennung der IR in Bezug auf die zurückhaltende Organisationspflicht aus § 91 Abs. 2 AktG und das Schweigen hierzu bei § 91 Abs. 3 AktG deuten allerdings auf ein Begriffschaos hin;[1457] dieses Chaos geht auf die Übernahme der Regelung des DCGK 2020 zurück.[1458] Insoweit stellt sich die Frage, ob § 91 Abs. 3 AktG wegen des unklaren Gebrauchs betriebswirtschaftlicher Begriffe nicht gegen das verfassungsrechtliche Bestimmtheitsgebot verstößt; jedenfalls erscheint *de lege ferenda* eine Klarstellung wünschenswert.

In DCGK 2022 wird ein Versuch unternommen, den Fehler von DCGK 2020 zu reparieren: Im Grundsatz 4 S. 2 DCGK 2022 wird die Auslegung der Angemessenheit und der Wirksamkeit vorgeschlagen, wonach diese ausschließlich bei einer internen Überwachung durch die IR gewährleistet seien. Die Begründung des DCGK 2022 positioniert sich zu dieser neuen Regelung: Die interne Überwachung sei eine Kernaufgabe der IR.[1459] DCGK 2022 statuiert also indirekt eine Einrichtungspflicht bzgl. dieser Funktion.[1460] Da es in einem Grundsatz geschieht, geht die Regierungskommission wohl davon aus, es handele sich bereits um eine gesetzliche Pflicht.[1461] Diese Auslegung des Gesetzes ist aber bzgl. börsennotierter KMU unverhältnismäßig, sodass sie nur bei größeren Unternehmen vertretbar erscheint.

1454 So *Bungartz*, HdB IKS, S. 26 f. mit der Argumentation, nicht nur die prozessabhängige Überwachung nach dem klassischen Verständnis des IKS, sondern auch die prozessunabhängige Überwachung i. S. d. internen Revision gehöre als Teil des internen Überwachungssystems zum IKS.

1455 BegrRegE BilMoG, BT-Drs. 16/10067, S. 77; BeckOGK/*Fleischer*, 1.2.2025, AktG § 91 Rn. 56; vgl. MüKoAktG/*Spindler*, AktG § 91 Rn. 110.

1456 S. BegrRegE KonTraG, BT-Drs. 13/9712, S. 15.

1457 Vgl. eine ähnliche Kritik zu § 107 Abs. 3 S. 2 von *Dreher/Hoffmann*, ZGR 2016, 445, 464 f.

1458 S. Grundsatz 4 DCGK 2020, BAnz AT 20.03.2020 B3; s. *v. Werder*, DB 2022, 1755, 1760, mit seinem Hinweis, dass es sich um einen Grundsatz handelt, sodass DCGK damals schon von einer gesetzlichen Pflicht der börsennotierten Unternehmen ausging, das IKS und RMS einzurichten; eine Regelung zum RMS beinhaltete aber bereits der DCGK vom 26. Februar 2002, unter Nr. 4.1.4.

1459 Begr. DCGK 2022, S. 5, https://t1p.de/oizxg (abgerufen am 17.08.2024); zum Ursprung der Bestimmung s. *v. Werder*, DB 2022, 1755, 1760 f.

1460 In der Richtung Ghassemi-Tabar/*Ghassemi-Tabar*, DCGK, Grds. 4 Rn. 70 f.; aA KBFW/*Bachmann*, DCGK Grds. 4 Rn. 43.

1461 Vgl. KBFW/*Bachmann*, DCGK Grds. 4 Rn. 1.

Der Ausweg aus dem Auslegungschaos wird durch das Telos der Norm ermöglicht: Das stetige Risiko einer prozessunabhängigen unangekündigten Kontrolle durch die IR wirkt motivierend auf andere Funktionen und kann deshalb entscheidend zur Wirksamkeit des RMS und des IKS beitragen. Die IR dient auch als eine Absicherung gegen das Systemversagen. Der Schutz des Kapitalmarkts kann besser erreicht werden, wenn in jedem börsennotierten Unternehmen die IR vorhanden ist.[1462]

Das teleologische Argument lässt sich noch durch ein systematisches ergänzen: Durch die erweiternde Auslegung korrelieren die Organisationspflichten mit den Überwachungsgegenständen des Prüfungsausschusses nach § 107 Abs. 3 S. 2 AktG.[1463] Das wiegt schwer, denn nach § 107 Abs. 4 S. 1 AktG i. V. m. § 316a S. 2 Nr. 1 HGB, § 264d HGB i. V. m. § 2 Abs. 1, 11 WpHG müssen börsennotierte Aktiengesellschaften einen Prüfungsausschuss obligatorisch einrichten.[1464] Die IR muss also im Ergebnis nach § 91 Abs. 3 AktG zwingend eingerichtet werden;[1465] allerdings muss der Vorstand selbst entscheiden, wie er die IR umsetzt und ob sie beim RMS oder beim IKS angesiedelt wird oder selbstständig arbeiten soll.

Die mangelnde Klarheit in Bezug auf die Notwendigkeit der Einrichtung von der IR kann als ein gewichtiger Mangel der Regelung wahrgenommen werden. Das Gesetz bedarf also einer Nachbesserung. Dies gilt auch für das CMS.

(d) Zwischenergebnis

Insgesamt ist § 91 Abs. 3 AktG erweiternd auszulegen. Verlangt werden somit alle Systeme: das IKS, das RMS, das CMS als Teil des IKS sowie die IR. Der Gesetzgeber verwirklicht also effektiv das Drei-Verteidigungs-Linien-Konzept; lediglich von der Gruppe der börsennotierten KMU kann keine IR erwartet werden.

1462 Zur Bedeutung der unabhängigen internen Überwachung s. *Gleißner*, Risikomanagement, S. 614 f.; vgl. *Diederichs*, Risikomanagement, S. 327 ff.; *Bungartz*, HdB IKS, S. 535 ff.

1463 S. dieses Argument bei BeckOGK/*Fleischer*, 1.2.2025, AktG § 91 Rn. 56; MüKoAktG/*Spindler*, AktG § 91 Rn. 110; vgl. auch *Velte*, WPg 2021, 387, 396; mehr zu dieser Überwachung *Dolzer*, Prüfungsausschuss, 2019, S. 223 ff.

1464 Zum Begriff des organisierten Markts und dessen Verhältnis zur Börse vgl. BeBiKo/*Justenhoven/Roland*, HGB § 264d Rn. 5 sowie BeckOGK/*Suchan*, 1.7.2024, HGB § 264d Rn. 15 ff.

1465 So Wachter/*Link*, AktG, § 91 Rn. 17; HHL/*Klahold*, 2024, § 16 Rn. 20; so wohl auch *Koch*, AktG § 91 Rn. 24 und BeckOGK/*Fleischer*, 1.2.2025, AktG § 91 Rn. 56; offengelassen aber in der Richtung MüKoAktG/*Spindler*, AktG § 91 Rn. 110; aA KK-AktG/*Cahn*, § 91 Rn. 38.

(2) Abgrenzung des Systemmerkmals

Bezogen auf den Systembegriff kann nach oben verwiesen werden: Der Vorstand muss also mehrere zusammenhängende und nicht nur einzelfallbezogene Koordinationsmittel vorsehen.[1466] Der einzige Unterschied besteht darin, das System muss unternehmensweit eingeführt werden, denn nach § 91 Abs. 3 AktG sind alle und nicht nur existenzgefährdenden Risiken zu erfassen.

b) Das »Wie« der Systeme

Die Art und Weise, wie die erforderlichen Systeme eingeführt werden, bestimmt der Vorstand; die Angemessenheit und Wirksamkeit lassen sich nicht abstrakt losgelöst vom konkreten Unternehmen konkretisieren. Es steht dem Vorstand somit frei, sich für eines der gängigen System-Modelle zu entscheiden, ein Modell stark zu modifizieren oder ein ganz Neues zu entwickeln.[1467] Der Gesetzgeber überträgt die positive Konkretisierungsbefugnis dem Vorstand gerade durch die Anwendung der unbestimmten Rechtsbegriffe der Angemessenheit und der Wirksamkeit.[1468] Es handelt sich also wieder um einen *bedingten* finalen Selbstregulierungsauftrag[1469] an den Vorstand, der dazu befugt sowie verpflichtet ist, seine Pflichten aus § 91 Abs. 3 AktG zu konkretisieren.

(1) Die Systemeinrichtungspflicht als eine versteckte Zielvorgabe

Die Grenze der positiven Konkretisierungsbefugnis des Vorstands bildet grundsätzlich die Zielvorgabe. Anders als bei § 91 Abs. 2 AktG fehlt aber eine ausdrückliche Zielbestimmung in § 91 Abs. 3 AktG. Das Zielelement lässt sich allerdings aus den einzurichtenden Systemen herleiten, denn es ergibt sich aus den diesen Systemen zugewiesenen Aufgaben, die als eine nahe und greifbare Zielsetzung die Erfüllung ihrer Funktionen bedingen:[1470]

1466 Ähnlich MüKoAktG/*Spindler*, AktG § 91 Rn. 113 sowie BeckOGK/*Fleischer*, 1.2.2025, AktG § 91 Rn. 57 im Anschluss an *Fischer/Schluck*, NZG 2021, 534, 538.

1467 MüKoAktG/*Spindler*, AktG § 91 Rn. 33; vgl. auch *Pahlke*, NJW 2002, 1680, 1684.

1468 In ähnlicher Richtung s. *Koch*, AktG § 91 Rn. 16: »Gerade bes. Vagheit ges. Vorgaben (→ Rn. 17 ff.) legt es nahe, gerichtl. Kontrolldichte großzügig zu handhaben.« AA *Hopt/Kumpan*, AG 2021, 129, 131: »Was angemessen und wirksam i. S. v. § 91 Abs. 3 AktG-E für börsennotierte Gesellschaften ist, steht also nicht mehr im Leitungsermessen des Vorstands.« mit Verweis auf die Gesetzesbegründung; s. auch HHL/*Klahold*, 2024, § 16 Rn. 25 ff., der sowohl die Angemessenheit als auch die Wirksamkeit zu konkretisieren versucht.

1469 Die Bedingung liegt in der Systemeinrichtungspflicht; vgl. oben 1. b). (1).

1470 Vgl. prägnant im Kontext des § 107 Abs. 3 S. 2 AktG *Dreher/Hoffmann*, ZGR 2016, 445, 472 f.: »Im Ergebnis bildet der Begriff des IKS also nicht einen statischen, sondern einen funktionalen Rechtsbegriff.«

Die Aufgabe und das Ziel des RMS ist es, die Risiken zu identifizieren, zu bewerten, zu steuern, zu überwachen und über sie zu berichten. Es wird somit eine Organisation verlangt, die die Verwirklichung dieser Aufgabe gewährleistet; darauf müssen auch die Maßnahmen des Vorstands gerichtet sein, die sich auf jenes System beziehen. Die negative Konkretisierungsbefugnis der Gerichte beschränkt sich also auf die Fälle, in denen das RMS diese Zielvorgabe evident überschritten hat.

Dasselbe gilt für das IKS und das CMS als Teil hiervon: Dem IKS sind durch die Definition in der Begründung die Wirksamkeit und die Wirtschaftlichkeit der Geschäftstätigkeit, die Ordnungsmäßigkeit der Rechnungslegung sowie die Einhaltung der Gesetze als Ziele vorgegeben.[1471]

Die IR dient der prozessunabhängigen Überwachung des RMS, des IKS und des CMS,[1472] sodass sie auf die wirksame Erfüllung dieser Aufgabe ausgerichtet ist.

(2) Angemessenheit und Wirksamkeit

Das Gesetz verlangt nicht einfach das Vorhandensein der Systeme, sondern setzt darüber hinaus deren Angemessenheit und Wirksamkeit voraus. Auf den ersten Blick scheint dies die rechtlichen Anforderungen an die Systeme zu verschärfen.

Die Begründung liefert Hinweise für die Auslegung beider Begriffe. Das RMS soll bereits dann wirksam sein, »wenn es zur Aufdeckung, Steuerung und Bewältigung aller wesentlichen Risiken geeignet ist«.[1473] Die Wirksamkeit wird also durch die Unterstreichung des Telos sowie durch den genauso unbestimmten Begriff der Geeignetheit definiert.[1474] Diese Anforderung kann auch als Verbot interpretiert werden, Systeme einzurichten, die lediglich *pro forma* existieren (sog. »Feigenblattsysteme«).[1475]

Unter der Angemessenheit ist zu verstehen, dass die Systeme an das konkrete Unternehmen anzupassen sind;[1476] dies entspricht auch dem situativen Ansatz der Organisationslehre.[1477] Manche umschreiben dic Angemessenheit mit der Erforderlichkeit sowie der Zumutbarkeit;[1478] diese Begriffe sind aber genauso abstrakt wie die Angemessenheit selbst. Gerade dieser Begriff bringt ferner die gesetzge-

1471 S. dazu bereits oben a). (1). (a). mwN.

1472 Vgl. dazu oben a). (1). (b).

1473 BegrRegE FISG, BT Drs. 19/26966, S. 115.

1474 S. aber *Koch*, AktG § 91 Rn. 37, der den Ausführungen zur Wirksamkeit in der Begründung insoweit mehr Gewicht beimisst, als auch einzelne Fälle von Versagen nicht für die Unwirksamkeit eines Systems sprechen.

1475 Zum Gebot der Einrichtung »gelebter« Systeme s. BeckOGK/*Fleischer*, 1.2.2025, AktG § 91 Rn. 59; MüKoAktG/*Spindler*, AktG § 91 Rn. 115.

1476 *Fischer/Schuck*, NZG 2021, 534, 538.

1477 S. dazu bereits ausführlich oben Teil 2, II. E.

1478 BeckOGK/*Fleischer*, 1.2.2025, AktG § 91 Rn. 58; HHL/*Klahold*, 2024, § 16 Rn. 26.

berische Zurückhaltung zum Ausdruck: Er signalisiert eine Delegation der Konkretisierung an den Vorstand.[1479] Wegen der Offenheit der Geeignetheit gilt dies auch für die Wirksamkeit.[1480]

Der normative Gehalt der Angemessenheit und Wirksamkeit besteht also letztendlich darin, die Ausrichtung des Handelns auf die Zielvorgabe zu verstärken[1481] und die positive Konkretisierungsbefugnis des Vorstands zu untermauern.[1482]

(3) Systembezeichnungen – falsa demonstratio non nocet

Die letzte zu eruierende Frage bezieht sich auf das Bezeichnungsproblem: Gehört zur Einrichtungspflicht auch die Pflicht, die im Gesetz vorhandenen Bezeichnungen anzuwenden?

Hier lässt sich der Grundsatz *falsa demonstratio non nocet* anführen.[1483] Er lässt sich auch teleologisch begründen: Dem Gesetzgeber kommt es auf die Verwirklichung der Funktionen an;[1484] wie die Systeme unterteilt sowie zugeordnet sind und ob manche Subsysteme andere Bezeichnungen tragen (z. B. Korruptionsbekämpfungssystem) spielt dafür keine Rolle[1485]. Am Ende ist der Systeminhalt entscheidend. Dies kann zwar zu Schwierigkeiten bei der Überprüfung der Rechtmäßigkeit des Vorstandshandelns führen; es entspricht aber mehr dem Geist der Regelung, möglichst viel Freiraum dem Vorstand zu überlassen. Die besonderen Lösungen können für die Erreichung der vom Gesetzgeber anvisierten Ziele notwendig sein, weil es bspw. Sonderbereiche mit erhöhten Risiken gibt. Die speziellen Bezeichnungen helfen auch, den internen organisatorischen Fokus festzulegen.

1479 In der Richtung bereits Ghassemi-Tabar/*Ghassemi-Tabar*, DCGK, Grds. 4 Rn. 12; ähnlich BeckOGK/*Fleischer*, 1.2.2025, AktG § 91 Rn. 58. Wohl aA MüKoAktG/*Spindler*, AktG § 91 Rn. 113.

1480 *Fischer/Schuck*, NZG 2021, 534, 539.

1481 So *Nietsch*, ZGR 2015, 631, 656, der allerdings im Kriterium der Angemessenheit auch die Schwächung der Zielvorgabe sieht; ähnlich MüKoAktG/*Spindler*, AktG § 91 Rn. 114 bzgl. der Angemessenheit.

1482 Vgl. *Nietsch*, ZGR 2015, 631, 656, der sogar den normativen Gehalt der offenen Begriffe im organisationalen Kontext infrage stellt; hier wird insoweit eine andere Meinung vertreten, als die Nutzung dieser Begriffe als eine Delegation der Konkretisierungsbefugnis verstanden wird; vgl. *Harnos*, Kontrolldichte, 2021, S. 355 f., der an solche Begriffe das Ermessen auf der Rechtsfolgenseite anknüpft.

1483 S. zu diesem aus der zivilrechtlichen Perspektive etwa *BGH*, NJW 2008, 1658; MüKoBGB/*Einsele*, BGB § 125 Rn. 39 mwN.

1484 S. zu Funktionen der § 91 Abs. 2 und Abs. 3 AktG oben C.

1485 Ähnlich *Fischer/Schuck*, NZG 2021, 534, 538; HHL/*Klahold*, 2024, § 16 Rn. 8 und Rn. 88; vgl. MüKoAktG/*Spindler*, AktG § 91 Rn. 113; wohl aA im Kontext des § 107 Abs. 3 S. 2 *Dreher/Hoffmann*, ZGR 2016, 445, 493 f., die eine ausdrückliche Erlaubnis des Gesetzgebers verlangen, damit die Integration einzelner Systeme rechtlich zulässig ist.

3. Anwendung der Business Judgment Rule auf § 91 Abs. 2 und Abs. 3 AktG

Bei § 91 Abs. 2 und Abs. 3 AktG handelt es sich um offene Zielvorgaben,[1486] sodass sich die Ausführungen zur Anwendung der Business Judgment Rule auf solche Vorgaben auch auf diese Normen erstrecken.[1487] Für eine Maßnahme, die sich auf ein nach § 91 Abs. 3 AktG erforderliches System bezieht, bedeutet es, dass parallel das Ziel des jeweiligen Systems und das Unternehmenswohl nicht evident missachtet werden dürfen.

Problematisch erscheint die Situation bei § 91 Abs. 2 AktG aufgrund der engen, finalen Verknüpfung dieser Vorschrift mit dem Unternehmenswohl. Es wäre denkbar, § 93 Abs. 1 S. 2 AktG ausnahmsweise auf § 91 Abs. 2 AktG direkt anzuwenden:

a) Verhältnis zwischen dem Unternehmenswohl und dem Risikofrüherkennungsziel

Oben wurde bereits festgestellt, die Business Judgment Rule führt bei offenen Zielvorgaben zu einer doppelten Zweckbindung, und zwar an das Sonderziel und an das Unternehmenswohl.[1488] Eine doppelte Zweckbindung setzt aber voraus, dass es sich nicht um dasselbe Ziel handelt;[1489] daher ist das Verhältnis beider Ziele zueinander im Kontext der § 91 Abs. 2 AktG zu analysieren.

Zwar lässt sich das Fernziel der Bestandssicherung aus § 91 Abs. 2 AktG als eine Facette des Unternehmenswohls ansehen.[1490] Das dazu dienende unmittelbare Ziel der Risikoerfassung muss aber nicht immer mit dem Unternehmenswohl übereinstimmen: Es gibt unbeherrschbare Risiken, bei denen das Unternehmen keine Risikosteuerung vornehmen kann. Hat das Unternehmen Glück, verwirklicht sich das Risiko nicht und es kann weiter bestehen. Hätte das Unternehmen vom Risiko gewusst, würden die Folgepflichten den Handlungsrahmen einschränken; ggf. müssten dann Rückstellungen gebildet und Vertragspartner informiert werden; die Beschaffung von liquiden Mitteln könnte sich deutlich

1486 S. oben D. 1. a). sowie D. 2. b). (1).

1487 Ausführlich hierzu bereits oben III. B. 3. Zum Meinungsstand bezogen auf die Reichweite des Vorstandsfreiraums bei § 91 Abs. 2 AktG s. *Harnos*, Kontrolldichte, 2021, S. 371 f. mwN. Für die Anwendung des § 93 Abs. 1 S. 2 AktG auf das »Wie« des § 91 Abs. 3 AktG spricht sich ausdrücklich *Otto*, NZG 2024, 1055, 1060, Rn. 40 aus.

1488 S. oben III. B. 3.

1489 Umfassend und abstrakt zu Beziehungen unter den Zielen *Großmann*, Unternehmensziele, 1980, S. 52 ff.

1490 Vgl. BegrRegE KonTraG, BT-Drs. 13/9712, S. 15; BeckOGK/*Fleischer*, 1.2.2025, AktG § 91 Rn. 30; *Hopt*, ZGR 1993, 535, 538; MüKoAktG/*Spindler*, AktG § 76 Rn. 87; *Harnos*, Kontrolldichte, 2021, S. 373; vgl. auch *Teubner*, ZHR 149 (1985); 470, 477 f.

erschweren. Wirtschaftlich gesehen kann das Unternehmen dank der eigenen Unkenntnis die Risikotragung auf Gläubiger und neue Aktionäre abwälzen (*moral hazard*).[1491] Dies gilt aber nicht bei steuerbaren Risiken. Anders gesagt, die Risikoerfassung als Ziel wird nicht immer mit dem Unternehmenswohl übereinstimmen; es kann im Einzelfall ein Zielkonflikt vorliegen.

b) Folgen für die Anwendbarkeit der Business Judgment Rule auf § 91 Abs. 2 AktG

Es ist nicht möglich, eine offene Zielvorgabe durch eine andere offene Zielvorgabe mit einer abweichenden Zielsetzung auszufüllen.[1492] Dies gilt auch dann, wenn kein Zielkonflikt im Einzelfall vorliegt, denn die Hervorhebung des informationellen Existenzschutzes soll die anderen Zielkomponenten des Unternehmenswohls nicht völlig außer Acht lassen.[1493] Damit scheidet eine direkte Anwendung der Business Judgment Rule auf die Freiräume aus, die innerhalb von § 91 Abs. 2 AktG vorgesehen wurden. Es gilt hier also ebenfalls die oben dargestellte Lösung der doppelten Zweckbindung (§ 93 Abs. 1 S. 2 AktG analog);[1494] relevant sind hierbei das Ziel der vollständigen Erkennung von bestandsgefährdenden Risiken und das (sonstige) Unternehmenswohl.

4. Synthese der allgemeinen Organisationspflicht mit den besonderen Organisationspflichten im Kontext des § 91 Abs. 2 und Abs. 3 AktG

Zwar wurde bereits untersucht, was die rechtlichen Anforderungen an die einzelnen Maßnahmen im Rahmen des § 91 Abs. 2 und Abs. 3 AktG sind, aber das Risikofrüherkennungssystem, das RMS, das IKS, das CMS und die IR teilen die

1491 S. *Jensen/Meckling*, Journal of Financial Economic, Vol. 3 No. 4 (1976), S. 305, 339 ff.; vgl. die kurze Darstellung bei *Alchian/Woodward*, Journal of Institutional and Theoretical Economics, Vol. 143 No. 1 (1987), S. 110, 115 f.

1492 S. bereits *Voß*, Unternehmenswissen, 2018, S. 206 f., der eine ähnliche Argumentationslinie in der Sache vertritt.

1493 Als Beispiele könnten hier die Wirtschaftlichkeit des Handelns oder die Zukunftsfähigkeit des Unternehmens genannt werden.

1494 Vgl. oben III. B. 3. b); für die direkte Anwendung mit einer erhöhten Kontrolldichte (Vertretbarkeit) spricht sich *Harnos*, Kontrolldichte, 2021, S. 373 f. aus; § 93 Abs. 1 s. 2 AktG hält für direkt anwendbar BeckOGK/*Fleischer*, 1.2.2025, AktG § 93 Rn. 90; MüKoAktG/*Spindler*, AktG § 91 Rn. 30; *Jakobus*, Risikomanagement, 2014, S. 176 ff.; *Pfertner*, Unternehmerische Entscheidungen des Vorstands, 2017, S. 174 f.; vgl. *Otto*, NZG 2024, 1055, 1060, Rn. 40. AA (lediglich ein Beurteilungsspielraum des Vorstands ohne Anwendung der Business Judgment Rule) *Holle*, Legalitätskontrolle, 2014, S. 77 f.; *Berger*, Vorstandshaftung und Beratung, 2015, S. 327 f.; *Habersack* in Lorenz, Karlsruher Forum 2009, S. 5, 17; *Harnos*, Geschäftsleiterhaftung, 2013, S. 143 f.

Natur der gesamten Organisation und stellen daher einen Dauerprozess dar.[1495] Auf jedes dieser Systeme ist daher die Business Process Rule anzuwenden, was bereits aus dem Erfordernis eines Systems im Zusammenspiel mit der Business Judgment Rule (analog) hergeleitet werden kann.

Es stellt sich darüber hinaus die Frage, wie sich diese Normen auf die Anwendung der organisationsbezogenen Business Process Rule bezogen auf das Gesamtunternehmen auswirken. Es wird hierbei unterstellt, der Vorstand hat die Systeme bereits eingerichtet.

a) Anpassung der organisationsbezogenen Business Process Rule an die Vorgaben aus § 91 Abs. 2 und Abs. 3 AktG

Zunächst muss der Vorstand die Information über seine Organisation beschaffen; § 91 Abs. 2 und Abs. 3 AktG wirkt sich insoweit aus, als der Vorstand bereits bei der Informationsbeschaffung die gesetzlichen Zielvorgaben zu berücksichtigen hat; hier sind die Defizite in der Risikoverarbeitung sowie bei der Kontrolle von Interesse.

Die Bewertungs- sowie Prioritätshoheit des Vorstands bei der Auswertung der Information wird ebenfalls beeinflusst: Bei den oben festgestellten Zielen der Systeme handelt es sich um gesetzliche Organisationsziele, denn das Unternehmen als Ganzes muss so organisiert sein, dass deren Erreichung nicht vereitelt wird; bspw. darf die Risikokultur das RMS nicht faktisch außer Kraft setzen. Diese gesetzlichen organisationalen Ziele[1496] sind neben der vom Vorstand bestimmten zwingend zu berücksichtigen; deren Gewichtung ist jedoch bis zu einer evidenten Unter- oder Übergewichtung dem Vorstand überlassen.

§ 91 Abs. 2 und Abs. 3 AktG wirkt sich nicht auf die Häufigkeit der allgemeinen Untersuchung der Organisation aus,[1497] es sei denn, ein neues gesetzliches Organisationsziel ist dazugekommen und dies löst Bedarf für eine Ad-Hoc-Maßnahme aus; bspw. ist dies bei einer AG der Fall, die gerade an die Börse geht und dadurch künftig u. a. in den Anwendungsbereich des § 91 Abs. 3 AktG fällt. Ggf. kann sich dann aber die Organisationsanalyse auf eine Auswertung der vorhandenen Informationen anhand neuer Kriterien beschränken. Für die Anpassungsmaßnahmen und deren Überwachung gelten keine Besonderheiten. Die oben dargestellte Formel lässt sich beliebig ergänzen, wenn die betroffene Aktiengesellschaft weiteren gesetzlichen Organisationszielen ausgesetzt ist (wie z. B. das oben bereits untersuchte Ziel der unternehmensweiten Legalitätsdurch-

1495 Zur Aktualisierungspflicht bezogen auf die Systeme s. BeckOGK/*Fleischer*, 1.2.2025, AktG § 91 Rn. 59; MüKoAktG/*Spindler*, AktG § 91 Rn. 115.

1496 Zum Verhältnis zwischen dem Unternehmensziel und den in seiner Konkretisierung entwickelten Zielen der Aufbau- und Ablauforganisation s. unten Teil 7, I. B. und C.

1497 Zur Häufigkeit der allgemeinen Auseinandersetzung mit der Organisation s. bereits oben II. C. 3. d).

setzung[1498]); diese weiteren organisationalen Ziele schlagen sich in der Informationbeschaffung und -bewertung nieder.

b) Anpassung der Business Judgment Rule an die Vorgaben aus § 91 Abs. 2 und Abs. 3 AktG

Bei Einzelmaßnahmen innerhalb der oben dargestellten Schritte muss die Business Judgment Rule analog angewandt werden, sodass sowohl die einschlägigen gesetzlichen Sonderziele als auch das Unternehmenswohl nicht evident missachtet werden dürfen.[1499] Bspw. muss jede Anpassungsmaßnahme bzgl. des RMS im Lichte des Risikoerfassungs- und -steuerungsziels sowie des Unternehmenswohls betrachtet werden. Dies gilt für die Anpassung aller Systeme nach § 91 Abs. 2 und Abs. 3 AktG; dort muss der Vorstand ebenfalls alle einschlägigen Zielvorgaben beachten.

c) Zwischenergebnis

Es ist möglich, die rechtlichen Anforderungen aus den gesetzlichen Sonderzielen sowie die aus der Pflicht zum Handeln zum Wohle der Gesellschaft in Gleichlauf zu bringen, und zwar sowohl aus der Perspektive von Einzelmaßnahmen als auch aus der Perspektive der Geschäftsprozesse. Außerhalb der vereinheitlichten Anforderungen verbleibt lediglich das Erfordernis des Vorhandenseins der entsprechenden vorgeschriebenen Systeme. Der oben beschriebenen Formel der Synthese von Anforderungen sind die »Ob«-Elemente nicht zugänglich.

5. Der Pflichteninhalt als Grundlage für die Überwachung der Einhaltung des § 91 Abs. 2 und Abs. 3 AktG durch den Aufsichtsrat

Der Aufsichtsrat hat die Einhaltung des § 91 Abs. 2 und Abs. 3 AktG durch den Vorstand zu überwachen;[1500] dies ergibt sich aus dem Überwachungsmaßstab der Rechtmäßigkeit, denn es handelt sich um gesetzliche Vorstandspflichten. Dieses Ergebnis wird implizit in § 107 Abs. 3 S. 2 AktG bestätigt.[1501]

Die Überwachungstiefe bestimmt sich nach der Natur der Regulierung; die Rechtmäßigkeitskontrolle reicht also nur so weit wie die Rechtspflichten selbst. Wie bereits klargestellt, handelt es sich bei § 91 Abs. 2 und Abs. 3 AktG um einen

1498 S. dazu oben III. B. 5.

1499 Vgl. dazu oben III. B. 3. b).

1500 So bezogen auf den § 91 Abs. 2 noch vor der Einführung des § 91 Abs. 3 GroßkommAktG/*Hopt/Roth*, § 111 Rn. 182 ff.; s. auch *Hommelhoff/Mattheus*, AG 1998, 249, 251; MüKoAktG/*Habersack*, AktG § 111 Rn. 20; *Lutter/Krieger/Verse*, § 3 Rn. 85 ff.

1501 S. dazu bereits oben Teil 5, II. D. 5.; *Dolzer*, Prüfungsausschuss, 2019, S. 229. vgl. GroßkommAktG/*Hopt/Roth*, § 111 Rn. 181.

bedingten Selbstregulierungsauftrag.[1502] Das »Ob« der Systeme nach § 91 Abs. 2 und Abs. 3 ist daher zwingend vom Vorstand einzuhalten, und der Aufsichtsrat hat die Einhaltung dieser Pflicht zu überwachen. Bezogen auf die Frage des »Wie« steht dem Vorstand die positive Konkretisierungsbefugnis zu; der Aufsichtsrat hat bezogen auf die Ausgestaltung der Systeme *in concreto* lediglich eine negative Konkretisierungsbefugnis.[1503] Er muss dann einschreiten, wenn er einen evidenten Verstoß (Zweckwidrigkeit) gegen gesetzlich vorgegebene Ziele der § 91 Abs. 2 und Abs. 3 AktG feststellt. Er muss aber auch dann auf das Vorstandshandeln reagieren, wenn zwar das gesetzliche Ziel eingehalten wurde, dies aber unter einer evidenten Missachtung des Unternehmenswohls erfolgt ist. In diesem doppelten Kontrollmaßstab spiegelt sich die doppelte Zielbindung des Vorstands wider.

Eine Besonderheit gilt für die Pflicht aus § 91 Abs. 2 AktG: Zwar umfasst diese Norm keine Pflicht zur Risikosteuerung;[1504] dennoch muss der Aufsichtsrat im Rahmen seiner umfassenden Überwachungsaufgabe auch prüfen, ob die Reaktion des Vorstands auf erkannte Risiken nicht evident mit dem Unternehmenswohl unvereinbar ist.[1505]

E. Rechtspolitischer Nachbesserungsbedarf bezogen auf § 91 Abs. 2 und Abs. 3 AktG

Nachfolgend wird *de lege ferenda* untersucht, welche Änderungen erforderlich sind, damit § 91 Abs. 2 und Abs. 3 AktG dem Gebot der Größenabhängigkeit (1.) und dem der Rechtsformneutralität (2.) entspricht. Ferner wird analysiert, inwiefern diese Normen aus teleologischen Gründen einer Nachbesserung bedürfen, um die Funktionen des Gläubigerschutzes (3.) sowie des Kapitalmarktschutzes (4.) besser zu erfüllen. Zum Schluss wird erörtert, wie die Klarheit der Norm erhöht werden könnte (5.).

1. Verletzung des Gebots der Größenabhängigkeit durch § 91 Abs. 2 und Abs. 3 AktG

Es ist wünschenswert, den Anwendungsbereich des § 91 Abs. 2 AktG auf größere Aktiengesellschaften einzugrenzen.[1506] Dies ließe die Pflicht des Vorstands unberührt, für den Fortbestand der Gesellschaft informationell und in sonstiger

1502 S. oben 1. b). (1).
1503 Vgl. dazu bereits oben II. B. 3. b).
1504 Vgl. oben 1. a).
1505 S. dazu umfassend GroßkommAktG/*Hopt/Roth*, § 111 Rn. 184 ff. mwN; s. zur allgemeinen Risikosteuerungspflicht *Preußner/Becker*, NZG 2002, 846, 850; MüKo-AktG/*Spindler*, AktG § 91 Rn. 60.
1506 S. oben die Ausführungen hierzu oben D. 2. b). (4).

Weise zu sorgen; sie wäre dann aber in kleineren Aktiengesellschaften nicht notwendigerweise organisatorisch und systematisch zu erfüllen, was diese entlasten würde.[1507]

Ein möglicher Schwellenwert könnte 50 Mitarbeiter (im Konzern) betragen, ähnlich wie in § 12 Abs. 2 HinSchG. Eine andere Möglichkeit wäre, die KMU im Sinne des § 267 Abs. 1, 2 HGB aus dem Anwendungsbereich herauszunehmen.[1508] Zwar erscheint der niedrigere Schwellenwert angesichts der Bedeutung der Insolvenzprophylaxe vorzugswürdig, aber es handelt sich hier letztendlich um eine rechtspolitische und keine dogmatische Entscheidung.[1509]

Überlegenswert wäre auch eine größenabhängige Einschränkung des Anwendungsbereichs des § 91 Abs. 3 AktG. Zwar ist die Börsenpräsenz eine freiwillige Entscheidung von Unternehmen, aber die Notwendigkeit von ausgereiften Governance-Systemen lässt sich bei einem Unternehmen mit nicht mehr als 50 Mitarbeitern ernsthaft bezweifeln.[1510] Als Orientierungshilfe könnte hier Art. 19a Abs. 1 Bilanz-RL n. F. dienen, der die Kleinstkapitalgesellschaften mit weniger als 10 Arbeitnehmern (vgl. § 267a HGB) von der Pflicht zur Nachhaltigkeitsberichterstattung befreit.[1511]

Das Gebot der Größenabhängigkeit zielt auf die Verwirklichung des verfassungsrechtlichen Verhältnismäßigkeitsgrundsatzes ab. Die Verfassungsmäßigkeit von § 91 Abs. 2 und Abs. 3 AktG in der heutigen Gestalt erscheint daher zweifelhaft. Diese Rechtsfrage bedarf einer weiteren Untersuchung, die über den Rahmen dieser Arbeit hinausgehen würde.

2. Das Gebot der Rechtsformneutralität – Erstreckung des § 91 Abs. 2 AktG auf die GmbH

Um das Kapitalgesellschaftsrecht systematisch konsistenter zu machen, sollte eine zu § 91 Abs. 2 AktG parallele Regelung ins GmbHG aufgenommen werden, unterstellt, diese Regelung wird an das Größenabhängigkeitsgebot angepasst.

1507 Vgl. zu den mit den Organisationspflichten einhergehenden Belastungen für kleinere Unternehmen oben Teil 3, II. A. 3.

1508 So bereits *Drygala/Drygala*, ZIP 2000, 297, 302 f.; vgl. einen ähnlichen Gedanken von *Huth*, Risikoüberwachung, 2007, S. 45 f., der mit diesem Kriterium die Ausstrahlungswirkung auf andere Rechtsformen zu beherrschen sucht.

1509 S. *Allgeier*, Mittelstand, 2024, S. 56 f. sowie S. 106 f.; *Allgeier/Feldmann/Hommelhoff/Jelonek*, Stellungnahme vom 12. Juni 2023 zu ESRS, F3424928, abrufbar unter https://t1p.de/nimel, abgerufen am 15.01.2024.

1510 Ähnlich bereits *Jakobus*, Risikomanagement, 2014, S. 158; vgl. *Drygala/Drygala*, ZIP 2000, 297, 302 f.

1511 *Allgeier*, Mittelstand, 2024, S. 190; *Needham/Warnke/Müller*, IRZ 2023, 41, 42.

Denn die Schutzziele des § 91 Abs. 2 AktG hängen mit der Haftungsbeschränkung zusammen,[1512] die das wesentliche Merkmal der GmbH ausmacht.[1513]

Zwar ist der Seriositätsgedanke bezogen auf die AG mit einem qualitativen Reputationssprung dieser Rechtsform gegenüber der GmbH[1514] ein valides Argument, aber die Belange der Gläubiger überwiegen es. Dem ließe sich einerseits entgegnen, die vertraglichen Gläubiger seien sich der Rechtsform ihres Geschäftspartners und der mit ihr verbundenen erhöhten Insolvenzgefahr bewusst. Andererseits dürfen die gesetzlichen Gläubiger nicht außer Acht gelassen werden, die sich den Schuldner nicht aussuchen.[1515] Auf deren Schutzbedürfnis stützt sich also die Notwendigkeit, die Pflicht zur Einrichtung eines Früherkennungssystems ins GmbHG aufzunehmen. Ferner würde eine solche Pflicht auch die Qualität der Rechnungslegung der GmbH stärken.[1516]

Für die Herstellung der Rechtsformneutralität ist § 1 Abs. 1 S. 1 StaRUG nicht als hinreichend zu erachten, denn er umfasst keine Systemeinrichtungspflicht und verdichtet sich nur unter engen Bedingungen zu einer Organisationspflicht.[1517]

3. Enforcementlücken in Bezug auf den Gläubigerschutz

Oben wurde bereits eruiert, dass eine der Funktionen von § 91 Abs. 2 AktG die Stärkung des Gläubigerschutzes ist, indem die insolvenzrechtlichen Instrumente ergänzt werden.[1518] Es verwundert vor diesem Hintergrund die Tatsache, dass den Gläubigern keine Werkzeuge zur Verfügung stehen, für die Einhaltung des § 91 Abs. 2 AktG durch den Schuldner zu sorgen. Das Enforcement des § 91 Abs. 2 AktG hat lediglich einen privatrechtlichen Charakter; wird § 91 Abs. 2 AktG verletzt, dann liegt eine Pflichtverletzung des Vorstands im Innenverhältnis vor.[1519]

Dieses Problem könnte durch eine Außenhaftung des Vorstands gegenüber den Gläubigern gelöst werden. Dies würde für den Vorstand einen weiteren Anreiz darstellen, für ein angemessenes Risikofrühmanagementsystem zu sorgen. Im Rahmen dieser Haftung wäre allerdings die Business Judgment Rule (analog) zu berücksichtigen, damit keine systematische Inkongruenz zu der Innenhaftung nach § 93 Abs. 2 AktG entsteht. Der Vorteil eines erweiterten Enforcements bestünde darin, die Gläubiger als einen neuen Akteur einzuschalten, der neutraler als der Aufsichtsrat agieren könnte. Die Effektivität dieser Außenhaftung lässt

1512 S. dazu bereits oben C. 2.

1513 Noack/Servatius/Haas/*Servatius*, GmbHG Einleitung Rn. 3; Lutter/Hommelhoff/*Bayer*, GmbHG § 13 Rn. 5.

1514 S. *Hommelhoff*, AG 1995, 529, 533; *Albach/Lutter/u. a. m.*, Deregulierung des Aktienrechts, 1988, S. 32, vgl. auch S. 221.

1515 *König*, AcP 217 (2017), 611, 621.

1516 Vgl. oben C. 3. zur Funktion des § 91 Abs. 2 AktG bezogen auf die Rechnungslegung der AG.

1517 S. dazu unten F. 2. a).

1518 S. oben C. 2.

1519 Diese löst ggf. eine Haftung nach § 93 Abs. 2 AktG aus.

sich jedoch infrage stellen; denn im Gegensatz zum Aufsichtsrat können die Gläubiger nur schwer auf die unternehmensinternen Informationen zugreifen, die für die Durchsetzung des § 91 Abs. 2 AktG unerlässlich wären.

Eine weitere Möglichkeit wäre die Einführung eines eingeschränkten öffentlich-rechtlichen Enforcements (z. B. einer Ordnungswidrigkeit). Dies würde auch im Einklang mit den Funktionen des § 91 Abs. 2 stehen, die auch das öffentliche Interesse umfassen.[1520] Für den Anfang ließe sich der Vorstoß gegen § 91 Abs. 2 (und ggf. Abs. 3) AktG in den Ordnungswidrigkeitenkatalog des AktG aufnehmen.

Beide Enforcement-Instrumente dürfen nicht zur Gefahr für die Organisationsfreiheit des Vorstands werden. Daher sollten sie nur dann greifen, wenn die Gesellschaft über eines der jeweils obligatorischen Systeme gar nicht verfügt. Die Gläubiger bzw. die Behörde sollen nicht aus der Ferne die Unternehmensorganisation gestalten.[1521]

Es wäre möglich, beide Ergänzungen unter der oben beschriebenen Einschränkung einzuführen. In einem solchen Fall würde ein so ausgestaltetes, sog. hybrides Modell[1522] eine effektivere Durchsetzung der § 91 Abs. 2 und Abs. 3 AktG gewährleisten.

4. Ausweitung des Kapitalmarktschutzes (§ 91 Abs. 3 AktG)

Ein weiteres Thema, das eine gesetzgeberische Nachbesserung benötigt, ist die Einschränkung des Anwendungsbereiches von § 91 Abs. 3 AktG auf börsennotierte Aktiengesellschaften. Das erhöhte Schutzbedürfnis des Kapitalmarkts betrifft nicht nur börsennotierte Aktiengesellschaften, sondern auch jene, die ausschließlich Anleihen auf den Kapitalmarkt bringen. Anders verhält es sich nur dann, wenn der zentrale Aspekt der Regelung die Frage nach der unternehmerischen Kontrolle ist; dies ist z. B. bei § 289a HGB der Fall[1523]; darum geht es aber bei § 91 Abs. 3 AktG nicht.

Es wäre für die systematische Stimmigkeit zwischen dem Kapitalgesellschaftsrecht und dem Rechnungslegungsrecht von Vorteil, wenn der Gesetzgeber die Kapitalmarktorientierung i. S. d. § 264d HGB[1524] bei § 91 Abs. 3 AktG als Anwendungsvoraussetzung vorsehen würde. Damit wäre der Schutz lückenlos und würde die Anleihegläubiger nicht mehr aus dem Blick verlieren.

1520 S. oben C. 4.

1521 Vgl. dazu oben Teil 4, I. D. 1. c)

1522 Zu Vorteilen eines hybriden privat-öffentlichen Enforcement-Modells in Bezug auf die Lieferkettenregulierung vgl. *Hübner*, KlimaRZ 2023, 238, 243; zum smart mix innerhalb der Lieferkettenregulierung vgl. auch *Poelzig*, KlimaRZ 2023, 244, 245 ff.

1523 Vgl. MüKoHGB/*Kajüter*, HGB § 289a Rn. 3; vgl. auch BeBiKo/*Grottel*, HGB § 289a Rn. 21.

1524 Mehr zum Hintergrund und Auslegung des § 264d HGB s. *Zwirner*, KoR 2010, 1 ff.

Folgerichtig müsste eine zu § 91 Abs. 3 AktG parallele Norm für kapitalmarktorientierte GmbHs vorgesehen werden. Dies gilt umso mehr vor dem Hintergrund der GmbH-rechtlichen Satzungsfreiheit,[1525] die die Gefahren für den Kapitalmarkt zusätzlich steigert.

5. Klarstellung des Wortlauts von § 91 Abs. 2 sowie Abs. 3 AktG

Es wurde oben bereits eruiert, dass § 91 Abs. 2 AktG unpräzise ist, denn der Gegenstand des Überwachungssystems wurde in der Norm nicht klar definiert[1526]. Dies sollte vom Gesetzgeber behoben werden.

Nicht so dringend erscheint hingegen der Nachbesserungsbedarf bei § 91 Abs. 3 AktG, bei dem lediglich eine explizite Klarstellung wünschenswert wäre, ob das CMS und die IR obligatorisch sind.

6. Zwischenergebnis

Es besteht ein umfassender Reformbedarf hinsichtlich des Anwendungsbereiches des § 91 Abs. 2 und Abs. 3 AktG, bei dem der Gesetzgeber diese Normen klarstellen und sie an das Gebot der Rechtsformneutralität sowie das der Größenabhängigkeit anpassen sollte.

F. Auswirkung des § 1 Abs. 1 StaRUG auf die bestehende Rechtslage

§ 1 Abs. 1 S. 1 StaRUG verpflichtet Geschäftsleiter zur fortlaufenden Überwachung von Entwicklungen, die den Fortbestand der juristischen Person gefährden können; § 1 Abs. 1 S. 2 StaRUG statuiert eine Pflicht zu Gegenmaßnahmen, sollten solche Entwicklungen erkannt werden. Diese Normen weisen das Potenzial auf, das Pflichtenprogramm des § 91 Abs. 2 AktG zu erweitern und dieses darüber hinaus auf andere Rechtsformen auszuweiten, indem sie die vorhandene aktienrechtliche Regelung zu einer rechtsformübergreifenden Pflicht erheben. Wegen dieser Verbindung zum Aktienrecht ist § 1 Abs. 1 StaRUG vertieft zu untersuchen.

1525 S. zu dieser etwa Noack/Servatius/Haas/*Noack*, GmbHG § 45 Rn. 2, 7 ff.; sowie Lutter/Hommelhoff/*Bayer*, GmbHG, § 3 Rn. 2 und Rn. 69 ff.

1526 S. oben D. 1. b). (2).

Das StaRUG geht auf die Stabilisierungsrichtlinie[1527] zurück; es handelt sich also um ein Umsetzungsgesetz.[1528] Über den § 1 StaRUG hinaus regelt § 43 StaRUG die Geschäftsleitungspflichten;[1529] wegen seines besonderen an das Restrukturierungsverfahren anknüpfenden Anwendungsbereichs[1530] wird er bei den nachfolgenden Überlegungen nicht berücksichtigt.

1. Anwendungsbereich des § 1 Abs. 1 StaRUG

§ 1 Abs. 1 StaRUG knüpft an den Begriff der juristischen Person an; damit handelt es sich um eine rechtsformübergreifende Pflicht.[1531] Die Pflicht richtet sich ferner direkt an das Organ der juristischen Person, das zur Geschäftsführung berufen ist (Geschäftsleitung); es bezieht sich damit auf das Innenverhältnis.[1532] Ferner wird der Anwendungsbereich gem. § 1 Abs. 2 StaRUG auf rechtsfähige Personengesellschaften erweitert, bei denen kein Gesellschafter unbeschränkt haftet.[1533]

Die deutschen Rechtsformen unterliegen unproblematisch § 1 StaRUG.[1534] Problematischer zeichnet sich hingegen die Lage bei ausländischen Rechtsformen mit dem Verwaltungssitz im Inland aus: Der Gesetzgeber hat sich mit dem Begriff der juristischen Person für einen Anknüpfungspunkt entschieden, der sich auch für die im Ausland gegründeten, im Inland tätigen Gesellschaften heranziehen lässt. § 1 Abs. 1 StaRUG zielt ferner auf einen mittelbaren Gläubigerschutz

1527 Richtlinie (EU) 2019/1023 des Europäischen Parlaments und des Rates vom 20. Juni 2019 über präventive Restrukturierungsrahmen, über Entschuldung und über Tätigkeitsverbote sowie über Maßnahmen zur Steigerung der Effizienz von Restrukturierungs-, Insolvenz- und Entschuldungsverfahren und zur Änderung der Richtlinie (EU) 2017/1132 (Richtlinie über Restrukturierung und Insolvenz), ABl. (EU) L 172/18.

1528 Vgl. BegrRegE StaRUG, BT-Drs. 19/24181, S. 1. Umfassend zu Geschäftsleiterpflichten in der Fassung des Regierungsentwurfs nach §§ 1 bis 3 StaRUG-E *Schluck-Amend/Hefner*, ZRI 2020, 570, 578 ff.

1529 Mehr zu dieser Norm s. statt aller Seibt/Westpfahl/*Korch*, StaRUG § 43 Rn. 1 ff. mwN.

1530 S. BeckOK StaRUG/*Mock*, 1.1.2025, StaRUG § 43 Rn. 6b; Uhlenbruck/*Fritz*, StaRUG § 43 Rn. 7.

1531 *Skauradszun/Amort*, DB 2021, 1317, 1323; *Hölzle*, FS Gehrlein, 2022, S. 261, 262; *Scholz*, ZIP 2021, 219, 229; gl. BegrRegE StaRUG, BT-Drs. 19/24181, S. 103; HHL/*Thole*, 2024, § 48 Rn. 9.

1532 *Skauradszun/Amort*, DB 2021, 1317, 1318; *Hölzle*, FS Gehrlein, 2022, S. 261, 264; vgl. BegrRegE StaRUG, BT-Drs. 19/24181, S. 104.

1533 Mehr dazu MüKoStaRUG/*J. Schmidt*, § 1 Rn. 83 ff; Flöther/*Goetker*, StaRUG § 1 Rn. 17 ff.

1534 S. statt aller MüKoStaRUG/*J. Schmidt*, § 1 Rn. 25 ff.

ab;[1535] dieses Ziel erscheint umso wichtiger bei ausländischen Rechtsformen, bei denen sich ein solcher Schutz gerade nicht mithilfe der Unternehmensverfassung erreichen lässt, weil diese nicht dem deutschen Recht unterliegt. Dagegen ließe sich jedoch einwenden, es wäre unüblich, die Organpflichten ausländischer Rechtsformen zu regulieren, für die das ausländische Personalstatut gilt;[1536] trotz der Nähe zum Insolvenzrecht[1537] handelt es sich um das Gesellschaftsrecht,[1538] auch wenn die mit § 1 StaRUG umgesetzte europäische Norm in einer insolvenzrechtlichen Richtlinie zu finden ist, denn diese Pflicht hat einen allgemeinen Charakter und wird nicht erst durch die Insolvenznähe ausgelöst[1539]. Insgesamt sprechen daher die besseren Gründe gegen die Einbeziehung juristischer Personen ausländischen Rechts mit dem Verwaltungssitz im Inland in den Anwendungsbereich.

2. Pflichteninhalt des § 1 Abs. 1 StaRUG

a) Pflicht zur Überwachung von bestandsgefährdenden Entwicklungen

§ 1 Abs. 1 S. 1 StaRUG statuiert eine Überwachungspflicht in Bezug auf jene Entwicklungen, die den Fortbestand der juristischen Person gefährden können. Der Wortlaut knüpft also an den § 91 Abs. 2 AktG an, ohne jedoch die Einrichtung eines Überwachungssystems zu verlangen.[1540] Diese Pflicht weist ferner einen Dauercharakter auf (»*fortlaufend*«).[1541] Der Gegenstand der Überwachung sind diejenigen Risiken, die die Insolvenz der juristischen Person auslösen können.[1542] Aufgrund des insolvenzrechtlichen Kontexts könnte man auf den Gedanken kommen, den maximalen zeitlichen Horizont der Gefährdung an den Prognosezeitraum gem. § 18 Abs. 2 S. 2 InsO (24 Monate) anzupassen.[1543] Die

1535 Vgl. BegrRegE StaRUG, BT-Drs. 19/24181, S. 85 f.; vgl. *Hölzle*, FS Gehrlein, 2022, S. 261 f. Wegen der Ähnlichkeit des Wortlauts zu § 91 Abs. 2 AktG gilt das oben (unter C.) zur Funktion gesagte für den § 1 Abs. 1 StaRUG entsprechend.

1536 BeckOK StaRUG/*Mock*, 1.1.2025, § 1 Rn. 23.

1537 Vgl. Flöther/*Goetker*, StaRUG § 1 Rn. 23 mit dem Argument, § 1 Abs. 2 StaRUG verweist auf InsO.

1538 Seibt/Westpfahl/*Seibt*, StaRUG § 1 Rn. 15; Flöther/*Goetker*, StaRUG § 1 Rn. 23; MüKoStaRUG/*J. Schmidt*, § 1 Rn. 34; offengelassen von BeckOK StaRUG/*Mock*, 1.1.2025, § 1 Rn. 23.

1539 So zutreffend MüKoStaRUG/*J. Schmidt*, § 1 Rn. 34 im Anschluss an Flöther/*Goetker*, StaRUG § 1 Rn. 23.

1540 Vgl. *Schluck-Amend/Hefner*, ZRI 2020, 570, 578; vgl. *Scholz*, ZIP 2021, 219, 229; Flöther/*Goetker*, StaRUG § 1 Rn. 34; s. HHL/*Thole*, 2024, § 48 Rn. 8 f.

1541 *Skauradszun/Amort*, DB 2021, 1317, 1318; Seibt/Westpfahl/*Seibt*, StaRUG § 1 Rn. 21; BeckOK StaRUG/*Mock*, 1.1.2025, StaRUG § 1 Rn. 40 f.

1542 AA *Brinkmann*, KTS 2021, 303, 309 f., der diese Pflicht nur auf solche Risiken bezieht, die die Zahlungsfähigkeit gefährden. Vgl. zur umstrittenen Frage, ob die Risiken und Entwicklungen gleichzusetzen sind, oben D. 1. a).

1543 Vgl. BeckOK StaRUG/*Mock*, 1.1.2025, StaRUG § 1 Rn. 32 f.

inhaltliche Anknüpfung an den § 91 Abs. 2 AktG schließt jedoch eine solche Übertragung aus, denn die Norm soll eine möglichst frühe Reaktion ermöglichen;[1544] es gibt Entwicklungen, die erst nach mehreren Jahren zur Insolvenz führen. Der zeitliche Gefährdungshorizont ist also uneingeschränkt.[1545]

Die Geschäftsleitung muss bestandsgefährdende Risiken identifizieren und bewerten.[1546] Soweit es sich um die finanzielle Seite der unternehmerischen Tätigkeit handelt, wird zutreffend der Zusammenhang dieser Pflicht mit der allgemeinen Buchführungspflicht aus § 91 Abs. 1 AktG erkannt.[1547] *Hölzle* stellt zutreffend fest, dass die Risikofrüherkennungspflicht implizit eine informationelle Grundorganisation voraussetzt;[1548] die Pflicht zur Schaffung einer solchen wird hier aber der Buchführungspflicht aus § 91 Abs. 1 AktG zugeordnet.[1549]

Ausweislich der Gesetzesbegründung handelt es sich um eine situationsabhängige und daher konkretisierungsbedürftige Pflicht; es sollte mit dieser Norm keine übermäßige Organisationspflicht vorgesehen werden, die kleinere Unternehmen überfordert.[1550] Dies erklärt, wieso das Überwachungssystem aus § 91 Abs. 2 AktG nicht übernommen wurde. § 1 Abs. 1 S. 1 StaRUG verpflichtet daher mitnichten zur Einrichtung eines RMS.[1551]

Aus der Überlegung des Gesetzgebers, dass die Überwachungspflicht situationsbedingt und flexibel erfüllt werden können soll, ist auf eine positive Konkretisierungsbefugnis der Geschäftsleitung in Bezug auf diese Pflicht zu schließen.[1552] Die Konkretisierungsvorschläge seitens der Wissenschaft sind also nicht

1544 MüKoStaRUG/*J. Schmidt*, § 1 Rn. 7; *Seibt/Bulgrin*, DB 2020, 2226, 2229; vgl. Flöther/*Goetker*, StaRUG § 1 Rn. 10.

1545 Vgl. allerdings Flöther/*Goetker*, § 1 Rn. 37 ff., der einen Mindestzeitraum für die Liquiditätsplanung erwägt, ihn aber letztendlich dem Ermessen überlässt; vgl. *Bea/Dressler*, NZI 2021, 67, 71, die 24 Monate als Mindestzeitraum definieren.

1546 Präzise MüKoStaRUG/*J. Schmidt*, § 1 Rn. 38; vgl. Römermann/*Rieger/Schmitz*, 48. EL Mai 2023, StaRUG § 1 Rn. 14.

1547 Flöther/*Goetker*, StaRUG § 1 Rn. 39; mehr zur Buchführungspflicht aus der Perspektive der unternehmensinternen Organisation s. unten V. B. und C.

1548 S. *Hölzle*, FS Gehrlein, 2022, S. 261, 264; vgl. MüKoStaRUG/*J. Schmidt*, § 1 Rn. 38.

1549 Vgl. unten V. B. 2. c).

1550 BegrRegE StaRUG, BT-Drs. 19/24181, S. 104; vgl. dazu Römermann/*Rieger/Schmitz*, 48. EL Mai 2023, StaRUG § 1 Rn. 15.

1551 So auch bereits HHL/*Thole*, 2024, § 48 Rn. 18; aA Pannen/Riedemann/Smid/*Weitzmann*, StaRUG § 1 Rn. 16. Vgl. die vermittelnde Auffassung von *Brünkmans*, ZInsO 2021, 1, 2, der eine gewisse Systematik von Erkennungsmaßnahmen verlangt.

1552 Ähnlich Flöther/*Goetker*, StaRUG § 1 Rn. 36: »Ermessensspielraum«.

verbindlich;[1553] die Geschäftsleitung darf sie aber nutzen. Der Konkretisierungsprozess ist zu dokumentieren.[1554]

In welchen Fällen § 1 Abs. 1 S. 1 StaRUG zu einer Organisationspflicht führt, muss also unter der Berücksichtigung der positiven Konkretisierungsbefugnis der Geschäftsleitung festgestellt werden. Die Gesetzesbegründung führt aus, dass die Intensität organisatorischer Vorkehrungen von der Überschaubarkeit der unternehmerischen Verhältnisse abhänge.[1555] Hieraus ergibt sich, dass § 1 Abs. 1 S. 1 StaRUG erst dann eine Organisationspflicht vorsieht, wenn die Erfüllung der Überwachungspflicht aufgrund hoher Komplexität der unternehmerischen Tätigkeit evident ausschließlich mithilfe von organisatorischen Maßnahmen möglich ist,[1556] weil die Geschäftsleitung hierzu außerstande wäre.

b) Pflicht zur Risikosteuerung

Entdeckt die Geschäftsleitung eine den Fortbestand der juristischen Person gefährdende Entwicklung, löst dies gem. § 1 Abs. 1 S. 2 Var. 1 StaRUG eine Pflicht zum Ergreifen von *geeigneten* Gegenmaßnahmen aus. Es handelt sich hier um eine besondere Risikosteuerungspflicht.

Manche wollen die Auslösung der Pflicht unter die Bedingung stellen, dass sich die Gesellschaft bereits im Zustand einer drohenden Zahlungsunfähigkeit gem. § 18 InsO befinde.[1557] Dem ist nicht zu folgen, denn der Gesetzgeber wollte gerade eine frühzeitige Abwendung der Bestandsgefährdung mit dieser Norm sicherstellen;[1558] der Verweis auf den Wortlaut der Richtlinie, wonach Art. 19 der Stabilisierungsrichtlinie erst ab wahrscheinlicher Insolvenz greift,[1559] darf nicht dazu führen, dass das Telos der Norm bei der Auslegung ausgeblendet wird. Es

1553 Vgl. *d'Avoine/Michels*, NZI 2022, 1, 3 ff., die einen verbindlichen Katalog an Mindestanforderungen formulieren, obwohl sie vorher auf das Leitungsermessen hingewiesen haben (S. 3).

1554 Vgl. *Reifeld*, NZI-Beilage 2023, Heft 1, S. 12, 13; vgl. BeckOK StaRUG/*Mock*, 1.1.2025, StaRUG § 1 Rn. 39; zurückhaltender MüKoStaRUG/*J. Schmidt*, § 1 Rn. 43, die die Dokumentation lediglich empfiehlt.

1555 BegrRegE StaRUG, BT-Drs. 19/24181, S. 104.

1556 Vgl. ähnliche Ausführungen bzgl. des »Ob« des CMS *Harbarth*, ZHR 179 (2015), 136, 151 ff.. Deutlich weiter im Anschluss an die BGH-Rechtsprechung MüKoStaRUG/*J. Schmidt*, § 1 Rn. 38 mwN, die wegen der notwendigen Informationsbeschaffung bzgl. der wirtschaftlich-finanziellen Lage aus § 1 Abs. 1 S. 1 StaRUG eine (offene) Organisationspflicht herleitet, nach der die Unternehmensorganisation immer das minimale Informationsniveau sicherstellen muss.

1557 *Skauradszun/Amort*, DB 2021, 1317, 1319; Seibt/Westpfahl/*Seibt*, StaRUG § 1 Rn. 27.

1558 MüKoStaRUG/*J. Schmidt*, § 1 Rn. 7; *Seibt/Bulgrin*, DB 2020, 2226, 2229

1559 Vgl. *Scholz*, ZIP 2021, 219, 229; *Skauradszun/Amort*, DB 2021, 1317, 1319; Seibt/Westpfahl/*Seibt*, StaRUG § 1 Rn. 2; vgl. *Kuntz*, ZIP 2021, 597, 610.

bedarf somit keiner qualifizierten Bestandsgefährdung, damit die Pflicht zum Ergreifen geeigneter Gegenmaßnahmen ausgelöst wird.[1560]

Im Rahmen der Auswahl sowie der Durchführung von Gegenmaßnahmen soll der Geschäftsleitung nach der Gesetzesbegründung ein Beurteilungsspielraum zustehen;[1561] diese Aussage lässt sich auf den Wortlaut stützen, denn die Geeignetheit ist konkretisierungsbedürftig. Außerdem verlangt eine unternehmerische Krise eine unternehmerische Antwort, deren Richtigkeit sich nicht planen lässt. Der Gesetzgeber weist der Geschäftsleitung in Übereinstimmung mit der Natur der Sache also die positive Konkretisierungsbefugnis zu; es handelt sich hierbei um das »Wie« der Risikosteuerung (Umsetzungsfreiheit).[1562] § 1 Abs. 1 S. 2 StaRUG ist also ein weiteres Beispiel für die prinzipienorientierte Regulierung im Gesellschaftsrecht.

Die Frage des »Ob« wurde vom Gesetz verbindlich entschieden.[1563] Auf den ersten Blick erscheint dies nachvollziehbar; denn die Organe sollen die juristische Person retten, sollte sie in eine Problemlage geraten. Allerdings gibt es ggf. Fälle, in denen alle hypothetischen Gegenmaßnahmen höhere Kosten verursachen, als dies das Fortbestandsinteresse unter der Berücksichtigung der Risikoeintrittswahrscheinlichkeit rechtfertigen würde. Bspw. könnten Versicherungskosten bezogen auf das Risiko so hoch ausfallen, dass sie nahezu alle liquiden Mittel in Anspruch nehmen; sie können auch im Verhältnis zur Risikominimierung unverhältnismäßig teuer sein.

In solchen Fällen lassen sich die Gegenmaßnahmen nicht wirtschaftlich begründen und erfolgen mittelbar auf Kosten der Gläubiger.[1564] Dies steht im Widerspruch zum Ziel des Gläubigerschutzes, das der Gegenmaßnahmenpflicht zugrunde liegt.[1565] Art. 19 der Stabilisierungsrichtlinie, der mit § 1 StaRUG umgesetzt wird,[1566] verlangt ferner lediglich eine Berücksichtigung der Notwendigkeit der Schritte zur Abwendung der Insolvenz (Art. 19 lit. b) sowie das

1560 So bereits *Thole*, BB 2021, 1347, 1348; s. MüKoStaRUG/*J. Schmidt*, § 1 Rn. 44, die keine Einschränkung auf die drohende Zahlungsunfähigkeit macht; Flöther/*Goetker*, StaRUG § 1 Rn. 41; Römermann/*Rieger/Schmitz*, 48. EL Mai 2023, StaRUG § 1 Rn. 19.

1561 BegrRegE StaRUG, BT-Drs. 19/24181, S. 104; s. HHL/*Thole*, 2024, § 48 Rn. 23, der ausdrücklich auf die Geltung der Business Judgment Rule hinweist.

1562 Ähnlich im Ergebnis *Scholz*, ZIP 2021, 219, 229 f. wo er § 1 Abs. 1 S. 2 StaRUG als eine konkretisierungsbedürftige »kleine Generalklausel« bezeichnet.

1563 Flöther/*Goetker*, StauRUG § 1 Rn. 41; *Hölzle*, FS Gehrlein, 2022, S. 261, 267.

1564 Vgl. *Bea/Dressler*, NZI 2021, 67, 68 f., die die graduelle Interessenverschiebung von den Anteilseignern auf die Gläubiger in der Insolvenznähe ansprechen; vgl. Flöther/*Goetker*, StauRUG § 1 Rn. 61.

1565 Vgl. Erwägungsgrund 71 der Stabilisierungsrichtlinie.

1566 S. umfassend dazu Flöther/*Goetker*, StaRUG § 1 Rn. 3 ff.; Seibt/Westpfahl/*Seibt*, StaRUG § 1 Rn. 5; zur Frage der allgemeinen Richtlinienkonformität s. MüKoStaRUG/*J. Schmidt*, § 1 Rn. 16 ff.; vgl. ferner BeckOK StaRUG/*Mock*, 1.1.2025, StaRUG § 1 Rn. 4.

Unterlassen des schuldhaften Verhaltens, das den Unternehmensfortbestand gefährdet (Art. 19 lit. c).[1567] Daher ist diese Pflicht teleologisch zu reduzieren und wird nur dann ausgelöst, wenn potenzielle Gegenmaßnahmen unter der Berücksichtigung der rechtlichen Sanierungsmittel[1568] wirtschaftlich sinnvoll sind und keine überproportionalen Kosten verursachen; dies entspricht auch dem Geist der Richtlinie, sodass es sich um eine richtlinienkonforme Auslegung handelt.[1569]

§ 1 Abs. 1 S. 2 StaRUG ist somit zweistufig ausgestaltet: Auf der ersten Stufe beurteilt die Geschäftsleitung alle potenziellen Gegenmaßnahmen auf ihr Risikominimierungspotenzial sowie ihre Kosten. Von den Maßnahmen, die auf der ersten Stufe nicht ausgeschlossen wurden, wählt die Geschäftsleitung dann im zweiten Schritt jene aus, die sie für geeignet hält. Sie verfügt hierbei über eine umfassende positive Konkretisierungsbefugnis.

§ 1 Abs. 1 S. 2 StaRUG zielt mit der Risikosteuerung auf solche Entwicklungen ab, die nicht zum Geschäftsalltag gehören, sodass keine organisatorischen Vorkehrungen wie die Integration in das allgemeine RMS zwingend erforderlich erscheinen. Dennoch können sich Gegenmaßnahmen ggf. auf die Organisation beziehen; dies ist dann der Fall, wenn die Fortbestandsgefährdung auf eine unangemessene Organisation zurückgeht; z. B. kann ein komplexer Ablauf bei Produktherstellung zu Qualitätsproblemen führen, die sich ihrerseits negativ auf das finanzielle Ergebnis auswirken; dieser Ablauf muss also angepasst werden. Dann weist die konkrete Risikosteuerungsmaßnahme eine organisationale Natur *in concreto* auf.

c) Berichtspflicht sowie Befassungspflicht

Gemäß § 1 Abs. 1 S. 2 HS. 2 StaRUG muss die Geschäftsleitung über die bestandsgefährdenden Entwicklungen an das Überwachungsorgan berichten; in der AG ist der Aufsichtsrat der Berichtsempfänger, in der GmbH ist das Überwachungsorgan im Sinne dieser Norm der Aufsichtsrat und erst in Ermangelung

1567 Zur Auslegung dieser Richtlinienbestimmungen im Kontext von StaRUG eingehend *Scholz*, ZIP 2021, 219, 220 ff.

1568 Umfassend Flöther/*Goetker*, StaRUG § 1 Rn. 47 ff.; vgl. Pannen/Riedemann/Smid/*Weitzmann*, StaRUG § 1 Rn. 98 ff.; s. auch KK-AktG/*Cahn*, § 91 Rn. 41 ff.

1569 Ähnlich Flöther/*Goetker*, StaRUG § 1 Rn. 43, der aus § 1 Abs. 1 S. 2 StaRUG ein Verbot von spekulativen Maßnahmen herleitet, bei denen die Risiken höher sind als die Risikominimierung; vgl. den prägnanten Gedanken von *Thole*, BB 2021, 1347, 1348: »erst recht gibt die Sanierungspflicht dem Geschäftsleiter nicht einen Freifahrtschein, trotz bereits eingetretener Insolvenzreife Sanierungsmaßnahmen noch um jeden Preis zu versuchen«, der einer ähnlichen wirtschaftlichen Abwägungslogik folgt. Vgl. wohl aA Seibt/Westpfahl/*Seibt*, StaRUG § 1 Rn. 28.

dessen die Gesellschafterversammlung.[1570] Hinzu kommt die Pflicht nach § 1 Abs. 1 S. 3 StaRUG, auf die Befassung mit den bestandsgefährdenden Entwicklungen hinzuwirken, soweit die Zuständigkeiten anderer Organe berührt werden.[1571] Alle diese Pflichten sind keine unternehmerischen Organisationspflichten.

3. Vergleich mit den §§ 76, 93 AktG sowie § 91 Abs. 2 und Abs. 3 AktG

Bei § 1 Abs. 1 StaRUG handelt es sich um eine allgemeine Regelung; daher bleiben die weitergehenden besonderen Pflichten unberührt, § 1 Abs. 3 StaRUG.

Bezogen auf §§ 76, 93 AktG wirken die Pflichten nach § 1 Abs. 1 StaRUG lediglich klarstellend; eine Erkennung- sowie eine Reaktionspflicht lassen sich bereits aus der Pflicht herleiten, für das Unternehmenswohl zu sorgen.[1572] Deutlich weiter als § 1 Abs. 1 S. 1 StaRUG reicht ferner die Pflicht zur Einrichtung eines Risikofrüherkennungssystems nach § 91 Abs. 2 AktG; in der GmbHG fehlt damit weiterhin eine zu § 91 Abs. 2 AktG parallele Regelung; § 1 Abs. 1 StaRUG leistet diesbezüglich keine Abhilfe.

§ 91 Abs. 3 AktG verlangt nicht nur eine systematische Risikoerkennung, sondern darüber hinaus eine systematische Steuerung aller Risiken; die implizite Reaktionspflicht nach § 91 Abs. 3 AktG reicht damit auch weiter als jene nach § 1 Abs. 1 S. 2 HS. 1 StaRUG.

Bei § 1 Abs. 1 S. 1 und 2 StaRUG handelt es sich um eine offene Zielvorgabe, die zwei gesetzliche Ziele setzt: die Erkennung und die Steuerung von Bestandsrisiken.[1573] Wie bereits oben festgestellt, hat der Gesetzgeber die positive Konkretisierungsbefugnis bzgl. der zur Zielerreichung notwendigen Maßnahmen auf die Geschäftsleitung übertragen. Die gesetzliche Vorgabe beschränkt sich auf das »Ob«, womit die Legalitätspflicht ebenfalls einer solchen Einschränkung unterliegt und sich nicht auf das »Wie« erstreckt.[1574] Die grundsätzliche Bindung an das Unternehmenswohl, die durch die Business Judgment Rule ausgedrückt wird,[1575] soll durch diese besonderen Zielvorgaben nicht aufgehoben, sondern

1570 MüKoStaRUG/*J. Schmidt*, § 1 Rn. 56; Römermann/*Rieger/Schmitz*, 48. EL Mai 2023, StaRUG § 1 Rn. 26; aA bzgl. der Gesellschafterversammlung *Scholz*, ZIP 2021, 219, 230.

1571 Mehr dazu MüKoStaRUG/*J. Schmidt*, § 1 Rn. 49 ff.; Römermann/*Rieger/Schmitz*, 48. EL Mai 2023, StaRUG § 1 Rn. 30 f.; umfassend Flöther/*Goetker*, StaRUG § 1 Rn. 64 ff.; vgl. BeckOK StaRUG/*Mock*, 1.1.2025, StaRUG § 1 Rn. 63 ff.

1572 KK-AktG/*Cahn*, § 91 Rn. 40; MüKoAktG/*Spindler*, AktG § 76 Rn. 87 mwN.

1573 Keine gesetzliche Zielvorgabe sieht in der Risikosteuerung *Scholz*, ZIP 2021, 219, 230, aber er kommt dennoch zu einem ähnlichen Ergebnis bzgl. des unternehmerischen Ermessens.

1574 Die Reichweite der Legalitätspflicht und somit die Anwendbarkeit der Business Judgment Rule verkennen *Hölzle*, FS Gehrlein, 2022, S. 261, 266 f.; BeckOK StaRUG/*Mock*, 1.1.2025, StaRUG § 1 Rn. 38.

1575 Dazu bereits oben II. B. 3. a).

lediglich ergänzt werden,[1576] sodass § 93 Abs. 1 S. 2 AktG auf die Frage des »Wie« der Krisenerkennung und -abwendung anzuwenden ist.[1577]

4. Zwischenergebnis

Aus § 1 Abs. 1 StaRUG lassen sich keine Organisationspflichten herleiten, die über die allgemeine Leitungspflicht nach §§ 76, 93 AktG hinausgehen. Die Pflicht zur Einrichtung eines Risikofrüherkennungssystems nach § 91 Abs. 2 AktG reicht deutlich weiter als die Pflicht zur Erkennung der bestandsgefährdenden Entwicklungen nach § 1 Abs. 1 S. 1 StaRUG. Zusammenfassend betrachtet wirkt sich § 1 Abs. 1 StaRUG nicht auf die Organisationspflichten in der AG aus.

G. IDW-Standards mit Bezug zu § 91 Abs. 2 und Abs. 3 AktG und deren inhaltliche Legitimität

Oben wurde bereits angedeutet, IDW-Standards können eine Gefahr für die positive Konkretisierungsbefugnis der Unternehmen darstellen:[1578] Sie sind illegitim, wenn sie diese nicht hinreichend berücksichtigen.[1579] Bei § 91 Abs. 2 und Abs. 3 AktG betrifft diese Gefahr den Vorstand, sodass die mit dieser Norm zusammenhängenden Standards zu untersuchen sind.

In diesem Kontext ist der IDW PS 340 n. F.[1580] zu nennen, der sich auf die Prüfung der Einhaltung von § 91 Abs. 2 AktG bezieht. Ferner muss der IDW PS 981[1581] analysiert werden; dessen Gegenstand ist das RMS. Die Untersuchung von IDW PS 982, der inhaltlich das IKS umfasst, sowie von IDW PS 980, der sich auf das CMS bezieht, würde den Rahmen dieser Arbeit sprengen. Ferner beschränkt sich die nachfolgende Darstellung ausschließlich auf die für die Organisation relevanten Aspekte der Standards; die sonstigen Inhalte können hier

1576 S. dazu III. B. 3. b).

1577 Ähnlich bereits bzgl. § 1 Abs. 1 S. 1 (*Beurteilungsspielraum*) und S. 2 *Schulz*, ZIP 2021, 219, 229 f.; ausdrücklich bzgl. der Krisenabwendungsmaßnahmen MüKo-StaRUG/*J. Schmidt*, § 1 Rn. 46 sowie bzgl. der Risikoabwendungsmaßnahmen auch BeckOK StaRUG/*Mock*, 01.01.2025, StaRUG § 1 Rn. 54; HHL/*Thole*, 2024, § 48 Rn. 23. AA (keine Anwendung der Business Judgment Rule) bezogen auf die Risikofrüherkenungspflicht BeckOK StaRUG/*Mock*, 1.1.2025, StaRUG § 1 Rn. 38; *Hölzle*, FS Gehrlein, 2022, S. 261, 266 f. Schwierig einzuordnen ist die Ansicht von *Brinkmann*, KTS 2021, 303, 313, der zwar das Ermessen der Geschäftsleitung bzgl. der Risikoabwendungsmaßnahmen anerkennt, aber die Anwendung der Business Judgment Rule mit dem Argument ablehnt, sie wäre auf ein anderes Ziel als die Insolvenzabwendung gerichtet.

1578 S. oben Teil 4, I. D. 2.

1579 Vgl. zu diesem Maßstab oben Teil 4, I. D. 2.

1580 IDW Life, 2020, S. 631 ff.

1581 IDW Life 2017, S. 380 ff.

aufgrund ihrer untergeordneten Bedeutung für die Organisation ausgeblendet werden.

1. Der IDW PS 340 n. F. als eine Konkretisierung des § 91 Abs. 2 AktG

Der IDW PS 340 n. F. ist ein freiwilliger Fachstandard[1582] und bezieht sich gegenständlich auf die gesetzlich obligatorische Prüfung des Risikofrüherkennungssystems i. S. d. § 91 Abs. 2 AktG nach § 317 Abs. 4 HGB[1583]; das Ergebnis der Prüfung ist nach § 321 Abs. 4 HGB in den Prüfungsbericht aufzunehmen. Dieser Standard stellt eine neue Fassung des IDW PS 340 von 1999 dar.[1584]

a) Auslegung des Gesetzes im Standard

Der Standard weicht in der Auslegung mancher Aspekte des § 91 Abs. 2 AktG von der hier vertretenen Meinung ab, z. B. verlangt er die Erstreckung des Früherkennungssystems auf das gesamte Unternehmen[1585]. Insoweit stellt sich die Frage, ob die Wahl einer konkreten juristischen Meinung nicht bereits illegitim ist. Einerseits gehört es zur Pflicht und zum Recht des Vorstands, ggf. mithilfe seiner Rechtsberater eine vertretbare Meinung auszuwählen; der IDW-Standard würde dies aber faktisch einschränken. Andererseits bedarf der Standard eines rechtlichen Fundaments, damit er seine ordnende Wirkung entfalten kann. Daher sind die Ansichten im Standard hinzunehmen, weil sonst seine Existenz nicht möglich wäre. Im Einzelfall kann transparent über eine abweichende Rechtsansicht im Prüfungsurteil berichtet werden.

b) Konkretisierung der Systemmerkmale

Tz. 12 ff. des IDW PS 340 n. F. sehen gewisse Grundelemente des Systems vor; jene entstammen inhaltlich dem für das RMS bestimmten IDW PS 981.[1586] Dieser Abschnitt ist daher mit dem höchsten Risiko eines illegitimen Eingriffs in die positive Konkretisierungsbefugnis verbunden und wird deshalb mit einem besonderen Augenmerk analysiert:

1582 Zum allgemeinen Inhalt des Standards s. umfassend MüKoAktG/*Spindler*, AktG § 91 Rn. 35 ff.

1583 Zur Prüfungspflicht s. *Drygala/Drygala*, ZIP 2000, 297, 304 f.; *Dobler*, DStR 2001, 2086 ff.; MüKoHGB/*Ebke*, HGB § 317 Rn. 35 ff.; BeckOGK/*Bormann*, 01.01.2024, HGB § 317 Rn. 117 ff.

1584 *Wermelt/Oehlmann*, WPg 2019, 1026; *Berger uam.*, DB 2021, 2709; zur früheren Fassung des IDW PS 340 s. IDW-Fachnachrichten 1999, S. 350 ff.; zum Verhältnis zwischen der alten Fassung des Standards und § 91 Abs. 2 AktG s. *Jakobus*, Risikomanagement, 2014, S. 156 ff.

1585 S. dazu bereits oben D. 1. b). (3). (c).

1586 *Wermelt/Oehlmann*, WPg 2019, 1026.

(1) Risikokultur

In Tz. 13 wird die Risikokultur als einer der zwingenden Systembestandteile genannt; deren Bedeutung wird durch die Erläuterung in Tz. A9 unterstrichen. Unabhängig vom Unternehmen stellt sie ein sachnotwendiges Element in jedem Risikofrüherkennungssystem dar und ist als der entscheidende Teil der informalen Organisation nicht wegzudenken.[1587] Tz. 13 setzt nur die Einflussnahme auf die Unternehmenskultur voraus; damit wird also das »Ob« vorgegeben, das sich bereits aus der objektiven Bedeutung der Risikokultur für die Organisation herleiten lässt.[1588] Das »Wie«, insb. die Intensität der Maßnahmen in Bezug auf die Risikokultur, ist vom Vorstand zu bestimmen. Insoweit ist der Eingriff in die positive Konkretisierungsbefugnis lediglich minimal.

(2) Ziele der Maßnahmen

Tz. 14 (»Ziele der Maßnahmen«) umfasst die Wiederholung der gesetzlichen Zielvorgabe und kann die Konkretisierungsbefugnis des Vorstands aufgrund ihres rein deklaratorischen Charakters nicht beschneiden.

(3) Bestimmung der Risikotragfähigkeit

Der Vorstand wird darüber hinaus nach Tz. 10 und 15 verpflichtet, die Risikotragfähigkeit[1589] seines Unternehmens zu bestimmen. Diese Anforderung ergibt sich mittelbar aus dem Gesetz, denn ohne eine solche Bestimmung ist keine Feststellung möglich, welche Risiken bestandsgefährdend sind und welche sich noch im Rahmen des Vertretbaren halten. Diese Bestimmung gibt also lediglich eine bereits bestehende Pflicht des Vorstands wieder.

Besorgnis ruft allerdings die hierzu gehörende Tz. A39 hervor, wonach die Risikotragfähigkeit durch den Abschlussprüfer auf ihre Nachvollziehbarkeit sowie Vertretbarkeit zu prüfen sei. Zwar erwähnt Tz. 10 das Ermessen des Unternehmens, aber in Tz. A39 geht das Leitungsermessen des Vorstands unter.[1590]

1587 Vgl. im Kontext der Organisationsbewertung zur Wechselwirkung zwischen der formalen und informalen Organisation oben II. C. 3. b).

1588 Vgl. oben zur Bedeutung der allgemeinen Unternehmenskultur für die Organisation Teil 2, V. C.

1589 Nach der Definition in Tz. 2, Rn. 8 lit. c handelt es sich hierbei um das maximale Ausmaß des Risikos, das das Unternehmen ohne die Bestandsgefährdung tragen kann.

1590 Mehr zu diesem Spannungsverhältnis s. unten d).

(4) Organisation der Maßnahmen

Tz. 3.2.3. verlangt die Verankerung des Systems in der formellen Organisation. Im Übrigen bestimmt sie die Anforderungen an die Ausstattung sowie an die Fachkunde von verantwortlichen Personen. Ferner wird die Dokumentation für erforderlich erachtet, aber ohne eine nähere Präzisierung deren Granularität mit der Folge, dass sich der Vorstand ggf. mit einer zurückhaltenden Dokumentation begnügen kann.[1591] Insgesamt wird also ein »feigenblattartiges« System verhindert, ohne die Ausgestaltung des Systems im Einzelfall zu beeinflussen; das Ermessen des Vorstands wird hier nicht beschnitten.

(5) Risikoidentifikation und Risikobewertung

Die Identifikation sowie die Qualifikation der Risiken nach Tz. 3.2.4. und Tz. 3.2.5. sind zentral für die Pflicht des Vorstands aus § 91 Abs. 2 AktG, für die Erkennung der bestandsgefährdenden Risiken zu sorgen.

Zunächst ist die Reichweite der Pflicht zur Systemeinrichtung problematisch. Nach dem Standard soll sich das System auf das gesamte Unternehmen erstrecken. Dies könnte aber auch so zu verstehen sein, dass das gesamte Unternehmen darauf zu prüfen ist, ob sich ein (Teil-)Bereich dazu eignet, bestandsgefährdende Risiken hervorzurufen. Dieses Verständnis stimmt mit der hier vertretenen Ansicht überein[1592] und es existieren weitere Ausführungen im Standard, die für diese Interpretation sprechen (s. Tz. A16 sowie Tz. A40).

Der Standard unterstreicht in der Erläuterung A42 zu Recht den subjektiven Charakter der Risikobeurteilung; es wird aber Wert auf deren Konsistenz gelegt. In diese Bestimmung könnte zwar die positive Konkretisierungsbefugnis des Vorstands hineingelesen werden, aber sie wird nicht explizit genannt.

(6) Risikosteuerung

Tz. 3.2.6. IDW PS 340 n. F. zählt zu den Grundelementen des Systems die Risikosteuerung.[1593] Dadurch soll IDW PS 340 n. F. inhaltlich an den IDW PS 981 angenähert werden.[1594] Die Übernahme der Risikosteuerung aus dem für das RMS vorgesehenen IDW PS 981 verkennt die Unterschiede zwischen dem Risikofrüherkennungssystem und dem RMS.[1595] Dieses Element steht infolgedessen im eklatanten Widerspruch zum Gesetz, denn § 91 Abs. 2 AktG verlangt lediglich

1591 Zur Dokumentation im Kontext der Vorstandsverantwortung s. oben II. B. 3. c).; die Dokumentation wird auch in Tz. 3.3. des IDW PS 340 n. F. behandelt.

1592 Vgl. oben D. 1. b). (3). (c).

1593 Dieser Inhalt entspricht der Empfehlung von *Hommelhoff/Mattheus*, BB 2007, 2787, 2789.

1594 *Wermelt/Oehlmann*, WPg 2019, 1026, 1027.

1595 Zustimmend zur Nichtberücksichtigung der Risikosteuerung in der früheren Fassung des IDW PS 340 *Bunting*, ZIP 2012, 357, 358.

Maßnahmen zur Erkennung der Risiken und nicht zu deren Handhabung. Eine effiziente Risikosteuerung soll zwar durch § 91 Abs. 2 AktG informationell ermöglicht werden und ist das Fernziel des Gesetzgebers,[1596] aber eine Pflicht zur systematischen Risikosteuerung lässt sich nicht auf den Wortlaut stützen (»früh erkannt werden«).[1597]

Der Standard erweitert also ohne jedwede Grundlage oder Legitimation den Pflichtenkanon des Gesetzes; insoweit ist der Standard rechtswidrig und vom Abschlussprüfer nicht zu berücksichtigen.

(7) Risikokommunikation

Die Aussagen zur Risikokommunikation in Tz. 20 umschreiben allgemein die Art und Weise der Systematisierung von Informationsverarbeitung im Unternehmen. Die gesetzliche Pflicht zur systematischen Risikoerfassung aus § 91 Abs. 2 AktG umfasst implizit auch eine Pflicht zur Organisation des unternehmensinternen Informationsflusses, denn der Vorstand muss am Ende über die bestandsgefährdende Risikoinformation verfügen, damit die Funktionen des Gesetzes realisiert werden können.[1598]

Darüber hinaus wird in Tz. 20 ein Ad-hoc-Kanal für die eilbedürftigen Informationen verlangt, aber seine konkrete Ausgestaltung dem Unternehmen überlassen. In kleineren hierarchiefreien Aktiengesellschaften können Sonderberichtswege für Ad-hoc-Fälle überflüssig sein, aber dann erfüllt die gewöhnliche Berichtsorganisation auch die Funktionen der Ad-hoc-Berichtsorganisation, sodass die Anforderungen des Standards erfüllt sind. Insgesamt führt der hohe Allgemeinheitsgrad der Tz. 20 dazu, dass der Standard das Leitungsermessen des Vorstands nicht tangiert.

(8) Überwachung und Verbesserung

In Tz. 21 wird die regelmäßige Überprüfung und Anpassung des Risikofrüherkennungssystems genannt. Der Standard erkennt damit die dynamische Natur der Unternehmensorganisation an.[1599] Diese Anforderung deckt sich auch mit der oben herausgearbeiteten Business Process Rule,[1600] sodass sie lediglich der geltenden Rechtslage entspricht und legitim ist.

1596 Vgl. dazu oben C.
1597 Wohl aA *Hommelhoff/Mattheus*, BB 2007, 2787, 2789.
1598 Vgl. zu den Funktionen oben C.
1599 S. die Ausführungen hierzu oben Teil 2, V. B. und D.
1600 S. sowohl allgemein oben II. C. 2. b). als auch speziell zur Anpassung des Risikofrüherkenungssystems sowie der weiteren Systeme nach § 91 Abs. 3 AktG oben IV. D. 4. a).

c) Das Leitungsermessen des Vorstands im Spannungsverhältnis mit dem Abschlusspürferermessen

Bisher konnten lediglich nur punktuelle Verletzungen vom Vorstandsermessen festgestellt werden. Im Standard lässt sich aber eine umfassende Rechtsfigur finden, die eine weitreichendere Gefahr darstellt: das Abschlussprüferermessen.[1601] Beide Ermessensarten prallen im Kontext des § 91 Abs. 2 AktG aufeinander, denn sie befinden sich in einem Exklusivitätsverhältnis;[1602] dieselbe positive Konkretisierungsbefugnis kann nämlich nicht mehreren Akteuren zustehen. Anders gesagt: Je weiter das zu respektierende Ermessen des Vorstands, desto mehr Gegenstände werden der Beurteilung des Abschlussprüfers entzogen.[1603] Im Text des IDW PS 340 n. F. kommen beide Ermessensarten zum Vorschein: Einerseits wird das Vorstandsermessen erwähnt (Tz. 10), andererseits soll der Abschlussprüfer dessen Ausübung überprüfen (Tz. A39) und über sein eigenes Ermessen verfügen (Tz. A36). Eine Lösung für diesen Konflikt fehlt. Ferner erkennt der Standard zu Recht die Konkretisierungsbedürftigkeit der Früherkennungsmaßnahmen im Einzelfall (s. Tz. 12 sowie Tz. A8), die gerade die Ursache für die hohe Relevanz der Frage nach der Zuordnung der Konkretisierungsbefugnis darstellt. Darüber hinaus bedient sich der Standard zahlloser unbestimmter Rechtsbegriffe (z. B. »angemessener Informationsfluss« in Tz. 20, »angemessene Dokumentation« in Tz. 22 oder »regelmäßige Identifizierung von Risiken« in Tz. 17); dies steigert die Bedeutung der Zuständigkeit für deren Konkretisierung erheblich.

Die Auflösung dieses Spannungsverhältnisses ist insoweit problematisch, als beide Rechtsfiguren ihre Berechtigung haben. Wenn der Abschlussprüfer über eine zu enge Beurteilungsbefugnis verfügt, entsteht eine Erwartungslücke;[1604] jene wiegt hier aber nicht so schwer, denn der Prüfungsbericht ist nicht für die Öffentlichkeit bestimmt,[1605] sondern lediglich für den Aufsichtsrat, arg. ex § 321

1601 Zu diesem s. *Merkt*, NJW 2022, 574 f.; vgl. hierzu auch *Ebke*, ZGR 2024, 1, 40 ff.; das Abschlussprüferermessen lehnt wohl ab Staub/*Habersack*, HGB § 323 Rn. 30.

1602 Vgl. zum parallelen Problem im Kontext des IDW PS 981 unten 2. d).

1603 Vgl. andeutend *J. G. Schäfer*, Überwachungssystem, 2001, S. 218 f.; vgl. ein ähnliches Problem im Kontext der Ausübung der Wahlrechte in Bezug auf den Anhang durch die Unternehmen und die Meinung von MüKoHGB/*Ebke*, HGB § 317 Rn. 100, der Abschlussprüfer habe das Ermessen des Aufstellers des Abschlusses zu respektieren; s. zur Aufteilung der Verantwortung im Unternehmen zwischen dem Abschlussprüfer und der Geschäftsleitung (und ggf. mit dem Aufsichtsrat) *Wegner*, WPg 2022, 1317 f.

1604 Zu diesem Problem im Kontext des KonTraG s. *Hommelhoff*, BB 1998, 2625, 2630 f.; *Dobler*, DStR 2001, 2086, 2091. Vgl. zum Begriff *Chekushina/Loth*, NZG 2014, 85.

1605 Zu mittelbaren Konsequenzen für das Bestätigungsvermerk s. *Dobler*, DStR 2001, 2086, 2090 f.; vgl. dazu auch *J. G. Schäfer*, Überwachungssystem, 2001, S. 213 ff.

Abs. 5 S. 2 HGB[1606]. Der Abschlussprüfer versichert jedoch im Prüfungsbericht die Qualität und die Rechtmäßigkeit des Risikofrühwarnsystems (vgl. Tz. 49). Diese Versicherung ist geeignet, ein unbegründetes Vertrauen des Aufsichtsrats in die Systeme des Unternehmens hervorzurufen, wenn die Versicherung des Abschlussprüfers nicht auf einem starken Fundament beruht. Ferner beruht das Ermessen des Abschlussprüfers inhaltlich auf dem Wissen über das innere Leben des Unternehmens, das er während der Prüfung erlangt, sodass sein Ermessen über eine sachliche Grundlage verfügt. Andererseits ist er kein Unternehmer und seine Anwesenheit im Unternehmen nicht dauerhaft, womit die Einblicke trotz ihres beachtlichen Umfangs eingeschränkt sind.[1607]

Auf der anderen Seite soll der Abschlussprüfer nicht die Freiheit des Vorstands beschneiden dürfen, § 91 Abs. 2 AktG auf die eigene dem Gesetz entsprechende Weise umzusetzen.[1608] Wird das Ermessen des Vorstands bei der Prüfung zu wenig gewichtet, erlangt der Abschlussprüfer die faktische Macht, seine eigene Meinung zu erforderlichen Maßnahmen und Systemen durchzusetzen, die nicht unbedingt dem Unternehmenswohl entsprechen muss.

Ferner birgt das zu weite Ermessen des Abschlussprüfers Gefahr für die Kompetenzordnung der Aktiengesellschaft. Gem. § 111 Abs. 2 S. 3 AktG erteilt der Aufsichtsrat dem Abschlussprüfer den Prüfungsauftrag;[1609] zwar wird er von der Hauptversammlung bestellt (§ 119 Abs. 1 Nr. 5 AktG), dies erfolgt jedoch auf Vorschlag des Aufsichtsrats (§ 124 Abs. 3 S. 1 AktG). Der Aufsichtsrat kann seinen Einfluss auf den Abschlussprüfer ausnutzen, um durch diese Hintertür die Ausgestaltung des Risikofrüherkennungssystems durch den Vorstand zu beeinflussen. Damit könnte das Leitungsermessen des Vorstands im Einzelfall durch den Aufsichtsrat mithilfe des Abschlussprüfers indirekt gefährdet werden.

Das Ermessen des Vorstands muss also Vorrang gegenüber dem des Abschlussprüfers genießen. Dies löst aber nicht das Problem der sich hieraus ergebenden Erwartungslücke, die hier den gordischen Knoten ausmacht. Dieser Knoten ließe sich aber leicht durchschlagen: Die Erwartungslücke geht hier auf eine weitreichende, positive Formulierung des Prüfungsergebnisses zurück (Tz. 49). Der Abschlussprüfer könnte sich in seinem Bericht auch auf eine Negativaussage beschränken: »Es kann keine Ungeeignetheit des Systems zur Risikofrüherkennung festgestellt werden.« Diese Formulierung würde die positive Konkretisie-

1606 BegrRegE KonTraG, BT-Drs. 13/9712, S. 27; *Drygala/Drygala*, ZIP 2000, 297, 304; *Dobler*, DStR 2001, 2086, 2087. Es ist ferner den Aktiengesellschaften nicht verwehrt, über das Ergebnis freiwillig zu berichten; s. z. B. Geschäftsbericht RWE 2022, S. 13 (abrufbar unter https://t1p.de/x0h02, abgerufen am 11.01.2024). Zu Auswirkungen der Prüfung nach § 317 Abs. 4 HGB auf die Prüfungsurteile zu dem Jahresabschluss und zu dem Lagebericht s. *Wermelt/Oehlmann*, WPg 2019, 1026, 1031.

1607 Vgl. hierzu die scherzhafte Anmerkung von *Hakelmacher*, WPg 2023, 410, 412.

1608 Vgl. *Jakobus*, Risikomanagement, 2014, S. 158.

1609 S. umfassend zu dieser Lösung *Hommelhoff*, BB 1998, 2567, 2568 ff.

rungsbefugnis des Vorstands[1610] schützen und der negativen Konkretisierungsbefugnis des Abschlussprüfers entsprechen. Durch die tiefe Prüfung ist dem Abschlussprüfer unschwer möglich, einen Mangel an Zweckmäßigkeit der Maßnahmen im Einzelfall festzustellen. Daher bringt diese Negativaussage keine Gefahr mit sich, die Prüfung nach § 317 Abs. 4 HGB in einen »zahnlosen Tiger« ohne jedwede Bedeutung zu verwandeln. Die in Tz. 49 ff. enthaltenen Formulierungsempfehlungen sind also nachzubessern, damit der positiven Konkretisierungsbefugnis des Vorstands hinreichend Rechnung getragen werden kann.

d) Zwischenergebnis

Insgesamt weist der IDW PS 340 n. F. zwei gravierende Mängel auf, die dessen Nachbesserung zwingend erforderlich machen: Erstens überschreitet er durch die Konkretisierung der Anforderungen an die Risikosteuerung die Grenzen des gesetzlichen Rahmens bezogen auf den Prüfungsgegenstand. Zweitens geht in ihm das Vorstandsermessen zugunsten des Abschlussprüferermessens unter. Insoweit ist der Standard illegitim und rechtswidrig.

2. IDW PS 981 als eine Konkretisierung des § 91 Abs. 3 AktG

Der im Jahr 2017 veröffentlichte IDW PS 981[1611] ist ein freiwilliger Berufsstandard betreffend die Prüfung von Risikomanagementsystemen. Im Gegensatz zu IDW PS 340 n. F. bezieht er sich auf eine rein freiwillige Prüfung des RMS durch einen Abschlussprüfer. Zwar ist das RMS aktuell anders als im Zeitpunkt der Verabschiedung des Standards in börsennotierten Aktiengesellschaften obligatorisch, aber es gibt keine mit § 317 Abs. 4 HGB vergleichbare Prüfungspflicht bezogen auf § 91 Abs. 3 AktG.

Ungeachtet dessen erhöht der neue § 91 Abs. 3 AktG die Bedeutung des Standards, denn er kann für die Auslegung des § 91 Abs. 3 AktG herangezogen werden.[1612] Das IDW hat keine Aktualisierung des Standards nach dem Inkrafttreten des FISG vorgenommen; dies überrascht vor dem Hintergrund seiner gesteigerten Relevanz.

Im Folgenden werden ausschließlich jene Inhalte des Standards kurz analysiert, die das Potenzial aufweisen, die Organisationsfreiheit des Vorstands zu beschneiden:

1610 Zu dieser bereits umfassend oben D. 1. a).
1611 IDW Life 2017, S. 380 ff.
1612 Ähnlich MüKoAktG/*Spindler*, AktG § 91 Rn. 41.

a) Die Dokumentation

Die Dokumentation des RMS wurde im Standard besonders hervorgehoben. Zwar wurde sie im Haupttext lediglich zweimal erwähnt,[1613] aber sie verfügt über ein großes Gewicht in den Erläuterungen (s. Tz. A23, A24, A25, A26, A27 und A28), wo sie bei jedem Systembestandteil explizit sowie implizit verlangt wird.

Die Dokumentation an sich darf zwar nicht verteufelt werden.[1614] Die oben erwähnten Anforderungen stellen aber einen Anreiz dar, das RMS sehr detailliert zu formalisieren. Dies kann zwar für die Unternehmen mit einer stabilen Situation vorteilhaft sein, aber bei manchen Unternehmen kann diese Formalisierung die Flexibilität des Systems und infolgedessen seine Angemessenheit sowie Wirksamkeit verringern und die Anpassung des Systems an die neue Situation erschweren. Die hohe Dokumentationsdichte mag aus der Perspektive der Prüfer wünschenswert sein,[1615] denn sie reduziert das Bedürfnis für eine tiefergehende Untersuchung des RMS durch den Prüfer; der Standard verletzt aber die legitimen Interessen der zu prüfenden Unternehmen durch die allzu hohe Stellung der Dokumentation.

b) Hohe Regelungsdichte

Den Standard charakterisiert eine ziemlich hohe Dichte der dargestellten Organisationslösungen. Dies geschieht zwar nicht im schlanken Haupttext, sondern in den Erläuterungen zu den Grundelementen des Systems: In Tz. A24 bis A28 wurden zahllose konkrete Gestaltungsvarianten dargestellt. Die dargestellten Lösungen beziehen sich insb. auf die Erfassungshäufigkeit von Finanzrisiken (Tz. A 24), die Qualifikation von Risikosteuerungsmaßnahmen (Tz. A 26), die Eskalationsstufen und Berichtsformate (Tz. A27) sowie die Dokumentation der prozessintegrierten Überwachung durch Checklisten und Protokolle (Tz. A28).

Die Lösungen sind zwar in nicht bindender Weise formuliert (»bspw.«, »z. B.« oder »kann«), aber dennoch entfalten sie eine gewisse suggestive Wirkung, die nicht erforderlich ist. Es besteht also Gefahr für die Organisationsfreiheit, denn die Unternehmen können in der Praxis dazu neigen, die im Standard dargestellten Lösungen einzuführen, auch wenn sie nicht unbedingt das Optimum für ihre Situation darstellen. Insoweit ist es empfehlenswert, die Regelungsdichte des Standards zu verringern.

1613 S. die Beschreibung der Grundelemente des RMS in Tz. 31

1614 Vgl. zur Bedeutung der Dokumentation für die Konkretisierungsbefugnis des Vorstands oben II. B. 3. c).

1615 Vgl. zum IDW PS 340 n. F. MüKoAktG/*Spindler*, AktG § 91 Rn. 40; vgl. auch zur Bedeutung der Dokumentation *Bunting*, ZIP 2012, 357, 362.

c) Die Anerkennung der Organisationsfreiheit

Im Widerspruch zur hohen Regelungsdichte sowie zu den Dokumenationsanforderungen stehen die Bestimmungen des Standards zum Vorstandsermessen, denn er erkennt das Organisationsermessen des Vorstands ausdrücklich an (Tz. 4).

Das beim IDW PS 340 n. F. bereits analysierte Spannungsverhältnis zwischen dem Ermessen des Abschlussprüfers und dem des Vorstands besteht ebenfalls hier, aber im IDW PS 981 hat sich der Standardgeber dazu entschlossen, die Richtung für dessen Lösung aufzuzeigen: In Tz. A58 wird im Kontext der Risikobewertung ausgeführt, der Prüfer dürfe die Schätzung der Unternehmensleitung nicht durch seine eigene ersetzen. Der Vorrang des Vorstandsermessens wird also implizit anerkannt.

Ferner respektiert der Standard das Bedürfnis, ein maßgeschneidertes RMS-Konzept zu besitzen, indem er in der Definition der RMS-Grundsätze eine solche Möglichkeit erwähnt (Tz. 18 lit. i).

Darüber hinaus behält der Standardgeber kleinere Unternehmen im Blick: Tz. A23 sieht für solche Unternehmen die Möglichkeit vor, dass die Geschäftsleitung selbst die Aufgaben des RMS übernimmt. Anlässlich des weiten Anwendungsbereichs von § 91 Abs. 2 AktG hätte man sich eine solche Klarstellung im IDW PS 340 n. F. gewünscht.

Insgesamt scheint das Organisationsermessen des Vorstands hinreichend im Standard berücksichtigt; es liegt also keine illegitime Einschränkung der Organisationsfreiheit vor.

3. Zwischenergebnis

Die oben untersuchten IDW PS 981 sowie IDW PS 340 n. F. bedürfen einer Nachbesserung. Im Falle des IDW PS 340 n. F. wäre sie dringend nötig, denn dieser Standard verleiht dem Abschlussprüferermessen ein großes Gewicht, und zwar zulasten des Vorstandsermessens. Dies kann wegen des faktischen Einflusses dieses Standards auf die Unternehmenspraxis[1616] nicht hingenommen werden.

Der IDW PS 981 gibt ein ambivalentes Bild ab. Einerseits belastet er die Unternehmen mit intensiven Dokumentationsvorstellungen und weit konkretisierten Organisationslösungen. Andererseits respektiert er weitestgehend die Organisationsfreiheit des Vorstands als Rechtsfigur, und dies sogar zulasten des Abschlussprüferermessens. Wegen der Hervorhebung des Vorstandsermessens in allgemeinen Aussagen erscheint der Nachbesserungsbedarf in Bezug auf die illegitimen Elemente nicht so dringend wie im Falle des IDW PS 340 n. F. Eine Aktualisierung wäre aber schon allein aufgrund des Inkrafttretens des FISG angezeigt.

1616 Dazu bereits oben Teil 4, I. D. 2. sowie Teil 5, IV. G. 1. c).

H. Zwischenergebnis

Bei § 91 Abs. 2 und Abs. 3 AktG handelt es sich um dogmatisch komplexe Regelungen, die dem Schutz der Aktionäre sowie der Gläubiger dienen und darauf abzielen, die Funktionsfähigkeit der Rechnungslegung und des Insolvenzrechts im Interesse der Volkswirtschaft zu fördern. § 91 Abs. 2 AktG beinhaltet zwar eine klare Zielvorgabe, aber das hiernach erforderliche Überwachungssystem verursacht große Auslegungsprobleme. Die Analyse hat zu dem Ergebnis geführt, dass der Überwachungsgegenstand die bestandsgefährdenden Risiken und nicht die Überwachungsmaßnahmen selbst sind. Zudem müssen die Maßnahmen gewisse Mindestanforderungen erfüllen, um als ein System qualifiziert zu werden[1617].

§ 91 Abs. 3 AktG bereitet ebenfalls Schwierigkeiten bei der Auslegung; dies geht auf einen offenen Verweis auf die wirtschaftswissenschaftlichen Begriffe zurück. Dieser Verweis ermöglicht jedoch auch die Feststellung, welche Elemente des IKS und des RMS gesetzlich zwingend erforderlich sind. Das IKS umfasst hiernach auch das CMS. Aus § 91 Abs. 3 AktG ergibt sich ferner die Pflicht zur Einrichtung der IR. In der Systemeinrichtungspflicht nach § 91 Abs. 3 AktG verstecken sich außerdem aus den Zielen der einzurichtenden Systeme herzuleitende offene Zielvorgaben.

Abgesehen von den systembezogenen Mindestanforderungen steht dem Vorstand bzgl. des § 91 Abs. 2 und Abs. 3 AktG eine umfassende positive Konkretisierungsbefugnis zu. Im Rahmen dieser Konkretisierungsbefugnis ist der Vorstand sowohl an das Unternehmenswohl als auch an die einschlägigen gesetzlichen Zielvorgaben gebunden, sodass die Business Judgment Rule nach § 93 Abs. 1 S. 2 AktG analog anzuwenden ist. Außerdem ergänzt § 91 Abs. 2 und Abs. 3 AktG die organisationsbezogene Business Prozess Rule, indem er besondere gesetzliche organisationale Ziele vorgibt.

Es besteht darüber hinaus ein umfassender rechtspolitischer Reformbedarf bezogen auf die § 91 Abs. 2 und Abs. 3 AktG, bei dem der Gesetzgeber diese Normen klarstellen und sie an das Gebot der Rechtsformneutralität sowie der Größenabhängigkeit anpassen sollte; zentral für die Reform ist damit die Anpassung des Anwendungsbereichs. § 1 Abs. 1 StaRUG schafft in dieser Hinsicht keine Abhilfe.

§ 1 Abs. 1 StaRUG mag zwar aus einer rechtsformübergreifenden Perspektive eine wichtige klarstellende Rolle spielen, aber er wirkt sich auf die Organisationspflichten in der AG nicht aus.

Die ausgewerteten IDW-Standards (IDW PS 340 n. F. sowie IDW PS 981) nehmen nicht hinreichend Rücksicht auf das Vorstandsermessen und konkretisieren damit § 91 Abs. 2 und Abs. 3 AktG auf eine teilweise illegitime Art. Beim IDW PS 340 n. F. geht dies auf eine übermäßige Hervorhebung des Abschlussprüferermessens zurück. Der IDW PS 981 stellt eine zu dichte Regelung dar, die

1617 Zu diesen s. oben D. 1. b). (3).

eine überbordende Dokumentationspflicht beinhaltet. Es ist daher eine Anpassung dieser Standards zwingend erforderlich.

V. Buchführungspflicht aus § 91 Abs. 1 AktG als Organisationspflicht des Vorstands

Die Buchführungspflicht scheint zwar auf den ersten Blick keine nähere Verbindung zur Organisation aufzuweisen. Dennoch sollte diese Norm dahingehend untersucht werden, ob sich aus ihr implizite Organisationspflichten herleiten lassen. Ferner ist zu untersuchen, inwiefern § 91 Abs. 1 AktG eine offene Zielvorgabe darstellt.

A. Der historische und funktionale Hintergrund des § 91 Abs. 1 AktG

1. Die Historie des § 91 Abs. 1 AktG

§ 91 Abs. 1 AktG hat seinen Ursprung in § 24 des preußischen Aktiengesetzes 1843:[1618] »Der Vorstand ist schuldig, die zur Übersicht der Vermögenslage erforderlichen Bücher zu führen, auch in den ersten drei Monaten eines jeden Geschäftsjahres eine Bilanz des Gesellschaftsvermögens zu ziehen, und in ein dazu bestimmtes Buch einzutragen. Die Bilanz ist der Regierung mitzuteilen, in deren Bezirk die Gesellschaft ihren Sitz hat.«

Es handelt sich somit um eine der ältesten aktienrechtlichen Bestimmungen[1619], denn das preußische Aktiengesetz 1843 war die erste deutsche allgemeine aktienrechtliche Kodifikation.[1620] Diese Pflicht wurde ferner durch eine 30-jährige Aufbewahrungspflicht in § 27 S. 1 PrAktG 1843 ergänzt.

1618 Gesetz über die Aktiengesellschaften vom 9. November 1843, Gesetzessammlung für die Königlichen Preußischen Staaten 1843, Nr. 31, S. 341 ff.

1619 So schon BeckOGK/*Fleischer*, 1.2.2025, AktG § 91 Rn. 2.

1620 MüKoAktG/*Habersack*, Einleitung Rn. 15; beachte aber die Geltung von Code de Commerce (CdC) vom 1807 in manchen Gebieten, wo bereits allgemeine aktienrechtliche Bestimmungen vorhanden waren. Vertieft zum Hintergrund des Gesetzes *Schubel*, Verbandssouveränität, 2003, S. 156 ff.; s. auch *Deutsch* in: Bayer/Habersack (Hrsg.), Aktienrecht im Wandel, Bd. I, 2007, S. 46 ff. sowie *Martin*, Vierteljahresschrift für Sozial- und Wirtschaftsgeschichte 1969, S. 499, 514 ff.

Die heutige Fassung des § 91 Abs. 1 AktG geht fast wortgleich auf den Art. 239 S. 1 ADHGB 1861[1621] zurück. Dieser wurde dann auch während der großen Aktienrechtsreform 1884[1622] nicht verändert.

In § 239 HGB 1897[1623] wurde die Buchführungspflicht leicht sprachlich angepasst (»*Der Vorstand hat Sorge dafür zu tragen, (...)*« statt »*Der Vorstand ist verpflichtet, Sorge zu tragen, (...)*«). Von diesem Zeitpunkt an existiert diese Norm in ihrer heutigen Fassung. AktG 1937 widmete sich der Buchführungspflicht in § 82.[1624] Seit dem AktG 1965[1625] befindet sie sich in § 91 AktG. § 91 Abs. 1 AktG ist ein erstaunliches Beispiel für die normative Stabilität, insb. im Kontrast zu den volatilen gesellschaftlich-wirtschaftlich-politischen Verhältnissen in den letzten 150 Jahren.

2. Der Anwendungsbereich des § 91 Abs. 1 AktG

Beim Anwendungsbereich des § 91 Abs. 1 AktG gelten keine Besonderheiten. Die Buchführungspflicht gilt für alle Aktiengesellschaften.[1626]

3. Die Rechtsnatur und die Funktionen des § 91 Abs. 1 AktG

Höchst problematisch erscheinen die Rechtsnatur und die Funktionen der Vorschrift; denn die Buchführungspflicht besteht für die Aktiengesellschaft als Formkaufmann auch bereits nach § 3 Abs. 1 AktG i. V. m. §§ 6 Abs. 1 HGB i. V. m. § 238 Abs. 1 S. 1 HGB.[1627] Insoweit ließe sich behaupten, die Bedeutung des § 91 Abs. 1 AktG sei rein deklaratorisch.[1628]

1621 S. ADHGB, Gesetzessammlung für die Königlichen Preußischen Staaten 1861, Nr. 27, S. 449 (EG ADHGB), S. 480 (ADHGB), S. 530 (Art. 239 S. 1 ADHGB: *Der Vorstand ist verpflichtet, Sorge zu tragen, daß die erforderlichen Bücher der Gesellschaft geführt werden*).

1622 Gesetz betreffend die Kommanditgesellschaften und Aktiengesellschaften vom 18. Juli 1884, RGBl. 1884, Nr. 22, S. 123, 162, Art. 239 S. 1 ADHGB. S. zu dieser Reform *Schubel*, Verbandssouvärenität, 2003, S. 345 ff.; s. auch *Hofer* in: Bayer/Habersack (Hrsg.), Aktienrecht im Wandel, Bd. I, 2007, S. 388 ff.; s. vertieft *Hommelhoff* in: Schubert/Hommelhoff, Hundert Jahre modernes Aktienrecht, 1985, S. 53 ff.

1623 Handelsgesetzbuch vom 10. Mai 1897, RGBl. 1897, Nr. 23, S. 219, 273.

1624 Vgl. den Wortlaut im GroßkommAktG/*W. Schmidt*, 1939, § 82 AktG.

1625 Aktiengesetz vom 6. September 1965, BGBl. I, 1089.

1626 Vgl. MüKoAktG/*Spindler*, AktG § 91 Rn. 4; BeckOGK/*Fleischer*, 1.2.2025, AktG § 91 Rn. 5

1627 So bereits GroßkommAktG/*W. Schmidt*, 1939, § 82 AktG Anm. 1 mit Verweis auf u. a. das Rechnungslegungs- sowie das Steuerrecht; so auch KK-AktG/*Cahn*, § 91 Rn. 4 f.

1628 AA *Hellgardt*, FS Hopt II, 2020, S. 403, 406 f., der die Legalitätspflicht des Vorstands ablehnt und daher § 91 Abs. 1 AktG die Bedeutung beimisst, die Befolgung

Der Norm kommt aber auch eine Kompetenzfunktion zu, indem die Buchführungspflicht von Gesetzes wegen dem gesamten Vorstand und nicht bloß einem der Vorstandsmitglieder anvertraut wird.[1629]

Zu untersuchen bleibt noch die Rolle der Buchführung an sich;[1630] ggf. wollte der Gesetzgeber durch eine mehrfache Regelung deren Bedeutung hervorheben[1631].

Die ordnungsmäßige Buchführung bildet das wesentliche Fundament für den Kapitalschutz und somit für den Gläubigerschutz.[1632] Der Kapitalschutz war bereits in § 17 PrAktG 1843 geregelt, was die Annahme legitimiert, der Gläubigerschutz ist eine der Ursprungsfunktionen dieser Pflicht.

Die Möglichkeit der Steuerung und der Kontrolle der Geschäfte wird ebenfalls durch eine wirksame Buchführung bedingt,[1633] die hierfür ein informationelles Fundament liefert. Insoweit besteht eine Verbindung zwischen § 91 Abs. 1 und § 91 Abs. 2 AktG[1634] und allgemein zu der Leitungsfreiheit aus § 76 Abs. 1 AktG.[1635]

Es lässt sich auch das Interesse der Aktionäre an einer ordnungsmäßigen Buchführung feststellen: Sie kann dabei helfen, die Veruntreuung des Gesellschaftsvermögens durch Vorstände und Mitarbeiter zu verhindern.[1636] Außerdem ist diese Norm eng mit den Berichtspflichten des Vorstands gegenüber dem Aufsichtsrat nach § 90 AktG verknüpft: Die Buchführungspflicht stellt die informationelle Grundlage für die Erfüllung dieser Berichtspflichten sicher, womit sie sich positiv auf die Funktionsfähigkeit des Aufsichtsrats auswirkt.

Die gerade festgestellten Funktionen weisen eher einen privatrechtlichen Charakter auf. Die Buchführungspflicht besteht allerdings auch im öffentlichen Interesse:

von der Buchführungspflicht im Außenverhältnis in das Innenverhältnis zu übertragen.

1629 *Koch*, AktG § 91 Rn. 2 f.; K. Schmidt/Lutter/*Sailer-Coceani*, § 91 AktG Rn. 3; vgl. KK-AktG/*Cahn*, § 91 Rn. 8; Grigoleit/*Grigoleit/Tomasic*, AktG § 91 Rn. 1; s. aber GroßkommAktG/*Kort*, § 91 AktG Rn. 1.

1630 S. dazu die umfassende Darstellung von *Böhmer*, Rechnungslegung, 2020, S. 155 ff.

1631 Vgl. MüKoAktG/*Spindler*, AktG § 91 Rn. 4; vgl. BeckOGK/*Fleischer*, 1.2.2025, AktG § 91 Rn. 1.

1632 S. GroßkommAktG/*Kort*, § 91 AktG Rn. 4 sowie *Koch*, AktG § 91 Rn. 2, die den Selbstkontrolle-Aspekt des Gläubigerschutzes durch die Buchführung unterstreichen; BGHZ 125, 366, 377 f.; vgl. HHL/*Kneisel/Sen*, 2024, § 41 Rn. 2.

1633 S. zur historischen Grundlage in ADHGB-Entwürfen 1948/49 *Böhmer*, Rechnungslegung, 2020, S. 156; s. auch BGHZ 125, 366, 377 f.; KK-AktG/*Cahn*, § 91 Rn. 4.

1634 So bereits Grigoleit/*Grigoleit/Tomasic*, AktG § 91 Rn. 1; vgl. GroßkommAktG/*Kort*, § 91 AktG Rn. 2.

1635 GroßkommAktG/*Kort*, § 91 AktG Rn. 1.

1636 Ähnlich *Merkt*, ZGR 2017, 460, 465.

Die Dimension des Allgemeininteresses lässt sich bereits in den Anfängen der Buchführungspflicht erkennen, denn nach § 24 S. 2 PrAktG 1843 war die Bilanz den Behörden mitzuteilen. In dieser Mitteilung können die Ursprünge der an die Allgemeinheit gerichteten Information gesehen werden, die später als Leitidee sowohl im PublG[1637] als auch in der Nachhaltigkeitsberichterstattung[1638] ihren Niederschlag fanden. Diese Norm hängt auch mit § 25 S. 2 PrAktG 1843 zusammen, wonach die Behörden die Gesellschaft auflösen kann, wenn sich das Grundkapital um die Hälfte gemindert hat;[1639] denn die Ausübung dieser im öffentlichen Interesse[1640] vorgesehenen Befugnis setzt das Wissen um die bilanzielle Lage der Gesellschaft voraus.

Die Mitteilungspflicht ist heute nicht mehr in § 91 Abs. 1 AktG verankert. Dennoch hat die Allgemeinheit weiterhin ein ausgeprägtes Interesse an der Insolvenzprophylaxe durch Selbstkontrolle. Die Kenntnis der finanziellen Lage ist zur Erfüllung der insolvenzrechtlichen Pflichten[1641] unabdingbar erforderlich, und diese Kenntnis setzt wiederum eine ordnungsmäßige Buchführung voraus.[1642] Hinzu kommen noch steuerrechtliche Pflichten, die ebenfalls nur mit einem umfassenden Wissen über die monetären Vorgänge erfüllbar sind. Zu erwähnen ist ebenfalls die Bedeutung von »gläsernen Taschen« für das Vertrauen in Unternehmen am Kapitalmarkt.[1643]

Im Ergebnis handelt es sich bei § 91 Abs. 1 AktG um eine multifunktionale Pflicht, die sowohl eine privatrechtliche als auch eine öffentlich-rechtliche Dimension hat.[1644]

1637 Publizitätsgesetz, amtlich Gesetz über die Rechnungslegung von bestimmten Unternehmen und Konzernen vom 15. August 1969, BGBl. I S. 1189; s. zu Zielen des PublG HKMS/*Beyer*, § 1 PublG Rn. 13 ff.; vgl. auch zu Zielen des PublG bezogen auf die konzernrechtliche Aspekte *T. Böhmer*, Publizitätsgesetz, 1986, S. 8 ff.

1638 S. dazu *Hommelhoff*, FS Seibert, 2019, S. 371, 374 f.

1639 Vgl. *Schubel*, Verbandssouveränität, 2003, S. 161.

1640 Es geht im Kern um die Befreiung des Rechtsverkehrs von (ggf. potenziell) insolventen Gesellschaften, denn die Preußische Konkursordnung ist erst in 1855 verabschiedet worden (s. K. Schmidt InsO/*K. Schmidt*, InsO Einleitung Rn. 1).

1641 Hierbei gemeint ist vor allem die Antragspflicht nach § 15a Abs. 1 InsO, die ihrerseits an die Zahlungsunfähigkeit gem. § 17 InsO sowie an die Überschuldung gem. § 19 InsO knüpft, die nur bei Kenntnis der finanziellen Lage feststellbar sind; s. mehr zu Insolvenzgründen *Frege/Keller/Riedel*, InsR HdB, Teil 2 Rn. 49 ff. sowie zur Antragspflicht Teil 2 Rn. 221 ff.

1642 Vgl. die Meinung vom BGH bzgl. der gleich lautenden Buchführungspflicht aus § 41 GmbHG BGHZ 125, 366, 377 ff. = NJW 1994, 1801, 1804; vgl. *Hommelhoff*, Konzernleitungspflicht, 1982, S. 185; vgl. im Kontext des § 91 Abs. 2 oben IV. C. 2.; vgl. auch *BGH*, ZIP 2012, 1557, 1558 (Rn. 11), wo der Gerichtshof vom Geschäftsführer einer GmbH erwartet, »dass er sich über die wirtschaftliche Lage der Gesellschaft stets vergewissert«, was sich auf eine AG gleichwohl übertragen lässt.

1643 MüKoAktG/Spindler, AktG § 91 Rn. 4; GroßkommAktG/*Kort*, § 91 AktG Rn. 4.

1644 Vgl. *Merkt*, ZGR 2017, 460, 465 mwN; vgl. *Jessen/Haaker*, DB 2013, 1617, 1618 f.

B. *Qualifikation als Organisationsvorgabe*

Die Funktionen der Buchführungspflicht schlagen sich in dem allgemeinen Pflichteninhalt nieder (**1.**). Beide Elemente sollen zusammen betrachtet ermöglichen, die organisationale Reichweite der Buchführungspflicht zu eruieren (**2.**).

1. Der Inhalt der Buchführungspflicht

a) Der maßgebliche Regelungsrahmen

Die genauen Pflichten des Vorstands bzgl. der Buchführung ergeben sich aus §§ 238 ff. HGB ergänzt durch §§ 150 ff. AktG;[1645] die steuerrechtlichen Pflichten[1646] werden hier ausgeblendet. Wegen des enormen Umfangs, den *en détail* zahllose Lehrbücher und Kommentare wiedergeben, wird der Inhalt der Buchführungspflicht nachfolgend lediglich skizziert:[1647]

Inhaltlich zentral sind die Pflicht zur Aufstellung eines Jahresabschlusses, bestehend aus einer Bilanz sowie Gewinn- und Verlustrechnung samt Anhang (§§ 264 ff. HGB), und die Pflicht zur Erstellung eines Lageberichts (§§ 289 ff. HGB); beide Informationsinstrumente bilden zwei eigenständige Säulen der Rechnungslegung.[1648] Der Umfang der Pflicht im Einzelfall ist größenabhängig, denn erstens müssen die kleinen Kapitalgesellschaften i. S. d. § 267 Abs.1 HGB nach § 264 Abs. 1 S. 4 HGB keinen Lagebericht aufstellen,[1649] und zweitens müssen die Kleinstkapitalgesellschaften gem. § 267 Abs. 1 S. 5 HGB unter bestimmten Bedingungen ihren Jahresabschluss nicht um einen Anhang ergänzen[1650].

Die oben genannten zentralen Pflichten werden durch die Grundsätze ordnungsmäßiger Buchführung nach § 243 Abs. 1 HGB[1651] sowie durch die Grundsätze ordnungsmäßiger Lageberichterstattung[1652] konkretisiert. Ferner gelten für

1645 BeckOGK/*Fleischer*, 1.2.2025, AktG § 91 Rn. 6; MüKoAktG/*Spindler*, AktG § 91 Rn. 9; KK-AktG/*Cahn*, § 91 Rn. 4; s. den Überblick bei HHL/*Kneisel/Sen*, § 41 Rn. 10 ff.

1646 Zu diesen s. BeckOGK/*Fleischer*, 1.2.2025, AktG § 91 Rn. 10 sowie KK-AktG/*Cahn*, § 91 Rn. 5.

1647 Vgl. die Übersicht relevanter Rechtsquellen bei Lutter/Hommelhoff/*Kleindiek*, GmbHG, Vor § 41 Rn. 1 ff.

1648 Staub/*Hommelhoff*, § 289 HGB Rn. 8 ff.; BeckOGK/*Kleindiek*, 1.2.2025, HGB § 289 Rn. 9; wohl aA MüKoHGB/*Palmes*, HGB § 289 Rn. 1; BeBiKo/*Grottel*, HGB § 289 Rn. 6.

1649 BeckOGK/*Kleindiek*, 1.2.2025, HGB § 289 Rn. 19; MüKoHGB/*Reiner*, HGB § 264 Rn. 8.

1650 BeBiKo/*Grottel*, HGB § 284 Rn. 3; MüKoHGB/*Reiner*, HGB § 264 Rn. 24.

1651 S. zu diesen BeckOGK/*Kleindiek*, 1.12.2024, HGB § 243 Rn. 2 ff. mwN; HHL/*Kneisel/Sen*, 2024, § 41 Rn. 10 ff.

1652 S. zu diesen *Baetge/Fischer/Paskert*, Der Lagebericht, 1989, S. 16 ff.; *Palmes*, Lagebericht, 2008, S. 240 ff. mwN.

den Jahresabschluss aktienrechtliche Besonderheiten nach §§ 150 ff. AktG[1653]. Außerdem stellt die nach § 240 HGB obligatorische Inventur ein wichtiges Fundament für die Angaben in der Rechnungslegung der AG dar. Erwähnenswert ist darüber hinaus die Aufbewahrungspflicht aus § 257 HGB[1654]. Insgesamt handelt es sich um einen komplexen Pflichtenkatalog, der hier nicht in seiner Gesamtheit dargestellt werden kann.

Zum Inhalt der Buchführungspflicht gehört nicht nur die Erstellung von historischen Unterlagen der Rechnungslegung in einer gesetzmäßigen Art und Weise, sondern diese Pflicht umfasst auch die Beschaffung verlässlicher Informationen über den aktuellen Geschäftsverlauf, die eine fortlaufende Steuerung des Unternehmens ermöglichen.[1655] Es drängt sich der Zusammenhang mit der Business Judgment Rule auf: § 91 Abs. 1 AktG statuiert eine Pflicht zur Schaffung einer angemessenen Informationsgrundlage i. S. d. § 93 Abs. 1 S. 2 AktG.[1656]

b) Der Wahrheitsgrundsatz als das zentrale Element der Buchführungspflicht

Auf den ersten Blick haben die oben beschriebenen Pflichten mit der Organisation nichts zu tun, außer die Gesellschaft muss zur Organisation berichten (z. B. nach § 289 Abs. 4 HGB[1657]). Die handelsrechtlichen Regelungen zielen jedoch auf ein informationelles Ergebnis ab: Das Unternehmen soll über den Jahresabschluss und ggf. weitere Unterlagen verfügen und sie ggf. nach § 325 HGB gegenüber der Allgemeinheit offenlegen.[1658]

Diese auf einen informationellen Erfolg bezogene Pflicht hat einen besonderen Charakter: Der Gesetzgeber zeigt normativ an zahlreichen Stellen, die oben genannten Unterlagen sollten mit den tatsächlichen Verhältnissen übereinstimmen. Dies ergibt sich aus dem Grundsatz der Bilanzwahrheit (vgl. § 246 Abs. 1 HGB)[1659] sowie aus dem mit diesem eng verbundenen True-and-fair-view-

1653 Mehr dazu MünchHdB AG/*Hoffmann-Becking*, § 44 Rn. 2 ff.

1654 KK-AktG/*Cahn*, § 91 Rn. 10.

1655 S. *Hommelhoff*, Konzernleitungspflicht, 1982, S. 185; KK-AktG/*Cahn*, § 91 Rn. 4.

1656 Zur angemessen Informationsgrundlage in ihrer Rolle als Fundament für die Konkretisierung des Unternehmenswohls vgl. oben II. B. 2. und 3. a).

1657 Mehr dazu Staub/*Hommelhoff*, § 289 HGB Rn. 155 ff.; BeckOGK/*Kleindiek*, 1.2.2025, HGB § 289 Rn. 144 ff.; MüKoHGB/*Palmes*, HGB § 289 Rn. 125; mehr dazu unten C. 2. e).

1658 Vgl. *Mylich*, ZGR 2021, 86, 88. Zur Funktion der Offenlegungspflicht s. MüKoHGB/*Fehrenbacher*, HGB § 325 Rn. 8 ff.

1659 Bei § 246 Abs. 1 HGB handelt es sich um den Vollständigkeitsgrundsatz, der lediglich eine Facette des Bilanzwahrheitsgrundsatzes darstellt, s. dazu BeckOGK/*Kleindiek*, 1.12.2024, HGB § 243 Rn. 7 f.; Hopt/*Merkt*, HGB § 243 Rn. 5. S. zum Wahrheitsgrundsatz bezogen auf den Lagebericht BeckOGK/*Kleindiek*, 1.2.2025, HGB § 289 Rn. 56 f.; Staub/*Hommelhoff*, § 289 HGB Rn. 115.

Prinzip[1660] nach § 264 Abs. 2 S. 1 HGB. Diese Grundsätze werden von den straf- sowie ordnungswidrigkeitenrechtlichen Vorschriften in ihrer Wirkung gestärkt:[1661] Die §§ 331 ff. HGB schützen den Rechtsverkehr vor der vorsätzlichen[1662], leichtfertigen sowie fahrlässigen Unrichtigkeit der Rechnungslegung[1663]; dieser Schutz wird bei einer AG in § 400 Abs. 1 AktG ergänzt[1664]. Die vorsätzliche oder fahrlässige Verletzung der Buchführungspflicht wird ferner gem. § 283b StGB geahndet.[1665] All' dies wird in mittleren, großen sowie kapitalmarktorientierten Gesellschaften[1666] durch die Pflicht zu einer unabhängigen Abschlussprüfung nach § 316 Abs. 1 HGB[1667] abgerundet, die die Einhaltung der oben erwähnten Grundsätze ebenfalls sicherstellen soll.

Im Zusammenhang mit dem Wahrheitsgrundsatz kommt eine weitere Facette der handelsrechtlichen Buchführungspflicht ans Licht: Sie trägt in sich eine implizite Verpflichtung zur Erfassung der Informationen sowie zu deren entsprechender Aufbereitung.[1668] In den Jahresabschlussunterlagen können nur jene Vorgänge Niederschlag finden, die dem Ersteller bekannt sind; dem unternehmensinternen Autor des Lageberichts muss ebenfalls über die Vorgänge im Unternehmen umfassend berichtet werden, damit er die Informationen gefiltert und verbalisiert in eine gesetzmäßige Form gießen kann.

1660 Zu diesem Prinzip und seinem unionsrechtlichen Hintergrund s. BeckOGK/*Fehrenbacher*, 1.9.2023, HGB § 264 Rn. 34 ff.; BeBiKo/*Kliem/Rimmelspacher*, HGB § 264 Rn. 22 ff.; MüKoHGB/*Reiner*, HGB § 264 Rn. 26 ff.; s. auch *Ludewig*, AG 1987, 12 ff. Ferner zum true-and-fair-view-Prinzip im Lagebericht s. Staub/*Hommelhoff*, § 289 HGB Rn. 56; vgl. MüKoHGB/*Palmes*, HGB § 289 Rn. 35 ff.

1661 S. zu denen die Darstellung von *Böhmer*, Rechnungslegung, 2020, S. 258 ff.

1662 Dabei genügt der dolus eventualis, s. BeckOGK/*Waßmer*, 1.9.2024, HGB § 331 Rn. 195; MüKoHGB/*Klinger*, HGB § 331 Rn. 86.

1663 Umfassend zur Funktion des Bilanzstrafrechts i. w. S. s. BeckOGK/*Waßmer*, 1.9.2024, HGB § 331 Rn. 2 ff.; MüKoHGB/*Klinger*, Vor § 331 Rn. 52 ff. vgl. BeBiKo/*Grottel/Hoffmann*, HGB § 331 Rn. 1 ff.

1664 Umfassend zu dieser Norm BeckOGK/*Hefendehl*, 1.2.2025, AktG § 400 Rn. 2 ff.; vgl. K. Schmidt/Lutter/*Oetker*, AktG § 400 Rn. 1 ff.

1665 Zur Strafbarkeit nach dieser Norm s. *Böhmer*, Rechnungslegung, 2020, S. 260 f.

1666 Zum Anwendungsbereich s. MüKoHGB/*Ebke*, HGB § 316 Rn. 2; Hopt/*Merkt*, HGB § 316 Rn. 1; BeBiKo/*Justenhoven/Küster/Bernhardt*, HGB § 316 Rn 1 ff.

1667 Vgl. *Mattheus*, ZGR 1999, 682, 687 f., die die klassische Aufgabe der Abschlussprüfung beschriebt, für die Rechtmäßigkeit zu sorgen; die Rechtmäßigkeit umfasst auch die Einhaltung des Wahrheitsgrundsatzes; vgl. BeckOGK/*Bormann*, 1.11.2023, HGB § 316 Rn. 2; MüKoHGB/*Ebke*, HGB § 316 Rn. 26; Staub/*Habersack*, Vor § 316 Rn. 1 ff.

1668 *Böhmer*, Rechnungslegung, 2020, S. 201; vgl. dazu im Kontext der Nachhaltigkeitsberichterstattung *Baumüller*, BÖB 2023, 58, 62; vgl. im gleichen Kontext *Ekkenga*, ZHR 187 (2023), 228, 254 f.; *Allgeier*, Mittelstand, 2024, S. 160; s. *J. G. Schäfer*, Überwachungssystem, 2001, S. 75 ff., der die Pflicht zur Sicherstellung der informationellen Organisation in § 91 Abs. 2 AktG verankert.

Oben wurde bereits auf den Zusammenhang zwischen der Buchführungspflicht und der Business Judgment Rule hingewiesen. Der Wahrheitsgrundsatz lässt sich auch aus diesem Zusammenhang herleiten: Die Buchführung kann bezogen auf die aktuelle Lage der Gesellschaft nur dann als eine angemessene Informationsgrundlage zur Konkretisierung des Unternehmenswohls dienen, wenn die in ihr vorzufindenden Informationen zutreffend sind. Der Wahrheitsgrundsatz gilt also auch für die Buchführung in ihrer Funktion als ein internes Steuerungsinstrument. *Mutatis mutandis* gilt daher das zur Informationserfassung und -aufbereitung gesagte auch in Bezug auf diese Funktion.

Betrachtet man den Pflichteninhalt eingebettet in die besonderen Regelungen zusammen mit den Funktionen der Buchführungspflicht, ergibt sich ein in sich stimmiges Bild. Demnach ist der Wahrheitsgrundsatz der Leitgedanke, der das Fundament für den Gläubigerschutz durch Selbstkontrolle, für die Steuerungsfunktion sowie für die Verwirklichung des öffentlichen Interesses schafft. Es stellt sich die Frage, inwieweit dieser Grundsatz die Organisationspflichten des Vorstands beeinflusst.

2. Die Buchführungspflicht als eine größenabhängige Organisationspflicht

a) Das Vorhandensein und die Intensität der Organisationspflicht

Die aus den vorstehenden Ausführungen zu ziehenden Schlüsse hängen gemäß dem Gebot der Größenabhängigkeit[1669] von der Größe sowie der Komplexität der Gesellschaft ab:

Bei einem kleinen Unternehmen mit wenigen Mitarbeitern kann der Vorstand allein für die Richtigkeit und Verlässlichkeit der Rechnungslegung sorgen; in einem solchen Fall ist es vorstellbar, dass er selbst die Überweisungen veranlasst, alle Verträge abschließt sowie auf einen Blick prüfen kann, ob die Inventur vollständig war. Anders gesagt: Im kleinen Unternehmen lässt sich allein aus der Buchführungspflicht keine Organisationspflicht herleiten, solange der Vorstand alle expliziten und impliziten Pflichten höchstpersönlich erfüllen kann und tatsächlich erfüllt.[1670]

1669 S. zu diesem oben Teil 4, III.

1670 Eine Pflicht zur persönlichen Buchführung besteht aber nicht, s. prägnant RGSt 13, 235, 237 f., dem zufolge die Sorge für die Buchführung mit der höchstpersönlichen Buchhalterei-Pflicht nicht zu verwechseln sei; s. auch MüKoAktG/*Spindler*, AktG § 91 Rn. 8; *Böhmer*, Rechnungslegung, 2020, S. 169 ff.

Entscheidet sich der Vorstand jedoch, die Bestandteile der Buchführungspflicht zu delegieren,[1671] entsteht hieraus eine Organisationspflicht.[1672] Sie hängt eng mit der Auswahl- und Überwachungspflicht zusammen, denn jene lassen sich ab einer gewissen, schwer definierbaren Größe und Komplexität[1673] nur durch organisatorische Maßnahmen erfüllen. Der Vorstand muss die Aufbau- sowie Ablauforganisation so ausgestalten, dass das Ergebnis der Buchführungstätigkeit den tatsächlichen Verhältnissen sowie den sonstigen gesetzlichen Anforderungen entspricht. Hierbei handelt es sich um ein gesetzliches organisationales Ziel[1674], das bei der Bewertung der gesamten Organisation im Rahmen der organisationalen Business Process Rule[1675] zu berücksichtigen ist.

Die Dichte der Organisationspflicht wächst entsprechend ihrer Natur mit der Größe und Komplexität des Unternehmens: In größeren Unternehmen weist die Buchführungspflicht stets eine organisationale Dimension auf; denn eine enge persönliche Kontrolle der Realisierung des Wahrheitsgrundsatzes ist dort kaum bis gar nicht möglich.[1676] In einem solchen Fall muss von der Geltung einer besonderen gesetzlichen Organisationspflicht ausgegangen werden: Der Vorstand ist hiernach verpflichtet, für eine ordnungsmäßige Buchführungs-*Organisation* zu sorgen.[1677] Diese Organisationspflicht umfasst die Sorge für eine zuverlässige Erfassung, eine rechtmäßige Aufarbeitung sowie einen verlässlichen Informationsfluss[1678] (Informationsorganisation), womit die Gesetzmäßigkeit der erstellten Unterlagen einschließlich der Einhaltung des Wahrheitsgrundsatzes sichergestellt ist[1679]. Es lässt sich allerdings schwer präzise Anforderungen an die

1671 Die organisationale Dimension bei der Delegation tritt bereits bei GroßkommAktG/*W. Schmidt*, 1939, § 82 Anm. 1 sowie in dem Urteil des *RG*, JW 1925, 261 f. (Nr. 5) zutage; s. auch prägnant Hölters/Weber/*Müller-Michaels*, AktG § 91 Rn. 2; vgl. BeckOGK/*Fleischer*, 1.2.2025, AktG § 91 Rn. 17 f.

1672 So in Bezug auf die Buchführungspflicht bereits *Böhmer*, Rechnungslegung, 2020, S. 38 ff. (insb. 70 ff., 271 ff. sowie 392), der die Meinung vertritt, jede Delegation löse die Legalitätsdurchsetzungspflicht aus; dem ist allerdings nicht in der vollen Pauschalität zuzustimmen.

1673 Die Grenze ist schwer zu definieren und wird auch von den Fachkenntnissen sowie von den persönlichen Überwachungsfähigkeiten des Vorstands abhängig sein.

1674 Zur Abgrenzung vom allgemeinen Unternehmensziel s. unten Teil 7, I. B. und C.

1675 Zu dieser s. oben II. C. 3.

1676 Vgl. GroßkommAktG/*W. Schmidt*, 1939, § 82 Anm. 4.

1677 Ähnlich *Hommelhoff*, Konzernleitungspflicht, 1982, S. 185 f., der aus § 91 Abs. 1 AktG eine Pflicht zur Einrichtung eines IKS herleitet; er geht also davon aus, § 91 Abs. 1 AktG umfasse eine Organisationspflicht.

1678 S. umfassend HHL/*Kleindiek*, 2024, § 35 Rn. 16 ff., zu den einzelnen Bestandteilen dieser Pflicht, die er allerdings als die Wissensorganisationspflicht bezeichnet.

1679 Vgl. *Böhmer*, Rechnungslegung, 2020, S. 271 ff. (zzgl. 184 ff.), der die Organisationspflicht nicht aus den gesetzlichen Anforderungen, sondern aus der Manipulationsanfälligkeit der Rechnungslegung herleitet.

Ausgestaltung der Buchführungsorganisation *in concreto* stellen, ohne das unternehmerische Organisationsermessen des Vorstands illegitim einzuschränken.[1680]

b) Pflicht zur Einrichtung eines IKS aus § 91 Abs. 1 AktG

Laut *Hommelhoff* ergibt sich aus der Buchführungspflicht eine Pflicht zur Einrichtung eines IKS.[1681] Wie bereits ausgeführt, lässt sich aus einer Pflicht zur systematischen Konkretisierung eines Organisationsziels keine pauschale Pflicht zur Systemeinrichtung herleiten.[1682] Bei besonders großen und komplexen Unternehmen wird es regelmäßig evident der Buchführungspflicht zuwiderlaufen, über kein IKS zu verfügen.[1683] Diese Aussage lässt sich aber nicht verallgemeinern, denn in vielen Unternehmen können im Einzelfall bereits asystematische Maßnahmen ausreichend sein. Eine pauschale IKS-Pflicht würde also das Organisationsermessen des Vorstands beschneiden. Insoweit ist die oben angeführte Ansicht aufgrund eines Verstoßes gegen das Größenabhängigkeitsgebot abzulehnen.

c) Die organisationale Dimension als eine zusätzliche Funktion der Buchführungspflicht?

Die oben beschriebene aus § 91 Abs. 1 AktG herzuleitende Organisationspflicht sorgt für eine weitere Funktion dieser Norm, und zwar eine organisationsrechtliche; die mittelbare Organisationspflicht erweitert erheblich deren normativen Gehalt.

Mit dieser Funktionserweiterung entsteht eine systematische Kongruenz bezogen auf all' jene Pflichten, die der Gesetzgeber in § 91 AktG vorgesehen hat. Der organisationale Bezug ist anders gesagt der gemeinsame Nenner von der Buchführungspflicht, der Pflicht zur Einrichtung des Risikofrüherkennungssystems, des IKS, des RMS, des CMS und der IR. Es ist damit *Kort* zuzustimmen, § 91 AktG regelt dic wesentlichen Elemente der unternehmensinternen Corporate Governance.[1684] Anders gesagt, § 91 AktG sieht eine Organisations-Trias vor.[1685]

Die Versuche, die Pflicht zur informationellen Grundorganisation aus anderen aktienrechtlichen Bestimmungen herzuleiten, überzeugen nicht: Die Berichtspflichten des Vorstands nach § 90 AktG sind hierfür nicht allgemein genug und

1680 So aber *Böhmer*, Rechnungslegung, 2020, S. 334 ff., der einen umfassenden und konkreten Anforderungen-Katalog an ein Rechnungslegungs-Compliance-System aufstellt, bei dem manche Elemente allerdings doch einen geräumigen Spielraum dem Vorstand belassen.

1681 Bejahend zu dieser Frage *Hommelhoff*, Konzernleitungspflicht, 1982, S. 185 f.

1682 S. oben II. C. 3. i).

1683 Die Frage wird sich allerdings wegen des § 91 Abs. 3 AktG selten in der Praxis stellen.

1684 GroßkommAktG/*Kort*, § 91 Rn. 2.

1685 Wohl aA *Bürkle*, BB 2005, 565, 567.

würden den Zusammenhang der Informationsorganisation mit der Buchführung verschleiern.[1686] Ferner ist § 91 Abs. 1 AktG gegenüber §§ 76 Abs. 1, 93 Abs. 1 S. 1 AktG[1687] als *lex specialis* zu betrachten, womit die allgemeine Leitungspflicht als Pflichtenquelle ebenfalls ausscheidet. Im Übrigen stellt § 91 Abs. 2 AktG auch keine Alternative dar, denn er beschränkt sich auf die Risikoinformation. § 91 Abs. 3 mit der IKS-Pflicht gilt wiederum nur für börsennotierte Aktiengesellschaften. Die allgemeine Pflicht zur informationellen Grundorganisation ergibt sich also aus § 91 Abs. 1 AktG.

C. *Organisationsneutralität der Buchführungspflicht*

I. Grundsätzliches

Die Buchführungspflicht, betrachtet als eine mittelbare größenbedingte Organisationsvorgabe, ist darauf zu untersuchen, ob sie dem Gebot der Organisationsneutralität entspricht.

Die Grundnorm (§ 91 Abs. 1 AktG) ist extrem knapp ausgestaltet: Es müssen »die erforderlichen Handelsbücher geführt werden«. Es handelt sich um eine Zielvorgabe, denn nur das Ergebnis in Gestalt der HGB-Unterlagen sowie der laufenden Information ist festgelegt: Wie das Reichsgericht bereits 1886 festgestellt hat, folgt aus der Buchführungspflicht »die volle persönliche Verantwortlichkeit der Vorstandsmitglieder für Dasein und Aufrechterhaltung der gesetzlich vorgeschriebenen buchmäßigen Ordnung«[1688]. Welche Strukturen, Abläufe und Maßnahmen organisatorischer Art ergriffen werden, entscheidet der Vorstand frei, solange das rechtmäßige Ergebnis unter Einbeziehung des Wahrheitsgrundsatzes sichergestellt ist. Es begegnet uns wieder die aus den sonstigen Organisationspflichten bekannte Struktur: Das Ziel der realitätsnahen Buchführung (das »Ob«) ist vorgegeben, aber das »Wie« der Zielerreichung liegt in den Händen des Vorstands.

§ 91 Abs. 1 AktG ist damit der aktienrechtliche Archetyp einer offenen Zielvorgabe. Dies zeichnet sich bereits im Wortlaut ab: Die Vorstandspflicht bezieht sich nur auf die *erforderlichen* Handelsbücher. Einerseits kann in dieser Bestimmung ein Verweis ins HGB erblickt werden; dort stellt das Gesetz klar, was rechtlich erforderlich ist. Dies würde aber zu kurz greifen; bezogen auf die laufende Information bedarf diese Bestimmung einer Konkretisierung, welche Bücher genau zur Steuerung des Unternehmens erforderlich sind. Dies kann aber nur der

1686 S. *Bürkle*, BB 2005, 565, 567, der den organisationalen Charakter der Buchführungspflicht ablehnt und die Pflicht zur informationellen Grundorganisation aus § 90 AktG herleitet.

1687 So aber HHL/*Kleindiek*, 2024, § 35 Rn. 15; vgl. *S. Simon*, Der Konzern 2015, 205, 206, der die Informationsverantwortung des Vorstands in § 76 Abs. 1 AktG verankert.

1688 RGSt 13, 235, 238.

Vorstand bestimmen; es handelt sich um einen Begriff, der die positive Konkretisierungsbefugnis des Vorstands untermauert.

Dies wird durch den Blick in die Geschichte der Norm bestätigt. Bereits in Bezug auf das PrAktG 1843 war es dem Gesetzgeber bewusst, wie schwer die Regelung von den inneren Verhältnissen der Gesellschaft ist.[1689] Dieses Problem wird gelöst, wenn der Vorstand selbst im Lichte des Unternehmenswohls zu entscheiden hat, welche Informationen zur Geschäftsführung *in concreto* notwendig sind.

Zwar umfasst das HGB auch solche Bestimmungen, die sich auf die Ablauforganisation auswirken: Z. B. müssen nach § 264 Abs. 1 S. 3 HGB der Jahresabschluss und der Lagebericht in den ersten drei Monaten des Geschäftsjahrs für das vergangene Geschäftsjahr aufgestellt werden. Der innerbetriebliche Buchführungsablauf muss also effizient genug sein, um diese Frist einzuhalten. Allerdings wiegt diese Frist nicht so schwer, dass die Buchführung die allgemeine Tätigkeit der Gesellschaft zu dominieren droht. Die Norm setzt dem Vorstand einfach ein weiteres Ziel, indem das Ergebnis innerhalb einer bestimmten Frist verlangt wird. Die Auswirkung auf den Ablauf ist also nicht intensiv.

Insgesamt handelt es sich also bei der Buchführungspflicht um eine offene Zielvorgabe, womit die Organisationsneutralität gewährleistet wird; somit fügt sich diese (größenbedingte) Organisationspflicht dogmatisch in das System der aktienrechtlichen Organisationspflichten ein.[1690]

2. Der wachsende Lagebericht als ein Sonderproblem

Das oben dargestellte Ergebnis bezüglich der Organisationsneutralität der Buchführungspflicht bedarf angesichts der wachsenden rechnungslegungsbezogenen Nachhaltigkeitsregulatorik (unten a).) für eine Gruppe der Gesellschaften (unten b).) einer vertieften Untersuchung. Dies geht auf die Nachhaltigkeitsberichterstattung zurück: Die erweiterten Pflichten nach der CSRD[1691] drohen indirekt die Organisationsfreiheit zu begrenzen (dazu unten c).);[1692] diese Gefahr ist im Lichte

1689 S. Entwurf der Kommission für die Revision des Handelsrechts, Motive, S. 30, abgedruckt bei *Baums*, PrAktG 1843, Text und Materialien, 1981, S. 47, 74: »*Im Allgemeinen ist man davon ausgegangen, daß die Bestimmungen über die inneren Verhältnisse der Gesellschaft den Statuten zu überlassen seyen, da sich dieselben nach Beschaffenheit der Vereine verschieden gestaltet und hiernach allgemein gesetzliche Normen nicht füglich aufzustellen sind.*«

1690 Vgl. unten zur Organisationsneutralität, betrachtet als ein aktienrechtliches Strukturprinzip Teil 7, IV. A.

1691 Richtlinie (EU) 2022/2464 des Europäischen Parlaments und des Rates vom 14. Dezember 2022 zur Änderung der Verordnung (EU) Nr. 537/2014 und der Richtlinien 2004/109/EG, 2006/43/EG und 2013/34/EU hinsichtlich der Nachhaltigkeitsberichterstattung von Unternehmen, ABl. (EU) L 322/15.

1692 S. zur Ausstrahlung der ESRS auf die Ausgestaltung des Führungsprozess als Element der Organisation *Hommelhoff/Allgeier/Jelonek*, NZG 2023, 911, 916.

von konkreten Berichtspflichten samt der mit ihnen verbundenen impliziten Verpflichtungen auszumessen. In diesem Kontext muss auch Art. 8 Taxonomie-VO[1693] untersucht werden (dazu unten d).). Im Anschluss dazu werden kurz die Angaben nach § 289 Abs. 4 HGB (unten e).) und die Erklärung zur Unternehmensführung nach § 289f HGB eruiert (unten f).). Bei der Analyse werden nur die Nicht-Finanzunternehmen berücksichtigt; die Besonderheiten betreffend die Finanzunternehmen würden den Rahmen dieser Arbeit sprengen.

a) Der regulatorische Kontext der CSRD

Seit einigen Jahren gewinnen die Nachhaltigkeitsthemen[1694] bei der Rechtsetzung auf der Unionsebene stetig an Gewicht.[1695] Regulatorisch betrachtet, findet dieser Prozess Niederschlag insb. in der starken Ausweitung der Inhalte, die der Lagebericht nach der BilanzRL[1696] umfassen soll. Der erste wesentliche Schritt in dieser Richtung wurde in der CSR-Richtlinie[1697] 2014 unternommen, auf die die im Jahr 2022 verabschiedete CSRD folgt, die sich im Rahmen vom Kommissions-Aktionsplan »Finanzierung nachhaltigen Wachstums«[1698] bewegt, der das Sustainable-Finance-Konzept verwirklichen soll.[1699] In diesem Konzept geht es

1693 Verordnung (EU) 2020/852 des Europäischen Parlaments und des Rates vom 18. Juni 2020 über die Einrichtung eines Rahmens zur Erleichterung nachhaltiger Investitionen und zur Änderung der Verordnung (EU) 2019/2088, ABl. (EU) L 198/13.

1694 S. zum Begriff »Nachhaltigkeit« HHL/*Harbarth/Reichenbach*, 2024, § 6 Rn. 1 f.; s. monographisch *Mittwoch*, Nachhaltigkeit, 2022, S. 11 ff.; zum verwandten Begriff »Corporate Social Responsibility« s. *J. Simon*, CSR-Richtlinie, 2019, S. 15 ff.; *Roth-Mingram*, Corporate Social Responsibility in der Sozialen Marktwirtschaft, 2017, S. 61 ff.

1695 S. umfassend zu den Hintergründen der CSR-Richtlinie *J. Simon*, CSR-Richtlinie, 2019, S. 43 ff. mwN.

1696 Richtlinie 2013/34/EU des Europäischen Parlaments und des Rates vom 26. Juni 2013 über den Jahresabschluss, den konsolidierten Abschluss und damit verbundene Berichte von Unternehmen bestimmter Rechtsformen und zur Änderung der Richtlinie 2006/43/EG des Europäischen Parlaments und des Rates und zur Aufhebung der Richtlinien 78/660/EWG und 83/349/EWG des Rates, ABl. (EU) L 182/19.

1697 Richtlinie 2014/95/EU des Europäischen Parlaments und des Rates vom 22. Oktober 2014 zur Änderung der Richtlinie 2013/34/EU im Hinblick auf die Angabe nichtfinanzieller und die Diversität betreffender Informationen durch bestimmte große Unternehmen und Gruppen, ABl. (EU) L 330/1.

1698 Vgl. Maßnahme 9, Mittelung der Kommission »Aktionsplan: Finanzierung nachhaltigen Wachstums« vom 8. März 2018, KOM (2018), 97 endg., abrufbar unter https://t1p.de/9wagp (abgerufen am 23.04.2024).

1699 S. hierzu monographisch *Kehrel*, Sustainable Finance, 2023, S. 19 ff. mwN; umfassend *Möslein/Mittwoch*, WM 2019, 481 ff.; vgl. *Lanfermann*, BB 2019, 2219 ff.; vgl. *Scheid/Müller*, PiR 2019, 330, 331 ff. Zur Verortung der CSRD innerhalb des

vereinfacht gesagt darum, die Finanzströme in ökologisch und sozial wertvolle Investitionen zu lenken.

Am 26. Februar 2025 hat die EU-Kommission mehrere Gesetzgebungsakte zur Revision der EU-Nachhaltigkeitsregulatorik, einschließlich der CSRD, im Rahmen des »Omnibus«-Verfahrens vorgeschlagen.[1700] Ferner wurde von der EU-Kommission die Reduktion des Umfangs der ESRS[1701] in Aussicht gestellt.[1702] Die Auswirkungen des fortschreitenden europäischen Gesetzgebungsprozesses lassen derzeit sich noch nicht abschließend beurteilen.

b) Anwendungsbereich der CSRD

Die CSR-Richtlinie sah noch einen engen Anwendungsbereich der nichtfinanziellen Berichtspflichten vor: Nach Art. 19a Abs. 1 BilanzRL i. d. F. der CSR-Richtlinie waren lediglich Unternehmen von öffentlichem Interesse mit über 500 Arbeitnehmern zur CSR-Berichterstattung verpflichtet.[1703] Mit Unternehmen von öffentlichem Interesse sind kapitalmarktorientierte Kapitalgesellschaften sowie bestimmte Unternehmen der Finanzbranche gemeint.[1704]

Dieser enge Anwendungsbereich wurde in der CSRD bedeutend ausgeweitet;[1705] dies geht Hand in Hand mit der Ablösung der nichtfinanziellen Bericht-

Aktionsplans »Sustainable Finance« s. *Feldmann*, Nachhaltigkeitsberichterstattung, 2024, S. 28 ff.; *Heiland*, FS Cahn, 2024, S. 179, 187.

1700 Der Vorschlag für eine Richtlinie des Europäischen Parlaments und des Rates zur Änderung der Richtlinien (EU) 2022/2464 und (EU) 2024/1760, KOM (2025) 80 final, sowie der Vorschlag für eine Richtlinie des Europäischen Parlaments und des Rates zur Änderung der Richtlinien 2006/43/EG, 2013/34/EU, (EU) 2022/2464 und (EU) 2024/1760, KOM (2025) 81 final; s. dazu *J. Schmidt*, NZG 2025, 289; *Wagner/Schuler/Rothenburg*, DB 2025, 1128 ff; *Kleindiek*, ESG 2025, 99, 105 ff.

1701 S. den Anhang zur delegierten Verordnung (EU) 2023/2772 der Kommission vom 31. Juli 2023 zur Ergänzung der Richtlinie 2013/34/EU des Europäischen Parlaments und des Rates durch Standards für die Nachhaltigkeitsberichterstattung, ABl. (EU) vom 22.12.2023, L 2023/2772. Mehr zu den ESRS (European Sustainability Reporting Standards) unten unter c). (3). und (4).

1702 S. die Begründung zum Vorschlag für eine Richtlinie des Europäischen Parlaments und des Rates zur Änderung der Richtlinien 2006/43/EG, 2013/34/EU, (EU) 2022/2464 und (EU) 2024/1760, KOM (2025) 81 final, S. 6, abrufbar unter https://t1p.de/u4kij (abgerufen am 3.04.2025).

1703 *Hommelhoff*, NZG 2015, 1329, 1330; *Roth-Mingram*, NZG 2015, 1341 f; *J. Simon*, CSR-Richtlinie, 2019, S. 68 ff. Der europarechtlich vorgegebene Anwendungsbereich wurde in § 289b HGB umgesetzt; s. dazu BeBiKo/*Kliem/Schäfer/Schönberger*, HGB § 289b Rn. 5 ff.; MüKoHGB/*Kajüter*, HGB §§ 289b-289e Rn. 10 ff.

1704 S. Art. 2 Nr. 1 BilanzRL.

1705 S. dazu HHL/*Harbarth/Reichenbach*, 2024, § 6 Rn. 10 ff.; BeckOGK/*Kleindiek*, 1.2.2025, HGB § 289b Rn. 40; vgl. *Allgeier*, NZG 2023, 195; s. die primärrechtliche Kritik an der Ausweitung bei *Hommelhoff*, DB 2021, 2437 ff.; *Hommelhoff/Allgeier/Stern*, RAW 2024, 90 f.

erstattung durch die Nachhaltigkeitsberichterstattung[1706]. Nach Art. 19a Abs. 1 Unterabs. 1 BilanzRL n. F. sind bereits große Unternehmen[1707] ohne Kapitalmarktbezug sowie alle kapitalmarktorientierten Unternehmen mit der Ausnahme von Kleinstunternehmen berichtspflichtig.[1708] Ausgenommen von dieser Pflicht bleiben (echte) Personenhandelsgesellschaften sowie Einzelkaufleute.[1709] Unter bestimmten Bedingungen fallen auch Drittstaatenunternehmen in den Anwendungsbereich.[1710]

Die CSRD wird zwar stufenweise in Kraft treten,[1711] aber letztendlich erstreckt sich die Verpflichtung zur Nachhaltigkeitsberichterstattung perspektivisch auf einen breiten Kreis von Gesellschaften, darunter auch auf zahlreiche Aktiengesellschaften. Nicht unterschätzt werden darf ferner die Einbeziehung der Eingaben zu der Wertschöpfungskette,[1712] die einen weiten mittelbaren Anwendungsbe-

1706 HHL/*E. Vetter*, 2024, § 42 Rn. 11; s. dazu Erwägungsgrund 8 CSRD; BeckOGK/*Kleindiek*, 1.2.2025, HGB § 289b Rn. 36 ff.; vgl. auch Staub/*Hommelhoff*, § 289 HGB Rn. 34; *Ekkenga*, ZHR 187 (2023), 228, 229 f.

1707 Große Unternehmen werden in Art. 3 Abs. 4 BilanzRL definiert; 250 Arbeitnehmer ist einer der Schwellenwerte. Vertieft zu den Schwellenwerten der Bilanzrichtlinie (Arbeitnehmerzahl, Bilanzsumme, Umsatz) s. BeBiKo/*Kliem/Lawall*, HGB § 267 Rn. 4; MüKoHGB/*Reiner*, HGB § 267 Rn. 4 ff.; BeckOGK/*Suchan*, 1.7.2024, HGB § 267 Rn. 9 ff. S. die Kritik an diesem Anwendungsbereich von *Hennrichs/Hommelhoff* in: Hennrichs/Hommelhoff/Merkt, Zur Revision der EU-Nachhaltigkeitsregulatorik, S. 341, 351 f.

1708 Zu der weiteren Kategorie der Unternehmen von öffentlichem Interesse, die nebst der Kapitalmarktorientierung auch Finanz- sowie Versicherungsunternehmen betrifft, s. Art. 2 Nr. 1 BilanzRL; mehr dazu einschließlich der Einbeziehung von Konzernen sowie Drittlandsunternehmen s. *Lanfermann/Baumüller*, IRZ 2023, 89, 90 ff.; HHL/*Harbarth/Reichenbach*, 2024, § 6 Rn. 11 ff.; *Feldmann*, Nachhaltigkeitsberichterstattung, 2024, S. 34 ff.

1709 S. Art. 1 Abs. 1 sowie Abs. 3 i. V. m. Art. 2 Nr. 1 BilanzRL. Dies gilt nur dann nicht, wenn sie in der Finanzbranche tätig sind und aus diesem Grund zu Unternehmen von öffentlichem Interesse gehören.

1710 S. dazu *Feldmann*, Nachhaltigkeitsberichterstattung, 2024, S. 37 f.

1711 Die Richtlinie wird für die am oder nach dem 01.01.2027 beginnende Geschäftsjahre in Kraft treten; dies ist aber beschränkt auf einen engen Kreis von Gesellschaften und erst in darauf folgenden Jahren wird nach und nach der Anwendungsbereich erweitert, Art. 5 Abs. 2 CSRD. Der aktuelle zeitliche Anwendungsbereich wurde ggü. dem ursprünglichen erheblich verschoben; dies geht auf die im Omnibus-Verfahren erlassene sog. stop the clock-Richtlinie vom 14. April 2025 zurück, Richtlinie (EU) 2025/794 des Europäischen Parlaments und des Rates vom 14. April 2025 zur Änderung der Richtlinie (EU) 2022/2464 und (EU) 2024/1760 bezüglich der Daten, ab denen die Mitgliedstaaten bestimmte Anforderungen an die Nachhaltigkeitsberichterstattung und die Sorgfaltspflichten von Unternehmen erfüllen müssen, ABl. (EU) L 2025/794 vom 16.4.2025. Mehr zu dieser Richtlinie *Wagner/Schuler/Rothenburg*, DB 2025, 1128, 1129; *Stöbener de Mora/Noll*, EuZW 2025, 501, 502; vgl. *Kleindiek*, ESG 2025, 99, 106.

1712 Näher dazu unten c). (2). und c). (5). (a).

reich zur Folge hat (»Schattenwirkung«);[1713] die vorliegende Untersuchung fokussiert sich jedoch auf die Unternehmen innerhalb des unmittelbaren Anwendungsbereichs.

c) Die CSRD-Berichtspflichten unter Einbeziehung der ESRS sowie deren Auswirkung auf die Organisation

Um die Auswirkung der Berichtspflichten auf die Organisation ausmessen zu können, muss ihr Inhalt analysiert werden. Hierbei richtet sich der Fokus auf jene Pflichten, die einen besonderen Aufwand verursachen und daher zwingend organisationsbezogene Maßnahmen erfordern könnten. Ferner ist nicht auszuschließen, dass die Berichtspflichten in ihrer Gesamtheit die Organisation beeinflussen.

(1) Die doppelte Wesentlichkeit

Das Prinzip der doppelten Wesentlichkeit[1714] stellt einen für die Intensität der Pflichten wesentlichen Grundsatz dar. Deshalb ist sein Inhalt noch vor den eigentlichen Berichtspflichten kurz zu skizzieren. Der Gesetzgeber hat in Art. 19a Abs. 1 Unterabs. 1 BilanzRL n. F. dieses Prinzip ausdrücklich normiert; seine Geltung nach der CSR-RL war umstritten und wurde nur von einer Mindermeinung anerkannt[1715]. Demnach muss das Unternehmen bei seiner Berichterstattung nicht nur die Auswirkungen der Nachhaltigkeitsbelange auf das Unternehmen berücksichtigen, sondern auch die des Unternehmens auf die Nachhaltigkeitsbelange. Anders gesagt: Damit eine Information berichtspflichtig wird, reicht es bereits, dass sie aus einer dieser Perspektiven relevant ist.[1716]

Diese Erweiterung ist geeignet, den Aufwand bei der Informationsermittlung zu erhöhen, denn das Unternehmen muss seine informationellen Maßnahmen auch auf sein Umfeld ausrichten.[1717] Der erhöhte Aufwand kann sich ferner in

1713 Monographisch zu dieser *Allgeier*, Mittelstand, 2024, S. 167 ff.; s. auch *Schön*, ZfPW 2022, 207, 235; *Feldmann*, Nachhaltigkeitsberichterstattung, 2024, S. 36 f.; vgl. auch *Hommelhoff/Allgeier*, IRZ 2024, 205 ff.; vgl. *Fink/Glöckner*, WPg 2023, 1364, 1365 f.

1714 Mehr zu diesem Prinzip *Fink/R. Schmidt*, KoR 2023, 105, 112 f.; *Müller/Scheid/Baumüller*, BB 2021, 1323, 1324 f.; *Allgeier*, Mittelstand, 2024, S. 192 f.; aus der Perspektive der ESRS vgl. *Berger/Kiy/Worret*, WPg 2023, 282, 287 ff.; *Rothenburg/Rogg*, NZG 2024, 1439, 1440.

1715 Zur h.M. s. statt aller BeckOGK/*Kleindiek*, 1.2.2025, HGB § 289c Rn. 54 ff. mwN.; zur Mindermeinung s. Staub/*Hommelhoff*, § 289c HGB Rn. 3 mwN.; vgl. *Müller/Scheid/Baumüller*, BB 2021, 1323, 1325, die zu Recht die Klarstellung durch den Unionsgesetzgeber begrüßen; vgl. auch HHL/*Verse/Tassius*, 2024, § 7 Rn. 49.

1716 S. *Müller/Scheid/Baumüller*, BB 2021, 1323, 1324 f.; *Frank/Heine*, BB 2024, 180; *Feldmann*, Nachhaltigkeitsberichterstattung, 2024, S. 39 ff.

1717 *Müller/Scheid/Baumüller*, BB 2021, 1323, 1325.

einem intensivierten Einfluss auf die Organisation im Einzelfall niederschlagen.[1718]

(2) Berichtsinhalte nach Art. 19a Abs. 2 BilanzRL

Die einzelnen Gegenstände der Berichterstattungspflicht werden grundsätzlich in Art. 19a Abs. 2 BilanzRL vorgegeben: Dieser beinhaltet einen umfangreichen, aber abstrakt gehaltenen Katalog an erforderlichen Angaben; jene umfassen insb. die nachhaltigkeitsbezogene Unternehmenspolitik und -strategie,[1719] die Nachhaltigkeitsziele sowie -sorgfaltsmaßnahmen, die mit der Nachhaltigkeit verbundenen Chancen und Risiken, die dazugehörigen Indikatoren sowie die tatsächlichen und potenziellen Auswirkungen der Tätigkeit auf die Nachhaltigkeitsaspekte (Art. 19a Abs. 2 lit. a bis h BilanzRL).[1720] Bei den Auswirkungen ist die Wertschöpfungskette einzubeziehen (Art. 19a Abs. 2 lit. f Ziff. ii BilanzRL).[1721]

Bereits dieser Katalog an Angaben verfügt über ein großes Potenzial, sich über den Reputationsmechanismus[1722] auf die Organisation des Unternehmens auszuwirken.[1723] Denn durch die Offenlegung werden die Unternehmen faktisch dazu angehalten, alle oben erwähnten Elemente zu entwickeln und in ihre Organisation zu integrieren, sei es die Steuerung der Umweltrisiken oder das Setzen bestimmter Nachhaltigkeitsziele (*nudging*)[1724]. Ansonsten wären sie zu einer negativen Berichtsangabe gezwungen, wie z. B. »Das Unternehmen verfügt über kein Schutzsystem zugunsten der Umwelt oder der Menschenrechte«; eine solche

1718 Dies lässt sich erst unter Berücksichtigung der ESRS, die das doppelte Wesentlichkeitsprinzip verwirklichen, vollständig ausmessen; umfassend zur Konkretisierung der Wesentlichkeitsprüfung in den ESRS *Herold/Grottel/Klein*, IRZ 2023, 475 ff.; vgl. unten (5). (a).

1719 Zur Ausstrahlung dieser Angaben auf die Vorstandspflichten *Rothenburg/Rogg*, NZG 2024, 1439, 1442, Rn. 23 ff.

1720 S. mehr zu diesem Katalog *Fink/R. Schmidt*, KoR 2023, 105, 109 ff.; *Hommelhoff/Allgeier/Jelonek*, NZG 2023, 911, 912 f.; s. auch *Allgeier*, Mittelstand, 2024, S. 194 ff.

1721 S. *Velte*, DStR 2023, 2358, 2361 f., der auch die befreiende dreijährige Übergangsnorm zu dieser Pflicht erläutert; vgl. *Feldmann*, Nachhaltigkeitsberichterstattung, 2024, S. 41; vgl. außerdem *Allgeier*, Mittelstand, 2024, S. 196; *Hommelhoff/Allgeier/Stern*, RAW 2024, 90, 92.

1722 Zu diesem in dem hier erörterten Kontext umfassend *Hommelhoff/Allgeier/Jelonek*, NZG 2023, 911, 913 f.; *Feldmann*, Nachhaltigkeitsberichterstattung, 2024, S. 31 ff.; vgl. zu diesem auch Staub/*Hommelhoff*, § 289c HGB Rn. 29 ff.; vgl. auch *Schön*, ZHR 180 (2016), 279, 282 f.

1723 So bereits *Hommelhoff/Allgeier/Jelonek*, NZG 2023, 911, 916.

1724 Zum Begriff »nudging« im Kontext des Spannungsverhältnisses zwischen dem Privatrecht und der Regulierung umfassend *Grundmann*, FS Canaris II, 2017, S. 907, 935 ff.; s. zu diesem Begriff kritisch im Kontext der CSR-Richtlinie Staub/*Hommelhoff*, § 289c HGB Rn. 33; vgl. HHL/*E. Vetter*, 2024, § 42 Rn. 7.

Angabe könnte ihre Reputation in der Öffentlichkeit gefährden. Der Reputationsmechanismus wird ferner durch das einheitliche Berichtsformat nach Art. 29d BilanzRL verstärkt, das den Datenvergleich wesentlich vereinfacht.[1725]

Eine Analyse der Auswirkungen von Art. 19a Abs. 2 BilanzRL auf die Organisation ohne Berücksichtigung der ihn bindend konkretisierenden Standards (ESRS)[1726] wäre unvollständig. Sie erfolgt daher anhand der bereits erlassenen Standards, nachdem deren normatives Fundament dargestellt wurde:

(3) ESRS als Konkretisierung des Art. 19a Abs. 2 BilanzRL

Gem. Artt. 19a Abs. 5, 29b Abs. 1 bis 3 BilanzRL werden die Angaben nach Art. 19a Abs. 2 BilanzRL durch bindende European Sustainability Reporting Standards (ESRS) konkretisiert, die die Europäische Kommission gem. Art. 49 BilanzRL als delegierte Rechtsakte nach Art. 290 AEUV erlässt.[1727] Der Hintergrund ist das Anliegen, einen hohen Grad an Einheitlichkeit und Vergleichbarkeit der offengelegten Informationen herzustellen,[1728] damit die Unternehmen stärker motiviert werden, ihren Beitrag zur Transformation der europäischen Wirtschaft in eine öko-soziale zu leisten[1729]. Anders gesagt: Der Reputationsmechanismus soll durch die Konkretisierung intensiviert werden.[1730]

Die Kommission hat bereits die ersten Standards erlassen,[1731] und gerade diese Standards werden hier daraufhin analysiert, ob sie die Organisationsfreiheit nicht direkt oder indirekt einzuschränken vermögen.

1725 S. dazu *Hommelhoff/Allgeier/Jelonek*, NZG 2023, 911, 914.

1726 S. dazu *Lanfermann*, BB 2022, 1323 f.; *Sternisko/Rosanowski*, RWZ 2023, 51 f.; vgl. *Herold/Grottel/Klein*, IRZ 2023, 475; *Baumüller/Sopp*, PiR 2023, 258.

1727 Vgl. BeckOGK/*Kleindiek*, 1.2.2025, HGB § 289b Rn. 42 ff. Monographisch zur Primärrechtskonformität dieser Ermächtigung unter Berücksichtigung der Konkretisierungsfunktion *Feldmann*, Nachhaltigkeitsberichterstattung, 2024, passim; vgl. HHL/*Verse/Tassius*, 2024, § 7 Rn. 52; s. auch *Hommelhoff/Allgeier/Stern*, RAW 2024, 90, 91.

1728 So die Erwägungsgründe 37 ff. CSRD; s. *Lanfermann*, BB 2022, 1323, 1324; *Rothenburg/Rogg*, NZG 2024, 1439; kritisch wegen des EU-Alleingangs *Müller/Scheid/Baumüller*, BB 2021, 1323, 1326 f.; s. die Kritik von *Hommelhoff*, NZG 2023, 1631, 1633 f.

1729 Zu dieser Zielsetzung bereits im Kontext der CSR-Richtlinie s. Staub/*Hommelhoff*, Vor § 289b HGB Rn. 7.

1730 Vgl. *Hommelhoff/Allgeier/Jelonek*, NZG 2023, 911, 913 f.; skeptisch bzgl. der Effizienz dieses Vorgehens im Hinblick auf *information overload* s. *Hommelhoff*, NZG 2023, 1631, 1633.

1731 S. delegierte Verordnung (EU) 2023/2772 der Kommission vom 31. Juli 2023 zur Ergänzung der Richtlinie 2013/34/EU des Europäischen Parlaments und des Rates durch Standards für die Nachhaltigkeitsberichterstattung, ABl. (EU) vom 22.12.2023, L 2023/2772.

Die ESRS gelten als eine Verordnung nach Art. 288 AEUV zwar unmittelbar und bedürfen keiner Umsetzung ins nationale Recht; die ESRS-Verordnung[1732] beinhaltet aber keine Pflicht, die ESRS anzuwenden, sondern verweist in Art. 1 ESRS-VO auf die Artt. 19a sowie 29a BilanzRL n. F. Daher ist ein nationales Gesetz notwendig, das Art. 19a Abs. 2 sowie Abs. 4 CSRD umsetzt.[1733]

(4) Inhalt der bereits vorhandenen ESRS

Die Standards haben einen großen Umfang von mehreren hundert Seiten; umso bedeutsamer ist daher ihre äußere Struktur, die dem Adressaten bei der Auslegung Hilfe leisten soll.[1734] Zentral sind die allgemeinen Standards ESRS 1 sowie ESRS 2. Im ESRS 1 sind die generellen Anforderungen an die Qualität der zu liefernden Information zu finden. ESRS 2 normiert die allgemeinen Offenlegungspflichten.

Dieser »allgemeine Teil« wird durch besondere Standards spezifiziert bzw. ergänzt, die sich konkreten Belangen widmen.[1735] ESRS E1 bis E5 beziehen sich auf die Umwelt[1736], ESRS S1 bis S4 hingegen auf die Belange der Arbeitnehmer, der lokalen Gemeinschaften und der Endverbraucher (Soziales)[1737]; ESRS G1 betrifft die Governance-Aspekte.[1738]

Die speziellen Standards verweisen an zahllosen Stellen auf den allgemeinen Standard ESRS 2. Hinzu kommen noch die Querverweise in besonderen Standards. Infolgedessen entsteht sogar ein gewisses Netz an Berichtspflichten; dies ist der Tatsache geschuldet, dass zwischen einzelnen Nachhaltigkeitsbelangen intensive Wechselwirkungen vorhanden sind.

Ferner ist in den Standards zwischen den obligatorischen Inhalten und den Wahlrechten zu unterscheiden; die Kommission wollte durch die Einführung der

1732 *Zwirner/Boecker*, BC 2023, 405; *Hommelhoff*, AG 2023, 742,

1733 Vgl. § 289c Absatz 6 Satz 1 HGB-E RegE CSRD-UG sowie S. 134 der BegrRegE, abrufbar unter: https://t1p.de/vek7x (abgerufen am 17.08.2024).

1734 S. zur Systematik *Prachner*, RWZ 2023, 199, 200; *Baumüller*, BÖB 2023, 58, 59 f.; *Pasch/Stawinoga*, IRZ 2023, 123 f.; BeckOGK/*Kleindiek*, 1.2.2025, HGB § 289b Rn. 45 ff.

1735 S. *Prachner*, RWZ 2023, 199 ff.; vgl. *Baumüller*, BÖB 2023, 58, 59 f.; *Berger/Kiy/Worret*, WPg 2023, 282, 285; *Rothenburg/Rogg*, NZG 2024, 1439, 1440. Die themenbezogenen ESRS finden Anwendung, wenn ein Nachhaltigkeitsaspekt gem. der doppelten Wesentlichkeitsprüfung als wesentlich zu erachten ist, ESRS 1 AR 16.

1736 Vgl. *Baumüller/Scheid*, StuB 2023, 742, 744 ff. Zu Dekarbonisierungsinformationen im Klimastandard ESRS E1 mehr *Rauscher/Stachelscheid*, WPg 2023, 433 ff.

1737 Vgl. *Schneider/Walcher*, RWZ 2023, 218 ff.; *Reustlen/Warnke*, IRZ 2022, 379 ff.; vgl. zum ESRS S1 *Frank/Heine*, BB 2024, 180 ff.

1738 S. mehr zu diesem Standard *Kirsch*, BBP 2023, 354 ff.

Wahlrechte den Druck auf die Unternehmen senken und so die Bedenken im Hinblick auf das primärrechtliche Verhältnismäßigkeitsprinzip ausräumen.[1739]

Es wurden bisher lediglich die allgemeinen sowie die themenspezifischen Standards erlassen. Es sind zum aktuellen Zeitpunkt noch die sektorspezifischen sowie die endgültigen Standards für die kapitalmarktorientierten KMU abzuwarten.[1740]

(5) Die Pflicht zur Erfassung der Chancen und Risiken sowie der Auswirkungen nach ESRS und deren Folgen

Wegen der Bedeutung der Informationserfassungspflichten für das Unternehmen, was allein schon an der Existenz des § 91 Abs. 2 und Abs. 3 AktG ersichtlich ist, müssen gerade jene Berichtsinhalte in den ESRS vorrangig untersucht werden, die potenziell Erfassungspflichten auslösen können. Daher sind die Bestimmungen besonders zu würdigen, die die Angaben gem. Art. 19a Abs. 2 lit. f Ziff. ii BilanzRL zu Auswirkungen, Chancen und Risiken konkretisieren.

(a) Pflichtangaben zu Auswirkungen, Chancen und Risiken nach ESRS 2

Zentral erscheint die in ERSR 2.46 ff. zu findende Angabepflicht in Bezug auf die wesentlichen Auswirkungen, Chancen und Risiken, die als eine Hauptkonkretisierung des Art. 19a Abs. 2 lit. f Ziff. ii BilanzRL angesehen werden muss.

Das Ziel des ESRS 2.46 wird in ESRS 2.47 beschreiben: Der Berichtsadressat soll das Verständnis darüber erlangen, wie das Verhältnis zwischen den Auswirkungen, Chancen und Risiken auf der einen Seite und dem Geschäftsmodell und der Strategie des Unternehmens auf der anderen Seite aussieht. Der Wortlaut des Standards verwirrt, denn bei den Auswirkungen sind ebenfalls die potenziellen gemeint (arg. ex ERSR 2.48 lit. c Ziff. i sowie ESRS 1.14 lit. a). Vereinfacht gesagt handelt es sich hier um die Chancen und Risiken betrachtet aus der doppelten Perspektive (In-Out als auch Out-In); dies entspricht dem Prinzip der doppelten Wesentlichkeit.[1741]

Außerdem verlangt ESRS 1.63 ff. die Einbeziehung der Wertschöpfungskette: Es müssen also bei der Darstellung der Auswirkungen, Chancen und Risiken auch jene berücksichtigt werden, die auf die vor- oder nachgelagerte Wertschöpfungs-

1739 S. dazu *Lanfermann*, BB 2023, 1515, 1516; vgl. die Begründung der Kommission, C/2023/5303 endg., S. 8 unter Hinzuziehung der S. 2 (https://t1p.de/dtvvp, abgerufen am 17.08.2024); kritisch *Baumüller/Sopp*, PiR 2023, 258, 261.

1740 Vgl. *Pasch/Stawinoga*, IRZ 2023, 123 f.; *Beiersdorf/Fink/Schmotz*, BB 2023, 2346, 2347 f. Zu den sektorspezifischen Standards vgl. die Angaben von EFRAG unter: https://www.efrag.org/lab5, abgerufen am 26.01.24; s. auch die Informationen von der EFRAG zu den KMU-Standards unter: https://t1p.de/j2xye, abgerufen am 26.01.24.

1741 Vgl. *Balke*, AG 2023, 732, 737; mehr zum Prinzip der doppelten Wesentlichkeit bereits oben (1).

kette[1742] zurückzuführen sind. Dabei ist es irrelevant, ob die Angaben direkte oder indirekte Geschäftsbeziehungen zum Gegenstand haben (ESRS 1.63).[1743] Die inhaltliche Reichweite der Angaben wird durch die doppelte Wesentlichkeit eingeschränkt, die separat für jede Wertschöpfungskette und jeden Nachhaltigkeitsaspekt zu beurteilen ist (ESRS 1.64).[1744]

(b) Besondere Berichtspflichten zu Auswirkungen, Chancen und Risiken in themenspezifischen ESRS

Diese allgemeine Angabepflicht wird an zahllosen Stellen in den themenspezifischen Standards weiter konkretisiert; diese besonderen Regelungen sind aber nur dann anzuwenden, soweit ein durch den speziellen Standard konkretisierter Nachhaltigkeitsaspekt *in concreto* wesentlich ist (ESRS 1.25 ff., 30 lit. a).[1745]

Nach ESRS E1.18 f. muss das Unternehmen seine Chancen und Risiken bzgl. des Klimas angeben; es ist auch zu berichten, inwieweit sich diese finanziell auf das Unternehmen auswirken (ESRS E1.64 ff.).

Nach ESRS E2.26 ff. muss das Unternehmen die Informationen liefern, welche Verschmutzung sowie welche Verschmutzungsrisiken von seiner Tätigkeit verursacht werden; eine weitere besondere Berichtspflicht bezieht sich auf gefährliche Stoffe (ESRS E2.32 ff.); es muss auch beschrieben werden, welche Chancen und Risiken sich für das Unternehmen aus der Verschmutzung usw. ergeben (ESRS E2.36 ff.).

Des Weiteren werden ähnliche Angaben bezogen auf den Wasserverbrauch (ESRS E3.26 ff.) sowie auf die aus ihm und den Meeresressourcen[1746] resultierenden finanziellen Risiken (ESRS E3.30 ff.) verlangt. Dasselbe gilt für biologische Vielfalt (ESRS E4.16, 33 ff., 42 ff.) sowie für Ressourcenzuflüsse und -abflüsse (ESRS E5.28 ff., 33 ff., 41 ff.).

Umfangreich sind auch die obligatorischen Angaben zu eigenen Beschäftigten nach ESRS S1; viele hiervon beschränken sich aber auf Zahlen und müssen keine

1742 Zur Reichweite der Wertschöpfungskette einschließlich der Überschneidung mit den verbundenen Unternehmen s. *Fink/Glöckner*, WPg 2023, 1364 f.; s. auch *Jordan*, WPg 2023, 77, 78.

1743 Darin liegt ein wesentlicher Unterschied zu dem Konzept des LkSG, das nur unter qualifizierten Voraussetzungen die Pflichten gegenüber indirekten Geschäftspartner auslöst, vgl. unten Teil 6, I. G. 1. i).

1744 Vgl. *Fink/Glöckner*, WPg 2023, 1364, 1365; vgl. *Jordan*, WPg 2023, 77 f.; *Velte*, DStR 2023, 2358, 2362.

1745 Vgl. dazu *Berger/Kiy/Worret*, WPg 2023, 282, 289 f.; kommt ein Unternehmen zu dem Schluss, dass das Klima nicht wesentlich ist, dann muss es dies ausführlich gem. ESRS 1.32 begründen, womit eine Report-or-explain-Regelung vorliegt.

1746 Aus einem unbekannten Grund verlangt der ESRS E3 keine gesonderte Angabe zu (ggf. potenziellen) Auswirkungen auf Meeresressourcen. Allerdings sollen die Adressaten diese Auswirkungen verstehen können (s. ESRS E3.1 lit. a), sodass doch von einer Berichtspflicht auszugehen ist.

Risiken und Chancen beinhalten (s. z. B. ESRS S1.50 ff., 64 ff.). Es gibt aber auch zahlreiche Angaben, die einer Risikobewertung bedürfen, z. B. die Auswirkung der Beschäftigungspraxis auf die Beschäftigten (ESRS S1.49, 54 i. V. m. ESRS S1.2). Ferner muss das Unternehmen berichten, wie sich die Lage der Beschäftigten auf das Unternehmen auswirkt (ESRS S1.16). Die Berichtspflicht zu schweren Vorfällen wurde besonders hervorgehoben (ESRS S1.100 ff.). Überschaubar fallen die obligatorischen Angaben zu den Arbeitskräften in der Wertschöpfungskette nach ESRS S2 und die Berichterstattung zu den mit ihnen verbundenen Risiken aus (s. ESRS S2.13).

Keinen großen Umfang weist die Konkretisierung der Angaben zu Auswirkungen, Chancen und Risiken in Bezug auf die betroffenen Gemeinschaften auf; dennoch muss hierzu berichtet werden (ESRS S3.8 ff.). Ähnlich knapp fällt der Standard zu den Endverbrauchern aus; dort sind aber die Angaben zu Auswirkungen, Chancen und Risiken ebenfalls zu finden (ESRS S4.9 ff.).

Im Standard zu der Governance (ESRS G1) finden sich keine ausdrücklichen Berichtspflichten zu den mit ihr zusammenhängenden Auswirkungen, Risiken und Chancen. Eine solche Pflicht kann sich jedoch aus dem Zusammenspiel zwischen dem allgemeinen Standard ESRS 2.46 und den Angaben gem. ESRS G1.2 zu der Korruption, zu den Lieferantenbeziehungen sowie zu der Lobbytätigkeit hergeleitet werden.

(c) Folgen der Berichtspflichten zu Auswirkungen, Chancen und Risiken für die Erfassungspflichten

Die oben beschriebenen Angaben sind umfassend und unterschiedlicher Natur.[1747] Sie verlangen daher eine intensive Tätigkeit zur Informationsbeschaffung bzgl. der Auswirkungen, Chancen und Risiken.[1748] Der Aufwand erscheint umso größer, wenn die Notwendigkeit der Ausforschung des Unternehmensumfelds berücksichtigt wird. Zwar könnte der Umfang mit Blick auf die allgemeine Wesentlichkeit gemindert werden, aber die Wesentlichkeitsbeurteilung setzt das Vorhandensein der Information voraus; nur selten wird die Feststellung mangelnder Wesentlichkeit eines bestimmten Nachhaltigkeitsaspekts schon von Vornherein ohne eine Datenerhebung möglich sein.[1749] Außerdem muss die Wesentlichkeit aus der Perspektive des gesamten Unternehmens und nicht der erhebenden

1747 Kritisch zur Granularität *Prachner*, RWZ 2023, 199, 204 f.

1748 So bereits *Balke*, AG 2023, 732, 737; vgl. *Hogrefe*, BB 2024, 1987, 1991; vgl. *Baumüller*, BÖB 2023, 58, 62; vgl. allgemein zum Ermittlungsaufwand bzgl. der Nachhaltigkeitsberichterstattung *Ekkenga*, ZHR 187 (2023), 228, 254 f.; *Möller*, WPg 2023, 1018, 1019 f. Kritisch zur Herleitung von impliziten Pflichten aus den Berichtspflichten im Kontext der CSR-Richtlinie *Bachmann*, ZGR 2018, 231, 236; s. die Replik darauf von *J. Simon*, CSR-Richtlinie, 2019, S. 168 f.; vgl. auch *BDI*, Zukunft der Nachhaltigkeitsberichterstattung, 2024, S. 32.

1749 Wohl aA *BDI*, Zukunft der Nachhaltigkeitsberichterstattung, 2024, S. 31 f., wonach die Wesentlichkeitsanalyse der Datenerhebung zuvorkommen soll.

Einheit beurteilt werden, sodass die einzelnen Unternehmensabteilungen regelmäßig nicht dazu imstande sein werden und daher ihre Erhebungen im vollen Ausmaß durchführen müssen.

Die Erfassung der Daten muss selbst einige Qualitätsmerkmale erfüllen; der Vollständigkeitsgrundsatz sowie der Wahrheitsgrundsatz sind explizit in ESRS 1.QC5 ff. kodifiziert worden. Vor allem der Vollständigkeitsgrundsatz zwingt das Unternehmen zu einem systematischen Vorgehen bei der Datenerhebung, damit es von einer lückenlosen Berichtsgrundlage ausgehen kann.

Die Pflicht zur Erfassung der Daten aus der Wertschöpfungskette stellt Unternehmen vor eine besondere Herausforderung; diese Pflicht wird jedoch insoweit abgemildert, als bei der Unmöglichkeit der Informationsbeschaffung eine Schätzung zulässig ist (ESRS 1.68 f.).[1750] Die allgemeine Einschränkung auf wesentliche Informationen schafft auch hier kaum Abhilfe.[1751]

(d) Pflicht zur Einrichtung eines Nachhaltigkeitsdatenerhebungssystems

Das Unternehmen im Anwendungsbereich der CSRD ist also nach dieser Richtlinie verpflichtet, mindestens einmal jährlich konkrete, aber breit gefächerte Risiken und Chancen sowie eingetretene Auswirkungen systematisch zu erfassen und zu bewerten. Es handelt sich damit um eine Pflicht zur Einrichtung eines Nachhaltigkeitsdatenerhebungssystems, eingeführt durch die Hintertür der ESRS.[1752] Diese implizite Verpflichtung ist auch ein Novum sowohl gegenüber der nicht so granularen CSRD-Richtlinie als auch gegenüber ihrer Vorgängerin, der CSR-Richtlinie.[1753] Dieses System umfasst die Pflicht zur Erfassung von eingetretenen Auswirkungen, was ein Mehr gegenüber einem traditionellen RMS darstellt.[1754] Es handelt sich nicht um ein Nachhaltigkeits-RMS, weil die CSRD und die ESRS keine explizite Pflicht zur Risikosteuerung statuieren.[1755] Implizit ist es aber vom Unionsgesetzgeber gewollt, dass die Unternehmen sich mit Blick auf ihre eigene Reputation zur Risikosteuerung gezwungen sehen.[1756]

1750 S. dazu *Jordan*, WPg 2023, 77, 78 f.; *Velte*, DStR 2023, 2358, 2362 f.

1751 Optimistischer als hier *Jordan*, WPg 2023, 77 f.

1752 Vgl. bereits *Weber*, BB 2022, 2923, 2925 ff., der die sachliche Erweiterung der Aufgaben vom RMS untersucht hat; vgl. auch HHL/*Klahold*, 2024, § 16 Rn. 19 im Kontext der Taxonomie-VO; wohl aA *Balke*, AG 2023, 732, 737 (Rn. 43); vgl. zur CSR-Richtlinie *Hommelhoff*, NZG 2017, 1361, 1363 sowie *J. Simon*, CSR-Richtlinie, 2019 S. 114 f.

1753 AA *Hommelhoff*, NZG 2017, 1361, 1363, der aus der CSR-Richtlinie eine Pflicht zum CSR-RMS herleitet; zurückhaltender *J. Simon*, CSR-Richtlinie, 2019, S. 114 f.

1754 S. zu den typischen Bestandteilen eines RMS oben IV. D. 2. a). (1). (b).

1755 Ähnlich zur CSR-Richtlinie *J. Simon*, CSR-Richtlinie, 2019, S. 114 f.

1756 Vgl. *Hommelhoff/Allgeier/Jelonek*, NZG 2023, 911, 912 f.; s. dazu unten (8).

Bei der Pflicht zur Einrichtung eines Nachhaltigkeitsdatenerhebungssystems handelt sich um eine offene Zielvorgabe, ähnlich wie bei § 91 Abs. 3 AktG[1757]; denn nur das »Ob« der systematischen Nachhaltigkeitsdatenerfassung wird vorgegeben, während das »Wie« im konkreten Unternehmen frei vom Vorstand auszufüllen ist.[1758]

Die Pflicht zur systematischen Erfassung von Nachhaltigkeitsrisiken hat eine vorrangige Bedeutung gerade für jene Unternehmen, die sich zwar im Anwendungsbereich der CSRD aber nicht in dem des LkSG befinden;[1759] denn § 5 Abs. 1 LkSG verpflichtet aufgrund des nationalen Rechts bereits zur systematischen Analyse der Auswirkungen von unternehmerischer Tätigkeit auf Menschenrechte und einige Umweltgüter.[1760] Hinzu kommt noch Art. 8 CSDDD, der eine solche Pflicht auf der Ebene des Unionsrechts vorsieht.[1761]

(e) Ausstrahlung der Pflicht zur Einrichtung eines Nachhaltigkeitsdatenerhebungssystems auf die allgemeine Organisation

Die oben hergeleitete Einrichtungspflicht kann auf die gesamte Unternehmensorganisation ausstrahlen, denn das Nachhaltigkeitsdatenerhebungssystem unterscheidet sich nicht allzu weit vom allgemeinen RMS.[1762] Die Einrichtungspflicht sieht keine Einzelheiten zum System vor; damit weist sie einen organisationsneutralen Charakter auf.

Manche Gesellschaften im Anwendungsbereich der CSRD unterliegen bereits einer RMS-Pflicht aus § 91 Abs. 3 AktG. Jene Gesellschaften müssen lediglich ihre bereits bestehenden Systeme anpassen, aber nicht neu einrichten.[1763] Anders sieht die Lage bei nicht börsennotierten Aktiengesellschaften im Anwendungsbereich der CSRD aus, also vereinfacht gesagt von jenen mit über 250 Arbeitnehmern. Die umfassende Datenerhebungspflicht kann sie überfordern und lässt sich mit der für sie schon geltenden Pflicht aus § 91 Abs. 2 AktG nicht vergleichen. Diese Unternehmen bekommen durch die Nachhaltigkeitsrisikoerfassungspflicht einen starken Anreiz, das allgemeine RMS einzuführen, auch wenn sie dazu nicht verpflichtet sind.

1757 Vgl. oben IV. D. 2. b). (1).
1758 Vgl. *Balke*, AG 2023, 732, 741 (These 3 Rn. 74).
1759 Zum persönlichen Anwendungsbereich des LkSG s. unten Teil 6, I. B. 1.
1760 Mehr zur Risikoerfassungspflicht nach dem LkSG s. unten Teil 6, I. G. 1. d).
1761 S. mehr dazu unten Teil 6, II. E. 2.
1762 Zu den Bestandteilen des RMS s. bereits oben IV. D. 2. a). (1). (b); vgl. *Gleißner/Ihlau*, BB 2024, 1899.
1763 Zu den Optionen der Anpassung der allgemeinen Organisation in der Praxis s. *BDI*, Zukunft der Nachhaltigkeitsberichterstattung, 2024, S. 31; vgl. auch *Gleißner/Ihlau*, BB 2024, 1899, 1902 f.

(6) Einfluss der ESRS-Struktur auf die Berichtsorganisation?

Die Gliederung der Themen in ESRS E1 bis E5, S1 bis S4 sowie G1 kann die Unternehmen dazu bringen, diese Struktur im Rahmen ihrer eigenen Organisation nachzuahmen; denkbar ist z. B. die Schaffung von Reporting-Unterabteilungen, von denen jede für einen der Standards zuständig ist. Die Berichtsorganisation kann also nach dem Vorbild der ESRS aufgebaut werden; die Unternehmen können ihre Organisation anpassen, um die Erfüllung der Pflichten zu vereinfachen. Aufgrund der Verbindung zwischen den Berichtswegen und den Weisungsbeziehungen, die sich aus der Notwendigkeit einer informationellen Grundlage für die Weisungen ergibt[1764], kann sich die Anpassung der Berichtsorganisation auf die allgemeine Arbeitsweise des gesamten Unternehmens auswirken.

Der Einfluss der ESRS auf die Berichtsorganisation sowie indirekt auf die allgemeine Organisation lässt sich nur schwer abstrakt vorhersehen und bedarf einer empirischen Untersuchung in der Praxis im Anschluss an die Umsetzung der ESRS durch die Unternehmen. Im Vergleich zu den sonstigen Auswirkungen der ESRS auf die Organisation scheint diese Problematik nicht so schwer zu wiegen.

(7) Überforderung der unternehmensinternen Berichtswege durch die ESRS-Informationen

Die Funktionsfähigkeit der Informationsorganisation wird durch die schiere Menge der zu erhebenden Daten bedroht,[1765] die sich aus der hohen Granularität der Berichtspflichten in den ESRS ergibt.

Das Unternehmen ist auf die Effizienz der internen Informationsflüsse angewiesen, damit die Entscheidungen getroffen werden können. Die Informationsorganisation verfügt allerdings lediglich über begrenzte Kapazitäten; in den Meldungen und Berichten lässt sich nicht jede beliebige Informationsmenge verarbeiten.[1766] Darüber hinaus wird auch eine kognitive Verarbeitung der Information verlangt, insb. im Hinblick auf die Wesentlichkeit, was Entscheidungsfindungskapazitäten des Unternehmens bindet.

1764 Vgl. *Vahs*, Organisation, S. 91 ff.

1765 Vgl. zum parallelen Problem des »information overload« auf der Seite der Berichtsadressaten *Hommelhoff/Allgeier/Jelonek*, NZG 2023, 911, 914; andeutend *Weber*, BB 2022, 2923, 2927; aA *Gabius/Glöckner*, Heft 4, ESGZ 2024, 51, 53 f., die die Vorteile unterstreichen. S. allgemein zum Phänomen *Möllers/Kernchen*, ZGR 2011, 1, 9 f. mwN; *Poelzig*, Kapitalmarktrecht, Rn. 43.

1766 Vgl. allgemein und empirisch zu *information overload* in der Organisation *O'Reilly*, The Academy of Management Journal, Vol. 23 No. 4 (1980), S. 684 ff. mwN; s. auch *Scholl* in: Frese, HWO, S. 900, 904; vgl. auch *Schick/Gordon/Haka*, Accounting Organization and Society, Vol. 15 No. 3 (1990), S. 199 ff. mwN.

Die ESRS mit ihren zahllosen Datenpunkten[1767] könnten also die Informationswege »verstopfen« oder die Fähigkeit von Unternehmen deutlich beeinträchtigen, andere Informationen zu verarbeiten. Wann sollen die Mitarbeiter ihren Vorgesetzten bspw. über Probleme in der Produktion oder über andauernde Lieferschwierigkeiten berichten, wenn sie sich zunächst lange über die Nachhaltigkeitsaspekte unterhalten müssen?[1768] Anders gesagt: Der informative Fokus des Unternehmens kann sich so weit auf die Nachhaltigkeit verschieben, dass die Verarbeitung der für den Fortbestand des Unternehmens erforderlichen Informationen vernachlässigt wird;[1769] das steht im Widerspruch zur Fokushoheit des Unternehmens[1770] sowie zu § 91 Abs. 2 AktG. Insoweit bedroht die Nachhaltigkeitsberichterstattung die Steuerungsfähigkeit des Unternehmens, die gerade die allgemeine Buchführungspflicht zu verbessern sucht. Demgegenüber ist gerade eine Fokusänderung bei den Unternehmen erforderlich, damit die Transformation der Wirtschaft in eine öko-soziale Marktwirtschaft ermöglich wird.[1771]

Theoretisch könnte der Aufwand der Informationsweitergabe und -verarbeitung durch die Wesentlichkeitsprüfung gemindert werden, weil über das Unwesentliche nicht zu berichten ist; wie oben bereits zu Chancen und Risiken ausgeführt[1772] werden jedoch zur Beurteilung der Wesentlichkeit erstens die Erfassung der Daten und zweitens eine intensive Datenanalyse benötigt, die häufig nur zentral aus der Perspektive des gesamten Unternehmens erfolgen können werden.[1773]

Die Überforderungsgefahr ließe sich ferner potenziell durch den Einsatz der EDV-Systeme deutlich entschärfen; es ist jedoch schwer zu beurteilen, ob sich dies bis zum Inkrafttreten realisieren lässt.[1774] Dies gilt erst recht, wenn man bedenkt, dass manche Unternehmen bereits mit der Datenerhebung im Jahr 2024 begonnen haben, denn sie sind von einer (inaktuellen) Berichtspflicht bezogen

1767 Es handelt sich um über 1.000 Datenpunkte, s. *Lanfermann*, BB 2023, 1515, 1516; *Berger*, BB 2023/47, I (Editorial); *Baumüller/Sopp*, PiR 2023, 258, 262; s. die intensive Kritik am Umfang der Berichtspflicht bei *Hennrichs/Hommelhoff* in: Hennrichs/Hommelhoff/Merkt, Zur Revision der EU-Nachhaltigkeitsregulatorik, S. 341, 348.

1768 Zur hohen Inanspruchnahme von personellen Ressourcen durch die Nachhaltigkeitsberichterstattung s. *Welling*, KlimaRZ 2025, 10, 13.

1769 Außerhalb der Nachhaltigkeit (z. B. F&E, Finanzielles) kann es dann zu einem *information underload* kommen, also zu einem unzureichenden informationellen Niveau.

1770 Zur informationellen Fokushoheit des Vorstands s. oben II. B. 4.

1771 S. zur transformativen Absicht des Gesetzgebers Staub/*Hommelhoff*, Vor § 289b HGB Rn. 44; s. auch *Fleischer*, ZGR 2022, 466, 474 ff.

1772 S. oben (5). (c).

1773 So bereits *Müller*, BB 2023/31, S. I (Editorial); aA *Haller/Sellhorn*, DB 2024, 2711, 2713.

1774 Vgl. *Balke*, AG 2023, 732, 735, 737 (entsprechend Rn. 22 und 41); vgl. auch *Möller*, WPg 2023, 1018, 1020; vgl. dazu im Kontext der Zumutbarkeit bei der Wissenszurechnung HHL/*Kleindiek*, 2024, § 35 Rn. 42; vgl. *Haller/Sellhorn*, DB 2024, 2711, 2714.

auf das Geschäftsjahr 2024 nach Art. 5 Abs. 2 CSRD a. F ausgegangen, die im Jahr 2025 zu erfüllen wäre.[1775] Ferner intensiviert sich diese Gefahr besonders in den Monaten nach dem Ende des Geschäftsjahres, denn der Lagebericht muss innerhalb von drei Monaten nach diesem Zeitpunkt erstellt werden (s. § 264 Abs. 1 S. 3 HGB). Das Unternehmen kann sich auch entscheiden, die für die Berichterstattung erforderlichen Informationen an die Zuständigen vorerst nicht weiterzuleiten, sondern erst direkt vor der Erstellung der Berichte zu übermitteln, um die Berichtswege zu schützen. Dies verschiebt aber nur das Problem mit der Überforderung auf einen anderen Zeitpunkt.

Es stellt sich die Frage, ob die ESRS wegen ihrer Regelungsdichte nicht den Art. 16 GRCh verletzen, indem sie die unternehmerische Organisationsfreiheit einschließlich der Fokushoheit unverhältnismäßig beschneiden; dies bedarf aber einer eigenständigen Untersuchung.

Denkbar wäre auch eine reduzierende Auslegung der Berichtspflichten; allerdings würde eine solche Auslegung die Verwirklichung des Vollständigkeitsgrundsatzes nach ESRS 1.QC5 ff. gefährden. Ferner wäre es denkbar, dass die genauen Informationen wegen der Überlastung der Organisation durch Schätzungen ersetzt würden, vgl. ESRS 1.87 sowie 89; ob diese Lösung in der Praxis als rechtmäßig gelten wird, wird sich zeigen.

(8) Der mittelbare faktische Einfluss durch Nudging

Es hat sich bereits herausgestellt, dass die Nachhaltigkeitsberichterstattung bestimmte Unternehmen zwar indirekt, aber doch rechtlich bindend zu bestimmten organisatorischen Maßnahmen verpflichtet, v. a. zur Einrichtung eines Nachhaltigkeitsdatenerhebungssystems. Man darf aber deswegen nicht die Auswirkungen aus den Augen verlieren, die der oben bereits erwähnte Reputationsmechanismus[1776] mit sich bringt. Bei den durch den Reputationsmechanismus erzwungenen Handlungen geht es um solche, die das Unternehmen vornimmt, um sein Ansehen in Augen der Allgemeinheit einschließlich Lieferanten, Endabnehmer sowie Arbeitnehmer zu wahren und zu stärken.[1777]

Auf die Wirkung des Reputationsmechanismus über die Inhalte nach Art. 19a Abs. 2 BilanzRL wurde bereits oben hingewiesen.[1778] Es stellt sich die Frage, inwieweit sie durch die ERSR verstärkt wird:

1775 S. Art. 5 Abs. 2 lit. a CSRD a. F.; zum aktuellen zeitlichen Anwendungsbereich für die Geschäftsjahre ab dem 1.1.2027 vgl. Art. 1 der Richtlinie (EU) 2025/794 (stop the clock-Richtlinie); s. auch Fn. 1711.

1776 Zu diesem in dem hier erörterten Kontext umfassend *Hommelhoff/Allgeier/Jelonek*, NZG 2023, 911, 913 f.; vgl. zu diesem auch Staub/*Hommelhoff*, § 289c HGB Rn. 29 ff.; vgl. auch *Schön*, ZHR 180 (2016), 279, 282 f.; s. *Walden*, NZG 2020, 50, 53.

1777 Zu den einzelnen Gruppen von Berichtsadressaten, von denen der Reputationsdruck kommt, s. *Hommelhoff*, FS Seibert, 2019, S. 371, 372 ff.

1778 S. oben (2). mwN.

Der zentrale Standard ist in dieser Hinsicht ESRS 2, der einen allgemeinen Rahmen schafft, auf den in den themenspezifischen ESRS an zahllosen Stellen verwiesen wird. Er konkretisiert zugleich die Stufen des Nachhaltigkeitsführungprozesses,[1779] die sich aus Art. 19a Abs. 2 lit. a bis h BilanzRL ergeben.

Zunächst müssen die Einbindung der Leitungsorgane in die Nachhaltigkeits-Organisation dargelegt werden, ESRS 2.22.; die Transparenz zwingt das Unternehmen dazu, die Leitungsorgane mit diesem Thema zu beschäftigen. Dazu kommt die Berichterstattung über die systematische Sorgfaltspflicht bzgl. der Nachhaltigkeit (ESRS 2.30 ff.),[1780] die die Einrichtung eines Nachhaltigkeitsrisikomanagementsystems einschließlich der Risikosteuerung voraussetzt und dadurch hierzu faktisch veranlasst. Darüber hinaus muss das Unternehmen angeben, wie das allgemeine RMS und das IKS die Qualität der Nachhaltigkeitsberichterstattung sicherstellen (ESRS 2.34 ff.); das Unternehmen wird also dazu angehalten, diese Systeme ggf. zu etablieren sowie auf die Nachhaltigkeitsberichterstattung auszurichten. Nach ESRS 2.38 ff. muss die Nachhaltigkeitsstrategie beschrieben werden; das Unternehmen wird sich gezwungen sehen, eine solche zu entwickeln.

Die nachhaltigketisbezogenen Risiko- und Chancen- sowie Auswirkungserfassungspflichten wurden bereits oben gewürdigt.[1781] Diese ziehen weitere Angaben nach sich: In die Berichterstattung muss die Beschreibung des Verfahrens zur Ermittlung der Chancen, Risiken und Auswirkungen sowie zur Bewertung deren Wesentlichkeit angegeben werden (ESRS 2.51 ff.). Diese Berichtspflicht kann das Unternehmen dazu motivieren, der Nachhaltigkeitsdatenerfassung in organisatorischer Hinsicht mehr Gewicht beizumessen, damit eine hochqualitative Darstellung im Nachhaltigkeitsbericht möglich wird.

Ggf. müssen die auf einzelne Aspekte bezogenen Strategien beschrieben werden (ESRS 2.60 ff.); dem schließt sich die Pflicht an, über die dazugehörenden Maßnahmen zu berichten (ESRS 2.66 ff.). Diese Angaben können, aber müssen nicht, eine organisatorische Reaktion nach sich ziehen; organisatorische Maßnahmen können sich jedoch in Augen der Berichtsadressaten besser als eine bloße Einzelfallreaktion präsentieren.

Ferner werden Unternehmen dazu mittelbar veranlasst, sich in Bezug auf jeden Nachhaltigkeitsaspekt Ziele zu setzen und deren Erreichung zu überwachen (ESRS 2.78 ff.). Der Unionsgesetzgeber möchte also die unternehmensinterne Koordination durch Zielvorgaben stärken.

Die oben angeführten Angabepflichten werden darüber hinaus in den themenbezogenen ESRS noch stärker granular konkretisiert; diese weiteren ESRS wirken sich aber über den Reputationsmechanismus nur dann auf das Unternehmen

1779 Zu diesen Stufen s. *Hommelhoff/Allgeier/Jelonek*, NZG 2023, 911, 912 f.

1780 Es geht dabei um die unternehmerische Sorgfaltspflicht, wie sie im LkSG sowie CSDDD verstanden wird. Zu den Sorgfaltspflichten s. unten Teil 6, I. G. 1. sowie Teil 6, II. E.

1781 S. oben (5).

aus, wenn der konkrete Nachhaltigkeitsaspekt wesentlich und der ihn betreffende ESRS daher anwendbar ist (ESRS 1.30 lit. a).

Beispielsweise wird in ESRS E4 (»Biologische Vielfalt und Ökosysteme«) die Granularität dadurch erhöht, dass in Bezug auf biologische Vielfalt sowie Ökosysteme mehrere Risikoarten bei der Beschreibung des Ermittlungsverfahrens gesondert zu behandeln sind: Auswirkungen an Standorten und in der Wertschöpfungskette, Abhängigkeiten, Übergangsrisiken, systemische Risiken sowie Auswirkungen auf die betroffenen Gemeinschaften (ESRS E4.17 lit. a bis e). Ferner muss dargestellt werden, welche Szenarien für die Kurz-, Mittel- und Langzeitperspektive genutzt wurden (ESRS E4.18). Bei den Angaben zu Strategien (ESRS E4.20 ff.) sowie zu Maßnahmen (ESRS E4.25 ff.) wird ein höherer Detaillierungsgrad erwartet. Wie an diesem Beispiel ersichtlich ist, wird die Wirkung des Reputationsmechanismus bezogen auf die Organisation des Unternehmens in den themenspezifischen ESRS durch die erhöhte Granularität nochmals intensiviert.[1782]

Zusammenfassend betrachtet, haben die Berichtspflichten nach ESRS zum Ziel, sich über den Reputationsmechanismus steuernd auf die Organisation des Unternehmens auszuwirken, indem sie eine hohe Professionalisierung bezogen auf die Nachhaltigkeit erzwingen.[1783] Sie sorgen darüber hinaus für eine deutlich erhöhte Publizität bezüglich der Ausgestaltung der Organisation gegenüber der früheren Rechtslage, die sich nur vereinzelt und nicht besonders granular mit diesem Thema beschäftigt hatte (s. § 289 Abs. 4 HGB[1784], im engen Umfang auch § 289f Abs. 2 Nrn. 1 sowie 2 HGB[1785]).

(9) Verstärkung des Einflusses auf die Organisation durch die Abschlussprüfung

Der Nachhaltigkeitsbericht nach Art. 19a BilanzRL ist gem. Art. 34 Abs. 1 Unterabs. 2 lit. aa BilanzRL vom Abschlussprüfer mit sogenannter »begrenzter

1782 Vgl. *Hommelhoff/Allgeier/Jelonek*, NZG 2023, 911, 913 f.

1783 Ähnlich bereits *v. Werder*, DB 2025, Nr. 6, M4, M5.

1784 Zu dieser Pflicht mehr Staub/*Hommelhoff*, § 289 HGB Rn. 155 ff.; BeckOGK/*Kleindiek*, 1.2.2025, HGB § 289 Rn. 144 ff.; s. auch MüKoHGB/*Palmes*, HGB § 289 Rn. 125.

1785 Vor dem FISG 2021 hat sich die Pflicht zur Einrichtung des RMS und IKS lediglich aus dem Grds. 4 des DCGK ergeben, vgl. DCGK 2020; die Einhaltung des Grds. 4 DCGK war in der Erklärung zur Unternehmensfürhung anzugeben und ggf. zu begründen, aber sie bedurfte keiner näheren Beschreibung der Systeme; vgl. § 289f Abs. 2 Nr. 1 HGB i. V. m. § 161 AktG.

Prüfungssicherheit«[1786] obligatorisch materiell zu prüfen.[1787] Ggf. wird der Prüfungsmaßstab künftig auf hinreichende Sicherheit erhöht,[1788] Art. 26a Abs. 3 Unterabs. 2 der Abschlussprüferrichtlinie[1789]. Die Prüfung erstreckt sich auch auf die Angaben nach Art. 8 Taxonomie-VO.[1790]

Infolge der Prüfungspflicht erhält der Abschlussprüfer Gelegenheit, sich zu Nachhaltigkeitsangaben einschließlich der organisationsbezogenen Angaben zu äußern. Zwar ist der Abschlussprüfer im Rahmen der Prüfung dazu verpflichtet, das Unternehmen umgehend zu analysieren und eine gewisse Einsicht in die Abläufe zu gewinnen;[1791] es handelt sich bei ihm dennoch um einen unternehmensfernen Akteur, der sich nur gelegentlich mit dem Handeln eines konkreten Unternehmens tiefer auseinandersetzt.[1792] Er kann manche Angaben für unrichtig halten, weil die verwirklichten Systeme nicht seinen Vorstellungen entsprechen oder weil er die Bestimmungen der ESRS anders auslegt; das Unternehmen kann sich wegen der rechtlichen Befugnisse des Abschlussprüfers (z. B. Einschränkung oder gar Versagung des Bestätigungsvermerks) gezwungen sehen, den Empfehlungen des Abschlussprüfers Folge zu leisten[1793]. Das oben zum Einfluss der ESRS auf die Ablauf- und Aufbauorganisation Gesagte wird also durch die materielle Prüfungspflicht noch zusätzlich verschärft.

1786 Vgl. zu diesem Begriff *Orth/Meyer*, WPg 2022, 909, 910; *Feldmann*, Nachhaltigkeitsberichterstattung, 2024, S. 43; kritisch zur Prüfungstiefe *Ekkenga*, ZHR 187 (2023), 228, 260 ff.

1787 S. Erwägungsgründe 60 ff. CSRD; grundlegend hierzu *Allgeier*, Mittelstand, 2024, S. 206 ff.; BeckOGK/*Kleindiek*, 1.2.2025, HGB § 289b Rn. 42; *Ekkenga*, ZHR 187 (2023), 228, 260 f.; *Müller/Needham*, BB 2023, 619, 620; *Hakelmacher*, WPg 2022, 298, 304; *Velte/Stawinoga*, WPg 2022, 1135, 1136 f.; *Orth/Meyer*, WPg 2022, 909 ff.; *Disser/Vogl*, WPg 2023, 217, 218 f.; *Schmotz/Lanfermann*, WPg 2022, 1216, 1218; *Bingel/Rothenburg/Schumann*, DB 2023, 118, 123; *Kolter*, Nachhaltigkeit durch Transparenz?, 2023, S. 33; *Quick*, GmbHR 2023, 722, 726; *Weller/Hößl/Seemann*, ZGR 2024, 180, 189; *Feldmann*, Nachhaltigkeitsberichterstattung, 2024, S. 42 f.; aA *Hommelhoff*, in: *Hommelhoff/Allgeier/Jelonek*, NZG 2023, 911, 914 f. S. kritisch zur Rolle des Aufsichtsrats nach der künftigen Rechtslage *E. Vetter*, AG 2024, 398 ff.

1788 S. dazu *Orth/Meyer*, WPg 2022, 909, 910; *Velte/Stawinoga*, WPg 2022, 1135, 1136 f.; vgl. *Feldmann*, Nachhaltigkeitsberichterstattung, 2024, S. 43.

1789 Richtlinie 2006/43/EG des Europäischen Parlaments und des Rates vom 17. Mai 2006 über Abschlussprüfungen von Jahresabschlüssen und konsolidierten Abschlüssen, zur Änderung der Richtlinien 78/660/EWG und 83/349/EWG des Rates und zur Aufhebung der Richtlinie 84/253/EWG des Rates, ABl. (EU) L 157/87.

1790 *Fink/Schmidt*, KoR 2023, 105, 114; *Quick*, GmbHR 2023, 722, 726.

1791 Vgl. MüKoHGB/*Ebke*, HGB § 317 Rn. 81 ff. mwN.

1792 Vgl. hierzu oben Teil 4, I. D. 2.

1793 Zum faktischen Einfluss des Abschlussprüfers und zum rechtlichen Hintergrund dieses Einflusses s. bereits oben IV. G. 1. c).

(10) Auswirkung der nachhaltigen Vorstandsvergütung nach § 87 Abs. 1 S. 2 AktG auf die Steuerungswirkung der CSRD und der ESRS

Bei einer Gruppe der CSRD-pflichtigen Unternehmen kann der Reputationsmechanismus aufgrund einer genuin nationalen Regelung zur Unternehmensverfassung in seiner Wirkungsweise beeinflusst werden: In börsennotierten Aktiengesellschaften muss der Aufsichtsrat nach § 87 Abs. 1 S. 2 AktG die Struktur der Vorstandsvergütung auf eine nachhaltige und langfristige Entwicklung ausrichten. Unter »nachhaltig« sind aufgrund einer Ergänzung des Rechtsausschusses[1794] die Umwelt-, Sozial- und Governance-Aspekte zu verstehen. Die bisher herrschende Ansicht, die den Begriff lediglich im Sinne der Langfristigkeit verstehen wollte, ist nicht mehr haltbar.[1795]

§ 87 Abs. 1 S. 2 AktG führt allerdings keine Pflicht zur Einführung einer flexiblen Vergütung ein.[1796] Wird eine solche Vergütungsart dennoch eingeführt, dann müssen die Nachhaltigkeitsbelange berücksichtigt werden; über den Grad der Berücksichtigung entscheidet der Aufsichtsrat nach seinem Ermessen,[1797] der allerdings hierbei die Kompetenz des Vorstands zur Festlegung der Unternehmenspolitik und -strategie durch die Hintertür der Vergütung nicht aushöhlen darf.[1798]

Wegen der inhaltlichen Breite der ESRS wird es in der Praxis zu Überschneidungen zwischen den variablen nachhaltigkeitsbezogenen Vergütungsparametern und der Nachhaltigkeitsberichterstattung kommen, falls der Aufsichtsrat sich für eine variable Vergütung entschieden hat. Die Reichweite der inhaltlichen Überschneidung kann allerdings nicht abstrakt vorhergesehen werden, denn sie hängt von der Ausgestaltung im Einzelfall ab.

1794 S. die Beschlussempfehlung des Rechtsausschusses zum RegE ARUG II, BT-Drs. 19/15153, S. 11 (Ergänzung der Norm) und S. 55 (Begründung der Ergänzung). Laut dem Beschluss Nr. 13 der Abteilung Wirtschaftsrecht des 74. DJT (https://t1p.de/kl3hg abgerufen am 7.11.2024) sollte es in § 87 Abs. 1 S. 2 AktG klargestellt werden, »dass sich die Ausrichtung auf eine nachhaltige Entwicklung der Gesellschaft jedenfalls auch auf ökologische Nachhaltigkeit bezieht.«

1795 S. dazu *Hommelhoff*, FS Hopt II, 2020, S. 467, 472 f.; *C. Arnold/Herzberg/Zeh*, AG 2021, 141; *Velte*, NZG 2020, 12, 14; vgl. BeckOGK/*Fleischer*, 1.2.2025, AktG § 87 Rn. 36; MüKoAktG/*Spindler*, AktG § 87 Rn. 90 f., jeweils mwN. Für die Auslegung i. S. d. sozialen und ökologischen Nachhaltigkeit kann § 87a Abs. 1 Nr. 4 AktG mit den nichtfinanziellen Leistungskriterien im Vergütungsbericht verstärkend angeführt werden; vgl. *Harnos*, AG 2024, S28, Rn. 31 ff.

1796 *BGH* NJW 2020, 679, 682, Rn. 33; *C. Arnold/Herzberg/Zeh*, AG 2021, 141, 145; umfassend MüKoAktG/*Spindler*, AktG § 87 Rn. 98.

1797 S. zum Ermessen des Aufsichtsrats im Kontext der Vorstandsvergütung *Dörrwächter/Harrack*, NZG 2024, 611, 612; MüKoAktG Nachtrag ARUG II/*Spindler*, AktG § 87 Rn. 81 ff.; zu Gefahren dieses Ermessens für die Kompetenzordnung der Aktiengesellschaft vgl. oben II. F. 1. mwN.

1798 Vgl. MüKoAktG/*Spindler*, AktG § 87 Rn. 94 f.; s. dazu auch oben II. F. 1.

Einerseits ist von einer deutlichen Verstärkung der Steuerungswirkung in den Bereichen auszugehen, die sowohl von der Berichterstattung als auch von der Vergütung betroffen sind, weil der ESRS-bezogene Reputationsmechanismus von den persönlichen wirtschaftlichen Interessen der Vorstandsmitglieder verstärkt wird.[1799] § 87 Abs. 1 S. 2 AktG stellt also ein Beispiel dafür dar, dass eine genuin nationale Norm ein unionsrechtliches Regelungskonzept flankieren kann.

Es ist andererseits auch ein Interessenkonflikt nicht auszuschließen, denn eine genaue Ermittlung von negativen Auswirkungen auf die Nachhaltigkeitsbelange kann sich nachteilig auf die Erreichung der Vergütungsziele auswirken; es kann also im Interesse des Vorstands sein, wenn diese Daten nicht vollständig sind. Diesem Interessenkonflikt ließe sich auch entgegenwirken, indem z. B. die Vollständigkeit der Ermittlung von negativen Auswirkungen selbst ein Vergütungsparameter wird.

(11) Zwischenergebnis

Die ESRS werden sich künftig sowohl rechtlich verbindlich als auch über den Reputationsdruck intensiv auf die Organisation der Unternehmen im Anwendungsbereich der CSRD auswirken. Zentral zu erwähnen ist hierbei die oben herausgearbeitete Pflicht zur Einrichtung eines Nachhaltigkeitsdatenerhebungssystems. Problematisch sind ebenfalls die Überforderung der unternehmensinternen Berichtsorganisation und der enorme Reputationsdruck zur Einführung bestimmter organisatorischer Lösungen, der zusätzlich noch durch die Abschlussprüfung und die Vergütungsregelungen verstärkt wird.

Die enormen Belastungen der Organisationsfreiheit rufen legitime Zweifel an der Vereinbarkeit mit dem europäischen Primärrecht hervor.[1800] Deren Klärung würde jedoch den Rahmen dieser Arbeit sprengen.

d) Umweltbezogene Angaben nach Art. 8 Taxonomie-VO und diesen konkretisierenden Rechtsakten

Die oben beschriebenen, umfassenden obligatorischen Angaben werden von den Berichterstattungspflichten nach Art. 8 Abs. 1, 2 Taxonomie-VO erheblich ergänzt. Diese verweisen bzgl. ihres Anwendungsbereichs auf Art. 19a Abs. 1 BilanzRL, sodass sich die Erweiterung der berichtspflichtigen Unternehmen durch

1799 Die Interdependenz zwischen der nachhaltigkeitsbezogenen Publizität und der Vorstandsvergütung wurde bereits für die CSR-Berichterstattung von *Hommelhoff*, FS Hopt II, 2020, S. 467, 472 f. herausgearbeitet.

1800 Vgl. hierzu im Kontext des Richtlinienvorschlags *Hommelhoff*, DB 2021, 2437 ff.; zu den primärrechtlichen Zweifeln an den ESRS, die sich aus der Art und Weise ihrer Entstehung ergeben monographisch *Feldmann*, Nachhaltigkeitsberichterstattung, 2024, passim.

die CSRD auf die Taxonomie-VO direkt auswirkt;[1801] der Anwendungsbereich der CSRD wurde bereits oben besprochen[1802].

(1) Berichtsinhalte nach Art. 8 Taxonomie-VO

Nach Art. 8 Abs. 1 Taxonomie-VO muss jedes Unternehmen im Anwendungsbereich darüber berichten, wie und in welchem Umfang die Tätigkeiten des Unternehmens mit Wirtschaftstätigkeiten verbunden sind, die als ökologisch nachhaltige Wirtschaftstätigkeiten gemäß Artt. 3, 9 Taxonomie-VO einzustufen sind.[1803]

Art. 9 Taxonomie-VO bestimmt die maßgeblichen Umweltziele: Dies sind (1) der Klimaschutz, (2) die Anpassung an den Klimawandel, (3) die nachhaltige Nutzung und Schutz von Wasser- und Meeresressourcen, (4) der Übergang zur Kreislaufwirtschaft, (5) die Vermeidung und die Verminderung der Umweltverschmutzung sowie (6) der Schutz und die Wiederherstellung der Biodiversität und der Ökosysteme. Jedes dieser Ziele wird in Artt. 10 bis 16 Taxonomie-VO näher konkretisiert; Art. 16 Taxonomie-VO erweitert die Definition des Art. 9 um jene Tätigkeiten, die als ein Zwischenschritt unmittelbar die Erreichung eines der Ziele nach Art. 9 Taxonomie-VO ermöglichen.

Art. 3 Taxonomie-VO normiert die Qualifikation von Wirtschaftstätigkeiten.[1804] Um als ökologisch nachhaltig i. S. d. Taxonomie-VO zu gelten, muss eine konkrete Wirtschaftstätigkeit vier Kriterien kumulativ erfüllen: Zunächst muss sie gem. Art. 3 lit. a Taxonomie-VO einen wesentlichen Beitrag zur Verwirklichung eines der in Art. 9 Taxonomie-VO genannten Umweltziele leisten.[1805] Ferner darf diese Tätigkeit keines dieser Umweltziele erheblich beeinträchtigen (Art. 3 lit. b Taxonomie-VO); dieses Prinzip, bekannt als »*do not significant harm*« (DNSH), wird in Art. 17 Taxonomie-VO näher konkretisiert.[1806] Darüber hinaus muss gem. Art. 18 Taxonomie-VO ein Mindestschutzstandard bezogen auf Menschenrechte eingehalten werden; Art. 18 Taxonomie-VO verweist hierbei auf die VN-Leitprinzipien sowie OECD-Leitsätze, sodass hier durch eine

1801 BeckOGK/*Kleindiek*, 1.2.2025, HGB § 289b Rn. 40: Spießhofer/Späth/*Spießhofer*, LkSG § 10 Rn. 93; *Reuter*, ZIP 2023, 1782, 1783; *Weyer/Berndt/Ebin*, BB 2024, 747; Fellenberg/Kment/*Rahn/Sebralla*, Taxonomie-VO Art. 8 Rn. 20 ff.; *Feldmann*, Nachhaltigkeitsberichterstattung, 2024, S. 42.

1802 S. oben b).

1803 Zu dieser Berichtspflicht s. Staub/*Hommelhoff*, § 289 HGB Rn. 29 ff.; s. zu den Begriffen der Taxonomiefähigkeit und -konformität *Weyer/Berndt/Ebin*, BB 2024, 747, 748 f.; Fellenberg/Kment/*Rahn/Sebralla*, Taxonomie-VO Art. 8 Rn. 24 ff.

1804 Vgl. *Möslein/Mittwoch*, WM 2019, 481, 483; vgl. *Lanfermann*, BB 2020, 1643, 1644.

1805 Mehr hierzu s. Fellenberg/Kment/*Lünenbürger*, Taxonomie-VO Art. 3 Rn. 27 ff.

1806 Mehr hierzu s. Fellenberg/Kment/*Lünenbürger*, Taxonomie-VO Art. 3 Rn. 44 ff.; s. die grundlegende Kritik an diesem Kriterium bei *Ekkenga*, ZHR 187 (2023), 228, 237 f.; s. auch *Möllers*, ZHR 185 (2021), 881, 901 ff.

Hintertür der Berichterstattung eine indirekte Pflicht zur unternehmerischen Sorgfalt bzgl. der Menschenrechte etabliert wird,[1807] ähnlich wie sie im LkSG und in der CSDDD vorgesehen wurde. Zuletzt verlangt Art. 3 lit. d Taxonomie-VO die Einhaltung der technischen Bewertungskriterien nach Art. 19 Taxonomie-VO,[1808] die die EU-Kommission gem. Art. 23 Taxonomie-VO erlässt, um die Umweltziele noch genauer zu konkretisieren.[1809] Allein der Umfang der Anforderungen ohne Berücksichtigung delegierter Rechtsakte kann bereits einen erheblichen Ermittlungsaufwand verursachen, der bei der Einbeziehung delegierter Rechtsakte sehr schwer bewältigbar erscheint.[1810]

Art. 8 Abs. 2 Taxonomie-VO verlangt darüber hinaus, dass die Nicht-Finanzunternehmen den Anteil ihrer Umsatzerlöse, Investitionsausgaben sowie Betriebsausgaben angeben, die die Taxonomie-Kriterien erfüllen.[1811]

Gem. Art. 8 Abs. 4 Taxonomie-VO darf die EU-Kommission die Berichtsinhalte näher spezifizieren; dies erfolgt in der delegierten VO 2021/2178[1812]. Nach Art. 2 dieser VO müssen die Nicht-Finanzunternehmen die Anhänge I und II dieser Verordnung beachten. Diese sehen detaillierte Leistungsindikatoren vor, die

1807 Umfassend zu dem Mindeststandard und zu den Unternehmenspflichten Fellenberg/Kment/*J. Lorenzen*, Taxonomie-VO Art. 18 Rn. 8 ff.; vgl. *Allgeier*, Mittelstand, 2024, S. 322 f.

1808 S. dazu Fellenberg/Kment/*Lünenbürger*, Taxonomie-VO Art. 3 Rn. 60 ff.

1809 S. Delegierte Verordnung (EU) 2021/2139 der Kommission vom 4. Juni 2021 zur Ergänzung der Verordnung (EU) 2020/852 des Europäischen Parlaments und des Rates durch Festlegung der technischen Bewertungskriterien, ABl. (EU) L 442/1 sowie die Delegierte Verordnung (EU) 2023/2486 der Kommission vom 27. Juni 2023 zur Ergänzung der Verordnung (EU) 2020/852 des Europäischen Parlaments und des Rates durch Festlegung der technischen Bewertungskriterien, ABl. (EU) 2023/2486, die zusammen zwar alle Umweltziele nach Art. 9 Taxonomie-VO konkretisieren, aber manche Wirtschaftsbranchen nicht berücksichtigen. Vgl. zu den Inhalten von diesen Verordnungen BeckOGK/*Kleindiek*, 1.2.2025, HGB § 289b Rn. 32.

1810 Ähnlich bereits Spießhofer/Späth/*Spießhofer*, LkSG § 10 Rn. 99; *Reuter*, ZIP 2023, 1782, 1783 f.; s. die Kritik an unscharfen Begriffen und Bewertungskriterien bei *Weyer/Berndt/Ebin*, BB 2024, 747, 749; vgl. allgemein zu den delegierten Rechtsakten HHL/*Harbarth/Reichenbach*, 2024, § 6 Rn. 40 ff.

1811 Mehr zu diesen Angaben s. *Ekkenga/Posch*, WM 2021, 205, 208 ff.; *Weyer/Berndt/Ebin*, BB 2024, 747, 748; vgl. *Lanfermann*, BB 2020, 1643, 1645 ff.; umfassend Fellenberg/Kment/*Rahn/Sebralla*, Taxonomie-VO Art. 8 Rn. 32 ff.; vgl. BeckOGK/*Kleindiek*, 1.2.2025, HGB § 289b Rn. 29

1812 Delegierte Verordnung (EU) 2021/2178 der Kommission vom 6. Juli 2021 zur Ergänzung der Verordnung (EU) 2020/852 des Europäischen Parlaments und des Rates durch Festlegung des Inhalts und der Darstellung der Informationen, die von Unternehmen, die unter Artikel 19a oder Artikel 29a der Richtlinie 2013/34/EU fallen, in Bezug auf ökologisch nachhaltige Wirtschaftstätigkeiten offenzulegen sind, und durch Festlegung der Methode, anhand deren die Einhaltung dieser Offenlegungspflicht zu gewährleisten ist, ABl. (EU) L 443/9.

zusammen mit dazugehörigen Erläuterungen in einer bindenden tabellarischen Form zu veröffentlichen sind.[1813]

(2) Auswirkung auf die Organisation

Die Beurteilung eigener Tätigkeit nach Artt. 3, 9 Taxonomie-VO einschließlich der Informationserhebung bzgl. der technischen Eigenschaften verursacht ähnliche Probleme wie die ESRS.[1814] Die weiteren zu berichtenden Datensätze in großer Anzahl drohen die Überforderung der internen Kommunikationswege zu verschärfen; hier kommt es auch nicht auf die Wesentlichkeit an, denn die zahlenmäßige Darstellung umfasst das gesamte Unternehmen. Die Überforderung der Berichtswege muss zusammen mit dem Aufwand betrachtet werden, die Informationen zu sammeln;[1815] diese Phänomene haben eine Verschiebung des unternehmerischen Fokus auf die Taxonomie-Konformität zur Folge und schränken damit die unternehmerische Fokushoheit ein. Diesen negativen Auswirkungen auf die Organisation ist zwar der Informationsnutzen entgegenzustellen, aber er fällt deutlich geringer aus, wenn die informationelle Überforderung der Nutzer durch den »Zahlenfriedhof« der Taxonomie-Berichterstattung berücksichtigt wird.[1816]

Die Reichweite der Pflichten könnte mithilfe eines Wesentlichkeitsvorbehalts eingeschränkt werden; dieses Konzept wurde allerdings gesetzlich nicht vorgesehen und passt *de lege lata* wenig zur unionsgesetzgeberischen Absicht, dass die Unternehmen ein vollständiges Bild ihrer Tätigkeit in einem Zahlenwerk präsentieren.[1817]

Außerdem wird über Art. 18 Taxonomie-VO indirekt der Reputationsdruck erzeugt, die VN-Leitprinzipien sowie OECD-Leitsätze einzuhalten, damit eine Wirtschaftstätigkeit als ökologisch nachhaltig qualifiziert werden darf.[1818] Dies wirkt sich auf verschiedene Art und Weise auf Unternehmen aus. Die Unternehmen, die parallel zur Anwendung des LkSG verpflichtet sind,[1819] können sich infolge der VN-Leitprinzipien dazu gedrängt fühlen, ihre Sorgfaltspflichten auf die

1813 Zur Abgrenzung zwischen den Unternehmenstypen sowie zu den zu veröffentlichenden Angaben s. umfassend Fellenberg/Kment/*Rahn/Sebralla*, Taxonomie-VO Art. 8 Rn. 29 ff.

1814 S. dazu bereits oben c). (7).; vgl. allgemein zur organisatorischen Anpassung des RMS und des IKS aufgrund der Taxonomie-VO HHL/*Klahold*, 2024, § 16 Rn. 19.

1815 Zum Problem der Informationsbeschaffung vgl. *Weyer/Berndt/Ebin*, BB 2024, 747, 750.

1816 S. prägnant zum Informationsnutzen *Weyer/Berndt/Ebin*, BB 2024, 747, 751.

1817 Vertieft hierzu *Uschkurat/Säuberlich/Jordan*, BB 2023, 1002 ff.

1818 Vgl. die Kritik an der Intensität der Anforderungen von Fellenberg/Kment/*J. Lorenzen*, Taxonomie-VO Art. 18 Rn. 47; vgl. *Nietsch*, CRZ 2024, 5, 8 f.

1819 S. zum Anwendungsbereich des LkSG unten Teil 6, I. B. 1.

gesamte Lieferkette auszurichten[1820] und nicht nur auf unmittelbare und nur ausnahmsweise anlassbezogen auf mittelbare Zulieferer, wie es im LkSG geregelt wurde.[1821]

Die vom LkSG nicht unmittelbar betroffenen Unternehmen, die nach der Taxonomie-VO berichten müssen, d. h. die Kapitalgesellschaften mit über 250 Arbeitnehmern und weniger als 1.000 Arbeitnehmern[1822], werden über die Berichtspflicht dazu angehalten, die unternehmerischen Sorgfaltspflichten einzuhalten; dies gilt besonders für jene Unternehmen, die sich mit ihrer Taxonomie-Konformität profilieren wollen. Damit entwertet Art. 18 Taxonomie-VO teilweise die Schwellenwerte des LkSG.

Diese indirekte Einbeziehung wird durch die neue CSDDD nicht aufgehoben,[1823] denn ihr persönlicher Anwendungsbereich sieht hohe Schwellenwerte vor (1.000 Arbeitnehmer)[1824] und die Diskrepanz bleibt bestehen. Dennoch hätte man in Art. 18 Taxonomie-VO auf die CSDDD statt auf die VN-Leitsätze und die OECD-Prinzipien verweisen sollen, um die Kohärenz der Regelwerke und die Rechtssicherheit zu gewährleisten. Der Unionsgesetzgeber ist zum Handeln aufgefordert, um die Mängel seiner Regelungen zu beheben.

(3) Zwischenergebnis

Die Taxonomie-VO mit der Berichtspflicht nach Art. 8 verschärft die bereits von der und von den ESRS verursachten Probleme. Zusammen betrachtet, drohen die ESRS und die Taxonomie-VO die unternehmensinternen Informationsflüsse gänzlich zu überfordern. Es ist auch nicht ganz klar, ob es dem Unionsgesetzgeber bewusst war, dass er bei der Änderung des Anwendungsbereichs des Art. 19a BilanzRL zugleich den Anwendungsbereich der Taxonomie-Berichtspflicht erheblich erweiterte. Die Anwendung der ESRS sowie der Taxonomie-VO samt den delegierten Verordnungen kann für die Unternehmen mit 250 bis 1.000 Arbeitnehmern eine überfordernde Herausforderung darstellen und damit ihre unternehmerische Freiheit aus Art. 16 GRCh[1825] unverhältnismäßig beschneiden. Eine vollumfängliche primärrechtliche Untersuchung würde jedoch den Rahmen dieser Arbeit sprengen.

1820 Vgl. VN-Leitprinzipien, Kommentar zum Prinzip 14, Stand 2014, abrufbar unter https://t1p.de/tni6 (abgerufen am 25.03.2024).
1821 Vgl. dazu unten Teil 6, I. G. 1. i). und g). (2). sowie h). (3).
1822 Vgl. zum Anwendungsbereich des LkSG unten Teil 6, I. B. 1.
1823 Vgl. noch zum CSDDD-Vorschlag Fellenberg/Kment/*J. Lorenzen*, Taxonomie-VO Art. 18 Rn. 46.
1824 Mehr zum persönlichen Anwendungsbereich der CSDDD unten Teil 6, II. B. 1. a).
1825 Zu dieser s. oben Teil 3, III. B. 1.

e) Das IKS und RMS nach § 289 Abs. 4 HGB

Auch die nicht mit der Nachhaltigkeit zusammenhängenden Pflichtangaben im Lagebericht könnten sich auf die Organisation auswirken. In diesem Kontext ist § 289 Abs. 4 HGB zu nennen; diese Norm verlangt von kapitalmarktorientierten Kapitalgesellschaften nach § 264d HGB[1826] eine Beschreibung wesentlicher Merkmale ihres IKS und RMS im Hinblick auf den Rechnungslegungsprozess[1827]. Diese Beschreibung kann potenziell einen Reputationsdruck auf diese Unternehmen ausüben, das IKS und das RMS bezogen auf die Rechnungslegung einzurichten; damit sollen die Verlässlichkeit der Rechnungslegung und zudem das Vertrauen des Kapitalmarkts erhöht werden[1828]. Bei börsennotierten Aktiengesellschaften besteht die Pflicht zur Einrichtung des RMS und des IKS bereits nach § 91 Abs. 3 AktG,[1829] sodass der Reputationsdruck bei ihnen keine Rolle spielt; dieser Druck ist allerdings bei jenen Aktiengesellschaften vorhanden, die nicht börsennotiert sind und den Kapitalmarkt nur zur Fremdfinanzierung nutzen.

Mit der Beschreibung sind nur die allgemeinen Angaben zur Organisation und der Funktionsweise der Systeme gemeint;[1830] es ist weder eine Wirksamkeits- noch eine Effektivitätsbeurteilung notwendig[1831]. Bei § 289 Abs. 4 HGB handelt es sich ausweislich des Wortlauts um eine Berichtspflicht; verfügt das Unternehmen über kein rechnungslegungsbezogenes IKS und RMS, dann verwandelt sich die positive Berichtspflicht in eine negative: Der Berichtspflichtige muss nur das Nichtvorhandensein offenlegen.[1832] Diese Norm birgt also keine Einrichtungspflicht bzgl. des IKS und RMS in sich.[1833] Sie führt auch nicht zur Notwendigkeit

1826 S. zum Anwendungsbereich dieser Norm BeckOGK/*Kleindiek*, 1.2.2025, HGB § 289 Rn. 149 f.; MüKoHGB/*Palmes*, HGB § 289 Rn. 126; BeBiKo/*Grottel*, HGB § 289 Rn. 120; vgl. auch *Melcher/Mattheus*, DB 2009, Beilage 5, S. 77.

1827 S. zur Rechnungslegungsbezogenheit des Gegenstands *Kort*, ZGR 2010, 440, 446.

1828 MüKoHGB/*Palmes*, HGB § 289 Rn. 125; Staub/*Hommelhoff*, § 289 HGB Rn. 155; HKMS/*Mock*, HGB § 289 Rn. 53.

1829 Hierzu bereits umfassend oben IV. B. und D. 2. a). (1).

1830 *Bischof/Selch*, WPg 2008,1021, 1024; BeckOGK/*Kleindiek*, 1.2.2025, HGB § 289 Rn. 154 f.; s. ausführlich dazu BeBiKo/*Grottel*, HGB § 289 Rn. 135 ff.; strenger *Kort*, ZGR 2010, 440, 457, der eine umfassende Darstellung verlangt und dadurch den Wesentlichkeitsvorbehalt verkennt.

1831 BeckOGK/*Kleindiek*, 1.2.2025, HGB § 289 Rn. 155; MüKoHGB/*Palmes*, HGB § 289 Rn. 132. HKMS/*Mock*, HGB § 289 Rn. 58; *Bischof/Selch*, WPg 2008,1021, 1024. Eine solche wird allerdings faktisch von einer börsennotierten AG, SE bzw. KGaA aufgrund der Empfehlung A.5 des DCGK erwartet.

1832 MüKoHGB/*Palmes*, HGB § 289 Rn. 128; Staub/*Hommelhoff*, § 289 HGB Rn. 155; BeckOGK/*Kleindiek*, 1.2.2025, HGB § 289 Rn. 147; BeBiKo/*Grottel*, HGB § 289 Rn. 121; HKMS/*Mock*, HGB § 289 Rn. 55; aA *Kort*, ZGR 2010, 440, 455.

1833 BegrRegE BilMoG, BT-Drs. 16/10067, S. 76; *Kort*, ZGR 2010, 440, 457; *Dreher*, FS Hüffer, 2010, S. 161, 162 ff.; MüKoHGB/*Palmes*, HGB § 289 Rn. 127; BeckOGK/*Kleindiek*, 1.2.2025, HGB § 289 Rn. 147; HKMS/*Mock*, HGB § 289

einer erweiternden Auslegung des § 91 Abs. 2 AktG. Die erweiternde Auslegung würde die Organisationsfreiheit der Unternehmen ohne gesetzliche Grundlage beschneiden; eine Verwirrung der Berichtsadressaten ist nicht zu befürchten,[1834] denn in der Beschreibung lässt sich problemlos klarstellen, ob nur das Risikofrüherkennungssystem oder doch das RMS bezogen auf den Rechnungslegungsprozess eingerichtet wurde. Es ist sogar vorstellbar, dass sich das System nach § 91 Abs. 2 AktG nicht auf die Rechnungslegung bezieht, weil in diesem Bereich keine Bestandsrisiken möglich erscheinen; dies kann bspw. dann der Fall sein, wenn ein wirksames IKS besteht.

Die organisationsbezogene Publizität wird sich dennoch im Einzelfall auf die positive Konkretisierungsbefugnis der Geschäftsleitung einer kapitalmarktorientierten Kapitalgesellschaft auswirken, denn eine negative Angabe kann nachteilige Folgen für das Unternehmenswohl haben;[1835] es wird daher selten der Fall sein, dass die Geschäftsleitung auf die Einrichtung eines rechnungslegungsbezogenen IKS und RMS verzichten darf. Außerdem unterliegt die konkrete Ausgestaltung der Systeme aufgrund ihrer Beschreibung dem Reputationsmechanismus; dies kann Unternehmen dazu bringen, für intensivere und professionellere Systeme zu sorgen, die allerdings dadurch im Einzelfall ggf. weniger kosteneffizient sein könnten.

Die Transparenz bzgl. des RMS und des IKS nach § 289 Abs. 4 HGB wird erheblich durch die Empfehlung A.5 DCGK 2022 im Falle von börsennotierten AGs[1836] ausgeweitet:[1837] Hiernach sollte der Lagebericht eine Beschreibung des *allgemeinen* RMS und des *allgemeinen* IKS sowie eine Stellungnahme zur deren Angemessenheit und Wirksamkeit beinhalten. Dies ist geeignet, den indirekten Öffentlichkeitsdruck zu verstärken, für die Professionalität dieser Systeme zu sorgen. Der DCGK unterliegt dem Comply-or-explain-Mechanismus, sodass keine materielle Berichtspflicht besteht.[1838] Dennoch sorgt der DCGK für die Intensivierung der bereits nach § 91 Abs. 3 AktG bestehenden Pflicht, für das angemessene und wirksame RMS und IKS zu sorgen.

Rn. 54; aA für die kapitalmarktorientierten AGs aufgrund einer erweiternden Auslegung des § 91 Abs. 2 AktG *Hommelhoff/Mattheus*, BB 2007, 2787, 2788.

1834 Vgl. *Kort*, ZGR 2010, 440, 458 sowie *Dreher*, FS Hüffer, 2010, S. 161, 164 f.; aA *Hommelhoff/Mattheus*, BB 2007, 2787, 2788.

1835 BeckOGK/*Kleindiek*, 1.2.2025, HGB § 289 Rn. 148; vgl. *Bischof/Selch*, WPg 2008, 1021, 1024; vgl. *Melcher/Mattheus*, DB 2009, Beilage 5, S. 77, 79.

1836 Von der Steuerungswirkung des DCGK sind auch SE sowie KGaA umfasst; vgl. statt aller BeckOGK/*Bayer/Scholz*, 1.2.2024, AktG § 161 Rn. 55 mwN.

1837 Vgl. HHL/*Klahold*, 2024, § 16 Rn. 14; s. auch zu dieser Empfehlung *Backhaus*, NZG 2023, 253 ff.; *Bartuschka*, BB 2022, 1387 ff.; *Naumann/Schmitz-Herkendell/Penkwitt*, WPg 2023, 1106 ff.

1838 Zum Wirkungsmechanismus der Entsprechenserklärung zum DCGK s. *Leyens*, ZEuP 2016, 388, 395 ff., 422 ff.; s. auch BeckOGK/*Bayer/Scholz*, 1.2.2024, AktG § 161 Rn. 19 f. mwN.

f) Die Erklärung zur Unternehmensführung nach § 289f HGB

Es könnten sich ferner Angaben mit großer Bedeutung für die Organisation in der Erklärung zur Unternehmensführung nach § 289f HGB verbergen. Börsennotierte Aktiengesellschaften müssen diese Erklärung in ihren Lagebericht aufnehmen und auf ihrer Internetseite zugänglich machen.[1839] Eine organisationale Dimension kommt bei § 289f Abs. 2 Nrn. 1 bis 3 HGB in Betracht. Die sonstigen Angaben nach § 289f Abs. 2 Nrn. 4 bis 6 HGB weisen keine Eignung auf, sich auf die Pflichtenlage bzgl. der Unternehmensorganisation auszuwirken.

Aus der Erklärung zur Unternehmensführung nach § 289f Abs. 2 Nr. 1 HGB i. V. m. § 161 AktG[1840] ergeben sich keine mittelbaren oder unmittelbaren Organisationspflichten, denn die im DCGK vorhandenen Organisationspflichten (Einrichtung eines RMS, IKS, CMS und der internen Revision nach Grds. 4 und Grds. 5 DCGK 2022) lassen sich bereits aus § 91 Abs. 3 AktG herleiten.[1841]

Eine Relevanz für die Organisation könnte der Pflicht aus § 289f Abs. 2 Nr. 2 HGB zukommen, relevante Angaben zu Unternehmensführungspraktiken zu machen, die über die gesetzlichen Anforderungen hinaus angewandt werden, nebst Hinweis, wo sie öffentlich zugänglich sind.[1842] Einerseits könnte diese Bestimmung weit ausgelegt werden und eine umfassende Darstellung der Aufbau- sowie Ablauforganisation (samt Verfahrensrichtlinien und Organigramm) umfassen, wenn die Organisation als ein Führungsinstrument verstanden wird.[1843] Dies lässt sich jedoch nicht mit dem gesetzgeberischen Willen vereinbaren: »Keinesfalls soll ein Unternehmen über alle im Unternehmen vorhandenen organisatorischen Regelungen oder Vorschriften berichten.«[1844] Hinzu kommt, dass das Unter-

1839 Mehr zum Anwendungsbereich, der außerdem die SE und die KGaA umfasst sowie zu den Gesellschaften, deren Aktien auf deren Veranlassung über ein multilaterales System gehandelt werden, s. *Bischof/Selch*, WPg 2008, 1021, 1026; BeckOGK/*Kleindiek*, 1.2.2025, HGB § 289f Rn. 24 ff.; MüKoHGB/*Kajüter*, HGB § 289f Rn. 8 ff.; HKMS/*Mock*, HGB § 289f Rn. 8; *Melcher/Mattheus*, DB 2009, Beilage 5, S. 77, 80. Der § 289f Abs. 4 HGB erweitert den Anwendungsbereich auf jene Gesellschaften, die eine Frauenquote festsetzen müssen, aber deren Berichtspflicht ist sehr eingeschränkt, s. mehr dazu MüKoHGB/*Kajüter*, HGB § 289f Rn. 11; HKMS/*Mock*, HGB § 289f Rn. 54 ff.

1840 Mehr zu dieser s. HKMS/*Mock*, HGB § 289f Rn. 25 ff.; BeckOGK/*Kleindiek*, 1.2.2025, HGB § 289f Rn. 42 sowie BeckOGK/*Bayer/Scholz*, 1.2.2024, AktG § 161 Rn. 48.

1841 Vgl. oben zur Reichweite der Pflichten aus § 91 Abs. 3 AktG.

1842 S. allgemein zu den Pflichtangaben nach dieser Norm MüKoHGB/*Kajüter*, HGB § 289f Rn. 23; s. auch *Melcher/Mattheus*, DB 2009, Beilage 5, S. 77, 81; vgl. HHL/*Mock*, 2024, § 43 Rn. 12 f.

1843 S. dazu die instrumentelle Definition der Organisation aus der organisationswissenschaftlichen Sicht oben Teil 2, I. A.

1844 RegE BilMoG, BT-Drs. 16/10067, S. 78; vgl. dazu auch *Bischof/Selch*, WPg 2008,1021, 1028.

nehmen dadurch seine Innovation samt Unterlagen im Bereich Organisation preisgeben müsste, was seine Geheimhaltungsinteressen verletzen könnte.[1845]

Die Bedeutung der Angabe nach § 289f Abs. 2 Nr. 2 HGB hat infolge des FISG wesentlich an Bedeutung verloren, denn es ist ausschließlich zu den übergesetzlichen Unternehmensführungspraktiken zu berichten. Nicht erforderlich sind somit Angaben zu den Systemen nach § 91 Abs. 2 und Abs. 3 AktG[1846]. Das früher berechtigt angenommene Steuerungsziel dieser Berichtspflicht, eine Professionalisierung der Organisation herbeizuführen,[1847] liegt also nicht mehr vor.

Außerdem beschränkt sich die Berichtspflicht auf relevante Angaben.[1848] Insgesamt können weiterhin allgemeine Angaben zur Organisation erwartet werden, wie z. B. die Informationen zu besonderen Systemen zur Korruptionsprävention.[1849] Die Reichweite der organisationsbezogenen Angaben ist viel zu niedrig, einen bedeutenden Reputationsdruck auszuüben; im Gesamtkontext der umfassenden Berichtspflichten nach den ESRS und deren Auswirkung auf die Organisation kann dieser Druck außer Acht gelassen werden.

Die Angaben zur Arbeitsweise vom Vorstand und Aufsichtsrat nach § 289f Abs. 2 Nr. 3 HGB müssen insb. über bestehende Ausschüsse, Geschäftsordnungen sowie dauerhafte Praktiken der Arbeitsweise informieren.[1850] Daher können sie ggf. Informationen mit Bezug zur Organisation umfassen; denkbar ist z. B. die Einrichtung eines Vorstandsausschusses, der sich mit der Organisationsentwicklung auseinandersetzt, oder aber mit dem Risikomanagement. Ggf. sieht die Geschäftsordnung Regelungen zu Organisationsentscheidungen vor. Insoweit ergibt sich aus diesen Angaben, wie ernst das Unternehmen die Organisationsfragen behandelt; es kann aber nicht ausgeschlossen werden, dass sich der Vorstand in seinen Sitzungen regelmäßig ohne eine formalisierte Grundlage mit der Unternehmensorganisation auseinandersetzt. Wenn dies ein typischer Ablauf ist, müsste dies allerdings auch in die Erklärung zur Unternehmensführung aufgenommen werden. Auch wenn sich eine gewisse Steuerungswirkung diesen

1845 S. *Bachmann*, ZIP 2010, 1517, 1519; vgl. *Kocher*, DStR 2010, 1034, 1036, der eine Veröffentlichungspflicht bzgl. der die Unternehmensführung betreffenden Unterlagen ablehnt.

1846 Vgl. *Bachmann*, ZIP 2010, 1517, 1519; vgl. *Kuthe/Geiser*, NZG 2008. 172, 173. § 91 Abs. 3 AktG verpflichtet zur Einrichtung eines RMS, IKS, CMS sowie der IR, s. oben IV. B. und D.

1847 So zur früheren Rechtslage *Hommelhoff* in Priester/Heppe/Westermann, 10 Jahre Österberg Seminare, 2018, S. 185, 194 f.

1848 S. MüKoHGB/*Kajüter*, HGB § 289f Rn. 24, der zutreffend hieraus eine Beschränkung der Beschreibung auf bedeutsame Führungspraktiken herleitet.

1849 Vgl. HKMS/*Mock*, HGB § 289f Rn. 29 und 31, der keine Angaben zu organisatorischen Regelungen für notwendig hält, aber doch Angaben zum Risikomanagement verlangt; vgl. auch eher engeres Verständnis der Reichweite von *Bischof/Selch*, WPg 2008,1021, 1028.

1850 HKMS/*Mock*, HGB § 289f Rn. 33 ff.; *Bischof/Selch*, WPg 2008,1021, 1028 f.; vgl. auch *Melcher/Mattheus*, DB 2009, Beilage 5, S. 77, 81.

Angaben beimessen lässt, verblasst sie im Schatten der Organisationspflichten nach § 91 Abs. 2 und Abs. 3 AktG.

Nach den bisherigen Erkenntnissen lassen sich Informationen zur Organisation zerstreut im Lagebericht, im Nachhaltigkeitsbericht und in der Erklärung zur Unternehmensführung finden; dies beeinträchtigt die Informationsfunktion dieser Angaben. Es wäre daher aus der Perspektive der Berichtsadressaten *de lege ferenda* wünschenswert, alle Angaben bezüglich der unternehmensinternen Organisation in einem Bericht zusammenzuführen. Dies würde eine umfassende Änderung des unionsrechtlichen Fundaments[1851] von Berichtspflichten erfordern.[1852]

g) Zwischenergebnis

Der wachsende Lagebericht ist dazu geeignet, sich nicht nur z. T. erheblich auf die Organisation auszuwirken, sondern kann wesentlich die internen Informationsflüsse überstrapazieren; dies geht auf die nachhaltigkeitsbezogenen Berichtspflichten nach der CSRD samt den ESRS sowie nach der Taxonomie-VO zurück. Deutlich geringere Bedeutung ist aus der Perspektive der unternehmensinternen Organisation der AG § 289 Abs. 4 HGB sowie der Erklärung zur Unternehmensführung nach § 289f HGB beizumessen.

D. Rechtsformneutralität der allgemeinen Buchführungspflicht

Die Rechtsformneutralität der allgemeinen Buchführungspflicht wurde vom Gesetzgeber weitestgehend hergestellt. Zunächst sieht § 41 GmbHG eine zum AktG parallele Regelung vor, die in die Hände der Geschäftsführer die Verantwortung für die ordnungsmäßige Buchführung legt.[1853] Die Ausführungen zur Buchführungsorganisationspflicht in der AG gelten auch für die GmbH; mit der wachsenden Größe und Komplexität verwandelt sich § 41 GmbHG in eine Norm, die eine

1851 Zu dem unionsrechtlichen Hintergrund des § 289f HGB s. HKMS/*Mock*, HGB § 289f Rn. 5; vgl. *Hommelhoff* in: Priester/Heppe/Westermann, 10 Jahre Österberg Seminare, 2018, S. 185, 200 ff.; BeckOGK/*Kleindiek*, 1.2.2025, HGB § 289f Rn. 6.

1852 S. *Hommelhoff* in: Priester/Heppe/Westermann, 10 Jahre Österberg Seminare, 2018, S. 185 ff., der eine Replik darstellt bezogen auf die Thesen zur Reform der Erklärung zur Unternehmensführung des *AK Corporate Governance Reporting der Schmalenbach Gesellschaft*, DB 2016, 2130 ff.; vgl. *Bachmann*, ZIP 2010, 1517, 1520 f.; monographisch zur Neuordnung der Berichtsinstrumente *Sauter*, Unternehmensberichterstattung, 2016, passim; eher kritisch zum Konzept eines umfassenden Corporate Governance Berichts s. HHL/*Mock*, 2024, § 43 Rn. 7.

1853 S. etwa Lutter/Hommelhoff/*Kleindiek*, GmbHG, § 41 Rn. 2 f., 4; s. auch Scholz/*Meyer*, GbmHG, § 41 Rn. 1 ff.

Organisationspflicht statuiert. Außerdem sieht die allgemeine Vorschrift § 238 Abs. 1 HGB eine generelle Buchführungspflicht für alle Kaufleute[1854].

Die Pflicht trifft keine Freiberufler,[1855] es sei denn, sie üben ihre berufliche Tätigkeit in der Rechtsform eines Formkaufmanns aus, z. B. einer GmbH oder einer OHG; die GbR sowie die PartG mbB sind nicht von der Buchführungspflicht umfasst;[1856] darin liegt bezogen auf die Rechtsformneutralität der Buchführungspflicht eine Lücke, wenn Unternehmen gekleidet in diese Rechtsformen eine umfangreiche Tätigkeit ausüben, die dank der Freiberuflereigenschaft kein Handelsgewerbe darstellt.

Das allgemeine Rechnungslegungsrecht auf den Grad der Rechtsformneutralität zu untersuchen, würde den Rahmen dieser Arbeit sprengen.

E. Zwischenergebnis

Im Rahmen der Untersuchung stellte es sich heraus, dass die Buchführungspflicht aus § 91 Abs. 1 AktG eine organisationale Dimension aufweist, die sich aus der Notwendigkeit ergibt, gewisse Grundsätze des Handelsrechts einschließlich des Wahrheitsgrundsatzes einzuhalten sowie die laufende Steuerung des Unternehmens zu ermöglichen; beides setzt in größeren Unternehmen ein Mindestmaß an informationeller Organisation voraus.

Grundsätzlich handelt es sich bei der Buchführungsorganisationspflicht um eine offene Zielvorgabe, womit sich diese Pflicht hervorragend in das aktienrechtliche System der Organisationspflichten einfügt. Dieses Bild wird aber durch die neueren Entwicklungen getrübt:

Der Umfang der Buchführungsorganisationspflicht unterliegt einer unionsrechtlich bedingten Erweiterung. Die die CSRD konkretisierenden ESRS wirken sich intensiv auf die Organisation aus, was zusätzlich von Art. 8 Taxonomie-VO verstärkt wird. Die neuen indirekten Pflichten, insb. die zur Einrichtung eines Nachhaltigkeitsdatenerhebungssystems, und der faktische Reputationsdruck drohen die Unternehmen zu überfordern und rufen daher legitime primärrechtliche Zweifel hervor. Die hohe Granularität beansprucht umfassende Ressourcen und kann hinzu zu einer erheblichen Beeinträchtigung der Informationswege im Unternehmen führen. Die unternehmerische Freiheit wird auf schmerzhafte Weise beschnitten.

1854 Zum Anwendungsbereich dieser Pflicht s. BeckOGK/*Traut*, 15.10.2024, HGB § 238 Rn. 9 ff.; BeBiKo/*Kliem/Lewe*, HGB § 238 Rn. 6 ff.; MüKoHGB/*Ballwieser*, HGB § 238 Rn. 2 ff.

1855 S. MüKoHGB/*Ballwieser*, HGB § 238 Rn. 3; vgl. zum Freiberuflerbegriff MüKoHGB/*K. Schmidt*, HGB § 1 Rn. 32 ff.

1856 BeckOGK/*Traut*, 15.10.2024, HGB § 238 Rn. 21; MüKoBilanzR/*Graf*, HGB § 238 Rn. 7.

Teil 6 Schutzsysteme nach dem LkSG sowie nach der CSDDD

Eine neue Palette an Organisationspflichten geht auf die Verabschiedung des LkSG 2021 zurück. Das LkSG bringt einen Paradigmenwechsel mit sich, denn es transformiert die menschenrechts- und umweltbezogenen Berichtspflichten in Handlungspflichten.[1857] Dieses Gesetz stellt einen wesentlichen Schritt bezogen auf die Nachhaltigkeit auf der nationalen Ebene dar. Das LkSG hat den europäischen Gesetzgeber dazu veranlasst, eine hierzu parallele CSDDD zu verabschieden.

Es drängt sich die Frage auf, inwiefern das Regelungskonzept einen Ausgleich zwischen dem Schutz der Menschenrechte und der Umwelt und der Organisationsfreiheit schafft. Nachfolgend werden das LkSG (unten I.) sowie die CSDDD (unten II.) separat in ihrer dogmatischen Struktur analysiert, um diese Frage beantworten zu können.

I. Das LkSG im Lichte der aktienrechtlichen Organisationsfreiheit des Vorstands

A. Der völkerrechtliche Hintergrund

Das LkSG ist kein rein nationales Phänomen, sondern knüpft an eine längere völkerrechtliche Entwicklung an, die sich dem Schutz von Menschenrechten und Umwelt bei der unternehmerischen Tätigkeit widmet und sich schrittweise anbahnte.[1858] Der zentrale Aspekt war die Problematik, ob und wie die Unternehmen zu Adressaten von völkerrechtlichen Verpflichtungen werden sollen[1859].

Die wichtigsten Akteure dieser internationalen Entwicklung sind die Vereinten Nationen (VN), die Organisation für wirtschaftliche Zusammenarbeit und Ent-

1857 Vgl. *Stöbener de Mora/Noll*, NZG 2021, 1285, 1290 f.; *Spießhofer*, NZG 2022, 435, 437; vgl. allerdings *Renner*, ZEuP 2022, 782, 799, der die Regelungskonzepte der Berichterstattungspflicht und der unternehmerischen Sorgfalt trennt.

1858 S. die detaillierte Darstellung bei *Spießhofer*, Verantwortung, 2017, S. 61 ff., 181 ff.; s. den Überblick bzgl. der Entwicklung bei *Stöbener de Mora/Noll*, NZG 2021, 1237 f.

1859 S. zu dieser besonderen Frage *Spießhofer*, Verantwortung, 2017, S. 78 f. Zur Legitimation der Erstreckung der völkerrechtlichen Verpflichtungen auf die Unternehmen s. *Mittwoch*, Nachhaltigkeit, 2022, S. 69 f.

wicklung (OECD)[1860] sowie die Internationale Arbeitsorganisation (ILO)[1861]. Einen wichtigen Merkposten stellt die Verabschiedung der Leitprinzipien für Wirtschaft und Menschenrechte durch die Vereinten Nationen 2011[1862] sowie der OECD-Leitsätze für multinationale Unternehmen[1863] im selben Jahr dar; beide Rahmenwerke sehen ein detailliertes Schutzsystem zugunsten der Menschenrechte und der Umwelt vor und richten sich direkt an die Unternehmen. Diese Rahmenwerke besitzen jedoch lediglich einen Empfehlungscharakter gegenüber den Unternehmen und sind rechtlich nicht verbindlich (»*soft law*«).[1864]

Zunächst war keine Übernahme der oben genannten Regelwerke ins nationale Recht geplant; die Unternehmen sollten die VN-Leitprinzipien sowie die OECD-Leitsätze freiwillig umsetzen[1865]. Mangels hinreichender freiwilliger Umsetzung[1866] hat sich der Gesetzgeber dazu entschieden, diesen Rahmenwerken

1860 Mehr zu dieser Organisation, ihrer Geschichte und Zusammensetzung s. unter https://www.oecd.org/, abgerufen am 08.02.2024.

1861 Mehr zur ILO, die eine Sonderorganisation der Vereinten Nationen darstellt, s. unter https://t1p.de/3qow, abgerufen am 08.02.2024; zur Rolle der ILO beim Schutz von Menschenrechten vgl. *Mittwoch*, Nachhaltigkeit, 2022, S. 176 f.

1862 *Vereinte Nationen*, Guiding Principles on Business and Human Rights (dt. »VN-Leitprinzipien für Wirtschaft und Menschenrechte«), 2011, angenommen vom Rat für Menschenrechte am 16.06.2011, abrufbar unter: https://t1p.de/0jxly, abgerufen am 8.02.2024; umfassend zu ihrem Inhalt *Brunk*, Menschenrechtscompliance, 2022, S. 188 ff.; BeckOGK/*Hübner*, 1.9.2023, LkSG, Gesetzgebungshistorie, Rn. 4 ff.; s. zu diesen Wagner/Ruttloff/Wagner, LkSG/*Ruttloff/Kappler*, § 3 Rn. 313 ff.; vgl. *Mittwoch*, Nachhaltigkeit, 2022, S. 170 ff.; s. auch die kurze Darstellung von *Krajewski*, ZGR 2018, 271, 282.

1863 S. *OECD*, OECD-Leitsätze für multinationale Unternehmen, 2011, angenommen vom Rat der OECD am 25. Mai 2011, abrufbar unter https://t1p.de/7anbk, abgerufen am 08.02.2024; umfassend zu ihrem Inhalt s. *Brunk*, Menschenrechtscompliance, 2022, S. 258 ff.; s. auch Wagner/Ruttloff/Wagner, LkSG/*Ruttloff/Kappler*, § 3 Rn. 327 ff.; vgl. *Mittwoch*, Nachhaltigkeit, 2022, S. 174 ff.; *Krajewski*, ZGR 2018, 271, 286 ff.

1864 *Stöbener de Mora/Noll*, NZG 2021, 1237, 1238; *Spindler*, ZHR 186 (2022), 67, 70. Ausführlich zur Rechtsnatur der VN-Leitprinzipien einschließlich der Kontroverse, ob es überhaupt Recht ist, s. *Spießhofer*, Verantwortung, 2017, S. 124 ff. mwN; s. auch *Görgen*, Haftung, 2019, S. 91 (insb. Fn. 223), 93. Bzgl. der OECD-Leitprinzipien s. *Mittwoch*, Nachhaltigkeit, 2022, S. 174.

1865 Vgl. Nationaler Aktionsplan Umsetzung der VN-Leitprinzipien für Wirtschaft und Menschenrechte 2016–2020, S. 19, abrufbar unter https://t1p.de/zgla3 (05.02.2024); vgl. auch BegrRegE LkSG, BT-Drs. 19/28649, S. 23 (»eine freiwillige Selbstverpflichtung«).

1866 S. dazu den Abschlussbericht vom Monitoring des Umsetzungsstandes der im Nationalen Aktionsplan Wirtschaft und Menschenrechte 2016–2020 beschriebenen menschenrechtlichen Sorgfaltspflicht von Unternehmen, erstellt von *Ernst & Young GmbH Wirtschaftsprüfungsgesellschaft* (*EY*), abrufbar unter https://t1p.de/9ylqo (abgerufen am 05.02.24), S. 5, wonach lediglich 13 bis 17% der Unternehmen die unternehmerische Sorgfaltspflicht freiwillig erfüllt haben.

mithilfe des LkSG die rechtliche Verbindlichkeit zu verleihen.[1867] Das LkSG zielt auf die Verhaltenssteuerung gegenüber den Unternehmen nicht nur in Deutschland, sondern weltweit und unabhängig von der Einstellung der einschlägigen Rechtsordnungen zu den geschützten Rechtspositionen; dies hatte eine intensive völkerrechtliche Diskussion zur Folge, ob das LkSG die Souveränität von anderen Staaten nicht infrage stelle.[1868]

Der Gesetzgeber hat sich beim Pflichteninhalt stark an den oben erwähnten völkerrechtlichen Rahmenwerken orientiert.[1869] Insoweit handelt es sich beim LkSG zumindest teilweise um eine Art »Legal Transplant«; dies könnte die im Vergleich zu § 91 Abs. 2 und 3 AktG hohe Regelungsdichte in Bezug auf das menschenrechtsbezogene RMS-ähnliche Schutzsystem erklären (s. insb. § 4 LkSG).[1870] Der hohe Detaillierungsgrad der VN-Leitprinzipien sowie der OECD-Leitsätze könnte auf deren Freiwilligkeit zurückzuführen sein, denn die vom Inhalt überforderten Unternehmen können einfach auf die Anwendung verzichten; dies gilt allerdings nicht für ein verbindliches Gesetz, sodass hier sogar wegen der Inhaltsübernahme von einem »Geburtsfehler« gesprochen werden könnte.

B. *Der Anwendungsbereich*

Der Gesetzgeber hat sich beim Anwendungsbereich für viele neue Regelungsansätze entschieden, was die unmittelbaren Adressaten der unternehmerischen Sorgfaltspflichten angeht (unten 1.). Hinzu kommen zahlreiche indirekt betroffene Unternehmen (unten 2.).

1. Der unmittelbare Anwendungsbereich

Nach § 1 Abs. 1 LkSG ist der Anwendungsbereich eröffnet, wenn es sich um ein Unternehmen egal welcher Rechtsform handelt, das eine bestimmte Mitarbeiterschwelle überschreitet sowie einen hinreichenden Bezug zum Inland aufweist:

1867 S. BegrRegE LkSG, BT-Drs. 19/28649, S. 1 f., 23.

1868 Eine Verletzung der Souveränität sieht in der Lieferkettenregulierung *Omari Lichuma*, ZaöRV 81 (2021), 497, 518 ff.; wohl aA *Krajewski*, ZVglRWiss 122 (2023), 56, 59 ff., der in der weltweiten Geltung der Pflichten keinen Verstoß gegen das völkerrechtliche Interventionsverbot feststellt; er unterstellt allerdings, die einschlägigen Völkerrechtsakte wurden vom Staat ratifiziert, dessen Hoheitsgewalt durch die Lieferkettensorgfaltspflichten berührt wird. Die Pflichten nach der CSDDD gelten aber unabhängig davon, ob der zu beachtende Völkerrechtsakt am Ort der Tätigkeit im Ausland ratifiziert wurde, vgl. *S. Wagner*, KlimaRZ 2022, 100, 102.

1869 BegrRegE LkSG, BT-Drs. 19/28649, S. 23.

1870 Zu der Qualifikation der §§ 3 ff. LkSG als ein Schutzsystem s. unten E.

a) Das Rechtsformneutralitätsgebot – Unternehmenseigenschaft

Das Gesetz wurde völlig rechtsformneutral konzipiert, § 1 Abs. 1 LkSG (»ungeachtet ihrer Rechtsform«);[1871] der zentrale persönliche Anknüpfungspunkt ist die Eigenschaft als Unternehmen. In der Rechtsformneutralität kann ein konzeptueller Unterschied zur nichtfinanziellen Berichterstattung nach §§ 289b ff. HGB gesehen werden, zu der ausschließlich Kapitalgesellschaften verpflichtet sind.[1872] Die Begründung weist ausdrücklich auf die Tatsache hin, dass die menschenrechtsbezogenen sowie die umweltbezogenen Risiken keinen rechtsformspezifischen Charakter haben, sondern allgemein mit der unternehmerischen Tätigkeit zusammenhängen[1873].

Dies erscheint zwar sachgerecht und entspricht daher dem (bedingten) Rechtsformneutralitätsgebot. Jedoch ist wegen der Haftungsgefahren für natürliche Personen bei Personenhandelsgesellschaften sowie Einzelkaufleuten und des diese Gefahren steigernden Umsetzungsaufwands bei der Anwendung des Gesetzes gegenüber diesen Gruppen ein besonderes Augenmerk auf das grundrechtliche Verhältnismäßigkeitsprinzip zu richten.

Ferner ist die Umsetzungsbelastung für verschiedene Rechtsformen differenziert zu beurteilen: Eine bereits seit langer Zeit § 91 Abs. 2 AktG unterliegende AG verfügt bereits über ein Minimum an professioneller Organisation; für Kaufleute und Handelspersonengesellschaften wird das Regelungskorsett des LkSG ein Novum darstellen, womit jene Unternehmen am Ende doch intensiver belastet werden. Eine mögliche gesetzgeberische Antwort auf die unterschiedlichen Erfahrungen bzgl. der Organisationspflichten könnte eine Verschiebung des Inkrafttretens gerade für jene Rechtsformen darstellen, die bisher keinen besonderen Organisationspflichten ausgesetzt waren. Im Fall des LkSG wiegt es aber aus der Perspektive des Verhältnismäßigkeitsprinzips wegen der hohen Schwellenwerte im persönlichen Anwendungsbereich nicht so schwer, dass eine solche Lösung nicht vorgesehen wurde.

(1) Die Definition des Unternehmens

Sowohl das Gesetz als auch die Begründung lassen eine explizite Definition des Unternehmens vermissen.[1874] Die Begründung umschreibt diese Eigenschaft mit

1871 Fleischer/Mankowski/*Langenhagen*, LkSG § 1 Rn.49; Burgi/Habersack/*Altenschmidt*, ÖffR des Unternehmens, § 10 Rn. 11.

1872 S. HKMS/*Mock*, HGB, § 289b Rn. 26 f.; s. auch Staub/*Hommelhoff*, § 289b HGB Rn. 2 ff., wo auch auf die Erstreckung auf die unechten Personenhandelsgesellschaften nach § 264a HGB hingewiesen wird. Vgl. Fleischer/Mankowski/*Langenhagen*, LkSG § 1 Rn. 50, die auf den Unterschied zum französischen Recht hinweist (*Loi de vigilance*).

1873 BegrRegE LkSG, BT-Drs. 19/28649, S. 33.

1874 Fleischer/Mankowski/*Langenhagen*, LkSG § 1 Rn. 29.

der »unternehmerischen Tätigkeit am Markt«.[1875] Manche wollen darunter aus teleologischen Gründen sowohl die anbietende als auch die rein nachfragende Tätigkeit verstehen;[1876] das Gesetz macht allerdings an mehreren Stellen deutlich, dass es das Unternehmen als einen Anbieter von Dienstleistungen und Produkten sieht, s. § 2 Abs. 5 S. 1, Abs. 6 S. 2, Abs. 7 LkSG, sodass die engere Auslegung vorzuziehen ist.[1877]

Anders gesagt: Ein Rechtssubjekt ist ein Unternehmen i. S. d. LkSG, wenn es Produkte oder Dienstleistungen am Markt anbietet und dadurch in den Wettbewerb tritt.

(2) Einbeziehung von gemeinnützigen Organisationen

Problematisch bleibt, ob es zur Eröffnung des Anwendungsbereichs ausreicht, wenn Produkte oder Dienstleistungen lediglich unentgeltlich am Markt angeboten werden. Einerseits wird in Hinblick auf § 2 Abs. 5 S. 1 bzw. Abs. 6 S. 1 LkSG argumentiert, dass das LkSG dem Wortlaut nach jede Tätigkeit betrifft, ergo auch eine gemeinnützige ohne Entgelt.[1878] Dagegen ist einzuwenden, dass derselbe Wortlaut auch den einschränkenden Zusatz »eines/des Unternehmens« umfasst, womit es sich bei diesem Argument um *petitio principii* handelt.

Betrachtet aus der funktionalen Perspektive[1879] ist eine weite Auslegung geboten, denn jede Dienstleistung sowie jedes Produkt können menschenrechtsbezogene oder umweltbezogene Risiken hervorrufen: Stammt die den Obdachlosen geschenkte Kleidung aus der Kinderarbeit, wird die Menschenrechtsverletzung gegenüber den Kindern durch die Notlage der Obdachlosen nicht ausgeglichen.

(3) Zwischenergebnis

Ein Unternehmen i. S. d. LkSG ist im Ergebnis jedes Rechtssubjekt, das Dienstleistungen oder Produkte am Markt anbietet, und zwar unabhängig davon, ob dies entgeltlich oder unentgeltlich erfolgt.[1880]

1875 BegrRegE LkSG, BT-Drs. 19/28649, S. 33; s. dazu Hopt/*Leyens*, § 1 LkSG Rn. 2.
1876 Fleischer/Mankowski/*Langenhagen*, LkSG § 1 Rn. 47.
1877 So bereits Hopt/*Leyens*, § 1 LkSG Rn. 2; Bundesamt für Wirtschaft und Ausfuhrkontrolle (*BAFA*), Fragen und Antworten zum Lieferkettengesetz, Stand 24. Juli 2023, III. 5., abrufbar unter https://t1p.de/35wfs (abgerufen am 08.02.2024).
1878 So *Nietsch*, NJW 2022, 1, 5, Rn. 24; Hopt/*Leyens*, § 1 LkSG Rn. 2; ähnlich *BAFA*, Fragen und Antworten zum Lieferkettengesetz, Stand 24. Juli 2023, III. Nrn. 4 und 5, abrufbar unter https://t1p.de/35wfs (abgerufen am 08.02.2024).
1879 Zu den Funktionen des Gesetzes s. unten C.
1880 *Nietsch*, NJW 2022, 1, 5, Rn. 24; in Anschluss daran *Spindler*, ZHR 186 (2022), 67, 73; Hopt/*Leyens*, § 1 LkSG Rn. 2; *BAFA*, Fragen und Antworten zum Lieferkettengesetz, Stand 24. Juli 2023, III. 5., abrufbar unter https://t1p.de/35wfs, abgerufen am 08.02.2024; aA bzgl. des Entgeltkriteriums mit Verweis auf die

b) Arbeitnehmerschwellen sowie der zeitliche Anwendungsbereich

Die zweite Anwendungsvoraussetzung bilden die Arbeitnehmerschwellen: Die Anwendung ab dem 1. Januar 2023 betrifft ausschließlich Unternehmen, die in der Regel mindestens 3.000 Arbeitnehmer im Inland beschäftigen, § 1 Abs. 1 S. 1 Nr. 2 sowie S. 2 Nr. 2 LkSG. Ab dem 1. Januar 2024 umfasst der Anwendungsbereich jene Unternehmen, die mindestens 1.000 Arbeitnehmer im Inland beschäftigen, § 1 Abs. 1 S. 3 LkSG.

Zwar werden die oben genannten Schwellenwerte als viel zu hoch kritisiert, weil sie nicht dem Gewicht der Menschenrechte und der Umwelt entsprechen würden.[1881] Dem ist zu entgegnen: Dies hängt mit der Rechtsformneutralität zusammen, denn erstens sind viele der Unternehmen im Anwendungsbereich keinen rechtsformspezifischen Organisationspflichten ausgesetzt gewesen und daher sind für sie die Pflichten aus dem LkSG ein herausforderndes Novum. Hinzu kommt das oben angesprochene Problem der persönlichen Haftung und der sich hieraus ergebenden Schwierigkeiten mit der Einhaltung des Verhältnismäßigkeitsprinzips.

Kritisch gesehen wird von manchen auch die Anknüpfung an die Mitarbeiterzahl statt einer an die Zugehörigkeit zu einer Branche mit erhöhtem Risikopotenzial.[1882] Der vom Gesetzgeber gewählte Ansatz gibt aber mehr Sicherheit, dass die verpflichteten Unternehmen zur Erfüllung der Sorgfaltspflicht wirtschaftlich fähig sind.[1883] Eine denkbare Alternative wäre der im Inland erzielte Umsatz;[1884] es liegt aber in den Händen des Gesetzgebers, ob er sich für die Mitarbeiterzahl oder für den Umsatz entscheidet.

Der Gesetzgeber hat dennoch eine richtige Entscheidung getroffen, die Schwellenwerte vorsichtig zu handhaben. Dies gilt umso mehr, wenn die Natur des LkSG als Legal Transplant berücksichtigt wird.[1885] Er orientierte sich also beim persönlichen und zeitlichen Anwendungsbereich am Gebot der Größenabhängigkeit der Pflichten, was aus dogmatischer Perspektive zu begrüßen ist.

Abgrenzungskriterien des BGH für wirtschaftliche Vereine Schall/Theusinger/Pour Rafsendjani/*Theusinger/Gergen*, LkSG § 1 Rn. 13 ff.

1881 Fleischer/Mankowski/*Langenhagen*, LkSG § 1 Rn. 14 ff.; vgl. auch die Ausführungen zum LkSG-E von *Hübner*, Unternehmenshaftung für Menschenrechtsverletzungen, 2022, S. 397 ff.

1882 Kritisch *Spindler*, ZHR 186 (2022), 67, 74; eher kritisch *Gehling/Ott/Lüneborg*, CCZ 2021, 230, 231; s. auch die Kritik von Schall/Theusinger/Pour Rafsendjani/*Theusinger/Gergen*, LkSG § 1 Rn. 3 f. vgl. zur Umgehungsfähigkeit durch die Auslagerung der wirtschaftlichen Tätigkeit Fleischer/Mankowski/*Langenhagen*, LkSG § 1 Rn. 23.

1883 Fleischer/Mankowski/*Langenhagen*, LkSG § 1 Rn. 21 mit zutreffendem Verweis auf BegrRegE LkSG, BT-Drs. 19/28649, 34.

1884 Vgl. *Ehmann*, ZVertriebsR 2021, 141, 142, der Orientierung am Bilanzrecht vorschlägt (Umsatz, Bilanzsumme, Mitarbeiterzahl nach § 267 HGB); vgl. Fleischer/Mankowski/*Langenhagen*, LkSG § 1 Rn. 22.

1885 S. dazu bereits oben A.

c) Hinreichender Inlandsbezug

Zuletzt muss das Unternehmen eine hinreichende Verbindung zum Inland aufweisen, indem es dort seine Hauptverwaltung, seine Hauptniederlassung, seinen Verwaltungssitz oder seinen satzungsmäßigen Sitz hat (§ 1 Abs. 1 S. 1 Nr. 1 LkSG) oder eine Zweigniederlassung i. S. d. § 13d HGB betreibt (§ 1 Abs. 1 S. 2 Nr. 1 LkSG)[1886]. Liegt eines dieser Kriterien (zusammen mit der Beschäftigtenzahl im Inland, s. o.) vor, erstrecken sich die Pflichten des Unternehmens auf seine Gesamtheit, arg. ex § 2 Abs. 6 S. 2 LkSG, auch wenn die wirtschaftliche Aktivität des Unternehmens hauptsächlich im Ausland stattfindet[1887].

2. Unternehmen im mittelbaren Anwendungsbereich

Das Gesetz verlangt die Einhaltung der Sorgfaltspflichten nach §§ 3 ff. LkSG nicht nur innerhalb des von demselben Rechtsträger getragenen Unternehmens, sondern erstreckt diese Pflicht in bestimmten Fällen auf Konzerntöchter. Dies ist dann der Fall, wenn es sich um verbundene Unternehmen handelt und die Obergesellschaft einen bestimmenden Einfluss auf die Tochtergesellschaft ausübt, § 2 Abs. 6 S. 3 LkSG.[1888] Das Gesetz wirkt sich somit auf die Konzernorganisationsfreiheit der Unternehmen aus; eine nähere Untersuchung dieser Auswirkung würde allerdings den Rahmen dieser Arbeit sprengen.

Darüber hinaus werden manche Unternehmen mittelbar in den Wirkungskreis hineingezogen. Es handelt sich dabei um die Schattenwirkung, die auch unter dem Begriff des Trickle-down-Effekts bekannt ist[1889]. Dies erfolgt aufgrund der Weitergabe der Pflichten in der Lieferkette an die unmittelbaren Zulieferer i. S. d. § 2 Abs. 7 LkSG;[1890] denn gegenüber diesen besteht eine Pflicht zur Einholung

1886 S. zur dogmatischen Kritik bzgl. des Zweigniederlassungs-Kriteriums *Giesberts*, NVwZ 2022, 1497 f.; vgl. auch zum Kriterium sowie zu Umgehungsrisiken Fleischer/Mankowski/*Langenhagen*, LkSG § 1 Rn. 163 ff.; s. auch Schall/Theusinger/Pour Rafsendjani/*Theusinger/Gergen*, LkSG § 1Rn. 33 ff.; ausführlich zur Umgehungsproblematik s. *Schmidtke/Spilker*, DB 2024, 236, 237 f.

1887 Zur wirtschaftlichen wettbewerbsbezogenen Genese dieser Regelung s. Fleischer/Mankowski/*Langenhagen*, LkSG § 1 Rn. 145 ff.; s. die Kritik an unzureichendem Wettbewerbsschutz *Giesberts*, NVwZ 2022, 1497 f.

1888 Mehr hierzu *Schall*, NZG 2022, 1235 ff.; *Nietsch/Wiedmann*, NJW 2022, 1, 6 f.; *Renner*, ZEuP 2022, 782, 810 ff.; s. auch Fleischer/Mankowski/*Kolb*, LkSG § 2 Rn. 228 ff.; vgl. *Lieder/Meyer*, ZVglRWiss 122 (2023), 133, 136; zur Pflichtenlage im faktischen Konzern umfassend *Hommelhoff*, FS Heckschen, 2024, S. 357 ff.

1889 *E. Wagner/Ruttloff*, NJW 2021, 2145 (Rn. 3); *Nietsch/Wiedmann*, NJW 2022, 1, 3 (Rn. 10); *Lieder/Meyer*, ZVglRWiss 122 (2023), 133, 136 f.; vgl. *Hartke*, WPg 2022, 675 ff.; vgl. im Kontext der CSDDD *Allgeier*, Mittelstand, 2024, S. 354 f.

1890 Zu den Unterschieden bezogen auf die LkSG-Pflichten gegenüber unmittelbaren und mittelbaren Zulieferern s. Schall/Theusinger/Pour Rafsendjani/*Schall*, LkSG § 2 Rn. 312 ff.; vgl. unten G. 1. i).

von vertraglichen Zusicherungen nach § 6 Abs. 4 Nr. 2 LkSG,[1891] über die die Pflichten weitergereicht werden. Die vertraglich bedingten Pflichten der unmittelbaren Zulieferer werden wiederum an die mittelbaren weitergeleitet.[1892] Des Weiteren ist zu beachten, dass die Pflichten sich vorwiegend auf die Lieferkette »upstream« und nur begrenzt auf die »downstream« beziehen und die Menschenrechtsverletzungen nach der Lieferung (z. B. infolge der weiteren Bearbeitung sowie des Recyclings) nicht vom Gesetz umfasst werden.[1893]

Die Reichweite der unmittelbaren und mittelbaren Steuerungswirkung lässt sich aus der postkolonialen Perspektive kritisch betrachten, wenn man berücksichtigt, dass diese Wirkung zum großen Teil in souveränen ausländischen Staaten eintreten wird.[1894] Dies kann hier allerdings nicht vertieft werden.

C. Der maßgebliche Menschenrechtskatalog und die relevanten Umweltgüter sowie der Verletzungs- und Risikotatbestand

§ 2 Abs. 1, 2 und 3 LkSG konkretisiert die zu schützenden Menschenrechte und Umweltgüter. Der Umfang des geschützten Katalogs wirkt sich auf die organisationale Tiefe der Sorgfaltsmaßnahmen aus, sodass nun kurz auf die geschützten Rechte einzugehen ist.

1. Die vom LkSG geschützten Menschenrechtspositionen im Überblick

a) Systematik des § 2 Abs. 1 und Abs. 2 LkSG

Der Gesetzgeber hat sich für eine komplizierte Systematik entschieden. Zunächst wird in § 2 Abs. 1 LkSG auf elf internationale Übereinkommen aus dem Anhang

1891 Mehr hierzu Fleischer/Mankowski/*Korch*, LkSG § 6 Rn. 90 ff.; s. auch unten G. 1. g). (2).

1892 So *Nietsch/Wiedmann*, NJW 2022, 1, 3 (Rn. 10); ähnlich Schall/Theusinger/Pour Rafsendjani/*Pour Rafsendjani/Purucker*, LkSG § 6 Rn. 83 f.; vgl. Gehling/Ott/*Ott*, LkSG § 6 Rn. 129; zum Konzept der Ausstrahlung der Sorgfaltspflichten über die Vertragskaskade allgemein *Rühmkorf*, ZGR 2018, 410, 429 f.

1893 Mehr hierzu Schall/Theusinger/Pour Rafsendjani/*Schall*, LkSG § 2 Rn. 225 ff.; s. auch *Schall*, NZG 2022, 787 ff.; Fleischer/Mankowski/*Kolb*, LkSG § 2 Rn. 206 ff.; s. auch *Nietsch/Wiedmann*, NJW 2022, 1, 4 (Rn. 16 f.). Vgl. zur Abgrenzung der »Lieferkette« von der »Aktivitätskette« der CSDDD *Lüneborg* in: Hennrichs/Hommelhoff/Merkt, Zur Revision der EU-Nachhaltigkeitsregulatorik, S. 175, 181 f.

1894 S. dazu statt aller *Omari Lichuma*, ZaöRV 81 (2021), 497, 518 ff.; s. aber auch vertieft *Krajewski*, ZVglRWiss 122 (2023), 56, 59 ff. Vgl. zur die Lieferkettenverantwortung, gesehen als eine postkoloniale Erscheinung, bei der die europäischen Werte dem Rest der Welt aufgedrängt werden, *Schirmer*, Nachhaltiges Privatrecht, 2023, S. 402 mwN.

verwiesen, die als geschützte Rechtspositionen bezeichnet werden. Darunter zentral sind zahlreiche Abkommen der ILO, der UN-Pakt für bürgerliche und politische Rechte sowie der UN-Pakt für wirtschaftliche, soziale und kulturelle Rechte.[1895]

In § 2 Abs. 2 Nr. 1 bis 11 LkSG wird dann aber separat (losgelöst von § 2 Abs. 1 LkSG) der Begriff eines menschenrechtlichen Risikos definiert, indem das Gesetz konkrete Verbotstatbestände statuiert.[1896] Die begriffliche Trennung zwischen den geschützten Rechtspositionen und den menschenrechtlichen Risiken sorgt für Verwirrung. Diese wird noch verstärkt, wenn klar wird, dass die Menschenrechtsverletzung gem. § 2 Abs. 4 LkSG nicht an § 2 Abs. 1 LkSG anknüpft, sondern nur an die Risiken nach § 2 Abs. 2 Nrn. 1 bis 12 LkSG. § 2 Abs. 1 LkSG gewinnt erst dann an Bedeutung, wenn die dort geschützten Positionen unter qualifizierten Anforderungen des § 2 Abs. 2 Nr. 12 LkSG verletzt werden, wofür insb. eine besonders schwerwiegende Weise der Verletzung oder deren offensichtliche Rechtswidrigkeit erforderlich sind. Außerdem dienen die im Anhang zitierten Abkommen als Auslegungsmaßstab für die konkreten Verbote in § 2 Abs. 2 Nrn. 1 bis 11 LkSG.[1897]

§ 2 Abs. 2 Nrn. 1 bis 11 LkSG ist insoweit positiv zu beurteilen, als er die typischen Gefährdungslagen konkretisiert, die zur Verletzung der betroffenen Menschenrechtsabkommen führen und dadurch den Rechtsanwender zu entlasten vermag.[1898]

Die geschützten Menschenrechte erfüllen eine wesentliche Rolle für das LkSG, sodass das Begriffschaos in diesem Bereich den Normanwendern große Schwierigkeiten bereiten kann und daher einen dringenden Nachbesserungsbedarf hervorruft.

b) Hervorzuhebende menschenrechtsbezogene Verbote nach § 2 Abs. 2 LkSG

Für eine Hervorhebung unter den zahlreichen Tatbeständen[1899] eignen sich besonders das Verbot der Kinderarbeit (§ 2 Abs. 2 Nr. 1 LkSG), das Zwangsarbeitsverbot (§ 2 Abs. 2 Nr. 2 lit. a, Nr. 3 LkSG), das Verbot der Sklaverei (insb. § 2 Abs. 2 Nr. 4 LkSG), das Diskriminierungsverbot (s. § 2 Abs. 2 Nr. 7 LkSG), das Verbot der Missachtung der örtlichen Arbeitsschutzvorschriften (§ 2 Abs. 2 Nr. 5

1895 S. zu diesen Quellen des völkerrechtlichen Menschenrechtsschutzes umfassend *Brunk*, Menschenrechtscompliance, 2022, S. 18 ff.; s. auch KKRS/*Krajewski*/*Kaltenborn*, Einleitung zum LkSG, Rn. 68 ff., jeweils mwN.

1896 Zu diesen s. unten b) sowie 2.

1897 Schall/Theusinger/Pour Rafsendjani/*Humbert*, LkSG § 2 Rn. 38.

1898 Schall/Theusinger/Pour Rafsendjani/*Humbert*, LkSG § 2 Rn. 23; vgl. aber bzgl. § 2 Abs. 2 Nr. 9 LkSG *Spießhofer*, AnwBl 2021, 534, 535 f.

1899 S. eine umfassende Analyse der menschenrechtsbezogenen Verbotstatbestände bei Schall/Theusinger/Pour Rafsendjani/*Humbert*, LkSG § 2 Rn. 49 ff.; s. auch Fleischer/Mankowski/*Kolb*, LkSG § 2 Rn. 63 ff.

LkSG) sowie das Verbot der Ausbeutung (§ 2 Abs. 2 Nr. 8 LkSG). Außerdem gibt es noch Verbote, die sich sowohl auf die Menschenrechte als auch auf den Schutz der Umwelt beziehen, s. § 2 Abs. 2 Nr. 9 LkSG.[1900]

c) Auffangklausel nach § 2 Abs. 2 Nr. 12 LkSG

Außerhalb von § 2 Abs. 2 Nrn. 1 bis 11 LkSG wurde in § 2 Abs. 2 Nr. 12 eine Auffangklausel vorgesehen. Sie soll einerseits einen lückenlosen Schutz gewährleisten, indem sie über § 2 Abs. 1 LkSG auf die elf dort zitierten Abkommen verweist.[1901] § 2 Abs. 2 Nr. 12 LkSG knüpft an eine unmittelbare[1902] Handlung (Tun oder pflichtwidriges Unterlassen) an, die geeignet ist, in besonders schwerwiegender Weise eine geschützte Rechtsposition zu beeinträchtigen und deren Rechtswidrigkeit bei verständiger Würdigung aller in Betracht kommender Umstände offensichtlich ist.

Die Begründung verhält sich ziemlich kryptisch dazu, was die genaue Funktion der Auffangklausel betrifft; die Handlung soll demnach die Menschenrechte vergleichbar zu den anderen verbotenen Handlungen im Katalog verletzen.[1903] Die qualifizierte Verletzung bereitet daher zahlreiche Auslegungsprobleme. Zunächst lässt sich die besonders schwerwiegende Weise der Verletzung nur schwer konkretisieren. Das gleiche Problem betrifft die offensichtliche Rechtswidrigkeit:[1904] Was soll deren Anknüpfungspunkt sein? Die Rechtswidrigkeit kann aus der Perspektive des nationalen Rechts des Ortes oder aber des Völkerrechts beurteilt werden; es ist nicht klar, was der Gesetzgeber gemeint hatte.[1905]

Es handelt sich bei den oben genannten Begriffen um Generalklauseln. Anders als bei den Zielvorgaben geht es hier jedoch um keinen finalen Selbstregulierungsauftrag. Es ist kein Wille des Gesetzgebers erkennbar, die Auffangklausel soll einen Freiraum für Unternehmen begründen. Die oben entwickelten Grundsätze zur Auslegung von Zielvorgaben können also im vorliegenden Fall keine Abhilfe leisten.

Zum Ende lässt sich noch das Problem ansprechen, dass der Adressat selbst eine umfangreiche Analyse durchführen muss, welche Menschenrechte von den Abkommen im Anhang geschützt werden[1906] und welche bereits durch § 2 Abs. 2

1900 Vgl. Wagner/Ruttloff/Wagner/*Ruttloff/Schulga*, § 2 Rn. 194, die diese Bestimmung zu Recht zur Unterkategorie der Menschenrechte zählen, die sich dem Schutz der Lebensgrundlagen widmen.

1901 Schall/Theusinger/Pour Rafsendjani/*Humbert*, LkSG § 2 Rn. 23.

1902 Zur Unmittelbarkeit s. Wagner/Ruttloff/Wagner/*Ruttloff/Schulga*, § 2 Rn. 120; Schall/Theusinger/Pour Rafsendjani/*Humbert*, LkSG § 2 Rn. 143.

1903 S. BegrRegE LkSG, BT-Drs. 19/28649, S. 39.

1904 Zur Auslegung des Begriffs »offensichtlich« s. Wagner/Ruttloff/Wagner/*Ruttloff/Schulga*, § 2 Rn. 121; Schall/Theusinger/Pour Rafsendjani/*Humbert*, LkSG § 2 Rn. 144.

1905 S. dazu Fleischer/Mankowski/*Kolb*, LkSG § 2 Rn. 141 mwN.

1906 S. die Aufstellung von Fleischer/Mankowski/*Kolb*, LkSG § 2 Rn. 37.

Nrn. 1 bis 11 LkSG konkretisiert wurden.[1907] Am Ende kann er dann feststellen, welche übrig geblieben sind und für die Auffangklausel relevant bleiben. Dieser komplexe Auslegungsprozess ist zwar möglich, setzt aber eine umfangreiche Expertise aufseiten der Unternehmen voraus.[1908]

d) Zwischenergebnis

Bereits der geschützte Menschenrechtskatalog stellt den Rechtsanwender vor zahlreiche und teilweise unlösbare Rechtsermittlungsprobleme, die der Natur der Sache nach nicht notwendig wären, hätte der Gesetzgeber die Regelung sorgfältiger vorbereitet.

2. Die geschützten Umweltgüter im Überblick

Der direkte Umweltschutz wurde im LkSG deutlich enger als der Menschenrechtsschutz gefasst.[1909] Die Umweltrisiken umfassen bestimmte Verstöße gegen das Minamata-Übereinkommen[1910] betreffend Quecksilber und dessen Abfälle (§ 2 Abs. 3 Nrn. 1 bis 3 LkSG), gegen das Stockholmer Abkommen über persistente organische Schadstoffe[1911] (§ 2 Abs. 3 Nrn. 4 und 5 LkSG) sowie gegen das Basler Abkommen über gefährliche Abfälle[1912] (§ 2 Abs. 3 Nrn. 6 bis 8 LkSG). Insgesamt handelt es sich um einen engen Katalog; es darf nicht übersehen werden, dass die Umwelt auch in den Menschenrechtskatalog mittelbar aufgenommen worden ist (§ 2 Abs. 2 Nr. 9 LkSG).

1907 Fleischer/Mankowski/*Kolb*, LkSG § 2 Rn. 16.

1908 Vgl. daher zur einschränkenden Auslegung des Verweises auf die geschützten Rechtspositionen Fleischer/Mankowski/*Kolb*, LkSG § 2 Rn. 137 mwN; eher aA bzgl. der Bestimmbarkeit der geschützten Menschenrechte *Spindler*, ZHR 186 (2022), 67, 79.

1909 Mehr hierzu s. Fleischer/Mankowski/*Kolb*, LkSG § 2 Rn. 143 ff.; Schall/Theusinger/Pour Rafsendjani/*Humbert*, LkSG § 2 Rn. 147 ff.

1910 Übereinkommen von Minamata vom 10. Oktober 2013 über Quecksilber, BGBl. 2017 II, S. 610, 611 (Minamata-Übereinkommen).

1911 Stockholmer Übereinkommen vom 23. Mai 2001 über persistente organische Schadstoffe, BGBl. 2002 II, S. 803, 804 (POPs-Übereinkommen).

1912 Basler Übereinkommen über die Kontrolle der grenzüberschreitenden Verbringung gefährlicher Abfälle und ihrer Entsorgung vom 22. März 1989, BGBl. 1994 II S. 2703, 2704 (Basler Übereinkommen) mit weiteren abändernden Rechtsakten (s. § 2 Abs. 3 Nr. 6 LkSG).

3. Hinreichende Bestimmtheit des Rechtsgüterkatalogs nach § 2 Abs. 2 und Abs. 3 LkSG

Im Rahmen des Gesetzgebungsverfahrens richtete sich eine umfangreiche Kritik gegen die gesetzlichen Verweise auf völkerrechtliche Abkommen.[1913] Im Raum stand das Argument, diese Abkommen seien an die Staaten adressiert und daher nicht von Unternehmen umsetzbar. Dieser Kritik ist teilweise nicht zu folgen. Erstens wurden in § 2 Abs. 2 Nr. 1 bis 11 sowie Abs. 3 Nrn. 1 bis 8 LkSG die zu schützenden Rechtsgüter konkretisiert, indem der deutsche Gesetzgeber ganz präzise die in den Abkommen enthaltenen und zu beachtenden Verbote bestimmt hatte;[1914] dadurch wurde die Bestimmtheit wesentlich erhöht. Zweitens bezieht sich der Verweis ausschließlich auf die Rechtsgüter und nicht auf die Pflichten; diese Pflichten werden im LkSG eigenständig bestimmt. Von einem Verstoß gegen das verfassungsrechtliche Bestimmtheitsgebot kann daher bezüglich dieser Bestimmungen keine Rede sein.

Eine Ausnahme in dieser Hinsicht hat für die in § 2 Abs. 2 Nr. 12 LkSG vorgesehene Auffangklausel zu gelten:[1915] Es geht dort um einen pauschalen Verweis auf alle in § 2 Abs. 1 einbezogene Abkommen. Der Gesetzgeber hat sich also abgesichert für den Fall, dass er ein wesentliches Verbot übersehen hatte. Das regulatorische Risiko eines unvollkommenen Schutzes wurde beseitigt, indem den Unternehmen eine Ermittlungslast aufgedrängt wurde.[1916] An sich ist zwar der Katalog der durch die Auffangklausel geschützten Menschenrechte feststellbar, auch wenn dies herausfordernd erscheint. Durch die Qualifikation in Form von zwei unpräzisen Generalklauseln (»besonders schwerwiegende Weise«; »offensichtliche Rechtswidrigkeit«) hat der Gesetzgeber eine schwer erträgliche Unbestimmtheit geschaffen.[1917] § 2 Abs. 2 Nr. 12 LkSG ist daher aufgrund eines Verstoßes gegen das rechtsstaatliche Bestimmtheitsgebot aus Art. 20 Abs. 2 und Abs. 3 GG verfassungswidrig.[1918]

1913 S. die Darstellung der Kritik bei Fleischer/Mankowski/*Kolb*, LkSG § 2 Rn. 18 ff.

1914 *Leyens/Goetsch*, JURA 2024, 221, 222.

1915 Die Probleme erkannten bereits *Kamann/Irmscher*, NZWiSt 2021, 249, 254; s. die umfassende Darstellung dieses Problems bei Fleischer/Mankowski/*Kolb*, LkSG § 2 Rn. 23 ff. mwN; vgl. *Spießhofer*, AnwBl 2021, 534, 535 f. die ähnliche Bedenken auch bezogen auf das in § 2 Abs. 2 Nr. 9 LkSG ausgesprochene umweltbezogene Verbot äußert.

1916 Ähnlich *Spießhofer*, AnwBl 2021, 534, 535.

1917 So bereits Fleischer/Mankowski/*Kolb*, LkSG § 2 Rn. 23 f.; die Bestimmung wurde bereits als eine Generalklausel von *Stöbener de Mora/Noll*, NZG 2021, 1237, 1240 qualifiziert.

1918 Fleischer/Mankowski/*Kolb*, LkSG § 2 Rn. 25; ähnlich *Spießhofer*, AnwBl 2021, 534, 535 f.; *Spindler*, ZHR 186 (2022), 67, 78 f.; aA Schall/Theusinger/Pour Rafsendjani/*Humbert*, LkSG § 2 Rn. 142; Gehling/Ott/*Gehling/Fischer*, LkSG § 2 Rn. 5. Zum Bestimmtheitsgebot s. bereits oben Teil 4, I. E. 2.

4. Verletzungs- und Risikotatbestand nach § 2 Abs. 4 LkSG

Der Verletzungstatbestand nach § 2 Abs. 4 LkSG bezieht sich auf die in § 2 Abs. 2, 3 LkSG bestimmten Verbote; ein Verstoß gegen eines dieser Verbote führt zu einer Verletzung.

Problematischer bleibt indes der Risikotatbestand nach § 2 Abs. 2, 3 LkSG. Dieser bedient sich eines dem deutschen Polizeirecht nahezu entsprechenden Gefahrenbegriffs, indem er das Risiko als einen Zustand definiert, »bei dem aufgrund tatsächlicher Umstände mit hinreichender Wahrscheinlichkeit ein Verstoß gegen eines der« in § 2 Abs. 2 Nrn. 1 bis 12 und Abs. 3 Nrn. 1 bis 8 LkSG aufgeführten Verbote droht.[1919]

Der Begriff der hinreichenden Wahrscheinlichkeit bildet zwar eine Quelle von Rechtsunsicherheit; sie lässt sich jedoch mithilfe des Angemessenheitsvorbehalts[1920] nach § 3 Abs. 2 Nr. 3 LkSG einschränken, denn hiernach ist nur das zur Wahrscheinlichkeit proportionale Handeln gesetzlich erforderlich.[1921]

5. Zwischenergebnis

Der Gesetzgeber hat zum Schutz der Menschenrechte einen weiten Verbotskatalog sowie einen engeren zum Schutz der Umwelt vorgesehen. Die gesetzlichen Bestimmungen weisen zahlreiche Defizite bis zur Verfassungswidrigkeit des § 2 Abs. 2 Nr. 12 LkSG auf.

D. Die Funktion des LkSG

Das Telos des Gesetzes wurde ausdrücklich kodifiziert.[1922] Nach § 3 Abs. 1 S. 1 LkSG dienen die Sorgfaltspflichten dazu, menschenrechtlichen oder umweltbezogenen Risiken vorzubeugen oder sie zu minimieren oder die Verletzung menschenrechtsbezogener oder umweltbezogener Pflichten zu beenden; das Gesetz ist also auf die Zukunft ausgerichtet.[1923] Dies soll nicht nur dem öffentlichen

1919 Schall/Theusinger/Pour Rafsendjani/*Humbert*, LkSG § 2 Rn. 41 ff.; Fleischer/Mankowski/*Kolb*, LkSG § 2 Rn. 46 ff.; vgl. *Stöbener de Mora/Noll*, NZG 2021, 1237, 1240; Wagner/Ruttloff/Wagner/*Ruttloff/Schulga*, § 2 Rn. 77 ff.

1920 Mehr zu diesem unten F.

1921 Ähnlich bereits Fleischer/Mankowski/*Kolb*, LkSG § 2 Rn.62, der auch einen Katalog an Kriterien beschreibt, die bei der Feststellung der hinreichenden Wahrscheinlichkeit zu berücksichtigen seien; vgl. auch Wagner/Ruttloff/Wagner/*Ruttloff/Schulga*, § 2 Rn. 78.

1922 Vgl. zur Genese und Funktion der Kodifikation Fleischer/Mankowski/*Fleischer*, LkSG § 3 Rn. 27 f.

1923 Arg. ex § 6 Abs. 1 LkSG; vgl. Fleischer/Mankowski/*Fleischer*, LkSG § 3 Rn. 28.

Interesse, sondern auch dem individuellen Interesse der unmittelbar betroffenen Rechtsträger dienen, arg. ex § 4 Abs. 4 LkSG.[1924]

Außerdem erfüllt das LkSG weitere Funktionen, die nicht explizit kodifiziert wurden. Einmal verwandelt es das völkerrechtliche Soft Law in das nationale Hard Law.[1925] Darüber hinaus soll es Unternehmen im Dienst des Allgemeininteresses dazu verpflichten, weltweit für den Schutz bestimmter Menschenrechte und Umweltgüter zu sorgen.[1926] Das Gesetz kann auch als ein Beispiel für den Rechtsentwicklungstrend angesehen werden, die Nachhaltigkeit im Kontext der Unternehmensführung zu stärken.[1927]

E. §§ 3 ff. LkSG als ein System zum Schutz der Menschenrechte und der Umwelt

Der Gesetzgeber setzt mit seinem Regelungskonzept auf ein systematisches Handeln, damit die Unternehmen die Menschenrechte und Umweltgüter wirksam beschützen; daher statuiert § 4 Abs. 1 S. 1 LkSG eine Systemeinrichtungspflicht:[1928] Das Unternehmen muss dem Wortlaut nach über ein Risikomanagement verfügen, das sich auf die Pflichten in § 3 Abs. 1 S. 2 Nrn. 1 bis 9 LkSG bezieht. Das Wort »System« fällt zwar nicht, aber die Norm enthält eine Formulierung, die § 91 Abs. 3 AktG stark ähnelt, insb. durch die Kriterien der Angemessenheit und der Wirksamkeit.[1929] Ferner decken sich die im LkSG vorgesehenen Risikomanagement-Bestandteile inhaltlich mit dem RMS, wie dieses im Kontext des § 91 Abs. 3 AktG definiert wurde:[1930] § 5 Abs. 1 und 3 LkSG verpflichtet zur Risikoidentifikation sowie zur Risikobewertung;[1931] § 6 LkSG

1924 So explizit BegrRegE LkSG, BT-Drs. 19/28649, S. 43.

1925 S. *Spießhofer*, AnwBl 2021, 534; *Fleischer*, CCZ 2022, 205, 208; BeckOGK/*Hübner/Weller*, 1.9.2023, LkSG § 3 Rn. 11; so zur CSDDD *Mojska*, Przegląd Prawa Konstytucyjnego 2023, 287, 295; vgl. zum Phänomen von der Umwandlung des Soft Law in Hard Law im Kontext der Lieferkettenregulierung *Nolan*, Brazilian Journal of International Law, Vol. 15 No. 2 (2018), S. 65 ff.

1926 So *Spießhofer*, AnwBl 2021, 534, 535; *S. Wagner*, KlimaRZ 2022, 100; vgl. *Kalss*, ZfPW 2024, 181, 205 f.; vgl. hierzu phänomenologisch *Rast*, Organisationsfreiheit, 2022, S. 239 f.

1927 S. HHL/*Hopt/Leyens*, 2024, § 1 Rn. 32 und 41 ff.

1928 So bereits *Geh*, Vorstandshaftung, 2024, S. 85 f.; indirekt verweisen auf die Systemqualität der Pflicht aus § 4 Abs. 1 LkSG Schall/Theusinger/Pour Rafsendjani/*Theusinger/Gergen*, LkSG § 4 Rn. 6; vgl. *Spindler*, ZHR 186 (2022), 67, 82; vgl. allerdings Wagner/Ruttloff/Wagner/*Bicker/Reischl*, § 5 Rn. 885 ff., die trotz eines eigenständigen Ziels das LkSG-System als einen Unterfall des Compliance-Management-Systems verstehen.

1929 Vgl. Gehling/Ott/*Balke*, LkSG § 3 Rn. 13.

1930 Zu gesetzlich erforderlichen Elementen des RMS nach § 91 Abs. 3 AktG s. oben Teil 5, IV. D. 2. a). (1). (b).; vgl. *v. Werder* in: Frese, HWO, S. 2212, 2213 f.

1931 Ähnlich *Spindler*, ZHR 186 (2022), 67, 83.

verpflichtet u. a. zur Risikosteuerung;[1932] § 5 Abs. 3 LkSG bezieht sich auf die interne Berichterstattung über Risiken; § 5 Abs. 4 sowie § 6 Abs. 5 LkSG umfassen Elemente der Risikoüberwachung.[1933] In § 4 Abs. 4 LkSG fällt auch der Begriff des RMS, womit nur das RMS nach § 4 Abs. 1 LkSG gemeint sein kann.[1934] Das LkSG sieht also ein menschenrechts- und umweltbezogenes RMS vor.[1935]

Das LkSG-RMS bezieht sich jedoch nicht nur auf die Risiken, sondern auch auf die eingetretenen Schäden an Schutzgütern, arg. ex § 7 LkSG,[1936] womit es sich vom klassischen RMS unterscheidet. Ferner sieht das LkSG im § 8 ein Beschwerdeverfahren vor.[1937] Daher handelt es sich bei §§ 3 ff. LkSG um ein komplexes RMS-ähnliches Schutzsystem zugunsten der Rechtsgüter aus § 2 LkSG.[1938]

F. Die positive Konkretisierungsbefugnis bezogen auf die unternehmerischen Sorgfaltspflichten – Angemessenheitsvorbehalt nach § 3 Abs. 2 LkSG

Ausgehend von der Komplexität der unternehmerischen Tätigkeit wäre es nur folgerichtig, für das LkSG-Schutzsystem eine flexible finale Regulierung vorzusehen. Es stellt sich daher eine für die Beurteilung des LkSG aus der Perspektive der Organisationsfreiheit bzw. der Organisationsneutralität wesentliche Frage: Hat der Gesetzgeber die positive Konkretisierungsbefugnis der Unternehmen bezogen auf das LkSG-Schutzsystem im Gesetz verankert? Um sie zu beantworten, ist der Angemessenheitsvorbehalt nach § 3 Abs. 2 LkSG zu untersuchen:

1. Die Grundlagen zum Angemessenheitsvorbehalt nach § 3 Abs. 2 LkSG

Die Angemessenheit ist der zentrale Begriff des LkSG,[1939] was bereits an ihrem häufigen Gebrauch sichtbar wird: »*angemessen*« kommt in §§ 3 bis 10 LkSG fünfzehnmal vor, darunter einmal zu Definitionszwecken.[1940] Der Angemessen-

1932 Mehr zur Pflicht zur Risikoanalyse unten G. 1. d).
1933 Vgl. zu diesen Normen unten G. 1. j).
1934 S. Spießhofer/Späth/*Späth/Tybus*, LkSG § 4 Rn. 4.
1935 Vgl. *Spindler*, ZHR 186 (2022), 67, 82.
1936 Zur Reichweite der Pflicht aus § 7 LkSG, die Verletzungen zu beendigen, s. unten G. 1. h).
1937 S. mehr zum Beschwerdeverfahren unten G. 1. e).
1938 So bereits zu parallelen Regelungen der CSDDD *Hommelhoff*, FS Henssler, 2023, S 971, 974 ff., der in diesen Bestimmungen ein aus sieben Elementen bestehendes Schutzsystem zugunsten der Menschenrechte und der Umwelt sieht.
1939 So explizit Gehling/Ott/*Mader*, LkSG § 3 Rn. 33; vgl. *Verse* in Nietsch, Nachhaltiges Aktienrecht, 2023, S. 21, 28, der diesen Vorbehalt eher als eine Herausforderung ansieht.
1940 Vgl. *Verse* in Nietsch, Nachhaltiges Aktienrecht, 2023, S. 21, 28: »angemessen« wurde im gesamten Gesetz 19-mal angewendet.

heitsvorbehalt wurde jedoch in § 3 Abs. 1 S. 1 LkSG bereits auf alle Sorgfaltspflichten erstreckt, die in §§ 3 bis 10 LkSG statuiert wurden,[1941] sodass diese hohe Zahl seine Bedeutung nochmals verstärkt. Dieses zentrale Prinzip spielt eine große Rolle bei der Feststellung der Reichweite der Sorgfaltspflichten nach dem LkSG.

Die Gesetzesbegründung unterstreicht freiheitsschonenden Charakter dieses Vorbehalts sowie die durch ihn erlangte Flexibilität und Situationsabhängigkeit der Sorgfaltspflichten;[1942] der Gesetzgeber möchte mit seiner Hilfe die grundrechtliche Verhältnismäßigkeit des die Unternehmen belastenden Pflichtenkorsetts herstellen[1943]. Er war jedoch nicht bereit, die Konkretisierung der Angemessenheit bezüglich jeder Pflicht den Unternehmen allein zu überlassen, wie dies bspw. in § 91 Abs. 2 und Abs. 3 AktG der Fall ist[1944]. Daher hat er in § 3 Abs. 2 Nrn. 1 bis 4 LkSG in Anlehnung an den Proportionalitätsgrundsatz nach § 25a Abs. 1 S. 4 KWG[1945] eine Gruppe an Kriterien vorgesehen, die alle bei der Konkretisierung berücksichtigt werden müssen. Dies sind (1) Art und Umfang der Geschäftstätigkeit, (2) das auf den unmittelbaren Verursacher bezogene Einflussvermögen, (3) die typischerweise zu erwartende Schwere der Verletzung, deren Umkehrbarkeit und deren Wahrscheinlichkeit sowie (4) die Art des eigenen Verursachungsbeitrags des Unternehmens.[1946] Auf den genauen Inhalt dieser Kriterien ist im Folgenden kurz einzugehen:

1941 BegrRegE LkSG, BT-Drs. 19/28649, S. 42; Gehling/Ott/*Mader*, LkSG § 3 Rn. 43 ff.; *Fleischer*, CCZ 2022, 205, 213; vgl. *Gehling/Ott/Lüneborg*, CCZ 2021, 230, 232 f.; BeckOGK/*Hübner/Weller*, 1.9.2023, LkSG § 3 Rn. 61 ff.

1942 BegrRegE LkSG, BT-Drs. 19/28649, S. 42; vgl. rechtsvergleichend *Blach*, NZG 2024, 235, 237, wo im Kontext des Entwurfs für ein britisches Lieferkettensorgfaltspflichtengesetz von einem »Vernunftsvorbehalt« bezogen auf die Sorgfaltspflichten die Rede ist; vgl. *Stöbener de Mora* in: Leyens/Seibt, LkR, 2025, § 4 Rn. 28, die den individuellen Sorgfaltsmaßstab des LkSG unterstreicht.

1943 Vgl. *Lutz-Bachmann/Vorbeck/Wengenroth*, BB 2021, 906, 910; *Fleischer*, CCZ 2022, 205, 213; s. aber Gehling/Ott/*Mader*, LkSG § 3 Rn. 33, dem zufolge es die Rechtsnatur des Angemessenheitsvorbehalts zu stark vereinfachen würde, ihn auf einen Ausfluss des Verhältnismäßigkeitsprinzip zu reduzieren.

1944 S. dazu ausführlich oben entsprechend Teil 5, IV. D. 1. a). und Teil 5, IV. D. 2. b). (1). und (2).

1945 S. zu diesem Fischer/Schulte-Mattler/*Braun*, KWG § 25a Rn. 88 ff.; vgl. *Voß*, Unternehmenswissen, 2018, S. 161, dem zufolge die Funktion dieser Norm darin liege, für die sachliche Dynamisierung von Anforderungen an die Organisation zu sorgen; s. auch *Rast*, Organisationsfreiheit, 2022, S. 279 f. Wohl aA BeckOGK/*Hübner/Weller*, 1.9.2023, LkSG § 3 Rn. 68 f, die die Angemessenheitskriterien auf die UN-Leitsätze zurückführen. Es ist nicht auszuschließen, dass sich der Gesetzgeber an beiden dieser Vorbilder orientiert hat.

1946 Kritisch zu den Kriterien wegen ihrer Vagheit Schall/Theusinger/Pour Rafsendjani/*Pour Rafsendjani/Purucker*, LkSG § 3 Rn. 36; mehr zum Inhalt der Kriterien Gehling/Ott/*Mader*, LkSG § 3 Rn. 61 ff.

2. Kriterien des Angemessenheitsvorbehalts nach § 3 Abs. 2 Nrn. 1 bis 4 LkSG

Mit dem ersten Kriterium nach § 3 Abs. 2 Nr. 1 LkSG ist die wirtschaftliche Wirkkraft des Unternehmens im Allgemeinen sowie die Komplexität seiner Tätigkeit gemeint, wobei es auf die abstrakte Anfälligkeit für Risiken und Verletzungen i. S. d. LkSG sowie auf die in der Branche steckenden Gefahren ankommt.[1947] Es geht ferner um die Ressourcen, die das Unternehmen der Einhaltung des LkSG zuordnen kann.[1948]

Das zweite Kriterium des Einflussvermögens nach § 3 Abs. 2 Nr. 2 LkSG zielt auf die Fähigkeit des Unternehmens ab, das Risiko zu beherrschen oder die Verletzung zu beseitigen;[1949] wenn ein Zulieferer wirtschaftlich komplett abhängig ist, dann kann mehr vom Unternehmen verlangt werden, als wenn das Unternehmen selbst auf den Zulieferer angewiesen ist und dieser dem Unternehmen die Bedingungen der Vertragsbeziehung diktieren kann[1950]. Das Unternehmen soll nicht mit Pflichten belastet werden, deren Erfüllung unmöglich ist.[1951] Dies lässt sich auf § 3 Abs. 2 Nr. 2 LkSG zurückführen, denn bei der faktischen oder rechtlichen Unmöglichkeit existiert kein Einflussvermögen.[1952]

Das dritte Kriterium gem. § 3 Abs. 2 Nr. 3 LkSG bezieht sich auf das Risiko, dessen Eintrittswahrscheinlichkeit sowie den potenziellen Schaden.[1953] Die

1947 S. dazu BeckOGK/*Hübner/Weller*, 1.9.2023, LkSG § 3 Rn. 72 f.; vgl. BegrRegE LkSG, BT-Drs. 19/28649, S. 42; vgl. Gehling/Ott/*Mader*, LkSG § 3 Rn. 61 ff.

1948 BeckOGK/*Hübner/Weller*, 1.9.2023, LkSG § 3 Rn. 75 f. (sowie Rn. 115 ff., wo sie die nicht hinreichende Berücksichtigung der wirtschaftlichen Belastung kritisieren); vgl. Gehling/Ott/*Mader*, LkSG § 3 Rn. 67 ff., der eher auf das parallel zur Größe wachsende Einflussvermögen hinweist; Depping/Walden/*Walden*, LkSG § 3 Rn. 53 ff.

1949 Mehr dazu bei Schall/Theusinger/Pour Rafsendjani/*Pour Rafsendjani/Purucker*, LkSG § 3 Rn. 44 ff.; zum Hintergrund und zum Inhalt dieses Begriffs BeckOGK/*Hübner/Weller*, 1.9.2023, LkSG § 3 Rn. 77 ff.; Depping/Walden/*Walden*, LkSG § 3 Rn. 61.

1950 Ähnlich bereits Schall/Theusinger/Pour Rafsendjani/*Pour Rafsendjani/Purucker*, LkSG § 3 Rn. 44; vgl. *G. Wagner*, GS Mankowski, 2024, S. 837, 852 ff.

1951 *Irmscher/Bücker*, NVwZ 2023, 1368, 1371; s. aber Gehling/Ott/*Mader*, LkSG § 3 Rn. 39 ff., der den Gedanken der Unmöglichkeit mit guten Argumenten als ein eigenständiges Prinzip ansieht; vgl. Fleischer/Mankowski/*Fleischer*, LkSG § 3 Rn. 39; s. zum Hintergrund des Prinzips in der BegrRegE LkSG, BT-Drs. 19/28649, S. 41: »**machbar** und angemessen«; vgl. *Altenschmidt/Helling*, LkSG § 3 Rn. 7; s. auch Spießhofer/Späth/*Spießhofer*, LkSG § 3 Rn. 26; vertieft zur Unmöglichkeitsgrenze *Lieder/Meyer*, CRZ 2024, 101, 103 f.; Depping/Walden/*Walden*, LkSG § 3 Rn. 90 ff.

1952 Vgl. BeckOGK/*Hübner/Weller*, 1.9.2023, LkSG § 3 Rn. 136, die allerdings die Unmöglichkeit von der Angemessenheit abgrenzen (Rn. 138).

1953 Zum völkerrechtlichen Hintergrund dieses Kriteriums s. *Lieder/Meyer*, CRZ 2024, 101, 104 f. Zum risikobasierten Ansatz des LkSG s. BeckOGK/*Hübner/Weller*,

Gesetzesbegründung fasst dies unter dem Oberbegriff »Gefahrenpotenzial« zusammen[1954]; die unternehmerischen Maßnahmen dürfen nicht evident unterproportional zu diesem Potenzial ausfallen. Außerhalb von der Menschenwürde oder dem Recht auf Leben[1955] kann keine objektive Beurteilung der Bedeutung der gefährdeten sowie verletzten Rechtsgüter erfolgen,[1956] sodass das Unternehmen auch bezogen auf diese Merkmale selbst konkretisierungspflichtig und -befugt ist.[1957] Die Konkretisierungsbefugnis bzgl. des Gefahrenpotenzials wird zusätzlich vom Kriterium der Umkehrbarkeit eingeschränkt; die unumkehrbaren Verletzungen sowie deren Risiko sind *ex lege* höher zu gewichten.[1958] Außerdem greift in diesem Kontext § 4 Abs. 4 LkSG, sodass bei der Konkretisierung dieses Merkmals das Unternehmen die Perspektive der Betroffenen einnehmen muss.[1959]

Das letzte Kriterium nach § 3 Abs. 2 Nr. 4 LkSG bezieht sich auf den Verursachungsbeitrag; es wurde in § 4 Abs. 2 HS. 2 LkSG nochmals wiederholt; damit wird die Bedeutung dieses Prinzips bekräftigt, für die Eingrenzung der Sorgfaltspflichten zu sorgen.[1960] Ferner zielt es auf die Herstellung von Gerechtigkeit ab. Das Unternehmen kann ein Risiko oder eine Verletzung alleine oder gemeinsam mit anderen Unternehmen verursachen; möglich ist eine unmittelbare oder eine mittelbare Verursachung.[1961] Die Reichweite der mittelbaren Verursachung ruft besondere Auslegungsprobleme hervor.[1962] Diese werden jedoch entkräftet, wenn auf die Evidenz abgestellt wird; denn die Maßnahmen dürfen dann nur nicht evident unterproportional zum Verursachungsbeitrag ausfallen. Ein evidentes Unterschreiten ist bei einer sehr schwach ausgeprägten Verursachung kaum vorstellbar.

1.9.2023, LkSG § 3 Rn. 12 mwN.; zur Wahrscheinlichkeit s. Depping/Walden/*Walden*, LkSG § 3 Rn. 74 f.

1954 BegrRegE LkSG, BT-Drs. 19/28649, S. 42.

1955 Vgl. Schall/Theusinger/Pour Rafsendjani/*Pour Rafsendjani/Purucker*, LkSG § 3 Rn. 49

1956 Ähnlich bereits Gehling/Ott/*Mader*, LkSG § 3 Rn. 106 bezogen auf die Eintrittswahrscheinlichkeit; vgl. BeckOGK/*Hübner/Weller*, 1.9.2023, LkSG § 3 Rn. 96, die auf den Prognosecharakter dieses Kriteriums hinweisen; Depping/Walden/*Walden*, LkSG § 3 Rn. 72 f.

1957 In der Richtung schon Depping/Walden/*Walden*, LkSG § 3 Rn. 72, s. aber Rn. 78.

1958 Vgl. Depping/Walden/*Walden*, LkSG § 3 Rn. 71.

1959 S. dazu Spießhofer/Späth/*Späth/Tybus*, LkSG § 4 Rn. 118.

1960 Umfassend hierzu s. Spießhofer/Späth/*Späht/Tybus*, LkSG § 4 Rn. 51 ff.; ähnlich Gehling/Ott/*Mader*, LkSG § 3 Rn. 113.

1961 Mehr hierzu Gehling/Ott/*Mader*, LkSG § 3 Rn. 108 ff.; BeckOGK/*Hübner/Weller*, 1.9.2023, LkSG § 3 Rn. 86 ff., 98 ff., die allerdings drei Formen der Verursachung unterscheiden (unmittelbar alleinig, unmittelbar gemeinsam, mittelbar); Depping/Walden/*Walden*, LkSG § 3 Rn. 82.

1962 Ausführlich zu diesen Schall/Theusinger/Pour Rafsendjani/*Pour Rafsendjani/Purucker*, LkSG § 3 Rn. 52, die auf die Dogmatik des Ordnungsrechts zurückgreifen.

Als ein ungeschriebenes Kriterium gilt die Priorisierungsbefugnis des Unternehmens.[1963] Dieses Kriterium kann allerdings auch aus der Tatsache hergeleitet werden, die im Rahmen des LkSG unternommenen Maßnahmen in ihrer Gesamtheit dürften das Unternehmen nicht des wirtschaftlichen Fundaments berauben;[1964] es lässt sich also auch aus § 3 Abs. 2 Nr. 1 LkSG herleiten.

3. Die Aufteilung der Konkretisierungsbefugnisse

Die unter Vorbehalt gestellten Pflichten müssen vom Unternehmen selbst konkretisiert werden; das Unternehmen verfügt diesbezüglich über die positive Konkretisierungsbefugnis.[1965] Denn es soll sein durch die Sachnähe bedingtes[1966] überlegenes Wissen über seine eigene Funktionsweise in den Dienst des Menschenrechts- sowie Umweltschutzes bei der Konkretisierung stellen (können). Es handelt sich damit auch um einen Fall prinzipienorientierter Regulierung.[1967] Diese Regulierungsart stellt eine Antwort auf die Ungewissheit der Zukunft dar, was die in der Zukunft erforderlichen Schutzmaßnahmen sowie die Risiken für die LkSG-Schutzgüter anbelangt; das LkSG soll auch branchenunspezifisch angewandt werden können, was auch eine gewisse Abstraktheit erforderlich macht.[1968] Insoweit lässt sich eine Parallele zur optimalen Normierbarkeit der Organisation und der unternehmerischen Tätigkeit ziehen; das strukturähnliche Sachproblem zieht eine ähnliche normative Antwort nach sich.[1969]

1963 Gehling/Ott/*Mader*, LkSG § 3 Rn. 47; Depping/Walden/*Walden*, LkSG § 3 Rn. 36.

1964 Vertieft zu diesem Problem BeckOGK/*Hübner/Weller*, 1.9.2023, LkSG § 3 Rn. 115 ff.

1965 Ähnlich bereits *Irmscher/Bücker*, NVwZ 2023, 1368, 1371 mit dem Hinweis auf die Übertragung der Aufgabe der Zielerreichung an die Unternehmen durch den Gesetzgeber; Depping/Walden/*Walden*, LkSG § 3 Rn. 37 ff.; Schall/Theusinger/Pour Rafsendjani/*Pour Rafsendjani/Purucker*, LkSG § 3 Rn. 37; vgl. *Sharei*, NJW 2023, 3462, 3465 f.; *Lorenz/Krülls*, CCZ 2023, 100 f.; wohl vermittelnd *Verse* in Nietsch, Nachhaltiges Aktienrecht, 2023, S. 21, 28 f., der einen breiten Beurteilungsspielraum der Normadressaten anerkennt, aber keine Einschränkung der staatlichen Kontrolle auf die Evidenz annimmt, sondern eine Vertretbarkeitskontrolle postuliert; wohl aA *Altenschmidt/Helling*, LkSG § 20 Rn. 2, der die Konkretisierungsbefugnis den Gerichten zuschreibt; *Paefgen*, ZIP 2021, 2006, 2012, der das unternehmerische Ermessen mit dem Argument ablehnt, es handele sich um deliktische Verkehrspflichten.

1966 Vgl. hierzu oben Teil 3, II. A. 1.; zum Wissensvorsprung des Vorstands im Kontext der finanzaufsichtsrechtlichen Organisationspflichten *Harnos*, Kontrolldichte, 2021, S. 379; vgl. auch *Habersack/Zickgraf*, RabelsZ 87 (2023), 532, 570 f.

1967 Vgl. Depping/Walden/*Walden*, LkSG § 3 Rn. 6, der auf die Bedeutung der Zielsetzung hinweist.

1968 *Lieder/Meyer*, CRZ 2024, 101; s. zur Natur der Sachprobleme auch *Geh*, Vorstandshaftung, 2024, S. 86 f.; Depping/Walden/*Walden*, LkSG § 3 Rn. 34.

1969 Vgl. dazu im Kontext der Business Judgment Rule oben Fn. 886.

Die oben erwähnten Angemessenheitskriterien bringen allerdings Misstrauen des Gesetzgebers zum Ausdruck; hätte er Unternehmen vertrauen wollen, hätte er ihnen die Bestimmung von Angemessenheitskriterien überlassen, wie es z. B. in § 91 Abs. 3 AktG der Fall ist[1970]. Die Kriterien sind zwar unbestimmt und konkretisierungsbedürftig, aber dennoch bindend. Die Natur der Kriterien, nicht nur Unternehmen zu entlasten, sondern auch deren positive Konkretisierungsbefugnis im Dienst der Menschenrechte und der Umwelt einzuschränken, zeigt sich in ihrer Ausrichtung: Sie beziehen sich nicht nur auf die Situation des Unternehmens bei der Anwendung des LkSG (Nrn. 1, 2 und 4), sondern auch auf die Lage bezogen auf die zu beschützenden Menschenrechte und Umweltgüter (Nr. 1, 3 und 4).

Aus dieser Einschränkungsabsicht folgt der prozedurale Charakter von Angemessenheitskriterien.[1971] Die Behörde überprüft, ob alle Kriterien bei der Konkretisierung berücksichtigt wurden und ferner, ob eines der Kriterien evident unvertretbar bei der Abwägung gewichtet wurde.[1972] Im zweiten Schritt prüft die Behörde, ob das Ergebnis nicht evident die Grenzen der Angemessenheit überschreitet, wenn alle Kriterien summarisch betrachtet werden.[1973] Hinzu kommt noch das Erfordernis der angemessenen Informationsgrundlage für die Konkretisierung jeder finalen Pflicht.[1974]

Die Kriterien dienen also dazu, die negative Konkretisierungsbefugnis der Behörden auszuweiten; denn ein evident zielwidriges Handeln kann einfacher festgestellt werden, wenn nicht nur das Ergebnis der Konkretisierung, sondern auch der Konkretisierungsprozess an sich überprüft wird. Den zeitlichen Kontroll-

1970 Vgl. dazu bereits oben Teil 5, IV. D. 2. b). (2).

1971 So bereits *Hübner/Kühle*, CRZ 2023, 5 ff.; BeckOGK/*Hübner/Weller*, 1.9.2023, LkSG § 3 Rn. 131.

1972 Ähnlich, aber mit einem Rückgriff auf das öffentliche Recht *Irmscher/Bücker*, NVwZ 2023, 1368, 1372; vgl. *Geh*, Vorstandshaftung, 2024, S. 122 f.; ggf. kann bei der Gewichtung die Schwere der Verletzung eine besondere Rolle einnehmen, s. dazu BeckOGK/*Hübner/Weller*, 1.9.2023, LkSG § 3 Rn. 106 sowie vertieft Rn. 129 ff. mwN.

1973 Die Einschränkung der Kontrolldichte bezogen auf das Ergebnis der summarischen Abwägung befürworten Gehling/Ott/*Mader*, LkSG § 3 Rn. 37 f. und Rn. 59; *Irmscher/Bücker*, NVwZ 2023, 1368, 1372 f.; Fleischer/Mankowski/*Fleischer*, LkSG § 3 Rn. 56; aA mit einer Vertretbarkeitskontrolle *Verse* in Nietsch, Nachhaltiges Aktienrecht, 2023, S. 21, 29 f. im Anschluss an *BAFA*, Fragen und Antworten zum Lieferkettengesetz, Stand 24. Juli 2023, XIV. 2. abrufbar unter https://t1p.de/35wfs, abgerufen am 08.02.2024; eine Plausibilitätskontrolle befürwortet wohl Depping/Walden/*Walden*, LkSG § 3 Rn. 41, der zugleich das Risikopotenzial für das vorrangige Kriterium hält (Rn. 84 ff.).

1974 So schon BeckOGK/*Hübner/Weller*, 1.9.2023, LkSG § 3 Rn. 131. Vgl. dazu oben Teil 5, II. B. 3. a).; vgl. *Brunk*, Menschenrechtscompliance, 2022, S. 104 f., der dieses Erfordernis bezogen auf die Legalitätsdurchsetzungspflicht aus der Business Judgment Rule im Innenverhältnis herleitet.

maßstab für die Beurteilung bildet die Ex-ante-Perspektive,[1975] denn der Vorbehalt des Möglichen[1976] umfasst auch den Wissenshorizont: Das Unternehmen kann nur solche Tatsachen bei der Konkretisierung einbeziehen, die es kennt. Das prozedurale Verständnis der Angemessenheitskriterien scheint sich zwar auf den ersten Blick vom Wortlaut zu entfernen, aber es entspricht dem prozeduralen Geist der Sorgfaltspflichten nach §§ 4 ff. LkSG. Die Iterativität[1977] gleicht außerdem den großzügigen Maßstab der Evidenz aus: Es erfolgt eine *multipunktuelle Evidenzkontrolle*.[1978]

Es drängt sich die Frage auf, wie die Rechtsnatur der §§ 4 ff. LkSG im Lichte des Angemessenheitsvorbehalts zu beurteilen ist. Bei einer reinen Zielvorgabe steht dem Adressaten der Pflichten eine große Fläche zur Verfügung, auf der er sich ziemlich frei bewegen kann, solange er die Grenzen nicht überschreitet (der finale Selbstregulierungsauftrag).[1979] Beim LkSG ist der Grad der Freiheit deutlich geringer konzipiert: Aufgrund der zahlreichen Kriterien sowie einer Vielzahl an Pflichten, bei denen das »Ob« vom Gesetzgeber vorgegeben wird, handelt es sich bei der positiven Konkretisierungsbefugnis der Unternehmen bezogen auf das LkSG eher um einen *Konkretisierungskorridor*, in dem der Adressat zwar in der Konkretisierung frei ist, aber dessen Grenzen deutlich enger gezogen wurden.[1980]

Der Angemessenheitsvorbehalt hat somit eine Doppelnatur:[1981] Er weist die positive Konkretisierungsbefugnis den Unternehmen zu (in der Fortschreibung der

1975 *Fleischer*, CCZ 2022, 205, 213; Schall/Theusinger/Pour Rafsendjani/*Pour Rafsendjani/Purucker*, LkSG § 3 Rn. 61; Gehling/Ott/*Mader*, LkSG § 3 Rn. 38; BeckOGK/*Hübner/Weller*, 1.9.2023, LkSG § 3 Rn. 57; Depping/Walden/*Walden*, LkSG § 3 Rn. 41.

1976 S. zu diesem oben 2.

1977 Zu den Überprüfungs-, Aktualisierungs- und Wiederholungspflichten s. unten G. 1. j).

1978 Häufig werden mehrere Maßnahmen bzgl. desselben Risiko/derselben Verletzung kontrolliert, die über einen längeren Zeitraum nacheinander durchgeführt wurden. Bspw. wird bei einem schweren Risiko die Präventionspflicht wiederholt ausgelöst, bis eine wirksame Maßnahme durchgeführt wird; bei den ersten Versuchen sind daher niedrigere Erfolgschancen hinzunehmen. Die Konkretisierungsbefugnis kann sich *in concreto* wegen der bisherigen Erfahrungen stark verengen.

1979 S. dazu oben Teil 4, I. D. 1. c). und d).

1980 Ähnlich schon Depping/Walden/*Walden*, LkSG § 3 Rn. 38: »Leitplanken«; vgl. *Fleischer*, CCZ 2022, 205, 212 f.

1981 So Gehling/Ott/*Gehling*, LkSG Einleitung Rn. 9 f.; ähnlich s. *BAFA*, Handreichung zur Angemessenheit nach § 3 Abs. 2 LkSG, 2022, S. 3, abrufbar unter https://t1p.de/0z14d, (abgerufen am 25.03.2024); s. *Mayen*, ZHR 188 (2024), 177, 183; aA, eher einseitig als eine Norm zum Schutz der Unternehmen wird § 3 Abs. 2 LkSG interpretiert von Gehling/Ott/*Mader*, LkSG § 3 Rn. 33 f.; Fleischer/Mankowski/*Fleischer*, LkSG § 3 Rn. 45 f. Eine gewisse Doppelnatur bezogen auf den risikobasierten Ansatz des LkSG erkennen auch BeckOGK/*Hübner/Weller*, 1.9.2023, LkSG § 3 Rn. 13 an.

Privatautonomie) und er schränkt diese mithilfe eines Korridors aus mehreren Kriterien ein, um ein höheres (prozedurales) Schutz- und Kontrollniveau herzustellen.

Dieses Ergebnis wird durch den Ergänzungsvorschlag des Deutschen Anwaltvereins zu § 3 LkSG-E auf den Punkt gebracht: »*Eine Verletzung von Sorgfaltspflichten liegt nicht vor, wenn das Unternehmen unter Berücksichtigung dieser Kriterien vernünftigerweise davon ausgehen durfte, in angemessener Weise zu handeln.*«[1982] Diese Norm kann als eine gewisse *Due Diligence Judgment Rule* bezeichnet werden. Sie bringt zwar keinen inhaltlichen Mehrwert gegenüber der hier vertretenen Auslegung des Angemessenheitsvorbehalts.[1983] Aus der fehlenden Übernahme durch den Gesetzgeber kann nicht auf die Verengung der positiven Konkretisierungsbefugnis geschlossen werden; dies ließe sich mit der Gesetzesbegründung nicht vereinbaren.[1984] Zugleich ist das zu kritisieren, denn diese Norm würde enorm zur Rechtsicherheit beim Umgang mit dem LkSG beitragen.

4. Konkretisierungsbefugnis bezogen auf weitere konkretisierungsbedürftige Begriffe im LkSG

Die Erkenntnisse zur Angemessenheit sind auf weitere Rechtsbegriffe zu erstrecken, die nur das Unternehmen konkretisieren kann, und nach dem LkSG zu konkretisieren hat. Dies betrifft insb. die *maßgeblichen* (bzw. *relevanten*) Geschäftsabläufe, in die das Risikomanagement zu integrieren ist (§ 4 Abs. 1 S. 2 LkSG),[1985] sowie die *maßgeblichen* Entscheidungsträger, an die Ergebnisse der Risikoanalyse zu kommunizieren sind (§ 5 Abs. 3 LkSG).[1986] Auf die *Maßgeblichkeit* lassen sich die Angemessenheitskriterien nach § 3 Abs. 2 LkSG mit ihrer Risikoorientierung übertragen.

Die *Anlassbezogenheit* stellt einen weiteren konkretisierungsbedürftigen Begriff dar; sie fällt im Zusammenhang mit der Regelmäßigkeit der Überprüfung und Anpassung (§ 5 Abs. 4 S. 1, § 6 Abs. 5 S. 1, § 7 Abs. 4 S. 1, § 8 Abs. 5 S. 1 LkSG);[1987] außerdem dient dieser Begriff zur Auslösung von Pflichten gegenüber einem mittelbaren Zulieferer (§ 9 Abs. 3 LkSG). Der Begriff wurde im Kontext der Überprüfung umschrieben mit einer wesentlich veränderten bzw. wesentlich erweiterten Risikolage; die Wesentlichkeit bedarf allerdings ebenfalls einer Konkretisierung; die diesbezüglichen gesetzlichen Beispiele (Einführung neuer Produkte, Projekte oder eines neuen Geschäftsfeldes) helfen zwar bei dem Konkre-

1982 *DAV-Ausschüsse*, NZG 2021, 546, 550, Rn. 29; vgl. Depping/Walden/*Walden*, LkSG § 3 Rn. 42.

1983 So wohl bereits Depping/Walden/*Walden*, LkSG § 3 Rn. 42.

1984 Ähnlich bereits Depping/Walden/*Walden*, LkSG § 3 Rn. 42.

1985 Mehr zu § 4 Abs. 1 LkSG unten G. 1. a).; s. zum Begriff der maßgeblichen Geschäftsabläufe Schall/Theusinger/Pour Rafsendjani/*Theusinger/Gergen*, LkSG § 4 Rn. 52 ff.

1986 Mehr zum Inhalt der Pflicht zur Risikoanalyse s. unten G. 1. d).

1987 Zur Überprüfung und Anpassung s. mehr unten G. 1. j).

tisierungsprozess, aber letztendlich kann nur das Unternehmen im Einzelfall beurteilen, ob das neue Produkt tatsächlich eine wesentliche Änderung der Lieferketten verursacht hatte.[1988] An dieser Stelle kann ein evidentes gesetzwidriges unternehmerisches Unterlassen festgestellt werden, wenn das Unternehmen mit zahlreichen neuen Zulieferern aus Rechtsordnungen mit wenig Respekt für Menschenrechte zusammenarbeitet und trotzdem keine Neueinschätzung der Risikolage vornimmt.

Auch der Begriff *unverzüglich* muss auf den Einzelfall bezogen werden, um an Konturen zu gewinnen; er wurde in Bezug auf Prävention und Abhilfe benutzt (§ 6 Abs. 1, § 7 Abs. 1 S. 1, Abs. 2 S. 1 LkSG); eine Heranziehung der zivilrechtlichen Definition erscheint hier nicht berechtigt, denn sie könnte mit einem unverhältnismäßigen Aufwand verbunden sein und würde die Priorisierung des Handelns nach der Schwere unmöglich machen, sodass die Angemessenheitskriterien für die Konkretisierung des Zeitraums vorzuziehen sind[1989]. *Unverzüglich* fällt auch im Kontext der Überprüfung der Präventions- sowie Abhilfemaßnahmen und des Beschwerdeverfahrens (§ 6 Abs. 5 S. 3, § 7 Abs. 4 S. 3, § 8 Abs. 5 S. 2, § 9 Abs. 3 LkSG). Die angemessene Frist zum Handeln kann nur im Lichte der Verursachung, der unternehmerischen Möglichkeiten sowie der Schwere von Risiken und Verletzungen beurteilt werden, sodass das Unternehmen ebenfalls diesbezüglich über eine positive Konkretisierungsbefugnis verfügt;[1990] die Kriterien des Angemessenheitsvorbehalts nach § 3 Abs. 2 LkSG sind also auf diesen Begriff anzuwenden.

Die Ausführungen zur Konkretisierungsbedürftigkeit erstrecken sich *mutatis mutandis* auf die Formulierung »in geeigneter Weise« bezogen auf die Informationen über das Beschwerdeverfahren (§ 8 Abs. 4 LkSG),[1991] auf die Konkretisierung des Zeitplans bei einem Abhilfekonzept (§ 7 Abs. 2 S. 2 LkSG),[1992] auf die *geeigneten* Beschaffungsstrategien und Einkaufspraktiken (§ 6 Abs. 3 Nr. 2

1988 Bspw. bedarf ein neues Handy-Modell bei einem Hersteller meistens keiner neuen Zulieferer; anders ist dies zu beurteilen, wenn dies das erste Handy-Modell des Unternehmens ist oder wenn eine große technologische Veränderung eine umfassende Anpassung der Lieferketten zur Folge hatte. Dies muss im Einzelfall geklärt werden und nur das Unternehmen verfügt über alle zur Konkretisierung notwendigen Informationen.

1989 AA Schall/Theusinger/Pour Rafsendjani/*Theusinger/Purucker*, LkSG § 6 Rn. 10 f., die den Rückgriff auf das BGB nicht begründen; s. auch Hopt/*Leyens*, LkSG § 7 Rn. 4; wohl auch BeckOGK/*Nasse*, 1.9.2023, LkSG § 6 Rn. 10.

1990 Vgl. BeckOGK/*Nasse*, 1.9.2023, LkSG § 6 Rn. 11, die auf die Dringlichkeit des Risikos und andere Kriterien abstellt.

1991 Mehr zum Beschwerdeverfahren unten G. 1. e). Zum § 8 Abs. 4 S. 1 LkSG vgl. Gehling/Ott/*Lüneborg*, LkSG § 8 Rn. 46 f.; vgl. Spießhofer/Späth/*Welling/Brouwer*, LkSG § 8 Rn. 18 f.

1992 Vgl. dazu Spießhofer/Späth/*Welling/Brouwer*, LkSG § 7 Rn. 19. Mehr zum Abhilfeplan s. unten G. 1. h). (3).

LkSG),[1993] auf die *regelmäßige* Information über die Arbeit der zuständigen Personen durch die Geschäftsleitung (§ 4 Abs. 3 S. 2 LkSG)[1994] sowie auf *ein milderes Mittel* vor dem Abbruch von Geschäftsbeziehungen (§ 7 Abs. 3 S. 1 Nr. 3 LkSG).[1995]

Der Konkretisierung durch die Adressaten sind logischerweise jene Normen entzogen, die den Adressaten der Norm erst festlegen; das Unternehmen darf also nicht selbst den Begriff des Unternehmens ausfüllen. Es ist kein gesetzgeberischer Wille erkennbar, die Bestimmung der geschützten Rechtsgüter im Allgemeinen den Unternehmen selbst zu überlassen, sodass in diesem Bereich die Konkretisierung durch die Behörden und Gerichte notwendig ist. Hier ist nochmals als ein Problemfall § 2 Abs. 2 Nr. 12 LkSG zu nennen.

5. Unbestimmtheitsvorwurf gegenüber dem LkSG

Im Zusammenhang mit dem Angemessenheitsvorbehalt und weiteren unbestimmten Rechtsbegriffen fällt der Vorwurf einer übermäßigen Unbestimmtheit sowie der Rechtsunsicherheit.[1996] Dieser Vorwurf lässt sich wegen der Übertragung der positiven Konkretisierungsbefugnis auf die Unternehmen nicht aufrechterhalten.[1997] Eine Ausnahme hat lediglich für den unbestimmten persönlichen und sachlichen Anwendungsbereich zu gelten.[1998]

6. Die positive Konkretisierungsbefugnis der betroffenen Menschenrechtsträger?

Im Gesetz wurde an mehreren Stellen die Bedeutung des Beschwerdeverfahrens nach § 8 LkSG für die Sorgfaltspflichten unterstrichen (s. etwa §§ 5 Abs. 4 S. 2, 6 Abs. 5 S. 2, 7 Abs. 4 S. 2, 8 Abs. 1, 10 Abs. 2 S. 2 Nr. 2 LkSG). Mit der

1993 Vgl. Gehling/Ott/*Ott*, LkSG § 6 Rn. 86; BegrRegE LkSG, BT-Drs. 19/28649, S. 47. Mehr zu § 6 Abs. 3 Nr. 2 LkSG unten G. 1. g). (1).

1994 Vgl. zu dieser Pflicht Fleischer/Mankowski/*Fleischer/Götz*, LkSG § 4 Rn. 74. Zur Pflicht zur Überwachung des Schutzsystems nach § 4 Abs. 3 LkSG s. unten unter G. 1. c).

1995 Vgl. Spießhofer/Späth/*Welling/Brouwer*, LkSG § 7 Rn. 39. S. zur Pflicht zum Abbruch von Geschäftsbeziehungen nach § 7 Abs. 3 LkSG unten G. 1. h). (4).

1996 S. *Lieder/Meyer*, ZVglRWiss 122 (2023), 133, 139; *Lieder/Meyer*, CRZ 2024, 101; *Verse* in Nietsch, Nachhaltiges Aktienrecht, 2023, S. 21, 28 f.; *Leyens*, in: Leyens/Seibt, LkR, 2025, § 1 Rn. 3; *Ders.*, NZG 2025, 579, 582, Rn. 22; vgl. KKRS/*Hein/Vossen*, LkSG § 3 Rn. 84 ff.

1997 Vgl. zum Vorwurf der Unbestimmtheit bei der prinzipienorientierten Regulierung vertieft oben Teil 4, I. E. 2.; vgl. Depping/Walden/*Walden*, LkSG § 3 Rn. 40; vgl. die vermittelnde Position zu diesem Problem von *Stöbener de Mora* in: Leyens/Seibt, LkR, 2025, § 4 Rn. 31.

1998 Vgl. oben zu Problemen bei der Auslegung des Unternehmensbegriffs B. 1. a).; s. zu Unbestimmtheit bezogen auf § 2 Abs. 2 Nr. 12 LkSG s. C. 1. c). und 3.

Bedeutung dieses Verfahrens korreliert das hohe Gewicht von Interessen der Träger der Menschenrechte, das ebenfalls einen normativen Niederschlag gefunden hat (s. § 4 Abs. 4 LkSG).[1999] Diese gesetzlichen Wertungen könnten zu dem Schluss führen, die positive Konkretisierungsbefugnis stehe nicht allein den Normadressaten zu, sondern werde im Falle eines menschenrechtsbezogenen Risikos oder einer solchen Verletzung gemeinsam vom Unternehmen und von den betroffenen Rechtsträgern ausgeübt. Dieser Gedanke lässt sich des Weiteren auf die laut der Gesetzesbegründung erwünschte Einbeziehung der Betroffenen bei den Präventions- sowie Abhilfemaßnahmen stützen.[2000]

Die gemeinsame Inhaberschaft der positiven Konkretisierungsbefugnis durch den Normadressaten und die konkreten Betroffenen ginge jedoch zu weit und würde dem Geist des Gesetzes widersprechen.[2001] Zwar verfügen die Betroffenen über eine ausgeprägte Sachnähe bezüglich der Risiken und Verletzungen, die ihre eigenen Rechtspositionen betreffen. Deren Wissensstand, bezogen auf das Unternehmen samt seinen Interessen und Besonderheiten, ist hingegen bei den meisten Gruppen eher gering und selbst bei den Mitarbeitern im eigenen Geschäftsbereich regelmäßig lückenhaft; allein die richtige Feststellung des Verursachers einer Verletzung könnte bereits in vielen Fällen die Möglichkeiten der Betroffenen deutlich übersteigen. Sollten die Unternehmen nur zusammen mit den betroffenen Gruppen über die positive Konkretisierungsbefugnis verfügen, käme das einer Fremdbestimmung gleich. Denn nur das Unternehmen verfügt über eine zur Prävention und Abhilfe notwendige unternehmensbezogene Sachnähe.[2002]

Die Bedeutung der Betroffenen für den Konkretisierungsprozess darf dennoch nicht unterschätzt werden. Mithilfe des Beschwerdeverfahrens nach §§ 8, 9 Abs. 1 LkSG sorgen sie für einen hinreichenden Kenntnisstand beim Unternehmen, damit dieses die Lage auch unter Beachtung der unternehmensfernen Tatsachen korrekt einschätzen kann.[2003] Anders gesagt: Die Betroffenen sollen nach dem LkSG ihren informationellen Einfluss dazu nutzen, regelmäßig jene Grenzen der positiven Konkretisierungsbefugnis des Unternehmens zu aktualisieren, die sich aus dem Angemessenheitsvorbehalt ergeben. Insoweit steht den Betroffenen eine *mittelbare* Konkretisierungsbefugnis zu.[2004]

Das oben Gesagte lässt sich an einem Beispiel veranschaulichen: Angenommen, ein Unternehmen hat eine neue Produktionsstätte errichtet. Trotz der Untersuchungen und der Sicherheitsvorkehrungen gelangen giftige Chemikalien

1999 S. zu dieser Norm unten G. 1. b).

2000 BegrRegE LkSG, BT-Drs. 19/28649, S. 43 f.

2001 Vgl. BegrRegE LkSG, BT-Drs. 19/28649, S. 44.

2002 Ähnlich *Habersack/Zickgraf*, RabelsZ 87 (2023), 532, 570 f. mit Blick auf das Deliktsrecht, die zugleich auf das Problem hinweisen, dass diese Sachnähe bezogen auf die Zulieferer grundsätzlich nicht besteht.

2003 In diese Richtung interpretiert die Rolle der Betroffenen auch BegrRegE LkSG, BT-Drs. 19/28649, S. 44; vgl. Depping/Walden/*Walden*, LkSG § 3 Rn. 72, § 4 Rn. 127.

2004 Vgl. *Korch*, NJW 2022, 2065, Rn. 3.

aufgrund geologischer atypischer Besonderheiten ins Grundwasser. Das Unternehmen hat keine Kenntnis hiervon, sodass keine Sorgfaltspflichten nach LkSG zu erfüllen sind. Dank dem Beschwerdeverfahren werden die Verantwortlichen im Unternehmen auf das Problem hingewiesen. Der Kenntnisstand des Unternehmens wird also aktualisiert und damit werden die Sorgfaltspflichten ausgelöst. Wegen der Intensität der Gefahren muss der Bereich der Produktion heruntergefahren werden, der die Verletzung verursacht hatte. Dann entscheidet das Unternehmen, wie die Produktion anzupassen ist und wie in der Zwischenzeit die Betroffenen mit Trinkwasser zu versorgen sind; es kann sich auch für die Reinigung des Grundwassers oder für die Verlängerung der Ersatzversorgung entscheiden. Je nach der weiteren Entwicklung der Situation können andere Maßnahmen notwendig werden. Das Unternehmen soll hierzu eine längere Zusammenarbeit mit der lokalen Gemeinschaft erwägen.

An diesem Beispiel wird ersichtlich, dass es sich bei der Einbeziehung der Betroffenen in die Sorgfaltspflichten um einen dynamischen Prozess handelt. Die Betroffenen müssen sich jedoch mit der informationellen Funktion begnügen. Dennoch können sie im Einzelfall einen enormen Einfluss darauf ausüben, wie der finale Auslegungskorridor des Unternehmens ausgestaltet ist, obwohl ihnen keine unmittelbare Konkretisierungsbefugnis zusteht.

7. Zwischenergebnis

Durch den Angemessenheitsvorbehalt soll der Grad der Freiheitseinschränkung gegenüber den Unternehmen gemindert sowie die Flexibilität der Regelung sichergestellt werden. Zu diesem Vorbehalt kommen weitere konkretisierungsbedürftige Begriffe hinzu, die sich in jeder einzelnen Sorgfaltspflicht finden lassen. Es handelt sich insgesamt um einen *Konkretisierungskorridor*, der zwar bei zahlreichen Elementen das »Ob« des Handelns verbindlich normiert, aber bzgl. des »Wie« eine umfassende Umsetzungsfreiheit belässt. Betroffenen Menschenrechtsträgern steht zwar keine Konkretisierungsbefugnis zu, aber sie beeinflussen mittelbar den Konkretisierungsprozess über das Beschwerdeverfahren, indem sie den Konkretisierungshorizont des Unternehmens aktualisieren. §§ 3 ff. LkSG sind also grundsätzlich ein Fall prinzipienorientierter Regulierung.

G. Die Elemente des LkSG-Schutzsystems nach §§ 3 ff. LkSG im Spannungsverhältnis zum Angemessenheitsvorbehalt

Die einzelnen Elemente des LkSG-Schutzsystems wurden dicht geregelt; sie werden nachfolgend kurz dargestellt und in ihrer organisationalen Dimension ausgemessen. Im Anschluss hieran wird die Frage behandelt, ob diese Einzelpflichten aufgrund ihrer Dichte die positive Konkretisierungsbefugnis der Unternehmen gemäß § 3 Abs. 2 LkSG aufweichen bzw. aufheben.

1. Inhalt der Pflichten nach §§ 3 ff. LkSG und deren organisationale Dimension

Die Pflichten nach §§ 3 ff. LkSG sind das Herzstück des Gesetzes.[2005] Sie umfassen zahlreiche organisationsbezogene Elemente und beziehen sich einerseits auf die informationelle Sphäre (z. B. in §§ 5 und 8 LkSG) und andererseits auf die durch die Informationen bedingten, gesetzlich erforderlichen Handlungen (z. B. in den zentralen §§ 6 und 7 LkSG). Die unternehmerischen Sorgfaltspflichten wurden vom Gesetzgeber im 2. Abschnitt des Gesetzes normiert (§§ 3 bis 10 LkSG). Der Gesetzgeber beginnt dabei mit einer Bestimmung, die sich wie eine Landkarte des »Pflichten-Waldes« lesen lässt: § 3 Abs. 1 S. 2 Nrn. 1 bis 9 LkSG zählt alle Sorgfaltspflichten auf und fungiert damit als eine »gesetzliche Checkliste«.[2006]

a) LkSG-Schutzsystem nach § 4 LkSG

§ 4 Abs. 1 S. 1 LkSG verpflichtet zur Einrichtung eines LkSG-Schutzsystems.[2007] Nach § 4 Abs. 1 S. 2 LkSG muss das Unternehmen dieses System in allen maßgeblichen Geschäftsabläufen verankern.[2008] Es kann anhand der Wortwahl unterstellt werden, dass der Gesetzgeber von einer prozessbezogenen Unternehmensorganisation ausgeht.[2009] Es werden nur in solchen Geschäftsprozessen Maßnahmen erwartet werden, »die voraussichtlich die Risikominimierung beeinflussen können«;[2010] dadurch wird der Begriff »maßgeblich« bezogen auf die Geschäftsabläufe umschrieben.

Die Einrichtung eines Schutzsystems zieht zwangsweise eine Anpassung der Aufbau- und Ablauforganisation nach sich, sodass es sich beim § 4 Abs. 1 LkSG um eine Organisationspflicht *par excellence* handelt.[2011] Die sonstigen Pflichten nach §§ 5 bis 10 LkSG sind Teil dieses Schutzsystems;[2012] daher ist ein Mindestmaß an organisationaler Verankerung in diesem System bei allen Pflichten erforderlich.

Nach § 4 Abs. 2 LkSG muss das Schutzsystem wirksam sein; ähnlich wie im Falle der Definition in der Gesetzesbegründung zu § 91 Abs. 3 AktG handelt es

2005 So *Fleischer*, CCZ 2022, 205; BeckOGK/*Hübner/Weller*, 1.9.2023, LkSG § 3 Rn. 9 mwN.
2006 Vgl. BeckOGK/*Hübner/Weller*, 1.9.2023, LkSG § 3 Rn. 20.
2007 Mehr dazu bereits oben E.
2008 Mehr hierzu Gehling/Ott/*Balke*, LkSG § 4 Rn. 9 ff.; Schall/Theusinger/Pour Rafsendjani/*Theusinger/Gergen*, LkSG § 4 Rn. 52 ff.
2009 Vgl. Schall/Theusinger/Pour Rafsendjani/*Theusinger/Gergen*, LkSG § 4 Rn. 3 ff.
2010 BegrRegE LkSG, BT-Dsr. 19/28649, S. 43.
2011 Vgl. *Hogrefe*, BB 2024, 1987, 1991: »Insgesamt zwingen das LkSG und die CSDDD Unternehmen zu einer grundlegenden Neuausrichtung ihrer Organisationsstruktur (...).«
2012 Vgl. oben E.

sich dabei aber um eine bei der Konkretisierung nicht hilfreiche Tautologie.[2013] Denn das Schutzsystem ist wirksam, wenn es ermöglicht, die für ihn vorgesehenen Ziele zu verwirklichen, wie dies der Wortlaut des § 4 Abs. 2 LkSG hervorhebt; semantisch ist diese Definition bereits im Begriff »Wirksamkeit« enthalten[2014].

Besonders zu behandeln ist die Frage der Integration des Schutzsystems in das allgemeine RMS.[2015] Bei einer wenig komplexen Tätigkeit kann sich die LkSG-Pflicht auf die Erweiterung von Aufgaben des allgemeinen RMS beschränken. Bei komplexen Lieferketten in zahlreichen Rechtsordnungen kann eine organisationale Verselbstständigung des LkSG-Schutzsystems zwingend notwendig sein, weil die Integration evident unvertretbar wäre. Es können auch die unternehmerischen Prozesse abzupassen sein, z. B. die Aufnahme einer neuen Geschäftsbeziehung. Die Art und Weise der organisationalen Umsetzung muss die Geschäftsleistung im Rahmen ihrer positiven Konkretisierungsbefugnis einschließlich des Angemessenheitsvorbehalts bestimmen.

b) Berücksichtigung von Stakeholder-Interessen nach § 4 Abs. 4 LkSG

In § 4 Abs. 4 LkSG wurde die Pflicht verankert, die Interessen von denen, deren geschützte Rechtspositionen durch das wirtschaftliche Handeln des Unternehmens betroffen sein können, sei es direkt oder in den Lieferketten, bei der Einrichtung und Umsetzung des LkSG-Schutzsystems angemessen zu berücksichtigen. Dabei werden die Beschäftigten als Stakeholder-Gruppe besonders im Wortlaut hervorgehoben.[2016] Durch diese Pflicht kommt die individuelle Schutzrichtung des LkSG zum Ausdruck.[2017] Die Begründung verweist auf die Konsultation der Betroffenen als ein potenzielles Mittel, der Berücksichtigungspflicht nachzukommen.[2018] Eine ausdrückliche Konsultationspflicht lässt sich jedoch aus

2013 Vgl. oben Teil 5, IV. D. 2. b). (2).; vgl. die unkritischen Ausführungen zu diesem Prinzip von Schall/Theusinger/Pour Rafsendjani/*Theusinger/Gergen*, § 4 Rn. 44 ff. sowie von Schall/Theusinger/Pour Rafsendjani/*Pour Rafsendjani/Purucker*, LkSG § 3 Rn. 60; mehr wird in diese Bestimmung auch hineingelesen von Spießhofer/Späth/*Späth/Tybus*, LkSG § 4 Rn. 48 ff.

2014 S. »Wirksamkeit«, die erstgenannte Bedeutung, bereitgestellt durch das Digitale Wörterbuch der deutschen Sprache, abrufbar unter https://www.dwds.de/wb/Wirksamkeit, abgerufen am 20.02.2024.

2015 Vgl. Fleischer/Mankowski/*Fleischer/Götz*, LkSG § 4 Rn. 28 f. mwN; Spießhofer/Späth/*Späth/Tybus*, LkSG § 4 Rn. 30 mwN; die Integration empfiehlt *Leyens*, in: Leyens/Seibt, LkR, 2025, § 1 Rn. 152; *Ders.*, NZG 2025, 675, 677, Rn. 15.

2016 Vgl. dazu Gehling/Ott/*Balke*, LkSG § 4 Rn. 60 f.; Spießhofer/Späth/*Späth/Tybus*, LkSG § 4 Rn. 136 ff.

2017 S. BegrRegE LkSG, BT-Drs. 19/28649, S. 43.

2018 BegrRegE LkSG, BT-Drs. 19/28649, S. 43 f.

dieser Norm nicht herleiten.[2019] Ein eigenständiger Stellenwert des § 4 Abs. 4 LkSG neben dem Angemessenheitsvorbehalt, in dem die Interessen der Betroffenen bereits umfassend Niederschlag finden,[2020] lässt sich damit nur schwer erraten. Diese Norm könnte aber die symbolische Kraft des LkSG stärken, indem die Zielsetzung des Gesetzes nochmals unterstrichen wird.[2021] Zudem soll die Berücksichtigung von Stakeholder-Interessen die Ausrichtung auf die Menschenrechte bei der Risikoermittlung und -bewertung nach § 5 LkSG unterstreichen.[2022] Die Berücksichtigungspflicht verlangt keine organisationalen Maßnahmen, aber sie kann sich auf die Erfüllung von LkSG-bedingten Organisationspflichten auswirken.

c) Überwachung des LkSG-Schutzsystems gem. § 4 Abs. 3 LkSG

Das menschenrechts- sowie umweltbezogene RMS muss in seiner Funktionsweise überwacht werden; dies ergibt sich implizit aus der Verpflichtung nach § 4 Abs. 3 S. 1 LkSG, eine hierfür zuständige Person festzulegen.[2023] Dies ist eine ausdrückliche Organisationspflicht; die Zuständigkeit schlägt sich in der Aufbauorganisation nieder.

Die Gesetzesbegründung führt aus, dass eine solche Person in allen Geschäftsabläufen verankert sein soll; als Beispiel wurden der Vorstand, die Compliance-Abteilung sowie die Einkaufsabteilung genannt; die Gesetzesbegründung geht also von klassischen Organisationsmodellen aus.[2024]

Das Gesetz empfiehlt unverbindlich die Benennung eines Menschenrechtsbeauftragten;[2025] die Anforderungen an die Stellung eines solchen Beauftragten

2019 So auch Fleischer/Mankowski/*Fleischer/Götz*, LkSG § 4 Rn. 94 ff.; s. auch Spießhofer/Späth/*Späth/Tybus*, LkSG § 4 Rn. 147 ff.; aA Schall/Theusinger/Pour Rafsendjani/*Theusinger/Gergen*, LkSG § 4 Rn. 120 f., die § 4 Abs. 4 LkSG erweiternd auslegen. Zu einer ausdrücklichen Konsultationspflicht nach Art. 13 CSDDD s. unten unter II. E. 5.

2020 S. zum Kriterium der potenziellen Schäden sowie zur Riskoanalyse oben F. 2. und 3.

2021 Vgl. Gehling/Ott/*Balke*, LkSG § 4 Rn. 59; vgl. ähnlich zu § 91 Abs. 3 AktG oben Teil 5, IV. D. 2. b). (2).

2022 Vgl. Schall/Theusinger/Pour Rafsendjani/*Theusinger/Gergen*, LkSG § 4 Rn. 113.

2023 S. mehr dazu Spießhofer/Späth/*Späth/Tybus*, LkSG § 4 Rn. 79 ff.; Gehling/Ott/*Balke*, LkSG § 4 Rn. 44 ff.; s. auch Fleischer/Mankowski/*Fleischer/Götz*, LkSG § 4 Rn. 44 ff.

2024 Zu diesen Modellen s. oben Teil 2, III. und IV.

2025 Als nicht zwingend schätzen die Regelung auch *Bertke/Sandbrink*, NJW 2024, 319, 320; *Rudkowski*, CRZ 2024, 25 f. sowie *Habersack* in: Leyens/Seibt, LkR, 2025, § 13 Rn. 23 ein; aA wohl *Hagel/Wiedmann*, BB 2023, Heft 19, I (Editorial). S. allgemein *Rast*, Organisationsfreiheit, 2022, S. 358, der auf das Problem hinweist, dass das Beauftragtensystem nicht mit allen Organisationsstrukturen vereinbar ist.

wurden jedoch nicht klargestellt.[2026] Die Gesetzesbegründung unterstreicht die Bedeutung einer Überwachungsperson, die direkt der Geschäftsleitung unterstellt ist:[2027] Damit ist der wesentliche Inhalt der Verpflichtung nach § 4 Abs. 3 S. 1 LkSG der Einsatz von Personen, die einen direkten kommunikativen Zugriff auf die Geschäftsleitung haben und nur von ihr Weisungen erhalten. Das Beauftragtensystem in dieser Form zielt auf die Unabhängigkeit des LkSG-Schutzsystems ab;[2028] diese lässt sich allerdings nicht herstellen, wenn sich das Unternehmen entschieden hat, das LkSG-Schutzsystem in das allgemeine RMS zu integrieren, was zu Einsparungen und Synergien führen kann. Insoweit würde es einen Zusatzaufwand verursachen, ein unabhängiges LkSG-Schutzsystem zu verlangen. Es ist positiv zu beurteilen, dass der Gesetzgeber die Unabhängigkeit auf die Erfüllung der §§ 3 ff. LkSG nicht ausgeweitet hat,[2029] was die Integration rechtlich unmöglich gemacht hätte. Es fällt allerdings negativ auf, dass der Gesetzgeber die Unabhängigkeit von Überwachungspersonen implizit postuliert. Zuständigen Personen müssen zwingend Informations- und Weisungsrechte übertragen werden;[2030] deren Ausgestaltung *in concreto* ist dem Unternehmen überlassen.

In § 4 Abs. 3 S. 2 LkSG werden die menschenrechts- und umweltbezogenen Sorgfaltspflichten zur »Chefsache« erklärt, indem die Geschäftsleitung verpflichtet wird, sich regelmäßig (mindestens einmal jährlich) über die Arbeit der zuständigen Überwachungsperson zu informieren.[2031]

d) Risikoanalyse nach § 5 LkSG

Die Risikoanalyse wurde in § 5 LkSG geregelt; sie steht unter dem Angemessenheitsvorbehalt[2032]. Sie ist weit zu verstehen, denn mit der Risikoanalyse ist nicht

2026 S. die umfassende Kritik an dieser Regelung bei *Geh*, Vorstandshaftung, 2024, S. 71 ff.

2027 BegrRegE LkSG, BT-Drs. 19/28649, S. 43.

2028 S. Schall/Theusinger/Pour Rafsendjani/*Theusinger/Gergen*, LkSG § 4 Rn. 98 ff., die diese Anforderung bereits aus der Angemessenheit und Wirksamkeit des RMS herleiten; s. *Rudkowski*, CRZ 2024, 25, 30 f., die eine funktionsbezogene Weisungsfreiheit sowie einen Benachteiligungsschutz verlangt; Depping/Walden/*Walden*, LkSG § 4 Rn. 98; vgl. *Spindler*, ZHR 186 (2022), 67, 82.

2029 Es gilt jedoch eine Ausnahme für das Beschwerdeverfahren, das nach § 8 Abs. 3 S. 1 LkSG von unabhängigen Personen betrieben werden muss. S. auch *Habersack* in: Leyens/Seibt, LkR, 2025, § 13 Rn. 26, der das Erfordernis der Unabhängigkeit aus dem Wirksamkeitserfordernis nach § 4 Abs. 1 LkSG herleitet.

2030 Vgl. *Rudkowski*, CRZ 2024, 25, 31 f.

2031 Vgl. *Geh*, Vorstandshaftung, 2024, S. 73; als eine sich aus der Leitungspflicht ergebende Selbstverständlichkeit erklärt diese Pflicht *Brunk*, Menschenrechtscompliance, 2022, S. 509.

2032 Zu diesem bereits oben F.; vgl. zu seiner Reichweite bzgl. § 5 LkSG Gehling/Ott/*Balke*, LkSG § 5 Rn. 11 ff.; *Lorenz/Krülls*, CCZ 2023, 100 f.

nur die Risikobewertung (§ 5 Abs. 2 LkSG),[2033] sondern auch die Risikoidentifikation i. S. e. Informationsbeschaffungspflicht gemeint;[2034] dies wird durch die in § 5 Abs. 1 S. 1 LkSG enthaltene Zielvorgabe bestätigt, die Risikoanalyse dient dazu, die menschenrechts- sowie umweltbezogenen Risiken zu ermitteln. § 5 Abs. 1 S. 1, Abs. 2 LkSG normiert somit zwei der fünf Aufgaben des RMS[2035]. Der Gesetzgeber weicht mit dem Begriff der Risikoanalyse von der Betriebswirtschaftslehre ab, aber dies ist mit keiner inhaltlichen Abweichung vom allgemeinen RMS-Konzept verbunden. § 5 LkSG stellt ein weiteres Beispiel für ein Begriffschaos dar, das sich leicht vermeiden ließe.

Eine wesentliche Besonderheit betrifft die Reichweite der Risikoanalyse: Sie soll auch die Risiken bei den unmittelbaren Zulieferern umfassen, § 5 Abs. 1 S. 1 LkSG.[2036] Hieran knüpft eine Umgehungsklausel nach § 5 Abs. 1 S. 2 LkSG an, die den mittelbaren Zulieferer zum unmittelbaren macht, sollte das LkSG umgangen werden.[2037] Die praktische Durchführung der Ermittlungsmaßnahmen bei unmittelbaren Zulieferern kann zu Schwierigkeiten führen,[2038] denn das Unternehmen kann nicht einseitig in die Sphäre des Zulieferers eindringen; die Ermittlungspflicht ist daher vertraglich weiterzugeben oder dem Unternehmen muss im Vertrag eine Einwilligung in die Ermittlungsmaßnahmen erteilt werden.

Zu unterstreichen ist die Befugnis der Unternehmen zur Risikopriorisierung gemäß § 5 Abs. 2 S. 1 Alt. 2 LkSG.[2039] Erstens kann sie als eine Facette des Angemessenheitsvorbehalts angesehen werden,[2040] zweitens wird implizit die unternehmerische Prioritätshoheit[2041] durch den Gesetzgeber anerkannt. Diese Priori-

2033 Vgl. zu maßgeblichen Kriterien Gehling/Ott/*Balke*, LkSG § 5 Rn. 46 ff.; Fleischer/Mankowski/*Götz*, LkSG § 5 Rn. 46 ff.

2034 Vgl. Gehling/Ott/*Balke*, LkSG § 5 Rn. 8 ff.

2035 Depping/Walden/*Walden*, LkSG § 5 Rn. 11; zu den fünf Elementen s. bereits oben Teil 5, IV. D. 2. a). (1). (b); vgl. Fleischer/Mankowski/*Götz*, LkSG § 5 Rn. 1, der aus wirtschaftlicher Perspektive drei Teilprozesse in § 5 LkSG sieht (Risikoidentifikation, -analyse, und -bewertung).

2036 S. umfassend zur praktischen Umsetzung einschließlich der Möglichkeit zur Priorisierung der untersuchten Zulieferer Gehling/Ott/*Balke*, LkSG § 5 Rn. 25 ff.

2037 Mehr hierzu Gehling/Ott/*Balke*, LkSG § 5 Rn. 41 ff.; Fleischer/Mankowski/*Götz*, LkSG § 5 Rn. 41 ff.

2038 Vgl. dazu Spießhofer/Späth/*Späth/Tybus*, LkSG § 4 Rn. 16. S. zu sonstigen praxisbezogenen Problemen der Risikoanalyse *Lorenz/Krülls*, CCZ 2023, 100, 103 ff.; Depping/Walden/*Walden*, LkSG § 5 Rn. 34 ff.

2039 Mehr zu dieser s. etwa KKRS/*S. Lorenzen*, § 5 Rn. 45 ff.; s. auch Schall/Pur Rafsendjani/Theusinger/*Theusinger/Fitzer*, LkSG § 5 Rn. 53 ff.

2040 So Gehling/Ott/*Mader*, LkSG § 3 Rn. 47; vgl. Depping/Walden/*Walden*, LkSG § 5 Rn. 79.

2041 S. bereits zur allgemeinen Prioritätshoheit bzw. Fokushoheit des Vorstands Teil 5, II. B. 4.

tätshoheit ist indes nicht auf das Unternehmenswohl,[2042] sondern auf die vom LkSG geschützten Menschenrechte und Umweltgüter ausgerichtet.[2043]

§ 5 Abs. 3 LkSG betrifft auch die Informationsorganisation des Unternehmens[2044]; dort ist eine explizite Pflicht zur Risikokommunikation vorgesehen.[2045] Die Einzelheiten zu den internen Berichtswegen bleiben offen; die Norm verlangt lediglich, dass »die maßgeblichen Entscheidungsträger«[2046] über die Risikoinformation verfügen. Diese Norm ist wichtig für die unternehmensinterne Überwachung der Einhaltung des LkSG sowie für die Koordination, denn die Aufsicht über die richtige Funktionsweise der Informationsbeschaffung und -bewertung setzt das Vorhandensein von Information voraus. Angesichts der Auswirkung auf die informationelle Organisation kann dem § 5 LkSG der organisationale Gehalt nicht abgesprochen werden.

e) Beschwerdeverfahren nach §§ 8, 9 Abs. 1 LkSG

Das Beschwerdeverfahren nach § 8 LkSG soll sicherstellen, dass die durch ihre Sachnähe gekennzeichneten unmittelbar Betroffenen den verpflichteten Unternehmen eine informationelle Grundlage zur Erfüllung der Pflichten aus dem LkSG bereitstellen können.[2047] Die Inspiration für diese Norm lieferten das VN-Leitprinzip 29[2048] sowie das französische *Loi de vigilance*.[2049]

Die unternehmensinterne Risikoanalyse stößt dann an die Grenzen ihrer Leistungsfähigkeit, wenn es um die Auswirkungen vom Unternehmen auf die Rechte Dritter geht, denn im Rahmen der Tätigkeit kann es zu Ereignissen sowie zu Kausalzusammenhängen kommen, die die Vorstellungskraft der Unternehmensmitglieder übersteigen; dies gilt vor allem für die Lieferkette, in der die Informationserhebung nicht immer faktisch möglich ist. Durch die Öffnung der

2042 So im Kontext der Business Judgment Rule oben Teil 5, II. B. 4.

2043 *Lorenz/Krülls*, CCZ 2023, 100; Fleischer/Mankowski/*Götz*, LkSG § 5 Rn. 18 f.; Depping/Walden/*Walden*, LkSG § 5 Rn. 9 ff.

2044 Vgl. Gehling/Ott/*Balke*, LkSG § 5 Rn. 57. Zur Informationsorganisation des Unternehmens im Kontext der internen Steuerung und der aktienrechtlichen Buchführungspflicht s. bereits oben Teil 5, V. B. 2. a).

2045 Vgl. Fleischer/Mankowski/*Götz*, LkSG § 5 Rn. 51, der den Zweck der Norm in der Bildung einer angemessenen Risikokultur im Unternehmen sieht.

2046 Mehr zu diesem Begriff s. Fleischer/Mankowski/*Götz*, LkSG § 5 Rn. 53 f.; Depping/Walden/*Walden*, LkSG § 5 Rn. 92.

2047 S. Schall/Theusinger/Pour Rafsendjani/*Pour Rafsendjani/Purucker*, LkSG § 8 Rn. 2 f., die dem Beschwerdeverfahren darüber hinaus die Funktion zuweisen, den Unternehmen eine frühzeitige Reaktionsmöglichkeit auf die Missstände zu geben, was wiederum den Aufwand bzw. die potenzielle Haftung minimieren sollte.

2048 Schall/Theusinger/Pour Rafsendjani/*Pour Rafsendjani/Purucker*, LkSG § 8 Rn. 1; Fleischer/Mankowski/*Stemberg*, LkSG § 8 Rn. 6 f.

2049 *Spindler*, ZHR 186 (2022), 67, 87.

Informationskanäle wird den Betroffenen also ein gewisser Selbstschutz ermöglicht.[2050]

Das Beschwerdeverfahren nach § 8 LkSG steht damit in einem engen Zusammenhang mit der Risikoanalyse.[2051] Beide liefern die zum Schutz der Menschenrechte und der Umwelt erforderliche informationelle Grundlage. Insoweit verwundert die Gesetzessystematik mit der Trennung zwischen der Risikoanalyse und dem Beschwerdeverfahren; sie sind zwei Seiten derselben Medaille.

Das Gesetz sieht für das Verfahren in § 8 Abs. 1 bis 4 LkSG zahlreiche strenge qualitative Kriterien und Bestimmungen zum genauen Ablauf vor; viele Fragen der konkreten Organisation der Beschwerdestelle und des Verfahrensablaufs lässt das Gesetz offen.

Außerdem verlangt § 9 Abs. 1 LkSG eine solche Ausgestaltung des Beschwerdeverfahrens, dass auch die durch das Handeln von mittelbaren Zulieferern Betroffenen eine Möglichkeit haben, das Unternehmen auf ein Risiko bzw. eine Verletzung i. S. d. LkSG hinzuweisen und dadurch die Pflichten gegenüber den mittelbaren Zulieferern gem. § 9 Abs. 3 LkSG auszulösen.[2052]

Der organisationale Charakter der Pflicht zur Etablierung eines Beschwerdeverfahrens nach §§ 8, 9 Abs. 1 LkSG lässt sich nicht leugnen. Dies wird besonders sichtbar an der formalisierten Verfahrensordnung in Textform gem. § 8 Abs. 2 LkSG sowie an den besonderen Anforderungen an die Personen, die das Verfahren durchführen (§ 8 Abs. 3 LkSG), die unparteiisch, unabhängig und weisungsfrei handeln müssen sowie zur Verschwiegenheit verpflichtet sind. Diese Bestimmungen zum Schutz der LkSG-»Hinweisgeber« lassen sich nur durch besondere Vorkehrungen bzgl. der Aufbauorganisation sicherstellen; es kann notwendig sein, diese zusätzlich durch die Anpassung der Ablauforganisation zu verstärken, indem bspw. bereits auf der Ebene des elektronischen Zugriffs auf Informationen die Verschwiegenheit durch Zugriffsschranken garantiert wird.[2053]

2050 Dies heißt aber nicht, dass die Beschwerdebefugnis erforderlich wäre, s. Fleischer/Mankowski/*Stemberg*, LkSG § 8 Rn. 28 f. In der Literatur wird auch die positive Auswirkung des Beschwerdeverfahrens auf den Aufwand der Unternehmen thematisiert, s. dazu Fleischer/Mankowski/*Stemberg*, LkSG § 8 Rn. 2; vgl. Schall/Theusinger/Pour Rafsendjani/*Pour Rafsendjani/Purucker*, LkSG § 8 Rn. 3.

2051 Vgl. KKRS/*Kocher*, LkSG § 8 Rn. 4; vgl. Fleischer/Mankowski/*Stemberg*, LkSG § 8 Rn. 2 ff.; vgl. Schall/Theusinger/Pour Rafsendjani/*Pour Rafsendjani/Purucker*, LkSG § 8 Rn. 1.

2052 Schall/Theusinger/Pour Rafsendjani/*Pour Rafsendjani/Purucker*, LkSG § 8 Rn. 4.

2053 Vgl. das Need-to-know-Prinzip im Kontext des § 16 Abs. 2 HinSchG oben Teil 5, III. C. 6. b).; s. dazu Gehling/Ott/*Lüneborg*, LkSG § 8 Rn. 58 f.; Spießhofer/Späth/*Welling/Brouwer*, LkSG § 8 Rn. 46 ff.

f) Grundsatzerklärung nach § 6 Abs. 2 LkSG

Die Grundsatzerklärung wurde in § 6 Abs. 2 LkSG normiert; systematisch hat sie der Gesetzgeber den Präventionsmaßnahmen zugeordnet.[2054] Es geht um das »Tone from the Top«-Konzept[2055], arg. ex § 6 Abs. 2 S. 2 LkSG. Das Bekenntnis der Unternehmensleitung zum LkSG soll die Einhaltung des Gesetzes durch die Mitarbeiter und Zulieferer fördern.[2056] Dies mag zwar die Zuordnung zur Prävention rechtfertigen, aber eine selbstständige Regelung erscheint vorzugswürdiger,[2057] denn die Grundsatzerklärung soll auf einer abstrakten Ebene bleiben und sich nicht mit konkreten Präventionsmaßnahmen auseinandersetzen.[2058]

Der Gegenstand der Erklärung ist die Menschenrechtsstrategie des Unternehmens. Sowohl das Gesetz als auch die Begründung verhalten sich sehr zurückhaltend zu diesem Begriff; die Begründung unterstreicht lediglich die mit der Grundsatzerklärung verbundene Selbstverpflichtung des Unternehmens[2059]. Klarer formuliert ist das Prinzip 16 der VN-Leitprinzipien (das Vorbild des § 6 Abs. 2 LkSG).[2060] Dort handelt es sich nicht um die Erklärung zur Strategie, sondern eine zur (allgemeinen) Unternehmenspolitik bzgl. der Menschenrechte, die dann ihrerseits in der Unternehmensorganisation umgesetzt werden muss.

Die Erklärung muss das Verfahren beschreiben, wie die LkSG-Pflichten eingehalten werden, § 6 Abs. 2 S. 3 Nr. 1 LkSG; dabei verweist das Gesetz auf die allgemeine Pflicht zur Systemeinrichtung (§ 4 Abs. 1), auf die Pflicht zur Risikoanalyse (§ 5 Abs. 1), auf die Präventionsmaßnahmen (§ 6 Abs. 3 bis 5), die Abhilfemaßnahmen (§ 7), auf das Beschwerdeverfahren (§ 8), die Maßnahmen gegenüber den mittelbaren Zulieferern (§ 9) sowie die Dokumentations- und Berichtspflicht (§ 10). Es geht im Kern also um die Formalisierung des gesamten LkSG-Schutzsystems; dies kann im Rahmen einer allgemeinen oder abteilungsbezogenen Verhaltensrichtlinie erfolgen[2061].

Die Erklärung sollte die prioritären umwelt- und menschenrechtsbezogenen Risiken benennen (§ 6 Abs. 2 S. 3 Nr. 2 LkSG) sowie die menschenrechts- und umweltbezogenen Erwartungen des Unternehmens gegenüber den Mitarbeitern und

2054 BeckOGK/*Nasse*, 1.9.2023, LkSG § 6 Rn. 2.

2055 S. *Fleischer*, CCZ 2022, 205, 213; vgl. *Harbarth*, ZHR 179 (2015), 136, 158, der dieses Konzept als Grundpfeiler des CMS ansieht.

2056 Vgl. BegrRegE LkSG zu § 6 Abs. 2, BT-Drs. 19/28649, S. 46.

2057 Kritisch zur Verortung der Grundsatzerklärung in § 6 LkSG bereits *Seibt/Vesper-Gräske*, DB 2024, 1530, 1532 (»sinnwidrig«); eher kritisch auch KKRS/*Augenstein/Wohltmann*, LkSG § 6 Rn. 29.

2058 Vgl. BeckOGK/*Nasse*, 1.9.2023, LkSG § 6 Rn. 16.

2059 BegrRegE LkSG zu § 6 Abs. 2, BT-Drs. 19/28649, S. 46; kritisch zur begrifflichen Unschärfe Fleischer/Mankowski/*Korch*, LkSG § 6 Rn. 31.

2060 S. zu diesem Prinzip umfassend *Brunk*, Menschenrechtscompliance, 2022, S. 215 ff.

2061 So Schall/Theusinger/Pour Rafsendjani/*Pour Rafsendjani/Purucker*, LkSG § 6 Rn. 32; vgl. BeckOGK/*Nasse*, 1.9.2023, LkSG § 6 Rn. 20 f.

Zulieferern in der Lieferkette zum Ausdruck bringen (§ 6 Abs. 2 S. 3 Nr. 3 LkSG).

Die Pflicht zur Erarbeitung der Grundsatzerklärung zielt auf Transparenz ab. Sie muss laut der Gesetzesbegründung gegenüber Beschäftigten sowie unmittelbaren Zulieferern kommuniziert werden;[2062] zwar wurde dies nicht im Wortlaut verankert, aber es handelt sich um eine Erklärung, die Erwartungen an bestimmte Personen beschreibt. Daraus folgt, dass diese Personen diese Erklärung erhalten müssen.[2063] Zusätzlich ist die Grundsatzerklärung gem. § 10 Abs. 2 S. 2 Nr. 2 LkSG auf der Internetseite als Teil des LkSG-Berichts zugänglich zu machen.[2064]

Es kann kritisch gesehen werden, dass die Pflicht zur Abgabe einer Grundsatzerklärung an das Vorhandensein eines Risikos anknüpft – § 6 Abs. 2 i. V. m. Abs. 1 LkSG –,[2065] denn das Unternehmen kann sich den Menschenrechten und der Umwelt auch dann verpflichten, wenn es noch keine wesentlichen Risiken festgestellt hat. Daher wäre eine abgeschwächte Form der Grundsatzerklärung *de lege ferenda* wünschenswert für die Fälle, in denen kein Risiko gem. § 5 LkSG festgestellt wurde.[2066] Manche legen § 6 Abs. 2 LkSG in diesem Sinne bereits *de lege lata* aus.[2067]

Bei der Grundsatzerklärung zur Menschenrechtsstrategie gem. § 6 Abs. 2 LkSG handelt es sich um eine verbindliche Verhaltensrichtlinie mit unternehmensweiter Geltung,[2068] ergo ein besonderes Koordinationsinstrument. Damit hat diese Erklärung einen organisationalen Charakter.

2062 BegrRegE LkSG, BT-Drs. 19/28649, S. 46; s. dazu BeckOGK/*Nasse*, 1.9.2023, LkSG § 6 Rn. 29, die diese Anforderung in den Begriff »Erklärung« hineinliest.

2063 Die fehlende Berücksichtigung der Pflicht im Wortlaut, die Erklärung diesen Gruppen zu kommunizieren, kritisieren berechtigterweise Schall/Theusinger/Pour Rafsendjani/*Theusinger/Purucker*, LkSG § 6 Rn. 14; vgl Spießhofer/Späth/*Welling/Brouwer*, LkSG § 6 Rn. 30 f.

2064 Mehr zum LkSG-Bericht unten unter l).; Spießhofer/Späth/*Welling/Brouwer*, LkSG, § 6 Rn. 30; Fleischer/Mankowski/*Korch*, LkSG § 6 Rn. 33.

2065 BeckOGK/*Nasse*, 1.9.2023, LkSG § 6 Rn. 25; vgl. *Spindler*, ZHR 186 (2022), 67, 84 mwN; kritisch auch Spießhofer/Späth/*Welling/Brouwer*, LkSG § 6 Rn. 21; vgl. Depping/Walden/*Walden*, LkSG § 6 Rn. 10.

2066 S. dazu die überzeugenden Argumente von Schall/Theusinger/Pour Rafsendjani/*Pour Rafsendjani/Purucker*, LkSG § 6 Rn. 14; Spießhofer/Späth/*Welling/Brouwer*, LkSG, § 6 Rn. 21.

2067 *Wagner/Ruttloff*, NJW 2021, 2145, 2147; Schall/Theusinger/Pour Rafsendjani/*Pour Rafsendjani/Purucker*, LkSG § 6 Rn. 5, 13 f.; BeckOGK/*Nasse*, 1.9.2023, LkSG § 6 Rn. 25 f.; wohl aA Depping/Walden/*Walden*, LkSG § 6 Rn. 10. Vgl. *Lutz-Bachmann/Vorbeck/Wengenroth*, BB 2021, 906, 909, die berechtigterweise indirekt auf die mangelnde Praxisrelevanz dieser Frage hinweisen.

2068 Vgl. zurückhaltender Spießhofer/Späth/*Welling/Brouwer*, LkSG § 6 Rn. 39; Fleischer/Mankowski/*Korch*, LkSG § 6 Rn. 42.

g) Risikosteuerung (Prävention) nach § 6 LkSG

Die zentrale Stelle unter den Sorgfaltspflichten nimmt die Pflicht zur Risikosteuerung ein, die mit der gesetzlichen Überschrift »Präventionsmaßnahmen« versehen wurde. Das Unternehmen ist verpflichtet, *angemessene* Maßnahmen zur Prävention von Menschenrechts- und Umweltverstößen in seinem Geschäftsbereich sowie gegenüber den unmittelbaren Zulieferern zu verankern (§ 6 Abs. 1, 3 und 4 LkSG). Es gilt also auch diesbezüglich der Angemessenheitsvorbehalt.[2069] Die Pflicht wird aber erst durch die Feststellung eines Risikos ausgelöst.

Die Ursache für ein Risiko kann in einer mangelhaften allgemeinen Organisation liegen. Als ein Beispiel kann ein Betrieb dienen, indem niemand für den Arbeitsschutz zuständig ist; dies steigert das Risiko einer Verletzung der Arbeitsschutzvorschriften, was wiederum ein Risiko für die Menschenrechte der Belegschaft nach sich zieht.[2070] In diesem Beispiel ist es rechtlich erforderlich, eine klare Zuständigkeit zu bestimmen, um das Risiko von künftigen Arbeitsunfällen zu minimieren. Das Risiko für Menschenrechte oder Umwelt kann z. B. auch aus dem Produktionsprozess selbst hervorgehen; der Produktionsablauf muss dann angepasst werden. Denkbar sind aber auch weitere Ursachen, die keinen Zusammenhang mit der Organisation aufweisen.[2071] Rechtlich erforderlich nach § 6 LkSG sind also ggf. organisationale Maßnahmen; damit handelt es sich bei dieser Norm um eine implizite situationsabhängige Organisationspflicht. Des Weiteren kann die Prävention eine so umfassende und komplexe Tätigkeit erforderlich machen, dass sie nur mithilfe eines zusätzlichen besonderen organisationalen Apparats zu bewerkstelligen ist.

Die allgemeine Präventionspflicht wurde vom Gesetzgeber in zwei Katalogen beispielhaft konkretisiert (»insbesondere«).[2072] Der Katalog in § 6 Abs. 3 LkSG bezieht sich auf den eigenen Geschäftsbereich, § 6 Abs. 4 LkSG normiert Maßnahmen gegenüber unmittelbaren Zulieferern.

2069 Zu diesem s. bereits umfassend oben F.; s. auch BeckOGK/*Nasse*, 1.9.2023, LkSG § 6 Rn. 12 ff.

2070 Dieses Beispiel orientiert sich an BAFA, Handreichung zur Angemessenheit nach § 3 Abs. 2 LkSG, 2022, S. 22, abrufbar unter https://t1p.de/0z14d, (abgerufen am 25.03.2024).

2071 Als eine solche kommt die Beschaffenheit der Anlagen in Betracht.

2072 Zur Natur der gesetzlichen Regelbeispiele s. Schall/Theusinger/Pour Rafsendjani/*Pour Rafsendjani/Purucker*, LkSG § 6 Rn. 30 f.; vgl. BegrRegE LkSG, BT-Drs. 19/28649, S. 46 f., wo der Begriff »Regelbeispiel« für § 6 Abs. 3 und 4 LkSG herangezogen wird; s. auch BeckOGK/*Nasse*, 1.9.2023, LkSG § 6 Rn. 13, die eine erhebliche sachliche Minderung der positiven Konkretisierungsbefugnis und nicht nur eine Rechtfertigungslast beim Abweichen an die Regelbeispiele anknüpft; so wohl auch Depping/Walden/*Depping*, LkSG § 6 Rn. 57.

(1) Risikosteuerung im eigenen Geschäftsbereich nach § 6 Abs. 3 LkSG

Zunächst soll das Unternehmen seine Menschenrechtsstrategie nicht nur auf ein Lippenbekenntnis beschränken, sondern gemäß § 6 Abs. 3 Nr. 1 LkSG auch tatsächlich in den relevanten Unternehmensbereichen umsetzen. Diese Norm stellt die Kohärenz zwischen der Öffentlichkeitsinformation und der Unternehmenspraxis sicher. Die Gesetzesbegründung empfiehlt den Verhaltenskodex als ein Instrument zur Konkretisierung der Grundsatzerklärung für die Belegschaft.[2073]

Es sollten ferner geeignete Praktiken bzgl. des Einkaufs und der Beschaffung entwickelt und umgesetzt werden, die die Risiken für Menschenrechte und Umwelt verhindern oder minimieren (§ 6 Abs. 3 Nr. 2 LkSG). Der Einkauf wurde zu Recht in der Gesetzesbegründung als die wichtigste Schnittstelle zwischen dem eigenen Bereich und den Zulieferern qualifiziert.[2074] Das Unternehmen soll sich auf eine systematische Art und Weise eine Quelle von jedem Vorprodukt/jeder Dienstleistung erschließen, die kein gewichtiges Risiko einer Verletzung von Menschenrechten oder Umwelt mit sich bringt. Die Begründung erwartet eine Konkretisierung der Einkaufsschritte und der Informationsbeschaffung bzgl. der Lieferkette in einer für die Mitarbeiter verbindlichen Verfahrensrichtlinie.[2075] Unklar bleibt zwar das Verhältnis zwischen dem Einkauf und der Beschaffung, aber generell meint der Gesetzgeber die Lieferkette *upstream*. Dieses Regelbeispiel zielt auf eine Integration des LkSG-konformen Praktiken in die Ablauforganisation in einer standardisierten Art und Weise ab.[2076] Dies muss sich allerdings nicht unbedingt auf die Aufbauorganisation auswirken; es kann hinreichend sein, dass die bereits vorhandenen Organisationseinheiten ihre Tätigkeit um einen Verfahrensschritt ergänzen, bei dem sie den Einkauf auf seine LkSG-Verträglichkeit überprüfen.

Unter den Regelbeispielen findet sich auch eine Bestimmung, die die gelebte informale Organisation anvisiert: Nach § 6 Abs. 3 Nr. 3 LkSG sind Schulungen eine hypothetische Präventionsmaßnahme. Die Schulungen sind geeignet, die vom LkSG zu verwirklichenden Werte der Belegschaft näherzubringen und sie ggf. von diesen zu überzeugen, sodass ein höherer Compliancegrad gewährleistet wird.[2077]

Eine weitere Maßnahme, die die Einhaltung des LkSG sicherstellen soll, ist die Pflicht zur Durchführung risikobasierter Kontrollmaßnahmen nach § 6 Abs. 3 Nr. 4 LkSG. Gemeint ist eine Art interne Revision bzgl. der menschenrechts- und

2073 S. BegrRegE LkSG, BT-Drs. 19/28649, S. 46 f.; BeckOGK/*Nasse*, 1.9.2023, LkSG § 6 Rn. 32 ff.; vgl. Schall/Theusinger/Pour Rafsendjani/*Pour Rafsendjani/Purucker*, LkSG § 6 Rn. 32 f.

2074 BegrRegE LkSG, BT-Drs. 19/28649, S. 47; s. dazu ein praktisches Beispiel bei BeckOGK/*Nasse*, 1.9.2023, LkSG § 6 Rn. 35.1.

2075 BegrRegE LkSG, BT-Drs. 19/28649, S. 47.

2076 So wohl Gehling/Ott/*Ott*, LkSG § 6 Rn. 86; vgl. Begr RegE LkSG, BT-Drs. 19/28649, S. 47.

2077 Vgl. zurückhaltendere Aussagen in der BegrRegE LkSG, BT-Drs. 19/28649, S. 47.

umweltbezogenen Sorgfaltspflichten; die Pflicht zur Einrichtung der internen Revision bzgl. der LkSG-Pflichten ergibt sich allerdings bereits implizit aus § 4 Abs. 3 S. 1 LkSG[2078]. Der Gesetzgeber sorgt für Verwirrung, indem er als Kontrollmaßstab in § 6 Abs. 3 Nr. 4 nur die Menschenrechtsstrategie des Unternehmens heranzieht und nicht die Gesamtheit der Pflichten.[2079]

§ 6 Abs. 3 Nr. 4 und Abs. 4 Nr. 4 LkSG lassen sich nur schwer aus der organisationalen Perspektive qualifizieren. Zwar könnte man sich asystematische Kontrollmaßnahmen wie rein zufällige Kontrollen durch die Geschäftsleitung vorstellen, eine systematische Durchführung und eine aufbauorganisatorische Verankerung (z. B. im Rahmen des IKS) scheinen jedoch eine entscheidende Bedeutung für die Wirksamkeit solcher Maßnahmen zu besitzen. Daher empfiehlt es sich grundsätzlich, diese Bestimmung als eine Organisationspflicht zu interpretieren.

(2) Risikosteuerung gegenüber unmittelbaren Zulieferern nach § 6 Abs. 4 LkSG

In Bezug auf die unmittelbaren Zulieferer sind Menschenrechte und Umwelt bereits bei der Auswahl der Vertragspartner gem. § 6 Abs. 4 Nr. 1 LkSG zu berücksichtigen. Das Unternehmen soll also einen potenziellen Vertragspartner evaluieren und auf die Einhaltung gewisser Mindeststandards überprüfen.[2080] Eine weite Auslegung dieser Bestimmung birgt die Gefahr von hohen Transaktionskosten und wäre kaum erfüllbar; nach dem Angemessenheitsvorbehalt lässt sich die Evaluationspflicht auf solche Vertragspartner beschränken, die abstrakt ein erhöhtes Risiko aufweisen.[2081] Es ist nicht auszuschließen, dass sich diese Norm an der M&A-Praxis orientiert; die Beschaffung von Vorprodukten etc. kann allerdings nicht mit einem Unternehmenskauf verglichen werden.

Das zentrale Instrument des LkSG, bezogen auf die Einhaltung der Pflichten in der Lieferkette, ist die vertragliche Zusicherung samt der Vertragskaskade (§ 6

2078 S. Gehling/Ott/*Balke*, LkSG § 4 Rn. 45; Spießhofer/Späth/*Späth/Tybus*, LkSG § 4 Rn. 83; vgl. KKRS/*S. Lorenzen*, LkSG § 4 Rn. 113 ff.; wohl aA Fleischer/Mankowski/*Fleischer/Götz*, LkSG § 4 Rn. 48; *Brunk*, Menschenrechtscompliance, 2022, S. 509. Vgl. zu § 4 Abs. 3 LkSG allgemein oben c).

2079 S. zum abweichenden Kontrollmaßstab in der Gesetzesbegründung BegrRegE LkSG, BT-Drs. 19/28649, S. 47.

2080 Näher zur erforderlichen Tiefe der Prüfung Schall/Theusinger/Pour Rafsendjani/*Pour Rafsendjani/Purucker*, LkSG § 6 Rn. 50 ff.; vgl. BeckOGK/*Nasse*, 1.9.2023, LkSG § 6 Rn. 45.

2081 Vgl. Schall/Theusinger/Pour Rafsendjani/*Pour Rajsendjani/Purucker*, LkSG § 6 Rn. 45 ff., die zur Herstellung der Verhältnismäßigkeit für eine Priorisierungsbefugnis in Bezug auf die unmittelbaren Zulieferer plädieren; methodisch vorzugswürdig wäre die Anwendung des Angemessenheitsvorbehalts.

Abs. 4 Nr. 2 LkSG).[2082] Der unmittelbare Zulieferer soll sich hiernach vertraglich zur Einhaltung der LkSG-Sorgfaltspflichten und ggf. deren Weitergabe verpflichten.[2083] Der Wortlaut ist insoweit offen, als vom mittelbaren Zulieferer lediglich verlangt wird, er möge die menschenrechts- sowie umweltbezogenen Erwartungen entlang der Lieferkette *angemessen* adressieren. Die Gesetzesbegründung geht von verbindlichen Lieferantenkodizes aus, die u. U. eine Weitergabeklausel beinhalten.[2084] Alternativ kann eine bestimmte Zertifizierung verlangt werden.

Die Weitergabe der Pflichten aus dem LkSG führt zur wichtigen Rechtsfrage, inwieweit die Größenabhängigkeit als Prinzip sichergestellt wird; es geht damit um die »mittelbare Schattenwirkung«[2085] und wie kleinere Unternehmen davor geschützt werden können. Diese Fragestellung zu vertiefen, würde jedoch den Rahmen dieser Arbeit sprengen.

Rätselhaft erscheint auf den ersten Blick die Bestimmung, zur Durchsetzung der Sorgfaltspflichten beim unmittelbaren Zulieferer sollen Schulungen und Weiterbildungen stattfinden, § 6 Abs. 4 Nr. 3 LkSG. Die Schulungen im eigenen Geschäftsbereich wurden bereits normiert, sodass es naheliegt, dass es sich hierbei um die Schulung der Belegschaft eines unmittelbaren Zulieferers handelt.[2086] Andererseits wäre es auch nicht fernliegend, wenn das LkSG-pflichtige Unternehmen bei sich selbst Schulungen durchführen würde, in denen die rechtlichen Möglichkeiten der Durchsetzung eigenen Mitarbeitern beigebracht würden. Die erstere Leseart erscheint naheliegender; dennoch wäre die Schulung eigener Mitarbeiter durch ein anderes fremdes Unternehmen ein riskantes Vorhaben aus der Perspektive des Zulieferers. Denkbar wäre auch eine gemeinsame Durchführung von Schulungen durch das Unternehmen und seine Zulieferer, wobei auch in diesem Fall die Frage der Kostenübernahme offenbleibt. Letztendlich könnten all' die Probleme gelöst werden, indem dieses »Regelbeispiel« außer Acht gelassen wird. Es wäre wünschenswert, dass der Gesetzgeber diese Pflicht klarstellt.

Deutlich klarer wurde das »Regelbeispiel« in § 6 Abs. 4 Nr. 4 LkSG formuliert: Hiernach sollen in Verträgen mit unmittelbaren Zulieferern angemessene Kontrollmechanismen vorgesehen werden, die die Überprüfung der Einhaltung

2082 Mehr zu diesem Instrument s. Schall/Theusinger/Pour Rafsendjani/*Pour Rafsendjani/Purucker*, LkSG § 6 Rn. 54 ff.; BeckOGK/*Nasse*, 1.9.2023, LkSG § 6 Rn. 47 ff; s. zu den Schwierigkeiten mit der Umsetzung dieser Bestimmung in der Praxis *Schmidtke/Spilker*, DB 2024, 236, 240 f.

2083 Zu praktischen Problemen bei der Erfüllung dieser Pflicht in bestehenden Vertragsbeziehungen s. BeckOGK/*Nasse*, 1.9.2023, LkSG § 6 Rn. 53 f. mwN.

2084 BegrRegE LkSG, BT-Drs. 19/28649, S. 47 f.

2085 Vgl. KKRS/*Mittwoch/Bremenkamp*, LkSG § 1 Rn. 63; vgl. Spießhofer/Späth/*Späth*, LkSG § 1 Rn. 76; vgl. zum Begriff der Schattenwirkung *Hommelhoff/Allgeier*, IRZ 2024, 205, 206.

2086 So legen es Schall/Theusinger/Pour Rafsendjani/*Pour Rafsendjani/Purucker*, LkSG § 6 Rn. 72 f. aus; BeckOGK/*Nasse*, 1.9.2023, LkSG § 6 Rn. 56 f.

der Verträge ermöglichen.[2087] In der Gesetzesbegründung kommt implizit auch eine Erwartung zum Ausdruck, dass das Unternehmen die Einhaltung des LkSG außerhalb vom eigenen Geschäftsbereich auch tatsächlich überprüfen wird.[2088]

Die Regelbeispiele nach § 6 Abs. 4 LkSG verlangen auf jeden Fall eine Anpassung der internen Abläufe; außerdem kann sich § 6 Abs. 4 Nr. 3 LkSG erheblich auf die informale Organisation von betroffenen Zulieferern auswirken. Im Einzelfall kann sich der organisationale Gehalt der sonstigen Regelbeispiele erhöhen; z. B. kann sich das Unternehmen entscheiden, eine spezialisierte Einheit einzurichten, die die Vertragspartner evaluiert. Ansonsten ist die organisationale Dimension der Regelbeispiele nach § 6 Abs. 4 LkSG begrenzt.

h) Abhilfemaßnahmen nach § 7 LkSG

Die im LkSG vorgesehenen Pflichten unterliegen einer deutlichen Verschärfung, wenn nicht bloß ein Risiko, sondern eine unmittelbare Gefahr bzw. eine Verletzung festgestellt wurden, § 7 LkSG; dann müssen unverzüglich angemessene Abhilfemaßnahmen durchgeführt werden. Die Pflichten aus § 7 LkSG beziehen sich auf den eigenen Geschäftsbereich sowie auf die Sachverhalte bei unmittelbaren Zulieferern; die Abhilfe im Hinblick auf mittelbare Zulieferer wurde separat in § 9 Abs. 3 Nr. 3 LkSG geregelt.[2089]

(1) Pflichteninhalt von § 7 LkSG

Zunächst muss eine Verletzung der Verbote i. S. d. § 2 Abs. 2 oder Abs. 3 LkSG i. V. m. Abs. 4 LkSG festgestellt werden, § 7 Abs. 1 S. 1 LkSG. Allerdings ist kein Verletzungserfolg notwendig; es reicht eine unmittelbare Gefahr; darin liegt eine weitere Ähnlichkeit des LkSG zum allgemeinen Polizeirecht.[2090]

§ 7 Abs. 1 LkSG löst die Pflicht zum *unverzüglichen*[2091] Ergreifen von *angemessenen* Abhilfemaßnahmen aus. Bei einer unmittelbaren Gefahr ist das Unternehmen zur Verhinderung verpflichtet. Das Kriterium der Unmittelbarkeit wird

2087 S. zu den Problemen mit diesen Klauseln in der Praxis *Schmidtke/Spilker*, DB 2024, 236, 241.

2088 S. BegrRegE LkSG, BT-Drs. 19/28649, S. 48; s. mehr dazu Schall/Theusinger/Pour Rafsendjani/*Pour Rafsendjani/Purucker*, LkSG § 6 Rn. 74 ff.; vgl. Fleischer/Mankowski/*Korch*, LkSG § 6 Rn. 123; vgl. Gehling/Ott/*Ott*, LkSG § 6 Rn. 149.

2089 Vgl. dazu unten i).

2090 Vertieft zum Begriff der unmittelbaren Gefahr Gehling/Ott/*Ott*, LkSG § 7 Rn. 15 ff.; vgl. Schall/Theusinger/Pour Rafsendjani/*Pour Rafsendjani/Purucker*, LkSG § 7 Rn. 7; Fleischer/Mankowski/*Korch*, LkSG § 7 Rn. 21; vgl. Hopt/*Leyens*, LkSG § 7 Rn. 3.

2091 Vgl. zur Auslegung dieses Begriffs Hopt/*Leyens*, LkSG § 7 Rn. 4; Spießhofer/Späth/*Welling/Brouwer*, LkSG § 7 Rn. 14; s. bereits oben F. 4.

weder im Gesetz noch in der Begründung definiert.[2092] Aufgrund der Pflicht zur Risikoprävention ist die Rechtsfigur der unmittelbaren Gefahr hier völlig entbehrlich; sie bringt nur das zum Ausdruck, was sich bereits aus § 3 Abs. 2 Nr. 3 LkSG ergibt: Eine erhöhte, zeitlich nahe Wahrscheinlichkeit löst einen erhöhten Handlungsbedarf aus.[2093]

Ist eine Verletzung bereits eingetreten, dann folgt daraus eine Pflicht zur Beendigung bzw. zur Minimierung der Menschenrechts- bzw. Umweltverletzung. Weder das Gesetz noch die Begründung stellen klar, ob hiervon auch die Schadenbeseitigung umfasst wird. In manchen Fällen ist die Verletzung endgültig, z. B. wenn Mitarbeiter verstorben sind. Aber in anderen Fällen lässt sich eine vergangenheitsbezogene Verletzung wieder teilweise ausgleichen, z. B. kann bei einem unangemessenen Lohn eine Entschädigung gezahlt werden. Die Beendigung kann sich aber darauf beschränken, künftig einen angemessenen Lohn zu zahlen.[2094] Jedenfalls soll sich aus § 7 Abs. 1 LkSG kein Anspruch von Betroffenen ableiten lassen.[2095] Dies spricht dafür, dass § 7 Abs. 1 LkSG im Ergebnis keine Wiedergutmachungspflicht umfasst.[2096]

§ 7 Abs. 1 LkSG kann im Einzelfall eine Organisationspflicht auslösen; dies ist dann der Fall, wenn die unmittelbare Gefahr bzw. die Verletzung mit der Organisation zusammenhängen. Es gilt das oben zu § 6 LkSG Gesagte.[2097]

(2) Abhilfepflicht im eigenen Geschäftsbereich im Inland nach § 7 Abs. 1 S. 3 LkSG

Eine besondere Verschärfung der Abhilfepflicht betrifft den eigenen Geschäftsbereich im Inland nach § 7 Abs. 1 S. 3 LkSG. Das Unternehmen darf sich diesbezüglich nie mit einer Minimierung begnügen, sondern es ist immer zu einer Beendigung verpflichtet. So trägt der Gesetzgeber der Legalitäts- sowie der Legalitätsdurchsetzungspflicht Rechnung,[2098] die sonst einer Aufweichung unterlägen, denn alle Regelwerke aus dem Anhang wurden in Deutschland ratifiziert und sind daher im Inland zwingend zu beachten.[2099]

2092 Vgl. BegrRegE LkSG, BT-Drs. 19/28649, S. 48; Gehling/Ott/*Ott*, LkSG § 7 Rn. 15.

2093 Vgl. Fleischer/Mankowski/*Korch*, LkSG § 7 Rn. 22; Gehling/Ott/*Ott*, LkSG § 7 Rn. 19.

2094 So Gehling/Ott/*Ott*, LkSG § 7 Rn. 33 f.

2095 BegrRegE LkSG, BT-Drs. 19/28649, S. 48.

2096 So bereits Gehling/Ott/*Ott*, LkSG § 7 Rn. 33; vgl. Depping/Walden/*Depping*, § 7 Rn. 5 f.; wohl aA KKRS/*Krajewski/Wohltmann*, LkSG § 7 Rn. 11 f.

2097 S. oben g).

2098 Zur Legalitäts- und Legalitätsdurchsetzungspflicht des Vorstands s. oben Teil 5, III. A. und B.

2099 S. BegrRegE LkSG, BT-Drs. 19/28649, S. 34; vgl. Fleischer/Mankowski/*Kolb*, LkSG § 2 Rn. 32.

Im eigenen Geschäftsbereich im Ausland sowie bei den in den eigenen Geschäftsbereich nach § 2 Abs. 6 S. 3 LkSG einbezogenen Tochterunternehmen müssen die Abhilfemaßnahmen in der Regel zu einer Beendigung führen. Damit erkennt der Gesetzgeber die faktische Erosion der Kontrolle, die mit dem Agieren im Ausland oder über die Konzerntöchter verbunden ist.

(3) Abhilfepflicht bezogen auf unmittelbare Zulieferer nach § 7 Abs. 1 und Abs. 2 LkSG

Die Abhilfepflicht bezüglich einer Verletzung im Wirkungskreis eines unmittelbaren Zulieferers wurde vom Gesetzgeber stufenweise ausgestaltet;[2100] sie hängt von den Erfolgsaussichten unter der Berücksichtigung des Zeitfaktors ab und mündet in eine Pflicht zum Abbruch von Geschäftsbeziehungen unter sehr engen zeitlichen sowie materiellen Voraussetzungen.

Wenn die Abhilfe unverzüglich möglich ist, gilt § 7 Abs. 1 S. 1 LkSG und die Absätze 2 und 3 finden keine Anwendung. Es bleibt also bei allgemeinen Regeln. Weist die Verletzung hingegen einen solchen Charakter auf, dass keine Beendigung in absehbarer Zeit möglich ist, dann muss unverzüglich ein zielgerichtetes Konzept zur Beendigung oder Minimierung erstellt und umgesetzt werden (§ 7 Abs. 2 S. 1 LkSG). Dieses Konzept muss zwingend einen Zeitplan enthalten (§ 7 Abs. 2 S. 2 LkSG). Offen bleibt, was der Gesetzgeber unter dem Konzept versteht; der Begriff ist in einem ähnlichen Kontext in der CSR-Richtlinie sowie im sie umsetzenden § 289c Abs. 3 Nrn. 1 und 2 HGB zu finden. Mit dem Konzept könnte ein Plan gemeint sein, der konkrete Schritte und Verfahren vorsieht, die zum Erfolg (Beendigung oder Minimierung) führen sollen.[2101] Der Plan an sich stellt bereits ein organisatorisches Koordinationsinstrument dar;[2102] insoweit sieht § 7 Abs. 2 LkSG eine (bedingte) Organisationspflicht vor.

Der Gesetzgeber schlägt als eine potenzielle Lösung vor, das Unternehmen könnte zusammen mit dem unmittelbaren Zulieferer an der Beendigung bzw. Minimierung arbeiten (§ 7 Abs. 2 S. 3 Nr. 1 LkSG); ferner könnte das Unternehmen mithilfe einer Brancheninitiative seine Einflussmöglichkeiten erhöhen (§ 7 Abs. 2 S. 3 Nr. 2);[2103] ein temporäres Aussetzen der Geschäftsbeziehung ist in Erwägung zu ziehen (§ 7 Abs. 2 S. 3 Nr. 3 LkSG). Z. B. sind Betroffene oder legitime Interessenvertretungen in den Prozess einzubinden.[2104]

2100 Schall/Theusinger/Pour Rafsendjani/*Pour Rafsendjani/Purucker*, LkSG § 7 Rn. 9.

2101 Vgl. hierzu Staub/*Hommelhoff*, § 289c HGB Rn. 18 ff., der die Konzepte als Unternehmenspolitiken umschreibt, die auch Verfahren zur Zielerreichung umfassen; vgl. Depping/Walden/*Depping*, LkSG § 7 Rn. 38 ff.

2102 S. oben Teil 5, IV. D. 1. b). (3). (b).; vgl. *Vahs*, Organisation, S. 147; *Siedenbiedel*, Organisationale Gestaltung, S. 130 f.

2103 Zur Problematik der Konflikte zwischen der nachhaltigkeitsbezogenen Zusammenarbeit mit anderen Unternehmen und dem Wettbewerbsrecht vertieft *Holle*, ZHR 188 (2024), 98 ff.

2104 Vgl. BegrRegE LkSG, BT-Drs. 19/28649, S. 49.

(4) Abbruch von Geschäftsbeziehungen nach § 7 Abs. 3 LkSG

Der Gesetzgeber hat sich bei der Regelung des Abbruchs von Geschäftsbeziehungen am Prinzip »Befähigung vor Rückzug« orientiert.[2105] Daher wurde die Pflicht zum Abbruch unter hohe Anforderungen gestellt (§ 7 Abs. 3 S. 1 LkSG), die aufgrund des oben genannten Prinzips eng auszulegen sind und kumulativ vorliegen müssen[2106].

Zunächst bedarf es einer sehr schwerwiegenden Menschenrechts- bzw. Umweltverletzung i. S. d. § 2 Abs. 4 LkSG. Das Vorhandensein eines solchen Zustandes lässt sich kaum konkretisieren und ist von einer schweren Verletzung abzugrenzen.[2107] Sie könnte mithilfe einer Gesamtbetrachtung festzustellen sein, wobei der Rang der Rechtsgüter, die Anzahl von Betroffenen, die Verletzungsdauer und die Möglichkeit der Beseitigung zu berücksichtigen sind.[2108] Als eine klare Grenze könnte die Menschenwürde dienen; deren Verletzung wiegt immer sehr schwer.

Zuvor muss das Unternehmen erfolglos ein Abhilfekonzept erarbeitet und umgesetzt haben, § 7 Abs. 3 S. 1 Nr. 2 LkSG. Die im Konzept-Zeitplan vorzusehende Abhilfefrist muss abgelaufen sein.[2109] Diese Regelung weist eine gewisse Ähnlichkeit zu kaufrechtlichen Regelungen auf, die das Recht zur zweiten Andienung vorsehen (vgl. § 439 BGB).[2110]

Die Pflicht zum Abbruch setzt des Weiteren voraus, dass dem Unternehmen keine milderen Mittel zur Verfügung stehen, § 7 Abs. 3 S. 1 Nr. 3 LkSG. Als ein solches Mittel kommt die Erhöhung des Einflussvermögens infrage, die ausdrücklich vom Gesetzgeber genannt wird;[2111] die Pflicht wird erst dann ausgelöst, wenn die Erhöhung als nicht aussichtsreich erscheint. Es bedarf also diesbezüglich einer negativen Prognose. Ansonsten werden die milderen Mittel nicht näher beschrieben, sodass das Unternehmen selbst diese im Lichte des Angemessen-

2105 BegrRegE LkSG, BT-Drs. 19/28649, S. 49; zum Hintergrund und zur Legitimation dieses Prinzips s. Schall/Theusinger/Pour Rafsendjani/*Pour Rafsendjani/Purucker*, LkSG § 7 Rn. 45 f.; *Stöbener de Mora* in: Leyens/Seibt, LkR, 2025, § 4 Rn. 14 ff.; vgl. kritisch HHL/*Hopt/Leyens*, 2024, § 1 Rn. 45.

2106 S. Schall/Theusinger/Pour Rafsendjani/*Pour Rafsendjani/Purucker*, LkSG § 7 Rn. 47; Gehling/Ott/*Ott*, LkSG § 7 Rn. 99.

2107 Dazu Schall/Theusinger/Pour Rafsendjani/*Pour Rafsendjani/Purucker*, LkSG § 7 Rn. 48.

2108 Vgl. Schall/Theusinger/Pour Rafsendjani/*Pour Rafsendjani/Purucker*, LkSG § 7 Rn. 48.

2109 Vgl. die teleologische Reduktion dieser Voraussetzung in besonderen Fällen bei Schall/Theusinger/Pour Rafsendjani/*Pour Rafsendjani/Purucker*, LkSG § 7 Rn. 52.

2110 Vgl. zu dieser MüKoBGB/*Westermann*, BGB § 439 Rn. 1 f. mwN.; s. auch BeckOGK/*Höpfner*, 1.2.2025, BGB § 439 Rn. 3.

2111 Diese negative Prognose bzgl. der Erhöhung des Einflusses kann auch als eine selbständige Voraussetzung ausgelegt werden, vgl. Schall/Theusinger/Pour Rafsendjani/*Pour Rafsendjani/Purucker*, LkSG § 7 Rn. 53 f.

heitsvorbehalts bestimmen muss[2112]. Der hypothetische Abbruch muss sich im Rahmen des Vertragsrechts halten, was besonders bei Altverträgen regelmäßig nicht der Fall sein wird.[2113]

Eine wesentliche ungeschriebene Voraussetzung lässt sich aus dem Telos des LkSG i. V. m. dem Rechtsgedanken des Art. 10 Abs. 6 Unterabs. 2 CSDDD herleiten: Der Abbruch setzt eine Abwägung voraus, denn es kann vorkommen, dass er die Menschenrechtslage verschärft und daher nicht das Ziel des LkSG realisiert.[2114]

§ 7 Abs. 3 S. 2 LkSG stellt klar, dass es keine automatische Pflicht zum Abbruch von Geschäftsbeziehungen zu Zulieferern aus solchen Ländern gibt, die die im Anhang aufgelisteten internationalen Abkommen nicht ratifiziert bzw. nicht umgesetzt haben. Diese Norm erscheint überflüssig, denn eine solche Pflicht aus den sehr engen Voraussetzungen herzuleiten wäre grob unvertretbar und würde dem Grundsatz »Befähigung vor Rückzug« eklatant widersprechen.[2115]

Die Pflicht zum Abbruch soll die Unternehmen dazu motivieren, für einen effektiven Menschenrechts- und Umweltschutz zu sorgen, damit sie nicht ausgelöst wird. Die oben dargestellten Voraussetzungen sind allerdings so eng, dass zu bezweifeln ist, dass sie außerhalb von seltenen Einzelfällen jemals erfüllt werden.[2116] Das Unternehmen kann fast immer von einer positiven Prognose bzgl. der Einflusserhöhung ausgehen und sich zahlreiche mildere Mittel überlegen, sodass die Pflicht zum Abbruch nicht ausgelöst wird. Alternativ wird von *Irmscher* und *Bücker* postuliert, die Pflicht zum Abbruch unter die Bedingung zu stellen, dass das Verhältnismäßigkeitsprinzip gegenüber dem Unternehmen nicht verletzt wird;[2117] wegen des Eingriffs in Art. 12 GG[2118] kann dies als eine verfassungskonforme Auslegung gelten.

Die Abbruchspflicht kann sich mittelbar auf die Organisation auswirken: Entfällt ein Lieferant, können *in concreto* interne Zuständigkeiten und Abläufe anzupassen sein.

2112 Mehr zur positiven Konkretisierungsbefugnis bereits oben F (insb. 3.).

2113 Mehr hierzu Schall/Theusinger/Pour Rafsendjani/*Pour Rafsendjani/Purucker*, LkSG § 7 Rn. 70 ff., die auf die Schwierigkeiten bei der Beendigung des Vertragsverhältnisses hinweisen, wenn dieser dem UN-Kaufrecht unterliegt; vgl. Gehling/Ott/*Ott*, LkSG § 7 Rn. 101.

2114 So bereits Fleischer/Mankowski/*Korch*, LkSG § 7 Rn. 84 ff.; s. dazu umfassend im Kontext der CSDDD unten II. E. 3. b).

2115 Vgl. auch die Kritik an der Relativierung dieser Klarstellung durch die Gesetzesbegründung und durch das BAFA bei Schall/Theusinger/Pour Rafsendjani/*Pour Rafsendjani/Purucker*, LkSG § 7 Rn. 57.

2116 Vgl. *Irmscher/Bücker*, NVwZ 2023, 1368.

2117 *Irmscher/Bücker*, NVwZ 2023, 1368, 1370.

2118 *Irmscher/Bücker*, NVwZ 2023, 1368, 1370.

i) Pflichten gegenüber den mittelbaren Zulieferern gem. § 9 LkSG

Die Pflichten gegenüber mittelbaren Zulieferern sind parallel zu denen gegenüber unmittelbaren Zulieferern konzipiert, aber sie wurden in ihrer Intensität deutlich abgeschwächt.[2119] Damit soll der Aufwand minimiert werden, der notwendig ist, um das LkSG einzuhalten.[2120]

Die Pflichten gegenüber mittelbaren Zulieferern werden erst dann ausgelöst, wenn das Unternehmen über tatsächliche Anhaltspunkte verfügt, die die Verletzung von einer menschenrechts- oder umweltbezogenen Pflicht durch einen mittelbaren Zulieferer möglich erscheinen lassen (§ 9 Abs. 3 LkSG).[2121]

Bei Pflichten gegenüber mittelbaren Zulieferern nach § 9 Abs. 2 sowie Abs. 3 Nrn. 1 bis 4 LkSG orientierte sich der Gesetzgeber an den §§ 4 bis 7 LkSG. Der wesentliche Unterschied besteht in der Anlassbezogenheit der Pflichtenintensität, die im Wortlaut angelegt ist.[2122] Das heißt, die Pflichten sind grundsätzlich auf jene Verletzungen beschränkt, die sie ausgelöst hatten und der mittelbare Zulieferer muss nicht in seiner Gesamtheit analysiert werden.

Wegen der Anlehnung an §§ 4 bis 7 LkSG gelten zum § 9 LkSG aus der organisationalen Perspektive keine Besonderheiten; im Einzelfall kann also eine Organisationspflicht ausgelöst werden.

j) Wiederholungs-, Überprüfungs- und Anpassungspflichten (§ 5 Abs. 4, § 6 Abs. 5, § 7 Abs. 4 und § 8 Abs. 5 LkSG)

Der nationale Gesetzgeber hat sich nicht für eine allgemeine pflichtenübergreifende Regelung der Aktualisierungspflichten i. w. S. bezogen auf das Schutzsystem entschieden,[2123] sondern diese auf einzelne Pflichten verteilt (s. § 5 Abs. 4, § 6 Abs. 5, § 7 Abs. 4 und § 8 Abs. 5 LkSG). Diese Normen unterstreichen den dauerhaften Charakter des Schutzsystems.[2124]

2119 Vgl. dazu Gehling/Ott/*Lüneborg*, LkSG § 9 Rn. 15.

2120 Ähnlich *Stemberg*, NZG 2022, 1093; vgl. auch Schall/Theusinger/Pour Rafsendjani/*Theusinger/Gergen*, LkSG § 9 Rn. 2; vgl. *Wüstemann/Büchner*, BB 2024, 579, 580, die die Einschränkung der Pflichten gegenüber mittelbaren Zulieferern auf die mangelnde Einflussmöglichkeit zurückführen.

2121 Zu Schwierigkeiten mit der Konkretisierung der Wissensanforderungen bezogen auf die *substantiierte Kenntnis* umfassend *Spindler*, ZHR 186 (2022), 67, 88 ff.; umfassend hierzu *Stemberg*, NZG 2022, 1096 ff.; Depping/Walden/*Depping*, LkSG § 9 Rn. 8 ff.

2122 Umfassend hierzu Fleischer/Mankowski/*Stemberg*, LkSG § 9 Rn. 55 ff.

2123 S. *Korch*, NJW 2022, 2065, 2066, Rn. 4, der mit starken Argumenten den Mangel einer allgemeinen Regelung kritisiert.

2124 S. bezogen auf das gesamte Regelungskorsett des LkSG s. Schall/Theusinger/Pour Rafsendjani/*Pour Rafsendjani/Purucker*, LkSG § 3 Rn. 6; Gehling/Ott/*Mader*, LkSG § 3 Rn. 19 ff.; Fleischer/Mankowski/*Fleischer*, LkSG § 3 Rn. 40; Spießhofer/Späth/*Spießhofer*, LkSG § 3 Rn. 3; Depping/Walden/*Walden*, LkSG § 3 Rn. 21 f.; BeckOGK/*Hübner/Weller*, 1.9.2023, LkSG § 3 Rn. 33 ff.

Nach § 5 Abs. 4 LkSG hat die Risikoanalyse mindestens einmal jährlich zu erfolgen; hinzu kommt noch die Pflicht zu einer Ad-hoc-Analyse.[2125] Die Ad-hoc-Analyse knüpft an eine wesentliche Änderung der Risikosituation an;[2126] es handelt sich also um einen schwer zu konkretisierenden Tatbestand,[2127] der einen Raum für die positive Konkretisierungsbefugnis schafft.

§ 6 Abs. 5 LkSG verpflichtet die Unternehmen zu einer regelmäßigen und anlassbezogenen Überprüfung der Präventionsmaßnahmen, die ihrerseits eine Anpassung auslösen kann, § 6 Abs. 5 S. 3 LkSG.[2128] Die regelmäßige Prüfung muss einmal jährlich erfolgen.[2129] Das Gesetz benennt einige Beispiele für Situationen, die eine Ad-hoc-Überprüfung erforderlich machen, wie die Einführung eines neuen Produkts oder Geschäftsfelds, § 6 Abs. 5 S. 1 LkSG.[2130] Die anlassbezogene Prüfung steht allerdings unter einem Wesentlichkeitsvorbehalt,[2131] d. h. nur eine wesentliche Änderung der Unternehmenssituation erfordert zusätzliche Überprüfungsmaßnahmen. Außerdem können die Erkenntnisse aus dem Beschwerdeverfahren nach § 8 LkSG eine unverzügliche Anpassung auslösen, vgl. § 6 Abs. 5 S. 2 LkSG.

Das Unternehmen trifft nach § 7 Abs. 4 LkSG eine Überprüfungs- und Aktualisierungspflicht bezogen auf die Abhilfemaßnahmen.[2132] Hierzu gelten *mutatis mutandis* die Ausführungen zu § 6 Abs. 5 LkSG, der denselben Wortlaut hat.

Nach § 8 Abs. 5 LkSG ist die Wirksamkeit des Beschwerdeverfahrens mindestens einmal im Jahr zu überprüfen; hinzu kommt eine Ad-Hoc-Pflicht, die wie § 5 Abs. 4 LkSG ebenfalls an eine wesentliche Änderung der Risikolage anknüpft.[2133]

Die Pflichten gemäß §§ 5 Abs. 4, 6 Abs. 5, 7 Abs. 4 und 8 Abs. 5 LkSG werden häufig eine Anpassung der Organisation *in concreto* nach sich ziehen und tragen der dynamischen Natur der Unternehmensorganisation[2134] Rechnung. Sie sind

2125 Vgl. Gehling/Ott/*Balke*, LkSG § 5 Rn. 46 ff.; Fleischer/Mankowski/*Götz*, LkSG § 5 Rn. 58 f.

2126 Kritisch zur Anknüpfung dieses Tatbestandsmerkmals an die objektive Kenntnis *Korch*, NJW 2022, 2065, 2066, Rn. 6. Dieser Kritik lässt sich entgegnen, die Risikolage ist anhand des unternehmerischen Wissenshorizonts zu bestimmen, sodass zusätzliches Wissen doch eine Änderung herbeiführt.

2127 Umfassend Fleischer/Mankowski/*Götz*, LkSG § 5 Rn. 60 ff.; vgl. Gehling/Ott/*Balke*, LkSG § 5 Rn. 64 ff.

2128 Kritisch zu dieser Regelung *Korch*, NJW 2022, 2065, 2066 f., Rn. 9, der eine Maßnahmenkontrollpflicht für angemessener hält.

2129 Vgl. Fleischer/Mankowski/*Korch*, LkSG § 6 Rn. 132 f.

2130 BegrRegE LkSG, BT-Drs. 19/28649, S. 48.

2131 BegrRegE LkSG, BT-Drs. 19/28649, S. 48; umfassend hierzu Fleischer/Mankowski/*Korch*, LkSG § 6 Rn. 134 ff.

2132 S. die umfassende Kritik an der Ausgestaltung dieser Bestimmung bei *Korch*, NJW 2022, 2065, 2067, Rn. 10 ff.

2133 Mehr dazu *Korch*, NJW 2022, 2065, 2067 f., Rn. 15 f.; s. auch Spießhofer/Späth/*Welling/Brouwer*, LkSG § 8 Rn. 53 ff.

2134 Hierzu bereits oben Teil 2, V. B. und D.

außerdem als eine implizite Organisationspflicht zu qualifizieren, denn die organisationale Dimension ist nur eine mittelbare Folge, weil keine Überprüfungs- und Anpassungsabteilung eingerichtet werden muss.

Es stellt sich die Frage, ob die Überprüfungs- und Aktualisierungspflicht für das Schutzsystem in seiner Gesamtheit gilt. Eine ausdrückliche Pflicht zur Überwachung und Anpassung des RMS-ähnlichen LkSG-Schutzsystems hat der Gesetzgeber nicht vorgesehen. Eine solche organisationale Dauerpflicht *de lege lata* könnte sich dennoch aus § 4 Abs. 1 LkSG ergeben. Zwar verlangt § 4 Abs. 1 LkSG nur, ein angemessenes und wirksames Schutzsystem einzurichten, aber dies sollte ausweislich der Überprüfungs- und Anpassungspflicht bezogen auf alle Subelemente dieses Systems keine einmalige Pflicht sein, sondern die Angemessenheit und Wirksamkeit des Systems soll einen Dauerzustand darstellen.[2135] Ferner verweist die Berichtspflicht nach § 10 Abs. 2 Nr. 2 auch auf § 4 LkSG, womit unterstellt werden kann, dass der Gesetzgeber von regelmäßigen organisationalen Maßnahmen ausgegangen ist. Die Unternehmen sind damit nach dem LkSG dazu verpflichtet, ihr LkSG-Schutzsystem zu überprüfen, zu bewerten und ggf. anzupassen.[2136] Dies hat mindestens einmal im Jahr bzw. bei wesentlichen Änderungen der Organisation zu erfolgen, was sich aus der Gesamtanalogie zu den restlichen Aktualisierungspflichten ergibt.

k) Dokumentation nach § 10 Abs. 1 LkSG

§ 10 Abs. 1 LkSG sieht eine fortlaufende Dokumentationspflicht sowie eine diese ergänzende siebenjährige Aufbewahrungspflicht vor. Die Dokumentation hat zwei funktionelle Dimensionen: Einerseits ermöglicht sie die interne Überprüfung der Einhaltung des Gesetzes,[2137] andererseits bekommt dank ihr auch die für die Durchsetzung zuständige Behörde die Möglichkeit, die Verstöße aufzudecken und das Unternehmen zu deren Beseitigung zu veranlassen[2138].

Die Pflicht zur Dokumentation nach § 10 Abs. 1 LkSG reicht daher nur so weit wie die Pflichten nach dem LkSG selbst. Aufgrund der Zusammenwirkung der Dokumentationspflicht mit dem Angemessenheitsvorbehalt muss das Unternehmen die Konkretisierungsbefugnis nicht nur ausüben, sondern dies zusätzlich

2135 Vgl. *Korch*, NJW 2022, 2065; Depping/Walden/*Walden*, LkSG § 4 Rn. 41; vgl. BeckOGK/*Fleischer*, 1.2.2025, AktG § 91 Rn. 59, der die Aktualisierungspflicht aus dem Wirksamkeitserfordernis herleitet.

2136 *Korch*, NJW 2022, 2065; vgl. Spießhofer/Späth/*Späth/Tybus*, LkSG § 4 Rn. 40; Depping/Walden/*Walden*, LkSG § 4 Rn. 41.

2137 S. zu dieser und zu den weiteren Funktionen Schall/Theusinger/Pour Rafsendjani/*Theusinger/Gergen*, LkSG § 10 Rn. 5 f.; s. auch Fleischer/Mankowski/*Hülse*, LkSG § 10 Rn. 7. Vgl. die allgemeinen Ausführungen zur Rolle der Dokumentation bezogen auf die Konkretisierungsbefugnis des Vorstands oben Teil 5, II. B. 3. c).

2138 BegrRegE LkSG, BT-Drs. 19/28649, S. 51; Fleischer/Mankowski/*Hülse*, LkSG § 10 Rn. 7; *Kerkemeyer* in: Leyens/Seibt, LkR, 2025, § 6 Rn. 19.

dokumentieren, damit die Behörde von der individuellen Pflichtenlage überhaupt Kenntnis nehmen kann.[2139]

Schwierig ist die Bewertung des organisationalen Gehalts der Dokumentationspflicht nach § 10 Abs. 1 LkSG. Einerseits handelt es sich um eine bloße Verhaltenspflicht. Andererseits bedarf es zur Sicherung der Qualität der Dokumentation eines organisationalen Rahmens.[2140] Des Weiteren läuft diese Pflicht auf einen hohen Formalisierungsgrad der Organisation hinaus; denn aufgrund dieser Bestimmung reichen bloße Absprachen für die Erfüllung der Pflichten nicht aus, auch wenn sie an sich hinreichend zur Erreichung der gesetzlichen Ziele wären.

l) Berichtspflicht nach § 10 Abs. 2 bis 4 LkSG

Die Krönung des LkSG ist die Berichterstattung. Sie soll für die Transparenz sorgen, die sowohl die behördliche Durchsetzung vereinfacht als auch den Betroffenen eine informationelle Hilfe bietet, sollten sie sich eine Beschwerde überlegen.[2141] Nicht übersehen werden darf der Reputationsdruck, der durch die Transparenz die Unternehmen zur Einhaltung des Gesetzes veranlasst.[2142] Die Einzelheiten der Berichtspflicht wurden in § 10 Abs. 2 bis 4 LkSG normiert:

Gemäß § 10 Abs. 2 S. 1 LkSG ist der Bericht auf der Internetseite innerhalb von vier Monaten nach Abschluss des Geschäftsjahres zu veröffentlichen; er muss sieben Jahre öffentlich kostenfrei zugänglich bleiben.

Die Berichtsinhalte gibt § 10 Abs. 2 S. 2 LkSG vor. Das Unternehmen muss die identifizierten menschenrechts- sowie umweltbezogenen Risiken und Verletzungen darlegen (§ 10 Abs. 2 S. 2 Nr. 1 LkSG). Darauf folgt die nach § 10 Abs. 2 S. 2 Nr. 2 obligatorische Beschreibung der auf die Erfüllung der §§ 4 bis 9 LkSG gerichteten Handlungen.[2143] Darüber hinaus sollte das Unternehmen gem. § 10 Abs. 2 S. 2 Nr. 3 LkSG die Auswirkungen und die Wirksamkeit der Maßnahmen bewerten, diese Bewertung offenlegen sowie gem. § 10 Abs. 2 S. 2 Nr. 4 LkSG

2139 Ähnlich bereits Fleischer/Mankowski/*Hülse*, LkSG § 10 Rn. 12; vgl. die Ausführungen zum Angemessenheitsvorbehalt und dessen Bedeutung für die konkreten Pflichten oben F.

2140 *Kerkemeyer* in: Leyens/Seibt, LkR, 2025, § 6 Rn. 23.

2141 Gehling/Ott/*Mader*, LkSG § 10 Rn. 15; Spießhofer/Späth/*Spießhofer*, LkSG § 10 Rn. 3; vgl. *Hommelhoff/Allgeier/Stern*, RAW 2024, 90, 95; *Leyens*, NZG 2025, 675, 681, Rn. 45. Zur Verzahnung mit der Pflicht nach § 4 Abs. 4 LkSG, die Interessen der Stakeholder zu berücksichtigen, *Mittwoch* in: Leyens/Seibt, LkR, 2025, § 35 Rn. 14.

2142 Gehling/Ott/*Mader*, LkSG § 10 Rn. 15. Vgl. *Wagner/Ruttloff*, NJW 2021, 2145, 2147 f., die von einer öffentlichen Kontrollfunktion sprechen. Zum Reputationsmechanismus vgl. im Kontext der CSRD oben Teil 5, V. C. 2. c). (2).

2143 S. KKRS/*Rühmkorf*, LkSG § 10 Rn. 50 f.; vgl. Gehling/Ott/*Mader*, LkSG § 10 Rn. 29 f.

die sich aus dieser Bewertung für das zukünftige Handeln ergebenden Schlussfolgerungen darlegen.[2144]

Eine regulatorische Besonderheit ist die Bestimmung des Umfangs der negativen Berichtspflicht, die in § 10 Abs. 3 LkSG zu finden ist. Stellt das Unternehmen kein Risiko oder keine Verletzung der Menschenrechte oder der Umwelt i. S. d. § 2 Abs. 2 bis 4 LkSG fest, dann muss dies nur plausibel dargelegt werden und die Berichtspflicht beschränkt sich bloß auf diese Angabe.[2145]

Anders als z. B. der Lagebericht nach § 289 HGB sieht § 10 Abs. 4 LkSG eine sog. Schutzklausel vor: Im Bericht ist den Betriebs- und Geschäftsgeheimnissen gebührend Rechnung zu tragen.[2146]

Die Reichweite der Organisationspflicht nach § 10 Abs. 2 bis 4 LkSG ist sehr gering, denn die Informationsbeschaffungspflicht und die Informationsorganisationspflicht ergeben sich bereits aus § 5 Abs. 1 und Abs. 3 LkSG; sie müssen nicht wie bei den Berichtspflichten nach §§ 289 ff. HGB hergeleitet werden.[2147] Daher muss die Geschäftsleitung nur jemandem die Zuständigkeit für den Bericht übertragen und dieser Person den Zugriff auf die bereits im Unternehmen vorhandenen Informationen gewähren.

2. Die Pflichten nach dem LkSG im Spannungsverhältnis mit dem Angemessenheitsvorbehalt

Angesichts der enormen Komplexität und des Umfangs der oben dargestellten Pflichten nach §§ 4 bis 10 LkSG scheint die Schlussfolgerung gerechtfertigt, dass das mit dem Angemessenheitsvorbehalt verwirklichte Konzept der prinzipienorientierten Regulierung praktisch aufgehoben wird.[2148]

Die stufenweise Ausgestaltung der Pflichten darf allerdings nicht übersehen werden. Zwar sind §§ 4, 5, 8, 9 Abs. 1 sowie 10 LkSG immer zu beachten. Die Intensität ihrer Umsetzung hängt allerdings stark von konkretisierenden Entscheidungen der Unternehmen ab. Die aufwendigsten Pflichten nach §§ 6, 7 LkSG

2144 Mehr zu diesen Angaben Fleischer/Mankowski/*Hülse*, LkSG § 10 Rn. 42 ff.; Gehling/Ott/*Mader*, LkSG § 10 Rn. 31 ff.

2145 Vgl. dazu Gehling/Ott/*Mader*, LkSG § 10 Rn. 28; s. auch Fleischer/Mankowski/*Hülse*, LkSG § 10 Rn. 45. S. zur praktischen Relevanz dieser Bestimmung *Wüstemann*, BB 2024, 1258, 1259 f., wonach 30% der analysierten Unternehmen aus der Stichprobe von 71 Unternehmen einen abgekürzten Bericht nach § 10 Abs. 3 LkSG offengelegt hatten.

2146 Zur Auslegung der Begriffe »Betriebs- und Geschäftsgeheimnis« umfassend Fleischer/Mankowski/*Hülse*, LkSG § 10 Rn. 46; Schall/Theusinger/Pour Rafsendjani/*Theusinger/Gergen*, LkSG § 10 Rn. 25 ff.; vgl. Gehling/Ott/*Mader*, LkSG § 10 Rn. 41 f. Zur Bedeutung des Geheimnisschutzes für das einzelne Unternehmen und für den Wettbewerb s. *Ekkenga*, ZHR 188 (2024), 471, 480 ff.

2147 Vgl. dazu oben Teil 5, V. C. 2. c). (5). (c).

2148 Ein Spannungsverhältnis zwischen den umfangreichen Pflichten und den Mechanismen zu deren Begrenzung erkannten bereits *Lieder/Meyer*, CRZ 2024, 101 f.

setzten die Feststellung voraus, es läge ein Risiko oder eine Verletzung vor. In einer risikoarmen Branche kommen diese Vorschriften ggf. nie zur Anwendung. Außerdem sind die Pflichten innerhalb von § 7 LkSG selbst stufenmäßig konstruiert; jede weitere Stufe hängt hierbei von weiteren Voraussetzungen ab.

Allein wegen der Regulierungstechnik erscheint der Umfang größer als erforderlich. Die oben besprochenen Regelbeispiele (z. B. § 6 Abs. 2 LkSG) wären genauso gut in der Gesetzesbegründung aufgehoben; dann würde sich die Pflicht nach § 6 Abs. 2 und 3 LkSG in einem Satz zusammenfassen lassen: »Im eigenen Geschäftsbereich sowie gegenüber den unmittelbaren Zulieferern sind bei einem Risiko angemessene Präventionsmaßnahmen durchzuführen.« Die Angemessenheit umfasst auch die zeitliche Komponente, sodass auf »unverzüglich« verzichtet werden kann. Ferner wurde die Überprüfungs- und Anpassungspflicht mehrmals fast mit dem gleichen Wortlaut wiederholt; das Gesetz wäre übersichtlicher, wäre diese Pflicht in § 3 LkSG (allgemeiner Teil) verankert worden.[2149]

Manche erblicken im LkSG eine gänzliche Abkehr von der Selbstverpflichtung.[2150] Dem kann aber nicht ganz zugestimmt werden: Ausgelegt im Lichte der Freiheitsschonung, stellt das LkSG ein Beispiel für eine Rechtspflicht zur Selbstverpflichtung dar, indem Unternehmen ein selbstbestimmt auszufüllender Regelungskorridor vorgegeben wird.

3. Möglichkeit einer alternativen Regelungsweise?

Der Gesetzgeber hätte sich auf eine RMS-Pflicht bezogen auf die Menschenrechte und die Umwelt (ergänzt um eine Abhilfepflicht nach § 7 LkSG sowie um das Beschwerdeverfahren nach § 8 LkSG) beschränken können, womit es sich um eine offene Zielvorgabe mit Systemeinrichtungspflicht handeln würde. Er hat sich jedoch dafür entschieden, die Systemeinrichtungspflicht aufzufächern, ohne den Charakter einzelner Pflichten als Zielvorgaben aufzugeben. Der Konkretisierungskorridor besteht also aus Sub-Elementen des Schutzsystems sowie aus den entsprechenden Sub-Kriterien in Gestalt der Angemessenheitskriterien. Durch ihn soll ein höherer Grad an Zweckbindung erreicht werden und ein zweckwidriges Handeln einfacher behördlich abgewendet werden können.[2151]

Trotz einer erhöhten Regelungsdichte handelt es sich bei §§ 3 ff. LkSG dennoch um offene Zielvorgaben, sodass berechtigterweise eine gewisse Ähnlichkeit zur Business Judgment Rule erkannt wird.[2152] Die zweite Ähnlichkeit besteht in

2149 Vgl. zur Regelungsweise in Art. 15 CSDDD unten II. E. 7.

2150 So Wagner/Ruttloff/Wagner/*Ruttloff/Hahn*, § 9 Rn. 1374 f.

2151 Vgl. in diesem Kontext *BAFA*, Handreichung zur Angemessenheit nach § 3 Abs. 2 LkSG, 2022, S. 13 f., abrufbar unter https://t1p.de/0z14d, abgerufen am 25.03.2024.

2152 Vgl. dazu *Fleischer*, CCZ 2022, 205, 213.

der prozeduralen Natur der Voraussetzungen der Business Judgment Rule und des Angemessenheitsvorbehalts aus der Perspektive der Kontrolldichte.[2153]

4. Die positive Konkretisierungsbefugnis der Unternehmen als eine Last im Lichte des Pflichten-Waldes

Bei einer Generalklausel wie § 91 Abs. 2 AktG wirkt sich die Delegation der Konkretisierung an den Normadressaten vorwiegend freiheitsschonend aus; die mit der Konkretisierung verbundene Belastung hält sich aufgrund der Offenheit der Norm in Grenzen.

Dieses Urteil kann nicht ohne Weiteres auf §§ 3 ff. LkSG übertragen werden. Die positive Konkretisierungsbefugnis ist nicht nur ein Recht, sondern umfasst auch eine Aufgabe bzw. eine Verpflichtung, die Pflichten sachgemäß zu konkretisieren.[2154] Hinzu tritt noch im Fall des LkSG die sich aus § 10 Abs. 1 LkSG ergebende Pflicht, die unternehmensinternen Konkretisierungsprozesse zu dokumentieren, damit die Behörde im Zweifel sowohl den Inhalt der Pflichten als auch deren Erfüllung kontrollieren kann.[2155]

An sich wäre die Last der Dokumentation nicht so aufwendig. Allerdings muss das Unternehmen bei der Konkretisierung alle Kriterien der Angemessenheit gem. § 3 Abs. 2 LkSG berücksichtigen. Die Konkretisierung betrifft zahlreiche Pflichten und unbestimmte Rechtsbegriffe, sodass die schiere Anzahl der kognitiven Prozesse geeignet ist, die kognitiven Ressourcen des Unternehmens stark zu beanspruchen. Außerdem kann sich der Dokumentationsvorgang in der Praxis aufgrund der Einzelfallbezogenheit als sehr aufwendig herausstellen.

Das heißt, in der Summe hat die positive Konkretisierungsbefugnis der Unternehmen innerhalb des Konkretisierungskorridors nicht nur eine freiheitsschonende Facette, sondern führt gleichermaßen zur Delegation der Regulierungslast auf die Unternehmen, die durch die Notwendigkeit einer umfassenden Dokumentation der konkretisierungsbezogenen Entscheidungsprozesse verschärft wird.[2156]

H. Durchsetzung der Pflichten nach §§ 3 ff. LkSG

Die Durchsetzung der Pflichten durch den Staat kann eine praktische Gefahr für die Verwirklichung der im Gesetz angelegten unternehmerischen Freiheit darstellen, wie oben bereits im Kontext der Organisationsfreiheit analysiert.[2157] Daher ist die Durchsetzung der §§ 3 ff. LkSG kurz zu untersuchen.

2153 S. zum prozeduralen Charakter des Angemessenheitsvorbehalts oben F. 3.
2154 Vgl. dazu oben Teil 4, I. D. 1. e).
2155 S. dazu bereits oben 1. k).
2156 Vgl. *Wundenberg*, Compliance, 2012, S. 60; vgl. auch die Überlegungen zu einer ähnlichen Regelungstechnik von *Rast*, Organisationsfreiheit, 2022, S. 305 ff.
2157 Vgl. oben Teil 4, I. D. 1. c). und e).

Der Gesetzgeber hat für die Sorgfaltspflichten nach §§ 3 ff. LkSG ein öffentlich-rechtliches Durchsetzungsregime vorgesehen.[2158] Ursprünglich hat das Gesetz die zivilrechtliche Haftung offengelassen; dies änderte sich im Gesetzgebungsprozess, indem der Ausschluss der zivilrechtlichen Haftung ins Gesetz aufgenommen wurde (s. § 3 Abs. 3 S. 1 LkSG).[2159] In § 11 LkSG findet sich zwar noch eine Regelung zur Prozessstandschaft von inländischen Gewerkschaften und Nichtregierungsorganisationen im Zivilprozess; deren praktische Bedeutung wird allerdings durch das Ausbleiben der zivilrechtlichen Haftung und die fehlenden Regelungen zum internationalen Privatrecht deutlich gemindert.[2160]

Die für die Durchsetzung zuständige Behörde ist gem. § 21 Abs. 1 LkSG sowie gem. § 24 Abs. 5 LkSG das Bundesamt für Wirtschaft und Ausfuhrkontrolle (BAFA).

1. Behördliche Befugnisse nach §§ 12 ff. LkSG

§ 15 S. 1 LkSG stellt eine für die Durchsetzung zentrale Norm dar. Es handelt sich um eine Generalklausel:[2161] Die Behörde trifft die geeigneten und erforderlichen Anordnungen und Maßnahmen, um Verstöße gegen die Pflichten nach den §§ 3 bis 10 Absatz 1 festzustellen, zu beseitigen und zu verhindern. In § 15 S. 2 LkSG wurden beispielhaft behördliche Maßnahmen beschrieben: (1) Ladung von Personen, (2) Pflicht zur Vorlage eines Plans zur Behebung der Missstände, (3) Anordnung von konkreten Handlungen zur Erfüllung der Pflichten.

2158 S. umfassend und kritisch zur ausschließlich öffentlich-rechtlichen Durchsetzung *F. Schmidt*, CCZ 2022, 214, 215 ff.; ähnliche Kritik wegen der behördlichen Vollzugsdefizite äußerte auch *G. Wagner*, ZEuP 2023, 517, 524 f.; zu den Vor- und Nachteilen beider Enforcement-Varianten im Vergleich grundlegend *Kern*, ZZPInt 12 (2007), 351, 359 ff.

2159 Umfassend zu dem Hintergrund sowie zu der Auswirkung dieser Norm auf die Haftung für Menschenrechtsverletzungen *Fleischer*, DB 2022, 920 ff. mwN; s. auch *G. Wagner*, GS Mankowski, 2024, S. 837, 843 f.; s. umfassend *Kieninger*, ZIP 2024, 1037, 1038 ff., die diese gesetzliche Bestimmung aufzuweichen versucht.

2160 S. zur geringen praktischen Bedeutung mangels einer Anpassung der Regeln im internationalen Privatrecht Fleischer/Mankowski/*Mankowski*, LkSG § 11 Rn. 5 ff.; s. auch Gehling/Ott/*Steinbrück*, LkSG § 11 Rn. 8 ff.; s. deutlich positiver zur Rolle des § 11 LkSG *G. Wagner*, ZEuP 2023, 517, 526.

2161 Fleischer/Mankowski/*F. Schmidt*, LkSG § 15 Rn. 1.

Ergänzend zu § 15 LkSG sieht das Gesetz Betretensrechte (§ 16 LkSG),[2162] Auskunfts- und Herausgabepflichten (§ 17 LkSG)[2163] sowie Duldungs- und Mitwirkungspflichten (§ 18 LkSG)[2164] vor.

Die Behörde wird tätig entweder von Amts wegen nach pflichtmäßigem Ermessen (§ 14 Abs. 1 Nr. 1 LkSG) oder auf Antrag einer Person, wenn sie substantiiert geltend macht, durch die Nichterfüllung der Pflichten in einer geschützten Rechtsposition verletzt worden zu sein oder dass eine solche Verletzung unmittelbar bevorsteht (§ 14 Abs. 1 Nr. 2 LkSG).[2165] Soweit ein Einzelner die Rechtsverfolgung auslösen kann, wird zwar von einem *private enforcement* gesprochen;[2166] dies ist jedoch verwirrend, denn der Einzelne veranlasst die Behörde nur und sie betreibt das Durchsetzungsverfahren.

Der Titel des Unterabschnitts lautet »Risikobasierte Kontrolle«; d. h. für das pflichtgemäße Ermessen ist das potenzielle Risiko eines Verstoßes entscheidend, dies ergibt sich auch aus § 19 Abs. 2 LkSG.[2167]

Des Weiteren sind die Berichte nach § 10 Abs. 2 bis 4 LkSG bei der Behörde einzureichen, § 12 LkSG,[2168] und von ihr zu prüfen, § 13 LkSG.[2169]

2. Die behördlichen Befugnisse nach dem LkSG im Spannungsverhältnis mit der positiven Konkretisierungsbefugnis von Unternehmen

Der Gesetzgeber verankerte im LkSG einen großen Katalog an behördlichen Befugnissen. Ins Auge springt hier die allgemeine Generalklausel nach § 15 LkSG,

2162 Mehr zu diesen s. Gehling/Ott/*Fleck*, LkSG § 16 Rn. 1 ff.; s. auch Fleischer/Mankowski/*F. Schmidt*, LkSG § 16 Rn. 1 ff., der sich auch mit der Frage der Verfassungskonformität umfassend auseinandersetzt (Rn. 45 ff.); vgl. Schall/Theusinger/Pour Rafsendjani/*Fitzer*, LkSG § 16 Rn. 1 ff. sowie zur Verfassungskonformität Rn. 4 ff.

2163 Mehr dazu Schall/Theusinger/Pour Rafsendjani/*Gölz*, LkSG § 17 Rn. 1 ff.; Fleischer/Mankowski/*F. Schmidt*, LkSG § 17 Rn. 1 ff.; Gehling/Ott/*Fluck*, LkSG § 17 Rn. 1 ff.

2164 Mehr hierzu Fleischer/Mankowski/*F. Schmidt*, LkSG § 18 Rn. 1 ff.; Gehling/Ott/*Fluck*, LkSG § 18 Rn. 1 ff.; Schall/Theusinger/Pour Rafsendjani/*Gölz*, LkSG § 18 Rn. 1 ff.

2165 Vgl. zur Antragsbefugnis *Wagner/Ruttloff*, NJW 2021, 2145, 2150; s. auch KKRS/*Krebs*, LkSG § 14 Rn. 31 ff.

2166 Fleischer/Mankowski/*F. Schmidt*, LkSG § 14 Rn. 2; präziser noch *Kamann/Irmscher*, NZWiSt 2021, 249, 251: »privat-induziertes public enforcement«.

2167 S. mehr hierzu Fleischer/Mankowski/*F. Schmidt*, LkSG § 14 Rn. 4 f., § 19 Rn. 36 ff.

2168 *E. Wagner/Ruttloff*, NJW 2021, 2145, 2147 f., Rn. 21 f.; Gehling/Ott/*Mader*, LkSG § 10 Rn. 23 f.; Fleischer/Mankowski/*Hülse*, LkSG § 12 Rn. 9 ff.

2169 S. zur Berichtsprüfung durch das BAFA Spießhofer/Späth/*Späth*, LkSG § 13 Rn. 4 ff.; Gehling/Ott/*Mader*, LkSG § 10 Rn. 47; Fleischer/Mankowski/*Hülse*, LkSG § 13 Rn. 1 ff.

die in ihrer Reichweite der polizeilichen Generalklausel ähnelt.[2170] In der Gesetzesbegründung wird kaum etwas zu dieser Befugnis gesagt; es ist nicht klar, ob sich der Gesetzgeber der Gefahren der allgemeinen Generalklausel für den Rechtsverkehr bewusst war.[2171] Problematisch erscheint daher aus dem verfassungsrechtlichen Blickwinkel die Unbestimmtheit der behördlichen Befugnisse, insb. der Generalklausel nach § 15 LkSG,[2172] denn es handelt sich bei den Sorgfaltspflichten, anders als beim allgemeinen Polizeirecht, um eine neue Erscheinung, bei der kein Rückgriff auf eine gefestigte Dogmatik und Rechtsprechung möglich ist.[2173]

Der Normtext suggeriert den gesetzgeberischen Willen, der Behörde bei der Durchsetzung des Gesetzes einen großen Freiraum zu eröffnen, der eine flexible Handhabung der Reaktion auf Verstöße ermöglichen soll. Dies mag aus der Perspektive des menschenrechts- und Umweltschutzes ein legitimes Anliegen sein, aber es steht im Widerspruch zum Regulierungskonzept, das in §§ 3 bis 10 LkSG zu finden ist: Der Gesetzgeber hat dort bereits die Freiheit und Flexibilität den Unternehmen – den primären Normadressaten – zugesprochen.[2174] Der gleiche Freiraum kann nicht zweimal an verschiedene Subjekte vergeben werden. Zwischen dem *Konkretisierungskorridor* der Unternehmen in §§ 3 ff. LkSG sowie der allgemeinen Generalklausel existiert also ein systematischer sowie konzeptueller Widerspruch, der aufzulösen ist.

Die Reichweite der Generalklausel geht deutlich zurück, sollte zwischen den beiden Regelungskonzepten ein Hierarchieverhältnis bestehen. Auf dieses Verhältnis weist schon der Gesetzestext hin: § 15 S. 1 LkSG setzt einen *Verstoß* gegen §§ 3 bis 10 LkSG voraus. Dieser liegt aber erst dann vor, wenn das Unternehmen den Konkretisierungskorridor verlassen hat; dazu müsste es zielwidrig handeln oder seinem Handeln eine evident unangemessene Konkretisierung zugrunde legen.

Ein weiteres Argument liefert § 15 S. 2 Nr. 2 LkSG: Durch die Anordnung, dass das Unternehmen eigenständig den Verstoß beheben soll, aber mithilfe eines eigenen Plans mit selbstständig bestimmten Zeitangaben, orientiert sich das Gesetz am Regelungsansatz aus den §§ 3 bis 10 LkSG. Dadurch beschränkt sich das behördliche Handeln auf das »Ob« und die Umsetzungsfreiheit verbleibt beim

2170 S. KKRS/*Krajewski*, LkSG § 15 Rn. 2.

2171 Vgl. dazu allgemein oben Teil 4, I. D. 1. b).

2172 Kritisch auch *Spindler*, ZHR 186 (2022), 67, 93; s. die Kritik von Wagner/Ruttloff/Wagner/*Ruttloff/Hahn*, § 9 Rn. 1431, bei der allerdings die Reichweite der positiven Konkretisierungsbefugnis der Normadressaten nicht einbezogen wurde.

2173 Vgl. die Kritik von Fleischer/Mankowski/*F. Schmidt*, LkSG § 15 Rn. 33 ff.

2174 Das Spannungsverhältnis zwischen dem Organisationsermessen und den behördlichen Befugnissen erkennt auch *Spindler*, ZHR 186 (2022), 67, 93, wobei er zusätzlich die erforderliche Bestimmtheit behördlicher Anordnungen problematisiert; Depping/Walden/*Kaufmann/Böhm*, LkSG § 15 Rn. 34; s. auch Spießhofer/Späth/*Wimmer/Burghardt-Kaufmann*, LkSG § 15 Rn. 16; vgl. Burgi/Habersack/*Altenschmidt*, ÖffR des Unternehmens, § 10 Rn. 43.

Unternehmen; die Behörde darf Unternehmen keine eigenen Vorstellungen von geschäftlichem Handeln aufdrängen[2175]. Aus der Systematik kann daher herausgelesen werden: Die konkreten organisationalen Maßnahmen darf die Behörde nur als *ultima ratio* aufgeben, wenn dies durch eine schwerwiegende Verletzung oder eine unmittelbare Gefahr hiervon ausnahmsweise gerechtfertigt ist.[2176] § 15 S. 2 Nr. 3 LkSG ist somit einschränkend auszulegen.

Das öffentlich-rechtliche Durchsetzungsregime ist folglich durch eine zweckwidrige Nutzung der unternehmerischen Freiheiten bei der Umsetzung der §§ 3 ff. LkSG bedingt und dem unternehmerischen, gesetzlich vorgegebenen Freiraum nachgelagert.[2177] § 15 LkSG bewegt sich nur im Bereich der negativen Konkretisierungsbefugnis der Behörde. Dadurch können auch die verfassungsrechtlichen Bedenken zumindest teilweise ausgeräumt werden.

3. § 20 LkSG und die Konkretisierungsbefugnis der Behörden

Als ein weiteres wichtiges behördliches Instrument sind die Handreichungen nach § 20 LkSG zu nennen. Es handelt sich dabei um Informationen, Hilfestellungen und Empfehlungen zur Einhaltung des LkSG. Sie können ferner

2175 Fleischer/Mankowski/*F. Schmidt*, LkSG § 15 Rn. 24; vgl. im Kontext des § 7 Abs. 3 LkSG *Irmscher/Bücker*, NVwZ 2023, 1368, 1373, die in einem solchen Fall die behördlichen Maßnahmen für rechtswidrig und aufhebbar halten. Zum parallelen Problem im Kontext der französischen *loi de vigilance* vgl. *Nasse*, ZEuP 2024, 850, 870 f., wo sie auf die Aussage von *Tribunal judiciaire de Paris* hinweist, das Gericht dürfe nicht an Stelle der Gesellschaft und Stakeholder treten, um die Zweckmäßigkeitsgesichtspunkte zu beurteilen. Vgl. zu einer vergleichbaren Gefahr im Kontext des Finanzaufsichtsrechts *Harnos*, Kontrolldichte, 2021, S. 376 ff.

2176 Ähnlich bereits Wagner/Ruttloff/Wagner/*Ruttloff/Hahn*, § 9 Rn. 1437 im Hinblick auf § 15 S. 2 Nr. 2, beachte aber deutlich weniger zurückhaltende Aussagen bzgl. des § 15 S. 2 Nr. 3 (Rn. 1438); noch enger Stellungnahme des DAV zum RegE-LkSG, April 2021, Rn. 65, abgerufen unter https://t1p.de/y9ojq (abgerufen am 18.03.2024), die mit oben bereits erwähnten Argument, die Behörde dürfe keine eigenen Zweckerwägungen dem Unternehmen aufdrängen, die Bestimmung des § 15 S. 2 Nr. 3 LkSG für im organisationalen Bereich nicht anwendbar hält; vgl. Fleischer/Mankowski/*F. Schmidt*, LkSG § 15 Rn. 24 mit seinem Hinweis auf die Souveränität der Unternehmen, mit dem die positive Konkretisierungsbefugnis gemeint sein könnte. Vgl. Burgi/Habersack/*Altenschmidt*, ÖffR des Unternehmens, § 10 Rn. 44, der eine stufenmäßige Ausübung der behördlichen Befugnisse als Mittel zur Herstellung der Verhältnismäßigkeit betrachtet; vgl. *Rast*, Organisationsfreiheit, 2022, S. 395, der in der Einschränkung konkreter Anordnungen auf Ultima-ratio-Fälle einen allgemeinen Grundsatz sieht. AA KKRS/*Krajewski*, LkSG § 15 Rn. 32.

2177 Ähnlich *Fleischer*, CCZ 2022, 205, 213; *Geh*, Vorstandshaftung, 2024, S. 133 f.; vgl. Burgi/Habersack/*Altenschmidt*, ÖffR des Unternehmens, § 10 Rn. 44, der das Spannungsverhältnis mithilfe einer strikten Anwendung des verfassungsrechtlichen Verhältnismäßigkeitsprinzips zu lösen sucht.

branchenspezifisch oder branchenübergreifend sein. Für deren Erstellung ist kein Verfahren vorgesehen. Das *BAFA* hat bereits mehrere Handreichungen veröffentlicht.[2178]

a) Zielkonflikt zwischen der Freiheit und der Rechtssicherheit

Die Handreichungen bergen eine große Gefahr für das regulatorische Gesamtkonzept des LkSG, denn sie ermöglichen der Behörde eine weitestgehende (faktische) Konkretisierung der Bestimmungen nach §§ 3 bis 10 LkSG. Denn sie lassen sich mit Standards vergleichen; sie können eine äußerst starke faktische Bindungswirkung entfalten, die auf die Selbstbindung der Behörde nach Art. 3 Abs. 1 GG zurückzuführen ist.[2179] Die Behörde könnte also mit ihren Vorstellungen zur Auslegung des Gesetzes die umfassende unternehmerische Umsetzungsfreiheit selbst wahrnehmen und dadurch den Konkretisierungskorridor der Unternehmen stark verengen.[2180]

§ 20 LkSG kann sich zwar positiv auf die Rechtssicherheit bei der Anwendung des LkSG auswirken,[2181] dies jedoch zu dem hohen Preis des Verlustes der Freiheit, der Flexibilität sowie der Situationsbezogenheit der Rechtsanwendung.[2182] Dieser Zielkonflikt wird in der Gesetzesbegründung weder angesprochen noch aufgelöst.

2178 S. dazu unten c).

2179 S. umfassend zur Rechtsnatur Fleischer/Mankowski/*F. Schmidt*, LkSG § 20 Rn. 7 ff.; vgl. auch Gehling/Ott/*Mader*, LkSG § 20 Rn. 10; Schall/Theusinger/Pour Rafsendjani/*Schäffer*, LkSG § 20 Rn. 15; vgl. *Burgi*, NVwZ 2024, 1785, 1789; *Mayen* in: Leyens/Seibt, LkR, 2025, § 46 Rn. 17 ff.; *Leyens*, NZG 2025, 675, 683, Rn. 60.

2180 Stellungnahme des DAV zum RegE-LkSG, April 2021, Rn. 57, abgerufen unter https://t1p.de/y9ojq (abgerufen am 18.03.2024); vgl. *Gehling/Ott/Lüneborg*, CCZ 2021, 230, 233; kritisch auch Spießhofer/Späth/*Spießhofer*, LkSG § 3 Rn. 41. Zur Rolle des BAFA bei den Handreichungen als Unterstützer der Unternehmen *Burgi*, NVwZ 2024, 1785, 1789.

2181 S. *Schmidtke/Spilker*, DB 2024, 236, 239 f.; ähnlich KKRS/*Wahidi*, LkSG § 20 Rn. 13; skeptisch dazu *Verse* in Nietsch, Nachhaltiges Aktienrecht, 2023, S. 21, 28 f. der das Konkretisierungspotenzial der Handreichungen infrage stellt; ähnlich *Mayen* in: Leyens/Seibt, LkR, 2025, § 46 Rn. 60 mit dem Argument, das *BAFA* verfüge nicht über mehr Ressourcen als der Gesetzgeber; letztendlich hängt dieses aber von der Art und Weise, wie das *BAFA* von § 20 LkSG Gebrauch macht.

2182 Zum Problem der Verwandlung von prinzipienorientierten Vorgaben in faktische Regeln mithilfe von Verwaltungsvorschriften s. *Rast*, Organisationsfreiheit, 2022, S. 384.

b) Beteiligung der Betroffenen bei der Erstellung von Handreichungen nach § 20 LkSG

Gleichzeitig fehlt es an einer Gewährleistung der Berücksichtigung von Normadressaten durch die Behörde bei ihrem Eingriff in deren positive Konkretisierungsbefugnis, denn es gibt keine Regelung zur Beteiligung von betroffenen Gruppen[2183]. Die Behörde verfügt zwar über eine demokratische Legitimation wegen der Legitimationskette, aber aufgrund ihrer Entfernung von der demokratischen Legitimationsquelle (Parlament) droht eine verzerrte Interessenwahrnehmung zugunsten der einzelnen Gruppen oder Untergruppen. Infolge der Sachferne sind zudem völlig suboptimale Handreichungen nicht auszuschließen, die sich für alle Akteure als nachteilig erweisen. *De lege lata* ist eine starke Einbindung der Interessenvertretungen in den Erstellungsvorgang wünschenswert; an diesem Prozess sollen Vertreter aller Seiten in einem ausgewogenen Verhältnis zueinander beteiligt sein. *De lege ferenda* würde es mehr dem Demokratieprinzip des Grundgesetzes entsprechen, bei behördlichen Instrumenten dieser Art die Beteiligung von betroffenen Unternehmen, Menschenrechtsträgern und Umweltverbänden gesetzlich vorzuschreiben.[2184]

Eines darf nicht übersehen werden: Nach §§ 3 ff. LkSG steht die positive Konkretisierungsbefugnis bzgl. zahlloser Begriffe einem *einzelnen* Unternehmen zu; jedes Unternehmen darf also *individuell* seine Pflichten bestimmen. Bei der Erstellung einer Handreichung kann jedoch nicht jedes Unternehmen einzeln beteiligt werden. Dieses Instrument führt daher zur Änderung der Rechtsnatur der Konkretisierungsbefugnis: Eine *individuelle* Konkretisierungsbefugnis wird durch die Handreichungen in eine *kollektive* Konkretisierungsbefugnis von Interessenvertretern transformiert.

Wird also bei einer branchenspezifischen Handreichung eine unternehmerische Gruppe beteiligt, kann die dort vorhandene Mehrheit zum Nachteil der Branchenminderheit handeln, indem sie bestimmte Vorschläge der Behörde akzeptiert, die für die Minderheit weit über der Schmerzgrenze liegen. Die kollektive Selbstregulierung schlägt ggf. in eine Fremdregulierung aus der Perspektive eines Einzelunternehmens um.[2185] Das heißt, selbst bei einer Beteiligung von Unternehmen an der Erstellung der Handreichungen nach § 20 LkSG kommt es wegen des

2183 Vgl. zur faktischen Situation KKRS/*Wahidi*, LkSG § 20 Rn. 39, die auf einen informellen BAFA-Beirat hinweist, der sich aus verschiedenen Interessenvertretern zusammensetzt. Zu den Anforderungen an die Interessenrepräsentanz bei der kollektiven Selbstregulierung s. umfassend *Buck-Heeb/Dieckmann*, Selbstregulierung, 2010, S. 278 ff.

2184 Vgl. *Feldmann*, Nachhaltigkeitsberichterstattung, 2024, S. 179 ff.

2185 Vgl. wohl aA *Buck-Heeb/Dieckmann*, Selbstregulierung, 2010, S. 267, die die Meinung vertreten, es handelt sich bei kollektiv aufgestellten Regeln um einen Ausdruck der Selbstbestimmung, soweit prozedurale Mindestanforderungen eingehalten wurden.

kollektiven Charakters einer solchen Beteiligung zu einem konzeptuellen Widerspruch gegenüber den *individuell* konkretisierbaren §§ 3 ff. LkSG.

c) Zwischenergebnis und die Auflösung des Spannungsverhältnisses

§ 20 LkSG steht also im konzeptuellen Widerspruch zu §§ 3 bis 10 LkSG, insb. zum Angemessenheitsvorbehalt nach § 3 Abs. 2 LkSG.[2186] § 20 LkSG droht die Freiheiten auszuhöhlen, die bei den in §§ 3 bis 10 LkSG normierten Pflichten den Unternehmen *individuell* belassen wurden; *in dubio pro libertate* muss daher § 20 LkSG eng ausgelegt und in seiner faktischen Wirkung beschränkt werden, damit das regulatorische Gesamtkonzept in seiner Funktionsfähigkeit nicht leidet. Es wäre zwar zu empfehlen, dass das *BAFA* keinen Gebrauch von § 20 LkSG macht,[2187] aber hierfür ist es wegen der bereits erfolgten Veröffentlichung von mehreren Handreichungen zu spät.

Damit sich eine Handreichung in das LkSG-Konzept einfügt, müssen kumulativ vier Voraussetzungen vorliegen: Zunächst muss ein besonderer Grund für den Erlass vorliegen (1), wie z. B. eine besondere Unsicherheit bezogen auf eine Pflicht. Ferner muss die Behörde den Empfehlungscharakter dieses Instruments hervorheben (2), diesen Charakter bei der Durchsetzung respektieren (3) sowie die betroffenen Regelungsakteure am Verfahren beteiligen (4).

Die wichtigste Handreichung des *BAFA*, die bereits veröffentlicht wurde, bezieht sich auf den Angemessenheitsvorbehalt.[2188] Sie ist inhaltlich fast genauso unbestimmt wie das Gesetz selbst; ihr Wert als eine Auslegungshilfe kann deshalb infrage gestellt werden. Sie umfasst umfangreiche Fragenkataloge, die als eine Orientierungshilfe für die Unternehmen bei ihrer Konkretisierungsaufgabe dienen können, und sie schränkt die Konkretisierungsbefugnis aufgrund ihrer Vagheit nicht ein. Die Auswertung der sonstigen Handreichungen, die die Risikoanalyse,[2189] die Zusammenarbeit der Unternehmen in der Lieferkette,[2190] das

2186 Vgl. ähnlich *Verse* in Nietsch, Nachhaltiges Aktienrecht, 2023, S. 21, 28 f.; aA wohl Fleischer/Mankowski/*F. Schmidt*, LkSG § 20 Rn. 1, der aus der Konkretisierungsbedürftigkeit gerade die Notwendigkeit der Handreichungen herleitet.

2187 AA *Wagner/Ruttloff*, NJW 2021, 2145, 2152; weniger kritisch gegenüber diesem Instrument auch *Ritz/Werner*, DB 2023, 125, 127.

2188 *BAFA*, Handreichung zur Angemessenheit nach § 3 Abs. 2 LkSG, 2022, abrufbar unter https://t1p.de/0z14d, (abgerufen am 25.03.2024).

2189 *BAFA*, Handreichung zur Umsetzung einer Risikoanalyse nach den Vorgaben des Lieferkettensorgfaltspflichtengesetzes, 2022, abgerufen unter https://t1p.de/3rnxz (abgerufen am 19.03.2024).

2190 *BAFA*, Handreichung »Zusammenarbeit in der Lieferkette zwischen verpflichteten Unternehmen und ihren Zulieferern«, 2023, abrufbar unter https://t1p.de/1qe2j (abgerufen am 19.03.2024).

Beschwerdeverfahren[2191] sowie die Kredit- und Versicherungswirtschaft[2192] betreffen, würde den Rahmen dieser Arbeit sprengen.

4. Zwangsgeld, Bußgeldvorschriften sowie Vergabesperre

Die Problematik der Reichweite der öffentlich-rechtlichen Durchsetzungsbefugnisse verschärft sich, wenn die dazugehörigen Zwangsgeld- und Bußgeldvorschriften berücksichtigt werden.

Das von 25.000 Euro (§ 11 Abs. 3 VwVG)[2193] auf 50.000 Euro erhöhte Zwangsgeld im Verwaltungsverfahren nach § 23 LkSG scheint an sich nicht erheblich zu sein und hat keinen Sanktionscharakter.[2194]

Schwerwiegend erscheint jedoch die Bußgeldbewehrung der meisten Pflichten nach §§ 4 bis 10 LkSG, s. § 24 Abs. 1 LkSG. Auch die Nichtbefolgung von behördlichen Anordnungen kann geahndet werden; dies beschränkt sich aber nur auf die berichtsbezogenen Anordnungen sowie jene nach § 15 S. 2 Nr. 2 LkSG (Anordnung einer Planerstellung), § 24 Abs. 1 Nrn. 12 und 13 LkSG. Das maximale Bußgeld beträgt im Normalfall je nach Tatbestand 100.000 bis 800.000 Euro (§ 24 Abs. 2 LkSG).[2195] Bei einem hohen jährlichen Umsatz (400 Millionen Euro) erhöht sich das mögliche Bußgeld bezogen auf manche Ordnungswidrigkeiten nach Abs. 1 auf 2% des Jahresumsatzes, § 24 Abs. 3 LkSG.[2196] Obendrein können die aus der Rechtsverletzung gezogenen Vorteile abgeschöpft werden (§ 17 Abs. 4 OWiG[2197] bzw. § 29a OWiG).[2198]

2191 *BAFA*, Handreichung »Beschwerdeverfahren nach den Vorgaben des Lieferkettensorgfaltspflichtengesetzes«, 2022, abrufbar unter https://t1p.de/ifr7c (abgerufen am 19.03.2024).

2192 *BAFA*, Handreichung zur Anwendung des Lieferkettensorgfaltspflichtengesetzes (LkSG) auf die Kredit-und Versicherungswirtschaft, 2023, abrufbar unter https://t1p.de/3q13h (abgerufen am 19.03.2024).

2193 Verwaltungs-Vollstreckungsgesetz, BGBl. I 1953, S. 157 (mit allen weiteren Änderungen).

2194 S. mehr zu dieser Norm Gehling/Ott/*Schmelzeisen*, LkSG § 23 Rn. 1 ff.; vgl. Fleischer/Mankowski/*Wegner*, LkSG § 23 Rn. 1 ff.

2195 S. das Nähere zur Bußgeldhöhe bei Gehling/Ott/*Schmelzeisen*, LkSG § 24 Rn. 73 ff. Vgl. zur Bedeutung der Höhe für die Steuerungswirkung Burgi/Habersack/*Altenschmidt*, ÖffR des Unternehmens, § 10 Rn. 66.

2196 Kritisch hierzu *Spindler*, ZHR 186 (2022), 67, 94 sowie *Kamann/Irmscher*, NZWiSt 2021, 249, 255; s. die verfassungsrechtlichen Bedenken von Schall/Theusinger/Pour Rafsendjani/*Böhringer*, LkSG § 24 Rn. 46 ff.

2197 Gehling/Ott/*Schmelzeisen*, LkSG § 24 Rn. 125 f.; Burgi/Habersack/*Altenschmidt*, ÖffR des Unternehmens, § 10 Rn. 68; *Lutz-Bachmann/Vorbeck/Wengenroth*, BB 2021, 906, 913.

2198 So Wagner/Ruttloff/Wagner/*Skoupil*, § 10 Rn. 1602 f.

Aufgrund der Geltung eines besonderen Bestimmtheitsgebots nach Art. 103 Abs. 2 GG für die Ordnungswidrigkeitstatbestände[2199] kann in Zweifel gezogen werden, ob die Pflichten nach §§ 3 ff. LkSG hinreichend bestimmt sind, um als Grundlage für Bußgeldtatbestände zu taugen.[2200] Diese Zweifel lassen sich teilweise entschärfen, wenn jene Normen wie hier[2201] so ausgelegt werden, dass die Unbestimmtheit dazu dient, die positive Konkretisierungsbefugnis zu begründen und dadurch die Freiheit der Unternehmen zu schonen; diese Art und Weise der Auslegung hat hier zum Begriff eines unternehmerischen *Konkretisierungskorridors* geführt.[2202] Ob dies jedoch zur vollständigen Ausräumung dieser Zweifel ausreicht, bedarf einer weiteren Untersuchung, die den Rahmen dieser Arbeit sprengen würde.

Eine besondere Sanktionsmaßnahme stellt die Vergabesperre gem. § 22 LkSG dar.[2203] Sie kann ein Unternehmen unterschiedlich schwer treffen, je nachdem wie viel Umsatz in einer Branche auf die öffentlichen Aufträge zurückzuführen ist.[2204] Die Voraussetzungen für die Sperre sind sehr eng: § 22 Abs. 2 LkSG setzt die rechtskräftige Feststellung eines Verstoßes[2205] und eine bestimmte Mindesthöhe der Geldbuße nach § 24 Abs. 2 und Abs. 3 LkSG[2206] voraus. Dennoch kann ein Ausschluss nach § 22 Abs. 1 LkSG bei einem von öffentlichen Aufträgen wirtschaftlich abhängigen Unternehmen zur Insolvenz führen.

2199 Dürig/Herzog/Scholz/*Remmert*, GG Art. 103 Abs. 2 Rn. 56 mwN; BeckOK GG/*Radtke*, 15.8.2023, GG Art. 103 Rn. 19; Jarass/Pieroth/*Kment*, GG Art. 103 Rn. 64.

2200 Die Zweifel äußerten schon *Kamann/Irmscher*, NZWiSt 2021, 249, 253 f.; s. auch *Spindler*, ZHR 186 (2022), 67, 81; umfassend hierzu Fleischer/Mankowski/*Wegner*, LkSG § 24 Rn. 4 f.; s. Burgi/Habersack/*Altenschmidt*, ÖffR des Unternehmens, § 10 Rn. 63; deutlich zurückhaltender mit der Kritik Schall/Theusinger/Pour Rafsendjani/*Böhringer*, LkSG § 24 Rn. 6 ff.

2201 S. zur Funktion des Angemessenheitsvorbehalts oben F. Vgl. zur positiven Konkretisierungsbefugnis allgemein oben Teil 4, I. D. 1. c).

2202 Vgl. zum rechtsstaatlichen Bestimmtheitsgebot im Kontext von offenen Zielvorgaben oben Teil 4, I. E. 2.; vgl. weit skeptischer zur Rolle des Angemessenheitsvorbehalts Fleischer/Mankowski/*Wegner*, LkSG § 24 Rn. 5.

2203 S. zum Telos Fleischer/Mankowski/*Hülse*, LkSG § 22 Rn. 3. Umfassend zu den Verschränkungen zwischen der Nachhaltigkeit in den Lieferketten und dem Vergaberecht aus rechtlicher und wirtschaftlicher Perspektive s. Wagner/Ruttloff/Wagner/*Neun/König*, § 11 Rn. 1632 ff.

2204 Vgl. Schall/Theusinger/Pour Rafsendjani/*Bringmann/Böhringer*, LkSG § 22 Rn. 2, die bei Unternehmen mit hoher Abhängigkeit von öffentlichen Aufträgen von einer starken Anreizwirkung der Vorschrift ausgehen.

2205 S. mehr dazu Fleischer/Mankowski/*Hülse*, LkSG § 22 Rn. 29 f.; Schall/Theusinger/Pour Rafsendjani/*Bringmann/Böhringer*, LkSG § 22 Rn. 12 f.; Wagner/Ruttloff/Wagner/*Neun/König*, § 11 Rn. 1683 ff.

2206 Mehr hierzu s. Fleischer/Mankowski/*Hülse*, LkSG § 22 Rn. 31 ff.; Wagner/Ruttloff/Wagner/*Neun/König*, § 11 Rn. 1687 ff.; Gehling/Ott/*Fischer*, LkSG § 22 Rn. 18.

5. Zwischenergebnis

Der Gesetzgeber wollte mit umfassenden behördlichen Befugnissen für eine wirksame Durchsetzung sorgen; dies könnte auch als Ausgleich für die nicht vorhandene zivilrechtliche Haftung angesehen werden.

Die weitreichenden behördlichen Befugnisse befinden sich in einem Konflikt mit den freiheitsschonenden Regelungen der §§ 3 bis 10 LkSG. Dieser lässt sich bzgl. des zentralen § 15 LkSG dadurch auflösen, dass er erst dann zu Anwendung kommt, wenn der unternehmerische Konkretisierungskorridor verlassen und dadurch die behördliche negative Konkretisierungsbefugnis eröffnet wurde. Problematisch erscheinen ferner die Handreichungen nach § 20 LkSG, die ebenfalls eine Gefahr für das regulatorische Konzept der §§ 3 ff. LkSG darstellen.

Das letzte Problem stellen die ordnungswidrigkeitenrechtlichen Sanktionen und die Frage danach dar, ob sich diese in den Grenzen der Verfassung befinden; dies scheint auf den ersten Blick aufgrund der positiven Konkretisierungsbefugnis der Unternehmen der Fall zu sein, aber es bedarf einer weiteren Untersuchung.

I. Zusammenfassende Bewertung der LkSG-Pflichten und deren Durchsetzung

§§ 3 ff. LkSG verpflichten Unternehmen im Anwendungsbereich des LkSG zur Einrichtung eines Schutzsystems zugunsten der bestimmten Menschenrechte und Umweltgüter; das LkSG normiert umfassend die einzelnen Systembestandteile. Die Regulierung der einzelnen Systemelemente (bzw. Sorgfaltspflichten) sowie deren Durchsetzung weisen gewichtige regulatorische Mängel auf: Einerseits bevorzugt der Gesetzgeber offene Zielbestimmungen (angemessene Risikoanalyse, angemessene Prävention, Angemessenheitsvorbehalt), andererseits ergänzt er diese um zahlreiche Regelbeispiele (z. B. § 6 Abs. 3 LkSG). Er möchte die Belastung der Unternehmen zwar möglichst gering halten (arg. ex § 3 Abs. 2 LkSG), sieht aber gleichzeitig ein strenges und breites Durchsetzungsregime vor (§§ 12 ff. LkSG). Er legt Wert auf flexible und individuelle Maßnahmen (arg. ex § 3 Abs. 2 LkSG), aber er wünscht sich auch eine gewisse Standardisierung (arg. ex § 20 LkSG). Es ist zwar nicht außergewöhnlich, mit einem Gesetz widersprüchliche Ziele verfolgen zu wollen, das LkSG ist jedoch mit Spannungsverhältnissen überladen. Es wäre wünschenswert, wenn der Gesetzgeber bessere Richtlinien für die Auflösung der Widersprüche vorgesehen hätte, sei es im Gesetz oder in der Gesetzesbegründung. Dies mag zwar am eiligen Gesetzgebungsverfahren liegen, aber zusammenfassend betrachtet lässt sich das LkSG als ein Paradebeispiel für nachbesserungsbedürftige Regulierung anführen.

J. Die Phänomenologie der Organisationspflichten des LkSG und deren Organisationsneutralität

Oben wurde bereits festgestellt, dass die LkSG-Plichten eine organisationale Dimension haben; nachfolgend wird die Untersuchung dieser Dimension vertieft, indem die Natur der LkSG-Organisationspflichten (Phänomenologie) analysiert wird und das LkSG auf seine Organisationsneutralität geprüft wird.

1. Phänomenologie der Organisationspflichten nach §§ 4 ff. LkSG

a) Das LkSG zwischen impliziten und expliziten Organisationspflichten

Nicht jede in §§ 3 bis 10 LkSG vorgesehene Pflicht weist eine organisationale Natur auf. Manche dieser Pflichten sind bloße Verhaltenspflichten; sie können sich dennoch zu organisationalen Pflichten *in concreto* verdichten, womit es sich um implizite Organisationspflichten handelt. Ein Beispiel für eine solche Pflicht ist z. B. die Präventionspflicht nach § 6 LkSG.

Das Gesetz sieht auch explizite Organisationspflichten vor. Bei der Pflicht zur Einrichtung eines Schutzsystems aus § 4 Abs. 1 LkSG handelt es sich um eine ausdrückliche Organisationspflicht. Dies gilt auch für die informationelle Organisation gemäß § 5 Abs. 3 LkSG sowie für die Bestimmung einer zuständigen Person nach § 4 Abs. 3 LkSG.

b) Der Perspektivenwechsel – Parallele zur doppelten Wesentlichkeit in der Nachhaltigkeitsberichterstattung

§§ 4 ff. LkSG läuten einen Paradigmenwechsel ein, was die für die Ausrichtung der Pflichten maßgebliche Perspektive anbelangt. Denn die Pflichten aus § 91 Abs. 2 und Abs. 3 AktG beziehen sich auf die Risikobeurteilung aus der Perspektive der Gesellschaft mit der Kontrollfrage: Kann das Risiko den Bestand (Abs. 2) bzw. das finanzielle Ergebnis (Abs. 3) der Gesellschaft gefährden? Die Risikoerkennung betrifft nicht nur bloß das interne Unternehmensleben, sondern auch das Umfeld des Unternehmens, soweit von diesem ein Risiko ausgehen könnte, sei es wegen der gesetzlichen Haftung oder aber aufgrund einer sich verschlechternden Marktsituation.[2207]

Die Organisationspflichten nach dem LkSG entfernen sich hingegen mit ihrer Ausrichtung auf die Träger der Menschenrechte und die geschützten Umweltgüter von dieser dem Aktienrecht zugrundeliegenden Perspektive;[2208] hier wird das

2207 S. dazu Depping/Walden/*Walden*, LkSG § 4 Rn. 21, der auf die Möglichkeit hinweist, dass die Nachhaltigkeitsbelange ein Bestandsrisiko im Einzelfall darstellen können.

2208 Spießhofer/Späth/*Späth/Tybus*, LkSG § 4 Rn. 11; Schall/Theusinger/Pour Rafsendjani/*Theusinger/Gergen*, LkSG § 4 Rn. 113; Fleischer/Mankowski/*Fleischer/Götz*,

Unternehmen als eine Gefahrenquelle für sein Umfeld wahrgenommen. Dieser Perspektivenwechsel betrifft die Strukturen, die Risikoermittlung und Bewertung, die Präventions- sowie Abhilfemaßnahmen. Das innere Leben des Unternehmens bleibt nichtsdestotrotz zu beachten; denn die Arbeitnehmer können auch zu gefährdeten bzw. verletzten Trägern der Menschenrechte gehören. Ein besonderes Zeichen dieser Perspektivenverschiebung ist normativ in der Pflicht zur Berücksichtigung der Interessen der Rechtsträger nach § 4 Abs. 4 sowie in der Pflicht zur Einrichtung des Beschwerdeverfahrens für die betroffenen Rechtsträger gem. §§ 8, 9 Abs. 1 LkSG verankert.

Die Pflichten aus dem LkSG in der Gesamtschau mit § 91 Abs. 2 sowie Abs. 3 AktG führen in Aktiengesellschaften zu einer doppelten Perspektive, die sowohl den Blick auf die Nachhaltigkeitsbelange und deren Träger als auch auf das Unternehmen selbst richtet.[2209] Damit entspricht die Entwicklung der Organisationspflichten der der Berichtspflichten[2210]: Denn nach dem Wortlaut des Art. 19a Abs. 1 BilanzRL n. F. muss sich die Nachhaltigkeitsberichterstattung nicht nur mit den Auswirkungen der Nachhaltigkeitsbelange auf das Unternehmen auseinandersetzen, sondern auch die Auswirkung des Unternehmens auf die Nachhaltigkeitsbelange beschreiben (das Prinzip der doppelten Wesentlichkeit).[2211] Dies ist ein Beispiel für eine hohe Kohärenz zwischen dem Gesellschafts- und dem Rechnungslegungsrecht.

c) Die Pflichten nach §§ 4 ff. LkSG: Erfolgs- oder Bemühenspflichten?

Einen großen Raum in der allgemeinen Diskussion um die LkSG-Pflichten nimmt die Frage ein, inwieweit es sich bei diesen Pflichten um Erfolgs- und inwieweit um Bemühenspflichten handelt.[2212] Diese Diskussion wurde bisher eher einseitig geführt, weil überwiegend die Perspektive der Rechtsgutsverletzung und deren Konsequenzen berücksichtigt wurde, für die diese Aussage berechtigt ist.[2213] In

LkSG § 4 Rn. 26; Depping/Walden/*Walden*, LkSG § 4 Rn. 8; *Habersack* in: Leyens/Seibt, LkR, 2025, § 13 Rn. 5 Zum Perspektivenwechsel im Kontext des § 5 LkSG s. vertieft Schall/Theusinger/Pour Rafsendjani/*Theusinger/Fitzer*, LkSG § 5 Rn. 32 f.

2209 Depping/Walden/*Walden*, LkSG § 4 Rn. 25; vgl. zu der doppelten Perspektive im DCGK Spießhofer/Späth/*Späth/Tybus*, LkSG § 4 Rn. 13.

2210 Vgl. Spießhofer/Späth/*Späth/Tybus*, LkSG § 4 Rn. 14.

2211 Mehr hierzu bereits oben Teil 5, V. C. 2. c). (1).

2212 Kritisch und umfassend zu diesem Begriff im Kontext des LkSG *Sharei*, NJW 2023, 3462 ff., der insb. auf das Irreführungspotenzial dieser Zuordnung hinweist (S. 3466 f., Rn. 24); der Kritik schließen sich *Lieder/Meyer*, CRZ 2024, 101, 104 an, die »Verfahrenspflichten« als Alternative vorschlagen.

2213 S. *Spindler*, ZHR 186 (2022), 67, 80; *Wagner/Ruttloff*, NJW 2021, 2145 f.; BeckOGK/*Hübner/Weller*, 1.9.2023, LkSG § 3 Rn. 26 ff.; vgl. *Lieder/Meyer*, ZVglRWiss 122 (2023), 133, 138; s. allerdings *Sharei*, NJW 2023, 3462, 3465 f. (Rn. 20).

der Literatur wurde als eine Ausnahme die Abhilfepflicht aus § 7 Abs. 1 S. 3 LkSG anerkannt, die einen Abhilfeerfolg bei Verletzungen im eigenen Geschäftsbereich verlangt.[2214] Der Charakter einer Erfolgspflicht bei den prozess- und organisationsbezogenen Pflichten wird teilweise anerkannt.[2215] Aus der Perspektive der Organisationspflichten erweist sich die dogmatische Einordnung als schwierig und komplex; sie muss genau an den Inhalt der jeweiligen Pflicht anknüpfen.

(1) Organisationspflichten bzgl. der formalen Organisation

Die Organisationspflichten werden durch unterschiedliche Wirkrichtungen charakterisiert: Manche Pflichten verlangen eine umfassende Anpassung der formalen Organisation; jene Pflichten lassen sich als die zu erreichenden Erfolge definieren, bei deren Nichterreichung bereits eine Verletzung des LkSG vorliegt.[2216] Bspw. muss das Unternehmen gem. § 4 Abs. 3 LkSG die für die Überwachung zuständigen Personen festlegen; tut es dies nicht, liegt bereits eine erfolgsbezogene Verletzung des LkSG vor, bei der eine klare Zuständigkeitszuordnung den Erfolg darstellt.[2217]

(2) Organisationspflichten bzgl. der informalen Organisation

In allen Organisationspflichten lässt sich eine informale Komponente finden, sei sie minimal oder dominant. Dies ist an der Unternehmenskultur ersichtlich; denn aufgrund ihres Einflusses auf das alltägliche Verhalten im Unternehmen ist keine Umsetzung des LkSG vorstellbar, bei der die Unternehmenskultur bzgl. des Menschenrechtsschutzes unberücksichtigt bleibt.[2218] Besonders hervorgehoben wird die Bedeutung der informalen Organisation im Regelbeispiel einer Präventionsmaßnahme nach § 6 Abs. 3 Nr. 3 LkSG:[2219] Entscheidet sich das Unternehmen

2214 Umfassend hierzu Schall/Theusinger/Pour Rafsendjani/*Pour Rafsendjani/Purucker*, LkSG § 3 Rn. 24 f.

2215 S. die beeindruckenden Ausführungen von Schall/Theusinger/Pour Rafsendjani/*Pour Rafsendjani/Purucker*, LkSG § 3 Rn. 20 f.; s. auch Gehling/Ott/*Mader*, LkSG § 3 Rn. 17 f.; Burgi/Habersack/*Altenschmidt*, ÖffR des Unternehmens, § 10 Rn. 14; vgl. *Altenschmidt/Helling*, LkSG § 3 Rn. 8; BeckOGK/*Hübner/Weller*, 1.9.2023, LkSG § 3 Rn. 31; Spießhofer/Späth/*Spießhofer*, LkSG § 3 Rn. 5; *Lieder/Meyer*, CRZ 2024, 101, 104; vgl. *Stöbener de Mora* in: Leyens/Seibt, LkR, 2025, § 4 Rn. 11.

2216 S. Grabosch/*Grabosch*, LkSG, 2021, § 5 Rn. 1.

2217 BeckOGK/*Hübner/Weller*, 1.9.2023, LkSG § 3 Rn. 31; *Lieder/Meyer*, CRZ 2024, 101, 104.

2218 Vgl. die Aussagen zur Schulungsdurchführungspflicht in der BegrRegE LkSG, BT-Drs. 19/28649, S. 47; vgl. auch im Anschluss an die Begründung Gehling/Ott/*Ott*, LkSG § 6 Rn. 89; vgl. Hopt/*Leyens*, LkSG § 6 Rn. 16; vgl. allgemein *Rast*, Organisationsfreiheit, 2022, S. 259 ff.; vgl. *Hogrefe*, BB 2024, 1987, 1991.

2219 Zu diesem Regelbeispiel s. bereits oben G. 1. g). (1).

für eine Schulung als angemessene Präventionsform (sich im Konkretisierungskorridor bewegend), dann ist deren Durchführung zwar als ein Erfolg anzusehen, die mit dieser Maßnahme bezweckte Änderung der Unternehmenskultur kann allerdings nicht garantiert werden,[2220] sodass keine Erfolgspflicht vorliegen kann.

(3) Pflichten mit einer Doppelnatur

Bereits die allgemeine Pflicht zur Einrichtung des LkSG-Schutzsystems nach § 4 Abs. 1 LkSG verlangt nach einer entsprechenden formalen *und* informalen Organisation. Ferner darf die informale Organisation nicht dazu führen, dass die mit der Risikoanalyse betrauten Mitarbeiter die erkannten Risiken verschweigen oder entgegen § 5 Abs. 3 LkSG böswillig lückenartige Berichte erstellen.

Aus der Perspektive der §§ 6, 7 LkSG können die Mängel der informalen Organisation gerade die Ursache eines menschenrechtsbezogenen Risikos oder einer solchen Verletzung darstellen, z. B. wenn diese ein missbräuchliches oder diskriminierendes Verhalten fördern. Dann müssen die Maßnahmen zur Prävention bzw. Abhilfe auf die Änderung der informalen Organisation gerichtet sein.

Die nach § 8 Abs. 3 LkSG erforderlichen Garantien wie Verschwiegenheit oder Neutralität lassen sich nur bei einer entsprechenden Unternehmenskultur verwirklichen; § 8 LkSG hat also auch eine Doppelnatur und beinhaltet eine Bemühens- und Erfolgskomponente.

(4) Zwischenergebnis

Die informale Organisation mit Hervorhebung der Unternehmenskultur spielt bei der Erfüllung der LkSG-Pflichten eine wesentliche Rolle; sie ist nicht hinreichend steuerbar,[2221] damit die diesbezüglichen Pflichten als Erfolgspflichten qualifiziert werden könnten. Soweit es sich um eine Pflichtenkomponente mit Bezug zur informalen Organisation handelt, muss sich das Unternehmen lediglich zielgerichtet bemühen, den rechtmäßigen Zustand herzustellen. Es kann nicht wegen der Nichterreichung belangt werden; eine Ausnahme hiervon gilt dann, wenn die Maßnahmen bezogen auf die informale Organisation nur einen feigenblattartigen Charakter haben.[2222] Die Sorgfaltspflichten bezogen auf die formale Organisation sind dagegen Erfolgs- und keine Bemühenspflichten.

Dies gilt auch für jene Handlungspflichten, die nur implizit eine organisationale Natur aufweisen:[2223] Die Risikoanalyse, die Präventions- sowie Abhilfemaßnahmen, die regelmäßigen Überprüfungen und ähnliche Handlungen nach dem

2220 Vgl. dazu oben Teil 2, V. C.

2221 Dazu bereits oben Teil 2, V. B.

2222 Vgl. Schall/Theusinger/Pour Rafjsendjani/*Pour Rafsendjani/Purucker*, LkSG § 3 Rn. 30; vgl. zu diesem Problem im Kontext der internen Untersuchungen zum Abstellen eines LkSG-Verstoßes *Pawel/Hajek Gross*, BB 2024, 839, 844.

2223 Vgl. zur Qualifikation vgl. oben 1. a).

LkSG sind Erfolgspflichten,[2224] bei denen die Durchführung an sich den gesetzlich vorgeschriebenen Erfolg darstellt.

2. Die Reichweite der Organisationsneutralität des LkSG

a) Umfang der Pflichten und Organisationsneutralität

Bereits der große Umfang der Sorgfaltspflichten lässt darauf schließen, dass das Gebot der Organisationsneutralität nicht zu den gesetzgeberischen Prioritäten bei der Ausgestaltung des LkSG gehörte. Die Regelungsdichte geht aber auf die internationalen Rahmenwerke zurück; diese sind vergleichbar umfangreich.[2225] Dem Gesetzgeber kann dennoch vorgeworfen werden, die typische Regelungsweise mithilfe von offenen Zielvorgaben wie in § 91 Abs. 2 AktG zugunsten einer anderen aufzugeben, die durch ihre Neuartigkeit zu Schwierigkeiten für die Rechtsanwender führen kann. Der Gesetzgeber hätte sich auf wenige offene Zielvorgaben beschränken und auf die VN-Leitprinzipien ausschließlich als unverbindlichen Konkretisierungsvorschlag verweisen können. Die aktuelle Lösung mindert die Freiräume zugunsten der höheren Kontrollierbarkeit;[2226] dies wird durch die umfassenden behördlichen Befugnisse in §§ 13 ff. LkSG bestätigt. Angesichts des Verzichts auf die zivilrechtliche Haftung kann die erhöhte Regelungsdichte aus der Perspektive des weltweiten Menschenrechtsschutzes auch als ein Kompromiss angesehen werden.

b) Der Angemessenheitsvorbehalt und die Organisationsneutralität

Bezogen auf den Umfang darf die Bedeutung des Angemessenheitsvorbehalts nach § 3 Abs. 2 LkSG[2227] für die Sicherung der Organisationsneutralität nicht unterschätzt werden. Mit dem Konkretisierungskorridor versucht der Gesetzgeber, generell die Umsetzungsfreiheit der Unternehmen und damit die Organisationsneutralität des Regelungsregimes trotz seines Umfangs als ein allgemeines Prinzip sicherzustellen; dies scheint jedoch vor dem Hintergrund der Kriterien der Angemessenheit nicht hinreichend, um diesen Umfang auszugleichen.

2224 Grabosch/*Grabosch*, LkSG § 5 Rn. 1. Als ein weiteres Beispiel kommt die Pflicht zur Erstellung und Veröffentlichung des Berichts nach § 10 Abs. 2 LkSG in Betracht; die Dokumentation (§ 10 Abs. 1 LkSG) lässt sich darunter auch einbeziehen.

2225 Vgl. etwa die VN-Leitprinzipien 2011.

2226 S. dazu bereits im Kontext des Angemessenheitsvorbehalts oben F. 3.

2227 Zum Angemessenheitsvorbehalt und seinen Folgen s. oben F.

c) Organisationsneutralität der einzelnen Sorgfaltspflichten nach §§ 4 ff. LkSG

Der Grad der Organisationsneutralität ist innerhalb der §§ 3 bis 10 LkSG unterschiedlich ausgefallen, sodass eine pauschale Beurteilung nicht ausreicht und eine genauere Analyse erforderlich ist.

(1) Die Pflicht zur Einrichtung eines Schutzsystems nach § 4 LkSG

§ 4 Abs. 1 S. 1 LkSG ähnelt vom Wortlaut her § 91 Abs. 3 AktG und ist durch seine inhaltliche Offenheit organisationsneutral.[2228] § 4 Abs. 1 S. 2 LkSG ergibt sich inhaltlich bereits aus § 4 Abs. 1 S. 1 LkSG, denn das Schutzsystem muss in alle relevanten Abläufe integriert werden, damit es wirksam und angemessen funktionieren kann.

Die Notwendigkeit der Bestimmung der für die Überwachung zuständigen Person(en) gem. § 4 Abs. 3 S. 1 LkSG führt implizit zu einer Verpflichtung, über eine interne Revision bezogen auf das LkSG zu verfügen.[2229] Das heißt, der Gesetzgeber verlangt eine zweistufige Organisation des LkSG-Schutzsystems.[2230] Dies ist nicht organisationsneutral; denn es muss nicht zu jedem Organisationsmodell passen und kann bei eher geringen Risiken bzw. Verletzungen zu einem (im Verhältnis zu geschützten Rechtspositionen) überproportionalen Aufwand führen.[2231]

Der Vorwurf der nicht neutralen Ausgestaltung gilt auch für den Nebensatz zum Menschenrechtsbeauftragten, in dem der Gesetzgeber die Ernennung eines solchen empfiehlt. Diese Lösung wird in vielen Strukturen keinen Sinn ergeben, z. B. bei einer vollständigen Integration des menschenrechts- und umweltbezogenen RMS in das allgemeine RMS.[2232] Diese Empfehlung wäre in der Gesetzesbegründung besser aufgehoben; ihre Verortung im Gesetz führt zu einer nicht notwendigen Beeinträchtigung der Organisationsneutralität, denn sie erlegt den

2228 Ähnlich bereits Spießhofer/Späth/*Späth/Tybus*, LkSG § 4 Rn. 20; Depping/Walden/*Walden*, LkSG § 4 Rn. 38 ff.

2229 In diesem Sinne Gehling/Ott/*Balke*, LkSG § 4 Rn. 45; Spießhofer/Späth/*Späth/Tybus*, LkSG § 4 Rn. 79 ff., 83; vgl. dazu KKRS/*S. Lorenzen*, LkSG § 4 Rn. 113 ff.; aA wohl Fleischer/Mankowski/*Fleischer/Götz*, LkSG § 4 Rn. 48; *Brunk*, Menschenrechtscompliance, 2022, S. 509; für die Herleitung der Zweistufigkeit sprechen die teleologischen Gründe, die eine Trennung zwischen der Ausführung und der Überwachung verlangen.

2230 Depping/Walden/*Walden*, LkSG § 4 Rn. 98.

2231 Folgt man der Auslegung von *Fleischer*, *Götz* und *Brunk*, dann handelt es sich um eine organisationsneutrale Regelung.

2232 Zu den potenziellen Gründen für eine solche Integration s. oben G. 1. c).; vgl. zu Möglichkeiten der Verortung der Überwachungsstelle Schall/Theusinger/Pour Rafsendjani/*Theusinger/Gergen*, LkSG § 4 Rn. 86 ff.

Unternehmen eine Rechtfertigungslast auf, warum sie sich ggf. gegen diese Lösung entschieden haben.[2233]

(2) Die Risikoanalyse-Pflicht nach § 5 LkSG

Die Pflicht zur Risikoermittlung und -bewertung nach § 5 LkSG kann sich auf jede beliebige Art und Weise in der Organisation niederschlagen, sodass darin keine Beeinträchtigung der Organisationsneutralität zu sehen ist. Dieses Ergebnis wird durch die Befugnis der Unternehmen zur Risikopriorisierung gem. § 5 Abs. 2 S. 1 Alt. 2 LkSG bestätigt, die geeignet ist, den Ermittlungsaufwand im Einzelfall einzuschränken.[2234]

Die Pflicht zur Risikokommunikation nach § 5 Abs. 3 LkSG ist ebenfalls als offene Zielvorgabe ausgestaltet, die das Ziel der Information der maßgeblichen Entscheidungsträger bestimmt ohne die Umsetzungsfreiheit einzuschränken.

(3) Grundsatzerklärung nach § 6 Abs. 2 LkSG

Ziemlich genau wurden die Inhalte der Grundsatzerklärung gem. § 6 Abs. 2 LkSG vorgegeben; aufgrund des Verweises auf die meisten Sorgfaltspflichten in § 6 Abs. 2 Nr. 1 LkSG muss diese Erklärung praktisch das gesamte LkSG-Schutzsystem beschreiben. Das Gesetz geht wohl von einem hohen Formalisierungsgrad des LkSG-Schutzsystems aus, was die Organisationsfreiheit in dieser Hinsicht schmälert und die vom Unternehmen bestimmten Verfahren weniger flexibel macht.[2235] Das Unternehmen kann aber selbst den Abstraktionsgrad der gesamten Erklärung bestimmen, womit die Freiheitsbeschneidung minimiert werden kann. Dies gilt besonders für die prioritären Risiken nach § 6 Abs. 2 Nr. 2 sowie für die an die Beschäftigten und Zulieferer gerichteten Erwartungen nach § 6 Abs. 2 Nr. 3 LkSG.

(4) Pflicht zu angemessenen Präventionsmaßnahmen nach § 6 LkSG

Die Pflicht zu angemessenen Präventionsmaßnahmen im eigenen Geschäftsbereich und gegenüber den unmittelbaren Zulieferern nach § 6 Abs. 1, 3, 4 LkSG weist grundsätzlich eine organisationsneutrale Natur auf; sie ergibt sich sachnotwendig als Risikosteuerung aus der RMS-Pflicht nach § 4 Abs. 1 LkSG.

Die Regelbeispiele mindern diese Neutralität durch die Vorgabe konkreter Maßnahmen. Das Unternehmen kann zwar auf die Anwendung der Regelbei-

2233 Vgl. *Bertke/Sandbrink*, NJW 2024, 319, 320; vgl. *Rudkowski*, CRZ 2024, 25 f.

2234 Vgl. zur Riskopriorisierung Fleischer/Mankowski/*Götz*, LkSG § 5 Rn. 44 ff.; s. auch Gehling/Ott/*Balke*, LkSG § 5 Rn. 46 ff.

2235 Vgl. unten die Ausführungen zur Dokumentationspflicht (8).

spiele verzichten, dies führt aber wiederum zu einer Rechtfertigungslast.[2236] Die Kontrollpflichten nach § 6 Abs. 3 Nr. 4 sowie Abs. 4 Nr. 4 LkSG können einen besonderen Aufwand verursachen; denn bei einer weltweiten Lieferkette würden bereits die Reisekosten der Kontrolleure das Unternehmen sehr belasten. Diese Last könnte durch die Einschränkung der Kontrollen auf wenige Zulieferer infolge der Anwendung des Angemessenheitsvorbehalts und durch das Outsourcing gemindert werden. *De lege ferenda* wäre dennoch der Verzicht auf die Regelbeispiele wünschenswert, um die Organisationsneutralität zu erhöhen, die unter der Rechtfertigungslast zu leiden hat.[2237]

(5) Pflicht zu angemessenen Abhilfemaßnahmen nach § 7 LkSG

Die Organisationsneutralität der Pflicht zu angemessenen Abhilfemaßnahmen nach § 7 LkSG scheint deutlich begrenzter zu sein. Einerseits soll die stufenmäßige Ausgestaltung die Unternehmen schonen. Andererseits schränkt die Pflicht zur Konzepterstellung und -umsetzung auf der zweiten Stufe (§ 7 Abs. 2 LkSG) die Wahlfreiheit in Bezug auf das Mittel ein, mit dem eine Verletzung zu beenden oder zu minimieren ist. Die die Konzeptpflicht auslösende zeitliche Verzögerung muss nicht dazu führen, dass nur ein planmäßiges Handeln einen Erfolg verspricht. Eine Einzelmaßnahme kann dennoch das optimale unternehmerische Verhalten darstellen; dies wird im Gesetz nicht berücksichtigt. Insoweit ist die Konzeptpflicht auf der zweiten Stufe nicht organisationsneutral.

Der Konzeptinhalt mit den Schritten zur Beendigung oder Minimierung bleibt offen, sodass an dieser Stelle die Organisationsneutralität nicht eingeschränkt wurde. Das Unternehmen ist frei, innerhalb des Konzepts Organisationsmaßnahmen vorzusehen oder auch nicht und kann auch deren Intensität frei bestimmen; es muss nur der Konkretisierungskorridor (§ 3 Abs. 2 LkSG) beachtet werden.

Die Pflicht zum Abbruch von Geschäftsbeziehungen nach § 7 Abs. 3 LkSG hat an sich nicht den Charakter einer Organisationspflicht, sie kann sich aber aufgrund ihrer einschneidenden Natur mittelbar auf die unternehmensinternen Abläufe auswirken. Muss das Unternehmen auf einen Zulieferer verzichten, kann dies interne Abläufe stark beeinflussen, sei es wegen der Produktanpassung oder eines gesteigerten Aufwands bei der Suche nach potenziellen Ersatzzulieferern. Oben wurden bereits die Gründe ausgeführt, wieso die Pflicht zum Abbruch in der Praxis kaum ausgelöst wird;[2238] dadurch hat sie kaum Potenzial, die Organisationsneutralität des LkSG-Regimes wesentlich zu schmälern.

2236 Wohl aA Schall/Theusinger/Pour Rafsendjani/*Theusinger/Purucker*, LkSG § 6 Rn. 30 f., die nur ausnahmsweise die Abstandnahme von den Regelbeispielen zulassen.

2237 Vgl. aA im Kontext des § 130 Abs. 1 OWiG KK-OWiG/*Rogall*, OWiG § 130 Rn. 41.

2238 S. dazu oben G. 1. h). (4).

(6) Pflicht zur Einrichtung eines Beschwerdeverfahrens nach §§ 8, 9 Abs. 1 LkSG

Relativ organisationsneutral ausgestaltet wurde das Beschwerdeverfahren nach §§ 8, 9 Abs. 1 LkSG. Die Bestimmungen lassen Outsourcing zu (§ 8 Abs. 1 S. 6 LkSG); außerdem beinhalten die Regelungen zahlreiche qualitative Kriterien, die ein Beschwerdeverfahren erfüllen muss. Die Pflichten zur Eingangsbestätigung und einer gemeinsamen Erörterung ergeben sich bereits aus dem Beschwerdeverfahren und sollen die Qualität der Kommunikation mit Außenstehenden und die der erhaltenen Informationen sicherstellen. Die Anforderungen an das zuständige Personal nach § 8 Abs. 3 LkSG ähneln denen an einen Notar nach § 14 Abs. 1 S. 2 und § 18 Abs. 1 S. 1 BNotO.[2239] Dies mag bei Beschwerden von Beschäftigten zu ihrem Schutz unentbehrlich sein, bei den sonstigen Interessenträgern kann es zu einer unverhältnismäßigen Belastung führen; denn die Personen mit vom Gesetz vorgegebenen Qualitäten können aufgrund ihres herausragenden Profils hohe Personalkosten verursachen.

Außerdem kann bemängelt werden, dass der Gesetzgeber das Beschwerdeverfahren nach dem LkSG nicht an die Anforderungen an die interne Meldestelle nach §§ 12 ff. HinSchG angepasst hat, was Schwierigkeiten bei einer ressourcenschonenden Integration dieser Meldekanäle verursachen kann.[2240]

(7) Pflicht zur Überprüfung und Anpassung der Maßnahmen

Die Pflicht zur Überprüfung und Anpassung der Maßnahmen (§ 5 Abs. 4, § 6 Abs. 5, § 7 Abs. 4, § 8 Abs. 5 LkSG) bewegt sich nur innerhalb des Angemessenheitsvorbehalts und ist daher komplett organisationsneutral, denn das Gesetz beschreibt genauer nur die Auslöser dieser Pflicht und nicht deren Intensität.

(8) Dokumentationspflicht nach § 10 Abs. 1 LkSG

Die Dokumentationspflicht führt zu einer weitestgehenden Formalisierung des menschenrechts- und umweltbezogenen RMS nach §§ 3 ff. LkSG. Dies kann zur Minderung der Flexibilität der Organisation führen und generell deren Entwicklung ausbremsen; allerdings werden diese negativen Folgen durch die Überprüfungs- und Anpassungspflicht ausgeglichen. Die Art und Weise der Dokumentation und die organisationale Verankerung der Erfüllung dieser Pflicht sind

2239 Vgl. *Bertke/Sandbrink*, NJW 2024, 319, 323 ff., die aus den Anforderungen an die Verantwortlichen und aus den Garantien für die Beschwerdeführer nach § 8 LkSG eine implizite Pflicht herleiten, einen Beschwerdebeauftragten zu ernennen; so auch *Hagel/Wiedmann*, BB 2023, Heft 19, I (Editorial).

2240 Vgl. *Bürkle/Reuter* in: Leyens/Seibt, LkR, 2025, § 15 Rn. 83 ff.; zu den Anforderungen nach dem HinSchG s. oben Teil 5, III. C.

offengelassen worden, sodass insgesamt von einer organisationsneutralen Regelung gesprochen werden kann.

(9) Berichtspflicht nach § 10 Abs. 2 bis 4 LkSG

Die Berichtspflicht knüpft nur an die Handlungspflichten an, sodass sie in der organisationalen Hinsicht nur die Pflicht zur Zuordnung der Zuständigkeit samt einem notwendigen Informationszugriff auslöst. Bzgl. dieser Pflicht ist sie auch organisationsneutral.

(10) Pflichten gegenüber mittelbaren Zulieferern gem. § 9 Abs. 2, 3 LkSG

Für die Pflichten gegenüber mittelbaren Zulieferern nach § 9 Abs. 2 und Abs. 3 gilt das oben Gesagte bzgl. der Pflichten im eigenen Geschäftsbereich sowie gegenüber unmittelbaren Zulieferern entsprechend.

(11) Organisationsneutralität der Summe einzelner LkSG-Sorgfaltspflichten

Viele der oben analysierten Pflichten verfügen über eine organisationsneutrale Natur und lassen sich mithin auch als offene Zielvorgaben auslegen oder wären sowieso aus einer Pflicht zur Einrichtung eines Schutzsystems herzuleiten. Das Gesetz schreibt jedoch für die Organisation viele zusätzliche »Ob«-Elemente vor, arg. ex § 4 Abs. 3, § 6 Abs. 2 sowie § 7 Abs. 2 LkSG.[2241] Wegen dieser Vorgaben zur Ausgestaltung des LkSG-Schutzsystems sind die Sorgfaltspflichten in ihrer Summe deutlich weniger organisationsneutral, auch wenn die meisten Einzelteile dieses Schutzsystems selbst organisationsneutral normiert wurden und alle unter dem Angemessenheitsvorbehalt stehen. Aus der Perspektive einer AG führt diese Regulierungsweise zu einem Paradigmenwechsel, denn die bisherigen allgemeinen Organisationspflichten waren als offene Zielvorgaben ausgestaltet.[2242]

(12) Zwischenergebnis

Insgesamt handelt es sich hier um eine Pyramide aus offenen Zielvorgaben; die Organisationsfreiheit unterliegt dabei einer dreifachen Einschränkung, und zwar durch den Konkretisierungskorridor aus den Angemessenheitskriterien (Angemessenheitsvorbehalt), durch die schiere Anzahl an erforderlichen Systemelementen sowie durch die zahlreichen Regelungen mit Regelbeispielen, die eine

2241 Spießhofer/Späth/*Späth/Tybus*, LkSG § 4 Rn. 19.

2242 Vgl. oben zu § 91 Abs. 1, Abs. 2 und Abs. 3 AktG entsprechend Teil 5, V. C., Teil 5, IV. D. 1. a) und Teil 5, IV. D. 2. b). (1). und (2). Diese Aussage gilt auch für das HinSchG, das die Organisation ebenfalls dicht reguliert (vgl. dazu oben Teil 5, III. C. 8.).

Rechtfertigungslast auslösen.[2243] Einzelne Pflichten variieren in ihrer Organisationsneutralität: Manche sind ganz offen ausgestaltet, andere können einen nicht erforderlichen Zusatzaufwand für bestimmte Unternehmen verursachen; zu denken ist hier an das zweistufige Schutzsystem gem. § 4 Abs. 3 LkSG sowie an die komplexe Regelung der Abhilfe nach § 7 Abs. 3 LkSG.

Dieses doppelte Regelungskorsett macht es unmöglich, die Organisationspflichten aus dem LkSG in ihrer Gesamtheit in eine allgemeine Formel zu überführen.

d) Beeinträchtigung der informationellen Fokushoheit des Unternehmens durch §§ 3 ff. LkSG

Das Gesetz beeinträchtigt die Fokushoheit der Unternehmen,[2244] indem diese aufgrund des Regelungskorsetts zur Berücksichtigung der Menschenrechte und der Umwelt bei ihren Entscheidungsprozessen gezwungen werden. Diese Beeinflussung wird besonders an drei Regelungen deutlich: an der Verankerung des Schutzsystems in allen relevanten Geschäftsprozessen nach § 4 Abs. 1 S. 2 LkSG, an der obligatorischen Information der Geschäftsleitung zu der Erfüllung der LkSG-Pflichten nach § 4 Abs. 3 S. 2 LkSG und besonders an der Pflicht zur Weitergabe der Risikoinformation an maßgebliche Entscheidungsträger im Unternehmen gemäß § 5 Abs. 3 LkSG.

Die Beeinträchtigung der Fokushoheit geht nicht so weit wie bei den oben erörterten ESRS[2245]; die Informationsorganisation wird mithilfe der Priorisierungsbefugnis der Unternehmen vor einer Überforderung geschützt (arg. ex § 5 Abs. 2 S. 1 Alt. 2 LkSG). Infolge dieser Befugnis bleibt offen, welche der nach LkSG geschützten Menschenrechte und Umweltgüter tatsächlich *in concreto* einer besonderen unternehmerischen Aufmerksamkeit ausgesetzt sein werden; der Gesetzgeber verschiebt also den allgemeinen unternehmerischen Fokus auf die Nachhaltigkeit, aber die konkrete Umsetzung dieser Verschiebung wurde in den engen Grenzen den Unternehmen überlassen; denn diese haben bei der Priorisierung den Konkretisierungskorridor des Angemessenheitsvorbehalts nach § 3 Abs. 2 LkSG zu beachten.

Die stärkere Berücksichtigung von Menschenrechten und Umwelt bei unternehmerischem Handeln ist nicht nur eine Nebenfolge des LkSG, sondern gerade ein zentrales (implizites) Gesetzesziel, das für die Förderung eines weltweiten Menschenrechts- und Umweltschutzes erforderlich ist.[2246]

2243 Vgl. allgemein *Lieder/Meyer*, CRZ 2024, 101 f.
2244 Zur Fokushoheit im Kontext der Business Judgment Rule vgl. oben Teil 4, II. B. 4.
2245 S. oben Teil 5, V. C. 2. c). (7).
2246 Vgl. BegrRegE LkSG, BT-Drs. 19/28649, S. 23 f.

K. Das LkSG und die Pflichten der Organe der AG

Bisher wurden die Pflichten sowie die Befugnisse der Unternehmen nach dem LkSG aus der Perspektive des Rechtsträgers untersucht. Um deren Anwendung im Kontext einer Aktiengesellschaft zu bestimmen, muss das Zusammenspiel der LkSG-Sorgfaltspflichten und der aktienrechtlichen Stellung des Vorstands genau analysiert werden. Es ist ferner kurz auf die Rolle des Aufsichtsrats einzugehen.

1. Die Vorstandspflichten nach dem LkSG

a) Die Grundlagen

Im Außenverhältnis trifft die Gesellschaft die Legalitätspflicht, die die Aktiengesellschaften im Anwendungsbereich des LkSG zur Einhaltung des LkSG-Regelungskorsetts verpflichtet.

Die Erfüllung dieser Pflicht liegt im Rahmen der allgemeinen Leitungspflicht in der Zuständigkeit des Vorstands, § 76 Abs. 1 AktG. Die Pflichten des Unternehmens im Außenverhältnis werden in der Aktiengesellschaft aufgrund ihrer Organisationsverfassung mithilfe der Legalitätspflicht[2247] in die Pflichten des Vorstands im Innenverhältnis transformiert;[2248] deren Verletzung ist damit eine Pflichtverletzung im Innenverhältnis, die ggf. eine Abberufung rechtfertigen sowie zur Haftung führen kann; die Haftung des Vorstands bleibt von § 3 Abs. 3 LkSG unberührt[2249]. Konsequenterweise ist es dem Vorstand verwehrt, die Grenzen des Konkretisierungskorridors zu überschreiten. Zusammenfassend betrachtet, trifft den Vorstand persönlich die Pflicht, für die Einrichtung des Schutzsystems nach § 4 LkSG zu sorgen sowie die sonstigen Maßnahmen nach §§ 3 ff. LkSG durchzuführen.

Außerdem droht dem Vorstand eine ordnungswidrigkeitenrechtliche Sanktion nach § 9 Abs. 1 OWiG i. V. m. § 24 LkSG.[2250] Das LkSG bindet also den Vorstand auch im Außenverhältnis in dem Umfang, wie die Pflichten mit einer Sanktion abgesichert sind.

Dem Vorstand werden nicht nur die Pflichten, sondern auch die Konkretisierungsbefugnisse zugeordnet. Das heißt, ihm obliegt es im Einzelfall, für die

2247 S. zu dieser oben Teil 5, III. A. (insb. 4.).

2248 *Geh*, Vorstandshaftung, 2024, S. 38; Depping/Walden/*Walden*, LkSG § 3 Rn. 4; vgl. Spießhofer/Späth/*Späth/Tybus*, LkSG § 4 Rn. 12; vgl. auch Scholz/*Verse*, § 43 Rn. 107 für die GmbH; *Thole*, ZHR 173 (2009), 504, 509; Gehling/Ott/*Mader*, LkSG § 3 Rn. 13; *Habersack* in: Leyens/Seibt, LkR, 2025, § 13 Rn. 4; umfassend dazu oben Teil 5, III. A. 2. und 3.

2249 *Geh*, Vorstandshaftung, 2024, S. 29 f.

2250 Mehr hierzu *Mitsch*, NZWiSt 2021, 409, 410 f.; vgl. auch Fleischer/Mankowski/*Wegner*, LkSG § 24 Rn. 9 f.; vgl. Spießhofer/Späth/*Böhme*, LkSG § 24 Rn. 3.

Ausfüllung des Angemessenheitsvorbehalts[2251] sowie sonstiger konkretisierungsbedürftiger Begriffe[2252] zu sorgen. Aufgrund der Legalitätspflicht darf der Vorstand den Konkretisierungskorridor bei der Erfüllung dieser Aufgabe nicht verlassen. Die Ausübung der positiven Konkretisierungsbefugnis setzt ein gewisses Minimum an Nachhaltigkeitswissen beim Vorstand voraus, damit dieser dies sachgerecht tun kann.

b) Die Geltung der Business Judgment Rule

Die Entscheidungen in den Grenzen des Konkretisierungskorridors haben einen unternehmerischen Charakter und es gilt daher die Business Judgment Rule aus § 93 Abs. 1 S. 2 AktG analog mit der doppelten Zielbindung[2253]. Es sind also sowohl die Grenzen des Angemessenheitsvorbehalts gem. § 3 Abs. 2 LkSG als auch die der Business Judgment Rule einzuhalten.

Gegen die Heranziehung des § 93 Abs. 1 S. 2 AktG (analog) könnte eingewandt werden, dass der Gesetzgeber den Vorschlag des Deutschen Anwaltvereins nicht übernommen hat, eine Klausel ähnlichen Wortlauts ins Gesetz aufzunehmen.[2254] Dieser Einwand ist jedoch nicht zu beachten, denn es geht bei diesem Vorschlag um die Bindung der Unternehmen an das Gesetz im Außenverhältnis und nicht um die Bindung ihrer Organe im Innenverhältnis.[2255]

Der analogen Anwendung der Business Judgment Rule könnte jedoch ein strukturell bedingter Interessenkonflikt zwischen der AG und dem Vorstand[2256] entgegenstehen; denn einerseits sollten die Freiräume bei der Konkretisierung den optimalen Ausgleich zwischen dem Unternehmenswohl und dem LkSG herstellen, indem das Unternehmenswohl in den Schranken des Konkretisierungs-

2251 S. zu diesem oben F. 1. bis 3.

2252 S. dazu oben F. 4.

2253 Ähnlich bereits Schall/Theusinger/Pour Rafsendjani/*Theusinger/Gergen*, LkSG § 4 Rn. 43. Gegen die Anwendung wohl die herrschende Meinung, s. *Verse* in Nietsch, Nachhaltiges Aktienrecht, 2023, S. 21, 29; Spießhofer/Späth/*Spießhofer*, LkSG § 3 Rn. 36; *Koch*, AktG § 76 Rn. 112; *Paefgen*, ZIP 2021, 2006, 2013; *Burchardi*, NZG 2022, 1467, 1469 f.; ablehnend auch *Geh*, Vorstandshaftung, 2024, S. 118 ff., der allerdings dagegen, aber aufgrund teleologischer Gesichtspunkte (S. 124 ff.) einen der Business Judgment Rule vergleichbaren Ermessensspielraum in Anlehnung an die Ermessensfehlerlehre des öffentlichen Rechts herleitet (S. 127 ff.); ähnlich auch Fleischer/Mankowski/*Fleischer*, LkSG § 3 Rn. 55 f.; *Hübner/Kühle*, CRZ 2023, 5, 7 ff.; BeckOGK/*Hübner/Weller*, 1.9.2023, LkSG § 3 Rn. 55 ff.; bezogen auf die CSDDD *Nietsch*, NJW 2024, 2865, 2867, Rn. 15.

2254 *DAV-Ausschüsse*, NZG 2021, 546, 550, Rn. 29.

2255 Zum Verhältnis dieses Vorschlags zum Angemessenheitsvorbehalts und zu seiner Rechtsnatur als eine Art *Due Diligence Judgment Rule* s. oben I. F. 4. a.E.

2256 S. dazu schon *Burchardi*, NZG 2022, 1467, 1469. Zur Freiheit von Interessenkonflikten als eine Voraussetzung der Business Judgment Rule vgl. oben Teil 5, II. B. 2. und 3. a).

korridors selbst möglichst optimal konkretisiert wird, andererseits kann der Vorstand aufgrund seiner persönlichen Bußgeldgefahr gem. § 9 Abs. 1 OWiG i. V. m. § 24 LkSG[2257] zur Over-Compliance[2258] neigen und damit das Unternehmenswohl beeinträchtigen.[2259] Rein normativ betrachtet besteht allerdings kein Konflikt; denn die ordnungswidrigkeitenrechtliche Verantwortung entsteht erst mit dem Verlassen der Grenzen des Konkretisierungskorridors durch den Vorstand. Die Business Judgment Rule findet nur im Rahmen dieses Korridors Anwendung.

Die Over-Compliance kann im Einzelfall dem Unternehmenswohl dienen. Die verwaltungsrechtlichen Maßnahmen des BAFA können nämlich bereits reputationsschädigend wirken und damit die wirtschaftliche Situation des Unternehmens beeinträchtigen.[2260] Das Verhältnis zwischen den Kosten der Over-Compliance und den Risiken der Rechtsdurchsetzung kann nicht pauschal festgestellt werden. Dies kann und muss nur der Vorstand beurteilen, wenn er alle Risiken berücksichtigt, die mit potenziellen Maßnahmen des BAFA gegen das Unternehmen verbunden sind. Die Business Judgment Rule nicht anzuwenden, würde zur Lösung dieses Problems nicht beitragen. Es gilt also die Business Judgment Rule analog mit der doppelten Zielbindung.

Der risikoaversionsbedingten Gefahr der übermäßigen Over-Compliance lässt sich nur durch eine entsprechende Ausgestaltung der Vorstandsvergütung entgegenwirken, die die Compliance und die wirtschaftlichen Interessen ins Gleichgewicht bringt. Hilfreich kann auch eine solche Zusammensetzung des Vorstands sein, dass ein Gleichgewicht zwischen risikoaversen und risikofreudigen Mitgliedern herrscht.[2261]

2257 Mehr hierzu *Mitsch*, NZWiSt 2021, 409, 410 f.; vgl. auch Fleischer/Mankowski/*Wegner*, LkSG § 24 Rn. 9 f.; vgl. Spießhofer/Späth/*Böhme*, LkSG § 24 Rn. 3.

2258 Zu diesem Problem im Kontext von offenen Zielvorgaben s. allgemein oben Teil 4, I. E. 3; zur Over-Compliance im Kontext des LkSG *Lieder/Meyer*, CRZ 2024, 101; allgemein zur Over-Compliance (»Übererfüllung«) im Kontext der Lieferkettenregulierung *Kalss*, ZfPW 2024, 181, 192 f.

2259 Den Zusammenhang zwischen der Bußgeldandrohung und der Over-Compliance erkannten bereits *Lieder/Meyer*, CRZ 2024, 101.

2260 Vgl. *Böhmer*, Rechnungslegung, 2020, S. 30 f.

2261 Vgl. zur Bedeutung der gegenseitigen Kontrolle der Vorstandsmitglieder *Dauner-Lieb*, FS Röhricht, 2005, S. 83, 99 ff.; vgl. auch MüKoAktG/*Spindler*, AktG § 93 Rn. 185 ff.; s. zur vorstandsinternen Überwachung im Falle einer Ressortaufteilung *M. Koch*, Gesamtverantwortung, 2024, S. 214 f., 225 ff.

c) Die Geltung der Business Process Rule für §§ 4 ff. LkSG

Beim LkSG-Schutzsystem handelt es sich um einen Dauerprozess;[2262] hieraus könnte die Anwendbarkeit der Business Process Rule nach § 93 Abs. 1 S. 2 AktG analog folgen. Dies wäre allerdings überflüssig, denn der Gesetzgeber hat eine ausdrückliche Prozesssorgfalt im LkSG bereits vorgesehen: § 5 Abs. 1, Abs. 4, § 6 Abs. 5, § 7 Abs. 4 und § 8 Abs. 5 LkSG sehen regelmäßige sowie anlassbezogene Überprüfungs- und Anpassungsmaßnahmen vor, die der zeitlichen Dimension des Menschenrechts- und Umweltschutzes hinreichend Rechnung tragen und sowohl im Außen- als auch im Innenverhältnis gelten. Das LkSG ist damit ein gesetzlicher Sonderfall der Business Process Rule, gerichtet auf die Menschenrechte und (bestimmte) Umweltgüter, die in ihren Grundzügen an den Deming-Zyklus erinnert (**PDCA**: ***P****lan-****D****o-****C****heck-(Re-)****A****ct*).[2263]

d) Die Geltung der organisationsbezogenen Business Process Rule im Hinblick auf das LkSG

Aufgrund der organisationalen Dimension strahlt das LkSG auf die organisationale Variante der Business Process Rule aus; denn aus dem LkSG folgen Implikationen für die gesamte Unternehmensorganisation: Die Gewährleistung des Mindestschutzes für Menschenrechte und Umweltgüter i. S. d. LkSG ist als ein gesetzliches organisationales Ziel bzw. Kriterium für eine angemessene Ablauf- und Aufbauorganisation im Rahmen der allgemeinen organisationalen Business Process Rule aufzunehmen.[2264] Die LkSG-Affinität ist vom Vorstand bei der Untersuchung, Bewertung sowie Anpassung der gesamten Organisation zu berücksichtigen. Die Gewichtung dieses Kriteriums ist dem Vorstand überlassen, soweit es nicht evident unter- bzw. überproportional gewichtet wird.

Zur Minimierung der Organisationspflicht kann der Leitgedanke des § 4 Abs. 1 S. 2 LkSG herangezogen werden, wonach die Verankerung in der Ablauf- und Aufbauorganisation nur die relevanten Geschäftsprozesse betrifft. Der Vorstand kann sich darauf beschränken, den Schutz der Menschenrechte und der Umwelt nur in den risikoreichen Unternehmensbereichen als ein gleichberechtigtes Organisationskriterium anzusehen.

In der sonstigen Organisation, die nicht als relevant für Menschenrechte und Umwelt erachtet wird, kann sich das Kriterium des Mindestschutzes auf ein absolutes Minimum beschränken: Es muss lediglich sichergestellt bleiben, dass

2262 Depping/Walden/*Walden*, LkSG § 3 Rn. 21 f.; prägnant BeckOGK/*Hübner/Weller*, 1.9.2023 LkSG § 3 Rn. 33 ff.: »Der Weg ist das Ziel.«; Gehling/Ott/*Mader*, LkSG § 3 Rn. 19 ff.

2263 Vgl. zum PCDA-Zyklus *Vahs*, Organisation, S. 301 f.; vgl. auch *Dudin et al.*, European Research Studies Journal, Vol. XX Issue 2B (2017), S. 283, 290.

2264 Zu den organisationalen Zielen im Kontext der Business Process Rule s. oben Teil 5, II. C. 3. c).; zum Verhältnis zwischen der Business Process Rule und dem Unternehmensinteresse s. unten Teil 7, I. C.

erstens bei einer veränderten Risikolage die Informationen über ein Risiko oder eine Verletzung nicht vertuscht werden und zweitens, dass eine hypothetische Integration der betroffenen Einheit/Abteilung in das LkSG-Schutzsystem keinen erheblichen Widerstand verursacht. Dies kann sich bspw. in der Förderung einer menschenrechtsfreundlichen Unternehmenskultur niederschlagen.

Das LkSG strahlt also auf die gesamte Ablauf- sowie Aufbauorganisation aus; die Intensität dieser Ausstrahlung wird vom Vorstand gesteuert, indem er die für das LkSG-Schutzsystem relevanten Bereiche bestimmt und damit das Gewicht der LkSG-bezogenen organisationalen Ziele für die Beurteilung und Entwicklung der Unternehmensorganisation bestimmt.

e) Die Vorstandspflichten bei der Rechtsunsicherheit im Kontext des LkSG

In Bezug auf unbestimmte Rechtsbegriffe, wie die Reichweite der geschützten Menschenrechte oder des Anwendungsbereichs,[2265] gelten die Regeln für den Umgang des Vorstands mit Rechtsunsicherheit. Aufgrund der Bedeutung des LkSG kann im Einzelfall die Inanspruchnahme professioneller Rechtsberatung notwendig sein; der Vorstand haftet für hypothetische Rechtsfindungsfehler mangels Verschuldens nicht, wenn er die Grenzen der ISION-Rechtsprechung des BGH einhält.[2266]

2. Die Pflichten des Aufsichtsrats im Hinblick auf das LkSG

Der Aufsichtsrat muss im Rahmen seiner Überwachungspflicht aus § 111 Abs. 1 AktG die Einhaltung des Konkretisierungskorridors bzgl. der Sorgfaltspflichten nach §§ 3 ff. LkSG sicherstellen;[2267] insoweit steht ihm eine negative Konkretisierungsbefugnis zu. Er muss den Vorstand beraten, falls der Vorstand seine fachliche Hilfe bei der Konkretisierung seiner Pflichten anfragt. Die Erfüllung dieser Aufgaben setzt eine gewisse Expertise im Nachhaltigkeitsbereich voraus, sonst kann der Aufsichtsrat das rechtlich bedingte Minimum nicht erreichen.

Die dem Aufsichtsrat verfügbaren Überwachungswerkzeuge wurden oben bereits analysiert.[2268] Er kann also einerseits gem. § 90 Abs. 3 AktG die zur Ausübung der Kontrolle erforderlichen Informationen beschaffen; es ist möglich, unter der Lage der Gesellschaft im Kontext des § 90 Abs. 1 S. 1 Nr. 3 AktG die *Nachhaltigkeits*lage zu verstehen. Für diese erweiternde Auslegung spricht die Verortung der Nachhaltigkeitsberichterstattung im *Lage*bericht. Damit ist die

2265 Vgl. zu dieser Art von Begriffen oben F. 4. a. E.

2266 S. *BGH*, NZG 2011, 1271 ff. (Rn. 16 ff.); s. dazu statt aller MüKoAktG/*Spindler*, AktG § 93 Rn. 94 mwN.

2267 Depping/Walden/*Walden*, LkSG § 4 Rn. 48; so im Kontext der CSDDD *Lieder/Döhrn*, AG 2023, 722, 723 f.; vgl. Schall/Theusinger/Pour Rafsendjani/*Theusinger/Gergen*, LkSG § 4 Rn. 43; Spießhofer/Späth/*Späth/Tybus*, LkSG § 4 Rn. 41.

2268 S. dazu Teil 5, II. E.

Nachhaltigkeit in den fortlaufenden Dialog des Vorstands mit dem Aufsichtsrat bereits von Gesetzes wegen zu integrieren.

Problematisch erscheint die Nutzung des Zustimmungsvorbehalts im Kontext des LkSG; der Aufsichtsrat könnte besonders aufwendige Präventions- und Abhilfemaßnahmen von seiner Zustimmung abhängig machen. Der Zustimmungsvorbehalt darf zwar nicht das gesetzlich vorbestimmte »Ob« des Handelns aushöhlen, aber bei mehreren möglichen Handlungsweisen für den Vorstand kann er für eine gewisse Kontrolle durch den Aufsichtsrat sorgen. Dennoch zielt dieses Instrument von der Funktionsweise her eher darauf ab, eine unternehmerische Maßnahme zu erlauben oder zu verbieten und nicht auf eine Verhandlung, wie einer gesetzlichen Pflicht zweckmäßig nachzukommen ist.

Der Aufsichtsrat ist nicht nur für die Überwachung der Einhaltung des LkSG, sondern auch parallel zur Prüfung des nichtfinanziellen Berichts gem. § 171 Abs. 1 S. 4 AktG zuständig. Dies vertieft die Kontrollintensität im Bereich der LkSG-Sorgfaltspflichten soweit, als er die Richtigkeit der Risikoangaben und der Angaben zu Maßnahmen nach §§ 289b ff. HGB garantieren muss,[2269] die sich zum großen Teil mit den LkSG-Pflichten decken;[2270] dies erweitert nicht seine Befugnis, die konkreten Maßnahmen der Risikoerfassung und -steuerung sowie der Abhilfe zu bestimmen[2271].

Das LkSG erweitert somit nicht nur die nachhaltigkeitsbezogenen Handlungspflichten des Vorstands, sondern auch jene des Aufsichtsrats. Der Aufsichtsrat ist daher ein Garant für das Menschenrechts- sowie Umweltschutzsystem nach dem LkSG in der AG in der Fortschreibung seiner Rolle im Kontext der nichtfinanziellen Berichterstattung[2272]. Durch die Erweiterung der Berichtsgegenstände in der CSRD und in den ESRS[2273] wird künftig diese Rolle verstärkt; der Aufsichtsrat

2269 *Hommelhoff*, NZG 2017, 1361, 1365; so eher auch *Mock*, ZIP 2017, 1195, 1201; *Velte*, AG 2018, 266, 270 f.; K. Schmidt/Lutter/*Drygala*, AktG § 171 Rn. 4 ff.; wohl aA (deutlich zurückhaltender bzgl. der Kontrollintensität – Durchsicht) *Hennrichs/Pöschke*, NZG 2017, 121, 125 ff.; nochmals so auch *Hennrichs*, NZG 2017, 841, 845 mit dem Hinweis auf die Überforderung der Aufsichtsräte; dem schließen sich *Hecker/Bröcker*, AG 2017, 761, 766 f. sowie *Lieder/Döhrn*, AG 2023, 722, 726 und *von der Linden* in: Nietsch, Nachhaltiges Aktienrecht, 2023, S. 135, 143 f. an; vgl. auch *E. Vetter*, AG 2024, 398 ff.; vgl. *Nonnenmacher*, NZG 2024, 1343, 1346, Rn. 17 f.

2270 S. dazu Spießhofer/Späth/*Spießhofer*, LkSG § 10 Rn. 75 ff.

2271 AA *Hommelhoff*, NZG 2017, 1361, 1365, der eine beratende Einschaltungspflicht aus der Prüfungspflicht herleitet.

2272 *Rehbinder*, Audit Comittee Quarterly extra, Corporate Social Responsibility, 2017, S. 16, 18, abrufbar unter https://t1p.de/1sox4 (abgerufen am 16.04.2024); *Hommelhoff*, FS Seibert, 2019, S. 371, 378 f.; vgl. auch *Velte*, AG 2018, 266, 270 f.

2273 Zu den erweiterten Gegenständen der Berichterstattung s. oben Teil 5, V. C. 2. (4). und (5).

kann nach der künftigen Rechtslage aufgrund der obligatorischen Prüfung[2274] auf die Unterstützung des Abschlussprüfers zählen[2275].

3. Verstärkung der organbezogenen Steuerungswirkung des LkSG durch die nachhaltige Vorstandsvergütung

Nach § 87 Abs. 1 S. 2 AktG hat der Aufsichtsrat einer börsennotierten Gesellschaft die Vergütungsstruktur auf eine nachhaltige und langfristige Entwicklung auszurichten. Seit ARUG II sind unter »nachhaltig« die Umwelt-, Sozial- und Unternehmensführungs-Aspekte zu verstehen und die bisher herrschende Meinung, die den Begriff lediglich in zeitlicher Dimension verstehen wollte, ist nicht mehr haltbar.[2276]

§ 87 Abs. 1 S. 2 führt keine Pflicht zur flexiblen Vergütung ein.[2277] Wird eine solche Vergütung dennoch eingeführt, dann müssen die Nachhaltigkeitsbelange berücksichtigt werden; in welchem Ausmaß dies geschehen wird, liegt im Ermessen des Aufsichtsrats,[2278] der nicht die Vorstandskompetenz zur Festlegung der Unternehmenspolitik und -strategie beeinträchtigen darf.[2279]

Legt der Aufsichtsrat Nachhaltigkeitskriterien in der Vergütung fest, dann kann dies im Einzelfall die Steuerungswirkung der LkSG-Sorgfaltspflichten deutlich verstärken.[2280] Dies setzt aber voraus, dass die Einhaltung der Menschenrechte in der Lieferkette, der Schutz der vom LkSG geschützten Umweltgüter oder generell die Einhaltung des LkSG als ein Parameter aufgenommen werden.[2281] Der Aufsichtsrat kann sich aber auch für solche Parameter entscheiden, die für die Wirkung des LkSG irrelevant sind; rein theoretisch könnte aus der Zusammenschau des LkSG und des § 87 Abs. 1 S. 2 AktG eine implizite Pflicht zur Berücksichtigung der Einhaltung des LkSG in der Vergütung hergeleitet werden; es finden sich allerdings keine Anhaltspunkte für einen solchen gesetzgeberischen

2274 Zu dieser s. bereits oben Teil 5, V. C. 2. c). (9).

2275 Vgl. Goette/Arnold AR-HdB/*M. Arnold*, § 4 Rn. 116a.

2276 S. dazu *C. Arnold/Herzberg/Zeh*, AG 2021, 141; *Vetle*, NZG 2020, 12, 14; vgl. BeckOGK/*Fleischer*, 1.2.2025, AktG § 87 Rn. 36; MüKoAktG/*Spindler*, AktG § 87 Rn. 90 f.

2277 *BGH* NJW 2020, 679, 682, Rn. 33; *C. Arnold/Herzberg/Zeh*, AG 2021, 141, 145; umfassend MüKoAktG/*Spindler*, AktG § 87 Rn. 98.

2278 S. MüKoAktG/*Spindler*, AktG § 87 Rn. 94; vgl. *C. Arnold/Herzberg/Zeh*, AG 2021, 141, 144 f.; enger wohl *Hommelhoff*, FS Hopt II, 2020, S. 467, 475 f.

2279 Vgl. MüKoAktG/*Spindler*, AktG § 87 Rn. 94 f.; s. *BGH* NJW 2020, 679, 681; vgl. dazu oben Teil 5, II. F. 1.

2280 Vgl. *Hommelhoff*, FS Hopt II, 2020, S. 467, 472 f. der auf einen ähnlichen Zusammenhang zwischen der CSR-Richtlinie und der nachhaltigen Vorstandsvergütung hinweist.

2281 S. für die Beispiele der nachhaltigen Parameter der Vergütung *C. Arnold/Herzberg/Zeh*, AG 2021, 141, 145 f.; s. dazu auch *Brunk*, Menschenrechtscompliance, 2022, S. 534 ff.

Willen, und dies würde das Ermessen des Aufsichtsrats über Gebühr beschneiden, sodass eine solche Pflicht *de lege lata* nicht besteht.

Entscheidet sich der Aufsichtsrat doch für LkSG-bezogene Anreize in der Vorstandsvergütung, dann entsteht eine Steuerungs-Trias: Die informationelle Ebene wird durch die Informationspflichten aus § 5 LkSG und die Publizität nach § 10 LkSG sowie die nach der CSRD und den ESRS beeinflusst; hinzu kommen die materielle Ebene der Handlungspflichten nach §§ 6, 7 und 9 LkSG und der persönliche vergütungsbedingte Anreiz des Vorstands nach § 87 Abs. 1 S. 2 AktG, für die Nachhaltigkeit zu sorgen.

L. Zwischenergebnis für das LkSG

Das LkSG kann nicht als ein Beispiel für eine ausgereifte Regulierung dienen. Bereits im Anwendungsbereich zeigt sich der Mangel an gesetzgeberischer Sorgfalt: Der zentrale Begriff des Unternehmens wird nicht definiert; hinzu kommt noch die Abwälzung der Regulierungslast bei der Feststellung der zu schützenden Menschenrechte nach § 2 Abs. 2 Nr. 12 LkSG auf die Unternehmen.

Aus der Perspektive der Organisation entschied sich der Gesetzgeber für eine Mischung aus organisationsneutraler, prinzipienorientierter Regulierung und konkreten Vorgaben. Für das allgemeine Aktienrecht bedeutet es einen Bruch mit der bisherigen Regulierungsweise der Organisationspflichten, die ausschließlich prinzipienorientierte Normen vorsah. Die Mängel der Regulierung lassen sich teilweise mit dem Angemessenheitsvorbehalt und der sich hieraus ergebenden positiven Konkretisierungsbefugnis des Vorstands retten.

Das Gesetz zeichnet sich durch widersprüchliche Konzepte aus. Auf der einen Seite sollen Unternehmen flexibel bleiben und über ein Ermessen verfügen. Ein weiters Ermessen soll aber auch dem BAFA gem. § 15 LkSG zustehen. Die Pflichten sollen situationsbezogen konkretisiert werden; gleichzeitig wünscht sich allerdings der Gesetzgeber eine gewisse Standardisierung, die in Regelbeispielen sowie in den Handreichungen nach § 20 LkSG Niederschlag gefunden hat. Die Gesetzesbegründung scheint sich dieser Spannungsverhältnisse nicht bewusst zu sein; sie zeigt auch keine Lösungswege auf.

Der Gesetzgeber wäre besser beraten, die regulatorischen Vorstöße im Bereich der Lieferketten auf wenige Rechtsgüter und einen noch engeren Unternehmenskreis zu begrenzen, sodass sich eine gefestigte Dogmatik entwickeln kann und die Lösungen erprobt werden. Das LkSG in seiner aktuellen Form lässt sich als ein Experiment am offenen Herzen der Wirtschaft betrachten,[2282] das noch vor seiner Auswertung als eine Blaupause für den Europäischen Gesetzgeber dient. Ob der Patient überleben wird, wird sich zeigen.

2282 Ähnlich bereits *Kalss*, ZfPW 2024, 181, 190 f.; vgl. auch die Kritik von *Verse*, AcP 225 (im Erscheinen), III. 4. sowie von *Leyens*, in: Leyens/Seibt, LkR, 2025, § 1 Rn. 230; *Ders.*, NZG 2025, 579, 580, Rn. 6.

II. Die CSDDD im Lichte der aktienrechtlichen Organisationsfreiheit

Der nationale gesetzliche Rahmen wurde auf der Ebene des Unionsrechts weiter entwickelt, um eine unionsweit einheitliche Mindestregelung[2283] (*level playing field*)[2284] der unternehmerischen menschenrechtsbezogenen und umweltbezogenen Sorgfaltspflichten zu gewährleisten: Am 13. Juni 2024 hat der Unionsgesetzgeber die Richtlinie über die unternehmerischen Sorgfaltspflichten in den Lieferketten (CSDDD) verabschiedet.[2285] Das Regelungskonzept beruht wesentlich auf dem LkSG,[2286] sodass nachfolgend hauptsächlich Abweichungen und Besonderheiten eruiert werden. Die regulatorische Nähe wird ferner voraussichtlich zur Umsetzung der CSDDD im LkSG führen.[2287]

Die EU-Kommission hat eine umfassende Revision der Nachhaltigkeitsregulatorik inklusive der CSDDD mit ihrem Vorschlag für mehrere Omnibus-Rechtsakte im Februar 2025 initiiert,[2288] um die Belastung der Unternehmen zu mindern. Das Ergebnis des fortschreitenden Gesetzgebungsprozesses lässt sich zu diesem Zeitpunkt noch nicht absehen.

A. Der historische Hintergrund und der Regelungszusammenhang

Der völkerrechtliche Hintergrund der unternehmerischen Sorgfaltspflichten wurde bereits im Kontext des LkSG skizziert; die Inspiration für die Richtlinie sind die dort erwähnten VN-Leitprinzipien und OECD-Leitlinien.[2289] 2017 hat Frankreich als der erste EU-Mitgliedsstaat ein allgemeines Lieferkettengesetz

2283 Zur relativ kompliziert ausgestalteten Harmonisierungsregelung vgl. unten A.

2284 S. *Spindler*, ZIP 2022, 765, 777; *Hübner/Habrich/Weller*, NZG 2022, 644; *Bomsdorf/Blatecki-Burgert*, ZRP 2022, 141.

2285 Richtlinie (EU) 2024/1760 des Europäischen Parlaments und des Rates vom 13. Juni 2024 über die Sorgfaltspflichten von Unternehmen im Hinblick auf Nachhaltigkeit und zur Änderung der Richtlinie (EU) 2019/1937 und der Verordnung (EU) 2023/2859, ABl. (EU) L 2024/1760.

2286 Vgl. *Ruttloff/E. Wagner/Burchert*, DB 2024, 1189, die feststellen, dass die endgültige Richtlinie dem LkSG mehr als der Kommissionsvorschlag ähnelt.

2287 *S. Schäfer/Schütze*, BB 2024, 1091, 1093.

2288 Der Vorschlag für eine Richtlinie des Europäischen Parlaments und des Rates zur Änderung der Richtlinien (EU) 2022/2464 und (EU) 2024/1760, KOM (2025) 80 final, sowie der Vorschlag für eine Richtlinie des Europäischen Parlaments und des Rates zur Änderung der Richtlinien 2006/43/EG, 2013/34/EU, (EU) 2022/2464 und (EU) 2024/1760, KOM (2025) 81 final.; kritisch zu den Vorschlägen aus der Perspektive der KMU *Allgeier/Hennrichs/Hommelhoff*, NZG 2025, 387 ff.; vgl. auch *J. Schmidt*, NZG 2025, 289; *Wagner/Schuler/Rothenburg*, DB 2025, 1128, 1130 f.

2289 S. dazu bereits oben I. A.; vgl. Erwägungsgrund 14 CSDDD.

erlassen (»Loi de vigilance«).[2290] Die Absichten der Europäischen Kommission, einen unionsweiten Regelungsrahmen für die unternehmerischen Sorgfaltspflichten zu schaffen, lassen sich bereits an der Maßnahme 10 Nr. 1 des Aktionsplans »Nachhaltiges Wachstum« (2018) erkennen.[2291] Zum *loi de vigilance* kamen weitere nationale Regelungen hinzu, allem voran das deutsche LkSG; erwähnenswert ist auch das niederländische Gesetz gegen die Kinderarbeit[2292]. Diese Entwicklung auf der nationalen Ebene sowie eine zur Handlung auffordernde Entschließung des Europäischen Parlaments[2293] haben die Kommission in ihren Vorsätzen bestärkt[2294] und zum Vorschlag für eine europäische Richtlinie über die unternehmerischen Sorgfaltspflichten geführt, der am 23. Februar 2022 veröffentlich wurde.[2295] Nach einem zweijährigen Gesetzgebungsprozess, der beinahe gescheitert war,[2296] konnten sich die Akteure der Unionsgesetzgebung auf eine Regelung einigen.[2297]

Die CSDDD soll keine inselartige Regelung darstellen, sondern sich relativ nahtlos in einen breiten allgemeinen Regelungskomplex, bestehend insb. aus der

2290 Loi n° 2017-399 du 27 mars 2017 relative au devoir de vigilance des sociétés mères et des entreprises donneuses d'ordre, JORF n°0074 du 28 mars 2017, Texte n° 1, abrufbar unter https://t1p.de/2580q (abgerufen am 23.04.2024); s. monographisch zu diesem Gesetz *Nasse*, Loi de vigilance, 2022, passim mwN; vgl. auch *Rühmkorf*, ZGR 2018, 410, 422 ff.

2291 S. die Mitteilung der EU-Kommission »Aktionsplan: Finanzierung nachhaltigen Wachstums« vom 8. März 2018, KOM (2018), 97 endg., S. 14, abrufbar unter https://t1p.de/9wagp (abgerufen am 23.04.2024).

2292 Wet zorgplicht kinderarbeid vom 24. Oktober 2019, abrufbar unter https://t1p.de/rqb0m (abgerufen am 23.04.2024); s. mehr zu diesem Gesetz *Brunk*, Menschenrechtscompliance, 2022, S. 448 ff.

2293 Sorgfaltspflicht und Rechenschaftspflicht von Unternehmen, Entschließung des Europäischen Parlaments vom 10. März 2021 mit Empfehlungen an die Kommission zur Sorgfaltspflicht und Rechenschaftspflicht von Unternehmen (2020/2129(INL)), ABl. (EU) 2021/C 474/02, abrufbar unter https://t1p.de/livyr (abgerufen am 23.04.2024); s. dazu *Hübner/Habrich/Weller*, NZG 2022, 644.

2294 Noch weiter *Hübner/Habrich/Weller*, NZG 2022, 644, die von einer reaktiven Handlungsweise der Kommission sprechen.

2295 S. den Vorschlag der Kommission vom 23. Februar 2024, KOM(2022), 71 endg., abrufbar unter https://t1p.de/nop88 (abgerufen am 23.04.2024).

2296 S. dazu *Didier/Graewe*, ESGZ 2024, Heft 2, S. 1 (Editorial); s. zu den Ereignissen die Übersicht bei *J.Schmidt*, NZG 2024, 859; *Kerkemeyer*, DB 2025, 609, 611.

2297 S. dazu *J. Schmidt*, NZG 2024, 417; *Mayen*, ZHR 188 (2024), 177; *Zülch/Gemünden*, DB 2024, 949 f.; *S.Schäfer/Schütze*, BB 2024, 1091; *J. Schmidt*, NZG 2024, 859.

CSRD, der Offenlegungs-VO[2298] und der Taxonomie-VO, einfügen.[2299] Am intensivsten verzahnt ist die CSDDD mit der CSRD, die jene Berichterstattungspflichten umfasst, die zugleich den letzten Schritt der unternehmerischen Sorgfaltspflichten darstellen (vgl. Prinzip 21 der VN-Leitprinzipien).[2300] Die CSDDD sieht wiederum die Verhaltenspflichten vor, zu deren Erfüllung nach der CSRD zu berichten ist; Art. 19a Abs. 2 lit. f Ziff. ii BilanzRL verlangt die Beschreibung der im Einklang mit den Anforderungen der Union durchgeführten unternehmerischen Sorgfaltspflichten;[2301] es wird damit in der CSRD auf eine raffinierte Art und Weise auf einen zum damaligen Zeitpunkt noch nicht erlassenen Rechtsakt verwiesen.[2302]

Bei der CSDDD handelt es sich zwar teilweise um eine Vollharmonisierung (Art. 4 Abs. 1), aber überwiegend um eine Mindestharmonisierung, s. Art. 4 Abs. 2 CSDDD. Die Vollharmonisierung betrifft die Ermittlungs- und Bewertungspflicht (Art. 8 Abs. 1 und 2) sowie die Präventions- und Behebungspflicht nach Art. 10 Abs. 1 und Art. 11 Abs. 1 CSDDD; laut *S.Schäfer* und *Schütze* soll die Vollharmonisierung dieser Bestimmungen den Geeignetheitsvorbehalt[2303] absichern.[2304] Vor dem Hintergrund seiner Bedeutung ist das eine plausible Begründung. Außerhalb der oben genannten Bestimmungen handelt es sich bei der CSDDD um eine Mindestharmonisierung, sodass die Mitgliedsstaaten weitergehende Pflichten vorsehen können.[2305]

Art. 1 Abs. 2 CSDDD verbietet es den Mitgliedsstaaten, die CSDDD als Anlass dafür zu nehmen, den Schutzstandard zugunsten der Menschenrechte, der Umwelt und des Klimas zu senken.[2306] Ferner sollen nach Art. 1 Abs. 3 CSDDD die Rechtsakte der Union unberührt bleiben, die die besonderen unternehmerischen Sorgfaltspflichten und Import- sowie Exportverbote vorsehen. Damit lässt sich die Union die Möglichkeit offen, die besonderen menschenrechts- bzw. umweltbezogenen Herausforderungsfelder mit erhöhter Schärfe anzugehen. Als Beispiel

2298 Verordnung (EU) 2019/2088 des Europäischen Parlaments und des Rates vom 27. November 2019 über nachhaltigkeitsbezogene Offenlegungspflichten im Finanzdienstleistungssektor, ABl. (EU) L 317/1.

2299 S. Begründung zu dem CSDDD-Entwurf, KOM (2022), 71 endg., S. 4 ff. (https://t1p.de/emow9, abgerufen am 18.08.2024); vgl. *Verse* in Nietsch, Nachhaltiges Aktienrecht, 2023, S. 21 ff.

2300 So Begründung zu dem CSDDD-Entwurf, KOM (2022), 71 endg., S. 6.

2301 Zur CSRD vgl. oben Teil 5, V. C. 2. a). ff. (insb. c). (2).).

2302 Zu der allgemeinen systematischen Kohärenz zwischen der CSRD und der CSDDD s. unten H.

2303 S. mehr zu diesem unten D.

2304 *S. Schäfer/Schütze*, BB 2024, 1091, 1092.

2305 Näher dazu *Mittwoch*, NJW 2024, 2353, 2354, Rn. 7 ff.

2306 Zu den Auswirkungen vertieft *Mittwoch*, NJW 2024, 2353, 2355, Rn. 14 ff.; vgl. *S. Schäfer/Schütze*, BB 2024, 1091, 1092, die dies als eine Ausnahme von der Vollharmonisierung ansehen.

kann insb. die Verordnung über die entwaldungsfreien Lieferketten genannt werden.[2307]

B. Der persönliche und zeitliche Anwendungsbereich der CSDDD

1. Der unmittelbare Anwendungsbereich

a) Der persönliche Anwendungsbereich der CSDDD

Der endgültige Anwendungsbereich hat sich deutlich vom Kommissionsvorschlag[2308] entfernt: Nach Art. 2 Abs. 1 Unterabs. 1 lit. a CSDDD erstrecken sich die unternehmerischen Sorgfaltspflichten auf jene Unternehmen, die nach den Vorschriften eines der Mitgliedsstaaten gegründet wurden, in ihrem letzten Geschäftsjahr mehr als 1.000 Arbeitnehmer beschäftigten und über einen weltweiten Umsatz von mindestens 450 Mio. Euro verfügten.[2309] Darüber hinaus werden in den Anwendungsbereich auch jene Muttergesellschaften einbezogen, die zwar selbst die Schwellenwerte nicht überschreiten, deren Konzern dies aber tut, Art. 2 Abs. 1 Unterabs. 1 lit. b CSDDD; es handelt sich hierbei um eine Zurechnungsregelung.[2310]

Art. 2 Abs. 1 Unterabs. 2 lit. a und b CSDDD erstreckt den Anwendungsbereich auf die Unternehmen aus den Drittstaaten, soweit sie bezogen auf den in der Union erzielten Umsatz die Schwelle von mindestens 450 Mio. Euro als Einzelunternehmen oder als Konzernmutter (samt ihren Töchtern) im letzten Geschäftsjahr überschritten haben.[2311] Insoweit zeichnet sich die Bestrebung des

2307 Verordnung (EU) 2023/1115 des Europäischen Parlaments und des Rates vom 31. Mai 2023 über die Bereitstellung bestimmter Rohstoffe und Erzeugnisse, die mit Entwaldung und Waldschädigung in Verbindung stehen, auf dem Unionsmarkt und ihre Ausfuhr aus der Union sowie zur Aufhebung der Verordnung (EU) Nr. 995/2010, ABl. (EU) L 150/206; s. zu dieser *Palmstorfer/Staudinger*, EuZW 2024, 197 ff. sowie *Uhlig/Gillig*, ESGZ 2024, Heft 3, 13 ff.; vgl. *Ruttloff/E. Wagner/Kappler/Schuler*, BB 2024, 707 ff. S. zu sektoralen Rechtsakten im Überblick *Leyens*, in: Leyens/Seibt, LkR, 2025, § 1 Rn. 66 ff.; *Ders.*, NZG 2025, 579, 583, Rn. 29 ff.

2308 Vgl. etwa *Spindler*, ZIP 2022, 765, 767 f.

2309 *Mayen*, ZHR 188 (2024), 177; *Zülch/Gemünden*, DB 2024, 949, 951; *Ruttloff/E.Wagner/Burchert*, DB 2024, 1189; *Seibt/Vesper-Gräske*, DB 2024, 1530, 1531; s. auch *Zumbansen*, McGill SGI Research Papers in Business, Finance, Law and Society, Research Paper No. 2024-08, 1, 3 ff. der sich sehr kritisch zur Reduktion des Anwendungsbereichs im Vergleich zu der politischen Einigung vom Dezember 2023 äußert; die Mitarbeiterschwelle halten für zu niedrig *Zetzsche/Sinnig*, WM 2024, 1341, 1348.

2310 *S. Schäfer/Schütze*, BB 2024, 1091, 1094.

2311 *Zülch/Gemünden*, DB 2024, 949, 951; vgl. *S. Schäfer/Schütze*, BB 2024, 1091, 1093.

europäischen Gesetzgebers ab, ein *level playing field* zumindest teilweise herzustellen; die Unternehmen aus den Drittstaaten werden jedoch soweit privilegiert, als bei ihnen nicht der weltweite Umsatz berücksichtigt wird, anders als dies bei den inländischen Unternehmen der Fall ist. Der Anwendungsbereich sieht außerdem eine besondere Regelung zur Erstreckung der CSDDD auf die Franchise-Unternehmen (Art. 2 Abs. 1 lit. c sowie Abs. 2 lit. c CSDDD)[2312] sowie eine komplexe Befreiungsbestimmung für Finanzholdings vor (Art. 2 Abs. 3 CSDDD)[2313].

Zu beachten ist allerdings, dass dieser auf den ersten Blick sehr weite, vom LkSG wenig entfernte Anwendungsbereich[2314] durch eine relativ enge Definition des Unternehmensbegriffs eingeschränkt wurde: Art. 3 Abs. 1 lit. a Ziff. i CSDDD verweist zur Präzisierung dieses Begriffs auf die Anhänge I und II der Bilanzrichtlinie, die nur die Kapitalgesellschaften und die Personenhandelsgesellschaften,[2315] aber keine eingetragenen Kaufleute oder Genossenschaften beinhalten.[2316] Ergänzend sind noch die den Kapital- und Personenhandelsgesellschaften vergleichbaren Rechtsformen aus den Drittstaaten sowie bestimmte Finanzunternehmen in den Unternehmensbegriff einbezogen worden (Art. 3 Abs. 1 lit. a Ziff. ii und iii CSDDD).

b) Der zeitliche Anwendungsbereich der CSDDD

Der zeitliche Anwendungsbereich wurde stufenweise ausgestaltet, s. Art. 37 CSDDD.[2317] Zu diesem Zweck wurden zusätzliche Schwellenwerte geschaffen (5.000 Beschäftigte sowie 3.000 Beschäftigte; entsprechend 1.500 Mio. Euro sowie 900 Mio. Euro). Der ursprüngliche Anwendungsbefehl für die größte Kategorie wurden mithilfe der sog. stop the clock-Richtlinie[2318] um ein Jahr

2312 S. dazu *S. Schäfer/Schütze*, BB 2024, 1091, 1094; s. auch *Ruttloff/E. Wagner/Burchert*, DB 2024, 1189, 1190.

2313 *S. Schäfer/Schütze*, BB 2024, 1091, 1094; aA *J. Schmidt*, NZG 2024, 859, 860, die den Verweis auf Anhang II der BilanzRL so auslegt, dass nur jene Personenhandelsgesellschaften umfasst seien, in denen keine natürliche Person unbeschränkt hafte, was sich allerdings nicht mit dem Wortlaut des Verweises vereinbaren lässt; *Steinbrück/Traub*, MDR 2024, 1141, 1142, Rn. 5.

2314 S. *Ruttloff/E. Wagner/Burchert*, DB 2024, 1189 f.; s. *Weller/Schwemmer*, AG 2024, 517, 521 (»weitgehend rechtsformneutral«).

2315 *S. Schäfer/Schütze*, BB 2024, 1091, 1093; *Weller/Schwemmer*, AG 2024, 517, 521; *Oplustil/A.-M. Weber*, Przegląd Prawa Handlowego 2024/11, S. 4, 6; *Jelonek*, NZG 2025, 731, Rn. 5 ff. Nach einer aA gilt der Verweis auf Anhang II BilanzRL nur für solche Personenhandelsgesellschaften, bei denen keine natürliche Person unbeschränkt haftet, so *J. Schmidt*, NZG 2024, 859, 860, Rn. 9; *Zetzsche/Sinnig*, WM 2024, 1341, 1344.

2316 *S. Schäfer/Schütze*, BB 2024, 1091, 1093; *Weller/Schwemmer*, AG 2024, 517, 521.

2317 *S. Schäfer/Schütze*, BB 2024, 1091, 1093; vgl. *Zülch/Gemünden*, DB 2024, 949, 951; *Ruttloff/E. Wagner/Burchert*, DB 2024, 1189, 1194.

2318 Richtlinie (EU) 2025/794 vom 14. April 2025; s. mehr in der Fn. 1711.

verschoben. Nach Art. 37 Abs. 1 CSDDD n. F. gilt die Regelung für die erste und zweite Kategorie von Unternehmen ab dem 26. Juli 2028. Die Unternehmen mit weniger als 3000 Beschäftigten oder unter 900 Mio. Euro Umsatz fallen erst ab dem 26. Juli 2029 in den zeitlichen Anwendungsbereich. Für Personenhandelsgesellschaften kann sich dieser Zeitraum als zu kurz erweisen; denn sie unterliegen weder der CSR-RL noch der CSRD, sodass sie sich bisher keinen Sachverstand aufbauen mussten.

2. Bewertung des unmittelbaren persönlichen Anwendungsbereichs der CSDDD

Die Erstreckung der unternehmerischen Sorgfaltspflichten auf Personenhandelsgesellschaften führt zu einer wesentlichen Inkonsistenz zwischen der CSRD und der CSDDD, denn die CSRD betrifft im Kern nur die Kapitalgesellschaften[2319]. Das Konzept, wonach die Unternehmen im ersten Schritt nachhaltigkeitsbezogene Berichtspflichten haben und erst zeitlich versetzt im zweiten Schritt zum Adressaten von Handlungspflichten werden, wird damit verworfen. Durch diesen inkohärenten Anwendungsbereich bekommt die CSDDD-Berichtspflicht nach Art. 16 CSDDD plötzlich ein starkes Gewicht.[2320]

Beim Anwendungsbereich bestehen drei wesentliche Unterschiede zum LkSG:[2321] Die CSDDD wurde nicht rechtsformneutral ausgestaltet. Hinzu kommt, dass ein europäisches Unternehmen nach der CSDDD eine Umsatzschwelle überschreiten muss; der Umsatz wird nach dem LkSG nicht beachtet. Drittens werden die ausländischen Unternehmen in den Anwendungsbereich des LkSG aufgrund der Arbeitsschwelle im Inland sowie einer Zweigniederlassung einbezogen, und in der CSDDD reicht bereits der Umsatz in der Union für die Einbeziehung.

Die Berücksichtigung des Umsatzes neben der Arbeitnehmerzahl bei europäischen Unternehmen kann positiv bewertet werden; denn es werden keine Unternehmen benachteiligt, die ungeachtet eines hohen Personalaufwands keine hinreichende Leistungsfähigkeit aufweisen, um zur Erfüllung der CSDDD-Pflichten imstande zu sein. Es wäre jedoch überlegenswert, zugleich noch die Bilanzsumme zu berücksichtigen, wie es in den Kriterien nach der BilanzRL der Fall ist.

2319 S. aber die Erstreckung auf die Personengesellschaften ohne eine uneingeschränkt haftende natürliche Person oben 1. a).; s. dazu auch Weller/Schwemmer, AG 2024, 517, 521.

2320 Vgl. dazu unten E. 8. a). und e).

2321 Zum unmittelbaren Anwendungsbereich des LkSG s. oben I. B. 1.

3. Der mittelbare persönliche Anwendungsbereich der CSDDD

Die Problematik der mittelbaren Schattenwirkung[2322] stellt sich wegen der Einbeziehung der Aktivitätskette in die Sorgfaltspflichten auch in der CSDDD und zwar parallel zum LkSG.

Eine Norm, die die Konzerntöchter unter bestimmten Kriterien wie § 2 Abs. 6 S. 3 LkSG zum eigenen Geschäftsbereich zählen würde, gibt es in der CSDDD nicht; allerdings beziehen sich einzelne Sorgfaltspflichten auch auf die Konzernunternehmen,[2323] auch wenn nur die Konzernmutter in den Anwendungsbereich fällt (Art. 2 Abs. 1 lit. b sowie Abs. 2 lit. b CSDDD). Dabei ist der Begriff der Konzerntochter ziemlich weit gefasst: Zum einen verweist die Definition in Art. 3 Abs. 1 lit. e CSDDD auf Art. 2 Nr. 10 BilanzRL, der das Tochterunternehmen definiert als »ein von einem Mutterunternehmen kontrolliertes Unternehmen, einschließlich jedes mittelbar kontrollierten Tochterunternehmens eines Mutterunternehmens«. Zum anderen wird in Art. 3 Abs. 1 lit. e CSDDD auf den Art. 2 Abs. 1 lit. f der Transparenzrichtlinie[2324] verwiesen, die präzisiert, wie die Kontrolle über die Tochtergesellschaft ausgeübt werden kann. Ähnlich wie bei § 2 Abs. 6 S. 3 LkSG[2325] fehlt es hier an einer genauen Bestimmung der Reichweite des Konzerns. Dies kann sich auf die Berechtigung der Muttergesellschaft auswirken, nach Art. 6 CSDDD die Sorgfaltspflichten ihrer Töchter zu erfüllen.[2326]

Bedeutend für die Weiterleitung der gesetzlichen Pflichten an die Unternehmen außerhalb des unmittelbaren Anwendungsbereichs ist der Begriff der Aktivitätskette nach Art. 3 Abs. 1 lit. g CSDDD.[2327] Diese umfasst alle Produkte und Dienstleistungen in der vorgelagerten Kette der wirtschaftlichen Tätigkeit, Art. 3 Abs. 1 lit. g Ziff. i CSDDD.[2328] Im Gegensatz zum LkSG erstreckt sich die Aktivitätskette gemäß Art. 3 Abs. 1 lit. g Ziff. ii CSDDD auch auf die nachgelagerte Kette der Wirtschaftstätigkeiten, soweit der Vertrieb, die Beförderung oder die Lagerung des Produkts im Namen oder für das verpflichtete Unternehmen

2322 Vgl. J. Schmidt, NZG 2024, 859, 861, die vom faktischen Kaskadeneffekt spricht.

2323 S. Art. 8 Abs. 1, Art. 10 Abs. 1 und Art. 11 Abs. 1 CSDDD.

2324 Richtlinie 2004/109/EG des Europäischen Parlaments und des Rates vom 15. Dezember 2004 zur Harmonisierung der Transparenzanforderungen in Bezug auf Informationen über Emittenten, deren Wertpapiere zum Handel auf einem geregelten Markt zugelassen sind, und zur Änderung der Richtlinie 2001/34/EG, ABl. (EU) L 390/38.

2325 S. oben dazu I. B. 2.

2326 Mehr zu der Regelung des Art. 6 CSDDD (früher Art. 4a) s. *S. Schäfer/Schütze*, BB 2024, 1091, 1094.

2327 Mehr zu diesem *Lüneborg* in: Hennrichs/Hommelhoff/Merkt, Zur Revision der EU-Nachhaltigkeitsregulatorik, S. 175, 179 ff. mwN. Vgl. zur deutlich umfassenden Reichweite der Lieferkette im Kommissionsvorschlag *Stöbener de Mora/Noll*, EuZW 2023, 14, 17 f.

2328 S. dazu Erwägungsgrund 25 CSDDD.

erfolgt.[2329] Damit wird nicht nur die Lieferkette »upstream«, sondern auch die »downstream« einbezogen, auch wenn dies keine Dienstleistungen, inklusive Finanzdienstleistungen, umfasst[2330] und unter engen Voraussetzungen erfolgt.[2331] Insofern unterscheidet sich die CSDDD von der CSRD, die beim Begriff der Wertschöpfungskette keine Einschränkungen bei den vor- und nachgelagerten Geschäftsbeziehungen vorsieht.[2332]

Die Weiterleitung der Pflichten in der Aktivitätskette wirkt sich auf jene Unternehmen aus, die sich nicht im Anwendungsbereich befinden, insb. auf die kleinen und mittleren Unternehmen. Dies ist dem Unionsgesetzgeber bewusst gewesen.[2333] Die Untersuchung der Intensität dieser mittelbaren Schattenwirkung sowie der Schutzmaßnahmen zugunsten der betroffenen Unternehmen ist bereits Gegenstand einer vertieften Analyse gewesen; demnach lassen sich starke Argumente für die These finden, dass diese nicht ausreichend sind.[2334]

Ähnlich wie das LkSG, unterscheidet die CSDDD zwar zwischen unmittelbaren und mittelbaren Geschäftspartnern, Art. 3 Abs. 1 lit. f Ziff. i und ii CSDDD. Eine besondere Qualifikation für die Auslösung der Sorgfaltspflichten gegenüber mittelbaren Geschäftspartnern, wie es § 9 Abs. 3 LkSG vorsieht, wurde allerdings nicht vorgesehen.[2335] Dies verstärkt die oben erwähnte Schattenwirkung.

4. Zwischenergebnis

Der unmittelbare Anwendungsbereich ist zwar nicht weit von der bereits existierenden nationalen Regelung entfernt, aber er ist inkonsistent mit dem vorhandenen europäischen Regelungskomplex. Die Schattenwirkung der CSDDD erweitert sich hingegen enorm, insb. durch die Erweiterung der Pflichten gegenüber mittelbaren Zulieferern.

2329 S. dazu *J. Schmidt*, NZG 2024, 859, 861; vgl. *Hübner/Lieberknecht*, NJW 2024, 1841, 1843, Rn. 16; *Koch*, AktG § 76 Rn. 101.

2330 S. dazu Erwägungsgrund 26 CSDDD; vgl. *J. Schmidt*, NZG 2024, 859, 861.

2331 Vgl. *S. Schäfer/Schütze*, BB 2024, 1091, 1095 f.; vgl. auch *Ruttloff/E. Wagner/Burchert*, DB 2024, 1189, 1192 f.

2332 S. die Kritik an der Begrifflichen Abweichung von der CSRD von *Allgeier*, Mittelstand, 2024, S. 327 f.; angesichts der Unterschiede in der Reichweite erscheint aber für den Rechtsanwender hilfreich, nicht durch die Nutzung des gleichen Begriffs verwirrt zu werden; vgl. auch *S. Schäfer/Schütze*, BB 2024, 1091, 1095.

2333 *Allgeier*, Mittelstand, 2024, S. 354 mwN; vgl. *Oplustil/A.-M. Weber*, Przegląd Prawa Handlowego 2024/11, S. 4, 7 f.

2334 S. dazu grundlegend *Allgeier*, Mittelstand, 2024, S. 352 ff; vgl. *Nietsch/Wiedmann*, CCZ 2022, 125, 132.

2335 *Zetzsche/Sinnig*, WM 2024, 1341, 1345; *Hübner/Lieberknecht*, NJW 2024, 1841, 1843 f., Rn. 17 ff.

C. Die geschützten Rechtsgüter

Die von Unternehmen im Rahmen der Sorgfaltspflicht nach Artt. 7 ff. CSDDD zu respektierenden Rechtsgüter und Verbote befinden sich in einem Katalog im Anhang der CSDDD, der den Schutzgegenstand konkretisiert und auf den in Art. 3 Abs. 1 lit. b und lit. c CSDDD verwiesen wird. Als ein weiteres zusätzliches Schutzgut kann das Klima betrachtet werden; die Pflicht zum Klimaschutz wurde losgelöst von Artt. 7 ff. separat in Art. 22 CSDDD normiert;[2336] sie wird daher an einer späteren Stelle eigenständig behandelt.[2337]

Der Gesetzgeber hat die Rechtsgut- und Verbotstatbestände (abgesehen von der Auffangklausel und der Ermächtigung zur deren Erweiterung durch die Kommission) selbst näher bestimmt; insoweit entspricht die Regelungstechnik im Wesentlichen dem LkSG,[2338] was dem Unbestimmtheitsvorwurf entgegentreten soll.[2339]

1. Menschenrechte

a) Der Katalog

Der Katalog der geschützten Menschenrechte befindet sich in Teil I des Anhangs zur CSDDD. Er umfasst das Recht auf Leben, das Verbot der Folter, das Recht auf Freiheit und Sicherheit, den Schutz der Privatsphäre, die Meinungs-, Gewissens- und Religionsfreiheit, das Recht auf faire Arbeitsbedingungen einschließlich eines angemessenen Lohns. Ferner muss das Verbot beachtet werden, den Zugang der Beschäftigten zu einer angemessenen Wohnung (wenn vom Unternehmen bereitgestellt), Ernährung, Kleidung sowie Wasser und sanitären Anlagen zu erschweren. Der Katalog umfasst auch die Kinderrechte sowie das Verbot der Kinderarbeit. Außerdem werden das Verbot der Sklaverei in jeder Form, das Vereinigungsrecht (insb. die Koalitionsfreiheit) sowie das arbeitsrechtliche Diskriminierungsverbot genannt. Alle diese Rechte und Verbote werden durch Verweise auf völkerrechtliche Abkommen näher konkretisiert.

2336 S. zu dieser regulatorischen Trennung kritisch *Velte/Stave*, WPg 2022, 790, 791 f.; s. auch *Weller/Fischer*, ZIP 2022, 2253, 2259; *Lutz-Bachmann/Vorbeck/Wengenroth*, BB 2022, 835, 841; *S. Schäfer/Schütze*, BB 2024, 1091, 1096 f.

2337 S. unten F.

2338 S. zum LkSG oben I. C. (insb. 3.).

2339 S. dazu *Spindler*, ZIP 2022, 765, 768 f.

b) Auffangklausel

Der Geburtsfehler des LkSG, den Katalog der zu schützenden Rechtsgüter in § 2 Abs. 2 Nr. 12 LkSG auf eine verfassungswidrige Art und Weise zu öffnen,[2340] findet eine gewisse Entsprechung in der CSDDD.[2341]

Art. 3 Abs. 1 lit. c Ziff. ii CSDDD erweitert den bereits umfangreichen Katalog um sonstige Menschenrechte, die von den im Anhang, Teil I Abschnitt 2 zitierten völkerrechtlichen Abkommen umfasst werden, aber nicht im vorhandenen Katalog in Teil I Abschnitt 1 zu finden sind. Dies geschieht unter drei kumulativ zu erfüllenden Bedingungen: (1) Das sonstige Menschenrecht muss überhaupt abstrakt durch ein Unternehmen verletzbar sein. (2) Dazu muss die Verletzung dieses sonstigen Menschenrechts unmittelbar ein rechtliches Interesse verletzt haben, das von diesen Abkommen geschützt wird. (3) Zuletzt muss das Unternehmen das Risiko (unter Berücksichtigung der Umstände des Einzelfalls, einschließlich der Art und des Umfangs der Geschäftstätigkeit des Unternehmens und seiner Tätigkeitskette, der Merkmale des Wirtschaftssektors und des geografischen und betrieblichen Umfelds) vernünftigerweise vorhergesehen haben können, dass ein solches Menschenrecht betroffen sein könnte.

Die erste Voraussetzung ergibt sich bereits aus der Natur der Sache. Die zweite schützt davor, dass ein vom Telos einschlägiger Abkommen losgelöstes Rechtsgut oder Verbot zulasten der Unternehmen durch die Hintertür der Öffnungsklausel in den »Schutzbereich« der CSDDD einbezogen wird.[2342]

Die dritte Voraussetzung ist die wichtigste und gleichwohl die problematischste. Begrüßenswert ist zwar die im Wortlaut klar angelegte Ex-ante-Perspektive sowie die Situationsbezogenheit der Beurteilung, aber dies schließt nicht aus, dass das Unternehmen fahrlässig ein potenzielles Menschenrecht übersieht. Es ist nicht klar, wie viel Rechtsfindungsaufwand der Frage gewidmet werden soll, welche sonstigen Rechtsgüter aus den Abkommen infrage kommen.

Es ließe sich zwar die positive Konkretisierungsbefugnis der Unternehmen in diese Bestimmung hineinlesen, aber dies stößt auf erhebliche dogmatische Bedenken, denn es geht hier gerade um die Frage nach dem Telos der CSDDD: Welche Menschenrechte werden geschützt? Die Unternehmen sollen nicht selbst anstelle des Unionsgesetzgebers das gesetzliche Schutzgut und damit das Gesetzesziel bestimmen dürfen; und für eine offene Zielvorgabe bedarf es einer klaren Zielsetzung, die hier gerade fehlt.

2340 S. dazu oben I. C. 1. c).

2341 *Spindler*, ZIP 2022, 765, 769 f.; s. auch *Lutz-Bachmann/Vorbeck/Wengenroth*, BB 2022, 835, 838; *Nietsch/Wiedmann*, CCZ 2022, 125, 128; *Hübner/Lieberknecht*, NJW 2024, 1841, 1843, Rn. 11 f.

2342 S. aber die weitreichende Kritik an dieser Voraussetzung von *Methven O'Brien*, Anales de Derecho 2023, n.º Especial V Presidencia española del Consejo UE, S. 178, 189 f.

Die grundsätzlichen Einwände gegen diese Regelungstechnik bzgl. des LkSG[2343] lassen sich auf die CSDDD übertragen: Die regulatorische Last der Sicherstellung eines lückenlosen Menschenrechtsschutzes wird auf die Unternehmen abgewälzt.[2344] In der Literatur wird auch zu Recht kritisiert, dass in den Voraussetzungen keine Beschränkung auf schwerwiegende Verstöße enthalten ist.[2345]

Es bestehen einerseits Zweifel an der Primärrechtskonformität dieser Regelung, die sich aus einem potenziellen Verstoß gegen das Bestimmtheitsgebot ergeben.[2346] Dennoch ist der Tatbestand deutlich präziser, als dies bei § 2 Abs. 2 Nr. 12 LkSG der Fall ist, sodass kein pauschales Urteil über seine Primärrechtskonformität gefällt werden kann. Diese Bestimmung bedarf einer vertieften europarechtlichen Untersuchung, die den hiesigen Rahmen sprengen würde.

c) Ergänzungsbefugnis der Kommission

Kritisch zu betrachten ist die Ermächtigung der Kommission in Art. 3 Abs. 2 CSDDD, ggf. die in Anhang I aufgeführten Rechte und Verbote oder völkerrechtlichen Abkommen durch einen delegierten Rechtsakt nach Art. 34 CSDDD abzuändern oder zu ergänzen, wobei der neue Gegenstand von allen Mitgliedsstaaten ratifiziert worden sein muss. Zwar können der Rat oder das Parlament die Ergänzung bzw. die Abänderung verhindern. Dennoch drängt sich die Frage auf, ob die Ermächtigung der Kommission in einem so wichtigen Punkt nicht die primärrechtlichen Grenzen des Art. 290 AEUV überschreitet;[2347] das sollte in einer eigenständigen Untersuchung geklärt werden.

2. Umweltgüter

Der Katalog der nicht zu beeinträchtigenden Umweltgüter im Anhang, Teil II wurde im Vergleich zum LkSG wesentlich ausgebaut.[2348] Ferner müssen bei der Auslegung der Verbote die nationalen Regelungen des Standorts berücksichtigt werden, Art. 3 Abs. 1 lit. b CSDDD.[2349] Der Katalog umfasst insb. die Verpflichtung, die Biodiversität nicht zu beeinträchtigen oder die Beeinträchtigung minimal zu halten, das Verbot, die Exemplare bestimmter gefährdeter Arten ein- oder

2343 S. oben I. C. 1. c).
2344 *Stöbener de Mora/Noll*, EuZW 2023, 14, 16 f.
2345 *Lutz-Bachmann/Vorbeck/Wengenroth*, BB 2022, 835, 838.
2346 *Stöbener de Mora/Noll*, EuZW 2023, 14, 16 f. Das Bestimmtheitsgebot ergibt sich im Unionsrecht aus dem Rechtsstaatsprinzip nach Art. 2 EUV; s. dazu Calliess/Ruffert/*Calliess*, EUV Art. 2 Rn. 27; Streinz/*Pechstein*, EUV Art. 2 Rn. 6.
2347 Zu diesen Grenzen im Kontext der Nachhaltigkeitsberichterstattung s. eingehend *Feldmann*, Nachhaltigkeitsberichterstattung im Licht des Primärrechts, 2024, S. 65 ff.
2348 *S. Schäfer/Schütze*, BB 2024, 1091.
2349 S. dazu Erwägungsgrund 32 Unterabs. 2 CSDDD.

auszuführen, ein auf Quecksilber bezogenes Verbot, das Verbot der Herstellung und Nutzung von persistenten organischen Stoffen, das Verbot bzgl. der Stoffe, die die Ozonschicht beschädigen, die Verbote bezogen auf gefährliche Abfälle i. S. d. Baseler Übereinkommens und weitere Verbotstatbestände, die v. a. das Welterbe, den Schutz der Feuchtgebiete und der Meere zum Gegenstand haben.

Es gibt auch umweltbezogene Bestimmungen im Anhang zur CSDDD, Teil I: Die Schädigung der Umwelt ist verboten, wenn diese wesentlich den Anbau und die Lagerung der Nahrung erschwert, oder den Zugang zu Wasser oder zu sanitären Anlagen behindert, die Gesundheit und Sicherheit beschädigt, den Besitz oder die Landnutzung behindert oder durch den Einfluss auf das Ökosystem das Wohlergehen der Menschen wesentlich beeinträchtigt. Ferner ist es verboten, das Recht von Individuen, Gruppen und Gemeinschaften auf Land sowie auf Ressourcen und deren Recht, nicht der Existenzgrundlage beraubt zu werden, zu verletzen.

Im LkSG spielen die Umweltgüter eher eine untergeordnete Rolle im Kontext der Sorgfaltspflichten. Mit der CSDDD entwickelt sich die Umwelt zu einem gleichberechtigten Schutzgut neben den Menschenrechten.

D. Angemessenheits- bzw. Geeignetheitsvorbehalt nach der CSDDD?

Der deutsche Gesetzgeber hat mit dem Angemessenheitsvorbehalt nach § 3 Abs. 2 LkSG die Konkretisierung der einzelnen Pflichten nach dem LkSG den Unternehmen selbst überlassen.[2350] Wegen der Bedeutung dieser Rechtsfigur für die Organisationsfreiheit ist kurz zu untersuchen, ob der europäische Gesetzgeber in der CSDDD eine gleichwertige Regelung vorgesehen hat,[2351] bevor die einzelnen Sorgfaltspflichten der Unternehmen analysiert werden können. Als Einfallstore für die positive Konkretisierungsbefugnis kommen unbestimmte Rechtsbegriffe in Frage; ein besonderes Augenmerk ist auf »geeignete Maßnahmen« i. S. d. Art. 3 Abs. 1 lit. o CSDDD zu werfen.

1. Geeignete Maßnahmen als Einfallstor für den Angemessenheitsvorbehalt in der CSDDD

Der zentrale Begriff, der das Ermessen von Unternehmen zum Gegenstand hat, sind »geeignete Maßnahmen« nach Art. 3 Abs. 1 lit. o CSDDD und die dazugehörigen Erwägungsgründe 19 sowie 40 CSDDD.[2352] Auf diese Definition wird in den wesentlichen Sorgfaltspflichten ausdrücklich Bezug genommen: bei der Ermittlungs- und Bewertungspflicht nach Art. 8,[2353] bei der Präventionspflicht und

2350 S. oben I. F.
2351 Vgl. *Kalss*, ZfPW 2024, 181, 212.
2352 S. *Kalss*, ZfPW 2024, 181, 211 f.: »*Schlüsselbestimmung*«.
2353 Mehr zu dieser Pflicht unten E. 2.

der Behebungspflicht nach Artt. 10 und 11[2354] sowie bei der Konsultationspflicht nach Art. 13 CSDDD.[2355]

Zunächst wird klargestellt, dass keine Garantiehaftung oder eine ähnliche Verantwortung in Bezug auf die Schutzgüter eingeführt werden sollte; im Erwägungsgrund 19 CSDDD fällt der im nationalen Kontext bereits erörterte Begriff der Bemühenspflicht[2356]. Dem Unionsgesetzgeber war klar, dass Unternehmen nicht immer imstande sein werden, negative Auswirkungen überhaupt zu beendigen; denn diese können auch auf staatliches Handeln zurückzuführen sein. Hieraus ergibt sich, dass die Grenze der Sorgfaltspflichten die Unmöglichkeit bildet, wie es bereits im deutschen LkSG der Fall ist.[2357]

Der Gesetzgeber stellt implizit fest, dass es sich bei der CSDDD um eine prinzipienorientierte Regulierung handelt; denn geeignete Maßnahmen sind solche, mit denen die Ziele der Sorgfaltspflicht erreicht werden können. Die Maßnahmen müssen also mit dem Menschenrechts- und Umweltschutz im Zusammenhang stehen, indem sie als das Mittel zu diesem Ziel angesehen werden können. Diese Formulierung deutet auch auf die Ex-ante-Beurteilungsperspektive hin: Es geht um die *Möglichkeit* der Zielerreichung und nicht um deren Sicherstellung um jeden Preis.

Die Kriterien der Geeignetheit wurden in Art. 3 Abs. 1 lit. o CSDDD näher konkretisiert: Die Art und Weise unternehmerischen Handelns muss angemessen sein. Sie muss ferner dem Schweregrad und der Wahrscheinlichkeit der negativen Auswirkungen entsprechen. Die Maßnahmen müssen dem Unternehmen nach vernünftigem Ermessen zur Verfügung stehen.[2358] Die Geeignetheit muss sich auf den konkreten Einzelfall beziehen, wobei die Art und der Umfang der negativen Auswirkung sowie relevante Risikofaktoren berücksichtigt werden müssen; dies sind ermessensleitende Kriterien, sodass dieses Ermessen auf die Schutzgüter der CSDDD ausgerichtet ist.[2359] Außerdem soll gemäß dem Erwägungsgrund 19 berücksichtigt werden, ob es dem Unternehmen möglich war, sein Einflussvermögen auszuweiten. Dieser Erwägungsgrund fügt noch das Kriterium hinzu, dass die Maßnahmen die Besonderheiten der Geschäftstätigkeit des Unternehmens und seiner Aktivitätskette berücksichtigen sollen.

Der Verursachungsbeitrag des Unternehmens bleibt in dieser allgemeinen Definition außer Betracht; allerdings wurde die Verursachung als ein Kriterium für die Präventions- und Behebungsmaßnahmen in Art. 10 Abs. 1 Unterabs. 2 lit. a sowie in Art. 11 Abs. 1 Unterabs. 2 lit. a CSDDD aufgenommen; diese Normen

2354 Zu diesen Pflichten s. unten entsprechend E. 3. und 4.

2355 S. mehr zu Art. 13 CSDDD unten E. 5.

2356 S. oben zur Richtigkeit und zur Kritik an diesem Begriff im Kontext des LkSG I. J. 2. c).; vgl. *S. Schäfer/Schütze*, BB 2024, 1091, 1098 (*Mittelverpflichtungen*).

2357 S. dazu oben I. F. 2.

2358 Dies wird nochmals im Erwägungsgrund 40 CSDDD bekräftigt.

2359 S. dazu Erwägungsgrund 40 CSDDD, der die Verbindung zwischen dem Ermessen und der Risikosituation explizit herstellt; vgl. *Zetzsche/Sinnig*, WM 2024, 1341, 1347.

ergänzen die Definition geeigneter Maßnahmen für die Zwecke der Prävention und der Behebung von negativen Auswirkungen. Das Auslassen des Verursachungsbeitrags bzgl. der Ermittlungs- und Bewertungspflicht nach Art. 8 CSDDD könnte sich so erklären lassen, dass die Verursachung häufig erst infolge dieser Maßnahmen festgestellt wird und die Ermittlung daher nicht sinnvoll steuern kann.

Die kleinen Geeignetheitsklauseln in Artt. 10 Abs. 1 Unterabs. 2 und 11 Abs. 1 Unterabs. 2 CSDDD sprechen jeweils in lit. b die Frage des Verletzungseintritts und jeweils in lit. c die Frage des unternehmerischen Einflusses an.

Inhaltlich decken sich alle in der CSDDD auf die geeigneten Maßnahmen bezogenen Kriterien mit § 3 Abs. 2 Nrn. 1 bis 4 LkSG,[2360] auch wenn die Regelung in der CSDDD nicht so elegant und deutlich komplexer als in § 3 Abs. 2 LkSG ausgefallen ist. Ein wesentlicher Unterschied besteht jedoch im offenen Charakter der CSDDD-Geeignetheit: Durch die Umschreibung der geeigneten Maßnahmen mit angemessenen Maßnahmen in Art. 3 Abs. 1 lit. o CSDDD hat der Gesetzgeber eine Öffnung für weitere ungeschriebene Kriterien vorgesehen, die situationsbezogen hinzugefügt werden können. Dadurch wird die Flexibilität der Regelung im Vergleich zum LkSG nochmals erhöht.

2. Die positive Konkretisierungsbefugnis von Unternehmen nach der CSDDD?

Es wurde bereits festgestellt: Bei der CSDDD handelt es sich um die prinzipienorientierte Regulierung, wie dies beim LkSG der Fall ist. Es stellt sich daher die Frage, ob den Unternehmen im Anwendungsbereich nach dem Willen des Unionsgesetzgebers eine positive Konkretisierungsbefugnis zustehen soll. Einerseits könnten hypothetisch die Ausführungen zum LkSG auf diese Regelung entsprechend übertragen werden. Dies verbietet sich aber aufgrund eines Unterschieds zwischen dem LkSG und der CSDDD: Die CSDDD sieht auch ein privates Enforcement vor.[2361] Im LkSG ging es also um das Verhältnis zwischen den Unternehmen und dem Staat, der zugunsten Dritter im öffentlichen Interesse den Unternehmen bestimmte Pflichten auferlegt.[2362] In der CSDDD kommt eine dritte Partei hinzu: Die betroffenen Träger der Menschenrechte erlangen eine subjektive und durchsetzbare Rechtsposition, womit ein Dreieck, bestehend aus dem Staat, den Unternehmen und den Menschenrechtsträgern, entsteht. Dies führt zu der Notwendigkeit einer wiederholten Analyse der Verteilung der Konkretisierungsbefugnisse.

2360 So *Verse*, AcP 225 (im Erscheinen), IV. 1. b).; vgl. *Stöbener de Mora* in: Leyens/Seibt, LkR, 2025, § 4 Rn. 40 ff.; zu den einzelnen Kriterien des Angemessenheitsvorbehalts nach dem LkSG s. bereits oben I. F. 2.

2361 Mehr zur Ausgesltatung der zivilrechtlichen Haftung s. unten G. 2.

2362 Vgl. zum Telos des LkSG oben I. D.

Die CSDDD könnte als eine besondere Verkehrssicherungspflicht verstanden werden, die den § 823 Abs. 1 BGB ergänzen soll. Die Konkretisierungsbefugnis könnte daher den ordentlichen Gerichten zustehen, damit diese einen Ausgleich zwischen dem Schutz und der Freiheit im Einzelfall herstellen.

Dieser Gedanke lässt sich jedoch nicht auf die CSDDD übertragen: Das *private enforcement* wurde hier nicht dazu vorgesehen, das Ermessen der Unternehmen zu beschneiden oder die Reichweite der materiellen Pflichten zu verändern, sondern um die Durchsetzung zu intensivieren und den Problemen bei lediglich öffentlich-rechtlicher Durchsetzung entgegenzuwirken.[2363] Hierzu reicht es bereits aus, wenn den Zivilgerichten eine negative Konkretisierungsbefugnis zusteht.

Die CSDDD könnte auch dem Unverhältnismäßigkeitsvorwurf ausgesetzt sein,[2364] sollten die mit den unternehmensinternen Vorgängen und Besonderheiten nicht betrauten Betroffenen statt des Unternehmens die notwendigen betrieblichen Maßnahmen bestimmen; damit ließe sich auch keine wirtschaftlich optimale Konkretisierung durch die sachnahen Unternehmen erreichen. Die Bedeutung der Betroffenen für den Konkretisierungsvorgang wurde bereits im LkSG hervorgehoben: Durch die Informationen, die sie den Unternehmen zukommen lassen, steht ihnen eine *mittelbare* Konkretisierungsbefugnis zu, indem sie zur Aktualisierung des unternehmerischen Konkretisierungshorizonts entscheidend beitragen.[2365]

D. h., den Unternehmen steht gegenüber den Behörden sowie den Betroffenen und den Gerichten eine positive Konkretisierungsbefugnis zu, womit die Situationsbezogenheit der Maßnahmen gem. Art. 3 Abs. 1 lit. o CSDDD sichergestellt wird.[2366] Die negative Konkretisierungsbefugnis beschränkt sich auf jene Fälle, bei denen ein evidenter Verstoß gegen eines der Kriterien oder gegen den Geeignetheitsvorbehalt in der Gesamtbetrachtung aller Kriterien vorliegt.[2367] Die Ansprüche aus Art. 14 Abs. 4 lit. a sowie aus Art. 29 CSDDD bestehen nur in den Grenzen der negativen Konkretisierungsbefugnis. Für Art. 14 Abs. 4 lit. a CSDDD bedeutet dies, dass der Beschwerdeführer nur eine fehlerfreie Ausübung des unternehmerischen Ermessens verlangen kann; bei der Zivilhaftung führt dies zu dem Schluss: Sie entsteht erst bei der Überschreitung der Konkretisierungsgrenzen durch das Unternehmen. Dieser vergleichbar großzügige Maßstab wird durch die Iterativität ausgeglichen, denn das Verhalten über einen längeren Zeitraum wird einer mutlipunktuellen Evidenzkontrolle unterzogen.[2368]

2363 Vgl. die Begründung zum CSDDD-Entwurf der Kommission, KOM (2022) 71 endg., S. 21; vgl. auch *Verse*, AcP 225 (im Erscheinen), III. 3.

2364 Vgl. zur Vereinbarkeit mit den Grundrechten des europäischen Primärrechts aus der Perspektive der zivilrechtlichen Haftung *Hayden*, JBl 2024, 429, 443 f.

2365 S. dazu oben I. F. 6.

2366 Wohl aA *Kalss*, ZfPW 2024, 181, 212 f. (»kein sicherer Hafen«); *J. Schmidt*, NZG 2024, 859, 862; s. auch *Verse*, AcP 225 (im Erscheinen), IV. 1. b)., der eine Vertretbarkeitskontrolle befürwortet.

2367 Zum prozeduralen Verständnis dieses Vorbehalts s. oben Teil 6, I. F. 3.

2368 S. dazu oben Fn. 1977.

3. Inhaltliche Reichweite der Konkretisierungsbefugnis

Oben wurde bereits festgestellt, Artt. 8, 10, 11 und 13 CSDDD verweisen ausdrücklich auf den Geeignetheitsvorbehalt und sind von den Unternehmen zu konkretisieren. Es stellt sich die Frage, ob sich die positive Konkretisierungsbefugnis auf die sonstigen CSDDD-Pflichten erstreckt

Die Bestimmung der *einschlägigen* Bereiche der Unternehmenspolitik und der *einschlägigen* Risikomanagementsysteme nach Art. 7 Abs. 1 CSDDD, in die Unternehmen die Sorgfaltspflicht einzubeziehen haben,[2369] bedarf eines qualifizierten Unternehmenswissens und ist vom Unternehmen selbst vorzunehmen. Die Priorisierungsbefugnis nach Art. 9 CSDDD[2370] verlangt ebenfalls ein umfassendes Wissen um alle negativen Auswirkungen des konkreten Unternehmens und setzt die Konkretisierungsbefugnis voraus; denn die Beurteilung der Schwere und der Wahrscheinlichkeit hat einen subjektiven, nur schwer überprüfbaren Charakter.[2371] Auch die Abwägung der durch die Aussetzung oder den Abbruch von Geschäftsbeziehungen bedrohten Schutzgüter mit den durch den Geschäftspartner missachteten nach Art. 10 Abs. 6 und Art. 11 Abs. 7 CSDDD setzt eine Einschätzungsbefugnis voraus, der mit der Konkretisierungsbefugnis entsprochen wird.[2372] Die Wesentlichkeit der Änderung der Risikolage, die die Überprüfung nach Art. 15 CSDDD auslöst,[2373] kann auch nur vom Unternehmen selbst übergreifend beurteilt werden.

Schwierig gestaltet sich die Analyse von der Wiedergutmachungspflicht aus Art. 12 Abs. 1 CSDDD: Die Art und Weise der Wiedergutmachung spiegelt die Verletzung wider. Im Einzelfall kann aber vorkommen, dass viele gleichwertige Maßnahmen die Wiederherstellung des Schutzguts ermöglichen; in solchen Fällen steht dem unternehmerischen Ermessen nichts entgegen.

Problematisch erscheint ebenfalls das Beschwerdeverfahren und der Meldemechanismus gemäß Art. 14 CSDDD.[2374] Zwar müssen die Einzelheiten zu diesen Verfahren wie der konkrete Beschwerdeweg oder die Verfahrensordnung vom Unternehmen selbst bestimmt werden, aber die qualitativen Anforderungen an diese Verfahren[2375] reichen so weit, dass der Raum für die positive Konkretisierungsbefugnis extrem eng ausfällt.[2376]

Die positive Konkretisierungsbefugnis bezogen auf die Klimaschutzpflicht aus Art. 22 CSDDD wird an einer späteren Stelle separat untersucht.[2377]

2369 Mehr zum Pflichteninhalt des Art. 7 CSDDD unten E. 1.
2370 Mehr zur Priorisierungsbefugnis unten E. 2.
2371 *Zetzsche/Sinnig*, WM 2024, 1389, 1390.
2372 Zur Pflicht zum Abbruch von Geschäftsbeziehungen s. unten E. 3. b).
2373 S. mehr zu Art. 15 CSDDD unten E. 7.
2374 S. zu diesen Verfahren unten E. 6.
2375 S. zu diesen unten E. 6. a).
2376 Zur Organisationsneutralität dieser Norm vertieft unten I. 1. d).
2377 S. dazu unten F. 4.

4. Zwischenergebnis

Wie bereits das LkSG beinhaltet die CSDDD das finale Hauptprinzip des angemessenen Menschenrechtsschutzes und transformiert dieses in zahlreiche Unterprinzipien, die alle beachtet werden müssen, aber von denen die meisten doch eine hohe Spanne an Umsetzungsfreiheit gewährleisten.[2378]

Die Reichweite der positiven Konkretisierungsbefugnis von Unternehmen nach der CSDDD variiert abhängig von der Pflicht: Sie lässt sich zwar für Artt. 7 bis 11, 13 und 15 CSDDD herleiten, gilt jedoch für Art. 14 lediglich in sehr engen Grenzen und einzelfallabhängig für Art. 12 CSDDD. Darin liegt ein Unterschied zum pflichtenübergreifenden Angemessenheitsvorbehalt nach dem LkSG. Aus der positiven Konkretisierungsbefugnis der Unternehmen ist das Erfordernis herzuleiten, die für die Konkretisierung angemessenen Informationen zu beschaffen.[2379]

E. Unternehmerische Sorgfaltspflichten nach Artt. 7 ff. CSDDD

Unternehmerische Sorgfaltspflichten nach Artt. 7 ff. CSDDD sind das Herzstück der Richtlinie. Ihr Regelungsinhalt orientiert sich grundsätzlich stark an den VN-Leitprinzipien[2380] sowie am LkSG; bestehende Unterschiede zum LkSG haben nur an wenigen Stellen einen wesentlichen Charakter. Wie beim LkSG, werden zunächst in einer »Landkarte« alle Sorgfaltspflichten aufgelistet, s. Art. 5 Abs. 1 CSDDD. Dort wurde auch direkt der risikobasierte Ansatz verankert, der in der deutschen Regelung im Angemessenheitsvorbehalt verortet wurde.

Ähnlich wie beim LkSG,[2381] handelt es sich bei den CSDDD-Sorgfaltspflichten um ein RMS-ähnliches Schutzsystem zugunsten der Menschenrechte und der Umwelt.[2382] Es ist kurz auf die einzelnen Pflichten einzugehen, die die Bestandteile dieses Schutzsystems sind:

2378 S. dazu oben I. G. 2. und 3. Der Geeignetheitsvorbehalt ist wie im Kontext des LkSG sowohl materiell als auch prozedural zu verstehen (s. dazu I. F. 3.).

2379 Vgl. Teil 5, II. B. 3. a).; s. *Brunk*, Menschenrechtscompliance, 2022, S. 104 f., der dieses Erfordernis bezogen auf die Legalitätsdurchsetzungspflicht aus der Business Judgment Rule im Innenverhältnis herleitet.

2380 *Zetzsche/Sinnig*, WM 2024, 1341, 1347; *J. Schmidt*, NZG 2024, 859, 862, Rn. 28.

2381 S. oben I. E.

2382 Zur Herleitung dieser Rechtsnatur der CSDDD-Sorgfaltspflichten mehr unten II. I. 1. a).

1. Verankerung der Sorgfaltspflichten im Risikomanagementsystem und in der Unternehmenspolitik nach Art. 7 CSDDD

Art. 7 Abs. 1 CSDDD verpflichtet die Unternehmen zur Verankerung der Sorgfaltspflichten in allen relevanten Risikomanagement-*Systemen* und in der Unternehmenspolitik.[2383]

Diese europäische Regelung stellt einen Fortschritt gegenüber dem LkSG dar, denn es wird auf das RMS und nicht bloß auf das Risikomanagement verwiesen. Die relevanten Systeme muss das Unternehmen bestimmen; insoweit räumt diese Regelung den Unternehmen eine positive Konkretisierungsbefugnis ein. Hat ein Unternehmen kein klassisches RMS, kann aus dieser Norm eine implizite Pflicht hergeleitet werden, ein auf die Menschenrechts- und Umweltrisiken i. S. d. CSDDD bezogenes Schutzsystem einzurichten. Die unternehmensinterne Reichweite der Einrichtungspflicht beschränkt sich auf jene Unternehmensbereiche, bei denen es evident unvertretbar wäre, sie für das CSDDD-Schutzsystem für nicht relevant zu halten.

Mit der Unternehmenspolitik bzgl. der Sorgfaltspflichten ist die Grundsatzerklärung des § 6 Abs. 2 LkSG gemeint.[2384] Diese Politik muss im Dialog mit den Arbeitnehmern und ihren Vertretern entwickelt worden sein. Anders als im LkSG knüpft die Pflicht zur Entwicklung der Unternehmenspolitik nicht an die Feststellung eines menschenrechts- oder umweltbezogenen Risikos an.[2385] Die Unternehmenspolitik ist anlassbezogen (bei einem wesentlichen Anlass) und regelmäßig (nicht seltener als alle 24 Monate) zu überprüfen und ggf. anzupassen (Art. 7 Abs. 3 CSDDD).[2386] Der Inhalt der Unternehmenspolitik gleicht dem der Grundsatzerklärung nach dem LkSG; insoweit gilt das oben hierzu gesagte *mutatis mutandis*.[2387]

2. Risiko- sowie Verletzungsermittlung, -bewertung, und -priorisierung nach Artt. 8 und 9 CSDDD

Art. 8 CSDDD verpflichtet zur Ermittlung und Bewertung der Risiken für die Schutzgüter sowie der bereits eingetretenen Verletzungen. Dazu wurde (anders als im LkSG) ein zweistufiges Verfahren vorgesehen, bei dem zuerst potenzielle Risikofelder festgestellt werden sollen und erst im zweiten Schritt eine genauere Ermittlung in jenen Bereichen der Aktivitätskette, in denen die Risiken am wahrscheinlichsten sind. Unternehmen werden dazu ermuntert, die Informationen direkt vom indirekten Geschäftspartner einzuholen, wenn die Risiken aus seiner

2383 S. dazu *Zetzsche/Sinnig*, WM 2024, 1341, 1347; vgl. *J. Schmidt*, NZG 2024, 859, 863.
2384 Spindler, ZIP 2022, 765, 770; Lutz-Bachmann/Vorbeck/Wengenroth, BB 2022, 835, 839; vgl. S. Schäfer/Schütze, BB 2024, 1091, 1096.
2385 S. die Kritik an der nationalen Lösung oben I. G.1. f).
2386 Zur Überprüfung und Anpassung der Schutzsystembestandteile s. unten 7.
2387 S. oben zu den Inhalten I. G. 1. f).

Sphäre stammen (Art. 8 Abs. 4 CSDDD); dies soll direkte Geschäftspartner entlasten. Ferner müssen die Informationen aus dem Beschwerdeverfahren berücksichtigt werden (Abs. 3). Die Ermittlungs- und Bewertungspflicht hat einen Dauercharakter, ähnlich wie § 5 LkSG; dies ergibt sich aus dem Zusammenhang dieser Pflicht mit der Überwachungspflicht nach Art. 15 CSDDD.[2388]

Art. 9 CSDDD normiert die Priorisierungsbefugnis der Unternehmen. Sind sie nicht imstande, bezogen auf alle Risiken und Verletzungen Präventions- und Abhilfemaßnahmen durchzuführen, dürfen sie sich zuerst den schwersten und wahrscheinlichsten widmen. Wie bereits bezogen auf die nationale Ebene festgestellt wurde, ist es nicht möglich, zur Schwere und Wahrscheinlichkeit von negativen Auswirkungen objektive Kriterien auszuarbeiten. Die Priorisierungsbefugnis ist ein Indiz dafür, dass der Unionsgesetzgeber von einer positiven Konkretisierungsbefugnis der Unternehmen ausgeht. Im Gegensatz zum LkSG, das auf eine selbstständige Regelung der Priorisierungsbefugnis verzichtet hat, erkennt der Unionsgesetzgeber mit einer eigenständigen Regelung die hohe Bedeutung der Prioritätshoheit von Unternehmen an.

3. Präventionsmaßnahmen nach Art. 10 CSDDD

a) Allgemeine Präventionspflicht

Die Pflicht zur Verhinderung oder Minimierung der schutzgutbezogenen Risiken wurde in Art. 10 CSDDD verankert. Die Unternehmen sollen nach Art. 10 Abs. 1 Unterabs. 1 CSDDD angemessene Maßnahmen ergreifen; Abs. 1 Unterabs. 2 CSDDD beinhaltet auch einen »kleinen« Geeignetheitsvorbehalt.[2389] Die Präventionspflicht bezieht sich nicht nur auf die erkannten Risiken, sondern auch auf jene Risiken, die hätten erkannt werden sollen. Außerdem dürfen Unternehmen bei der Prävention Risiken priorisieren (Art. 10 Abs. 1 Unterabs. 1 i. V. m. Art. 9 CSDDD).

Art. 10 Abs. 2 CSDDD konkretisiert die Maßnahmen mit einschlägigen »Regelbeispielen«, ähnlich wie es im LkSG der Fall ist.[2390] Diese Maßnahmen umfassen insb. einen Präventionsaktionsplan,[2391] vertragliche Zusicherungen samt der Vertragskaskade,[2392] betriebliche Anpassungen einschließlich Investitionen

2388 Zur Überwachungspflicht s. unten 7.; die Verbindung wird vom Erwägungsgrund 41 Unterabs. 3 CSDDD problematisiert, der regelmäßige Ermittlungs- und Bewertungshandlungen verlangt, die nicht selten als alle zwölf Monate durchgeführt werden.

2389 Mehr zum Geeignetheitsvorbehalt s. oben D.

2390 Vgl. dazu oben I. G. 1. g). (1). und (2).

2391 Der Präventionsaktionsplan soll auch mithilfe einer Industrieinitiative durchgeführt werden können; die Frage der wettbewerbsrechtlichen Zulässigkeit einer solchen bleibt allerdings offen; umfassend zum Konflikt zwischen dem Wettbewerbsrecht und der Nachhaltigkeit *Holle*, ZHR 188 (2024), 98 ff. mwN.

2392 S. dazu *J. Schmidt*, NZG 2024, 859, 864.

sowie operativer Praktiken, die Unterstützung von KMUs und die Kooperation mit anderen Unternehmen. Die vertraglichen Maßnahmen sollen auch die Überwachung der Einhaltung umfassen, wobei diese auch von unabhängigen Dritten oder Branchen- bzw. Multistakeholderinitiativen durchgeführt werden darf. Das LkSG hat einen Aktionsplan lediglich bei der Abhilfe nach § 7 Abs. 2 LkSG verlangt,[2393] betriebsbezogene Maßnahmen wurden dort nicht ausdrücklich genannt. Der Katalog der Regelbeispiele in Art. 10 Abs. 2 wurde also gegenüber dem LkSG erweitert, womit die Rechtfertigungslast beim Abweichen gesteigert wird[2394].

b) Prävention durch den Abbruch oder die Aussetzung von Geschäftsbeziehungen

Anders als im Kontext des LkSG kann die Pflicht zum Abbruch bzw. zur Aussetzung von Geschäftsbeziehungen bereits auf der Präventionsstufe ausgelöst werden; die Präventionsstufe nach der CSDDD ist allerdings weiter als nach dem LkSG, denn sie umfasst auch die unmittelbare Gefahr, die nach dem LkSG der Abhilfestufe zugewiesen ist (s. § 7 Abs. 1 S. 1 LkSG).[2395]

Die Unterbrechung bzw. der Abbruch von Geschäftsbeziehungen ist *ultima ratio* (Art. 10 Abs. 6 Unterabs. 1 CSDDD).[2396] Zunächst setzt diese Pflicht voraus, dass die Verhinderung erfolglos bzw. die Minimierung nicht angemessen war. Sie darf sich nur im Rahmen des rechtlich Möglichen bewegen (Abs. 6 Unterabs. 1); das Unionsrecht verpflichtet die Mitgliedsstaaten, ihr Zivilrecht entsprechend anzupassen, sodass die Erfüllung der Pflichten möglich ist (Abs. 6 Unterabs. 3).[2397]

Diese Pflicht umfasst mehrere komplexe Bestimmungen. Dem Unternehmen ist es verboten, mit dem Geschäftspartner eine neue Geschäftsbeziehung einzugehen oder die alte zu erweitern. Es soll ein besonderer Präventionsplan ausgearbeitet werden, bei dem die Aussetzung zur Erhöhung des Einflusses genutzt werden soll, Art. 10 Abs. 6 Unterabs. 1 lit. a CSDDD. Die Pflicht zum Abbruch an sich wird nur bei potenziellen schwerwiegenden Rechtsgüterrisiken ausgelöst.

Bei der Aussetzung und beim Abbruch muss eine Abwägung vorgenommen werden, Abs. 6 Unterabs. 2; anders als dem nationalen Gesetzgeber ist es dem Unionsgesetzgeber klar, dass eine solche Maßnahme die Menschenrechts- oder Umweltlage eventuell noch verschärfen kann.[2398] Kommt die Abwägung zu dem

2393 S. oben I. G. 1. h). (3).
2394 Vgl. dazu oben I. J. 2. c). (4).
2395 Zur Kritik am Begriff der unmittelbaren Gefahr nach dem LkSG s. oben I. G. 1. h). (1).
2396 Vgl. *J. Schmidt*, NZG 2024, 859, 865, die die Voraussetzungen als streng (i. S. v. *eng*) beurteilt.
2397 S. zur Umgehungsgefahr *J. Schmidt*, NZG 2024, 859, 865.
2398 Insoweit reagiert die CSDDD auf die zum Kommissionsvorschlag in dieser Hinsicht geäußerte Kritik, s. *Stöbener de Mora/Noll*, EuZW 2023, 14, 20.

Ergebnis, dass die Aussetzung oder der Abbruch insgesamt einen negativen Saldo erbringen, wird keine Pflicht ausgelöst, aber das Unternehmen muss diesen Fall den Behörden mitteilen. Führt die Abwägung zu dem Ergebnis, dass die Aussetzung oder der Abbruch doch zielführend sind, dann muss das Unternehmen die negativen Auswirkungen der Erfüllung der Aussetzungs- bzw. Abbruchpflicht verhindern, minimieren oder beendigen.

Die Fälle einer negativen Abwägung sind einfach vorstellbar. Fällt das Unternehmen als Abnehmer aus, kann es durch alternative Abnehmer ersetzt werden, die nicht der CSDDD unterliegen und noch weniger Anforderungen an die Menschenrechts- und Umweltstandards stellen, was im Ergebnis zur Verschlechterung des Schutzniveaus führt. In einem anderen Beispiel führt der Abbruch zur Insolvenz des wichtigsten Arbeitgebers einer Region, wodurch eine große Menschenzahl unter das Existenzminimum abrutscht. In keinem dieser Beispiele würde der Abbruch das Ziel der CSDDD verwirklichen.

Die Voraussetzung einer positiven Abwägung sollte aus teleologischen Gründen ins LkSG hineingelesen werden.[2399] Insoweit ist § 7 Abs. 3 LkSG teleologisch zu reduzieren, wenn die Abwägung negativ ausfällt.

4. Behebung und Abhilfe nach Artt. 11 und 12 CSDDD

Die Behebungspflicht nach Art. 11 CSDDD entspricht § 7 LkSG und umfasst die Minimierung und die Beendigung einer Verletzung der von der CSDDD geschützten Rechtsgüter. Zunächst wurde auf diese Pflicht auch der Geeignetheitsvorbehalt erstreckt, Art. 11 Abs. 1 Unterabs. 2 CSDDD.[2400] Die Verletzungen dürfen nach ihrer Schwere usw. priorisiert werden, denn Art. 11 Abs. 1 Unterabs. 1 verweist auf Art. 9 CSDDD. Wie bei der Prävention, hat der Unionsgesetzgeber bei der Abhilfe Regelbeispiele vorgesehen (Art. 11 Abs. 3 CSDDD); diese umfassen insb. die Pflicht zur Neutralisierung bzw. der Minimierung der Verletzungen, proportional zu deren Schwere und der Verwicklung in die Verursachung, eine Pflicht zur Ausarbeitung und Umsetzung eines Abhilfeplans, die Pflicht zu vertraglichen Maßnahmen, zu betrieblichen Anpassungen, zur Unterstützung von KMU sowie zur Kooperation mit anderen Unternehmen. Ferner besteht die Pflicht zur Aussetzung oder Beendigung von Geschäftsbeziehungen nach Art. 11 Abs. 7 CSDDD; sie wurde wortlautgleich wie bei Art. 10 CSDDD ausgestaltet, sodass das oben bereits Gesagte hier entsprechend gilt.[2401]

Anders als das LkSG stellt die CSDDD die Frage der Wiedergutmachung klar: Nach Art. 12 CSDDD sind die Unternehmen zur Wiedergutmachung (nach dem Wortlaut der CSDDD zur Abhilfe) verpflichtet, wenn sie die Rechtsgutsver-

2399 So bereits Fleischer/Mankowski/*Korch*, LkSG § 7 Rn. 84 ff.
2400 Vgl. zum Geeignetheitsvorbehalt oben D.
2401 S. oben 3. b).

letzung verursacht oder mitverursacht haben.[2402] Liegt die Verursachung allein bei einem unmittelbaren oder mittelbaren Geschäftspartner, dann wird die Wiedergutmachungspflicht nicht ausgelöst, aber dem Unternehmen steht dann ein Recht zur freiwilligen Wiedergutmachung zu.

5. Konsultationspflicht bezogen auf die Interessenträger (Stakeholder) nach Art. 13 CSDDD

Die Pflicht zur Berücksichtigung der Interessenträger nach § 4 Abs. 4 LkSG wurde in der CSDDD zu einer umfassenden Konsultationspflicht ausgebaut.[2403] Das Konsultationsverfahren sowie das Beschwerde- und Meldeverfahren zielen gemeinsam auf einen wechselseitigen Informationsaustausch ab, der zu einem hohen unternehmerischen Informationsniveau und einem effektiven Schutz der Menschenrechte und Umweltgüter führen soll.[2404] Zu den Interessenträgern bzw. Stakeholdern gehören ausweislich des Art. 3 Abs. 1 lit. n CSDDD insb. Beschäftigte (auch in der Aktivitätskette), Gewerkschaften, Verbraucher, Gruppen, Gemeinschaften, Einrichtungen und Organisationen der Zivilgesellschaft, deren Rechte oder Interessen durch die Aktivität des Unternehmens, der Töchterunternehmen oder der Geschäftspartner beeinträchtigt werden oder beeinträchtigt werden könnten. Das heißt, zwischen den Interessenträgern und der Tätigkeit des Unternehmens muss eine hinreichende Verbindung bestehen.

Die Unternehmen sind verpflichtet, den Stakeholdern eine angemessene Informationsgrundlage für die Konsultationen zu liefern, wobei der Geheimnisschutz nach der Richtlinie (EU) 2016/943 hier die Grenze der Verpflichtung darstellt (Art. 13 Abs. 2 CSDDD).[2405]

Die Konsultationen sollen nach Art. 13 Abs. 3 CSDDD im Zusammenhang mit der Risiko- sowie Verletzungsermittlung, -bewertung und -priorisierung, mit der Erstellung der Präventions- und Abhilfepläne, mit der Aussetzung und dem Abbruch von Geschäftsbeziehungen, bei der Wiedergutmachung sowie bei der Erstellung der Kriterien für die Überwachung der Maßnahmen stattfinden. Wenn die Stakeholder-Konsultationen für die Erfüllung der CSDDD-Pflichten nicht hinreichend sind, müssen hilfsweise Experten hinzugezogen werden (Art. 13 Abs. 4 CSDDD).

Die Unternehmen sollen sicherstellen, dass die Stakeholder keine Vergeltungsmaßnahmen für die Teilnahme befürchten müssen. Die Erfüllung der Konsultationspflicht darf mithilfe von Branchen- und anderen Initiativen erfolgen, soweit

2402 S. *Schäfer/Schütze*, BB 2024, 1091, 1097; vgl. *Zetzsche/Sinnig*, WM 2024, 1389, 1390, 1392; s. auch *Brunk*, CRZ 2024, 130, 131 f., der diese Bestimmung unter Missachtung der Systematik (Artt. 10 und 11 CSDDD) extrem weit auslegt.

2403 Zur Konsultation nach den VN-Leitprinzipien vgl. Prinzip 18.

2404 Vgl. Erwägungsgrund 65 CSDDD.

2405 S. *J. Schmidt*, NZG 2024, 859, 866, die in Art. 13 CSDDD ein Datenleckrisiko sieht.

es nicht um die Mitarbeiter des verpflichteten Unternehmens selbst geht. Ferner bleiben weitergehende Pflichten gegenüber den Mitarbeitern und deren Vertretern nach dem Unions- sowie dem nationalen Recht unberührt.

Diese Regelung bedeutet eine enorme Erweiterung der bestehenden unionsrechtlichen Pflichtenlage in personeller und sachlicher Hinsicht: Nach der CSRD (Art. 19a Abs. 5 BilanzRL) musste bisher nur die Nachhaltigkeitsinformation mit den Arbeitnehmervertretern erörtert werden.[2406]

6. Beschwerde- sowie Meldeverfahren nach Art. 14 CSDDD

Ähnlich wie der § 8 LkSG sieht die CSDDD in Art. 14 Abs. 1 bis 4 ein Beschwerdeverfahren vor. Das Beschwerdeverfahren wurde allerdings um einen besonderen Meldemechanismus nach Art. 14 Abs. 5 CSDDD erweitert.[2407] Diese Dopplung verursacht Schwierigkeiten bei der Auslegung der Normen.

a) Beschwerdeverfahren nach Art. 14 Abs. 1 bis 4 CSDDD

Die Regelung das Beschwerdeverfahren betreffend unterscheidet sich in Details von § 8 LkSG. Anders als im LkSG[2408] wurde der beschwerdebefugte Personenkreis gesetzlich vorgegeben und dadurch eingeschränkt: Dies sind die Betroffenen sowie die sie vertretenden Organisationen; zu jenen gehören insb. Gewerkschaften, soweit es um die Vertretung der Beschäftigten in der relevanten Aktivitätskette geht. Ferner sind die Organisationen der Zivilgesellschaft mit Tätigkeit und Erfahrung im einschlägigen Bereich bzgl. der CSDDD-relevanten Umweltrisiken sowie -verletzungen beschwerdebefugt; hier trägt die Norm der Tatsache Rechnung, dass die Umwelt nicht für sich sprechen kann.

Dieser Verengung der Beschwerdeberechtigung steht die deutliche Verschärfung der qualitativen Anforderungen an das Beschwerdeverfahren gegenüber: Dieses muss gerecht, öffentlich verfügbar, zugänglich, berechenbar sowie transparent sein, Art. 14 Abs. 3 Unterabs. 1 S. 1 CSDDD. Diese Anforderungen erinnern an jene für ein rechtsstaatliches Gerichtsverfahren[2409] und gehen daher zu weit; v. a. erscheint die Frage der Gerechtigkeit schwer konkretisierbar, und zwar auch dann, wenn dem Unternehmen eine positive Konkretisierungsbefugnis zusteht. Es handelt sich im Kern um einen »Justizgewährungsanspruch« gegenüber privaten Akteuren; dies ruft erhebliche Bedenken im Hinblick auf die Primärrechtskonformität aufgrund einer potenziellen Verletzung des grundrechtlichen Verhältnismäßigkeitsgrundsatzes hervor, denn die Funktion der Informations-

2406 S. dazu HHL/*E. Vetter*, 2024, § 42 Rn. 25 f.; *Lanfermann/Baumüller*, DB 2022, 2745, 2753; s. auch *Allgeier*, Mittelstand, 2024, S. 185 f.
2407 *Seibt/Vesper-Gräske*, DB 2024, 1530, 1533.
2408 Zum Beschwerdeverfahren nach dem LkSG s. oben I. G. 1. e).
2409 S. Dürig/Herzog/Scholz/*Grzeszick*, GG Art. 20, VII. Rechtsstaat Rn. 137; vgl. auch Art. 47 Abs. 2 GRCh.

quelle und einer Hilfestellung für die Betroffenen bei der Durchsetzung der CSDDD ließen sich auch ohne eine so strenge qualitative Normierung des Verfahrens erreichen.

Der Gesetzgeber erkannte zu Recht die Verknüpfung zwischen dem Beschwerdeverfahren und den Sorgfaltspflichten, Art. 14 Abs. 3 Unterabs. 2 CSDDD; eine begründete Beschwerde führt nach dieser Richtlinienbestimmung zur gesetzlichen Fiktion:[2410] Deren Gegenstand gilt als ein dem Unternehmen bekanntes Risiko bzw. eine ebensolche Verletzung. Infolgedessen werden die Präventions-, Behebungs- und Abhilfepflichten nach Artt. 10 bis 12 CSDDD ausgelöst.[2411] Dennoch darf die Norm nicht die Priorisierungsbefugnis der Unternehmen aus Art. 9 CSDDD aushöhlen.[2412] Im Einzelfall kann eine Situation vorkommen, dass zu einem schwerwiegenden Risiko keine Beschwerde vorliegt und dafür eine zu einem relativ unwesentlichen; dies darf nicht dazu führen, dass die Ressourcen zu einem weniger schweren Risiko umgeleitet werden.

Es sind auch Fälle denkbar, bei denen sich eine Beschwerde auf die Prioritäten im Kontext der CSDDD auswirkt: Bspw. stellt sich ein abstraktes Risiko für die Gesundheit nach einer Beschwerde als mehrere Todesfälle mit einem fortbestehenden erheblichen Risiko für Menschenleben heraus, die dem Unternehmen nicht bekannt waren, weil auf den ersten Blick kein kausaler Zusammenhang bestand. Die zusätzlichen Informationen wirken sich auch auf die Priorisierungsbefugnis aus; im Beispiel wäre der Gegenstand der Beschwerde auf die Spitze der Prioritätsliste katapultiert worden. Im Ergebnis wird durch das Beschwerdeverfahren der unternehmerische Horizont aktualisiert, womit die Angemessenheit des Unternehmenshandelns nach einem verschärften informationellen Maßstab beurteilt wird, seien es eine künftige Ermittlungstätigkeit, die Prävention oder die Priorisierung. Diese Funktion des Beschwerdeverfahrens entspricht im Ergebnis der, die bereits bezogen auf das LkSG festgestellt wurde.[2413]

Nicht durchdacht wirkt im Lichte des oben Gesagten der Anspruch der Betroffenen auf angemessene Maßnahmen, sollte deren Beschwerde begründet sein, Art. 14 Abs. 4 lit. a CSDDD. Dieser Anspruch muss teleologisch reduziert werden, um erstens das Ermessen der Unternehmen nicht infrage zu stellen und zweitens die Kohärenz mit der Priorisierungsbefugnis herzustellen: Demnach muss sich der Anspruch auf eine nicht evident disproportionale Abwägung beschränken.[2414]

In Art. 14 Abs. 4 lit. b CSDDD wurde ein Erörterungsrecht bezogen auf potenzielle oder tatsächliche schwerwiegende negative Auswirkungen vorgesehen. Eine systemkonforme Auslegung dieser Bestimmung führt zu dem Ergebnis, dass

2410 S. *Schäfer/Schütze*, BB 2024, 1091, 1097.
2411 S. *Schäfer/Schütze*, BB 2024, 1091, 1097.
2412 S. zu dieser Befugnis bereits oben 2.
2413 S. oben I. F. 6. und I. G. 1. e).
2414 Vgl. zu einem vergleichbaren Anspruch im Verwaltungsrecht statt aller Schoch/Schneider/*Riese*, VwGO § 113 Rn. 218 mwN.

Pflichten aus Artt. 10 bis 12 CSDDD das Unternehmen zunächst treffen müssen, damit die Erörterung durchzuführen ist.

Die Notwendigkeit einer Begründung nach Art. 14 Abs. 4 lit. c CSDDD hätte sich bereits aus der Anforderung ergeben, ein transparentes Verfahren einzurichten; die Klarstellung der Begründungspflicht ist trotzdem zu begrüßen. Bei einer begründeten Beschwerde muss der Beschwerdeführer die Information über die erfolgten sowie geplanten Maßnahmen bzgl. des Gegenstands erhalten. Die informationelle Intensität dieser Pflicht ist jedoch nicht klar, womit der Gesetzgeber seine mangelhafte Sensibilität für den Geheimnisschutz beweist. Denn anders als im Konsultationsverfahren[2415] ist hier kein Geheimnisschutz vorgesehen;[2416] es ist auch kein Grund ersichtlich, wieso der Geheimnisschutz nicht darauf erstreckt wurde. Vielleicht ist der Gesetzgeber nur von allgemeinen Informationen ausgegangen, sodass kein Geheimnisschutz notwendig erschien. Dies sollte weiter untersucht werden.

Das Beschwerdeverfahren wurde insgesamt komplex ausgestaltet und fügt sich nicht hinreichend kohärent in das Gesamtkonzept der CSDDD ein. Dazu kommen die übermäßig strengen qualitativen Verfahrensanforderungen, die einen Unverhältnismäßigkeitsvorwurf nahelegen.

b) Meldeverfahren nach Art. 14 Abs. 5 CSDDD

Parallel zum Beschwerdeverfahren wurde ein Meldeverfahren nach Art. 14 Abs. 5 CSDDD vorgesehen.[2417] Diese Dopplung wirkt auf den ersten Blick befremdlich und weicht konzeptionell stark von einem einheitlichen Beschwerdeverfahren nach § 8 LkSG ab.

Die Meldeberechtigung in Abs. 5 reicht im Gegensatz zum Beschwerdeverfahren sehr weit: Personen und Stellen dürfen eine Meldung einreichen, ohne dafür eine besondere Betroffenheit oder sonstige Voraussetzung geltend machen zu müssen (Art. 14 Abs. 5 Unterabs. 1 CSDDD).[2418] Der Gegenstand einer Meldung wird sehr weit definiert: Diesen stellen Informationen oder Bedenken hinsichtlich tatsächlicher oder potenzieller negativer Auswirkungen betreffend das Unternehmen selbst, dessen Töchter oder einen Geschäftspartner in der Aktivitätskette dar.

Proportional zur Senkung der Anforderungen an die Meldeberechtigung wurden auch die qualitativen Anforderungen an das Meldeverfahren im Verhältnis zum Beschwerdeverfahren wesentlich reduziert: Lediglich die Anonymität bzw. die Vertraulichkeit müssen sichergestellt werden und dies auch nur insoweit, als

2415 Vgl. oben 5.

2416 Der Erwägungsgrund 64 CSDDD sieht aber einen generellen Vorrang des Geheimnisschutzes vor den CSDDD-Pflichten vor; vgl. dazu unten 11.

2417 Vgl. *Zetzsche/Sinnig*, WM 2024, 1341, 1348 f., die es als Hinweisverfahren bezeichnen.

2418 *Zetzsche/Sinnig*, WM 2024, 1341, 1349.

dies das nationale Recht möglich macht.[2419] Ferner sollen Unternehmen Maßnahmen ergreifen, um Repressalien für die Meldungen zu verhindern (Art. 14 Abs. 5 Unterabs. 2 S. 2 CSDDD). Die Information über die Maßnahmen im Nachgang zur Meldung steht zur Disposition der Unternehmen (»kann«, s. Art. 14 Abs. 5 Unterabs. 2 S. 3 CSDDD).

Das Meldeverfahren dient also dazu, jedem eine Möglichkeit zum Hinweis auf Unregelmäßigkeiten zu geben, ohne dieser Person dann auch Ansprüche oder Verfahrensrechte einzuräumen.[2420]

c) Auslagerungsfreiheit

Gem. Art. 14 Abs. 6 CSDDD dürfen das Beschwerde- sowie das Meldeverfahren gemeinsam mit anderen Unternehmen eingerichtet werden, sei es über eine Brancheninitiative oder eine globale Rahmenvereinbarung. Dies befreit das Unternehmen nicht von der Pflicht, für die Einhaltung des Art. 14 CSDDD zu sorgen, arg. ex Art. 14 Abs. 6 CSDDD a. E.

d) Ergänzung der CSDDD um den Hinweisgeberschutz

Der sachliche Schutzbereich der Hinweisgeberrichtlinie (HGRL)[2421] umfasst künftig auch die Verstöße gegen die CSDDD (Art. 30 CSDDD).[2422] Art. 32 CSDDD erweitert ferner die Hinweisgebergegenstände i. S. d. HGRL um die CSDDD.[2423] Im Ergebnis soll also ein drittes Verfahren eingerichtet werden; dieses soll ausweislich des Erwägungsgrundes 60 auch getrennt vom Melde- und Beschwerdeverfahren durchgeführt werden. Die Beschwerdebefugten sollen sogar parallel mehrere Verfahren in Anspruch nehmen können. Der deutsche Gesetzgeber wird § 2 HinSchG voraussichtlich um das LkSG erweitern.

e) Zwischenergebnis

Das Konzept der passiven Entgegennahme von Informationen im Kontext von Risiken und Schäden für die Menschenrechte und die Umwelt wurde durch den Unionsgesetzgeber in der CSDDD umfassend umgesetzt. Die Regelung zeichnet

2419 Art. 14 Abs. 5 Unterabs. 2 S. 1 CSDDD besagt, dass die Meldungen anonym oder vertraulich »im Einklang mit dem nationalen Recht« eingehen dürfen müssen; dies könnte auf das Staatenwahlrecht in Art. 6 Abs. 2 HGRL zurückzuführen sein; vgl. dazu oben Teil 5, III. C. 6. b).

2420 Vgl. *Seibt/Vesper-Gräske*, DB 2024, 1530, 1533.

2421 Richtlinie (EU) 2019/1937 des Europäischen Parlaments und des Rates vom 23. Oktober 2019 zum Schutz von Personen, die Verstöße gegen das Unionsrecht melden, ABl. (EU) L 305/17; vgl. zu dieser Richtlinie und dem sie umsetzenden HinSchG aus der organisationalen Perspektive oben Teil 5, III. C.

2422 *S. Schäfer/Schütze*, BB 2024, 1091, 1097.

2423 *S. Schäfer/Schütze*, BB 2024, 1091, 1097.

sich jedoch durch eine enorme Komplexität aus. Es erscheint fragwürdig, ob dieser hohe Komplexitätsgrad tatsächlich erforderlich war.

7. Überwachung und Anpassung nach Art. 15 CSDDD

a) Überwachungsgegenstände i. S. d. Art. 15 CSDDD

Die Überwachungs- und Anpassungspflicht wurde pflichtenübergreifend in Art. 15 CSDDD normiert; für die CSDDD-Strategie gibt es eine Sonderbestimmung in Art. 7 Abs. 3 CSDDD.[2424] Das Unternehmen ist verpflichtet, den Grad der realen Umsetzung zu bewerten und die Angemessenheit sowie die Wirksamkeit der Ermittlung, Verhinderung, Minderung, Abstellung und Minimierung von negativen Auswirkungen zu überwachen (Art. 15 S. 1 CSDDD); mit der Überwachung ist auch die Bewertung gemeint, denn sie ist hierzu nach der Natur der Sache notwendig.

Ähnlich wie beim LkSG stellt sich bezogen auf das CSDDD-Schutzsystem in seiner Gesamtheit die Frage, ob es ebenfalls zu den Überprüfungs- und Anpassungsgegenständen gehört.[2425] Die in Art. 15 CSDDD aufgezählten Maßnahmen lassen sich zum CSDDD-Schutzsystem summieren,[2426] sodass das Gesamtsystem ebenfalls dem Art. 15 CSDDD unterliegt.

Der Unionsgesetzgeber erkennt implizit die Bewertungshoheit der Unternehmen an, indem er keine Kriterien für die Bewertung vorgibt; es ist eine bare Selbstverständlichkeit, dass diese auf qualitative und/oder qualitative Indikatoren zu stützen ist (Art. 15 S. 2 HS. 1 CSDDD).

Art. 15 CSDDD unterscheidet begrifflich zwischen den einzelnen Bewertungen sowie der allgemeineren Überwachung; die Überwachung stellt also eine Dauerpflicht dar, deren Erfüllung sich in einzelnen Bewertungen (*Überprüfungen*) niederschlägt. Es verwundert das Auslassen der Abhilfe (Wiederherstellung) nach Art. 12 CSDDD bei den zu überwachenden Maßnahmen – das kann nur ein gesetzgeberisches Redaktionsversehen gewesen sein. Die Überwachung aller Elemente des menschenrechts- und umweltbezogenen Schutzsystems kann als ein allgemeines Prinzip angesehen werden, das sich auf jede Tätigkeit im Rahmen der Umsetzung der CSDDD erstrecken muss. Somit ist die Abhilfe nach Art. 12 CSDDD auch ein Überwachungsgegenstand.

2424 S. Art. 7 Abs. 3 CSDDD; der wesentliche Unterschied besteht in einem längeren Zeitraum für die regelmäßige Überprüfung, die im Gegensatz zu zwölf Monaten nach Art. 15 nicht seltener als alle 24 Monate erfolgen darf.

2425 Zu dieser Frage im Kontext des LkSG s. oben I. K. 1. c).

2426 Vgl. unten I. 1. a).

b) Häufigkeit der Überprüfung im Rahmen der Überwachung nach Art. 15 CSDDD

Ähnlich wie im LkSG löst jeder wesentliche Anlass eine Überprüfungspflicht aus. Hierzu muss eine wesentliche Änderung vorliegen, aber es ist nicht klar, was deren Gegenstand sein soll. Dies wird im Erwägungsgrund 61 CSDDD näher umschrieben: Es geht bei der Änderung um das Unternehmen, seine Töchter, seine Aktivitätskette sowie sein Umfeld, soweit sich dies auf die Risikolage bzgl. der Menschenrechte und der Umweltgüter der CSDDD auswirken kann. Als Beispiele einer wesentlichen Änderung wurden im Erwägungsgrund 61 insb. die Einführung eines neuen Produkts, einer neuen gefährlicheren Technologie oder die Übernahme eines anderen Unternehmens genannt. Es geht hier also, wie bei der parallelen Pflicht im LkSG, um die wesentliche Änderung unternehmerischer schutzgüterbezogener Risikolagen.

Die hinreichenden Gründe für die Annahme, dass neue Risiken negativer Auswirkungen auf die Menschenrechte oder die Umwelt vorliegen, soll die Überprüfungspflicht eigenständig auslösen, und zwar unabhängig von einer »wesentlichen Änderung« (Art. 15 S. 2 HS. 2 CSDDD). Der Vorbehalt der Wesentlichkeit wurde nicht auf diese Bestimmung erstreckt; um der Ausuferung dieser Bestimmung entgegenzuwirken, könnte er in sie hineingelesen werden, damit das Unternehmen nicht nur ständig mit der Überprüfung und Anpassung des CSDDD-Schutzsystems beschäftigt ist. Es kommt allerdings eine vorzugswürdige Alternative in Betracht: Die anlassunabhängige Überprüfungspflicht wegen neuer Risiken ist auf jene Systemelemente und -bereiche zu beschränken, die mit diesen Risiken in Berührung kommen, wie im nachfolgenden Beispiel:

Ist das Unternehmen auf der ganzen Welt aktiv und es sind neue Risiken in der Aktivitätskette in Südafrika festgestellt, kann sich die Überprüfung auf jene Maßnahmen beschränken, die mit den Aktivitätsketten in dieser Volkswirtschaft zusammenhängen. Bspw. kann geprüft werden, ob diese neuen Risiken bereits zu neuen Anfragen des Unternehmens gegenüber den Geschäftspartnern aus diesem Land geführt haben oder ob solche geplant sind und ob genug Ressourcen zugeordnet wurden, damit den intensivierten Pflichten nachgekommen werden kann.

Die Überprüfung muss mindestens alle zwölf Monate erfolgen (Art. 15 S. 2 HS. 1 CSDDD). Die regelmäßige Überprüfung ist damit ein Instrument, das nur hilfsweise zur Anwendung kommt, und zwar dann, wenn zwölf Monate lang kein wesentlicher Anlass vorgekommen ist.

c) Anpassungspflicht nach Art. 15 CSDDD

Das unternehmerische Ermessen wurde nochmals in Art. 15 S. 3 CSDDD im Hinblick auf die Anpassungspflicht hervorgehoben. Demnach führt die Überprüfung zur Aktualisierung der CSDDD-Strategie, der ermittelten negativen Auswirkungen sowie der daraus abgeleiteten Maßnahmen, »*sofern angemessen*«. Diese Angemessenheit ist von den Unternehmen zu beurteilen.[2427]

Bei der Aktualisierung müssen die Ergebnisse der Bewertung und die Informationen von Stakeholdern berücksichtigt werden. Das Unternehmen muss also entsprechend seinem informationellen Horizont handeln, in den die Informationen aus der Überprüfung und aus der laufenden Stakeholder-Partizipation im Konsultations-, Beschwerde- und Meldeverfahren einzubeziehen sind.

d) Zwischenergebnis

Zwar wurde die Überwachungs- und Aktualisierungspflicht in Art. 15 CSDDD fast einheitlich geregelt, aber die Regelung ist komplex und verwickelt, was zu Schwierigkeiten bei der Bestimmung der Reichweite führt. Dennoch ist zu begrüßen, dass die CSDDD den Dauercharakter von Sorgfaltspflichten und das unternehmerische Ermessen hervorhebt.

8. Berichtspflicht nach Art. 16 CSDDD

Parallel zu § 10 Abs. 2 bis 4 LkSG sieht die CSDDD in Art. 16 eine Berichtspflicht vor. Ausweislich des Erwägungsgrunds 62 geht diese Regelung auf die VN-Leitprinzipien und OECD-Leitsätze zurück. Nach dem VN-Leitprinzip 21 zielt diese Berichtspflicht auf Transparenz und Rechenschaft ab, um die Durchsetzung von Sorgfaltspflichten zu vereinfachen.

a) Der Kreis von berichtspflichtigen Unternehmen nach Art. 16 CSDDD

Dem Unionsgesetzgeber war das Überschneidungsrisiko hinsichtlich der Berichtspflicht nach der CSRD bewusst;[2428] daher sind gem. Art. 16 Abs. 2 CSDDD jene Unternehmen von dieser Berichtspflicht befreit, die bereits nach Artt. 19a, 29a oder 40a BilanzRL zur umfassenden Nachhaltigkeitsberichterstattung verpflichtet sind.[2429] Die Befreiung der CSRD-pflichtigen Unternehmen wirkt sich wesentlich auf den Kreis der CSDDD-Berichtspflichtigen aus: Die Befreiung umfasst nicht die Personenhandelsgesellschaften im Anwendungsbereich der CSDDD, bei denen eine natürliche Person die Stellung eines persönlich haftenden Gesellschafters innehat; denn diese Personenhandelsgesellschaften befinden sich nicht im Anwendungsbereich der BilanzRL (s. Art. 1 Abs. 1 BilanzRL), sodass sie nach dem europäischen Recht keiner Lageberichtspflicht und keiner

2427 S. zum Geeignetheitsvorbehalt und zu der positiven Konkretisierungsbefugnis der Unternehmen oben D.

2428 S. Erwägungsgrund 62 CSDDD.

2429 *Mittwoch* in: Leyens/Seibt, LkR, 2025, § 35 Rn. 16 ff.; *Bueren* in: Leyens/Seibt, LkR, 2025, § 36 Rn. 41; vgl. *S. Schäfer/Schütze*, BB 2024, 1091, 1097.

Pflicht aus Art. 19a zur Nachhaltigkeitsberichterstattung unterliegen;[2430] dasselbe gilt für den Konzernlagebericht sowie -nachhaltigkeitsbericht nach Art. 29a BilanzRL.

Die CSRD hat die Pflicht zur Nachhaltigkeitsberichterstattung auf bestimmte Drittlandunternehmen erstreckt (Art. 40a BilanzRL). Diese Erstreckung setzt eine unionsinterne Anknüpfung voraus, indem entweder ein in der Union ansässiges Tochterunternehmen oder eine sich dort befindende Zweigniederlassung verlangt werden; beide müssen bestimmte Größenmerkmale erfüllen (s. entsprechend Art. 40a Abs. 1 Unterabs. 1 und 2 sowie Unterabs. 3 BilanzRL). Hinzu kommt noch die Voraussetzung, dass das Unternehmen oder die Gruppe in der Union die Umsatzschwelle von 150 Mio. Euro überschreiten müssen.

Die CSDDD verlangt hingegen nur die Überschreitung der Umsatzschwelle in der Union und weder ein Tochterunternehmen noch eine Zweigniederlassung für die Anwendbarkeit auf Drittlandunternehmen, sodass viele Unternehmen in ihrem Anwendungsbereich keine Berichterstattungspflicht nach Art. 40a BilanzRL treffen wird. Diese Drittlandunternehmen werden neben den großen Personenhandelsgesellschaften der CSDDD-Berichtspflicht unterliegen.

b) Berichtsinhalte nach Art. 16 CSDDD

Nach dem Wortlaut des Art. 16 Abs. 1 CSDDD müssen Unternehmen zu den unter die CSDDD fallenden Angelegenheiten Bericht erstatten, indem sie eine Erklärung auf ihrer Webseite veröffentlichen. Die Norm präzisiert die Berichtsinhalte nicht, was bereits aus der Perspektive der Rechtssicherheit zu kritisieren ist.[2431] Präzisiert wurde nur die Pflicht von Drittlandunternehmen, im Bericht die Angaben zum Bevollmächtigten i. S. d. Art. 23 CSDDD zu nennen (Art. 16 Abs. 1 Unterabs. 2 CSDDD).

Die Berichtsinhalte werden im Erwägungsgrund 62 CSDDD näher umschrieben: Sie sollen *relevante* Informationen zu Strategien, Verfahren und Tätigkeiten zur Wahrnehmung der Sorgfaltspflicht umfassen, die der Ermittlung und Bewältigung negativer Auswirkungen dienen; hierzu sollen auch die Informationen zu den Erkenntnissen und Ergebnissen dieser Tätigkeiten zählen.[2432]

Auf die Berichtsinhalte lässt sich auch aus dem Inhalt der Ermächtigung nach Art. 16 Abs. 3 Unterabs. 1 CSDDD schließen.[2433] Hiernach müssen die Angaben zur Beschreibung der Sorgfaltspflicht, zu ermittelten tatsächlichen und potenziellen Auswirkungen und zu den darauf bezogenen Maßnahmen gemacht werden. Die Berichtsinhalte aus dem Erwägungsgrund und aus der Ermächtigung sind deckungsgleich und erinnern an die Angaben nach § 10 Abs. 2 LkSG.

2430 *Jelonek*, NZG 2025, 731 f., Rn. 4 ff.

2431 *Jelonek*, NZG 2025, 731, 733, Rn. 18 ff.; vgl. *Mittwoch* in: Leyens/Seibt, LkR, 2025, § 35 Rn. 19.

2432 *Mittwoch* in: Leyens/Seibt, LkR, 2025, § 35 Rn. 20.

2433 Zur Funktion dieser Ermächtigung s. unten d).

Unklar bleiben die qualitativen Anforderungen an die Berichtsinhalte. Anders als der § 10 Abs. 2 LkSG, der einen *nachvollziehbaren* Bericht verlangt, liefern weder die Norm noch die oben genannten Auslegungshilfen einen normativen Anknüpfungspunkt. Einzig aus dem Begriff *relevant* im Erwägungsgrund 62 CSDDD ließe sich der Wesentlichkeitsgrundsatz herleiten. *De lege lata* ist die Geltung der Grundsätze der ordnungsmäßigen Lageberichterstattung auch für den CSDDD-Bericht zu postulieren, damit der Bericht die Funktionen der Transparenz und der Rechenschaft erfüllt. Denn die Informationen sind für die Stakeholder absolut notwendig, um effektiv ihre Beschwerde- und Klagerechte wahrnehmen zu können. Dennoch stellt es einen erheblichen legislatorischen Mangel dar, dass der Unionsgesetzgeber weder die Berichtsinhalte noch die Berichtsgrundsätze normiert hat.

c) Modalitäten der Publizität nach Artt. 16 und 17 CSDDD

Die Modalitäten der Publizität wurden in Art. 16 Abs. 1 lit. a und b sowie in Art. 17 CSDDD geregelt. Die Sprache der Veröffentlichung hängt mit der zuständigen Behörde zusammen: Es ist die Amtssprache ihres Landes zu verwenden (Art. 16 Abs. 1 lit. a CSDDD); der Bericht muss zusätzlich in einer Sprache verfasst werden, die im internationalen Geschäftsverkehr üblich ist: Damit ist wohl das Englische gemeint.

Die Offenlegungsfrist wurde in Art. 16 Abs. 1 lit. b CSDDD normiert: Die Veröffentlichung muss innerhalb eines angemessenen Zeitraums erfolgen, aber nicht später als zwölf Monate nach dem Ende des Geschäftsjahrs. Der CSDDD-Bericht darf nicht später als der Jahresabschluss nach der BilanzRL veröffentlich werden, wenn dies freiwillig erfolgt. Die Frist entspricht im Wesentlichen Art. 30 BilanzRL; die Bestimmung »innerhalb des angemessenen Zeitraums« könnte zu Schwierigkeiten in der Praxis führen. Der deutsche Gesetzgeber hat diese Bestimmung bereits bei der Umsetzung in § 325 Abs. 1a HGB ausgelassen und nur eine Jahresfrist für die Offenlegung vorgesehen. Diese Lösung ist für die Umsetzung der CSDDD in Erwägung zu ziehen.

Die Publizität umfasst die Veröffentlichung auf der Internetseite des Unternehmens nach Art. 16 Abs. 1 Unterabs. 1 S. 1, wie bei § 10 Abs. 2 LkSG. Hinzu kommt aber noch die Veröffentlichung im ESAP (European Single Acces Point nach der ESAP-VO[2434]) nach Art. 17 CSDDD ab dem 1. Januar 2029, der die Unternehmenspublizität zentralisiert und damit den Zugriff der Berichtsadres-

2434 Verordnung (EU) 2023/2859 des Europäischen Parlaments und des Rates vom 13. Dezember 2023 zur Einrichtung eines zentralen europäischen Zugangsportals für den zentralisierten Zugriff auf öffentlich verfügbare, für Finanzdienstleistungen, Kapitalmärkte und Nachhaltigkeit relevante Informationen (ESAP-VO), ABl. (EU) L 2023/2859.

saten erheblich vereinfacht.[2435] Art. 17 CSDDD enthält auch Anforderungen an die digitalen Eigenschaften der Information, die deren maschinelle Verarbeitung ermöglichen sollen.[2436] Diese Publizitätsregelung ist der Veröffentlichung des LkSG-Berichts auf der Internetseite des Unternehmens im Hinblick auf die Adressatenbedürfnisse wesentlich überlegen.

d) Die Konkretisierung der CSDDD-Berichtspflicht durch die Kommission nach Art. 16 Abs. 3 CSDDD

Nach Art. 16 Abs. 3 CSDDD wird die Europäische Kommission ermächtigt, die Berichtsinhalte und die qualitativen Anforderungen an den Bericht in einem delegierten Rechtsakt nach Art. 34 CSDDD zu konkretisieren.[2437] Der Unionsgesetzgeber selbst hat die Inhalte kaum bestimmt; er hat auch keine Berichtsgrundsätze normiert. Es geht also nicht um die Konkretisierung der Berichtspflicht, sondern um deren Ausgestaltung durch die Kommission. Wegen der Delegation dieser wesentlichen Fragen ist es fragwürdig, ob diese Ermächtigung dem Art. 290 AEUV entspricht und damit primärrechtskonform ist.[2438]

e) Inkohärenz mit dem bestehenden System der Berichtspflichten und die Erwartungslücke

Im bestehenden System bestehen umfassende finanzielle Berichtspflichten. Die nichtfinanziellen Berichtspflichten wurden bisher schrittweise ergänzt, umfassen aber nur einen Teil der zur finanziellen Berichterstattung verpflichteten Unternehmen.[2439] Art. 16 CSDDD bricht mit diesem Konzept, indem Unternehmen zur Berichterstattung verpflichtet werden, die nicht einmal einen Lagebericht erstellen und offenlegen müssen. Soweit dieser Bruch Personengesellschaften betrifft, stellt sich die Frage, ob es sich hierbei um eine bewusste Entscheidung handelt. Die Erwägungsgründe deuten nicht darauf hin. Dies erscheint besonders problematisch, wenn die Eigenschaften dieser Rechtsformen berücksichtigt werden: Die persönliche Haftung hätte den Unionsgesetzgeber dazu anleiten sollen, eine besondere Sorgfalt bei der Prüfung der Verhältnismäßigkeit an den Tag zu legen.

2435 S. zum ESAP *J. Schmidt*, EuZW 2024, 51; s. Erwägungsgrund 1 ESAP-VO; vgl. *Stiefel/Gilles*, ESGZ 2024, Heft 2, 55 ff.; vgl. *Hommelhoff/Allgeier/Stern*, RAW 2024, 90, 95.

2436 Vgl. zur Bedeutung der maschinellen Verarbeitung für die Berichterstattung im Kontext der CSRD *Hommelhoff/Allgeier/Jelonek*, NZG 2023, 911, 914; *Lanfermann/Kutter/Liepe*, BB 2024, 878, 881.

2437 Vgl. *Hommelhoff/Allgeier/Stern*, RAW 2024, 90, 95.

2438 Vertieft zur Primärrechtswidrigkeit dieser Delegation *Jelonek*, NZG 2025, 731, Rn. 24 ff. Zu den Grenzen des Art. 290 AEUV s. *Feldmann*, Nachhaltigkeitsberichterstattung, 2024, S. 65 ff. mwN.

2439 Vgl. oben Teil 5, V. B. 1. a).

Außerdem wurde für die Informationen nach Art. 16 Abs. 1 CSDDD keine unabhängige Prüfung vorgesehen, auch nicht von der Behörde. Es wird damit eine Erwartungslücke[2440] entstehen. Diese kann die Berichtsadressaten besonders verwirren, weil ein inhaltlich naher CSRD-Nachhaltigkeitsbericht prüfungspflichtig ist und der CSDDD-Bericht nicht.

9. Dokumentationspflicht nach Art. 5 Abs. 4 CSDDD

Die Dokumentationspflicht wurde pflichtenübergreifend in Art. 5 Abs. 4 CSDDD normiert. Die Nachweise der Erfüllung von Sorgfaltspflichten müssen grundsätzlich mindestens fünf Jahre aufbewahrt werden (Art. 5 Abs. 4 Unterabs. 1 CSDDD). Im Falle eines behördlichen oder gerichtlichen Verfahrens verlängert sich diese Aufbewahrungspflicht: Dann müssen die einschlägigen Unterlagen bis zum Ende des Verfahrens aufbewahrt werden (Art. 5 Abs. 4 Unterabs. 2 CSDDD). Diese Regelung ist aus der Sicht eines effektiven Enforcements zu begrüßen. Bei der Dokumentationspflicht besteht ein Gleichlauf mit der Mindestverjährungsfrist nach Art. 29 Abs. 3 lit. a CSDDD, die auch mindestens fünf Jahre beträgt; wird ein Mitgliedsstaat eine längere Verjährungsfrist vorsehen, sollte er auch die Aufbewahrungsfrist für die Dokumentation verlängern, damit die Unternehmen nicht der zivilrechtlichen Haftung wehrlos ausgeliefert sind.

10. Ernennung eines Bevollmächtigten nach Art. 23 CSDDD

Die CSDDD verpflichtet Drittstaatenunternehmen in Art. 23, einen Bevollmächtigten zu ernennen. Dieser ist nicht mit dem Menschenrechtsbeauftragten zu verwechseln.[2441] Es handelt sich ausschließlich um eine Kontaktperson (s. Art. 23 Abs. 4 CSDDD). Dies kann sowohl eine natürliche als auch eine juristische Person sein, die allerdings im Mitgliedsstaat der Aufsichtsbehörde ansässig sein muss (Art. 23 Abs. 1 CSDDD).

Die Pflicht zur Ernennung eines Menschenrechtsbeauftragten wurde in der CSDDD nicht vorgesehen.[2442] Die Benennung zuständiger Personen ergibt sich jedoch implizit aus der Summe der Sorgfaltspflichten, die sich ohne die Festlegung klarer Verantwortlichkeiten in ihrer Komplexität kaum erfüllen lassen.

2440 *Jelonek*, NZG 2025, 731, 736, Rn. 43 ff.; so schon auch *Kerkemeyer*, DB 2025, 609, 613, wobei er nur die Offenlegung des Klimaschutzplans nach Art. 22 i. V. m. Art. 16 CSDDD bei seiner Kritik im Blick hat. Vgl. zum Begriff der Erwartungslücke *Chekushina/Loth*, NZG 2014, 85.

2441 Zum Menschenrechtsbeauftragten vgl. oben I. G. 1. c).

2442 Dies war ebenfalls im Kommissionsvorschlag so und hat sich insoweit nicht verändert *Stöbener de Mora/Noll*, EuZW 2023, 14, 18.

11. Geheimnisschutz im Kontext der CSDDD

Eine wichtige Frage bei der Erfüllung der Sorgfaltspflichten stellt die Sicherstellung des Geheimnisschutzes dar. Die Erforderlichkeit dieses Schutzes kann aus mehreren Perspektiven betrachtet werden: Einmal geht es um den Schutz des verpflichteten Unternehmens, das nicht einer CSDDD-bedingten Industriespionage ausgesetzt werden soll. Auch Unternehmen im mittelbaren Anwendungsbereich dürfen nicht vergessen werden: Die den verpflichteten Unternehmen gelieferten Informationen können dazu genutzt werden, kleinere Unternehmen in der Lieferkette obsolet zu machen.[2443] Mittelbar dient der Geheimnisschutz auch der Effektivität der CSDDD, denn die Geschäftspartner könnten aus Angst vor dem Missbrauch keine CSDDD-Informationen liefern und damit die Erfüllung der Pflichten erschweren.

Der Gesetzgeber hat beide Perspektiven erkannt. Nach Art. 5 Abs. 3 CSDDD sollen die Unternehmen im mittelbaren Anwendungsbereich nicht verpflichtet sein, ihre Geschäftsgeheimnisse i. S. d. Geheimnisschutzrichtlinie (GehSchRL)[2444] an die Unternehmen im unmittelbaren Anwendungsbereich weiterzugeben. Der Geheimnisschutz wurde auch im Kontext der Konsultationspflicht nach Art. 13 Abs. 2 CSDDD erwähnt: Er bildet die Grenze der Informationspflicht gegenüber den Stakeholdern. Allerdings wurde der Geheimnisschutz nicht beim Melde- und Beschwerdemechanismus nach Art. 14 CSDDD berücksichtigt; der Erwägungsgrund 64 CSDDD sieht jedoch vor, dass die GehSchRL einen generellen Vorrang vor der CSDDD haben soll, sodass die Geschäftsgeheimnisse auch beim Melde- und Beschwerdeverfahren sowie bei der Berichtspflicht nicht preisgegeben werden müssen. Insoweit dienen die Erwägungsgründe wieder dazu, die niedrige Qualität des Normtextes auszugleichen.

Der Verweis auf die GehSchRL scheint auf den ersten Blick für ein hohes Kohärenzniveau des Unionsrechts zu sprechen. Er hat allerdings auch einen Nachteil: Der Geheimnisschutz nach der CSDDD übernimmt den gesamten Regelungsinhalt der GehSchRL mitsamt seinen Mängeln.

Damit eine Information als ein Geschäftsgeheimnis gilt und damit nicht im Kontext der CSDDD offenbart werden muss, muss sie gem. Art. 2 Nr. 1 GehSchRL drei Voraussetzungen erfüllen: Sie darf nicht allgemein bekannt sein und sie muss einen kommerziellen Wert aufweisen. Zusätzlich muss sie den Gegenstand der den Umständen entsprechenden angemessenen Geheimhaltungs-

2443 Vgl. zur Bedeutung des Geheimnisschutzes im Kontext der Lieferkettenregulierung für den Wettbewerb *Ekkenga*, ZHR 188 (2024), 471, 500 ff.

2444 Richtlinie (EU) 2016/943 des Europäischen Parlaments und des Rates vom 8. Juni 2016 über den Schutz vertraulichen Know-hows und vertraulicher Geschäftsinformationen (Geschäftsgeheimnisse) vor rechtswidrigem Erwerb sowie rechtswidriger Nutzung und Offenlegung, ABl. (EU) L 157/1; s. zum Hintergrund dieser Richtlinie (auch rechtsvergleichend mit Blick auf die USA) *Partsch/Rump*, NJW 2020, 118 ff.; *Alexander*, WRP 2017, 1034 f.; s. zum Umsetzungsgesetz *Thiel*, WRP 2019, 700 ff.

maßnahmen von der Person darstellen, die die rechtmäßige Kontrolle über die Informationen besitzt. Die notwendigen Maßnahmen werden intensiv in der Wissenschaft diskutiert; eigentlich wäre es denkbar, dafür auch die Rechtsfigur der positiven Konkretisierungsbefugnis heranzuziehen, aber es sind bereits Konkretisierungsversuche erfolgt,[2445] die die Auslegung als offene Zielvorgabe entbehrlich machen. Es bleibt dennoch denkbar, für manche Modalitäten der Maßnahmen die positive Konkretisierungsbefugnis vorzusehen. Es würde den Rahmen dieser Arbeit sprengen, dies vertieft zu analysieren. Die Unbestimmtheit der erforderlichen Geheimhaltungsmaßnahmen führt dennoch zur vertieften Unbestimmtheit des Geschäftsgeheimnisbegriffs.

Die Rechtsunsicherheit beim Geheimnisschutz wirkt sich intensiv auf die CSDDD aus, denn es kann zu einer Verletzung der CSDDD kommen, die auf einem zu weiten Verständnis des Geschäftsgeheimnisses und einer darauf aufbauenden Verletzung der Begründungspflicht bei einer Beschwerde (Art. 14 Abs. 4 lit. c CSDDD) oder der Berichtspflicht (Art. 16 Abs. 1 CSDDD) beruht.[2446] Hinzu kommen noch die Schwierigkeiten der mittelbar betroffenen Unternehmen: Die Unschärfe des Begriffs kann für diese die Abwehr von Anfragen der verpflichteten Unternehmen erschweren, die ihre Geheimhaltungsinteressen tangieren.[2447]

12. Zwischenergebnis

Die CSDDD umfasst einen komplexen Katalog an Pflichten unterschiedlicher Ausprägung,[2448] die sich zu einem menschenrechts- und umweltbezogenen Schutzsystem zusammenfassen lassen, wie es beim LkSG der Fall ist. Es bestehen dennoch Unterschiede zum LkSG, denn die Anforderungen an den Dialog mit den Stakeholdern wurden in der CSDDD deutlich ausgeweitet. Außerdem sieht die CSDDD eine klare Regelung zur Wiederherstellungspflicht bei bestimmten negativen Auswirkungen vor.

Die Qualität der Regulierung muss als relativ niedrig eingeschätzt werden: Es gibt zahlreiche inkonsistente Bestimmungen oder welche, deren grundlegender Inhalt sich nur aus den Erwägungsgründen erschließen lässt. Hier kann die Berichtspflicht hervorgehoben werden, bei der die genaue Bestimmung der Berichtsinhalte und -grundsätze mithilfe des Wortlauts der Pflicht nicht erfolgen kann. Die Umsetzung der Richtlinie ins nationale Recht wird dem Gesetzgeber eine Gelegenheit dazu geben, die Mängel des legislatorischen Prozesses abzumildern.

2445 S. statt aller *Maaßen*, GRUR 2019, 352, 353 ff. mwN; vgl. *Alexander*, WRP 2017, 1034, 1039 f.; *McGuire*, WRP 2019, 679, 682 f.

2446 Zum (unklaren) Geheimnisschutz bei der Berichtspflicht s. *Jelonek*, NZG 2025, 731, 735, Rn. 34 f.

2447 Vgl. im Kontext der CSRD *Allgeier*, Mittelstand, 2024, S. 275 ff.

2448 Vgl. *Kalss*, ZfPW 2024, 181, 203 ff.

Der Schutz von Geschäftsgeheimnissen ist ein besonderes Problem, das im Kontext der Umsetzung der CSDDD auf der Unternehmensebene zu gravierenden Rechtsrisiken führen kann, die auf die Rechtsunsicherheit bei der Auslegung der zentralen Begriffe zurückgehen.

F. Pflicht zur Eindämmung des Klimawandels nach Art. 22 CSDDD

Losgelöst vom System der Sorgfaltspflichten nach Artt. 7 ff. CSDDD normierte der Unionsgesetzgeber in Art. 22 CSDDD die auf den Klimaschutz gerichteten unternehmerischen Pflichten.[2449] Diese Norm soll die Einhaltung des Pariser Übereinkommens im unternehmerischen Bereich sicherstellen.[2450] Die Erstreckung auf Unternehmen ist insoweit unverzichtbar, als das anvisierte Ziel des Übereinkommens die Reduktion der Treibhausgasemissionen auf null ist und die Unternehmen für einen Teil dieser Emissionen verantwortlich sind.[2451] Die Verantwortung für die Einhaltung des Pariser Klimaabkommens wird durch den Unionsgesetzgeber mithilfe des Art. 22 CSDDD an die Unternehmen weitergereicht, statt die Emissionen durch staatliche Fachregulierung zu steuern.[2452] Mittelbar handelt es sich beim Klimaschutz um Menschenrechtsschutz; denn es sollen mit ihm die Lebensgrundlagen der Menschheit geschützt werden.[2453]

1. Der persönliche und zeitliche Anwendungsbereich des Art. 22 CSDDD

Der Anwendungsbereich des Art. 22 CSDDD weicht im Gegensatz zum Kommissionsvorschlag nicht vom allgemeinen Anwendungsbereich ab.[2454] Für den zeitlichen Anwendungsbereich gilt das zur CSDDD Gesagte auch bezogen auf Art. 22 CSDDD.[2455]

2449 S. *Weller/Fischer*, ZIP 2022, 2253, 2259: »ein aliud zu den auf die Lieferketten zugeschnittenen Sorgfaltspflichten«; so auch *Lutz-Bachmann/Vorbeck/Wengenroth*, BB 2022, 835, 841; *S. Schäfer/Schütze*, BB 2024, 1091, 1096 f.; kritisch zur Trennung des Art. 22 von Artt. 7 ff. CSDDD *Velte/Stave*, WPg 2022, 790, 791 f.; s. auch die vertiefte Analyse von *Steuer*, ZIP 2023, 13, 22.

2450 S. *Weller/Fischer*, ZIP 2022, 2253, 2255 sowie den Erwägungsgrund 73 CSDDD. Mehr zum Pariser Klimaabkommen *Ekardt*, NVwZ 2016, 355 ff.; *Frank*, NVwZ 2016, 1599 f.; umfassend *Böhringer*, ZaöRV 2016, 753 ff.; vgl. auch *Weller/Hößl/Seeman*, Gutachten F zum 74. DJT, 2024, S. F 39.

2451 S. hierfür die Pressemitteilung Nr. 437 des Statistischen Bundesamtes vom 12.10.2022, abrufbar unter https://t1p.de/gvm8a (abgerufen am 10.05.2024).

2452 So prägnant *Verse* in Nietsch, Nachhaltiges Aktienrecht, 2023, S. 21, 30 f.

2453 Vgl. *Callies*, ZUR 2021, 323, 331; vgl. skeptisch *Wegener*, NJW 2022, 425 f.; *Kerkemeyer*, DB 2025, 609, 612.

2454 *Weller/Schwemmer*, AG 2024, 517, 521; *Kerkemeyer*, DB 2025, 609, 611 f.

2455 S. oben B. 1. b).

2. Ziele des Klimaschutzplans

Das zentrale Element des Klimaschutzes nach der CSDDD ist die Pflicht zur Erstellung und Umsetzung eines Plans zur Minderung der Folgen des Klimawandels (Art. 22 Abs. 1 Unterabs. 1 CSDDD). Mit dem Plan soll das Unternehmen sein Geschäftsmodell sowie seine Strategie mit dem Übergang zu einer nachhaltigen Wirtschaft, mit der Klimaneutralität gem. Verordnung (EU) 2021/1119[2456] sowie mit dem Ziel der Beschränkung der Erderwärmung auf 1,5°C in Einklang bringen.

3. Inhalt des Klimaschutzplans

Die genauen Inhalte des Plans wurden sowohl in Art. 22 Abs. 1 Unterabs. 1 a. E. als auch in Unterabs. 2 lit. a bis d CSDDD präzisiert. Er muss demnach das Ziel der Klimaneutralität bis zum Jahr 2050 sowie die Klimazwischenziele umfassen, die sich auf die Jahre 2030, 2035, 2040, 2045 sowie 2050 beziehen und auf schlüssigen wissenschaftlichen Erkenntnissen beruhen müssen.

Außerdem muss der Plan alle drei Scopes von Treibhausgasemissionen berücksichtigen,[2457] sofern dies zweckmäßig ist.[2458] Die Scopes werden in der CSDDD nicht definiert; damit lässt sich die Liste gesetzgeberischer Mängel weiter ergänzen. Eine heranziehbare Definition findet sich jedoch in ESRS E1.45, der mit dem Klimaplan nach der CSDDD verzahnt ist (s. Art. 22 Abs. 2 CSDDD).[2459] Scope-1-Emissionen sind jene, die von Quellen erzeugt werden, die vom Unternehmen selbst kontrolliert werden; Scope-2-Emissionen entstehen durch den Verbrauch von gekauftem Strom, Dampf oder anderen gekauften primären Energieformen; Scope-3-Emissionen umfassen alle indirekten Emissionen, die in der Wertschöpfungskette des Unternehmens entstehen, einschließlich vor- und nachgelagerter Emissionen.[2460]

2456 Verordnung (EU) 2021/1119 des Europäischen Parlaments und des Rates vom 30. Juni 2021 zur Schaffung des Rahmens für die Verwirklichung der Klimaneutralität und zur Änderung der Verordnungen (EG) Nr. 401/2009 und (EU) 2018/1999 (»Europäisches Klimagesetz«), ABl. (EU) L 243/1.

2457 S. zum Hintergrund der Emissions-Scopes und deren Anwendung in der Praxis *Steuer*, ZIP 2023, 13, 14 ff.; vgl. *Weller/Schwemmer*, AG 2024, 517, 519; *Weller/Hößl/Seeman*, Gutachten F zum 74. DJT, 2024, S. F 50 ff.

2458 S. zur Auslegung des Begriffs »zweckmäßig« *Weller/Schwemmer*, AG 2024, 517, 520 f.; es wäre denkbar, in diesen Begriff die positive Konkretisierungsbefugnis von Unternehmen hineinzulesen; ähnlich argumentiert bereits *Kerkemeyer*, DB 2025, 609, 612: »erheblicher Spielraum«.

2459 *Weller/Schwemmer*, AG 2024, 517, 519.

2460 *Weller/Schwemmer*, AG 2024, 517, 519 f.

Die Berücksichtigung von Scope-3 kann besondere praktische Schwierigkeiten verursachen;[2461] außerdem umfassen die Scope-3-Emissionen auch die nachgelagerten Produkte und Dienstleistungen (*downstream*-Aktivitätskette), sodass sie vom Aktivitätskettenbegriff der CSDDD[2462] wesentlich abweichen.[2463]

Es müssen ferner die ermittelten Dekarbonisierungsfaktoren sowie die wichtigsten Maßnahmen zur Erreichung der oben genannten Ziele genannt werden (Art. 22 Abs. 1 Unterabs. 2 lit. b CSDDD); die Präzisierung des Begriffs »Dekarbonisierungsfaktoren« findet sich zwar nicht in der CSDDD aber im ERSR E1.34 lit. f,[2464] der darunter einzelne Maßnahmenfelder mit deren quantitativem Gesamtbeitrag zur Erreichung der Reduktionsziele versteht.[2465] Bei den Maßnahmen sollen bspw. Produkt- oder Dienstleistungsanpassungen sowie die Einführung neuer Technologien beschrieben werden. Es sollen die Investitionen und Finanzmittel zur Planumsetzung erläutert und quantifiziert werden (Art. 22 Abs. 1 Unterabs. 2 lit. c CSDDD). Die Rolle der Verwaltungs-, Leitungs- und Aufsichtsorgane bei der Planumsetzung muss dargestellt werden (Art. 22 Abs. 1 Unterabs. 2 lit. d CSDDD).

Bereits die bloße Vorbereitung der Planinhalte an sich ist dazu geeignet, die Unternehmen vor einen enormen Aufwand zu stellen. V. a. können die hohen Anforderungen an die wissenschaftliche Qualität zu hohen Kosten führen.

4. Die positive Konkretisierungsbefugnis der Unternehmen bezogen auf den Klimaschutzplan nach Art. 22 CSDDD

Im Lichte des im Rahmen der Pflichten aus Artt. 7 ff. CSDDD geltenden Geeignetheitsvorbehalts drängt sich die Frage auf, wie viel Umsetzungsfreiheit der Unionsgesetzgeber den Unternehmen im Rahmen des Klimaschutzplans überlassen wollte.

2461 S. *Weller/Schwemmer*, AG 2024, 517, 520, die darüber hinaus auf die mittelbare Schattenwirkung hinweisen, die diese Regelung verursacht.

2462 Zu diesem s. oben B. 3.

2463 Wegen dieser systematischen Unstimmigkeit wird in der Literatur vorgeschlagen, dass der nationale Gesetzgeber die Lieferkette *downstream* von den Scope-3-Emissionen ausschließt, s. dazu *Weller/Schwemmer*, AG 2024, 517, 520 f, Rn. 18 ff.; *Harnos*, AG 2024, S28, Rn. 95; vgl. *Kerkemeyer*, DB 2025, 609, 612 f.

2464 Dort bedient sich der Unionsgesetzgeber in der deutschen Fassung des Wortes Dekarbonisierungshebel, aber die englischsprachige Fassung sowohl von der CSDDD als auch von den ESRS nutzt den Begriff »*decarbonisation levers*«; es handelt sich daher lediglich um eine inkonsequente Übersetzung.

2465 Als Beispiel für solche Faktoren können die Energie- oder Materialeffizienz, die Verbrauchssenkung, der Brennstoffwechsel, die Nutzung erneuerbarer Energien sowie der Ausstieg aus oder die Ersetzung von Produkten und Verfahren genannt werden.

a) Wortlaut der Norm

Mit dem Plan soll ausweislich des Art. 22 Abs. 1 Unterabs. 1 CSDDD gewährleistet werden, dass die Unternehmen »alles in ihrer Macht stehende tun«, um die oben genannten Planziele zu erreichen.[2466] Die einzige Grenze der Klimaschutzpflicht wäre damit die Unmöglichkeit; dieser Pflichtenmaßstab entfernt sich wesentlich vom Geeignetheitsvorbehalt mit seinen zahlreichen auf das unternehmerische Ermessen ausgerichteten Angemessenheitskriterien[2467]. Hinzu kommt noch die ausdrückliche Umsetzungspflicht, die im Kommissionsvorschlag für die CSDDD (Art. 15) noch nicht enthalten war.[2468] Diese trifft die Unternehmen auch schwer in Anbetracht der zahlreichen umzusetzenden Pflichtinhalte.

b) Systematische Gesichtspunkte bezogen auf Artt. 7 ff. und Art. 22 CSDDD

Unternehmen haben beschränkte Ressourcen, was der Unionsgesetzgeber insb. durch den Art. 9 CSDDD (Priorisierungsbefugnis) anerkannt hat. Nicht nur einzelne CSDDD-Schutzgüter befinden sich in einem Ressourcenkonflikt, sondern dieser erstreckt sich auch auf Art. 22 CSDDD. Die Emissionsreduktion kann hypothetisch Verletzungen der Menschenrechte und der Umwelt verursachen. Die Fälle, in denen ein Unternehmen zwischen der Verhinderung bzw. Behebung von negativen Auswirkungen und der Umsetzung des Klimaplans entscheiden müssen wird, sind vor dem Hintergrund beschränkter unternehmerischer Ressourcen nicht wegzudenken: Zu denken ist z. B. an ein Unternehmen, das entweder sein Geld in eine energiesparende Maßnahme oder die Verbesserung der Bedingungen in der Lieferkette investieren kann.

Die zentralen Sorgfaltspflichten (Artt. 8, 10, 11 CSDDD) stehen unter dem Geeignetheitsvorbehalt; Art. 22 CSDDD steht unter diesem Vorbehalt nicht und müsste nach dem Wortlaut bis an die Grenze des Möglichen eingehalten werden. Die Forderung des Unionsgesetzgebers an die Unternehmen, zur Eindämmung des Klimawandels alles in ihrer Macht Stehende zu tun, würde darauf hindeuten, Art. 22 CSDDD sei eine vorrangige Regelung. Die Erfüllung der CSDDD-Sorgfaltspflichten stünde damit unter dem Vorbehalt, dass nicht alle freien Ressourcen auf den Klimaschutz ausgerichtet werden müssten.[2469]

Ein genereller Vorrang des Klimaschutzes sowohl vor dem Menschenrechts- als auch vor dem Umweltgüterschutz verträgt sich kaum mit der Systematik der CSDDD, die für die Regelung der Sorgfaltspflichten deutlich mehr Raum als für

2466 Vgl. *Schön*, ZfPW 2022, 207, 255, der kritisch eine ähnliche Formulierung bezogen auf die Berichtspflichten genutzt hat.
2467 S. dazu bereits oben D.
2468 Vgl. dazu *Verse* in Nietsch, Nachhaltiges Aktienrecht, 2023, S. 21, 30 ff.
2469 Vgl. zum Zielkonflikt zwischen den Sozialaspekten und dem Klimaschutz *Bachmann*, ZHR 187 (2023), 166, 183 f.; s. auch *Weller/Fischer*, ZIP 2022, 2253, 2262; s. auch *Weller/Hößl/Seeman*, Gutachten F zum 74. DJT, 2024, S. F 36.

die des Klimaschutzplans vorsieht.[2470] Der Vorrang würde darüber hinaus die allgemeine Wirtschaftsordnung in einer mit den Grundrechten (insb. Art. 16 GRCh) nicht verträglichen Weise abändern.[2471]

Hinzu kommen noch die Ausführungen im Erwägungsgrund 73 CSDDD. Demnach wollte der Unionsgesetzgeber keine Erfolgspflicht, sondern nur eine Handlungspflicht statuieren.[2472] Es wird auch die Komplexität des Problems anerkannt und auch, dass die Zielerreichung evtl. nicht sinnvoll sein wird. Diese Ausführungen relativieren den extrem weiten Wortlaut der Norm.

c) Zwischenergebnis zur positiven Konkretisierungsbefugnis im Kontext des Art. 22 CSDDD

»Alles in der unternehmerischen Macht stehende« zu tun, ist also lediglich ein politisches Statement, dem keine normative Durchschlagskraft zukommt.[2473] Es handelt sich bei Art. 22 CSDDD im Grundsatz um eine prinzipienorientierte Pflicht mit einer gewissen Umsetzungsfreiheit. Die hierfür aufgestellten, im Wortlaut angelegten Kontrollmaßstäbe sind aber engmaschig; die dazugehörige positive Konkretisierungsbefugnis der Unternehmen kann nur in einem engen Umfang angenommen werden. Das Klima war dem Unionsgesetzgeber so wichtig, dass er zu einem Verzicht auf eine intensivere staatliche Kontrolle zugunsten der Unternehmensfreiheit schlichtweg nicht bereit war. Dies führt im Ergebnis zur Vertretbarkeitskontrolle, wobei den Unternehmen weiterhin ein Ermessen zusteht.

5. Aktualisierungs- und Kontrollpflicht nach Art. 22 Abs. 3 CSDDD

Nach Art. 22 Abs. 3 CSDDD muss der Plan alle zwölf Monate aktualisiert werden.[2474] Die Norm verlangt, dass im Plan die Fortschritte bezogen auf die Erreichung der Emissionsziele beschrieben werden. Beim Klimaplan handelt es sich daher um eine fortlaufende Dauerpflicht bzw. um einen Prozess.

2470 Vgl. die allgemeine Kritik am normativen Vorrang des Klimaschutzes vor sonstigen Umweltgütern *Kalss*, JZ 2024, 766, 771 ff.

2471 Ähnlich bereits *Verse* in Nietsch, Nachhaltiges Aktienrecht, 2023, S. 21, 33; wohl aA *Weller/Hößl/Seeman*, Gutachten F zum 74. DJT, 2024, S. F 37, die die Fokussierung auf den Klimaschutz empfehlen.

2472 *Kerkemeyer*, DB 2025, 609, 612: »Bemühenspflicht«; zur Kritik an diesem unscharfen Begriff s. bereits oben Teil 6, I. J. 1. c).

2473 Vgl. *Weller/Schwemmer*, AG 2024, 517, 518.

2474 Vgl. *Kerkemeyer*, DB 2025, 609, 613, der zutreffend darauf hinweist, dass keine anlassbezogene Aktualisierungspflicht vorhanden ist.

6. Befreiungsnorm im Zusammenhang mit der CSRD nach Art. 22 Abs. 2 CSDDD

Art. 22 Abs. 2 CSDDD sieht eine Befreiung von der Planaufstellungspflicht für jene Unternehmen vor, die einen solchen bereits nach Art. 19a Abs. 2 Unterabs. 1 lit. a Ziff. iii CSRD vorgelegt haben. Die Befreiung erstreckt sich weder auf die Planumsetzungspflicht nach Art. 22 Abs. 1 noch auf die Aktualisierungspflicht nach Abs. 3 CSDDD.[2475]

Der Unionsgesetzgeber hat sich bewusst für die »Vorlage« und nicht für einen Verweis auf die Berichtspflicht entschieden, denn die bloße Berichtspflicht umfasst keine Planaufstellungspflicht. Dies ergibt sich aus dem ESRS E1.17, der für den Fall des Nichtvorhandenseins des Klimaplans die Angabe verlangt, ob eine Planaufstellungsabsicht gegeben ist und wann sie in die Tat umgesetzt werden soll.

Art. 19a Abs. 2 Unterabs. 1 lit. a Ziff. iii CSRD umfasst inhaltlich nur den Art. 22 Abs. 1 Unterabs. 1 CSDDD und nicht die in Unterabs. 2 konkretisierten Inhalte. Art. 19a Abs. 2 Unterabs. 1 lit. a Ziff. iii CSRD wird näher durch die ESRS E1.14 bis E1.16 sowie weitere ESRS E1-Bestimmungen präzisiert.[2476]

Der Klimaplan nach ESRS umfasst viele Inhalte, die nicht in Art. 22 CSDDD vorausgesetzt werden, z. B. müssen nach ESRS E1.16 lit. d umfassend die Risiken bezogen auf die Erreichung der Reduktionsziele erläutert werden. Ferner werden Angaben im Zusammenhang mit der Taxonomie-VO verlangt, ESRS E1.16 lit. e.

Es gibt auch Elemente, die sich zwischen dem Klimaplan nach CSDDD und den ESRS unterscheiden: Statt einer Beschreibung der Rolle der Organe verlangt ESRS E1.16 lit. j lediglich die Angabe, ob die Organe des Unternehmens den Plan genehmigt haben.

Prinzipiell ist die Absicht des Unionsgesetzgebers, die Kohärenz zwischen dem Klimaplan nach der CSDDD und der CSRD einschließlich der ESRS gem. Erwägungsgrund 73 CSDDD herzustellen, mit Nachdruck zu begrüßen. Diese Absicht sollte tatsächlich umgesetzt werden und keine bloße Erklärung bleiben.[2477]

7. Zwischenergebnis

Die CSDDD führt eine dynamische Klimaschutzpflicht von Unternehmen ein. Damit hebt sie sich wesentlich vom LkSG ab und unterstreicht die Bedeutung des Klimaschutzes für den Unionsgesetzgeber, der für die Einhaltung des Pariser Klimaabkommens auch im unternehmerischen Bereich sorgen möchte.

2475 S. dazu Erwägungsgrund 73 CSDDD; vgl. *Weller/Schwemmer*, AG 2024, 517, 519.
2476 *Kerkemeyer*, DB 2025, 609, 615 f.
2477 Vgl. *Kerkemeyer*, DB 2025, 609, 615, der ebenfalls Unterschiede in den Anforderungen der CSDDD und der CSRD erkannt hat.

Aus der Perspektive der Regelungstechnik handelt es sich um eine wenig gelungene Regelung, die mehr Fragen aufwirft, als sie beantwortet; besonders kritikwürdig sind die sich anhäufenden systematischen Inkonsistenzen, z. B. zu den Artt. 7 ff. CSDDD bezogen auf das unternehmerische Ermessen sowie auf die Reichweite der Aktivitätskette.

Die Auswirkungen des Art. 22 CSDDD auf die Organisation werden zusammen mit denen der Pflichten aus Artt. 7 ff. CSDDD an einer späteren Stelle gemeinsam erörtert.[2478]

G. *Enforcement der CSDDD-Pflichten*

Das Enforcement-Konzept der CSDDD unterscheidet sich wesentlich vom LkSG; denn anders als der deutsche Gesetzgeber entschied sich der Unionsgesetzgeber für ein doppeltes Regime mit sowohl einer behördlichen als auch einer privatrechtlichen Rechtsdurchsetzung.[2479] Diese Dopplung wird als *smart mix* bezeichnet und soll die Mängel beider Durchsetzungsarten ausgleichen.[2480]

1. Das öffentlich-rechtliche Durchsetzungsregime

Das öffentlich-rechtliche Enforcement in der CSDDD beruht zum großen Teil auf dem LkSG. Damit wurden die konzeptuellen Fehler des LkSG mit ins europäische Recht übertragen.[2481]

a) Behördliche Befugnisse nach Artt. 25, 27 CSDDD

(1) Inhalt der Befugnisse

Die Befugnisse der Aufsichtsbehörden wurden in Art. 25 CSDDD umfassend normiert. Zunächst sieht Art. 25 Abs. 1 S. 1 CSDDD einen Informationsanspruch gegenüber den Unternehmen sowie eine Untersuchungsbefugnis von Behörden vor. Die Untersuchungen nach Art. 25 Abs. 1 CSDDD setzen eine Warnung voraus, es sei denn, sie würde die Wirksamkeit der Untersuchung mindern (Art. 25 Abs. 3 S. 1 CSDDD). Bei der Notwendigkeit einer Untersuchung in anderen EU-

2478 S. unten I. 3.

2479 *Poelzig*, KlimaRZ 2023, 244, 245 f.

2480 S. *Poelzig*, KlimaRZ 2023, 244 ff.; *Hübner*, KlimaRZ 2023, 238 ff.; *Hübner/Lieberknecht*, NJW 2024, 1841, 1844, Rn. 23; kritisch zur Leistungsfähigkeit beider Durchsetzungsarten im Kontext der Lieferkettenregulierung *G. Wagner*, ZEuP 2023, 517, 523 ff.; zu den Vor- und Nachteilen beider Enforcement-Varianten im Vergleich s. grundlegend *Kern*, ZZPInt 12 (2007), 351, 359 ff.; s. die Kritik zum *smart mix* von *Hennrichs/Hommelhoff* in: Hennrichs/Hommelhoff/Merkt, Zur Revision der EU-Nachhaltigkeitsregulatorik, S. 341, 365 ff.

2481 Zu diesen Fehlern im LkSG s. oben I. H. 2. und 3.

Ländern sieht Art. 25 Abs. 3 S. 2 CSDDD Amtshilfe vor. Die Mitgliedsstaaten sind nach Art. 25 Abs. 1 S. 1 verpflichtet, für eine angemessene Ausstattung der Behörden mit den notwendigen Ressourcen zu sorgen.

Nach Abs. 1 S. 2 muss die Annahme des Klimaschutzplans sowie dessen Ausgestaltung überwacht werden; diese behördliche Überwachungsaufgabe erstreckt sich nicht auf die Umsetzungsmaßnahmen.[2482]

Nach Abs. 2 dürfen die Behörden sowohl *ex officio* als auch auf Antrag nach Art. 26 CSDDD tätig werden, wobei im Kontext des Antrags von »begründeten Bedenken« die Rede ist.

Art. 25 Abs. 4 Unterabs. 1 CSDDD beinhaltet eine bereits aufgrund des § 15 S. 2 Nr. 2 LkSG bekannte Rechtsfigur: Im Falle eines Verstoßes soll die Behörde dem Unternehmen eine angemessene Frist für die Abhilfe gewähren.[2483] Dies schließt weder die behördlichen Sanktionen noch die zivilrechtliche Haftung aus (Art. 25 Abs. 4 Unterabs. 2 CSDDD).

Art. 25 Abs. 5 CSDDD erweitert die Anordnungsbefugnis der Behörden im Vergleich zu Art. 25 Abs. 4 CSDDD. Nach Art. 25 Abs. 5 lit. a CSDDD sollen die Behörden die Unternehmen anweisen dürfen: (i) Verstöße gegen die CSDDD durch das Ergreifen einer Maßnahme oder das Einstellen des Verhaltens abzustellen, (ii) jegliche Wiederholung des betreffenden Verhaltens zu unterlassen sowie (iii) gegebenenfalls Abhilfemaßnahmen zu ergreifen, die dem Verstoß angemessen sind und erforderlich, um ihn zu beenden. Der Inhalt ist so abstrakt, dass es berechtigt ist, diese Vorschrift für eine öffentlich-rechtliche Generalklausel zu halten, wie es bei § 15 S. 1 LkSG der Fall ist[2484]. Ziff. iii knüpft an die Abhilfepflicht nach Art. 12 Abs. 1 CSDDD an, indem er deren behördliche Durchsetzung sicherstellt[2485]; das Wort »gegebenenfalls« unterstreicht, dass die Voraussetzungen des Art. 12 CSDDD (Verursachung) hierfür vorliegen müssen.

Für die Fälle, bei denen ein unmittelbares Risiko eines schweren und nicht wiedergutzumachenden Schadens besteht, soll die Behörde die Befugnis haben, vorläufige Maßnahmen zu ergreifen (Art. 25 Abs. 5 lit. c).

Die nationalen Aufsichtsbehörden sollen auch die Möglichkeit haben, Unternehmen mit Sanktionen für die Verstöße zu belegen (Art. 25 Abs. 5 lit. b i. V. m. Art. 27 CSDDD). Das Sanktionsregime wird in einem entscheidenden Umfang durch die CSDDD selbst normiert, indem sie in Art. 27 Abs. 2 CSDDD den Mitgliedsstaaten die Abwägungskriterien für die Entscheidung vorgibt. Außerdem wurden verbindlich zwei Sanktionen vorgesehen (Art. 27 Abs. 3 CSDDD): das Zwangsgeld und eine öffentliche Erklärung der Behörde für den Fall der Nicht-

2482 S. *Weller/Schwemmer*, AG 2024, 517, 518.

2483 Vgl. *Weller/Schwemmer*, AG 2024, 517, 518, die die Nichtumsetzung des Klimaplans nicht als einen Verstoß betrachten; ähnlich auch *Seibt/Vesper-Gräske*, DB 2024, 1530, 1537; diese Ansicht findet jedoch keine Stütze im Wortlaut.

2484 S. oben I. H. 1.

2485 S. dazu Erwägungsgrund 58 CSDDD; vgl. auch *Steinbrück/Traub*, MDR 2024, 1141, 1145, Rn. 26.

umsetzung der mit dem Zwangsgeld verbundenen behördlichen Anordnung innerhalb der Frist (*naming and shaming*).[2486] Das Unionsrecht hat auch die Mindesthöhe für das Zwangsgeld bestimmt: Nach Art. 27 Abs. 4 Unterabs. 1 CSDDD beläuft es sich auf 5 % des weltweiten Nettoumsatzes.[2487] Die Sanktionsbescheide betreffend die CSDDD müssen gem. Art. 27 Abs. 5 CSDDD mindestens fünf Jahre öffentlich bleiben.

Den mitgliedsstaatlichen Behörden soll nach der CSDDD ein umfassender Katalog an Befugnissen zustehen, damit sie deren Einhaltung sicherstellen können.

(2) Konflikt der behördlichen Befugnisse mit dem unternehmerischen Ermessen

Art. 25 CSDDD verfügt über eine Systematik, die sich besser als § 15 LkSG mit dem Geeignetheitsvorbehalt und allgemein mit der positiven Konkretisierungsbefugnis vereinbaren lässt: die freiheitsschonende Plananordnung (Art. 25 Abs. 4 CSDDD) befindet sich vor der Anordnung konkreter Maßnahmen (Art. 25 Abs. 5 CSDDD), womit auf den Vorrang der Plananordnung geschlossen werden kann.[2488]

Der bereits im LkSG vorhandene Konzeptionsfehler einer weiten öffentlichrechtlichen Generalklausel wurde in Art. 25 Abs. 5 CSDDD übernommen: Das Ermessen wird sowohl der eher sachfernen Behörde als auch den sachnahen Unternehmen zugestanden. Insoweit muss auch hier gelten, dass die Befugnisse aus Art. 25 Abs. 5 CSDDD erst dann ausgeübt werden dürfen, wenn das Unternehmen den Rahmen der positiven Konkretisierungsbefugnis verlassen hat.[2489] Ferner gilt der Vorrang des Art. 25 Abs. 4 CSDDD. Abs. 5 stellt lediglich *ultima ratio* dar, die sich auf sehr schwere Verletzungen von wichtigsten Schutzgütern beschränken soll, z. B. des Lebens oder der Freiheit (vgl. Art. 3 Abs. 1 lit. l CSDDD).[2490]

b) Initiierung des behördlichen Handelns nach Art. 26 CSDDD

Art. 26 CSDDD normiert die Berechtigung des Einzelnen, das behördliche Tätigwerden gegenüber einem Unternehmen auszulösen, indem dieser seine begründeten Bedenken bzgl. der CSDDD-Einhaltung geltend macht. Anders als

2486 Kritisch zu dieser Befugnis *S. Schäfer/Schütze*, BB 2024, 1091, 1099; vgl. *Lutz-Bachmann/Vorbeck/Wengenroth*, BB 2022, 835, 844.

2487 S. die Kritik an dieser Sanktionsbemessungsart bei *Lutz-Bachmann/Vorbeck/Wengenroth*, BB 2022, 835, 844 mwN. S. auch die Kritik hieran im Kontext des LkSG von *Spindler*, ZHR 186 (2022), 67, 94 sowie *Kamann/Irmscher*, NZWiSt 2021, 249, 255; s. die verfassungsrechtlichen Bedenken von Schall/Theusinger/Pour Rafsendjani/*Böhringer*, LkSG § 24 Rn. 46 ff.

2488 *Burgi*, NVwZ 2024, 1785, 1788.

2489 Vgl. oben dieselbe Lösung im Kontext des LkSG unter I. H. 2.

2490 Vgl. *Rast*, Organisationsfreiheit, 2022, S. 395.

nach § 14 Abs. 1 Nr. 2 LkSG muss der Antragsteller keine Betroffenheit in eigenen Rechten geltend machen. Jede natürliche sowie jede juristische Person darf die begründeten Bedenken äußern; diese müssen allerdings substantiiert sein: Der Grund zur Annahme eines Rechtsverstoßes muss auf objektiven Umständen beruhen. Die Antragstellung muss über leicht zugängliche Kanäle möglich sein (Art. 26 Abs. 1 CSDDD), was es den Mitgliedsstaaten verbietet, durch übermäßige Gebühren o. Ä. den Zugang zu erschweren[2491].

Ähnlich wie beim Beschwerdeverfahren sollen die Antragsteller einen Identitätsschutz genießen, wenn sie dies ersuchen und wenn ihnen andernfalls ein Schaden drohen sollte (Art. 26 Abs. 2 CSDDD).

Die Prüfung der Bedenken muss innerhalb eines angemessenen Zeitraums erfolgen (Art. 26 Abs. 4 CSDDD). Der Antragsteller ist über das Ergebnis der Prüfung zu informieren und das Ergebnis muss begründet werden (Art. 26 Abs. 5 S. 1 CSDDD).

Liegt ein berechtigtes Interesse des Antragstellers vor, dann hat er eine qualifizierte Rechtsposition inne: Gem. Art. 26 Abs. 5 S. 2 muss er dann von der Behörde umfassend über ihr Handeln einschließlich der Reaktion auf den Rechtsverstoß informiert werden. Außerdem muss der Mitgliedsstaat bei qualifizierten Antragstellern gerichtlichen bzw. gleichwertigen Schutz vorsehen (Art. 26 Abs. 6 CSDDD). Was der Unionsgesetzgeber unter dem berechtigten Interesse versteht, wurde nicht klargestellt, sodass dies von nationalen Gesetzgebern konkretisiert werden muss.

c) Vergaberechtliche Konsequenzen

Art. 31 CSDDD sieht vor, dass die Mitgliedsstaaten im Rahmen des Vergaberechts die Einhaltung der CSDDD-Pflichten als ein Kriterium berücksichtigen können. Insoweit geht die CSDDD nicht so weit wie der § 22 LkSG mit dem Ausschluss von Vergabeverfahren.[2492]

d) Hilfestellungen bei der Einhaltung nach Artt. 18 bis 21 CSDDD

Im Vergleich zu § 20 LkSG mit den Handreichungen des *BAFA*[2493] wirken Artt. 18 bis 21 CSDDD in ihrem Umfang fast erdrückend.[2494] Der Unionsgesetzgeber hat eine breite Maßnahmenpalette zur Unterstützung der Unternehmen bei der Einhaltung der CSDDD vorgesehen, insb. die Leitlinien nach Art. 19, die Mustervertragsklauseln nach Art. 18 zur Weitergabe in der Aktivitätskette sowie

2491 S. den Erwägungsgrund 75 CSDDD, wonach die begründeten Bedenken ausschließlich kostenlos oder gegen Entrichtung einer ausschließlich auf die Verwaltungskosten beschränkten Gebühr eingebrachten werden dürfen sollen.

2492 S. dazu oben I. H. 4.

2493 Vgl. zu diesen oben I. H. 3.

2494 Vgl. *S. Schäfer/Schütze*, BB 2024, 1091, 1098 f.

die Pflicht zur umfassenden Informationshilfe seitens der Mitgliedsstaaten über digitale Kanäle nach Art. 20 Abs. 1 CSDDD. Der Unionsgesetzgeber erkennt mit dem Umfang von Unterstützungspflichten implizit den enormen Aufwand an, der zur Einhaltung der CSDDD notwendig ist; die Unterstützungsmaßnahmen sollen zusammen mit dem Geeignetheitsvorbehalt die grundrechtliche Verhältnismäßigkeit der CSDDD-Pflichten sicherstellen. Die Unterstützungsmaßnahmen sollen allerdings auch dem Wohl der CSDDD-Schutzgüter dienen, arg. ex Art. 19 Abs. 1 CSDDD.

(1) Leitlinien der Kommission nach Art. 19 CSDDD

Die Leitlinien sind das wichtigste Hilfsinstrument. Zuständig für deren Ausarbeitung ist die Kommission, die dies in Abstimmung mit zahlreichen Akteuren vornehmen muss: insb. den Mitgliedsstaaten, manchen EU-Agenturen und Interessenträgern. (Art. 19 Abs. 1 CSDDD); die Unternehmen selbst werden allerdings nicht genannt.[2495] Dies ist insoweit kritisch zu betrachten, als die Leitlinien mit ihrer faktischen Bindungswirkung ähnlich wie die Handreichungen in die Sphäre unternehmerischer Konkretisierungsbefugnis eingreifen.[2496] Positiv anzumerken ist, dass der Unionsgesetzgeber den Entstehungsprozess überhaupt normiert hatte, was dem deutschen Gesetzgeber in § 20 LkSG nicht gelang. *De lege lata* lässt sich die Pflicht zur Abstimmung mit den Unternehmensvertretern in die Norm hineinlesen: Sie könnten als Interessenträger i. w. S. begriffen werden, aber dies stünde im Widerspruch zur Definition der Interessenträger nach Art. 3 Abs. 1 lit. n CSDDD. Sie können aber auch als ein anderes Gremium i. S. d. Art. 19 Abs. 1 gelten, das über Fachwissen im Bereich der Sorgfaltspflichten verfügt.

Wie oben im Kontext des LkSG bereits geklärt, würde die Beteiligung der Unternehmen an der Erstellung der Leitlinien zwar die Schwere der Beeinträchtigung ihrer Konkretisierungsbefugnis mindern, aber dennoch wäre die unternehmensindividuelle Konkretisierung anhand der situationsbedingten Bedürfnisse zulasten einer kollektiven Aussprache gegenüber der Kommission aufzugeben.[2497]

Die Themengebiete, die Gegenstand der Leitlinien sein sollen, umfassen nach Art. 19 Abs. 2 CSDDD die Sorgfaltspflichten nach Artt. 5 ff., den Klimaplan nach Art. 22, sektorspezifische Leitlinien, besondere Leitlinien für die Risikobewertung, Verweise auf Informationsquellen, Leitlinien zur Kooperation zwischen den Unternehmen sowie Leitlinien für Interessenträger und ihre Vertreter. Die Kommission trifft die Pflicht, Leitlinien innerhalb von 30 bzw. 36 Monaten nach

2495 Vgl. zu den Anforderungen an die Beteiligung der Betroffenen *Feldmann*, Nachhaltigkeitsberichterstattung, 2024, S. 221 ff.

2496 Zur Bindungswirkung der Leitlinien s. *Burgi*, NVwZ 2024, 1785, 1789; *Mayen* in: Leyens/Seibt, LkR, 2025, § 46 Rn. 63.

2497 Vgl. die Ausführungen zu § 20 LkSG oben I. H. 3. b).

dem Inkrafttreten der CSDDD zu veröffentlichen (Art. 19 Abs. 3 CSDDD); lediglich die sektorspezifischen Leitlinien wurden von dieser Pflicht ausgenommen. Die Empfehlung bezogen auf Handreichungen nach § 20 LkSG, auf die Veröffentlichung komplett zu verzichten,[2498] kann hier nicht übertragen werden.

(2) Mustervertragsklauseln nach Art. 18 CSDDD

Die Kommission trifft nach Art. 18 CSDDD die Pflicht, innerhalb von 30 Monaten nach dem Inkrafttreten der CSDDD in Abstimmung mit den Mitgliedsstaaten und den Interessenträgern Leitlinien zu freiwilligen Mustervertragsklauseln zu erlassen, um den Unternehmen bei der Einhaltung der Pflicht zur Einholung vertraglicher Zusicherungen von direkten Geschäftspartnern bei der Prävention und Behebung von negativen Auswirkungen auf die CSDDD-Schutzgüter zu helfen.

Das ist ein wichtiger Hebel für die Bestimmung der Intensität der Weitergabe der Pflichten in der Aktivitätskette. Die Kommission kann ferner mit den Leitlinien einen nicht unwesentlichen mittelbaren Einfluss auf die Privatautonomie zahlloser Rechtssubjekte ausüben. Insoweit erscheint dieses Instrument gefährlich. Die Kommission kann diese Gefahr eingrenzen, indem sie eine zurückhaltende Leitlinie erlässt. Die Auswirkung von Art. 18 CSDDD auf die unternehmerische Vertragsfreiheit muss genauer analysiert werden, was den Rahmen der vorliegenden Arbeit sprengen würde.

(3) Help Desk und die Hilfe-Portale nach Art. 21 CSDDD

Nach Art. 21 CSDDD muss die Kommission einen zentralen Helpdesk einrichten; was ein Helpdesk sein soll, wird nicht erklärt. Er soll mit den nationalen Behörden zusammenarbeiten, daher kann auf eine behördliche Unterstützungseinheit der Union geschlossen werden. Der Help Desk soll den Unternehmen als Ansprechpartner dienen, der sie auf Informationen und Leitlinien hinweist.

Es sollten spezielle Websites entstehen, die den Zugang zu den Hilfestellungen zur CSDDD vereinfachen sollen (Art. 20 Abs. 1 CSDDD). Es wurde auch eine besondere KMU-Unterstützung seitens der Mitgliedsstaaten vorgeschrieben, deren Wirksamkeit sich aber ernsthaft infrage stellen lässt.[2499]

(4) Unternehmenskooperation und Sachverständige

Art. 20 Abs. 4 CSDDD normiert die Frage der unternehmerischen Zusammenarbeit bei der Erfüllung der Sorgfaltspflichten nach Artt. 7 bis 16 CSDDD. Zum einen wird damit ausdrücklich die Delegation der Pflichtenerfüllung nach außen erlaubt (Ein- bzw. Ausgliederungsfreiheit).[2500] Zum anderen liefert diese Norm

2498 S. dazu oben I. H. 3. c).
2499 Vgl. dazu *Allgeier*, Mittelstand, 2024, S. 375 ff.
2500 Zu dieser Freiheit im Allgemeinen s. oben Teil 3, I. A. 1.

ein Argument für die Zulässigkeit der unternehmerischen Kooperation zur Erfüllung der CSDDD aus der Perspektive des Wettbewerbsrechts.[2501]

Art. 20 Abs. 5 CSDDD stellt Anforderungen an unabhängige Dritte, die in die Erfüllung der Sorgfaltspflichten einbezogen werden können. Diese Anforderungen haben zum Ziel, die betroffenen Unternehmen in der Lieferkette davor zu schützen, bspw. einem Risiko der Preisgabe von sensiblen Lieferketteninformationen an die Wettbewerber ausgesetzt zu sein.

(5) Zwischenergebnis

Einerseits ist es zu begrüßen, dass der Unionsgesetzgeber die Notwendigkeit der Unterstützung bei der Erfüllung der Pflichten erkannt hatte. Andererseits wiederholen die Pflichten zur Hilfestellung die konzeptionellen Fehler, an denen bereits das LkSG krankte: Es wird nicht hinreichend das unternehmerische Ermessen samt der Konkretisierungsbefugnis geschützt; außerdem werden Unternehmen trotz ihrer Betroffenheit als Ansprechpartner der Kommission bei der Erstellung der Leitlinien übergangen. Insoweit besteht das Bedürfnis für eine zeitnahe Anpassung des Art. 19 CSDDD; es ist nicht auszuschließen, dass Art. 19 CSDDD das Primärrecht verletzt.

e) Europäisches Netzwerk der Aufsichtsbehörden nach Art. 28 CSDDD

Um die Anwendung der CSDDD koordinieren, sieht Art. 28 ein Europäisches Netzwerk der Aufsichtsbehörden vor, das aus Vertretern nationaler Aufsichtsbehörden bestehen wird (Art. 28 Abs. 1 Unterabs. 1 S. 1 CSDDD).

Ein besonderes Augenmerk soll sich bei dieser Kooperation auf die Unternehmen aus Drittstaaten richten, damit die Informationen aus der gesamten Union hierfür gesammelt werden können (Art. 28 Abs. 2 CSDDD); insb. muss der Gesamtumsatz in der Union festgestellt werden können, der sich erst durch das Zusammenführen von Daten aus mehreren Mitgliedsstaaten vollständig ermitteln lässt. Dies gilt insb. für die Mutter einer Gruppe mit mehreren Töchtern in verschiedenen Mitgliedsstaaten, die jeweils unter 450 Mio. Euro bleiben, aber in ihrer Gesamtheit die Schwelle überschreiten.

Art. 28 Abs. 3 bis 7 CSDDD normiert die Frage der Amtshilfe zwischen den Mitgliedsstaaten. Es gibt auch eine Regelung betreffend Zuständigkeitskonflikte (Art. 28 Abs. 8 f. CSDDD).

2501 Zum systematischen Konflikt zwischen dem Wettbewerbsrecht und der Nachhaltigkeit und zu den Schwierigkeiten bei seiner Auflösung s. aber *Holle*, ZHR 188 (2024), 98, 135 ff.

f) Zwischenergebnis

Die CSDDD übernimmt im Rahmen der Durchsetzung zum großen Teil die Konzepte des LkSG. Es gibt zwar kleinere Fortschritte in der Ausgestaltung, aber die konzeptionellen Widersprüche aus dem LkSG wurden nicht aufgelöst: Das unternehmerische Ermessen erfährt nicht genug Anerkennung im Rahmen der Durchsetzung und die Ausgestaltung der Leitlinien kann kritisiert werden. Manche Probleme lassen sich durch eine entsprechende Auslegung lösen, aber es ist auch eine Nachbesserung der CSDDD erforderlich.

2. Das privatrechtliche Durchsetzungsregime

Die zivilrechtliche Haftung für die Verletzung der CSDDD-Sorgfaltspflichten stellt gegenüber dem LkSG einen Paradigmenwechsel dar[2502] und knüpft an das französische *Loi de vigilance* an.[2503] Die Haftung wird von prozessualen Bestimmungen nach Art. 29 Abs. 3 sowie von einer kollisionsrechtlichen Eingriffsnorm nach Art. 29 Abs. 7 CSDDD flankiert.

a) Die Ausgestaltung der zivilrechtlichen Haftung

Die CSDDD bestimmt in einem relativ weiten Umfang in Art. 29 Abs. 1 bis 6 CSDDD die konkrete Ausgestaltung der Haftung, statt dies den Mitgliedsstaaten zu überlassen.

(1) Pflichtverletzung nach Art. 29 CSDDD

Haftungsbewehrt sind nur die Verletzungen der Artt. 10 und 11 CSDDD, d. h. nur die Verhinderungs-, Minimierungs- und Behebungspflicht.[2504] Mittelbar wird über den Tatbestand von Artt. 10 und 11 CSDDD auch Art. 8 CSDDD einbezogen, denn die Pflichten nach Artt. 10 und 11 CSDDD werden auch dann ausgelöst, wenn potenzielle oder tatsächliche negative Auswirkungen hätten ermittelt

2502 So *Seibt/Vesper-Gräske*, DB 2024, 1530, 1536; *Verse*, AcP 225 (im Erscheinen), III. 2.; kritisch zur Haftung aufgrund der durch sie bedingten Rechtsunsicherheit sowie wegen der erheblichen Zweifel an der Steuerungswirkung *Bomsdorf/Blatecki-Burgert*, ZRP 2022, 141, 144; umfassend zur dogmatischen Einordnung der Haftung aus zivilrechtlicher Perspektive *Hayden*, JBl 2024, 429, 431 ff.

2503 *Spindler*, ZIP 2022, 765, 774; *Stöbener de Mora/Noll*, EuZW 2023, 14, 21; *Fleischer*, DB 2022, 920.

2504 Insofern hat sich der pflichtenbezogene Anknüpfungspunkt der Haftung im Vergleich zum Kommissionsvorschlag nicht verändert, s. *Lutz-Bachmann/Vorbeck/Wengenroth*, BB 2022, 835, 842; *Spindler*, ZIP 2022, 765, 774 f.; vgl. *Zetzsche/Sinnig*, WM 2024, 1389, 1394.

werden müssen.[2505] D. h., das Unternehmen kann sich nicht der zivilrechtlichen Haftung entziehen, indem es die Ermittlungspflicht ignoriert und dadurch die Entstehung der Pflichten nach Artt. 10 und 11 CSDDD verhindert.[2506] Die Verletzung sonstiger Pflichten ist nicht haftungsbewehrt;[2507] insb. bezieht sich die Haftung nicht auf die Klimaschutzpflicht aus Art. 22 CSDDD.[2508]

Wie oben bereits festgestellt, bezweckt die Haftung lediglich die Intensivierung der Durchsetzung und keine Veränderung der materiellen Pflichtenintensität.[2509] Im Rahmen der Haftung nach Art. 29 CSDDD muss der Geeignetheitsvorbehalt und das sich aus ihm ergebende Unternehmensermessen respektiert werden.[2510] Die Haftung kann erst dann entstehen, wenn das Unternehmen eine evident ungeeignete Maßnahme durchführt. Diesen Vorrang des unternehmerischen Ermessens hat der Unionsgesetzgeber in Bezug auf die Priorisierungsbefugnis im Erwägungsgrund 80 CSDDD ausdrücklich anerkannt. Eine solche Ausgestaltung der Haftung ist im Privatrecht nicht unbekannt: Diese Konstruktion erinnert an das Vorstandsermessen und die Business Judgment Rule.

Die Haftung knüpft nur an die Verletzung einer natürlichen oder einer juristischen Person. Die reinen Schäden an Umweltgütern lösen keine Haftung aus. Die Beeinträchtigung von Rechtsgütern mit Doppelnatur (die sowohl dem Schutz der Menschen als auch dem der Umwelt dienen) kann die Haftung zur Folge haben.

Der Verweis auf die nach dem nationalen Recht geschützten Interessen (Art. 29 Abs. 1 Unterabs. 1 lit. b) soll vermutlich die Kohärenz mit dem allgemeinen nationalen Deliktsrecht sicherstellen, damit der Schutz nach der CSDDD nicht weiter reicht.[2511] Er lässt sich so interpretieren, dass die Haftung nach Art. 29 CSDDD voraussetzt, dass das Rechtsgut nach dem nationalen Deliktsrecht

2505 S. dazu oben E. 3. a).; *Nietsch*, NJW 2024, 2865, 2867; *Baumgartner*, GesRZ 2025, 361, 362 (Fn. 20); einbeziehen lassen könnte sich auch der Art. 14 CSDDD, s. dazu *Steinbrück/Traub*, MDR 2024, 1141, 1146, Rn. 34; *Verse*, AcP 225 (im Erscheinen), IV. 1. a).; *Brunk*, CRZ 2024, 130, 133.

2506 Vgl. *König*, NZG 2022, 1186, 1188; diese Bestimmung entspricht dem Rechtsgedanken des § 162 Abs. 2 BGB.

2507 Vgl. *Nietsch*, NJW 2024, 2865, 2867, Rn. 9, der die Haftung mittelbar auf die Verletzung von Artt. 13 und 14 CSDDD erstreckt.

2508 *Weller/Schwemmer*, AG 2024, 517, 518; dies war bereits in der Fassung des Kommissionsvorschlags der Fall, s. *Lutz-Bachmann/Vorbeck/Wengenroth*, BB 2022, 835, 842; vgl. *S. Schäfer/Schütze*, BB 2024, 1091, 1099.

2509 S. dazu oben D. 2.; vgl. *Hayden*, JBl 2024, 429, 443, die auf die Einflussmöglichkeit als ein wichtiges Kriterium zur Eingrenzung der Pflichtenintensität hinweist.

2510 *Nietsch*, NJW 2024, 2865, 2868; ähnlich *Brunk*, CRZ 2024, 130, 133 bzgl. der Priorisierungsbefugnis nach Art. 9 CSDDD.

2511 Vertieft hierzu *Verse*, AcP 225 (im Erscheinen), IV. 3.; vgl. die im Erwägungsgrund 79 CSDDD aufgezählten Beispiele für solche Interessen (Leben, Freiheit, Eigentum), die auf § 823 Abs. 1 BGB schließen lassen; vgl. hierzu im Kontext des Kollisionsrechts *Kieninger*, ZIP 2024, 1037, 1044 sowie 1046 f.; *Habersack/Zickgraf*, RabelsZ 87 (2023), 532, 600.

geschützt wird.[2512] Sonst käme es zu Systemwidersprüchen, die die Mitgliedsstaaten ggf. zur Erweiterung des allgemeinen deliktsrechtlichen Schutzes zwingen würden.

(2) Kausalität

Zwischen der Pflichtverletzung und der Beeinträchtigung von den nach nationalem Recht geschützten Interessen des Menschenrechtsträgers muss ein kausaler Zusammenhang bestehen, Art. 29 Abs. 1 Unterabs. 1 lit. b. Der Erwägungsgrund 79 CSDDD präzisiert diese Voraussetzung insoweit, als sich die Kausalität auf den Schaden erstrecken muss (»infolge eines solchen Versäumnisses zu Schaden gekommen.«).[2513] *König* spricht zu Recht von einer doppelten Kausalität: Versäumnis – negative Auswirkung – Schaden.[2514]

Der Kommissionsvorschlag hat in Art. 22 Abs. 2 CSDDD-E eine besondere Safe-Harbour-Regelung enthalten.[2515] Diese Regelung wurde nicht beibehalten. Art. 29 Abs. 1 Unterabs. 2 CSDDD sieht nur den Hinweis vor, dass die Haftung nicht gegeben ist, wenn der Schaden ausschließlich von Geschäftspartnern des Unternehmens verursacht wurde. Dies ergibt sich bereits aus dem Kausalitätserfordernis, sodass die Norm als eine reine Klarstellung verstanden werden könnte;[2516] es gibt aber auch gute Gründe, diese Norm als eine besondere Art Safe-Harbour-Regelung auszulegen.[2517]

(3) Verschulden

Infolge der berechtigten Kritik[2518] wurde Art. 29 Abs. 1 CSDDD um das Verschulden ergänzt, das im Kommissionsvorschlag noch nicht als Haftungsvoraus-

2512 Vgl. *Steinbrück/Traub*, MDR 2024, 1141, 1146, Rn. 35.

2513 Vgl. zur Kausalität nach dem Kommissionsvorschlag *Lutz-Bachmann/Vorbeck/Wengenroth*, BB 2022, 835, 842; zu Recht kritisch zur Frage nach der Bestimmung der Kausalitätsanforderungen *Kieninger*, ZIP 2024, 1037, 1045; vertieft *Brunk*, CRZ 2024, 130, 135.

2514 *König*, NZG 2022, 1186, 1190.

2515 S. zu dieser *König*, NZG 2022, 1186, 1190; *Hübner/Weller/Habrich*, NZG 2022, 644, 649.

2516 So *Hayden*, JBl 2024, 429, 441 f.; vgl. *Habersack/Zickgraf*, RabelsZ 87 (2023), 532, 604; *Brunk*, CRZ 2024, 130, 134.

2517 Vertieft hierzu *Nietsch*, NJW 2024, 2865, 2867 f., Rn. 12 f. mit Verweis auf die VN-Leitprinzipien; *Verse*, AcP 225 (im Erscheinen), IV. 4. b); s. auch *Baumgartner*, GesRZ 2025, 361, 369 f.; *Hübner/Lieberknecht*, NJW 2024, 1841, 1845, Rn. 27.

2518 *Stöbener de Mora/Noll*, EuZW 2023, 14, 22; *Spindler*, ZIP 2022, 765, 774 f.; *Nietsch/Wiedmann*, CCZ 2022, 125 133; vgl. auch *König*, NZG 2022, 1186, 1188 f., der diese Voraussetzung aus dem allgemeinen CSDDD–Pflichtenmaßstab

setzung vorgesehen war. Ob das Verschulden europarechtlich auszulegen ist oder sich nach dem nationalen Recht richtet, ist nicht klar.[2519]

(4) Schadensrecht

Bezogen auf das Schadensrecht verweist Art. 29 Abs. 2 CSDDD auf das nationale Recht. Dort findet sich auch ein Verbot der Überkompensation, was sich ausweislich des Erwägungsgrundes 79 CSDDD auf Strafschadensersatz und ähnliche Konzepte erstreckt.[2520]

(5) Verjährung

Die CSDDD-bezogenen Verjährungsregeln dürfen nicht von den allgemeinen nationalen Regeln negativ abweichen (Art. 29 Abs. 3 lit. a). Die Verjährungsfrist beträgt mindestens fünf Jahre; sie darf ebenfalls nicht kürzer als die allgemeine zivilrechtliche Verjährungsfrist sein.[2521] Die Verjährungsfrist beginnt erst mit der kumulativen Kenntnis bzw. dem Kennenmüssen der einen Verstoß darstellenden Handlung, des Schadens sowie der Identität des Rechtsverletzers (Art. 29 Abs. 3 lit. a Ziff. i bis iii CSDDD).

(6) Prozessuale Bestimmungen

Ein materieller Anspruch ohne ein effizientes Durchsetzungsverfahren kann kein wirksames Enforcement gewährleisten.[2522] Außerdem ist der Zugang auf ein richterliches Verfahren ein Menschenrecht.[2523] Es erscheint daher folgerichtig, dass der Unionsgesetzgeber einen gewissen Mindestrahmen für die Rechtsdurchsetzung im Zivilprozess bestimmt hat.

Zunächst muss das CSDDD-bezogene Zivilverfahren den Eilrechtsschutz ermöglichen (Art. 29 Abs. 3 lit. c CSDDD). Hinzu kommen umfassende Bestimmungen zu Beweismitteln; insb. darf das Gericht in manchen Fällen die Offenlegung eines Beweismittels durch das Unternehmen anordnen (Art. 29 Abs. 3 lit. e

in die Haftung hineingelesen hat; vgl. *Hübner/Habrich/Weller*, NZG 2022, 644, 649.

2519 *Kieninger*, ZIP 2024, 1037, 1045.

2520 Vgl. *S. Schäfer/Schütze*, BB 2024, 1091, 1099; s. auch *Nietsch*, NJW 2024, 2865, 2869 f., Rn. 22.

2521 Vgl. dazu *Kieninger*, ZIP 2024, 1037, 1045 f., die zusätzlich auf die Bedeutung der Verjährung für die Eingriffsnorm verweist, damit die ggf. kurzen Fristen des ausländischen Sachrechts nicht greifen; vgl. *Brunk*, CRZ 2024, 130, 135.

2522 Vgl. *S. Schäfer/Schütze*, BB 2024, 1091, 1099.

2523 Mehr dazu sagt der Erwägungsgrund 82 CSDDD; s. Art. 47 GRCh; zum Gehalt dieses Grundrechts vgl. statt aller Streinz/*Streinz*, GR-Charta Art. 47 Rn. 7 ff. mwN.

CSDDD).[2524] Ferner dürfen die Kläger nicht durch überproportionale Gerichtskosten davon abgehalten werden, ihre Rechte aus der CSDDD durchzusetzen (Art. 29 Abs. 3 lit. b). Wegen ihrer Bedeutung wird die Regelung zur Prozessstandschaft in Art. 29 Abs. 3 lit. d separat erörtert.[2525]

(7) Gesamtschuldnerische Haftung

Art. 29 Abs. 5 Unterabs. 2 CSDDD sieht eine gesamtschuldnerische Haftung für den Fall vor, dass das Unternehmen den Schaden gemeinsam mit einem Tochterunternehmen oder einem Geschäftspartner verursacht hat.[2526] Es sind mehrere Konstellationen denkbar. Z. B. kann die Tochter/der Geschäftspartner selbst die Maßnahmen nach Artt. 10 oder 11 versäumt haben; möglich ist deren Haftung nach dem allgemeinen Zivilrecht, z. B. für eine Verletzung der Verkehrspflicht, die mit der Haftung des Unternehmens nach Art. 29 CSDDD zusammenkommt.

Diese Norm hat das Potenzial, die konzernrechtliche Haftungssegmentierung nach dem Trennungsprinzip aufzuweichen, indem sie durch die Hintertür der Gesamtschuld umgangen wird. Diese Aufweichung ist aber bereits in den Sorgfaltspflichten angelegt und die Haftung bringt nur deren Konsequenz zum Ausdruck. Diese Bestimmung muss genau untersucht werden, was den Rahmen dieser Arbeit überschreitet.

b) Prozessstandschaft nach der CSDDD

Art. 29 Abs. 3 lit. d CSDDD sieht eine Prozessstandschaft zum Zwecke der Durchsetzung vor, die § 11 LkSG entspricht; die Norm war im Kommissionsvorschlag noch nicht vorgesehen[2527]. Geschädigte sollen hiernach eine EU-ansässige Nichtregierungsorganisation (NGO) zur Klageerhebung ermächtigen können. Die Mitgliedsstaaten können Voraussetzungen vorsehen, die den Missbrauch der Prozessstandschaft verhindern sollen, insb. die Anforderungen an eine ständige Vertretung; es kann verlangt werden, dass die zu ermächtigende NGO weder kommerziell noch vorübergehend agiert.

Die Prozessstandschaft kann ein Risiko darstellen, falls die Wettbewerber die NGO finanzieren, um europäische Unternehmen gezielt mit gerichtlichen Verfahren an ihrer unternehmerischen Tätigkeit zu behindern.[2528] Es liegt daher in

2524 S. zu dieser Regelung, die als *discovery light* bezeichnet wird, *Hübner/Lieberknecht*, NJW 2024, 1841, 1845, Rn. 29; *Steinbrück/Traub*, MDR 2024, 1141, 1149, Rn. 50 f.; *Verse*, AcP 225 (im Erscheinen), II. 3. mwN; *Brunk*, CRZ 2024, 130, 135 f.

2525 S. unten b).

2526 Zu der Bedeutung dieser Norm für die Durchsetzung sowie zu ihrem hypothetischen Vorbild s. *Kieninger*, ZIP 2024, 1037, 1045; vgl. zu praktischen Gesichtspunkten *Brunk*, CRZ 2024, 130, 136.

2527 Vgl. *Spindler*, ZIP 2022, 765, 775; *Brunk*, CRZ 2024, 130, 135.

2528 Vgl. zum Risiko der Reputationsschäden *S. Schäfer/Schütze*, BB 2024, 1091, 1099.

der Verantwortung des Umsetzungsgesetzgebers, die Möglichkeiten zum Missbrauch im Zaum zu halten.

c) Eingriffsnorm nach Art. 29 Abs. 7 CSDDD

Eine große Bedeutung hat die kollisionsrechtliche Absicherung der Haftung nach der CSDDD in Art. 29 Abs. 7. Bei dieser Bestimmung handelt es sich um eine Pflicht zur Einführung einer Eingriffsnorm durch die Mitgliedsstaaten; diese sollen anordnen, dass die Haftung aus Art. 29 CSDDD unabhängig vom anwendbaren Sachrecht immer anwendbar bleibt.[2529] Damit werden die Schwächen des deliktsrechtlichen internationalen Privatrechts nach der Rom-II-VO[2530] im Kontext der lieferkettenrechtlichen Haftung beseitigt.[2531]

Die Problematik der internationalen Zuständigkeit wurde in der CSDDD nicht angegangen; dies ist insoweit unglücklich, als es nicht vorhersehbar ist, ob das ggf. angerufene drittländische Gericht den Art. 29 Abs. 7 CSDDD als eine aus seiner Perspektive forumsfremde Eingriffsnorm überhaupt anwenden wird. Wird es dies nicht tun, wird die Wirkung des Art. 29 Abs. 7 CSDDD geschwächt. Bezogen auf die in der Union ansässigen Unternehmen relativiert sich das Problem vor dem Hintergrund, dass nach Art. 4 Brüssel-Ia-VO[2532] die Gerichte des Heimatortes des Unternehmens immer angerufen werden dürfen.[2533]

2529 Mehr zur dogmatischen Einordnung *Hübner/Habrich/Weller*, NZG 2022, 644, 649 f.; skeptisch zu dieser Norm *Nietsch/Wiedmann*, CCZ 2022, 125, 133 ff.; *Stöbener de Mora/Noll*, EuZW 2023, 14, 22; *Lutz-Bachmann/Vorbeck/Wengenroth*, BB 2022, 835, 843; *Nietsch*, NJW 2024, 2865, 2871, Rn. 28; *Steinbrück/Traub*, MDR 2024, 1141, 1145, Rn. 30; *Verse*, AcP 225 (im Erscheinen), II. 2.

2530 Verordnung (EG) Nr. 864/2007 des Europäischen Parlaments und des Rates vom 11. Juli 2007 über das auf außervertragliche Schuldverhältnisse anzuwendende Recht, ABl. (EU) L 199/40.

2531 S. zu diesen Schwächen *G. Wagner*, RabelsZ 80 (2016), 717, 739 ff.; *Ders.*, ZIP 2021, 1095, 1104 f.; *Weller/Kaller/Schulz*, AcP 216 (2016), 387, 393 ff., jeweils mwN; vgl. auch *Spindler*, ZIP 2022, 765, 775 f.; s. die umfassende Kritik an dieser Lösung im Hinblick auf die Vermischung der anwendbaren Sachrechte *Kieninger*, ZIP 2024, 1037, 1046; der Kritik schließt sich *Brunk*, CRZ 2024, 130, 137 an.

2532 Verordnung (EU) Nr. 1215/2012 des Europäischen Parlaments und des Rates vom 12. Dezember 2012 über die gerichtliche Zuständigkeit und die Anerkennung und Vollstreckung von Entscheidungen in Zivil- und Handelssachen, ABl. (EU) L 351/1.

2533 Umfassend zu der Frage der internationalen Zuständigkeit der Gerichte im Kontext der Haftung für Menschenrechtsverletzungen *G. Wagner*, RabelsZ 80 (2016), 717, 732 ff.; vgl. auch *Weller/Kaller/Schulz*, AcP 216 (2016), 387, 391 f.

3. Das Problem des Over-Enforcements

Das doppelte Durchsetzungsregime zieht das Problem des Over-Enforcements[2534] nach sich. Die öffentlich-rechtlichen Maßnahmen lassen die Haftung unberührt (Art. 25 Abs. 9 CSDDD); das umgekehrte Verhältnis ist nicht klar. Lediglich kann aus dem Verbot der Überkompensation (Art. 29 Abs. 2) implizit hergeleitet werden, dass eine vollständige Wiedergutmachung die weiteren Maßnahmen mit einer ähnlichen Zielrichtung sperrt.

Unklar in diesem Kontext erscheint auch das Verhältnis zwischen der Wiederherstellungspflicht aus Art. 12 CSDDD und dem Anspruch aus Art. 29 CSDDD, wobei das Überkompensationsverbot ein starkes Argument für ein Exklusivitätsverhältnis darstellt.[2535]

Das Unternehmen ist also infolge des *smart mix* einem Risiko ausgesetzt, sowohl einer umfassenden Haftung als auch einer zusätzlichen behördlichen Sanktion nach Art. 27 CSDDD zu unterliegen. Hierbei entsteht das Problem, dass der Staat zum verhältnismäßigen Handeln verpflichtet ist und die *in concreto* gegen das Unternehmen aufgrund eines Verstoßes gegen die CSDDD verhängten Maßnahmen zwar einzeln noch verhältnismäßig erscheinen, aber in der Summe diese Grenze überschreiten würden.[2536]

4. Zwischenergebnis

Das CSDDD-Enforcement kopiert im Bereich des öffentlichen Rechts die Schwächen der deutschen Regelung und kann bei einer engen Auslegung des Geeignetsheitsvorbehalts zu intensiven Eingriffen in die unternehmerische Tätigkeit führen.

Die zivilrechtliche Durchsetzung wurde eher zurückhaltend ausgestaltet, indem ein gewisser Gleichlauf zum nationalen Deliktsrecht gesucht wurde;[2537] manche Bestimmungen können dennoch zu umfassenden Friktionen mit dem bestehenden Recht führen; dies betrifft insb. die gesamtschuldnerische Haftung

2534 S. allgemein zu diesem Problem bei der Kombination der Enforcement-Arten *Kern*, ZZPInt 12 (2007), 351, 370 ff.; dieses Problem kann alternativ als *over-deterrence* (Überabschreckung) bezeichnet werden, vgl. *Thomale/Schmid*, RabelsZ 88 (2024), 425, 466 f.

2535 S. aber dazu noch *J. Schmidt*, NZG 2024, 859, 865, die auf den Unterschied hinweist, dass Art. 12 CSDDD kein Verschulden voraussetzt und damit weiter als Art. 29 CSDDD reicht; kritisch zum Mangel einer Regelung hierzu *Thomale/Schmid*, RabelsZ 88 (2024),425, 467; *Steinbrück/Traub*, MDR 2024, 1141, 1148 f, Rn. 44 ff.

2536 S. den Hinweis auf dieses Problem von *Poelzig*, KlimaRZ 2023, 244, 248 f.

2537 Vgl. aber die Kritik von *Oplustil/A.-M. Weber*, Przegląd Prawa Handlowego 2024/11, S. 4, 13, die die Unbestimmtheit und die mangelnde Regelung bezüglich der Beweislast sowie der Kausalität bemängeln, was zu *forum shopping* in der EU führen werde.

gegenüber dem Konzernrecht. Manche Aspekte der Haftung wie z. B. die Verjährung wurden relativ umfassend reguliert; dies kann auf die Unterschiede in der Ausgestaltung der nationalen Zivilrechtsordnungen der Mitgliedsstaaten zurückzuführen sein.

Die Auswirkungen der Haftung auf die Organisation werden zusammen mit den materiellen Regelungen an einer späteren Stelle ausgelotet.[2538]

H. Allgemeiner systematischer Zusammenhang zwischen der CSDDD und der CSRD

Bevor konkret die Auswirkungen der CSDDD auf die unternehmensinterne Organisation ausgemessen werden können, sollte der systematische Zusammenhang zwischen der CSDDD und der CSRD im Lichte der Pflichtenlage untersucht werden.

Wie oben bereits untersucht, verfolgt die CSRD ein Steuerungsziel, indem sie sich des Reputationsmechanismus bedient:[2539] Nach dem unionsgesetzgeberischen Konzept der Nachhaltigkeitsberichtspflichten sollen keine auf die Menschenrechte und Umweltgüter ausgerichteten Handlungspflichten über die Berichtspflichten hinaus vorgesehen werden; das unternehmerische Handeln im Sinne der Nachhaltigkeit soll freiwillig erfolgen.[2540]

Mit diesem Konzept bricht die CSDDD, indem sie allgemeine, explizite, nachhaltigkeitsbezogene Handlungspflichten vorsieht.[2541] Bei den Unternehmen, die sowohl der CSDDD als auch der CSRD unterliegen, kommt es zu einem Funktionswechsel der Berichterstattung: Die Steuerungswirkung ergibt sich dann bereits aus den Handlungspflichten und die Berichterstattung dient vorwiegend der Rechenschaft.[2542] Zur Erfüllung dieser Funktion reicht eine knappe Berichtspflicht.[2543] Der Unionsgesetzgeber hat dies mit dem Art. 16 Abs. 1 CSDDD implizit anerkannt, denn die großen Personenhandelsgesellschaften im Anwendungsbereich der CSDDD unterliegen einer unvergleichbar weniger komplexen Berichtspflicht als das Regelungskorsett der CSRD samt den ESRS.[2544]

2538 S. unten I. 4. b).

2539 S. dazu oben Teil 5, V. C. 2. c). (2). sowie (8); *Allgeier*, Mittelstand, 2024, S. 157 f. mwN.

2540 S. dazu *Allgeier*, Mittelstand, 2024, S. 157 f. mwN; s. auch *Hommelhoff/Allgeier/Jelonek*, NZG 2023, 911 f.

2541 Vgl. zum Hintergrund des Paradigmenwechsels *Zetzsche/Sinnig*, WM 2024, 1341, 1343, Rn. 20.

2542 *Bueren* in: Leyens/Seibt, LkR, 2025, § 36 Rn. 65; *Hommelhoff*, NZG 2024, 705; *Hennrichs/Hommelhoff* in: Hennrichs/Hommelhoff/Merkt, Zur Revision der EU-Nachhaltigkeitsregulatorik, im Erscheinen, II. 4. und 6.

2543 *Hommelhoff*, NZG 2024, 705.

2544 Zum Inhalt der Berichtspflicht nach Art. 16 CSDDD s. oben E. 8. b).

Dies gilt insoweit nicht, als manche Berichtsgegenstände über die CSDDD hinausreichen. Zu nennen sind bspw. die Angaben zur Korruptionsbekämpfung nach ESRS G1; des Weiteren wird die Berichtspflicht nach ESRS S4 zu Auswirkungen auf die Verbraucher und die Endnutzer im Regelfall weiter reichen als die CSDDD-Sorgfaltspflichten. Diese Berichtspflicht hängt mit dem Begriff der Wertschöpfungskette nach den ESRS zusammen, der wesentlich weiter als der Begriff der Aktivitätskette i. S. d. CSDDD ausgestaltet wurde; denn die Wertschöpfungskette nach ESRS 1.62 ff. umfasst alle vor- und nachgelagerten Geschäftsbeziehungen und wird in Hinsicht auf die nachgelagerte Wertschöpfungskette nicht beschränkt. Als ein weiteres Beispiel kann die Berichterstattung zu Mikroplastik nach ESRS E2.26 ff. genannt werden. In Bezug auf die auf diese Unterschiede zurückgehenden Berichtsinhalte erzeugt die CSRD eine umfassende Steuerungswirkung auch nach der Verabschiedung der CSDDD.

Nicht übersehen werden dürfen ferner jene Unternehmen, die der CSRD aber nicht der CSDDD unterliegen: die Kapitalgesellschaften mit unter 1.000 Arbeitnehmern bzw. unter der Umsatzschwelle von 450 Mio. Euro, die gleichzeitig große Unternehmen i. S. d. Bilanzrichtlinie und damit künftig nachhaltigkeitsberichtspflichtig sind. Es ist auch vorstellbar, dass ein Drittstaatenunternehmen nach Art. 40a BilanzRL der CSRD unterliegt und die Umsatzschwelle von 450 Mio. Euro in der EU nicht überschreitet.

Eigentlich sollten die Berichtspflichten gegenüber den CSDDD-pflichtigen Unternehmen in jenen Bereichen gelockert werden, in denen CSDDD und CSRD inhaltlich im Wesentlichen übereinstimmen.[2545] Wegen der Unternehmen außerhalb des Anwendungsbereichs der CSDDD hätte dies aber zur Folge, dass kleinere Unternehmen schärferen Berichtspflichten als die Großunternehmen mit mehr als 1.000 Mitarbeitern ausgesetzt wären. Dies ließe sich rechtspolitisch kaum rechtfertigen. Es wäre möglich, einheitlich die Granularität der gesamten Nachhaltigkeitsberichterstattungspflichten zu senken; dies bleibt aber eine rechtspolitische Entscheidung.

Der nach der Verabschiedung der CSDDD gegen die CSRD gerichtete Vorwurf, die regulatorische Dichte der CSRD sei nicht mehr funktionsäquivalent, erscheint gerechtfertigt. Zudem ist die fehlende systematische Konsistenz des aus der CSRD und CSDDD bestehenden Regelungskomplexes zu bemängeln.[2546]

I. Auswirkung der CSDDD auf die unternehmensinterne Organisation

Zum Teil lassen sich die Erkenntnisse zum LkSG auf das Problem übertragen, wie sich die CSDDD auf die Unternehmensorganisation auswirkt. Allerdings

2545 Dies postuliert *Hommelhoff*, NZG 2024, 705; *Lieder/Döhrn* in: Hennrichs/Hommelhoff/Merkt, Zur Revision der EU-Nachhaltigkeitsregulatorik, S. 267, 286 f.

2546 *Lieder/Döhrn* in: Hennrichs/Hommelhoff/Merkt, Zur Revision der EU-Nachhaltigkeitsregulatorik, S. 267, 286 f.

rufen die Erweiterung der Stakeholder-Beteiligung (insb. in Art. 13 CSDDD), die Klimaschutzpflicht aus Art. 22 CSDDD sowie die zivilrechtliche Haftung das Bedürfnis hervor, diese Auswirkungen eigenständig mit Blick auf die CSDDD zu untersuchen.

1. Dogmatische Grundfragen der in der CSDDD angelegten Organisationspflichten

Durch die Ähnlichkeit zum LkSG kann bei manchen dogmatischen Fragen auf die zum LkSG erarbeiteten Ausführungen zurückgegriffen werden.[2547] Dies betrifft die Frage, ob es sich um ein Schutzsystem handelt, das Problem der Bemühens- und Erfolgspflichten, welche Pflichten explizit oder implizit die Organisation betreffen und inwieweit die CSDDD eine organisationsneutrale Regelung darstellt. Nachfolgend werden diese Fragestellungen nur grob skizziert.

a) Artt. 7 ff. CSDDD als ein RMS-ähnliches Schutzsystem

Wie bei den Sorgfaltspflichten nach dem LkSG handelt es sich bei den Sorgfaltspflichten nach Artt. 7 ff. CSDDD um ein umfassendes Schutzsystem zugunsten bestimmter Menschenrechte und Umweltgüter.[2548] Wegen seines dynamischen Charakters (Art. 15 CSDDD) handelt es sich wie beim LkSG[2549] bei diesem System um eine besondere Ausprägung der Business Process Rule gerichtet auf diese Rechtsgüter, das an den Deming-Zyklus erinnert (**PDCA**: ***Plan-Do-Check-Act***).[2550]

Es fällt auf, dass die Pflichten aus Artt. 7 ff. CSDDD eine gewisse Ähnlichkeit zum RMS aufweisen,[2551] wie dies beim LkSG auch der Fall ist.[2552] Dies ergibt sich bereits implizit aus der Integrationspflicht nach Art. 7 Abs. 1 CSDDD. Die sonstigen Elemente eines klassischen RMS sind auch vorhanden:[2553] die Risikoidentifikation und Analyse (Art. 8), die Risikosteuerung (Art. 10) und Überwachung des Systems (Art. 15). Phänomenologisch gesehen handelt es sich beim CSDDD-Schutzsystem um ein Mehr im Vergleich zum tradierten RMS, denn es bezieht sich nicht nur auf Risiken (*potenzielle negative Auswirkungen*), sondern auch auf die eingetretenen Schäden (*tatsächliche negative Auswirkungen*). Dazu

2547 S. dazu oben I. E., G. und J.

2548 S. das Schutzsystem bestehend aus sieben Elementen bei *Hommelhoff*, FS Henssler, 2023, S. 971, 974 ff.; vgl. *Hübner* in: Hennrichs/Hommelhoff/Merkt, Zur Revision der EU-Nachhaltigkeitsregulatorik, S. 43, 62.

2549 Vgl. oben I. E. und I. K. 1. c).

2550 Vgl. *Vahs*, Organisation, S. 301 f.; vgl. auch *Dudin et al.*, European Research Studies Journal, Vol. XX Issue 2B (2017), S. 283, 290.

2551 So schon in Bezug auf den Kommissionsvorschlag *Spindler*, ZIP 2022, 765, 770.

2552 S. dazu oben I. E.

2553 Vgl. zu diesen bereits im Kontext des § 91 Abs. 3 AktG oben Teil 5, IV. D. 2. a). (1). (b).

gibt es einen weiteren wesentlichen Unterschied: Die Auswirkungen sind aus der Perspektive der Träger der Menschenrechte zu betrachten und das klassische RMS nimmt die Perspektive des Unternehmens ein.[2554]

b) Die CSDDD-Sorgfaltspflichten als Erfolgs- oder Bemühenspflichten?

Zu den Überlegungen bzgl. der Frage, ob es sich um Handlungs- oder Bemühenspflichten handelt, gilt das oben bereits zum LkSG Gesagte:[2555] Dies hängt vom Blickwinkel ab. Aus der Perspektive der Schutzgüter kann es trotz der Einhaltung der Sorgfaltspflichten zu negativen Auswirkungen kommen. Vom Unternehmen aus betrachtet müssen zahlreiche Erfolge organisationaler Art erzielt werden, wie die Einrichtung eines CSDDD-Schutzsystems oder des Konsultations-, Beschwerde- sowie des Meldeverfahrens.[2556] Außerdem müssen geeignete Maßnahmen nach Artt. 10 und 11 CSDDD tatsächlich durchgeführt werden, was auch als ein Erfolg zu betrachten ist.

c) Explizite und implizite Organisationspflichten in Artt. 7 ff. CSDDD

Die Lage in Bezug auf die expliziten und impliziten Organisationspflichten[2557] gestaltet sich ebenfalls vergleichbar zu der nach dem LkSG: Die CSDDD normiert einen allgemeinen strukturellen Rahmen für das menschenrechts- und umweltbezogene Schutzsystem. Explizite Organisationspflichten ergeben sich insb. aus Art. 7 Abs. 1 und 2, der die Integration der Sorgfaltspflichten in das allgemeine RMS sowie die Ausarbeitung des Verhaltenskodexes und der Verfahrensrichtlinien verlangt. Aus der RMS-bezogenen Pflicht ergibt sich die Notwendigkeit der strukturellen Verankerung der Ermittlung und Bewertung von negativen Auswirkungen gem. Art. 8 CSDDD im allgemeinen RMS, soweit die menschenrechts- und umweltbezogene Relevanz reicht. Eine organisationale Komponente weisen die Aktionspläne nach Art. 10 Abs. 2 lit. a, Abs. 6 lit. a sowie nach Art. 11 Abs. 3 lit. b, Abs. 7 lit. a CSDDD auf; allerdings werden diese Pläne nicht immer zu erstellen sein[2558]. Eine besondere Organisation ist für das Melde- und Beschwerdeverfahren nach Art. 14 CSDDD notwendig.

Implizit kann sich die Notwendigkeit einer organisationalen Anpassung aus der Pflicht zur Durchführung eines Konsultationsverfahrens nach Art. 13 CSDDD ergeben; die Erfüllung dieser Pflicht wird bei sehr komplexen Lieferketten mit unzähligen Stakeholdern ohne eine professionelle Organisation auf jeden Fall

2554 S. dazu bereits im Kontext des LkSG oben I. J. 1. b).
2555 S. oben I. J. 1. c).
2556 Vgl. *J. Schmidt*, NZG 2024, 859, 862.
2557 Zur Abgrenzung vgl. oben I. F. 1.
2558 Bei dem allgemeinen Aktionsplan handelt es sich um ein Regelbeispiel; der »verstärkte« Aktionsplan im Kontext des Abbruchs von Geschäftsbeziehungen wird durch enge Voraussetzungen bedingt.

nicht möglich sein. Wegen der hohen Anforderungen an dieses Verfahren, die sowohl die Pflicht zur Information der Stakeholder[2559] als auch zur Ermittlung der Hindernisse bei der Teilnahme umfassen (entsprechend Abs. 2 und Abs. 5 des Art. 13 CSDDD), wird sogar in den meisten Fällen ein wesentlicher organisationaler Niederschlag unverzichtbar. Zwar steht diese Pflicht unter dem Geeignetheitsvorbehalt (Art. 13 Abs. 1 CSDDD), womit die Intensität der Auswirkung auf die Organisation gemildert werden sollte, aber die Einbeziehung der Stakeholder in die Erfüllung von zahlreichen Pflichten aus der CSDDD gem. Art. 13 Abs. 3 wird sich auf die Organisation der auf die Erfüllung gerichteten Abläufe nicht unerheblich auswirken.[2560]

Artt. 10 und 11 CSDDD können implizite Organisationspflichten zur Folge haben; dies ist dann der Fall – wie im Kontext des LkSG bereits ausgearbeitet[2561] – wenn die Prävention oder die Behebung von negativen Auswirkungen die Anpassung der allgemeinen Organisation erforderlich macht. Der Unionsgesetzgeber weist auf diesen regulatorischen Mechanismus sogar ausdrücklich hin, s. Art. 10 Abs. 2 lit. c und d sowie Art. 11 Abs. 3 lit. d und e CSDDD.

d) Organisationsneutralität der CSDDD-Pflichten

Im Vergleich zum LkSG wird der Grad der Organisationsneutralität in der CSDDD gesenkt, und zwar durch die Erhöhung der Dichte der Pflichten sowie von qualitativen Anforderungen an deren Erfüllung. Dennoch erscheint diese Absenkung in Bezug auf die Artt. 7 ff. CSDDD nicht erheblich. Dies gilt zwar nicht für die Pflicht nach Art. 7 CSDDD, denn das Unternehmen entscheidet selbst über die Relevanz der RMS-Bereiche für die Schutzgüter und damit auch über den Grad der Integration; es ist auch ziemlich frei in der Ausgestaltung der Schutzgüter-Strategie, außer dass sie diese drei Elemente beinhalten muss: die Beschreibung des langfristigen Ansatzes (Strategie i. e. S.), den Verhaltenskodex sowie die Verfahrensrichtlinien. Bei der Ausfüllung dieser Elemente steht dem Unternehmen eine weite Umsetzungsfreiheit zu. Kritisch zu betrachten ist die Frage der Integration überhaupt; zwar muss ein effizientes Schutzsystem zwingend in die Gesamtorganisation integriert werden, aber dies gilt nicht für das allgemeine RMS und das CSDDD-Schutzsystem: Es kann sein, dass das Unternehmen zwei getrennte Systeme betreibt, die kaum integriert sind und dies im Einzelfall die optimale Lösung darstellt.

Verschärft wurden die Anforderungen an die Ermittlung und Bewertung von negativen Auswirkungen (Art. 8 CSDDD sowie § 5 LkSG), denn es wird ein

2559 Zu dieser vertieft *Mittwoch* in: Leyens/Seibt, LkR, 2025, § 35 Rn. 21 ff.

2560 Vertieft zum Problem der Stakeholderrolle bezogen auf die Organisation s. unten unter 2.

2561 S. oben I. G. 1. g).

zweistufiges Verfahren verlangt, das nicht immer eine sinnvolle Ausgestaltung darstellen wird.[2562]

Erhöht wird die Organisationsneutralität der Sorgfaltspflichten nach der CSDDD durch die explizite Hervorhebung der Priorisierungsbefugnis in Art. 9 CSDDD. Auch Artt. 10 und 11 CSDDD können sich im Einzelfall auf die allgemeine Organisation auswirken, aber die Art und Weise dieser Auswirkung wurde organisationsneutral dem Unternehmen überlassen.

Der Grad der Organisationsneutralität wird durch die Anforderungen an die Beteiligung der Stakeholder gemindert. Das Konsultationsverfahren nach Art. 13 CSDDD wird sich auf die Ablauforganisation und in vielen Fällen auch auf die Aufbauorganisation auswirken; die Art und Weise dieser Auswirkung bestimmt jedoch organisationsneutral das Unternehmen selbst. Dennoch wird dieses Verfahren als ein zusätzlicher Zwischenschritt bei der Erfüllung des Gesetzes auf jeden Fall den unternehmerischen Aufwand erhöhen. Die Notwendigkeit eines selbstständigen Konsultationsverfahrens lässt sich infrage stellen; es würde auch zum Dialog führen, wenn die Partizipation der Betroffenen bei der Ermittlungs- und Bewertungspflicht nach Art. 8 CSDDD berücksichtigt worden wäre.

Das Beschwerde- und das Meldeverfahren nach Art. 14 CSDDD lassen sich besonders negativ aus der Perspektive der Organisationsneutralität hervorheben. Als Erstes fällt die Verfahrensdopplung auf, die einen zusätzlichen Aufwand verursachen kann.[2563] Hinzu kommt noch das Hinweisgeberverfahren gem. Art. 32 CSDDD i. V. m. der HGRL. D. h., das Unternehmen muss drei parallele Abläufe mit einer ähnlichen Zielrichtung aufrechterhalten, weil der Unionsgesetzgeber mehrere funktional eigenständige Verfahren geschaffen hat, die insgesamt ein breites informationelles Fundament schaffen sollen.

Allerdings führen die drei Verfahrensarten ggf. zu zusätzlichen Lasten; denn es ist eine Prüfung beim Eingang jedes Hinweises notwendig, ob jemand die Beschwerdeberechtigung und damit besondere Rechte innehat oder ob es sich um eine bloße Meldung nach Art. 14 Abs. 5 CSDDD oder aber um eine Meldung i. S. d. § 3 Abs. 4 HinSchG handelt. Ein einheitliches Verfahren auf dem Niveau des Beschwerdeverfahrens wäre als eine Alternative hierzu aufgrund hoher qualitativer Anforderungen sehr aufwendig. Vor dem Hintergrund eines eher kleinen zusätzlichen Nutzens ist diese Verfahrensmehrung kritisch zu sehen.

Dem Unionsgesetzgeber wäre es nicht verwehrt, alle drei Verfahrensarten unter dem Dach des Hinweisgeberschutzes zu vereinen. Es steht im Widerspruch zur Organisationsneutralität, dass die Unternehmen alle drei Abläufe nicht selbst nach eigenem Ermessen zu einem Verfahren zusammenfassen dürfen sollen.[2564]

2562 Z. B. ist eine Situation vorstellbar, in der mangels Ressourcen sich das CSDDD-Schutzsystems auf die reaktive Bearbeitung der Beschwerden beschränken muss; dann ist die Zweistufigkeit hinfällig.

2563 Ähnlich bereits *J. Schmidt*, NZG 2024, 859, 866.

2564 S. den Erwägungsgrund 60 CSDDD.

Nicht ohne Folgen für die Aufbauorganisation werden die qualitativen Anforderungen an das Beschwerdeverfahren gem. Art. 14 Abs. 3 Unterabs. 1 CSDDD bleiben: Die Sicherstellung dieser Anforderungen setzt den Erlass einer strengen Verfahrensordnung voraus, dazu kommt die Notwendigkeit der organisationalen Absicherung der »Beschwerdebearbeiter«, damit sie diese Anforderungen auch einhalten können. Dies betrifft insb. ein gerechtes Verfahren, das eine starke fachliche und persönliche Unabhängigkeit der Sachbearbeiter erfordert. Die vom Unionsgesetzgeber in Gang gesetzte Entwicklung kann zur Herausarbeitung eines unternehmensinternen »Richteramtes« führen.

Aus der Perspektive der Organisationsneutralität ist also Art. 14 CSDDD die Achilles-Ferse des unionsgesetzgeberischen Konzepts der Sorgfaltspflichten.

Organisationsneutral wurde die Überwachungspflicht nach Art. 15 CSDDD ausgestaltet: Dem Unternehmen bleibt es überlassen, ob die Überwachung des CSDDD-Schutzsystems im Rahmen von interner Revision (teil-)institutionalisiert wird oder ob darauf verzichtet werden soll. Mittelbar zu einer Organisationspflicht kann die Berichtspflicht aus Art. 16 CSDDD führen, indem sie die Notwendigkeit der Einrichtung einer entsprechenden Abteilung hervorruft, aber bei den Fragen des »Ob« und des »Wie« genießen die Unternehmen die volle Umsetzungsfreiheit.[2565]

Das Schutzsystem der CSDDD ist insoweit nicht organisationsneutral ausgestaltet, als die Zusammensetzung der Systemelemente einer umfassenden Regelung unterworfen wurde und nicht vom Unternehmen allein zu entscheiden ist, wie dies z. B. bei § 91 Abs. 2 AktG der Fall ist. Die meisten Systemelemente selbst sind aber dennoch in einer organisationsneutralen Weise ausgestaltet worden. Die Organisationsneutralität des Art. 22 CSDDD wird an einer späteren Stelle untersucht.[2566]

2. Eine verstärkte Rolle der Stakeholder?

a) Die grundsätzliche Rolle der Stakeholder bei der CSDDD

In der CSDDD fällt die wesentliche Erweiterung der Position der Interessenträger bzw. Stakeholder[2567] im Vergleich zum LkSG auf: Das Unternehmen muss sich nicht nur passiv auf die Information reagieren (Art. 14), sondern muss sie aktiv in die Prozesse einbinden (Art. 13).[2568]

Dies heißt aber nicht, dass den Stakeholdern ein Mitspracherecht in Bezug auf die organisationale Gestaltung des Unternehmens sowie allgemein auf dessen

2565 Dies betrifft allerdings nur die nicht gemäß Art. 16 Abs. 2 CSDDD befreiten Unternehmen.

2566 S. unten 3.

2567 Zur Reichweite dieses Begriffs s. oben E. 5.

2568 Skeptisch gegenüber Art. 13 CSDDD in seiner informationellen Rolle zeigt sich *J. Schmidt*, NZG 2024, 859, 866.

Tätigkeit eingeräumt werden soll. Der Hintergrund der positiven Konkretisierungsbefugnis der Unternehmen ist deren überlegenes Wissen in Bezug auf die eigene Organisation.[2569] Dies gilt nicht im Kontext der Sorgfaltspflichten, weil sowohl die unternehmensinternen Ursachen als auch ihre Auswirkungen auf die Menschenrechtsträger/die Umwelt in den Blick zu nehmen sind; die letzteren werden dem Unternehmen regelmäßig nicht bekannt sein. Es wäre dennoch höchst impraktikabel, wenn die Betroffenen bzw. die Stakeholder gemeinsam mit dem Unternehmen die Pflichten konkretisieren würden[2570]. Daher legt der Unionsgesetzgeber besonderen Wert auf den Ausgleich der Sachferne bezogen auf die Auswirkungen auf die Schutzgüter, indem er die Unternehmen auf einen aktiven und einen passiven Dialog mit den Trägern dieser Güter verpflichtet, der eine dienende informationelle Funktion gegenüber den sonstigen Sorgfaltspflichten erfüllt.[2571]

b) Die Stakeholder im Kontext des Art. 7 CSDDD

Dies wird sichtbar an der normativen Reichweite der Einbeziehung abhängig von der konkreten Pflicht. Art. 7 CSDDD betrifft nur die unternehmensinterne Einbettung der CSDDD, sodass dort lediglich die Beschäftigten und deren Vertreter zu konsultieren sind, die die im Rahmen von dieser Bestimmung ausgearbeiteten Verfahrensrichtlinien und den Verhaltenskodex selbst umsetzen werden. Von der Konsultationspflicht ausgenommen wurde die Verankerung des CSDDD-Schutzsystems im allgemeinen RMS, die sich eher mittelbar auf die Beschäftigten auswirkt. Es verwundert, dass die Beschäftigten bei der Erstellung einer CSDDD-Strategie zu konsultieren sind (Art. 7 Abs. 2 lit. a CSDDD); es wäre nachvollziehbar, diese Pflicht teleologisch zu reduzieren, indem die Beschäftigten nur bzgl. der langfristigen Menschenrechtsstrategie in Bezug auf sie selbst zu konsultieren wären.

2569 Vgl. dazu oben Teil 3, II. A. 1.

2570 Ausführlich dazu bereits im Kontext des LkSG oben I. F. 6.; dies hätte teilweise den Charakter von Fremdbestimmung. So legen diese Bestimmung wohl *Hennrichs/Hommelhoff* in: Hennrichs/Hommelhoff/Merkt, Zur Revision der EU-Nachhaltigkeitsregulatorik, S. 341, 362 ff.

2571 Ähnlich bereits *S. Schäfer/Schütze*, BB 2024, 1091, 1097; vgl. zur parallelen Funktion der Stakeholderbeteiligung im Kontext des LkSG Fleischer/Mankowski/*Fleischer/Götz*, LkSG § 4 Rn. 84, die von einer »dienenden Funktion« sprechen.

c) Die Einbeziehung der Arbeitnehmerseite nach Art. 7 CSDDD und der mitbestimmte Aufsichtsrat

Art. 7 Abs. 2 CSDDD könnte im Falle von nach dem Mitbestimmungsgesetz[2572] bzw. nach dem Drittelbeteiligungsgesetz[2573] mitbestimmten Gesellschaften zu einem Spannungsverhältnis mit dem Leitungsermessen des Vorstands führen; denn in solchen Gesellschaften handelt es sich bei den von den Arbeitnehmern gewählten Aufsichtsratsmitgliedern um Arbeitnehmervertreter im Sinne des Art. 7 Abs. 2 CSDDD, sodass die langfristige Strategie, der Verhaltenskodex sowie die Verfahrensrichtlinien zur Umsetzung der Sorgfaltspflicht mit ihnen zu konsultieren sind. Anzumerken ist, dass die Ausgestaltung des CSDDD-Schutzsystems kein Gegenstand der Konsultation ist, sodass sich das Spannungsverhältnis nicht auf diese zentrale Organisationspflicht der CSDDD bezieht.

Wird die Beteiligung der Stakeholder wie hier nur informativ ausgelegt, reduziert sich diese Gefahr wesentlich, weil dann es sich lediglich um eine Pflicht handelt, die Beratungsfunktion dieser Aufsichtsratsmitglieder in Anspruch zu nehmen. Die Beratungsfunktion steht allerdings nach der aktuellen Rechtslage dem gesamten Organ zu und deren Ausübung durch einzelne Aufsichtsratsmitglieder ist ohne eine Erlaubnis des Gesamtorgans unzulässig.[2574] Diese rein informationelle Zusammenarbeit ist geeignet, den faktischen Einfluss der Arbeitnehmervertreter auf den Vorstand insoweit zu erhöhen, dass die sonstigen Aufsichtsratsmitglieder zu Organwaltern zweiter Klasse mutieren.[2575]

Wird hingegen die Konsultation i. S. einer Mitentscheidungskompetenz der Stakeholder ausgelegt, dann würden die Arbeitnehmervertreter im Aufsichtsrat eine privilegierte Stellung genießen; denn die Konsultationspflicht erstreckt sich nicht auf die Vertreter der Aktionäre und die unabhängigen Aufsichtsratsmitglieder. Diese Kompetenz müssten die Arbeitnehmervertreter im Aufsichtsrat mit den sonstigen Arbeitnehmervertretern sowie einfachen Beschäftigten teilen; denn die Konsultationspflicht umfasst sie alle.

Der nationale Gesetzgeber könnte dem Spannungsverhältnis begegnen, indem er die Arbeitnehmervertreter im Aufsichtsrat wegen ihrer herausgehobener

2572 Gesetz über die Mitbestimmung der Arbeitnehmer (Mitbestimmungsgesetz – MitbestG) vom 4. Mai 1976, BGBl. I, S. 1153.

2573 Gesetz über die Drittelbeteiligung der Arbeitnehmer im Aufsichtsrat (Drittelbeteiligungsgesetz - DrittelbG), Art. 1 des Zweiten Gesetzes zur Vereinfachung der Wahl der Arbeitnehmervertreter in den Aufsichtsrat vom 18. Mai 2004, BGBl. I, S. 974.

2574 S. BeckOGK/*Veil*, 1.2.2025, AktG § 111 Rn. 14 mwN; s. hierzu § 114 AktG; vgl. aus der Rechtsprechung BGHZ 106, 54, 63, wonach die Überwachungsaufgabe dem Gesamtaufsichtsrat zusteht; die Beratungsfunktion ist Teil der Überwachung.

2575 Zum Prinzip der Gleichheit der Aufsichtsratsmitglieder in ihren Rechten und Pflichten s. statt aller *Lutter/Krieger/Verse*, Rn. 821 mwN; s. auch MüKoAktG/*Habersack*, vor § 95 Rn. 16 mwN; Goette/Arnold AR-HdB/*M. Arnold*, § 1 Rn. 86 ff.; aus älterer Literatur vgl. *Großmann*, Unternehmensziele, 1980, S. 224 f.

Organstellung und der Friktion mit der Unternehmensverfassung von der Konsultationspflicht ausschließt; Art. 13 CSDDD soll den Kreis der Gesprächspartner erweitern und nicht die vorhandene Mitbestimmung modifizieren. Dies wird durch Art. 13 Abs. 7 CSDDD bestätigt, wonach die bereits bestehenden rechtlichen Lösungen zur Einbeziehung der Arbeitnehmervertreter unberührt bleiben.

d) Die informationelle Funktion der Stakeholder im Kontext der Konsultationspflicht nach Art. 13 CSDDD

Die informationelle Ausrichtung spiegelt sich in der Ausgestaltung von einzelnen Konsultationspflichten wider: Zentral ist die Rolle der Einbindung von Stakeholdern im Kontext der Ermittlung von negativen Auswirkungen; daher wurde diese Pflicht an der ersten Stelle platziert (s. Art. 13 Abs. 3 lit. a CSDDD). Die Interessenträger sind an der Entwicklung von Aktionsplänen zu beteiligen (Art. 13 Abs. 3 lit. b). Hierbei verwundert, dass sie bei sonstigen Maßnahmen nicht einzubeziehen sind; denn sie könnten ggf. auch dort das informationelle Fundament der Maßnahmen verbessern. Angesichts der komplexen Abwägungspflicht bezogen auf den Abbruch/die Aussetzung von Geschäftsbeziehungen[2576] ist die Konsultationspflicht in diesem Kontext selbstverständlich. Dasselbe gilt für die Wiederherstellungspflicht aus Art. 12. Es ist auch nachvollziehbar, dass der Unionsgesetzgeber nur »gegebenenfalls« die Konsultationspflicht im Kontext der Überwachungspflicht aus Art. 15 CSDDD für notwendig erachtet. Nicht erstreckt wurde die Einbeziehungspflicht auf die Klimaschutzpflicht aus Art. 22: Der Klimawandel wirkt sich zwar auf die Schutzgüter aus, aber bezogen auf die eher technische Problematik der Emissionsreduktion würden die Stakeholder nur begrenzt Hilfe leisten können.[2577]

Die informationelle Zielrichtung des Art. 13 wird in Abs. 4 bestätigt: Bei der Unmöglichkeit der Konsultation ist das Unternehmen zum Rückgriff auf Sachverständige verpflichtet; diese Sachverständigen müssen glaubwürdige Erkenntnisse über negative Auswirkungen zur Verfügung stellen können. Das heißt, in Art. 13 CSDDD geht es um die Sachnähe und daher sind die Stakeholder durch Menschen mit entsprechender Expertise ersetzbar, wenn die Konsultation mit zu großen Schwierigkeiten verbunden wäre.

Das zu den Arbeitnehmervertretern im Aufsichtsrat Gesagte gilt hier ebenfalls,[2578] wobei das Problem durch einen im Vergleich zum Art. 7 CSDDD weiten Stakeholder-Kreis verwässert wird.

2576 S. hierzu oben E. 3. b).

2577 Denkbar ist höchstens die informationelle Hilfe der Stakeholder beim Ausgleich von negativen Auswirkungen der Reduktion; führt die Reduktion zu solchen Auswirkungen, löst dies allerdings die Sorgfaltspflichten nach Artt. 7 ff. CSDDD aus, sodass die Konsultationspflicht sowieso ausgelöst wird.

2578 S. oben c).

e) Auswirkung der Stakeholder auf die Organisation

Im Einzelfall können sich die Stakeholder sowie die Träger der Menschenrechte mittelbar auf die Organisation auswirken, indem sie den informationellen Konkretisierungshorizont aktualisieren: Es kann sich aufgrund der Einbeziehung nach Art. 13 oder einer Beschwerde nach Art. 14 CSDDD herausstellen, dass nur eine organisationale Lösung negativen Auswirkungen in einem konkreten Fall wirksam vorbeugen kann. Der Unionsgesetzgeber wollte dennoch die Stakeholder nicht in die Rolle der unternehmensfremden Organisatoren oder gar der Unternehmer versetzen.[2579]

3. Klimaschutzpflicht aus Art. 22 CSDDD und die Organisation

Die Auswirkung der Klimaschutzpflicht auf die Organisation ist eine komplexe Fragestellung. Es ist zwischen drei Ebenen zu differenzieren: der Ablaufebene, der institutionellen (bzw. strukturellen) Ebene sowie der Ebene der Gesamtorganisation.

a) Klimaschutzpflicht und die Ablauforganisation

Die Pflicht aus Art. 22 betrifft unmittelbar die Ablaufebene: Es wird damit ein Plan als Koordinationsinstrument für die Reduktion der Treibhausgasemissionen samt den genauen Inhalten vorgeschrieben.[2580] Art. 22 CSDDD gibt den Unternehmen verbindlich das Ziel vor, ihre Emissionen bis 2050 auf null zu reduzieren. Parallel hierzu beinhaltet er eine besondere Selbstregulierungspflicht, indem die Unternehmen sich selbst die Zwischenziele vorgeben müssen (Art. 22 Abs. 1 Unterabs. 2 lit. a).[2581] Die Erstellung des Plans, dessen Umsetzung, die Überwachung und die Aktualisierung sind in den unternehmensinternen Abläufen vorzusehen; dies ergibt sich implizit aus Art. 22 Abs. 1 Unterabs. 1, Abs. 3 CSDDD. Art. 22 CSDDD stellt damit ein weiteres Beispiel der Business Process Rule dar, wobei hier der Klimaschutz einen Prozess darstellt. Die Art und Weise der Erstellung, Umsetzung, Überwachung und Aktualisierung wird nicht vorgegeben, sodass ein weites Ermessen der Unternehmen besteht.[2582]

2579 S. aber die scharfe Kritik an Art. 13 bei *Hennrichs/Hommelhoff* in: Hennrichs/Hommelhoff/Merkt, Zur Revision der EU-Nachhaltigkeitsregulatorik, S. 341, 362 ff.

2580 S. mehr dazu oben F. 3.

2581 Es könnte von einer doppelten Finalität gesprochen werden, weil hier eine Zielvorgabe zur Zielsetzung verpflichtet.

2582 Zur Reichweite der positiven Konkretisierungsbefugnis der Unternehmen in Bezug auf Art. 22 CSDDD bereits umfassend oben F. 4.

b) Klimaschutzpflicht und die Aufbauorganisation – Klimaschutzsystem?

Ähnlich wie bei anderen Pflichten könnte aus der Klimaschutzpflicht mittelbar eine Pflicht zur Einrichtung eines Klimaschutzsystems bzw. eines Emissionsreduktionssystems hergeleitet werden. Dieses wäre für die Einhaltung des Art. 22 CSDDD verantwortlich. Der Unionsgesetzgeber hat ein solches System als erforderliche Struktur nicht ausdrücklich vorgeschrieben, wie dies z. B. in Art. 7 CSDDD der Fall ist, sondern hat sich mit dem Emissionsreduktionsplan begnügt. Ein System kann daher nur dann verlangt werden, wenn sich ansonsten die Erstellung und vor allem die Umsetzung des Plans sowie die Fortschrittsüberwachung ohne eine institutionalisierte Einheit auf keinen Fall verwirklichen lässt. Eine institutionelle implizite Organisationspflicht lässt sich aus Art. 22 CSDDD damit nur in extrem engen Grenzen herleiten.

c) Die Ausstrahlung der Klimaschutzpflicht auf die unternehmerische Tätigkeit und die Folgen für die gesamte Unternehmensorganisation

Nicht übersehen werden darf die Ausstrahlung des Art. 22 CSDDD auf das gesamte unternehmerische Geschehen.[2583] Es ist kaum vorstellbar, dass sich die Treibhausgasemissionen ohne intensive aber graduelle Abänderungen aller Abläufe reduzieren lassen werden; ein grüner Stromvertrag reicht allein nicht aus, denn er umfasst nur die Scope-2-Emissionen. Bspw. werden Produktionsprozesse anzupassen sein, indem neue Technologien eingeführt, neue Lieferanten ausgesucht und die Produkte selbst verändert werden. Dies wird sich jedenfalls auf die Ablauforganisation erheblich auswirken. Eine gewisse Ausstrahlung auf die Unternehmensstruktur ist auch anzunehmen; denn die Ziele des Art. 22 CSDDD lassen sich nur verwirklichen, wenn die Reduktionsziele im fortlaufenden Prozess des Organisierens berücksichtigt werden.

Das lässt sich an einem folgenden Beispiel veranschaulichen: Tauscht ein großes Taxi-Unternehmen alle seine Fahrzeuge gegen E-Autos aus, dann wird sich das sowohl auf die Abläufe als auch auf die Aufbaustruktur auswirken: Statt des Tankens wird der Ladevorgang notwendig, der mehr Zeit in Anspruch nimmt; ggf. müssen Reservefahrzeuge in Bereitschaft gehalten werden. Die Stellen, die mit der Organisation und Abwicklung des Tankvorgangs betraut waren, fallen weg. Gleichzeitig sind neue Stellen bezogen auf die Ladevorgänge erforderlich.

Aufgrund der Ausstrahlung auf die Organisation ist aus Art. 22 CSDDD implizit ein gesetzliches Organisationsziel herzuleiten[2584], das als »Fähigkeit zur Emissionsreduktion« bezeichnet werden kann.

2583 Vgl. *Rothenburg/Rogg*, NZG 2024, 1439, 1442, Rn. 27. Nicht nur der Emissionsreduktionsplan, sondern auch der Klimawandel kann erheblich das gesamte unternehmerische Geschehen beeinflussen, s. dazu *Heiland*, FS Cahn, 2024, S. 179, 183.

2584 S. zum Verhältnis zwischen den Organisationszielen als Unterzielen und dem Unternehmensziel unten Teil 7, I. B. und C.

4. Der Einfluss der Durchsetzung auf die Organisation

Nach dem unionsgesetzgeberischen Regelungskonzept entscheidet das Unternehmen über die Art und Weise der Einbettung der Sorgfaltspflichten in die Organisation, besonders in das RMS. Es entscheidet auch über eine potenzielle organisationale Reaktion auf negative Auswirkungen im Rahmen von Artt. 10 und 11 CSDDD. Dieses Konzept kann sowohl durch die öffentlich-rechtlichen Durchsetzungsmechanismen als auch durch die privatrechtlichen aufgeweicht werden:

a) Die Schwächung des Organisationsermessens durch die öffentlich-rechtliche Aufsicht im Kontext der CSDDD

Die öffentlich-rechtliche Durchsetzung führt zur Gefahr, dass sowohl die Ausgestaltung des CSDDD-Schutzsystems als auch ggf. die organisationalen Maßnahmen im Rahmen von Artt. 10 und 11 CSDDD Gegenstand einer intensiven Diskussion mit den Aufsichtsbehörden sein werden; insb. *naming and shaming* nach Art. 27 Abs. 3 lit. b CSDDD birgt eine hohe Missbrauchsgefahr seitens der Behörden. Diesbezüglich wäre es wünschenswert, im nationalen Recht diese Rechtsfigur erst dann zu erlauben, wenn das gerichtliche Verfahren gegen eine Maßnahme auf der Grundlage der CSDDD abgeschlossen ist oder wenn dieses wegen des Fristablaufs nicht mehr zulässig wäre. Sollte *naming and shaming* ohne gerichtliche Kontrolle erlaubt sein, würde es sich aufgrund der potenziellen unumkehrbaren Rufschädigung durch diese Maßnahme beim informellen Dialog zwischen der Behörde und dem Unternehmen im Vorfeld behördlicher Maßnahmen um ein Gespräch zwischen einem Schaf und einem Wolf handeln.[2585]

Die Unternehmen können sich durch Leitlinien zu bestimmten organisationalen Lösungen gezwungen sehen. Dies hängt allerdings von der Ausgestaltung der Leitlinien ab.[2586]

b) Die Organisation als Ursache für negative Auswirkungen im Kontext der zivilrechtlichen Haftung nach der CSDDD

Deutlich geringer im Vergleich zur öffentlich-rechtlichen Durchsetzung kann sich die zivilrechtliche Haftung aus Art. 29 auf die Organisation auswirken. Das Potenzial hierzu besteht dennoch: Obwohl die zentrale organisationale Bestimmung (Art. 7 CSDDD) kein Anknüpfungspunkt für die Haftung ist, können hypothetisch die Präventions- sowie Behebungsmaßnahmen nach Artt. 10, 11 CSDDD gerichtlich mit dem Vorwurf angegriffen werden, es sei eine Anpassung der Organisation zwingend erforderlich gewesen und gerade wegen der Organisationsmängel sei die negative Auswirkung samt Schaden eingetreten. Insoweit

2585 S. vertieft zur Problematik des Dialogs mit den Aufsichtsbehörden oben Teil 4, I. D. 1. f).

2586 Vgl. oben zu Leitlinien G. 1. d). (1).

kann dann die Organisation des Unternehmens zum Verfahrensgegenstand werden.

Diese Möglichkeit scheint auf den ersten Blick ein Bruch mit der aktuellen Rechtslage zu sein: Die Organisationspflichten aus § 91 Abs. 2 und Abs. 3 AktG können zwar privatrechtlich durchgesetzt werden, aber nur im Innenverhältnis zwischen der Gesellschaft und dem Vorstand; das LkSG kann in seiner organisationalen Dimension nur vom *BAFA* durchgesetzt werden, das den Staat als den demokratisch legitimierten Träger des allgemeinen Interesses repräsentiert. Im Fall des Art. 29 CSDDD werden aber in manchen Fällen die unternehmensfremden Privaten die organisationalen Mängel mit dem Gericht und dem angegriffenen Unternehmen eruieren dürfen. Dieses Konstrukt lässt sich allerdings bereits im Deliktsrecht im Rahmen der Verkehrssicherungspflicht finden, wo die mangelhafte Organisation durch Dritte geltend gemacht werden kann.[2587] Es liegt damit nicht fern, die CSDDD-Sorgfaltspflichten als eine besondere Ausprägung der deliktsrechtlichen Verkehrssicherungspflichten anzusehen.[2588]

Praktisch denkbar erscheinen solche Verfahren im Kontext der Beschäftigtenrechte; bspw. können in Fällen von Missbrauch an einem Arbeitnehmer die fehlenden organisationalen Vorkehrungen als Ursache geltend gemacht werden. Ferner verfügen die Beschäftigten über einen gewissen Einblick in die Organisation, was ihnen eine substantiierte Kritik an deren konkreter Ausgestaltung ermöglicht. Art. 29 CSDDD deckt sich in diesem Fall mit der allgemeinen Schutzpflicht des Arbeitgebers zugunsten der Arbeitnehmer aus § 241 Abs. 2 BGB, sollte es sich um die eigenen Beschäftigten des Unternehmens handeln.

5. Systematischer Zusammenhang zwischen der CSDDD und der CSRD im Kontext der Organisationspflichten

Im Kontext der CSRD stellte sich heraus: Sie führt mithilfe der ESRS durch die Hintertür der Berichtspflicht eine Pflicht zur Einrichtung eines Nachhaltigkeitsdatenerhebungssystems ein.[2589]

Diese implizite Pflicht wird durch die in der CSDDD verankerte Pflicht zur Einrichtung eines menschenrechts- sowie umweltbezogenen Schutzsystems aus

2587 S. bspw. *OLG Karlsruhe*, NJW-RR 2006, 1167, 1169, wo die Verkehrspflichtverletzung in einem Organisationsmangel liegt; vgl. dazu statt aller MüKoBGB/*Leuschner*, BGB § 31 Rn. 33 f. mwN.

2588 In der Richtung bereits *Hübner/Habrich/Weller*, NZG 2022, 644, 648; *Hübner*, KlimaRZ 2023, 238, 239; vertieft aus der österreichischen Perspektive *Baumgartner*, GesRZ 2025, 361, 364 ff., der die CSDDD-Haftung als Schutzgesetzhaftung qualifiziert. Vgl. *Tschäpe/Trefzger*, ZfBR 2023, 423, 424, sowie *Kieninger*, ZIP 2024, 1037, 1041 f., die dies im Kontext des LkSG vertreten; aA bzgl. LkSG wegen des Ausschlusses der Haftung in § 3 Abs. 3 LkSG *Fleischer*, DB 2022, 920, 921 f. sowie 925 mwN.

2589 S. zur Herleitung dieser Pflicht umfassend oben Teil 5, V. C. 2. c). (5).

Art. 7 Abs. 1 CSDDD samt der risikobezogenen Ermittlungs- und Bewertungspflicht aus Art. 8 CSDDD konsumiert.

Die implizite Pflicht zur Einrichtung des Nachhaltigkeitsdatenerhebungssystems besteht weiterhin gegenüber jenen Unternehmen, die in den Anwendungsbereich der CSRD und damit der ESRS, aber nicht der CSDDD fallen.

6. Zwischenergebnis

Die CSDDD wirkt sich umfassend auf die Unternehmensorganisation aus und umfasst zahlreiche explizite und implizite Organisationspflichten, die zwar im Einzelnen vorwiegend organisationsneutral ausgestaltet sind, aber in der Summe nicht dem Gebot der Organisationsneutralität entsprechen. Besonders hervorzuheben ist in diesem Kontext die Ausstrahlung der Klimaschutzpflicht aus Art. 22 CSDDD auf mehrere Ebenen des Unternehmens, insb. auf die gesamte Ablauf- und Aufbauorganisation. Ferner könnten Stakeholder als neue Akteure der unternehmensinternen Organisation wahrgenommen werden, sind aber letztendlich aufgrund ihrer rein informationellen Funktion nicht als solche zu qualifizieren.

J. Auswirkung auf die Organpflichten in der AG

Im Gegensatz zum LkSG und der endgültigen Fassung der CSDDD sah der Kommissionsvorschlag in Artt. 25 und 26 nachhaltigkeitsbezogene, genuin gesellschaftsrechtliche Regelungen in Gestalt von Organpflichten vor, die das Unternehmensziel sowie die Innenhaftung für die Verletzung der Sorgfaltspflichten betrafen; diese Bestimmungen hatten einen sehr intensiven wissenschaftlichen Diskurs zur Folge.[2590] Angesichts ihres ersatzlosen Wegfalls wird hier auf deren Analyse verzichtet. Dieser Wegfall darf nicht dazu führen, dass die Auswirkungen des allgemeinen Regelungskorsetts der CSDDD auf die Organpflichten in der AG übersehen werden. Diese sind nachfolgend kurz zu analysieren:

1. Vorstandspflichten im Kontext der CSDDD

Mangels ausdrücklicher Regelungen bezogen auf die Pflichten des Vorstands bleibt die aktienrechtliche Legalitätspflicht der Transmissionsriemen, der die

2590 S. *Harbarth*, AG 2022, 633 ff. sowie die Replik hierauf von *Weller/Fischer*, ZIP 2022, 2253, 2257 ff.; s. auch *Fest*, AG 2023, 713 ff.; *Mittwoch/Friedmann*, NZG 2023, 1439 ff.; *Nietsch*, CRZ 2024, 5 ff.; vgl. *Koch*, AG 2023, 553, 562; *Dörrwächter*, NZG 2022, 1083, 1088; *Hübner/Habrich/Weller*, NZG 2022, 644, 650.

CSDDD-Pflichten einer AG im Außenverhältnis ins Innenverhältnis transponiert.[2591]

a) Die positive Konkretisierungsbefugnis des Vorstands

Ähnlich wie im Kontext des LkSG bereits festgestellt,[2592] ist der Vorstand dazu verpflichtet, die ihm von der CSDDD auferlegten Pflichten umzusetzen, indem er diese innerhalb des ihm vom Geeignetheitsvorbehalt vorgegebenen Konkretisierungskorridors konkretisiert und umsetzt. Insoweit wird nicht nur die Pflicht, sondern auch das Ermessen des Unternehmens im Außenverhältnis an den Vorstand weitergeleitet. Dies bezieht sich sowohl auf die Sorgfaltspflichten nach Artt. 7 ff. CSDDD als auch auf die mit einem relativ engen Ermessen ausgestaltete Klimaschutzpflicht aus Art. 22 CSDDD[2593].

Hinzu kommt noch die Bindung an das Unternehmenswohl samt der Business Judgment Rule aus § 93 Abs. 1 S. 2 AktG, die hier ebenfalls nicht aufgehoben wird und in den Grenzen des Ermessens nach der CSDDD ihre Steuerungsfunktion zu erfüllen hat.

Dies darf nicht in dem Sinne missverstanden werden, dass jede unternehmerische Entscheidung der CSDDD unterliegt. Gemeint sind nur jene Entscheidungen, die sich im Kontext der Umsetzung der Bestimmungen der CSDDD bewegen. Eine gewisse unternehmensweite Ausstrahlung auf alle Vorstandsentscheidungen könnte dennoch bei Art. 22 CSDDD angenommen werden; denn jede von ihnen weist eine gewisse Emissionsrelevanz auf.[2594] Bei manchen Entscheidungen mit Emissionsrelevanz kann noch eine menschenrechtliche oder umweltbezogene Dimension i. S. einer negativen Auswirkung dazu kommen. In solchen Fällen kommt es zu einer dreifachen Bindung, und zwar an die Menschenrechte in Gestalt der Art. 7 ff. CSDDD, an die Reduktionsziele samt der Planumsetzungspflicht nach Art. 22 CSDDD sowie an das Unternehmenswohl. In solchen Fällen entsteht eine abwägungsähnliche Lage;[2595] der Unterschied zu einer Abwägung besteht darin, dass in keinem der Bereiche der jeweils maßgebliche Konkretisierungskorridor überschritten werden darf. Insoweit berücksichtigt der Auslegungsvorschlag von *Weller* und *Fischer* das Vorstandsermessen im Hinblick auf die überwiegend prinzipienorientierte Rechtsnatur der CSDDD-Pflichten

2591 So zutreffend *Weller/Fischer*, ZIP 2022, 2253, 2257 f.; *Leyens*, NZG 2025, 675, 676, Rn. 6; ähnlich für das polnische Recht *Oplustil/A.-M. Weber*, Przegląd Prawa Handlowego 2024/11, S. 4, 10.

2592 S. oben I. K. 1. a).

2593 Zur Verengung der positiven Konkretisierungsbefugnis im Rahmen von Art. 22 CSDDD und dem sich hieraus ergebenden Maßstab der Vertretbarkeitskontrolle s. oben F. 4. c). Zur Weiterleitung der Klimaschutzpflicht im Außenverhältnis an den Vorstand vgl. *Seibt/Vesper-Gräske*, DB 2024, 1530, 1535.

2594 Zur Ausstrahlung auf die gesamte unternehmerische Tätigkeit s. oben I. 3. c).

2595 Vgl. *Weller/Fischer*, ZIP 2022, 2253, 2260 ff.

nicht hinreichend.[2596] Es handelt sich auch nicht um rein prozedurale Bestimmungen, soweit die CSDDD-Schutzgüter berührt werden.[2597] Im Einzelfall kann der Bereich innerhalb der Konkretisierungsbefugnisse auf eine einzige rechtlich zulässige Entscheidung schrumpfen; dies erinnert an die im öffentlichen Recht geläufige Rechtsfigur der Ermessensreduktion auf null.[2598] Ansonsten kann der Vorstand innerhalb des dreifachen Rahmens eine eigenverantwortliche Entscheidung treffen.

b) Business Process Rule im Kontext der CSDDD

Wie die LkSG ist die CSDDD eine verbindliche gesetzliche Konkretisierung der Business Process Rule, sodass die aktienrechtliche Facette dieser Rechtsfigur sich nicht auf diesen Bereich erstreckt.[2599] Dies gilt sowohl für die Sorgfaltspflichten aus Artt. 7 ff. CSDDD als auch für den Emissionsreduktionsplan nach Art. 22 CSDDD.

c) Organisationale Business Process Rule

Die CSDDD wird wie auch das LkSG nicht ohne Auswirkung auf die allgemeine organisationale Business Process Rule bleiben,[2600] denn die Eignung der gesamten Organisation, die Pflichten aus der CSDDD zu erfüllen, kann beim Prozess des Organisierens nicht außer Acht bleiben.

Insoweit treten der Menschenrechts- und der Umweltschutz sowie der Klimaschutz als die gesetzlichen Ziele der Organisation[2601] zu den Kriterien, anhand deren die Organisation im Rahmen der organisationalen Business Process Rule beurteilt wird. Die Gewichtung bleibt die Sache des Vorstands, wobei sie nicht evident unter- oder überproportional ausfallen darf. Hat ein Unternehmen kaum Bereiche mit einem Potenzial für negative Auswirkungen, dann kann dem Kriterium für die gesamte Organisation ein geringfügiges Gewicht beigemessen werden; gleichzeitig wird aber für die kleinen Problembereiche eine höhere Gewichtung zu erwarten sein.

2596 S. bereits eine ähnlich ausgerichtete Kritik von *Nietsch*, CRZ 2024, 5, 14; vgl. *Fest*, AG 2023, 713, 716 f.

2597 Vgl. *Harbarth,* AG 2022, 633, 637 ff. der diese Aussagen allerdings im Kontext des gestrichenen Art. 25 CSDDD-E getätigt hatte.

2598 S. *Simons*, ZGR 2018, 316, 322 f.

2599 Vgl. oben I. K. 1. c).

2600 Zur organisationalen Business Process Rule s. umfassend oben Teil 5, II. C. 3.

2601 Zur Setzung der organisationalen Ziele innerhalb der organisationalen Business Process Rule s oben Teil 5, II. C. 3. c).; zum Verhältnis zwischen diesen Zielen und dem Unternehmensziel s. unten Teil 7, I. B. und C.

d) Zwischenergebnis

Im Kontext der CSDDD-Pflichten steht dem Vorstand die positive Konkretisierungsbefugnis zu, die allerdings in manchen Fällen wegen der mehrseitigen Ermessensgrenzen sehr eng ausfallen wird.

Die CSDDD strahlt auf die allgemeine Organisationssorgfalt des Vorstands in Gestalt der organisationalen Business Process Rule aus, indem sie implizit weitere gesetzliche Organisationsbewertungskriterien statuiert.

2. Die Pflichten des Aufsichtsrats im Kontext der CSDDD

Wie im Hinblick auf das LkSG muss der Aufsichtsrat die Rechtmäßigkeit des Vorstandshandelns auch bei der Umsetzung der CSDDD sicherstellen.[2602] D. h., er muss im Rahmen seiner negativen Konkretisierungsbefugnis überprüfen, ob der Vorstand sich innerhalb seiner eigenen positiven Konkretisierungsbefugnis in Bezug auf die Maßnahmen nach Artt. 7 ff. CSDDD, nach Art. 22 CSDDD sowie bzgl. der Konkretisierung des Unternehmenswohls bewegt hat.

Die besondere Prüfungspflicht des Aufsichtsrats bezogen auf die CSR-Berichterstattung wird im Rahmen des CSRD-UG wegen der Einführung der obligatorischen Abschlussprüfung abgeschafft. Der Aufsichtsrat ist nach dem Regierungsentwurf weiterhin zur Prüfung des Lageberichts verpflichtet, der künftig auch den CSRD-Nachhaltigkeitsbericht umfassen wird.[2603] Wegen der Überschneidungen zwischen der CSDDD und der ESRS wird er also mit dem Abschlussprüfer einen Dialog über die Richtigkeit der Nachhaltigkeitsangaben auch bezogen auf die Einhaltung der CSDDD-Pflichten führen. Dies betrifft auch den Klimaschutzplan nach Art. 22 CSDDD, dessen Verknüpfung mit dem ESRS E1 bereits festgestellt wurde.[2604]

Die Rolle des Aufsichtsrats als gesellschaftsinterner Garant der Einhaltung der ESG-Pflichten wird sich infolge der Umsetzung der CSDDD gegenüber dem LkSG noch verstärken, denn diese Funktion wird auf den Klimaschutz ausgeweitet, der im LkSG (noch) nicht enthalten ist.

2602 *J. Vetter* in: Hennrichs/Hommelhoff/Merkt, Zur Revision der EU-Nachhaltigkeitsregulatorik, S. 125, 146.

2603 S. RegE CSRD-UG, S. 59 sowie Anm. zur Nr. 8, S. 162 (https://t1p.de/vek7x, abgerufen am 18.08.2024).

2604 Vgl. *Weller/Schwemmer*, AG 2024, 517, 525, die eine Vorlagepflicht des Vorstands gegenüber dem Aufsichtsrat bezogen auf den Klimaschutzplan postulieren.

3. Verstärkung der CSDDD-Steuerungsimpulse durch die nachhaltigkeitsbezogenen Vergütungsparameter nach § 87 Abs. 1 S. 2 AktG

Zum Verhältnis zwischen § 87 Abs. 1 S. 2 AktG und der CSDDD gilt das oben zum LkSG Gesagte[2605] mit dem Unterschied, dass eine Überschneidung zwischen den Schutzgütern der CSDDD und den nachhaltigen Vergütungsparametern aufgrund eines erweiterten Katalogs in der CSDDD deutlich wahrscheinlicher ist, sodass i. d. R. eine intensivere Verstärkung der Steuerungswirkung der CSDDD-Pflichten durch die Vergütung vorkommen wird. Dies gilt insb. für die Klimaschutzpflicht aus Art. 22 CSDDD, denn die Emissionsreduktion lässt sich besonders einfach als ein Vergütungskriterium vorsehen.[2606]

K. Zwischenergebnis

Bei den CSDDD-Sorgfaltspflichten handelt es sich ähnlich wie beim LkSG um ein RMS zugunsten der Menschenrechte und der Umwelt. Positiv bleibt hervorzuheben, dass die meisten CSDDD-Pflichten zur prinzipienorientierten Regulierung gezählt werden dürfen, auch wenn der hierfür wesentliche Geeignetheitsvorbehalt deutlich zurückhaltender normiert wurde und sich offene Zielvorgaben auf der Ebene der Einzelelemente und nicht auf der des Gesamtsystems bewegen.

Die CSDDD-Sorgfaltspflichten weisen eine erhebliche organisationale Dimension auf. Einzelne Pflichten variieren erheblich in ihrer Organisationsneutralität: Als eine eher neutrale Regelung kann Art. 7 CSDDD gelten, das Schlusslicht bilden die Vorschriften zur Beteiligung der Stakeholder (Artt. 13 und 14 CSDDD) mit ihren drei Partizipationsinstrumenten, die z. T. überfordernde Anforderungen aufstellen.

Die CSDDD stellt jedoch keine gelungene Regelung dar.[2607] An erster Stelle fällt die systematische Inkohärenz zur CSRD auf. Die CSDDD bezieht in ihren Anwendungsbereich solche Unternehmen ein, die keinen Berichtspflichten nach der CSRD unterliegen. Damit wird eine stufenweise Verpflichtung von Unternehmen zur Nachhaltigkeit mit einer Berichtspflicht auf der ersten Stufe und den Verhaltenspflichten auf der zweiten Stufe als Konzept verworfen.

Hinzu kommt die mögliche Primärrechtswidrigkeit mehrerer Bestimmungen. Dies betrifft insb. die Erweiterung des Schutzgüterkatalogs durch die Kommission nach Art. 3 Abs. 2 CSDDD sowie die Konkretisierung der Berichtspflicht nach Art. 16 Abs. 3 CSDDD; beides könnte gegen Art. 290 AEUV verstoßen.

2605 S. oben I. K. 3.

2606 *Weller/Schwemmer*, AG 2024, 517, 527.

2607 So bereits *J. Schmidt*, NZG 2024, 859, 869, die die Regelung als ein nicht konsistentes »Patchwork« umschreibt.

Das LkSG diente als eine Blaupause für die CSDDD, obwohl sich das Gesetz in Deutschland noch nicht bewährt hat; damit hat der Unionsgesetzgeber die meisten Makel des LkSG ins europäische Recht übertragen. In diesem Kontext sollte das Spannungsverhältnis zwischen dem unternehmerischen Ermessen (Geeignetheitsvorbehalt) und den aufsichtsrechtlichen Befugnissen erwähnt werden. Ferner hat sich der Unionsgesetzgeber für einen offenen Menschenrechtskatalog entschieden (s. Art. 3 Abs. 1 lit. c Ziff. ii CSDDD). Hinzu kommen noch die auf dem LkSG aufbauenden Regelbeispiele von Maßnahmen (s. Art. 10 Abs. 2 und Art. 11 Abs. 3 CSDDD), auf die hätte verzichtet werden sollen.

Darüber hinaus ist auf die dogmatischen Probleme einzugehen, die nicht mit dem LkSG zusammenhängen. Für das Enforcement wird sich zwar positiv auswirken, dass die CSDDD sowohl eine privatrechtliche als auch eine öffentlich-rechtliche Durchsetzung vorsieht, aber das Verhältnis zwischen der Wiedergutmachungspflicht aus Art. 12 CSDDD und der zivilrechtlichen Haftung aus Art. 29 CSDDD bleibt unklar.

Die CSDDD sieht auch in Art. 22 eine Pflicht zur Erstellung und Umsetzung eines Klimaschutzplans. Beim Wortlaut dieser Pflicht erlangte das unternehmerische Ermessen wenig Gewicht, sodass gefragt werden kann, ob der Klimaschutz dem Menschenrechts- und Umweltschutz vorgeht. Dies ist aber zu verneinen.

Die CSDDD sieht zwar keine expliziten Organpflichten vor, wird sich aber über die Legalitätspflicht auf Vorstands- und Aufsichtsratspflichten auswirken. Dem Vorstand steht die positive Konkretisierungsbefugnis bezogen auf prinzipienorientierte Pflichten in der CSDDD zu; der Aufsichtsrat soll dafür sorgen, dass der Vorstand seinen Auslegungskorridor nicht verlässt. Es gibt ferner eine gewisse Resonanz hinsichtlich der Steuerungswirkung zwischen der nachhaltigen Vorstandsvergütung nach § 87 Abs. 1 S. 2 AktG und der CSDDD.

Zusammenfassend betrachtet stellt die CSDDD ein Experiment an der europäischen Wirtschaft dar. Ein legitimes Anliegen der Nachhaltigkeit wird auf eine regulatorisch fragwürdige Art und Weise umgesetzt.[2608] Der Unionsgesetzgeber wäre besser beraten gewesen, hätte er auf die Entwicklung einer gefestigten Dogmatik gewartet.[2609] Trotz der Mängel bleibt es dennoch möglich, die regulatorische Qualität der CSDDD durch Auslegung zu erhöhen.

2608 S. die Kritik von *S. Schäfer/Schütze*, BB 2024, 1091, 1100; *Thomale/Schmid*, RabelsZ 88 (2024), 425, 472 f.; s. auch *Kalss*, ZfPW 2024, 181, 203 ff.; *Verse*, AcP 225 (im Erscheinen), III. 4.

2609 Vgl. *Thomale/Schmid*, RabelsZ 88 (2024), 425, 459: »Der EU-Gesetzgeber schreibt schneller, als seine Bürger lesen und seine Rechtswissenschaftler denken.«

Teil 7 Folgen der Organisationspflichten für die Verfassung der Aktiengesellschaft

Da die einzelnen Organisationspflichten analysiert wurden, die die Aktiengesellschaft betreffen, stellt sich die Frage, wie sich diese Pflichten in ihrer Summe auf die Unternehmensverfassung der Aktiengesellschaft auswirken. Von besonderem Interesse scheint hier der Einfluss auf das Unternehmensziel zu sein. Hinzu kommt das Verhältnis der fortschreitenden Erweiterung der Pflichten zur Business Judgment Rule. Es ist zu untersuchen, ob die Organisationsneutralität als ein aktienrechtliches Strukturprinzip angesehen werden kann.

I. Auswirkung auf das aktienrechtliche Unternehmensziel

Das Problem der finalen Ausrichtung der Aktiengesellschaft ist Gegenstand einer intensiven, seit Jahrzehnten andauernden, wissenschaftlichen Debatte, in der sich zwei Hauptströmungen herausgebildet haben: die Anhänger des Vorrangs des Aktionärsinteresses (*shareholder value approach*) und die der Einbeziehung der weiteren Interessengruppen, v. a. der Allgemeinheit und der Beschäftigten (*stakeholder value approach*).[2610] Die Entwicklung des Nachhaltigkeitsrechts beginnend mit der CSR-Richtlinie 2013 hat diese Debatte sogar neu entfacht.[2611] Der neuere Diskurs hat die Erweiterung der bereits umfassenden Begriffslandschaft zur Folge.[2612]

Diesem Forschungsgegenstand darf die Bedeutung nicht abgesprochen werden, wie dies mit dem Hinweis auf den wenig bestimmten konkreten Inhalt des aktienrechtlichen Unternehmensziels und die mangelnde Justiziabilität bzw. die

2610 S. die Darstellung der älteren Debatte aus der Perspektive von *Paefgen*, Unternehmerische Entscheidungen, 2002, S. 35 ff., der selbst den Interessenmonismus bevorzugt; s. auch *Teubner*, ZHR 149 (1985), 470 ff. sowie *Großmann*, Unternehmensziele, 1980, passim.

2611 Zur jüngeren Debatte im Kontext der CSR-Richtlinie s. unter anderem *Hommelhoff*, FS Hoyningen-Huene, 2014, S. 137 ff.; *Ders.*, FS Kübler, 2015, S. 291 ff.; *Schön*, ZHR 180 (2016), 279 ff.; *Bachmann*, ZGR 2018, 231, 235 f.; *J. Vetter*, ZGR 2018, 338, 346 ff.; *Habersack*, AcP 220 (2020), 594, 622 ff. sowie monographisch *J. Simon*, CSR-Richtlinie, 2019, passim; vgl. auch *Paefgen*, FS K. Schmidt II, 2019, Bd. II, S. 105 ff.

2612 Mehr dazu unten A.

fehlende praktische Bedeutung geschieht.[2613] Denn nach der hier vertretenen Auffassung ist das Unternehmensziel die Grenze der positiven Konkretisierungsbefugnis,[2614] sodass es klar feststehen muss, damit die Mittel-Zweck-Beziehung zwischen dem Vorstandshandeln und dem Unternehmensziel untersucht werden kann, um die Fälle der evidenten Überschreitung feststellen zu können.

A. Das Unternehmensziel in der AG und die weiteren Begriffe

Bevor die finale Ausrichtung der Aktiengesellschaft näher im Lichte der neuen Regulatorik analysiert werden kann, müssen die grundlegenden Begriffe näher umschrieben werden. Zur beeindruckend breiten Begriffslandschaft gehören das Unternehmensziel, das Formalziel, der Unternehmensgegenstand, der Unternehmens- bzw. Gesellschaftszweck, das Unternehmenswohl, das Unternehmensinteresse sowie Corporate Purpose.

1. Das Unternehmensziel bzw. der Gesellschaftszweck

Das Unternehmensziel soll die Antwort auf die Frage sein, zu wessen Wohl die Tätigkeit der Aktiengesellschaft idealtypisch führen soll.[2615] Soll sie ausschließlich das Vermögen der Aktionäre vermehren und dies ohne Rücksicht auf die sonstigen Rechtsträger und Interessen, unterstellt, ihr Handeln ist legal? Oder soll sie neben dem Wohl ihrer Aktionäre auch andere Interessengruppen zumindest berücksichtigen? Es handelt sich damit um die oberste finale Maxime bezogen auf die Unternehmensleitung in der AG.

In der Literatur wird hierfür ebenfalls der Begriff des Gesellschaftszwecks genutzt,[2616] aber auch z. T. als Oberbegriff für das Unternehmensziel samt dem Unternehmensgegenstand;[2617] das Bedürfnis nach einem solchen Oberbegriff erscheint äußerst fragwürdig. In Gebrauch befindet sich auch der Begriff des

2613 In der Richtung *Hopt*, ZGR 2000, 779, 799; BeckOGK/*Fleischer*, 1.2.2025, AktG § 76 Rn. 51 ff.; *Bachmann*, ZHR 187 (2023), 166, 178 f.; HHL/*Grigoleit*, 2024, § 33 Rn. 19; aA KK-AktG/*Cahn*, § 76 Rn. 26 und wohl *Nietsch* in Nietsch, CSR-Compliance, 2021, § 1 Rn. 36 ff.

2614 Vgl. Hopt, ZGR 1993, 535, 538 ff.; vgl. auch *Hommelhoff*, Konzernleitungspflicht, 1982, S. 54 ff.

2615 S. *Fleischer*, AG 2017, 509, 510; vgl. *J. Vetter*, ZGR 2018, 338, 346; vgl. auch KK-AktG/*Cahn*, § 76 Rn. 19.

2616 S. statt aller *Kort*, NZG 2011, 929 ff.; BeckOGK/*Limmer*, 1.10.2024, AktG § 23 Rn. 37, jeweils mwN; s. auch *J. Vetter*, ZGR 2018, 338, 346.

2617 Paefgen, Unternehmerische Entscheidungen, 2002, S. 39; so auch *Großmann*, Unternehmensziele, 1980, S. 19 mwN; s. dazu auch die Darstellung von *J. Simon*, CSR-Richtlinie, 2019, S. 129 f.; vgl. auch *Hommelhoff*, Konzernleitungspflicht, 1982, S. 45 f. sowie S. 65.

Formalziels bzw. des formalen Unternehmensziels der Aktiengesellschaft, der inhaltlich dasselbe bezeichnet.[2618]

2. Der Unternehmensgegenstand nach § 23 Abs. 3 Nr. 2 AktG

Der gezielten Unschärfe der obersten Zielvorgabe soll der Unternehmensgegenstand begegnen, indem er den Kreis der Instrumente eingrenzt, mit denen das Unternehmensziel vom Vorstand verfolgt werden darf:[2619] Nach § 23 Abs. 3 Nr. 2 AktG muss der Unternehmensgegenstand bereits in die Gründungssatzung zwingend aufgenommen werden und die Art der Tätigkeit beschreiben, die das Unternehmen ausüben soll; als Beispiel bezogen auf Industrie- bzw. Handelsunternehmen wird im Gesetz die Art von Erzeugnissen und Waren genannt, die hergestellt oder gehandelt werden sollen.

3. Bedeutung der Unterscheidung zwischen dem Unternehmensgegenstand und dem Unternehmensziel

Die Abgrenzung zwischen dem Unternehmensziel und dem Unternehmensgegenstand hat nicht nur eine Auswirkung auf die Organrechte und -pflichten, sondern ist von besonderer Bedeutung gerade dann, wenn eine Änderung des einen oder des anderen angestrebt wird:[2620]

Der Unternehmensgegenstand kann grundsätzlich mit einer Dreiviertelmehrheit nach § 179 Abs. 2 S. 1 AktG im Rahmen einer Satzungsänderung ergänzt oder verändert werden.[2621] Das Bedürfnis hierfür kann z. B. dann entstehen, wenn sich der Markt so grundlegend weiterentwickelt hat, dass der Unternehmensgegenstand hinfällig wurde, oder aber wenn sich die Reichweite der Aktivität infolge einer Übernahme so stark ausgeweitet hat, dass der wesentliche Teil der unternehmerischen Tätigkeit nicht mehr vom Unternehmensgegenstand gedeckt

2618 S. MüKoBGB/*Leuschner*, BGB vor § 21 Rn. 49; *Reiner*, ZVglRWiss 110 (2011), 443 f.

2619 S. BeckOGK/*Fleischer*, 1.2.2025, AktG § 82 Rn. 29 ff. sowie mit einem ausdrücklichen Hinweis auf die Begrenzungsfunktion des Unternehmensgegenstands BeckOGK/*Limmer*, 1.10.2024, AktG § 23 Rn. 33; *Koch*, AktG § 23 Rn. 21; *Reiner*, ZVglRWiss 110 (2011), 443, 465; vgl. Grigoleit/*Grigoleit*, AktG § 76 Rn. 29; zu weiteren Funktionen vgl. *Schön* ZGR 1996, 429, 441 f. Vgl. allgemein zur Abgrenzung im Kontext des Vereinsrechts Staudinger/*Schwennicke*, 2023, BGB § 33 Rn. 43; vgl. auch *Hommelhoff*, Konzernleitungspflicht, 1982, S. 65 ff.; vgl. *Zöllner*, Stimmrechtsmacht, 1963, S. 26 ff.

2620 S. MüKoAktG/*Pentz*, AktG § 23 Rn. 70 ff.; BeckOGK/*Limmer*, 1.10.2024, AktG § 23 Rn. 37; *Koch*, AktG § 23 Rn. 22; vgl. aus der Rechtsprechung *KG*, NZG 2005, 88 f.

2621 S. K. Schmidt/Lutter/*Seibt*, AktG, § 179 Rn. 11; *Koch*, AktG § 179 Rn. 34; umfassend BeckOGK/*Holzborn*, 1.2.2024, AktG § 179 Rn. 64 ff.; vgl. HHL/*Verse*/*Tassius*, 2024, § 7 Rn. 43.

ist. Die Dreiviertelmehrheit stellt einen Kompromiss dar: Einerseits soll der Gegenstand eine gewisse Stabilität aufweisen und nicht in das Belieben der einfachen Mehrheit gestellt werden. Andererseits wird keine Einstimmigkeit verlangt, damit nicht jeder Aktionär bei einer notwendigen Änderung eine »räuberische« Erpressungsmöglichkeit bekommt.

Deutlich schwieriger gestaltet sich die Änderung des Unternehmensziels: Hierauf findet § 33 Abs. 1 S. 2 BGB Anwendung, sodass die Zustimmung aller Aktionäre notwendig ist.[2622] Denn das Unternehmensziel prägt entscheidend die Aktionärsrechte mit, was am folgenden Beispiel ersichtlich wird: Wird eine gewinnorientierte AG in eine gemeinnützige AG transformiert, dann kann der Aktionär nicht mehr mit einer Dividende rechnen – entsprechend sinkt auch der Wert seiner Aktien. Es handelt sich *in* gewisser Weise bei dieser Bestimmung um einen Minderheitenschutz, denn eine Dreiviertelmehrheit soll nicht die Rechte der Minderheit gegen ihren Willen entwerten dürfen.[2623]

Das Unternehmensziel bzw. der Gesellschaftszweck und der Unternehmensgegenstand fügen sich also in das breite System der aktienrechtlichen Corporate Governance.

4. Das Unternehmensinteresse und das Unternehmenswohl

Das auf *Rathenau* zurückgehende *Unternehmen an sich*[2624] samt dem Begriff des Unternehmensinteresses ist eine weitere begriffliche Facette der oben genannten Diskussion. Das Unternehmensinteresse lässt sich dem interessenpluralistischen Stakeholder-Value-Lager zuordnen und soll in sich die Interessen der Aktionäre sowie der Gruppen mit einem Interesse am Unternehmen vereinen. Den Vorstand trifft die Aufgabe, diese Interessen untereinander auszutarieren und sie zu konkretisieren.[2625] Der Begriff fand Eingang in den DCGK, wo er im Grds. 1 S. 1 als Maßstab für das Vorstandshandeln genannt wird. In der Begründung zum DCGK

2622 MüKoAktG/*Stein*, AktG § 179 Rn. 129 ff.; Grigoleit/*Grigoleit*, AktG § 76 Rn. 18; Hölters/Weber/*Haberstock/Greitemann*, AktG § 179 Rn. 19; K. Schmidt/Lutter/*Seibt*, AktG, § 179 Rn. 10; BeckOGK/*Holzborn*, 1.2.2024, AktG § 179 Rn. 60 ff.; HHL/*Verse/Tassius*, 2024, § 7 Rn. 42.

2623 Staudinger/*Schwennicke*, 2023, BGB § 33 Rn. 37; vgl. auch Grigoleit/*Grigoleit*, AktG § 76 Rn. 18, der darin einen gewissen Gläubigerschutz sieht; vgl. *Lutter*, AcP 180 (1980), 84, 89 ff., der den verbandsrechtlichen Zweck weiters als das Unternehmensziel zu definieren scheint.

2624 Zum Hintergrund s. monographisch *F. Laux*, Die Lehre vom Unternehmen an sich, 1998, passim; *Habersack*, AcP 220 (2020), 594, 604 ff.; vgl. auch *Zöllner*, Stimmrechtsmacht, 1963, S. 67 ff., jeweils mwN.

2625 Umfassend und kritisch hierzu MüKoAktG/*Spindler*, AktG § 76 Rn. 81 ff.; s. auch Bürgers/Lieder/*Bürgers*, AktG § 76 Rn. 13; s. auch die Kritik von *Zöllner*, AG 2003, 2, 7 f., der das Unternehmensinteresse vom Gesellschaftsinteresse abgrenzt; *Teubner*, ZHR 149 (1985), 470 ff.; zu den einzelnen Stakeholder-Gruppen umfassend *Schubert*, Das Unternehmensinteresse, 2020, S. 141 ff.

findet sich auch eine Umschreibung des Unternehmensinteresses, die mit dem hier bereits dargestellten Begriffsinhalt übereinstimmt.[2626]

Das Interesse deutet auf eine gewisse Objektivität hin, dennoch handelt es sich beim Unternehmensinteresse um eine konkretisierungsbedürftige, finale und oberste Handlungsmaxime, wie es beim Unternehmensziel schon der Fall ist.[2627] Insoweit sind diese Begriffe Synonyme[2628] mit dem Vorbehalt, dass das Unternehmensziel anders als das Unternehmensinteresse im Kontext der Auslegungskontroverse neutral ist. Ein weiteres Synonym hat der Gesetzgeber bei der Einführung der Business Judgment Rule mit dem Wohl der Gesellschaft geschaffen, wobei auch hier letztendlich das Unternehmensziel gemeint ist.[2629]

5. Corporate Purpose

Die bereits reiche Begriffspalette wurde unlängst durch Corporate Purpose erweitert. Die wortwörtliche Übersetzung könnte zu dem Fehlschluss verleiten, es würde sich um das Unternehmensziel handeln.[2630] Dies ist aber nicht der Fall: Corporate Purpose wird als der Existenzgrund definiert, der die Legitimation des Unternehmens in den Augen der Allgemeinheit schafft;[2631] dies könnte mit »*social license to operate*« umschrieben werden, womit sich eine Brücke zur Corporate Social Responsibility schlagen lässt.[2632]

Das Konzept ist insoweit verwirrend, als es sich weder dem Unternehmensziel noch dem Unternehmensgegenstand deutschen Rechts zuordnen lässt.[2633] Es schwebt auf einer Ebene unter dem Unternehmensziel. Es ist auch nicht ganz klar, ob es sich um ein genuin soziales oder doch um ein Konstrukt mit einer rechtlichen Facette handelt.

Der Vorschlag *Fleischers*, Corporate Purpose im deutschen Recht als eine Konkretisierung des Unternehmensziels anzusehen, die sich auf einer Hierarchie-

2626 S. die Begründung zum DCGK 2022, abrufbar unter https://t1p.de/gt3er (abgerufen am 28.07.2025), S. 3.

2627 Vgl. *Paefgen*, DZWIR 2022, 555, 557 f., der eine scharfe Kritik an diesem Begriff äußert.

2628 Vgl. Grigoleit/*Grigoleit*, AktG § 76 Rn. 17 ff.; vgl. auch *Henze*, BB 2000, 209, 212; aA *J. Vetter*, ZGR 2018, 338, 347, der unter dem Unternehmensinteresse die Art und Weise der Verwirklichung des Unternehmensziels versteht; vom Gesellschaftszweck wird das Unternehmensinteresse auch von K. Schmidt/Lutter/*Seibt*, AktG § 76 Rn. 40 ff. abgegrenzt.

2629 Vgl. oben Teil 5, II. B. 2.

2630 *Fleischer*, ZIP 2021, 5, 11.

2631 *Fleischer*, ZIP 2021, 5 ff.; *Habersack*, FS Windbichler, 2020, S. 707, 708; vgl. *Paefgen*, DZWIR 2022, 555, 557.

2632 Vgl. *Simons*, ZGR 2018, 316, 328.

2633 S. *Fleischer*, ZIP 2021, 5, 11 f.; vgl. *Habersack*, FS Windbichler, 2020, S. 707, 715 f.; vgl. BeckOGK/*Holzborn*, 1.2.2024, AktG § 179 Rn. 64; s. auch HHL/*Hopt/Leyens*, 2024, § 1 Rn. 34 sowie HHL/*Verse/Tassius*, 2024, § 7 Rn. 45 f.

stufe darunter bewegt und sowohl vom Vorstand als auch in der Satzung festgesetzt werden kann, verdient eine gewisse Sympathie. Die Bestimmung des Corporate Purpose im Rahmen des Unternehmensziels und -gegenstands könnte jedoch eine Leitungsentscheidung des Vorstands darstellen.[2634] Ob sich Corporate Purpose mit der Satzungsstrenge nach § 23 Abs. 5 AktG vereinbaren lässt, bedarf einer weiteren Untersuchung.

6. Zwischenergebnis

In der Literatur hat sich eine große Anzahl an Begriffen herausgebildet, was die Kommunikation und damit die wissenschaftliche Diskussion nicht unerheblich erschwert. Zentral bleiben grundsätzlich zwei Phänomene: Die oberste finale Handlungsmaxime (Unternehmensziel) sowie der satzungsmäßige Gegenstand der Tätigkeit der Aktiengesellschaft (Unternehmensgegenstand).

B. Die Beziehung zwischen dem Unternehmensziel und den unternehmerischen Unterzielen und Handlungen

Das Unternehmensziel eignet sich in seiner Abstraktheit nicht zur Steuerung eines konkreten Unternehmens; einer Weisung an die Mitarbeiter, sie sollen das Unternehmensziel verwirklichen, würde der notwendige konkrete Mindestinhalt fehlen. Der Vorstand muss also das Unternehmensziel im Rahmen seiner positiven Konkretisierungsbefugnis ausfüllen (Zieltransformations- bzw. Zielübersetzungsprozess);[2635] das ist seine Freiheit und seine Pflicht zugleich.[2636] Der Gesetzgeber knüpft an diese Vorstandsaufgabe in § 90 Abs. 1 Nr. 1 AktG an, wonach der Vorstand allgemein zur Geschäftspolitik/zur Unternehmensplanung sowie über die Abweichung von früher berichteten *Zielen* an den Aufsichtsrat zu berichten hat.[2637]

Das Gesetz geht damit davon aus, dass der Vorstand aus dem Unternehmensziel im Rahmen der allgemeinen Planung einen Strauß an Unterzielen herleitet. Hierbei genießt der Vorstand ein weites Ermessen: Der jeweilige Zielhorizont,

2634 S. *Fleischer*, ZIP 2021, 5, 11 f., der dieses Problem bereits angedeutet hat. Wenn Corporate Purpose eine Leitungsentscheidung ist, dann darf die Hauptversammlung gem. § 119 Abs. 2 AktG nur dann darüber entscheiden, wenn der Vorstand dies verlangt.

2635 S. HHL/*Grigoleit*, 2024, § 33 Rn. 20; vgl. MüKoAktG/*Spindler*, AktG § 76 Rn. 81 mwN; vgl. *Mertens*, FS Goerdeler, 1987, S. 349, 356 f.; *Schön*, ZGR 1996, 427, 436 f.

2636 Vgl. *Fleischer*, ZIP 2003, 1, 2.

2637 Mehr zu dieser sog. Follow-up-Berichterstattung s. KK-AktG/*Cahn*, § 90 Rn. 35; s. auch Goette/Arnold AR-HdB/*M. Arnold*, § 4 Rn. 44; *Lutter/Krieger/Verse*, Rn. 202; vgl. oben Teil 5, II. E. 2. b).

die Anzahl der Ziele, deren Art usw. bestimmt er eigenständig.[2638] Zu den unternehmerischen Unterzielen gehört auch Corporate Purpose.[2639] Alternativ zur Zielsetzung stehen dem Vorstand sonstige Leitungsmaßnahmen zur Verfügung, wie z. B. Richtlinien, einzelne Weisungen, Pläne ohne Zielkomponente, sodass er auch ein aus seiner Perspektive richtiges Koordinationsinstrument auswählen muss.

C. *Organisationsziele als eine Unterziel-Kategorie und die Auswirkung der Organisationsvorgaben auf diese*

Oben wurden bereits die Organisationsziele erwähnt, d. h. die Kriterien der organisationalen Bewertung, die auch grundsätzlich vom Vorstand zu bestimmen sind, damit er den Prozess des Organisierens im Rahmen der organisationalen Business Process Rule überwachen kann.[2640] Die Organisationsziele lassen sich als eine der Unterkategorien der unternehmerischen Unterziele ansehen; sie sind ein Ziel der Steuerung der Organisationsentwicklung und damit mittelbar ein Instrument der Verwirklichung des Unternehmensziels. Als Ausfluss des Unternehmensziels müssen sie sich gleichzeitig in seinen Grenzen bewegen.

Die Bestimmung der Organisationsziele wurde nicht komplett dem Vorstand überlassen, denn diese werden durch prinzipienorientierte gesetzliche Organisationsvorgaben immer stärker mitgeprägt: Aus der Buchführungspflicht nach § 91 Abs. 1 AktG ist ein durch die Größe bedingtes Organisationsziel herzuleiten, für einen angemessenen Informationsfluss einschließlich der Rechnungslegung zu sorgen. Hinzu kommt die ähnlich bedingte Legalitätsdurchsetzungspflicht. Seit 1998 gehört zu den Organisationszielen die systematische Sicherstellung der Risikofrüherkennung nach § 91 Abs. 2 AktG. Dieses Organisationsziel wurde dann gegenüber den börsennotierten Gesellschaften um eine systematische Risikosteuerung, die systematische Kontrolle (IKS), das Compliance-Management-System und das Mindestmaß an systematischer Überwachung (Interne Revision) als Organisationsziele 2021 ergänzt.

Dieser Katalog gesetzlicher Organisationsziele schließt neuerdings die Nachhaltigkeitsziele mit ein: Mit der CSRD und den ESRS kommt die implizite Pflicht zur systematischen Erfassung umfassender Nachhaltigkeitsinformationen.[2641] Dies wird erweitert durch das Organisationsziel der Sicherstellung des Mindestschutzes der Menschenrechte und der Umwelt, das aus dem LkSG sowie der

2638 Vgl. BeckOGK/*Fleischer*, 1.2.2025, AktG § 90 Rn. 19, der dort die Pflicht zur Unternehmensplanung beschreibt; die Setzung der Unterziele hängt eng mit der Planung zusammen; vgl. auch *Kropff*, NZG 1998, 613 f.

2639 Vgl. oben A. 5. mwN.

2640 S. dazu oben Teil 5, II. C. 3. c).

2641 S. dazu oben Teil 5, V. C. 2. c). (5). (d). und (e).

CSDDD herzuleiten ist.[2642] Nicht übersehen werden darf auch der Klimaschutz nach Art. 22 CSDDD als ein solches Ziel.[2643]

Oben wurde der Transformationsprozess angesprochen, bei dem der Vorstand aus dem Unternehmensziel die Unterziele entwickelt. Mit der CSR-Richtlinie und der CSRD hat der Gesetzgeber vorwiegend über die informationelle Seite dieses Prozesses das Unternehmensziel beeinflussen wollen. Dem lag die Annahme zugrunde, durch die obligatorische Ausweitung der verfügbaren Nachhaltigkeitsinformationen werde sich auch das dahinter stehende Interesse stärker im unternehmerischen Handeln niederschlagen;[2644] diese Wirkung sollte auch auf der Publizität samt dem Reputationsmechanismus beruhen.[2645] Mit dem LkSG und der CSDDD erfolgte ein konzeptueller Wechsel der rechtspolitischen Strategie, indem der Gesetzgeber die unternehmerischen Unterziele nicht nur indirekt über die Selbstinformation,[2646] die Publizität und die Vergütungsstruktur beeinflusst, sondern sie materiell auflädt.[2647]

D. Auswirkung der gesetzlichen Unterziele auf das Unternehmensziel

Die stufenweise Erweiterung der Unterziele um die Fragen der Nachhaltigkeit bleibt nicht ohne Auswirkung auf das Unternehmensziel. Versteht man die gesetzlich vorgegebenen Organisationsziele als eine (Teil-)Konkretisierung des allgemeinen aktienrechtlichen Unternehmensziels durch den Gesetzgeber, dann folgt hieraus, dass das Unternehmensziel der Aktiengesellschaften im Anwendungsbereich der nachhaltigkeitsbezogenen Organisationspflichten aus seiner Perspektive *von Gesetzes wegen* immer eine ESG-Komponente mitumfasst; dies geschieht proportional zur LkSG/CSDDD-Schutzgüter- sowie klimaschutzbezo-

2642 S. dazu oben entsprechend Teil 6, I. K. 1. d). (2). und Teil 6, II. J. 1. c).

2643 S. oben Teil 6, II. I. 3. c).

2644 Ähnlich bereits Staub/*Hommelhoff*, Vor § 289b HGB Rn. 10, der von einer Sensibilisierungsfunktion spricht; s. auch *Fleischer*, AG 2017, 509, 522; *Simons*, ZGR 2018, 316, 319 f.; zur »Erziehungsfunktion« im Kapitalgesellschaftsrecht allgemein *Binder*, Regulierungsinstrumente, 2012, S. 56 ff.

2645 Staub/*Hommelhoff*, Vor § 289b HGB Rn. 11 f.; *J. Vetter*, ZGR 2018, 338, 343 f. vgl. *Schön*, ZHR 180 (2016), 279, 285.

2646 Vgl. allgemein zur Anregung der Unternehmen zur Selbstreflexion *Rast*, Organisationsfreiheit, 2022, S. 221 ff.

2647 Vgl. allerdings *Hommelhoff*, FS Hopt II, 2020, S. 467, 472 f., der aus der Vergütung auf das Unternehmensziel schließt; auch wenn berechtigterweise eine auf den Zieltransformationsprozess bezogene Steuerungswirkung festgestellt wird, ist nach der hier vertreten Auffassung zwischen der Vergütungsebene und der Ebene der materiellen Handlungspflichten zu trennen; s. auch HHL/*Hopt/Leyens*, 2024, § 1 Rn. 33, die in der nachhaltigen Vergütung einen Anhaltspunkt für den normativen Paradigmenwechsel sehen.

genen Risikoexposition des konkreten Unternehmens.[2648] Es mag zwar verbreitet die Ansicht vertreten werden, dass den Vorstand im Innenverhältnis keine Pflicht treffe, die Belange der Stakeholder über das Gesetz hinaus zu berücksichtigen,[2649] aber das LkSG und die CSDDD zwingen die Aktiengesellschaft und damit auch ihren Vorstand hierzu,[2650] vor allem indem sie ihnen zahlreiche organisationale Erfolge vorschreiben.[2651] Im Lichte dieser Erkenntnis erscheint es auch nicht mehr haltbar, unter dem Unternehmensziel die reine Wertmaximierung zugunsten der Aktionäre zu verstehen; insoweit hat der Gesetzgeber implizit den klassischen Shareholder-Value-Approach für große Aktiengesellschaften abgelehnt.[2652] Der Stakeholder-Value-Approach gewinnt damit die normative Oberhand in der Aktiengesellschaft.[2653]

Der Gesetzgeber nutzt also das Organisationsrecht nicht nur verstanden als die Unternehmensverfassung, sondern auch bezogen auf die unternehmensinterne Organisation, um die Unternehmen dynamisch stärker auf die öko-soziale Marktwirtschaft auszurichten;[2654] diese Dynamik kommt am intensivsten in Art. 15 CSDDD zum Ausdruck. Damit sind die erweiterten Organisationspflichten ein

2648 Ähnlich bereits bezogen auf das LkSG *Geh*, Vorstandshaftung, 2024, S. 108; vgl. so schon zur nichtfinanziellen Berichterstattung *Krause*, ZHR 187 (2023), 581 ff.; vgl. HHL/*Verse/Tassius*, 2024, § 7 Rn. 12 ff.; vgl. *Kalss*, JZ 2024, 766, 772, der zufolge das Unternehmensinteresse im österreichischen Aktienrecht durch die CSRD und CSDDD normativ eingeschränkt werde, diese Einschränkung erschöpfe sich aber in einer Berücksichtigungspflicht. Wohl aA *Leyens*, in: Leyens/Seibt, LkR, 2025, § 1 Rn. 145, der von einem *faktischen* und nicht *normativen* Einfluss auf die Geschäftsleiter spricht.

2649 HHL/*Verse/Tassius*, 2024, § 7 Rn. 16 ff.; HHL/*Harbarth/Reichenbach*, 2024, § 6 Rn. 80; s. auch vertieft *Koch*, AktG § 76 Rn. 63 ff.

2650 Dazu vertieft HHL/*Verse/Tassius*, 2024, § 7 Rn. 12 ff., die jedoch zu Recht auf die Spielräume hinweisen, die die Unternehmen im Kontext des LkSG und der CSDDD haben und den Grad der gesetzlichen Bindung an die Gemeinwohlgüter schmälern; zu diesen Spielräumen bereits vertieft oben Teil 6, I. F. und Teil 6, II. D.; deutlich zurückhaltender HHL/*Harbarth/Reichenbach*, 2024, § 6 Rn. 80.

2651 Zu den Erfolgspflichten nach dem LkSG und der CSDDD s. oben Teil 6, I. J. 1. c) sowie Teil 6, II. I. 1. b).

2652 Deutlich zurückhaltender HHL/*Harbarth/Reichenbach*, 2024, § 6 Rn. 80; vgl. dazu *Hopt*, ZGR 1993, 535, 540, der dies bereits aus der unternehmerischen Mitbestimmung herleitet; vgl. die Diskussion zur Stellung des Shareholder-Value-Konzepts MüKoAktG/*Spindler*, AktG § 76 Rn. 90 ff.

2653 Im Ergebnis nicht weit von einem gemäßigten Stakeholder-Approach bewegt sich die erleuchtete Variante vom Shareholder-Value-Approach, s. dazu mehr BeckOGK/*Fleischer*, 1.2.2025, AktG § 76 Rn. 38; *Ders.*, ZGR 2017, 411, 419 ff.; MüKoAktG/*Spindler*, AktG § 76 Rn. 94; vgl. auch *Paefgen*, FS K. Schmidt II, 2019, Bd. II, S. 105, 115 f., jeweils mwN. Zur Einordnung in die internationalen Rechtsentwicklung sowie zu den Gefahren der Unternehmenszieländerung für die Corporate Governance vgl. entsprechend HHL/*Hopt/Leyens*, 2024, § 1 Rn. 32 und Rn. 39 f.

2654 Vgl. Staub/*Hommelhoff*, Vor § 289b HGB Rn. 41 ff.

zentraler Bestandteil des transformativen Gesellschaftsrechts.[2655] Dies lässt sich vor dem Hintergrund erklären, dass die unternehmensinterne Organisation eine breite dezentrale Steuerungswirkung hat, die sich auf alle Beschäftigten erstreckt;[2656] im Falle der Lieferkettenregulierung beeinflusst sie sogar die Geschäftspartner und deren Beschäftigte. Damit verfügt sie über ein enormes regulatorisches Potenzial.

Wird § 76 Abs. 1 AktG *de lege ferenda* um den Zusatz »unter angemessener Berücksichtigung von Umwelt- und Gemeinwohlbelangen« ergänzt, wie dies die Mitglieder der wissenschaftlichen Vereinigung für Unternehmens- und Gesellschaftsrecht (VGR) vorschlagen,[2657] dann wird er gegenüber den Aktiengesellschaften im Anwendungsbereich der Nachhaltigkeitspflichten aus der CSRD, dem LkSG und der CSDDD nicht materiell verändert, sondern lediglich an die bereits vorhandene Rechtslage angepasst.[2658]

II. Auswirkung der verstärkten Stakeholder-Beteiligung nach der CSDDD auf das Unternehmensziel

Zwar könnte die Stakeholder-Beteiligung nach Artt. 7 Abs. 2, 13 und 14 CSDDD so verstanden werden, dass die Unternehmenspolitik nach der CSDDD künftig am Stakeholder-Value auszurichten sei und diese Vorschriften damit auch das Unternehmensziel mit den Nachhaltigkeitsaspekten aufladen würden.[2659] Dies verkennt jedoch die dienende informationelle Funktion der Stakeholder-Beteiligung. Durch den Stakeholder-Dialog beeinflusst der Unionsgesetzgeber zwar die informationelle Seite der Transformation des Unternehmensziels in die Unternehmenspolitik und in die allgemeine unternehmerische Tätigkeit; dies führt aber im Gegensatz zu den organisationalen Zielen zu keiner materiellen Änderung des aktienrechtlichen Unternehmensziels.

III. Auswirkung der Erweiterung der Organisationspflichten auf die Business Judgment Rule

Die schrittweise Erweiterung der Organisationspflichten bleibt nicht ohne Auswirkung auf die organisationale Leitungsfreiheit: Insgesamt kommt es zu einer

2655 Zu dem Funktionswandel des Gesellschaftsrechts s. vertieft *Fleischer*, ZGR 2022, 466, 474 ff. mwN.

2656 Vgl. *Rast*, Organisationsfreiheit, 2022, S. 284 f.

2657 S. *Habersack/J. Vetter*, AG 2024, 377, 380, Rn. 17.

2658 Er ist dennoch zu begrüßen, denn er schafft die Klarheit über die Rechtslage.

2659 So *Velte/Stave*, WPg 2022, 790, 791.

Einschränkung, weil viele Fragen bereits konkret gesetzlich geregelt werden, wie z. B. die Frage nach der Einrichtung des IKS oder des LkSG-Schutzsystems.[2660] Dies führt mitnichten zu einer totalen Verdrängung der Business Judgment Rule; denn die allgemeinen Vorgaben des § 91 AktG sowie die dichte Normierung in der LkSG und der CSDDD bleiben prinzipienorientiert und konkretisierungsbedürftig, sodass in den Schranken der dem Vorstand belassenen Freiheit die Business Judgment Rule (analog) mit der doppelten bzw. mehrfachen Zielbindung[2661] heranzuziehen ist.

IV. Organisationsneutralität als ein aktienrechtliches Strukturprinzip?

Wie im Rahmen der vorliegenden Untersuchung festgestellt wurde, handelt es sich bei den hier analysierten allgemeinen Organisationspflichten der Aktiengesellschaft um offene Zielvorgaben: Dies beginnt bei der zentralen Leitungsfreiheit und -pflicht des Vorstands aus §§ 76, 93 AktG und bei dem historischen Archetyp einer prinzipienorientierten Vorgabe nach § 91 Abs. 1 AktG; dieses Prinzip wird von § 91 Abs. 2 und Abs. 3 AktG fortgesetzt. Die Organisationspflichten des LkSG und des CSDDD wurden vorwiegend nach diesem Prinzip ausgestaltet, auch wenn es um eine abgeschwächte Form der Organisationsneutralität auf einer niedrigeren regulatorischen Ebene geht.

A. Organisationsneutralität, Organisationsfreiheit und das unternehmerische Potenzial

Hieraus ergibt sich: Die Organisationsneutralität ist kein bloßes Postulat an den Gesetzgeber,[2662] sondern stellt ein aktienrechtliches Strukturprinzip dar. Die Organisationsneutralität und die Organisationsfreiheit sind zugleich die beiden Seiten derselben Medaille; in ihnen kommt das genuin Unternehmerische zum Ausdruck: Innovation, Kreativität, Initiative, Mut und Entscheidungsfreude. Anders gesagt: Finale Organisationsvorgaben ermöglichen es dem Gesetzgeber, die unternehmerische Freiheit im Bereich der Organisation für das Wohl der Allgemeinheit zu aktivieren.[2663]

Das LkSG und die CSDDD setzen beide mit der positiven Konkretisierungsbefugnis auf die Organisationsfreiheit, und sie richten diese zugleich auf die

2660 *Bueren* in: Leyens/Seibt, LkR, 2025, § 36 Rn. 68.
2661 S. zu dieser oben Teil 5, III. B. 3.
2662 In diesem Sinne oben Teil 4, I. B. sowie F.
2663 *Hommelhoff*, NZG 2024, 1631, 1632. Vgl. zur Innovationshemmung durch Regulierung allgemein *Stewart*, California Law Review, Vol. 69 No. 5 (1981), S. 1256, 1279 ff.

Menschenrechte und auf die Umweltgüter aus, um einen optimalen Schutz dieser Güter zu erreichen. Das unternehmerische Potenzial beschränkt sich nicht auf die Aktiengesellschaften, sodass das LkSG und die CSDDD zu Recht andere Rechtsformen mit einbeziehen.

Das HinSchG, das LkSG und die CSDDD zeichnen sich trotz ihrer grundsätzlichen Organisationsneutralität durch eine übermäßige Komplexität aus. Die Organisationsneutralität und die Organisationsfreiheit bedürfen daher einer stärkeren Akzentuierung innerhalb künftiger Gesetzgebungsverfahren, die die Organisation von Unternehmen direkt oder indirekt betreffen.

B. Größenabhängigkeit und Rechtsneutralität der Organisationsvorgaben als weitere Strukturprinzipien?

Der Status eines Strukturprinzips steht nach der aktuellen Rechtslage weder dem Größenabhängigkeitsgebot noch dem eingeschränkten Rechtsformneutralitätsgebot zu; angesichts der wachsenden Bedeutung der kleineren Unternehmen in der wissenschaftlichen Debatte kann die Etablierung des Größenabhängigkeitsgebots in der künftigen Gesetzgebung nicht ausgeschlossen werden. Dies gilt nicht für die Rechtsformneutralität; aufgrund der Rechtsformwahlfreiheit spielt die Rechtsformneutralität auch keine der Größenneutralität vergleichbare Rolle.

V. Problem der Zielkumulation

Es ginge zu weit zu behaupten, die bestehenden Zielvorgaben würden sich gegenseitig aufheben und leisteten daher keine Steuerungswirkung mehr. In vielen Fällen wird es einem Unternehmen ohne Probleme möglich sein, die wirtschaftlichen Ziele der Bestandssicherung und der Gewinnerzielung sowie jene bezogen auf die Menschenrechte, die Umwelt und das Klima so zu verfolgen, dass jede dieser Zielvorgaben in einem vertretbaren Maße realisiert wird.

Dies gilt nicht für die Unternehmen, die mit wirtschaftlichen Schwierigkeiten zu kämpfen haben. Denn ihnen steht nur eine geringe Gewinnspanne zur Verfügung, die nur die ernsthafte Verfolgung mancher Zielen oder nur vom Ziel der Bestandssicherung ermöglicht. Diese Unternehmen werden regelmäßig außerstande sein, die Nachhaltigkeitsvorgaben des LkSG und der CSDDD umzusetzen.

Im Hinblick auf die Organisationsziele besteht theoretisch eine Gefahr, dass die gesetzlichen Organisationsziele die vom Vorstand zu bestimmenden Ziele so weit verdrängen, dass die Leitungsmacht in Bezug auf die Organisation erodiert. Allerdings ist es auch die Aufgabe des Vorstands, die gesetzlichen Ziele zu gewichten. Aufgrund der positiven Konkretisierungsbefugnis ist es dem Vorstand nur verwehrt, die gesetzlichen Ziele situationsbezogen evident unter- oder überzugewichten. Dies geschieht unter Berücksichtigung der gesamten konkreten

Zielpalette: Handelt es sich um eine kleine nicht börsennotierte AG, dann muss sie nur die Legalitätsdurchsetzungspflicht sowie § 91 Abs. 1 und Abs. 2 AktG beachten. Handelt es sich hingegen um ein börsennotiertes Großunternehmen mit mehreren Tausend Mitarbeitern, dann kommen zusätzlich noch § 91 Abs. 3 AktG sowie das LkSG und die CSDDD hinzu, womit sich die organisationale Zielpalette um die Menschenrechte, die Umwelt und das Klima erweitert. Die fortschreitende Erweiterung der gesetzlichen Organisationsziele kann nicht auf Kosten der Effizienz und der Flexibilität der Unternehmensorganisation erfolgen, ohne den Fortbestand der Aktiengesellschaft zu gefährden. D. h., die wachsende gesetzliche Zielpalette führt zur geringeren Gewichtung der einzelnen gesetzlichen Organisationsziele im Verhältnis zueinander. Ansonsten wäre die Organisationsfreiheit des Vorstands, die wirtschaftlichen Ziele der Organisationsgestaltung festzulegen, durch die gesetzlichen Ziele zum großen Teil aufgehoben.

Die positive Konkretisierungsbefugnis in Bezug auf die Gewichtung der Organisationsziele erfüllt daher auch die Funktion, die Leitungsfreiheit des Vorstands im Kontext wachsender gesetzlicher Bestimmungen sicherzustellen.

VI. Zwischenergebnis

Das Unternehmensziel ist eine wichtige aktienrechtliche Rechtsfigur, die die Grenze der positiven Konkretisierungsbefugnis des Vorstands ausmacht und von der wachsenden Regulierung maßgeblich geprägt wird. Der Vorstand transformiert das Unternehmensziel in Unterziele auf einer niedrigeren Ebene und einzelne Entscheidungen. Aus Organisationspflichten lassen sich gesetzliche organisationale Unterziele herleiten, die als Kriterium für die fortlaufende Entwicklung der Organisation dienen; zentral sind dafür das LkSG und die CSDDD. Diese Unterziele befinden sich in einer Wechselwirkung mit dem Unternehmensziel und beeinflussen es. Die neuen gesetzlichen Organisationsziele lassen im Ergebnis den Schluss zu, dass sich der Gesetzgeber für den Stakeholder-Approach entscheidet, indem er mittelbar die Nachhaltigkeitsbelange in das Unternehmensziel aufnimmt und damit diese Rechtsfigur materiellrechtlich auflädt. Diese materiellrechtliche Art und Weise des Zugriffs auf das Unternehmensziel bedeutet eine Abkehr von der bisherigen Regulierungsstrategie: Der Gesetzgeber zielte in der CSR-Richtlinie oder in der Vergütungsregelung (§ 87 Abs. 1 S. 2 AktG) auf den unternehmenszielbezogenen Transformationsprozess ab, indem er sein informationelles Fundament und die persönlichen Handlungsanreize beeinflusste.

Die wachsenden prinzipienorientierten Organisationspflichten verringern fortlaufend die Reichweite der Anwendung der Business Judgment Rule, indem sie als eine zweite Zielsetzung deren Bewegungsradius erheblich einschränken (die doppelte Zielbindung). Hinzu kommen noch konkrete Vorgaben, die diese Rechtsfigur komplett verdrängen.

Der Gesetzgeber wählt in den in dieser Arbeit analysierten Normen vorwiegend offene Zielvorgaben als Regulierungsinstrument. Hieraus folgt: Die Organisationsneutralität ist ein aktienrechtliches Strukturprinzip und kein bloßes Postulat an den Gesetzgeber. Dieses Strukturprinzip unterliegt in der neuen Gesetzgebung (HinSchG, LkSG, CSDDD) einer Abschwächung aufgrund der übermäßigen Komplexität der Regelungen und darf außerdem nicht zu der Schlussfolgerung führen, der Aktiengesellschaft könnte eine beliebige Zahl an Organisationszielen vorgegeben werden. Es kann noch nicht von einer Überforderung von Aktiengesellschaften durch die bloße Zielkumulation in der aktuellen Situation gesprochen werden, aber die organisationalen Ziele schwächen sich dennoch gegenseitig ab.

Die finalen Organisationsvorgaben ermöglichen es dem Gesetzgeber, den unternehmerischen Geist (Innovation, Kreativität, Mut) verstärkt in den Dienst der Allgemeinheit zu stellen. Die Organisationsneutralität und die Organisationsfreiheit stellen damit den Schlüssel zu einer zukunftsfähigen Balance zwischen den Interessen der Unternehmen und der Allgemeinheit dar.

Teil 8 Thesenförmige Zusammenfassung der wesentlichen Untersuchungsergebnisse

Teil 2 Organisation – betriebswirtschaftliche Grundlagen und Folgen für die rechtliche Perspektive:

1. Organisationen sind komplexe Sozialsysteme, die sich volatil, einzigartig und situationsabhängig entfalten.
2. Die wirtschaftlich optimale konkrete Normierung der Organisation ist nicht möglich. Das Problem der Normierbarkeit betrifft nicht nur das Ergebnis des Organisierens, sondern aufgrund methodischer Gegebenheiten auch den Prozess der organisationalen Gestaltung.
3. Bei der Normierung von Organisationen ist die gesamte Organisationslehre zu berücksichtigen; jeder Ansatz hat seine Stärken und Schwächen. Nur in ihrer Gesamtheit erfassen sie das Phänomen »Organisation« vollständig. Für die rechtliche Perspektive sind die dynamischen Organisationskonzepte zu bevorzugen.

Teil 3 Die Grundlagen der Organisationsfreiheit

I. Unternehmensfreiheit im System der privatrechtlichen Gestaltungsfreiheit

4. Das zentrale Instrument für die Ausübung der Organisationsfreiheit ist der privatrechtliche Vertrag; die Organisationsfreiheit beruht auf der Privatautonomie.
5. Mithilfe des Vertragstyps entscheidet das Unternehmen, wie weit seine Grenzen reichen (Ein- und Ausgliederungsfreiheit). Sollten natürliche Personen in die Organisation integriert werden, werden mit ihnen Arbeitsverträge abgeschlossen. Das auf dem Arbeitsvertrag beruhende Weisungsrecht dient zur Steuerung der Organisation.
6. Das Arbeitsrecht schränkt die Organisationsfreiheit in vielerlei Hinsicht ein: Die Schranken ergeben sich insb. aus der Fürsorgepflicht, aus den Arbeitsschutzvorschriften sowie aus dem Kündigungsschutz.
7. Eine wichtige Quelle von Einschränkungen der Organisationsfreiheit bilden faktische Gegebenheiten wie räumliche, zeitliche und technische Bedingungen.

II. Funktionen der Organisationsfreiheit

8. Die Organisationsfreiheit dient dazu, die Effizienz von Unternehmen abzusichern; dies betrifft besonders kleinere Unternehmen.
9. Die Organisationsfreiheit schützt die Flexibilität und die Zukunftsfähigkeit der Organisation; sie verhindert eine rechtlich bedingte »Versteinerung« von organisationalen Lösungen.
10. Die Organisationsfreiheit fördert den Wettbewerb von Organisationslösungen und damit die Innovation in diesem Bereich.
11. Risikobezogene Organisationspflichten können den Ruf der Unternehmen und damit ihre Stellung im internationalen Wettbewerb verbessern.
12. Dank der Organisationsfreiheit können Unternehmen eigenverantwortlich über ihren Risikoappetit entscheiden.
13. Die Funktionen der Organisationsfreiheit befinden sich teilweise im Spannungsverhältnis; dies betrifft besonders die Flexibilität und die Effizienz. Aufgrund der Organisationsfreiheit behält das Unternehmen die zur Auflösung dieser Spannung erforderliche organisationale Ziel- und Strategiehoheit.

III. Grundrechtlicher Schutz der Organisationsfreiheit

14. Die hohe wirtschaftliche Bedeutung der Organisationsfreiheit spiegelt sich im lückenlosen grundrechtlichen Schutz im deutschen und im europäischen Recht wider.
15. Der Schutz der unternehmensinternen Organisationsfreiheit ergibt sich im deutschen Verfassungsrecht aus Art. 12 GG. Die sachlichen Schutzbereiche von Art. 9 GG und von Art. 14 GG sind nicht eröffnet.
16. Zentral für den grundrechtlichen Schutz der Organisationsfreiheit im europäischen Recht ist die unternehmerische Freiheit aus Art. 16 GRCh. Bei natürlichen Personen kann er sich ferner aus Art. 15 Abs. 1 GRCh ergeben. Unter sehr engen Voraussetzungen schützt die Eigentumsfreiheit aus Art. 17 GRCh die unternehmensinterne Organisationsfreiheit.

Teil 4 Prinzipien der Rechtsetzung und Auslegung von Organisationsvorgaben

I. Gebot der Organisationsneutralität

17. Die Organisationspflichten sind neutral auszugestalten, indem sie keine starre Aufbau- bzw. Ablauflösungen vorsehen, sondern nur ein offenes Ziel vorgeben und dessen Verwirklichung den Unternehmen überlassen.

18. Die Organisationsneutralität sollte bei der Rechtsetzung berücksichtigt werden. Die organisationsneutrale Auslegung von konkreten Vorgaben ist aufgrund methodischer Schwierigkeiten und der damit verbundenen Rechtsunsicherheit kaum möglich.
19. Bei offenen Zielvorgaben handelt es sich um prinzipienorientierte Regulierung, die die Normadressaten freiheitsschonend belasten soll.
20. Eine prinzipienorientierte Norm stellt einen finalen Selbstregulierungsauftrag dar, mit dem der Gesetzgeber die Bestimmung von konkreten Pflichten an den sachnahen Normadressaten delegiert.
21. Dem Normadressaten steht eine positive Konkretisierungsbefugnis zu, die vor staatlichem Zugriff geschützt ist (»sicherer Hafen«). Behörden und Gerichte verfügen lediglich über eine negative Konkretisierungsbefugnis; sie dürfen nur dann einschreiten, wenn der Normadressat die Zielvorgabe evident verletzt.
22. Ein Konkretisierungsdialog zwischen Behörden und Adressaten stellt aufgrund struktureller Schwächen keine Alternative zum finalen Selbstregulierungsauftrag dar.
23. Die Freiräume von Normadressaten dürfen nicht von Rechtsberatern, Wirtschaftsprüfern oder sonstigen Akteuren illegitim vereinnahmt werden.
24. Prinzipienorientierte Normen haben einen Funktionswandel der Rechtsberater zur Folge: Diese werden zu Hütern der Konkretisierungsgrenzen und müssen über ein Mindestfachwissen verfügen, um das unternehmerische Handeln im Lichte des gesetzlichen Ziels beurteilen zu können.

II. Gebot der Rechtsformneutralität

25. Das Rechtsformneutralitätsgebot gilt, wenn die jeweilige Organisationspflicht auf ein Sachproblem abzielt, das unabhängig von der Rechtsform besteht. Dieses Gebot beschränkt sich auf die Rechtsetzung.
26. Die Organisationsvorgaben sollen dann rechtsformspezifisch sein, wenn sie ein aus der Rechtsform herrührendes Problem zu lösen suchen.

III. Gebot der Größenneutralität oder der Größenabhängigkeit?

27. Die Organisationspflichten sollen proportional zur Unternehmensgröße ausfallen (Größenabhängigkeitsgebot).
28. Das Größenabhängigkeitsgebot ist bei der Rechtsetzung zu berücksichtigen. Ggf. kann es bei der Bestimmung der Pflichtenintensität einbezogen werden.

Teil 5 Die aktienrechtlichen Organisationspflichten im Lichte der Organisationsfreiheit

I. Phänomenologie der Organisationspflichten aus der Perspektive der Aktiengesellschaft

29. Im Aktienrecht sind zwei Arten von Organisationspflichten anzutreffen: Es gibt solche, die die Aktiengesellschaft treffen (Außenverhältnis) und solche, die an den Vorstand adressiert sind (Innenverhältnis). Die Legalitätspflicht transponiert die Pflichten aus dem Außenverhältnis ins Innenverhältnis.

30. Die Organisationspflichten im Außenverhältnis sind regelmäßig mit dem öffentlich-rechtlichen Enforcement verbunden. Die Organisationspflichten im Innenverhältnis sehen hingegen grundsätzlich nur ein privatrechtliches Enforcement vor.

II. Organisationsfreiheit der Aktiengesellschaft und die Leitungsfreiheit des Vorstands im aktienrechtlichen Kompetenzgefüge

31. Der Vorstand übt die Organisationsfreiheit in der Aktiengesellschaft aus; sie ist ein wesentlicher Bestandteil seiner Leitungsautonomie.

32. Die Business Judgment Rule aus § 93 Abs. 1 S. 2 AktG soll einen harmonischen Ausgleich zwischen der unternehmerischen Freiheit und der notwendigen Kontrolle sicherstellen, um dem Missbrauch der treuhänderischen Stellung durch den Vorstand vorzubeugen.

33. Bei der Business Judgment Rule handelt es sich um einen vertypten Zieltreuetatbestand, der die finale Bindung des Vorstands an das Unternehmenswohl zum Ausdruck bringt. Die §§ 76 Abs. 1, 93 Abs. 1 S. 1, 2 AktG sind ein Fall der prinzipienorientierten Regulierung und damit organisationsneutral.

34. §§ 76, 93 AktG übertragen dem Vorstand die positive Konkretisierungsbefugnis bezogen auf sein gesetzlich nicht determiniertes Handeln. § 93 Abs. 1 S. 2 AktG schränkt diese Befugnis ein, indem er die wirksame Konkretisierung an die Einhaltung der Business Judgment Rule anknüpft. Der Vorstand bestimmt den konkreten Inhalt seiner Leitungspflicht im Lichte des Unternehmenswohls. Der Aufsichtsrat und die Gerichte verfügen nur über eine negative Konkretisierungsbefugnis bezogen auf die Leitungspflicht des Vorstands.

35. Die Business Judgment Rule gilt auch für die Beurteilung der angemessenen Informationsgrundlage. Der Vorstand verfügt über eine informationelle Fokus- bzw. Prioritätshoheit. Eine angemessene Informationsgrundlage des Entscheidungsträgers ist ein sachnotwendiger Bestandteil jeder offenen Zielvorgabe.

36. Für Geschäftsprozesse gilt die an die Business Judgment Rule angelehnte Business Process Rule. Sie setzt sich aus vier Elementen zusammen: Informationserhebung, Informationsbewertung, Anpassung und Überwachung. Jedes Element hängt vom vorherigen ab; auf jedes (einzelne) von ihnen ist die Business Judgment Rule anzuwenden.
37. Für den Prozess der Gestaltung der gesamten Unternehmensorganisation gilt die organisationale Variante der Business Process Rule. Die wichtigsten Besonderheiten umfassen die Festlegung der organisatorischen Ziele bzw. Kriterien sowie den Mindestzeitabstand von einem Jahr zwischen den einzelnen Untersuchungen der Organisation.
38. Aus der Pflicht zum systematischen Organisieren ergibt sich keine pauschale Pflicht zur Einrichtung von Governance-Systemen.
39. Nicht jede organisationsbezogene Entscheidung ist delegierbar. Betrifft die organisationale Entscheidung das Verhalten aller Mitarbeiter, dann handelt es sich um die nicht delegierbare Leitung i. S. d. § 76 AktG. Betrifft die Entscheidung kleinere Gruppen, dann geht es um eine delegierbare Maßnahme der Geschäftsführung (§ 77 AktG). Im Graubereich richtet sich die Abgrenzung nach der Bedeutung der Entscheidung im Lichte der Unternehmensstrategie.
40. Der Aufsichtsrat kann wesentliche Organisationsmaßnahmen von seiner Zustimmung abhängig machen; tut er dies, kann die positive Konkretisierungsbefugnis nur mit seiner Zustimmung ausgeübt werden. Ggf. muss der Vorstand dem Aufsichtsrat über die Organisation nach § 90 AktG berichten.
41. Verfügt das Unternehmen über spezialisierte Governance-Systeme wie das RMS oder das IKS sowie über einen Prüfungsausschuss, so überwacht der Prüfungsausschuss die Angemessenheit und Wirksamkeit dieser Systeme. Den Governance-Systemen soll zudem eine besondere Aufmerksamkeit des Aufsichtsrats zukommen.
42. Der von der flexiblen Vergütung herrührende Steuerungsimpuls eignet sich nicht dazu, eine ordnungsmäßige Organisation zu fördern. Eine auf den kurzfristigen Erfolg ausgerichtete Vergütung kann sich jedoch nachteilig auf die Zukunftsfähigkeit der Organisation auswirken.

III. Legalitätsdurchsetzungspflicht als Organisationspflicht

43. Die das Innenverhältnis betreffende Legalitätspflicht des Vorstands leitet sich aus der Delegation der Konkretisierungsbefugnis her. Die Legalitätspflicht umfasst die gesamte allgemeine Rechtsordnung, die die Aktiengesellschaft trifft. Die vertraglichen Pflichten der Aktiengesellschaft werden nicht einbezogen.

44. Die allgemeine Legalitätsdurchsetzungspflicht ist eine Delegationsfolgepflicht: Werden Aufgaben delegiert, wandelt sich die Legalitätspflicht in die Legalitätsdurchsetzungspflicht um.

45. Bezogen auf bußgeld- und sanktionsbewehrte Normen besteht parallel zur allgemeinen Legalitätsdurchsetzungspflicht eine aus § 130 OWiG. Diese Norm sieht keine konkreten Vorgaben für die Legalitätsdurchsetzungspflicht vor, sondern verlangt von Unternehmen erforderliche und zumutbare Aufsichtsmaßnahmen. Dies ist ein weiterer Fall prinzipienorientierter Regulierung; der Gesetzgeber überträgt hier die positive Konkretisierungsbefugnis auf die Unternehmen.

46. Die positive Konkretisierungsbefugnis bezieht sich auch auf die allgemeine Legalitätsdurchsetzungspflicht. Sie unterteilt sich in eine proaktive und eine engere reaktive Variante. Nur in seltenen Fällen enormer Komplexität und Größe des Unternehmens verdichtet sich die Legalitätsdurchsetzungspflicht zur Pflicht zur Einrichtung eines Compliance-Management-Systems (CMS).

47. Auf die Legalitätsdurchsetzungsmaßnahmen ist die Business Judgment Rule analog mit einer doppelten Zielbindung (Unternehmenswohl sowie Legalitätsdurchsetzung) anzuwenden. Prinzipienorientierte Vorgaben sind kein Fall unklarer Rechtslage; die Legal Judgment Rule ist nicht anwendbar. Die Legalitätsdurchsetzung ist ein Dauerprozess, sodass die Business Process Rule hierauf Anwendung findet.

48. Aus der Legalitätsdurchsetzungspflicht ergibt sich ein organisationales Ziel der Gewährleistung unternehmensweiter Gesetzestreue, das als eines der Bewertungskriterien in die allgemeine organisationale Business Process Rule einfließt.

49. Bei §§ 12 ff. HinSchG handelt es sich um ein gesetzlich vorgeschriebenes Hinweisgebersystem und damit um eine Teilkodifikation des CMS. §§ 12 ff. HinSchG sind rechtsformneutral und größenabhängig. Die Größenabhängigkeit wird aber aus rechtsfaktischen Gründen ins Leere laufen.

50. §§ 12 ff. HinSchG verpflichten zur Einrichtung einer internen Meldestelle sowie interner Meldekanäle. Es soll damit die Einhaltung der Gesetze im öffentlichen Interesse gefördert werden; ferner sollen die Pflichten auch zur Stärkung der Unternehmensreputation und zur Erfüllung der Vorstandspflicht zur Legalitätsdurchsetzung beitragen.

51. §§ 12 ff. HinSchG sind teilweise prinzipienorientiert und teilweise konkret. Die konkreten Vorgaben beeinträchtigen die Organisationsneutralität der Regelung.

52. In der Aktiengesellschaft ist der Vorstand für die Erfüllung der Pflichten und die allgemeinen Regeln betreffend das Hinweisgebersystem zuständig. Ihm steht die positive Konkretisierungsbefugnis bezogen auf die offenen Zielvorgaben zu.

IV. Organisationsvorgaben nach § 91 Abs. 2 und Abs. 3 AktG

53. § 91 Abs. 2 und Abs. 3 AktG dienen dem öffentlichen Interesse, dem Schutz der Aktionäre und der Gläubiger sowie der Rechnungslegung. Beide Normen gehören zur prinzipienorientierten Regulierung. Sie geben dem Vorstand neben einem Ziel auch eine Systemeinrichtungspflicht vor, sodass es sich bei diesen Normen um einen bedingten finalen Selbstregulierungsauftrag mit einer positiven Konkretisierungsbefugnis des Vorstands handelt.

54. § 91 Abs. 2 AktG verpflichtet zur Einrichtung eines Risikofrüherkennungssystems. Eine systematische Überwachung dieses Systems ist rechtlich nicht erforderlich. § 91 Abs. 3 AktG verpflichtet zur Einrichtung von einem Risikomanagementsystem, einem internen Kontrollsystem, einem CMS und einer Internen Revision.

55. Ein System liegt vor, wenn das Unternehmen mehrere systemische Koordinationsinstrumente (Verfahrensrichtlinien, Programme, Pläne) einsetzt und diese Instrumente aufeinander abgestimmt sind.

56. § 91 Abs. 2 und Abs. 3 AktG verletzen das Größenabhängigkeitsgebot, indem sie keinerlei Schwellenwerte vorsehen.

57. Auf § 91 Abs. 2, 3 AktG ist die Business Judgment Rule analog mit einer doppelten Zielbindung heranzuziehen; die Maßnahmen müssen final auf die dem jeweiligen System zugrundeliegende Funktion sowie auf das allgemeine Unternehmenswohl ausgerichtet sein. Es gilt auch die Business Process Rule. Der Aufsichtsrat hat die Einhaltung der § 91 Abs. 2 und Abs. 3 AktG zu überwachen.

58. § 91 Abs. 2 bedarf einer Nachbesserung; er muss das Größenabhängigkeitsgebot berücksichtigen und sollte auch ins GmbHG aufgenommen werden. § 91 Abs. 3 AktG sollte nicht nur börsennotierte, sondern alle kapitalmarktorientierten Unternehmen betreffen und ebenfalls an das Größenabhängigkeitsgebot angenähert werden. Bei beiden Normen sollte der Gesetzgeber für mehr Klarheit sorgen, indem er die einzurichtenden Systeme präzisiert.

59. § 1 StaRUG wirkt sich auf die Pflichtenlage in der Aktiengesellschaft nicht aus.

60. IDW PS 340 n.F. ist eine illegitime Konkretisierung des § 91 Abs. 2 AktG; seine zwei zentralen Mängel sind die Berücksichtigung des Abschlussprüferermessens zulasten des Vorstandsermessens und die Einbeziehung der Risikosteuerung in das System. IDW PS 981 stellt überzogene Dokumentationsanforderungen und verlangt zu detaillierte Organisationslösungen.

V. Buchführungspflicht aus § 91 Abs. 1 AktG

61. Die Buchführungspflicht aus § 91 Abs. 1 AktG hat eine Doppelnatur: Sie verweist einerseits in die handelsrechtlichen Rechnungslegungspflichten; sie verpflichtet andererseits den Vorstand zur Aufrechterhaltung der informationellen Steuerungsinfrastruktur.

62. Die wichtigste Facette der Buchführungspflicht ist der Wahrheitsgrundsatz; die Übereinstimmung von Informationen mit der Realität ist zentral für die Erfüllung der Funktionen der Buchführungspflicht.

63. Aus der Buchführungspflicht ergibt sich eine zur Größe und Komplexität proportionale Organisationspflicht (Delegationsfolgepflicht). Ferner muss der Vorstand für eine grundlegende Informationsorganisation sorgen. Eine allgemeine Pflicht zur Einrichtung eines IKS besteht nicht.

64. § 91 AktG sieht eine Organisations-Trias vor und ist zentral für die aktienrechtliche Corporate Governance. § 91 AktG ist ferner der Archetyp von offenen Zielvorgaben im Aktienrecht und grundsätzlich organisationsneutral. Der Vorstand genießt bei der Erstellung der gesetzmäßigen Rechnungslegung und der informationellen Organisation die Umsetzungsfreiheit nebst der positiven Konkretisierungsbefugnis. Die allgemeine Buchführungspflicht (§ 91 Abs. 1 AktG) ist weitestgehend rechtsformneutral.

65. Die umfassenden Angaben zu nachhaltigkeitsbezogenen Auswirkungen, Chancen und Risiken nach der CSRD und den ESRS führen zu einer impliziten Pflicht, ein umfassendes Nachhaltigkeitsdatenerhebungssystem einzurichten. Die schiere Menge an zu sammelnden Daten nach den ESRS und der Taxonomie-VO droht die Berichtswege und generell die informationelle Organisation von Unternehmen zu überlasten. Hinzu kommen noch zahlreiche sonstige Angaben, die die Professionalisierung der nachhaltigkeitsbezogenen Organisation über den Reputationsmechanismus fördern sollen.

Teil 6 Menschenrechts- und umweltbezogene Risikomanagementsysteme nach dem LkSG sowie nach der CSDDD

I. Das LkSG im Lichte der aktienrechtlichen Organisationsfreiheit des Vorstands

66. Beim LkSG handelt es sich um ein Legal Transplant. Darüber hinaus stellt dieses Gesetz ein Patchwork dar, was zu erheblichen Inkonsistenzen und Friktionen führt. Die Regelung entspricht dem Rechtsformneutralitäts- sowie dem Größenabhängigkeitsgebot, soweit die mittelbare Schattenwirkung ausgeblendet wird.

67. Der überwiegende Teil der menschenrechts- und umweltbezogenen Schutzgüter besteht aus präzisen Tatbeständen. Allerdings befindet sich in § 2

Abs. 2 Nr. 12 LkSG eine unscharfe Auffangklausel, die das Bestimmtheitsgebot verletzt und daher verfassungswidrig ist.

68. §§ 3 ff. LkSG sehen ein schutzgüterbezogenes RMS-ähnliches System vor, das über das traditionelle RMS hinaus ein Beschwerdeverfahren (§§ 8, 9 Abs. 1 LkSG), eine verletzungsbezogene Pflicht (§ 7 LkSG) und eine Berichtspflicht (§ 10 Abs. 2 bis 4 LkSG) beinhaltet.

69. Mit dem Angemessenheitsvorbehalt (§ 3 Abs. 2 LkSG) soll den Unternehmen die positive Konkretisierungsbefugnis bezogen auf die in den Pflichten aufzufindenden offenen Begriffe übertragen werden. Aufgrund der Anzahl der Angemessenheitskriterien (§ 3 Abs. 2 Nrn. 1 bis 4 LkSG) handelt es sich um einen Konkretisierungskorridor, bei dem alle Kriterien eingehalten werden müssen; dies soll eine stärkere Ausrichtung auf die Schutzgüter gewährleisten. Der Konkretisierungsprozess wird durch die Interessenträger informationell beeinflusst.

70. Die öffentlich-rechtliche Durchsetzung setzt voraus, dass das Unternehmen den Konkretisierungskorridor verlassen hat. Im Falle eines Verstoßes hat der freiheitsschonende § 15 S. 2 Nr. 2 LkSG Vorrang. § 15 S. 2 Nr. 3 LkSG kann die Organisationsfreiheit in concreto erheblich verletzen und darf nur als ultima ratio angewandt werden.

71. Die behördliche, faktische, generelle Konkretisierung in den Handreichungen (§ 20 LkSG) steht im Widerspruch zum Konzept der individuell-konkreten Konkretisierung nach § 3 Abs. 2 LkSG. § 20 LkSG soll daher nur ausnahmsweise von der Behörde genutzt werden. Außerdem fehlt in § 20 LkSG ein interessenpluralistisches Konkretisierungsverfahren.

72. Das RMS-ähnliche LkSG-Schutzsystem nimmt die Perspektive der Schutzgüter ein. Damit ergänzt es den auf das Unternehmen ausgerichteten § 91 Abs. 2 und Abs. 3 AktG, sodass insgesamt ein RMS mit einer doppelten Perspektive verlangt wird.

73. Aus der Perspektive der Schutzgüter handelt es sich bei §§ 3 ff. LkSG grundsätzlich um Bemühenspflichten. §§ 3 ff. LkSG verlangen aber auch zahlreiche Durchführungs-, Einrichtungs- sowie organisationale Erfolge; aus der Perspektive vom Unternehmen sind es also Erfolgspflichten (Doppelnatur).

74. §§ 3 ff. LkSG weisen einen unterschiedlichen Grad an Organisationspflichten auf. Das Grundgerüst des LkSG-Schutzsystems besteht aus offenen Zielvorgaben und ist damit organisationsneutral. Für den gesamten Pflichteninhalt gilt dies jedoch aufgrund hoher Komplexität der Regelung und überflüssiger Regelbeispiele nicht. Das LkSG-Schutzsystem beeinträchtigt darüber hinaus gezielt die Fokushoheit.

75. Der Vorstand hat das LkSG umzusetzen. Hierfür steht ihm die positive Konkretisierungsbefugnis zu. Die Business Judgment Rule findet Anwendung mit einer doppelten Zielbindung (analog). Die Business Process Rule wird durch

spezielle gesetzliche Überwachungs- und Anpassungspflichten verdrängt. Der Schutz von Menschenrechten und Umwelt fließt als ein gesetzliches Organisationsziel in die organisationale Business Process Rule ein.

76. Der Aufsichtsrat muss die Erfüllung der Pflichten aus dem LkSG gewährleisten und spielt die Rolle eines internen Garanten des LkSG-Rechtsgüterschutzes. Dem Aufsichtsrat steht nur die negative Konkretisierungsbefugnis zu.

77. Die Steuerungsimpulse aus dem LkSG werden in der Praxis durch § 87 Abs. 1 S. 2 AktG verstärkt, der bei einer flexiblen Vergütung nachhaltigkeitsbezogene Vergütungsparameter verlangt.

II. Europäische Richtlinie über die Sorgfaltspflichten von Unternehmen im Hinblick auf die Nachhaltigkeit (CSDDD) im Lichte der Organisationsfreiheit

78. Die CSDDD beruht zum großen Teil auf dem LkSG; die Mängel der nationalen Regelung werden ins europäische Recht überführt.

79. Die CSDDD entspricht abgesehen von der Schattenwirkung dem Größenabhängigkeitsgebot. Sie wurde aber nicht rechtsformneutral ausgestaltet.

80. Der Kreis der Schutzgüter entspricht grundsätzlich dem des LkSG. Die Auffangklausel nach Art. 3 Abs. 1 lit. c Ziff. ii CSDDD könnte aufgrund der Bestimmtheitsdefizite das Primärrecht verletzen. Die Ermächtigung der EU-Kommission in Art. 3 Abs. 2 CSDDD zur Erweiterung des Schutzgüterkatalogs verstößt möglicherweise gegen Art. 290 AEUV.

81. Der Geeignetheitsvorbehalt entspricht dem Angemessenheitsvorbehalt aus dem LkSG. Die CSDDD überträgt ebenfalls die positive Konkretisierungsbefugnis samt einem Korridor aus mehreren Kriterien auf die Unternehmen. Die verstärkte Beteiligung von Stakeholdern führt nicht zur Inhaberschaft der positiven Konkretisierungsbefugnis; die Stakeholder beeinflussen informationell den Konkretisierungsprozess und verfügen damit nur über eine mittelbare Konkretisierungsbefugnis. Die aktive Beteiligung von Stakeholdern kann Friktionen mit der unternehmerischen Mitbestimmung verursachen.

82. Die CSDDD-Sorgfaltspflichten ähneln ebenfalls denen des LkSG. Der wesentliche Unterschied besteht in der Erweiterung der aktiven Beteiligung von Stakeholdern (Art. 13 CSDDD).

83. Die Berichtspflicht nach Art. 16 CSDDD bringt eine Erwartungslücke mit sich und ist nicht hinreichend bestimmt; die Ermächtigung der EU-Kommission zur Konkretisierung der Berichtsinhalte in Art. 16 Abs. 3 CSDDD könnte gegen Art. 290 AEUV verstoßen. Es ist zu begrüßen, dass Unternehmen, die der CSRD unterfallen, von der Berichtspflicht befreit sind.

84. Die positive Konkretisierungsbefugnis bezieht sich auch auf den Klimaschutzplan nach Art. 22 CSDDD. Beim Klimaschutzplan handelt es sich um

eine Zielvorgabe, die zur selbstbestimmten Zielsetzung verpflichtet (doppelte Finalität). Der Klimaschutz genießt keinen Vorrang vor dem Menschenrechts- und Umweltschutz.

85. Die Befreiung von Unternehmen, die einen Klimaschutzplan nach ESRS E1 aufstellen, löst den Bedarf aus, ESRS an Art. 22 CSDDD inhaltlich anzunähern. Aktuell bestehen inhaltliche Unstimmigkeiten.

86. Beim Enforcement der CSDDD muss das Ermessen der Unternehmen respektiert werden. Die Behörden verfügen lediglich über eine negative Konkretisierungsbefugnis und dürfen konkrete Maßnahmen nur als ultima ratio anordnen. Die generellen Leitlinien der EU-Kommission stehen im konzeptuellen Widerspruch zur individuellen Konkretisierung der Pflichten durch Unternehmen.

87. Die zivilrechtliche Haftung (Art. 29 CSDDD) setzt voraus, dass das Unternehmen den Konkretisierungskorridor verlassen hat.

88. Der Anwendungsbereich der CSDDD reicht teilweise aufgrund der einbezogenen Rechtsformen weiter als der der CSRD. Die stufenweise Verpflichtung auf die Nachhaltigkeit beginnend mit den Berichtspflichten wird damit als Konzept verworfen.

89. CSDDD sieht in ihren Artt. 7 ff. ein nachhaltigkeitsbezogenes RMS-ähnliches Schutzsystem vor, das über das RMS hinausreicht, indem es die Behebung und Wiederherstellung (Artt. 11, 12 CSDDD), die Stakeholder-Beteiligung (Artt. 13, 14 CSDDD) sowie die Berichterstattung (Art. 16 CSDDD) vorschreibt. Bei den Sorgfaltspflichten handelt es sich aus der Perspektive der Organisation überwiegend um Erfolgspflichten, denn sie verlangen Durchführungs- und Einrichtungserfolge.

90. Bei der CSDDD handelt es sich teilweise um offene Zielvorgaben. Die Komplexität der Regelung sowie zahlreiche Regelbeispiele beeinträchtigen jedoch die Organisationsneutralität dieser Normen. Ferner weist der Klimaschutzplan nach Art. 22 CSDDD ein erhebliches Potential auf, sich auf die gesamte Organisation auszuwirken. Die öffentlich-rechtliche Durchsetzung der CSDDD birgt aufgrund des naming and shaming erhebliche Gefahren für die Organisationsfreiheit. Deutlich weniger gefährlich erscheint die zivilrechtliche Haftung.

91. Der Vorstand übt die positive Konkretisierungsbefugnis bezogen auf die CSDDD-Pflichten aus. Die Business Process Rule wird durch die CSDDD verdrängt (arg. ex Art. 15 CSDDD). Der Schutz von Menschenrechten, Umwelt und Klima kommt zu gesetzlichen organisationalen Zielen hinzu.

92. Der Aufsichtsrat hat die Einhaltung des Konkretisierungskorridors zu überwachen. Er kann hierbei ggf. auf die Unterstützung durch den Abschlussprüfer zählen, soweit es um die Angaben nach der CSRD geht.

93. § 87 Abs. 1 S. 2 AktG verstärkt die Steuerungsimpulse aus der CSDDD zugunsten der Nachhaltigkeit.

Teil 7 Folgen von Organisationspflichten für die Unternehmensverfassung

94. Der Vorstand transformiert das Unternehmensziel in einzelne Handlungen und Unterziele. Die organisationalen Ziele bewegen sich auf der Ebene der Unterziele.
95. Die organisationalen Ziele befinden sich in einer Wechselwirkung mit dem Unternehmensziel. Durch die Ausrichtung der organisationalen Ziele auf die Nachhaltigkeit im LkSG und in der CSDDD wird das Unternehmensziel mittelbar verändert und umfasst von Gesetzes wegen die ESG-Komponente bei jenen Aktiengesellschaften, die in den Anwendungsbereich des LkSG bzw. der CSDDD fallen. Der Gesetzgeber lehnt damit den Shareholder-Approach ab.
96. Stakeholder gewinnen zwar an Bedeutung, aber ihre Rolle beschränkt sich auf die informationelle Seite des unternehmenszielbezogenen Transformationsprozesses.
97. Die zahlreichen organisationalen Ziele reichen in der aktuellen Lage noch nicht aus, um die Unternehmensorganisation zu überfordern.
98. Die Organisationsneutralität ist ein aktienrechtliches Strukturprinzip, das die Organisationsfreiheit widerspiegelt und die unternehmerische Freiheit für das Gemeinwohl aktiviert.

Abkürzungen

aA	andere Ansicht
a.E.	am Ende
Abs.	Absatz
ABl.	Amtsblatt
AcP	Archiv für die civilistische Praxis (Zeitschrift)
AEUV	Vertrag über die Arbeitsweise der Europäischen Union
AG	Die Aktiengesellschaft (Zeitschrift)
AktG	Aktiengesetz
AnwBl.	Anwaltsblatt
AöR	Archiv des öffentlichen Rechts
Art.	Artikel
ARUG II	Gesetz zur Umsetzung der zweiten Aktionärsrechterichtlinie
Aufl.	Auflage
BAFA	Bundesamt für Wirtschaft und Ausfuhrkontrolle
BaFin	Bundesanstalt für Finanzdienstleistungsaufsicht
BB	Betriebs-Berater (Zeitschrift)
Begr.	Begründung
BGB	Bürgerliches Gesetzbuch
BKR	Zeitschrift für Bank- und Kapitalmarkt
BilMoG	Bilanzrechtsmodernisierungsgesetz
BMJV	Bundesministerium der Justiz und für Verbraucherschutz
BöB	Bilanzbuchhalter (Zeitschrift)
BVerfG	Bundesverfassungsgericht
CCZ	Corporate Compliance Zeitschrift
COM	Commission
CMS	Compliance Management System
CRZ	Zeitschrift für Corporate Responsibility und Recht in der Lieferkette
CSDDD	Corporate Sustainability Due Diligence Directive
CSR	Corporate Social Responsibility
CSRD	Corporate Sustainability Reporting Directive
DAX	Deutscher Aktienindex
DB	Der Betrieb (Zeitschrift)
DCGK	Deutscher Corporate Governance Kodex
ders.	derselbe
d.h.	das heißt
Diss.	Dissertation
DJT	Deutscher Juristentag
DK	Der Konzern (Zeitschrift)
DöV	Die Öffentliche Verwaltung (Zeitschrift)

DRSC	Deutsches Rechnungslegungs Standards Committee
DStR	Deutsches Steuerrecht (Zeitschrift)
ECFR	European Company and Financial Law Review (Zeitschrift)
EFRAG	European Financial Reporting Advisory Group
EL	Ergänzungslieferung
ErwGr.	Erwägungsgrund
ESAP	European Single Access Point (Europäischer Einheitlicher Zugangspunkt)
ESRS	European Sustainability Reporting Standards
ESG	Environmental, Social, Governance bzw. Zeitschrift für nachhaltige Unternehmensführung
ESGZ	Fachzeitschrift für Nachhaltigkeit und Recht
EU	Europäische Union
EuArbRK	Kommentar zum europäischen Arbeitsrecht
EUV	Vertrag über die Europäische Union
EuZA	Europäische Zeitschrift für Arbeitsrecht
EuZW	Europäische Zeitschrift für Wirtschaftsrecht
e.V.	eingetragener Verein
EWS	Europäisches Währungssystem
f./ff.	folio/folis (folgendes Blatt/folgende Blätter)
FAZ	Frankfurter Allgemeine Zeitung
FISG	Gesetz zur Stärkung der Finanzmarktintegrität
Fn.	Fußnote
FS	Festschrift
GeschGehG	Gesetz zum Schutz von Geschäftsgeheimnissen
GesRZ	Der Gesellschafter – Zeitschrift für Gesellschafts- und Unternehmensrecht
GmbH	Gesellschaft mit beschränkter Haftung
GmbHR	Zeitschrift für Gesellschafts-, Unternehmens- und Steuerrecht
GRCh	Charta der Grundrechte der Europäischen Union
GRUR	Gewerblicher Rechtsschutz und Urheberrecht (Zeitschrift)
GS	Gedächtnisschrift
GWR	Gesellschafts- und Wirtschaftsrecht
HdB	Handbuch
HdLexEU	Handlexikon der Europäischen Union
HGRL	Hinweisgeberschutzrichtlinie
HinSchG	Gesetz für einen besseren Schutz hinweisgebender Personen
h.M.	herrschende Meinung
Hrsg.	Herausgeber
HWO	Handwörterbuch der Organisation
IAA	Institute of Internal Auditors
IDW	Institut der Wirtschaftsprüfer
IfM	Institut für Mittelstandsforschung
IFRS	International Financial Reporting Standards

iHv	in Höhe von
IKS	internes Kontrollsystem
IR	interne Revision
IRZ	Zeitschrift für Internationale Rechnungslegung
i.S.d.	im Sinne des
Iss.	Issue
i.V.m.	in Verbindung mit
JBl	Juristische Blätter
Jg.	Jahrgang
JURA	Juristische Ausbildung
JW	Juristische Wochenschrift
JZ	Juristenzeitung
Kap.	Kapitel
KlimaRZ	Zeitschrift für materielles und prozessuales Klimarecht
KMU	Kleine und mittlere Unternehmen
KonTraG	Gesetz zur Kontrolle und Transparenz im Unternehmensbereich
KoR	Zeitschrift für internationale und kapitelmarktorientierte Rechnungslegung
KTS	Zeitschrift für Insolvenzrecht
lit.	litera (Buchstabe)
LkR	Lieferkettenrecht
LkSG	Lieferkettensorgfaltspflichtengesetz
Mio.	Millionen
MitbestG	Mitbestimmungsgesetz
Mrd.	Milliarden
mwN	mit weiteren Nachweisen
NGO	non-governmental organisation (Nichtregierungsorganisation)
NJW	Neue Juristische Wochenschrift
Nr.	Nummer
NStZ	Neue Zeitschrift für Strafrecht
NVwZ	Neue Zeitschrift für Verwaltungsrecht
NZA	Neue Zeitschrift für Arbeitsrecht
NZG	Neue Zeitschrift für Gesellschaftsrecht
NZI	Neue Zeitschrift für das Recht der Insolvenz und Sanierung
OECD	Organisation für wirtschaftliche Zusammenarbeit und Entwicklung
OWiG	Gesetz über Ordnungswidrigkeiten
PiR	Praxis der internationalen Rechnungslegung (Zeitschrift)
PublG	Publizitätsgesetz
RabelsZ	Rabels Zeitschrift für ausländisches und internationales Privatrecht
RAW	Recht Automobil Wirtschaft (Zeitschrift)

RdA	Recht der Arbeit (Zeitschrift)
RG	Reichsgericht
RGSt	Entscheidungen des Reichsgerichts in Strafsachen
RIW	Recht der Internationalen Wirtschaft
RL	Richtlinie
RMS	Risk Management System (Risikomanagementsystem)
Rn.	Randnummer
Rz.	Randziffer
Rs.	Rechtssache
RWZ	Zeitschrift für Recht und Rechnungswesen
s.	siehe
S.	Seite
StaRUG	Gesetz über den Stabilisierungs- und Restrukturierungsrahmen für Unternehmen
StuB	Unternehmensteuern und Bilanzen (Zeitschrift)
UMAG	Gesetz zur Unternehmensintegrität und Modernisierung des Anfechtungsrechts
Unterabs.	Unterabsatz
Univ.	Universität
v.	von, vom
Var.	Variante
VersR	Versicherungsrecht (Zeitschrift)
vgl.	vergleiche
VGR	Gesellschaftsrechtliche Vereinigung
VO	Verordnung
VorstAG	Gesetz zur Angemessenheit der Vorstandsvergütung
Vol.	Volume (Band)
VwGO	Verwaltungsgerichtsordnung
VwVfG	Verwaltungsverfahrensgesetz
WiJ	Journal der Wirtschaftsstrafrechtlichen Vereinigung eV
wistra	Zeitschrift für Wirtschafts- und Steuerstrafrecht
WM	Wertpapiermitteilungen – Zeitschrift für Wirtschafts- und Bankrecht
WPg	Die Wirtschaftsprüfung (Zeitschrift)
WRP	Wettbewerb in Recht und Praxis
ZaöRV	Zeitschrift für ausländisches öffentliches Recht und Völkerrecht
ZAT	Zeitschrift für Arbeitsrecht und Tarifpolitik in kirchlichen Unternehmen
ZBB	Zeitschrift für Bankrecht und Bankwirtschaft
ZEuP	Zeitschrift für Europäisches Privatrecht
ZfPW	Zeitschrift für die gesamte Privatrechtswissenschaft
ZfWP	Zeitschrift für Wirtschaftspolitik
ZGR	Zeitschrift für Unternehmens- und Gesellschaftsrecht
ZHR	Zeitschrift für das gesamte Handels- und Wirtschaftsrecht

ZLR	Zeitschrift für das gesamte Lebensmittelrecht
Ziff.	Ziffer
ZInsO	Zeitschrift für das gesamte Insolvenz- und Sanierungsrecht
ZIP	Zeitschrift für Wirtschaftsrecht
ZRP	Zeitschrift für Rechtspolitik
ZUR	Zeitschrift für Umweltrecht
ZVersWiss	Zeitschrift für die gesamte Versicherungswissenschaft
ZVertriebsR	Zeitschrift für Vertriebsrecht
ZVglRWiss	Zeitschrift für vergleichende Rechtswissenschaft
ZZPInt	Zeitschrift für Zivilprozess international

Literatur

Achleitner, Ann-Kristin/ Kaserer, Christoph/ Günther, Nina/ Volk, Sarah — Die Kapitalmarktfähigkeit von Familienunternehmen. Unternehmensfinanzierung über Schuldschein, Anleihe und Börsengang, 1. Aufl., München 2011, herausgegeben von der Stiftung Familienunternehmen sowie PwC Deutschland.

Adam, Dirk H. V. — Die Begrenzung der Aufsichtspflichten in der Vorschrift des § 130 OWiG, wistra 2003, S. 285–292

Akerlof, George A. — The Market for »Lemons«: Quality Uncertainty and the Market Mechanism, in: The Quarterly Journal of Economics, Vol. 84 No. 3 (1970), S. 488–500

Albach, Horst/ Corte, Christiane/ Friedewald, Rolf/ Lutter, Marcus/ Richter, Wolf — Deregulierung des Aktienrechts: Das Drei-Stufen-Modell. Ein Entwurf zur Modifizierung des Aktienrechts – gefördert von der Bertelsmann Stiftung, 1. Aufl., Gütersloh 1988

Alchian, Armen A./ Demsetz, Harold — Production, Information Costs, and Economic Organization, The American Economic Review, Vol. 62 No. 5 (1972), S. 777–795

Alchian, Armen A./ Woodward, Susan — Reflections on the Theory of the Firm, in: Journal of Institutional and Theoretical Economics (JITE) / Zeitschrift für die gesamte Staatswissenschaft, Vol. 143 No. 1 (1987), S. 110–136

Aldrich, Howard E. — Organizations and Environments, 1. Aufl., Englewood Cliffs, NJ 1979

Alexander, Christian — Gegenstand, Inhalt und Umfang des Schutzes von Geschäftsgeheimnissen nach der Richtlinie (EU) 2016/943, WRP 2017, S. 1034–1045

Allgeier, Sina — CSRD-Nachhaltigkeitsberichterstattung und KMU-Schutz, NZG 2023, S. 195–200

Allgeier, Sina — Nachhaltigkeit und Mittelstand. Stand und Fortschreibung der europäischen Nachhaltigkeitsgesetzgebung aus der Perspektive von KMU und Mittelstand, Diss. iur. Heidelberg 2024, 1. Aufl., Hürth 2024 (zitiert als: *Allgeier*, Mittelstand)

Allgeier, Sina/ Feldmann, Robert/ Hommelhoff, Peter/ Jelonek, Mariusz	Stellungnahme vom 12. Juni 2023 zu ESRS, F3424928, abrufbar unter https://t1p.de/nimel, abgerufen am 15.01.2024.
Allgeier, Sina/ Hennrichs, Joachim/ Hommelhoff, Peter	KMU im untermotorisierten »Omnibus«, NZG 2025, S. 387–390
Altenschmidt, Stefan/ Helling, Denise	LkSG. Lieferkettensorgfaltspflichtengesetz. Kurzkommentar, 1. Aufl., Berlin 2022
Altmeppen, Holger	Die Auswirkungen des KonTraG auf die GmbH, ZGR 1999, S. 291–313
Altmeppen, Holger	Haftung für Delikte »aus dem Unternehmen«, dargestellt am Fall »Dieselgate«, ZIP 2016, S. 97–103
Alvesson, Mats/ Sveningsson, Stefan	Changing Organizational Culture. Cultural change work in progress, 2. Aufl., New York, NY 2016
Anderson, John C./ Rungtusanatham, Manus/ Schroeder, Roger G.	A Theory of Quality Management underlying the Deming Management Method, in: Academy of Management Review, Vol. 19 No. 3 (1994), S. 472–509
Ankum, Hans	Der Ausdruck *favor libertatis* in den Konstitutionen der römischen Kaiser, in: Finkenauer (Hrsg.), Sklaverei und Freilassung im römischen Recht. Symposium für Hans Josef Wieling zum 70. Geburtstag, 2006, S. 1–17
Arbeitskreis Corporate Governance Reporting der Schmalenbach-Gesellschaft für Betriebswirtschaft e.V.	Weiterentwicklung der Unternehmensberichterstattung, DB 2016, S. 2130–2132
Armbrüster, Christian	Haftung der Geschäftsleiter bei Verstößen gegen § 64a VAG (§ 64a VAG), VersR 2009, S. 1293–1304
Armbrüster, Christian	Auswirkungen der Neuregelungen im Versicherungsaufsichtsrecht auf das Gesellschaftsrecht, insbesondere Geschäftsleiterhaftung und Managementvergütung, ZVersWiss 2011, S. 639–654
Arnold, Arnd	Die Steuerung des Vorstandshandelns. Eine rechtsökonomische Untersuchung der Principal-Agent-Problematik in Publikums-Kapitalgesellschaften, Habil. iur. Köln 2006, 1. Aufl., München 2007 (zitiert als: *A. Arnold*, Steuerung)
Arnold, Christian/ Herzberg, Julia/ Zeh, Ricarda	Vorstandsvergütung und Nachhaltigkeit, AG 2021, S. 141–147
Arnold, Michael/ Reinhardt, Maximilian	Die zunehmende Compliance-Verantwortung des Prüfungsausschusses, CCZ 2025, S. 60–62

Arora-Jonsson, Stefan/ Brunsson, Nils/ Hasse, Raimund/ Lagerström, Katarina (Hrsg.) — Competition. What It Is and Why It Happens, 1. Aufl., Oxford und New York 2021

Arzt, Markus/ Brückner, Bettina/ Benecke, Martina/ u.a.m. (Hrsg.) — beck-online.GROSSKOMMENTAR. BGB, 2025 (zitiert als: BeckOGK/*Bearbeiter*, Stand, BGB)

Asaoka, Daisuke — A Behavioural-economic Perspective on Conflicts of Interest Among Shareholders, Debtholders, and Directors, Journal of Interdisciplinary Economics, Vol. 33 No. 1 (2021), S. 7–23

Auer, Marietta — Materialisierung, Flexibilisierung, Richterfreiheit. Generalklauseln im Spiegel der Antinomien des Privatrechtsdenkens, Diss. iur. München 2003, 1. Aufl., Tübingen 2005 (zitiert als: *Auer*, Generalklauseln)

Ávila, Humberto — Theorie der Rechtsprinzipien, 1. Aufl., Berlin 2006

Ávila, Humberto — Theorie der Rechtssicherheit, 1. Aufl., Berlin 2022

Baade, Madelaine Isabelle/ Hößl, Theresa — Arbeits- und compliancerechtlicher Handlungsbedarf unter dem neuen Hinweisgeberschutzgesetz (Teil I), DStR 2023, S. 1213–1219

Baade, Madelaine Isabelle/ Hößl, Theresa — Arbeits- und compliancerechtlicher Handlungsbedarf unter dem neuen Hinweisgeberschutzgesetz (Teil II), DStR 2023, S. 1265–1270

Bachmann, Gregor/ Prüfer, Geralf — Korruptionsprävention und Corporate Governance, ZRP 2005, S. 109–113

Bachmann, Gregor — Private Ordnung. Grundlagen ziviler Regelsetzung, Habil. iur. Berlin 2004, 1. Aufl., Tübingen 2006

Bachmann, Gregor — Die Erklärung zur Unternehmensführung (Corporate Governance Statement), ZIP 2010, S. 1517–1526

Bachmann, Gregor — Das »vernünftige« Vorstandsmitglied – Zum richtigen Verständnis der deutschen Business Judgment Rule (§ 93 Abs. 1 Satz 2 AktG), in: Habersack/Huber/Spindler (Hrsg.), Festschrift für Eberhard Stilz zum 65. Geburtstag, 2014, S. 25–44

Bachmann, Gregor — Haftung des AG-Vorstandes wegen eines mangelhaften Compliance-Systems (»Siemens«), Urteilsanmerkung, ZIP 2014, S. 579–583

Bachmann, Gregor — Siemens vs. Neubürger revisited. Reflektionen zu Compliance-Verantwortung und Organhaftung, in: Priester/Heppe/Westermann (Hrsg.), Praxis und Lehre im

	Wirtschaftsrecht. 10 Jahre Österberg Seminare, Tübingen 2018, S. 71–92
Bachmann, Gregor	CSR-bezogene Vorstands- und Aufsichtsratspflichten und ihre Sanktionierung, ZGR 2018, S. 231–261
Bachof, Otto	Beurteilungsspielraum, Ermessen und unbestimmter Rechtsbegriff im Verwaltungsrecht, JZ 1955, S. 97–102
Backhaus, Richard	Die Stellungnahme zur Angemessenheit und Wirksamkeit des internen Kontroll- und Risikomanagementsystems. Zur Auslegung der Empfehlung a.5 Hs. 2 DCGK 2022, NZG 2023, S. 253–255
Baetge, Jörg/ Fischer, Thomas R./ Paskert, Dierk	Der Lagebericht, 1. Aufl., Stuttgart 1989
Balke, Michaela/ Klein, Karen	Vorstandshaftung für fehlerhafte Ausrichtung der Compliance-Organisation. Bedeutung von Compliance-Risikoanalyse und Business Judgment Rule, ZIP 2017, S. 2038–2046
Balke, Michaela	Zwischenbefund aus der Praxis zu den organisatorischen Herausforderungen der ESG-Richtlinien für Unternehmen, AG 2023, S. 732–741
Bardt, Hubertus/ Matthes, Jürgen	Europäische Ordnungspolitik im Wettbewerb mit China, ORDO 2021, S. 300–327
Barrett, Frank J./ Powley, Edward H./ Pearce, Barnett	Hermeneutic Philosophy and Organizational Theory, Research in the Sociology of Organizations, Vol. 32 (2011), S. 181–213
Bartuschka, Wolfram	Angemessenheit und Wirksamkeit von Systemen der internen Unternehmensüberwachung im Kontext von FISG und DCGK 2022, BB 2022, S. 1387–1390
Baumert, Wolf-Tilman	Handlungssicherheit in der Compliance-Arbeit an Beispielen, CCZ 2013, S. 265–269
Baumgartner, Andreas	Einbettung der CS3D-Aktivitätskettenhaftung in die Schadenersatzdogmatik des ABGB, GesRZ 2025, S. 361–371
Baums, Theodor	Gesetz über die Aktiengesellschaften für die Königlich Preußischen Staaten vom 9. November 1843. Text und Materialien, 1. Aufl., Aalen 1981
Baums, Theodor	Recht der Unternehmensfinanzierung, 1. Aufl., München 2017
Baumüller, Josef	Am Weg zur neuen europäischen Nachhaltigkeitsberichterstattung, BÖB 2023, S. 58–62

Baumüller, Josef/ Scheid, Oliver — Die European Sustainability Reporting Standards (ESRS) als Zeitenwende für die Unternehmensberichterstattung? Implikationen für den Mittelstand, StuB 2023, S. 742–747

Baumüller, Josef/ Sopp, Karina — European Sustainability Reporting Standards. Die EU-Konsultationsfassung vom Juni 2023: Überblick und kritische Würdigung, PiR 2023, S. 258–263

Baur, Alexander/ Holle, Philipp Maximilian — Einrichtung und Ausgestaltung von Whistleblowing in der Aktiengesellschaft, AG 2017, S. 379–384

Bayer, Walter/ Schmidt, Jessica — Das Vale-Urteil des EuGH: Die endgültige Bestätigung der Niederlassungsfreiheit als »Formwechselfreiheit«, ZIP 2012, S. 1481–1492

Bayer, Walter/ Hommelhoff, Peter/ Kleindiek, Detlef — Lutter/Hommelhoff. GmbH-Gesetz. Kommentar, 21. Aufl., Köln 2023 (zitiert als: Lutter/Hommelhoff/*Bearbeiter*)

Bayer, Walter/ Hoffmann, Thomas/ Selentin, Philipp — § 3. Corporate-Governance-Skandale von Enron bis Wirecard als Herausforderung für Regelsetzung und Praxis, in: Hommelhoff/Hopt/Leyens (Hrsg.), Unternehmensführung durch Vorstand und Aufsichtsrat, 1. Aufl., München 2024, S. 63 – 84 (zitiert als: HHL/*Bayer/Hoffmann/Selentin*, 2024, § 3)

Bayreuther, Frank — Whistleblowing und das neue Hinweisgeberschutzgesetz, NZA-Beilage 2022, Heft 1, S. 20–29

Bayreuther, Frank — Das neue Hinweisgeberschutzgesetz, DB 2023, S. 1537–1546

Bea, Franz Xaver/ Göbel, Elisabeth — Organisation. Theorie und Gestaltung, 5. Aufl., München 2019

Bea, Sylwia Maria/ Dressler, Maximilian — Business Judgement Rule versus Gläubigerschutz? – Praktische Erwägungen zur Organhaftung im Kontext des StaRUG, NZI 2021, S. 67–71

Beger, Thomas/ Ernst, Dietmar/ Gleißner, Werner/ u.a.m. — Die Prüfung von Risikomanagementsystemen und die Defizite des IDW Prüfungsstandards 340, DB 2021, S. 2709–2714

Beiersdorf, Kati/ Fink, Christian/ Schmotz, Thomas — (Konzern-)Nachhaltigkeitsberichterstattung von KMU gemäß CSRD - Regelungen und Regelungslücken in der neuen EU-Bilanzrichtlinie, BB 2023, S. 2346–2350

Benz, Nina — Symbiotische Gesellschaftsrechtsentwicklung. Judikative Rechtsfortbildung und Reformgesetzgebung im Dialog, Diss. iur. Heidelberg 2023, 1. Aufl., Tübingen 2024 (zitiert als: *Benz*, Gesellschaftsrechtsentwicklung)

Benzing, Markus/ Denninger, Philipp/ Röger, Sebastian	Bilanzkontrolle 2.0 – rechtliche Leitlinien und erste Praxiserfahrungen mit dem reformierten Enforcement-Verfahren der BaFin, NZG 2022, S. 1426–1435
Berenbrok, Maximilian	Risikomanagement im Aktienrecht. Mit bank- und versicherungsrechtlichen sowie betriebswirtschaftlichen Grundlagen, Diss. iur. Hamburg 2016, 1. Aufl., Baden-Baden 2016 (zitiert als: *Berenbrok*, Risikomanagement)
Berger, Jens	25 %-Challenge der Europäischen Kommission: weg mit dem Reporting-Speck?, BB 2023, Heft 47, S. I (Editorial)
Berger, Jens/ Kiy, Florian/ Worret, Daniel	Neue Berichtspflichten über Nachhaltigkeitsaspekte in der EU. Zu den geplanten Anforderungen der übergreifenden ESRS 1 und ERSR 2, WPg 2023, S. 282–293
Berger, Lucina	Lieferkettenverantwortung aus Unternehmens- und Beratersicht: Notwendigkeit oder Überforderung?, ZGR 2022, S. 607–622
Bergmann, Rainer/ Garrecht, Martin	Organisation und Projektmanagement, 3. Aufl., Berlin 2021 (zitiert als *Bergmann/Garrecht*, Organisation)
Bertke, Anne-Kathrin/ Sandbrink, Ria	Menschenrechts- und Beschwerdebeauftragte nach dem LkSG, NJW 2024, S. 319–325
Bertschinger, Claude Eric	Whistleblowing. Zur Strafbarkeit und Legitimation der Preisgabe geschützter Informationen, Diss. iur. Luzern 2023, 1. Aufl., Baden-Baden 2024
Besgen, Nicolai/ Kalf, Martin	Die interne Meldestelle nach dem Hinweisgeberschutzgesetz und Besonderheiten im Kirchlichen Arbeitsrecht, Zeitschrift für Arbeitsrecht und Tarifpolitik in kirchlichen Unternehmen (ZAT) 2024, S. 2–10
Beurskens, Michael/ Fastrich, Lorenz/ Haas, Ulrich/ Kersting, Christian/ Kraft, Julia/ Noack, Ulrich/ Servatius, Wolfgang	Gesetz betreffend die Gesellschaften mit beschränkter Haftung, 24. Aufl., München 2025 (zitiert als: Noack/Servatius/Haas/*Bearbeiter*)
v. Beyme, Klaus	Das politische System der Bundesrepublik Deutschland. Eine Einführung, 12. Aufl., Wiesbaden 2017
Bicker, Eike	Compliance – organisatorische Umsetzung im Konzern, AG 2012, S. 542–552
Binder, Jens-Heinrich	Regulierungsinstrumente und Regulierungsstrategien im Kapitalgesellschaftsrecht, Habil. iur. Freiburg 2009/2010, 1. Aufl., Tübingen 2012 (zitiert als: *Binder*, Regulierungsinstrumente)

Binder, Jens-Heinrich	»Prozeduralisierung« und Corporate Governance. Innerbetriebliche Entscheidungsvorbereitung und Prozessüberwachung als Gegenstände gesellschaftsrechtlicher Regulierung – Entwicklungslinien und Perspektiven, ZGR 2007, S. 745–788
Bingel, Adrian/ Rothenburg, Vera/ Schumann, Julia	Nachhaltigkeitsberichterstattung nach CSRD – Auswirkungen auf die Organpflichten, DB 2023, S. 118–125
Birke, Max	Das Formalziel der Aktiengesellschaft. Eine juristische und ökonomische Analyse der Pflicht der Organe der Aktiengesellschaft zur Berücksichtigung der Interessen von Nichtaktionären, Diss. iur. Mainz 2005, 1. Aufl., Baden-Baden 2005
Bischof, Stefan/ Selch, Barbara	Neuerungen für den Lagebericht nach dem Regierungsentwurf eines Bilanzrechtsmodernisierungsgesetzes (BilMoG), WPg 2008, S. 1021–1031
Bitter, Georg/ Bochmann, Christian/ Cramer, Carsten u.a.m.	Scholz. Kommentar zum GmbH-Gesetz, II. Band, 13. Aufl., Köln 2024 (zitiert als: Scholz/*Bearbeiter*, GmbHG)
Blach, Joschua	Der Entwurf eines britischen Lieferkettengesetzes – LkSG on steroids?, NZG 2024, S. 235–240
Black, Julia	Forms and paradoxes of principles-based regulation, Capital Markets Law Journal, Vol. 3 No. 4 (2008), S. 425–457
Böhmer, Kian	Rechnungslegung und ihre Anforderungen an die Unternehmensorganisation. Zur Erforderlichkeit und Ausgestaltung eines wirksamen Compliance-Systems zur Sicherstellung einer ordnungsgemäßen Rechnungslegung, Diss. iur. Heidelberg 2020, 1. Aufl., Köln 2020 (zitiert als: *Böhmer*, Rechnungslegung)
Böhmer, Thomas	Die Verpflichtung zur Publizität der Konzernrechnungslegung nach dem Publizitätsgesetz, Diss. iur. Mainz 1986, 1. Aufl., 1986 (zitiert als: *Böhmer*, Publizitätsgesetz)
Böhringer, Ayşe-Martina	Das neue Pariser Klimaübereinkommen. Eine Kompromisslösung mit Symbolkraft und Verhaltenssteuerungspotential, ZaöRV 2016, S. 753–795
Bomsdorf, Tobias/ Blatecki-Burgert, Berthold	Lieferketten-Richtlinie und Lieferkettensorgfaltspflichtengesetz, ZRP 2022, S. 141–144
Bosch, Nikolaus	Organisationsverschulden in Unternehmen, Habil. iur. Augsburg 2002, 1. Aufl., Baden-Baden 2002 (zitiert als: *Bosch*, Organisationsverschulden)

Bösmeier, Josef	Staatlich verursachte Wettbewerbsverzerrungen durch Subventionierung privater Unternehmen, Diss. Berlin 1989, 1. Aufl. 1989
Böttcher, Lars	Compliance: Der IDW PS 980 – Keine Lösung für alle (Haftungs-)Fälle!, NZG 2011, S. 1054–1058
Brebeck, Frank/ Herrmann, Dagmar	Zur Forderung des KonTraG-Entwurfs nach einem Frühwarnsystem und zu den Konsequenzen für die Jahres- und Konzernabschlußprüfung, WPg 1997, S. 381–391
Breitenfeld, Eva	Die organschaftliche Binnenhaftung der Vorstandsmitglieder für gesetzwidriges Verhalten. Eine Untersuchung der aktienrechtlichen Legalitätspflicht, Diss. iur. Mainz 2015, 1. Aufl., Berlin 2016 (zitiert als: *Breitenfeld*, Legalitätspflicht)
Brinkmann, Moritz	Die Solvenzsicherungspflicht der Geschäftsleiter. Zur Haftungs- und Organisationsverfassung der juristischen Person nach dem StaRUG, KTS 2021, S. 303–325
Brömmelmeyer, Christoph	Neue Regeln für die Binnenhaftung des Vorstands – Ein Beitrag zur Konkretisierung der Business Judgment Rule, WM 2005, S. 2065–2070
Brosius-Gersdorf, Frauke (Hrsg.)	Dreier. Grundgesetz-Kommentar, Band I (Präambel, Vorbemerkungen, Artikel 1–19), 4. Aufl., Tübingen 2023 (zitiert als: Dreier/*Bearbeiter*)
Brune, Jens/ Driesch, Dirk/ Schulz-Danso, Martin/ Senger, Thomas (Hrsg.)	Beck'sches IFRS-Handbuch. Kommentierung der IFRS/IAS, 6. Aufl., München 2020
Brunk, Bastian	Menschenrechtscompliance. Eine Untersuchung menschenrechtlicher Verhaltenspflichten von Unternehmen und ihrer Umsetzung im Gesellschaftsrecht, Diss. iur. Freiburg 2021, 1. Aufl., Tübingen 2022
Brunk, Bastian	Zivilrechtliche Haftung nach Art. 29 der europäischen Lieferkettenrichtlinie (CSDDD), CRZ 2024, S. 130–138
Brünkmans, Christian	Geschäftsleiterpflichten und Geschäftsleiterhaftung nach dem StaRUG und SanInsFoG, ZInsO 2021, S. 1–21
Buck-Heeb, Petra/ Dieckmann, Andreas	Selbstregulierung im Privatrecht, 1. Aufl., Tübingen 2010 (zitiert als: *Buck-Heeb/Dieckmann*, Selbstregulierung)
Buck-Heeb, Petra	Die Haftung von Mitgliedern des Leitungsorgans bei unklarer Rechtslage. Notwendigkeit einer Legal Judgment Rule?, BB 2013, S. 2247–2257
Budde, Wolfgang Dieter/ Steuber, Elgin	Normsetzungsbefugnis eines deutschen Standard Setting Body, DStR 1998, S. 1181–1187

Bueren, Eckart — Short-termism im Aktien- und Kapitalmarktrecht. Ideengeschichte, Rechtsvergleichung, Rechtsökonomie, Habil. iur. Hamburg 2018, 1. Aufl., Tübingen 2022 (zitiert als *Bueren*, Short-termism)

Bühner, Rolf — Betriebswirtschaftliche Organisationslehre, 10. Aufl., München und Wien 2004 (zitiert als: *Bühner*, Organisationslehre)

Bundesverband der Deutschen Industrie e. V. (in Kooperation mit dem Deutschen Rechnungslegungs Standards Comittee e. V.) — Zukunft der Nachhaltigkeitsberichterstattung. Was erwartet deutsche Unternehmen ab 2024?, Stand April 2024, Berlin 2024 (zitiert als: *BDI*, Zukunft der Nachhaltigkeitsberichterstattung, 2024)

Bungartz, Oliver — Handbuch Interne Kontrollsysteme (IKS). Steuerung und Überwachung von Unternehmen, 5. Aufl., Berlin 2017 (zitiert als: *Bungartz*, HdB IKS)

Bünting, Hans F. — Organisatorische Effektivität von Unternehmungen. Ein zielorientierter Ansatz, 1. Aufl., Wiesbaden 1995

Bunting, Nikolaus — Das Früherkennungssystem des § 91 Abs. 2 AktG in der Prüfungspraxis – eine kritische Betrachtung des IDW PS 340, ZIP 2012, S. 357–362

Bunz, Thomas — Der Schutz unternehmerischer Entscheidungen durch das Geschäftsleiterermessen. Ein Beitrag zu mehr Rechtssicherheit im Umgang mit der Business Judgment Rule, Diss. iur. Bonn 2010, 1. Aufl., Köln 2011 (zitiert als *Bunz*, Geschäftsleiterermessen)

Burchardi, Sophie — Lieferkettensorgfaltspflichten: Risiken für die Unternehmensleitung, NZG 2022, S. 1467–1473

Bürgers, Tobias/ Lieder, Jan (Hrsg.) — Aktiengesetz. 6. Aufl., Heidelberg 2024

Burgi, Martin/ Habersack, Mathias (Hrsg.) — Öffentliches Recht des Unternehmens. Handbuch, 1. Aufl., München 2023 (zitiert als: Burgi/Habersack/*Bearbeiter*, ÖffR des Unternehmens)

Burgi, Martin — LkSG/CSDDD als Herausforderung für Staat und Verwaltung. Neuartige Durchsetzungsbefugnisse und eigene Sorgfaltspflichten, NVwZ 2024, S. 1785–1792

Bürkle, Jürgen — Corporate Compliance – Pflicht oder Kür für den Vorstand der AG, BB 2005, S. 565–570

Bürkle, Jürgen — Die Compliance-Praxis im Finanzdienstleistungssektor nach Solvency II, CCZ 2008, S. 50–56

Bürkle, Jürgen — Aufsichtsrechtliches Legal Judgment: Sachlicher Anwendungsbereich und prozedurale Voraussetzungen, VersR 2013, S. 792–802

Bürkle, Jürgen (Hrsg.) — Compliance in Versicherungsunternehmen. Rechtliche Anforderungen und praktische Umsetzung, 3. Aufl., München 2020 (zitiert als: Bürkle Compliance/*Bearbeiter*)

Bürkle, Jürgen/ Hauschka, Christoph E./ Schieffer, Anita (Hrsg.) — Der Compliance Officer. Ein Handbuch in eigener Sache, 2. Aufl., München 2024 (Bürkle/Hauschka/Schieffer/*Bearbeiter*, Der Compliance Officer)

Burns, Tom/ Stalker, G. M. — The Management of Innovation, 2. Aufl., London 1968 (Nachdruck von 1977)

Burrell, Gibson/ Morgan, Gareth — Sociological Paradigms and Organisational Analysis. Elements of the Sociology of Corporate Life, 1. Aufl., London 1979

Buschmann, Marco — EuGH und Eigentumsgarantie. Eine Analyse zu Ursprung und Inhalt des Eigentumsrechts der Europäischen Union, Diss. iur. Köln 2016, 1. Aufl., Berlin und Heidelberg 2017 (zitiert als: *Buschmann*, Eigentumsgarantie)

Bydlinski, Franz — Juristische Methodenlehre und Rechtsbegriff, 1. Aufl., Wien 1982 (zitiert als: *Bydlinski*, Methodenlehre)

Cahn, Andreas — Aufsichtsrat und Business Judgment Rule, WM 2013, S. 1293–1305

Cahn, Andreas — Die Leitung der Aktiengesellschaft durch den Vorstand, NZG 2023, S. 299–302

Callies, Christian — Klimapolitik und Grundrechtsschutz. – Brauchen wir ein Grundrecht auf Umweltschutz? –, ZUR 2021, S. 323–332

Callies, Christian/ Ruffert, Matthias (Hrsg.) — EUV/AEUV. Das Verfassungsrecht der Europäischen Union mit Europäischer Grundrechtecharta. Kommentar, 6. Aufl., München 2022

Cameron, Kim S. — Effectiveness As Paradox: Consensus and Conflict in Conceptions of Organizational Effectiveness, Management Science, Vol. 32 No. 5 (1986), S. 539–553

Cameron, Kim S./ Quinn, Robert E. — Diagnosing and Changing Organizational Culture: Based on the Competing Values Framework, 1. Aufl., Reading, Mass. 1999

Chandler, Alfred D. Jr. — Strategy and Structure: Chapters in the History of the American Industrial Enterprise, 15. Aufl., Cambridge, Mass. 1987

Charnitzky, Milena/ Weigel, Jukka Die Krux mit der Sorgfalt. Zu den Untiefen und der Unschärfe des neuen Lieferkettensorgfaltspflichtengesetzes aus Unternehmenssicht, RIW 2022, S. 12–19

Chekushina, Tatiana/ Loth, Kai Sofia Die kritische Grundhaltung bei der Abschlussprüfung, NZG 2014, S. 85–92

Cloppenburg, Christian Erwerbsgrundrechte im Unionsrecht. Zum Verhältnis der Berufsfreiheit und der unternehmerischen Freiheit in der Charta der Grundrechte der Europäischen Union, Diss. iur Münster 2019/2020, 1. Aufl., Tübingen 2020 (zitiert als: *Cloppenburg*, Erwerbsgrundrechte)

Coase, R. H. The Nature of the Firm, Economica 1937, Vol. 4 No. 16 (1937), S. 386–405

d'Avoine, Marc/ Michels, Paul Krisenfrüherkennung – Die neue (alte) Pflicht für Geschäftsführer, NZI 2022, S. 1–7

DAV-Ausschüsse (Ausschüsse Corporate Social Responsibility und Compliance, Handelsrecht sowie Menschenrechte des Deutschen Anwaltvereins) Stellungnahme zum Regierungsentwurf eines Gesetzes über die unternehmerischen Sorgfaltspflichten in Lieferketten, NZG 2021, S. 546–557

Dauner-Lieb, Barbara Unternehmerische Tätigkeit zwischen Kontrolle und Kreativität, in: Crezelius/Hirte/Vieweg (Hrsg.), Festschrift für Volker Röhricht zum 65. Geburtstag, 2005, S. 83–103

Dauner-Lieb, Barbara/ Simon, Stefan (Hrsg.) Kölner Kommentar zum UmwG, 1. Aufl., Köln 2009 (zitiert als: KK-UmwG/*Bearbeiter*)

Dauner-Lieb, Barbara/ von Preen, Alexander/ Simon, Stefan Das VorstAG – Ein Schritt auf dem Weg zum Board-System? –Thesen zu einem aktienrechtskonformen Verständnis des VorstAG–, DB 2010, S. 377–383

Demsetz, Harold Toward a Theory of Property Rights, The American Economic Review, Vol. 57 No. 2 (1967), S. 347–359

Denga, Michael Genossenschaften als Vehikel der Nachhaltigkeit, NZG 2022, S. 1179–1185

Denison, Daniel R. Corporate Culture and Organizational Effectiveness, New York 1990

Depping, André/ Walden, Daniel (Hrsg.) LkSG. Lieferkettensorgfaltspflichtengesetz. Kommentar, 1. Aufl., München 2022

Detterbeck, Steffen Allgemeines Verwaltungsrecht mit Verwaltungsprozessrecht, 21. Aufl., München 2023

Deutsch, Andreas 3. Kapitel: Die Aktiengesellschaft im Code de Commerce von 1807 und ihre Vorbildfunktion für die Entwicklung in

	Deutschland, in: Bayer/Habersack (Hrsg.), Aktienrecht im Wandel, Bd. I, 1. Aufl., Tübingen 2007, S. 46–97
Didier, Viola C./ Graewe, Daniel	Das große CSDDD-Dilemma: Ein Krimi in Brüssel, ESGZ 2024, Heft 2, S. 1 (Editorial)
Diederichs, Marc	Risikomanagement und Risikocontrolling, 5. Aufl., München 2023
Dilling, Johannes	Der Schutz von Hinweisgebern und betroffenen Personen nach der EU-Whistleblower-Richtlinie, CCZ 2019, S. 214–224
Dilling, Johannes	Der Referentenentwurf zum Hinweisgeberschutzgesetz – Steine statt Brot für Whistleblower und betroffene Personen, CCZ 2021, S. 60–67
Dilling, Johannes	Cat's Gold-Plating – Der neue Referentenentwurf zum Hinweisgeberschutzgesetz, CCZ 2022, S. 145–151
DiMaggio, Paul J./ Powell, Walter W.	The Iron Cage Revisited: Institutional Isomorphism and Collective Rationality in Organizational Fields, American Sociology Review, Vol. 48 No. 2 (1983), S. 147–160
Disser, Inna/ Vogl, Stephanie	Prüfung der Nachhaltigkeitsberichterstattung mit hinreichender Sicherheit, WPg 2023, S. 217–224
Dobler, Michael	Die Prüfung des Risikofrüherkennungssystems gemäß § 317 Abs. 4 HGB - Kritische Analyse und empirischer Befund, DStR 2001, S. 2086–2092
Döhler, Marian	Die Bundesverwaltung: Mehr als nur Erfüllungsgehilfe der Regierung, in: Anders/Riese (Hrsg.), Politische Akteure und Institutionen in Deutschland. Eine forschungsorientierte Einführung in das politische System, 1. Aufl., Wiesbaden 2022, S. 199–218
Dolzer, Pius O.	Die Emanzipation des Prüfungsausschusses im Aufsichtsrat. Eine Vermessung im System der Corporate Governance unter Würdigung des Wettbewerbs zwischen dem dualistischen und monistischen Modell der Unternehmensverfassung, Diss. iur. Heidelberg 2019, 1. Aufl., Köln 2019 (zitiert als: *Dolzer*, Prüfungsausschuss)
Donges, Juergen B.	Die internationale Arbeitsteilung im Umbruch. Herausforderungen für die deutsche Wirtschaft, ZfWP 1989, Heft 2, S. 5–21
Dörrwächter, Jan	Nachhaltigkeit und Gesellschaftsinteresse. Zu den Pflichten des Vorstands im Zusammenhang mit ESG, NZG 2022, S. 1083–1093
Dörrwächter, Jan/ Harrack, Johannes	Ermessen des Aufsichtsrats in der Vorstandsvergütung, NZG 2024, S. 611–618

Dreher, Meinrad	Das Risikomanagement nach § 64a VAG und Solvency II, VersR 2008, S. 998–1007
Dreher, Meinrad	Die Vorstandsverantwortung im Geflecht von Risikomanagement, Compliance und interner Revision, in: Kindler/Koch/Ulmer/Winter (Hrsg.), Festschrift für Uwe Hüffer zum 70. Geburtstag, 2010, S. 161–177
Dreher, Meinrad	Nicht delegierbare Geschäftsleiterpflichten, in: Grundmann/Haar/u.a.m. (Hrsg.), Festschrift für Klaus J. Hopt zum 70. Geburtstag, 2010, Bd. I, S. 517–540
Dreher, Meinrad/ Hoffmann, Jens	Die Wirksamkeitsprüfung durch den Prüfungsausschuss nach § 107 Abs. 3 Satz 2 AktG. Internes Kontrollsystem, Risikomanagementsystem und Governancesystem, ZGR 2016, S. 445–504
Drescher, Ingo/ Fleischer, Holger/ Schmidt, Karsten (Hrsg.)	Münchener Kommentar zum Handelsgesetzbuch. Band 1, 5. Aufl., München 2021 Band 4, 5. Aufl., München 2024 (zitiert als: MüKoHGB/*Bearbeiter*)
Drewello, Hansjörg/ Kupferschmidt, Frank/ Sievering, Oliver	Markt und Staat. Eine anwendungsorientierte Einführung in die allgemeine Volkswirtschaftslehre, 2. Aufl., Wiesbaden 2021
Drucker, Peter F.	Business Objectives and Survival Needs: Notes on a Discipline of Business Enterprise, The Journal of Business, Vol. 31 No. 2 (1958), S. 81–90
Drucker, Peter F.	Innovation and Entrepreneurship. Practice and Principles, 2. Aufl., New York 1993
Druey, Jean-Nicolas	Standarisierung der Sorgfaltspflicht? Fragen zur Business Judgment Rule, in: Habersack/Hommelhoff (Hrsg.), Festschrift für Wulf Goette zum 65. Geburtstag, 2011, S. 58–73
Drygala, Tim/ Drygala, Anja	Wer braucht ein Frühwarnsystem? Zur Ausstrahlungswirkung des § 91 Abs. 2 AktG, ZIP 1998, S. 297–305
Dudin, Mihail Nikolaevich/ Smirnova, Olga Olegovna/ Vysotskaya, Nataliya Vladimirovna/ Frolova, Evgenia Evgenevna/ Vilkova, Nina Grigorevna	The Deming Cycle (PDCA) Concept as a Tool for the Transition to the Innovative Path of the Continuous Quality Improvement in Production Processes of the Agro-Industrial Sector, in: European Research Studies Journal Vol. XX, Issue 2B (2017), S. 283–293
Dworkin, Ronald	Bürgerrechte ernst genommen, 1. Aufl., Frankfurt am Main 1984
Dzida, Boris/ Seibt, Christoph H.	Neues Hinweisgeberschutzgesetz: Analyse und Antworten auf Praxisfragen, NZA 2023, S. 657–666

Ebke, Werner F.	»Great Cases, Like Hard Cases, Make Bad Law«: Wirecard, das FISG und die Notwendigkeit einer Audit Judgment Rule, ZGR 2024, S. 1–83
Eggemann, Gerd/ Konradt, Thomas	Risikomanagement nach KonTraG aus dem Blickwinkel des Wirtschaftsprüfers, BB 2000, S. 503–509
Ehmann, Erik	Der Regierungsentwurf für das Lieferkettengesetz: Erläuterung und erste Hinweise zur Anwendung, ZVertriebsR 2021, S. 141–151
Ekardt, Felix	Das Paris-Abkommen zum globalen Klimaschutz. Chancen und Friktionen – auf dem Weg zu einer substanziellen EU-Vorreiterrolle?, NVwZ 2016, S. 355–358
Ekkenga, Jens/ Posch, Peter	Die Klassifizierung umweltnützlicher »Wirtschaftstätigkeiten« und ihrer Finanzierung nach neuem Unionsrecht und das Problem des Greenwashing, WM 2021, S. 205–214
Ekkenga, Jens	Externe Nachhaltigkeitsberichterstattung nach der neuen CSRD, ZHR 187 (2023), S. 228–267
Ekkenga, Jens	Unternehmenspublizität versus Diskretions- und Wettbewerbsschutz im Handels-, Gesellschafts- und Kapitalmarktrecht, ZHR 188 (2024), S. 471–515
Elbe, Martin/ Peters, Sibylle	Die temporäre Organisation. Grundlagen der Kooperation, Gestaltung und Beratung, 1. Aufl., Berlin und Heidelberg 2016
Engel, Christoph/ Halfmann, Jost/ Schulte, Martin (Hrsg.)	Wissen – Nichtwissen – Unsicheres Wissen, 1. Aufl., Baden-Baden 2002
Engisch, Karl	Die Idee der Konkretisierung in Recht und Rechtswissenschaft unserer Zeit, 2. Aufl., Heidelberg 1968
Epping, Volker/ Hillgruber, Christian (Hrsg.)	BeckOK Grundgesetz, 60. Edition, Stand: 2024
v. Falkenhausen, Joachim	Die Haftung außerhalb der Business Judgment Rule. Ist die Business Judgment Rule ein Haftungsprivileg für Vorstände?, NZG 2012, S. 644–651
Fayol, Henri	Administration industrielle et générale. Prévoyance - Organisation - Commandement - Coordination - Contrôle, 1917 (zitiert als : *Fayol*, Administration)
Feddersen, Dieter	Neue gesetzliche Anforderungen an den Aufsichtsrat, AG 2000, S. 385–396

Fehrenbacher, Oliver/ Dicken, André/ Hennrichs, Joachim/ Kleindiek, Detlef/ u.a.m. (Hrsg.)	beck-online.GROSSKOMMENTAR HGB, 2025 (zitiert als: BeckOGK/*Bearbeiter*, Stand, HGB)
Feldmann, Robert	Nachhaltigkeitsberichterstattung im Licht des Europäischen Primärrechts, Diss. iur. Heidelberg 2023/2024, 1. Aufl., Baden-Baden 2024 (zitiert als: *Feldmann*, Nachhaltigkeitsberichterstattung)
Fellenberg, Frank/ Kment, Martin (Hrsg.)	Taxonomie-VO. Taxonomie-Verordnung VO (EU) 2020/852. Kommentar, 1. Aufl., München 2024 (zitiert als: Fellenberg/Kment/*Bearbeiter*)
Fest, Timo	Whistleblowing – Fragen des Hinweisgeberschutzes aus gesellschaftsrechtlicher Perspektive, ZIP 2022, S. 2265–2271
Fest, Timo	Nachhaltige Unternehmensführung – Die Perspektive des Vorstands unter besonderer Berücksichtigung von Art. 25 CSDDD-E, AG 2023, S. 713–721
Fezer, Karl-Heinz/ Bücher, Wolfgang/ Obergfell, Eva Inés (Hrsg.)	Lauterkeitsrecht: UWG. Kommentar zum Gesetz gegen den unlauteren Wettbewerb, 3. Aufl., München 2016
Fink, Christian/ Glöckner, Alexander	Green and more: Wertschöpfungskette in der Nachhaltigkeitsberichterstattung nach CSRD und ESRS, WPg 2023, S. 1364–1366
Fink, Christian/ Schmidt, Rüdiger	Nachhaltigkeitsberichterstattung nach der Corporate Sustainability Reporting Directive, KoR 2023, S. 105–116
Fischer, Hans-Jörg/ Pellmann, Moritz/ Schoch, Nicholas (Hrsg.)	Kommentar Hinweisgeberschutzgesetz, 1. Aufl., Frankfurt am Main 2024 (zitiert als: Fischer/Pellmann/Schoch/*Bearbeiter*, HinSchG)
Fischer, Jan-Benedikt/ Schuck, Jonas	Die Einrichtung von Corporate Governance-Systemen nach dem FISG, NZG 2021, S. 534–541
Fischer, Nina	Hinweisgebersysteme im Lichte der EU-Richtlinie 2019/1937 unter besonderer Betrachtung der Vertraulichkeitszusicherung, Diss. iur. Würzburg 2022, 1. Aufl., Berlin 2023 (zitiert als: *N. Fischer*, Hinweisgebersysteme)
Fischer, Peter/ Schulz-Hardt, Stefan/ Frey, Dieter	Selective Exposure and Information Quantity: How Different Information Quantities Moderate Decision Makers' Preference for Consistent and Inconsistent Information, in: Journal of Personality and Social Psychology, Vol. 94, No. 2, 2008, S. 231–244

Fischer, Reinfrid/ Schulte-Mattler, Hermann (Hrsg.)	KWG • CRR. Kommentar zu Kreditwesengesetz, VO (EU) Nr. 575/2013 (CRR) und Ausführungsvorschriften, Band 1, 6. Aufl., München 2023
Fischer, Stephan	Die Business Judgment Rule als typübergreifendes Institut, Diss. iur. Freiburg 2017/2018, 1. Aufl., Berlin 2018 (zitiert als: *Fischer*, Business Judgment Rule)
Fleischer, Holger	Informationsasymmetrie im Vertragsrecht. Eine rechtsvergleichende und interdisziplinäre Abhandlung zu Reichweite und Grenzen vertragsschlußbezogener Aufklärungspflichten, Habil. iur. Köln 1998/1999, 1. Aufl., München 2000
Fleischer, Holger	Zur Leitungsaufgabe des Vorstands im Aktienrecht, ZIP 2003, S. 1–11
Fleischer, Holger	Zum Grundsatz der Gesamtverantwortung im Aktienrecht, NZG 2003, S. 449–459
Fleischer, Holger	Die »Business Judgment Rule«: Vom Richterrecht zur Kodifizierung, ZIP 2004, S. 685–692
Fleischer, Holger	Legal Transplants im deutschen Aktienrecht, NZG 2004, S. 1129–1137
Fleischer, Holger	Aktienrechtliche Legalitätspflicht und »nützliche« Pflichtverletzungen von Vorstandsmitgliedern, ZIP 2005, S. 141–152
Fleischer, Holger/ Schmolke, Klaus Ulrich	Whistleblowing und Corporate Governance. – Zur Hinweisgeberverantwortung von Vorstandsmitgliedern und Wirtschaftsanwälten –, WM 2012, S. 1013–1021
Fleischer, Holger	Gestaltungsgrenzen für Zustimmungsvorbehalte des Aufsichtsrats nach § 111 Abs. 4 S. 2 AktG, BB 2013, S. 835–843
Fleischer, Holger	Gesetzliche Unternehmenszielbestimmungen im Aktienrecht, – Eine vergleichende Bestandsaufnahme –, ZGR 2017, S. 411–425
Fleischer, Holger	Corporate Social Responsibility. Vermessung eines Forschungsfeldes aus rechtlicher Sicht, AG 2017, S. 509–525
Fleischer, Holger	Corporate Purpose: Ein Management-Konzept und seine gesellschaftsrechtlichen Komplikationen, ZIP 2021, S. 5–15
Fleischer, Holger	Grundstrukturen der lieferkettenrechtlichen Sorgfaltspflichten, CCZ 2022, S. 205–214
Fleischer, Holger	Risikomanagement im Querschnitt der Disziplinen Betriebswirtschaftslehre - Aktienrecht - Bankaufsichtsrecht - Lieferkettenrecht, AG 2022, S. 377–389

Fleischer, Holger — Zivilrechtliche Haftung im Halbschatten des Lieferkettensorgfaltspflichtengesetzes, DB 2022, S. 920–929

Fleischer, Holger — Selbstreflexion im Gesellschaftsrecht: »Hottest Game in Town« oder »Death of Corporate Law«?, ZGR 2022, S. 466–493

Fleischer, Holger/ Mankowski, Peter (Hrsg.) — LkSG. Gesetz über die unternehmerischen Sorgfaltspflichten zur Vermeidung von Menschenrechtsverletzungen in Lieferketten (Lieferkettensorgfaltspflichtengesetz). Kommentar, 1. Aufl., München 2023

Flöther, Lucas F. (Hrsg.) — Unternehmensstabilisierungs- und -restrukturierungsgesetz (StaRUG). Kommentar, 1. Aufl., München 2021

Fonk, Hans-Joachim — Zustimmungsvorbehalte des AG-Aufsichtsrats, ZGR 2006, S. 841–874

Frank, Justus/ Heine, Maurice — ESG-Reporting – Ein Schub für die HR-Digitalisierung, BB 2024, S. 180–184

Frank, Will — Staatliche Klimaschutzpflichten – »Soft Law«, »Due Diligence« und »Untermaßverbot«, NVwZ 2016, S. 1599–1600

Frege, Michael C./ Keller, Ulrich/ Riedel, Ernst — Handbuch Insolvenzrecht, 9. Aufl., München 2022 (zitiert als: Frege/Keller/Riedel, InsR HdB)

Freitag, Robert/ Korch, Stefan — Die Angemessenheit der Information im Rahmen der Business Judgment Rule (§ 93 Abs. 1 Satz 2 AktG), ZIP 2012, S. 2281–2286

Frenz, Walter — Handbuch Europarecht. Band 4/II: Europäische Grundrechte: Wirtschaftsgrundrechte, Gleichheits-, soziale und Bürgerrechte, 2. Aufl., Berlin und Heidelberg 2024

Frese, Erich (Hrsg.) — Handwörterbuch der Organisation, 3. Aufl., Stuttgart 1992 (zitiert als: Frese, HWO)

Furubotn, Eirik G./ Pejovich, Svetozar (Hrsg.) — The Economics of Property Rights, 1974

Gabius, Katja/ Glöckner, Alexander — Die positiven Aspekte der verpflichtenden Nachhaltigkeitsberichterstattung. Wie Unternehmen die Berichtspflichten nutzen können und sollten, ESGZ 2024, Heft 4, S. 51–54

Gadatsch, Andreas — Grundkurs Geschäftsprozess-Management. Analyse, Modellierung, Optimierung und Controlling von Prozessen, 10. Aufl. 2023

Gadow, W./ Heinichen, E./ Schmidt, Eberh./ Schmidt, W./ Weipert, O. — Aktiengesetz. Kommentar, 1. Aufl., Berlin 1939 (zitiert als GroßkommAktG/*Bearbeiter*, 1939)

Gaitanides, Michael/ Scholz, Rainer/ Vrohlings, Alwin/ Raster, Max — Prozeßmanagement. Konzepte, Umsetzungen und Erfahrungen des Reengineering, 1. Aufl., München und Wien 1994

Galbraith, Jay R. — Organization Design, 1. Aufl., Reading, Mass. 1977

Gassner, Kathi/ Seith, Sebastian (Hrsg.) — Ordnungswidrigkeitengesetz. Handkommentar, 3. Aufl., Baden-Baden 2025 (zitiert als: HK-OWiG/*Bearbeiter*)

Geh, Felix — Vorstandsbinnenhaftung unter dem Lieferkettensorgfaltspflichtengesetz, Diss. iur. Augsburg 2023, 1. Aufl., Berlin 2024 (zitiert als: *Geh*, Vorstandshaftung)

Gehling, Christian/ Ott, Nicolas/ Lüneborg, Cäcilie — Das neue Lieferkettensorgfaltspflichtengesetz – Umsetzung in der Unternehmenspraxis, CCZ 2021, S. 230–240

Gehling, Christian/ Ott, Nicolas (Hrsg.) — LkSG. Kommentar, 1. Aufl., Köln 2022

Gelhausen, Hans Friedrich/ Hönsch, Henning — Das neue Enforcement-Verfahren für Jahres- und Konzernabschlüsse. Durchsetzung fehlerfreier Rechnungslegung durch die Deutsche Prüfstelle für Rechnungslegung (DPR) und die Bundesanstalt für Finanzdienstleistungsaufsicht, AG 2005, S. 511–529

Ghassemi-Tabar, Nima — Deutscher Corporate Governance Kodex. Kommentar, 2. Aufl., München 2023 (zitiert als: Ghassemi-Tabar/*Bearbeiter*)

Giesberts, Ludger — Sorgfaltspflichten für die Lieferkette. Das deutsche Gesetz und der EU-Richtlinienentwurf, NVwZ 2022, S. 1497–1505

Gleißner, Werner — Grundlagen des Risikomanagements. Mit fundierten Informationen zu besseren Entscheidungen, 4. Aufl., München 2022 (zitiert als: *Gleißner*, Risikomanagement)

Gleißner, Werner/ Ihlau, Susann — Implikationen des Nachhaltigkeitsmanagements nach CSRD und des Risikomanagementsystems nach StaRUG für die wertorientierte Unternehmenssteuerung, BB 2024, S. 1899–1903

Glöge-Müller, Rudi/ Preis, Ulrich/ Gallner, Inken/ Schmidt, Ingrid (Hrsg.) — Erfurter Kommentar zum Arbeitsrecht, 25. Aufl., München 2025 (zitiert als ErfK/*Bearbeiter*)

Göbel, Elisabeth Theorie und Gestaltung der Selbstorganisation, Habil. rer. oec. Tübingen 1997, 1. Aufl., Berlin 1998 (zitiert als: *Göbel*, Selbstorganisation)

Goette, Wulf Gesellschaftsrechtliche Grundfragen im Spiegel der Rechtsprechung, ZGR 2008, S. 436–453

Goette, Wulf Haftung in: Hommelhoff/Hopt/v. Werder, Handbuch Corporate Governance. Leitung und Überwachung börsennotierter Unternehmen in der Rechts- und Wirtschaftspraxis, 2. Aufl., Stuttgart 2009, S. 713–742

Goette, Wulf Organisationspflichten in Kapitalgesellschaften zwischen Rechtspflicht und Opportunität, ZHR 175 (2011), S. 388–400

Goette, Wulf Zum Zusammenwirken von Vorstand und Aufsichtsrat im Spannungsfeld von Informationsordnung und Zustimmungsvorbehalt, in: Siekmann/Cahn/Florstedt uam. (Hrsg.), Festschrift für Theodor Baums zum 70. Geburtstag, 2017, Bd. I, S. 475–484

Goette, Wulf/ Arnold, Michael (Hrsg.) Handbuch Aufsichtsrat, 2. Aufl. 2024 (zitiert als: Goette/Arnold AR-HdB/*Bearbeiter*)

Goette, Wulf/ Habersack, Mathias (Hrsg.) Münchener Kommentar zum Aktiengesetz
Band 1, 6. Aufl., München 2024
Band 2, 6. Aufl., München 2023
Nachtrag zum ARUG II, 5. Aufl., München 2021
Band 3, 6. Aufl., München 2024
Band 4, 5. Aufl., München 2021
Band 5, 6. Aufl., München 2023
Band 6, 6. Aufl., München 2024
(zitiert als: MüKoAktG/*Bearbeiter*)

Göhler, Erich (Begr.)/ Bauer, Martin/ Thoma, Anselm (Fort.) Gesetz über Ordnungswidrigkeiten, 19. Aufl., München 2024 (zitiert als Göhler/*Bearbeiter*)

Göppert, Jan Die Reichweite der Business Judgment Rule bei unternehmerischen Entscheidungen des Aufsichtsrats der Aktiengesellschaft, Diss. iur. Augsburg 2009, 1. Aufl., Berlin 2010 (zitiert als: *Göppert*, Entscheidungen des Aufsichtsrats)

Görg, Holger Ausländische Direktinvestitionen in Deutschland – die große Angst vor China, ZfWP 2019, Heft 1, S. 28–35

Görgen, Theresa Unternehmerische Haftung in transnationalen Menschenrechtsfällen. Eine Untersuchung der zivilrechtlichen Haftung unter besonderer Berücksichtigung der UN-Leitprinzipien für Wirtschaft und Menschenrechte, Diss.

iur. Berlin 2019, 1. Aufl., Baden-Baden 2019 (zitiert als: *Görgen*, Haftung)

Gortan, Markus — Berechnung der Beschäftigtenanzahl und Begriff der Organisationseinheit im RefE des HinSchG, NZA 2022, S. 838–840

Götz, Johannes — Hinweisgebersysteme und Hinweisgeberschutz in Konzernen und Matrixorganisationen, NZA 2023, S. 1284–1289

Grabitz, Eberhard (Begr.)/ Hilf, Meinhard (Fort.)/ Nettesheim, Martin (Hrsg.) — Das Recht der Europäischen Union. Band I: EUV/AEUV, 78. Ergänzungslieferung – Stand 2025, München 2025

Grabosch, Robert (Hrsg.) — Das neue Lieferkettensorgfaltspflichtengesetz, 1. Aufl., Baden-Baden 2021 (zitiert als: Grabosch/*Bearbeiter*, LkSG)

Graf, Jürgen (Hrsg.) — BeckOK OWiG, 45. Edition, Stand: 2025

Greiner, Stefan — Werkvertrag und Arbeitnehmerüberlassung – Abgrenzungsfragen und aktuelle Rechtspolitik, NZA 2013, S. 697–703

Grigoleit, Hans Christoph — Begründungslinien der Legalitätsverantwortung im Kapitalgesellschaftsrecht, in: Boele-Woelki/Faust/Jacobs/u.a.m. (Hrsg.), Festschrift für Karsten Schmidt zum 80. Geburtstag, 2019, Bd. I, S. 367–390

Grigoleit, Hans Christoph (Hrsg.) — Aktiengesetz. Kommentar, 2. Aufl., München 2020

Grigoleit, Hans Christoph — § 33. Vorstands- und Aufsichtsratshaftung, Business Judgment Rule (§§ 93, 116 AktG) und Pflichten zur Haftungsdurchsetzung, in: Hommelhoff/Hopt/Leyens (Hrsg.), Unternehmensführung durch Vorstand und Aufsichtsrat, 1. Aufl., München 2024, S. 829–858 (zitiert als: HHL/*Grigoleit*, 2024, § 33)

v. der Groeben, Hans (Begr.)/ Schwarze, Jürgen/ Hatje, Armin (Hrsg.) — Europäisches Unionsrecht. Vertrag über die Europäische Union. Vertrag über die Arbeitsweise der Europäischen Union. Charta der Grundrechte der Europäischen Union, 7. Aufl., Baden-Baden 2015

Grooterhorst, Johannes — Die ARAG/Garmenbeck-Prozesse – eine Gesamtschau im Rückblick, ZIP 1999, S. 1117–1124

Grooterhorst, Johannes — Pflichten und Haftung des Aufsichtsrats bei zustimmungsbedürftigen Geschäften des Vorstands, NZG 2011, S. 921–926

Großmann, Adolf — Unternehmensziele im Aktienrecht. Eine Untersuchung über Handlungsmaßstäbe für Vorstand und Aufsichtsrat,

	Diss. iur. Bochum 1979, 1. Aufl., Köln, Berlin, Bonn und München 1980 (zitiert als: *Großmann*, Unternehmensziele)
Grottel, Bernd/ Justenhoven, Petra/ Schubert, Wolfgang J./ Störk, Ulrich (Hrsg.)	Beck'scher Bilanz-Kommentar. Handels- und Steuerbilanz. §§ 238 bis 339, 342 bis 342a HGB, 13. Aufl. und 14. Aufl. (bei mangelnder Angabe handelt es sich um die 14. Aufl.), München 2022 und 2024 (zitiert als: BeBiKo/*Bearbeiter*)
Grotz, Florian/ Schroeder, Wolfgang	Das politische System der Bundesrepublik Deutschland. Eine Einführung, 1. Aufl., Wiesbaden 2021
Grundei, Jens/ Reuter, Alexander	»Agile« Organisationsstrukturen: Unternehmerische Notwendigkeit oder organisierte Verantwortungslosigkeit?, DB 2024, S. 2309–2318
Grundmann, Stefan	Privatrecht und Regulierung, in: Auer/Grigoleit/Hager u.a.m. (Hrsg.), Festschrift für Claus-Wilhelm Canaris zum 80. Geburtstag, 2017, S. 907–948
Habersack, Mathias	Die Legalitätspflicht des Vorstands der AG, in: Burgard/Hadding/Mülbert/Nietsch/Welter (Hrsg.), Festschrift für Uwe H. Schneider zum 70. Geburtstag, 2011, S. 429–441
Habersack, Mathias/ Henssler, Martin (Hrsg.)/ Hanau, Peter/ Ulmer, Peter (Begr.)	Mitbestimmungsrecht. Kommentierung des MitbestG, des DrittelbG, des SEBG und des MgVG, 4. Aufl., München 2018
Habersack, Mathias	Gemeinwohlbindung und Unternehmensrecht, AcP 220 (2020), S. 594–663
Habersack, Mathias	»Corporate Purpose«, in: Bachmann/Grundmann/Mengel/Krolop (Hrsg.), Festschrift für Christine Windbichler, 2020, S. 707–718
Habersack, Mathias	Der Aufsichtsrat zwischen Geschäftsführungsverbot und Überwachungsaufgabe. Zu Reichweite und Schranken des § 111 IV 2 AktG, insbesondere im Zusammenhang mit ad hoc-Vorbehalten, NZG 2020, S. 881–887
Habersack, Mathias	Aufgaben und Befugnisse des Aufsichtsrats und ihre Konkretisierung, in: Hommelhoff/Kley/Verse (Hrsg.), Reform des Aufsichtsratsrechts, 1. Aufl., Berlin und Boston 2021, S. 23–38
Habersack, Mathias/ Zickgraf, Peter	Sorgfaltspflichten und Haftung in der Lieferkette als Regelungsmodell, RabelsZ 87 (2023), S. 532–607
Habersack, Mathias/ Vetter, Jochen	Vorschläge für eine große Aktienrechtsreform, AG 2024, S. 377–393

Habrich, Victor	Menschenrechts- und umweltbezogene Sorgfaltspflichten von Banken und institutionellen Investoren. Das Lieferkettensonderrecht der Finanzunternehmen, ZVglRWiss 122 (2023), S. 219–241
Hachmeister, Dirk/ Kahle, Holger/ Mock, Sebastian/ Schüppen, Matthias (Hrsg.)	Bilanzrecht. Kommentar. Handelsbilanz. Steuerbilanz. Prüfung. Offenlegung. Gesellschaftsrecht, 3. Aufl., Köln 2022 (zitiert als: HKMS/*Bearbeiter*, 3. Aufl. 2022)
Hagel, Ulrich/ Wiedmann, Michael	Der Menschenrechtsbeauftragte – Das (noch) unbekannte Wesen der LkSG-Compliance, BB 2023, Heft 19, S. I (Editorial)
Hakelmacher, Sebastian	Üppig sprießende Nachhaltigkeitsberichterstattung, WPg 2022, S. 298–304
Hakelmacher, Sebastian	Neue Dimension der Rechenschaftslegung – Von der Rechnungslegung zur umfassenden Unternehmensberichterstattung, WPg 2023, S. 410–415
Haller, Axel/ Sellhorn, Thorsten	Nachhaltigkeitsberichte nach ESRS: Nur Mut!, DB 2024, S. 2711–2715
Hannan, Michael T./ Freeman, John	The Population Ecology of Organizations, American Journal of Sociology, Vol. 82 No. 5 (1977), S. 929–964
Hannemann, Ralf/ Schneider, Andreas/ Weigl, Thomas	Mindestanforderungen an das Risikomanagement (MaRisk). Kommentar unter Berücksichtigung der Instituts-Vergütungsverordnung (InstitutsVergV), 6. Aufl., Freiburg 2022
Hansen, Charles	The Duty of Care, the Business Judgment Rule, and The American Law Institute Corporate Governance Project, The Business Lawyer, Vol. 48 No. 4 (1993), S. 1355–1376
Harbarth, Stephan	Unternehmerisches Ermessen des Vorstands im Interessenkonflikt, in: Erle/W. Goette/u.a.m. (Hrsg.), Festschrift für Peter Hommelhoff zum 70. Geburtstag, 2012, S. 323–342
Harbarth, Stephan	Anforderungen an die Compliance-Organisation in börsennotierten Unternehmen, ZHR 179 (2015), S. 136–172
Harbarth, Stephan	Aktienrecht, Gemeinwohl und Vergütungsparameter, ZGR 2018, S. 379–402
Harbarth, Stephan	»Corporate Sustainability Due Diligence«-Richtlinie. (Kein) Systemumbruch im deutschen Aktienrecht?, AG 2022, S. 633–639
Harbarth, Stephan/ Reichenbach, Moritz	§ 6. Unions- und verfassungsrechtliche Vorgaben der Unternehmensausrichtung an Parametern der Nachhaltigkeit

	(ESG). (§§ 93, 111 AktG), in: Hommelhoff/Hopt/Leyens (Hrsg.), Unternehmensführung durch Vorstand und Aufsichtsrat. Aktien-, Kapitalmarkt- und Bilanzrecht. Corporate Governance. Handbuch, 1. Aufl., München 2024, S. 133–171
Harnos, Rafael	Geschäftsleiterhaftung bei unklarer Rechtslage. Eine Untersuchung am Beispiel des Kartellrechts, Diss. iur. Konstanz 2013, 1. Aufl., Berlin 2013 (zitiert als: *Harnos*, Geschäftsleiterhaftung)
Harnos, Rafael	Gerichtliche Kontrolldichte im Gesellschaftsrecht, Habil. iur. Bonn 2019/2020, 1. Aufl., Köln 2021 (zitiert als: *Harnos*, Kontrolldichte)
Harnos, Rafael	Die gesellschaftsrechtliche Klimatrias: richtiger Schritt oder Sackgasse auf dem Weg zum nachhaltigen Unternehmensrecht? Kritische Analyse des Gutachtens F zum 74. Deutschen Juristentag und Beitrag zur Umsetzung des Art. 22 CSDDD sowie zum Say on Climate und Pay for Climate, AG 2024, S28
Harris, Milton/ Raviv, Artur	Organization Design, Management Science, Vol. 48 No. 7 (2002), S. 852–865
Hartke, Volker	Green and more: Das Lieferkettensorgfalts-pflichtengesetz hat Konsequenzen für den Mittelstand, WPg 2022, S. 675–677
Hauschka, Christoph E.	Ermessensentscheidungen bei der Unternehmensführung, GmbHR 2007, S. 11–16
Hax, Herbert	Die Koordination von Entscheidungen. Ein Beitrag zur betriebswirtschaftlichen Organisationslehre, Habil. rer. oec. Köln 1964, 1. Aufl., Köln, Berlin, Bonn und München 1965 (zitiert als *Hax*, Koordination)
Hayden, Helene	Haftung für fremdes Verhalten am Beispiel der CSDDD, JBl (Juristische Blätter) 2024, S. 429–445
Hayek, Friedrich A.	The Use of Knowledge in Society, The American Economic Review, Vol. 35 No. 4 (1945), S. 519–530
Hayek, Friedrich A.	Individualism and Economic Order, 3. Aufl., Erlenbach-Zürich 1958
Hayn, Sven	Von der freiwilligen zur verpflichtenden Nachhaltigkeitsberichterstattung. Ein struktureller Vergleich der Big Three Proposals, ESGZ 2023, S. 4–9
Heck, Philipp	Grundriß des Schuldrechts, 1. Aufl., Tübingen 1929
Hecker, Andreas/ Bröcker, Norbert	Die CSR-Berichtspflicht in der Hauptversammlungssaison 2018, AG 2017, S. 761–770

Hedemann, Justus Wilhelm — Die Flucht in die Generalklauseln. Eine Gefahr für Recht und Staat, 1. Aufl., Tübingen 1933

Hedlund, Gunnar — The Hypermodern MNC – A Heterarchy?, Human Resource Management, Vol. 25 No. 1 (1986), S. 9–35.

Heermann, Peter W./ Schlingloff, Jochen (Hrsg.) — Münchener Kommentar zum Lauterkeitsrecht, 3. Aufl., München 2020

Heese, Michael — Die Funktion des Insolvenzrechts im Wettbewerb der Rechtsordnungen, JZ 2018, S. 179–191

Heiland, Oliver — Sustainability, climate change and the evolving role of non-financial factors in financial laws, in: Donald/Haag/Paech (Hrsg.), Festschrift für Andreas Cahn zum 65. Geburtstag, 2024, S. 179 –188

Hellermann, Johannes — Private Standardsetzung im Bilanzrecht - öffentlich-rechtlich gesehen, NZG 2000, S. 1097–1103

Hellgardt, Alexander — Wider die Legalitätspflicht im Kapitalgesellschaftsrecht, in: Grundmann/Merkt/Mülbert/u.a.m. (Hrsg.), Festschrift für Klaus J. Hopt zum 80. Geburtstag, 2020, S. 403–423

Hellwig, (Konrad Maximilian) — Ueber die Grenzen der Vertragsmöglichkeit, AcP 86 (1896), S. 223–248

Helmold, Marc — Lean Management und Kaizen. Grundlagen aus Fällen und Beispielen in Operations und Supply Chain Management, 1. Aufl., Wiesbaden 2020

Henning, Peter/ Lieder, Jan — § 12. Vorstandsaufgaben, -besetzung und -organisation, in: Hommelhoff/Hopt/Leyens (Hrsg.), Unternehmensführung durch Vorstand und Aufsichtsrat, 1. Aufl., München 2024, S. 297–323 (zitiert als: HHL/*Henning/Lieder*, 2024, § 12)

Hennrichs, Joachim/ Pöschke, Moritz — Die Pflicht des Aufsichtsrats zur Prüfung des »CSR-Berichts«, NZG 2017, S. 121–127

Hennrichs, Joachim — CSR-Umsetzung – Neue Pflichten für Aufsichtsräte, NZG 2017, S. 841–847

Hennrichs, Joachim/ Hommelhoff, Peter/ Merkt, Hanno (Hrsg.) — Zur Revision der EU-Nachhaltigkeitsregulatorik, ZGR-Sonderheft 28, 1. Aufl., Berlin und Boston 2025 (zitiert als: *Bearbeiter* in: Hennrichs/Hommelhoff/Merkt, Zur Revision der EU-Nachhaltigkeitsregulatorik)

Henssler, Martin (Gesamthrsg.)/ Stilz, Eberhard/ Veil, Rüdiger (Hrsg.) — beck-online-GROSSKOMMENTAR. AktG, 2025 (zitiert als: BeckOGK/*Bearbeiter*, AktG)

Henze, Hartwig	Prüfungs- und Kontrollaufgaben des Aufsichtsrates in der Aktiengesellschaft – Die Entscheidungspraxis des Bundesgerichtshofes, NJW 1998, S. 3309–3312
Henze, Hartwig	Leitungsverantwortung des Vorstands - Überwachungspflicht des Aufsichtsrats, BB 2000, S. 209–216
Herold, Christian/ Grottel, Gregor/ Klein, Lukas	Die Wesentlichkeitsanalyse gemäß den European Sustainability Reporting Standards (ESRS). Überblick über die Anforderungen der ESRS und erste Erkenntnisse aus der Praxis, IRZ 2023, S. 475–481
Hilgendorf, Eric	Bedingungen gelingender Interdisziplinarität – am Beispiel der Rechtswissenschaft, JZ 2010, S. 913–922
Hill, Wilhelm/ Fehlbaum, Raymond/ Ulrich, Peter	Organisationslehre. Ziele, Instrumente und Bedingungen der Organisation sozialer Systeme. Band 1, 5. Aufl., Bern, Stuttgart und Wien 1994
Hillgruber, Christian	Richterliche Rechtsfortbildung als Verfassungsproblem, JZ 1996, S. 118–125
Hinterhuber, Hans H.	Strategische Unternehmensführung. Das Gesamtmodell für nachhaltige Wertsteigerung, 9. Aufl., Berlin 2015
Hirte, Herbert/ Vallender, Heinz (Hrsg.)	Insolvenzordnung, Bd. 1, 15. Aufl., München 2019 (zitiert als: Uhlenbruck/*Bearbeiter*)
Hirte, Heribert/ Mülbert, Peter O./ Roth, Markus (Hrsg.)	Aktiengesetz. Großkommentar, Fünfter Band: 5. Aufl., Berlin 2019 (zitiert als: GroßkommAktG/*Bearbeiter*)
Hofer, Sibylle	11. Kapitel: Das Aktiengesetz von 1884 – ein Lehrstück für prinzipielle Schutzkonzeptionen, in: Bayer/Habersack (Hrsg.), Aktienrecht im Wandel, Bd. I, 1. Aufl., Tübingen 2007, S. 388–414
Hoffmann-Becking, Michael	Vorstandsvergütung nach Mannesmann, NZG 2006, S. 127–131
Hoffmann-Becking, Michael/ Austmann, Andreas (Hrsg.)	Münchener Handbuch des Gesellschaftsrechts. Band 4: Aktiengesellschaft, 6. Aufl., München 2024 (zitiert als: MünchHdB AG/*Bearbeiter*)
Hoffmann, Andreas C./ Schieffer, Anita	Pflichten des Vorstands bei der Ausgestaltung einer ordnungsgemäßen Compliance-Organisation, NZG 2017, S. 401–407
Hoffmann, Martin	Staatliche Wirtschaftsregulierung und grundrechtlicher Schutz der Unternehmensfreiheit durch Art. 12 Abs. 1 GG und Art. 2 Abs. 1 GG, BB 1995, S. 53–58
Hoffmann, Martin	Der grundrechtliche Schutz der. marktwirtschaftlichen Unternehmenstätigkeit und der gesellschaftsrechtlichen Unternehmensorganisation durch die

»Unternehmensfreiheit«, Diss. iur. München 1988, 1. Aufl., München 1988 (zitiert als: *Hoffmann*, Unternehmensfreiheit)

Hogrefe, Inga — Dynamiken des Wachstums nachhaltigkeitsbasierter Finanzprodukte: Treiber und Ursachen, BB 2024, S. 1987–1998

Holle, Philipp Maximilian — Rechtsbindung und Business Judgment Rule, AG 2011, S. 778–786

Holle, Philipp Maximilian — Legalitätskontrolle im Kapitalgesellschafts- und Konzernrecht, Diss. iur. Konstanz 2014, 1. Aufl., Tübingen 2014 (zitiert als: *Holle*, Legalitätskontrolle)

Holle, Philipp Maximilian — Kartellrechtliche Bewältigung von Nachhaltigkeitskooperationen, ZHR 188 (2024), S. 98–147

Holoubek, Michael/ Lienbacher, Georg (Hrsg.) — Charta der Grundrechte der Europäischen Union. GRC-Kommentar, 2. Aufl., Wien 2019

Hölters, Wolfgang/ Weber, Markus (Hrsg.) — Aktiengesetz. Kommentar, 4. Aufl., München 2022 (zitiert als: Hölters/Weber/*Bearbeiter*)

Hölzle, Gerrit — Zur Begründung und Ausgestaltung einer Restrukturierungsverschleppungshaftung, in: Bitter/Haarmeyer/Pape (Hrsg.), Festschrift für Markus Gehrlein zum 65. Geburtstag, 2022, S. 261–283

Homborg, Eva/ Landahl, Pascal — FISG – Ist die Verschärfung der Abschlussprüferhaftung die richtige Antwort auf den Wirecard Skandal?, NZG 2021, S. 859–865

Hommelhoff, Peter — Vollausschüttungsgebot und Verbot stiller Reserven. Ein Plädoyer für die Novellierung des § 29 Abs. 1 GmbHG, GmbHR 1979, S. 102–111

Hommelhoff, Peter — Die Konzernleitungspflicht. Zentrale Aspekte eines Konzernverfassungsrechts, Habil. iur. Bochum 1980/1981, 1. Aufl., Köln, Berlin, Bonn und München 1982

Hommelhoff, Peter — Eigenkontrolle statt Staatskontrolle – rechtsdogmatischer Überblick zur Aktienrechtsreform 1884 –, in: Schubert/Hommelhoff (Hrsg.), Hundert Jahre modernes Aktienrecht. Eine Sammlung von Texten und Quellen zur Aktienrechtsreform 1884 mit zwei Einführungen, 1. Aufl., Berlin 1985, S. 53–105

Hommelhoff, Peter — Konzernmodelle und ihre Realisierung im Recht, in: Druey (Hrsg.), Das St. Galler Konzernrechtsgespräch. Konzernrecht aus der Konzernwirklichkeit, Bern 1988, S. 107–127

Hommelhoff, Peter »Kleine Aktiengesellschaften« im System des deutschen Rechts, AG 1995, S. 529–538

Hommelhoff, Peter/ Schwab, Martin Zum Stellenwert betriebswirtschaftlicher Grundsätze ordnungsgemäßer Unternehmensleitung und -überwachung im Vorgang der Rechtserkenntnis, in: v. Werder, Axel (Hrsg.), Grundsätze ordnungsmäßiger Unternehmensführung (GoF), für die Unternehmungsleitung (GoU), Überwachung (GoÜ) und Abschlussprüfung (GoA), 36. Sonderheft Schmalenbachs Zeitschrift für betriebswirtschaftliche Forschung (ZfbF), 1996, S. 149–178

Hommelhoff, Peter/ Schwab, Martin Gesellschaftliche Selbststeuerung im Bilanzrecht – Standard Setting Bodies und staatliche Regierungsverantwortung nach deutschem Recht, BFuP 1998, S. 38–56

Hommelhoff, Peter/ Mattheus, Daniela Corporate Governance nach dem KonTraG, AG 1998, S. 249–259

Hommelhoff, Peter Die neue Position des Abschlußprüfers im Kraftfeld der aktienrechtlichen Organisationsverfassung, BB 1998, S. 2567–2573, 2625–2631

Hommelhoff, Peter/ Mattheus, Daniela 1. Gesetzliche Grundlagen: Deutschland und international, in: Dörner/Horváth/Kagermann (Hrsg.), Praxis des Risikomanagements. Grundlagen, Kategorien, branchenspezifische und strukturelle Aspekte, 1. Aufl., Stuttgart 2000, S. 7–40

Hommelhoff, Peter Risikomanagement im GmbH-Recht, in: Berger/Ebke/Elsing/Großfeld/Kühne (Hrsg.), Festschrift für Otto Sandrock zum 70. Geburtstag, 2000, S. 373–383

Hommelhoff, Peter/ Schwab, Martin Staats-ersetzende Privatgremien im Unternehmensrecht, in: Drenseck/Seer (Hrsg.), Festschrift für Heinrich Wilhelm Kruse zum 70. Geburtstag, 2001, S. 693–718

Hommelhoff, Peter/ Mattheus, Daniela Qualitätssicherung in der Wirtschaftsprüfung: Fachliche Verlautbarungen und ihre Steuerungswirkung, in: Crezelius/Hirte/Vieweg (Hrsg.), Festschrift für Volker Röhricht zum 65. Geburtstag, 2005, S. 897–918

Hommelhoff, Peter/ Mattheus, Daniela Risikomanagementsystem im Entwurf des BilMoG als Funktionselement der Corporate Governance, BB 2007, S. 2787–2791

Hommelhoff, Peter Nichtfinanzielle Unternehmensziele im Unionsrecht, in: Boemke/Lembke/Linck (Hrsg.), Festschrift für Gerrick Frhr. v. Hoyningen-Huene zum 70. Geburtstag, 2014, S. 137–144

Hommelhoff, Peter — Nichtfinanzielle Ziele in Unternehmen von öffentlichem Interesse – Die Revolution übers Bilanzrecht – in: Bork/Godehard/Frank (Hrsg.), Festschrift für Bruno M. Kübler zum 70. Geburtstag, 2015, S. 291–299

Hommelhoff, Peter — Aktuelle Impulse aus dem europäischen Unternehmensrecht: Eine Herausforderung für Deutschland, NZG 2015, S. 1329–1336

Hommelhoff, Peter — Aufwüchse in der externen Corporate Governance – eine Skizze –, AG 2016, S. 684–691

Hommelhoff, Peter — CSR-Vorstands- und -Aufsichtsratspflichten, NZG 2017, S. 1361–1366

Hommelhoff, Peter — Von der Erklärung zur Unternehmensführung zum Corporate Governance Bericht. – zugleich Bemerkungen zum Schmalenbach-Reportingvorschlag –, in: Priester/Heppe/Westermann(Hrsg.), Praxis und Lehre im Wirtschaftsrecht. 10 Jahre Österberg Seminare, Tübingen 2018, S. 185–204

Hommelhoff, Peter — Verlässliche und vertrauenswürdige CSR-Berichterstattung, in: Bergmann/Hoffmann-Becking/Noack (Hrsg.), Festschrift für Ulrich Seibert zum 65. Geburtstag, 2019, S. 371–383

Hommelhoff, Peter — Vorstandsbezüge und gesteuertes Organverhalten, in: Grundmann/Merkt/Mülbert/u.a.m. (Hrsg.), Festschrift für Klaus J. Hopt zum 80. Geburtstag, 2020, S. 467–480

Hommelhoff, Peter — Primärrechtlich begründete Mängel im CSRD-Vorschlag und deren Beseitigung, DB 2021, S. 2437–2447

Hommelhoff, Peter — Aufsichtsratsautonomie, in: Hommelhoff/Kley/Verse (Hrsg.), Reform des Aufsichtsratsrechts, 1. Aufl., Berlin und Boston 2021, S. 43–68

Hommelhoff, Peter — Lagebericht und Konzernlagebericht. Zentren eines Business Reporting. Kommentar zu den §§ 289 bis 289f HGB und §§ 315 bis 315d HGB, 1. Aufl., Berlin und Boston 2022

Hommelhoff, Peter — Nachhaltigkeit als unternehmerische Herausforderung, NZG 2023, S. 1631–1635

Hommelhoff, Peter — Herausforderungen aus den EU-Nachhaltigkeitsrichtlinien, AG 2023, S. 742–744

Hommelhoff, Peter — Konzernrechtliche Bemerkungen zum Kommissions-Vorschlag für eine CSDD-Richtlinie, in: Deckenbrock/Höpfner/Kilian/Markworth/Sittard (Hrsg.), Festschrift für Martin Henssler zum 70. Geburtstag, 2023, S. 971–980

Hommelhoff, Peter/ Allgeier, Sina/ Jelonek, Mariusz	Ausstrahlung der CSRD-Berichtsvorgaben auf die Unternehmensorganisation. Zur Verantwortung der europäischen Gesetzgebungsinstitutionen, NZG 2023, S. 911–917
Hommelhoff, Peter	Nach der CSDDD nun sehr bald eine CSRD-Novelle, NZG 2024, S. 705 (Editorial)
Hommelhoff, Peter/ Allgeier, Sina	Zum EFRAG-Entwurf für einen VSME ESRS. Der Unionsgesetzgeber ist gefordert!, IRZ 2024, S. 205–210
Hommelhoff, Peter	Gemeinwohlgüterschutz im faktischen Konzern, Grunewald/van der Loo/Paefgen (Hrsg.), Festschrift für Heribert Heckschen zum 65. Geburtstag, 2024, S. 357–369
Hommelhoff, Peter/ Allgeier, Sina/ Stern, Alexander	Die neuen Berichtspflichten in CSRD, LkSG und CSDDD unter besonderer Berücksichtigung der Wertschöpfungskette, RAW (Recht Automobil Wirtschaft) 2024, S. 90–96
Höpfner, Clemens	Gesetzesbindung und verfassungskonforme Auslegung im Arbeits- und Verfassungsrecht, RdA 2018, S. 321–337
Hopt, Klaus J.	Aktionärskreis und Vorstandsneutralität, ZGR 1993, S. 534–566
Hopt, Klaus J.	ECLR: Gemeinsame Grundsätze der Corporate Governance in Europa? Überlegungen zum Einfluß der Wertpapiermärkte auf Unternehmen und ihre Regulierung und zum Zusammenwachsen von common law und civil law im Gesellschafts- und Kapitalmarktrecht, ZGR 2000, S. 779–818
Hopt, Klaus J. / Kumpan, Christoph	Governance in börsennotierten und anderen bedeutenden Aktiengesellschaften. Vorstand und Aufsichtsrat auf dem Prüfstand nach dem Finanzmarktintegritätsstärkungsgesetz (FISG), AG 2021, S. 129–140
Hopt, Klaus J. / Kumpan, Christoph/ Leyens, Patrick C./ Merkt, Hanno/ Roth, Markus	Handelsgesetzbuch: HGB, mit GmbH & Co., Handelsklauseln, Bank- und Kapitalmarktrecht, Transportrecht (ohne Seerecht). Kommentar, 44. Aufl., München 2025 (zitiert als Hopt/*Bearbeiter*)
Hopt, Klaus J./ Leyens, Patrick C.	§ 1. Unternehmensführung durch Vorstand und Aufsichtsrat: Nationale und internationale Anforderungen, Pflichtenentwicklungsrisiken, in: Hommelhoff/Hopt/Leyens (Hrsg.), Unternehmensführung durch Vorstand und Aufsichtsrat, 1. Aufl., München 2024, S. 1–41 (zitiert als: HHL/*Hopt/Leyens*, 2024, § 1)

Horstmann, Winfried — Direktinvestitionen – Ein Indikator für die internationale Standort-Wettbewerbsfähigkeit?, Wirtschaftsdienst 1992, S. 472–476

Hübner, Leonhard — Unternehmenshaftung für Menschenrechtsverletzungen, Habil. iur. Heidelberg 2021, 1. Aufl., Tübingen 2022

Hübner, Leonhard/ Habrich, Victor/ Weller, Marc-Philippe — Corporate Sustainability Due Diligence. Der EU-Richtlinienentwurf für eine Lieferkettenregulierung, NZG 2022, S. 644–651

Hübner, Leonhard — Enforcement-Modelle in der Lieferkettenregulierung, KlimaRZ 2023, S. 238–244

Hübner, Leonhard/ Kühle, Maximilian — Verfahrens- statt Inhaltskontrolle. – Welchen Spielraum haben Unternehmen bei Umsetzung des LkSG? –, CRZ 2023, S. 5–12

Hübner, Leonhard/ Kieninger, Eva-Maria/ Weller, Marc-Philippe (Hrsg.) — beck.online.GROSSKOMMENTAR zum LkSG, 2023 (zitiert als: BeckOGK/*Bearbeiter*)

Hübner, Leonhard/ Lieberknecht, Markus — Mehr Pflichten für weniger Unternehmen? – Kerninhalte der EU-Lieferketten-RL und ihre Umsetzung im deutschen Recht, NJW 2024, S. 1841–1846

Hüffer, Uwe — Die leitungsbezogene Verantwortung des Aufsichtsrats, NZG 2007, S. 47–54

Hunziker, Stefan — Risikomanagement im Unternehmen. Moderne Ansätze im Umgang mit Risiko und Ertrag, 2. Aufl., Wiesbaden 2022

Huth, Mark-Alexander — Die Vorstandspflicht zur Risikoüberwachung, Diss. iur. Osnabrück 2006, 1. Aufl., Baden-Baden 2007 (zitiert als: *Huth*, Risikoüberwachung)

Ihlau, Susann/ Zwenger, Katharina — Berücksichtigung von Nachhaltigkeitsaspekten bei Anlageentscheidungen und Unternehmensbewertungen, BB 2020, S. 2091–2095

The Institute of Internal Auditors (IIA) — The IAA's Three Lines Model. An update of the Three Lines of Defence, Juli 2020, abrufbar unter: t1p.de/fzqpz (abgerufen am 22.08.2024)

Irmscher, Philipp/ Bücker, Henrike — Der (erzwungene) Abbruch der Geschäftsbeziehung nach dem LkSG. Zugleich ein Beitrag zur Kontrolldichte bei unternehmerischen Beurteilungsspielräumen, NVwZ 2023, S. 1368–1373

Ismayr, Wolfgang — Gesetzgebung im politischen System Deutschlands, in: Ismayr (Hrsg.), Gesetzgebung in Westeuropa. EU-Staaten und Europäische Union, 1. Aufl., Wiesbaden 2008, S. 383–429

Jakobus, Philipp	Die Vorstandspflicht zum Risikomanagement. Eine juristische und ökonomische Betrachtung zu § 91 Abs. 2 AktG, Diss. iur. Augsburg 2013, 1. Aufl., Baden-Baden 2013 (zitiert als: *Jakobus*, Risikomanagement)
Jarass, Hans D.	Charta der Grundrechte der Europäischen Union – unter Einbeziehung der sonstigen Grundrechtsregelungen des Primärrechts und der EMRK. Kommentar, 4. Aufl., München 2021
Jarass, Hans D./ Kment, Martin	Grundgesetz für die Bundesrepublik Deutschland. Kommentar, 18. Aufl., München 2024 (zitiert als: Jarass/Pieroth)
Jelonek, Mariusz	Die Berichtspflicht nach Art. 16 CSDDD: Das Schlusslicht der Nachhaltigkeitsregulierung?, NZG 2025, S. 731–738
Jena, Jan-Ole	Die Business Judgment Rule im Prozess. Eine prozessrechtliche Betrachtung der Business Judgment Rule und Beweisverteilung im Organhaftungsrecht, Diss. iur. Heidelberg 2019, 1. Aufl., Baden-Baden 2020
Jensen, Michael C./ Meckling, William H.	Theory of the Firm: Managerial Behavior, Agency Cost and Ownership Structure, Journal of Financial Economics Vol. 3 No. 4 (1976), S. 305–360
Jessen, Ulf/ Haaker, Andreas	Implikationen der neuen Rechnungslegungsrichtlinie für die Fortentwicklung des deutschen Bilanzrechts, DB 2013, S. 1617–1622
Jolls, Christine/ Sunstein, Cass R.	Debiasing through Law, Journal of Legal Studies, Vol. 35 No. 1 (2006), S. 199–242
Jones, Gareth R.	Task Visibility, Free Riding, and Shirking: Explaining the Effect of Structure and Technology on Employee Behavior, Academy of Management Review, Vol. 9 No. 4 (1984), S. 684 - 695
Jones, Gareth R. / Bouncken, Rickarda B.	Organisation. Theorie, Design und Wandel, 5. Aufl., München, Boston u.a.m. 2008
Jordan, Stefanie	Green and more: Einbeziehung der Wertschöpfungskette in die Nachhaltigkeitsberichterstattung, WPg 2023, S. 77–79
Jung, Peter	Die Generalklausel im deutschen und französischen Vertragsrecht, in: Baldus/Müller-Graff (Hrsg.), Die Generalklausel im Europäischen Privatrecht. Zur Leistungsfähigkeit der deutschen Wissenschaft aus romanischer Perspektive, 1. Aufl., München 2006, S. 37–61

Jungbluth, Cora Francisca	Standortattraktivität vs. Interessenwahrung. Deutschlands Dilemma im Umgang mit ausländischen Direktinvestitionen (ADI), ZfWP 2019, S. 36–44
Junge, Lara/ Kapoor, Sunny/ Keller, Moritz	Die zivilrechtliche Haftung nach der europäischen Lieferkettenrichtlinie (CSDDD), ZIP 2025, S. 1–8
Kahl, Wolfgang/ Waldhoff, Christian/ Walter, Christian (Hrsg.)	Bonner Kommentar zum Grundgesetz. 214. Lieferung 12.2021, Heidelberg
Kalss, Susanne	Wie sollen die Verhaltenspflichten nach der Lieferkettensorgfalts-Richtlinie (CSDDD) erfüllt werden – ein rechtspolitischer Zuruf!, ZfPW 2024, S. 181–216
Kalss, Susanne	Gesellschaftsrecht und Klimakrise, JZ 2024, S. 766–774
Kaltenborn, Markus/ Krajewski, Markus/ Rühl, Giesela/ Saage-Maaß, Miriam (Hrsg.)	Lieferkettensorgfaltspflichtenrecht. LkSG, GwB, EU-Holzhandel-VO, BetrVG, WRegG, CSR-RL-UmsG, 1. Aufl., München 2023 (zitiert als KKRS/*Bearbeiter*)
Kamann, Hans-Georg/ Irmscher, Philipp	Das Sorgfaltspflichtengesetz – Ein neues Sanktionsrecht für Menschenrechts- und Umweltverstöße in Lieferketten, NZWiSt 2021, S. 249–256
Kamp, Andreas/ Ricke, Markus	Stichwort: Informationsasymmetrie, BKR 2003, S. 527–531
Kauer, Dorothee	Die Informationsbeschaffungspflicht des Vorstands einer AG. Ein Beitrag zur angemessenen Informationsgrundlage innerhalb und außerhalb der business judgment rule, Diss. iur. Regensburg 2015, 1. Aufl., Baden-Baden 2015 (zitiert als: *Kauer*, Informationsbeschaffungspflicht)
Kehrel, Elias	Der Einfluss von Sustainable Finance auf die Nachhaltigkeitsziele deutscher Aktiengesellschaften. Eine Untersuchung vor dem Hintergrund der Nachhaltigkeitsberichtspflichten für institutionelle Anleger und Vermögensverwalter, Diss. iur. Heidelberg 2023, 1. Aufl., Hürth 2023 (zitiert als: *Kehrel*, Sustainable Finance)
Kern, Christoph	Private Law Enforcement versus Public Law Enforcement, ZZPInt 12 (2007), S. 351–378
Kerkemeyer, Andreas	Der Klimatransitionsplan und der Übergangsplan für den Klimaschutz – Schrittmacher der Dekarbonisierung ?, DB 2025, S. 609–617
Kieninger, Eva-Maria	Zivilrechtliche Haftung für Sorgfaltspflichtverletzungen nach Lieferkettengesetz und Sustainability-Richtlinie, ZIP 2024, S. 1037–1048

Kieser, Alfred/ Hegele, Cornelia — Kommunikation im organisatorischen Wandel, 1. Aufl., Stuttgart 1998 (zitiert als: *Kieser/Hegele*, Kommunikation)

Kieser, Alfred/ Walgenbach, Peter — Organisation, 6. Aufl., Stuttgart 2010

Kieser, Alfred/ Ebers, Mark (Hrsg.) — Organisationstheorien, 8. Aufl., Stuttgart 2019

Kirchhof, Paul — Der Auftrag des Grundgesetzes an die rechtsprechende Gewalt, in: Richterliche Rechtsfortbildung. Erscheinungsformen, Auftrag und Grenzen, Festschrift der Juristischen Fakultät zur 600-Jahr-Feier der Ruprecht-Karls-Universität Heidelberg, 1986, S. 11–37

Kirsch, Hanno — EU-Standards zur Nachhaltigkeitsberichterstattung: Nachhaltigkeitsberichterstattung zur Governance nach den ESRS, BBP 2023, S. 354–362

Kirzner, Israel M. — Wettbewerb und Unternehmertum, 1. Aufl., Tübingen 1978

Klahold, Christoph — § 16. Internes Kontroll- und Risikomanagementsystem (§ 91 Abs. 3 AktG idF FISG) mit Interner Revision und Compliance, in: Hommelhoff/Hopt/Leyens (Hrsg.), Unternehmensführung durch Vorstand und Aufsichtsrat, 1. Aufl., München 2024, S. 395–428 (zitiert als: HHL/*Klahold*, 2024, § 16)

Kleindiek, Detlef — Geschäftsleitertätigkeit und Geschäftsleitungskontrolle: Treuhänderische Vermögensverwaltung und Rechnungslegung, ZGR 1998, S. 466–489

Kleindiek, Detlef — § 35. Wissenszurechnung im unverbundenen Unternehmen und im Konzern (§§ 93, 116 AktG), in: Hommelhoff/Hopt/Leyens (Hrsg.), Unternehmensführung durch Vorstand und Aufsichtsrat, 1. Aufl., München 2024, S. 875–903 (zitiert als: HHL/*Kleindiek*, 2024, § 35)

Kleindiek, Detlef — Perspektiven der Nachhaltigkeitsberichterstattung im Licht der aktuellen »Omnibus-Vorschläge« der Europäischen Kommission, ESG 2025, S. 99–108

Klinger, Michael A./ Klinger, Oskar — Das interne Kontrollsystem im Unternehmen. Checklisten, Organisationsanweisungen, Praxisbeispiele und Muster-Prüfberichte, 2. Aufl., München 2011

Kluge, Friedrich (Begr.)/ Seebold, Elmar (Bearb.) — Kluge. Etymologisches Wörterbuch der deutschen Sprache, 25. Aufl., Berlin 2011

Knack, Stephen/ Keefer, Philip — Does Social Capital Have an Economic Payoff? A Cross-Country Investigation, The Quarterly Journal of Economics, Vol. 112 No. 4 (1997), S. 1251–1288

Kneisel, Holger/ Sen, Michael — § 41. Einzel- und Konzernberichterstattung aus Vorstandsperspektive (§§ 264 ff., 289 ff., 290 ff., 315 ff. HGB), in: Hommelhoff/Hopt/Leyens (Hrsg.), Unternehmensführung durch Vorstand und Aufsichtsrat, 1. Aufl., München 2024, S. 1037–1063 (zitiert als: HHL/*Kneisel/Sen*, 2024, § 41)

Knieps, Günther — Wettbewerbsökonomie. Regulierungstheorie, Industrieökonomie, Wettbewerbspolitik, 2. Aufl., Berlin und Heidelberg 2005

Koch, Jens — Aktiengesetz, 19. Aufl., München 2025

Koch, Jens — Das Gesetz zur Unternehmensintegrität und Modernisierung des Anfechtungsrechts (UMAG), ZGR 2006, S. 769–804

Koch, Jens — Compliance-Pflichten im Unternehmensverbund?, WM 2009, S. 1013–1020

Koch, Jens — ESG – Zündstufen zum Megatrend, AG 2023, S. 553–563

Koch, Jens/ Brandt, Max — Das Enforcement-Verfahren nach der Wirecard-Disruption, BKR 2023, S. 489–500

Koch, Moritz — Die Gesamtverantwortung der Kollegialorgane juristischer Personen und die Haftungskonzentration durch Ressortaufteilung, Diss. iur. Heidelberg 2023, 1. Aufl., Baden-Baden 2024 (zitiert als: *M. Koch*, Gesamtverantwortung)

Kocher, Dirk — Zur Reichweite der Business Judgment Rule, CCZ 2009, S. 215–221

Kocher, Dirk — Ungeklärte Fragen der Erklärung zur Unternehmensführung nach § 289a HGB, DStR 2010, S. 1034–1037

Köhler, Helmut/ Bornkamm, Joachim/ Feddersen, Jörn/ Alexander, Christian — Gesetz gegen den unlauteren Wettbewerb. GeschGehG. PAngV. UKlaG. DL-InfoV. P2B-VO, 41. Aufl., München 2023

Kolter, Max — Nachhaltigkeit durch Transparenz? Berichtspflichten als Instrument der Unternehmensregulierung, Diss. iur. Berlin 2021/2022, 1. Aufl., Tübingen 2023

König, Carsten — Deliktshaftung von Konzernmuttergesellschaften, AcP 217 (2017), S. 611–686

König, Carsten — Die geplante EU-Richtlinie über Nachhaltigkeitspflichten von Unternehmen. Zivilrechtliche Haftung und gesellschaftsrechtliche Konsequenzen, NZG 2022, S. 1186–1192

König, David C./ Bormann, Jens »Genuine Link« und freie Rechtsformwahl im Binnenmarkt. Trendwende bei der Anerkennung von »Scheinauslandsgesellschaften« durch die VALE-Entscheidung des EuGH?, NZG 2012, S. 1241–1244

Korch, Stefan/ Thelen, Martin Konstantin Von der Niederlassungsfreiheit zur Freiheit der Rechtsformwahl – Die praktischen Folgen der Polbud-Entscheidung des EuGH, IPRax 2018, S. 248–254

Korch, Stefan Überprüfungs- und Aktualisierungspflichten nach dem Lieferkettengesetz, NJW 2022, S. 2065 –2070

Kornmesser, Stephan/ Büttemeyer, Wilhelm Wissenschaftstheorie. Eine Einführung, 1. Aufl., Berlin 2020

Kort, Michael Verhaltensstandardisierung durch Corporate Compliance, NZG 2008, S. 81–86

Kort, Michael Risikomanagement nach dem Bilanzrechtsmodernisierungsgesetz, ZGR 2010, S. 440–471

Kosiol, Erich Organisation der Unternehmung, 1. Aufl., Wiesbaden 1962 (zitiert als: *Kosiol*, Organisation)

Kosiol, Erich Grundlagen und Methoden der Organisationsforschung, 2. Aufl., Berlin 1968 (zitiert als: *Kosiol*, Organisationsforschung)

Kotter, John P. What effective general managers really do, Harvard Business Review, Vol. 60 Issue 6 (1982), S. 156–167

Krajewski, Markus Legitimationsfragen internationaler Rahmenwerke für die CSR-Berichterstattung: Inhalt, Regelgeber und Durchsetzungsmechanismen, ZGR 2018, S. 271–294

Krajewski, Markus Regelungsgegenstände eines menschenrechtlichen Sorgfaltspflichtengesetzes aus völkerrechtlicher Perspektive, ZVglRWiss 122 (2023), S. 55–72

Krause, Rainer Was liegt im Interesse der Gesellschaft?, ZHR 187 (2023), S. 581–593

Krebs, David Menschenrechtliche und umweltbezogene Sorgfaltspflicht: Der Wettlauf zwischen europäischer und deutscher Rechtssetzung, ZUR 2021, S. 394–401

Kreipl, Claudia Verantwortungsvolle Unternehmensführung. Corporate Governance, Compliance Management und Corporate Social Responsibility, 1. Aufl., Wiesbaden 2020

Kremer, Thomas/ Bachmann, Georg/ Favoccia, Daniela/ v. Werder, Axel — Deutscher Corporate Governance Kodex. Kodex-Kommentar, 9. Aufl., München 2023 (zitiert als: KBFW/*Bearbeiter*)

Krenberger, Benjamin/ Krumm, Carsten/ Bohnert, Joachim (Begr.) — Ordnungswidrigkeitengesetz. Kommentar, 8. Aufl., München 2024

Kropff, Bruno — Die Unternehmensplanung im Aufsichtsrat, NZG 1998, S. 613–619

Krüper, Julian — Lawfirm – legibus solutus? Legitimität und Rationalität des inneren Gesetzgebungsverfahrens und das ‚Outsourcing' von Gesetzesentwürfen, JZ 2010, S. 655–662

Kubicek, Herbert — Empirische Organisationsforschung. Konzeption und Methodik, 1. Aufl., Stuttgart 1975

Kunig, Philip — Das Rechtsstaatsprinzip. Überlegungen zu seiner Bedeutung für das Verfassungsrecht der Bundesrepublik Deutschland, Habil. iur. Hamburg 1985, 1. Aufl., Tübingen 1986

Kuntz, Thilo — §§ 2, 3 StaRUG-E: Gesetzlich verordnete bad corporate governance, ZIP 2020, S. 2423

Kuntz, Thilo — Leitungsverantwortung des Vorstands und Delegation, AG 2020, S. 801–819

Kuntz, Thilo — Geschäftsleiterhaftung bei drohender Zahlungsunfähigkeit nach StaRUG, ZIP 2021, S. 597–611

Küpper, Hans-Ulrich/ Helber, Stefan — Ablauforganisation in Produktion und Logistik, 3. Aufl., Stuttgart 2004 (zitiert als: *Küpper/Helber*, Ablauforganisation)

Kuschnereit, Rouven — Die aktienrechtliche Legalitätspflicht. Vorstandspflichten zwischen Unternehmens- und Drittinteressen, Diss. iur. Konstanz 2019, 1. Aufl., Wiesbaden 2019 (zitiert als: *Kuschnereit*, Legalitätspflicht)

Kuthe, Thorsten/ Geiser, Martina — Die neue Corporate Governance Erklärung– Neuerung des BilMoG in § 289a HGB-RE –, NZG 2008, S. 172–175

Lanfermann, Georg — EU-Aktionsplan zu Sustainable Finance: Wie weit ist der europäische Gesetzgeber mit der Umsetzung?, BB 2019, S. 2219–2223

Lanfermann, Georg — Auswirkungen der EU-Taxonomie-Verordnung auf die Unternehmensberichterstattung, BB 2020, S. 1643–1647

Lanfermann, Georg — European Sustainability Reporting Standards (ESRS): EFRAG-Konsultationsentwürfe als Meilenstein der neuen

	EU-Nachhaltigkeitsberichterstattung, BB 2022, S. 1323–1327
Lanfermann, Georg/ Baumüller, Josef	Die Endfassung der Corporate Sustainability Reporting Directive (CSRD). – Darstellung und Würdigung der neuen Anforderungen an die Nachhaltigkeitsberichterstattung europäischer Unternehmen –, DB 2022, S. 2745–2755
Lanfermann, Georg	Aktuelle Dynamik bei den Berichtsstandards zur Nachhaltigkeit auf europäischer und internationaler Ebene, BB 2023, S. 1515–1519
Lanfermann, Georg/ Baumüller, Josef	Der Anwendungsbereich der Corporate Sustainability Reporting Directive (CSRD): Detailregelungen und Zweifelsfragen, IRZ 2023, S. 89–95
Lanfermann, Georg/ Kutter, Denny/ Liepe, Marco	Nachhaltigkeitsberichterstattung - Status quo und zukünftige Handlungsfelder, BB 2024, S. 878–882
Lang, Markus	Datenschutzrechtliche Implikationen des Hinweisgeberschutzgesetzes. Einrichtung und Betrieb eines Hinweisgebersystems unter Beachtung der datenschutzrechtlichen Vorgaben, Zeitschrift für Datenschutz (ZD) 2024, S. 17–22
Lang, Niklas/ Lang, Norbert	Organisationslehre – Repetitorium für Studium und Praxis. 1. Aufl., Zürich 2010.
Lange, Oliver	Zustimmungsvorbehaltspflicht und Kataloghaftung des Aufsichtsrats nach neuem Recht, DStR 2003, S. 376–381
Langenbucher, Katja	Vorstandshandeln und Kontrolle. Zu einigen Neuerungen durch das UMAG, DStR 2005, S. 2083–2090
Langenbucher, Katja	Vorstandshaftung und Legalitätspflicht in regulierten Branchen, ZBB 2013, S. 16–23
Larenz, Karl (Begr.)/ Canaris, Claus–Wilhelm	Methodenlehre der Rechtswissenschaft, 3. Aufl., Berlin, Heidelberg und New York 1995
Laux, Frank	Die Lehre vom Unternehmen an sich. Walther Rathenau und die aktienrechtliche Diskussion in der Weimarer Republik, Diss. iur. Bielefeld 1997, 1. Aufl., Berlin 1998
Laux, Helmut/ Liermann, Felix	Grundlagen der Organisation. Die Steuerung von Entscheidungen als Grundproblem der Betriebswirtschaftslehre, 6. Aufl., Berlin und Heidelberg 2005 (zitiert als: *Laux/Liermann*, Organisation)
Lawrence, Paul R./ Lorsch, Jay W.	Organization and Environment. Managing Differentiation and Integration, 12. Aufl., Komewood, Ill. 1975

Lecheler, Helmut — Artikel 12 GG - Freiheit des Berufs und Grundrecht der Arbeit, in: Veröffentlichungen der Vereinigung der Deutschen Staatsrechtslehrer, Heft 43, 1985, S. 48–75

Lehner, Roman — Deutscher und europäischer Grundrechtsschutz nach den Entscheidungen zum »Recht auf Vergessen« – Von der Alternativität zur Komplementarität?, JA 2022, S. 177–184

Lehner, Franz — Wissensmanagement. Grundlagen, Methoden und technische Unterstützung. 7. Aufl., München 2021

Leyens, Patrick C. — Deutscher Aufsichtsrat und U.S.-Board: ein- oder zweistufiges Verwaltungssystem? Zum Stand der rechtsvergleichenden Corporate Governance-Debatte, RabelsZ 67 (2003), S. 57–105

Leyens, Patrick C./ Goetsch, Julius M. — Das neue Lieferkettenrecht. Menschenrechtsschutz zwischen privatem und öffentlichem Recht, JURA 2024, S. 221–234

Leyens, Patrick C./ Christoph H. Seibt (Hrsg.) — Handbuch Lieferkettenrecht, 1. Aufl., München 2025 (zitiert als: *Bearbeiter*, in: Leyens/Seibt, LkR, 2025, § 1)

Leyens, Patrick C. — Lieferkettenrecht: Allgemeine, besondere und internationale Regeln der Lieferkettensorgfalt, NZG 2025, S. 579–588

Leyens, Patrick C. — Lieferkettenrecht: Zusammenhänge und Ausstrahlungswirkungen im Unternehmensrecht, NZG 2025, S. 675–683

Lieberknecht, Markus — Vertrauen ist gut, Kontrolle ist besser: Neue obergerichtliche Orientierungshilfen zur Compliance-Organisation in der Kapitalgesellschaft. Besprechung des Urteils des OLG Nürnberg vom 30. März 2022 – 12 U 1520/19, ZGR 2023, S. 384–397

Liebscher, Marc/ Rinker, Carola — Das Finanzmarktintegritätsstabilisierungsgesetz. Neuerungen für Abschlussprüfer, Vorstände und Aufsichtsräte kapitalmarktorientierter Gesellschaften, BKR 2021, S. 466–472

Lieder, Jan — Unternehmerische Entscheidungen des Aufsichtsrats, ZGR 2018, S. 523–583

Lieder, Jan/ Döhrn, Lennard — Auswirkungen der ESG-Richtlinien auf die Tätigkeit des Aufsichtsrats, AG 2023, S. 722–731

Lieder, Jan/ Meyer, Sarah — Das Risikomanagement nach dem LkSG, ZVglRWiss 122 (2023), S. 133–159

Lieder, Jan/ Meyer, Sarah — Grenzen der Sorgfalt. – Einschränkungen der lieferkettenrechtlichen Sorgfaltspflichten des LkSG und ihre praktische Umsetzung –, CRZ 2024, S. 101–110

Limmer, Peter (Hrsg.) — Handbuch der Unternehmensumwandlung, 6. Aufl., Köln 2019

Lingemann, Stefan/ Wasmann, Dirk — Mehr Kontrolle und Transparenz im Aktienrecht: Das KonTraG tritt in Kraft, BB 1998, S. 853–862

Linnertz, Anja — Die Delegation durch den Vorstand einer Aktiengesellschaft, Diss. iur. Bonn 2019, 1. Aufl., Berlin 2020

Lohse, Andrea — Unternehmerisches Ermessen. Zu den Aufgaben und Pflichten von Vorstand und Aufsichtsrat, Habil. iur. Berlin 2004, 1. Aufl., Tübingen 2005 (zitiert als: *Lohse*, Ermessen)

Lorenz, Fabian/ Krülls, Sebastian — Die Lieferketten-Risikoanalyse nach dem LkSG – Ein taugliches Konzept, aber unklare Maßstäbe, CCZ 2023, S. 100–108

Lorson, Peter/ Melcher, Winfried/ Müller, Stefan/ Velte, Patrick/ Wulf, Inge/ Zündorf, Horst — Relevanz von Rechnungslegungsempfehlungen des Deutschen Rechnungslegungs Standards Committee (DRSC) unter besonderer Berücksichtigung des Deutschen Rechnungslegungsstandards Nr. (DRS) 20 (Konzernlagebericht), ZGR 2015, S. 887–917

Lück, Wolfgang — Elemente eines Risiko-Managementsystems. Die Notwendigkeit eines Risikomanagementsystems durch den Entwurf eines Gesetzes zur Kontrolle und Transparenz im Unternehmensbereich (KonTraG), DB 1998, S. 8–14

Ludewig, Rainer — Die Einflüsse des »true and fair view« auf die zukünftige Rechnungslegung, AG 1987, S. 12–15

Luhmann, Niklas — Funktionen und Folgen formaler Organisation, 4. Aufl., Berlin 1995 (zitiert als: *Luhmann*, Organisation)

Lutter, Marcus — Theorie der Mitgliedschaft. – Prolegomena zu einem Allgemeinen Teil des Korporationsrechts –, AcP 180 (1980), S. 84–159

Lutter, Marcus — Zur persönlichen Haftung des Geschäftsführers aus deliktischen Schäden im Unternehmen, ZHR 157 (1993), S. 464–482

Lutter, Marcus — Defizite für eine effiziente Aufsichtsratstätigkeit und gesetzliche Möglichkeiten der Verbesserung, ZHR 159 (1995), S. 287–309

Lutter, Marcus — Die Business Judgment Rule und ihre praktische Anwendung, ZIP 2007, S. 841–848

Lutter, Marcus	Die Business Judgment Rule in Deutschland und Österreich, GesRZ 2007, S. 79–88
Lutter, Marcus	Interessenkonflikte und Business Judgment Rule, in: Heldrich/Prölss/Koller u.a.m. (Hrsg.), Festschrift für Claus-Wilhelm Canaris zum 70. Geburtstag, Bd. II, 2007, S. 245–256
Lutter, Marcus (Begr.)/ Bayer, Walter/ Vetter, Jochen (Hrsg.)	Umwandlungsgesetz. Kommentar mit systematischer Darstellung des Umwandlungssteuerrechts und der Umwandlungsmaßnahmen im Insolvenzplan sowie Kommentierung des SpruchG, 7. Aufl., Köln 2024 (zitiert als Lutter/*Bearbeiter*, UmwG)
Lutter, Marcus/ Krieger, Gerd/ Verse, Dirk A.	Rechte und Pflichten des Aufsichtsrats, 7. Aufl., Köln 2020 (zitiert als: *Lutter/Krieger/Verse*)
Lutz-Bachmann, Sebastian/ Vorbeck, Kristin/ Wengenroth, Lenard	Menschenrechte und Umweltschutz in Lieferketten – der Regierungsentwurf eines Sorgfaltspflichtengesetzes, BB 2021, S. 906–914
Lutz-Bachmann, Sebastian/ Vorbeck, Kristin/ Wengenroth, Lenard	Nachhaltigkeitsbezogene Sorgfaltspflichten in Geschäftsbeziehungen – zum Entwurf der EU-Kommission für eine »Lieferkettenrichtlinie«, BB 2022, S. 835–845
Lutz, Peter/ Röhl, Hans Christian/ Schneider, Andreas	Bankenaufsicht und unternehmerische Entscheidungen, ZBB 2012, S. 342–350
Maaßen, Stefan	»Angemessene Geheimhaltungsmaßnahmen« für Geschäftsgeheimnisse, GRUR 2019, S. 352–360
v. Mangoldt, Hermann (Begr.)/ Huber, Peter M./ Voßkuhle, Andreas (Hrsg.)	Grundgesetz. Kommentar, Band 1, 8. Aufl., München 2024 (zitiert als: v. Mangoldt/Klein/Strack/*Bearbeiter*)
Mantzavinos, Chrysostomos	Wettbewerbstheorie. Eine kritische Auseinandersetzung, Diss. rer. oec. Tübingen 1992, 1. Aufl., Berlin 1994
Marsch-Barner, Reinhard (Begr.)/ Schäfer, Frank A. (Hrsg.)	Handbuch börsennotierte AG. Aktienrecht und Kapitalmarktrecht, 6. Aufl., Köln 2025 (zitiert als: Marsch-Barner/Schäfer, HdB börsennotierte AG)
Marschak, J.	Elements for a Theory of Teams, Management Science, Jan., Vol. 1 No. 2 (1955), S. 127–137
Martinek, Michael	Die Autonomie oder die gescheiterte Interdisziplinarität der Rechtswissenschaft, jM 2018, S. 447–454

Mata, Rui/ Frey, Renato/ Richter, David/ Schupp, Jürgen/ Hertwig, Ralph — Risk Preference: A View from Psychology, The Journal of Economic Perspectives , Vol. 32 No. 2 (2018), S. 155–172

Mattheus, Daniela — Die gewandelte Rolle des Wirtschaftsprüfers als Partner des Aufsichtsrats nach dem KonTraG, ZGR 1999, S. 682–714

Maunz, Theodor/ Dürig, Günter (Begr.)/ Herzog, Roman/ Scholz, Rupert/ Herdegen, Matthias/ Klein, Hans H. (Hrsg.) — Grundgesetz. Kommentar, Stand: 106. EL, München Oktober 2024 (zitiert als: Dürig/Herzog/Scholz/*Bearbeiter*)

Max Weber — Wirtschaft und Gesellschaft. Die Wirtschaft und die gesellschaftlichen Ordnungen und Mächte. Nachlaß. Teilband 4: Herrschaft, Herausgegeben von Edith Hanke in Zusammenarbeit mit Thomas Kroll, Tübingen 2005

Mayen, Thomas — Das Lieferkettensorgfaltspflichtengesetz, ein Instrument der Wirtschaftsaufsicht, ZHR 188 (2024), S. 177–185 (Editorial)

McGuire, Mary-Rose — Neue Anforderungen an Geheimhaltungsvereinbarungen?, WRP 2019, S. 679–688

McKelvey, Bill — Guidelines for the Empirical Classification of Organizations, Administrative Science Quarterly, Vol. 20 No. 4 (1975), S. 509–525

McKelvey, Bill/ Aldrich, Howard E. — Populations, Natural Selection, and Applied Organizational Science, Administrative Science Quarterly, Vol. 28 No. 1 (1983), S. 101–128

Mecit, Haydar — Debiasing von Entscheidungsverhalten bei Corporate Foresight. Der Einfluss von Visualisierung und Moderation auf Informationsverarbeitung, Diss. rer. oec. Duisburg-Essen 2018, 1. Aufl., Wiesbaden 2021

Melcher, Winfried/ Mattheus, Daniela — Zur Umsetzung der HGB-Modernisierung durch das BilMoG: Neue Offenlegungspflichten zur Corporate Governance, DB 2009, Beilage 5 zu Heft 23, S. 77–82

Merkt, Hanno — Zum Verhältnis von Kapitalmarktrecht und Gesellschaftsrecht in der Diskussion um die Corporate Governance, AG 2003, S. 126–136

Merkt, Hanno — Der internationale Anwendungsbereich des deutschen Rechnungslegungsrechts (zugleich zur Frage, ob das

	Rechnungslegungsrecht zum Privatrecht gehört), ZGR 2017, S. 460–473
Merkt, Hanno	Kontrolle von Prüfungsentscheidungen des Abschlussprüfers durch Behörden und Gerichte, NJW 2022, S. 574–579
Mertens, Hans-Joachim	Zur Auslegung und zum Verhältnis von § 76 Abs. 1 und § 58 AktG im Hinblick auf uneigennützige soziale Aktivitäten der Aktiengesellschaft, in: Havermann (Hrsg.), Festschrift für Reinhard Goerdeler zum 65. Geburtstag, 1987, S. 349–360
Mertens, Klaus-Peter	Rechtliche Rahmenbedingungen der Vorstandsvergütung, in: Kindler/Koch/Ulmer/Winter (Hrsg.), Festschrift für Uwe Hüffer zum 70. Geburtstag, 2010, S. 647–662
Merton, Robert K.	Bureaucratic structure and personality, Social Forces, Vol. 18 Issue 4 (1940), S. 560–568.
Methven O'Brien, Claire	The Proposed European Union Corporate Sustainability Due Diligence Directive. Making or breaking European Human Rights Law, Anales de Derecho 2023, n.º Especial V Presidencia española del Consejo UE, S. 178–201
Meyer, Jürgen/ Hölscheidt, Sven (Hrsg.)	Charta der Grundrechte der Europäischen Union, 6. Aufl., Baden-Baden 2024
Mielke, Werner	Die Leitung der unverbundenen Aktiengesellschaft. Aktienrechtliche Probleme dezentraler Unternehmensorganisationen, Diss. iur. Freiburg (Breisgau) 1989, 1. Aufl., Frankfurt am Main 1990 (zitiert als: *Mielke*, Leitung)
Milgrom, Paul/ Roberts, John	Economics, Organization and Management, 1. Aufl., Englewood Cliffs, NJ 1992
Mintzberg, Henry	Strategy-Making in Three Modes, California Management Review, Vol. 16 No. 2 (1973), S. 44–53
Mintzberg, Henry	The manager's job: folklore and fact, in: Harvard Business Review, Vol. 53 Issue 4 (1975), S. 49–61
Mintzberg, Henry/ Waters, James A.	Tracking Strategy in an Entrepreneurial Firm, Academy of Management Journal, Vol. 25 No. 3 (1982), S. 465–499
Mitchell, Rebecca/ Meacheam, David	Knowledge worker control: understanding via principal and agency theory, in: The Learning Organization, Vol. 18 No. 2 (2011), S. 149–160
Mitsch, Wolfgang (Hrsg.)	Karlsruher Kommentar zum Gesetz über Ordnungswidrigkeiten, 5. Aufl., München 2018 (zitiert als: KK-OWiG)
Mitsch, Wolfgang	Lieferkettengesetz und Ordnungswidrigkeitenrecht, NZWiSt 2021, S. 409–413

Mittwoch, Anne-Christin	Nachhaltigkeit und Unternehmensrecht, Habil. iur. Marburg 2020, 1. Aufl., Tübingen 2022 (zitiert als *Mittwoch*, Nachhaltigkeit)
Mittwoch, Anne-Christin/ Friedmann, Tonio	Nachhaltiges Geschäftsleiterhandeln nach der CSDDD – im Unternehmensinteresse, NZG 2023, S. 1439–1446
Mittwoch, Anne-Christin	Die Neugestaltung des Anwendungsbereichs des LkSG durch Umsetzung der CSDDD, NJW 2024, S. 2353–2358
Mock, Sebastian	Berichterstattung über Corporate Social Responsibility nach dem CSR-Richtlinie-Umsetzungsgesetz, ZIP 2017, S. 1195–1203
Mock, Sebastian	§ 43. Die Erklärung zur Unternehmensführung als Zentrum der Corporate Governance-Berichterstattung (§ 289f HGB), in: Hommelhoff/Hopt/Leyens (Hrsg.), Unternehmensführung durch Vorstand und Aufsichtsrat, 1. Aufl., München 2024, S. 1087–1108 (zitiert als: HHL/*Mock*, 2024, § 43)
Möhlenbeck, Michaela	5. Kapitel, Whistleblowing-Systeme – Aufbau und Management, in: M.R. Schulz (Hrsg.), Compliance Management im Unternehmen, 3. Aufl., Frankfurt am Main 2025, S. 192–235 (zitiert als: M.R.Schulz/*Möhlenbeck*, Compliance im Unternehmen, 2021, Kap. 5)
Möhlenkamp, Andreas	Beihilfen für Unternehmen in Schwierigkeiten – Die neuen Leitlinien der EU-Kommission im System des europäischen Beihilfenrechts, ZIP 2014, Beilage zu Heft 44, S. 1–9
Mojska, Katarzyna	Multinational Enterprises' Mandatory Human Rights and Environmental Due Diligence. The Case of European Union Law Underway, in: Przegląd Prawa Konstytucyjnego 2023, No. 4, S. 287–298
Möller, Viola	Green and more: Nachhaltige Unternehmensführung. Umsetzung im Angesicht von CSRD, EU-Taxonomie und LkSG, WPg 2023, S. 1018–1020
Möllers, Thomas M.J./ Kernchen, Eva	Information Overload am Kapitalmarkt. – Plädoyer zur Einführung eines Kurzfinanzberichts auf empirischer, psychologischer und rechtsvergleichender Basis –, ZGR 2011, S. 1–26
Möllers, Thomas M.J.	Legal Methods. How to work with legal arguments, 1. Aufl., München 2020
Möllers, Thomas M.J.	Green Deal: Greenwashing, Information Overload und der vergessene Good Corporate Citizen als Investor, ZHR 185 (2021), S. 881–918

Moser, Michaela — Hierarchielos führen. Anforderungen an eine moderne Unternehmens- und Mitarbeiterführung, 1. Aufl., Wiesbaden 2017

Möslein, Florian/ Mittwoch, Anne-Christin — Der europäische Aktionsplan zur Finanzierung nachhaltigen Wachstums, WM 2019, S. 481–489

Mülbert, Peter O. — Bankenaufsicht und Corporate Governance - Neue Organisationsanforderungen im Finanzdienstleistungsbereich, BKR 2006, S. 349–360

Mülbert, Peter O. — Soziale Verantwortung von Unternehmen im Gesellschaftsrecht, AG 2009, S. 766–774

Mülbert, Peter O./ Sajnovits, Alexander — Vertrauen und Finanzmarktrecht, ZfPW 2016, S. 1–51

Mülbert, Peter O. — Wirecard 4.0, ZHR 185 (2021), S. 2–15

Müller-Stewens, Günter — Strategie und Organisationsstruktur, in: Frese (Hrsg.), Handwörterbuch der Organisation, 3. Aufl., Stuttgart 1992, S. 2344–2355

Müller, Friedrich/ Christensen, Ralph — Juristische Methodik. Band I: Grundlegung für die Arbeitsmethoden der Rechtspraxis, 11. Aufl., Berlin 2013

Müller, Stefan/ Scheid, Oliver/ Baumüller, Josef — Kommissionsvorschlag zur Corporate Sustainability Reporting Directive: von der nichtfinanziellen Berichterstattung zur Nachhaltigkeitsberichterstattung, BB 2021, S. 1323–1327

Müller, Stefan — Berichterstattungspflichten der Unternehmen – Bürokratieabbau durch die EU?, BB 2023, Heft 31, S. I (Editorial)

Müller, Stefan/ Needham, Sean — IDW-Standardentwürfe zur Prüfung der nichtfinanziellen (Konzern-)Erklärung und der gesonderten nichtfinanziellen Berichterstattung, BB 2023, S. 619–623

v. Münch, Ingo/ Kunig, Philipp (Begr.)/ Kämmerer, Jörg-Axel/ Kotzur, Markus (Hrsg.) — Grundgesetz. Kommentar, Band 1, 7. Aufl., München 2021 (zitiert als: v. Münch/Kunig/*Bearbeiter*)

Mundt, Andreas — Mehr Wettbewerb wagen, ifo Schnelldienst 2017, Heft 20, S. 13 –15

Mylich, Falk — Die Vermeidung von Bilanzpublizität, ZGR 2021, S. 86–122

Naumann, Klaus-Peter/ Schmitz-Herkendell, Anja/ Penwitt, Nicola — Empfehlung A.5 DCGK (2022) – Hintergrund und Anregungen zur Berichterstattung und Prüfung, WPg 2023, S. 1106–1113

Nasse, Laura — Loi de vigilance: Das französische Lieferkettengesetz, Diss. iur. Heidelberg 2021/2022, 1. Aufl., Tübingen 2022

Nasse, Laura La loi vit-elle? Erste Entwicklungen in der Rechtsprechung zum französischen Lieferkettengesetz, ZEuP 2024, S. 850–872

Needham, Sean/ Warnke, Lina/ Müller, Stefan Grünes Licht für die *Corporate Sustainability Reporting Directive* (CSRD): Ein Überblick über die finalisierten Regelungen zur Nachhaltigkeitsberichterstattung, IRZ 2023, S. 41–46

Neumann, Stefan/ Probst, Christian/ Wernsmann, Clemens Kontinuierliches Prozessmanagement, in: Becker/Kugeler/Rosemann (Hrsg.), Prozessmanagement. Ein Leitfaden zur prozessorientierten Organisationsgestaltung, 7. Aufl., Berlin und Heidelberg 2012, S. 303–325

Nietsch, Michael Geschäftsleiterermessen und Unternehmensorganisation bei der AG. Zur haftungsbegrenzenden Wirkung des § 93 Abs. 1 Satz 2 AktG im Bereich gesetzlicher Pflichtaufgaben unter besonderer Berücksichtigung von Compliance, ZGR 2015, S. 631–666

Nietsch, Michael Compliance-Risikomanagement als Aufgabe der Unternehmensleitung, ZHR 180 (2016), S. 733–775

Nietsch, Michael § 1. Grundlagen unternehmerischer Sozialverantowrtung, in: Nietsch (Hrsg.), Corporate Social Responsability Compliance, 1. Aufl., München 2021, S. 11–59

Nietsch, Michael/ Wiedmann, Michael Adressatenkreis und sachlicher Anwendungsbereich des neuen Lieferkettensorgfaltspflichtengesetz, NJW 2022, S. 1–7

Nietsch, Michael/ Wiedmann, Michael Der Vorschlag zu einer europäischen Sorgfaltspflichten-Richtlinie im Unternehmensbereich (Corporate Sustainability Due Diligence Directive), CCZ 2022, S. 125–137

Nietsch, Michael Nachhaltigkeitsfaktoren als Gegenstand unternehmerischer Entscheidungen, CRZ 2024, S. 5–18

Nietsch, Michael Die zivilrechtliche Haftung nach der EU-Lieferketten-RL – ein Gamechanger?, NJW 2024, S. 2865–2871

Nikodemus, Paul Lernprozessorientiertes Wissensmanagement und kooperatives Lernen. Konfiguration und Koordination der Prozesse, 1. Aufl., Wiesbaden 2017

Noack, Ulrich Organisationspflichten und -strukturen kraft Digitalisierung, ZHR 183 (2019), S. 105–153

Noack, Ulrich/ Zetzsche, Dirk (Hrsg.) Kölner Kommentar zum Aktiengesetz, Band 7, 4. Aufl., Köln 2023 (zitiert als: KK-AktG/*Bearbeiter*)

Nolan, Justine Hardening *soft law*: are the emerging corporate social disclosure laws capable of generating substantive compliance with human rights?, Brazilian Journal of International Law, Vol. 15 No. 2, 2018, S. 65–83

Nonnenmacher, Rolf Zur Aufsichtsratsorüfung nach § 171 I 1 AktG, NZG 2024, S. 1343–1347

Nordsieck, Fritz Grundlagen der Organisationslehre, 1. Aufl., Stuttgart 1934 (zitiert als: *Nordsieck*, Organisationslehre)

O'Reilly, Charles A. (III) Individuals and Information Overload in Organizations: Is More Necessarily Better?, The Academy of Management Journal, Vol. 23 No. 4 (1980), S. 684–696

Ocasio, William Towards an Attention-Based View of the Firm, Strategic Management Journal, Vol. 18, Summer Special Issue (1997), S. 187–206

Omari Lichuma, Caroline (Laws) Made in the 'First World': A TWAIL Critique of the Use of Domestic Legislation to Extraterritorially Regulate Global Value Chains, ZaöRV 81 (2021), S. 497–532

Oplustil, Krzysztof/ Weber, Anne-Marie Należyta staranność przedsiębiorstw jako element zrównoważonego ładu korporacyjnego – dyrektywa CS3D i jej wpływ na obowiązki i odpowiedzialność przedsiębiorstw [Die unternehmerische Sorgfaltspflicht als Element einer nachhaltigen Corporate Governance – Richtlinie CS3D und ihr Einfluss auf die Pflichten und die Verantwortung der Unternehmen], Przegląd Prawa Handlowego 2024/11, S. 4–18

Orth, Christian/ Meyer, Yvonne C. Green and more: Künftige Pflicht zur Prüfung der Nachhaltigkeitsberichterstattung im Lagebericht. Eine Herausforderung nicht nur für den Berufsstand, WPg 2022, S. 909–911

Ossenbühl, Fritz Freiheit des Unternehmers nach dem Grundgesetz, AöR 115 (1990), S. 1–32

Ott, Nicolas Anwendungsbereich der Business Judgment Rule aus Sicht der Praxis – Unternehmerische Entscheidungen und Organisationsermessen des Vorstands, ZGR 2017, S. 149–173

Otto, Jannik Compliance als gesetzesgebundene Leitung, NZG 2024, S. 1055–1060

Paefgen, Walter G. Unternehmerische Entscheidungen und Rechtsbindung der Organe der AG, Habil. iur. Tübingen 2002, 1. Aufl., Köln 2002 (zitiert als: *Paefgen*, Unternehmerische Entscheidungen)

Paefgen, Walter G. Dogmatische Grundlagen, Anwendungsbereich und Formulierung einer Business Judgment Rule im künftigen UMAG, AG 2004, S. 245–261

Paefgen, Walter G. Organhaftung: Bestandsaufnahme und Zukunftsperspektiven. Ein kritischer Werkstattbericht vor dem Hintergrund der Beratungen des 70. Deutschen Juristentages 2014, AG 2014, S. 554–584

Paefgen, Walter G. »Compliance« als gesellschaftsrechtliche Organpflicht?, WM 2016, S. 433–444

Paefgen, Walter G. Corporate Social Responsibility (CSR) als aktienrechtliche Legalitätspflicht und Geschäftsleiterermessen, in: Boele-Woelki/Faust/Jacobs u.a.m. (Hrsg.), Festschrift für Karsten Schmidt zum 80. Geburtstag, 2019, Bd. II, S. 105–118

Paefgen, Walter G. Haftung für die Verletzung von Pflichten nach dem neuen Lieferkettensorgfaltspflichtengesetz, ZIP 2021, S. 2006–2016

Paefgen, Walter G. Nochmals: »Corporate Purpose« – Überlegungen zu einem Beitrag in der Festschrift für Christine Windbichler, DZWIR 2022, S. 555–562

Page, Edward C. Policy Without Politicians: Bureaucratic Influence in Comparative Perspective, 1. Aufl., Oxford 2012

Pahlke, Anne-Kathrin Risikomanagement nach KonTraG - Überwachungspflichten und Haftungsrisiken für den Aufsichtsrat, NJW 2002, S. 1680–1688

Palmes, Christina Der Lagebericht – Grundfragen und Haftung, Diss. iur. München 2007/2008, 1. Aufl., München 2008 (zitiert als: *Palmes*, Lagebericht)

Palmstorfer, Rainer/ Staudinger, Isabel Die VO (EU) 2023/1115 über entwaldungsfreie Lieferketten. Normendschungel im Dienste des Umweltschutzes?, EuZW 2024, S. 197–203

Pannen, Klaus/ Riedemann, Susanne/ Smid, Stefan (Hrsg.) Unternehmensstabilisierungs- und -restrukturierungsgesetz (StaRUG), 1. Aufl., München 2021

Papier, Hans-Jürgen/ Möller, Johannes Das Bestimmtheitsgebot und seine Durchsetzung, AöR 1997, S. 177–211

Papier, Hans-Jürgen/ Heidebach, Martin Die Einführung einer gesetzlichen Frauenquote für die Aufsichtsräte deutscher Unternehmen unter verfassungsrechtlichen Aspekten, ZGR 2011, S. 305–333

Partsch, Christoph/ Rump, Lauritz	Auslegung der »angemessenen Geheimhaltungsmaßnahme« im Geschäftsgeheimnis-Schutzgesetz, NJW 2020, S. 118–121
Pasch, Lilia/ Stawinoga, Martin	Die finalen Entwürfe der Nachhaltigkeitsberichterstattungsstandards (E-ESRS) der EFRAG. Eine Analyse der Berücksichtigung der im Konsultationsverfahren geäußerten Kritikpunkte, IRZ 2023, S. 123–128
Pawel, Joshua/ Hajek Gross, Cristina	Interne Untersuchungen in der internationalen Lieferkette: Besonderheiten bei der Aufarbeitung von Verstößen gegen das LkSG, BB 2024, S. 839–845
Pechstein, Matthias/ Nowak, Carsten/ Häde, Ulrich (Hrsg.)	Frankfurter Kommentar zu EUV, GRC und AEUV, 2. Aufl., Tübingen 2023
Peers, Steve/ Hervey, Tamara/ Kenner, Jeff/ Ward, Angela (Hrsg.)	The EU Charter of Fundamental Rights. A Commentary, 2. Aufl., Oxford, New York und Dublin 2021
Pfertner, Bernd	Unternehmerische Entscheidungen des Vorstands. Anwendungsbereich und Stellenwert der »Business Judgment Rule« des 93 Abs. 1 S. 2 AktG, Diss. iur. Gießen 2015, 1. Aufl., Tübingen 2017 (zitiert als: *Pfertner*, Unternehmerische Entscheidungen)
Podolny, Joel M./ Page, Karen L.	Network Forms of Organization, Annual Review of Sociology, Vol. 24 (1998), S. 57–76
Poelzig, Dörte	Private und public enforcement in Lieferketten als smart mix, KlimaRZ 2023, S. 244–249
Poelzig, Dörte	Kapitalmarktrecht, 3. Aufl., München 2023
Porter, Michael E. (Hrsg.)	Globaler Wettbewerb. Strategien der neuen Internationalisierung, 1. Aufl., Wiesbaden 1989
Porter, Michael E.	The Competitive Advantage of Nations, 1. Aufl., New York 1998
Porter, Michael E.	Wettbewerbsvorteile [Competitive Advantage]. Spitzenleistungen erreichen und behaupten, 7. Aufl., Frankfurt am Main 2010
Pötzsch, Thorsten	Ein Jahr Bilanzkontrolle – besser aufgestellt und deutlich schlagkräftiger, WPg 2023, S. 355–360
Prachner, Gerhard	Die allgemeinen European Sustainability Reporting Standards (ESRS) 1 und 2 für die Nachhaltigkeitsberichterstattung, RWZ 2023, S. 199–205

Preußner, Joachim/ Becker, Florain — Ausgestaltung von Risikomanagementsystemen durch die Geschäftsleitung. Zur Konkretisierung einer haftungsrelevanten Organisationspflicht, NZG 2002, S. 846–851

Quick, Reiner — Nachhaltigkeitsberichte werden prüfungspflichtig. Eine kritische Diskussion zu den Ausgestaltungsmöglichkeiten der Prüfung, GmbHR 2023, S. 722–730

Raiser, Thomas/ Veil, Rüdiger — Recht der Kapitalgesellschaften. Ein Handbuch für Praxis und Wissenschaft, 6. Aufl., München 2015 (zitiert als: *Raiser/Veil*, KapGesR)

Rast, Florian — Unternehmerische Organisationsfreiheit und Gemeinwohlbelange. Phänomenologie, Typologisierung und Grenzen des staatlichen Zugriffs auf die Organisationsstruktur privater Unternehmen, Diss. iur. München 2022, 1. Aufl., Tübingen 2022 (zitiert als *Rast*, Organisationsfreiheit)

Raziq, Muhammad Mustafa/ Benito, Gabriel R.G./ Kang, Yuanfei — Multinational Enterprise Organizational Structures and Subsidiary Role and Capability Development: The Moderating Role of Establishment Mode, Group & Organization Management 2023, Vol. 48 (3), S. 908–952

Redeke, Julian — Zur gerichtlichen Kontrolle der Angemessenheit der Informationsgrundlage im Rahmen der Business Judgment Rule nach § 93 Abs. 1 Satz 2 AktG, ZIP 2011, S. 59–64

Redeke, Julian — Zu Optimierungsgeboten im Vorstandsrecht, AG 2025, S. 257–265

Reese, Joachim — Theorie der Organisationsbewertung, 2. Aufl., München und Wien 1994 (zitiert als: *Reese*, Organisationsbewertung)

Rehbinder, Eckard — Förderung sozialer Verantwortung durch Unternehmenspublizität – ein Experiment mit ungewissem Ausgang, in: Audit Comittee Quarterly – extra: Corporate Social Responsibility, 2017, S. 16–18, abrufbar unter https://t1p.de/1sox4 (abgerufen am 16.04.2024)

Reifeld, Robert — Aktuelle Fragen zur Krisenfrüherkennung nach § 1 StaRUG, NZI-Beilage 2023, Heft 1, S. 12–15

Reiner, Günter — Shareholder Value und Nachhaltigkeit: Zur obersten Leitungsmaxime des Vorstands, ZVglRWiss 110 (2011), S. 443–475

Reiter, Lukas — Zum Begriff der wettbewerbsverzerrenden drittstaatlichen Subvention im Sinne der Foreign Subsidies Regulation, EuZW 2023, S. 596–601

Renner, Moritz	Bankkonzernrecht, Habil. iur. Berlin 2016/2017, 1. Aufl., Tübingen 2019
Renner, Moritz	Menschenrechts- und umweltbezogene Unternehmensverantwortung zwischen Kapitalmarkt und Lieferkette, ZEuP 2022, S. 782–819
Renner, Moritz	Wen oder was schützt die behördliche Bilanzkontrolle? Zugleich Besprechung von OLG Frankfurt, Beschl. v. 6.2.2023 – 1 U 173/22, ZIP 2023, 586 (OLG Frankfurt, Beschl. v. 6.2.2023 – 1 U 173/22, ZIP 2023, 586), ZIP 2023, S. 729–741
Reufels, Martin J./ Soltysiak, Laura	Das neue Whistleblowing-Recht. Das Hinweisgeberschutzgesetz in der betrieblichen und behördlichen Praxis, 1. Aufl., Baden-Baden 2023 (zitiert als: *Reufels/Soltysiak*, HinSchG)
Reuter, Alexander	ESG und der Grundsatz der Verhältnismäßigkeit als Schranke der multiplen Pflichten- und Haftungsvermehrung, ZIP 2023, S. 1782–1793
Reuter, Dieter	Die handelsrechtliche Erbenhaftung (§ 27 HGB), ZHR 135 (1971), S. 511–527
Richter, Rudolf/ Furubotn, Eirik G.	Neue Institutionenökonomik. Eine Einführung und kritische Würdigung, 4. Aufl., Tübingen 2010
Ringlstetter, Max J.	Organisation von Unternehmen und Unternehmensverbindungen. Einführung in die Gestaltung der Organisationsstruktur, 1. Aufl., München 1997
Ritz, Christian/ Werner, Felix	Die Handreichungen des BAFA zum Lieferkettensorgfaltspflichtengesetz, DB 2023, S. 125–127
Roethlisberger, F. J./ Dickson, William J.	Management and the Worker. An Account of a Research Program Conducted by the Western Electric Company, Hawthorne Works, Chicago, 16. Aufl., Cambridge, Mass. 1975
Rolfs, Christian/ Giesen, Richard/ Meßling, Miriam/ Udsching, Peter (Hrsg.)	BeckOK Arbeitsrecht, 75. Edition, Stand: 2025 (zitiert als: BeckOK ArbR/*Bearbeiter*)
Romeike, Frank	Risikomanagement, 1. Aufl., Wiesbaden 2018
Ross, Stephen A.	The Economic Theory of Agency: The Principal's Problem, The American Economic Review, 1973, Vol. 63, No. 2, S. 134 - 139
Roth-Mingram, Berrit	Corporate Social Responsibility in der Sozialen Marktwirtschaft. Mit system- und rechtsvergleichenden Impulsen aus den Vereinigten Staaten von Amerika und der

Volksrepublik China, Diss. iur. Heidelberg 2016, 1. Aufl., Baden-Baden 2017

Roth-Mingram, Berrit — Corporate Social Responsibility (CSR) durch eine Ausweitung der nichtfinanziellen Informationen von Unternehmen, NZG 2015, S. 1341–1346

Roth, Markus — Unternehmerisches Ermessen und Haftung des Vorstands. Handlungsspielräume und Haftungsrisiken insbesondere in der wirtschaftlichen Krise, Diss. iur. Hamburg 2001, 1. Aufl., München 2001 (zitiert als: *Roth*, Unternehmerisches Ermessen)

Roth, Markus — § 22. Aufgaben, Besetzung und Organisation des Aufsichtsrats, insbesondere Qualifikation und Unabhängigkeit (§§ 100, 105, 107, 124 AktG, C.7 DCGK), in: Hommelhoff/Hopt/Leyens (Hrsg.), Unternehmensführung durch Vorstand und Aufsichtsrat, 1. Aufl., München 2024, S. 575–602 (zitiert als: HHL/*Roth*, 2024, § 22)

Rothenburg, Vera/ Rogg, Hanna — Umsetzung der CSRD-Berichtspflichten – Herausforderung für den Vorstand, NZG 2024, S. 1439–1446

Rouleau, Linda — Organization Theories in the Making. Exploring the Leading-edge perspectives, 1. Aufl., Oxford und New York 2022

Rousy, Mélanie/ Rodrigue, Michelle — Internal Audit: Is the 'Third Line of Defense' Effective as a Form of Governance? An Exploratory Study of the Impression Management Techniques Chief Audit Executives Use in Their Annual Accountability to the Audit Committee, in: Journal of Business Ethics, Vol. 151 (2018), S. 853–869

Rudkowski, Lena — Die Rechtsstellung des Menschenrechtsbeauftragten nach dem LkSG, CRZ 2024, S. 25–33

Rugman, Alan M./ Verbeke, Alain — Subsidiary-Specific Advantages in Multinational Enterprises, Strategic Management Journal, Vol. 22 No. 3 (2001), S. 237–250

Rühmkorf, Andreas — Corporate Social Responsibility in der Lieferkette: Governance und Verantwortlichkeiten, ZGR 2018, S. 410–432

Rupp, Hans Heinrich — Vom Wandel der Grundrechte, AöR 101 (1976), S. 161–201

Ruß, Hans Güther — Wissenschaftstheorie, Erkenntnistheorie und die Suche nach Wahrheit. Eine Einführung, 1. Aufl., Stuttgart 2004

Rüthers, Bernd/ Fischer, Christian/ Birk, Axel — Rechtstheorie und juristische Methodenlehre, 12. Aufl., München 2022 (zitiert als: *Rüthers/Fischer/Birk*, Methodenlehre)

Ruttloff, Marc/ Wagner, Eric/ Burchert, Tobias	Lieferketten-Due-Diligence aus Brüssel – Ein Überblick zu den zentralen Zielen und Pflichten der CSDDD, DB 2024, S. 1189–1194
Ruttloff, Marc/ Wagner, Eric/ Kappler, Lisa/ Schuler, Florian	Entwaldungsfreie Lieferketten – neue Sorgfaltspflichten für Unternehmen nach der EUDR, BB 2024, S. 707–716
Sachs, Michael	Grundgesetz. Kommentar, 10. Aufl., München 2024
Säcker, Franz Jürgen/ Rixecker, Roland/ Oetker, Hartmut/ Limperg, Bettina (Hrsg.)	Münchener Kommentar zum Bürgerlichen Gesetzbuch Band 1, 9. Aufl., München 2021 Band 2, 9. Aufl., München 2022 Band 4, 8. Aufl., München 2019 Band 5, 9. Aufl., München 2023
Sasse, Thorsten	Die Berufsfreiheit und das Recht zu arbeiten. Eine Analyse des Artikels 15 der Charta der Grundrechte der Europäischen Union, Diss. iur. Osnabrück 2011, 1. Aufl., Frankfurt am Main, Berlin, Bern und Wien 2011 (zitiert als: *Sasse*, Berufsfreiheit)
Sasse, Thorsten	Die Grundrechtsberechtigung juristischer Personen durch die unternehmerische Freiheit gemäß Art. 16 der Europäischen Grundrechtecharta, EuR 2012, S. 628–654
Sauter, Bettina	Anhang und Lagebericht im Spannungsfeld zwischen Unternehmens- und Bilanzrecht. Systematische Aspekte der Neuordnung bilanz- und gesellschaftsrechtlicher Unternehmensberichterstattung, Diss. iur. Hamburg 2014/2015, 1. Aufl., Tübingen 2016 (zitiert als: *Sauter*, Unternehmensberichterstattung)
Schäfer, Carsten	Variable Vorstandsvergütung als unzulässiges Mittel des Aufsichtsrats auf die Unternehmensleitung, in: Hoffmann-Becking/Hüffer/Reichert (Hrsg.), Liber amicorum für Martin Winter, 2011, S. 557–567
Schäfer, Joachim G.	Das Überwachungssystem nach § 91 Abs. 2 AktG unter Berücksichtigung der besonderen Pflichten des Vorstands, Diss. oec. Stuttgart 2001, 1. Aufl., Lohmar und Köln 2001 (zitiert als: *J. G. Schäfer*, Überwachungssystem)
Schäfer, Stephan	Das neue Lieferkettensorgfaltspflichtengesetz und seine Auswirkungen auf die Ernährungswirtschaft, ZLR 2022, S. 22–53
Schäfer, Stephan/ Schütze, Alexandra Manon	Die CSDDD – eine erste Vorstellung der Richtlinie und ihrer Folgen für die deutsche Wirtschaft, BB 2024, S. 1091–1100

Schall, Alexander	(Berechtigte) Lücken in der Lieferkettensorgfaltspflicht des LkSG?, NZG 2022, S. 787–790
Schall, Alexander	Offene Zurechnungsfragen in der Lieferkette – zur Auslegung des § 2 VI 3 LkSG, NZG 2022, S. 1235–1240
Schall, Alexander/ Theusinger, Ingo/ Pour Rafsendjani, Mansur (Hrsg.)	Lieferkettensorgfaltspflichtengesetz. Kommentar, 1. Auflage, Berlin und Boston 2023
Scheid, Oliver/ Müller, Stefan	Notwendigkeit der klimabezogenen Berichterstattung. Implikationen des EU-Aktionsplans und Umsetzungsanregungen, PiR 2019, S. 330–336
Schein, Edgar H/ Schein, Peter	Organisationskultur und Leadership, 5. Aufl., München 2018
Scheuerman, William E.	Whistleblowing as civil disobedience: The case of Edward Snowden, Philosophy and Social Criticism, Vol. 40 No. 7 (2014), S. 609–628
Schick, Allen G./ Gordon, Lawrence A./ Haka, Susan	Information Overload: a Temporal Approach, Accounting Organizations and Society, Vol. 15 No. 3 (1990), S. 199–220
Schiemenz, Bernd	Systemtheorie, betriebswirtschaftliche, in: Wittmann/Kern/Köhler/Küpper/v. Wysocki (Hrsg.), Handwörterbuch der Betriebswirtschaft, Teilband 3: R – Z, 5. Aufl., Stuttgart 1993, S. 4127–4140
Schima, Georg	Business Judgment Rule und Beweislastverteilung bei der Vorstandshaftung nach US-, deutschen und österreichischem Recht, in: Baudenbacher/Kokott/Speitler (Hrsg.), Aktuelle Entwicklung des Europäischen und Internationalen Wirtschaftsrechts, 1. Aufl., Basel 2010 (zitiert als: *Schima*, Business Judgment Rule)
Schirmer, Jan-Erik	Nachhaltiges Privatrecht, Habil. iur. Berlin 2022, 1. Aufl., Tübingen 2023
Schladebach, Marcus/ Meyden, Valerie	Externe Meldestellen im System des Hinweisgeberschutzgesetzes, NVwZ 2024, S. 1041–1047
Schmidt-Preuß, Matthias	Der Wandel der Energiewirtschaft vor dem Hintergrund der europäischen Eigentumsordnung, EuR 2006, S. 463–488
Schmidt, Falko	Die Durchschlagskraft des Lieferkettensorgfaltspflichtengesetz (LkSG) in der Schwebe – ein mahnendes Beispiel für zu hektische Gesetzgebung, CCZ 2022, S. 214–223

Schmidt, Götz/ Naumann, Axel-Bruno — Organisation und Business Analysis – Methoden und Techniken, 16. Aufl., Gießen 2020 (zitiert als: *G. Schmidt/Naumann*, Organisation)

Schmidt, Jessica — »Patchwork-Kompromiss« zur EU-Lieferketten-RL (CSDDD), NZG 2024, S. 417 (Editorial)

Schmidt, Jessica — ESAP: European Single Access Point (ESAP) – Start 2027!, EuZW 2024, S. 51 (Editorial)

Schmidt, Jessica — Die EU-Lieferketten-Richtlinie (CSDDD). Meilenstein oder bürokratische Hydra?, NZG 2024, S. 859–871

Schmidt, Jessica — Sustainability Omnibus – nachhaltig aus dem Bürokratie-Stau?, NZG 2025, S. 289

Schmidt, Karsten/ Ebke, Werner F. (Hrsg.) — Münchener Kommentar zum HGB, Band 4, 4. Aufl., München 2020 (zitiert als: MüKoHGB/*Bearbeiter*)

Schmidt, Karsten (Hrsg.) — Insolvenzordnung. InsO mit EuInsVO, 20. Aufl., München 2023 (zitiert als: K. Schmidt InsO/*Bearbeiter*)

Schmidt, Karsten/ Lutter, Marcus (Begr.)/ Bayer, Walter/ Vetter, Jochen (Hrsg.) — Aktiengesetz. Kommentar, 5. Auflage, Köln 2024 (zitiert als: K. Schmidt/Lutter/*Bearbeiter*)

Schmidt, Margit — Widerstände bei organisatorischem Wandel. Mechanismen bei Veränderungsprozessen in Unternehmensorganisationen, 1. Aufl., Frankfurt am Main, Berlin u.a.m. 1996

Schmidt, Siegfried J. — Unternehmenskultur. Die Grundlage für den wirtschaftlichen Erfolg von Unternehmen, 1. Aufl., Weilerswist 2004

Schmidtke, Felix/ Spilker, Matthias — Das Lieferkettensorgfaltspflichtengesetz – eine Bilanz nach einem Jahr Anwendungspraxis. – Erkenntnisgewinne aus der juristischen Beratungspraxis: Rechtliche Probleme und lessons learned im Zusammenhang mit der unternehmensinternen Umsetzung des LkSG –, DB 2024, S. 236–244

Schmitt, Joachim/ Hörtnagl, Robert (Hrsg.) — Umwandlungsgesetz. Umwandlungssteuergesetz, 9. Aufl., München 2020

Schmolke, Klaus Ulrich — Der Vorschlag für eine europäische Whistleblower-Richtlinie. Bessere Rechtsdurchsetzung durch besseren Hinweisgeberschutz, AG 2018, S. 769–780

Schmolke, Klaus Ulrich — Die neue Whistleblower-Richtlinie ist da! Und nun? Zur Umsetzung der EU-Richtlinie zum Schutz von Hinweisgebern in das deutsche Recht, NZG 2020, S. 5–12

Schmolke, Klaus Ulrich — § 17. Compliance und Whistleblowing im Aktien-, Kartell-, und Kapitalmarktrecht, in: Hommelhoff/Hopt/Leyens (Hrsg.), Unternehmensführung durch

	Vorstand und Aufsichtsrat, 1. Aufl., München 2024, S. 429–453 (zitiert als: HHL/*Schmolke*, 2024, § 17)
Schmotz, Thomas/ Lanfermann, Georg	Nachhaltigkeitsberichterstattung nach der Corporate Sustainability Reporting Directive (CSRD), WPg 2022, S. 1216–1223
Schneider, Georg/ Walcher, Lisa	Ein Überblick über die neuen Standards in der Nachhaltigkeitsberichterstattung im Sozialbereich (ESRS S1- 4), RWZ 2023, S. 218–225
Schneider, Uwe H.	Compliance als Aufgabe der Unternehmensleitung, ZIP 2003, S. 645–650
Schneider, Uwe H.	Die Haftung von Mitgliedern des Vorstands und der Geschäftsführer bei Vertragsverletzungen der Gesellschaft, in: Kindler/Koch/Ulmer/Winter (Hrsg.), Festschrift für Uwe Hüffer zum 70. Geburtstag, 2010, S. 905–916
Schoch, Friedrich/ Schneider, Jens-Peter (Hrsg.)	Verwaltungsrecht. Bände zum VwVfG, 5. EL, München Juli 2024
Schoch, Friedrich/ Schneider, Jens-Peter (Hrsg.)	Verwaltungsrecht. Bände zum VwGO, 46. EL, München August 2024
Scholl, Wolfgang	Informationspathologien, in: Frese (Hrsg.), Handwörterbuch der Organisation, 3. Aufl., Stuttgart 1992, S. 900–912
Scholz, Philipp	Haftungsprivileg, safe harbor oder verbindliche Konkretisierung des allgemeinen Sorgfaltsmaßstabs? Zur zivilrechtlichen Erfassung der deutschen Business Judgment Rule (§ 93 Abs. 1 Satz 2 AktG), AG 2018, S. 173–185
Scholz, Philipp	Die Krisenpflichten von Geschäftsleiter nach Inkrafttreten des StaRUG, ZIP 2021, S. 219–231
Scholz, Philipp	Hinweisgeberschutz zwischen Legalitäts- und Legalitätskontrollpflicht. Zu den Konsequenzen des HinSchG für die gesellschafts- und ordnungswidrigkeitenrechtliche Compliance-Verantwortung, AG 2022, S. 553–559
Schön, Wolfgang	Der Einfluß öffentlich-rechtlicher Zielsetzungen auf das Statut privatrechtlicher Eigengesellschaften der öffentlichen Hand, –Gesellschaftsrechtliche Analyse–, ZGR 1996, S. 429–457
Schön, Wolfgang	Entwicklung und Perspektiven des Handelsbilanzrechts: vom ADHGB zum IASC, ZHR 161 (1997), S. 133–159
Schön, Wolfgang	Der Zweck der Aktiengesellschaft – geprägt durch europäisches Gesellschaftsrecht?, ZHR 180 (2016), S. 279–288

Schön, Wolfgang »Nachhaltigkeit« in der Unternehmensberichterstattung, ZfPW 2022, S. 207–256

Schreyögg, Georg/ Geiger, Daniel Organisation. Grundlagen moderner Organisationsgestaltung. Mit Fallstudien, 7. Aufl., Wiesbaden 2024

Schreyögg, Georg/ Koch, Jochen Management. Grundlagen der Unternehmensführung. Konzepte – Funktionen – Fallstudien, 8. Aufl., Wiesbaden 2020

Schröder, Diedrich Die zivilrechtliche Außenhaftung der Vorstandsmitglieder einer Aktiengesellschaft bei Verletzung der Buchführungs- und Rechnungslegungspflicht, 1. Aufl., Baden-Baden 2018.

Schubel, Christian Verbandssouveränität und Binnenorganisation der Handelsgesellschaften, Habil. iur. Heidelberg 2001, 1. Aufl., Tübingen 2003

Schubert, Claudia Das Unternehmensinteresse – Maßstab für die Organwalter der Aktiengesellschaft. Unter besonderer Berücksichtigung der Nachhaltigkeit und sozialen Verantwortung von Unternehmen, 1. Aufl., Baden-Baden 2020

Schülke, Thilo IDW-Standards und Unternehmensrecht. Zur Geltung und Wirkung privat gesetzter Regeln, Diss. iur. Freiburg (Breisgau) 2014, 1. Aufl., Berlin 2014 (zitiert als: *Schülke*, IDW-Standards)

Schünemann, Wolfgang B. Generalklausel und Regelbeispiele, JZ 2005, S. 271–279.

Schuppert, Gunnar Folke Verwaltungswissenschaft. Verwaltung, Verwaltungsrecht, Verwaltungslehre, 1. Aufl., Baden-Baden 2000

Schwarze, Jürgen Der Grundrechtsschutz für Unternehmen in der Europäischen Grundrechtecharta, EuZW 2001, S. 517–524

Schwind, Sebastian Die Matrix im Gesellschafts- und Konzernrecht. Implementierung und Haftungsfragen, 1. Aufl., Köln 2022 (zitiert als: *Schwind*, Matrix)

Sears, David O. Biased Indoctrination and Selectivity of Exposure to New Information, Sociometry, Vol. 28 No. 4 (1965), S. 363–376

Seibert, Ulrich Deutschland im Herbst – Erinnerung an die Entstehung des Finanzmarktstabilisierungsgesetzes im Oktober 2008, in: Grundmann/Haar u.a.m. (Hrsg.), Festschrift für Klaus J. Hopt zum 70. Geburtstag, 2010, Bd. II, S. 2525–2547

Seibt, Christoph H. Dekonstruktion des Delegationsverbots bei der Unternehmensleitung, in: Bitter/Lutter/Priester uam. (Hrsg.), Festschrift für Karsten Schmidt zum 70. Geburtstag, 2009, S. 1463–1487

Seibt, Christoph H./ Cziupka, Johannes — 20 Thesen zur Compliance-Verantwortung im System der Organhaftung aus Anlass des Siemens/Neubürger-Urteils. LG München I vom 10.12.2013 – 5 HK O 1387/10, DB 2014, S. 1598–1602

Seibt, Christoph H. — Neuvermessung der angemessenen Informationsgrundlage (§ 93 Abs. 1 Satz 2 AktG) unter VUCA-Rahmenbedingungen, in: Bermann/Hoffmann-Becking/Noack (Hrsg.), Festschrift für Ulrich Seibert zum 65. Geburtstag, 2019, S. 825–845

Seibt, Christoph H./ Bulgrin, Gerrit M. — Entwurf zum Unternehmensstabilisierungs- und Restrukturierungsgesetz (StaRUG) – Kritische Analyse aus gesellschaftsrechtlicher Sicht, DB 2020, S. 2226–2238

Seibt, Christoph H./ Westpfahl, Lars (Hrsg.) — StaRUG. Kommentar, 1. Aufl., Köln 2023

Seibt, Christoph H. — § 20. M&A- und Kapitalmarkttransaktionen sowie Due Diligence (§§ 93, 111, 119 AktG, § 33 WpHG, Art. 17 MAR), in: Hommelhoff/Hopt/Leyens (Hrsg.), Unternehmensführung durch Vorstand und Aufsichtsrat, 1. Aufl., München 2024, S. 505–540 (zitiert als: HHL/*Seibt*, 2024, § 20)

Seibt, Christoph H./ Vesper-Gräske, Marlen — EU-Lieferketten-Richtlinie (CSDDD): Praxishinweise zum Handlungsbedarf, DB 2024, S. 1530–1538

Seidel, Wolfgang — Der Deutsche Corporate Governance Kodex – eine private oder doch eine staatliche Regulierung, ZIP 2004, S. 285–294

Semler, Johannes — Entscheidungen und Ermessen im Aktienrecht, in: Habersack/Hommelhoff/Hüffer/K. Schmidt (Hrsg.), Festschrift für Peter Ulmer zum 70. Geburtstag, 2003, S. 627–642

Senge, Peter M. — The Leader's New Work: Building Learning Organizations, Sloan Management Review (Fall 1990), S. 7–23

Sharei, Mika Mehran — Lieferkettenrechtliche Sorgfaltspflichten und Bemühenspflichten, NJW 2023, S. 3462–3467

Shepherd, Dean A./ Sutcliffe, Kathleen E. — Inductive Top-Down Theorizing: a Source of New Theories of Organization, The Academy of Management Review, Vol. 36 No. 2 (2011), S. 361–380

Siedenbiedel, Georg — Corporate Compliance. Grundelemente der strukturellen Integration von Compliance-Konzepten, 1. Aufl., Herne 2014

Siedenbiedel, Georg — Organisationale Gestaltung: Einführung in Grundelemente und charakteristische Ausgestaltungen. 2. Aufl., Wiesbaden 2020

Simon, Julius — Die Legitimation der CSR-Richtlinie in ihren Auswirkungen auf die Unternehmensverfassung der Aktiengesellschaft. Mit rechtsvergleichenden Bezügen zum Vereinigten Königreich, Diss. iur. Heidelberg 2019, 1. Aufl., Köln 2019 (zitiert als: *J. Simon*, CSR-Richtlinie)

Simon, Stefan — Organisationsverantwortung der Geschäftsleiter, Der Konzern 2015, S. 205–207

Simons, Cornelius — Corporate Social Responsibility und globales Wirtschaftsrecht – Rechtspolitisches Impulsreferat –, ZGR 2018, S. 316–333

Skauradszun, Dominik/ Amort, Matthias — Krisenfrüherkennung und -management, Organkompetenzen und die Frage nach der Restrukturierungsverschleppungshaftung, DB 2021, S. 1317–1327

Skauradszun, Dominik/ Fridgen, Alexander (Hrsg.) — BeckOK StaRUG, 15 Edition, Stand: 1.1.2025

Smith, Steven M./ Fabrigar, Leandre R./ Norris, Meghan E. — Reflecting on Six Decades of Selective Exposure Research: Progress, Challenges, and Opportunities, Social and Personality Psychology Compass, 2/1 (2008), S. 464–493

Speck, Josef (Hrsg.) — Handbuch wissenschaftstheoretischer Begriffe, Bd. 3, 1. Aufl., Göttingen 1980

Spence, Michael/ Zeckhauser, Richard — Insurance, Information, and Individual Action, The American Economic Review, Vol. 61 No. 2 (1971), S. 380–387

Spießhofer, Birgit — Unternehmerische Verantwortung. Zur Entstehung einer globalen Wirtschaftsordnung, Habil. iur. Bremen 2018, 1. Aufl., Baden-Baden 2017 (zitiert als: *Spießhofer*, Verantwortung)

Spießhofer, Birgit — Das Lieferkettensorgfaltspflichtengesetz: Was kommt ab 2023? Herausforderungen für die Anwaltschaft – eine Einführung in eine neue Rechtswelt, AnwBl 2021, S. 534–538

Spießhofer, Birgit — Sustainable Corporate Governance, NZG 2022, S. 435–440

Spießhofer, Birgit/ Späth, Patrick (Hrsg.) — Lieferkettensorgfaltspflichtengesetz - unter Berücksichtigung AGB-rechtlicher Besonderheiten. Kommentar, 1. Aufl., Berlin 2024

Spindler, Gerald — Unternehmensorganisationspflichten. Zivilrechtliche und öffentlich-rechtliche Regelungskonzepte, Habil. iur. Frankfurt am Main 1996, 1. Aufl., Köln, Berlin, Bonn und München 2001

Spindler, Gerald — Vergütung und Abfindung von Vorstandsmitgliedern, DStR 2004, S. 36–45.

Spindler, Gerald — Die Haftung von Vorstand und Aufsichtsrat für fehlerhafte Auslegung von Rechtsbegriffen, in: Heldrich/Prölss/Koller u.a.m. (Hrsg.), Festschrift für Claus-Wilhelm Canaris zum 70. Geburtstag, Bd. II, 2007, S. 403–428

Spindler, Gerald — Verantwortlichkeit und Haftung in Lieferantenketten – das Lieferkettensorgfaltspflichtengesetz aus nationaler und europäischer Perspektive, ZHR 186 (2022), S. 67–124

Spindler, Gerald — Der Vorschlag einer EU-Lieferketten-Richtlinie, ZIP 2022, S. 765–777

Spitzley, Helmut — Wissenschaftliche Betriebsführung, REFA-Methodenlehre und Neuorientierung der Arbeitswissenschaft, Köln 1980

Staub, Hermann (Begr.)/ Grundmann, Stefan/ Habersack, Mathias/ Schäfer, Carsten (Hrsg.) — Staub. Handelsgesetzbuch. Großkommentar, 6. Aufl., Berlin und Boston 2021-2024 (zitiert als: Staub/*Bearbeiter*)

v. Staudinger, Julius — J. von Staudingers Kommentar zum Bürgerlichen Gesetzbuch mit Einführungsgesetz und Nebengesetzen:
Einleitung zum BGB; §§ 1-14; VerschG (Natürliche Personen, Verbraucher, Unternehmer): Berlin 2018 und 2024
§§ 21-79a BGB (Vereine): Berlin 2023
§§ 241-243 BGB: Berlin 2019
§§ 611-613 BGB (Dienstvertrag und Arbeitsvertrag): Berlin 2022
(zitiert als: Staudinger/*Bearbeiter*, Bearbeitungsjahr)

Steinbrück, Ben/ Traub, Sebastian — Die EU-Lieferketten-Richtlinie (CSDDD), MDR 2024, S. 1141–1150

Steinhauser, Rut/ Kreis, Simona — Die Umsetzung der EU-Whistleblower-Richtlinie als Herausforderung für Gesetzgeber und Unternehmen, EuZA 2021, S. 422

Stemberg, Christian — Zur substantiierten Kenntnis nach § 9 III Lieferkettensorgfaltspflichtengesetz, NZG 2022, S. 1093–1099

Sternisko, Andrea M./ Rosanowski, Laura — Die europäische Nachhaltigkeitsberichterstattung nimmt Form an: Einblicke in den aktuellen Stand der sektoragnostischen European Sustainability Reporting Standards (ESRS), RWZ 2023, S. 51–57

Steuer, Sebastian Klimaziele im Unternehmensrecht. Freiwillige Verlautbarungen und Perspektiven nach dem CSDDD-Entwurf, ZIP 2023, S. 13–25

Stewart, Richard B. Regulation, Innovation, and Administrative Law: A Conceptual Framework, California Law Review, Vol. 69 No. 5 (1981), S. 1256–1377

Stiefel, Kristina/ Gilles, Elena Der European Single Access Point. Auf dem Weg zu mehr Transparenz über Nachhaltigkeitsinformationen, ESGZ 2024, Heft 2, S. 55–57

Stierle, Michael Harold Volkswirtschaften in der Globalisierung. Konzeptionelle Analyse der zentralen Indikatoren der internationalen Wettbewerbsfähigkeit von Volkswirtschaften, Diplomarbeit Trier 1997, 1. Aufl., Speyer 1998

Stöbener de Mora, Patricia Sarah/ Noll, Paul Grenzenlose Sorgfalt? – Das Lieferkettensorgfaltspflichtengesetz. Teil 1, NZG 2021, S. 1237–1244

Stöbener de Mora, Patricia Sarah/ Noll, Paul Noch grenzenlosere Sorgfalt? Der Richtlinienvorschlag zu Sorgfaltspflichten von Unternehmen im Hinblick auf Nachhaltigkeit, EuZW 2023, S. 14–25

Streinz, Rudolf (Hrsg.) EUV/AEUV. Vertrag über die Europäische Union. Vertrag über die Arbeitsweise der Europäischen Union. Charta der Grundrechte der Europäischen Union. 3. Aufl., München 2018

Strohn, Lutz Von den Aufgaben des Gesetzgebers und denen des Richters, Bergmann/Hoffmann-Becking/Noack (Hrsg.), Festschrift für Ulrich Seibert zum 65. Geburtstag, 2019, S. 919–928

Stürner, Rolf/ Eidenmüller, Horst/ Schoppmeyer, Heinrich (Hrsg.) Münchener Kommentar zur Insolvenzordnung. Bd. 1 und 2, 4. Aufl., München 2019 (zitiert als: MüKoInsO/*Bearbeiter*)

Stürner, Rolf/ Eidenmüller, Horst/ Schoppmeyer, Heinrich/ Madaus, Stephan (Hrsg.) Münchener Kommentar StaRUG. Kommentar, 1. Aufl., München 2023 (zitiert als: MüKoStaRUG/*Bearbeiter*)

Symon, Gillian/ Cassell, Catherine (Hrsg.) Qualitative Methods and Analysis in Organizational Research. A Practical Guide, 1. Aufl., London 1998

Szesny, André-M./ Hoppe, Phillipp Die Sanktionierung von Ordnungswidrigkeiten nach dem Hinweisgeberschutzgesetz, Journal der Wirtschaftsstrafrechtlichen Vereinigung e.V. (WiJ) 2023, S. 56–60

Taylor, Frederick Winslow The Principles of Scientific Management, New York 1911, Nachdruck vom 2008

Taylor, Frederick Winslow Shop Management, New Yyork 1919 (Nachdruck der Aufl. vom 1911)

Teichmann, Christoph Reform des Gläubigerschutzes im Kapitalgesellschaftsrecht, NJW 2006, S. 2444–2451

Teubner, Gunther Unternehmensinteresse – das gesellschaftliche Interesse des Unternehmens »an sich«?, ZHR 149 (1985), S. 470–488

Thaten, Marlen Die Ausstrahlung des Aufsichts- auf das Aktienrecht am Beispiel der Corporate Governance von Banken und Versicherungen. Zugleich ein Beitrag zur Koordination von Privat- und Öffentlichem Recht, Diss. iur. Hamburg 2015, 1. Aufl., Berlin 2016 (zitiert als: *Thaten*, Ausstrahlung)

Thiel, Linda Das neue Geschäftsgeheimnisgesetz (GeschGehG) – Risiken und Chancen für Geschäftsgeheimnisinhaber, WRP 2019, S. 700–703

Thies, Thomas Sondergesellschaftsrecht im Finanzsektor. Aufsichtsrechtliche Regulierung der Corporate-Governance von Ratingagenturen, Referenzwert-Administratoren, zentralen Gegenparteien und Zentralverwahrern, Diss. iur. Mainz 2022, 1. Aufl., Berlin 2023 (zitiert als: *Thies*, Sondergesellschaftsrecht)

Thole, Christoph Managerhaftung für Gesetzesverstöße. Die Legalitätspflicht des Vorstands gegenüber seiner Aktiengesellschaft, ZHR 173 (2009), S. 504–535

Thole, Christoph Die Geschäftsleiterhaftung im StaRUG und nach § 15b InsO n. F., BB 2021, S. 1347–1354

Thole, Christoph § 48. Gesteigerte Organpflichten bei der Corporate Governance in Krise und Sanierung des Unternehmens in In- oder Ausland (§ 43 StaRUG, §§ 15a f. InsO, § 91 AktG), in: Hommelhoff/Hopt/Leyens (Hrsg.), Unternehmensführung durch Vorstand und Aufsichtsrat, 1. Aufl., München 2024, S. 1199–1216 (zitiert als: HHL/*Thole*, 2024, § 48)

Thomale, Chris/ Schmid, Stephan Das *Private Enforcement* der EU-Lieferkettenrichtlinie. Eine rechtsvergleichende und rechtsökonomische Beurteilung der finalen Fassung mit Anregungen für die mitgliedstaatlichen Umsetzungsgesetze, in: RabelsZ 88 (2024), S. 425–493

Thommen, Jean-Paul/ Achleitner, Ann-Kristin/ Gilbert, Dirk Ulrich/ Hachmeister, Dirk Kaiser, Gernot	Allgemeine Betriebswirtschaftslehre. Umfassende Einführung aus managementorientierter Sicht, 8. Aufl., Wiesbaden 2017 (zitiert als: *Thommen/Achleitner/u.a.m.*, Betriebswirtschaftslehre)
Thompson, Leigh/ Loewenstein, George	Egocentric Interpretations of Fairness and Interpersonal Conflict, in: Organizational Behavior and Human Decision Processes, Vol. 51 No. 2 (1992), S. 176–197
Thüsing, Gregor	European Company Law Review: Auf der Suche nach dem iustum pretium der Vorstandstätigkeit. Überlegungen zur Angemessenheit im Sinne des 87 Abs. 1 Satz 1 AktG, ZGR 2003, S. 457–507
Többens, Hans W.	Die Bekämpfung der Wirtschaftskriminalität durch die Troika der §§ 9, 130 und 30 des Gesetzes über Ordnungswidrigkeiten, NStZ 1999, S. 1–8
Tonikidis, Stelios	Die Grundrechtsfähigkeit juristischer Personen nach Art. 19 III GG, JURA 2012, S. 517–525
Trute, Hans-Heinrich	Die Verwaltung und das Verwaltungsrecht zwischen gesellschaftlicher Selbstregulierung und staatlicher Steuerung, DVBl 1996, S. 950–964
Tschäpe, Philipp/ Trefzger, Dominik	Die Sorgfaltspflicht des Lieferkettengesetzes – Rechtsnatur, Inhalt und Haftung, ZfBR 2023, S. 423–433
Tversky, Amos/ Kahneman, Daniel	Extensional Versus Intuitive Reasoning: The Conjunction Fallacy in Probability Judgment, Psychological Review, Vol. 90 No. 4 (1983), S. 293–315
Uhlig, Thomas/ Gillig, Anne-Kathrin	Neue Due-Diligence-Pflichten für Unternehmen. Welche rechtlichen Anforderungen die EU-Entwaldungsverordnung an Unternehmen stellt, ESGZ 2024, Heft 3, S. 13–18
Ulmer, Peter	Der Deutsche Corporate Governance Kodex – ein neues Regulierungsinstrument für börsennotierte Aktiengesellschaften, ZHR 166 (2002); S. 150–181
Ulrich, Dave	The Population Perspective: Review, Critique and relevance, Human Relations, Vol. 40 No. 3 (1987), S. 137–152
Uschkurat, Mark/ Säuberlich, Konstantin/ Jordan, Stefanie	Wesentlichkeitsüberlegungen in der Umsetzung der Berichterstattungspflichten der EU-Taxonomie, BB 2023, S. 1002–1006
Vahs, Dietmar	Organisation. Ein Lehr- und Managementbuch, 11. Aufl., Stuttgart 2023

Valdini, Daniel	Die Anwendung des Lieferkettensorgfaltspflichtengesetzes auf ausländische Unternehmen, BB 2021, S. 2955–2958
Vanini, Ute/ Rieg, Robert	Risikomanagement. Grundlagen – Instrumente – Unternehmenspraxis, 2. Aufl., Stuttgart 2021
Vedder, Christoph/ Heintschel von Heinegg, Wolff (Hrsg.)	Europäisches Unionsrecht. EUV|AEUV|GRCh|EAGV. Handkommentar, 2. Aufl., Baden-Baden 2018
Velte, Patrick	Prüfung der nichtfinanziellen Erklärung und der Erklärung zur Unternehmensführung durch den Aufsichtsrat und Abschlussprüfer. Eine Zwischenbilanz, AG 2018, S. 266–272
Velte, Patrick	»Nachhaltige und langfristige« Vorstandsvergütung nach dem ARUG II. Erste Anmerkungen zur zwingenden Einbeziehung von Sozial- und Umweltaspekten nach § 87 I 2 AktG, NZG 2020, S. 12–15
Velte, Patrick	Regulierung von Corporate-Governance-Systemen durch das geplante FISG. Eine kritische Würdigung, WPg 2021, S. 387–396
Velte, Patrick/ Steve, Crispin	Zum Entwurf einer EU-Richtlinie zur Corporate Sustainability Due Diligence (CSDD). Einordnung in ein Gesamtkonzept der Sustainable Corporate Governance, WPg 2022, S. 790–797
Velte, Patrick/ Stawinoga, Martin	Prüfung von Nachhaltigkeitsberichten nach der Corporate Sustainability Reporting Directive (CSRD). Zum Nachhaltigkeitsbericht nach den geplanten ESRS aus der Sicht von Abschlussprüfung und Enforcement, WPg 2022, S. 1135–1143
Velte, Patrick	Sorgfaltspflichten in der Wertschöpfungskette als Bestandteil der Nachhaltigkeitsberichterstattung. Normative Rahmenbedingungen, empirische Befunde und kritische Würdigung, DStR 2023, S. 2358–2366
Verse, Dirk A.	Compliance im Konzern. Zur Legalitätskontrollpflicht der Geschäftsleiter einer Konzernobergesellschaft, ZHR 175 (2011), S. 401–424
Verse, Dirk A.	Niederlassungsfreiheit und grenzüberschreitende Sitzverlegung – Zwischenbilanz nach »National Grid Indus« und »Vale« –, ZEuP 2013, S. 458–495
Verse, Dirk A.	Nachhaltigkeit als Entscheidungsparameter für Leitungsorgane. – Neue Herausforderungen durch die geplante CSDD-Richtlinie –, in: Nietsch (Hrsg.), Nachhaltiges Aktienrecht. 9. Wiesbadener Compliance-Tag der EBS Law

School – Center for Corporate Compliance, 1. Aufl., Baden-Baden 2023, S. 21–39

Verse, Dirk A./ Tassius, Isabelle — § 7. Gesellschafts- und bilanzrechtliche Pflichten zur Berücksichtigung von Nachhaltigkeitsbelangen, in: Hommelhoff/Hopt/Leyens (Hrsg.), Unternehmensführung durch Vorstand und Aufsichtsrat, 1. Aufl., München 2024, S. 173–197 (zitiert als: HHL/*Verse/Tassius*, 2024, § 7)

Verse, Dirk A. — Sorgfaltspflichten in der Lieferkette und zivilrechtliche Haftung. Neue Herausforderungen durch die EU-Sorgfaltspflichten-Richtlinie (CSDDD), AcP 225 (2025), im Erscheinen

Vetter, Eberhard — Mehr Realitätssinn bei der Verantwortung des Aufsichtsrats zur Prüfung des Nachhaltigkeitsberichts!, AG 2024, S. 398–401

Vetter, Eberhard — § 42. Corporate Governance und Nachhaltigkeitsberichterstattung (Art. 19a, 29a Bilanz-RL idF CSRD, §§ 289b ff. HGB), in: Hommelhoff/Hopt/Leyens (Hrsg.), Unternehmensführung durch Vorstand und Aufsichtsrat, 1. Aufl., München 2024, S. 1065–1085 (zitiert als: HHL/*E. Vetter*, 2024, § 42)

Vetter, Jochen — Grundlinien der GmbH-Gesellschafterhaftung, ZGR 2005, S. 788–831

Vetter, Jochen — Geschäftsleiterpflichten zwischen Legalität und Legitimität. –Muss sich Ethik lohnen?–, ZGR 2018, S. 338–378

Voß, Henning — Unternehmenswissen als Regulierungsressource. Der aufsichtsrechtliche Zugriff auf bankinterne Strukturen, Diss. iur. Konstanz 2018, 1. Aufl., Tübingen 2019 (zitiert als: *Voß*, Unternehmenswissen)

Wachter, Thomas (Hrsg.) — AktG. Kommentar zum AktG, 4. Aufl., Köln 2022

Wagner, Eric/ Ruttloff, Marc — Das Lieferkettensorgfaltspflichtengesetz – Eine erste Einordnung, NJW 2021, S. 2145–2152

Wagner, Eric/ Ruttloff, Marc/ Wagner, Simon (Hrsg.) — Das Lieferkettensorgfaltspflichtengesetz in der Unternehmenspraxis. Handbuch, 1. Aufl., München 2022 (zitiert als: Wagner/Ruttlo f f /Wagner/*Bearbeiter*)

Wagner, Eric/ Rothenburg, Vera/ Schuler, Florian — Omnibus-Überarbeitung der europäischen Nachhaltigkeitsregulierung: »Simplification« samt »Stop the Clock« – Vorschläge zur Vereinfachung der Regelungen für Nachhaltigkeit und EU-Investitionen –, DB 2025, S. 1128– 1133

Wagner, Gerhard Prävention und Verhaltenssteuerung durch Privatrecht — Anmaßung oder legitime Aufgabe, AcP 206 (2006), S. 352–476

Wagner, Gerhard Officers' and Directors' Liability Under German Law — A Potemkin Village, Theoretical Inquiries in Law, Vol. 16 (2015), S. 69–106

Wagner, Gerhard Haftung für Menschenrechtsverletzungen, RabelsZ 80 (2016), S. 717–782

Wagner, Gerhard Haftung für Menschenrechtsverletzungen in der Lieferkette, ZIP 2021, S. 1095–1105

Wagner, Gerhard Lieferkettenverantwortlichkeit – alles eine Frage der Durchsetzung, ZEuP 2023, S. 517–528

Wagner, Gerhard Lieferkettenhaftung zwischen Gesetz und Kodifikation, in: von Bar/Knöfel/Magnus/u.a.m. (Hrsg.), Gedächtnisschrift für Peter Mankowski, 2024, S. 838–854

Wagner, Jens »Internal Investigations« und ihre Verankerung im Recht der AG, CCZ 2009, S. 8–17

Wagner, Rainer Maria (Hrsg.) Industrie 4.0 für die Praxis. Mit realen Fallbeispielen aus mittelständischen Unternehmen und vielen umsetzbaren Tipps, 1. Aufl., Wiesbaden 2018

Wagner, Simon The Proposal of the European Commission for a Directive governing Corporate Sustainability Due Diligence - an Overview, KlimaRZ 2022, S. 100–104

Walden, Daniel Corporate Social Responsibility: Rechte, Pflichten und Haftung von Vorstand und Aufsichtsrat, NZG 2020, S. 50–60

Wank, Rolf/ Maties, Martin Die Auslegung von Gesetzen, 7. Aufl., München 2023

Waschull, Dirk Das Unternehmen im engeren Sinne als verfassungsrechtliches Eigentum. Zum Begriff des Eigentums in Art. 14 GG, Diss. iur. Hamburg 1997/1998, 1. Aufl., Baden-Baden 1999 (zitiert als: *Waschull*, Eigentum)

Weber, Christoph Andreas Organpflicht und Rechtsdurchsetzung, Habil. iur. München 2019, 1. Aufl., Tübingen 2024 (zitiert als *C. A. Weber*, Rechtsdurchsetzung)

Weber, Thomas CSRD - Brauchen wir ein neues Risikomanagement?, BB 2022, S. 2923–2927

Wedde, Peter Hinweisgeberschutzgesetz. Basiskommentar zum HinSchG, 1. Aufl., Frankfurt am Main 2024 (zitiert als: *Wedde*, HinSchG)

Wegener, Bernhard W.	Menschenrecht auf Klimaschutz? Grenzen grundrechtsgestützter Klimaklagen gegen Staat und Private, NJW 2022, S. 425–431
Wegner, Carsten	Zur Rollenverteilung im Unternehmen: Der Unternehmer »unternimmt«, der Wirtschaftsprüfer »prüft«, WPg 2022, S. 1317–1324
Weick, Karl E.	Der Prozess des Organisierens, 1. Aufl., Frankfurt am Main 1985
Weick, Karl E.	What Theory is Not, Theorizing Is, Administrative Science Quarterly, Vol. 40 No. 3 (1995), S. 385–390
Weller, Marc-Philippe/ Fischer, Tim	ESG-Geschäftsleitungspflichten Unternehmenstransformation zur Klimaneutralität, ZIP 2022, S. 2253–2265
Weller, Marc-Philippe/ Hößl, Theresa/ Seeman, Camilla	Greening Corporate Law. Eine Klimatrias für das Gesellschaftsrecht, ZGR 2024, S. 180–219
Weller, Marc-Philippe/ Hößl, Theresa/ Seeman, Camilla	Empfehlen sich im Kampf gegen den Klimawandel gesetzgeberische Maßnahmen auf dem Gebiet des Gesellschaftsrechts?, Gutachten F zum 74. Deutschen Juristentag Stuttgart 2024, München 2024
Weller, Marc-Philippe/ Kaller, Luca/ Schulz, Alix	Haftung deutscher Unternehmen für Menschenrechtsverletzungen im Ausland, AcP 216 (2016), S. 387–420
Weller, Marc-Philippe/ Schwemmer, Sophia	Klimatransformationspflichten für Großunternehmen. Umsetzung des Art. 22 CSDDD via Klimaquote, AG 2024, S. 517–528
Welling Berthold	Nachhaltigkeitsberichterstattung – Das politische Spiel mit den Ressourcen der Unternehmen, KlimaRZ 2025, S. 10–14
Wendler, Jan-Sebastian	Die Justiziabilität ökonomischer Unternehmensentscheidungen im US-amerikanischen und deutschen Recht. Business Judgment Rule und UMAG, Diss. iur. Rostock 2006, 1. Aufl., Frankfurt am Main 2007 (zitiert als: *Wendler*, Unternehmensentscheidungen)
v. Werder, Axel	Organisationsstruktur und Rechtsnorm. Implikationen juristischer Vorschriften für die Organisation aktienrechtlicher Einheits- und Konzernunternehmungen, Diss. rer. oec. Aachen 1985, 1. Aufl., Wiesbaden 1986
v. Werder, Axel	Risk Management(s), Organisation des in: Frese (Hrsg.), Handwörterbuch der Organisation, 3. Aufl., Stuttgart 1992, S. 2212–2224

v. Werder, Axel Führungsorganisation. Grundlagen der Corporate Governance, Spitzen- und Leitungsorganisation, 3. Aufl., Wiesbaden 2015

v. Werder, Axel Die aktuellen Änderungen des Deutschen Corporate Governance Kodex, DB 2022, S. 1755–1763.

v. Werder, Axel Schatten und Licht der Nachhaltigkeitsberichterstattung, DB 2025, Nr. 6, S. M4–M5

Wermelt, Andreas/ Oehlmann, Daniel Prüfung von Risikofrüherkennungssystemen. IDW EPS 340 n.F.: Die Prüfung von Maßnahmen nach § 91 Abs. 2 AktG im Rahmen der Jahresabschlussprüfung nach § 317 Abs. 4 HGB, WPg 2019, S. 1026–1032

Weyer, Anderas/ Berndt, Thomas/ Ebin, Alina Berichterstattung nach der EU-Taxonomie-VO – Herausforderungen und Handlungsempfehlungen für europäische Nicht-Finanzunternehmen, BB 2024, S. 747–751

Widmann, Tobias Das Risikomanagement als Funktionselement der Corporate Governance der Aktiengesellschaft, Diss. iur. Bayreuth 2010, 1. Aufl., Baden-Baden 2010 (zitiert als: *Widmann*, Risikomanagement)

Wiedmann, Michael/ Seyfert, Stefen Richtlinienentwurf der EU-Kommission zum Whistleblowing, CCZ 2019, S. 12–21

Wiedmann, Michael/ Greubel, Marco Compliance Management Systeme – Ein Beitrag zur effektiven und effizienten Ausgestaltung, CCZ 2019, S. 88–94

Wiedmann, Michael/ Hoppmann, Vincent Whistleblowing im DAX – Auswirkungen von HinSchG, LkSG, CSRD und CS3D-E, CCZ 2023, S. 11–23

Williamson, Oliver E. Markets and Hierarchies: Analysis and Antitrust Implications. A Study in the Economics of Internal Organization, 1. Aufl., Ney York 1975

Williamson, Oliver E. Calculativeness, Trust, and Economic Organization, in: The Journal of Law & Economics,Vol. 36 No. 1 (1993), S. 453–486

Wilsing, Hans-Ulrich / Winkler, Luise § 27. Pflichten des Aufsichtsrats zur Informationsbeschaffung bei Vorstand, Mitarbeitern, Abschlussprüfer und externen Sachverständigen (§§ 77, 90, 107, 111 AktG idF FISG) in: Hommelhoff/Hopt/Leyens (Hrsg.), Unternehmensführung durch Vorstand und Aufsichtsrat, 1. Aufl., München 2024, S. 701–725 (zitiert als: HHL/*Wilsing/Winkler*, 2024, § 27)

Winkeljohann, Norbert § 25. Überwachungsaufgabe des Aufsichtsrats und Zusammenarbeit mit dem Vorstand bei der Entwicklung der (nachhaltigen) Unternehmensstrategie, insbesondere in der Konzernspitze, in: Hommelhoff/Hopt/Leyens (Hrsg.), Unternehmensführung durch Vorstand und Aufsichtsrat, 1. Aufl., München 2024, S. 657–672 (zitiert als: HHL/*Winkeljohann*, 2024, § 25)

Wißmann, Hinnerk — Generalklauseln. Verwaltungsbefugnisse zwischen Gesetzmäßigkeit und offenen Normen, Habil. iur. Augsburg 2006/2007, 1. Aufl., Tübingen 2008

Wittlage, Helmut — Unternehmensorganisation. Einführung und Grundlegung mit Fallstudien, 3. Aufl., Herne 1984

Wolf, Joachim — Organisation, Management, Unternehmensführung. Theorien, Praxisbeispiele und Kritik, 7. Aufl., Wiesbaden 2023 (zitiert als: *Wolf*, Organisation)

Wolf, Martin — Corporate Governance. Der Import angelsächsischer »Self-Regulation« im Widerstreit zum deutschen Parlamentsvorbehalt, ZRP 2002, S. 59–60

Wölfle, Marco — Mikroökonomik im Bachelor-Studium, 1. Aufl., Berlin 2014

Wolke, Thomas — Risikomanagement, 3. Aufl., Berlin und Boston 2016

Wright, Peter — The Harassed Decision Maker: Time Pressures, Distractions, and the Use of Evidence, in: Journal of Applied Psychology, Vol. 59 No. 5 (1974), S. 555–561

Wundenberg, Malte — Compliance und die prinzipiengeleitete Aufsicht über Bankengruppen, Diss. iur. Hamburg 2011, 1. Aufl., Tübingen 2012 (zitiert als: *Wundenberg*, Compliance)

Wüstemann, Jens/Büchner, Franziska — Das Lieferkettensorgfaltspflichtengesetz: Pflichten und Verantwortung von Unternehmen – Eine kritische Würdigung, BB 2024, S. 579–585

Wüstemann, Sonja — LkSG-Berichterstattung gemäß BAFA-Fragenkatalog – erste Bestandsaufnahme und Analyse der Berichtspraxis, BB 2024, S. 1258–1262

Zeisel, Stefan — Lieferkettengesetz. Sorgfaltspflichten in der Supply Chain verstehen und umsetzen. 1. Aufl., Wiesbaden 2022

Zenner, Andreas — Die Anwendung der Business Judgement Rule im Rahmen der vertikalen Delegation, AG 2021, S. 502–510

Zetzsche, Dirk A./Sinnig, Julia — Vom Reporting zur Vermeidungspflicht von adverse sustainability impacts: Die CSDDD-Lieferkettenregulierung, WM 2024, S. 1341–1349, 1389–1396

Zimmer, Mark/Humphrey, Katharina — Petzen? Ja, bitte! Meldesysteme nach der Whistleblower-Richtlinie der EU, BB 2022, S. 372–376

Zippelius, Reinhold/ Würtenberger, Thomas — Juristische Methodenlehre, 12. Aufl., München 2021 (zitiert als *Zippelius*, Methodenlehre)

Zöllner, Wolfgang — Die Schranken mitgliedschaftlicher Stimmrechtsmacht bei den privatrechtlichen Personenverbänden, Habil. iur. München 1960, 1. Aufl., München 1963 (zitiert als: *Zöllner*, Stimmrechtsmacht)

Zöllner, Wolfgang — Unternehmensinnenrecht: Gibt es das?, AG 2003, S. 2–12

Zülch, Henning/ Gemünden, Tanja — Bereit für die Corporate Sustanability Due Diligence Directive (CSDDD)?, DB 2024, S. 949–956

Zumbansen, Peer/ Lachner, Constantin M. — Die Geheimhaltungspflicht des Vorstands bei der Due Diligence: Neubewertung im globalisierten Geschäftsverkehr, BB 2006, S. 613–619

Zumbansen, Peer — Global Value Chain Legislation, Modern Slavery, Climate Change and Finance: Lessons from the European Corporate Sustainability Due Diligence Directive ('CSDDD'), in: McGill SGI Research Papers in Business, Finance, Law and Society Research Paper No. 2024-08, v. 4. April 2024, abrufbar unter https://ssrn.com/abstract=4784608 (abgerufen am 27.04.2024)

Zwirner, Christian — Kapitalmarktorientierung - Legaldefinition und Rechtsfolgen. Geltung und Anwendungsbereich des § 264d HGB, KoR 2010, S. 1–5

Zwirner, Christian/ Boecker, Corinna — Die EU-Standards zur Nachhaltigkeitsberichterstattung (ESRS) liegen vor. Delegierte Verordnung der Europäischen Kommission vom 31.7.2023, BC 2023, S. 405

Sachregister

Abhandlungen zum deutschen und europäischen Handels- und Wirtschaftsrecht

Gegründet von Götz Hueck Marcus Lutter Wolfgang Zöllner
Herausgegeben von Peter Hommelhoff Ulrich Noack Marc-Philippe Weller

Band 1: Von Dr. Wilfried Haesen
Der Abhängigkeitsbericht im faktischen Konzern
1970. 8°. XXXI, 147 Seiten. Kartoniert. ISBN 3-452-17122-2

Band 2: Von Dr. Peter Sontag
Das Miturheberrecht
1972. 8°. XVIII, 85 Seiten. Kartoniert. ISBN 3-452-17455-7

Band 3: Von Dr. Volkmar Herms
Die Aktie und ihre Übertragung im französischen Recht
1972. 8°. XXII, 112 Seiten. Kartoniert. ISBN 3-452-17452-2

Band 4: Von Dr. Hans-Jochen Hüchting
Abfindung und Ausgleich im aktienrechtlichen Beherrschungsvertrag
1972. 8°. XXXVI, 156 Seiten. Kartoniert. ISBN 3-452-17461-1

Band 5: Von Dr. Dietrich von Stebut
Geheimnisschutz und Verschwiegenheitspflicht im Aktienrecht
1972. 8°. XXIII, 162 Seiten. Kartoniert. ISBN 3-452-17476-X

Band 6: Von Dr. Paul Nicknig
Die Haftung der Mitglieder einer BGB-Gesellschaft für Gesellschaftsschulden
1973. 8°. XXII, 160 Seiten. Kartoniert. ISBN 3-452-17518-9

Band 7: Von Dr. Hans-Peter Overrath
Die Stimmrechtsbindung
1974. 8°. XXVII, 145 Seiten. Kartoniert. ISBN 3-452-17724-6

Band 8: Von Dr. Klaus Wentzel
Das Scheckkartenverfahren der deutschen Kreditinstitute
1974. 8°. XXXVII, 281 Seiten. Kartoniert. ISBN 3-452-17862-5

Band 9: Von Dr. Eberhard Stengel
Die Traditionsfunktion des Orderkonnossements
Wechselwirkung zwischen Sachenrecht und Wertpapierrecht
1975. 8°. XXVI, 219 Seiten. Kartoniert. ISBN 3-452-17906-1

Band 10: Von Dr. Reinhard Frhr. von Dalwigk zu Lichtenfels
Das Effektenkommissionsgeschäft
1975. 8°. XXIII, 160 Seiten. Kartoniert. ISBN 3-452-17941-9

Band 11: Von Dr. Konrad Beyerle
Der unbeschränkt haftende Kommanditist
Ein Beitrag zur Rechtsposition des nicht eingetragenen Kommanditisten
1976. 8°. XXVII, 173 Seiten. Kartoniert. ISBN 3-452-17999-5

Band 12: Von Prof. Dr. Marcus Lutter
Mitbestimmung im Konzern
1975. 8°. XII, 82 Seiten. Kartoniert. ISBN 3-452-17998-7

Band 13: Von Dr. Peter Hommelhoff
Die Sachmängelhaftung beim Unternehmenskauf
1975. 8°. XXV, 132 Seiten. Kartoniert. ISBN 3-452-18036-0

Band 14: Von Dr. Hermann Wilhelm
Die Beendigung des Beherrschungs- und Gewinnabführungsvertrags
1976. 8°. XXIX, 146 Seiten. Kartoniert. ISBN 3-452-18140-5

Band 15: Herausgegeben von Prof. Dr. Marcus Lutter
Die Europäische Aktiengesellschaft
Eine Stellungnahme zur Vorlage der Kommission an den Ministerrat der Europäischen Gemeinschaften über das Statut für Europäische Aktiengesellschaften vom 30. April 1975
2., unveränderte Auflage
1978. 8°. XXI, 459 Seiten. Kartoniert. ISBN 3-452-18399-9

Band 16: Von Dr. Christine Windbichler
Unternehmensverträge und Zusammenschlußkontrolle
Aktienrechtliche Probleme der Auflösung eines Beherrschungs- und Gewinnabführungsvertrages im Rahmen der wettbewerbsrechtlichen Zusammenschlußkontrolle
1977. 8°. XXIV, 109 Seiten. Kartoniert. ISBN 3-452-18291-6

Band 17: Von Dr. Andreas Fallscheer-Schlegel
Das Lastschriftverfahren
Entwicklung und Rechtsprobleme
1977. 8°. XVI, 78 Seiten. Kartoniert. ISBN 3-452-18335-1

Band 18: Von Dr. Lutz Strohn
Die Verfassung der Aktiengesellschaft im faktischen Konzern
Zur Harmonisierung der §§ 31 ff. AktG mit den allgemeinen Bestimmungen des Aktienrechts
1977. 8°. XLII, 200 Seiten. Kartoniert. ISBN 3-452-18345-9

Band 19: Von Dr. Eberhard Hübener
Rechnungslegung bei sinkendem Geldwert
Die Rechtspflicht des Vorstands zur Ermittlung und Offenlegung von Scheingewinnen nach dem geltenden Aktienrecht
1978. 8°. XXXII, 135 Seiten. Kartoniert. ISBN 3-452-18374-2

Band 20: Von Prof. Dr. Wolfgang Zöllner
Maßregelungsverbote und sonstige tarifliche Nebenfolgenklauseln nach Arbeitskämpfen
Zugleich ein Beitrag zu den Grenzen der Tarifautonomie
1977. 8°. IX, 60 Seiten. Kartoniert. ISBN 3-452-18359-9

Band 21: Von Prof. Dr. Alfons Kraft und Prof. Dr. Horst Konzen
Die Arbeiterselbstverwaltung im Spannungsverhältnis von Gesellschafts- und Arbeitsrecht
1978. 8°. IX, 95 Seiten. Kartoniert. ISBN 3-452-18395-5

Band 22: Von Dr. Josef Dierdorf
Herrschaft und Abhängigkeit einer Aktiengesellschaft auf schuldvertraglicher und tatsächlicher Grundlage
1978. 8°. XXXIV, 275 Seiten. Kartoniert. ISBN 3-452-18403-X

Band 23: Von Prof. Dr. Horst Steinmann und Dipl.-Kfm. Elmar Gerum
Reform der Unternehmensverfassung
Methodische und ökonomische Grundüberlegungen
1978. 8°. XXIV, 96 Seiten. Kartoniert. ISBN 3-452-18475-7

Band 24: Von Prof. Dr. Klaus-Peter Martens
Die existentielle Wirtschaftsabhängigkeit
Eine Untersuchung im Spannungsfeld von Konzern- und Wettbewerbsrecht
1978. 8°. IX, 164 Seiten. Kartoniert. ISBN 3-452-18615-6

Band 25: Von Prof. Dr. Dres. h. c. Marcus Lutter
Information und Vertraulichkeit im Aufsichtsrat
3., völlig überarbeitete Auflage
2006. 8°. XX, 342 Seiten. Gebunden. ISBN 978-3-452-24657-8

Band 26: Von Prof. Dr. Walter F. Lindacher
Lockvogel- und Sonderangebote
Rechtliche Grenzen selektiver Niedrigpreisstellung
1979. 8°. VIII, 60 Seiten. Kartoniert. ISBN 3-452-18616-4

Band 27: Von Dr. Hans-Georg Gromann
Die Gleichordnungskonzerne im Konzern- und Wettbewerbsrecht
1979. 8°. XI, 138 Seiten. Kartoniert. ISBN 3-452-18636-9

Band 28: Von Dr. Jörg Oesterreich
Die Betriebsüberlassung zwischen Vertragskonzern und faktischem Konzern
Zum sog. Umgehungsproblem bei den Unternehmensverträgen der §§ 291, 292 I Ziff. 3 AktG
1979. 8°. XII, 180 Seiten. Kartoniert. ISBN 3-452-18686-5

Band 29: Von Dr. Adolf Großmann
Unternehmensziele im Aktienrecht
Eine Untersuchung über Handlungsmaßstäbe für Vorstand und Aufsichtsrat
1981. 8°. XVI, 282 Seiten. Kartoniert. ISBN 3-452-18790-X

Band 30: Von Dr. Wolfram Timm
Die Aktiengesellschaft als Konzernspitze
Die Zuständigkeitsordnung bei der Konzernbildung und Konzernumbildung
1980. 8°. XV, 266 Seiten. Kartoniert. ISBN 3-452-18806-X

Band 31: Von Prof. Dr. Johannes Semler
Leitung und Überwachung der Aktiengesellschaft
Die Leitungsaufgabe des Vorstands und die Überwachungsaufgabe des Aufsichtsrats
2., völlig überarbeitete und erweiterte Auflage
1996. 8°. XXI, 334 Seiten. Kartoniert. ISBN 3-452-23444-4
Gebunden. ISBN 3-452-23445-2

Band 32: Von Dr. Volker Voormann
Der Beirat im Gesellschaftsrecht
2., überarbeitete und ergänzte Auflage
1990. 8°. XV, 241 Seiten. Kartoniert. ISBN 3-452-21575-X

Band 33: Von Dr. Gerd-Werner Krieger
Personalentscheidungen des Aufsichtsrats
1981. 8°. XIV, 325 Seiten. Kartoniert. ISBN 3-452-18950-3

Band 34: Von Dr. Walter Paefgen
Struktur und Aufsichtsratsverfassung der mitbestimmten AG
Zur Gestaltungsmacht der Satzung und der Geschäftsordnung des Aufsichtsrats
1982. 8°. XIX, 432 Seiten. Kartoniert. ISBN 3-452-19142-7

Band 35: Von Dr. Stefan Motzer
Die »positive Vertragsverletzung« des Arbeitnehmers
Zugleich ein Beitrag zur Bestimmung von Inhalt und Rechtsnatur der Arbeitnehmerpflichten
1982. 8°. XI, 285 Seiten. Kartoniert. ISBN 3-452-19258-X

Band 36: Von Prof. Dr. Wolfgang Zöllner
Daten- und Informationsschutz im Arbeitsverhältnis
2., unveränderte Auflage
1983. 8°. XIII, 105 Seiten. Kartoniert. ISBN 3-452-19456-6

Band 37: Von Dr. Axel Fohrmann
Der Arbeitnehmer als Gesellschafter
1982. 8°. XIII, 165 Seiten. Kartoniert. ISBN 3-452-19307-1

Band 38: Von Dr. Christian R. Scharff
Der Nießbrauch an Aktien im Zivil- und Steuerrecht
1982. 8°. XII, 183 Seiten. Kartoniert. ISBN 3-452-19320-9

Band 39: Von Dr. Egon A. Peus
Der Aufsichtsratsvorsitzende
Seine Rechtsstellung nach dem Aktiengesetz und dem Mitbestimmungsgesetz
1983. 8°. XVI, 455 Seiten. Kartoniert. ISBN 3-452-19392-6

Band 40: Von Dr. Bernhard Schirmers
Konditionenempfehlungen, kartellrechtliche Kontrolle und AGB-Gesetz
1983. 8°. X, 109 Seiten. Kartoniert. ISBN 3-452-19378-0

Band 41: Von Dr. Ursula Stein
Das faktische Organ
1984. 8°. XIII, 233 Seiten. Kartoniert. ISBN 3-452-19862-6

Band 42: Von Dr. Peter Duvinage
Die Spaltung von Personengesellschaften
1984. 8°. XVIII, 242 Seiten. Kartoniert. ISBN 3-452-19864-2

Band 43: Von Dr. Wolfgang Theobald
Vor-GmbH und Gründerhaftung
1984. 8°. XI, 164 Seiten. Kartoniert. ISBN 3-452-19877-4

Band 44: Von Dr. Ulrike Wendeling-Schröder
Divisionalisierung, Mitbestimmung und Tarifvertrag
1984. 8°. XIV, 213 Seiten. Kartoniert. ISBN 3-452-20145-7

Band 45: Von Dr. Heribert Hirte
Bezugsrechtsausschluß und Konzernbildung
1986. 8°. XIII, 294 Seiten. Kartoniert. ISBN 3-452-20466-9

Band 46: Von Dr. Ulrich Bauer
Organklagen zwischen Vorstand und Aufsichtsrat der Aktiengesellschaft
1986. 8°. XIV, 147 Seiten. Kartoniert. ISBN 3-452-20501-0

Band 47: Von Dr. Michael Baumgartl
Die konzernbeherrschte Personengesellschaft
1986. 8°. XI, 173 Seiten. Kartoniert. ISBN 3-452-20528-2

Band 48: Von Dr. Michael Weller
Das Kreditkartenverfahren Konstruktion und Sicherung
1986. 8°. XVI, 257 Seiten. Kartoniert. ISBN 3-452-20543-6

Band 49: Von Dr. Michael Kort
Der Abschluß von Beherrschungs- und Gewinnabführungsverträgen im GmbH-Recht
1986. 8°. XII, 189 Seiten. Kartoniert. ISBN 3-452-20544-4

Band 50: Von Dr. Klaus Rellermeyer
Aufsichtsratsausschüsse
1986. 8°. XVI, 301 Seiten. Kartoniert. ISBN 3-452-20648-3

Band 51: Von Dr. Burkhard Bastuck
Enthaftung des Managements
Corporate Indemnification im amerikanischen und deutschen Recht
1986. 8°. XIV, 226 Seiten. Kartoniert. ISBN 3-452-20700-5

Band 52: Von Dr. Günther Hurlebaus
Fehlende Mitbestimmung bei § 87 BetrVG
1987. 8°. XII, 163 Seiten. Kartoniert. ISBN 3-452-20762-5

Band 53: Von Dr. Ralf Gissel
Arbeitnehmerschutz für den GmbH-Geschäftsführer
1987. 8°. XIII, 178 Seiten. Kartoniert. ISBN 3-452-20817-6

Band 54: Von Dr. Andreas Eickhoff
Die Gesellschafterklage im GmbH-Recht
Zur Durchsetzung von Ansprüchen der GmbH durch ihre Gesellschafter
1988. 8°. XIII, 320 Seiten. Kartoniert. ISBN 3-452-20985-7

Band 55: Von Dr. Martina Vomhof
Die Haftung des Liquidators der GmbH
1988. 8°. XV, 216 Seiten. Kartoniert. ISBN 3-452-21143-6

Band 56: Von Dr. Kilian Brodersen
Die Beteiligung der BGB-Gesellschaft an den Personenhandelsgesellschaften
1988. 8°. XIII, 135 Seiten. Kartoniert. ISBN 3-452-21159-2

Band 57: Von Dr. Adolf Maier
Wettbewerbsrechtliche Haftung geschäftsführender Organe
1988. 8°. IX, 154 Seiten. Kartoniert. ISBN 3-452-21199-1

Band 58: Von Dr. Martin Schockenhoff
Gesellschaftsinteresse und Gleichbehandlung beim Bezugsrechtsausschluß
1988. 8°. XIV, 135 Seiten. Kartoniert. ISBN 3-452-21217-3

Band 59: Von Dr. Klaus Hillers
Personengesellschaft und Liquidation
Die Auswirkung der Liquidation auf die vermögensrechtliche Stellung der Gesellschafter
1989. 8°. XXVII, 471 Seiten. Kartoniert. ISBN 3-452-21287-4

Band 60: Von Dr. Rainer Bommert
Verdeckte Vermögensverlagerungen im Aktienrecht
1989. 8°. XVII, 248 Seiten. Kartoniert. ISBN 3-452-21342-0

Band 61: Von Dr. Claudius Dechamps
Wertrechte im Effektengiroverkehr
Zum redlichen Erwerb stückeloser Effekten
1989. 8°. XII, 184 Seiten. Kartoniert. ISBN 3-452-21337-4

Band 62: Von Dr. Ulrich Noack
Fehlerhafte Beschlüsse in Gesellschaften und Vereinen
1989. 8°. XIX, 225 Seiten. Kartoniert. ISBN 3-452-21346-3

Band 63: Von Dr. Volker Matthießen
Stimmrecht und Interessenkollision im Aufsichtsrat
1989. 8°. XX, 554 Seiten. Kartoniert. ISBN 3-452-21460-5

Band 64: Von Dr. Axel Ketzer
Eigenkapitalersetzende Aktionärsdarlehen
1989. 8°. XIV, 221 Seiten. Kartoniert. ISBN 3-452-21382-X

Band 65: Von Dr. Hermann Peter Wohlleben
Informationsrechte des Gesellschafters
1989. 8°. XIV, 251 Seiten. Kartoniert. ISBN 3-452-21368-4

Band 66: Von Dr. Jürgen Ensch
Institutionelle Mitbestimmung und Arbeitnehmereinfluß
1989. 8°. XV, 271 Seiten. Kartoniert. ISBN 3-452-21391-9

Band 67: Von Dr. Barbara Kesselmeier
Ausschließungs- und Nachfolgeregelung in der GmbH-Satzung
1989. 8°. XVIII, 331 Seiten. Kartoniert. ISBN 3-452-21550-4

Band 68: Von Dr. Christoph Heller
Die vermögenslose GmbH
1989. 8°. XIII, 229 Seiten. Kartoniert. ISBN 3-452-21574-1

Band 69: Von Dr. Heiner Drüke
Die Haftung der Muttergesellschaft für Schulden der Tochtergesellschaft
Eine Untersuchung nach deutschem und amerikanischem Recht
1990. 8°. XIII, 213 Seiten. Kartoniert. ISBN 3-452-21821-X

Band 70: Von Dr. Günter Schumann
Optionsanleihen
Rechtliche Grundlagen und aktuelle Probleme
1990. 8°. XV, 378 Seiten. Kartoniert. ISBN 3-452-21896-1

Band 71: Von Dr. Kaspar Frey
Einlagen in Kapitalgesellschaften Gläubigerschutz und Gestaltungsfreiheit
1990. 8°. XV, 242 Seiten. Kartoniert. ISBN 3-452-21714-0

Band 72: Von Dr. Axel Gollnick
Gewinnverwendung im Konzern
1991. 8°. XVI, 232 Seiten. Kartoniert. ISBN 3-452-21951-8

Band 73: Von Dr. Rolf Friedewald
Die personalistische Aktiengesellschaft
1991. 8°. XVIII, 191 Seiten. Kartoniert. ISBN 3-452-21952-6

Band 74: Von Dr. Tilman Bezzenberger
Vorzugsaktien ohne Stimmrecht
1991. 8°. XVI, 215 Seiten. Kartoniert. ISBN 3-452-22083-4

Band 75: Von Prof. Dr. Marcus Lutter
Pflichten und Haftung von Sparkassenorganen
1991. 8°. XVI, 189 Seiten. Kartoniert. ISBN 3-452-22152-0

Band 76: Von Dr. Daniel Wulf
Der Verwaltungsrat öffentlich-rechtlicher Kreditinstitute
Befugnisse und Verantwortlichkeit des Verwaltungsrates öffentlich-rechtlicher Kreditinstitute des Bundes und der Länder
1992. 8°. XII, 161 Seiten. Kartoniert. ISBN 3-452-22219-5

Band 77: Von Dr. Johannes Weisser
Corporate Opportunities
Zum Schutz der Geschäftschancen des Unternehmens im deutschen und im US-amerikanischen Recht
1991. 8°. XVII, 293 Seiten. Kartoniert. ISBN 3-452-21953-4

Band 78: Von Dr. Jan-Peter Kecker
Fungibilisierung von GmbH-Anteilen
Grundlagen und rechtliche Umsetzung
1991. 8°. XVI, 249 Seiten. Kartoniert. ISBN 3-452-22153-9

Band 79: Von Dr. Detlef Kleindiek
Strukturvielfalt im Personengesellschafts-Konzern
Rechtsformspezifische und rechtsformübergreifende Aspekte des Konzernrechts
1991. 8°. XVIII, 373 Seiten. Kartoniert. ISBN 3-452-22084-2

Band 80: Von Dr. Roger Kiem
Die Eintragung der angefochtenen Verschmelzung
Aktienrechtliche und registerrechtliche Auswirkungen von Verschmelzungsblockaden
1991. 8°. XVI, 340 Seiten. Kartoniert. ISBN 3-452-22084-2

Band 81: Von Dr. Oliver Melber
Die Kaduzierung in der GmbH
1993. 8°. XIX, 343 Seiten. Kartoniert. ISBN 3-452-22362-0

Band 82: Von Dr. Marc Hermanns
Unverzichtbare Mitverwaltungsrechte des Personengesellschafters
1993. 8°. XIV, 192 Seiten. Kartoniert. ISBN 3-452-22482-1

Band 83: Von Dr. Peter Versteegen
Konzernverantwortlichkeit und Haftungsprivileg
1993. 8°. XX, 318 Seiten. Kartoniert. ISBN 3-452-22484-8

Band 84: Von Dr. Christopher Frantzen
Genußscheine
Zugleich eine Analyse der Genußscheinbedingungen deutscher Unternehmen
1993. 8°. XVI, 542 Seiten. Kartoniert. ISBN 3-452-22483-X

Band 85: Von Dr. Johann Kindl
Die Teilnahme an der Aufsichtsratssitzung
1993. 8°. XVIII, 236 Seiten. Kartoniert. ISBN 3-452-22636-0

Band 86: Von Dr. Hans Hanau
Individualautonomie und Mitbestimmung in sozialen Angelegenheiten
1993. 8°. XXIII, 259 Seiten. Kartoniert. ISBN 3-452-22637-9

Band 87: Von Dr. Astrid Ernst
Haftung des Erben für neue Geschäftsverbindlichkeiten
Zugleich eine Untersuchung zur Nachlaßeigenschuld und zur Nachlaßzugehörigkeit ererbter Handelsgeschäfte und Personengesellschaftsanteile
1994. 8°. XIV, 161 Seiten. Kartoniert. ISBN 3-452-22771-5

Band 88: Von Dr. Christoph Binge
Gesellschafterklagen gegen Maßnahmen der Geschäftsführer in der GmbH
1994. 8°. XIII, 217 Seiten. Kartoniert. ISBN 3-452-22774-X

Band 89: Von Dr. Christine Ullrich
Verdeckte Vermögensverlagerungen in den Aktien- und GmbH-Rechten Frankreichs, Belgiens und Deutschlands
1994. 8°. XVIII, 231 Seiten. Kartoniert. ISBN 3-452-22772-3

Band 90: Von Dr. Holger Fleischer
Finanzplankredite und Eigenkapitalersatz im Gesellschaftsrecht
1995. 8°. XVII, 379 Seiten. Kartoniert. ISBN 3-452-23046-5

Band 91: Von Dr. Henning W. Wahlers
Konzernbildungskontrolle durch die Hauptversammlung der Obergesellschaft
1995. 8°. XVII, 255 Seiten. Kartoniert. ISBN 3-452-23034-1

Band 92: Von Dr. Ulrich Schroeder
Finanzielle Unterstützung des Aktienerwerbs
Der § 71 a Abs. 1 AktG und sein Vorbild im englischen Gesellschaftsrecht
1995. 8°. XIX, 335 Seiten. Kartoniert. ISBN 3-452-23124-0

Band 93: Von Prof. Dr. Karsten Schmidt
Die Partenreederei als Handelsgesellschaft
Integration einer Sonderrechtsform in das Unternehmensrecht
1995. 8°. XII, 142 Seiten. Kartoniert. ISBN 3-452-23190-9

Band 94: Von Dr. Martin Wolf
Konzernhaftung in Frankreich und England
1995. 8°. XIV, 204 Seiten. Kartoniert. ISBN 3-452-23294-8

Band 95: Von Dr. Burkhard Binnewies
Die Konzerneingangskontrolle in der abhängigen Gesellschaft
1996. 8°. XXIII, 459 Seiten. Kartoniert. ISBN 3-452-23328-6

Band 96: Von Dr. Herbert Vossel
Auskunftsrechte im Aktienkonzern
1996. 8°. XV, 150 Seiten. Kartoniert. ISBN 3-452-23334-0

Band 97: Von Dr. Andreas Witte
Der Prüfungsbericht als Informationsträger im Konzern
Zum System konzerninterner Informationsrechte
1996. 8°. XXII, 272 Seiten. Kartoniert. ISBN 3-452-23364-2

Band 98: Von Dr. Andreas Cahn
Vergleichsverbote im Gesellschaftsrecht
1996. 8°. XIV, 170 Seiten. Kartoniert. ISBN 3-452-23371-5

Band 99: Von Dr. Jan Wittig
Das abstrakte Verpflichtungsgeschäft
Abstraktheit und Einwendungen des ersten Nehmers aus dem Grundgeschäft – insbesondere bei Wechsel und Scheck
1996. 8°. XIII, 200 Seiten. Kartoniert. ISBN 3-452-23465-7

Band 100: Von Dr. Viola Kruse
Sitzverlegung von Kapitalgesellschaften innerhalb der EG
Vereinbarkeit der einschlägigen Regelungen des deutschen Sach- und Kollisionsrechts mit dem EG-Vertrag
1997. 8°. XVII, 286 Seiten. Kartoniert. ISBN 3-452-23761-3

Band 101: Von Dr. Roland Pühler
Das Verbot der Anteilsfinanzierung in Belgien, Frankreich, Italien und den Niederlanden
1996. 8°. XVII, 330 Seiten. Kartoniert. ISBN 3-452-23466-5

Band 102: Von Dr. Jens Hüffer
Das Wertpapier-Verkaufsprospektgesetz
Prospektpflicht und Anlegerschutz
1996. 8°. XVII, 239 Seiten. Kartoniert. ISBN 3-452-23528-9

Band 103: Von Dr. Hans-Friedrich Müller
Das Austrittsrecht des GmbH-Gesellschafters
1996. 8°. XIV, 192 Seiten. Kartoniert. ISBN 3-452-23548-3

Band 104: Von Dr. Hildegard Ziemons
Die Haftung der Gesellschafter für Einflußnahmen auf die Geschäftsführung der GmbH
1996. 8°. XIX, 275 Seiten. Kartoniert. ISBN 3-452-23565-3

Band 105: Von Dr. Sabine Kick
Die Haftung des Erben eines Personenhandelsgesellschafters
1997. 8°. XV, 239 Seiten. Kartoniert. ISBN 3-452-23748-6

Band 106: Von Dr. Hans-Georg Bollweg
Die Wahl des Aufsichtsrats in der Hauptversammlung der Aktiengesellschaft
1997. 8°. XV, 558 Seiten. Kartoniert. ISBN 3-452-23782-6

Band 107: Von Dr. Jasper Neuling
Deutsche GmbH und englische private company
Monismus oder Dualismus im System des Kapitalgesellschaftsrechts
1997. 8°. XVIII, 266 Seiten. Kartoniert. ISBN 3-452-23583-1

Band 108: Von Dr. Oliver Schultz
Die Behebung einzelner Mängel von Organisationsakten in Kapitalgesellschaften
Eine Darstellung für die Aktiengesellschaft und die Gesellschaft mit beschränkter Haftung
1997. 8°. XVII, 347 Seiten. Kartoniert. ISBN 3-452-23936-5

Band 109: Von Dr. Carl-Heinz Witt
Übernahmen von Aktiengesellschaften und Transparenz der Beteiligungsverhältnisse
1998. 8°. XXII, 334 Seiten. Kartoniert. ISBN 3-452-23956-X

Band 110: Von Dr. Caroline Vedder
Zum Begriff »für Rechnung« im AktG und im WpHG
Eine Untersuchung der anteilsbezogenen Regelungen
1999. 8°. XVII, 237 Seiten. Kartoniert. ISBN 3-452-24100-9

Band 111: Von Dr. Carsten Rodemann
Stimmbindungsvereinbarungen in den Aktien- und GmbH-Rechten Deutschlands, Englands, Frankreichs und Belgiens
Eine rechtsvergleichende Untersuchung
1998. 8°. XXVIII, 463 Seiten. Kartoniert. ISBN 3-452-24101-7

Band 112: Von Dr. Matthias Schröder
Schiedsgerichtliche Konfliktbeilegung bei aktienrechtlichen Beschlußmängelklagen
1999. 8°. XXV, 384 Seiten. Kartoniert. ISBN 3-452-24157-2

Band 113: Von Dr. Arend von Riegen
Gesellschafterschutz bei Ausgliederungen durch Einzelrechtsnachfolge
1999. 8°. XVI, 172 Seiten. Kartoniert. ISBN 3-452-24252-8

Band 114: Von Dr. Esther Jansen
Publizitätsverweigerung und Haftung in der GmbH
1999. 8°. XVII, 344 Seiten. Kartoniert. ISBN 3-452-24338-9

Band 115: Von Dr. Friderike Bagel
Der Ausschluß des Bezugsrechts in Europa
1999. 8°. XIV, 407 Seiten. Kartoniert. ISBN 3-452-24423-7

Band 116: Von Dr. Marcus Michael Bechtel, LL.M.
Anlageberatung der Kreditinstitute im Wandel
Aufklärungs-, Beratungs- und Informationspflichten am Beispiel von Optionsgeschäften mit Privatkunden
1999. 8°. XIX, 368 Seiten. Kartoniert. ISBN 3-452-24327-3

Band 117: Von Dr. Tobias Tröger
Treupflicht im Konzernrecht
2000. 8°. XV, 378 Seiten. Kartoniert. ISBN 3-452-24348-6

Band 118: Von Dr. Georg Bitter
Konzernrechtliche Durchgriffshaftung bei Personengesellschaften
2000. 8°. XXVIII, 612 Seiten. Kartoniert. ISBN 3-452-24609-4

Band 119: Von Dr. Jakob Wulff
Aktienoptionen für das Management
Deutsches und Europäisches Recht
2000. 8°. XIV, 325 Seiten. Kartoniert. ISBN 3-452-24608-6

Band 120: Von Dr. Sönke Friedrichsen
Aktienoptionsprogramme für Führungskräfte
Gesellschaftsrecht – Kapitalmarktrecht – Steuerrecht – Bilanzrecht
2000. 8°. XXVI, 435 Seiten. Kartoniert. ISBN 3-452-24621-3

Band 121: Von Dr. Rolf Leinekugel
Die Ausstrahlungswirkungen des Umwandlungsgesetzes
2000. 8°. XV, 282 Seiten. Kartoniert. ISBN 3-452-24625-6

Band 122: Von Dr. Nirmal Robert Banerjea
Die Gesellschafterklage im GmbH- und Aktienrecht
Überlegungen zum deutschen und europäischen Recht vor dem Hintergrund der schweizerischen Verantwortlichkeitsklage und der US-amerikanischen Derivative Suit
2000. 8°. XXIII, 319 Seiten. Kartoniert. ISBN 3-452-24683-3

Band 123: Von Dr. Christian Kersting
Die Vorgesellschaft im europäischen Gesellschaftsrecht
Gemeinschaftsrechtliche Vorgaben und nationale Rechtsordnungen
2000. 8°. XXII, 412 Seiten. Kartoniert. ISBN 3-452-24697-3

Band 124: Von Dr. Marcus Willamowski
Bookbuilding
Die marktorientierte Emission von Aktien nach deutschem und U.S.-amerikanischem Recht
2000. 8°. XXVI, 263 Seiten. Kartoniert. ISBN 3-452-24698-1

Band 125: Von Dr. Magdalena Leinekugel
Die Sachdividende im deutschen und europäischen Aktienrecht
2001. 8°. XIV, 209 Seiten. Kartoniert. ISBN 3-452-24870-4

Band 126: Von Dr. Sandra Thiel, LL.M.
Spartenaktien für deutsche Aktiengesellschaften
Übernahme des US-amerikanischen Tracking Stock-Modells in europäische Rechtsordnungen
2001. 8°. XVII, 384 Seiten. Kartoniert. ISBN 3-452-24932-8

Band 127: Von Dr. Ulrich Bous
Die Konzernleitungsmacht im Insolvenzverfahren konzernverbundener Kapitalgesellschaften
2001. 8°. XVIII, 393 Seiten. Kartoniert. ISBN 3-452-24938-7

Band 128: Von Dr. Carmen Palzer
Fortwirkende organschaftliche Pflichten des Geschäftsführers der GmbH
2001. 8°. XVIII, 275 Seiten. Kartoniert. ISBN 3-452-24997-2

Band 129: Von Dr. Thomas Asmus
Die vinkulierte Mitgliedschaft
Der Schutz mitgliedschaftlicher Vinkulierungsinteressen und das Problem der Gesetzesumgehung
2001. 8°. XVI, 271 Seiten. Kartoniert. ISBN 3-452-25112-8

Band 130: Von Dr. Constantin H. Beier
Der Regelungsauftrag als Gesetzgebungsinstrument im Gesellschaftsrecht
2002. 8°. XX, 316 Seiten. Kartoniert. ISBN 3-452-25160-8

Band 131: Von Dr. Martin Tonner
Tracking Stocks
Zulässigkeit und Gestaltungsmöglichkeiten von Geschäftsbereichsaktien nach deutschem Recht
2002. 8°. XXI, 436 Seiten. Kartoniert. ISBN 3-452-25161-6

Band 132: Von Dr. Rainer Korch
Ringbeteiligungen von Aktiengesellschaften Gesellschafts- und kartellrechtliche Aspekte
2002. 8°. XXI, 372 Seiten. Kartoniert. ISBN 3-452-25175-6

Band 133: Von Dr. Karsten Krebs
Interessenkonflikte bei Aufsichtsratsmandaten in der Aktiengesellschaft
2002. 8°. XVI, 379 Seiten. Kartoniert. ISBN 3-452-25194-2

Band 134: Von Dr. Julia Nienhaus
Kapitalschutz in der Aktiengesellschaft mit atypischer Zwecksetzung
Eine rechtsvergleichende/europarechtliche Untersuchung für Deutschland, Frankreich, Belgien, Großbritannien und Irland
2002. 8°. XXI, 296 Seiten. Kartoniert. ISBN 3-452-25250-7

Band 135: Von Dr. Christian Meyer
Der Nießbrauch an GmbH-Geschäftsanteilen und an Aktien
2002. 8°. XIV, 326 Seiten. Kartoniert. ISBN 3-452-25278-7

Band 136: Von Dr. Thomas Eckhold
Materielle Unterkapitalisierung
Zur Gesellschafterverantwortlichkeit in der Gesellschaft mit beschränkter Haftung
2002. 8°. XVII, 821 Seiten. Kartoniert. ISBN 3-452-25321-X

Band 137: Von Dr. Mario Hüther
Aktionärsbeteiligung und Internet
Eine rechtsvergleichende Bestandsaufnahme korporativer Willensbildung im Zeitalter neuer Medien
2002. 8°. XVII, 481 Seiten. Kartoniert. ISBN 3-452-25341-4

Band 138: Von Dr. Ernst-August Baldamus
Reform der Kapitalrichtlinie
2002. 8°. XIII, 314 Seiten. Kartoniert. ISBN 3-452-25381-3

Band 139: Von Dr. Jan Link
Die Amtsniederlegung durch Gesellschaftsorgane
Eine rechtsformübergreifende Untersuchung des Spannungsfeldes zwischen Rücktrittsfreiheit, Bestandsschutz und Rechtssicherheit
2003. 8°. XVIII, 312 Seiten. Kartoniert. ISBN 3-452-25460-7

Band 140: Von Dr. Nils G. Weiland
Synergieefekte bei der Abfindung außenstehender Gesellschafter
2003. 8°. XIX, 340 Seiten. Kartoniert. ISBN 3-452-25511-5

Band 141: Von Dr. Karen Christina Pelzer
Das Auskunftsrecht der Aktionäre in der Europäischen Union
2003. 8°. XXII, 256 Seiten. Kartoniert. ISBN 3-452-25673-1

Band 142: Von Dr. Wolfgang Servatius
Strukturmaßnahmen als Unternehmensleitung
Die Vorstandspflichten bei unternehmerischen Entscheidungen der Hauptversammlung
2004. 8°. XXIII, 443 Seiten. Kartoniert. ISBN 3-452-25675-8

Band 143: Von Dr. Armin Barthel
Die Beschwerde gegen aufsichtsrechtliche Verfügungen nach dem WpÜG Eine verfahrensvergleichende Untersuchung des Rechtsschutzes gegen verwaltungsbehördliche Entscheidungen vor Zivilgerichten unter Berücksichtigung des Kartell-, Vergabe- und Patentrechts
2004. 8°. XXVIII, 385 Seiten. Kartoniert. ISBN 3-452-25670-7

Band 144: Von Dr. Klaus Schmolke
Organwalterhaftung für Eigenschäden von Kapitalgesellschaftern
2004. 8°. XXI, 424 Seiten. Kartoniert. ISBN 3-452-25674-X

Band 145: Von Dr. Heinrich von Bünau
Beratungsverträge mit Aufsichtsratsmitgliedern im Aktienkonzern
Eine Untersuchung zur Anwendung von § 114 AktG im Konzern
2004. 8°. XVI, 298 Seiten. Kartoniert. ISBN 3-452-25672-3

Band 146: Von Dr. Norbert Boese
Die Anwendungsgrenzen des Erfordernisses sachlicher Rechtfertigung bei HV-Beschlüssen
2004. 8°. XXI, 473 Seiten. Kartoniert. ISBN 3-452-25671-5

Band 147: Von Dr. Hilke Herchen
Agio und verdecktes Agio im Recht der Kapitalgesellschaften
2004. 8°. XVII, 430 Seiten. Kartoniert. ISBN 3-452-25709-6

Band 148: Von Dr. Marc-Philippe Weller
Europäische Rechtsformwahlfreiheit und Gesellschafterhaftung
Zur Anwendung der Existenzvernichtungshaftung auf Scheinauslandsgesellschaften nach »Überseering« und »Inspire Art«
2004. 8°. XXV, 383 Seiten. Kartoniert. ISBN 3-452-25898-X

Band 149: Von Dr. Corinna Mickel
Die Rechtsnatur der Haftung gespaltener Rechtsträger nach § 133 Abs. 1 und 3 UmwG
2004. 8°. XX, 282 Seiten. Kartoniert. ISBN 3-452-25960-9

Band 150: Von Dr. Yves Lakner
Der mehrstufige Konzern
2005. 8°. XVI, 373 Seiten. Kartoniert. ISBN 3-452-25977-3

Band 151: Von Dr. Tobias Böckmann
Gläubigerschutz bei GmbH und close corporation
Eine rechtsvergleichende Untersuchung nach deutschem und US-amerikani- schem Recht unter besonderer Berücksichtigung des Rechts von Delaware, Kalifornien und New York
2005. 8°. XVII, 405 Seiten. Kartoniert. ISBN 3-452-25994-3

Band 152: Von Dr. Alexander Kiefner
Konzernumbildung und Börsengang der Tochter
Die Teilhaberechte der Aktionäre einer Publikums-AG bei der Börsenein- führung von Tochtergesellschaften
2005. 8°. XXIII, 507 Seiten. Kartoniert. ISBN 3-452-26133-6

Band 153: Von Dr. Dirk Zetzsche
Aktionärsinformation in der börsennotierten Aktiengesellschaft
2006. 8°. XIX, 525 Seiten. Kartoniert. ISBN 3-452-26325-8

Band 154: Von Dr. Matthias Budde
Die Haftungsverwirklichung in der masselosen Insolvenz der Kapitalgesellschaft
2006. 8°. XI, 239 Seiten. Kartoniert. ISBN 3-452-26350-9

Band 155: Von Dr. Tom Kirschbaum
Entsprechenserklärungen zum englischen Combined Code und zum Deutschen Corporate Governance Kodex
2006. 8°. XVIII, 419 Seiten. Kartoniert. ISBN 978-3-452-26436-7

Band 156: Von Dr. André Meyer
Der Grundsatz der unbeschränkten Verbandsmitgliederhaftung
2006. 8°. XVI, 456 Seiten. Hardcover. ISBN 978-3-452-26523-4

Band 157: Von Dr. Norbert Bröcker
Nachgründung, Sachgründung und Kapitalschutz
2006. 8°. XVI, 288 Seiten. Hardcover. ISBN 978-3-452-26483-1

Band 158: Von Dr. Christian Gloger
Haftungsbeschränkung versus Gläubigerschutz in der GmbH
Rechtsvergleichende Studie zum deutschen und brasilianischen Recht
2007. 8°. XXIV, 450 Seiten. Hardcover. ISBN 978-3-452-26522-7

Band 159: Von Dr. Alexander Fenzl
Betriebspacht-, Betriebsüberlassungs- und Betriebsführungsverträge in der Konzernpraxis
2007. 8°. XV, 189 Seiten. Hardcover. ISBN 978-3-452-26590-6

Band 160: Von Dr. Tim Florstedt
Der »stille Verband«
2007. 8°. XX, 296 Seiten. Hardcover. ISBN 978-3-452-26600-2

Band 161: Von Dr. Andreas Löhdefink
Acting in Concert und Kontrolle im Übernahmerecht
2007. XX, 472 Seiten. Hardcover. ISBN 978-3-452-26435-0

Band 162: Von Dr. Jörn Jacobs
Die institutionelle Haftungsbeschränkung bei atypischen Erscheinungsformen der Außen-GbR
2007. XVI, 294 Seiten. Hardcover. ISBN 978-3-452-26637-8

Band 163: Von Dr. Frauke Möhrle
Gesellschaftsrechtliche Probleme der D&O-Versicherung
2007. XVI, 260 Seiten. Hardcover. ISBN 978-3-452-26690-3

Band 164: Von Dr. Rouven Redeker
Die Haftung für wrongful trading im englischen Recht
Eine vergleichende Betrachtung der deutschen und der englischen Geschäftsleiterhaftung für Insolvenzverschleppung
2007. XVIII, 280 Seiten. Hardcover. ISBN 978-3-452-26727-6

Band 165: Von Dr. Eva-Maria Wild
Prospekthaftung einer Aktiengesellschaft unter deutschem und europäischem Kapitalschutz
2007. XIV, 289 Seiten. Hardcover. ISBN 978-3-452-26766-5

Band 166: Von Dr. Andreas Stoll
Garantiekapital und konzernspezifischer Gläubigerschutz
2007. XXII, 392 Seiten. Hardcover. ISBN 978-3-452-26775-7

Band 167: Von Dr. Sebastian Mock
Finanzverfassung der Kapitalgesellschaften und internationale Rechnungslegung
2007. XXII, 386 Seiten. Hardcover. ISBN 978-3-452-26802-0

Band 168: Von Andreas Hoger
Kontinuität beim Formwechsel nach dem UmwG und der grenzüberschreitenden Verlegung des Sitzes einer SE
2008. XVIII, 396 Seiten. Hardcover. ISBN 978-3-452-26831-0

Band 169: Von Felix Brammer
Rückerwerbbare Aktien
2008. XX, 422 Seiten. Hardcover. ISBN 978-3-452-26839-6

Band 170: Von Dr. Carsten Wettich
Vorstandsorganisation in der Aktiengesellschaft
Zugleich ein Beitrag zum Kollegialprinzip und dem Grundsatz der Gesamtverantwortung
2008. XVIII, 334 Seiten. Hardcover. ISBN 978-3-452-26864-8

Band 171: Von Dr. Michael Beurskens
Haftung für enttäuschtes Aktionärsvertrauen
2008. XX, 533 Seiten. Hardcover. ISBN 978-3-452-26929-4

Band 172: Von Dr. Moritz von Schlabrendorff
Repricing von Stock Options
Wirtschaftliche Grundlagen - Gesellschaftsrecht - Insiderrecht - Bilanzrecht
2008. XVI, 252 Seiten. Hardcover. ISBN 978-3-452-26933-1

Band 173: Von Dr. Jens-Walter Lüpkes
Zulässigkeit und Zweckmäßigkeit aktienkursorientierter Vergütung von Mitgliedern des Aufsichtsrats
unter besonderer Berücksichtigung des MobilCom-Urteils des BGH vom 16. Februar 2004 zu Aufsichtsrats Stock Option Pragrammen
2008. XVIII, 482 Seiten. Hardcover. ISBN 978-3-452-27001-6

Band 174: Von Dr. Michael Voß
Gesamtschuldnerische Organhaftung
Die gesamtschuldnerische Haftung von Geschäftsleitern und Aufsichtsratsmitgliedern für Pflichtverletzungen und deren interne Haftungsanteile
2008. XVI, 248 Seiten. Hardcover. ISBN 978-3-452-27029-0

Band 175: Von Dr. Matthias Scharf
Umwandlung und Datenschutz
Das Schutzregime des BDSG bei Unternehmensrestrukturierungen nach dem UmwG
2008. XXVI, 452 Seiten. Hardcover. ISBN 978-3-452-27064-1

Band 176: Von Dr. Jens von Lackum
Die Gesetzesumgehung im Europarecht
unter besonderer Berücksichtigung des Europäischen Gesellschaftsrechts
2009. XX, 372 Seiten. Hardcover. ISBN 978-3-452-27054-2

Band 177: Von Dr. Heike Findeisen
Beteiligungserwerb durch genehmigte Sachkapitalerhöhung
2009. XVIII, 234 Seiten. Hardcover. ISBN 978-3-452-27094-8

Band 178: Von Dr. Ingo Fuchs
Der aktienrechtliche Squeeze-out
2009. XVIII, 558 Seiten. Hardcover. ISBN 978-3-452-27097-9

Band 179: Von Dr. Ferit Schnieders
Haftungsfreiräume für unternehmerische Entscheidungen in Deutschland und Italien
2009. XVI, 422 Seiten. Hardcover. ISBN 978-3-4

Band 180: Von Dr. Marco Staake
Ungeschriebene Hauptversammlungskompetenzen in börsennotierten und nicht börsennotierten Aktiengesellschaften
2009. XVI, 280 Seiten. Hardcover. ISBN 978-3-452-27197-6

Band 181: Von Dennis Schlottmann
Wegfall und Entmachtung des einzigen Komplementärs
2009. XX, 392 Seiten. Hardcover. ISBN 978-3-452-27198-3

Band 182: Von Björn Bork
Change of Control-Klauseln in Anstellungsverträgen von Vorstandsmitgliedern
2009. XIV, 272 Seiten . Hardcover. ISBN 978-3-452-27222-5

Band 183: Von Christina Maushake
Audit Committees
Prüfungsausschüsse im US-amerikanischen und deutschen Recht
2009. XX, 672 Seiten. Hardcover. ISBN 978-3-452-27221-8

Band 184: Von Georgios Psaroudakis
Acting in Concert in börsennotierten Gesellschaften
Eine rechtsvergleichende Untersuchung zum US-amerikanischen und europäischen Kapitalmarktrecht einschließlich rechtsökonomischer, kartell- und beweisrechtlicher Aspekte
2009. XXII, 582 Seiten. Hardcover. ISBN 978-3-452-27233-1

Band 185: Von Kristian Klosterkemper
Einflussmöglichkeiten Außenstehender auf den innerkorporativen Bereich der GmbH
Unter besonderer Betrachtung des Einflusses von Gewerkschaften und Banken
2009. XXII, 398 Seiten. Hardcover. ISBN 978-3-452-27240-9

Band 186: Von Christian Dittert
Satzungsbegleitende Aktionärsvereinbarungen
2009. XX, 358 Seiten. Hardcover. ISBN 978-3-452-27250-8

Band 187: Von Dr. Gerrit Forst
Die Beteiligungsvereinbarung nach § 21 SEBG
2010. XX, 474 Seiten. Hardcover. ISBN 978-3-452-27322-2

Band 188: Von Dr. Bastian Schoppe
Aktieneigentum
Verfassungsrechtliche Strukturen und gesellschaftsrechtliche Ausprägungen der Aktie als Gegenstand des Art. 14 GG
2011. XIV, 517 Seiten. Hardcover. ISBN 978-3-452-27497-7

Band 189: Von Dr. Jan Brosius
Die finanzielle Unterstützung des Erwerbs eigener Aktien
§ 71 a AktG im Gesamtgefüge des Kapitalerhaltungsrechts
2011. XIV, 338 Seiten. Hardcover. ISBN 978-3-453-27495-3

Band 190: Von Dr. Ansgar Wimber
Die Behandlung von Vorrats- und Mantelgesellschaften
2011. XIX, 345 Seiten. Hardcover. ISBN 978-3-452-27496-0

Band 191: Von Dr. Benjamin D. Ullrich
Gesellschaftsrecht und steuerliche Gemeinnützigkeit
Die gemeinnützige GmbH und andere Rechtsformen im Spannungsfeld von Gesellschafts- und Steuerrecht
2011. XIX, 395 Seiten. Hardcover. ISBN 978-3-452-27544-8

Band 192: Von Dr. Heike Weninger
Mitbestimmungsspezifische Interessenkonflikte von Arbeitnehmer- vertretern im Aufsichtsrat
2011. XX, 329 Seiten. Hardcover. ISBN 978-3-452-27665-0

Band 193: Von Dr. Thomas Bunz
Der Schutz unternehmerischer Entscheidungen durch das Geschäftsleiterermessen
Ein Beitrag zu mehr Rechtssicherheit im Umgang mit der Business Judgment Rule
2011. XIX, 305 Seiten. Hardcover. ISBN 978-3-452-27666-7

Band 194: Von Dr. Markus Fehrenbach
Der fehlerhafte Gesellschafterbeschluss in der GmbH
Allgemeines Beschlussmängelrecht und analoge Anwendung des Aktienrechts
2011. XIX, 455 Seiten. Hardcover. ISBN 978-3-452-27685-8

Band 195: Von Dr. Charlotte Elisabeth Grundmeier
Rechtspflicht zur Compliance im Konzern
2011. XI, 149 Seiten. Hardcover. ISBN 978-3-452-27686-5

Band 196: Von Dr. Matthias Schatz
Der Missbrauch der Anfechtungsbefugnis durch den Aktionär und die Reform des aktienrechtlichen Beschlussmängelrechts
2012. XVIII, 383 Seiten. Hardcover. ISBN 978-3-452-27687-2

Band 197: Von Dr. Timo Bernau
Unternehmensübernahmen im Spannungsfeld zwischen Übernahmerecht und Fusionskontrolle
Der Bieter in der Pflichtenkoinzidenz zweier gegenläufiger Verfahrensordnungen
2012. XXIII, 550 Seiten. Hardcover. ISBN 978-3-452-27733-6

Band 198: Von Dr. Michiel A. Huizinga
Die Machtbalance zwischen Verwaltung und Hauptversammlung in der Europäischen Gesellschaft (SE)
Eine rechtsvergleichende Untersuchung unter Berücksichtigung des deutschen, niederländischen und englischen Aktienrechts
2012. XVI, 485 Seiten. Hardcover. ISBN 978-3-452-27734-3

Band 199: Von Dr. Jan Hupka, LL.M.
Das Vergütungsvotum der Hauptversammlung
Eine rechtsökonomische und rechtsvergleichende Untersuchung zu § 120 Abs. 4 AktG
2012. XX, 400 Seiten. Hardcover. ISBN 978-3-452-27777-0

Band 200: Von Dr. Philipp Clemens
Das neue Recht der Gesellschafterfremdfinanzierung nach dem MoMiG
2012. XVII, 398 Seiten. Hardcover. ISBN 978-3-452-27793-0

Band 201: Von Dr. Moritz Heuser
Shareholder Activism
Aktienrechtliche Schranken für Anteilseigneraktivismus
2012. XIX, 309 Seiten. Hardcover. ISBN 978-3-452-27812-8

Band 202: Von Dr. Tobias Steber
Die Herabsetzung der Geschäftsführervergütung in der Krise der GmbH
2012. XVII, 224 Seiten. Hardcover. ISBN 978-3-452-27813-5

Band 203: Von Dr. Johannes Traut
Die *Corporate Governance* von Kapitalgesellschaften der öffentlichen Hand
Eine gesellschafts- und europarechtliche Betrachtung unter Einbeziehung rechtsökonomischer Erwägungen
2013. XVIII, 342 Seiten. Hardcover. ISBN 978-3-452-27884-5

Band 204: Von Dr. Philipp Dornbach
Die aktienrechtliche Anfechtungsklage zwischen subjektivem Rechtsschutz und objektiver Rechtskontrolle
Ein Beitrag zur Reform des Beschlussmängelrechts
2013. XXIV, 391 Seiten. Hardcover. ISBN 978-3-452-27850-0

Band 205: Von Dr. J. Frédéric Meilicke
Die Behandlung von Ertragsteuern im Rahmen der Unternehmensbewertung als Rechtsfrage
2013. XV, 268 Seiten. Hardcover. ISBN 978-3-452-27892-0

Band 206: Von Dr. Christian Strothotte
Die Gewinnverwendung in Aktiengesellschaften
Eine Untersuchung zum Recht Deutschlands und des Vereinigten Königreichs
2014. XIX, 571 Seiten. Hardcover. ISBN 978-3-452-28111-1

Band 207: Von Dr. Clara Gräfin von Spee
Gesellschafter im Reorganisationsverfahren
Die Sanierungsbeteiligung der Gesellschafter nach dem ESUG
2014. XVII, 253 Seiten. Hardcover. ISBN 978-3-452-28151-7

Band 208: Von Dr. Ramona Ruf
Leitung und Koordinierung im italienischen Konzernrecht
2014. XIII, 262 Seiten. Hardcover. ISBN 978-3-452-28152-4

Band 209: Von Dr. Dominik Heß
Investorenvereinbarungen
Eine Untersuchung der aktien- und übernahmerechtlichen Zulässigkeit und Schranken von Vereinbarungen zwischen Investor und Aktiengesellschaft
2014. XX, 427 Seiten. Hardcover. ISBN 978-3-452-28160-9

Band 210: Von Dr. Stephan Schneider
Gesellschafter-Stimmpflichten bei Sanierungen
2014. XXII, 399 Seiten. Hardcover. ISBN 978-3-452-28230-9

Band 211: Von Dr. Maximilian Goette
Der Exit der Minderheit aus der GmbH
2014. XXII, 339 Seiten. Hardcover. ISBN 978-3-452-28231-6

Band 212: Von Dr. Axel Hoppe
Gewährung zusätzlicher Aktien bei Unternehmenskäufen und Umwandlungen
2015. XXI, 449 Seiten. Hardcover. ISBN 978-3-452-28310-8

Band 213: Von Dr. Moritz Rademacher, LL.M. (Stell.)
Geschäftsführung und Unternehmensleitung im entflochtenen Energieversorgungskonzern
2015. XVI, 285 Seiten. Hardcover. ISBN 978-3-452-28253-8

Band 214: Von Dr. Arne Pidun
Public Corporate Governance Kodizes
2015. XV, 174 Seiten. Hardcover. ISBN 978-3-452-28333-7

Band 215: Von Dr. Henning Geerken
Erfolgsabhängige Aufsichtsratsvergütung
zugleich ein Beitrag zum Angemessenheitsgebot des § 113 Abs. 1 Satz 3 AktG
2015. XXII, 379 Seiten. Hardcover. ISBN 978-3-452-28313-9

Band 216: Von Dr. Carl Höfer
»Flex-GmbH« statt UG – Eine attraktive Schwester für die alte GmbH!
Vorschläge für eine weitergehende Modernisierung des Rechts der geschlossenen Kapitalgesellschaft
2015. XVI, 382 Seiten. Hardcover. ISBN 978-3-452-28643-7

Band 217: Von Dr. Dominik Kuhn
Zulässigkeit und Folgen der Verwendung von Drittnamen in der Personenfirma
2015. XVII, 424 Seiten. Hardcover. ISBN 978-3-452-28642-0

Band 218: Von Dr. Benjamin Fritz, LL.M. (London)
Die Zwangseinziehung von GmbH-Geschäftsanteilen
Eine dogmatische Untersuchung unter besonderer Berücksichtigung von BGHZ 192, 236
2015. XV, 240 Seiten. Hardcover. ISBN 978-3-452-28690-1

Band 219: Von Dr. Enrico Gätsch
Fiduziarität und Vergütungsautonomie im Vorstandsrecht
Zur zivilvertraglichen, aktien- und verfassungsrechtlichen Kohärenz einer Vergütungsobergrenze
2016. XVII, 397 Seiten. Hardcover. ISBN 978-3-452-28712-0

Band 220: Von Dr. David Cassian Markworth
Scheinsozius und Scheinsozietät
Die Auswirkungen des Rechtsscheins in GbR und PartG
2016. XXIII, 422 Seiten. Hardcover. ISBN 978-3-452-28742-7

Band 221: Von Dr. Velina Ziegler
Konzernleitung im Binnenmarkt
Eine vergleichende Untersuchung zum Recht der zweiten Kapitalgesellschaftsform in Deutschland, Frankreich und Bulgarien
2016. XV, 278 Seiten. Hardcover. ISBN 978-3-452-28771-7

Band 222: Von Dr. Lisa Marleen Guntermann
Das Zusammenspiel von Mindeststammkapitel und institutioneller Haftungsbeschränkung
Eine normative und ökonomische Analyse
2016. XX, 592 Seiten. Hardcover. ISBN 978-3-452-28779-3

Band 223: Von Dr. Anna Dominke
Einheitliche Gruppenleitung über die Binnengrenzen in Europa
Regelungselemente für das Gesetzgebungsprojekt
»Anerkennung des Gruppeninteresses«
2017. XVI, 272 Seiten. Hardcover. ISBN 978-3-452-28859-2

Band 224: Von Dr. Sascha Stiegler
Grenzüberschreitende Sitzverlegungen nach deutschem und europäischem Recht
2017. XIII, 559 Seiten. Hardcover. ISBN 978-3-452-28860-8

Band 225: Von Dr. Johannes Hieronymi
Die Haftung des aktienrechtlichen Vorstands bei Einholung externer Beratung
Eine Untersuchung von Entscheidungsfindung und Verantwortlichkeit der Vorstandsmitglieder einer Aktiengesellschaft im Spiegel höchstrichterlicher Rechtsprechung
2017. XVI, 249 Seiten. Hardcover. ISBN 978-3-452-28929-2

Band 226: Von Dr. Frauke Schmidt
Die Ausstrahlung aufsichtsrechtlicher Corporate Governance auf das Aktienrecht
Überlagerung in der Bankaktiengesellschaft, Entstehungsgeschichte und Perspektiven für die börsennotierte Aktiengesellschaft
2017. XVIII, 404 Seiten. Hardcover. ISBN 978-3-452-28945-2

Band 227: Von Dr. Marc Zuber
Die externe Pflichtenbindung von Aufsichtsratsmitgliedern
2017. XXV, 426 Seiten. Hardcover. ISBN 978-3-452-28951-3

Band 228: Von Dr. Johannes Fütterer
Der Drittanstellungsvertrag
Gesellschaftsrechtliche und arbeitsrechtliche Aspekte der Drittanstellung von Vorstandsmitgliedern und GmbH-Geschäftsführern
2017. XIX, 364 Seiten. Hardcover. ISBN 978-3-452-28967-4

Band 229: Von Dr. Andreas Tarde
Related Party Transactions
Empfehlungen zur Umsetzung der reformierten Aktionärsrechterichtlinie vor dem Hintergrund eines englisch-deutschen Rechtsvergleichs
2018. XIII, 331 Seiten. Hardcover. ISBN 978-3-452-29091-5

Band 230: Von Dr. Jan-Mark Steiner
Die Sanktionierung der flexiblen Frauenquote in Großunternehmen
2018. XXIII, 556 Seiten. Hardcover. ISBN 978-3-452-29147-9

Band 231: Von Dr. Jean Mohamed
Die Legitimationszession im Aktienrecht
Eine Untersuchung zu den Legitimations- und Strukturfragen der anonymen Repräsentanz
2018. XV, 308 Seiten. Hardcover. ISBN 978-3-452-29146-2

Band 232: Von Dr. Ferdinand Blezinger
Gewinnverteilung bei Personengesellschaften
2018. XX, 335 Seiten. Hardcover. ISBN 978-3-452-29145-5

Band 233: Von Dr. Claudius Eschwey
Contingent Convertible Bonds (CoCos)
Bedingte Pflichtwandelanleihen in Deutschland und der Schweiz
2018. XIX, 535 Seiten. Hardcover. ISBN 978-3-452-29181-3

Band 234: Von Dr. Jonas Wehleit
Das Unternehmen Musikgruppe
Eine Fallstudie im deutschen Gesellschafts- und Urheberrecht
2019. XV, 234 Seiten. Hardcover. ISBN 978-3-452-29266-7

Band 235: Von Dr. Isabelle Tassius
Die Innen-KG
Analyse einer neuen Interpretation von stillen Gesellschaften und Treuhandkonstruktionen
2019. XIII, 158 Seiten. Hardcover. ISBN 978-3-452-29299-5

Band 236: Von Dr. Lisa Engelhardt
Wissensverschulden
Eine Systematisierung und Begrenzung der Wissenszurechnung im Unternehmen
2019. XIV, 198 Seiten. Hardcover. ISBN 978-3-452-29310-7

Band 237: Von Dr. Julius Simon
Die Legitimation der CSR-Richtlinie in ihren Auswirkungen auf die Unternehmensverfassung der Aktiengesellschaft
Mit rechtsvergleichenden Bezügen zum Vereinigten Königreich
2019. XVI, 250 Seiten. Hardcover. ISBN 978-3-452-29319-0

Band 238: Von Dr. Pius O. Dolzer
Die Emanzipation des Prüfungsausschusses im Aufsichtsrat
Eine Vermessung im System der Corporate Governance unter Würdigung des Wettbewerbs zwischen dem dualistischen und monistischen Modell der Unternehmensverfassung
2019. XVI, 515 Seiten. Hardcover. ISBN 978-3-452-29559-0

Band 239: Von Dr. Henrik Gildehaus, LL.M.
CoCo-Bonds als Beitrag zur Vermeidung systemischer Risiken im Bankensektor
Eine rechtsvergleichende Untersuchung unter Berücksichtigung der Regelungen zur Sanierung und Abwicklung von Banken
2020. XV, 551 Seiten. Hardcover. ISBN 978-3-452-29308-4

Band 240: Von Dr. Florian Gröntgen
Operativer shareholder activism
Eine rechtliche Analyse des Zusammenspiels von aktivistischen Aktionären und Verwaltungsorganen unter Einbeziehung von Aktionärsrechterichtlinie und ARUG II (RegE)
2020. XVII, 386 Seiten. Hardcover. ISBN 978-3-452-29581-1

Band 241: Von Dr. Conrad Ruppel, LL.M.
Kompetenzabgrenzung bei der extern verwalteten Investmentkommanditgesellschaft
Umsetzung der europäischen AIFM-Richtlinie im EU-Mitgliedstaat Deutschland: Eine normativ-konfliktuelle Betrachtung aus investmentrechtlicher sowie zivil- und gesellschaftsrechtlicher Sicht
2020. XVII, 409 Seiten. Hardcover. ISBN 978-3-452-29638-2

Band 242: Von Dr. Kevin Eisenschmidt
Die Deanonymisierung der »Société Anonyme« in Europa
Eine Betrachtung von Inhaber- und Namensaktie vor dem Hintergrund der reformierten Aktionärsrechterichtlinie
2020. XV, 285 Seiten. Hardcover. ISBN 978-3-452-29667-2

Band 243: Von Dr. Kian Böhmer
Rechnungslegung und ihre Anforderungen an die Unternehmensorganisation
Zur Erforderlichkeit und Ausgestaltung eines wirksamen Compliance-Systems zur Sicherstellung einer ordnungsgemäßen Rechnungslegung
2020. XX, 458 Seiten. Hardcover. ISBN 978-3-452-29682-5

Band 244: Von Dr. Maximilian Selent
Unternehmensführung in börsennotierten Familienunternehmen
Vorstand und Aufsichtsrat im Spannungsfeld zwischen Familie und Corporate Governance
2021. XIX, 419 Seiten. Hardcover. ISBN 978-3-452-29765-5

Band 245: Von Dr. Thomas Kelm
Vom kontrollierenden Aktionär unabhängige Aufsichtsratsmitglieder
Eine Untersuchung von Kosten und Nutzen unabhängiger Aufsichtsratsmitglieder in der Überwachung von Related Party Transactions mit dem Kontrollaktionär
2021. XIV, 384 Seiten. Hardcover. ISBN 978-3-452-29842-3

Band 246: Von Dr. Maximilian Leydecker
Gläubigerschutz bei grenzüberschreitenden Umwandlungen
2021. XVII, 268 Seiten. Hardcover. ISBN 978-3-452-29892-8

Band 247: Von Dr. Dennis Fritz
Der Organhaftungsvergleich zwischen Aktien- und D&O-Versicherungsrecht
2021. XX, 300 Seiten. Hardcover. ISBN 978-3-452-29891-1

Band 248: Von Dr. Markus Lieberknecht
Die internationale Legalitätspflicht
Aktienrechtliche Organhaftung als Instrument globaler Rechtsdurchsetzung
2021. XVIII, 356 Seiten. Hardcover. ISBN 978-3-452-29894-2

Band 249: Von Dr. Nikolas Peter Kau
Zulässigkeit und Grenzen des Investorenkontakts durch den Aufsichtsrat
2021. XXIV, 634 Seiten. Hardcover. ISBN 978-3-452-29841-6

Band 250: Von Dr. Bastian Held
Die übernahmerechtliche Gleichbehandlungspflicht nach § 3 Abs. 1 WpÜG
Eine rechtsdogmatische und rechtsökonomische Untersuchung unter besonderer Berücksichtigung von BGHZ 216, 347
2021. XIX, 362 Seiten. Hardcover. ISBN 978-3-452-29898-0

Band 251: Von Dr. Benedikt Happ
Der fehlerhafte Beschluss in der Personengesellschaft
Allgemeines Beschlussmängelrecht und Institutionenbildung auf Grundlage des Anfechtungsmodells
2021. XVI, 323 Seiten. Hardcover. ISBN 978-3-452-29952-9

Band 252: Von Dr. Sebastian Schwind
Die Matrix im Gesellschafts- und Konzernrecht
Implementierung und Haftungsfragen
2022. XXVII, 582 Seiten. Hardcover. ISBN 978-3-452-29953-6

Band 253: Von Dr. Marcus A. Becker
Suspendierung und Verdachtsabberufung als Instrumente prospektiver Überwachungstätigkeit des Aufsichtsrats der AG
unter einschließender Betrachtung der Rechtslage in der GmbH
2022. XXXI, 971 Seiten. Hardcover. ISBN 978-3-452-29954-3

Band 254: Von Dr. Jan Stelzer
Die Überwachung des Aufsichtsrats durch den Vorstand in der Aktiengesellschaft
2022. XXII, 475 Seiten. Hardcover. ISBN 978-3-452-30063-8

Band 255: Von Dr. Simon Bahlinger
Grenzen der Rechtswahlfreiheit im Gesellschaftsrecht
2022. XVIII, 336 Seiten. Hardcover. ISBN 978-3-452-30064-5

Band 256: Von Dr. Christoph Beckmann
Das aktienrechtliche Mehrstimmrecht
Geschichte, Corporate Governance und Perspektive
2023. XVIII, 414 Seiten. Hardcover. ISBN 978-3-452-30275-5

Band 257: Von Dr. Ken Laws
Die Beschlüsse der Hauptversammlung über die Vorstandsvergütung nach dem ARUG II
2023. XVIII, 322 Seiten. Hardcover. ISBN 978-3-452-30302-8

Band 258: Von Dr. Elias Kehrel
Der Einfluss von Sustainable Finance auf die Nachhaltigkeitsziele deutscher Aktiengesellschaften
Eine Untersuchung vor dem Hintergrund der Nachhaltigkeitsberichtspflichten für institutionelle Anleger und Vermögensverwalter
2023. XIX, 369 Seiten. Hardcover. ISBN 978-3-452-30348-6

Band 259: Von Dr. Jana Christina Baumann
Ausstieg aus einem paritätischen Equity-Joint-Venture – Zur Zulässigkeit von Shoot-Out-Klauseln
2023. XX, 444 Seiten. Hardcover. ISBN 978-3-452-30349-3

Band 260: Von Dr. Carina Gabriella Schwarz, M.Jur. (Oxon.)
Vertragsgestaltung statt Treuepflicht im Recht der Personengesellschaften
Eine Auseinandersetzung mit der Spruchpraxis des Bundesgerichtshofs
2024. XII, 298 Seiten. Hardcover. ISBN 978-3-452-30365-3

Band 261: Von Dr. Philipp Treß
Die Errichtung ausländischer Rentnergesellschaften durch grenzüberschreitende Umwandlungen
Untersuchungen zum Betriebsrentenschutz in der Umwandlungsrichtlinie und im UmRUG
2024. XIX, 358 Seiten. Hardcover. ISBN 978-3-452-30410-0

Band 262: Von Dr. Sina Allgeier
Nachhaltigkeit und Mittelstand
Stand und Fortschreibung der europäischen Nachhaltigkeitsgesetzgebung aus der Perspektive von KMU und Mittelstand
2024. XXVI, 538 Seiten. Hardcover. ISBN 978-3-452-30470-4

Band 263: Von Dr. Thomas Poschenrieder, M.A.
Das Agio im System des Kapitalschutzes der Unternehmensfinanzierung
Deutsches Aktien- und GmbH-Recht im Vergleich mit den Regelungen des englischen und europäischen Rechts
2025. XXXII, 1021 Seiten. Hardcover. ISBN 978-3-452-30469-8

Band 264: Von Dr. Maxi Schäfer
Unternehmensbegriff und Konzernverantwortlichkeit
Die wirtschaftliche Einheit und ihre Rechtsträger als Adressaten unternehmensgerichteter Sanktionsregime im nationalen Bußgeldrecht
2025. XX, 442 Seiten. Hardcover. ISBN 978-3-452-30311-0

Band 265: Von Dr. Mariusz Jelonek
Unternehmensinterne Organisationsfreiheit des Vorstands
2025. XXVI, 589 Seiten. Hardcover. ISBN 978-3-452-30598-5

Carl Heymanns Verlag